NINGXIA NIANJIAN

宁夏年鉴

2022

宁夏地方志编审委员会
宁夏回族自治区地方志办公室 编

方志出版社
Publishing House of Local Records

图书在版编目（CIP）数据

宁夏年鉴．2022 / 宁夏地方志编审委员会，宁夏回族自治区地方志办公室编．— 北京：方志出版社，2022.12

ISBN 978-7-5144-5596-0

Ⅰ．①宁…　Ⅱ．①宁…　②宁…　Ⅲ．①宁夏—2022—年鉴　Ⅳ．①Z524.3

中国版本图书馆CIP数据核字（2022）第252652号

责任编辑：顾　洁
责任校对：刘玉霞
责任印制：梅中英
出 版 者：方志出版社
地　　址：北京市朝阳区潘家园东里9号（国家方志馆4层）
邮　　编：100021
网　　址：http://www.zgfzcb.cn
发　　行：方志出版社图书营销中心（010-67110500）
印　　刷：宁夏报业传媒集团印刷有限公司
开　　本：889毫米×1194毫米　1/16
印　　张：40
字　　数：1160千字
版　　次：2022年12月第1版
印　　次：2022年12月第1次印刷
定　　价：298.00元

宁夏年鉴编辑委员会

《宁夏年鉴（2022）》编辑部

编 辑 说 明

一、《宁夏年鉴》是由宁夏回族自治区人民政府主办，宁夏地方志编审委员会、宁夏回族自治区地方志办公室编纂的具有年度资料性质的区情工具书，首次编纂于2001年，每年一卷，公开出版。

二、《宁夏年鉴（2022）》以马克思列宁主义、毛泽东思想、邓小平理论、“三个代表”重要思想、科学发展观、习近平新时代中国特色社会主义思想为指导，坚持辩证唯物主义和历史唯物主义的立场、观点和方法，存真求实，全面、客观、准确地反映2021年宁夏贯彻落实新发展理念，为实现经济繁荣、民族团结、环境优美、人民富裕与全国同步全面建成小康社会目标，在建设美丽新宁夏、共圆伟大中国梦的奋斗历程中取得的最新成就。

三、《宁夏年鉴（2022）》收录的文字、图片时限为2021年1月1日至12月31日。有专文、条目、大事记、表格、图片等多种记述形式，以类目、分目、条目组成框架结构的主体部分，少数分目增设二级分目，条目为最基本的记述形式。

四、《宁夏年鉴》篇目设置大体遵循科学分类和社会分工相结合的原则，为了保证资料记载的连续性，篇目设置相对稳定。《宁夏年鉴（2022）》设专文、大事记、宁夏综览、中共宁夏回族自治区委员会、宁夏回族自治区人民代表大会、宁夏回族自治区人民政府、政协宁夏回族自治区委员会、纪委监委、民主党派与工商联、群众团体、法治、军事、经济管理、金融、农业、水利、工业、商贸服务、经贸合作、交通邮政通信、开发区和园区建设、住房和城乡建设、自然资源管理、生态环境、教育、科学技术、社会科学、文化、旅游、体育、出版传媒、卫生健康、社会管理、民族宗教、市情概览、人物和荣誉、附录，共37个类目237个分目45个子分目1654个条目。

五、《宁夏年鉴（2022）》人物和荣誉类目主要收录2021年全国劳动模范和先进工作者、国务院政府特殊津贴获得者、全国“三八红旗手”等获得国家级荣誉称号的人物简介。逝世人物主要收录逝世于2021年并在宁夏任职过的正厅级（含正厅级待遇）以上级别的领导干部简介。人物名录、集体名录收录获得省部级以上表彰的个人和集体。

六、《宁夏年鉴（2022）》卷首图片设政治建设、庆祝中国共产党成立100周年、合作交流、第五届中阿博览会、经济建设、文化建设、社会建设、生态建设专题，重点反映2021年全区经济社会的新发展。卷首图片由宁夏日报社和有关单位提供。

七、《宁夏年鉴（2022）》所载内容由各部委（办）、厅（局）、市、县（区）和宁夏军区等有关单位提供，数据由各有关部门提供，并经各主管部门审核。所载内容均为供稿人或供稿单位署名，原文照录资料注明出处，随文所配图片由各对应供稿单位提供，文中不再署名。

八、《宁夏年鉴（2022）》数字、标点符号用法分别采用国家标准《出版物上数字用法》（GB/T 15835—2011）、《标点符号用法》（GB/T 15834—2011），计量单位采用国家技术监督局1993年12月发布的《量和单位》系列国家标准。宁夏回族自治区简称“自治区”“宁夏”或“全区”，其他各级行政建置一般写明全称。

九、《宁夏年鉴（2022）》全书设有中英文目录（英文目录译至分目及二级分目标题）和索引，具有比较完善的检索功能。

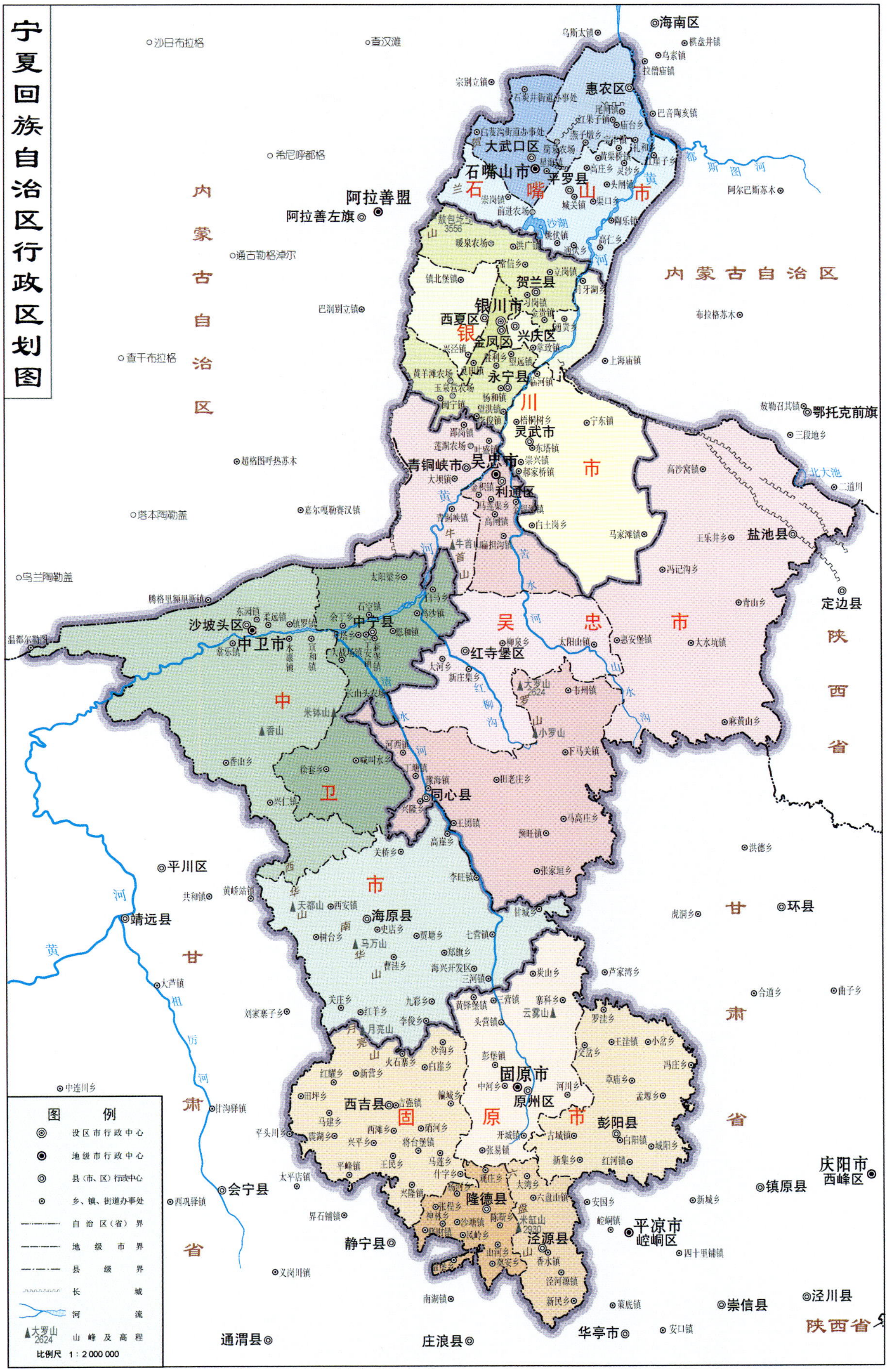

审图号：宁S（2022）第008号

宁夏回族自治区自然资源厅　编制

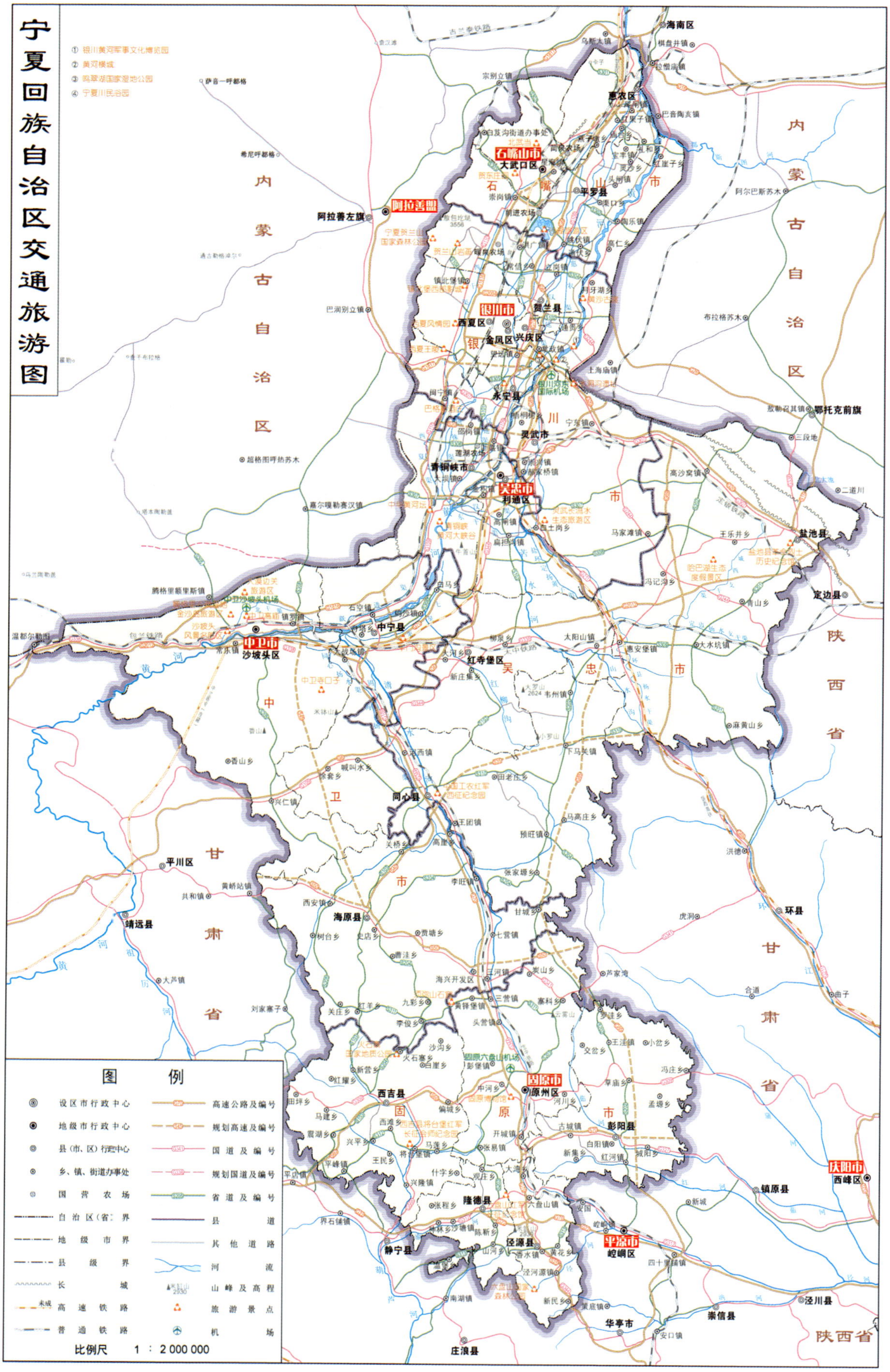

审图号：宁S（2022）第008号

宁夏回族自治区自然资源厅　编制

2021年11月26—27日，中共宁夏回族自治区第十二届委员会第十四次全体会议在银川市举行

（左鸣远　摄）

2021年1月29日，宁夏回族自治区第十二届人民代表大会第四次会议在银川市举行（左鸣远　摄）

2021年1月28日，中国人民政治协商会议第十一届宁夏回族自治区委员会第四次会议举行

（左鸣远　摄）

2021年1月7日，宁夏军区党委召开十二届六次全体（扩大）会议　（宁夏军区　提供）

2021年4月27日，全区脱贫攻坚总结表彰大会在银川市举行　　（左鸣远　摄）

2021年5月24日，全区扫黑除恶专项斗争总结表彰大会在银川市举行　　（左鸣远　摄）

2021年4月26日，自治区党委和政府召开中央定点扶贫单位座谈会　　（左鸣远　摄）

2021年6月21日，自治区党委全面依法治区工作会议在银川市举行　　（左鸣远　摄）

2021年4月27日，实施百万移民致富提升行动会议在银川市举行　　（左鸣远　摄）

2021年6月4日，自治区“四大提升行动”部署推进会在银川市举行　　（左鸣远　摄）

2021年2月28日，全区党史学习教育动员大会在银川市举行　（左鸣远　摄）

2021年6月28日，全区优秀共产党员、优秀党务工作者和先进基层党组织表彰大会在银川市举行　（左鸣远　摄）

2021年5月29日，自治区党委在福建省龙岩市上杭县古田镇新古田会议会址召开党史学习教育交流研讨会（左鸣远 摄）

2021年8月3日，全区领导干部学习贯彻习近平总书记“七一”重要讲话精神专题研讨班在银川市举行（左鸣远 摄）

2021年6月24日，“光荣在党50年”座谈会在银川市举行 （左鸣远　摄）

2021年6月22日，全区各界青年党员到宁夏工人文化宫参观“奋斗百年路　启航新征程”庆祝中国共产党成立100周年——宁夏回族自治区党的建设主题展览 （左鸣远　摄）

2021年6月2日，宁夏大学举行“感党恩·听党话·跟党走”红色经典诵读比赛，教师们以诵读表演的形式传播红色文化、传承革命精神，引导广大师生亲近红色经典，以开拓进取、努力拼搏的精神面貌庆祝中国共产党成立100周年　　（左鸣远　摄）

2021年6月29日，由自治区宣传部和自治区文联主办的“美丽新宁夏　翰墨颂党恩——庆祝中国共产党成立100周年”书法美术摄影民间工艺作品展开幕式在银川国际会展中心举行　（左鸣远　摄）

2021年6月28日，“风华百年路　启航新征程”宁夏回族自治区庆祝中国共产党成立100周年文艺晚会在宁夏人民剧院举行　（左鸣远　摄）

2021年6月28日，“风华百年路　启航新征程”宁夏回族自治区庆祝中国共产党成立100周年文艺晚会在宁夏人民剧院举行　（左鸣远　摄）

2021年7月16日，庆祝中国共产党成立100周年“劳动者之歌”颁奖典礼在银川市举行

（自治区总工会　提供）

在庆祝中国共产党成立100周年之际，银川多处地标建筑开启灯光秀，楼宇外墙不时出现“庆祝中国共产党成立100周年”“永远跟党走”等字样，为市民们奉献上一场视觉盛宴　　（李　涛　摄）

2021 年 4 月 29 日，深化闽宁协作交流座谈会在银川市举行

（左鸣远　摄）

2021 年 4 月 8 日，全国东西部协作和中央单位定点帮扶工作推进会在银川市举行

（左鸣远　摄）

2021 年 5 月 22 日，湘宁两省（区）在银川市召开能源合作座谈交流会

（左鸣远　摄）

2021年5月28日，福建宁夏两省（区）经贸合作交流恳谈会在厦门市举行

（左鸣远　摄）

2021年5月30日，闽宁协作第25次联席会议在福州市举行

（左鸣远　摄）

2021年9月8日，“福建院士专家宁夏行”座谈会在银川市召开

（宁夏科协　提供）

2021年8月19日，第五届中国—阿拉伯国家博览会在银川市开幕　　（左鸣远　摄）

2021年8月19日，第五届中国—阿拉伯国家博览会暨中国—阿拉伯国家技术转移与创新合作大会在银川市举办

（自治区科技厅　提供）

2021年8月19日，摩洛哥国家馆开馆仪式在银川国际会展中心举行　　（左鸣远　摄）

2021年8月19日，在第五届中国—阿拉伯国家博览会医疗康养展区，专业观展群众在言康互联网医疗展台体验“互联网+医疗健康”建设成果　　（左鸣远　摄）

2021年3月18日，2021年全区第一批重大项目集中开工现场推进会在银川经济技术开发区宁夏中环光伏材料公司50兆瓦太阳能级单晶硅材料智慧工厂及相关配套产业项目建设现场举行

（左鸣远 摄）

2021年5月21日，2021年全区第二批重大项目集中开工现场推进会在宁东能源化工基地举行

（左鸣远 摄）

2021年7月10日，宁夏国家葡萄及葡萄酒产业开放发展综合试验区挂牌仪式在银川市举行

（左鸣远 摄）

2021年3月，由福建省农业科学院与宁夏农林科学院合作共建的闽宁食用菌研发中心正式投入使用。图为闽宁食用菌研发中心、宁夏农林科学院园艺研究人员观察菌种的生长情况

（左鸣远　摄）

2021年11月23日，在中卫市沙坡头区光明牧业有限公司建设现代化规模示范奶牛场园区里，从新西兰、澳大利亚订购的数千头奶牛全部入栏

（左鸣远　摄）

2021年12月29日，宁夏首条沙漠公路乌玛高速青铜峡至中卫段正式通车

（左鸣远　摄）

2021年6月22—24日，主题为“绿色、创新、品牌、健康”的第四届枸杞产业博览会在宁夏中宁县开幕

（白　茹　摄）

2021年9月26日，中国（宁夏）国际葡萄酒品牌盛典在宁夏国际会堂举行　（左鸣远　摄）

2021年1月21日，石嘴山市大武口区的九天智能科技（宁夏）有限公司年产2亿片半导体模块一期项目生产车间的每一条生产线都实现了高度自动化和信息化 （左鸣远　摄）

2021年12月23日，百瑞源枸杞股份有限公司发酵型鲜枸杞原浆及枸杞深加工生产线上，随着机器的快速运转一瓶瓶枸杞原浆灌装完成 （左鸣远　摄）

2021年11月25日，全区科学技术奖励大会在银川市召开　（自治区科技厅　提供）

2021年5月，宁夏无线电博物馆开馆并免费向市民开放　（左鸣远　摄）

2021年10月14日，医生云大会在银川市召开，钟南山院士应邀出席大会

（自治区卫健委提供）

2021年1月19日，石嘴山市第八中学为期一周的科普研学冬令营活动拉开序幕，图为石嘴山市第八中学数字化实验楼，学生们在不同功能的实验室内体验“黑科技”

（左鸣远　摄）

2021年4月13日，盐池县盐州古城历史文化旅游区长城关灯火璀璨，展现着“滩羊之乡·多彩盐池”的活力
（左鸣远　摄）

中卫沙坡头旅游风景区的星星酒店
（左鸣远　摄）

2021年12月15日，旅客在六盘山娅豪滑雪场享受冰雪运动　　（左鸣远　摄）

2021年7月31日，由自治区文化和旅游厅、石嘴山市政府等单位共同主办的第三届沙湖水上运动旅游文化节在沙湖景区拉开序幕　　（马　楠　摄）

2021年4月21日，建设黄河流域生态保护和高质量发展先行区第四次推进会在银川市举行

（左鸣远　摄）

2021年8月26日，黄河流域生态保护和高质量发展先行区建设（重大项目建设）第五次推进会在银川市举行

（左鸣远　摄）

2021年11月21日，贯彻落实习近平总书记在深入推动黄河流域生态保护和高质量发展座谈会上重要讲话精神暨先行区建设第六次推进会在石嘴山市举行　（左鸣远　摄）

2021年9月28日，区直机关"让党中央放心、让人民群众满意"模范机关创建观摩推进会在银川市召开　（区直机关工委　提供）

2021年1月5日，自治区劳动模范和先进工作者表彰大会在银川市举行 （左鸣远 摄）

2021年1月6日，全区双拥模范城（县）命名暨双拥模范单位和个人表彰大会在银川市举行 （左鸣远 摄）

2021年6月28日，全区优秀共产党员、优秀党务工作者和先进基层党组织代表到宁夏工人文化宫参观“奋斗百年路　启航新征程”党的建设主题展览　　（左鸣远　摄）

2021年12月8日，全区政法英模先进事迹报告会暨巡回报告启动仪式在银川市举行

（自治区党委政法委　提供）

2021年7月6日，全区消费帮扶专区授牌仪式在银川市举行　　（自治区乡村振兴局　提供）

2021年10月11日，自治区侨联赴吴忠市敬老院开展“九九重阳节　浓浓敬老情”送温暖敬老活动

（自治区侨联　提供）

2021年4月19日，盐池县麻黄山乡李塬畔村举行了一场特殊的户外党课，近300名党员干部和群众在盐池县委革命旧址老院落里吃粗茶淡饭、听老党员讲红色故事，培育红色初心，传承红色基因

（左鸣远　摄）

2021年4月22日，马丽工作室“一对一”面向银川市利思农业有限公司提供涉税服务

（宁夏税务局　提供）

青铜峡大坝　　　（左鸣远　摄）

2021年5月20日，福银高速固原段道路两旁草木葱茏，农民新居屋舍井然。福银高速是国家高速公路网中一条承东启西、贯通东南至西北的运输大动脉。一边是东海之滨的八闽大地，一边是六盘山、贺兰山两山相望的西海固，作为“动脉”的福银高速为这份“山海情”注入了新活力　（王　鼎　摄）

2021年5月27日，蜿蜒六盘山间，从泾源县新民乡穿过的泾华高速公路。泾华（宁夏泾源至甘肃华亭）高速公路是宁夏与甘肃两省（区）重要的省际高速公路联络线，也是六盘山地区、陕甘宁革命老区重要的扶贫路、红色旅游路　（党　硕　摄）

隆德县沙塘镇清泉生态移民新村　　（左鸣远　摄）

2021年8月12日，银川市西夏区镇北堡镇入选宁夏高标准重点小城镇建设项目

（银川市志办　提供）

2021年5月23日，雨后清晨的泾源县出现的壮美云海景观。泾源县实施国土绿化、蓝天保卫、碧水清源、净土修复和绿色促进“五大行动”，消除环境隐患，遏制水土流失，提高水环境质量，提升水源涵养能力，使六盘山生态保护区的底色愈加亮丽　（左鸣远　摄）

2021年5月23日，宁夏富阳集团五彩缤纷的现代农业园区　（左鸣远　摄）

目　　录

专　文

大事记

宁夏综览

中共宁夏回族自治区委员会

宁夏回族自治区人民代表大会

宁夏回族自治区人民政府

政协宁夏回族自治区委员会

纪委监委

民主党派与工商联

群众团体

法　治

军　事

经济管理

金　融

农　业

水　利

工　业

商贸服务

经贸合作

交通　邮政　通信

开发区和园区建设

住房和城乡建设

自然资源管理

生态环境

教 育

科学技术

社会科学

文　化

旅　游

体 育

出版传媒

卫生健康

社会管理

民族宗教

市情概览

人物和荣誉

附　录

索　引

CONTENTS

NINGXIA HUI AUTONOMOUS REGION PEOPLE'S CONGRESS

PEOPLE'S GOVERNMENT OF NINGXIA HUI AUTONOMOUS REGION

COMMITTEE OF THE CPPCC NINGXIA HUI AUTONOMOUS REGION

COMMISSION FOR DISCIPLINE INSPECTION AND SUPERVISION

DEMOCRATIC PARTIES AND THE FEDERATION OF INDUSTRY AND COMMERCE

MASS ORGANIZATIONS

RULE OF LAW

MILITARY AFFAIRS

ECONOMIC MANAGEMENT

FINANCE

AGRICULTURE

WATER CONSERVANCY

INDUSTRY

NATIONAL RESOURCES MANAGEMENT

ECOLOGICAL ENVIRONMENT

EDUCATION

SCIENCE AND TECHNOLOGY

SOCIAL SCIENCE

CULTURE

TOURISM

SPORTS

专文

ZHUANWEN

NINGXIA
YEARBOOK

编辑◎张　哲

黄河流域生态保护和高质量发展先行区建设

2020年6月10日，习近平总书记在宁夏视察时指出，要把保障黄河长治久安作为重中之重，实施河道和滩区综合治理工程，统筹推进两岸堤防、河道控导、滩区治理，推进水资源节约集约利用，统筹推进生态保护修复和环境治理，努力建设黄河流域生态保护和高质量发展先行区。着眼于全国生态建设大局，着眼于黄河流域生态保护和高质量发展全局，总书记的殷切期望为建设美丽新宁夏注入了强大动力。

黄河是中华民族的母亲河，保护黄河是事关中华民族伟大复兴的千秋大计。宁夏是沿黄九省（区）中唯一全境属于黄河流域的省（区），在全国生态格局中的地位十分重要。因此，努力建设黄河流域生态保护和高质量发展先行区，是赋予宁夏新的时代重任、是历史责任所系、是国家目标所向、是宁夏发展所需。

当前宁夏面临着发展不足、质量不高的双重难题，对症的药方就是：坚持绿水青山就是金山银山的理念，坚持在发展中保护、在保护中发展，坚定不移推进先行区建设，坚持不懈推动高质量发展，加快形成节约资源和保护环境的空间格局、产业结构、生产方式、生活方式，实现经济社会发展和生态环境保护协调统一、协同共生。

宁夏站位服务国家战略、着眼流域全局、担当宁夏责任，全面系统进行顶层设计，推动形成“1+N+X”规划政策体系，确保先行区建设短期在“点”上有关键突破、中期在“线”上有显著成效、长期在“面”上有重大成果。

2020年7月，自治区党委第十二届十一次全会审议通过《中共宁夏回族自治区委员会〈关于建设黄河流域生态保护和高质量发展先行区的实施意见〉》。提出要准确把握建设黄河流域生态保护和高质量发展先行区的目标定位，建设河段堤防安全标准区、生态保护修复示范区、环境污染防治率先区、经济转型发展创新区、黄河文化传承彰显区，为黄河流域生态保护和高质量发展作出示范、创造经验、打造样板。要认真抓好建设黄河流域生态保护和高质量发展先行区的重点任务，坚持以方案规划为引领，以重大项目为载体，以工程实施为抓手，以黄河和贺兰山、六盘山、罗山“一河三山”为坐标，构建黄河生态经济带和北部绿色发展区、中部防沙治沙区、南部水源涵养区的“一带三区”生态生产生活总体布局，抓好保障黄河安澜、保护修复生态、治理环境污染、优化资源利用、转变发展方式、完善基础设施、优化城镇布局、保障改善民生、加快生态建设、发展黄河文化10项重点任务。

2020年12月6—7日召开的自治区党委第十二届十二次全会审议通过《中共宁夏回族自治区委员会〈关于制定国民经济和社会发展第十四个五年规划和二〇三五年远景目标的建议〉》（以下简称《建议》），《建议》进一步深化对建设黄河流域生态保护和高质量发展先行区的认识：奋力担当时代新使命，努力建设黄河流域生态保护和高质量发展先行区。坚持以先行区建设统领美丽新宁夏建设、引领全区现代化建设，共同抓好大保护、协同推进大治理，在黄河流域率先走出一条生态良好、生产发展、生活富裕的文明发展道路。"十四五"时期推动黄河流域生态保护和高质量发展先行区建设取得阶段性重要成果，2035年先行区建设取得重大战略成果。对《中共宁夏回族自治区委员会关于建设黄河流域生态保护和高质量发展先行区的实施意见》提出的"一河三山""一带三区"构想进行新谋划：以"一河三山"为生态坐标加快构建"一带三区"总体布局，推动贺兰山生态区域向南延伸、六盘山生态区域向北拓展、罗山生态区域向四周延展。建设黄河生态经济带、北部绿色发展区、中部封育保护区、南部水源涵养区。

2021年7月，自治区编制完成《宁夏黄河流域生态保护和高质量发展规划》，制定"三山"生态保护修复、国土绿化和湿地保护修复、水安全保障等专项规划，启动《宁夏建设黄河流域生态保护和高质量发展先行区促进条例》立法工作，立法紧紧扭住用水权、土地权、排污权、山林权4项关键改革精准发力，通过"四权"改革破解难题、激发活力。《宁夏回族自治区建设黄河流域生态保护和高质量发展先行区促进条例》于2022年1月正式出台，共10章80条，从生态环境保护和治理、水资源节约集约利用、灾害预防和应对等方面，为宁夏加快建设黄河流域生态保护和高质量发展先行区提供坚强有力的法律保障。

2020—2021年，宁夏先后召开5次先行区建设推进会，对产业发展、生态环保、基础设施、改革创新等关系全局的重点任务作出安排，特别是紧紧扭住用水权、土地权、排污权、山林权四项关键改革精准发力，通过"四权"改革破解难题、激发活力。第一次推进会，重在大力推进重点产业发展，要横下一条心，始终抓住重点产业不放松；要认准一条路，大力推进重点产业高质量发展；要铆足一股劲，推进重点产业发展取得新突破。第二次推进会，重在保护和改善生态环境，要以更高政治站位、更强战略定力、更实工作举措，坚决扛起保护和改善生态环境的重任，加快建设黄河流域生态保护和高质量发展先行区，持续建设天蓝地绿水美的美丽宁夏。第三次推进会，重在切实抓好基础设施重大工程项目建设，要抓重点，把"十大工程项目"和先行区建设提出的标志性、引领性、战略性重大工程项目，作为基础设施建设的重中之重。要抓关键，坚持以水定城、以水定地、以水定人、以水定产。要抓落实，以项目建设为载体，以大抓项目为导向，以干成项目为目标，抓住政策机遇，推动项目落地，激活投资主体，加快建设进度。第四次推进会，重在研究部署用水权、土地权、排污权、山林权"四权"改革，推进"四权"改革意义重大、刻不容缓，是大势所趋，用水权改革是必行之举，土地权改革是必为之策，排污权改革是必由之路，山林权改革是必需之计，必须顺势而为、因势利导，在体制机制改革上率先突破。第五次推进会，实地了解"9个重点产业""十大工程项目"推进情况，强调要深入贯彻落实习近平总书记考察宁夏重要讲话精神，坚决响应"社会主义是干出来的"伟大号召，深入开展"以实干展现新作为、靠实干交出新答卷"活动，聚精会神谋发展、突出重点抓项目、拼搏进取促落实，确保实现全年经济社会发展目标任务，为加快推进黄河流域生态保护和高质量发展先行区建设提供有力支撑。

2021年6月10日，宁夏召开推动黄河流域生态保护和高质量发展先行区建设新闻发布会，介绍宁夏党委和政府推进先行区建设情况。宁夏以先行区建设统揽宁夏"十四五"时期经济社会发展，共同抓好大保护、协同推进大治理，在黄河流域率先积极探索生态良好、生产发展、生活富裕的文明发展道路，先行区建设实现起步有力、开局良好。

在自治区的推动下，全区各地"比学赶超"，迅速掀起先行区建设的热潮：银川市以"非常之心"举"非常之力"担"非常职责"，提出勇立潮头、作出表率、走在前列，在理念上先行、在谋划上先行、在落实上先行。实施湖泊保护修复整治、水系景观提升等生态修复重点项目，打造沿黄生态廊道、城市野生动物迁徙通道和绿色水网。石嘴山市争当先行区建设排头兵，提出在经济转型发展创新区、生态保护修复示范区、环境污染防治率先区建设上走在前，在保障河段堤防安全标准区、黄河文化传承彰显区建设上见实效，持续打好蓝天、碧水、净土三大保卫战，确保黄河石嘴山段108公里长久安澜。吴忠市提出黄河流域生态保护和高质量发展先行区建设走在全区前列，广泛形成绿色生产生活方式，生态文明制度体系健全完善、保障水平有力，贺兰山东麓、罗山规划区生态保护和修复明显加快。固原市奋力谱写建设先行区和继续建设美丽新宁夏的固原篇章，围绕"三山五河"生态坐标，构建"一区五城"发展布局，筑牢六盘山生态屏障，打赢污染防治攻坚战，打造生态经济新高地，加快推进山绿与民富共赢，建设美丽宜居新家园，坚决守好改善生态环境生命线。中卫市争做建设黄河流域生态保护和高质量发展先行区中的先行市，提出黄河治理走在前、环境保护走在前、生态产业走在前、经济转型走在前、文化传承走在前，率先构建河畅水净岸绿的黄河中卫段综合治理体系、天蓝地绿水美的美丽新中卫环保体系、低耗高效循环的可持续生态产业体系、高端绿色智能融合的高质量发展经济体系、亲和厚重多元的黄河文化传承体系。

2021年，宁夏将生态保护作为先行区建设的根本任务来抓，在保护上下决心，以“一河三山”保护治理为重点，全区水土流失实现总体逆转。黄河干流宁夏段水质连续5年实现Ⅱ类进Ⅱ类出，劣Ⅴ类水体全面清零，地级市空气优良天数比例连续3年稳定在85%以上，西北地区重要生态安全屏障建设全面加强。

习近平总书记赋予宁夏建设先行区的时代重任，既是对宁夏各级党组织的高度信任，也是对全区广大党员干部的政治考验。近两年来，宁夏建设黄河流域生态保护和高质量发展先行区方向目标越来越聚焦、路径任务越来越清晰、战略战术越来越明确、政策举措越来越完善、项目工程越来越充实。全区上下将全面贯彻落实自治区党委和政府的决策部署，坚持干在实处、走在前列，完成好确定的目标任务，确保先行区建设取得实质性突破，努力为黄河流域生态保护和高质量发展闯出新路、作出示范。2035年，中国将基本实现社会主义现代化远景目标，宁夏黄河流域生态保护和高质量发展先行区建设也将取得重大战略成果。

（摘编自《宁夏日报》2020—2021年相关报道）

宁夏庆祝中国共产党成立100周年系列活动

宁夏各界人士庆祝中国共产党成立100周年座谈会

2021年6月28日，宁夏各界人士庆祝中国共产党成立100周年座谈会在银川市召开。自治区党委常委、统战部部长白尚成出席会议并讲话。自治区领导姚爱兴、杨培君、张守志、马秀珍出席会议。各民主党派区委会和自治区工商联主要负责人、无党派代表人士、宗教界代表人士、非公有制经济代表人士、港澳台侨代表人士分别围绕“同心向党，奋进新时代”主题作交流发言，回顾和总结了中国共产党团结带领各民主党派、无党派人士创造的百年辉煌成就和历史经验，表达了对中国共产党领导和中国特色社会主义的政治认同、思想认同、理论认同、情感认同。会议指出，在革命建设和改革各个历史时期，宁夏各界人士始终同党和政府想在一起、站在一起、干在一起，为宁夏经济社会发展作出了巨大贡献。站在新的历史起点上，全区各界人士要以中共党史学习教育为契机，把中国共产党的历史学习好、总结好，把中国共产党与各界人士风雨同舟的经验传承好、发扬好，始终坚持中国共产党的领导，涵养坚如磐石的政治定力；始终坚持统一战线这个法宝，最大限度地凝聚人心汇聚力量；始终坚持围绕中心服务大局，为全区高质量发展贡献智慧和力量，在新时代的长征路上书写新篇章、创造新辉煌。

全区优秀共产党员优秀党务工作者和先进基层党组织表彰大会

2021年6月28日，在庆祝中国共产党百年华诞之际，自治区优秀共产党员、优秀党务工作者和先进基层党组织表彰大会在银川悦海会议中心举行。自治区党委书记陈润儿出席会议并讲话，自治区主席咸辉主持会议。自治区政协主席崔波出席。自治区党委常委、组织部部长石岱宣读《中共宁夏回族自治区委员会关于表彰全区优秀共产党员、全区优秀党务工作者和全区先进基层党组织的决定》。马洪梅等150名共产党员、胡月琴等99名党务工作者、银川市兴庆区掌政镇镇河村党支部等150个基层党组织，分别被授予“全区优秀共产党员”“全区优秀党务工作者”“全区先进基层党组织”荣誉称号。陈润儿、咸辉、崔波等领导为受表彰的先进集体和优秀个人代表颁奖。全区优秀共产党员代表、原宁夏话剧团团长王志洪，全区优秀共产党员代表、银川市兴庆区玉皇阁北街街道八一社区党委书记、居委会主任李娟，全区优秀共产党员代表、固原市六盘山林业局峰台国有林场杨家店护林点点长蒙旺平，全区先进基层党组织代表、吴忠市红寺堡区红寺堡镇党委书记郑慧玲，全区优秀党务工作者代表、宁夏电力投资集团有限公司党委党群工作部部长郑爱萍，全区先进基层党组织代表、固原市隆德县凤岭乡李士村党支部书记、村委会主任齐永新作了发言。陈润儿代表自治区党委，向奋战在全区各行各业、各条战线上的共产党员致以节日的问候，向受到表彰的先进集体和优秀个人表示热烈的祝贺。他强调要坚持以习近平新时代中国特色社会主义思想为指导，深入学习贯彻习近平总书记考察宁夏重要讲话精神，以先进为榜样，以典型为标杆，坚守理想之魂，激发奋斗之志，汇聚磅礴之力，朝着继续建设经济繁荣、民族团结、环境优美、人民富裕的美丽新宁夏目标奋力前行。

会前，陈润儿、咸辉、崔波等接见受表彰的先进集体和优秀个人代表，与大家亲切握手并合影留念。自治区党委常委、人大常委会负责同志，自治区党的建设领导小组成员单位主要负责同志，受表彰的全区优秀共产党员、优秀党务工作者和先进基层党组织代表参加。

自治区庆祝中国共产党成立100周年文艺晚会

2021年6月28日晚，自治区庆祝中国共产党成立100周年文艺晚会《风华百年路 启航新征程》在宁夏人民剧院上演。自治区党委书记陈润儿、自治区主席咸辉、自治区政协主席崔波等与社会各界人士代表一同观看晚会，共同庆祝党的百年华诞。晚会由序篇《永恒誓言》和《红旗漫卷》《潮涌塞上》《黄河水甜》《筑梦复兴》4个篇章组成，通过舞蹈、独唱、大合唱、情景表演、诗朗诵、弦子弹唱等多种艺术形式礼赞伟大的中国共产党带领中国人民所取得的丰功伟绩，表达塞上儿女永远听党话、感党恩、跟党走的殷殷之情、坚定之心。

晚会在歌舞《破晓·南湖曙色》中拉开帷幕。情景剧《六盘山上高峰》以红军长征翻越六盘山为主线，将长征过程中的精彩片段会师将台堡、单家集夜话等进行唯美展现。在《潮涌塞上》篇章，《咱们工人有力量》《革命人永远是年轻》《宁夏川我可爱的家乡》等歌舞精彩亮相，唱响社会主义好、伟大祖国好的主旋律，全面展示了五湖四海支宁人义无反顾、全力以赴支援宁夏建设发展和宁夏各族群众攻坚克难、共建家园的精神风貌，生动反映了没有共产党领导下的中华民族共同体就没有新宁夏、新生活。《黄河水甜》篇章的舞蹈《共产党好　黄河水甜》、情景歌舞《坚强脊梁》等，彰显了广大干部群众对共产党的感恩之心、感念之情以及大家团结一心、砥砺奋进的历程。《筑梦复兴》篇章则通过诗朗诵、弦子弹唱、歌舞、鼓乐歌舞等丰富多彩的形式，展现出宁夏各族群众认真贯彻落实习近平总书记考察宁夏重要讲话精神，按照习近平总书记为宁夏擘画的宏伟蓝图，坚决扛起建设黄河流域生态保护和高质量发展先行区的时代使命，谋划推进9个重点产业、"十大工程项目""四大提升行动"等重点工作，以实干实绩实效践行"社会主义是干出来的"，表达出宁夏各族群众踏上新征程、再创新辉煌的信心和决心。最后，观众全体起立，与演员一起高唱《没有共产党就没有新中国》，大家伴随着节奏挥舞手中的国旗，顿时，舞台上下汇成一片红色的海洋，一张张激情洋溢的面孔、一句句激荡胸怀的歌声，深情表达出宁夏儿女对党的无限热爱、无限忠诚。

晚会结束后，陈润儿、咸辉、崔波等自治区领导走上舞台，看望慰问了演职人员。自治区现职副省军级以上领导同志、副省军级以上离退休老同志，区直有关部门（单位）、中央驻宁有关单位、有关大型企业主要负责人，受表彰的全区优秀共产党员、全区优秀党务工作者和全区先进基层党组织代表等1200多人观看了晚会。

自治区领导走访看望各民主党派宁夏区委会

2021年6月29日，在中国共产党百年华诞来临之际，自治区党委书记陈润儿到自治区民主党派大楼，走访看望民革、民盟、民建、民进、农工党、九三学社宁夏区委会班子成员和机关干部，与大家亲切交流。

陈润儿先后参观了各民主党派宁夏区委会的文史馆、书画馆、参政议政处、党员之家等，详细了解各民主党派宁夏区委会的历史沿革、组织架构、人员设置、职能发挥等情况，对各民主党派长期以来为推动宁夏民族团结进步、事业发展同步向上作出的贡献表示感谢。陈润儿指出，党的历史是最生动、最真实的教科书。中国共产党的一百年，是矢志践行初心使命的一百年，是筚路蓝缕奠基立业的一百年，是创造辉煌开辟未来的一百年。值此百年华诞的特殊时刻，我们永远不能忘记与我们党风雨同舟、患难与共的各民主党派。在国家危亡、民族存亡之际，各民主党派义无反顾支持共产党、追随共产党，在追求民族独立、人民解放、国家富强、人民幸福和推动中国特色社会主义事业发展的征程中，各民主党派始终与中国共产党肝胆相照、荣辱与共，亲密合作、团结奋斗。实践充分证明，各民主党派是中国共产党久经考验的亲密友党和社会主义的参政党。特别是中共十八大以来，在以习近平同志为核心的党中央坚强领导下，中华大地发生了深刻变化、写下了辉煌篇章，创造了世所罕见的经济快速发展和社会长期稳定“两大奇迹”。多年来，各民主党派积极响应中共中央的号召，立足宁夏、服务大局，推动各民族团结进步，实现事业发展同步向上，尤其是在脱贫攻坚、全面小康的伟大进程中，发挥了特有作用、作出了重大贡献。

陈润儿强调，当前，我们正处在“两个一百年”奋斗目标的历史交汇点上，同心共筑中国梦、携手奋进新时代是大家的共同心声。我们将与各民主党派一道，更加紧密地团结在以习近平同志为核心的党中央周围，坚持“长期共存、互相监督、肝胆相照、荣辱与共”的方针，坚持好、完善好、发展好中国共产党领导的多党合作和政治协商制度。各民主党派人才荟萃、各具优势，希望弘扬优良传统，团结带领广大成员为实现习近平总书记为宁夏擘画的宏伟蓝图、赋予的时代使命，携手前行、共同奋斗，在各自岗位上做出更加出色的成绩、迸发更加昂扬的斗志，共同开创多党合作新局面，齐心协力建设美丽新宁夏。

自治区领导雷东生、白尚成、姚爱兴、杨培君、张守志、马秀珍参加。

宁夏有关部门、行业举办庆祝中国共产党成立100周年活动

2021年6月10日，“千秋伟业　百年辉煌”——庆祝中国共产党成立100周年主题美术创作展在银川市开幕。此次展览是宁夏文化和旅游厅组织宁夏书画院全院创作力量，邀部分知名艺术家，以建党百年为主题，新创作的一批精品力作。经过严格评审，有133件美术作品全新亮相，展出涵盖国画、油画、版画、雕塑、水彩、连环画、综合材料、书法等多个艺术门类，书写中国共产党人的理想信念和初心使命，以艺术形式展现了宁夏人民在党的领导下“建设美丽新宁夏、共圆伟大中国梦”的奋斗历程和辉煌成就，彰显宁夏各族儿女“传承党的百年历史基因、铸牢中华民族共同体意识”的坚定信心，体现艺术工作者讴歌新时代、礼赞新生活的家国情怀。

2021年6月23日，自治区党委办公厅举办“光荣在党50年”纪念章颁发仪式暨“两优一先”表彰会，为党办系统“光荣在党50年”的老党员颁发纪念章，表彰党办系统优秀共产党员、优秀党务工作者和先进党支部。会议要求党员干部学习弘扬老党员和新模范旗帜鲜明的政治品格、高度自觉的大局观念、恪尽职守的担当意识、事业为上的进取精神、遵纪守法的法治观念、热情奉献的道德操守，以更加饱满的工作热情投身新时代“三服务”工作，以更加强烈的责任心肩负党办的职责使命，努力打造党委的“坚强前哨”“巩固后院”。自治区党委常委、秘书长雷东升出席会议并讲话。

2021年6月25日，自治区纪委监委机关召开庆祝中国共产党成立100周年暨“两优一先”表彰大会，向“光荣在党50年”的老党员颁发纪念章，表彰一批优秀共产党员、优秀党务工作者以及先进党支部、创建模范机关达标单位。会议要求党员干部要牢记共产党员“第一身份”，把入党誓词和党章的具体要求印刻在脑海中、融入血液里；要始终在勇于担当作为上见实效，把从百年党史中汲取的精神力量转化为对本职工作的不懈进取，充分发挥监督保障执行、促进完善发挥职能作用，推动新时代纪检监察工作高质量发展。自治区党委常委、纪委书记艾俊涛出席会议并讲话。

2021年6月27日晚，宁夏教育系统庆祝中国共产党成立100周年“永远跟党走”文艺汇演在宁夏人民会堂举行，激励全区教育系统各级党组织和广大党员立足新发展阶段，贯彻新发展理念，融入新发展格局，在推进各级各类教育高质量发展、办好人民满意的教育中建功立业。此次文艺汇演是自治区教育工委、教育厅庆祝中国共产党成立100周年系列活动的重要内容。整场演出分为开天辟地、改天换地、翻天覆地、惊天动地四大篇章，情景舞蹈《红船往事》、音乐舞蹈史诗《长征组歌》、音乐舞剧《伟大的节日》等节目以不同形式讴歌党的光辉历程，展现新时代教育战线广大师生感党恩跟党走、奋进新征程的昂扬姿态。自治区教育工委、教育厅庆祝中国共产党成立100周年系列活动包括“让有信仰的人讲信仰”百场学习宣讲、“两优一先”百人表彰、“没有共产党就没有新中国”百场文艺汇演、“向党送祝福，感恩新时代”百场党史学习教育比赛等活动。系列活动2021年4月启动，全区教育系统近3000所学校，6万余名师生广泛参与。

2021年6月29日，由宁夏回族自治区党委宣传部、自治区文联共同主办的“美丽新宁夏　翰墨颂党恩——庆祝中国共产党成立100周年书法美术摄影民间工艺作品展”在银川市开幕，自治区党委常委、宣传部部长李金科出席开幕式。全区广大文艺工作者、爱好者热烈响应，创作遴选出720多件艺术作品参加展览。入展作品无论是主题构思、艺术语言还是呈现形式、创作水准，都充分体现了新时代宁夏艺术家们培根铸魂、守正

出新的艺术追求。尤其是集合全区老中青三代艺术家们精心创作的一系列重大主题和现实题材作品，倾情笔端聚焦镜头，回望历史观照现实，展现塞上风骨，熔铸宁夏气派，焕发出讴歌党、讴歌祖国、讴歌人民、讴歌英雄的真挚情感。深刻反映了在中国共产党坚强领导下百年大党的理论信仰与理想追求、赤子情怀与使命担当，生动展现了塞上大地奋斗、奋进、奋发的光辉历程，以及宁夏艺术家们为时代立传、为时代画像、为时代明德的文化担当。展览持续至7月3日。

2021年6月30日，自治区党委举行庆祝中国共产党成立100周年座谈会。国家能源集团宁夏煤业有限责任公司金能煤业分公司离休老干部刘忠、西吉县硝河乡新庄村驻村第一书记王元明、宁夏宝丰能源集团股份有限公司副总裁姚敏、光明日报社驻宁夏记者站原站长庄电一、宁夏大学马克思主义学院学生李小文先后发言，共同回顾党的辉煌历程，讴歌党的丰功伟绩。与会人员纷纷表示，站在新起点、踏上新征程，将深入贯彻习近平总书记考察宁夏重要讲话精神，传承党的百年红色基因，奋力谱写新时代建设美丽新宁夏的壮丽篇章。

2021年6月30日，自治区党委宣传部召开庆祝中国共产党成立100周年座谈会，缅怀党的光辉历程，传承党的优良传统，表彰了先进基层党组织和优秀共产党员，号召全系统广大党员干部进一步激发奋斗精神，切实增强“四个意识”、坚定“四个自信”，在践行“两个维护”、深化理论武装、锤炼党性修养、忠诚履职尽责、干部队伍建设上走在前当先锋作表率，努力在建设先行区和美丽新宁夏实践中打头阵、建功立业，以实际行动庆祝中国共产党成立100周年。自治区党委常委、宣传部部长李金科出席会议并讲话。

2021年6月30日，宁夏军区开展首长机关“坚决听党话、永远跟党走”主题党日活动。自治区党委常委、宁夏军区司令员赵建宏，军区政治委员郭建军、副司令员王同广、副政治委员邓艳平参加活动。活动还表彰了12名优秀共产党员、6名优秀党务工作者、4个先进团级党委、3个先进基层党组织和4个先进民兵党组织。全体党员参观了党的历次代表大会和中国共产党人的精神谱系主题展览。

2021年7月5日，自治区庆祝中国共产党成立100周年理论研讨会在银川市召开。会议认真学习贯彻习近平总书记“七一”重要讲话精神，深刻感悟思想伟力，凝聚奋进力量，更好地激发广大干部群众为建设先行区和美丽新宁夏而奋斗的信心决心。自治区党委常委、宣传部部长李金科出席会议并讲话。会议通报了理论征文活动优秀论文作者和优秀组织单位。宁夏日报报业集团党委书记、社长、总编辑周庆华以《学讲话筑基强魂　尽职责打好头阵》为题，自治区党史研究室主任王建军以《感悟思想伟力　担当时代使命》为题，自治区党校（行政学院）常务副校（院）长蒋文龄以《感悟思想伟力　走好新的赶考之路》为题，宁夏社科院院长刘雨以《为建设美丽新宁夏贡献智库力量》为题，宁夏大学马克思主义学院院长范映渊以《新赶考路上的奋斗逻辑》为题，自治区党校（行政学院）教务处处长刘文长以《从百年历史中看坚持中国共产党坚强领导》为题作主题发言，优秀论文获奖代表作了交流发言。会议指出，要充分认识习近平总书记“七一”重要讲话的重大政治意义、历史意义、理论意义、实践意义，深刻理解和把握其丰富思想内涵和重大理论创新，把思想认识统一到习近平总书记重要讲话精神上来，以高度的政治责任感使命感做好研究解读阐释工作。会议要求，全区宣传思想文化系统和社科理论界要在理论武装、宣传宣讲、教育普及、研究阐释上下功夫，迅速兴起学习宣传贯彻热潮，推动习近平总书记“七一”重要讲话精神入脑入心、走深走实、家喻户晓、见行见效。要聚焦首要任务、把握正确方向、坚持实践导向、加强队伍建设，切实提高社科理论工作能力和水平。

（摘编于“学习强国”宁夏学习平台2021年6—7月发布内容）

宁夏实施“四大提升行动”

2020年12月，自治区党委召开第十二届十二次全会，深入学习贯彻习近平总书记考察宁夏重要讲话精神，提出实施“四大提升行动”（百万移民致富提升、城乡居民收入提升、基础教育质量提升、全民健康水平提升），补短板、强弱项、固底板，不断增强人民群众的获得感、幸福感、安全感。

宁夏作为西部地区、民族地区，受自然条件、历史因素、资源禀赋的影响，城乡山川发展不协调的问题突出，与东部发达省份的发展差距也在拉大，特别是收入、教育、医疗等公共服务领域的差距，直接影响着群众的幸福指数。自治区有针对性地提出实施“四大提升行动”，将其作为促进民族团结进步的重要基础、巩固拓展脱贫攻坚成果的重要途径、全面推进乡村振兴的重要载体、加快区域协同发展的重要保障、推动实现共同富裕总目标的重要抓手，专项制定工作方案，建立“省级领导+牵头单位”包抓责任制，以点带面，统筹推进。宁夏部署实施四大提升行动，以此为抓手巩固脱贫攻坚成果、促进乡村全面振兴、实现共同富裕目标。截至2021年年底，全区各地“四大提升行动”开局顺利、进展良好、成效明显。

百万移民致富提升行动

自20世纪80年代以来，宁夏分6个阶段，先后搬迁移民123万人，约占现宁夏总人口的1/6。聚焦“十一五”“十二五”“十三五”政策性移民和自主迁徙居民，以人口规模800人以上的大型移民安置区为重点，制定“一区一策”帮扶方案，重点推进安置区补短板强弱项，稳妥解决农村自主迁徙居民问题，加快推进产业发展、就业帮扶、社会融入、基础设施、公共服务、环境整治、权益保障、乡村治理、精神文明建设等工作，持续巩固搬迁群众脱贫成果，确保稳得住、有就业、逐步能致富。确保到2025年，安置区脱贫攻坚成果巩固拓展，乡村产业质量效益和竞争力显著提高，基础设施和基本公共服务健全完善，有劳动能力的搬迁家庭至少有一项稳定增收产业或至少一人稳定就业，搬迁群众收入增速高于全区农民收入平均水平。支持红寺堡区创建全国易地搬迁移民致富提升示范区，在产业兴区富民、城乡生态宜居、社会文明和谐、基层治理有效、民族团结进步方面作出示范，全面增强内生发展动力。

自治区重点围绕产业、就业、社会融入，全力抓好产业就业帮扶、配套基础设施、改善公共服务、整治人居环境、健全保障体系、推进文明建设6个重点，扎实推进“9+1”专项提升，确保移民群众人均可支配收入增长高于8%，“十四五”期间人均可支配收入增速始终高于全区农村居民平均水平。根据百万移民致富提升行动实施意见，宁夏将大力推广“种养业+加工+销售业”“龙头企业+专业合作社+生产基地+农户”等产业发展模式，培育壮大一批农业龙头企业，支持引导一批规模经营主体，鼓励发展一批特色产业，切实让产业成为移民地区发展的有力支撑。

城乡移民收入提升行动

宁夏找准提高居民工资性、经营性、财产性、转移性收入的突破口，多措并举促进居民收入普遍较快增加，重点抓好产业发展促增收、扩大社会就业促增收、完善分配机制促增收、健全保障政策促增收，确保城乡居民收入年年都有新提高、生活年年都有新改善。

宁夏坚持以脱贫县为单位规划发展乡村特色产业，实施特色种养业提升行动，大力发展葡萄酒、枸杞、奶产业、肉牛和滩羊、绿色食品等重点特色产业，做强做优马铃薯、冷凉蔬菜、小杂粮、黄花菜等地方特色产业，积极培育电子商务、文化旅游、休闲农业、健康养老等新产业新业态。完善农产品加工全产业链支持措施，加快脱贫地区农产品和食品仓储保鲜、冷链物流设施建设，支持农产品流通企业、电商、批发市场围绕区域特色产业与农产品加工企业精准对接。优先支持脱贫县建设现代农业产业园、科技示范展示园、产业融合发展示范园，支持脱贫县创建“国家现代化农业示范区”。支持脱贫地区培育有机农产品、地理标志农产品，打造区域公用品牌。

为全力推动移民地区特色产业发展，2021年，全区投入产业发展资金19.3亿元，投放小额信贷11亿元，支持移民区培育龙头企业96家，规模性经营主体261家，建设养殖圈舍2747座，日光温棚4792座，发展特色种植78.7万亩，存栏肉牛达30.7万头、奶牛2.9万头、肉羊136万只。2021年，自治区精准落实国家就业扶持政策，大力开展技能培训，充分发挥对口协作、定点帮扶等资源优势，实现转移就业19.7万人，帮扶车间带动移民就地就近就业9314人，确保实现有劳动能力的搬迁家庭至少1人稳定就业。

2021年，全区各地围绕9个重点产业，着力在引龙头、建基地、拓市场、抓服务上下功夫，产业已成为农村发展的有力支撑、农民增收的源头活水。产业培育更加精准，产业层次明显提升，带动能力持续增强。宁夏将75%以上的财力用于民生事业，推动巩固拓展脱贫攻坚成果同乡村振兴有效衔接，抓好产业、就业、社会融入3件事，移民收入增幅快于农民收入；制定《灵活就业13条》，城镇新增就业8.2万人，农村劳动力转移就业81.3万人；宁夏农村居民人均可支配收入15337元，同比增长10.4%，是近7年来增长最快且首次实现两位数增长的一年，增速连续12年高于城镇居民，城乡居民收入比由2015年的2.76:1缩小到2021年的2.5:1。

2021年，宁夏实施城乡居民收入提升行动，坚持市场调节、政府调控，体现效率、促进公平，突出目标导向、问题导向，聚焦优化城乡居民收入结构，大力实施城乡居民收入提升行动，全面拓宽居民增收渠道，不断扩大中等收入群体，切实提高低收入群体收入，努力让宁夏人民共享改革发展成果。力争“十四五”期间，宁夏城乡居民人均可支配收入年均增长6%左右，到2025年达到3.5万元以上。

基础教育质量提升行动

宁夏积极巩固提升学前教育普及成果，推进义务教育优质均衡发展，推动高中阶段学校多样化发展，完善特殊教育、专门教育保障机制。加强“互联网+教育”示范区建设，办好乡镇寄宿制学校和农村小规模学校，增加普惠性学前教育供给，加大对县（区）财政支持力度，解决教师编制少、经费保障不足等问题。在硬件条件改善的同时，重点加强师资力量、文化建设等软环境的改善，不断提升教育服务经济社会贡献能力。

2016—2021年，宁夏累计投入135亿元，新建改扩建幼儿园699所、中小学校舍210万平方米，学前教育快速发展，幼儿园从788所增加到1464所，总体翻了一番，公办幼儿园、普惠性幼儿园占比分别达57%和89%，高标准超过国家“50”“80”的既定目标；高中教育普及攻坚计划的实施，让高中阶段毛入学率达到93%，高于全国水平3.5个百分点，所有市、县实现普及高中阶段教育目标；特殊教育学校实现30万人以上县（区）全覆盖，通过普通学校随班就读、特教学校、送教上门等多种方式，保障残疾少年儿童全纳教育。2021年，宁夏普惠性幼儿园覆盖率达90%，“互联网+教育”经验在全国推广。

宁夏在基础教育质量提升行动中，以立德树人、资源增量达标、规范化管理等“五大工程”为载体，聚焦基础教育发展短板弱项，抓住教师这一关键环节，强化规范管理，深化改革创新，全力推动基础教育提档升级，加快构建更加公平更高质量的基础教育体系。力争到2025年，基础教育发展水平、综合实力、创新能力明显提升，主要发展指标和质量水平走在西部地区前列。基础教育质量提升行动如一个强大“内核”，带动宁夏教育事业“高速运转”。

全民健康水平提升行动

宁夏全面贯彻新时代党的卫生健康工作方针，坚持预防为主、中西医并重，突出重大疾病防控、医疗服务水平提升和保障能力建设，加快健康宁夏建设。加强医疗卫生体系、队伍和保障能力建设，全方位全周期维护和保障人民健康。深化“互联网+医疗健康”示范区建设；健全疾病预防控制和公共卫生体系，提升县级医疗机构救治能力，建设自治区重大疫情救治基地；配置好已有医疗资源，强化医疗系统间的互联互通，落实落细分级诊疗制度，实现基本医疗卫生服务体系高效运行；优化医疗技术服务，补充基层医疗机构人员队伍；广泛开展爱国卫生运动，提高全民健康素养和水平，进一步夯实增进民生福祉的健康基石。力争到2025年，宁夏居民健康生活方式广泛形成，卫生健康服务能力水平明显提升，重大慢性病、传染病、地方病得到有效防治，人均预期寿命提高到78.2岁，居民健康素养水平提高到30%，婴儿死亡率、5岁以下儿童死亡率、孕产妇死亡率分别下降到3‰、5‰和0.14‰。

2021年，针对重点人群、重大疾病，宁夏坚持预防、干预两手抓，实施妇幼健康筛查和重大慢病干预。宁夏已完成农村适龄妇女“两癌”检查17489人，新生儿疾病筛查2.3万余人，脱贫户新生儿耳聋基因筛查682人，有力保障了妇女儿童健康，提高了出生人口质量。

区域资源配置不均衡、基层服务能力弱一直是制约宁夏卫生健康发展的主要原因。宁夏坚持优质医疗资源扩容，积极争取国家发展改革委、卫生健康委支持，与北京大学医学部及所属医院、西安交通大学第一附属医院达成初步合作意向，按照“地方政府主建，输出医院主营”模式，聚焦创建肿瘤国家区域医疗中心、妇产儿科国家区域医疗中心；全面提升基层医疗服务能力，落实“十四五”自治区财政预算资金1.46亿元，推进自治区级、县级医疗机构薄弱专科建设，2021年计划建设80个薄弱专科；在宁夏97%的社区卫生服务中心、乡镇卫生院建设中医馆，自2020年起至“十四五”末，每年补助2000万元建设5所社区卫生服务中心。在13个县(区)所有乡镇卫生院、社区卫生服务中心(站)和村卫生室建设基层人工智能辅助诊疗系统，实现了宁夏所有乡村、社区人工智能辅助诊断系统全覆盖。在全民健康水平提升行动中，宁夏将抓好重大疾病防控、加强重点人群健康服务，争取国家区域医疗中心建设、加快自治区区域医疗中心建设、健全完善区市县三级传染病救治体系、建设高水平公共卫生人才队伍，统筹推进医疗、医保、医药“三医联动”改革，全方位全周期维护和保障人民健康。

2021年，城市医联体、县域医共体全覆盖，二级以上定点医疗机构门诊费用跨省直接结算；持续调增城乡居民基础养老金、医保、低保标准，连续17年提高企业退休人员基本养老金、优抚对象抚恤补助标准。

为了弥补教育和医疗等民生领域短板弱项，宁夏在基础教育方面通过改造提升乡村薄弱学校、加强农村师资队伍建设，引导优质资源向农村流动，着力补齐农村基础教育短板；在医疗卫生方面，结合疫情防控，持续提升乡镇卫生院服务能力、村卫生室标准化建设水平，促进优质医疗资源向农村下沉，重点村卫生室普遍新增药品种类、器械设备、专业力量。

实施“四大提升行动”是自治区党委第十二届十二次全会作出的重大决策部署。宁夏将继续深入落实习近平总书记考察宁夏重要讲话重要指示精神，严格按照自治区党委安排要求，优化顶层设计，统筹工作布局，科学调配资源，完善政策措施，推动落实落细，确保取得实实在在的成效。同时，实施“四大提升行动”是巩固拓展脱贫攻坚成果同乡村振兴有效衔接的重要载体和有力抓手。各地各部门要坚持问题导向，在总结盘点一年工作成绩的同时，认真梳理和正确对待工作中存在的问题，对当下能解决的要集中力量加以解决，对一时难以解决的要拉出清单图表、分级分类分时、逐项逐步解决。要抓住关键重点，紧盯规划引领、产业振兴、移民增收、防止返贫、环境整治、基层治理等任务，加大工作力度、加强要素保障、确保取得实效。要谋划明年工作，围绕推动有效衔接，结合乡村规划、产业、建设实际，精心谋划实施一批打基础、利长远的产业和项目，努力让农村环境美起来、农业发展强起来、农民钱包鼓起来。

（摘编于马晓芳　姜璐《聚焦“四大提升行动”，让村庄美起来、家业兴起来、人心旺起来——宁夏深入实施“四大提升行动”综述》，宁夏学习平台2021年10月29日发布）

第五届中阿博览会综述

2021年8月19—22日，第五届中国—阿拉伯国家博览会在银川市举行。党中央、国务院高度重视中阿博览会的举办。8月19日，国家主席习近平向第五届中国—阿拉伯国家博览会致贺信。对中阿合作寄予新的殷切期望，为深化中阿合作、共建“一带一路”锚定战略定位，指明发展方向，提供根本遵循，展现了中国同阿拉伯国家共谋合作、共促发展，高质量共建“一带一路”，携手打造面向新时代的中阿命运共同体的坚定决心，在“一带一路”沿线国家和阿拉伯国家产生了巨大反响。习近平指出，中阿人民传统友好，历久弥坚。近年来，中阿双方不断加强战略协调和行动对接，共建“一带一路”合作成果丰硕，中国持续保持阿拉伯国家第一大贸易伙伴国地位。面对新冠肺炎疫情，中国和阿拉伯国家携手抗疫，树立了守望相助、共克时艰的典范。习近平强调，中国愿同阿拉伯国家一道，共谋合作发展，共促和平发展，实现互利共赢，高质量共建“一带一路”，推动中阿战略伙伴关系迈上更高水平，携手打造面向新时代的中阿命运共同体！自2013年首届中阿博览会举办以来，习近平主席已连续5次向博览会致贺信，充分展现出对发展中阿关系的高度重视。

第五届中阿博览会以“深化经贸合作、共建‘一带一路’”为主题，为“一带一路”沿线国家和地区探索合作新领域、拓展合作新空间创造更多机遇。其间先后举办了开幕大会暨工商峰会和8项会议论坛、6项展览展示活动，以及主宾国摩洛哥、阿联酋，主题省（市）河南、重庆系列活动。

第五届中阿博览会办会模式既有继承又有创新。在活动设计上，采用“1+9”会议论坛活动模式。在此基础上，结合中阿所需、宁夏所能，创新设立了中阿能源合作高峰论坛、水资源论坛、清洁能源新型材料展、数字经济展、跨境电商展等活动，有效搭建了各类企业参与“一带一路”投资合作的桥梁。办会方式上，采用“线上线下相结合，以线上为主”的方式，开展线上会议直播、云上洽谈，实现线上线下同步参展参会、观展采购。办会机制上，首次设置了双主宾国和双主题省（市）机制。办会机制上，着眼构建双循环新发展格局，更加积极融入“一带一路”建设，顺应摩洛哥、阿联酋等国家进一步加强与我国经贸合作的需求，首次设置了双主宾国；致力于进一步拓展区域合作的深度和广度，首次建立了河南、重庆双主题省（市）机制。办会方式上，适应疫情防控的需要，创新采用“线上线下相结合，以线上为主”方式，综合运用前沿技术和各类场景应用，开展线上会议直播、云上洽谈，实现线上线下同步参展参会、观展采购。

第五届中阿博览会嘉宾规格再创新高。诸多重要嘉宾以现场出席或在线参与的形式，为博览会增加人气。50位外国嘉宾，国内外副部级嘉宾，驻华大使参赞，中国工程院院士以及企业领军人物140多位嘉宾通过视频录播或连线进行致辞和发言。全球CEO发展大会联合主席龙永图，复旦大学中国研究院院长、国家高端智库理事会理事张维为和樊代明、张伯礼、石勇等17位“两院”院士以及企业高管等嘉宾通过线上线下相结合的方式出席了开幕式暨中阿工商峰会，并在大会致辞或做主题演讲。中阿能源合作高峰论坛由国家能源局线上主持，30多位国内外权威嘉宾主题致辞发言，业内外反响强烈。沙特阿美石油、华润、华为等90家世界500强企业，交建、中国能建等123家中国500强企业和行业龙头企业线上线下参会参展，数十万客商“云上”洽谈、观展、签约，参与博览会嘉宾的规格、规模都有极大提升。

第五届中阿博览会展览展示媒体报道亮点频出。239家企业精心设计布置了数字经济、跨境电商、清洁能源、新型材料、绿色食品、医疗康养等1.2万平方米的线下展区。在线上设置综合商品展，上线企业1000余家，在线洽谈1000多场次，总访问量突破1000万人次，其中海外线上观展12万人次。华为、京东、国电投等38家世界500强、中国500强及行业龙头企业特装参展，参展商品涵盖“互联网+”、人工智能、数字经济、医疗康养、清洁能源、高新技术、新型材料、跨境电商等领域，众多企业携带新产品、新技术、新服务进行“全国首展”，体现了博览会国家级、国际性、专业化特点。展览广泛运用最新信息技术，实施“5G看展览”，观众通过现场VR眼镜，360度、全景实时观看展览现场，实现了线上线下同步展览展示。140多家中外媒体500多名记者通过“线上+线下”方式参与中阿博览会采访报道，实现了媒体报道数量、现场直播、全网推送、新闻发布、对外宣传的新突破。截至8月21日，第五届中阿博览会相关内容在全网传播共36185条，点击量为18.2亿人次。

第五届中阿博览会经贸合作成果丰硕。发布《中阿经贸关系发展进程2020年度报告》《中国与阿拉伯国家经贸合作发展报告2021》《联合国工发组织中国南南工业合作中心二期项目成果》；签署中阿技术转移协作网络尼日利亚工作基地谅解备忘录、中国—阿拉伯国家（约旦、迪拜）技术转移中心框架合作协议3个；签订印尼奇拉塔漂浮光伏项目、沙特红海综合智慧能源投资类项目2个。博览会共签约成果277个，计划投资和贸易总额1566.7亿元，其中：投资类项目199个，投资额1539.2亿元；贸易类项目24个，贸易额27.5亿元；发布政策报告、签署备忘录协议54个。

第五届中阿博览会服务保障严谨细致。在疫情防控上，全面落实分时预约、严控人数、严格消杀等工作措施，强化嘉宾、客商和展品、物资的闭环管理，实现了疫情不输入、不扩散、不反弹、零发生的目标。

第五届中阿博览会的举办，获得了外方的高度评价。摩洛哥首相欧斯曼尼作为主宾国政府首脑在开幕式上表示，中摩友好关系源远流长。新冠肺炎疫情发生后，两国战略伙伴关系依然牢固。疫情期间，两国元首成功举行通话，就双边政治对话、经济合作、人文交流及抗疫合作开展充分交流，为双边关系发展指明方向。摩洛哥愿与中方密切对接，大力推动产能合作，不断深化在基础设施建设、贸易、投资、科技、可再生能源、农业、金融等领域合作，推动双方务实合作在互利共赢的基础上不断向前发展。突尼斯外交部长杰兰迪代表该国总统赛义德在第五届中阿博览会上发表视频致辞。杰兰迪说，突尼斯对阿中关系水平表示满意，特别是在新冠肺炎疫情下，双方同舟共济、共克时艰，中方向阿方提供多批疫苗等医疗物资援助，并同阿方分享抗疫经验，为全球抗疫作出重要贡献。突方一直视中方为重要经贸合作伙伴。

第五届中阿博览会增强了中阿携手打造面向新时代的中阿命运共同体的信心，彰显出团结合作、携手打造中阿命运共同体的美好愿景。中国积极向阿拉伯国家援助和出口新冠疫苗，同阿联酋、埃及等国开展联合灌装生产合作，有力支援了阿拉伯国家抗击疫情，得到了突尼斯外长、阿拉伯国家联盟助理秘书长等与会嘉宾的积极评价。博览会举办大健康产业论坛，专门设立医疗康养展区，成效显著，续写了中阿携手抗击疫情、构建人类卫生健康共同体的新篇章。反映出顺应时代潮流、共谋中阿合作发展的宏大图景。中阿经贸合作未因百年变局和世纪疫情的叠加挑战而按下“暂停键”，而是展现出强大韧性和旺盛活力。2020年中阿贸易额达2394亿美元，我国继续保持阿第一大贸易伙伴国地位。双方在能源、投资、基础设施等领域合作捷报频传、收获硕果。本届博览会专门设置“一带一路”投资促进大会、中阿能源合作大会等配套活动，为深化中阿基础设施、能源等优势领域合作，推动中阿双向投资促进发挥积极作用。展现出拓展新兴领域、引领中阿创新合作的光明前景。近年来，我国与阿拉伯国家在5G、大数据、人工智能、航空航天等高新技术领域的合作不断加强，携手应对气候变化和能源转型的交流方兴未艾，中国产品、中国技术、中国标准在阿拉伯世界的品牌效应不断显现。本届博览会应中阿合作发展需求，依托数字经济、清洁能源、新型材料、绿色食品、医疗康养、跨境电商6个主题线下展区，交流中阿农业合作成果，探讨数字供水机制，推介新能源技术产品，分享5G产业创新经验，取得良好成效。

（摘编于《宁夏日报》2021年8月19—25日相关报道）

大事记

DASHIJI

编辑◎黄　鑫

1月

2日　自治区党委、人大、政府、政协机关分别举行升国旗仪式，以奋斗的姿态和实干的状态共同迎接新一年、开启新征程。自治区领导陈润儿、咸辉、崔波、张超超、艾俊涛、赵永清、白尚成、李金科、石岱、李锐等参加升国旗仪式。

4日　自治区党委常委会会议暨生态环境保护领导小组会议召开。会议传达学习习近平总书记2021年新年贺词，在中央农村工作会议、中央全面深化改革委员会第十七次会议上的重要讲话精神，中央推动黄河流域生态保护和高质量发展领导小组全体会议精神，听取全区农业农村工作情况汇报，研究2021年“三农”重点工作。

5日　自治区劳动模范和先进工作者表彰大会在银川市召开。朱风等159人被授予“自治区劳动模范”称号，王光俊等69人被授予“自治区先进工作者”称号。

6日　自治区党委召开2020年度地级市党委和各行业系统党（工）委书记抓基层党建述职评议考核会。

7日　载有57件823千克电商快递的DJ5803次列车驶出银川站到达西安北站，标志着宁夏正式开办高铁快运业务。

是日　宁夏政法系统举行首个中国人民警察节庆祝活动。

7—8日　宁夏军区党委第十二届第六次全体（扩大）会议在银川市召开。会议强调要毫不动摇坚持以习近平强军思想为科学指导，认真学习贯彻中央军委扩大会议和军委国防动员部、西部战区党委扩大会议精神，坚持举旗铸魂，聚焦主责主业，持续强本固基，锻造过硬本领，不断提升宁夏国防动员和后备力量建设水平。

8日　国家卫健委、中国红十字会总会、中央军委后勤保障部卫生局召开2018—2019年度全国无偿献血表彰电视电话会议，宁夏3541人17家单位4个城市受到表彰。

是日　位于银川市阅海湾中央商务区的银川科技服务产业园和天猫宁夏电商共享服务中心揭牌。银川科技服务产业园是宁夏首家以科技服务为核心功能的产业园，天猫宁夏电商共享服务中心是西北首家、全国第二家省级天猫服务中心。

11日　第25批中国（宁夏）援贝医疗队集结完毕，从银川河东机场出发，到非洲贝宁执行为期一年半的医疗援助任务。

是日　全区村（社区）“两委”换届工作调度会在银川市召开，会议总结阶段性工作成效，分析研判换届形势，安排部署重点工作。

12日　由闽宁两省（区）联合摄制的23集电视连续剧《山海情》开播，该剧系国家广电总局重点电视剧、“理想照耀中国——国家广电总局中国共产党成立100周年电视剧展播”剧目。

13日　农工党宁夏区委会第七届委员会第八次全体（扩大）会议在银川市召开。全国政协副主席、农工党中央常务副主席何维，农工党中央专职副主席龚建明出席会议。

18日　自治区生态环境厅发布消息，2017—2020年黄河干流宁夏段水质综合评价连续保持“Ⅱ类进Ⅱ类出”，地级城市11个集中式饮用水水源地达到或优于Ⅲ类水质比例高于国家考核目标要求。

20日　全国铁路实施新的列车运行图，银川火车站依托银西高铁，新增北京西、上海虹桥、广州南、杭州东、郑州东5个方向长途动车。

21日　自治区政府主席咸辉主持召

开民主党派、工商联、人民团体、无党派人士代表座谈会，就自治区第十二届人大第四次会议审议的《政府工作报告（征求意见稿）》和《自治区“十四五”规划和2035年远景目标纲要（征求意见稿）》征求意见建议。

是日 第21批中央到宁夏博士服务团欢迎培训会在银川市召开，欢迎中组部、团中央选派的8名博士到宁夏服务锻炼。

22日 宁夏社会科学院2020年科研成果暨2021宁夏蓝皮书系列丛书新闻发布会在银川市举行。《2021宁夏蓝皮书》丛书主要包括经济、社会、文化、法治、生态文明5部。

是日 宁夏首批10名先天性心脏病患儿及其家属赴中国人民解放军总医院接受免费救治。

26日 国家发展改革委批复同意宁夏国有资本运营集团有限责任公司注册发行45亿元优质企业债券，这是宁夏首次发行优质企业债券。

27日 由国家广电总局主办的电视剧《山海情》创作座谈会在北京召开。中宣部副部长，国家广播电视总局党组书记、局长聂辰席出席会议并讲话。

28—31日 中国人民政治协商会议第十一届宁夏回族自治区委员会第四次会议在银川市召开。会议通过自治区政协第十一届第四次会议政治决议，自治区政协第十一届第四次会议关于常务委员会工作报告、关于政协第十一届第三次会议以来提案工作情况报告的决议，通过自治区政协提案委员会关于第十一届第四次会议提案审查情况的报告和政协宁夏回族自治区委员会2021年协商计划。自治区党委书记陈润儿在闭幕会上作题为《牢记习近平总书记殷切嘱托、充分发挥政协委员的创造力、凝心聚力共同建设美丽新宁夏》的讲话。

1月29日至2月1日 宁夏回族自治区第十二届人民代表大会第四次会议在银川市召开。会议通过了关于政府工作报告的决议、关于《自治区国民经济和社会发展第十四个五年规划和2035年远景目标纲要》的决议、关于《自治区2020年国民经济和社会发展计划执行情况与2021年国民经济和社会发展计划》的决议、关于《2020年全区及区本级预算执行情况和2021年全区及区本级预算》的决议，通过了关于《自治区人大常委会工作报告》的决议、关于《自治区高级人民法院工作报告》的决议、关于《自治区人民检察院工作报告》的决议。自治区党委书记陈润儿在闭幕会上作题为《勇于担当新使命线　竭力展现新作为　在开局“十四五”奋进新征程中阔步前行》的讲话。

是月 全国优秀农民工和农民工工作先进集体表彰大会在北京召开。国务院农民工工作领导小组授予994人“全国优秀农民工”、100个单位“全国农民工工作先进集体”。宁夏赵世举等6人被授予“全国优秀农民工”，宁夏天下金盾保安服务有限公司、同心县人力资源和社会保障局被授予“全国农民工工作先进集体”。

是月 宁夏电网新能源装机达2573万千瓦，成为全国首个新能源发电出力超过本地电网用电的省（区）。

是月 宁夏实现包含全部登记注册业务和特种设备等17个高频政务服务事项跨省通办，解决了市场主体和民众异地办事“多地跑”“折返跑”问题。

是月 自治区政府办公厅印发《关于支持多渠道灵活就业的实施意见》，要求将灵活就业作为稳就业和保就业的重要补充，清理对灵活就业的不合理限制，强化政策服务供给，创造更多灵活就业机会，激发劳动者创业活力和创新潜能，鼓励自谋职业、自主创业，全力以赴稳定就业大局。

2月

1日 宁夏正式开通门诊费用跨省直接结算。按照有序推进原则，宁夏医科大学总医院、宁夏人民医院、石嘴山市第一人民医院等18家医院被纳入首批门诊费用跨省直接结算试点定点医疗机构，先期开展城镇职工普通门诊个人账户刷卡结算，可在全国已开通门诊费用跨省直接结算的定点医疗机构实现刷卡结算。

是日 自治区政府与天津中环半导体股份有限公司签订战略合作协议，共同在宁夏建设50吉瓦（G12）太阳能级单晶硅材料智能工厂。

2日 自治区林草局发布信息，2020年宁夏完成增补湿地面积17万亩，全区湿地面积达311万亩，开展退耕还湿2万亩，保护修复湿地75万亩，开展湿地生态效益补偿20万亩。

3日 乌玛高速公路中卫至青铜峡段镇罗黄河特大桥节点工程钢箱梁顶推施工顺利结束，这是宁夏首座采用顶推技术架设钢混组合梁的跨黄河特大桥。

是日 由闽宁两省（区）联合摄制的大型纪录片《闽宁纪事》在央视纪录频道首播。

5日 以“携手共命运，同心促发展”为主题的第五次中国—中东欧国家地方领导人视频会议举办。会议审议通过宁夏、吉林、湖北三省（区）加入中国—中东欧国家地方省州长联合会的申请，宁夏正式成为该区域国际合作组织的一员。

9日　固原市、中卫市、灵武市被全国爱国卫生委员会命名为“国家卫生城市(区)”,永宁县城、永宁县闽宁镇、隆德县城、原州区黄铎堡镇、中宁县城、灵武市白土岗乡6个县城及乡镇被命名为“国家卫生乡镇(县城)”。

19日　中国当代歌曲创作精品工程“听见中国听见你”2020年度优秀歌曲评选结果揭晓,由宁夏4首歌曲入选,分别为《看大戏》《想你咧》《听到花儿就想家》《翻越》。

20日　全区领导干部学习贯彻党的十九届五中全会精神专题研讨班在银川市开班。

22日　图兰朵葡萄酒小镇项目投资合作及宁夏葡萄酒产学研合作签约仪式在银川市举行。这是“十四五”开局之年,宁夏葡萄酒产业启动实施的第一批项目。

是日　由宁夏日报报业集团负责运营的宁夏日报“学习强国号”上线。开设《今日关注》《建设先行区》《美丽新宁夏》《小康生活》《宁夏故事》5个栏目。

25日　全国脱贫攻坚总结表彰大会在北京人民大会堂举行。宁夏有35名先进个人、26个先进集体受到国家表彰。

26日　自治区政府主席咸辉先后到银川市、吴忠市调研黄河宁夏段生态保护治理工作并召开座谈会,强调要深入贯彻习近平生态文明思想,全面落实习近平总书记考察宁夏重要讲话重要指示精神,按照“共同抓好大保护、协同推进大治理”的要求,以抓铁有痕、踏石留印的劲头,坚决抓好黄河宁夏段生态保护治理工作,努力建设黄河流域生态保护和高质量发展先行区。

是日　自治区政府印发《宁夏回族自治区国民经济和社会发展第十四个五年规划和2035年远景目标纲要》。

27日　巡视指导督导工作专题培训会议暨自治区党委理论学习中心组学习会在银川市召开。中央巡视机构“讲师团”成员、中央巡视组副部级巡视专员苗庆旺就深入学习贯彻习近平总书记重要论述和党中央决策部署,推进新时代巡视工作高质量发展作专题培训辅导。

是日　自治区党委召开第十二届自治区党委第十一轮巡视动员部署会,传达学习党中央和自治区党委关于巡视工作有关会议精神,安排部署第十一轮巡视工作任务。

28日　全区党史学习教育动员大会在银川市召开。会议强调要深入学习贯彻习近平总书记在党史学习教育动员大会上的重要讲话精神和党中央决策部署,深刻认识重大意义,切实把握关键环节,着力加强组织领导,自觉学党史,深刻悟思想,真情办实事,奋力开新局,引导各级党组织和广大党员干部满怀信心投身新宁夏建设的新实践、满怀豪情奋进现代化建设的新征程,以优异成绩庆祝中国共产党成立100周年。

是月　宁夏依托全国一体化政务服务平台,对国家部署的第一批市场主体登记注册、养老保险关系转移接续、个人住房公积金查询等领域的58个“跨省通办”事项,全部实现落地应用。

是月　自治区政府《关于商请建设全国“数字供销”示范区的函》经中华全国供销合作总社研究,同意确定宁夏为全国“数字供销”示范区。

3月

5—11日　第十三届全国人民代表大会第四次会议在北京举行。宁夏代表团举行全体会议,审议国务院总理李克强所作的政府工作报告,全国人大常委会副委员长陈竺参加审议并发言。代表团先后审查计划报告和预算报告,审议《全国人大组织法(修正草案)》和《全国人大议事规则(修正草案)》,审议最高人民法院工作报告、最高人民检察院工作报告。其间,中共中央政治局常委、中央纪委书记赵乐际到宁夏代表团与代表们一同审议。在听取代表发言后,赵乐际希望宁夏结合实际、找准定位、发挥优势,守好促进民族团结、维护政治安全、改善生态环境“三条生命线”,走出一条高质量发展的新路子。

6日　出席全国政协第十三届第四次会议的住宁全国政协委员,分别在各自界别参加小组会议,认真讨论《国民经济和社会发展第十四个五年规划和2035年远景目标纲要(草案)》。

13日　自治区传达贯彻全国两会精神会议在银川市召开。会议强调要切实把思想和行动统一到习近平总书记重要讲话精神上来,把智慧和力量汇聚到全国两会确定的目标任务上来,领会精神担使命,奋发进取开新局,领导带头抓落实,推动全国两会精神在宁夏落地见效。

15日　自治区政协召开中共党史学习教育动员大会,深入学习习近平总书记在党史学习教育动员大会上的重要讲话精神,全面贯彻中共中央决策部署和自治区党委要求,对在自治区政协机关和政协委员中开展中共党史学习教育进行动员部署。

是日　全区市县乡领导班子换届工作会议在银川市召开。

是日　全区2021年“3·15”国际消费者权益日宣传活动启动。

16日　自治区政府印发《宁夏回族

自治区数字政府建设行动计划（2021—2023年）》，明确通过整体性、系统性、协同性推进数字政府建设。

是日 宁夏造血干细胞捐献突破70例。

17日 自治区党委书记陈润儿会见到宁夏考察项目、出席自治区重大项目集中开工现场推进会的东方希望集团董事长刘永行一行。

18日 2021年全区第一批重大项目集中开工现场推进会在银川经济技术开发区宁夏中环光伏材料公司50GW（G12）太阳能级单晶硅材料智慧工厂项目建设现场举行，总投资3920亿元的846个重大项目在5个地级市及宁东能源化工基地同时按下"启动键"。

是日 《宁夏回族自治区生态环境保护督察工作实施办法》出台，以党内法规的形式明确自治区生态环境保护督察制度框架、程序规范、权限责任、结果运用等，为依法开展自治区生态环境保护督察、不断夯实生态环境保护政治责任、推动生态环境治理体系和治理能力现代化提供制度保障。

19日 自治区现代枸杞产业高质量发展政银企对接座谈会在银川市召开。

是日 2021年全区春季森林草原防灭火实战演习在哈巴湖国家级自然保护区举行。

20日 自治区重点项目——银昆高速公路太阳山至彭阳段全面开工。银昆高速公路从银川市至云南昆明市，全长2322公里，是全国高速公路网规划南北纵向线中的一条重要线路。银昆高速宁夏段是宁夏单体投资规模最大的交通项目，路线整体走向自北向南，全长237公里，建设工期4年。

23日 自治区党委召开全区领导干部廉政警示教育周活动暨理论学习中心组（扩大）学习会，中国纪检监察学院党委副书记兼纪委书记蔡志强应邀作专题辅导。

24日 自治区召开推进"一带一路"暨宁夏内陆开放型经济试验区建设领导小组座谈会。

是日 宁夏最大外资投资项目晓星氨纶在宁东能源化工基地开建。

25日 2021年全区文化科技卫生"三下乡"暨"我为群众办实事"集中示范活动在大武口区长胜街道龙泉村启动。

26日 党史学习教育中央宣讲团宣讲报告会在银川市举行。中央宣讲团成员、中国人民大学马克思主义学院教授杨凤城作党史学习教育专题宣讲报告。

是日 "中国社会科学院考古学论坛·2020年中国考古新发现"公布，宁夏彭阳县姚河塬西周遗址名列其中，这是该遗址继入选2017年度全国十大考古新发现之后，第二次入选中国考古新发现榜单。

是日 全区研究生教育会议在银川市召开。

27日 党史学习教育中央宣讲团在宁夏师范学院举行座谈会，并到西吉县将台堡红军长征会师纪念园开展互动交流活动。

29日 在中国（宁夏）—哈萨克斯坦农产品云洽会上，宁夏沃福百瑞枸杞有限公司与哈萨克斯坦农产品企业、中欧班列货运代理签署《合作备忘录》。

是日 全国扫黑除恶专项斗争总结表彰大会在北京举行。全国纪检监察系统共有36个集体（包括专案组）被授予"全国扫黑除恶专项斗争先进集体"，石嘴山市纪委监委荣列其中。

30日 自治区政协召开推进黄河文化传承彰显区建设研讨会，助力推出有影响力的精品力作、搭建有品牌力的文化载体、建设有带动力的示范项目、打造有传播力的宣传平台，使宁夏成为彰显黄河文化、展示黄河文明的重要窗口。

是日 中卫至杭州互通航班成功首航。

31日 由闽宁两省（区）党委宣传部主办、闽宁两省（区）出版集团承办的《诗在远方——"闽宁经验"纪事》新书发布会在第34届北京图书订货会上举行。

是日 由自治区文化和旅游厅编撰的宁夏文化旅游丛书《宁夏乡村旅游指南》正式出版发行。

4月

1日 全国政法队伍教育整顿中央第四督导组进驻宁夏，开展为期3个月的驻点督导。

2日 宁夏残疾人康复中心联合宁夏公益网、银川公益行动联合会共同开展以"融合在行动，有爱不孤单"为主题的系列活动。标志着2021年宁夏公益关爱自闭症儿童守护计划正式启动。

7日 自治区妇联在中卫市举行"建设先行区　保护母亲河　巾帼在行动"宁夏沿黄城市环保接力首站活动。

9日 由自治区体育局和自治区卫健委共同主办的2021黄河流域九省（区）"篮球+健康"高质量发展论坛在银川市举行，中国篮协主席姚明以及黄河流域九省（区）的篮球界人士齐聚塞上，共谋如何联动打造"黄河篮球"新名片。

10日 宁夏高校师生新冠病毒疫苗接种工作全面展开。

10—11日 自治区主席咸辉带领自治区经贸考察团赴广东省考察学习，其间，召开广东·宁夏经贸合作暨企业家座谈会。

11日　宁夏供销社所属宁夏金桥物流园区满载2520吨卷钢的中欧班列从银川南站顺利发出。

13日　自治区党委书记陈润儿会见到宁夏考察的国家开发投资集团董事长、党组书记白涛一行。

是日　中国(郑州)黄河文化月活动启动,在黄河珍宝——沿黄九省(区)文物精品展上,宁夏展出宁夏博物馆馆藏文物贺兰山岩画狩猎图、贺兰山岩画狼羊图、唐代胡旋舞石刻墓门。

14日　银川市公安局与中国电信宁夏公司联合组建的"反诈联合实验室"挂牌成立,这是全国首家市级实体化"反诈联合实验室"。

是日　宁夏商用密码协会正式成立,协会旨在引导和督促商用密码从业单位依法开展活动,加强行业自律,促进行业健康发展。

16日　中国诗歌学会授予兴庆区"中华诵读之城"称号。

是日　全国食品安全工作先进集体和先进个人表彰电视电话会议召开,宁夏4个集体获"全国食品安全工作先进集体",10人获"全国食品安全工作先进个人"。

18日　宁夏地质博物馆开展世界地球日系列科普活动。

18—23日　国务院安全生产委员会第七考核巡查组对宁夏2020年度安全生产和消防工作开展考核巡查。

19日　自治区党委宣传部、自治区广播电视局在银川市举办全区县级融媒体中心信息网络传播视听节目许可证集中颁发活动,向符合条件的13家县级融媒体中心集中颁证。

20日　自治区党委决定在党史学习教育中组织开展"传承党的百年光辉史基因、铸牢中华民族共同体意识"主题教育活动。

20—21日　韩国驻西安总领事金柄权一行访问宁夏,共同举行第六届宁夏(银川)中韩友好林植树活动,并与有关部门就深化经贸合作、人文交流、环境保护等领域合作进行交流。

21—22日　自治区党委和政府在银川市召开建设黄河流域生态保护和高质量发展先行区第四次推进会,研究部署用水权、土地权、排污权、山林权"四权"改革。

23—26日　中共中央政治局委员、中央纪委副书记、国家监委主任杨晓渡到宁夏调研,并先后召开宁夏部分市、县(区)纪委监委主要负责人座谈会、陕甘青宁四省(区)纪委监委主要负责人座谈会。

25—26日　以"激发数据要素新动能,开启数字中国新征程"为主题的第四届数字中国建设峰会在福建省福州市举行,宁夏数字政府建设成果精彩亮相。

26日　全国政协副主席卢展工率调研组在银川市召开专题调研座谈会,听取自治区政协加强和改进专门委员会工作和制度建设情况汇报。

是日　全区"建功'十四五'　奋进新征程"职工劳动和技能竞赛动员大会在蒙牛乳业(宁夏)有限公司乳制品生产建设项目园区举行。

是日　自治区党委和政府召开中央定点帮扶单位座谈会。

27日　全区脱贫攻坚总结表彰大会在银川市举行,330名先进个人、219个先进集体受到表彰。

28—29日　福建省委书记尹力、省长王宁率领福建省党政代表团到宁夏考察,共叙山海深情、共话闽宁协作。

28日　自治区总工会庆祝"五一"国际劳动节颁奖会在宁东能源化工基地宝胜(宁夏)线缆科技有限公司举行,为2021年获得全国"五一劳动奖状"、全国"五一劳动奖章"、全国"工人先锋号"的集体和个人颁奖。

是日　2021中国宁夏(沙坡头)·第十一届丝绸之路大漠黄河国际文化旅游节开幕式在中卫市沙坡头旅游新镇举行。

是日　同心县"尕娃娃"少儿艺术团50多名小演员登上火车,前往北京参加"花儿向阳　童心向党——庆祝中国共产党成立100周年全国少儿晚会"彩排录制。

29日　深化闽宁协作交流座谈会在银川市召开。

是月　宁夏印发《关于实现巩固拓展脱贫攻坚成果同乡村振兴有效衔接的实施意见》,将巩固拓展脱贫攻坚成果放在突出位置,与"十四五"规划相衔接,设立5年过渡期,并制定一系列针对性、操作性强的措施,接续推进脱贫地区发展和乡村全面振兴。

是月　自治区林草局印发《宁夏回族自治区草原自然公园试点工作方案》,标志着宁夏国家草原自然公园试点建设工作正式启动。

是月　自治区党委党史学习教育领导小组印发《关于〈"我为群众办实事"实践活动工作方案〉的通知》,就开展"我为群众办实事"实践活动作出安排部署。

是月　浩吉(内蒙古浩勒报吉—江西吉安)铁路入宁通道计费径路调整事宜正式获中国国家铁路集团有限公司核准实施。

是月　自治区党委宣传部联合自治

区文明办、教育厅、总工会、电影局共同举办庆祝中国共产党成立100周年优秀影片展映活动，百余部优秀影片在农村、社区、学校、厂矿企业放映，向党的百年华诞献礼。

是月 自治区农业农村厅推荐奶产业成功申报全国优势特色产业集群建设项目，中央财政将投资1.5亿元，通过直接补助、以奖代补、先建后补等方式支持宁夏奶产业集群项目发展。

5月

1日 第十三届宁夏房·车博览会在银川国际会展中心举办。博览会坚持“促进消费、繁荣经济”的理念，以“智行、智居、智生活”为主题，围绕汽车和改善人居生活两大核心内容，展示众多品牌汽车和宜居·宜生活的居住理念。

是日 “扩内需引导品牌消费，惠民生助力乡村振兴”黄河几字湾2021宁夏品牌节活动启动，全区150余家特色企业名优产品以及内蒙古、福建等地的特色商品集中展示。

6日 宁夏国有资本运营集团有限责任公司成功发行宁夏首支优质企业债券，金额为5亿元，期限为3年期，票面利率为3.94%。

是日 首届中国国际消费品博览会在海南省海口市开幕，这是国内首个以消费精品为主题的国家级展会。宁夏代表团组织区内30家企业携九大类百余种名优特产品参展，向世界推介“美丽新宁夏”。

7日 截至当日12时，全区累计接种新冠病毒疫苗超105万剂次。其中，接种一剂次76.5万人，二剂次全程接种28.5万人。宁夏日接种能力已达12万剂次。

是日 自治区党委宣传部在银川市召开区直宣传思想文化系统党史学习教育专题讲座，邀请中国作家协会副主席、中国报告文学学会会长何建明作专题辅导。

是日 由黄河出版传媒集团、海峡出版发行集团主办的《诗在远方——“闽宁经验”纪事》出版研讨会在银川市召开。

9日 2021中国品牌价值评价信息发布暨中国品牌建设高峰论坛在上海国际会议中心举行，宁夏贺兰山东麓葡萄酒、中宁枸杞、盐池滩羊肉、吴忠奶业4个区域公用品牌入选地理标志产品区域品牌价值榜单。

10日 2021年中国品牌日活动在上海展览中心开幕。宁夏11家企业携品牌产品亮相当天中国自主品牌博览会线下展示活动，宁夏35家知名品牌企业（含5家红色旅游景区）作为线上参展企业同步参加当天开展的中国自主品牌网上博览会。

11日 自治区政府与东方希望集团签订战略合作协议，石嘴山市政府与东方希望集团签订项目投资协议。

是日 自治区党委书记、自治区党委党史学习教育领导小组组长陈润儿为全区党员干部作了题为《传承党的百年光辉史基因 铸牢中华民族共同体意识》的党史学习教育专题党课报告。

是日 “西部陆海新通道”宁夏班列从中卫迎水桥铁路货场首发。班列共运载货物2500吨，货值约600万元。“西部陆海新通道”宁夏班列的正式运行，标志着宁夏南向开放通道建设迈出重要一步。

12日 黄河流域生态保护和高质量发展先行区“四水四定”研究报告专家论证会在银川市召开。中国水利水电科学研究院负责人汇报了黄河流域生态保护和高质量发展先行区“四水四定”研究报告编制情况。国家发展改革委地区经济司司长肖渭明，水利部总规划师汪安南、水资源管理司司长杨得瑞讲话，张楚汉、邓铭江、顾大钊、王浩、侯立安、王焰新等13位院士专家现场发言或在线发言，为宁夏落实以水定城、以水定地、以水定人、以水定产要求，加快推进黄河流域生态保护和高质量发展先行区建设传经送宝、献计献策。

是日 全国第六届大学生艺术展演活动在成都市闭幕，宁夏师范学院原创情景剧《红军粉的故事》获艺术表演类甲组一等奖及艺术表演类优秀创作奖。

17—19日 中共中央政治局常委、全国政协主席汪洋率调研组在宁夏调研，并对做好新时代民族宗教工作、铸牢中华民族共同体意识提出明确要求。

17—21日 全国人大常委会委员、社会建设委员会副主任委员邓凯率全国人大调研组到宁夏调研妇女权益保障工作。

19日 宁夏2021年青年普法志愿者法治文化基层行暨法治助力先行区建设活动在银川市启动。

20日 以“建设高质量智慧政务，助力优化营商环境”为主题的第十六届全国政务服务工作交流研讨会在银川市召开。

是日 宁夏乡村振兴局正式挂牌成立。不再保留自治区扶贫开发领导小组，将其职能并入自治区党委农村工作领导小组。自治区乡村振兴局为自治区政府直属机构，规格为正厅级，由自治区农业农村厅统一领导和管理，主要职责是巩固拓展脱贫攻坚成果、统筹推进实施乡村振兴战略有关具体工作。

21日 宁夏百川新材料有限公司宁东锂电材料一体化产业集群项目启动，成为宁夏新材料领域首个以产业集群为单元规划建设的项目。

22日 以“花开中国梦”为主题的第十届中国花卉博览会在上海开幕，宁夏园以“黄河水”为主题造型。

22—23日 湖南省省长毛伟明带领湖南省代表团到宁夏考察。代表团深入银川经济技术开发区、贺兰山东麓葡萄园、宁东能源化工基地，实地了解宁夏的资源禀赋、产业布局、发展后劲，挖掘契合点、寻找互补点，推动两省（区）务实合作。并于22日在银川市召开能源合作座谈交流会，签署《能源合作备忘录》，推动实施“宁电入湘”工程，共建中西部新能源基地。

24日 全区扫黑除恶专项斗争总结表彰大会在银川市举行，表彰嘉奖65个先进集体和139名先进个人，总结全区扫黑除恶专项斗争取得的成就和经验，对常态化开展扫黑除恶专项斗争进行部署。

24—25日 国务院副秘书长、国家机关事务管理局局长李宝荣到宁夏调研机关事务工作并召开座谈会，围绕贯彻落实党的十九届五中全会精神，开展党史学习教育、编制机关事务工作“十四五”规划、推进机关运行保障立法、做好公共机构节约能源资源和制止餐饮浪费等工作征求意见建议。

25日 宁夏第七次全国人口普查新闻发布会召开，公布第七次人口普查结果：宁夏常住人口为7202654人，与2010年第六次全国人口普查相比，增加901304人，增长14.3%，年平均增长1.35%，10年来宁夏人口保持持续稳步增长。

是日 2021年宁夏职业教育活动周在银川市光明广场启动。

25—28日 由自治区团委、自治区民委共同举办的宁夏青少年“铸牢中华民族共同体意识”主题教育专题培训班在吴忠市举行。

25—29日 按照国家粮食安全省长责任制考核工作组统一部署，国家考核抽查组进驻宁夏进行考核抽查。

26日 在宁夏枸杞区域公用品牌发布暨第四届枸杞产业博览会筹备工作新闻发布会上，宁夏枸杞区域公用品牌标识（LOGO）、广告语、吉祥物正式发布。

是日 《国家级中宁枸杞市场规划》正式发布。

26日至6月1日 宁夏总工会在复旦大学举办百名劳模党史学习教育专题培训班，全区各市、产业工会的100名劳动模范参加培训。

27日 宁夏国家葡萄及葡萄酒产业开放发展综合试验区获批设立。

是日 自治区政府与中国农业发展银行签订战略合作协议。

28日 闽宁两省（区）经贸合作交流恳谈会在厦门市举行。

29日 自治区党委在福建省龙岩市上杭县古田镇新古田会议会址召开党史学习教育交流研讨会。会前，与会同志瞻仰了毛主席雕像并敬献花篮，参观了古田会议会址、古田会议纪念馆，重温红色历史，缅怀革命先烈，接受党性教育。

是日 2021年宁夏科技活动周启动仪式暨主场宣传活动在银川市举行。

是日 由全区政法队伍教育整顿领导小组举办的“致敬政法英雄·喜迎建党百年”全区“政法英模和百名先进典型”选树活动揭晓仪式在银川市举行。

30日 闽宁协作第25次联席会议在福建省福州市召开。会议通报了闽宁协作第24次联席会议以来两省（区）经济社会发展和闽宁协作工作开展情况，签署了两省（区）“十四五”东西部协作框架协议。

是月 中央宣传部、国家文物局向社会公开推介庆祝中国共产党成立100周年精品展览，宁夏博物馆“红旗漫卷——宁夏革命文物陈列”榜上有名。

是月 自治区党委、政府联合印发《关于印发用水权、土地权、排污权、山林权“四权”改革实施意见的通知》，明确改革的目标路径和重点任务，清晰勾勒出“四权”改革的路线图。

是月 国务院教育督导办确定8项工作案例为“2020年省级人民政府履行教育职责评价实地督查发现的典型工作案例”，“宁夏深入推进‘互联网+教育’改革工作”入选其中。

是月 自治区党委办公厅、政府办公厅印发《关于实施基础教育质量提升行动的意见》。

6月

2日 由自治区党委统战部主办，区直统战系统各单位、5个地级市党委统战部协办的宁夏统一战线庆祝中国共产党成立100周年书法美术作品展在银川市举办。

3日 2021中国化工园区与产业发展论坛在山东省烟台市举行，中国石油和化学工业联合会公布了“2021化工园区30强”评选结果，宁夏宁东能源化工基地位列第八，并获评“十三五”化工园区发展进步奖，这是宁东基地连续4年入选全国化工园区30强前10名。

是日 由中宣部宣教局、光明日报社共同主办的“社会主义核心价值观百场讲坛"第111场活动走进石嘴山市。中国社会科学院当代中国研究所副所长宋月红作题为《在中国特色社会主义道路上共同团结奋斗、共同繁荣发展》的讲座。

4日 自治区"四大提升行动"部署推进会在银川市召开。会议强调要把百万移民致富、城乡居民收入、基础教育质量、全民健康水平提升行动抓紧抓实抓出成效，不断朝着全体人民共同富裕的目标奋勇前进。

5日 宁夏中南部城乡饮水安全连通工程（海原县、西吉县受水区）顺利通过竣工验收，标志着宁夏中南部城乡饮水安全工程全面竣工。

是日 《人民日报》《光明日报》《经济日报》"奋斗百年路　启航新征程"特刊（专版、特别报道）推出宁夏篇，以12个版的篇幅全面报道宁夏深入学习贯彻习近平新时代中国特色社会主义思想，立足新发展阶段，贯彻新发展理念，融入新发展格局，推动黄河流域生态保护和高质量发展先行区建设顺利开局、蓬勃展开所取得的发展成就。

5—7日 民政部党组书记、部长李纪恒带领调研组到宁夏调研民政工作。

7日 由文化和旅游部中外文化交流中心、自治区党委宣传部、自治区文化和旅游厅、银川市政府等单位共同主办的2021"中国旅游文化周"活动在银川市启动。

是日 由自治区党委宣传部，吴忠市委、市政府主办的全区第五届社会主义核心价值观主题微电影（微视频）大赛颁奖典礼在吴忠市文化馆举行。

8日 自治区政府与中国移动通信集团有限公司签订战略合作协议。

是日 由自治区文化和旅游厅主办的大西北文旅高峰会在银川市举办。

是日 石嘴山市政府与江苏润阳新能源科技股份有限公司签订投资协议。

是日 宁夏国家葡萄及葡萄酒产业开放发展综合试验区新闻发布会在北京召开。

是日 由自治区党委宣传部与中国艺术节基金会、中国台港电影研究会联合摄制，宁夏传奇天夏文化传媒有限公司出品的影片《为了明天升起的太阳》在银川市举行首映式。

8—9日 西北五省（区）政协"助推服务丝绸之路经济带建设"联席会议在新疆乌鲁木齐市召开。自治区政协主席崔波参加会议并作交流发言。

9日 中国石油化工集团董事长、党组书记张玉卓一行到宁夏考察。

是日 由自治区党委宣传部、自治区文明办联合多家单位举办的"乡村大喇叭　唱响新时代"庆祝建党百年广播宣传活动在贺兰县洪广镇欣荣村启动。

10日 自治区党委宣传部联合自治区党史研究室、党校、乡村振兴局、文联及商务印书馆等单位在永宁县闽宁镇举行"学而时习之"——《习近平扶贫故事》学习分享会。

是日 在第27届上海电视节上，电视剧《山海情》获白玉兰最佳中国电视剧奖。

11日 在中国商用飞机——宁夏大飞机产业培育会上，自治区工业和信息化厅与中国商用飞机公司采购与供应商管理部围绕推进中国商用飞机——宁夏民用飞机产业培育达成协议，将全力支持国产大飞机战略，深度开展务实合作，不断提升国产民用飞机国产化配套率。

12日 以"人民的非遗　人民共享"和"文物映耀　百年征程"为主题的2021年"文化和自然遗产日"宁夏主会场活动在吴忠市黄河楼景区开幕。

14日 党史学习教育中央第十指导组到宁夏开展指导工作。自治区党史学习教育工作汇报会在银川市召开，中央第十指导组组长魏大鹏出席并讲话。

16日 全区首个"5G智慧办税微厅"亮相银川经济技术开发区育成中心。

17日 第四届枸杞产业博览会系列活动——枸杞鲜果直销节在中宁县玺赞枸杞庄园开幕。

是日 全区党校（行政学院〔校〕）系统"庆祝中国共产党成立100周年"理论研讨会在自治区党校（行政学院）举行。

18日 庆祝中国共产党成立100周年大型直播节目《今日中国·宁夏》在央视新闻频道、宁夏广播电视台、5个地级市及各县广播电视台同步播出。

是日 "永远跟党走"全区离退休干部庆祝中国共产党成立100周年文艺演出在宁夏老年大学夕阳红剧场举行。

19日 宁夏固原博物馆、中国科学院沙坡头沙漠研究试验站入选中央宣传部新命名的111个"全国爱国主义教育示范基地"。

21日 自治区党委全面依法治区工作会议在银川市召开。

是日 国内首家枸杞研究院在银川市挂牌成立。当天，宁夏枸杞文化馆开馆。

22日 主题为"绿色·创新·品牌·健康"的第四届枸杞产业博览会在中宁县开幕。博览会"线上+线下"同步举办，集中发布枸杞产业重大科技成果，全面展示枸杞产业新品种、新应用。

23日 自治区政府举行参事座谈会暨参事聘任仪式。李广林、王凌、潘多俊、王秀春、郎伟、何仲义、李进、蒋齐、何学虎、马瑞霞、邹俭伟、张小盟被聘为自治区政府参事。

是日　由宁夏文联承担编著的国家出版基金项目《宁夏文学史》《宁夏艺术史》正式出版发行。

24日　自治区党委召开“光荣在党50年”座谈会。自治区党委书记陈润儿向“光荣在党50年”的老党员颁发了纪念章并发表讲话，会议由自治区主席咸辉主持，6位老党员作了发言。

是日　农业农村部管理干部学院、阿里研究院联合发布《农产品电商出村进城研究：以阿里平台为例》，全国销售额增速宁夏第五，“百强县”中宁县排第42位。

25日　全国第一批政法队伍教育整顿中央第四督导组督导宁夏意见反馈会在银川市召开。

是日　以《用好“学习强国”　争做“学史达人”》为主题的第二届宁夏“学习强国”学习平台达人挑战赛决赛在银川市举行。

28日　全区优秀共产党员、优秀党务工作者和先进基层党组织表彰大会在银川市举行。马洪梅等150名共产党员、胡月琴等99名党务工作者、银川市兴庆区掌政镇镇河村党支部等150个基层党组织，分别被授予“全区优秀共产党员”“全区优秀党务工作者”“全区先进基层党组织”称号。

是日　自治区庆祝中国共产党成立100周年文艺晚会《风华百年路　启航新征程》在宁夏人民剧院精彩上演。

是日　全区各界人士庆祝中国共产党成立100周年座谈会在银川市召开。

是日　中共中央印发《关于表彰全国优秀共产党员、全国优秀党务工作者和全国先进基层党组织的决定》，宁夏何季麟、李识海、陈树兰、曹有龙、杨凤鹏被授予“全国优秀共产党员”，李荣林、丁建华被授予“全国优秀党务工作者”，泾源县泾河源镇冶家村党支部、吴忠市利通区金星镇金花园社区党委、银川市公安局出入境管理局党支部被授予“全国先进基层党组织”。

29日　庆祝中国共产党成立100周年“七一勋章”颁授仪式在北京举行。宁夏吴忠市利通区金星镇王兰花热心小组党支部书记王兰花获得“七一勋章”，宁夏固原市委副书记、西吉县委书记王学军获“全国优秀县委书记”称号。

是日　由自治区党委宣传部、自治区文联共同主办的“美丽新宁夏　翰墨颂党恩——庆祝中国共产党成立100周年书法美术摄影民间工艺作品展”在银川市开幕。

是日　国家（中卫）新型互联网交换中心正式启用。

30日　宁夏军区开展首长机关“坚决听党话、永远跟党走”主题党日活动。

是月　国务院公布第五批国家级非物质文化遗产代表性项目名录，宁夏10个非遗项目入选。其中，2项非遗项目入选国家级非物质文化遗产代表性项目名录，8项非遗项目入选国家级非物质文化遗产代表性项目名录扩展项目名录。

7月

4日　宁夏大学“文化遗产保护与文旅产业研发协同创新中心”正式揭牌。

5日　自治区庆祝中国共产党成立100周年理论研讨会在银川市召开。

是日　“星星故乡”数字文旅项目在银川市启动。

5—9日　党史学习教育中央第十指导组在宁夏实地调研指导，持续推动党史学习教育走深走实、高质高效。

7日　自治区党委举办“双碳”专题讲座，中国工程院院士、生态环境部环境规划院院长王金南应邀作报告。

8日　自治区政府与人力资源和社会保障部在银川市签订合作备忘录，共同推进宁夏人力资源和社会保障事业改革发展，加快建设黄河流域生态保护和高质量发展先行区。

9日　“共建首家葡萄酒综试区，打造世界葡萄酒之都”圆桌会议暨综试区第一次专家委员会工作会议在银川市举行。

是日　宁夏国家葡萄及葡萄酒产业开放发展综合试验区专家聘书颁发仪式在银川市举行。

10日　农业农村部、工业和信息化部、自治区政府联合在永宁县闽宁镇举办全国首个特色产业开放发展综合试验区——宁夏国家葡萄及葡萄酒产业开放发展综合试验区挂牌仪式，并举办“助力千亿级产业　打造葡萄酒之都”发展论坛，自治区党委常委、常务副主席赵永清主持论坛，自治区副主席王和山在论坛上作主旨发言。

12日　自治区政府与国家开发银行在银川市签订合作备忘录。

13日　自治区党委召开第十二届自治区党委第十二轮巡视动员部署会，传达党中央和自治区党委关于巡视工作部署要求，安排第十二轮巡视工作。

14—17日　全国人大常委会副委员长、农工党中央主席、中国红十字会会长陈竺带领农工党中央调研组到宁夏调研基层卫生健康服务体系完善工作。

16日　全国人大民族委员会专题调研组座谈会在银川市召开。全国人大常委会委员、全国人大民族委员会主任委员白春礼出席并讲话。

17—18日 全国地方政协提案工作经验交流座谈会在银川市召开。全国政协副主席张庆黎出席会议并讲话，全国政协提案委员会主任李智勇主持会议。

19日 自治区党委和政府召开全区上半年经济形势分析会。

19—22日 中共中央政治局委员、中宣部部长黄坤明在宁夏调研，并于21日出席在银川市举行的学习贯彻习近平新时代中国特色社会主义思想研讨会暨党史学习教育高端论坛。

21日 全区乡村振兴系统建设和工作推进会在银川市召开，安排部署乡村振兴系统建设、巩固拓展脱贫攻坚成果同乡村振兴有效衔接工作。

22日 福建省第十二批援宁挂职干部座谈会在银川市召开。

是日 全国政协重点提案调研组在银川市召开"关于建立健全村集体经营性资产监管机制"重点提案汇报交流座谈会。

23日 2021年中国葡萄酒酒商大会在吴忠市红寺堡区召开。

27日 自治区党委第十二届第十二轮巡视12个巡视组完成对自治区党委办公厅、宣传部、统战部、政研室、网信办，自治区人大常委会机关、政府办公厅、政协机关、审计厅、政府驻北京办事处党组，以及自治区港澳台办、档案馆的进驻工作，巡视工作全面展开。

是日 第六届中国创新挑战赛（宁夏）生态农业及肉牛产业技术需求专场对接会在固原市举行。

29—31日 2021国际肉类产业博览会暨牛羊肉产销对接大会在银川市举办。

30日 由自治区文化和旅游厅、中国旅游报社共同主办的"中国（宁夏）星空旅游大会"在中卫沙坡头旅游景区开幕。

是日 宁夏中医医院暨中医研究院互联网医院揭牌成立，这是全区首家中医互联网医院，也是首家"互联网+"医疗服务医保支付定点医院。

31日 由中国动漫集团、自治区文化和旅游厅共同主办的AFN2021"一带一路"（宁夏）动漫节在银川市国际会展中心开幕。

是月 自治区司法厅联合自治区林草局，邀请自治区人大环资工委、北方民族大学有关法律专家赴贺兰山、六盘山、罗山国家级自然保护区开展《宁夏回族自治区六盘山贺兰山罗山国家级自然保护区条例》立法调研，标志着宁夏"三山"保护立法工作全面启动。

是月 全区193个乡镇如期完成党委换届工作，选举产生1808名新一届乡镇党委班子成员。

8月

1日 自治区党委召开八一建军节军地座谈会，贯彻落实习近平强军思想，共庆建军佳节，共话鱼水深情，共谋军地高质量发展大计。

3日 自治区党委书记陈润儿带领自治区省级领导到宁夏档案馆，集体参观"百年恰是风华正茂"主题档案文献展。

3—4日 自治区党委举办全区领导干部学习贯彻习近平总书记"七一"重要讲话精神专题研讨班。

4日 在"中国（宁夏）星空旅游大会"系列活动——星空旅游论坛上，文旅产业指数实验室星空旅游报告课题组正式发布《中国星空旅游报告》，这是国内关于星空旅游的首份报告。

6日 由黄河出版传媒集团主办、宁夏人民教育出版社等单位共同承办的《"七一勋章"获得者王兰花》新书首发暨阅读分享会在"悦读宁夏"视频号云直播。

9日 自治区司法厅启动部级"智慧矫正中心"创建工作，推动全区"智慧矫正"工作提档升级，进一步提升社区矫正工作智能化水平。

10日 第五届中国—阿拉伯国家博览会线上博览会在银川市启动。

12日 全区深入实施"四大提升行动"、全面促进乡村振兴工作会议在吴忠市红寺堡区召开。

13日 "紧跟党走、请党放心、强国有我"全区各界青年投身先行区建设践诺活动在银川市举行。

是日 由自治区团委、宁夏青少年发展基金会发起成立的全区首家青少年科技创新基金——宁夏希望工程青少年科技创新基金正式揭牌，基金规模500万元。

16日 自治区政府与中国能源建设集团、上海电气风电集团签署战略合作框架协议。

是日 "科创中国·宁夏中心"正式上线，将打造要素集成、开放融通的创新资源共享平台，推动开展全方位线上线下科技转化对接服务，打通区内外技术人才资源下沉渠道，辐射带动区域产业和经济发展。

17日 自治区政府与华润集团、中车集团、明阳智慧能源集团分别签订战略合作框架协议。

18日 第五届中国—阿拉伯国家博览会水资源论坛在银川市举行。水资源论坛首次被纳入中阿博览会，采用"线下线上相结合,以线上为主”的方式举办。

19日　第五届中国—阿拉伯国家博览会在银川市开幕。国家主席习近平致贺信。同日,由中国科技部、阿拉伯国家联盟秘书处、宁夏回族自治区政府共同主办的第四届中国—阿拉伯国家技术转移与创新合作大会在银川市举行。

是日　自治区政府、银川市政府、中卫市政府分别与华为技术有限公司签订战略合作框架协议。

20日　第五届中国—阿拉伯国家博览会项目签约仪式在银川市举行。博览会签约成果277个,计划投资和贸易总额1566.7亿元,涉及现代农业、清洁能源、医疗健康、数字经济等多个领域。同日,第五届中国—阿拉伯国家博览会网上丝绸之路大会数字经济发展论坛暨2021银川国际智慧城市峰会在银川市召开。

是日　国家北斗导航位置服务数据中心宁夏分中心正式揭牌。

23日　第十四届全国运动会宁夏代表团成立,总人数为101人。

24—26日　自治区召开黄河流域生态保护和高质量发展先行区建设(重大项目建设)第五次推进会。

28日　自治区党委组织部牵头,与自治区党委农办、农业农村厅、乡村振兴局联合在自治区党校(行政学院)举办全区乡镇党委书记乡村振兴专题培训班。

31日　交通银行宁夏区分行为宁夏重点进出口企业宁夏伊品生物科技股份有限公司落地宁夏首个CIPS标准收发器项目,并完成首笔汇款业务。

是月　中宣部办公厅公布2021年主题出版重点出版物选题,宁夏人民出版社申报的《诗在远方——“闽宁经验”纪事》《六盘山上高峰》入选。

是月　国家枸杞产品质量检验检测中心(宁夏)、国家葡萄酒产品质量检验检测中心(宁夏)先后通过国家市场监管总局评审认定,正式获批筹建。

是月　文化和旅游部、国家发展改革委正式公布第三批全国乡村旅游重点村和第一批全国乡村旅游重点镇(乡)名单,宁夏青铜峡市大坝镇韦桥村、吴忠市红寺堡区红寺堡镇弘德村、平罗县高仁乡六顷地村、中宁县余丁乡黄羊村、隆德县凤岭乡李士村入选第三批全国乡村旅游重点村名单。永宁县闽宁镇、银川市西夏区镇北堡镇、泾源县泾河源镇入选第一批全国乡村旅游重点镇(乡)名单。

9月

1日　2021年全区“民族团结进步月”线上启动仪式在银川市举行。

是日　根据国务院第八次大督查统一安排,国务院大督查第十六督查组进驻宁夏,开展为期10天的实地督查。

是日　全面展示宁夏60多年来各族群众团结奋斗、守望相助的文学丛书——《“石榴籽”故事》丛书首发式在银川市举办。

2日　宁夏首家铸牢中华民族共同体意识教育馆在石嘴山市大武口洗煤厂工业遗址公园开馆。

5日　第十一届中华慈善奖表彰大会在北京举行。宁夏宝丰集团有限公司董事长、燕宝慈善基金会理事长党彦宝获“中华慈善奖”,这是党彦宝第四次获全国慈善领域政府最高奖项。

6日　2021年“福建院士专家宁夏行”活动在固原市启动,福建省4名院士、13名专家到宁夏开展技术指导、学术交流、洽谈合作等。

8日　宁夏宝丰集团燕宝慈善基金会成立十周年大会暨2021年奖学金发放仪式在银川市举行。从2021年起,燕宝慈善基金会对宁夏考上大学的学生全部进行奖励资助。

是日　根据党中央统一部署,全国政法队伍教育整顿中央第四督导组进驻宁夏,对全区第二批政法队伍教育整顿开展督导工作。

9日　自治区党委书记陈润儿到宁夏医科大学调研高校党的建设并主持召开座谈会。

10日　由自治区地质局主办的“2021年‘质量月’珠宝玉石公益检测公众开放日暨地矿社区新时代文明实践点授牌仪式”在银川市举行。

11日　由自治区科协、自治区党委宣传部等11个部门共同主办的2021年宁夏(银川)全国科普日暨第六届宁夏青少年科学节在银川市启动。

14—16日　中共中央书记处书记、中央统战部部长尤权到宁夏就坚持我国宗教中国化方向进行调研,先后深入银川市、吴忠市的乡村、社区、企业和民族院校,走访宗教活动场所,与党委、政府及有关部门负责人座谈,了解学习贯彻中央民族工作会议精神情况。

14—18日　全国政协副主席马飚率全国政协书画室委员一行到宁夏,围绕“黄河流域生态文明建设”主题开展采风调研活动。

15日　首届中国(宁夏)国际葡萄酒文化旅游博览会组委会会议在北京举行。

16日　由自治区总工会、自治区人力资源和社会保障厅等五部门共同主办的第七届全国职工职业技能大赛——钳工、工业机器人操作调整工宁夏选拔赛启动仪式在宁夏工商职业技术学院举行。

是日 由中国铁建投资集团投资建设，银昆高速公路太阳山至彭阳段张家塬隧道顺利贯通，这是该路段首条贯通隧道。

17日 2021年地标农品中国行首站(宁夏)活动在银川市启动。

18日 自治区党委宣传部、自治区国防教育办公室、自治区党校联合举办全区县处级领导干部国防教育专题报告会，邀请自治区党委常委、宁夏军区司令员赵建宏应邀作了题为《深入学习贯彻习近平强军思想 推进国防动员建设高质量发展》的报告。

22日 中国环境科学研究院石嘴山驻点专家组工作站正式挂牌，这是中国环科院在黄河流域建立的首个专家组工作站。

23日 第十七届中国(深圳)国际文化产业博览交易会开幕，宁夏代表团举行“宁夏枸杞 贵在道地”专场推介会。

是日 全国农业水价综合改革工作现场会在盐池县召开。

25日 中国(宁夏)国际葡萄酒文化旅游节暨麓FUN·葡萄酒生活艺术节在银川文化城启幕。

26日 以“中国葡萄酒·当惊世界殊”为主题的首届中国(宁夏)国际葡萄酒文化旅游博览会在银川市开幕，全国人大常委会副委员长、农工党中央主席陈竺出席并发表主旨演讲。同日，中国(宁夏)国际葡萄酒品牌盛典在银川市举行，现场揭晓中国(宁夏)国际葡萄酒大赛评选结果和贺兰山东麓产区列级酒庄评定结果，举行了葡萄酒产业投资合作协议签约。

27日 以“葡萄酒文化交流与创新”为主题的第二届中法葡萄酒文化论坛在永宁县闽宁镇举行。

27—30日 上海交通大学校长林忠钦率考察团在宁夏调研考察，并出席上海交通大学与自治区战略合作座谈会。

28—29日 第23期全国人大民族工作干部学习班在银川市举行。全国人大常委会副委员长曹建明出席并讲话，学习班由全国人大民族委员会主任委员白春礼主持。

29日 “我眼中的中国——宁夏行”座谈会在银川市召开。中国人民对外友好协会会长林松添讲话，南非前驻外大使、浙江师范大学非洲研究院高级研究员格特·格罗布勒发言。

是日 中卫博物馆完成陈列布展，正式面向社会免费开放。

30日 自治区暨银川市向人民英雄敬献花篮仪式在银川市烈士陵园隆重举行。

10月

1日 自治区党委书记陈润儿在永宁县闽宁镇调研“四大提升行动”，强调要牢记习近平总书记对闽宁镇的亲切关怀和殷切嘱托，扎实推进巩固拓展脱贫攻坚成果同乡村振兴有效衔接，加快乡村环境整治，培育壮大富民产业，在全面推进乡村振兴中当好楷模、作出示范。

是日 “天下黄河·魅力银川·云享文旅——第五届中国·银川黄河文化旅游节”在银川文化艺术博览中心开启。

8日 全区产业工人队伍建设改革工作现场推进会在银川市召开。

10—11日 中国共产党宁夏回族自治区第十二届委员会第十三次全体会议在银川市召开。

11日 自治区党委网信办、教育厅、公安厅等单位联合主办的2021年宁夏网络安全宣传周在银川市启动。

12—18日 由人民网、自治区工业和信息化厅、宁夏通信管理局、中卫市政府主办的“2021云天大会”及国家一体化大数据应用、文化大数据应用等多个分论坛在中卫市举行。

12—19日 按照中央全面依法治国委员会统一部署，中央依法治国办第八督察组进驻宁夏，就法治政府建设开展实地督察。

14日 自治区政府与国家开发投资集团签订战略合作框架协议。

是日 由自治区卫生健康委和大专家.COM共同举办的2021医生云大会在银川市召开。中国工程院院士、大专家.COM荣誉主席、“共和国勋章”获得者钟南山，中国工程院副院长、肿瘤生物学国家重点实验室主任樊代明，“人民英雄”国家荣誉称号、中国工程院院士张伯礼等15位院士应邀出席大会。

是日 联合国生物多样性大会生态文明论坛在云南省昆明市召开，固原市获“国家生态文明建设示范区”称号；泾源县、银川市西夏区镇北堡镇分获“全国第五批‘绿水青山就是金山银山’实践创新基地”称号。

14—17日 全国政协副主席刘奇葆率全国政协调研组围绕“推进黄河国家文化公园建设”到宁夏开展专题调研。

15日 由宁夏大学、中国社会科学院世界经济与政治研究所、国际关系学院主办，宁夏大学阿拉伯国家研究省部共建协同创新中心、中国社会科学院国家全球战略智库秘书处、国际关系学院经济金融学院承办，新兴经济体研究会协办的第十二届国际政治经济学论坛在银川市召开。

16日 宁夏农垦集团在暖泉酒庄举

行白兰地基酒项目投产仪式。该项目是目前国内蒸馏设备配置最全、单体规模西北最大、宁夏首个白兰地基酒生产基地。

是日　全区巩固拓展脱贫攻坚成果同乡村振兴有效衔接专题培训班在银川市开班。

18日　第三届中国考古学大会公布“百年百大考古发现”，宁夏水洞沟遗址和西夏陵2个考古项目入选。

19日　全区高校党的建设工作会议在银川市召开。

19—24日　全国政协委员、自治区政协主席、党组书记崔波带领住宁全国政协委员考察团，赴上海市考察学习科技体制改革、推进治理体系和治理能力现代化的经验做法，赴浙江省考察学习共同富裕示范区建设和大数据产业发展情况，并在考察学习过程中开展党史学习教育。

20日　宁夏与韩国庆尚北道通过线上签约正式缔结国际友城关系。这是宁夏与韩国建立的第一对省级国际友城关系，也是“十四五”以来宁夏缔结的首对国际友城。

是日　国家大型光伏基地国能宁夏电力有限公司200万千瓦光伏项目正式开工建设。该项目是宁夏单体规模最大、投资规模最大的新能源项目。

21日　宁夏回族自治区应对新冠肺炎疫情工作指挥部发布第12号公告。

21—27日　国家“十三五”科技创新成就展在北京展览馆举行，宁夏科技创新成果作为东西部科技合作典型案例在区域创新展区中重点展示，吴忠仪表、维尔铸造等宁夏科技创新主体精彩亮相。

24日　国务院联防联控机制综合组组长、国家卫生健康委党组书记、主任马晓伟一行到宁夏指导疫情处置工作并座谈交流。

29日　全国第十一届残疾人运动会暨第八届特殊奥林匹克运动会闭幕，宁夏选手获得残运会9金16.5银23.5铜，特奥会55金、29银、4铜，特奥会金牌、奖牌总数均位列全国第一。

是月　银川市兴庆区富宁街街道办事处中寺社区等10个社区被评为“全国首批示范性老年友好型社区”。

是月　在第六届全国杰出专业技术人才电视电话表彰大会上，宁夏医科大学总医院主任医师金群华和宁夏大学煤炭高效利用与绿色化工国家重点实验室分别被授予“全国杰出专业技术人才”和“全国专业技术人才先进集体”。

是月　中共中央、国务院印发《黄河流域生态保护和高质量发展规划纲要》。

是月　自治区党委办公厅、政府办公厅印发《关于进一步减轻义务教育阶段学生作业负担和校外培训负担的实施方案》。

是月　国家知识产权局商标局发布《证明商标注册公告》，正式核准“宁夏枸杞”商标为地理标志证明商标。

11月

1日　自治区党委办公厅、政府办公厅印发《关于当前全区机关单位干部坚守岗位下沉一线做好疫情防控工作的紧急通知》，要求从即日起，各级机关单位要急基层所急、想基层所难，除安排部分必要工作人员留守办公外，尽可能多安排干部职工下沉一线，协助做好疫情防控工作。

3日　在北京举行的2020年度国家科学技术奖励大会上，宁夏共有4个项目获奖，其中由国家能源集团宁夏煤业公司联合20余家单位协同攻关完成的“400万吨/年煤间接液化成套技术创新开发及产业化”项目被授予国家科学技术进步奖一等奖，这是宁夏首次获此殊荣。

4日　首届全国应急管理系统先进模范和消防忠诚卫士表彰大会在北京举行，宁东基地消防救援大队获得“全国应急管理系统先进集体”。

5日　在第八届全国道德模范座谈会和颁奖仪式上，吴忠市利通区金星镇“王兰花热心小组”党支部书记王兰花当选“助人为乐全国道德模范”，王富国等9人获“全国道德模范提名奖”。

6日　北京、厦门、银川等21个城市（区）被列入首批开展城市更新试点工作地，重点探索城市更新统筹谋划机制，探索城市更新可持续模式及探索建立城市更新配套制度政策。

6—7日　第七届中国大学生人力资源职业技能竞展汇西北竞展区线上竞展汇在宁夏大学举行，竞展汇旨在通过比赛推动西北各高校人力资源专业应用型人才的培养与实践。

7日　中华全国新闻工作者协会主办的第31届中国新闻奖评选结果揭晓，宁夏有3件作品获奖。

12日　自治区发展改革委采取线上方式，组织召开银川至太原高速铁路可行性研究专家评审会。

16日　在泾源县举行的用水权证颁发会议上，宁夏欣源牧业有限公司负责人白玉代表42家养殖大户从泾源县水务局领到宁夏第一本用水权证。

17日　宁夏煤矿安全监察局调整更名为国家矿山安全监察局宁夏局并正式挂牌成立。

18日　吴忠仪表有限责任公司党委

书记、董事长马玉山当选中国工程院院士。

是日　宁夏首次通过商业银行柜台发行政府债券。

21日　自治区党委和政府在石嘴山市召开贯彻落实习近平总书记在深入推动黄河流域生态保护和高质量发展座谈会上重要讲话精神暨先行区建设第六次推进会。

24日　学习贯彻党的十九届六中全会精神中央宣讲团成员、中央政策研究室副主任田培炎一行深入永宁县闽宁镇，与基层党员干部群众交流互动。

是日　自治区财政厅、青铜峡市政府、宁夏国有资本运营集团有限责任公司围绕宁夏黄河流域生态保护和高质量发展先行区建设基金（简称“先行区基金”）签订《框架协议书》，标志着先行区基金发挥金融活水功能，促进先行区建设迈出实质性一步。

25日　全区科学技术奖励大会在银川市召开，表彰为全区科学技术进步和经济社会发展作出突出贡献的科技工作者和专家。

26日　自治区政府与南水北调集团签订战略合作框架协议。

是日　银川都市圈中线供水工程试运行通水成功，具备向平罗县河东灌区供水的条件。

26—27日　中国共产党宁夏回族自治区第十二届委员会第十四次全体会议在银川市举行。

是月　国务院对第八次大督查发现的典型经验做法给予表扬，其中宁夏以9个重点产业为载体推动经济发展迈上新台阶、宁夏依托“四大提升”行动巩固拓展脱贫攻坚成果、吴忠市红寺堡区突出重点全面推进乡村振兴三项经验做法上榜。

是月　宁夏首单重点新材料首批次应用保险保单成功签署，标志着宁夏本地新材料保险实现“零”的突破。

是月　自治区第十二届人大常委会第三十次会议表决通过《宁夏回族自治区长城保护条例》，并确定每年5月18日为宁夏的“长城保护宣传日”。

12月

1日　自治区政府与中华全国供销合作总社在银川市签订战略合作框架协议并启动宁夏全国“数字供销”示范区建设。中华全国供销合作总社理事会副主任、中国供销集团董事长侯顺利出席仪式。

2日　在甘肃省兰州市举行的第二届黄河流域教育高质量发展论坛上，青海、四川、甘肃、宁夏、内蒙古、山西、陕西、河南、山东九省（区）共同发布《黄河流域九省（区）“十四五”教育协同发展行动计划》，打造集群发展的教育共同体，推动黄河流域教育协同发展。

3日　中央第四生态环境保护督察组进驻宁夏开展生态环境保护督察。

是日　全区职业教育大会在银川市召开。

5日　国家发展改革委安排中央预算内补助资金15.7亿元，支持宁夏固海扩灌扬水更新改造、清水河流域城乡供水、银川都市圈城乡东线供水三项重大水利工程建设。

是日　宁夏总体国家安全观进党校（行政学院）、社会主义学院和大中小学启动仪式大会在银川市举行。

6日　宁夏首宗地下水用水权交易在石嘴山市公共资源交易中心成交。

8日　全区政法英模先进事迹报告会暨巡回报告启动仪式在银川市举行。

9日　全区食用菌产业发展座谈会在银川市召开，会议听取全区食用菌产业发展的情况汇报和意见建议，研究推进食用菌产业高质量发展的思路举措和工作重点。

10—14日　党史学习教育中央第十指导组在宁夏调研指导工作。

14日　市场监管总局在全国729项国家级社会管理和公共服务试点中精选13个项目，将其列为第一批国家级社会管理和公共服务综合标准化试点典型案例在全国推介，银川市审批服务管理局承担的第五批社会管理和公共服务综合标准化试点项目及宁夏儿童福利院承担的第四批社会管理和公共服务综合标准化试点项目入选。

是日　宁夏首届科技创新与技术转移转化论坛在银川市举行。

15日　在河南省郑州市举行的“2021中国农产品区域公用品牌·市场竞争力品牌”颁奖典礼上，“宁夏枸杞”入围“市场竞争力品牌”。

16日　中央第四督导组督导宁夏第二批政法队伍教育整顿“回头看”汇报会在银川市召开。中央第四督导组组长、全国政协常委、政协提案委员会副主任支树平出席汇报会并讲话。

是日　由科技部火炬高技术产业开发中心、宁夏科技厅共同主办，宁夏生产力促进中心承办的第六届中国创新挑战赛（宁夏）现场赛在银川市开赛。

17日　全区巩固拓展脱贫攻坚成果有效衔接乡村振兴工作推进会在银川市召开。

是日　自治区现代枸杞产业高质量发展包抓工作机制会议在银川市召开。

18日　以“Hi，液态职场”为主题的

2021中国年度最佳雇主奖揭晓，银川市蝉联“年度最佳引才城市奖”，并获“年度最佳促进就业城市”称号。

19日 庆祝民进宁夏区委会成立40周年大会在银川市召开。全国人大常委会副委员长、民进中央主席蔡达峰出席会议并讲话。

是日 国家能源集团宁夏煤业有限责任公司煤制油分公司已产出油化品405万吨。至此，这个全球单套规模最大煤制油项目建成投产以来首次达到设计产能。

21日 在工业和信息化部主办的全国工业App和信息消费大赛上，宁夏8件产品入围决赛，数量位居西北第一、西部第二。

24—26日 党史学习教育中央第十指导组组长魏大鹏带队在宁夏开展党史学习教育评估工作。

25日 黄河宁夏段出现流凌，进入2021年至2022年凌汛期。

26日 全区推进新材料产业高质量发展座谈会在银川市召开。

27日 区直机关首期党支部书记论坛在银川市举办。

是日 宁夏固原地区（宁夏中南部）城乡饮水安全水源工程获得“2019—2020年度中国水利工程优质（大禹）奖”。

28日 长篇报告文学《百万大移民》新书发布暨作品研讨会在吴忠市红寺堡区举行。

29日 以“激情创业创新 圆梦乡村振兴”为主题的“涪陵榨菜杯”第五届全国农村创业创新项目创意大赛落下帷幕，宁夏2名“新农人”在比赛中分获二等奖、三等奖。

30日 2021年度巩固拓展脱贫攻坚成果同乡村振兴有效衔接考核评估省级工作对接会在银川市召开。

是日 自治区党委宣传部、教育厅等8部门在吴忠市利通区举办宁夏第四届全民终身学习活动周线上发布会。

是月 2021年度“中国最美村镇”名单出炉，石嘴山市惠农区礼和乡银河村摘得“生态宜居成就奖”。

是月 由中宣部出版局主办、中国期刊协会承办的第五届“期刊主题宣传好文章”推荐活动结果揭晓，全国地方党刊联合报道《脱贫之道·中国共产党为什么能》入选，其中包括《共产党人》2021年第4期刊发的3篇特别策划报道——《宁夏杨岭村：牢记总书记嘱托 美丽乡村入画来》《宁夏原隆村：牢记总书记嘱托 “干沙滩”上写奇迹》《宁夏弘德村：牢记总书记嘱托 奋斗创出好日子》，实现了宁夏期刊在该项推荐活动中“零”的突破。

是月 第五批国家工业遗产名单公布，宁夏天地奔牛实业集团有限公司的“西北煤机一厂”项目入围，实现宁夏在国家工业遗产名单中“零”的突破。

是月 自治区政府办公厅印发《宁夏回族自治区巩固拓展脱贫攻坚成果同乡村振兴有效衔接“十四五”规划》。

是月 水利部印发《关于公布2021年度国家水土保持示范名单的通知》，盐池、隆德、原州3县（区）入选“全国水土保持示范县”。

宁夏综览

NINGXIAZONGLAN

NINGXIA YEARBOOK

编辑◎霍丽娜

地理人文

【地理环境】宁夏回族自治区，简称宁，位于祖国西北部的黄河中上游地区，地处北纬35°14′~39°23′，东经104°17′~107°39′。东邻陕西省，西部、北部接内蒙古自治区，南部与甘肃省相连，总面积为6.64万平方千米。从地理位置看，宁夏在全国东、中、西三大带划分中，位于中部、西部过渡区，是西北地区距离华北最近的省（区），区位优势明显。地形南北狭长，南北相距456千米，东西相距约250千米。全境海拔1000米以上，地势南高北低，落差近1000米，呈阶梯状下降。黄河从宁夏中北部穿越12个县市，流程397千米。贺兰山是银川平原的天然屏障，主峰为敖包疙瘩，海拔3556米。宁夏平原是发展农业的理想绿洲，自古就享有“塞北江南”“塞上明珠”盛誉。在中国自然区划中，宁夏跨东部季风区和西北干旱区，西南靠近青藏高寒区，大致处在中国三大自然区的交会、过渡地带。在中国国土开发整治的地域划分上，宁夏位于中部重点开发区的西缘或西部待开发区的东缘，北部和中部系“三北”防护林建设工程的重点地段，南部属于黄土高原综合治理区和“三西”地区范围。宁夏远离海洋，深居内陆，南端（固原地区南半部）属暖温带半干旱区，中部（固原地区的北部至盐池、同心一带）属中温带半干旱区，北部（银川平原）则为中温带干旱区，南北气候悬殊，是典型的大陆性气候。全年各地年平均气温为6.9℃~11.5℃，大部分地区较常年偏高0.5℃~1.6℃，宁夏降水量南多北少，且大都集中在夏季。

【自然资源】宁夏能源优势明显。新型材料产业潜力巨大，宁夏地处中国能源“金三角”，宁东能源化工基地是国家级现代煤化工示范区；钽铌铍、电解铝、金属锰产能全国领先；晶硅棒（片）、工业蓝宝石和锂电材料规模化生产；碳化硅、活性炭、炭素产能位居全国前列，是打造化工、金属、电池、碳基等新型材料的重要保障。清洁能源产业前景广阔，宁夏是全国首个新能源综合示范区，风电、光伏可开发量超过5000万千瓦，水能蕴藏量200万千瓦，氢能应用场景丰富，是发展清洁能源配套产业的优势地区。

【地形地貌】宁夏在地理上分为三大板块：一是北部引黄灌区，地势平坦，土壤肥沃，素有“塞上江南”的美誉；二是中部干旱带，干旱少雨，风大沙多，土地贫瘠，生存条件较差；三是南部山区，丘陵沟壑林立，部分地域阴湿高寒，是国家级贫困地区。黄河自中卫入境，向东北斜贯于河套平原之上，顺地势经石嘴山出境。平原上土层深厚，地势平坦，加上坡降相宜，引水方便，便于引流灌溉。宁夏地貌复杂，山地迭起，盆地错落，大体可分为：黄土高原，鄂尔多斯台地，洪积冲积平原和六盘山、罗山、贺兰山南北中三段山地。平均海拔1000米以上。按地表特征，还可分为南部暖温带平原地带、中部中温带半荒漠地带和北部中温带荒漠地带。全区从南向北表现由流水地貌向风蚀地貌过渡的特征。宁夏地处黄土高原与内蒙古高原的过渡地带，地势南高北低。从地貌类型看，南部以流水侵蚀的黄土地貌为主，中部和北部以干旱剥蚀、风蚀地貌为主，是内蒙古高原的一部分。境内有较为高峻的山地和广泛分布的丘陵，也有由于地层断陷又经黄河冲积而成的冲积平原，还有台地和沙丘。

【三大山脉】宁夏著名的山脉有贺兰山、六盘山和罗山。贺兰山绵亘于宁夏的西北部，南北长200多千米，东西宽15~60千米。山地海拔多在1600~3000米，主峰达3556米。古人称之为“朔方之保障，沙漠之咽喉”。山势巍峨雄伟，既削弱了西北寒风的侵袭，又阻挡了腾格里沙漠流沙的东移，成为银川平原的天然屏障。山中有丰富的煤炭等矿产资源。山麓部分，1500米以下为荒漠草原带；1500米以上出现覆盖度较大、草本植物生长较高的山地草原及旱生灌木丛带；2000米以上有以云杉、油松等为主的森林；森林带以上有一定面积的高山灌丛草甸带，是较好的夏季牧场。贺兰山的山脊是我国荒漠草原与荒漠、季风区和非季风区、外流区和内流区的分界线。山岭中间，也有一些较低矮的山口，成为东西交通要道。其中三关口是银川通往内蒙古阿拉善盟的重要通道。六盘山，古称陇山，位于宁夏南部，耸立于黄土高原之上，是一条近似南北走向的狭长山脉。主峰米缸山位于宁夏泾源县和尚铺村以南，海拔2930米，山势高峻，山路曲折险狭，须经六重盘道才能到达顶峰，六盘山因此而得名。山腰地带降雨较多，气候较为湿润，宜于林木生长，有较繁茂的天然次生阔叶林，使六盘山成为突起于黄土高原之上的一个"绿岛"，也是宁夏重要的林区之一。罗山，位于宁夏南部同心县。地理坐标为北纬37°11′~37°25′，东经106°04′~106°24′。罗山有效地阻滞了毛乌素沙漠的南侵，是宁夏中部的绿色生态屏障，也是宁夏中部重要的水源涵养林区。罗山自然保护区始建于1982年7月1日，2002年7月升级为国家自然保护区，自然保护区面积为33710公顷，土壤以山地灰钙土、山地灰褐土为主。属典型的温带大陆性气候。保护区内有野生植物资源65科、170属、275种，有野生动物资源22目、114种、82个亚种。近年来，保护区通过继续组织实施天然林保护工程、"三北"四期造林工程、国家级自然保护区二期建设工程和中德合作造林项目，封山育林15万亩，新造林地3万亩，罗山森林覆盖率由9.4%提高到40%。罗山的水源涵养能力得以提高并改善了区域气候的整体功能。

【历史沿革】宁夏历史悠久。元朝灭西夏后，以平定西夏、稳定西夏、西夏"安宁"之意，取名"宁夏"，宁夏因此而得名。宁夏是中华远古文明的发祥地之一。灵武市水洞沟旧石器时代文化遗址中发掘出来的石器、骨器和用火痕迹表明，远在距今3万年前后，宁夏境内就有了人类活动。商、周时期，称为胡（北狄）、羌（西戎），后又有称为猃狁（薰育、荤粥）的游牧部落活动。春秋战国时期，固原南部属秦，其余地区分别为义渠、乌氏、朐衍诸戎部族的聚居地。秦昭王三十五年（前272），秦灭义渠诸戎国，将三陇大片土地并入秦国，归北地郡管辖，宁夏全境被纳入中原王朝版图。秦始皇统一六国后，派兵北逐匈奴，在宁夏屯垦，沿黄河置县，开创了移民开发引黄灌溉农业的历史。汉代，宁夏各县先后分属北地郡和安定郡，实施移民屯垦，经济得到开发。三国两晋南北朝时期，宁夏地区政权更替，民族大融合进一步发展。唐朝宁夏属关内道，次年在灵州（今宁夏吴忠市利通区境内）设大都督府、朔方节度使。天宝十四载（755）"安史之乱"爆发，太子李亨进入宁夏，次年在灵武郡（灵州一度改郡）登基继承帝位，即唐肃宗。当时，宁夏已成为中国东西交通贸易的重要通道之一。北宋宝元元年（1038），党项族首领李元昊以宁夏为中心，建立地方割据政权，国号大夏（史称"西夏"）。蒙古成吉思汗二十二年（1227）蒙古灭夏，于蒙古中统二年（1261）在西夏故地设立西夏中兴等路省。元至元二十五年（1288）降为甘肃省宁夏府路，始有"宁夏"地名。明朝设宁夏卫所屯田。清朝设甘肃省宁夏府、固原州。民国十八年（1929）设宁夏省，辖除固原地区及海原县以外的现有市、县及内蒙古的阿拉善旗、额济纳旗和磴口县。1949年9月23日，宁夏省解放，辖区范围与中华民国时相同。1954年，撤销宁夏省，将原属宁夏省的阿拉善旗、额济纳旗和磴口县划归内蒙古自治区。1958年10月25日，宁夏回族自治区成立，辖原属甘肃省的银川专区、吴忠回族自治州、西海固回族自治州及泾源县、隆德县。1969年，内蒙古自治区巴彦淖尔盟所属的阿拉善左旗和阿拉善右旗的5个公社并入宁夏。1979年，这些地区又划回内蒙古自治区。

【行政区划】宁夏是中国5个少数民族自治区之一，下辖银川、石嘴山、吴忠、固原、中卫5个地级市，灵武、青铜峡2个县级市，永宁、贺兰、平罗、盐池、同心、西吉、隆德、泾源、彭阳、中宁、海原11个县，兴庆、西夏、金凤、大武口、惠农、利通、红寺堡、原州、沙坡头9个市辖区，193个乡镇（103个镇、90个乡），47个街道办事处。按照自然地理和经济条件，宁夏可分为两大板块。沿黄经济区：包括银川、石嘴山、吴忠、中卫4个地级市及所辖永宁、贺兰、平罗、灵武、青铜峡、中宁等10个市县。该地区处于河套平原，资源丰富，且综合条件较好，经济发展水平较高，以43%的土地面积集中了全区57%的人口，占90%以上的经济总量和财政收入，是宁夏的精华地带和经济发展的龙头，自唐代便有"塞北江南"之美誉，也是国家主体功能区规划建设的18个重点开发区之一。中南部地区：包括红寺堡区、原州区、盐池县、同心县、西吉县、隆德县、泾源县、彭阳县、海原县9个国家扶贫开发重点县(区)以及沙坡头区、中宁县的山区,处于中国半干旱黄土高原向干旱风沙区过渡的农牧交错地带。

【旅游资源】宁夏自古就有“塞北江南”的盛誉。宁夏的“三山一河(贺兰山、六盘山、罗山、黄河)”“两沙一陵(沙湖、沙坡头、西夏陵)”“两堡一城(将台堡、镇北堡、古长城)”,展现深厚的文化底蕴和独特的自然风光。数百公里的秦长城、明长城遗迹横亘于塞上,被专家誉为“中国的长城博物馆”。沙湖距银川市56千米,1994年被国家旅游局评为全国35个国家AAAAA级旅游景点之一。沙坡头的治沙成果蜚声中外,被联合国授予“全球环保500佳”。须弥山石窟初凿于北魏,兴盛于北周,唐代至明朝均有开凿,是中国最重要的石窟艺术宝库之一。华夏西部影城、贺兰山岩画、西夏陵、青铜峡鸟岛、水洞沟遗址等景点和古迹,在国内外具有很高的知名度。宁夏鸣翠湖国家湿地公园、阅海湿地公园、青铜峡黄河生态园等一批休闲度假旅游景区为广大游客提供了假期休闲放松的场所。红色旅游文化资源也很丰富。1926年,中国共产党在宁夏建立了特别支部。1935年10月初,毛泽东等率领中央红军,翻越六盘山,经过西吉、海原、隆德、固原等地,到达陕北。在翻越六盘山时,毛泽东写下了著名的《清平乐·六盘山》。两百多位革命家、政治家、军事家、开国元勋、将帅先后在宁夏生活和战斗过。随着沿黄生态经济带的建设,“天下黄河富宁夏”也被赋予了新的内涵。宁夏有着可进入性最强、安全系数最高、交通最为便利的沙漠景区。宁夏沙漠紧邻河流、湖泊、草原,旅游资源丰富多样。沙坡头、沙湖、黄沙古渡等景区都是利用奔腾的黄河和丰富的水资源,使沙水相依。宁夏博物馆、固原博物馆、宁夏科技馆、国务院直属口五七干校博物馆等展现了宁夏不同的文化。贺兰山东麓形成一条南起甘城子、北至石嘴山的百余公里葡萄长廊。

【农业资源和物产】黄河流经宁夏397公里,素有“天下黄河富宁夏”之美誉。农业综合生产水平在西北地区名列前茅,属国家级“两高一优”农业示范区,是我国四大自流灌区和七大商品粮基地之一。有待开发的荒地1000万亩,有可利用的草地3400万亩。宁夏光照充足,昼夜温差大,环境洁净,有利于发展优质高效的枸杞、牛羊肉、奶业、马铃薯、瓜菜、优质粮食、淡水鱼、葡萄、红枣、优质牧草、农作物制种、苹果、道地中药材等特色种养业和农村清洁能源、农业循环经济。良好的农业生产条件,形成了具有区域竞争力的13个特色优势产业。特别是枸杞、酿酒葡萄、甘草、瓜果、马铃薯、优质牛羊肉等特色产业,在西部乃至全国都有影响。依托丰富的农副产品和动植物药用资源,粮食加工、绒毛皮加工、肉奶制品、葡萄酿酒等优势产业发展势头良好,枸杞、抗生素、羊胎素等医药保健系列产品发展迅速,“塞北雪”“圣雪绒”“夏进”“西夏王”等一批知名品牌快速成长。沿黄河两岸水产养殖条件优越,全区人均水产品占有量居西北地区首位。

【人口发展】截至2021年年底,全区常住人口725万人,同比增加4万人。其中城镇常住人口478.8万人,占常住人口比重(常住人口城镇化率)的66.04%,同比提高1.08个百分点。全年全区出生人口8.4万人,出生率为11.62‰;死亡人口4.4万人,死亡率为6.09‰;自然增长率为5.53‰。全年全区城镇新增就业人员8.15万人,农村劳动力转移就业81.27万人,全年全区城镇登记失业率为4.13%。全年全区农民工总量为99.5万人,增加1.4万人,同比增长1.4%。其中,外出农民工76.3万人,减少0.6万人,同比下降0.8%;本地农民工23.2万人,增加2万人,同比增长9.4%。

【水资源】2021年,全区水资源总量9.34亿立方米。平均降水量274毫米,同比下降11.7%。总用水量68.09亿立方米(其中,生活用水3.67亿立方米,同比下降0.9%;工业用水4.24亿立方米,同比增长1.2%;农业用水56.86亿立方米,同比下降3%;其他用水3.32亿立方米),同比下降3%。万元地区生产总值用水量161.4立方米,同比下降9.1%;万元工业增加值用水量30.1立方米,同比下降6.2%。

(王会宁)

经济建设

【经济运行情况】2021年,全区实现地区生产总值4522.31亿元(其中,第一产业增加值364.48亿元,同比增长4.7%;第二产业增加值2021.55亿元,同比增长6.6%;第三产业增加值2136.28亿元,同比增长7.1%)。按不变价格计算,同比增长6.7%。第一产业增加值占地区生产总值的比重为8.1%,第二产业增加值占地区生产总值的比重为44.7%,第三产业增加值占地区生产总值的比重为47.2%。按常住人口计算,人均地区生产总值62377元,同比增长6.1%。全年全区居民消费价格同比上涨1.4%,工业生产者出厂价格上涨19.9%,工业生产者购进价格上涨20.8%，农产品生产者价格上涨6.5%。

【财税金融】2021年，全区一般公共预算总收入795.06亿元，同比增长12.9%（其中地方一般公共预算收入460.01亿元，同比增长9.7%）。在地方一般公共预算收入中，税收收入300.74亿元，同比增长14%，占地方一般公共预算收入的65.4%。2021年，全区金融机构本外币各项存款余额7484亿元（其中人民币各项存款余额7466亿元）；全区金融机构本外币各项贷款余额8461亿元（其中人民币各项贷款余额8284亿元）。全区上市公司16家，总股本213.87亿股，总市值2126.07亿元，同比增长56.6%（其中流通市值1130.71亿元，同比增长56.3%）。全年证券交易额14053.09亿元，同比增长10.3%。全区在全国中小企业股份转让系统挂牌公司41家，同比下降14.6%。全区省级营业性保险分公司24家，全年实现保费收入211.14亿元，同比增长0.2%。支付各类赔款和给付73.05亿元，同比增长10.5%。

【新业态发展】2021年，全区规模以上工业高技术制造业增加值同比增长22.5%，装备制造业增加值同比增长12.7%，分别比全部规模以上工业增加值增速高14.5个百分点和4.7个百分点。全年全区规模以上工业新材料产业工业总产值同比增长44.1%，清洁能源产业工业总产值增长42%，水电、风电、太阳能等可再生能源发电量485.2亿千瓦时，同比增长37.7%。全年全区网上零售额302.8亿元，同比增长46%（其中实物商品网上零售额83.5亿元，同比增长30.4%）。

【国内贸易】2021年，全区实现社会消费品零售总额1335.12亿元，同比增长2.6%。按经营地统计，城镇消费品零售额1181.49亿元，同比增长2.8%；乡村消费品零售额153.63亿元，同比增长0.8%。按消费类型统计，商品零售额1168.41亿元，同比增长2.8%；餐饮收入额166.71亿元，同比增长1.4%。在限额以上单位商品零售额中，粮油、食品类零售额同比增长0.3%，饮料类同比增长12.3%，烟酒类同比增长4.1%，服装、鞋帽、针纺织品类同比下降14.7%，化妆品类同比下降1.9%，金银珠宝类同比增长1.6%，日用品类同比下降10%，家用电器和音像器材类同比增长12.5%，中西药品类同比增长0.1%，文化办公用品类同比下降7.8%，通信器材类同比下降17.8%，石油及制品类同比增长21.1%，汽车类同比下降0.8%。

【对外经济】2021年，宁夏对外贸易进出口总值214亿元，排名全国第29位，同比增长73.4%，增速排名全国第2位。在重点出口商品中，红霉素及盐同比增长79.8%、蛋氨酸同比增长55.4%、双氰胺同比增长58.7%、金属锰同比增长1.7倍、铁合金同比增长83.3%、碳化硅同比增长70.1%。货物贸易进出口差额（出口减进口）135.58亿元。对"一带一路"沿线国家进出口总额67亿元同比增长71.5%。全年全区新设外商直接投资企业29个，实际使用外资2.93亿美元，同比增长7.5%（其中信息传输、软件和信息技术服务业实际使用外资0.9亿美元，同比增长12.5%）。2021年，宁夏外贸经济主要呈现出对主要贸易伙伴进出口均实现快速增长、5个地级市进出口均增长以及主要出口商品增势良好等特点。欧盟为宁夏第一大贸易伙伴，宁夏与欧盟贸易总值37.9亿元，同比增长112.1%，占宁夏外贸总值的17.7%；与东盟贸易总值为28.4亿元，同比增长88.5%。宁夏劳动密集型产品、机电产品出口达18.5亿元、34亿元，分别同比增长966.7%、122%；铁合金、基本有机化学品、农产品、医药材及药品出口5.3亿元、26.6亿元、14.5亿元、17.4亿元，分别同比增长83.3%、61.4%、33%、17.4%。

【固定资产投资】2021年，全区全社会固定资产投资同比增长2.7%。其中固定资产投资（不含农户）增长2.2%。在固定资产投资（不含农户）中，第一产业投资同比增长45.7%，第二产业投资下降1.5%，第三产业投资增长2%。工业投资下降1.5%，占固定资产投资（不含农户）的比重为43.8%（其中，采矿业投资增长54.2%，制造业投资下降3.9%，电力、热力、燃气及水生产和供应业投资下降9%）。基础设施投资下降2.8%，占固定资产投资（不含农户）的比重为16.6%（其中，交通运输业投资增长7.4%，信息传输和信息技术服务业投资下降19.8%，水利、环境和公共设施管理业投资下降10%）。民间固定资产投资增长3.2%，占固定资产投资（不含农户）的比重为57.4%。全年全区房地产开发投资466.95亿元，同比增长7.8%（其中，住宅投资344.24亿元，同比增长11.6%；办公楼投资1.96亿元，同比下降52%；商业营业用房投资55.12亿元，同比下降10.9%）。分地区看，银川市投资同比下降3.6%，石嘴山市投资同比下降4.9%，吴忠市投资同比增长8%，固原市投资同比增长8%，中卫市投资同比增长19.3%。

【居民收入消费】2021年，全区全体居民人均可支配收入27904元，同比增长8.4%。按常住地分，城镇居民人均可支配收入38291元，同比增长7.2%；农村居民人均可支配收入15337元，同比增长10.4%。全年全区居民人均消费支出

20024元,同比增长14.4%。按常住地分,城镇居民人均消费支出25386元,增长13.4%;农村居民人均消费支出13536元,同比增长15.5%。全区全体居民恩格尔系数为27.2%(其中,城镇居民恩格尔系数为26.4%,农村居民恩格尔系数为29.1%)。城乡居民人均可支配收入比值为2.5,同比缩小0.07。

【招商引资】2021年,全区共实施招商引资项目1580个,实际到位资金1759亿元,同比增长10%。2021年来自京津冀、长三角、粤港澳大湾区的招商引资实施项目817个,占全年实施项目的52%,实际到位资金1122亿元,占全区实际到位资金的64%。2021年,国家发展改革委核准建设哈纳斯莆田液化天然气接收站项目,总投资近120亿元。全年新设外商直接投资企业29家,增长32%,实际利用外资2.9亿美元,增长38.6%,高于全国增速23.7个百分点;吸引晓星氨纶、一如科技等企业到宁夏投资布局;拥有外资5000万美元以上大项目4个,同比增长100%。2021年,宁夏引进知名品牌等首店28家。聚焦重点目标企业投资意向和已落地重点企业产业链延伸方向,引进天津中环50GW单晶硅材料智慧化工厂、蓝思科技工业蓝宝石晶体制造深加工等当年计划投资10亿元以上的项目14个,实际到位资金221亿元,占全区实际到位资金总额的12%;宁东能源化工基地、银川经济技术开发区、苏银产业园、中卫云计算产业园等一批工业园区转型升级。开展闽宁、粤宁、渝宁、豫宁、湘宁等经贸洽谈活动10批次。

【消费品市场】2021年,全区社会消费品零售总额1335.12亿元,同比增长2.6%。全年城镇消费品零售额1181.49亿元,同比增长2.8%,增速高于全区平均水平0.2个百分点。全年商品零售额1168.41亿元,同比增长2.8%;餐饮收入166.71亿元,同比增长1.4%。大宗商品消费较快增长,占限额以上商品零售额35.6%的石油及制品类增长21.1%,新能源汽车零售额增长2.8倍。部分重点监测商品增势较好。其中,限额以上家用电器和音像器材类商品零售额增长12.5%,饮料类增长12.3%,书报杂志类增长12.1%。

【农业经济】2021年,全区粮食播种面积1033.93万亩,同比增加15.18万亩,增长1.5%。油料种植面积40.88万亩,同比减少8.62万亩。蔬菜种植面积197.66万亩,同比减少5.12万亩。瓜果种植面积84.37万亩,同比减少11.24万亩。园林水果种植面积156.06万亩,同比减少0.98万亩。全年全区粮食总产量368.44万吨,同比减产12.06万吨,下降3.2%,实现十八连丰。全年全区小麦产量18.95万吨,同比下降31.8%;水稻产量41万吨,同比下降17%;玉米产量263.39万吨,同比增长5.8%;马铃薯产量(折粮)36.19万吨,同比下降12.9%。全年全区蔬菜产量532.94万吨,同比下降5.9%;红枣产量7.7万吨,同比下降6.2%;枸杞产量8.6万吨,同比下降12.2%;油料产量4.81万吨,同比下降27.7%。全年全区肉类总产量35万吨,同比增长4.7%;禽蛋产量12.9万吨,同比下降7.1%;牛奶产量280.5万吨,同比增长30.3%;水产品产量16.6万吨,同比增长2.7%。全年全区生猪存栏85.5万头,同比下降5%;肉牛存栏137.6万头,同比增长14%;奶牛存栏70.2万头,同比增长22.3%;羊存栏677.1万只,同比增长13.6%;活家禽存栏1231万羽,同比增长4.2%。全年生猪出栏112.5万头,同比增长14.1%;肉牛出栏72.3万头,同比增长0.4%;羊出栏645.5万只,同比增长3.3%;活家禽出栏1224.7万羽,同比下降11.7%。全年全区实现农林牧渔业总产值757.73亿元,同比增长4.8%。

【工业经济】2021年,全区全部工业增加值1677.83亿元,同比增长7.9%。规模以上工业增加值增长8%。在规模以上工业中,轻工业增加值增长12.8%,重工业增加值增长7.6%。分经济类型看,国有控股企业增加值增长6.5%,股份制企业增长7.8%,外商及港澳台商投资企业增长5.7%,非公有工业增长9.4%(其中,私营企业增长10.3%)。分门类看,采矿业增加值增长11.5%,制造业增加值增长5.8%,电力、热力、燃气及水生产和供应业增加值增长11.8%。全年全区规模以上工业中,煤炭行业增加值增长15.1%、电力行业增加值增长13.5%、化工行业增加值增长0.6%、冶金行业增加值增长5.3%、有色行业增加值增长2%、轻纺行业增加值增长11.9%、机械行业增加值增长3.2%、建材行业增加值下降4.8%、医药行业增加值增长26.5%、其他行业增加值增长18.9%。工业产品销售率为98.3%。全区发电装机容量6214.3万千瓦,同比增长4.6%。全年全区规模以上工业企业利润462.6亿元,同比增长1.1倍。分经济类型看,国有控股企业利润106亿元,增长1.2倍;股份制企业利润344亿元,增长1.4倍;外商及港澳台商投资企业增加值97.6亿元,增长62.3%。分门类看,采矿业利润68.5亿元,同比扭亏增盈70亿元;制造业利润389.4亿元,增长1.5倍;电力、热力、燃气及水生产和供应业利润4.7亿元,下降92.1%。2021年,全区规模以上工业企业实现利润总额462.6亿元,同比增长

1.1倍(按可比口径计算)。全年全区规模以上工业企业中,国有控股企业实现利润总额106亿元,同比增长1.2倍;股份制企业实现利润总额344亿元,增长1.4倍;私营企业实现利润总额229.4亿元,增长1.3倍;外商及港澳台商投资企业实现利润总额97.6亿元,增长62.3%。全年全区制造业实现利润总额389.4亿元,同比增长1.5倍;采矿业实现利润总额68.5亿元,同比扭亏增盈70亿元;电力、热力、燃气及水的生产和供应业实现利润总额4.7亿元,同比下降92.1%。全年全区规模以上工业企业实现营业收入6491.2亿元,同比增长34.8%;实现营业成本5389.8亿元,同比增长33.3%;营业收入利润率为7.13%,同比增长2.66个百分点。

【服务业】2021年,全区批发和零售业增加值210.66亿元,同比增长6.7%;交通运输、仓储和邮政业增加值204.02亿元,同比增长12.1%;住宿和餐饮业增加值54.5亿元,同比增长10.8%;金融业增加值331.41亿元,同比增长1.3%;房地产业增加值191.96亿元,同比增长1.4%;信息传输、软件和信息技术服务业增加值158.61亿元,同比增长17.4%;租赁和商业服务业增加值67.53亿元,同比增长2.2%。全年全区货物运输总量4.69亿吨,同比增长9.5%;货物运输周转量812.54亿吨公里,同比增长16.3%。全年全区旅客运输总量0.38亿人,同比下降0.8%;旅客运输周转量105.4亿人公里,同比增长5.7%。全年全区民用汽车保有量(含三轮汽车和低速货车)194.44万辆,同比增长13.4%。其中,私人汽车保有量168.09万辆,同比增长8%;民用轿车保有量86.49万辆,同比增长6.7%(其中私人轿车82.83万辆,增长6.8%)。全年全区完成邮政业务总量22.46亿元,同比增长24.1%。邮政业完成邮政函件业务174.39万件,包裹业务5.5万件;快递业务量9962.97万件,快递业务收入15.41亿元。全年全区完成电信业务总量104亿元,同比增长30.9%。全年全区电话用户总数914.1万户,其中移动电话用户866.12万户。(固定)互联网宽带接入用户317.13万户,同比增加33.49万户。移动互联网用户750.8万户,同比增加38.09万户;移动互联网接入流量149178万GB,同比增长28.9%。

【建筑业】2021年,全区具有资质的总承包和专业承包建筑业企业768家,全年完成建筑业总产值681.52亿元,同比增长6.2%。建筑业企业房屋建筑施工面积1989.74万平方米,同比下降5.6%。房屋竣工面积839.93万平方米,同比增长11%。竣工产值387.11亿元,同比增长20.9%。按建筑业总产值计算的劳动生产率38.83万元/人,同比增长28.3%。从行业看,2021年,全区房屋和土木工程建筑业产值664.64亿元,同比增长6.4%。2021年,全区建筑业企业在外省完成产值94.27亿元,同比下降5.5%。2021年,全区建筑业企业新签合同额802.1亿元,同比增长7.1%(其中房屋和土木工程建筑业新签合同额784.31亿元,增长6.7%)。2021年,全区建筑业企业房屋建筑施工面积1989.74万平方米,同比下降5.6%。2021年,全区建筑业企业按建筑业总产值计算的劳动生产率为38.83万元/人,同比提高8.58万元,增长28.3%。

【房地产开发】2021年,全区房地产开发投资466.79亿元,同比增长7.8%。全年全区房地产开发企业房屋施工面积5606.88万平方米,同比增长0.8%。房屋新开工面积1396.73万平方米,同比增长34.4%。房屋竣工面积1144.42万平方米,同比增长48.2%。全年全区房地产开发企业土地购置面积275.96万平方米,同比增长59.6%;土地成交价款63.14亿元,同比增长28.2%。全年全区商品房销售面积1014.45万平方米,同比下降7.4%,销售额675.13亿元,同比下降3.3%。截至2021年年底,全区商品房待售面积1027.4万平方米,同比增长3.5%。全区房地产开发企业到位资金734.31亿元,同比增长3.7%。

【交通运输】2021年,宁夏争取交通运输部业务指导和政策资金支持,黄河流域公路基础设施高质量发展等3个项目列入交通强国建设试点。创新推进农村"客货邮商"(客运、货运、邮政快递、商贸物流)融合发展,确定33个农村客货邮商融合发展服务站点和56条示范线路,全区1583个建制村通快递,覆盖率为71.63%,推动"农产品进城、工业品下乡",统筹解决农民群众幸福出行、物流配送、邮政寄递三个"最后一公里"问题。公路水路发展中心等4家事业单位组建运行。印发《宁夏交通运输"十四五"发展规划》。围绕"畅通快速网、完善干线网、拓宽基础网"目标任务,银昆高速宁夏段、海平高速进展有序,乌玛高速惠农(蒙宁界)至石嘴山段PPP项目完成社会资本招标,推进S20吴灵青北环等3个地方高速项目和乌银高速南绕城段PPP模式前期工作。实施老路改造提质和跨黄河公路贯通工程,2021年建设国道304同心至李旺等23个普通国省道项目。对全区剩余未通三级公路的乡镇和常住人口20户及以上未通硬化路的自然村进行核查摸底,持续推进农村公路通村达组。完成公路安全生命防护(安全提升)工程470公里,改造危旧桥梁22座。推进自然灾害综合风险公路承灾体普查,完成高速公路、隧道调查工作,普通国省干线、桥梁调查完成率为90%,农村公路调查完成率为78.47%,《宁夏回族自治区公路地质灾害白皮书》编制完成。全区乡镇通公交率达到60.1%,4个县(区)先后创建为城乡交通运输一体化示范县。全区累计开通55条"互联网+"定制客运线路、31条定制公交线路,所有市县均实现城市公交车非现金支付功能,二级及以上在用的汽车客运站均已启用电子客票。网络货运持续增长,新增网络货运企业15家;323家危险货物道路运输企业接入"危货电子运单监管系统";实现道路运输高频政务服务事项"跨省通办"。农村公路管养体制改革稳步推进。5个绿色公路示范工程按计划推进。

【旅游产业】2021年,全区接待国内外游客3623.67万人次,同比增长5.7%。实现旅游总收入286.65亿元,增长44%。推动文化旅游与农商教体等行业领域以及葡萄酒、枸杞、滩羊等特色产业相互赋能,重构产业链条、创新销售模式、提升服务能力,打造文化旅游产业发展新的"增长极"。发挥文化旅游牵引带动和特色产业赋能聚力作用,推进贺兰山东麓葡萄酒廊道建设,培育枸杞养生、文化体验等枸杞主题休闲旅游业态。研发贺兰山东麓葡萄酒配餐产品5套,带动葡萄酒庄、枸杞庄园转变传统营销模式。"文旅+动感体验"加快推进。深度开发汽车攀岩、徒手攀岩、沙漠越野、贺兰山徒步露营、汽车越野拉力等深受新兴群体热捧的动感体验项目和产品。"文旅+研学"蓄势而发。依托革命文物和博物馆、展览馆、考古现场等资源,推出"博物馆之夜""文物研学游"等融合项目,打造内涵丰富、区域性强的精品研学基地,构建研学旅游消费新业态。命名首批35家研学教育实践基地和营地,西夏陵国家考古遗址公园研学体验等3个项目入选《2021全国文化遗产旅游百强案例》,固原博物馆被评为"全国爱国主义教育示范基地"。坚持网络与实体并举、线上与线下互动,优化文旅消费供给途径。举办AFN"一带一路"(宁夏)动漫节、"2021年银川市文化旅游消费季暨贺兰山漫葡小镇浪漫生活节"、黄河数字音乐节等系列节会活动。推动北京依文、驴妈妈等文创龙头企业与本地企业合作,研发"我把宁夏送给你"文创伴手礼,打造特色文创符号。与招商银行、国航联手,推荐宁夏为休闲度假重点目的地,畅通千万元级以上高端客户与宁夏文旅企业直接对接合作新通道。支持文旅消费集聚区建设,引导优质文化产品和互动体验项目入驻旅游景区、特色街区、文旅综合体,打造漫葡小镇、青铜峡古镇、沙坡头等特色文化旅游产业综合体,新评定国家AAAA级旅游景区3家、休闲旅游街区5条,漫葡小镇入选"第一批国家级夜间文化和旅游消费集聚区"。新评定自治区级文化产业示范园区2家、自治区级文化产业示范基地18家,吴忠市入选"第二批国家文化和旅游消费试点城市"。制订《宁夏文化旅游产业促进中心管理办法(试行)》,推动招商引资常态化开展、精准化发力。谋划重点招商引资项目54个,举办旅游产业投融资大会,推动文化旅游合作事项落地生根。推选110个项目进入"十四五"中央预算内投资储备项目库,实施建设项目120个,其中30个重点项目被列入自治区建设项目库,一批重点项目的实施为多元化、高品质文化消费需求提供有力支撑。借助国家项目平台、省部合作平台、自主创新平台,全面展示中华优秀传统文化、促进国际文明互鉴交流。聚焦港澳地区,举办"根与魂·天下黄河富宁夏——宁夏非物质文化遗产线上展演"、"丝路驿站·神奇宁夏"澳门专场等活动,大力宣传推广黄河文化、"星星故乡"等宁夏文旅新IP。与海峡两岸旅游交流协会共同承办2021"美丽中国·黄河之旅"线上推广活动,展示黄河流域文化旅游资源。承办2021"中国旅游文化周"启动仪式,展示宁夏精彩。举办第五届中阿旅行商大会,创新"线上+线下""北京+宁夏"办会形式,为推动"一带一路"沿线国家和地区深化交流合作牵线搭桥。依托线上渠道,面向东南亚等重点入境市场持续开展营销活动。

(王会宁)

政治建设

【反腐倡廉】2021年,全区各级纪检监察机关共处置问题线索8928件,立案2158件,处分2089人。自治区纪委监委立案审查调查区管干部22人,全区处分行贿人员12人、移送司法机关4人。开展工程建设政府采购等重点领域突出问题专项治理,立案603件、处分处理504人。部署开展粮食购销领域腐败问题专项整治,起底问题线索59件,立案查处4件8人,处理党员领导干部6人。配合做好政法队伍教育整顿工作,立案查处违纪违法政法干警368人、处理处分952人。持续加大追逃追赃力度,固原市纪委监委成功追回潜逃21年的职务犯罪嫌疑人1名。推进警示教育制度化常态化,不断拓展"廉洁从政警示日""廉政警示教育周”教育效果。

【巡视巡察】2021年，宁夏完成2轮对24个区直部门（单位）党组织的常规巡视，发现“四个落实”方面问题998个，移交反映领导干部问题线索19件，向党委、政府及有关部门提出意见建议20条。开展涉粮购销领域和工程建设政府采购领域突出问题专项巡视，推动专项治理取得更大成效。对自治区党委前八轮巡视整改情况进行“回头看”，约谈整改不力部门主要负责人4名，建立巡视发现问题清单，实现巡视整改常态化长效化。制定《关于加强巡视巡察上下联动的若干措施》，实现巡视巡察同向发力，构建集成联动的监督格局。指导23家区直部门（单位）、国有企业开展内部巡察，市县两级党委巡察党组织136个，延伸巡察村（社区）485个，换届前全部完成巡察全覆盖任务。对5个地级市和12个区直部门党风廉政建设责任制检查考核反馈问题整改落实情况跟踪督办，全区共问责党组织13个，问责党员领导干部、监察对象247人。批评教育帮助和处理党员干部12008人次，其中涉嫌职务犯罪、移送检察机关46人。全区各级派驻机构共处置问题线索2199个，立案305件，处分306人。全区纪检监察机关审慎高效回复党风廉政意见14.23万人次；查处换届选举违规违纪问题27件、问责处理68人、处分24人。坚持严管厚爱结合，对1714名受处理处分干部开展回访教育，为112名受到不实举报干部澄清正名。开展巩固拓展脱贫攻坚成果同乡村振兴有效衔接专项监督。全区共查处乡村振兴领域腐败和作风问题158个、批评教育帮助和处理250人、处分99人。深化民生领域腐败和作风问题专项治理，严肃查处侵害群众利益问题351件、批评教育帮助和处理595人、处分254人。扎实推进常态化扫黑除恶专项斗争，自治区纪委提级查办固原“名门会”涉黑案件，全区立案查处涉黑涉恶腐败和“保护伞”问题73件、处理192人、处分64人。

【政务信息公开】2021年，宁夏加强重点领域信息公开，主动公开各领域“十四五”规划、疫情防控信息、涉农资金、稳岗就业等22个重点领域信息，实现以公开促服务型政府建设。加强政府文件公开，主动公开规范性文件573件。其中，自治区政府文件123件，自治区政府规章2件，行政规范性文件15件。定期清理自治区政府规章和规范性文件，实现以公开促法治政府建设。加强提案意见公开，办理全区政府系统人大代表建议203件、政协委员提案447件，办复率达到100%，做到依规办复，及时公开。加强“放管服”改革公开，依托“我的宁夏”App，公开可办事项1400余项、可查事项3400余项、“跨省通办”事项145项、“区内通办”事项448项，实现以公开促“数字政府”建设。全区各级行政机关受理办理公民、法人和其他组织申请公开政府信息3495件。主动应对政府信息公开行政复议、诉讼，累计应对行政复议案件734件，行政诉讼案件439件，保障公民知情权。严格审校政府信息，加强政府网站、政务新媒体信息审核发布管理，自治区政府网站发布信息5134条，政务微博735条，政务微信752条，做到信息发布精准有力、及时权威。精心编制政府公报，严格坚持“三审三校”制度，自治区政府高质量编发政府公报24期，刊登民生类政策文件32件，免费赠阅16.6万册，线上线下同步发行，确保政策直达基层，扩展政策的知晓度。

2021年，宁夏不断优化政府网站，按照《政府网站发展指引》要求，全区128家政府网站完成有序迁移和升级改造，政府门户网站的集约化水平和信息化水平进一步提升。不断强化网群管理，开展整治“指尖形式主义”，清理整合互联网应用程序和网络工作群，分别缩减到208个、1.1万余个。不断加强评测检查，聘请第三方运用智能检索、大数据分析等方式，对全区128家政府网站和1555个政务新媒体进行“问诊把脉”，彻底消除“僵尸”“睡眠”网站、政务新媒体，不断提升公开平台监管能力。

2021年，宁夏逐步拓展全区重点领域政务公开的深度和广度，充分发挥政务公开在建设法治政府、服务型政府等方面的促进作用。深化规划领域信息公开，主动公开“十四五”规划104件和国土空间规划、区域规划等专项规划359件；归集整理历史规划（计划），指导各市、县（区）归集整理各类规划（计划），设置专栏集中展示“十四五”等规划信息。深化市场监管信息公开，严格落实市场监管行政执法公示制度，强化事前公示、规范事中公示和加强事后公示，通过全区各级政府网站、政务新媒体、政务服务大厅公示栏等平台，公开各类行政许可信息和行政处罚信息，大力推进跨部门“双随机、一公开”监管常态化，通过线上平台开展“双随机”抽查1400余次，联合抽查298次，实现抽查结果全公开。深化财政税收信息公开，聚焦资金管理透明，推动自治区本级127家一级预算单位及时、准确发布本单位2021年度预算、决算及相关财务信息。坚持定期公开债券发行计划，全年公开地方政府债券信息8批17期。公开涉农补贴和资金发放信息，对全区财政预决算、地方政府债务和惠民惠农资金发放等信息公开情况开展专项检查，集中展示全区财政事权信息公开新成果。深化疫情防控信息公开，不断加大疫情防控常态化下疫情信息发布力度，通过自治区政府网站、政务新媒体以及新闻发布会持续发布防疫信息，指导全区疫情防控工作。各市、县（区）政府及时公开疫情通报、隔离管控、疫苗接种、核酸检测、公共防疫知识等社会普遍关心的内容，方便公众了解、配合、参与疫情防控。深化教育领域信息公开，全面公开全区义务教育阶段招生入学工作实施方案、实施细则、各类学校办学规模与设施、公办学校对口招生区域范围、民办学校招生计划、录取办法等信息。系统公开中考改革、中考招生信息和“双减”政策落实相关的信息，全面接受社会监督。同步提供相关政策解读、招考咨询、申诉等服务，构成全区教育领域信息公开的完整闭环。

（王会宁）

文化建设

【文化事业】2021年，全区文化系统共有艺术表演团体44个，博物馆75个。全区共有公共图书馆27个，文化馆27个。全区广播节目综合人口覆盖率为99.92%，电视节目综合人口覆盖率为99.98%。全区出版各类报纸14种，出版期刊37种，出版图书2383种。2021年，新创现代京剧《红高粱》，复排京剧《杨门女将》等经典剧目。音乐剧《花儿与号手》、杂技剧《岩石上的太阳》获第六届全国少数民族文艺会演“圆梦奖”最佳剧目奖和舞台美术奖。秦腔现代戏《王贵与李香香》《擎天一柱》等入选2021年中国秦腔优秀剧目会演。《闽宁镇移民之歌》等6部作品入选文旅部“庆祝中国共产党成立100周年舞台艺术精品创作工程”。持续深化国有院团改革，以市场需求为导向，制定《关于深化国有文艺院团改革实施方案》《旅游演艺项目补助资金管理办法》，完善保障机制和政策体系，基本形成创作结构合理、产品特色突出、艺术门类互补的发展格局。加强与中国东方演艺集团、中央音乐学院等国家级艺术院团交流合作，引导全区文艺工作者，围绕庆祝中国共产党成立100周年、服务乡村振兴等重大主题，开展优质文艺资源进景区、进社区、进营区、进校区，组织文化惠民演出1200余场，及时将党的声音和关怀传递到千家万户。提升公共服务水平，以满足群众对美好生活新期待为目标，加快构建覆盖城乡、优质高效的文化服务体系。在银川市区探索建设文化驿站、城市书房等新型文化空间126个，建成县级文化馆分馆89个、图书馆分馆56个，新改建标准化乡镇综合文化站6个、扶持120个村（社区）综合文化服务中心和文化大院及民间文艺团队配备文化设备器材，优质公共文化资源服务基层“最后一公里”更加通畅。固原市成功创建第四批国家公共文化服务体系示范区，全区地市级创建覆盖率达80%，走在西部前列。广泛吸纳行业专家、社会力量、公民参与公共文化事务管理，15家公益性文化事业单位完成理事会改革，文化事业服务能力得到提升。组织全区27家文化馆开展第五次全国文化馆评估定级，20家被评定为国家一级馆，7家达到国家二级馆标准，走在西部前列。建成自治区级图书馆武警总队分馆、6个地市级图书馆支队分馆和39个县（区）级图书馆中队流通站，驻宁武警部队公共图书资源基本实现全覆盖。丰富文化惠民活动，形成一批有特色、有影响的群众文化品牌。延伸“文艺轻骑兵”服务基层触角，持续开展理论宣讲、文艺演出、培训辅导、非遗展览“六进”送文化活动，传播新思想、弘扬主旋律。拓展“欢乐宁夏”“清凉宁夏”等特色文化品牌活动参与范围，动员组织全区各级机关、社会团体和广大群众开展系列文化惠民活动1600余场次。

【广播影视】2021年，全区组织开展重大主题宣传，围绕重大决策、重点项目，组织开展“弘扬社会主义核心价值观共筑中国梦”优秀网络视听节目展播活动和“理想耀中国”——百集微纪录片《百炼成钢》展播活动。支持和参与创作拍摄的电视剧《山海情》成为第27届上海电视节白玉兰奖奖项最多的电视剧。由国家广播电视总局指导，福建、宁夏两省（区）宣传部、广电局等单位联合摄制的纪录片《闽宁纪事》，获第31届中国新闻奖电视新闻专题一等奖。纪录片《塞上江南》被国家广电总局推选为2021年第一季度优秀国产纪录片。创作拍摄12集公益宣传系列短视频《宁夏故事》。筹办第六届宁夏公益广告大赛，共征集2164件作品。宁夏广播电视局被评为“广播电视公益广告扶持项目优秀组织机构”，隆德县广播电视台被评为“优秀播出机构”。召开全区广播电视和网络视听安全播出季保障工作会议部署相关工作，并与有关责任单位签订《迎接中国共产党成立100周年广播电视和网络视听安全播出保障专项工作责任书》。开展迎接中国共产党成立100周年广播电视安全保障应急演练，开展全区广播电视和网络视听安全大检查。编制《宁夏广播电视服务乡村振兴专项行动方案》，开展全区调频广播秩序专项整治。争取中央资金164万元，在8个脱贫县（区）实施有线高清交互数字机顶盒推广普及项目。5月28日，宁夏广播电视网络有限公司更名为中国广电宁夏网络有限公司。起草《关于推进自治区广播电视和网络视听高质量发展的实施意见》。印发《自治区文娱领域广播电视和网络视听行业综合治理工作方案》，下架违法失德艺人文艺节目3284个，删除文艺节目库存3254个。持续深化“放管服”改革，梳理行政职权和公共服务事项41项，全年办理行政审批和行政许可48项，完成16个电子证照模板报送录入工作。完成全区广播电视发射台（站）基本信息统计工作。完成IPTV监测平台与宁夏IPTV播控分平台对接工作。实施“视听中国播映工程”。宁夏广播电视台“一带一路”（中阿）广播电视交流合作项目成功申报国家广电总局2020年度“丝绸之路视听工程”外宣项目，并获得国际传播能力建设资金100万元支持。纪录片《宁夏明长城》入选2020年第四季度优秀国产纪录片推荐名单。国产电视剧《双城生活》（阿拉伯语版）在黎巴嫩LBC电视台播出。在2021年第五届中阿博览会期间，通过Youtube宁夏卫视官方频道和2个客户端，多语言对中阿博览会进行网络直播。授权SinoW平台播放《宁夏明长城》《变迁》《温暖有光放映队》《故事》。《品牌宁夏》《故事》《解码“一带一路”》等节目通过与中阿卫视合作的《宁夏时间》，走进中东地区和北非地区。在卡塔尔半岛电视台举办“宁夏影视周展播”，展播内容筛选及合同细节商谈工作有序推进。

【文化遗产保护】2021年，宁夏实施专项普查，基本摸清文化遗产资源家底，做到底数清、情况明、数据准。开展岩画和石窟寺专项调查，对全区54个石窟统一建档、统一管理；完成黄河流域文化遗产普查，建立黄河文物名录，梳理遗产资源4227处；开展全区革命文物普查，登记不可移动革命文物80处、可移动革命文物2035件/套，公布第一批革命文物名录；开展黄河流域（宁夏段）非遗资源调查，梳理非遗资源5700项，整理四级非遗代表性项目名录1063项。修订《宁夏回族自治区非物质文化遗产保护条例》，颁布《宁夏回族自治区长城保护条例》等地方性法规，制定《加强全区石窟寺保护利用工作方案》等政策性文件，印发《黄河流域宁夏非物质文化遗产保护传承弘扬专项规划》等。在全国率先实施一张图管理，将37处全国重点文物保护单位和135处自治区文物保护单位“两线”（保护范围和建设控制地带）纳入自治区国土空间规划。分类实施文物保护利用工程。争取中央预算内投资、国家文物保护专项资金共计3.82亿元，重点实施9个国家文化公园文旅融合项目、47个文物保护项目，提升改造8个博物馆展陈项目；对尚未纳入保护计划的文物采取相应的封控措施或进馆入库。推动文化遗产数字化保护传承与弘扬，借助互联网、VR等数字技术，启动宁夏长城数字再现及在线监测预警项目，实施宁夏博物馆、固原博物馆珍贵文物数字化保护项目，完成近2000件珍贵文物数字化采集、归类和建档工作。北京大学考古文博学院盐池基地暨宁夏文物考古研究所盐池工作站建成运行，水洞沟、西夏陵2处遗址入围中国“百年百大考古发现”，姚河塬遗址入选“中国社会科学院考古学论坛·2020年中国考古新发现”。公布第六批自治区级非遗代表性项目82项，宁夏刺绣等10个项目入选第五批国家级非遗代表性名录。举办“非遗进万家·文旅展风采”宁夏黄河流域非遗系列活动10项，制作《宁夏非遗》宣传片，培育了一批非遗领军人物、推出了一批非遗优秀作品、打造了一批非遗融合项目，形成了具有宁夏特色的非遗品牌。推进非遗融入产业发展，建成8个非遗展示体验销售馆，扶持15家自治区级非物质文化遗产就业工坊，带动周边群众人均月收入近2000元。

（王会宁）

社会建设

【社会保障】截至2021年年底，全区参加城镇职工基本养老保险人数252.11万人，同比增加12万人。参加城乡居民基本养老保险人数230.74万人，同比减少7.91万人。参加基本医疗保险人数663.41万人（其中，参加城镇职工基本医疗保险159.59万人，同比增加6.64万人；参加城乡居民基本医疗保险503.82万人，同比减少1.99万人），同比增加4.65万人。参加失业保险人数109.07万人，同比增加6.34万人。参加工伤保险人数143.79万人，同比增加11.23万人。参加生育保险人数111.5万人，同比增加6.13万人。

【创业就业】2021年，全区城镇新增就业8.15万人，同比增长11.6%，完成全年目标任务的113.2%；城镇登记失业率为4.13%，控制在目标之内；农村劳动力转移就业81.27万人，同比增长1.3%，完成全年目标任务的108.4%。强化就业政策供给，编制自治区就业促进“十四五”规划，推动出台支持多渠道灵活就业“13条”、加强就业帮扶巩固脱贫攻坚成果助力乡村振兴“11条”等政策，修订完善创业担保贷款管理办法，全年城镇新增就业8.15万人，城镇调查失业率控制在5.3%以内，基本回落至疫情前水平。全年为1.3万户企业发放稳岗返还资金1.66亿元，惠及职工38.6万人；为15.78万人发放失业补助金和临时生活补助金5.55亿元，减少社保缴费71.16亿元。实施企业稳岗扩岗专项支持计划、高校毕业生就业创业促进计划、失业保险扩围计划和就业援助帮扶，全区农村劳动力转移就业81.27万人，离校未就业高校毕业生就业率达到95.78%，开发购买公益性岗位8819个，零就业家庭实现动态清零。全面落实创业担保贷款政策，搭建集政策扶持、创业指导、创业培训于一体的开放式综合服务平台。新认定国家级创业孵化示范基地2家，自治区级创业孵化示范基地6家，发放创业担保贷款15.46亿元，开展创业培训1.52万人，培育创业实体1.59万个，创造新岗位3.42万个，创业带动就业6.35万人。加强职业技能培训，实施职业技能提升行动，拓宽以工代训范围，强化企业培训主体作用，加大培训补贴资金直补企业工作力度，开展稳岗留工送培训专项活动和“三进三送”暨“政策会诊”服务活动。全年开展补贴性职业技能培训16.81万人次，支持1175家企业、2.97万名企业职工开展以工代训，完成企业新型学徒制培训3355人次、“两后生”培训643人。在全国率先全域推行民办职业培训学校“告知承诺制”审批改革，经验做法被人社部向全国推广。开展职业技能竞赛活动，组团参加全国乡村振兴职业技能大赛获得1枚铜牌和4个优胜奖。开展“就业援助月”、“春风行动”、“稳岗留工”、就业帮扶直通车、直播带岗等公共就业服务活动，探索实施“互联网+就业”公共就业服务，推行“免申即享”失业保险稳岗返还经办服务。举办线上线下招聘会554场，提供岗位38万多个。

【劳动关系协调】2021年，宁夏实施调节劳动关系“能力提升”三年行动和“百千万计划”，发动企业和社会组织力量，组建劳动关系协调员、集体协商指导员、协调劳动关系社会组织、劳动人事争议调解组织4支社会力量，全区登记劳动关系协调员3727人，建立基层调解组织247个，备案调解员630人。出台《维护新就业形态劳动者劳动保障权益实施办法（试行）》，完成煤矿井下劳务派遣工的清理划转工作。全面推广根治欠薪线索反映平台畅通投诉举报渠道，对重点工程实施常态化监控预警，对恶意欠薪犯罪实施联合惩戒。集中开展根治欠薪夏季、冬季专项行动，清理整顿人力资源市场秩序、维护女职工产假等权益专项执法行动和“五个一百”“10个一”活动，保持根治欠薪“高压”态势。全年受理劳动保障监察举报投诉163件，为3857名劳动者追回工资4131.1万元，劳动者举报投诉案件数、拖欠工资金额及人数连续四年大幅下降。加强劳动人事争议调解组织建设，加强调解、仲裁与诉讼衔接，畅通农民工等困难群体劳动争议处理“绿色通道”，推进调解仲裁法律援助，开展青年仲裁员志愿服务活动。推广使用“互联网+调解”服务平台，全区共受理劳动人事争议案件1.46万件，结案1.42万件，仲裁结案率、调解成功率分别达到94%、66.4%。

【人才工作】2021年，宁夏选拔享受自治区政府特殊津贴39人，青年拔尖人才89名，新增高技能人才6811人，精准预引进优秀在读博士7名。评选留学回国人员创业资助团队项目8个、个人项目18个。自治区1人获第六批全国杰出专业技术人才称号、1个集体获全国专业技术人才先进集体称号，培养的院士后备人才马玉山当选中国工程院院士，姚敏团队获全国科技进步一等奖。全年取得高级工以上职业资格证书（职业技能等级证书）6811人，完成全年高技能人才新增5000人任务的136%；取得技师、高级技师职业资格证书（职业技能等级证书）979人，完成全年700人任务的139%。科学修订自治区高层次人才分类认定目录，认定第二批高层次人才人选597名。出台《宁夏职称评审管理办法和操作规程》，分层分类修订出台15个职称系列（专业）评审标准条件，完成各系列（专业）职称制度改革任务。启动高素质农民职称评审试点工作，对突出贡献人才和引进高层次人才职称评审实行“绿色通道”，212名突出贡献人才和全职引进高层次人才直接获评高级职称，25名高技能人才通过评审取得中高级职称。加强人才小高地、博士后科研流动站（工作站）考核评估和动态管理，对2018年遴选的20个自治区人才小高地、2017年选拔的青年拔尖人才进行中期评估；加强院士后备人才、博士后科研工作（流动）站的动态管理。新建自治区人才小高地10个，创建国家级、自治区级高技能人才培训基地、技能大师工作室等技能人才载体21个，遴选技工院校急需特色专业2个。

【人事薪酬制度改革】2021年，宁夏推进实施县以下事业单位职员等级晋升制度，建立事业单位岗位等级与职员等级并行的晋升通道。推进人才密集型事业单位“全员竞聘”、公立医院人员总量“一体化管理”、基层行业“县域统筹”人事制度改革。推行事业单位公开招聘条件“放宽”、形式“放活”、主体“放权”等改革举措，全区各级各类事业单位公开招聘6946人。建立义务教育学校教师平均工资与公务员平均工资联动增长机制，单独核增中小学校校长津贴、班主任津贴绩效工资总量，解决了因发放校长津贴和班主任津贴挤占其他教师绩效工资总量的问题。完善国有企业负责人薪酬制度和工资决定机制改革配套政策体系。调整最低工资标准，平均增幅17.89%。受理表彰计划289项，批复56个，压减率达80.6%。取消、终止10余个部门拟开展或变相开展的评比达标表彰和创建示范活动计划。出台巡考人员和重点人事考试考点学校管理办法，建立人事考试安全风险预警提示制度，强化考务信息安全防护能力建设，组织完成45项人事考试，服务考生33.6万人次。

【医疗卫生】2021年，自治区统筹做好常态化疫情防控和突发疫情应急处置工作。加快推进新冠疫苗接种。截至11月5日，全区累计接种1064.91万剂。有效处置6起输入性新冠肺炎疫情和1起外省输入腺鼠疫疫情。建立区、市、县三级督查机制全面强化院感防控，采取系列措施保障新冠肺炎疫情期间重点区域特殊人群就医需求。推进自治区、市、县三级疾控机构建设，建立重大疫情分析研判机制，启动重大传染病监测预警平台建设项目，自治区重大疫情救治基地开工建设，地市级综合医院传染病病区建设全面推进，15个县级医疗机构救治能力提升项目11个县区完成建设，预检分诊点实现基层医疗卫生机构全覆盖，96%的乡镇卫生院和社区卫生服务中心建设发热哨点诊室或发热门诊。全区孕产妇死亡率、婴儿死亡率、5岁以下儿童死亡率均低于全国平均水平。建成医疗集团4个、专科联盟37个、县域紧密型医共体14个，区域紧密型医联体8个，县域内就诊率达到90%。中卫市被确定为“国家公立医院综合改革示范市”，西吉县公立医院综合改革获得国务院通报表扬和500万元奖励。推进“互联网+医疗健康”示范区建设。建成五级远程医疗服务体系，启动5G+智慧医疗试点，推进“互联网+医疗健康”一体化项目建设，13家互联网医院正式上线。为全区乡镇卫生院、村卫生室配备涵盖66种疾病的基层人工智能辅助诊断系统。签订合作框架协议，在宁夏建设北京大学肿瘤医院宁夏医院、北京大学第一医院宁夏妇儿医院，建设方案已报国家发改委审批。大力推进市县80个薄弱临床专科建设，选派210名医疗卫生骨干赴区外进修学习，实施21家对口帮扶医院能力提升行动。举办第五届中国—阿拉伯国家博览会大健康产业论坛，签订7项重要合作协议。新改扩建10个社区卫生服务中心，推进社区医院（县域医疗分中心）建设。召开全区中医药大会，出台系列促进中医药传承创新发展的政策措施，建设国家中医疫病防治基地，组建国家（宁夏）中医紧急医学救援队和中医疫病防治队，建设全国、自治区中医药传承工作室27家，培养培训中医药骨干人才138名，97%的基层医疗机构建设了中医馆。在全国公立医院绩效考核中，自治区三级公立中医医院位列全国第五、西部第一。出台《关于积极应对人口老龄化中长期规划》，启动“情暖夕阳健康行”项目，10个社区被命名为全国首批示范性老年友好型社区，开展“医养一体、两院融合、三中心合一”试点工作。实施国家普惠托育服务项目，全区备案托位数1754个，每千人拥有3岁以下婴幼儿托位数达到0.24个。对脑卒中、高血压、糖尿病等9个病种开展筛查干预。继续实施妇幼民生项目，农村适龄妇女宫颈癌、乳腺癌筛查完成年度任务的103.2%、103.8%，新生儿疾病筛查和听力筛查率、脱贫户新生儿耳聋基因筛查率均为99%以上。巩固健康扶贫成果，严格落实“四个不摘”，实行大病集中救治、慢性病综合防控和家庭医生签约服务，贫困患者住院医疗费用实际报销比例达90.2%。

【社会服务】截至2021年年底，全区共有各类提供住宿的社会服务机构153个（其中，养老服务机构131个，儿童收养救助服务机构10个，其他机构12个）。社会服务床位27353张（不包括社区床位数）。其中，养老机构床位25392张（不包括社区日间照料床位5185张、社区全托服务床位1945张），儿童福利和救助机构床位970张。年底全区共有社区服务机构和设施2308个（不包括社区养老服务机构和设施），社区服务中心44个，社区服务站2155个。

【民政事业】2021年，自治区出台《关于改革完善社会救助制度的实施意见》，创新制定低保审核确认、特困人员认定、低保边缘家庭认定等。建立涵盖100.55万城乡低保、特困供养、边缘易致贫人口等数据库和监测预警机制，下拨救助资金25.26亿元，保障城乡低保等对象42.1万人，临时救助15.4万人次。在试点基础上将低保审核确认权限下放乡镇（街道），成为全国首个全下放省（区）。分别提高残疾人“两项补贴”标准10%和50%，推行残疾人“两项补贴”跨省通办，发放补贴资金2.96亿元，惠及残疾人21.2万人。免费为171名社区残疾儿童和78名重症精神障碍患者提供治疗；筹集资金5040万元，建设2个地级市精神卫生福利设施；救助流浪乞讨人员2216

人，成功寻亲34人。民政部“护童成长”——儿童关爱服务体系建设试点项目落户海原县。面向社区招收9名3~8岁残障儿童开设特教学前班。出台《孤儿医疗康复“明天计划”项目实施细则》，为430名孤儿及困境儿童开展医疗康复救助和健康体检。出台《养老服务综合监管实施意见》《养老机构等级评定管理办法（试行）》，修订《社区老年人日间照料中心管理办法》《农村老饭桌管理办法》。安排资金3284万元新建农村老饭桌27个、社区日间照料中心11个、社区养老服务中心1个。为615个农村老饭桌、149个社区日间照料中心、24个农村互助院运营提供资金补助。支持19个医养结合机构发展。开展安全督导检查258次，排查安全隐患750项，整改率为95%。分级开展养老护理职业技能大赛，并在全国比赛中获三等奖1个、优胜奖2个。2021年，全区2207个村、642个社区首次同步完成换届，实现“两升一降”（学历提升、女性比例提升、年龄下降）目标和历史性突破。举办自治区示范培训班12期1300余人，指导市、县（区）举办培训班50余期1.2万余人次。制定《关于选派党建工作指导员深入社会组织加强党建指导的意见》等文件，向2080家社会组织选派党建指导员1000多名。创新社会组织“管理+服务+培育”模式，投入265万元实施养老、助残、儿童等社会组织公益创投，培育扶持项目69个；推进法人库系统应用普及，深入开展社会组织等级评估。统筹整合各类政府购买服务资金5000多万元，实施服务项目281个，在基层一线培养社工人才400余人。《民政部简报》向全国推广宁夏经验。首次将“宁夏慈善奖”正式纳入自治区表彰目录，宁夏燕宝慈善基金会从2021年开始每年捐资约5亿元资助全区考取60余所大学本科新生，成为全国首个全省区覆盖教育助学项目。大力推进“互联网+慈善”，审核线上项目46个、募集资金近500万元，督导线下项目12个、募集资金1.2亿元。福彩全年销售12.9亿元、筹集公益金4.18亿元，位列全国正增长前十名。全区各类志愿服务组织8780家，实名注册志愿者127万人，有服务记录61万人，服务时长6858万小时，8家单位和个人获评全国学雷锋志愿服务“四个100”先进典型。投入3103万元建设殡葬服务设施，推进基本殡葬服务均等化。清明祭祀实行提前预约、分时分批、网上祭扫、鲜花祭扫等措施。在盐池县实施民政部婚俗改革试点。开展“市域通办”试点，办理结婚登记40830对，离婚申请9005对。在全国率先开展地名地方性法规修订，整治民政部反馈不规范地名9条；加强地名文化建设，开展进社区活动，更新国家地名数据库词条1.3万余条，《六盘山红军长征纪念广场》《美丽乡村龙王坝》分别获得全国红色地名征集影像类一等奖和全国红色地名故事三等奖。

【教育事业】2021年，自治区被中央网信办确定为国家智能社会治理教育特色实验基地，“互联网+教育”被国务院教育督导作为典型案例在全国推广，“三进”工作、高校党建、“双减”工程、五项管理、教育督导、体育美育等多项工作得到国家有关部委充分肯定。截至2021年年底，全区各级各类学校3442所（含小学教学点484所），教职工120607人。全年全区学前教育毛入园率为90.2%，小学学龄人口入学率为100%，初中阶段毛入学率为118.3%，高中阶段毛入学率为93.89%，高等教育毛入学率为58.6%，九年义务教育巩固率为100%。

【科学技术】2021年，宁夏全社会R&D强度达到1.52%，排全国第19名、西北第2名；技术合同成交额突破25亿元，增长11.7%，国家高新技术企业增长超过20%。实施162项重大重点科技项目，登记科技成果628项，科技成果登记数连续两年增幅超过50%。神州轮胎公司成功研制出石墨烯大飞机轮胎，国网宁夏电力公司新能源高效消纳技术在全国示范应用，银川隆基硅公司N型双面电池转换率达到世界领先水平，钜晶源科技公司实现6英寸钽酸锂晶片产业化试生产，银川西部大森数控公司研制出国内首条砂箱智能加工生产线。实施种业科技创新和农业产业高质量发展科技支撑行动，持续推进农业育种专项，培育完成国审品种13个、区审品种5个，培育出遗传性能国内领先的奶牛种公牛“宁京1号”。宁夏农科院绘制出首张完整的枸杞基因组图谱，完成枸杞全基因组测序并在《自然》杂志子刊上发表，开发滩羊种质基因鉴定技术；宁夏农垦集团在国内首次研制出奶犊牛智能饲喂系统，宁夏大学首次开发出酿酒葡萄智能靶向植保机械。成功争取牵头实施科技部2项部省联动农业重大科技项目，获得国拨研发资金1亿元。制定《赋予科研人员职务科技成果所有权或长期使用权试点实施方案》《科技成果转化中试基地补助暂行办法》《技术交易补助管理暂行办法》等系列政策，在宁夏大学、宁夏农科院启动职务科技成果赋权改革试点。建设固原、贺兰分市场，带动全区登记技术合同达到3100多项，同比增长66%。率先在国内沙漠治理中应用生物矿化固沙技术，发挥科技利器作用助力新冠疫情防控，在基因测序、中西医结合诊疗、信息化精准防控、心理干预等方面一大批科技成果得到广泛应用，具备了4小时内快速鉴定和锁定新冠突变病毒株病原型别的能力，中医药在新冠肺炎治疗中发挥突出作用。推行科技特派员制度，重点向261个移民村定向选派科技特派员。全区有研发活动的规模以上工业企业占比从30.2%提高到34%。全年新增国家高新技术企业67家，全区总数达到356家；新培育自治区科技“小巨人”企业、农业高新技术企业、科技型中小企业等414家，全区各类科技型企业总数突破2100家，增幅为30%；着眼推动产业高端化、绿色化、智能化、融合化发展，启动实施创新型示范企业培育行动，首批命名20家自治区创新型示范企业。修订科技金融资金管理办法，引导金融资本18亿元、支持近400家次企业科技创新。实施首批“揭榜挂帅”重大科技项目，在基础研究领域扩大科研经费“包干制”实施范围，推行企业科技项目“先引导、后支持”改革。自治区以需求为导向的科技项目形成机制改革得到国务院督察组充分肯定，《柔性精准灵活高效引才》《强化政策举措激发企业创新活力》入选“2021年全国科技体制改革典型案例”。累计与区内10家单位建立自治区自然科学基金联合基金。自治区政府首次召开全区县域科技创新工作现场观摩会，对县域科技创新工作进行全面部署；制定《提升县域科技创新能力　推进乡村振兴行动方案（2021—2025年）》，首次发布县域科技创新监测评价结果，对县域科技创新成效显著的县（区），自治区财政专门给予奖补支持。制定《宁夏建设东西部科技合作示范区行动方案》。自治区部区东西部科技扶贫协作行动得到科技部表扬，并在全国推进会上做经验交流。组织实施东西部科技合作项目180多项，汇聚区内外科技力量攻克一批关键核心技术；加强科技成果转移转化，引进示范一批新品种、新技术、新工艺。支持凯晨电气、宁光仪表、维尔铸造等企业在东部地区建设研发中心。加强东西部战略咨询合作研究，围绕碳达峰碳中和、互联网+医疗、装备制造业高质量发展、压砂种植环境影响等自治区重大战略需求，依托中国工程科技发展战略宁夏研究院，组织27位院士领衔实施战略咨询研究项目，为自治区重大决策提供科学依据。持续推进中阿科技合作，举办第五届中阿博览会科技板块活动，签约落地一批合作项目。出台《推动高新技术产业开发区高质量发展的若干意见》，批准中宁工业园、固原经济开发区、贺兰工业园区、青铜峡工业园区为自治区高新区，全区自治区级高新区达到9家、自治区级农高区达到3家，新认定自治区农业科技示范展示区2家；加大开发区科技创新考核力度，引导开发区加快向高新区转型发展。组织对运行两年以上的79家自治区科技创新平台进行动态绩效评价，新组建自治区重点实验室和工程技术研究中心13家。制定《新型研发机构备案支持暂行办法》《加快科技企业孵化器高质量发展的意见》，修订科技企业孵化器、众创空间管理办法，加快培育发展新型研发机构和“双创”载体。加强科技人才队伍建设，遴选科技领军人才15名，新组建和柔性引进科技创新团队28个。编制《自治区科学技术普及“十四五”规划》全年培育科普基地、智慧科普校园、乡村社区科普工作站、科普主题公园广场街区等科普阵地20多个。开展基层科普服务能力提升培训，举办科技活动周、科普讲解大赛、科普作品创作与传播大赛等系列科普活动。

【专利成果】2021年，全区登记自治区级科技成果399项（其中，基础理论成果54项，应用技术成果324项，软科学成果21项），同比增长71.2%。全年申请专利量12924件，同比增长39.4%（其中，发明专利3049件，同比增长20.8%）。专利授权量7709件，同比增长38.9%（其中发明专利授权量703件，同比增长17.6%）。全年共签订技术合同3127项，技术合同成交金额25.16亿元。全区拥有国家级工程技术研究中心3个，自治区级工程技术研究中心83个；国家级重点实验室3个，自治区级重点实验室40个（含省部共建国家重点实验室培育基地2个）；自治区级产业技术协同创新中心5个，自治区临床医学研究中心25个，自治区技术创新中心404个；国家级企业（集团）技术中心（含分中心）12个，自治区级企业（集团）技术中心83个；国家地方联合工程研究中心26个，自治区工程研究中心50个。

【退役军人事务】2021年，《宁夏深入学习贯彻习近平总书记重要批示精神　以创新精神、务实举措让军人成为尊崇的职业》《宁夏以创新务实之举推进军地合力做退役军人工作走深走实》等3项特色经验被中央领导小组办公室、退役军人事务部向全国推广学习。政策制度改革、示范性教育培训、精准扶持创业、军地合力“七步法”等创新做法得到退役军人事务部肯定，并在相关会议上发言交流。2名退役军人企业家荣登《人民日报》“全国退役军人创业光荣榜”。组建区、市、县三级“老兵宣讲团（队）”，巡回宣讲330多场，受众2.8万人次。举办“老兵永远跟党走”主题演讲赛、情景思政课、主题书画展等系列活动17场次，开展“百年英烈”宣传纪念、“追寻先烈足迹”短视频征集等活动，参与人数达到20万人，网络点击量达到300万次。开展退役军人工作“大调研”活动和“十百千万——我为退役军人谋幸福”行动，推出红色精品退役军人服务中心（站）10所。2021年，4名退役军人获“全国脱贫攻坚先进个人”，16名退役军人获“全区抗击新冠肺炎疫情先进个人”，2名退役军人获“第八届全国道德模范提名奖”。修订《自治区级退役军人创业孵化基地评定管理办法》，成立宁夏退役军人就业创业促进会，建立自主就业退役士兵就业创业涉税信息共享工作机制，建成退役军人创业孵化基地13家，举办各类专场招聘会102场次，发放创业担保贷款1694万元，为退役军人个体工商户和招用退役军人企业减税2466万元。

【应急管理】截至2021年年底，全区累计发生各类生产经营性事故171起，同比下降12.8%，死亡166人，同比下降1.2%。亿元生产总值生产安全事故死亡人数为0.04人，同比下降14%。道路交通万车死亡率为2.02，同比下降11.4%。煤矿生产安全死亡事故7起，死亡7人，煤矿百万吨死亡率为0.08。

【体育事业】2021年，自治区运动员参加国际国内比赛共取得金牌5枚、银牌8枚、铜牌16枚。全年有83人达国家一级运动员等级标准，268人达国家二级运动员等级标准，55人获得国家一级裁判员等级称号。建成、维修改造一批健身步道、多功能运动场、公共体育场馆等体育设施。举办“我要上全运”选拔赛等线上线下赛事活动560余项次，参与人数220余万人次。参加第十四届全国运动会，群众组项目比赛获得3枚铜牌，展演项目获分别获得一等奖、二等奖、三等奖和最佳人气奖。2个集体、1名个人受到人社部、体育总局表彰，群众体育29个先进单位、30名先进个人受到体育总局表彰。参加第十四届全国运动会夏季项目获得9个名次，冬季项目获得3金2银2铜。2020—2021赛季全国越野滑雪冠军赛夺得4银6铜。举办2021年全区青少年锦标赛、“奔跑吧，少年”儿童青少年健身活动等。参加第十四届全国学生运动会，取得1金1银3铜历史最好成绩。全年参赛实现兴奋剂“零出现”、疫情“零感染”、赛风赛纪“零问题”。体育彩票销售15.6亿元，筹集本级公益金2.22亿元，同比增长17.8%。先后出台《体育事业“十四五”规划》《竞技体育“十四五”规划》《体育产业发展“十四五”规划》《体育融合发展行动方案》《户外休闲体育发展行动方案》《加强全民健身场地设施建设 发展群众体育的实施方案》《促进冰雪运动发展的实施方案》等政策文件，对自治区体育事业高质量发展作出系统谋划。国家体育总局《“十四五”体育发展规划》明确提出“支持宁夏建设黄河流域体育公共服务体系高质量发展先行区”，为自治区体育事业发展提供新机遇、注入新动力。落实《关于深化体教融合促进青少年健康发展的实施意见》，支持中卫市、兴庆区、同心县等7个市、县（区）开展第三批体教融合工作试点。

【住房和城乡建设】2021年，宁夏印发《2021年全区整顿规范房地产市场秩序工作方案》《宁夏回族自治区房地产开发企业信用信息管理办法》《宁夏回族自治区商品房预售资金监管实施意见》等文件。建成“宁夏互联网+智慧房产服务平台”，推进小区、街区、社区“融合式”集成改造，开工改造老旧小区376个、46049户（套），完成投资9.19亿元。严把棚户区改造标准，开工改造棚户区3880套，基本建成3680套，引导企业将闲置房屋改造为保障性租赁住房，发放租赁补贴7534户，累计入住公租房164866套。在全国率先建成并使用公租房信息化系统，指导银川市研发“掌上公租房”App和PC网页公众平台，银川市被住建部列为全国推广公租房App项目10个试点城市之一。全面开展农村房屋安全隐患排查，完成排查95.05万户，对存在隐患的1000户和鉴定为C级危房、D级危房的452户全部整治。完成因灾因生命周期到期返危和动态调整新增、外出返乡生活的“四类重点对象”危房改造1708户。按照加固改造、原址翻建、异地迁建、房屋置换等方式，完成抗震宜居农房改造建设10530户。加强小微公园、绿道和老旧公园、绿地改造建设，建成城市公园204个，全区城镇人均拥有道路面积26.38平方米、人均公园绿地面积20.01平方米，位居全国前列。争取中央财政补助资金8213万元，支持各地改造建设城镇污水处理设施和老旧集污管网。编制《宁夏关于推进污水资源化利用实施方案》，开展城市公共供水水质监测和城镇生活饮用水二次供水专项排查整治，提升污水利用率和水质合格率。对天然气及液化石油气安全隐患开展“地毯式”“拉网式”排查，整治安全隐患2115处。全区划定1处历史文化街区（银川市），完成44处历史建筑确定。加快省级城市综合管理服务平台建设，完成吴忠市、固原市、中卫市平台与国家平台联网，实现全区5个地级市100%对接。印发《关于进一步推进生活垃圾分类工作的实施方案》，制定《宁夏回族自治区城市生活垃圾分类及评价标准》，推进生活垃圾填埋场、生活垃圾集中转运站、建筑和餐厨垃圾资源综合利用等体系化重点项目建设，银川市城市生活垃圾回收利用率达到40%。出台《全区物业服务企业及物业服务人员信用信息管理办法》《物业服务企业良好、不良行为认定标准》《宁夏回族自治区住宅物业服务导则》，完成《宁夏回族自治区物业管理条例》修订立法调研，开展"加大物业服务收费信息公开力度　让群众明明白白消费"专项行动，推进物业服务管理标准化、规范化，全区公示物业服务信息的项目1984个。围绕集聚提升类、城郊融合类中心村或有发展优势的保留一般村，突出环境美、田园美、村庄美、庭院美特点，实施高质量美丽宜居村庄50个，完成投资13.7亿元。启动实施第一批12个重点小城镇建设项目，完成投资46.1亿元。建立玉泉营葡萄酒历史风情特色小镇等5个特色小镇清单和贺兰县金山葡萄酒康养特色小镇等5个培育清单，推动特色小镇梯次培育和健康发展。推进农村生活垃圾分类治理，新建垃圾分类分拣点28个，新增垃圾分类和资源化利用村庄148个，全区生活垃圾得到治理村庄比例为95%以上。实施绿色建筑面积780万平方米，可再生能源应用试点示范7.45万平方米，建筑节能标准设计执行率100%，实施装配式建筑面积63.37万平方米，培育建立3个自治区级建筑产业化基地。编制《装配式钢结构工程施工工艺标准》等5项技术标准，完成《高性能混凝土应用技术规程》等4项地方标准发布，筛选宁夏太阳能光伏建筑一体化应用技术等3项宁夏科技"揭榜挂帅"项目，加快建筑领域碳达峰碳中和关键技术研究应用。加快建筑业转型。落实在资质管理、税费优惠等方面的利企、助企政策，支持企业做大做强，促进建筑业持续健康发展，前三季度，全区完成建筑业总产值386.8亿元，增长18.2%。创新监管方式，推行"6+X""智慧工地"建设，加大建筑市场整治和关键岗位人员管理，落实建筑工人实名制管理制度，全区监管在建工程832项，从业人员11万人。推进"互联网+监管"，对4700多家区内外建筑企业、7.5万名从业人员进行信用管理，企业覆盖率达到95%。制定《宁夏绿色施工专项提升行动实施方案》等多项政策文件，开展建筑领域突出问题百日专项整治行动，组织质量安全与企业管理标准化双考评、开展质量安全、消防、检测机构及预拌混凝土企业专项检查、标准化建设观摩、建筑工人技能大赛等活动。印发《建设工程消防设计审查验收管理实施细则》，共办结消防设计审查489件、消防验收492件、备案551件。印发《2021年全区工程建设项目审批制度改革工作要点》和《宁夏工程建设项目全流程审批操作指引规范》，出台"多测合一"、扩大施工图免审范围、规范消防设计审查验收和中介服务等方面的政策措施，对15类高频办理项目实行"定制审批"，进一步联合验收、区域评估、水气暖报装等关键环节改革，积极推进全流程在线审批，所有事项实现100%网上办理，工程建设项目审批时限再提速30%以上。印发《住房和城乡建设系统自治区本级证明事项清单》，完善办事指南，对不直接涉及国家安全、公共安全、人身健康、生态环境保护等58项办理项300项证明事项全部推行"告知承诺制"，率先对建设工程企业资质、安全生产许可等7项涉企经营许可事项推行"一步到位"告知承诺。简化资质申请、安全生产许可证等办事流程，开展预约办、线上办等多种方式，提升办事效率，住建厅窗口连续51个季度被评为红旗窗口。印发《关于开展房建市政工程项目评标专家评标不良行为评价记录工作的通知》，对评标专家不良行为进行评价记录。

【水资源利用】2021年，自治区政府印发《宁夏水安全保障"十四五"规划》；印发先行区水利专项、城乡供水、河湖管理保护、节水型社会建设等专项规划12项，市县编制规划22项，全区"总体+专项+市县"（1+12+N）规划框架体系搭建完成。在全国率先出台用水权改革实施意见，印发配套制度6项；已完成核准确权灌溉面积867.65万亩、清查无用水权企业6689家，用水权确权稳步展开；完成用水权省级平台交易61笔、县级平台交易24笔，交易金额超3亿元，推动水资源向"水资产"转变，用水权改革在全国水利工作会议上交流。"互联网+城乡供水"全域推进。全区农村集中供水率达98.5%、农村自来水普及率达95.8%，分别高于全国平均水平10个百分点、12个百分点。开展生产建设项目水土保持专项整治行动，征收水土保持补偿费6.5亿元，近10年750个生产建设项目存在的1388个水土保持违法违规问题全部解决。在全国率先出台《宁夏"十四五"用水权管控指标方案》，整改取水工程11625个。启动"三山"地下取水井专项治理行动，关停自备井872眼。受理办结取水许可1323项，解决部分工业园区、沿黄取水口等历史遗留问题。现代化灌区试点推广至10个县（区）。建立区、市、县三级重点监控用水单位名录。50%县（区）建成全国节水型社会达标县（区），自治区政府机关、科技厅等6家单位和盐环定、红寺堡扬水灌区成为全国水效领跑者。列入城乡供水一体化工程的银川都市圈城乡西线供水完成青铜峡支线引水管道工程，东线完成首部取水工程、利通支线成功试通水，清水河流域城乡供水实现中卫至同心段通水，中卫市城乡供水一体化工程具备通水条件，全区城乡供水骨干网络布局基本形成。农业生态水网提质增效。黄河宁夏段河道治理项目可研报告通过水规总院审查。全区水利投资规模达70.9亿元。22个县(区)完成末级渠系农业水价的成本测算和审批，12个县(区)执行新水价。累计完成测控一体化闸门3323套，打造云灌区130万亩，建成云泵站49座。启动黄河宁夏段、贺兰山防汛“四预”项目。完成《宁夏回族自治区水工程管理条例》立法调研，废止《宁夏回族自治区泾河水源保护区条例》，修订《宁夏回族自治区取水许可和水资源费征收管理实施办法》。

(王会宁)

生态文明建设

【生态环境保护】2021年，全区城市空气质量优良天数比例为83.8%(国家考核目标为82%)，可吸入颗粒物(PM_{10})、细颗粒物($PM_{2.5}$)年均浓度同比分别下降4.6%、18.2%；黄河干流稳定保持Ⅱ类进Ⅱ类出，20个国控断面水质达到或优于Ⅲ类比例为80%，劣Ⅴ类水体控制在10%，11个地级城市集中式饮用水水源地达到或优于Ⅲ类比例为81.8%，全面完成国家考核目标任务。出台《自治区党委、政府深入打好污染防治攻坚战实施意见》《推进环境污染防治率先区建设实施方案》等。指导推动固原市积极创建并获“国家生态文明建设示范市”，泾源县、西夏区镇北堡镇荣获“绿水青山就是金山银山”实践创新基地。全年全区完成营造林面积104958公顷(其中人工营造林面积49584公顷)。森林抚育面积20285公顷。全区自然保护区14个(其中，国家级自然保护区9个，自治区级自然保护区5个)。

【污染防治】2021年，黄河干流宁夏段入境至出境断面水质均为Ⅱ类优水质，地表水国控考核断面达到或好于Ⅲ类水质比例为80%。5个地级城市环境空气质量平均优良天数为306天，比例为83.8%，细微颗粒($PM_{2.5}$)平均浓度为27微克/立方米，同比下降18.2%；可吸入颗粒物(PM_{10})平均浓度为62微克/立方米，同比下降4.6%。全区5个地级市区域昼间噪声等效声级为52分贝，同比下降1.5分贝，昼间区域声环境质量等级为二级，总体水平评价为较好。

(王会宁)

NINGXIA YEARBOOK

中共宁夏回族自治区委员会

ZHONGGONGNINGXIAHUIZUZIZHIQUWEIYUANHUI

编辑◎贾虎林

综　述

【概况】2021年，自治区党委以习近平新时代中国特色社会主义思想为指导，贯彻习近平总书记考察宁夏重要讲话精神，贯彻落实党中央重大决策部署，统筹疫情防控和经济社会发展，坚持稳中求进工作总基调，聚焦建设美丽新宁夏的奋斗目标，担当的时代重任，团结带领全区干部群众锐意进取、顽强拼搏，以实干展现新作为，靠实干交出新答卷，胜利打赢脱贫攻坚战，全面建成小康社会，开启社会主义现代化建设新征程，"十四五"起步有力、开局良好，全区各项事业取得新的重大进展。

【党史学习教育】2021年，自治区把党史学习教育作为贯穿全年的重大政治任务，以高度政治自觉学党史、悟思想，围绕学懂弄通做实党的创新理论，通过专题学习、专题研讨、专题党课、专题培训、专题宣讲等多种形式，突出学习领会习近平新时代中国特色社会主义思想，集中学习习近平总书记"七一"重要讲话精神，在福建古田开展"传承古田会议精神、赓续党的红色基因、走好新时代长征路"集中研讨，感悟思想伟力、增强"四个认同"，树牢"四个意识"、坚定"四个自信"、做到"两个维护"，紧跟核心、拥戴核心、听令核心。创新开展"传承党的百年光辉史基因、铸牢中华民族共同体意识"主题教育，推动全区党员干部学史明理、学史增信、学史崇德、学史力行，听党话、跟党走，在新时代新征程中建功立业。组织收看庆祝中国共产党成立100周年大会盛况、聆听习近平总书记重要讲话。召开庆祝中国共产党成立100周年座谈会、"两优一先"表彰大会、"光荣在党50年"座谈会，举办"风华百年路　启航新征程"大型文艺晚会、"百年恰是风华正茂"主题档案文献展，开展"奋斗百年路　启航新征程"重大主题宣传和"永远跟党走"红色教育等一系列群众性庆祝活动，全区上下共庆百年华诞、共享百年荣光，唱响共产党好、社会主义好、改革开放好、伟大祖国好、各族人民好的时代主旋律。把做到"两个维护"作为检验党史学习教育成果的重要标尺，对标总书记重要指示精神，围绕党中央重大决策部署，认真梳理，抓好落实，坚决整改星海湖生态环境、自发性移民、黄河宁夏段河道及滩地被占、违规兴建楼堂馆所等问题，确保中央政令在宁夏畅通无阻。以"学史力行——社会主义是干出来的"为主题，举办学习宣传贯彻习近平新时代中国特色社会主义思想研讨会暨党史学习教育高端论坛，创新开展"以实干展现新作为、靠实干交出新答卷"活动。开展"我为群众办实事"实践活动，推进"三个专项行动"，建立民生项目清单、提级督办机制，推动解决一批急难愁盼问题。

【经济高质量发展】2021年，自治区加快推动质量变革、效率变革、动力变革，经济保持平稳增长。科学精准落实中央宏观调控政策，扎实做好"六稳""六保"工作，努力保持经济运行在合理区间。稳增长态势，强化预警监测、分析研判、科学调度，保持政策平稳衔接、增速平稳换挡，推动经济运行开局强劲、半年趋稳、全年筑稳。保企业运行，打好减税降费、纾困基金、金融信贷"组合拳"，做好煤炭、电力能源保供工作，多措并举抓生产、增供应、畅流通、稳预期，支持骨干企业稳产增效，力保中小企业脱困发展。促消费回暖，抓消费热点培育，线上消费与线下消费共同发力、新型消费与传统消费齐头并进，前三季度全社会消费品零售总额同比增长7.6%，对经济增长的贡献率达到60%。抢抓供给体系重建、发展格局重构、竞争优势重塑带来的新机遇，持续深化供给侧结构性改革。抓重点产业发展，聚焦新能源、新材料、新食品“三新”方向，落实9个重点产业专班推进工作机制，实行“链长制”、突出抓落实，集中要素资源育龙头、建基地、打品牌，重点产业呈现集聚、集约、集群发展的良好势头。推进绿色低碳发展，研究制定碳达峰行动方案，争取国家出台支持宁夏能源转型发展的实施方案，遏制“两高”项目盲目发展，实施传统产业“四大改造”，加快推进绿能开发、绿氢生产、绿色发展，以能源革命带动产业革命。突出创新驱动发展，围绕产业链布局创新链，深化东西部科技合作，推行重大科技攻关项目“揭榜挂帅”机制，马玉山当选中国工程院院士，姚敏科研团队“400万吨/年煤间接液化成套技术创新开发及产业化”项目获国家科学技术进步奖一等奖，获批建设国家葡萄酒和枸杞产品质量检验检测中心，全区R&D经费投入强度超过1.5%、位居西部前列，增强经济发展新动能。抓好重大工程项目。把重大项目作为融入新发展格局、推动高质量发展的硬支撑，扩大有效投资，增强发展后劲。深度谋划项目，围绕构建综合交通、现代水网、能源支撑、信息网络“四大体系”，谋划实施黄河黑山峡河段开发等标志性、战略性“十大工程项目”，加快建设银昆高速宁夏段等项目。争取投资，紧盯国家投资方向，对接国家部委，一批工程项目列入“十四五”国家重大项目盘子，争取中央预算内资金项目400多个。全力抓进度，举办两次重大项目集中开工，组织重大项目现场观摩，推动各地开足马力抓项目落地、提建设进度、促投产达效。2021年开工建设各类重点项目1133个，完成固定资产投资930亿元。

【政治建设】2021年，自治区推进民主政治建设，学习贯彻中央人大工作会议精神，支持自治区人大及其常委会依法履行职责，加大对“一府一委两院”监督力度，指导开展县乡人大换届选举。支持人民政协充分发挥专门协商机构作用，推动协商民主广泛多层制度化发展，党政主要负责人带头领办督办政协提案，提案办理工作经验在全国推广。落实统一战线工作条例，指导完成民主党派地级市组织领导班子换届，研究制定加强新时代党外知识分子思想政治工作和无党派人士队伍建设实施意见，支持非公经济发展。强化党管武装工作，全面加快依法治区进程。认真贯彻习近平法治思想，完善党领导全面依法治区工作机制，召开全面依法治区工作会议，制定《关于进一步加强和改进地方立法工作的意见》，在全国率先开展党内法规、地方性法规、政府规章和规范性文件全面集中清理，纠正了与国家法律原则不相符、内容不协调、规范不衔接、表述不一致的法规规章，维护了国家法治统一，得到了全国人大的充分肯定。加快法治政府建设，推行党政主要负责人年终述法，推进市辖区跨领域跨部门综合执法改革，乡镇（街道）综治中心、村法律顾问实现全覆盖。全面启动“八五”普法，纵深开展法律“八进”，全社会法治意识明显增强。建设更高水平平安宁夏。牢固树立总体国家安全观，以做好中国共产党成立100周年安保工作为主线，全力以赴保安全、保安定、保安宁。实施维护政治安全“铸魂、防渗、夯基、固本”四大工程，开展反渗透、反颠覆、反恐怖等六大专项行动，及时有效防范化解政治安全风险。实施政法工作高质量发展“七大提升行动”，纵深推进司法体制改革，接续开展两批政法队伍教育整顿。完善社会治安防控体系，常态化推进扫黑除恶专项斗争，深入推进治理电信网络诈骗等专项行动，“八类”主要刑事案件立案数、命案发案数实现“双下降”。全面落实基层治理“1+6”政策文件，扎实推进市域社会治理现代化试点、乡村治理全省域示范创建，认真抓好安全生产工作，打造“塞上枫桥”宁夏品牌，人民群众的安全感满意度明显提升。

【深化改革开放】2021年，自治区坚持对内深化改革、对外扩大开放，破除一批制约融入国内大循环和国内国际双循环的体制机制障碍，全区市场化程度、对外开放度明显提升。完善领导机制抓谋划。坚持以改革创新精神谋改革、抓改革，主动适应改革系统集成、协同高效的新形势新任务，调整优化改革专项小组，出台改革重要方案制定、重点任务落实和专项小组工作3个细则，改革工作制度化、规范化、精准化水平全面提升。召开5次党委深改委会议，研究出台重要改革方案31个，听取重要领域改革和专项小组工作情况，自治区党委对改革工作的领导力、谋划力、统筹力增强。把落实中央要求、满足发展需要、顺应群众期盼统一起来，推进国有经济优化调整、要素市场化配置、高标准市场体系、环境治理体系、财政预算管理、开发区体制机制创新等重点改革，带动重要领域改革纵深推进、积厚成势。打好“四权”（用水权、土地权、排污权、山林权）改革主动仗，构建资源有价、使用有偿、交易有市、节约有效的制度体系，15个重点市县试点突破、先行一步，初步形成一批创新性、示范性改革成果。坚持问题导向，直击改革痛处，对党的十八届三中全会以来的改革任务落实情况开展大督查、总盘点，从政治的高度深刻反思问题、抓好整改落实。对梳理出的8812项改革事项，建立台账、压实责任、对账销号，整改完成率达到98.1%。以深化改革带动对外开放，加快融入“一带一路”建设，举办第五届中阿博览会、首届中国(宁夏)国际葡萄酒文化旅游博览会、首届国际肉类产业博览会，获批建设国家葡萄及葡萄酒产业开放发展综合试验区，开通西部陆海新通道国际货运班列，开放发展新优势显现。深化与京津冀、长三角、粤港澳等交流合作，推进宁湘新能源装备制造产业园建设，与一批国内外知名企业建立战略合作关系。

【思想文化宣传】2021年，自治区加强意识形态工作，把牢把准立心立魂的前进方向，全面落实意识形态工作责任制，推进“大排查、大起底、大检视”和巡视整改“回头看”，意识形态工作责任有效传导、基础深厚坚实。加强和改进高校思想政治工作，坚决维护高校意识形态安全。深化维护意识形态安全托底工程，加强网络综合治理体系建设，开展“正道”“新风”集中行动，意识形态领域风险可管可控、态势平稳向好。开展建党百年主题宣传、重大决策理论宣传、“四史”教育社会宣传，策划推出“习近平情系西海固”专题宣传活动，组织开展抗击疫情、决战脱贫攻坚、全面建成小康社会先进典型和英雄模范人物宣传，以榜样的力量激励人、鼓舞人。加快媒体深度融合发展，自治区融媒体平台投入使用，县级融媒体中心传播力、影响力不断增强。提高社会文明程度。坚持用社会主义核心价值观立心、育人、铸魂，加强爱国主义教育示范基地建设，大力弘扬劳模精神、劳动精神、工匠精神，组建老兵宣讲团讲好红色故事，涌现“七一勋章”和第八届全国道德模范获得者王兰花等先进典型，培育“六盘山下红色书院”等志愿服务品牌。实施公民道德建设工程、精神文明建设提质工程、文明城市创建行动计划，推动新时代文明实践中心建设试点提质增效。实施文化惠民工程，常态化开展“文化大篷车”下基层，拓展城市书房、城市阅读岛新空间，深化文艺院团改革，打造精品力作，推进长城、长征、黄河国家文化公园建设，抓好“全国一网”整合、文化和科技融合示范基地建设，提升文化“软实力”。

【乡村振兴】2021年，自治区召开自治区党委农村工作会议、脱贫攻坚表彰大会、实施百万移民致富提升行动会议、“四大提升行动”工作会议进行系统部署。聚焦短板弱项，分别制定4个专项实施意见，配套出台支持培育发展产业、促进就业创业、整治农村环境、建强基层组织的具体政策举措，指导各地各有关部门坚持规划先行、一村一案，精准发力、分类推进。以点带面、示范带动。实行“领导干部+责任单位”包抓工作机制，组织区市县乡四级领导干部一对一包抓261个移民重点村(社区)，对20个规模大、困难多、基础弱的村(社区)实行省级领导包抓，集中要素、集中政策、集中项目帮扶。围绕解决好产业、就业、社会融入3件事情，以乡村人居环境综合整治提升为切入点，兴产业、强技能、抓治理、夯基础，培育打造了一批现代农业有特点、乡风文明有亮点、增收致富有重点的示范引领乡村，带动乡村振兴整体提升、全局拓展，乡村发展基础进一步夯实、整体面貌进一步改善、治理效能进一步显现。红寺堡区创建全国易地搬迁移民致富提升示范区工作取得积极进展。坚持以钉钉子精神抓落实，组织召开2次现场推进会，对省级领导和地级市负责人包抓的重点村集中观摩、集中亮相，推动市县落实主要责任、群众发挥主体作用、企业积极主动参与、部门单位主导帮扶，形成五级书记齐心抓、领导干部齐上阵、全区上下齐用力的工作格局，推动“四大提升行动”各项任务落地见效。城乡居民收入稳定增长，实现“两个高于”的目标，各级教育主要发展指标超过全国平均水平，医疗服务保障能力和全民健康水平持续提升，社会保障、困难救助等民生网兜底得更加牢固。

【疫情防控】2021年，自治区抓好常态化疫情防控，坚决克服麻痹思想、厌战情绪、侥幸心理、松劲心态，做到防控原则要求不变、工作队伍不散、运行机制不停、领导责任不松，有序扩大疫苗接种人群，引导群众加强自我防护，构建群防群控、常防常控的严密防线。及时有效管控“5·08”“7·30”等6起零星散发疫情，确保自治区两会、党委全会、中阿博览会等重大活动安全举办，巩固疫情防控重大战略成果。坚持疫情防控和经济社会发展两手抓、两手硬，围绕保障供应链、强化要素链、稳定产业链，坚持省级领导包抓园区、包抓企业、包抓项目机制，帮助解决企业用工用料、生产销售、融资物流等实际困难，做好群众生产生活、物资供应、医疗教育等民生工作，有效化解疫情可能引发的金融信贷、下岗失业、社会矛盾等风险隐患，做到疫情防控不放松、改革发展不停步、社会运行不失序，实现疫情防控和经济社会发展双胜利。

【民族宗教工作】2021年，自治区持续铸牢中华民族共同体意识，学习贯彻习近平总书记关于加强和改进民族工作的重要讲话论述，学习宣传中央民族工作会议精神，提出创建铸牢中华民族共同体意识示范区，推进新时代宁夏民族工作高质量发展。围绕“中华民族一家亲、同心共筑中国梦”，推进马克思主义国家观、历史观、民族观、文化观、宗教观大宣讲，构建各族群众共有精神家园，“三个离不开”思想更加深入人心。开展“今昔对比看变化、知史感恩共产党”活动，引导各族干部群众算好10笔账，坚定自觉做到“五个认同”。依法及时调整涉民族优惠政策，坚决防止政策差别固化民族差异，增进共同性。全面深化民族团结进步创建。全覆盖推进创建“七进”活动，创新开展“互联网+民族团结”行动，常态化开展民族团结进步创建互观互检，营造人人搞创建、人人促团结的浓厚氛围。深入实施文明创建、时代新人培育等工程，加快构建互嵌式社区环境，促进各族群众共居共学、共建共享、共事共乐，守望相助、手足相亲。全面开展“党亲·国好·感恩”系列活动，讲好民族团结进步宁夏故事，促进各民族广泛交往、全面交流、深度交融。依法彻底整治宗教领域突出问题。全面贯彻党的宗教工作基本方针，积极“导”、依法“管”、主动“防”、综合“治”，推动宗教工作由被动向主动转变、由治标向治本转变、由管住向管好转变。持续开展非法宗教活动专项治理，健全“三化”问题排查“回头看”机制，全面推行宗教场所统一建档、统一编号、统一挂牌。深入推进“五进”宗教场所活动，开展宗教界“爱党爱国爱社会主义”主题教育，实施信教群众思想引导工程，教育引导宗教界人士和信教群众增强国家意识、公民意识、法治意识。全面提升宗教治理水平，健全完善领导机制、协同机制、保障机制，把宗教治理贯穿基层治理全过程，提高宗教工作规范化水平。

【生态环境保护】2021年，自治区推动黄河流域生态保护和高质量发展先行区建设，厚植高质量发展的绿色基底，“绿水青山就是金山银山”的实践效应逐步显现。坚持谋定而后动，注重用系统观念谋长远、打基础，先后召开4次先行区建设推进会，研究部署基础设施、“四权”改革、项目建设和贯彻落实总书记在深入推动黄河流域生态保护和高质量发展座谈会上的重要讲话精神，形成开题破局、压茬推进、全面发力的先行态势。编制生态环境保护、水安全保障、“一河三山”生态保护修复等11个规划方案，加快制定建设先行区促进条例，构建先行区建设的“四梁八柱”。坚持重在保护、要在治理，把先行区建设的重点放在生态环境建设上，突出“一河三山”，尊重自然规律，抓好大保护、大修复、大治理。优先保障黄河安澜，在黄河流域率先编制“四水四定”实施方案，实施两岸堤防、河道控导等“四大工程”，推进黄河宁夏段头道墩至都思兔河右岸堤路接合的防洪工程，整改解决历史遗留的黄河河道及滩地被占等问题，形成保河水、固河堤、疏河道、复河滩联动共治新格局。重点抓好生态保护，落实“四禁”“四减”“四保”保护措施，加快实施水土保持、水源涵养、生态修复等重点工程，全覆盖开展“三山”自然保护区矿山清理整治“回头看”，启动全国科学绿化示范区建设，全面推行林长制，依法依规退出中部干旱带压砂种植32万亩，全面解决近10年来生产建设项目水土保持违法违规问题。持续加强污染治理，制定污染防治率先区实施方案，投入近23亿元实施大气污染防治项目、污染水体治理工程，制定《自治区土壤污染防治条例》，推动生态环保例行督察和专项督察5个地级市全覆盖，探索开展黄河干支流及入黄排水沟上下游横向生态补偿，形成“四尘同治”“五水共治”“六废联治”新机制，地级城市空气质量优良天数比例达标，黄河干流宁夏段水质保持Ⅱ类进Ⅱ类出。对接争取支持。成立自治区推动先行区建设领导小组，用重实干、见实效的实际行动争取中央领导及国家部委对先行区建设的高度重视和大力支持，国家发改委等11个部委先后出台7个支持性政策文件，20个重大事项、40个重点项目、16个重要试点等纳入国家规划。

【党的建设】2021年，自治区自觉担当管党治党主体责任，以党的政治建设为统领，全面贯彻新时代党的组织路线，推动全面从严治党向纵深发展。扎实推进理论武装。把学习贯彻习近平新时代中国特色社会主义思想作为首要政治任务，坚持党委常委会第一议题制度、理论学习中心组制度，召开党委常委会会议42次、中心组学习会12次，开展专题研讨交流7次，举办领导干部专题研讨班2次，学习领会习近平总书记重要讲话和党中央重要会议精神。深入实施青年干部理论学习提升工程，分批次组织轮训培训、分层级抓好宣传宣讲、分领域深化研究阐释，扎实开展党的创新理论“七进”和学校“三进”工作，引导党员干部群众切实用党的创新理论武装头脑、指导实践、推动工作。建强干部人才队伍。全面落实“四个特别”要求，突出“五个过硬”，开展政治素质反向测评，建立领导班子配备模型，注重选拔经受磨砺多、专业素养高、基层历练实、积极踏实干的优秀干部。2021年，常委会研究任免干部14批591人次。坚持从严教育、从严管理，抓好干部专业化培训，实施干部交流“源泉工程”，激励广大干部担当作为。注重引才育才用才并举，启动新一轮中长期人才发展规划编制工作，健全领导体制，实施引育工程，落实重大项目，引导各类人才矢志创新、拼搏创业、探索创造。精心抓好换届工作。把市县乡领导班子换届作为全面从严治党的重要举措，围绕绘出好蓝图、选出好干部、配出好班子、树立好导向、形成好气象的目标，重用一批在脱贫攻坚一线贡献突出、在吃劲岗位得到锻炼的干部，打破年龄、身份、民族界限，选派一批区直机关优秀干部到市县任党政正职，选拔一批“80后”干部到县区任党政正职。严明换届纪律，加强风气监督，召开做好市级班子换届工作、确保换届工作风清气正电视电话会议，重申纪律要求，严格规范组织，推动换届风气清明清正清朗。加强基层组织建设。树立重视、关心、爱护基层的鲜明导向，健全清单式管理、常态化落实、全过程跟踪体系。扎实推进“基层党建全面提升年”，深化“抓乡促村、整乡推进、整县提升”示范县乡创建，“一村一案”提升移民安置村（社区）党组织建设，统筹抓好城市基层党建示范引领行动、“五型”模范机关建设、国企“六化六提升”工程、高校“对标争先”建设计划、非公企业和社会组织“五强五促”行动，推进各领域基层党建水平提升、工作提质。加强党员教育管理，排查整顿农村发展党员违规违纪问题，保持党员队伍的先进性纯洁性。持之以恒正风肃纪。发挥全面从严治党引领保障作用，出台《加强对“一把手”和领导班子监督实施办法》，以“一把手”带动“一班人”，以“一班人”监督“一把手”。坚持“三不”一体推进，坚决查处严重违纪违法案件，持续整治重点领域、群众身边腐败和作风问题，全区纪检监察机关共处置问题线索7566件、立案1771件、处分1437人。继续开展廉政警示教育周活动，以案为戒、以案示警、以案促改、以案正风。坚持不懈纠“四风”、正歪风、树新风，制定并带头落实“八条禁令”，开展违规吃喝隐形变异问题专项整治，持续解决形式主义官僚主义突出问题，把好传统带进新征程、把好作风弘扬在新时代。坚持巡视巡察上下联动，完成两轮常规巡视，市县两级党委巡察实现全覆盖。

（童会东）

重要会议

【中共宁夏回族自治区第十二届委员会第十三次全体会议】2021年10月10—11日在银川市举行。出席全会的有自治区党委委员66人、候补委员6人。自治区纪委委员、有关方面负责人和在宁夏中共十九大基层代表、部分自治区第十二次党代会基层代表列席会议。全会由自治区党委常委会主持。自治区党委书记陈润儿代表常委会作讲话。全会审议通过《关于贯彻落实〈中共中央、国务院关于以铸牢中华民族共同体意识为主线推进新时代党的民族工作高质量发展的意见〉的实施意见》。自治区党委常委、统战部部长白尚成就《实施意见（讨论稿）》向全会作说明。全会指出，新时代宁夏民族工作的指导思想是，以习近平新时代中国特色社会主义思想为指导，完整、准确、全面把握和贯彻习近平总书记关于加强和改进民族工作的重要思想，深入贯彻落实习近平总书记考察宁夏重要讲话精神，深刻认识实现中华民族伟大复兴是新时代党的民族工作的历史方位，以铸牢中华民族共同体意识为主线，坚持和加强党对民族工作的领导，坚定不移走中国特色解决民族问题的正确道路，全面贯彻落实党的民族政策，坚持各民族共同团结奋斗、共同繁荣发展，坚持和完善民族区域自治制度，坚持稳中求进工作总基调，着力构筑中华民族共有精神家园，着力加快现代化建设步伐，着力促进各民族广泛交往、全面交流、深度交融，着力提升民族事务治理体系和治理能力现代化水平，着力防范化解民族领域风险隐患，推进新时代党的民族工作高质量发展，为建设美丽新宁夏、共圆伟大中国梦作出更大贡献。目标任务是，中华民族共同体意识显著增强，推进现代化建设取得显著成效，各民族交往交流交融显著拓展，治理能力和治理水平显著提升，党对民族工作的领导显著加强，努力创建铸牢中华民族共同体意识示范区。全会强调，要切实加强党的领导，确保党中央关于民族工作的决策部署落到实处。要强化党的领导，各级党委（党组）要把民族工作摆上重要议事日程，加强政治领导、思想领导、组织领导，及时研究重大事项、解决重大问题。要完善体制机制，健全责任体系、机制体系、督考体系，推动各级干部自觉担负起做好民族工作、促进民族团结的责任。要夯实基层基础，建强基层组织，配强基层班子，加强基层保障，确保党的民族理论和民族政策到基层有人懂、民族工作在基层有人抓。要加强队伍建设，按照习近平总书记对民族地区干部提出的“维护党的集中统一领导态度特别坚决、明辨大是大非立场特别清醒、铸牢中华民族共同体意识行动特别坚定、热爱各族群众感情特别真挚”要求，加强干部队伍建设、人才队伍建设、专业队伍建设，打造一支绝对忠诚、绝对纯洁、绝对可靠的干部队伍。全会号召，全区各级党组织和党员干部要更加紧密地团结在以习近平同志为核心的党中央周围，认真贯彻落实习近平总书记关于加强和改进民族工作的重要思想，以铸牢中华民族共同体意识为主线，坚定不移走中国特色解决民族问题的正确道路，奋力开创新时代宁夏民族工作新局面，为继续建设经济繁荣民族团结环境优美人民富裕的美丽新宁夏，实现中华民族伟大复兴的中国梦而不懈奋斗。

【中共宁夏回族自治区第十二届委员会第十四次全体会议】2021年11月26—27日在银川市举行。出席全会的有自治区党委委员62人、候补委员6人。自治区纪委委员、有关方面负责人和在宁夏中共十九大基层代表、部分自治区第十二次党代会基层代表列席会议。全会由自治区党委常委会主持。自治区党委书记陈润儿作讲话。全会听取和讨论了陈润儿同志受自治区党委常委会委托作的工作报告，审议通过《中共宁夏回族自治区委员会关于全面贯彻落实党的十九届六中全会精神　更加坚定维护习近平同志党中央的核心全党的核心地位　更加自觉坚持习近平新时代中国特色社会主义思想的指导地位的决议》，审议通过《关于召开中国共产党宁夏回族自治区第十三次代表大会的决议》。全会充分肯定自治区党委常委会一年来的工作。一致认为，面对百年变局与世纪疫情交织的严峻形势，面对开局“十四五”、开启新征程的繁重任务，在以习近平同志为核心的党中央坚强领导下，常委会坚持以习近平新时代中国特色社会主义思想为指导，深入贯彻习近平总书记考察宁夏重要讲话精神，坚决贯彻落实党中央重大决策部署，扎实开展党史学习教育、用党的百年奋斗重大成就和历史经验教育党员干部群众、汇聚奋进新征程的磅礴力量，积极融入新发展格局、加快调结构转方式换动能、推动经济高质量发展迈出新步伐，以先行区建设为抓手、加强生态环境保护、天蓝地绿水美的美丽宁夏焕发新面貌，持续深化改革开放、增强发展新动力、厚植发展新优势，大力实施“四大提升行动”、推动巩固拓展脱贫成果同乡村振兴有效衔接、群众的获得感幸福感持续增强，统筹疫情防控和经济社会发展、慎终如始抓好疫情防控、确保人民群众生命安全和身体健康，坚决扛起维护国家安全政治责任、认真做好民族宗教工作、进一步巩固发展民族团结宗教和顺的生动局面，加强民主政治建设、深入推进依法治区、治理体系和治理能力现代化水平明显提升，坚持守正创新、抓好宣传思想文化工作、营造向上向好的良好社会氛围，深化全面从严治党、不断提高党的建设质量、为各项事业发展提供坚强保证，胜利打赢脱贫攻坚战，全面建成小康社会，开启社会主义现代化建设新征程，“十四五”起步有力、开局良好，全区各项事业取得新的重大进展。

全会决定，中国共产党宁夏回族自治区第十三次代表大会于2022年6月在银川召开。全会认为，自治区第十三次党代会是在宁夏进入全面建设社会主义现代化、向第二个百年奋斗目标进军新征程的重要时刻召开的一次十分重要的大会，是全区各族人民政治生活中的一件大事，要坚持以习近平新时代中国特色社会主义思想为指导，坚决贯彻习近平总书记考察宁夏重要讲话精神和党中央重大决策部署，精心谋划好宁夏未来五年经济社会发展各项工作，动员全区上下在新征程上担当新使命、展现新作为、谱写新篇章，以优异成绩迎接党的二十大召开。全会号召，全区各级党组织和广大党员干部群众要深入学习贯彻党的十九届六中全会精神，更加坚定维护习近平同志党中央的核心、全党的核心地位，更加自觉坚持习近平新时代中国特色社会主义思想的指导地位，大力弘扬伟大建党精神，不忘初心、牢记使命，以史为鉴、开创未来，埋头苦干、勇毅前行，为建设经济繁荣民族团结环境优美人民富裕的美丽新宁夏，为实现第二个百年奋斗目标、实现中华民族伟大复兴的中国梦作出新的更大贡献。

表1　　宁夏回族自治区第十二届党委2021年常委会会议一览表

时　间	主　持	议　　题
1月4日	自治区党委书记陈润儿	传达学习习近平总书记二〇二一年新年贺词，在中央农村工作会议、中央全面深化改革委员会第十七次会议上的重要讲话精神，中央推动黄河流域生态保护和高质量发展领导小组全体会议精神，听取全区农业农村工作情况汇报，研究2021年“三农”重点工作。会议听取自治区生态环境保护领导小组办公室《关于对银川市、吴忠市、固原市生态环境保护督察情况的汇报》，审议《自治区生态环境保护督察工作实施办法》，研究全区控制温室气体排放工作
1月16日	自治区党委书记陈润儿	传达学习习近平总书记在省部级主要领导干部学习贯彻党的十九届五中全会精神专题研讨班上的重要讲话，研究贯彻落实意见

续表 1

时 间	主 持	议 题
1月23日	自治区党委书记陈润儿	研究提请自治区十二届人大四次会议、政协十一届四次会议讨论审议的《宁夏回族自治区国民经济和社会发展第十四个五年规划和二〇三五年远景目标纲要》、自治区政府工作报告、自治区人大常委会工作报告、自治区政协常委会工作报告、自治区高级人民法院工作报告、自治区人民检察院工作报告、《2020年国民经济和社会发展计划执行情况与2021年国民经济和社会发展计划草案的报告》《2020年全区及区本级预算执行情况和2021年全区及区本级预算草案的报告》
1月25日	自治区党委书记陈润儿	传达学习十九届中央纪委五次全会精神，听取自治区纪委监委2020年工作和自治区纪委十二届五次全会准备情况汇报。自治区党委书记陈润儿主持会议并讲话，强调要认真学习贯彻习近平总书记在十九届中央纪委五次全会上的重要讲话精神，深入贯彻全面从严治党方针，充分发挥全面从严治党引领保障作用，坚决落实全面从严治党政治责任，一刻不停推进党风廉政建设和反腐败斗争。传达学习习近平总书记在中央政治局常务委员会会议听取全国人大常委会、国务院、全国政协、最高人民法院、最高人民检察院党组工作汇报时的重要讲话精神，听取自治区人大常委会、政府、政协、高级人民法院、人民检察院党组工作汇报
2月9日	自治区党委书记陈润儿	自治区党委常委会会议暨自治区党委议军会议召开。会议传达学习习近平总书记春节前夕视察看望空军航空兵某师时的重要讲话精神，致第34届非洲联盟峰会的贺电，关于国防后备力量建设的重要论述，学习党管武装有关制度规定，学习《军队政治工作条例》《中国共产党统一战线工作条例》等，听取宁夏民兵调整改革、民兵训练基地建设等情况汇报，研究部署下一步工作
2月22日	自治区党委书记陈润儿	传达学习习近平总书记在党史学习教育动员大会上的重要讲话精神和《中共中央关于在全党开展党史学习教育的通知》，传达学习习近平总书记在中央全面深化改革委员会第十八次会议上的重要讲话精神、在春节团拜会上的重要讲话、给河北省平山县西柏坡镇北庄村全体党员和给上海市新四军历史研究会百岁老战士们的回信、主持中国—中东欧国家领导人峰会时发表的主旨讲话，听取自治区总工会、团委、妇联、科协工作汇报
2月27日	自治区党委书记陈润儿	自治区党委常委会召开会议，传达学习习近平总书记2月26日在中央政治局常委会会议上的重要讲话精神，传达中央组织部《关于组织党员自愿捐款支持新冠肺炎疫情防控工作的通知》
3月19日	自治区党委书记陈润儿	自治区党委常委会会议暨全面深化改革委员会第13次会议召开。传达学习习近平总书记在2月26日中央政治局会议上、中央政治局第二十八次集体学习时、中央党校(国家行政学院)中青年干部培训开班式上、中央财经委员会第九次会议上、会见探月工程"嫦娥五号"任务参研参试人员代表并参观月球样品和探月工程成果展览时的重要讲话精神，审议用水权、土地权、排污权、山林权"四权"改革《实施意见》
4月6日	自治区党委书记陈润儿	自治区党委常委会会议暨自治区党的建设领导小组2021年第1次会议召开。会议学习习近平总书记在福建考察期间、视察武警第二机动总队时、3月30日中央政治局会议上、参加首都义务植树活动时的重要讲话、对革命文物工作作出的重要指示和中央有关文件精神，审议2020年度地级市党委和自治区各行业系统党(工)委书记抓基层党建工作述职评议考核结果和有关文件
4月13日	自治区党委书记陈润儿	自治区党委常委会会议暨统一战线工作领导小组2021年第1次会议召开。会议传达学习习近平总书记对深化东西部协作和定点帮扶工作、打击治理电信网络诈骗犯罪工作作出的重要指示，致厦门大学建校100周年的贺信，汪洋同志在统一战线深入学习贯彻《中国共产党统一战线工作条例》研讨班开班式上的讲话，听取有关情况汇报，审议有关文件并研究贯彻意见。
4月19日	自治区党委书记陈润儿	传达学习习近平总书记对职业教育工作作出的重要指示、在中法德领导人视频峰会上的重要讲话精神，传达学习全国"扫黑除恶专项斗争"总结表彰大会精神，听取一季度经济运行情况汇报，研究部署下一步经济工作
4月30日	自治区党委书记陈润儿	传达学习习近平总书记在广西壮族自治区、清华大学考察时的重要讲话，在博鳌亚洲论坛2021年年会开幕式上的主旨演讲、领导人在气候峰会上的重要讲话；传达学习赵乐际同志在广西、杨晓渡同志在宁夏调研时的讲话精神

续表1

时 间	主 持	议 题
5月21日	自治区党委书记陈润儿	传达学习习近平总书记关于新冠肺炎疫情防控工作的重要指示、汪洋同志调研宁夏时的讲话精神，研究贯彻落实工作
6月6日	自治区党委书记陈润儿	听取贯彻落实习近平总书记考察宁夏重要讲话精神督查情况汇报，审议《宁夏黄河流域生态保护和高质量发展规划》，强调要严格压实各级党委政治责任，确保习近平总书记重要指示落地生根
7月1日	自治区党委书记陈润儿	认真学习习近平总书记在庆祝中国共产党成立100周年大会上的重要讲话，集中开展交流讨论
7月15日	自治区党委书记陈润儿	传达学习习近平总书记关于贯彻落实新发展理念的重要指示精神，传达学习推动黄河流域生态保护和高质量发展领导小组全体会议精神，听取全区上半年经济运行情况汇报，研究部署下一步工作
8月6日	自治区党委书记陈润儿	传达学习中央组织部抓党建促乡村振兴电视电话会议精神、研究贯彻意见，审议《中共宁夏回族自治区委员会贯彻落实〈中国共产党统一战线工作条例〉实施办法》《关于在全区公民中开展第八个五年法治宣传教育的实施意见》
8月13日	自治区党委书记陈润儿	听取第五届中阿博览会总体筹备和疫情防控工作情况汇报，研究部署有关工作
8月23日	自治区党委书记陈润儿	自治区党委常委会会议暨全面深化改革委员会第14次会议召开。会议传达学习了习近平总书记在中央财经委员会第10次会议上、在中央政治局第32次集体学习时的重要讲话精神，向新冠疫苗合作国际论坛首次会议发表的书面致辞，给“国际青年领袖对话”项目外籍青年代表、云南省沧源县边境村老支书们的回信和中央政法委政法领域全面深化改革推进会议精神，通报第五届中阿博览会情况，听取全区改革重点任务整改落实、“四权”改革推进落实情况汇报，审议通过改革专项小组调整优化、重要改革方案制定、改革任务推动落实和全面推行林长制等文件
9月2日	自治区党委书记陈润儿	传达学习习近平总书记在中央民族工作会议上的重要讲话精神，研究贯彻意见
9月17日	自治区党委书记陈润儿	学习习近平总书记在中央党校(国家行政学院)中青年干部培训班开班式等会议活动上的重要讲话和重要指示精神，研究贯彻落实意见
10月8日	自治区党委书记陈润儿	传达学习习近平总书记在中央政治局第33次集体学习时的重要讲话精神，研究贯彻意见，决定召开中国共产党宁夏回族自治区第十二届委员会第13次全体会议，深入学习贯彻习近平总书记关于加强和改进民族工作的重要思想，认真贯彻落实中央民族工作会议精神，安排部署全区民族工作
10月15日	自治区党委书记陈润儿	传达学习习近平总书记在中央人大工作会议、纪念辛亥革命110周年大会上的重要讲话和在《生物多样性公约》第十五次缔约方大会领导人峰会上的主旨讲话、对老龄工作作出的重要指示精神，学习《中共中央、国务院〈关于加快构建新发展格局的意见〉》，研究贯彻落实意见
10月26日	自治区党委书记陈润儿	传达学习习近平总书记在深入推动黄河流域生态保护和高质量发展座谈会上的重要讲话，研究贯彻落实意见
11月13日	自治区党委书记陈润儿	传达学习党的十九届六中全会精神。传达习近平总书记重要讲话精神，并就学习宣传贯彻全会精神讲话。自治区党委副书记、自治区主席咸辉传达习近平总书记关于中央政治局工作的报告、就《中共中央关于党的百年奋斗重大成就和历史经验的决议(讨论稿)》向全会作的说明的主要精神
11月20日	自治区党委书记陈润儿	会议明确把握主攻方向，积极优化营商环境，大力发展数字经济，为高质量发展赋智赋能。要抓住关键重点，全面落实《实施意见》的目标任务，建好综合示范区大载体，做好新能源产业大文章，谋好高质量项目大引擎，抓好降低碳排放大目标，以重点突破带动整体推进
11月25日	自治区党委书记陈润儿	深入学习贯彻党的十九届六中全会精神，讨论中共宁夏回族自治区委员会全面贯彻落实党的十九届六中全会精神的《决议》稿，决定根据会议讨论的意见进行修改后将《决议》稿提请自治区党委十二届十四次全会审议
12月5日	自治区党委书记陈润儿	传达学习习近平总书记在全国宗教工作会议上的重要讲话精神，研究贯彻落实意见
12月6日	自治区党委书记陈润儿	自治区党委召开常委会会议暨应对新冠肺炎疫情工作领导小组第21次会议
12月12日	自治区党委书记陈润儿	传达学习中央经济工作会议精神

续表1

时间	主持	议题
12月15日	自治区党委书记陈润儿	认真学习贯彻习近平总书记在中央经济工作会议上的重要讲话精神及近期发表的重要讲话，听取自治区政府党组关于2021年全区经济社会发展情况和2022年经济工作建议，研究审议《关于完整准确全面贯彻新发展理念　做好碳达峰碳中和工作的实施意见》
12月24日	自治区党委书记陈润儿	传达学习习近平总书记在中国文联第十一次全国代表大会、中国作协第十次全国代表大会上的重要讲话，听取全区巩固脱贫成果后评估情况报告、自治区政府党组关于食品安全工作情况汇报，对抓好评估问题整改、推进巩固拓展脱贫攻坚成果同乡村振兴有效衔接工作进行部署
12月30日	自治区党委书记陈润儿	传达学习习近平总书记近期在有关会议上的重要讲话及关于不断巩固拓展党史学习教育成果、做好“三农”工作和党内法规工作的重要指示精神，研究贯彻落实工作

（贾虎林）

组织工作

【概况】2021年，自治区党委组织部坚持以习近平新时代中国特色社会主义思想为指导，深入学习贯彻中共十九大和十九届历次全会精神，认真落实全国全区组织部部长会议和自治区党委十二届十二次、十三次全会部署要求，认真落实新时代党的建设总要求和新时代党的组织路线，围绕建设黄河流域生态保护和高质量发展先行区建设，聚焦主责主业，着力在提高政治站位中建设政治机关，在胸怀大局中服从服务大局，在守正创新中狠抓落实，推动组织工作高质量发展，各项工作取得新进展、新成效。

【理论武装】2021年，宁夏推进学习贯彻习近平新时代中国特色社会主义思想走深走实，大力实施学习贯彻习近平新时代中国特色社会主义思想主题教育培训计划，坚持读原著、学原文、悟原理，通过党委（组）督学、领导干部领学和理论专题宣讲、分层分类培训等，推动学习贯彻往深里走、往心里走、往实里走。实施干部政治能力和专业能力提升“两大工程”，选派106名区管干部参加中央“一校五院”培训，对县处级以上领导干部进行党的十九届五中全会精神轮训，自治区党委组织部直接举办重点班次培训干部7500余人次，各地各部门培训基层干部8.3万余人次。全力抓好党史学习教育，组织党员干部认真学习党史指定读本，集中学习习近平总书记“七一”重要讲话、中共十九届六中全会精神，开展“传承党的百年光辉史基因、铸牢中华民族共同体意识”主题教育，推进“党旗在一线高高飘扬”活动，推动各级党组织为群众办实事1.3万余件。

【庆祝中国共产党成立100周年】2021年，宁夏组织开展“七一勋章”和全国“两优一先”推荐工作，经过层层推荐、逐级遴选，宁夏推荐的王兰花获“七一勋章”，受到党中央表彰全国优秀共产党员5人、全国优秀党务工作者2人、全国先进基层党组织3个，受到中组部表彰的全国优秀县委书记1人。筹备召开自治区“两优一先”表彰大会，表彰全区优秀共产党员150人、优秀党务工作者99人、先进基层党组织150个。组织为全区2.4万多名党员颁发“光荣在党50年”纪念章，划拨区管党费1773万、各级配套经费1290万元慰问功勋党员、生活困难党员、老党员共2.7万余人。

【集中换届工作】2021年，宁夏配合中组部考察组完成二十届中央“两委”人选和自治区党委班子、纪委正副书记人选等考察工作。围绕绘出好蓝图、选出好干部、配出好班子、树立好导向、形成好气象的目标，把加强党的领导、严明换届纪律贯穿全过程，打破“隐性台阶”、突破“惯例做法”，重用一批在脱贫攻坚一线贡献突出、在吃劲岗位得到锻炼的干部，选派一批优秀年轻干部到市县任党政正职，选配一批“五方面人员”进入乡镇领导班子。换届后，各级领导班子结构均达到或高于中央要求，班子结构更加优化，整体功能得到加强。

【干部队伍建设】2021年，宁夏强化重品德、重才干、重担当、重实绩、重公认的鲜明用人导向，坚持以事择人，用好干部人才盘点成果，开展政治素质反向测评，建立领导班子配备模型，做好日常调整补充，一批经受磨砺多、专业素养高、基层历练实、积极踏实干的优秀干部走上领导岗位。加快培养选拔优秀年轻干部，实施“干部交流源泉工程”，自治区择优选派179名干部赴区内外重点岗位挂职锻炼，集中组织77名干部跨部门、跨领域、跨条块交流任职，“5123工程”等重点培养对象中提拔或晋升职级、进一步使用262名、占25.2%。从严加强干部管理监督，对24家单位开展选人用人专项检查，加大个人有关事项报告抽查核实力度，加强国有企事业单位干部人事档案专项审核，抓好巡视巡察、审计反馈问题整改督促。落实激励干部担当作为各项举措，“三优”政策红利有效释放。聚焦“九大重点产业”“四大提升行动”，统筹抓好干部专业训练，有针对性实施9个重点产业、坚决守好促进民族团结生命线、黄河流域生态保护和高质量发展先行区建设等53个培训项目，培训各级专业干部2500余人。实施新时代基层干部主题培训行动计划，突出乡村振兴、基层治理主题，坚持示范培训、重点培训、普遍培训、送教宣讲、线上培训五措并举，分级分类精准施训。2021年，共举办各类培训班129期、培训41875人次。抓好新录用公务员初任培训和选调生轮训，分6期培训1518人。

【基层组织建设】2021年，宁夏全面部署抓党建促乡村振兴工作，向1870个村（社区）接续选派第一书记和驻村工作队员4244名，完成村（社区）“两委”换届，“一肩挑”比例、学历、年龄实现“两升一降”，推进“抓乡促村、整乡推进、整县提升”示范县乡创建，全区示范乡村分别达到53.9%、71.5%，经营收益10万元以上的村达51%。聚焦坚决打赢疫情防控阻击战，划拨1208万元党费和党内关怀帮扶专项资金支持疫情防控，全区参与疫情防控基层党组织1.7万个，设立临时党组织1800多个、党员先锋岗5200多个，20.3万名党员坚守一线，4.7万名干部职工下沉一线，有效构筑起党建引领下的联防联控红色堡垒。推进基层党建“六项行动”，实施“基层党建全面提升年”，健全党建引领城市基层治理体制机制，开展“让党中央放心、让人民群众满意”模范机关创建，统筹抓好国企、高校、离退休干部党的建设，非公企业和社会组织党组织覆盖率分别比2020年提高4.8和6个百分点，发展党员及党员教育管理工作日益规范，党的组织体系上下贯通执行有力、组织优势有效转化为治理效能。

【人才队伍建设】2021年，宁夏组织制定深入实施新时代人才强区战略的意见等重大人才政策文件，健全领导体制，实施引育工程，落实重大项目。全区共引进高层次人才237名，其中引进3名国家杰出青年科学基金获得者、“长江学者”，实现了重大突破，引进博士、“双一流”硕士234名；柔性引进科技创新团队15个。选拔276名领军人才、青年拔尖、青年托举人才重点培养支持，选派320多名中青年人才赴国内知名高校、科研院所访学研修。强化人才政治引领，分系统对600余名高层次人才开展国情区情教育培训，推动21项优待服务政策落地见效。自治区院士后备人才培养对象马玉山当选中国工程院院士，实现了宁夏20年来新增选院士“零”的突破，姚敏领衔完成的技术创新项目获国家科学技术进步一等奖，全区各类人才矢志创新、拼搏创业、探索创造的活力充分迸发。

【公务员管理】2021年，宁夏健全完善公务员配套管理制度，出台《关于建设高素质专业化公务员队伍的实施意见》《自治区公务员录用实施办法》等。对2006年以后批准参照管理的712个单位全面梳理，撤销参照管理单位222个，完成490个参照管理单位的重新认定。完成公务员招录工作，严格落实疫情防控措施，7.3万名考生安全考试，招录公务员1060人、选调生186人。畅通优秀人才进入党政机关的渠道，规范有序开展公务员调转任工作，调任60人、转任335人。深化拓展做“人民满意的公务员”活动，推选“最美公务员”22人，稳妥开展奖励记功，落实落细关心关爱政策，激励广大公务员担当作为。全面建成全区公务员管理信息系统，实行公务员招录、登记、考核等业务在线办理，走在全国前列，得到中组部充分肯定。

（岳　娟）

宣传工作

【概况】2021年，全区宣传思想系统坚持以习近平新时代中国特色社会主义思想为指导，学习贯彻中共十九大和十九届历次全会精神，贯彻落实习近平总书记“七一”重要讲话精神和视察宁夏重要讲话精神，围绕庆祝中国共产党成立100周年，做好举旗帜、聚民心、育新人、兴文化、展形象等各项工作，为加快建设黄河流域生态保护和高质量发展先行区、继续建设经济繁荣民族团结环境优美人民富裕的美丽新宁夏提供坚强思想保证和强大精神力量。

【理论武装】2021年，自治区实施习近平新时代中国特色社会主义思想铸魂工程，将该工程列为各级党委（党组）理论学习中心组学习的第一议题和常设议题，健全中心组成员包抓分管领域理论学习机制。自治区党委召开中心组学习会14次，开展专题研讨8次，举办自治区领导干部专题研讨班2次，推动学习贯彻习近平总书记重要讲话和重要指示批示精神往深里走、往心里走、往实里走。实施青年干部理论学习提升工程，分批次组织轮训培训，引导党员干部切实用党的创新理论武装头脑、指导实践、推动工作。全景式、立体化、高频次做好党的十九届五中、六中全会和习近平总书记

2021年6月22日，自治区省级领导干部参观“庆祝中国共产党成立100周年——宁夏回族自治区党的建设主题展览”

“七一”重要讲话精神宣传宣讲工作，打造“理论大篷车”“板凳课堂”和“塞上新语”网上宣讲等一批群众欢迎、富有特色的宣讲品牌，分级分类分众开展集中宣讲5轮1.5万余场次，受众100余万人次，把党的创新理论“传”入千家万户、“播”进脑海心田。实施马克思主义理论研究和建设工程，举办庆祝中国共产党成立100周年理论研讨会，依托理论工作“四大平台”、新型智库、“学习强国”学习平台，组织广大理论工作者围绕“社会主义是干出来的”、铸牢中华民族共同体意识等67个重点课题集中攻关，在各级媒体、刊物推出理论成果780余篇。建成“学习强国”宁夏学习平台终审签发系统，上线“强国TV”。

【主题宣传】2021年，自治区把开展庆祝建党百年系列活动作为重大政治任务，弘扬伟大建党精神，在全社会唱响爱党爱国爱社会主义的时代主旋律。组织收看庆祝中国共产党成立100周年大会盛况、聆听习近平总书记重要讲话。开展“奋斗百年路　启航新征程”重大主题宣传，召开庆祝中国共产党成立100周年座谈会、“两优一先”表彰大会、“光荣在党50年”座谈会，举办“百年恰是风华正茂”主题档案文献展，营造共庆百年华诞、共享伟大荣光、共筑复兴伟业的浓厚氛围。把握“党的盛典、人民的节日”基调定位，聚焦“永远跟党走”主题，开展“声音里的经典·奋进新征程”故事演说、全区广场舞大赛等一系列群众性庆祝活动。在全区青少年中开展“千校万人颂党恩”“童心向党”等10项专题教育活动，引导青少年知史爱党、知史爱国。推出一批文艺精品力作，电视剧《山海情》获白玉兰奖最佳中国电视剧奖，纪录片《闽宁纪事》获第31届中国新闻奖电视新闻专题一等奖。

【党史学习教育】2021年，自治区学习贯彻习近平总书记在党史学习教育动员大会上的重要讲话和“七一”重要讲话精神，成立自治区党委党史学习教育领导小组，组建11个巡回指导组，指导和带动全区各级党组织抓实学习研讨。开展“传承党的百年光辉史基因、铸牢中华民族共同体意识”主题教育，开展“四史”宣传教育，引导党员干部今昔对比看变化、知史感恩共产党。以“学史力行——社会主义是干出来的”为主题，会同中宣部在宁夏举办学习宣传贯彻习近平新时代中国特色社会主义思想研讨会暨党史学习教育高端论坛，中共中央政治局委员、中央书记处书记、中宣部部长、党史学习教育领导小组组长黄坤明出席并讲话。自治区党委常委会利用召开闽宁对口协作第二十五次联席会议契机，围绕“传承古田会议精神、赓续党的红色基因、走好新时代长征路”主题，在福建省古田县现场观摩考察、集中研讨交流。全区各级党委（党组）积极行动，通过专题学习、专题研讨、专题党课、专题培训、专题宣讲等多种形式，感悟思想伟力、汲取智慧力量。充分挖掘红色资源，打造党史学习教育参观学习点43个、红色旅游精品线路22条。组织“寻找宁夏红色资源”主题采访，各级各类媒体刊发稿件1万余篇（条），铸牢中华民族共同体意识、挖掘闽宁镇红色资源等做法被中央党史学习教育领导小组办公室推介交流。坚持把办实事、解难题贯穿党史学习教育全过程，开展“我为群众办实事”实践活动，健全省级领导包抓落实和提级督办机制，建立重点民生项目清单，推进“三个专项行动”（办好实事惠民生、创新治理保平安、推动发展增福祉），为群众办实事11314件。

【新闻舆论工作】2021年，自治区紧扣庆祝中国共产党成立100周年主线，围绕“十四五”开局、全面建成小康社会、巩固脱贫攻坚成果、促进乡村振兴等重大主题，策划推出《习近平情系西海固》《今日中国·宁夏篇》等专题，在中央主流媒体推出《习近平总书记关心关怀宁夏脱贫攻坚纪实》等一批深度报道，开展建设黄河流域生态保护和高质量发展先行区、实施“四大提升行动”等重要工作宣传。建立疫情防控宣传会商联动机制，统一调度协调，加强舆论引导，为坚决打赢疫情防控阻击战、歼灭战统一思想、凝聚共识。建立对外宣传工作联席会议机制，以举办第五届中阿博览会等重大活动为契机，扩大对外宣传。制定加快推进媒体深度融合发展的实施意见，推动传统媒体与新媒体在体制机制、改革措施等方面加快深度融合发展。宁夏日报报业集团完成管理模式、人事制度、采编流程内部改革，自治区融媒体平台和24个市、县（区）融媒体中心基本建成，6件作品获第31届中国新闻奖。

【精神文明建设】2021年，自治区以“中华民族一家亲、同心共筑中国梦”为主题，开展马克思主义国家观、历史观、民族观、文化观、宗教观宣传教育，持续构筑中华民族共有精神家园，“五个认同”“三个离不开”思想更加深入人心。出台新时代加强和改进思想政治工作的实施意见，加强爱国主义和社会主义教育，大力弘扬劳模精神、劳动精神、工匠精神，大力选树道德模范、“宁夏好人”等先进典型，固原博物馆、中国科学院沙坡头沙漠研究试验站被命名为全国爱国主义教育示范基地，宁夏博物馆、六盘山红军长征纪念馆入选中宣部中华民族文化基因库（一期）红色基因库建设试点单位，王兰花获“七一勋章”和“第八届全国道德模范”、9人获“第八届全国道德模范提名奖”。实施精神文明建设提质工程，制订《自治区文明城市创建三年行动计划》，修订完善《自治区群众性精神文明创建工作管理办法》。推动新时代文明实践中心建设试点工作提质增效，新时代文明实践中心（所、站）覆盖所有县（区）、乡镇（街道）和96.1%的村（社区），组建志愿服务队伍9458支，志愿者超过128万人，开展活动3.7万余场次，受益群众77.59万人，培育“兰花芬芳”“六盘山下红色书院”“黄河岸边生态讲堂”等一批群众欢迎的志愿服务品牌。成立自治区全民国防教育工作领导小组，推进全民国防教育体制机制改革工作。

【文化文艺工作】2021年，自治区实施文化惠民工程，常态化开展“文化大篷车”下基层，提升农村公益电影和农家书屋服务效能，创造性拓展城市书房、城市阅读岛新空间，建成县级图书馆和文化馆分馆347个，城市书房、城市阅读岛等新型文化空间126个。深化国有文艺院团改革，实施“全国一网”整合工作，中国广电宁夏网络有限公司挂牌成立。发展文化产业，智慧宫文化产业集团有限公司被认定为“第四批国家文化和科技融合示范基地”。完成长城、长征、黄河文化公园建设规划编制，隆德县和盐池县花马池镇入选“中国民间文化艺术之乡”，宁夏刺绣等10个项目入选“第五批国家级非遗代表性项目名录”，沙湖、沙坡头旅游景区入围“首批国家级文明旅游示范单位”。开展文学艺术奖评奖活动，102件作品获“自治区第十届文学艺术奖”。

【宣传领导工作】2021年，自治区深入贯彻《中国共产党宣传工作条例》，自治区党委常委会多次听取宣传思想工作汇报，研究部署理论武装、意识形态、媒体融合、文化改革等工作，示范带动全区各级党组织自觉扛起政治责任，推动形成大宣传格局。以市、县、乡换届为契机调整配强党委宣传部部长和宣传委员。实施“青年优培工程”，举办各类培训班116期，培训1.7万余人。深化“四力”教育实践，开展全面落实全面从严治党主体责任、全面提升工作质量水平、全面提升干部队伍素质能力专项行动和“讲政治、担使命、守纪律”教育活动，全区宣传思想系统政治意识普遍增强、作风能力明显提升。开展体制机制创新年活动，建立完善新闻宣传“年意见、季方案、月重点、周例会、日提示”、对外宣传联席会议、文明创建动态管理、红色资源保护传承管理利用、意识形态领域风险研判处置等机制，为各项工作开展提供制度保障。

（乔　军）

统战工作

【《中国共产党统一战线工作条例》学习宣传贯彻】2021年，自治区党委出台《贯彻落实〈中国共产党统一战线工作条例〉实施办法》。开展全区大培训大宣讲活动，印发《〈条例〉宣讲工作方案》，全区各级累计开展110场次、5500人次，邀请中央统战部相关负责人就《条例》进行专题辅导。在宁夏统一战线门户网站、微信公众号和《宁夏统一战线》分别开设《学〈条例〉·部长说》《看漫画·学〈条例〉》《学〈条例〉·我来读》等专栏，刊载、录播各类学习宣传题材60多种，阅读量超100余万。将《条例》及自治区《实施办法》执行情况纳入领导班子、领导干部目标管理和考核体系，纳入政治巡视巡察、监督执纪问责范围，强化贯彻落实的刚性约束。

【贯彻中央民族工作会议精神】2021年，自治区党委召开第十二届第十三次全会，以全会的形式贯彻中央民族工作会议精神，审议并出台自治区《关于贯彻落实〈中共中央　国务院关于以铸牢中华民族共同体意识为主线　推进新时代党的民族工作高质量发展的意见〉的实施意见》,系统部署新时代宁夏民族工作。举办自治区深入学习贯彻中央民族工作会议精神研讨交流会。举办全区第38个“民族团结月”,在全区上下掀起学习宣传中央民族工作会议精神的热潮。协助宣传部、讲师团等部门抽调干部、专家成立中央民族工作会议精神宣讲团,覆盖全区各族干部群众,切实推动习近平总书记关于加强和改进民族工作重要思想走深走实走进大众。

【意识形态工作】2021年,《宁夏统一战线》提升办刊水平,改版宁夏统一战线门户网站,开发“宁夏统战”App,建设“宁夏统一战线”微信公众号,构建多位一体的媒体平台。出台加强统一战线宣传报道管理工作的实施意见,制订《宁夏统一战线新媒体管理办法》,通过建立协调机制、实施准入管理、规范信息发布、严格内容监管、压实主管责任等工作,统战宣传报道步入规范化轨道。开展“扫黄打非·正道2021”专项行动,规范整治统战系统移动互联网应用程序,开展网络安全大核查,营造安全的网络环境。

【党史学习教育】2021年,宁夏抓实统一战线各领域党史学习教育,组织开展现场教学、“四史”宣讲报告会、“重温多党合作历史 汇聚砥砺前行力量”专题讲座等各类主题活动,在感悟党的百年伟大历程中提高党外人士坚定不移跟党走的政治自觉。把“我为群众办实事”贯穿始终,先后开展“我为‘十四五’规划实施献一策”“照顾同盟者利益”“为企业解难纾困”系列行动。区内新一轮疫情发生后,区直统战系统110余名党员干部带头下沉社区、支援一线,同时发出抗疫倡议书,组织动员各领域广大统战成员积极投身疫情防控阻击战。

【庆祝中国共产党成立100周年】2021年,宁夏制定《全区统一战线庆祝中国共产党成立100周年宣传教育活动方案》,开展“寻根塞上、扎根宁夏”主题采访等16项特色活动,召开全区各界人士庆祝中国共产党成立100周年座谈会,组织统一战线庆祝中国共产党成立100周年文艺会演,举办“同心圆梦·共书辉煌”主题书画文艺作品展,开展“最美统战人”先进典型评选,开展庆“七一”主题沙龙、红色经典诵读活动,讴歌党的百年光辉历史和辉煌成就,增进统战成员对中国共产党的政治认同、思想认同、情感认同。

【民族团结】2021年,宁夏以铸牢中华民族共同体意识为主线,推动民族工作高质量发展,奠定铸牢中华民族共同体意识示范区的坚实基础。共有精神家园建设迈出坚实步伐。把铸牢中华民族共同体意识作为凝聚共识的核心内容,制作《石榴花开别样红 同心共筑中国梦》政论片,邀请中央民族大学教授录制马克思主义“五观”(国家观、民族观、宗教观、历史观、文化观)慕课,上传宁夏干部培训网络学院、“学习强国”宁夏平台。开展马克思主义“五观”百场万人大宣讲2000余场次、受众18万余人次,编发《马克思主义“五观”基本问题口袋书》13万册,编写《“石榴籽”故事丛书》4万余册下发各地,各族干部群众的中华民族共同体意识增强。创新开展“塞上儿女一家亲、同心共筑中国梦”“讲好民族团结故事·唱响中国共产党好”主题教育活动,在全区中小学开展“党亲·国好·感恩”演讲比赛、歌咏比赛、精品课比赛等活动。坚持把增强文化认同作为铸牢中华民族共同体意识的根本来抓,作为各类节庆活动、展览展示、新闻宣传的主题,推动家喻户晓、入脑入心。深化民族团结进步创建。以铸牢中华民族共同体意识为衡量标准,调整完善创建示范单位考核评价体系,在全国率先组织开展第三方测评。在巩固创建“七进”主阵地基础上,不断向区直机关、社会团体以及重点行业、新经济组织和旅游景区、窗口单位拓展,推动创建工作提质扩面。创新开展“互联网+民族团结”行动,组织开展民族团结主题微电影、微视频征集和

2021年12月8日,全区“万企兴万村”行动启动会议在银川市召开

展播活动，把互联网建成铸牢中华民族共同体意识的新平台。民族事务管理水平再上台阶。把依法管理作为保障民族工作高质量发展的固本工程，宣传贯彻《自治区促进民族团结进步工作条例》，对标宪法和法律法规，对现行涉民族宗教内容的法规、规章、行政规范性文件提出清理建议，从制度层面查缺补漏，维护法治统一，保障民族平等。

【多党合作】2021年，宁夏推进政党协商，分别就政府工作报告、推进新时代党的民族工作高质量发展等召开座谈会和征求意见会，广泛发扬民主、凝聚各方智慧。全面完成自治区党委点题的8项重点课题，自主开展建言献策40余项。借助党派中央智力优势，协调多位民主党派中央领导到宁夏考察调研医疗卫生工作，为宁夏实施"四大提升行动"等建言献策。高标准完成6个民主党派地级市组织领导班子换届。全面启动区委会换届工作。健全常态化联系和民主监督工作机制，协助各民主党派区委会聚焦先行区建设开展民主监督。

【社会阶层人士工作】2021年，宁夏制定《关于加强新时代党外知识分子思想政治工作和无党派人士队伍建设的实施意见》《宁夏无党派人士认定工作细则(试行)》，印发《2021—2025年新的社会阶层代表人士教育培训计划》，制定新的社会阶层人士综合评价指标体系和综合评价实施办法，指导银川市开展新的社会阶层人士综合评价试点，为选拔高质量的代表人士探索路径。统筹推进实践创新基地建设提质增量，组织引导党外知识分子和新的社会阶层人士围绕乡村振兴、社会治理等开展考察调研、志愿服务、专业咨询和捐资助学等活动，高效完成自治区党委重点调研课题《关于贺兰山矿区生态保护修复情况的调研》。

【非公有制经济促进工作】2021年，宁夏开展"送政策·进民企"系列活动，推动落实科技创新、农业扶持特别是金融服务等惠企政策，民营企业续贷、增贷、展期等融资渠道得到畅通。20个县(区)工商联(民间商会)领导班子完成换届。全面启动区级工商联(民间商会)换届工作。开展"百所联百会"活动，在骨干民营企业开展公司律师试点，深化民营企业法律服务工作。协调燕宝慈善基金会发放奖学金3亿多元，连续10年以捐资助学阻断贫困代际传递。实施宁夏统一战线"助力脱贫攻坚"行动，全区非公领域22名先进个人、14名先进集体受到自治区党委表彰。

【宗教和海外统战工作】2021年，宁夏以坚持我国宗教中国化方向为引领，靶向施策、久久为功，准确研判宗教领域突出问题，持续推进依法治理，巩固深化整治成效，推动宁夏宗教工作创新发展。加强新时代海外统战工作。修订《关于进一步加强新时代我区对台工作的意见》。以侨联、台联、黄埔同学会等机构为抓手，大力推动宁夏和海外经贸、文化合作。

(胡晓丽)

深化改革

【经济领域改革】2021年，自治区坚持市场化改革方向，突出高质量发展主题、供给侧结构性改革主线，推进和落实经济领域改革事项720项。全年全区市场主体活跃度达到84%，高出全国平均水平14个百分点，新增市场主体10.7万多户，规模以上工业企业突破1300户、利润增长1.3倍、营业收入增长34.4%。推动要素资源高效配置。研究出台新时代加快完善社会主义市场经济体制、深化要素市场化配置、建设高标准市场体系改革文件。争取国家发展改革委出台支持宁夏能源转型发展的实施方案，支持宁夏推进体制机制创新，探索能源转型发展的新路径。开展市场准入效能评估改革试点，推进电力体制改革综合试点，争取国家发展改革委将宁夏纳入全国一体化算力网络国家枢纽节点，特别是推进"四权"改革，引导资源要素向先进生产力聚集、向集约高效利用转变。推进国企国资改革。出台国有经济布局优化和结构调整《实施意见》，印发国有企业改革三年行动方案，稳妥推进混合所有制改革，全面完成国资委监管企业公司制改制，有序推进区直党政机关和事业单位经营性资产集中统一监管，区属企业国企改革三年行动完成率为87.4%、超额完成70%的年度目标，自治区国资委监管企业营业收入增长40%。力促营商环境提档升级。启动优化营商环境地方立法，出台服务先行区建设措施80条，制定《自治区营商环境评价管理办法》，全面推行"双随机、一公开"监管模式，推广减证便民、"证照分离"、"跨省通办"、"定制审批"，整合便民热线，宁夏12项指标成为全国营商环境评价标杆。研究制定促进开发区体制机制改革和高质量发展的实施意见，分类推进"管委会+公司"管理服务模式，破除体制机制障碍。推进财税金融体制改革。全面推行预算绩效管理，研究制定进一步深化预算管理制度改革的实施意见，制定加强地方人大对政府债务审查监督的实施意见，推动人大预算审查监督重点向支出预算和政策拓展。完善基层刚性支出等动态监控，开展重大专项资金第三方绩效评价，宁夏案例入选“财政部深化财政改革发展案例”并获一等奖。开创政银企合作新模式，推动地方银行开展无抵押无担保信用贷款试点。防范化解金融风险，在全国率先打造宁夏地方金融运营登记统计结算平台、宁夏防范非法集资和非法金融活动监测预警平台。

【科技领域改革】2021年，自治区坚持创新在现代化建设全局中的核心地位，推进和整改落实科技领域改革330项，优化科技管理体制，提升区域创新能力。全年全区科技成果登记数同比增长20%。深化科技体制改革。改革科研项目组织实施方式，开展科技项目“揭榜挂帅”，首批葡萄酒、枸杞和奶产业4项重大关键技术完成揭榜，实行自然科学基金和软科学项目经费包干制，扩大科研人员经费使用自主权、技术路线决定权。开展科研事业单位章程管理改革试点，出台新型研发机构备案支持办法，启动首批新型研发机构备案工作，一批新型研发机构成为科技创新的新生力量。创新科技成果转化。完善职务科技成果转化激励政策，在宁夏大学、农林科学院开展科研人员职务科技成果所有权和长期使用权试点，建设宁夏技术转移研究院，培育科技中介示范机构30家，建设区域性技术市场4个，有效破除科技成果转化制度性障碍。推动县域科技创新改革，首次实施乡村振兴科技成果引进示范推广项目108个。深化东西科技合作。推进东西部科技合作示范区建设，建立与发达地区、国家科研院所定期会商和科技需求对接机制，参与推动黄河流域科技创新联盟建设，支持企业柔性引进高层次创新团队，2021年实施东西部科技合作项目186项，柔性引进科技创新团队15个，组建本土科技创新团队13个。

【政法领域改革】2021年，自治区制定《关于进一步加强和改进地方立法工作的意见》，以加快推进执法司法制约监督和责任体系改革建设为引领，全面推动和整改落实政法领域改革事项270项，司法公信力和规范化水平明显提升。健全司法领导体制机制。贯彻落实《中国共产党政法工作条例》，结合政法队伍教育整顿，坚持“查改治建”一体推进，建立健全与纪委监委双向通报、协作配合工作机制，构建以政法委员述职、政治督察、纪律作风督查巡查、执法监督、干部协管等为重点的“1+15”制度体系。执法司法监督制约更加有力。深化司法责任制综合配套改革，在全国率先出台加强政法领域执法司法制约监督制度机制建设的实施意见，加强院庭长对“四类案件”个案监督管理，健全检察派驻市县公安局执法办案管理中心工作机制，完善聘用制书记员管理办法，推进公安执法监督管理机制改革，推进刑罚执行一体化建设，执法司法顽瘴痼疾得到整治。优化政法服务保障体系。推进公共法律服务体系，基本建成一站式多元解纷和诉讼服务体系，“一窗全办、一网通办、容缺先办”等政法服务模式日益普及。探索开展法官检察官跨院遴选，健全落实与法官检察官单独职务序列改革相适应的生活待遇制度，稳步提升执法司法人员职级待遇保障水平，政法队伍生机活力持续增强。

【文化体制改革】2021年，自治区围绕举旗帜、聚民心、育新人、兴文化、展形象的使命任务，加快推进和整改落实文化体制改革事项240项，推动文化创造性转化、创新性发展。推进媒体深度融合发展。研究制定加快媒体深度融合发展的实施意见，全面启动宁夏广播电视台媒体融合发展改革，建成自治区融媒体平台，深化宁夏日报社改革，实现区、市、县三级融媒体融通，促进台、网、端、微、云一体化运行，全媒体传播格局基本形成。加快文化企业改制步伐。完善区属文化企业国有资产监管制度，深化国有文艺院团改革，筹建宁夏印刷包装设计产业联盟、宁夏文化科技创业产业联盟，智慧宫文化产业集团被认定为“第四批国家文化和科技融合示范基地”，宁夏广电传媒集团完成“全国一网”整合工作，成立中国广电宁夏网络有限公司，文化企业发展活力明显增强。完善公共文化服务体系。推进文化馆图书馆总分馆制改革，完成5个国家公共服务机构功能融合试点建设，新时代文明实践中心建设试点由农村向城市社区全面拓展，完善文艺创作引导激励机制，通过以奖代补、合作入股等市场化方式推出电视剧《山海情》等文艺精品，在全国引起强烈反响，宁夏公共文化服务体系示范区创建工作位居西部前列。

【民生领域改革】2021年，自治区坚持以人民为中心，聚焦实施“四大提升行动”，着眼群众反映强烈突出问题，推进和整改落实民生改革事项1260项，补齐民生短板弱项。教育改革加力。围绕实施基础教育质量提升行动，推进教育评价改革，规范民办义务教育发展，开展“县管校聘”改革试点，调研论证高考综合改革，开展教育“双减”工作，构建校外治理与校内提质联动机制，落实促进中小学生身心健康发展十条措施，6个县（区）和39所学校“互联网+教育”被教育部树选为全国优秀典型。医药卫生改革加速。以实施全民健康水平提升行动为主线，深化“三医联动”改革，重点推进公立医院改革，加快县域综合医改和城市医联体建设，推进69家医疗机构(检验机构)检验结果互认，启动疾病预防控制体系改革。制定深化医疗保障制度改革实施意见，深化医保支付方式改革，完善医保基金监管，建立职工基本医疗保险门诊共济保障机制，持续推进异地就医，实现门诊费用跨省直接结算，推动药品集中带量采购工作常态化、制度化，建立城乡居民基本医保自治区级调剂和分层管理制度。社保改革加速。坚持兜底线、织密网、建机制，在全国率先建立城乡一体的居民养老保险制度、整省完成“五险合一”经办体制改革、整省推进工伤医疗费即时结算，初步形成覆盖全民、统筹城乡、公平统一、可持续的多层次社会保障体系。全面推进养老机构公建民营改革，吸引民间资金投入1.2亿元，实现优质为老服务资源的有效整合。

【生态领域改革】2021年，针对生态文明建设薄弱环节和突出问题，自治区加快推进和整改落实生态领域改革事项240项，坚决守好改善生态环境生命线，生态环境质量持续向好、明显改善。完善污染防治机制。制定出台推进环境污染防治率先区建设实施方案和构建现代环境治理体系实施意见，探索建立危险废物跨省转移“白名单”制度，启动危废产品“点对点”综合利用许可豁免管理改革试点，完善土壤监测网络体系，实现全区重点土壤环境质量监测区域全覆盖。在沿黄九省(区)率先出台加强入河(湖、沟)排污口监督管理工作的指导意见，建立黄河宁夏段干支流及重点入黄排水沟上下游横向生态保护补偿机制，兑现纵向、横向生态补偿资金5.57亿元。银川市率先开展碳排放权改革，在全国碳交易市场上完成宁夏首笔大宗碳配额交易。创新生态修复机制。以“三山”自然保护区为重点，划准划实划优“三条控制线”，建立规划“留白”机制，探索依据水资源承载能力优选治理方式的生态修复路径，全面推行矿业权市场化配置，开展“净矿”出让试点，全区矿业权出让收益25.8亿元。开展全民所有自然资源资产所有权委托代理机制试点，推进全国科学绿化试点、国家公园为主体的自然保护地体系建设试点和国家草原自然公园试点，建立国土绿化、水土保持、矿山整治、河道和滩区综合提升治理统筹推进机制，贺兰山生态环境综合治理工作被自然资源部评为“全国十大生态修复典型案例”，被世界自然保护联盟发布推广。健全生态保护责任。坚持党政同责、奖惩并举，建立绩效评价机制，把资源消耗、环境损害、生态效益等指标纳入高质量发展综合绩效评价体系，作为各级领导班子和领导干部奖惩与提拔任用的重要依据。建立完善山长制、林长制、河湖长制组织体系，“一山(河、湖)一策”保护治理机制不断健全。完善责任追究机制，落实党政主要领导干部自然资源资产和环境责任离任审计，履行党委和政府及有关部门生态环境保护责任，压实企业污染治理主体责任。健全生态环境公益诉讼制度，开展环境资源案件集中管辖改革，实行刑事制裁、民事赔偿和生态补偿有机衔接的生态保护修复制度。

【党建领域改革】2021年，自治区推进和整改落实党建领域改革事项60项，以自我革命精神持续深化党的建设制度和纪检监察体制改革。深化干部人事制度改革。坚持新时代党的干部建设路线，健全基层一线公务员选拔培育机制、年轻干部日常发现机制，实施“五个一批工程”培养锻炼工程、干部交流“源泉工程”，深化公务员分类改革，建立健全干部担当作为的激励和保护机制，调动干部队伍的积极性、主动性、创造性。深化基层组织建设制度改革。建立健全党建引领城市基层治理体制机制，完善“四联四化”机制，持续推动街道管理体制改革，推行社区专职工作者职业化体系建设，完善落实在职党员到社区报到参与治理服务常态化机制，创新实施“抓乡促村、整乡推进、整县提升”示范县乡创建行动，基层党组织的战斗堡垒作用和党员的先锋模范作用充分发挥。深化人才发展体制机制改革。制定实施《关于深入实施新时代人才强区战略的意见》等系列措施，加快形成引才用才新机制。探索事业编制周转池管理制度，总结推广银川市、中卫市、宁东能源化工基地“政府出钱、企业用人”试点经验，优化领军人才、青年拔尖人才、青年托举人才培养工程，马玉山当选中国工程院院士。深化纪检监察体制改革。出台《加强对“一把手”和领导班子监督实施办法》，完善重大决策部署督查问责机制、民生领域损害群众利益问题治理机制，启动政治督查、政治考察、政治巡察“三察(查)一体”工作机制，探索开展垂直管理单位和部分以上级管理为主单位纪检监察体制改革试点工作，完善民生领域损害群众利益问题治理机制，开展村(社区)集体“三资”提级监督试点，全面从严治党制度化、常态化、长效化机制逐步形成。

(孙　涛)

政策研究

【概况】2021年，自治区党委政研室以习近平新时代中国特色社会主义思想为指导，围绕中心、服务大局，担当作为、埋头苦干，以党的政治建设为统领，把决策服务作为政研工作职责所在，全力以赴做好文稿服务、调查研究、财经改革、机关党建等各项工作，"智囊团""思想库""参谋部"作用充分彰显。全年共起草或参与起草各类文稿200多篇，其中讲话稿150多篇、调研报告20多篇，10篇文稿被自治区领导批示，在完成急难险重任务中经受考验、打响品牌、展示形象，政研工作实现由"常规性服务"向"创造性服务"转变。

2021年2月18—19日，自治区党委政研室召开深入学习党的十九届五中全会精神理论学习中心组（扩大）学习会

【先行区建设谋划】2021年，自治区党委政研室把建设黄河流域生态保护和高质量发展先行区作为肩负的时代重任，按照"以先进的理念谋划、以先行的担当突破、以先破的勇气改革"的要求，在系统谋划、整体推进、经验总结上用心用力，起草领导讲话、重要文件、汇报发言等文稿20多篇，为先行区建设开局起步提供智力支撑。做好三次推进会文稿服务。紧跟自治区党委工作思路，服务全国大局、站位黄河流域全局、立足宁夏实际，坚持以先行区建设统领现代化建设、引领新宁夏建设，深度研究先行区建设的产业发展、生态环保、社会治理、城市建设、体制创新等问题，起草先行区建设第三次、第四次、第六次推进会上的讲话稿，以及党委常委会传达有关会议精神时的讲话。做好"四权"改革文稿服务。开展排污权、土地权、用水权、山林权"四权"改革调查研究，自治区党委政研室和自然资源厅、生态环境厅、水利厅、林草局等部门组成4个调研组，对"四权"改革确权、赋能、定价、入市等问题深入研究、深度摸底，撰写4篇高质量调研报告，起草制定用水权、排污权、土地权、山林权实施意见，为推进全区"四权"改革构建完善的政策体系。《用好土地权深化改革关键一招、推动先行区建设迈出关键一步》被自然资源厅主要领导批示全厅干部研学。做好向中央汇报的文稿服务。先后向党中央起草上报贯彻落实习近平总书记重要指示要求建设黄河流域生态保护和高质量发展先行区情况的报告、推进黄河流域生态保护和高质量发展先行区建设情况的汇报、在深入推动黄河流域生态保护和高质量发展座谈会上的书面发言、先行区建设需要国家有关部委支持解决的问题等重要文稿，起草向汪洋、杨晓渡、尤权等国家领导人到宁夏调研的专题汇报，牵头起草自治区党委常委会工作总结、工作报告，向中办调研组提供关于宁夏先行区建设的汇报材料，总结工作经验、宣传宁夏工作、展示地区形象。国务院第八次大督查发现的典型经验做法对宁夏推进先行区建设的有关做法给予通报表扬。

【决策服务】2021年，自治区党委政研室完成党委领导交办的重大文稿。牵头起草自治区党委主要领导在自治区党委常委会会议、全区领导干部学习贯彻党的十九届五中全会精神专题研讨班、自治区党委农村工作会议、深化闽宁协作交流座谈会、第五届中国—阿拉伯国家博览会开幕式上的讲话。组织起草自治区党委常委会2021年工作要点、贯彻落实自治区党委第十二届第十二次全会建议重要举措的分工方案等重要文稿。完成党委领导安排的重大课题。组成工作专班对利用独特气候资源发展特色产业、壮大区域经济问题深入研究，自治区党委研究室与自然资源厅、气象局等部门联合起草形成《利用西北独特气候资源培育壮大区域经济优势》研究报告，呈报总书记和党中央，得到全国政协主席汪洋的肯定性批示。完成党委领导安排的重大研究。围绕自治区党委确定的9个重点产业，联合有关厅局起草形成9篇高水准调研报告，梳理提出9个重点产业的发展基础、问题短板、对策建议，为自治区党委制定产业发展政策提供支撑，其中《充分发挥农业特色优势、打造绿色食品加工优势区》调研报告被中央政研室《学习与研究》第12期全文刊发。调研摸底全区金融领域风险问题，撰写《关于宁夏金融风险情况的调研报告》，为自治区党委召开全区经济金融领域风险防范化解工作专题会议提供资料依据。开展前瞻性问题研究，参与撰写《欠发达地区如何答好“双碳”之问》调研报告和自治区党委主要领导在有关会议上的讲话，为全区做好“双碳”“双控”作出贡献。

【改革工作】2021年，自治区党委政研室完成《自治区重要改革方案制定工作实施细则（试行）》，建立提前介入、会前评估、会后复审的改革方案审核机制，确保提出的改革举措、绘就的改革蓝图都能直接落到基层、能解决实际问题、能实现改革目标，2021年共前置审核各类改革文件28个，提交党委常委会、深改委会议研究审议要素市场化配置、国企改革三年行动、媒体深度融合发展、全面推行林长制等重要改革文件13个，筹备召开党委深改委会议3次。着眼理顺运行机制、完善工作流程，向党委深改委提出关于加强和改进改革谋划落实工作、组织推动“四权”改革的建议，组织起草并提请党委深改委会议审议出台《自治区重要改革任务推动落实实施细则（试行）》《自治区党委全面深化改革委员会专项小组工作细则（试行）》，将改革专项小组由原来的9个调整优化为12个，推动建立任务明确、事项清晰、责任靠实、动态评估的推进落实机制，形成层层抓落实、级级有责任、事事见成效的工作体系。在确保改革事项落地上见实效。组织开展自治区重点改革任务和突出问题大起底、总盘点，建立全区全面深化改革总台账等4个台账，梳理改革事项8812项、督察调研具体问题32项、整改任务114项。实行分级督察和提醒、催办、督办“三单”制度，推动建立健全省级领导包抓改革任务督察机制、改革情况通报机制和问题反馈机制，组织人员深入有关市县和厅局开展抓向督察调研8次，对全区重点改革事项开展3轮对比印证和综合评估，启动270项久拖未动的改革难点，有力促进改革任务落实落地，全区改革事项中“已经完成”和“长期坚持”的比例达到92%。

【保障和改善民生】2021年，自治区党委政研室起草“四大提升行动”相关文稿。组织相关处室起草完成全区脱贫攻坚总结表彰大会、百万移民致富提升行动推进会、3次“四大提升行动”推进会讲话，就解决“产业、就业、社会融入”3件大事，围绕产业发展、基础设施、公共服务、人居环境、基层党建5个重点提出具体举措，保障党委重点工作。撰写《关于宁夏移民搬迁情况的调研报告》《关于宁夏城乡居民收入情况的调研报告》《关于宁夏基础教育发展情况的调研报告》，为自治区党委实施“四大提升行动”、全面推进乡村振兴提供决策支撑。起草疫情防控系列文稿。面对“5·8”“7·30”等零星散发疫情以及10月疫情，发扬敢打硬仗的工作作风，牵头起草自治区党委主要领导在全区疫情防控工作会、电视电话会、领导小组会、调研座谈会等会议上30多篇讲话稿、新闻稿，及时有力保障党委疫情防控工作。起草民生重点难点领域文稿。2021年6月，习近平总书记在新华社《国内动态清样》“宁夏数十万自发移民无法享受帮扶政策”上作出重要批示，党委办公厅和政研室抽调力量，深入基层了解情况，核实反映的问题，形成督察情况报告上报中央。开展老旧小区改造的痛点难点堵点问题调研，形成《让幸福在老百姓家门口升级》，调研成果被中央政研室《学习与研究》第10期刊发。组织撰写《让共同富裕的道路越走越宽广》《迈向共同富裕的光辉实践》《实现共同富裕的一条康庄大道》等理论文章，系统总结宁夏推进共同富裕的工作实践。

【民族宗教工作】2021年，自治区党委政研室起草自治区党委第十二届第十三次全会文稿。自治区党委政研室与党办综合处室共同起草完成党委主要领导在自治区党委第十二届第十三次全会上的讲话，牵头制定《关于贯彻落实〈中共中央、国务院关于以铸牢中华民族共同体意识为主线　推进新时代党的民族工作高质量发展的意见〉的实施意见》，为自治区党委贯彻落实党中央关于民族宗教工作的重大决策部署提供有力保障。深化对民族宗教问题的理论研究。与党委统战部等部门撰写《铸牢中华民族共同体意识的研究、调查和思考》并上报中央统战部，调研成果得到自治区领导批示。根据党委主要领导的指示，联合党委办公厅综合处室，在深度研究基础上，起草形成《从宁夏及西北地区看维护国家政治安全的思考和建议》，呈报自治区党委主要领导参阅。做好民族宗教专题会议的文稿起草。组织起草自治区党委常委会传达中央民族工作会、全国宗教工作会相关精神时的讲话，起草自治区党委主要领导在国家民委调研座谈会、全国人大民委调研座谈会和北方民族大学调研座谈会、宁夏大学调研座谈会上的讲话，起草国家领导人到宁夏调研民族宗教工作的汇报，向中办调研室提供关于全面深入推进“三化”问题整治情况的汇报，一些意见建议被中央政策文件采纳。

【庆祝中国共产党成立100周年】2021年，

自治区党委政研室围绕贯彻落实党的十九届六中全会精神、庆祝党的百年诞辰，做好决策服务工作。做好自治区党委第十二届第十四次全会文稿起草。牵头起草自治区党委主要领导在自治区党委第十二届第十四次全会上的报告、结束时的讲话，组织起草自治区党委《关于全面贯彻落实党的十九届六中全会精神　更加坚定维护习近平同志党中央的核心全党的核心地位　更加自觉坚持习近平新时代中国特色社会主义思想的指导地位的决议》，参与起草自治区党委常委会会议传达学习党的十九届六中全会精神时的讲话，两次起草党中央相关重要文件征求意见的报告。做好庆祝建党百年文稿服务。起草自治区党委领导在自治区党委常委会会议上传达学习习近平总书记“七一”重要讲话精神、自治区党委“七一”座谈会、全区“两优一先”表彰大会、“光荣在党50年”座谈会等会议上的讲话。做好全面从严治党相关文稿服务。起草自治区党委主要领导在自治区纪委第十二届第五次全会、指导地级市党委常委会民主生活会、党史学习教育专题党课、全区党委(党组书记)集体谈心会、五市党委书记抓党建述职会等会议上的讲话，参与起草自治区党委常委会民主生活会对照检查材料、党委常委会专题民主生活会等会议上的讲话，为推动各级党组织落实管党治党责任、推动党的建设高质量发展贡献力量。

【法治化治理】2021年，自治区党委政研室推进治理体系和治理能力现代化，围绕推动基层治理“1+6”文件落实，创新思路、主动作为，保障党委重要会议、重大活动的顺利开展。做好政法综治领域决策服务。牵头起草自治区党委主要领导在政法队伍教育整顿汇报会、见面会、座谈会、推进会和扫黑除恶专项斗争总结表彰大会、依法治区工作会等会议上的讲话，向中央上报《关于宁夏维护政治安全工作情况的报告》。《政法干警个人自查事项报告分析报告》被自治区党委常委雷东生、马汉成批示。做好人大、政协工作决策服务。负责起草自治区党委主要领导参加全国两会代表团会议、分组讨论会、传达学习时的讲话，承担起草自治区两会人大预备会、党员大会、政协联组会上的讲话，牵头起草自治区人大常委会党组会议、常委会全体会议等讲话稿、新闻稿30多篇，高效保障自治区人大、政协重要会议、重大活动顺利开展。做好社会治理领域决策服务。先后起草党委外事工作委员会第四次会议、全区安全生产和应急管理视频调度会、维护政治安全工作座谈会、双拥表彰大会等会议和党委退役军人领导小组全体会议、自治区党委常委会会议等事关全区社会稳定的会议讲话，向中办调研室起草报送《关于完善基层治理体系、提高基层治理能力的汇报》。办好《宁夏工作研究》，全年编辑12期，刊发省级领导文章16篇、县委书记专访8篇、调研报告26篇。

（孙　月）

保密工作

【概况】2021年，全区保密战线贯彻落实习近平总书记关于保密工作重要指示批示精神，贯彻落实中央保密委员会全体会议、全国保密工作会议精神，以推动保密工作高质量发展为主线，始终坚持党管保密，推进科技强密，加强依法治密，提升保密管理法治化、科学化、规范化水平，推动全区保密工作取得新成效新进展。

【保密工作领导】2021年，自治区把握保密工作政治属性，加强党对保密工作的领导，把党管保密责任扛在肩上、落到实处。自治区党委高度重视保密工作，自治区党委书记陈润儿就贯彻落实党中央关于保密工作决策部署，做好全区保密工作提出具体要求。自治区党委保密委切实加强对保密工作的领导，组织召开自治区党委保密委员会全体会议暨全区保密工作会议，对标中央保密委工作要点和具体要求，对全区保密工作作出统筹谋划和科学部署。印发《“十四五”时期全区保密事业发展规划》，建立健全检查考核、沟通协调、责任保障等机制，为推动全区保密事业高质量发展提供保障。

【保密宣传教育】2021年，自治区结合党史学习教育，在保密教育实训平台增设“红色保密”主题展，组织开展以“弘扬保密优良传统、增强全民保密意识、确保国家秘密安全”为主题的法治宣传月活动，同步推进百场保密教育轮训、红色保密宣讲、专题培训班、“光辉历程、保密有我”主题党日活动、保密自查自评、新媒体宣传、完善保密制度等9个系列活动。在报纸、广播电视、门户网站、微信公众号等媒介开辟保密知识宣传专栏，刊登保密理论文章，普及保密常识，营造人人知保密、会保密、善保密的浓厚氛围。

【保密监督检查】2021年，自治区加大定密工作规范化建设，指导区直机关单位编制《定密操作指南》，修订完善《定密事项范围一览表》。开展进驻式保密检查试点并逐步向全区推广，对区直机关单位集中利用3~5天进行“全面体检”。组织开展国家秘密载体印制定点单位保密检查、重要会议活动保密检查、保密资质(格)单位“双随机”抽查,保密自查自评和保密要害部门部位防泄密风险排查,及时发现纠正违规行为,推动问题隐患整改,保密检查实现日常化、经常化、制度化,做到全流程、全方位、全覆盖。

【保密服务保障】2021年,自治区以保密资质(格)管理“放管服”改革为抓手,逐步探索从事前审批向事中事后监管,从坐等申报向上门指导转变,着力打造“流程最短、环节最简、效率最高、服务最优”的服务平台。常态化开展重点区域保密技术检测,圆满完成重大会议活动保密技术保障任务。加强全区涉密载体销毁管理,做好涉密设备维修维护和数据恢复等工作,服务保障范围不断拓展、能力显著提升、成效日益明显。

(孙 悦)

党史研究

【概况】2021年,自治区党委党史研究系统聚焦庆祝中国共产党成立100周年、开展党史学习教育、学习宣传贯彻中共十九届六中全会精神,全力服务自治区党委和政府工作大局。聚焦主责主业,扎实开展党史研究、党史宣传教育、文献资料征编,推动党史和文献工作高质量发展。在《宁夏日报》《共产党人》等党报党刊开设《奋斗百年路 启航新征程》《百年初心 辉煌历程》专版专栏;参加中央党史和文献研究院“知史爱党 知史爱国——全国党史故事短视频展播活动”,其中《飘扬在宁夏的一缕红色丝带——李天才》获党史人物类三等奖;联合自治区党委宣传部开展“庆祝中国共产党成立100周年”理论征文活动,举办理论研讨会,整理汇编优秀论文集;开展“学党史 知党情 跟党走——庆祝中国共产党成立100周年”党史知识竞赛,累计参与人数超百万;向《共产党人》和银川新闻传媒集团报送有关宁夏重大历史事件、宁夏革命英烈、中国共产党历次党代会等文章10篇。全年为中央党史学习教育领导小组办公室提供宁夏党史重大题材研究专报6篇;编写出版《中国共产党宁夏历史大事记(1949—2019年)》,参编出版《“石榴籽”故事丛书·血脉相连》《“石榴籽”故事丛书·同心共筑》,编写完成《追寻红色足迹》系列丛书(《红色记忆:宁夏革命历史大事记》《红色丰碑:宁夏革命历史遗址与纪念设施》《红色脊梁:宁夏革命英模事迹》《红色征程:宁夏党史重大事件纪实》)等党史学习教育读本;制作党史专题片《初心铸就辉煌》;参加自治区党委党史学习教育宣讲团工作,成立党史故事宣讲队,深入全区各级机关、学校、社区、农村、企业、部队等广泛开展宣传宣讲,全面宣传党的历史特别是宁夏地方党史。截至2021年年底,开展党史学习教育宣讲160余场次、“四史”宣讲170余场次,受众20余万人次;完成第二批宁夏党史宣传教育基地授牌工作;在宁夏党史学习教育网开设《党史学习教育专栏》,打造一个全新的学习党史、宣传党史的重要窗口。推进重要文献编辑等项目。完成中宣部“纪录小康工程”《宁夏全面建成小康社会大事记》编辑报送工作,有序推进《宁夏防控新冠肺炎疫情工作文献选编》《宁夏脱贫攻坚口述实录》和2021年宁夏党史大事记编辑工作。

【党史研究成果】2021年,自治区党委党史研究室推进党史基本著作编撰和重大课题研究。重点围绕《单家集夜话》《毛泽东等率领中央红军长征经过宁夏》《豫海回民自治政府的成立是党的民族区域自治政策的最初实践》《红军西征在宁夏》《将台堡会师及其历史意义》《陕甘宁边区盐池县对中国革命的重要贡献》《“六盘山精神”的基本内涵和时代价值》《宁夏红色遗址遗迹的现状与思考》8个专题开展研究,形成重要成果。坚持高

2021年12月13日,全区党史界纪念红军长征胜利85周年暨陕甘宁省豫海县回民自治政府成立85周年座谈会在银川市召开

起点高标准高质量推进宁夏地方党史基本著作编撰工作，形成近60个研究专题，完成《宁夏党史》初稿。办好《党史研究参阅》，围绕“中国共产党成立100周年”“党史学习教育”和“打赢脱贫攻坚战”等主题，撰写刊发《中国共产党宁夏百年历史概要》《宁夏脱贫攻坚的历史回顾、重大成就及经验启示》等12期研究专题。开展“党的组织路线服务政治路线”系列专题研究，在全区组工干部大讲堂开展宣讲，深化全区组工干部对百年党史的认识。

【党史宣传教育】2021年，自治区党委党史研究室履行审读、审核职能，坚决守牢党史领域意识形态阵地。加强“一网一刊一平台”建设，打造特色栏目，扩大党史网络宣传阵地。成立党史宣讲志愿者服务队，创新服务载体，开展以党史为重点的“四史”宣传教育。开展党史纪念活动，召开全区党史系统纪念红军长征胜利85周年暨陕甘宁省豫海县回民自治政府成立85周年座谈会。先后对《关于用好红色资源　赓续红色血脉　做好红色资源保护传承管理利用工作的实施意见（征求意见稿）》《长征国家文化公园（宁夏段）建设实施方案》、大型电视专题片《长征之歌》，以及固原市六盘山红军长征纪念馆、西吉县将台堡红军长征胜利会师纪念馆、同心县红军西征纪念馆展陈布展方案进行审核把关，提出修改意见。落实意识形态工作责任制，反对历史虚无主义，收集、分析、研判涉党史、新中国史、改革开放史、社会主义发展史特别是中国共产党成立100周年的舆论敏感信息和网络舆情，加强意识形态阵地建设和管理。

（张　瑾）

区直机关党的建设

【学习宣传贯彻党的十九届六中全会精神】2021年，区直机关工委印发《关于深入学习贯彻党的十九届六中全会精神的通知》，以“三带头三结合”（坚持“关键少数”带头领学、机关党组织带头研学、机关党员带头深学，把学习贯彻全会精神与党史学习教育结合起来、与推动先行区建设结合起来、与建设“五型”模范机关结合起来）为举措，确保全会精神落实落地落细。成立“党的十九届六中全会精神区直机关宣讲团”，突出“机关带系统、系统带基层”，指导督促在本部门、本单位、本系统开展宣讲。区直机关各部门（单位）机关党委集中时间举办专题学习班、研讨班，面向全体党员开展全覆盖系统培训。党支部结合“三会一课”、主题党日等形式，深入研讨交流，推动学习宣传贯彻走深走实。

2021年5月27日，自治区党委党史研究室召开服务全区党史学习教育研讨会暨第二批党史宣传教育基地授牌仪式

【党史学习教育】2021年，按照中央和自治区党委统一部署，区直机关各级党组织深入开展党史学习教育。6月5日，召开区直机关党史学习教育工作座谈会，8个单位交流发言，31个单位书面交流。按照“六个进一步”要求，开展“传承党的百年光辉史基因、铸牢中华民族共同体意识”主题教育和“我为群众办实事”实践活动，区直机关各部门（单位）选派158人参加区直机关“学党史、感党恩、跟党走”主题演讲比赛，160人参加区直机关“学习强国”达人挑战赛。区直机关工委举办两期以“学党章、学党史，悟思想、悟原理”为主题的党员发展对象培训班，区直机关800余名党员发展对象参加培训。在宁夏机关党建网、机关党建微平台开设《党史学习教育》《铸牢中华民族共同体意识》专栏，刊发报道110余篇，宣传报道区直机关党史学习教育信息1000余篇，协调宣讲活动300余场次。

【自治区党的建设主题展览】2021年6月10日至7月25日，区直机关工委承办“庆祝中国共产党成立100周年——宁夏回族自治区党的建设主题展览”。主题展突出庆祝中国共产党成立100周年主题、贯穿党史学习教育主线、紧扣贯彻落实习近平总书记考察宁夏和“7·9”重要讲话精神重大政治任务、彰显“建设黄河流域生态保护和高质量发展先行区”历史使命、把握“今昔对比看变化、知史感恩共产党”深刻内涵，从6个部分全面展示宁夏在党中央领导下全面建成小康社会的沧桑巨变，生动展现基层党建特别是机关党建的创新思路和典型做法。自治区省级领导、95个区直部门及所属34个单位、其他行业系统12个单位，1.04万多人参观主题展，开展重温入党誓词等主题党日活动。

【政治建设】2021年，区直机关工委坚持以党的政治建设为统领，把政治标准和政治要求贯穿党的各项建设始终，引导区直机关各级党组织和广大党员干部增强“四个意识”、坚定“四个自信”、捍卫“两个确立”、做到“两个维护”，引领机关党的建设高质量发展。12月4日，召开区直机关政治型机关建设座谈会，自治区纪委监委等7个部门（单位）主要负责人作发言，交流推进政治型机关建设的认识体会、思路举措和做法经验。常态化开展政治建设监督检查，区直机关工委通过列席区直机关部门（单位）党组（党委）理论学习中心组、互观互检、抽查党支部等多种形式，对150多个部门（单位）和基层党组织进行督查指导，强化主体责任落实，推进全面从严治党向纵深发展。

【理论武装】2021年，区直机关工委开展党员“大学习”活动，充分运用互联网等新技术，探索网络上、云端上、指尖上的学习模式，通过“三会一课”“微宣讲、微党课、微故事”评比、征文竞赛、读书演讲、讲堂课堂等多种线上线下活动，开展常态化学习，推动习近平新时代中国特色社会主义思想入脑入心。7月1日，组织区直机关党员干部集中收看收听庆祝中国共产党成立100周年大会盛况，聆听习近平总书记重要讲话。区直机关各级党组织采取宣讲辅导、举办学习班、中心组研讨交流、“三会一课”、主题党日等形式，迅速掀起学习贯彻热潮。开展宣讲10余场次，受众1500多人。举办区直机关青年党员学习习近平总书记“七一”重要讲话精神培训班4期，培训1042人。在机关党建微平台开设《学习习近平总书记“七一”重要讲话精神》专栏，刊发专题报道110余篇，累计点击量超6.6万次。

【“五型”模范机关建设】2021年9月27—28日，区直机关工委召开区直机关模范机关创建观摩推进会，实地观摩自治区教育厅等9个单位，与自治区党委办公厅等5个单位作会议交流，自治区党委常委、秘书长、区直机关工委书记雷东生作讲话。自治区党委办公厅印发《关于进一步加强模范机关建设的意见》，提出践行“两个维护”，建设政治型机关；坚持党建引领，建设服务型机关；担当使命任务，建设实干型机关；强化文化建设，建设文明型机关；着力正风肃纪，建设廉洁型机关。为推动“五型”模范建设落实落地，打造模范机关创建、机关党建创新交流、机关党支部书记抓党建经验交流、党员风采展示“四个平台”，配套设计“五型”模范机关建设工程、机关党委党建创新榜、支部书记论坛、党员风采展“四个载体”。12月7日，举办区直机关首届“党支部书记论坛”，自治区党委督查室督查二处等7个党支部书记作发言，交流党支部建设的理念、经验和做法，所在单位党组（党委）书记进行点评。2021年，区直机关各级党组织深化党支部品牌创建活动，选树确定党建示范名录34个，申报评选“全国百优党建创新案例”2个，27家单位被命名为“模范机关达标单位”。

【组织建设】2021年，区直机关工委印发《关于抓好区直机关“基层党建全面提升年”十四项重点任务落实的通知》，围绕实施“四大提升工程”“六项行动”，推动基层党组织全面过硬。严格督促换届工作落实，指导22个机关党委完成换届，任免党组织书记43人次。实施千名党

2021年12月27日，区直机关党支部书记论坛在银川市举办

支部书记、青年党员培训等工程，组织各类培训共9批次2100多人。区直机关推选表彰“全国优秀共产党员”3名。6月27日，召开区直机关“两优一先”表彰大会，表彰100名优秀共产党员、60名优秀党务工作者、100个先进基层党组织。区直机关各级党组织广泛开展党内激励关怀帮扶，为2025名老党员颁发“光荣在党50年”纪念章，走访慰问党员2532人，发放慰问金179.9万元。

【宣传工作】2021年，区直机关工委加强宣传阵地建设，构建宁夏机关党建网站、区直机关党建微信公众号和今日头条、抖音、澎湃新闻等协同联动的机关党建宣传网络媒体矩阵。建立健全审批报备台账，印发《宁夏机关党建网、宁夏机关党建微平台和〈新时代先锋〉运行管理办法（试行）的通知》，落实审批报备制度，全年审核各类讲座、论坛、报告会等307场次，协调组织完成各类宣讲400多场次，受众5万余人。严格落实信息发布编审校制度，刊发微平台108期、网站信息1540多条，编印《新时代先锋》4期1.64万余册。区直机关工委被中央宣传部《党建》杂志社表彰为“2021年度《党建》杂志宣传工作先进单位”。

【服务中心大局】2021年，区直机关工委联合自治区党委组织部、银川市委印发《自治区直属机关党组织和在职党员“双报到、双报告”参与社区治理实施方案》，区直各级党组织按要求到结对共建社区报到，每年底结合党组织书记抓基层党建述职评议考核工作，向上级党组织报告参与社区治理情况；在职党员到结对共建的社区或本人常住地社区报到，每年底结合组织生活会，向支部党员大会报告本人参与社区服务活动情况。区直机关2万多名在职党员下沉到银川市181个社区，参与基层社区治理。开展“以实干展现新作为、靠实干交出新答卷”活动，区直机关选派875名党员干部到重点村驻点工作，服务乡村振兴基层第一线，推荐56名个人获评“全区脱贫攻坚先进个人”，36个单位获评“全区脱贫攻坚先进集体”。区直机关工委组织开展“脱贫乡村农特产品产销品鉴线上线下推介”活动，以实际行动解决农副产品滞销等问题。

【精神文明建设和群团工作】2021年，区直机关工委修订《区直机关文明单位创建管理办法》，全年审验命名全区、区直机关文明单位35个，推选表彰第八届全国道德模范提名奖、自治区精神文明建设先进集体（个人）、未成年人思想道德建设先进单位（个人）、最美志愿者（最佳志愿服务项目）等21名（个）。加强群团组织建设，组织开展保护母亲河、文明出行、社会帮扶、助力乡村振兴等公益志愿服务系列主题活动60余次，开展“五四主题团日”“党的声音进万家”宣讲等活动，受众8000余人次。推选表彰全国工人先锋号、全区工人先锋号、“五一劳动奖章”“五一巾帼标兵”等个人、集体8个。推荐表彰“中国青年志愿者优秀个人”“中国青年志愿者优秀组织奖”“全国民族团结进步先进集体”“全国青年文明号”“自治区学雷锋活动示范点”“岗位学雷锋标兵”等10余名（个）。

（刘福杰）

机构编制

【机构职能体系改革】2021年，自治区优化机构职能配置，完成全区各级乡村振兴工作机构调整设置，健全黄河流域生态保护和高质量发展先行区建设、碳减排机构及职能，调整完善全区行政复议机构职能体系，推进疾病预防控制体制优化，加强文物保护和考古工作机构编制保障，构建更加适应经济社会发展的机构职能体系。推进基层整合审批服务执法力量改革。在总结推广4个试点县（区）经验的基础上，全面完成全区基层整合审批服务执法力量改革，统筹优化乡镇（街道）机构设置和职能配置，制定赋权清单、权力清单、政务服务清单等5个指导目录，系统推进审批服务便民化、整合网格平台等三项配套改革，下放83项审批服务执法事项、下沉编制2692名，理顺县乡权责关系，推动基层治理体系和治理能力现代化，改革工作在全国交流了经验并入选2021年度全区“法治为民五件实事”。深化市辖区跨领域跨部门综合执法改革。全面总结吴忠市试点经验，自治区党委和政府印发《关于深化市辖区跨领域跨部门综合执法改革的指导意见》《跨领域跨部门综合执法事项指导目录》，在全区市辖区推行跨领域跨部门综合执法改革，将公共管理、社会管理、民生事业等领域63项与群众息息相关、简便易行的执法事项统一交由市辖区综合执法机构集中执法，破解多头执法、重复执法等难题，提升基层执法效能。推进事业单位改革。开展事业单位调研评估，做好深化事业单位改革准备工作。对自治区地质系统事业单位进行整体重塑，强化公益属性，优化布局结构，压缩编制规模，推进事企分开，构建适应地质事业发展的体制机制。协同有关部门积极推进培训疗养机构改革。深化权责清单管理工作。自治区政府研究印发《政府工作部门权责清单管理办法》，线上使用中央编办“权责清单管理系统”，指导自治区新闻出版局试点探索

2021年2月8日，全区编办主任会在银川市召开

设在党委工作机关加挂政府机构牌子并行使行政职权机构的权责清单，有效推动各级政府事权规范化、法治化。

【体制机制创新】2021年，自治区调适部门运行机制、完善部门间协作机制，促进部门高效履职尽责。强化部门职责落实。坚持问题导向，围绕部门有效履行职责等开展机构编制工作大调研，推动解决农村宅基地执法、社区矫正等8项体制机制不顺、职责边界不清的具体问题，巩固深化市县机构改革成果。结合中央编办专项督查、政府部门履责评估、机构编制巡视审计等工作，重点对部门落实"三定"规定情况进行督查，研究解决部门运行中遇到的新情况新问题，细化完善重点领域责任链条。2021年，自治区围绕贯彻落实自治区重大决策部署，做好事关民生福祉和经济转型发展等重要领域体制机制保障，助推宁夏经济社会高质量发展。调整优化贺兰山东麓葡萄酒产业园区管理体制机制。争取中央编办批复贺兰山东麓葡萄酒产业园区党工委管委会为正厅级机构，制定"三定"规定，明确职能配置，理顺管理体制，优化运行机制，加强机构编制配备，推动葡萄酒产业迭代升级。助推"四大提升行动"有效实施。设置校外教育培训监管机构，保障"双减"措施落地；坚持"一县一策"，给中小学教职工编制紧缺的市、县（区）补充编制2710名，协调吴忠市、固原市、中卫市在市域内余缺调剂编制313名，促进基础教育优质均衡发展。深化公立医院人员总量管理改革，加强医养照护管理职责，规范县域医共体机构设置，提升公立医疗卫生机构发展活力。推动开发区转型升级和创新发展。认真总结2018年以来全区整合优化开发区管理机构的经验效果，印发《关于进一步规范开发区管理机构促进开发区创新发展的实施意见》，理顺开发区"内外之间""条块之间"的职责关系，完善开发区管理机构动态调整和改革激励机制，推动开发区高质量发展。

【编制资源配置】2021年，自治区坚持瘦身与健身相结合，创新编制管理，调整优化力度，解决严控编制与满足发展的矛盾。创新探索建立事业编制周转池管理制度。运用大数据思维，反复研究论证，自治区党委编委印发《关于建立事业编制周转池的意见》，按照"总量控制、省级统筹、动态调整、保障急需"的原则，统筹全区部分事业空编，建立事业编制周转池，重点保障基础教育和招才引智等工作，有效破解"无编可用"和"有编不能用"并存的难题。盘活存量编制资源。着眼提高事业编制使用效益，加强事业编制规范管理，将市、县（区）下放到乡镇（街道）的定额补助和自收自支事业编制置换成全额预算事业编制，切实加强基层保障；采取深化改革、内部挖潜、压缩规模等方式，核减收回沉淀的事业编制，有效提升编制资源使用效益。强化动态调整。聚焦重点领域发展急需，给司法行政部门调整增加部分政法专项编制，加强全区依法治市（县）、行政复议等工作。围绕推动中小学教职工编制资源均衡配置，督促指导超标准配备中小学教职工编制的市、县（区）制定3~5年控编减编方案，确保编制资源配置更科学、更合理。

（王永才）

档案管理

【概况】2021年，在自治区党委办公厅的领导下，全区档案工作坚持以习近平总书记对档案工作最新指示精神为引领，对标自治区党委常委雷东生提出的"服务大局、找准定位、钻研业务、增强协作"目标要求，围绕中心、服务大局，真抓实干、守正出新，补短板、强弱项、提质量，加强档案法学习宣传、理顺局馆职责任务、配套系列法规制度、强化执法监督检查、夯实基层档案工作、加强档案人才队伍建设，较好地完成全年各项工作任务。

【依法治档管档】2021年，自治区档案局开展全区各级档案部门线上“新修订档案法公益大讲堂”培训，设计宣传素材并指导各地各部门在显著位置设置宣传专栏、电子屏滚动播放宣传片，利用“6·9”国际档案日和“12·4”国家宪法日开展形式多样、针对性强的学习宣传活动，在全社会形成知悉、遵守、运用档案法规的良好氛围。启动《宁夏回族自治区档案条例》及相关规范性文件的修订工作，科学、准确报送修订意见，推动列入自治区人大年度立法调研论证计划。指导各市、县（区）档案局档案馆修订制定本级档案工作有关制度规定，健全配套档案开放利用规定、电子档案管理的具体办法、档案鉴定销毁的程序和办法等，确保本级档案工作法规制度与新法精神相衔接。严格落实国家《档案检查工作办法》《档案执法监督检查工作暂行规定》，明确检查项目和评价程序，做到依法依规、统一规范、简便可行、确保实效。将档案工作纳入自治区效能目标管理考核，实行查考一体，以考核促落实。8月，对市、县（区）档案局（馆）贯彻落实习近平总书记关于档案工作重要指示批示情况，新修订《中华人民共和国档案法》和宁夏档案事业“十四五”规划贯彻实施情况等进行一次综合检查，把法律的权威和刚性树立起来。

【档案资源体系建设】2021年，自治区档案系统以重大活动档案归集为重点，围绕学习贯彻总书记提出的“把新时代党领导人民推进实现中华民族伟大复兴的奋斗历史记录好、留存好”的批示精神，坚持立足当前、着眼长远，建立健全重大活动和突发事件档案收集管理工作制度机制，丰富和拓展档案资源收集内容形式，完善档案资源体系。“两类档案”收集整理规范有序。制定宁夏精准扶贫文件材料归档范围和整理规范，建立分片包抓机制，实地开展档案抽查，做好中央有关帮扶单位和福建省支援宁夏脱贫攻坚档案资料收集，指导市县做好脱贫攻坚档案整理和移交工作。制定新冠肺炎疫情防控档案整理规则，选派业务骨干驻场指导自治区抗击疫情指挥部开展新冠疫情防控资料收集整理，指导自治区档案馆完成疫情防控接收进馆工作，已接收文书档案7906件、音频12件、视频资料524件、照片457张。拓宽档案资源接收征集渠道，推动专业档案、重大活动档案进馆工作，加强音像和实物档案工作。2021年，全区各级综合档案馆接收重大会议活动档案10000余件、机关单位到期档案118937件、各类民生档案99925卷（件），共征集文书、照片、实物、名人以及电影海报档案等42869件。指导全区各级综合档案馆重新修订档案收集范围及其实施细则，各级各类档案馆（室）制订中长期档案接收规划、建立年度接收计划，开展进馆档案目录审核和质量检查，推进专业档案依法有序及时进馆，确保民生、专业、实物、声像等各类档案进馆（室）比例不低于接收总量的10%。

【档案资政服务】2021年，自治区档案系统围绕学习贯彻总书记提出的“更好地服务党和国家工作大局、服务人民群众”的批示精神，聚焦自治区党委中心工作和社会公众需求，精准高效服务，有力彰显档案价值。围绕中国共产党成立100周年，精心办好展览展示活动。协调国家档案局，支持自治区档案局现场承接“百年恰是风华正茂”主题文献展。自治区各级领导及区直机关和企事业单位150多个党组织8000多名党员干部参观了文献展。开展“凝百年之辉·筑兰台之梦”档案微视频征集展播活动，共征集58篇作品，从不同领域不同角度，反映档案工作围绕中心、服务大局特别是服务抗疫斗争、脱贫攻坚、生态建设、重大项目等背后的故事，其中16篇优秀作品推送至“学习强国”平台，并在相关微信公众号进行展播。配合党史学习教育，准确提供鲜活素材。指导各级档案馆充分利用馆藏红色档案资源，深入挖掘档案里的故事、故事里的细节、细节里的精神，为全区开展党史学习教育提供准确依据和生动素材，真正让档案文献成为党史学习教育的“活教材”。牵头自治区档案馆，利用档案编研成果，参与《红色征程：宁夏重大革命历史纪实》《红色记忆：宁夏革命历史大事记》《红色丰碑：宁夏革命历史遗迹》党员干部培训教材的编写工作，联合自治区档案馆与宁夏广播电视台制作《初心铸就辉煌》红色党史宣传片，真正让沉睡的档案“醒过来、活起来、用起来”，用档案讲好中国共产党人践行初心使命的宁夏故事。紧盯社会公众需求，加速民生档案收集开放步伐。探索建立馆藏档案解密协调机制，简化档案利用手续，规范电话查询、预约查询、跨馆查档和委托查询，抓好档案门户网站建设，及时公布档案开放目录，定期更新档案信息，实现查档利用便捷高效，切实将人民群众依法利用档案的权利落到实处。2021年自治区档案馆先后完成8400卷社保档案接收进馆，编制黄河流域专题档案目录1658条，移民档案专题目录2200条，专业技术职称专题目录950条，为解决群众工龄计算、工资补贴、职业经历、职称学历等问题提供有力依据。

【档案事业创新】2021年，自治区档案局编制《宁夏档案事业发展“十四五”规划》，自治区党委常委雷东生对规划起草工作提出明确要求，自治区党委办公厅先后2次召开档案工作专题会议对规划起草工作进行安排部署，召开局馆联席会议，研究讨论"十四五"时期宁夏档案事业发展方向、发展目标、发展战略、发展重点，并带领规划起草组，在全面调研和征询意见的基础上，形成《宁夏档案事业发展"十四五"规划（审议稿）》，经审定后于2021年8月印发全区执行。稳步推进增值税电子发票电子化报销入账、归档试点工作。自治区档案局牵头自治区财政厅、商务厅、税务局等部门成立试点联合工作组，从配合增值税专用发票电子化方面选取具有代表性且具备条件的10家企业开展试点工作，先后组织试点单位进行相关业务培训，解读政策规定，编制试点方案，召开试点工作推进会并多次赴企业现场查看，督促试点单位按时间节点完成试点任务，试点工作在年底前完成验收并逐步推开。开展档案科技项目立项工作。组织全区各地、各部门（单位）开展国家档案科技项目的立项申请工作，宁夏报送的"区块链技术在档案信息资源共享中的应用研究和实践"项目，被列入国家科技项目计划，将有力推动宁夏档案工作在档案科技理论探讨、研究以及科技成果的推广应用等方面取得新进展，为全区档案事业高质量发展提供理论指导和技术保障。

【档案安全管理】2021年，自治区档案局指导各级档案部门深入学习贯彻习近平总书记关于安全生产的重要论述和指示精神，持之以恒地抓好档案安全。"七一"前，下发《自治区档案局关于进一步加强当前档案安全工作的通知》，督导各级档案主管部门牵头相关部门（单位）组成检查组，对各类档案馆和档案室进行一次安全大检查，对检查中排查出来的安全隐患，拉出问题清单、整治清单并及时整改到位。针对夏季强灾害天气可能带来的次生灾害，督促基础条件设施较差、库房设在一层或地势较低的档案馆（室），细化完善应急预案，更新补充应急物资，做好应对处置的各项工作。截至2021年年底，全区各级各类档案馆（室）未发生安全事故。

（童会东）

党校教育

【概况】2021年，自治区党校（宁夏行政学院）坚持以习近平新时代中国特色社会主义思想为指导，学习贯彻习近平总书记关于党校办学治校系列重要指示精神，贯彻落实《中国共产党党校（行政学院）工作条例》和全国全区干部教育培训规划，讲政治、担使命、高质量、严要求，统筹推进办学治校和常态化疫情防控取得新成效。坚持立足职能、发挥优势，深入开展党史学习教育，抓好巡视反馈意见整改，做好办学质量评估迎评工作，加强从严治校、从严施教、从严管理各项制度落实。组织召开"一流校（院）"建设推进会，印发实施全区党校（行政学院）"十四五"建设和发展规划及校（院）学科建设、科研发展专项规划，推进红色学府、"一流校（院）"建设取得新成效。有3门课程入选"中组部全国干部教育培训好课程推荐目录"，1门课程被评为"第六届全国党校（行政学院）系统精品课"，校（院）获得"第五届全国党校（行政学院）系统教学管理优秀奖"，在自治区第十五届哲学社会科学优秀成果评奖中获奖16项。

【教学培训】2021年，自治区党校始终把学习贯彻习近平新时代中国特色社会主义思想作为干部培训的中心内容和首要任务，深入实施学习贯彻习近平新时代中国特色社会主义思想主题教育培训计划，举办"习近平新时代中国特色社会主义思想"理论研修班和培训班各1期，增设"习近平法治思想"专题研讨班，新思想教学内容占理论教育课时的50%以上。高质量完成8个新专题开发，并纳入教学计划。学习贯彻党的十九届五中、六中全会精神和习近平总书记考察宁夏重要讲话精神，学习贯彻自治区党委第十二届第十二次、第十三次、第十四次全会精神，开发27个新专题。强化铸牢中华民族共同体意识教育培训，出台工作方案，制订教学计划，开发选用课程10门，构建起"X+1+9"课程体系。把握提高教学质量重点，坚持"两抓两严"，常态化开展"两级三轮"集体备课，持续开展校（院）精品课大赛，评选精品课、优质课4门，打造样板课2门，出台《深化区情教育培训的实施意见》等8项制度，全力打造一流的教学质量。全年举办主体班次31期，培训学员2944人次。开展合作培训、送教上门33期，培训学员2066人次。举办党的十九届五中全会精神网络培训班5期，培训学员8100人次，宁夏干部教育培训网络学院累计培训学员4.1万人次。

【科研工作】2021年，自治区党校坚持科研和决策咨询为教学服务、为推进党的理论创新服务、为党委和政府决策服务，推进"一流的科研咨询"。全年立项国家社科基金项目、全国党校（行政学院）系统重点调研课题、自治区社科规划项目和校（院）级课题50项。组织教研人员参加省部级以上理论研讨会6次，入选文章9篇，其中1篇入选中宣部等联合召开的"庆祝中国共产党成立100周年理论研讨会"（宁夏唯一一篇），被自治区党委宣传部、党史研究室评为"庆祝中国共产党成立100周年"理论征文活动"优秀组织奖"。成立铸牢中华民族共同体意识研究中心，召开全区党校(行政学院)系统"建设黄河流域生态保护和高质量发展先行区"调研报告研讨会。建立常态化学术交流机制，举办各类学术交流10场次。组织教研人员发表理论宣传文章137篇，出版学术著作5部。聚焦党中央重大决策部署，聚焦自治区党委政府努力建设先行区和实施9个重点产业、十大工程项目、"四大提升行动"等具体工作安排，强化选题策划和机制创新，立项23项决策咨询课题，报送33篇决策咨询报告。

【校风学风建设】2021年，自治区党校严格要求领导班子，制定《干部政治能力专业能力提升工程实施方案》，严格落实民主集中制，建立校(院)委班子成员工作会商机制，不定期召开议事会，加强工作沟通。严格执行《关于实行层层落实责任制的若干规定》，推进重点任务落实。严格要求教职工队伍，把政治合格作为党校教师第一标准，制定《关于新时代加强和改进思想政治工作的实施意见》《干部政治素质考察办法(试行)》，分类修订不同人员平时考核和年度考核办法。扎实开展违规吃喝隐形变异问题专项整治。组织开展校(院)政治生态、作风建设专题调研，推动形成风清气正的政治生态。严格要求学员，严格执行中组部《干部教育培训学员管理规定》，修订完善《学员党性教育考核办法》《主体班次学员综合量化考核方案》，把党性教育贯穿学员管理全过程。加强学员临时党支部建设，充分发挥临时党支部自我教育、自我管理、自我监督、自我服务作用，推动形成良好的校风学风。

【业务指导】2021年，自治区党校深入贯彻落实《中国共产党党校(行政学院)工作条例》，召开全区党校(行政学院)常务副校(院)长会议，印发基层校(院)业务指导要点。推进县级党校(行政学校)分类建设，在教学计划制订、科研课题协作等方面加强业务指导。争取相关部门支持，努力在基层党校(行政学院)机构设置、班子配备、人员编制、办学场地等方面给予支持。组织校(院)委班子成员赴市县党校(行政学院)调研检查，对石嘴山市、青铜峡市、西吉县开展办学质量评估试点，推动市县党委和党校坚决履行办、建、管党校主体责任与直接责任。

(常建军)

老干部工作

【党史学习教育】2021年，自治区老干部局围绕庆祝中国共产党成立100周年和学习贯彻习近平总书记"七一"重要讲话精神，督促指导全区离退休干部党员深入开展党史学习教育，举办"永远跟党走"全区离退休干部庆祝中国共产党成立100周年文艺演出，"学党史、知党情，感党恩、跟党走"知识竞赛、网络答题，"翰墨丹青颂党恩，喜迎百年庆华诞"书法、绘画、摄影、剪纸、工艺作品展，"向党送祝福，感恩新时代"演讲比赛等活动；开展"不忘初心、我是老党员"典型选树活动，对30名老党员先进事迹进行宣传报道；结合"七一"慰问走访，为离休干部制作纪念相册、颁发"光荣在党50年"纪念章。推进"我为群众办实事"实践活动，结合"我看建党百年新成就"畅谈建言活动进行民情民意走访，全区召开座谈会182场次，访谈162人次，制定并推动落实18项实事项目清单，及时解决离退休干部的操心事、烦心事、揪心事。

【思想政治建设】2021年，自治区老干部局始终坚持以习近平新时代中国特色社会主义思想为指导，加强离退休干部思想政治引领，通过组织学习会、培训班、通报会、座谈会、参观考察、党日活动等形式，组织离退休干部深入学习贯彻中共十九大和十九届历次全会精神、习近平

2021年6月18日，"永远跟党走"全区离退休干部庆祝中国共产党成立100周年文艺演出在宁夏老年大学夕阳红剧场举行

总书记关于老干部工作重要指示、习近平总书记考察宁夏重要讲话和自治区党委第十二届历次全会精神，开展省级离退休干部“弘扬伟大建党精神，赓续红色血脉”主题党日等重要活动，引领离退休干部坚决捍卫“两个确立”，坚决做到“两个维护”。持续办好“网、微、刊”，组织“塞上金秋”离退休干部宣讲员深入机关、学校、社区、企业、农村宣讲392场次，推动习近平总书记系列重要讲话精神和党中央、自治区党委决策部署进机关、进企业、进社区、进乡村、进网络，鲜明有力地把党和政府的声音传播好、贯彻好。宣讲团“业缘型”党支部被评为2021年全区先进基层党组织。

【党组织建设】2021年，自治区老干部局深化离退休干部党建工作，制定《全区“基层党建全面提升年”离退休干部党建工作任务清单》，统一工作标准、明确考评内容，督导调研各市、县（区）离退休干部党组织建设情况，以责任传递压力、推动落实。持续完善离退休干部党组织设置，印发《关于离退休干部“地缘型”党组织建设的通知》，18个市、县（区）在银川市建立“地缘型”离退休干部党组织，实现异地居住党员学习活动经常化。组织区直部门分别与县（区）直单位或乡镇（街道）离退休干部党支部结对共建，指导部分区直部门（单位）成立协作组，开展结对共建活动21次，实现优势互补、资源共享。

【老干部活动】2021年，自治区老干部局聚焦自治区9个重点产业、“四大提升行动”、乡村振兴等中心工作，组织离退休干部开展送科技、送健康、送文化下基层及“五老”爱心救助、捐资助学等志愿服务活动100余场次，参与人数近万人次；举办全区离退休干部志愿服务项目大赛，评选自治区高级人民法院“退休老法官”等10个“全区优秀志愿服务项目”，引导广大离退休干部在建设黄河流域生态保护和高质量发展先行区中发挥作用。疫情防控期间印发通知和倡议书，持续在公众号、工作网站推送疫情防控信息130余条，动员全区98个离退休干部党组织和2400余名离退休干部参与疫情防控志愿服务，彰显广大老同志余热生辉的政治本色。

【服务管理】2021年，自治区老干部局推进离退休干部服务管理信息化精准化规范化建设，加强服务管理信息平台建设，对系统平台27项内容进行优化升级。出台《区直部门（单位）困难离退休干部帮扶办法》《关于进一步做好离休干部精准服务工作的意见》等制度，印发《关于调整离休干部医疗保障待遇的通知》《关于提高离休干部生活补贴标准的通知》，加强政策顶层设计，完善工作制度体系，提升精准化规范化服务水平。落实中央、自治区离退休干部待遇政策，做好提高离休干部生活补贴、提高宁夏抗战时期离休干部医疗待遇和春节、“七一”慰问等工作，用心用情做好离退休干部服务管理，将党委政府关怀及时送达广大离退休干部。

【学习阵地建设】2021年，自治区老干部局发挥离退休干部学习活动阵地的政治功能和教育功能，注重把政治要求贯穿老年大学办学全过程，立足建设老年人政治思想教育的重要阵地，打造全区老年教育示范基地，成立宁夏老年大学志愿服务促进中心工作室，开展离退休干部党务骨干培训，规范教学管理，优化课程设置，开设75个专业256个教学班，注册学员达1万人；整合老年教育资源，建设7个分校（教学点），推动实现老有所教、老有所学、老有所为、老有所乐，让老年人共享改革发展成果。推进老干部活动中心阵地资源共建共享，在丰富老同志精神文化生活的同时，规范和创新运行“银色先锋”党建工作室，为离退休干部党组织提供“一站式”点单服务87次，参加学习活动离退休干部2500余人次，活动阵地的教育服务功能作用得到有效发挥。

（何子洋）

网络安全和信息化

【概况】2021年，全区网信系统坚持以习近平新时代中国特色社会主义思想和习近平总书记关于网络强国的重要思想为指导，学习宣传贯彻党的十九大和十九届历次全会精神，认真贯彻自治区党委部署要求，坚持政治统领、坚持服务大局、坚持系统推进，提升网络综合治理能力，网信领域各项工作取得积极进展。制定《2021年全区网信工作要点及分工》，加强统筹协调和督促检查，确保各项重点任务部署落地落实。办理落实自治区领导批示，以实际行动和工作成效体现对党的绝对忠诚。加强网信事业顶层设计，把握互联网发展规律，适应宁夏新形势新任务新要求，科学编制《宁夏回族自治区信息化建设“十四五”规划》等网信规划，推动网信事业高质量发展。推进网信专业技术人才队伍建设，自治区党委网信办会同自治区人社厅制订《宁夏回族自治区网络信息安全工程专业技术人员职称条件（试行）》，为基层网信干部打通职称晋升渠道。

【网络宣传】2021年，自治区党委网信办以庆祝建党百年为主线，倾情做好习近平新时代中国特色社会主义思想进网络工作。组织区内新闻网站和新闻客户端开设维护好《以史为鉴 开创未来——深入学习贯彻习近平总书记“七一”重要讲话精神》等专题专栏，刊发集纳转载优质稿件。策划开展《习近平总书记关于网络强国论述摘编》网上宣传。联合央视网、人民日报社新媒体中心等中央新闻网站平台，创作《习近平的扶贫故事：闽宁模式》《宁夏这百年》等重磅微视频。开展“追寻先烈足迹”短视频征集展示活动，《毛泽东用过的铜手炉》等5部作品被中央网信办集中展播。策划推出《革命火种在宁夏》《六盘山上高峰》等10余部宁夏红色故事系列短视频，播放量超过3700万次。围绕黄河流域生态保护和高质量发展先行区建设，聚焦自治区9个重点产业、十大工程项目、“四大提升行动”“四权”改革等，发挥各类新媒体平台和正能量网络名人力量，策划开展“母亲河畔的中国”“美丽乡村 幸福家园”“石榴花开 籽籽同心”等8个网络主题活动，其中“母亲河畔的中国”获中央网信办2021年网上重大主题宣传和重大议题设置精品项目奖。策划创作“遇见宁夏 道地品牌”重点产业系列新媒体作品。做好第五届中阿博览会、首届中国（宁夏）国际葡萄酒文化旅游博览会网上宣传。全网总传播量超过50亿次，互联网成为先行区建设和铸牢中华民族共同体意识的最大增量。实施“宁聚正能量”网络文明建设宣传活动，“宁聚正能量”话题播放量超过5亿次。发动社会各界积极参与“网络中国节”“争做中国好网民”系列网络主题活动，创作各类新媒体作品1000余部，传播量超过1.6亿次。全区互联网企业党组织覆盖率提升至85.4%，引导互联网企业主动履行社会责任，积极投身疫情防控志愿服务等社会公益活动，汇聚向上向善力量，携手共建网络文明。

【网络生态治理】2021年，自治区党委网信办坚持网络执法与综合治理相结合，重点整治与常态管理相结合，推进事前、事中、事后全流程有效监管，遏制信息网络领域行业乱象，规范网络传播秩序。清理空壳网站1.1万个、取消违法境外接入网站ICP备案3400多家。对29家利用已注销企业进行备案登记的网站取消备案并列入黑名单管理。深化网络生态治理。开展“网上扫黄打非”“清朗”“文娱领域网络乱象综合治理”等30多类网络专项行动，坚决遏制信息网络领域行业乱象。依法关闭涉淫秽色情、博彩赌博、侵犯仿冒等违法网站620家，依法处置涉恶意营销、宣扬低俗等不良信息的微信公众号、直播账号150个，向有关部门移交网上违法违规线索370条，约谈违规网站账号责任人50人次。受理处置网络违法和不良信息举报2230余件，属地网络平台违法违规问题得到及时处置。

【网络安全保障】2021年，自治区党委网信办努力增强网络安全防护能力。强化网络安全综合检查，加强对全区重点网站、重要信息系统、关键信息基础设施常态化网上监测巡查，及时发现网络安全漏洞并整改；2021年全区网络安全态势整体平稳，未发生重大及以上网络安全事件。提升网络安全应急水平。组织开展跨部门、跨地区、跨领域网络安全演练和观摩，协调处置网络安全事件75起。在第五届中阿博览会等重点时段，协调全区涉网单位加强安全防护、开展应急值守，确保全区网络安全。强化网络安全工作基础。精心组织网络安全宣传周活动，共举办各类宣传活动400余场次，受众300余万人，全民网络安全意识有效提高。组织开展政务类数据安全风险评估工作，对存在的数据安全管理制度不健全等问题，指导相关单位健全管理制度、加强业务培训等进行整改。

【互联网建设和数字经济】2021年，自治区党委网信办协调推进5G网络建设，全区5G基站达到7600座，5G网络覆盖地市城镇以上区域和重点产业园区、重要交通枢纽。协调中央网信办推动宁夏成功获批全国一体化算力网络枢纽节点，成为国家8个枢纽节点之一。组织申报国家新技术创新融合应用试点，人社、检察等领域获批国家区块链创新应用试点。石嘴山市和宁夏广电局分别获批开展互联网协议第六版（IPv6）城市和重点行业技术创新和融合应用试点。银川市金凤区和自治区教育、卫生健康领域分别获批国家智能社会治理城市管理和特色实验基地。推进电子信息产业发展，2021年全区电子信息产业实现产值456亿元，同比增长49%。推进工业、农业、服务业数字化转型升级，建成智能工厂、数字化车间16个，推广示范农业物联网项目17个。2021年全区网络零售额实现277.25亿元，同比增长20.5%。举办2021网上丝绸之路大会，完成项目签约9个，累计金额达23.5亿元。推动政务数据开放共享应用，实现与国家、全区5个地级市的互联互通，接入自治区有关部门和市、县、区4231万条数据，促进政务服务向基层延伸。贯彻落实中央和国家有关文件和会议精神，推动宁夏健康码系统检测、整改、优化工作，促进健康码系统安全平稳运行，为疫情防控提供支撑保障。完成国家数字乡村阶段性评估工作，试点取得阶段性成效，盐池县高效节水农业和平罗县数字化盐碱地治理作为典型案例在全国交流推介。

（马 海）

港澳台事务

【概况】2021年，自治区党委港澳台办公室贯彻落实党中央和自治区党委对港澳台工作决策部署。筹备自治区党委常委会专题会议，传达学习中央对台工作会议精神，研究贯彻落实意见。根据自治区党委部署，筹备召开自治区党委对台工作协调小组暨港澳工作会议，安排部署全年工作，明确任务分工，落实工作责任。自治区印发《关于进一步加强新时代对台工作的意见》，明确今后五年对台工作指导思想、基本原则、重要任务和保障措施。协调自治区相关部门，开设港澳台胞接种新冠疫苗“绿色通道”，做到应接种尽接种。落实《关于支持爱国爱港力量发展壮大的意见》措施，支持港区政协委员、青联委员在香港地区开展“下社区”、“站街”撑“港版国安法”和“全国人大完善香港选举制度”等各项爱国爱港活动。

【党史学习教育和实践活动】2021年，自治区党委港澳台办贯彻落实习近平总书记重要指示精神和党中央决策部署，坚持学党史、悟思想、办实事、开新局，突出抓“早”、抓“细”、抓“实”、抓“深”，高标准高质量完成党史学习教育各项工作。坚持领导带头，把潜心自学作为重要基点，专题学习作为重要载体，对标“学史明理、学史增信、学史崇德、学史力行”，精心设计“五个一”，即开展“每日一学”，全体党员干部累计学习超过200天次；“每周一考”，完成党史知识100题测试；“每月一研讨”，每月汇集一主题，集中开展研讨，实现全体党员干部研讨发言100%；“每支部一专题组织生活会”，各支部结合业务工作，共组织开展专题组织生活会3次，推动党史学习教育入脑入心。把“我为群众办实事”实践活动贯穿党史学习教育始终。将实践活动同落实两岸融合发展政策相结合，聚焦自治区党委“三个专项行动”，立足港澳台工作实际，找准群众急难愁盼问题，明确10项具有港澳台特色的“我为港澳台胞办实事行动”“我为港澳台企解难纾困行动”实践活动，领导包抓、处室负责、上下联动、督导跟进，建立动态收集机制，长期坚持。把“传承党的百年光辉史基因、铸牢中华民族共同体意识”主题教育活动贯穿始终。结合主题明确3项学习教育内容、4项具体安排，把学习研讨与推动落实同部署、同开展、见实效。分阶段、分专题开展集中学习8次、专题研讨3次、讲授专题党课2次。围绕落实中央民族工作会议精神，开展“在宁港澳台胞看发展、增共识，铸牢中华民族共同体意识”主题活动。增强在宁港澳台胞对中华文化、中华民族、祖国的认同，对中国特色社会主义制度的理解。组织深圳旭宏医疗集团深入贺兰县、灵武市杜家滩、独木桥、榆木桥等行政村免费为50岁以上老人开展体检活动，受到所在地村民欢迎。

【宣传报道】2021年，自治区党委港澳台办主动设计议题，以“北纬38°看宁夏”为主题，聚焦宁夏生态建设开展专题采访活动，以治沙小切口讲好宁夏生态变迁故事。邀请TVBS电视台到宁夏，深入灵武市、中卫市，聚焦宁夏羊绒产业发展、防沙治沙成果、台胞生产生活情况进行采编报道，着力讲好宁夏故事和在宁台胞故事，运用传统推介传播方式在台湾TVBS电视台《中国进行式》栏目播报8分钟数字专题《沙漠变绿洲》，该专题在岛内同时段新闻节目中收视率第一，有效进行入岛宣传，引导民心民意。开展“港澳台青年话宁夏”专题采访活动，以港澳台青年视角讲宁夏经济社会发展故事，感悟发展变化中的制度逻辑。《大公报》《南美侨报》《南华报》等涉港澳台媒体刊登《我为港澳台胞办实事》《台青看宁夏》《台商眼里的宁夏重点产业》《四海同春·欢乐宁夏》等专版、专访、消息，提升宁夏在港澳台侨胞中的美誉度。组织

2021年4月8日，宁夏粤港澳大湾区“互联网+医疗健康”产业合作签约仪式在银川市举行

宣传《港澳台青年宁夏见闻:“山海”携手 荒滩变热土》《宁夏港澳台办职工下沉防疫一线:做守卫群众安全的最美“逆行者”》。

【交流合作】2021年,自治区修订《宁夏回族自治区因公赴港澳和应邀赴台交流管理制度》,规范和加强赴港澳台指导、审批和管理等工作。围绕建党百年,强化政治设计,组织北京语言大学港澳台师生与宁夏大学师生联合开展“今昔对比看宁夏”交流活动,走访红军长征路,切身感受伟大长征精神和脱贫攻坚所蕴含的中国特色社会主义制度优势和治理效能,增强对当代大陆政治文化的理解。组织在宁夏港澳台同胞“看发展、增共识,铸牢中华民族共同体意识”主题交流活动,增进在宁港澳台同胞中华民族共同体意识。持续推动入岛“欢乐春节”系列活动,国台办作为对台交流典型向全国推介。注重“以文化人,以中国传统节日”为主题,精心设计,举办“我们的节日·浓情端午——在宁港澳台同胞联谊”系列活动,集中走访一批在宁港澳台同胞,调查了解心声诉求,协调解决问题困难。邀请17位在宁港澳台企业负责人、7名在宁港澳台同胞参加“浓情端午”联谊活动,组织观看端午节由来、习俗短视频,交流端午文化和心声感悟,该活动被《宁夏新闻联播》宣传报道,搭建在宁港澳台胞互动交流平台的同时,通过共同体味中华民族传统节日和文化,加深宁港澳台守望相助的同胞情谊。克服疫情对两岸交流的不利影响,支持宁夏医科大学、北方民族大学、宁夏职业技术学院开展“两岸短视频视讯游学交流”,线上线下400余人次参与。立足宁夏重点特色产业发展实际,组织港澳台资企业参与“四大提升行动”,建立重点联系港澳台资企业数据库,精准推介宁夏产业政策和投资环境,发挥宁夏无限粤港澳大湾区协同创新中心作用,搭建港澳台资企业向宁夏转移平台。累计组织粤港澳大湾区63家港澳台企考察对接,共签署各类协议7项,促成宁夏和德来科技有限公司、程淇生物科技发展(宁夏)有限公司落地,持续扩大宁夏在港澳台企业界中的知晓度。编印《宁夏回族自治区贯彻落实国家“农林22条惠台措施”操作指南》《2018年以来国家和自治区系列惠台政策(指南)汇编》等相关政策,主动推介促进两岸经济社会融合发展的政策措施。多措并举,依法协调化解涉港澳台胞企业诉求13件,实现及时办结。

(吴灵捷)

NINGXIA YEARBOOK

宁夏回族自治区人民代表大会

NINGXIAHUIZUZIZHIQURENMINDAIBIAODAHUI

编辑◎王玉琴

综　述

【概况】2021年，自治区人大及其常委会坚持以习近平新时代中国特色社会主义思想为指导，深入贯彻习近平总书记考察宁夏重要讲话精神，在自治区党委正确领导下，坚持党的领导、人民当家作主、依法治国有机统一，聚焦建设美丽新宁夏奋斗目标，围绕建设黄河流域生态保护和高质量发展先行区时代重任，主动担当作为，依法履职尽责，圆满完成了自治区第十二届人大第四次会议确定的目标任务，为全区经济社会高质量发展作出了积极贡献。

【坚持党对人大工作的领导】2021年，自治区人大及其常委会坚持党对人大工作的全面领导，坚决贯彻落实党中央重大决策和自治区党委部署要求，确保人大工作始终沿着正确的政治方向前进。以习近平新时代中国特色社会主义思想统揽和指导人大工作。深入学习贯彻习近平新时代中国特色社会主义思想，着力在学懂弄通做实上下功夫，自觉用以武装头脑、指导实践、推动工作，增强“四个意识”、坚定“四个自信”、做到“两个维护”。把习近平法治思想、习近平总书记关于坚持和完善人民代表大会制度的重要思想作为必修课，引导常委会组成人员、人大代表、机关干部深刻领会其中蕴含的科学内涵、基本特征、本质要求，把握做好工作的重大原则、思路举措、重点任务，坚定不移用党的创新理论指导谋划和推动人大工作，增强坚持和完善人民代表大会制度的自觉性和坚定性，不断加强和改进新时代人大工作，丰富和拓展宁夏人大工作的实践特色、时代特色。认真学习贯彻中央人大工作会议精神。深刻认识和把握党的历史上、人民代表大会制度历史上首次召开的中央人大工作会议对新时代坚持和完善人民代表大会制度、加强和改进人大工作的重大意义，第一时间向自治区党委汇报并提出贯彻落实建议，自治区党委及时就贯彻会议精神作出部署、提出要求。组织开展人大系统学习贯彻工作，通过党组会议、常委会会议、干部大会等形式，深入学习习近平总书记重要讲话和会议精神，开展交流研讨，领会把握核心要义和实践要求，实现学习贯彻会议精神全覆盖。按照自治区党委部署，组织开展专题调研，研究起草贯彻实施意见，推动会议精神在全区贯彻落实。坚决贯彻落实自治区党委部署要求。认真贯彻落实《自治区党委关于新时代加强和改进人大工作的意见》，按规定及时向自治区党委请示报告人大重要会议、重要立法、重要工作、重大事项等。紧扣建设黄河流域生态保护和高质量发展先行区等决策部署，开展立法、监督、代表和重大事项决定等工作，促进党委部署要求落实。提请自治区党委印发《关于加强地方人大对政府债务审查监督的实施意见》，推动预算审查监督重点拓展改革落细落实。按照自治区党委统一安排，对全区现行有效的地方性法规和法规性决定进行全面清理。落实省级领导包抓重点工作责任制，用心用力做好包抓工作，自觉为推动高质量发展担当尽责。扎实开展党史学习教育。把党史学习教育作为贯穿全年的重大政治任务，精心组织实施，重点学习习近平总书记“七一”重要讲话，开展“传承党的百年光辉史基因、铸牢中华民族共同体意识”主题教育和庆祝中国共产党成立100周年系列活动，完成中共十一届三中全会以来宁夏人大工作改革与发展概况等专题研究，制作《乘时代东风扬帆前行——人民代表大会制度在宁夏的生动实践》电视专题片，从党的百年奋斗史和人民代表大会制度发展史中感悟初心使命、赓续精神血脉、锤炼坚强党性、激发奋斗精神，更加坚定制度自信。扎实开展“我为群众办实事”实践活动，推动解决了新生儿耳聋基因检测、60岁以上老年人就医免收挂号费、退休教师福利待遇补发等群众关注的难点问题。

【维护国家法治统一】2021年，自治区人大及其常委会严格落实备案审查制度，自治区“一府一委两院”规范性文件被纳入备案审查范围，推动备案审查工作报告制度向县级以上人大常委会延伸，5个地级市、20个县（区）人大常委会听取审议了备案审查工作情况报告，向全国人大常委会、国务院报备地方性法规备案文件44件，审查地方规范性文件25件，报备审查率为100%。加强备案审查能力建设，完善备案审查信息平台，被全国人大常委会确定为4个省级法规规章规范性文件数据库建设示范区之一。依法做好地方性法规和规范性文件集中清理，对现行有效的232件法规和法规性决定进行清理，将发现问题的58件法规列入立法计划及时修改，开展了涉及行政处罚、人口与计划生育等内容的法规和规范性文件专项清理，切实维护国家法治统一。大力弘扬宪法精神，加强宪法宣传教育，开展第八个国家宪法日活动，组织7次宪法宣誓仪式，37名国家工作人员庄严宣誓。

【立法工作】2021年，自治区人大及其常委会扎实推进高质量立法，充分发挥立法引领保障作用。坚持科学立法、民主立法、依法立法，突出重点领域立法，着力提高立法质量，以良法促进发展、保障善治。2021年共制定法规3件、修改23件、废止4件、初审2件，审查批准设区的市法规13件。在第27次全国地方立法工作座谈会上，宁夏促进民族团结进步、加强公共卫生服务等方面的立法工作得到全国人大常委会肯定。聚焦先行区建设，抓好重要法规立法。落实自治区党委“把先行区建设纳入法治化轨道”要求，将制定《宁夏回族自治区建设黄河流域生态保护和高质量发展先行区促进条例》作为年度立法“重头戏”，充分发挥人大在立法工作中的主导作用，组织成立法规草案起草专班，积极与全国人大常委会法工委、国家发改委、水利部、黄河水利委员会联系，争取指导支持，深入区内外调研并召开专题会议研究，完成立项、论证、调研、起草、征求意见等工作，常委会两次会议审议法规草案，提请自治区第十二届人大第五次会议审议通过，为更好担负起加快先行区建设时代重任提供了法律支撑。围绕高质量发展，推进重点领域立法。初审优化营商环境条例草案、促进中小企业发展条例修订草案，更好回应市场主体对法治化营商环境的新期待。制定《宁夏回族自治区土壤污染防治条例》，修正《宁夏回族自治区环境教育条例》《宁夏回族自治区城市绿化管理条例》等法规，保护生态环境，推动绿色发展。制定《宁夏回族自治区长城保护条例》，修订《宁夏回族自治区非物质文化遗产保护条例》，推动中华优秀传统文化传承保护。修订见义勇为人员奖励和保护条例、公证条例，推动社会主义核心价值观融入地方立法。修正《宁夏回族自治区人口与计划生育条例》等法规，及时回应人民群众关切。在全国人大与非洲四国线上研讨会上作《立法机构如何为减贫发展提供法律保障》交流发言，宣传宁夏人大立法推动发展、保障民生的经验做法。完善立法工作机制，着力提高立法质量。深入贯彻《自治区党委关于进一步加强和改进地方立法工作的意见》，制定实施意见，认真推动落实。建立健全立项及论证、专家咨询、基层立法联系点、立法协商、委托第三方和组织专班起草法规草案等制度。坚持每件法规都邀请专家全程参与、跟进咨询，每件法规都通过网络、基层立法联系点征求意见，就制定建设《黄河流域生态保护和高质量发展先行区促进条例》《宁夏回族自治区土壤污染防治条例》与政协开展立法协商，开展枸杞产业促进条例立法后评估，推动指导设区的市开展“小切口”立法，彰显地方特色，立法质量和效率明显提升。

【监督工作】2021年，自治区人大及其常委会加强法律监督和工作监督，推动国家机关正确行使权力。实行正确监督、有效监督、依法监督，寓支持于监督之中，增强监督实效。2021年共检查10部法律法规实施情况，听取审议工作报告18个，开展专题询问1次，完成6项专题调研。突出监督重点，推动中心工作开展。围绕经济健康平稳发展，听取审议计划执行、预算执行、决算、审计查出问题整改等情况报告，保障经济稳中有进。围绕国有资产管理，听取审议2020年度综合报告、自然资源资产专项报告，实现听取四类国有资产管理情况报告全覆盖。围绕产业转型升级，检查畜牧法、枸杞产业促进条例贯彻实施情况，听取审议文化旅游产业发展情况报告，助力9个重点产业发展。围绕生态环境保护，检查水土保持“一法一办法”、《中华人民共和国固体废物污染环境防治法》贯彻实施情况，听取审议年度环境状况和环境保护目标完成、黄河流域生态环境保护、公益诉讼检察服务先行区建设情况报告，开展实现碳达峰碳中和助推高质量发展专题调研、中华环保世纪行——宁夏行动，擦亮先行区建设生态“底色”。

2021年3月10日，自治区人大常委会执法检查组在平罗县检查贯彻实施《中华人民共和国社区矫正法》情况

围绕增进民生福祉，听取审议百万移民致富提升行动实施、编制实施“多规合一”实用性村庄规划、“互联网+教育”示范区建设、保就业工作情况报告，助推四大提升行动深入实施。围绕加强社会治理，检查防震减灾“一法一条例”、《中华人民共和国社区矫正法》、《中华人民共和国消防法》、《中华人民共和国公证法》贯彻实施情况，听取审议关于“七五”法治宣传教育决议贯彻落实情况报告，开展村(居)委会换届、打击防范电信网络诈骗犯罪等情况专题调研，推动社会和谐稳定发展。加大监督力度，增强监督实效。监督工作开展前专题辅导、细化方案、明确责任；监督过程中坚持问题导向、丰富检查手段，首次引入第三方力量评估固体废物污染环境防治法贯彻实施情况，力求“精、准、实”；监督结束后认真梳理问题、查找根源、提出建议，4项执法检查情况由常委会领导向常委会会议作报告，及时反馈检查结果和审议意见，督促有关方面整改落实。形成明确分工、专家培训、严格检查、反馈整改的执法检查新机制，有力地推动了政府及有关部门法定职责的履行、法律责任的落实。首次听取审议自治区监察委员会廉政教育工作情况专项报告，听取审议自治区高级人民法院民事执行工作情况，并开展专题询问，人大对“一府一委两院”的监督迈出新步伐。

【重大事项决定和任免】2021年，自治区人民代表大会及其常委会依法行使决定权和任免权，确保实现党的主张和人民意愿。认真落实《自治区党委关于健全自治区人大讨论决定重大事项制度、自治区政府重大决策出台前向自治区人大报告的实施意见》，健全机制，规范程序，做到依法决策、科学决策。作出关于契税适用税率等有关事项的法规性决定和调整预算、开展第八个五年法治宣传教育、市县乡人大换届选举时间、市县区人大代表名额等决议7件，确保党委决策部署通过法定程序转化为全区人民的共同意志。坚持党管干部原则，依法任免国家机关工作人员108人次，保证中央和自治区党委人事安排通过法定程序顺利实现。

【代表工作】2021年，自治区人民代表大会及其常委会完善代表工作机制，提高服务保障水平，加强代表议案建议办理，做到民有所呼、我有所应，使发挥人大代表作用成为人民当家作主的重要体现。健全“双联系”机制，代表履职服务扎实推进。加强常委会组成人员与人大代表的联系，邀请代表160人次参加调研、检查、督办等活动，邀请基层代表60人次列席常委会会议，召开常委会主要领导与列席代表座谈会。密切人大代表与群众的联系，支持代表参加原选区或原选举单位组织的活动，了解和反映人民群众的呼声和期盼。组织在宁夏全国人大代表赴外省(区)开展黄河流域生态保护及高质量发展专题调研、参加《中华人民共和国固体废物污染环境防治法》执法检查。指导市、县(区)累计建成标准化代表活动场所2005个，服务代表更好接地气、察民情、聚民智、惠民生。落实“两个高质量”要求，代表议案建议全部办结。主动联系沟通、组织调研、提供素材，服务代表提出高质量议案建议，第十三届全国人大第四次会议期间，宁夏代表团提出建议54件，其中6件被全国人大常委会确定为重点督办建议；常委会、“一府一委两院”和有关方面高度重视、认真办理自治区第十二届人大第四次会议期间代表提出的议案建议，5件议案、212件建议全部办结，其中11件重点督办建议由常委会领导领衔督办、自治区人民政府和高级人民法院领导领办，代表对办理工作和结果表示满意。依法加强工作指导，市县乡人大换届选举圆满完成。加强对市、县(区)人大工作的指导，支持基层人大依法履职、开展工作。修改实施选举法细则，为依法做好换届选举工作提供制度保障；出台做好县乡两级人民代表大会换届选举工作的意见，召开换届选举工作部署会议，制定实施方案和工作计划，统筹安排各阶段工作；通过实地调研、培训辅导、咨询答疑等方式跟进指导，保证换届选举依法有序进行。

【自身建设】2021年，自治区人大及其常委会坚持以政治建设为统领，全面加强自身建设，服务质量和工作水平进一步提升。强化思想建设，提高政治能力。严格落实“第一议题”制度，跟进学习习近平总书记重要讲话、重要文章和指示批示精神，认真学习中共十九届五中、六中全会和自治区党委第十二届十三次、十四次全会精神，开展常委会党组理论学习中心组学习12次，集中研讨6次，以理论清醒保证政治坚定，不断提高政治判断力、政治领悟力、政治执行力，增强“四个意识”、坚定“四个自信”、做到“两个维护”，始终在思想上政治上行动上同以习近平同志为核心的党中央保持高度一致。强化能力建设，增强履职本领。常态化组织常委会组成人员、人大代表、机关干部通过集体学习、讲座培训、网络平台等形式，深入学习重要会议、文件精神及宪法法律、业务知识，增强运用科学理论、法治思维、法治方式做好人大工作的能力。举办全区人大备案审查、监察司法、民族工作等培训班，配合全国人大民委在宁夏举办人大民族工作干部学习班。强化组织建设，壮大工作力量。加强党组织建设，成立4个专门委员会分党组，制定工作办法，有效提升党组织领导力组织力。优化人员配置，着力发挥专门委员会作用，各专门委员会共召开24次会议，高质量、高效率完成立法、监督、代表议案建议办理等工作。加强对机关党组和机关各级党组织的领导和工作指导，选配9名厅级干部担任党支部书记。自治区人大常委会机关被评为区直机关首批“让党中央放心、让人民群众满意”模范机关达标单位。强化作风建设，提升工作质效。深入贯彻落实中央八项规定及其实施细则精神，将自治区党委加强作风建设“八条禁令”新要求写入相关制度并严格执行。认真执行提高常委会会议审议质量的若干规定，召开常委会会议8次，组成人员出席率均保持在90%以上，发言总人次较上年提高50%，书面材料提交率达到70%以上，会议审议质量明显提升。召开“坚持以案促改、深化作风建设”专题民主生活会，开展违规吃喝隐形变异问题专项整治，树牢纪律规矩意识，切实维护人大常委会机关良好形象。

（周生元）

重要会议

【自治区第十二届人民代表大会第四次会议】2021年1月29日至2月1日，自治区第十二届人民代表大会第四次会议在银川市举行。大会共举行三次全体会议，大会主席团常务主席、执行主席陈润儿主持会议。会议听取和审议了自治区政府主席咸辉所作的政府工作报告、自治区人大常委会副主任李锐受自治区人大常委会委托所作的自治区人大常委会工作报告、自治区高级人民法院院长沙闻麟所作的自治区高级人民法院工作报告、自治区人民检察院检察长时侠联所作的自治区人民检察院工作报告，审查了《自治区国民经济和社会发展第十四个五年规划和二〇三五年远景目标纲要》，2020年国民经济和社会发展计划执行情况与2021年国民经济和社会发展计划草案的报告及2021年自治区国民经济和社会发展计划草案、2020年全区及区本级预算执行情况和2021年全区及区本级预算草案的报告及2021年全区及区本级预算草案，通过了各项决议草案。大会补选杨玉经、沈凡、沈左权为自治区第十二届人民代表大会常务委员会副主任，王文宇为自治区第十二届人民代表大会常务委员会秘书长，陈刚为自治区第十二届人民代表大会常务委员会委员，新当选的自治区第十二届人大常委会副主任、秘书长、委员进行了宪法宣誓。自治区党委书记、人大常委会主任陈润儿在闭幕会上讲话。

【自治区第十二届人大常委会第二十四次会议】2021年1月26日，自治区第十二届人大常委会召开第二十四次会议。自治区党委书记、人大常委会主任陈润儿，自治区人大常委会副主任李锐、姚爱兴、左军、吴玉才、彭友东、董玲及委员共47人出席会议。陈润儿主持会议并讲话。自治区监察委员会主任艾俊涛、自治区政府副主席王和山、自治区高级人民法院院长沙闻麟、自治区人民检察院检察长时侠联，自治区人大各专门委员会不是常委会组成人员的委员和常委会副秘书长、办公厅及各工作委员会负责人，自治区人民政府相关厅局负责人列席了会议。会议听取和审议了自治区政府关于2019年度自治区本级预算执行和其他财政收支审计查出问题整改情况的报告，自治区人大常委会代表资格审查委员会关于个别代表的代表资格的报告，自治区第十二届人民代表大会第四次会议筹备情况的报告，自治区第十二届人民代表大会第四次会议有关文件、名单草案和自治区人大常委会工作报告；作出了关于自治区第十二届人民代表大会第四次会议召开时间的决定，关于列席自治区第十二届人民代表大会第四次会议人员的决定；审议通过了有关人事任免议案。

【自治区第十二届人大常委会第二十五次会议】2021年3月25—26日，自治区第十二届人大常委会召开第二十五次会议。自治区党委书记、人大常委会主任陈润儿，自治区人大常委会副主任彭友东、姚爱兴、董玲、杨玉经、沈凡、沈左权，秘书长王文宇及委员共48人出席了会议。陈润儿主持会议并讲话。自治区监察委员会主任艾俊涛、自治区政府常务副主席张超超、自治区高级人民法院院长沙闻麟、自治区人民检察院检察长时侠联，邀请的10名自治区人大代表，自治区人大各专门委员会不是常委会组成人员的委员和常委会副秘书长、办公厅及各工作委员会负责人，自治区人民政府相关厅局负责人，各市、县(区)人大常委会负责人列席了会议。会议传达学习了第十三届全国人大第四次会议和全国政协第十三届第四次会议精神；审议通过了《宁夏回族自治区实施〈中华人民共和国全国人民代表大会和地方各级人民代表大会选举法〉细则》等4件地方性法规修正案，《宁夏回族自治区禁毒条例》等7件地方性法规修正案；废止了《宁夏回族自治区反不正当竞争条例》等3件地方性法规；作出了关于全区设区的市、县(市、区)、乡(镇)人民代表大会换届选举时间的决定，关于全区设区的市、县(市、区)人民代表大会代表名额的决定，关于调整自治区第十二届人民代表大会常务委员会代表资格审查委员会部分组成人员的决定；听取审议了自治区人大常委会执法检查组关于检查《中华人民共和国水土保持法》和《宁夏回族自治区实施〈中华人民共和国水土保持法〉办法》实施情况的报告，关于检查《中华人民共和国社区矫正法》实施情况的报告；审议通过了有关人事任免的议案。

【自治区第十二届人大常委会第二十六次会议】2021年5月10—11日，自治区第十二届人大常委会召开第二十六次会议。自治区党委书记、人大常委会主任陈润儿，自治区人大常委会副主任彭友东、姚爱兴、董玲、杨玉经、沈凡、沈左权，秘书长王文宇及委员共47人出席了会议。陈润儿主持会议并讲话。自治区监察委员会主任艾俊涛、自治区政府副主席刘可为、自治区高级人民法院院长沙闻麟、自治区人民检察院检察长时侠联，邀请的9名自治区人大代表，自治区人大各专门委员会不是常委会组成人员的委员和常委会副秘书长、办公厅及各工作委员会负责人，自治区政府相关厅局负责人，各市、县(区)人大常委会负责人列席了会议。会议初审了《宁夏回族自治区非物质文化遗产保护条例》修订草案；作出了关于废止《宁夏回族自治区泾河水源保护区条例》的决定、关于批准《银川市人民代表大会常务委员会关于废止〈银川市统计管理条例〉的决定》的决定、关于批准2021年自治区本级预算调整方案的决议、关于宁夏回族自治区契税适用税率等有关事项的决定、关于接受张超超和马汉成辞去自治区政府副主席职务请求的决定；审议了自治区人大常委会执法检查组关于检查《中华人民共和国防震减灾法》和《宁夏回族自治区防震减灾条例》实施情况的报告、自治区人民政府关于编制“多规合一”实用性村庄规划及其实施情况的报告；审议通过了有关人事任免议案。

【自治区第十二届人大常委会第二十七次会议】2021年6月6日，自治区第十二届人大常委会召开第二十七次会议。自治区党委书记、人大常委会主任陈润儿，自治区人大常委会副主任彭友东、姚爱兴、董玲、杨玉经、沈凡、沈左权，秘书长王文宇及委员共45人出席了会议。陈润儿主持会议并讲话。自治区监察委员会主任艾俊涛、自治区政府副主席刘可为、自治区高级人民法院院长沙闻麟、自治区人民检察院检察长时侠联，自治区人大各专门委员会不是常委会组成人员的委员和常委会副秘书长、办公厅及各工作委员会负责人，自治区政府相关厅局负责人列席了会议。会议审议通过了有关人事任免议案。

【自治区第十二届人大常委会第二十八次会议】2021年7月28—30日，自治区第十二届人大常委会召开第二十八次会议。自治区党委书记、人大常委会主任陈润儿，自治区人大常委会副主任彭友东、姚爱兴、董玲、杨玉经、沈凡、沈左权，秘书长王文宇及委员共48人出席了会议。陈润儿主持会议并讲话。自治区监察委员会主任艾俊涛、自治区政府副主席陈春平、自治区高级人民法院院长沙闻麟、自治区人民检察院检察长时侠联，邀请的8名自治区人大代表，自治区人大不是常委会组成人员的各专门委员会委员和常委会副秘书长、办公厅及各工作委员会负责人，自治区政府相关厅局负责人，各市、县(区)人大常委会负责人列席了会议。会议审议通过了《宁夏回族自治区非物质文化遗产保护条例》修订草案、《宁夏回族自治区城市绿化管理条例》等4件地方性法规修正案，作出了关于深入开展第八个五年法治宣传教育的决议，审查批准了《银川市人民代表大会常务委员会关于修改〈银川市文明行为促进条例〉的决定》和2020年自治区本级财政决算;听取和审议了自治区人民政府关于2020年全区及区本级财政决算草案的报告、关于2020年度自治区本级预算执行和其他财政收支情况的审计工作报告、关于2021年以来国民经济和社会发展计划执行情况的报告、关于"七五"法治宣传教育决议贯彻落实情况的报告、关于"互联网+教育"示范区建设情况的报告、关于黄河流域生态环境保护情况的报告和自治区人民检察院关于公益诉讼检察服务宁夏建设黄河流域生态保护和高质量发展先行区情况的报告、自治区人大常委会代表资格审查委员会关于个别代表的代表资格的报告;审议通过了有关人事任免议案。

【自治区第十二届人大常委会第二十九次会议】2021年9月22—24日,自治区第十二届人大常委会召开第二十九次会议。自治区党委书记、人大常委会主任陈润儿,自治区人大常委会副主任彭友东、董玲、杨玉经、沈凡、沈左权,秘书长王文宇及委员共48人出席了会议。陈润儿主持会议并讲话。自治区监察委员会主任艾俊涛、自治区政府副主席杨东、自治区人民检察院检察长时侠联、自治区高级人民法院副院长李帆,邀请的11名自治区人大代表,自治区人大各专门委员会不是常委会组成人员的委员和常委会副秘书长、办公厅及各工作委员会负责人,自治区政府相关厅局负责人,各市、县(区)人大常委会负责人列席了会议。会议审议通过了《宁夏回族自治区土壤污染防治条例(草案)》、《宁夏回族自治区见义勇为人员奖励和保护条例》修订草案、《宁夏回族自治区公证条例》修订草案,审查批准了《银川市市政设施管理条例》、《石嘴山市物业管理条例》和《银川市人民代表大会常务委员会关于修改〈银川市学生校外就餐休息场所卫生管理条例〉等六件地方性法规的决定》、关于废止《银川市建筑工地公共卫生管理条例》的决定,作出了关于批准2021年自治区本级预算调整方案(第二次)的决议、关于接受赖蛟辞去自治区政府副主席职务请求的决定,听取审议了自治区人民政府关于2021年1—8月全区及区本级财政预算执行情况的报告、关于文化旅游产业发展情况的报告和自治区监察委员会关于开展廉政教育工作情况的报告、自治区人大常委会执法检查组关于检查《宁夏回族自治区枸杞产业促进条例》实施情况的报告、自治区人大常委会代表资格审查委员会关于个别代表的代表资格的报告;审议通过了有关人事任免议案。

【自治区第十二届人大常委会第三十次会议】2021年11月29—30日,自治区第十二届人大常委会召开第三十次会议。自治区党委书记、人大常委会主任陈润儿,自治区人大常委会副主任彭友东、姚爱兴、董玲、杨玉经、沈凡、沈左权,秘书长王文宇及委员共43人出席了会议。陈润儿主持会议并讲话。自治区监察委员会主任艾俊涛、自治区政府副主席杨培君、自治区政协副主席马秀珍、自治区高级人民法院院长沙闻麟、自治区人民检察院检察长时侠联,邀请的10名自治区人大代表,自治区人大不是常委会组成人员的各专门委员会委员和常委会副秘书长、办公厅及各工作委员会负责人,自治区政府相关厅局负责人,各市、县(区)人大常委会负责人列席了会议。会议传达学习了中央人大工作会议精神,审议通过了《宁夏回族自治区长城保护条例(草案)》、《宁夏回族自治区行政执法监督条例》等4件地方性法规修正案草案、《宁夏回族自治区人口与计划生育条例》修正案草案,审查批准了《银川市生活垃圾分类管理条例》《固原市人民代表大会常务委员会关于修改〈固原市城市环境卫生管理条例〉的决定》,作出了关于召开自治区第十二届人民代表大会第五次会议的决定,听取和审议了自治区人民政府关于全区保就业工作情况、关于2020年度国有资产管理情况的综合报告和关于2020年度国有自然资源资产管理情况的专项报告、关于宁夏百万移民致富提升行动实施情况的报告、关于2021年环境状况和环境保护目标完成情况的报告、关于自治区第十二届人大第四次会议代表建议办理情况的报告、自治区人大常委会关于自治区第十二届人大第四次会议代表议案及部分代表建议批评和意见处理结果的报告、自治区高级人民法院关于民事执行工作情况的报告,就自治区高级人民法院民事执行工作情况进行了专题询问;审议通过了有关人事任免议案。

【自治区第十二届人大常委会第三十一次会议】2021年12月23日,自治区第十二届人大常委会召开第三十一次会议。自治区人大常委会党组副书记、副主任彭友东,副主任姚爱兴、董玲、杨玉经、沈左权,秘书长王文宇及委员共36人出席了会议。彭友东主持会议。自治区政府副主席王道席、自治区监察委员会副主任刘跃成、自治区高级人民法院副院长李帆、自治区人民检察院副检察长李桂兰,自治区人大不是常委会委员的专门委员会组成人员和常委会副秘书长、办公厅及各工作委员会负责人,自治区人民政府及相关厅局负责人列席了会议。会议审议了自治区政府关于提请审议

2021年自治区本级预算调整方案(第三次)的议案,作出了关于批准2021年自治区本级预算调整方案(第三次)的决议。

【其他会议】2021年4月15日,自治区人大常委会召开全区人大立法工作会议。自治区人大常委会副主任彭友东出席会议并讲话,自治区人大常委会副主任沈凡主持会议,秘书长王文宇出席会议。4月23日,全区县乡人大换届选举工作联席会议召开第一次会议,传达学习有关会议、文件精神,讨论通过联席会议工作规则,明确了各成员单位任务。联席会议第一召集人、自治区人大常委会副主任、党委组织部常务副部长沈凡主持会议并讲话。4月29日,自治区人大常委会召开视频会议,对全区县乡人大换届选举工作进行全面部署和专题培训。自治区人大常委会副主任彭友东出席会议并讲话,自治区人大常委会副主任、党委组织部常务副部长沈凡对换届选举组织工作作了部署。9月24日,自治区党委书记、人大常委会主任陈润儿与列席自治区第十二届人大常委会第二十九次会议的基层代表座谈,听取代表对深入实施“四大提升行动”、全面促进乡村振兴的意见建议。自治区人大常委会副主任彭友东、沈凡参加座谈。11月30日,自治区第十二届人大常委会第三十次会议召开联组会议,专题询问法院民事执行工作情况。自治区人大常委会副主任彭友东、姚爱兴、董玲、杨玉经、沈凡、沈左权,秘书长王文宇出席会议,沈左权主持会议。

(周生元)

重要活动

【全国人大常委会在宁活动】2021年5月17—21日,全国人大常委会委员、社会建设委员会副主任委员邓凯一行到宁夏,调研宁夏贯彻实施《中华人民共和国妇女权益保障法》及妇女维权工作,听取妇女权益保障法修订草案(征求意见稿)的意见建议。自治区人大常委会副主任彭友东、董玲、沈左权陪同调研。5月25日,全国人大常委会法工委副主任张勇一行到宁夏,调研宁夏备案审查工作及备案审查信息平台建设使用和数据库建设等情况。自治区人大常委会副主任沈凡陪同调研。6月15—17日,全国人大常委会法工委社会法室主任郭林茂一行到宁夏,调研宁夏家庭教育立法情况。自治区人大常委会副主任沈凡陪同调研。7月14—16日,全国人大常委会委员、全国人大民族委员会主任委员白春礼一行到宁夏,调研宁夏健全完善民族政策法规体系、铸牢中华民族共同体意识、促进民族团结进步、宗教领域突出问题治理等工作。全国人大常委会委员、全国人大民族委员会副主任委员肖怀远,全国人大常委会委员、全国人大民族委员会副主任委员李锐,自治区党委书记、人大常委会主任陈润儿,常委会副主任彭友东、杨玉经参加有关活动。7月14—16日,全国人大宪法和法律委员会副主任委员周光权一行到宁夏,调研宁夏的审计法修改工作情况。自治区人大常委会副主任彭友东、沈凡陪同调研。7月14—17日,全国人大常委会副委员长、农工党中央主席、中国红十字会会长陈竺一行到宁夏,调研宁夏完善基层卫生健康服务体系情况。自治区人大常委会副主任彭友东、姚爱兴陪同调研。7月16日,全国人大常委会副委员长、民盟中央主席丁仲礼一行到宁夏,调研黄河黑山峡河段开发情况。自治区人大常委会副主任董玲陪同调研。8月25—27日,全国人大常委会副委员长郝明金带领执法检查组到宁夏,检查宁夏贯彻实施《中华人民共和国公证法》情况。全国人大常委会委员、全国人大监察和司法委员会副主任委员徐显明、高友东,全国人大常委会委员、全国人大监察和司法委员会委员王长河参加执法检查。自治区人大常委会副主任彭友东、沈左权陪同检查。9月6—9日,全国人大常委会副委员长白玛赤林带领执法检查组到宁夏,检查宁夏贯彻实施《中华人民共和国消防法》情况。全国人大社会建设委员会副主任委员刘粤军、全国人大社会建设委员会委员郎友良等参加执法检查。自治区人大常委会副主任彭友东、沈左权陪同检查。9月28—29日,第二十三期全国人大民族工作干部学习班在银川市举行。全国人大常委会副委员长曹建明出席并讲话,全国人大民族委员会主任委员白春礼主持。全国人大民族委员会副主任委员肖怀远、陈豪、乃依木·亚森、吴社洲、李康、李锐、史大刚、哈尼巴提·沙布开参加。自治区人大常委会副主任彭友东在学习班开班式上致辞,自治区人大常委会副主任杨玉经参加学习班活动。

【执法检查】2021年3月5日、3月8—9日,自治区人大常委会副主任董玲带领执法检查组到银川市、吴忠市、固原市、中卫市,检查全区贯彻实施《中华人民共和国水土保持法》《宁夏回族自治区实施〈中华人民共和国水土保持法〉办法》情况。3月10—12日,自治区人大常委会副主任沈左权带领执法检查组到银川市、石嘴山市、吴忠市,检查全区贯彻实施《中华人民共和国社区矫正法》情况。4月25—28日,自治区人大常委会副主任姚爱兴带领执法检查组到银川市、石嘴山市、中卫市,检查全区贯彻实施《中

2021年4月15日，自治区人大立法工作会议在银川市召开

华人民共和国防震减灾法》和《宁夏回族自治区防震减灾条例》情况。5月25—27日，自治区人大常委会副主任彭友东带领执法检查组到吴忠市、固原市、中卫市，检查全区贯彻实施《中华人民共和国固体废物污染环境防治法》情况。5月25—28日，自治区人大常委会副主任姚爱兴带领执法检查组到银川市、石嘴山市、宁东能源化工基地，检查全区贯彻实施《中华人民共和国固体废物污染环境防治法》情况。6月16—18日，自治区人大常委会副主任董玲带领执法检查组到银川市、石嘴山市、吴忠市、固原市、中卫市，检查全区贯彻实施《中华人民共和国畜牧法》情况和新修订的《中华人民共和国动物防疫法》实施情况。9月3日，自治区人大常委会副主任董玲带领执法检查组到银川市，检查全区贯彻实施《宁夏回族自治区枸杞产业促进条例》情况。

【专题调研】2021年2月25日，自治区人大常委会副主任杨玉经到中卫市，调研电子信息产业发展情况。4月11—17日，自治区人大常委会副主任姚爱兴带队到安徽、海南两省，调研文化和旅游产业发展情况。4月11—17日，自治区人大常委会副主任董玲带队到福建、江苏两省，调研“多规合一”实用性村庄规划的编制情况及农业优势特色产业发展情况。4月12—16日，自治区人大常委会副主任杨玉经带队到河南、山西两省，就制定《宁夏回族自治区建设黄河流域生态保护和高质量发展先行区促进条例》《宁夏回族自治区优化营商环境条例》进行调研。4月20日，自治区人大常委会副主任彭友东、秘书长王文宇到吴忠市，督办包抓重点信访事项，调研同心工业园区复工达产及常态化疫情防控、机关驻村帮扶点工作情况。4月20—22日，自治区人大常委会副主任沈左权一行到银川市、吴忠市、中卫市，调研全区两委换届工作情况。4月21日、4月23日，自治区人大常委会副主任杨玉经一行到石嘴山市、吴忠市，就制定《宁夏建设黄河流域生态保护和高质量发展先行区促进条例》《宁夏回族自治区优化营商环境条例》立法工作进行调研。4月28—29日，自治区人大常委会副主任董玲一行到银川市、石嘴山市、吴忠市、中卫市，调研全区编制“多规合一”实用性村庄规划及其实施工作进展情况。5月17—21日，自治区人大常委会副主任杨玉经一行到银川市、固原市、中卫市，就制定《宁夏建设黄河流域生态保护和高质量发展先行区促进条例》《宁夏回族自治区优化营商环境条例》立法工作进行调研。5月18—21日，自治区人大常委会副主任沈凡一行到银川市、石嘴山市、吴忠市、固原市、中卫市，调研督导全区县乡人大换届选举工作情况。5月19日，自治区人大常委会副主任彭友东到石嘴山市，就包抓的新材料产业情况进行调研。5月26—27日，自治区人大常委会副主任董玲到固原市、中卫市，督办包抓的“十大工程”、包案的信访案件工作情况。6月3日，自治区人大常委会副主任杨玉经一行到宁东能源化工基地，调研央企参股企业运营情况。6月7—11日，自治区人大常委会副主任杨玉经带队到湖北、江苏两省，就制定《宁夏回族自治区建设黄河流域生态保护和高质量发展先行区促进条例》立法工作进行调研。6月23—24日，自治区人大常委会副主任杨玉经一行到银川市、石嘴山市，就进一步发挥海外侨胞在共建“一带一路”和经济建设中重要作用情况进行调研。6月23日，自治区人大常委会副主任董玲一行到银川市，调研枸杞与医药保健产业发展情况。6月23—25日，自治区人大常委会副主任沈左权一行到银川市、石嘴山市、固原市、中卫市，就自治区人民检察院关于公益诉讼检察服务宁夏建设黄河流域生态保护和高质量发展先行区工作情况开展调研。7月5—9日，自治区人大常委会副主任姚爱兴一行到银川市、吴忠市、固原市、中卫市，调研“互联网+教育”示范区建设情况。7月7日，自治区人大常委会副主任杨玉经一行到银川市，就进一步发挥海外侨胞在共建“一带一路”和经济建设中的重要作用情况进行调研。7月13日，自治区人大常委会副主任董玲一行到吴忠市，调研全区枸杞产业发展情况。7月21—22日，自治区人大常委会副主任杨玉经带队到北京，调研碳达峰与碳中和有关工作情况。8月5—6日，自治区人大常委会副主任姚爱兴一行到银川市、石嘴山市、吴忠市、中卫市，调研全区奶产业重点项目建设情况。9月6—8日，自治区人大常委会副主任杨玉经一行到银川市、固原市，调研全区政府债务管理情况。9月12—16日，自治区人大常委会副主任董玲带队到吉林省，调研人参产业发展及吉林省人参产业条例立法实践与实施情况。9月16—18日，自治区人大常委会副主任杨玉经带队到内蒙古自治区，调研民族工作和宗教工作法治化建设情况。10月9日，自治区人大常委会副主任杨玉经带队到河北省，调研人大监督地方政府债务工作情况。10月13日，自治区人大常委会副主任董玲一行到石嘴山市，督办包抓的城乡供水一体化工程建设情况。10月19—21日，自治区人大常委会副主任沈左权一行到银川市、吴忠市、固原市，调研全区保就业工作情况。11月25日，自治区人大常委会副主任姚爱兴一行到银川市，调研贯彻落实中央人大工作会议精神情况。11月25日，自治区人大常委会副主任董玲一行到石嘴山市，调研贯彻落实中央人大工作会议精神情况。12月1日，自治区人大常委会副主任、总工会主席沈左权一行到中卫市，调研贯彻落实中央人大工作会议精神情况。12月1—2日，自治区人大常委会副主任杨玉经一行到吴忠市，调研贯彻落实中央人大工作会议精神情况。12月6—7日，自治区人大常委会副主任沈凡一行到固原市，调研贯彻落实中央人大工作会议精神情况。12月9日，自治区人大常委会副主任姚爱兴一行到自治区农业农村厅，调研全区奶产业发展情况。12月13日，自治区人大常委会副主任沈左权一行到银川市，调研公安机关打击防范电信网络诈骗犯罪工作情况。12月15日，自治区人大常委会副主任杨玉经一行到银川市，调研2020年度自治区本级预算执行和其他财政收支审计查出问题整改落实情况。12月16—17日，自治区人大常委会副主任沈左权一行到固原市，调研公安机关打击防范电信网络诈骗犯罪工作情况。12月22日，自治区人大常委会副主任董玲一行到银川市，调研宁夏枸杞线上销售情况。12月30日，自治区人大常委会副主任杨玉经主持召开专题推进会，就包抓的电子信息产业发展情况进行研究。

【重点建议督办】2021年5月8日，自治区人大常委会副主任杨玉经带领督办组到盐池县，就自治区第十二届人大第四次会议上马冬梅等3名代表提出的《关于将宁夏东部片区纳入自治区“一核两带三片区”文旅空间发展格局建设的建议》办理情况进行督办。7月15—16日，自治区人大常委会副主任董玲带领督办组到中卫市，就自治区第十二届人大第四次会议上郭爱迪等代表提出的《关于完善宁夏中部干旱带西线供水沙坡头区兴仁片区工程的建议》、李晓波等代表提出的《支持建设中部干旱带海原西安供水工程的建议》办理情况进行督办。9月27日，自治区人大常委会副主任杨玉经主持召开督办协调会，就自治区第十二届人大第四次会议上陈建兵代表提出的《关于推进银川国际公铁物流港建设国家一类铁路口岸的建议》办理情况进行督办。10月18日，自治区党委书记、人大常委会主任陈润儿带领督办组到石嘴山市，就自治区第十二届人大第四次会议上张艳芬代表提出的《关于打造宁夏黄河流域生态旅游产业带的建议》办理情况进行督办。11月19日，自治区人大常委会副主任杨玉经主持召开督办座谈会，就自治区第十二届人大第四次会议上马冬梅等3名代表提出的《关于将宁夏东部片区纳入自治区“一核两带三片区”文旅空间发展格局建设的建议》办理情况向代表作答复。12月6—7日，自治区人大常委会副主任沈凡一行到固原市，就自治区第十二届人大第四次会议上赵晓东代表提出的《关于对彭阳县“互联网+城乡供水”建设给予支持的建议》办理情况进行督办。

【培训交流】2021年4月15—16日，自治区人大常委会法制工作委员会在银川市举办全区立法工作培训班。自治区人大代表、自治区人大常委会机关、自治区政府有关厅局和市、县（区）人大常委会有关负责人等160人参加培训。5月30日至6月5日，自治区人大常委会监察和司法工作委员会在浙江大学举办全区人大监察和司法工作培训班。自治区人大常委会部分委员、监察和司法委员会组成人员，自治区人大代表和市、县（区）人大常委会有关负责人80人参加培训。9月28—29日，自治区人大常委会民族宗教外事侨务工作委员会在银川市举办全区人大民族工作干部培训班。自治区人大常委会机关和市、县（区）人大常委会及民族工作部门负责人共计59人参加培训。

（周生元）

专门委员会与工作委员会

【法制委员会与法制工作委员会】2021年，法制委员会、法制工作委员会服务常委会对30件（其中，制定3件，修改23件，废止4件）法规草案进行了审议。审查设区的地级市报请批准的法规13件。向常委会会议和主任会议提出法规草案审议结果的报告、审查意见的报告、审查和修改情况的报告54件次。坚持党对立法工作的领导，紧紧围绕党中央重大决策部署和自治区党委工作要求跟进立法。抓好重点领域立法。组建联合起草专班，深入开展制定《宁夏回族自治区建设黄河流域生态保护和高质量发展先行区促进条例》立法调研，把党中央政策精神与地方实际相结合，坚持“重在保护、要在治理”的要求，突出先行先试，为加强生态保护和高质量发展提供法治保障。加强生态环保领域立法，审议通过《宁夏回族自治区土壤污染防治条例》。坚持资源节约集约、循环利用和低碳环保的理念，修改完善《宁夏回族自治区绿色建筑发展条例》《宁夏回族自治区城市绿化管理条例》，促进绿色低碳发展。适应经济发展新阶段的要求，持续优化营商环境，激发市场主体活力，审议《宁夏回族自治区优化营商环境条例》《宁夏回族自治区促进中小企业发展条例》；修改完善《宁夏回族自治区建筑管理条例》《宁夏回族自治区行政执法监督条例》和关于实施行政处罚法行政罚款限额的规定，保障各类市场主体平等参与市场竞争；废止《宁夏回族自治区进出口商品检验监督管理条例》《宁夏回族自治区反不正当竞争条例》《宁夏回族自治区人才资源开发条例》，使立法与改革相伴而行，助力全区改革攻坚和高质量发展。加强社会领域立法和惠民立法。修订完善《宁夏回族自治区见义勇为人员奖励和保护条例》《宁夏回族自治区禁毒条例》《宁夏回族自治区消费者合法权益保护条例》《宁夏回族自治区动物防疫条例》；审查了《银川市城市生活垃圾分类管理条例》《银川市城市供热条例》《银川市城市物业管理条例》。根据国家人口和计划生育政策调整，修改完善了《宁夏回族自治区计划生育条例》，落实“三孩”生育政策，制定了更加积极的人口生育政策，促进人口长期均衡发展。发挥社会主义核心价值观在地方立法中的价值导向作用，将培育和践行社会主义核心价值观融入立法之中，审议《宁夏回族自治区见义勇为人员奖励和保护条例》修订草案中，简化见义勇为人员确认程序，细化见义勇为人员的保护措施，提高见义勇为人员的奖金标准。审议制定《宁夏回族自治区长城保护条例》，加强全区长城及其环境风貌的保护，规范长城的利用行为。根据自治区党委全面依法治区委员会的统一部署，组织开展对现行有效的地方性法规的集中清理。将清理出的58件法规全部纳入修改废计划，统筹安排、分步实施，常委会已审议修订修正23件，废止4件；设区的地级市已修订修正10件，废止2件。组织开展对行政处罚法修订后地方性法规的专项清理，对与行政处罚法“不一致、不衔接、不配套”的问题集中清理，提出了清理意见，规范了行政处罚的实施，完善了行政法律制度，对改善行政管理、提高执法水平、保障公民和组织合法权益起到积极的作用。开展涉计划生育地方性法规的专项清理，确保新时代国家人口与计划生育政策落地落实。做好报批法规审查，推进设区市地方立法工作。对设区的地级市报批的地方性法规严格把握合法性审查标准，提高审查质量。审查工作前置，将规范性、合理性等问题解决在法规报批之前。既注重合法性审查，也从体例结构、技术规范等方面给予指导，共批准设区的地级市地方性法规13件（其中，批准银川市修改9件、废止2件，石嘴山市制定1件，固原市修正1件）。加强对设区的地级市人大立法工作培训，通过办班学习、法规研讨、线上交流等形式，提高其立法能力和立法水平。

提高立法质量效率，统一审议工作中，创新工作方法，完善工作机制，把科学立法、民主立法、依法立法的要求落实到立法的各环节中。注重发挥立法的主导作用，在确定立法选题、组织法规起草、审议把关等方面，发挥统筹协调推动作用。严格立法计划编制，多方论证项目选题，科学选定立法项目，增强立法的针对性、适用性和可操作性。对重点立法项目，探索与相关部门共同组成工作专班，集中力量攻坚起草，确保按时完成起草任务。改进立法专家咨询工作，安排专家全过程参与调研论证，发挥专家智库作用。将先行区促进条例和土壤污染防治条例作为立法协商项目，听取政协委员和各方面的意见，广泛凝聚立法共识。坚持法规草案公开征求意见，发挥基层立法联系点“民意直通车”作用，聚民智、惠民生、接地气，确保所立之法立得住、行得通、真管用。

【财政经济委员会与预算工作委员会】2021年，财政经济委员会共召开财经委全体会议7次。财政经济委员会、预算工作委员会服务人代会、常委会开展立法工作4项，听取和审议计划、“十四五”规划、预决算等草案和专项工作报告13项，开展区内外调研20次、形成调研报告9篇，办理重点督办建议1件。立法工作。认真贯彻党中央和自治区党委建设黄河流域生态保护和高质量发展先行区部署要求，服务常委会制定《宁夏回族自治区建设黄河流域生态保护和高质量发展先行区促进条例》。聚焦市场主体权益保护、政务服务、融资难等问题，服务常委会初审《宁夏回族自治区优化营商环境条例》《宁夏回族自治区促进中小企业发展条例》，用法治手段破解市场主体和中小企业发展存在的突出困难和问题。按照全国人大部署要求，及时出台与国家上位法相配套的《宁夏回族自治区契税适用税率等有关事项的决定》，保证了全区契税现行税制框架不变，税负水平总体平稳。监督工作。认真学习贯彻中共中央办公厅印发的《关于加强地方人大对政府债务审查监督的意见》要求，提请自治区党委制定《关于加强人大对政府债务审查监督的实施意见》，推动政府在预算草案、预算调整方案、决算草案和报告中，及时、完整、真实编制政府债务。开展政府债务管理监督调研，认真审查年度自治区本级三次预算调整方案，确保政府债务资金的安排使用更好地体现党中央和自治区党委的决策部署。紧紧围绕先行区建设，服务人代会审查了《自治区国民经济和社会发展第十四个五年规划和二〇三五年远景目标纲要》、自治区2020年国民经济和社会发展计划执行情况与2021年国民经济和社会发展计划，服务常委会听取审议了自治区政府关于2021年以来国民经济和社会发展计划执行情况的报告，推动9个重点产业、十大工程项目、四大提升行动落地见效。增强预算决算审查监督实效，服务人代会审查了2020年全区及区本级预算执行情况和2021年全区及区本级预算，服务常委会审查批准了2020年全区及区本级财政决算情况的报告、关于2020年度自治区本级预算执行和其他财政收支情况的审计工作报告、关于2021年以来全区及区本级财政预算执行情况的报告、关于2019年度自治区本级预算执行和其他财政收支审计查出问题整改情况的报告，增加反映自治区9个重点产业、十大工程项目、减税降费等内容的17张表格，切实提高预算审查监督的针对性和实效性。加强人大国资管理监督，有效履行国资监督职责。连续4年听取审议自治区人民政府关于国有资产管理情况的综合报告，首次审议国有自然资源资产管理情况专项报告，为切实做好审议报告准备工作，组成专题调研组，赴国家电投宁夏能源铝业公司、中色(宁夏)东方集团等企业，对全区参股央企生产经营、治理体系建设等情况开展调研。代表工作。与代表密切联系，与相关部门加强沟通，认真督办张建兵代表提出的《关于推进银川国际公铁物流港建设国家一类铁路口岸的建议》，督促主办单位及时向国家口岸办上报《宁夏回族自治区人民政府〈关于请支持银川铁路口岸临时开放的函〉》，促成建议提出代表联合商务厅口岸管理处、银川公铁物流服务中心专程前往国家口岸管理办公室汇报宁夏口岸管理工作，督促完成《宁夏铁路口岸开放调研报告》，代表对建议的办理结果表示满意。

【监察和司法委员会与监察和司法工作委员会】2021年，监察和司法委员会共召开监察和司法委员会全体会议5次。监察和司法委员会、监察和司法工作委员会服务常委会开展立法工作5项，开展执法检查1项，听取审议专项工作报告4项，作出决议1项，专题调研1项，办理议案1件，专题询问1次，督办重点处理代表建议1件。立法工作。服务常委会做好《宁夏回族自治区见义勇为人员奖励和保护条例》修订工作，主动落实社会主义核心价值观入法部署，邀请部分自治区人大代表、立法咨询委员会专家全程参与调研论证，有效提高立法质量。在服务常委会修订《宁夏回族自治区公证条例》工作中，积极适应改革发展需要，充分考虑公证改革对立法工作需求，处理好稳定性和可操作性的关系，强化对国家上位法规定条款的细化和补充。在修订《宁夏回族自治区禁毒条例》《宁夏回族自治区行政执法监督条例》工作中，对照上位法和中央文件要求逐条研究，比较好地处理了政策措施与法规制度、上位法与地方立法之间的关系，促进严格规范执法。对涉及监察司法工作方面现行有效的17件法规、16件常委会决议决定全面梳理，严格审核把关，扎实开展相关立改废调研论证工作。监督工作。服务常委会听取和审议自治区政府《关于"七五"法治宣传教育决议贯彻落实情况的报告》，作出了"八五"法治宣传教育决议。在深入调查研究，协调自治区政法有关部门分析评估全区"七五"法治宣传教育成效基础上，根据常委会审议关于深入开展第八个五年法治宣传教育的决议(草案)时提出的全区普法工作存在的一些主体责任落实不够到位，普法的针对性、精准性、实效性还不强等问题，充分吸收意见建议，有效提高草案质量，为全面推进全区"八五"法治宣传教育工作提供了有力法治保障。开展《中华人民共和国社区矫正法》贯彻实施情况执法检查，由常委会分管副主任在常委会上作执法检查报告，根据审议意见，就加大社区矫正法的宣传教育力度、完善社区矫正协同联动机制等方面工作加强跟踪督办，促进解决突出问题，确保社区矫正工作依法有效推进。开展公安机关惩治防范电信网络诈骗犯罪专题调研，针对严格法律法规贯彻落实，严惩电信诈骗违法犯罪行为提出针对性意见建议，促进公安机关依法严厉打击防范电信网络诈骗犯罪，维护人民群众合法权益。坚持审慎稳妥依法有序原则，服务常委会首次听取和审议自治区监委专项工作报告。自治区监委按规定报经中央纪委国家监委和自治区党委同意，确定将开展廉政教育工作情况作为首次向自治区人大常委会报告专项工作的选题。为协助常委会做好听取和审议专项报告工作，主动加强与自治区监委沟通协调，邀请全国人大监察和司法委监察室负责人为全区人大系统监察司法工作培训班做专项讲座，对全区监察机关开展廉政教育工作情况进行调研，并根据常委会审议反馈意见，做好跟踪督办，确保常委会首次听取和审议监委专项工作报告依法按要求开展，取得预期成效。聚焦“两院”热点，促进司法公平正义。服务常委会听取和审议自治区高院关于民事执行工作情况的报告，并开展专题询问。与高院加强沟通协调，梳理人民群众普遍关注的“执行难”突出问题，精心研究制定专题询问工作方案，在常委会第三十次会议联组会议上，自治区高院、检察院以及公安厅等部门主要负责人到会应询。专题询问引起各大媒体的聚焦和社会各界的广泛关注。常委会委员和代表提出的询问问题，得到自治区高院及执行联动单位高度重视，专题研究落实，加强工作改进。服务常委会听取和审议《自治区人民检察院〈关于公益诉讼检察服务黄河流域生态保护和高质量发展先行区建设情况〉的报告》。深入基层调研，了解检察机关的工作措施、成效以及存在的问题，并根据常委会组成人员审议意见，持续跟踪监督，力促检察机关发挥公益诉讼职责，为先行区建设提供法治保障。代表工作。完成《关于修订〈宁夏回族自治区见义勇为人员奖励和保护条例〉的议案》《关于加大力度解决案件执行难问题》的重点建议的办理和督办。先后邀请22人次人大代表参加常委会执法检查、专题视察、专项调研和业务培训等活动，通过组织旁听案件庭审，见证民事执行，参加“两院”开放日活动，深度了解全区司法工作实践。

【社会建设委员会】2021年，社会建设委员会服务常委会开展立法工作3项，执法检查1项，听取和审议专项工作报告1项，专题调研1项。立法工作。开展《宁夏回族自治区慈善事业促进条例》立法调研，调研组赴山东、湖北开展调研，学习借鉴慈善立法成熟经验和慈善事业发展的成功做法，重点就条例中建立健全慈善工作协调机制、慈善领域信息公开、有效引导和矫正慈善行为等薄弱环节进行深入探讨。深入贯彻落实习近平总书记关于注重家庭、注重家教、注重家风的重要指示精神，牵头组织并与自治区妇联和北方民族大学起草《宁夏回族自治区家庭教育促进条例》草案文本，先后7次进行讨论修改完善，形成了《宁夏回族自治区家庭教育促进条例（草案）》及说明、家庭教育政策法规汇编等资料。对自治区人民政府《关于加强应急救援队伍建设管理的若干意见》等文件规范性文件进行审查并反馈审查意见。监督工作。开展全区村（居）委会换届工作专题调研，重点了解全区村（居）委会换届选举工作组织情况，换届中有无违反法律法规情形以及查处情况，并听取各方面对《中华人民共和国村民委员会组织法》《中华人民共和国城市居民委员会组织法》及自治区相关实施办法的修改意见，形成调研报告，批转相关部门办理。服务常委会听取审议自治区人民政府《关于全区保就业工作情况报告》，对全区保就业工作进行调研，深入了解高校、职业院校毕业生、农村转移劳动力、退役军人、困难群众等重点群体就业情况和存在的困难问题，强化各级政府抓落实的政治自觉和企业主体稳定就业岗位的社会责任，有效推动中央和自治区党委稳就业保就业决策部署贯彻落实。服务保障全国人大调研组到宁夏开展妇女权益保障法立法调研工作。9月，全国人大常委会副委员长白玛赤林带领全国人大常委会执法检查组到宁夏，对宁夏实施《中华人民共和国消防法》情况进行执法检查。按照全国人大常委会办公厅通知要求和自治区人大常委会安排部署，认真开展前期调研，向检查组提供基础数据和基本情况，积极沟通协调，实地指导有关部门和单位做好接受执法检查的准备工作，有力保障了执法检查任务的圆满完成。

【教育科学文化卫生工作委员会】2021年，教育科学文化卫生工作委员会服务常委会开展立法工作5项，执法检查1项，听取审议专项工作报告2项，办理代表议案2件，重点督办代表建议2件。立法工作。服务常委会修订《宁夏回族自治区非物质文化遗产保护条例》，通过建立非物质文化遗产代表性项目名录、设立非物质文化遗产保护专项资金、打破非遗传承人“终身制”、将非遗保护传承工作融入国民教育体系等，为非遗保护和发展提供强有力的法治保障。制定《宁夏回族自治区长城保护条例》，规范完善长城保护责任、健全保护体制机制、发掘长城利用的文化价值和精神内涵、充实监管方式等方面的内容。开展《宁夏回族自治区实施〈中华人民共和国红十字会法〉办法》《宁夏回族自治区教育督导条例》等法规立法调研,推进立法进程。对教科文卫领域现行有效的24部地方性法规进行全面清理,并提出分批分类处理的建议。严格对照相关法律法规规定,对《自治区人民政府关于公布自治区第八批全国重点文物保护单位保护范围的通知》等规范性文件进行备案审查。监督工作。服务常委会对全区贯彻实施《中华人民共和国防震减灾法》和《宁夏回族自治区防震减灾条例》情况进行检查,检查组深入银川市、石嘴山市、中卫市和宁东管委会进行实地检查,并发放调查问卷5000份,重点了解地震监测预报、灾害预防、应急救援等情况,检查指出公众防震减灾意识不强、地震监测环境和监测设施保护力度不够、地震应急救援水平还需进一步提升、执法不严等问题,提出要强化防震减灾主体责任、加强地震灾害预防能力建设、提高综合应急救援能力建设等6个方面的意见建议,并将审议意见及时转交自治区政府研究处理。服务常委会听取审议自治区人民政府关于"互联网+教育"示范区建设工作情况的报告,组成调研组实地调研全区17所中小学校、民办学校、职业院校和高校,并向教师、家长、学生发放调查问卷8284份,深入了解"互联网+教育"示范区建设情况及存在的问题,形成调研报告供常委会审议时参阅。针对存在的发展不均衡,"互联网+"应用水平尚需进一步提高、教师队伍信息化建设还存在短板、政策机制有待进一步完善等问题,提出了要严格落实规划工作任务、提升教育资源共享水平、加强"互联网+"教师队伍建设、优化政策保障措施等建议,助力宁夏"互联网+教育"示范区建设创出具有示范引领意义的可复制、可借鉴、可推广的"宁夏经验"。服务常委会听取审议自治区人民政府关于文化旅游产业发展情况的报告,把应对疫情对全区文旅行业的重大冲击、促进文旅融合发展,帮助文旅企业纾困解难作为调研重点,组成调研组赴安徽、海南调研学习先进经验。深入银川市、石嘴山市、中卫市进行调研,针对存在的统筹推进文旅产业发展的合力还有所欠缺、文化旅游资源挖掘和利用不够、高质量文化旅游服务供给不足、旅游业发展环境还需要大力改善等问题,提出要以系统思维谋划和推进全域旅游、全面提升文化旅游品牌影响力、全力提升文化旅游服务水平、把资源优势转化为产业优势和切实解决文化旅游产业发展中面临的实际问题等建议,形成调研报告,为常委会审议报告提供参考。代表工作。做好代表议案办理工作,完成《关于制定〈宁夏回族自治区长城保护条例〉的议案》《关于修订〈宁夏回族自治区非物质文化遗产保护条例〉的议案》办理工作,实现当年立案当年办结的工作目标。自治区党委书记、人大常委会主任陈润儿带领督办组,现场督办张艳芬代表提出的《关于打造宁夏黄河流域生态旅游产业带的建议》,督促自治区文化和旅游厅、发展改革委共同编制《黄河国家文化公园(宁夏段)建设保护规划》;结合"十四五"文化保护传承利用工程,谋划储备一批黄河国家文化公园重点项目,梳理重点招商引资项目80个;统筹安排资金600万元,对全域文化旅游资源进行普查。实施旅游景区铸魂提质增效工程,谋划打造宁夏黄河文化旅游带,建设黄河岸线服务驿站、观景平台、自行车道等基础设施,新认定20余家国家A级旅游景区和6家度假区。围绕黄河文化传承保护等主题,推出交响组曲《黄河金岸》、歌曲《神圣的母亲河》《黄河谣》等各类艺术作品。举办首届大西北文旅高峰会、星空旅游大会等10余项品牌活动,扩大宁夏黄河文化的知名度和影响力。认真督办丁聃代表提出的《关于预防处置校园欺凌的建议》(建字第177号),针对代表提出的建议,全面开展《中华人民共和国未成年人保护法》等一批新修订实施的法律法规学习宣传活动,各地公检法部门选派业务能力强、工作经验丰富的优秀民警、检察官、法官兼任学校法制副校长、辅导员,定期进校园开展中小学生思想道德教育、法治教育、心理健康教育。5个地级市已实现青少年法治教育实践基地全覆盖,各县、区校园法治文化阵地覆盖率为90%以上。自治区教育厅委托第三方制作了《宁夏2021年中小学学生欺凌情况分析报告》,归纳整理全区学生校园欺凌事件发生的主要特点,为针对性开展校园欺凌治理工作提供参考依据。相关部门建立协同治理机制,陆续开展"护校安园"、"护苗2021"、防范中小学生欺凌专项治理活动,提升了青少年自我保护、防范不法侵害的意识和能力,有效预防校园暴力欺凌案件的发生。全区中小学幼儿园专职保安配备率、安装一键式报警和视频监控并与公安机关联网达标率、护学岗配备率达到100%。

【民族宗教外事侨务工作委员会】2021年,民族宗教外事侨务工作委员会服务常委会开展立法工作1项,专题调研2项,重点督办代表建议1件。立法工作。完成《宁夏回族自治区清真食品管理条例》修正工作，组织相关部门召开修订完善工作座谈会，及时向法制工作委员会反馈意见建议，条例修正案在第二十五次常委会上审议通过。专题调研。组织开展民族工作和宗教工作法治化、守好民族团结生命线专题调研，组成调研组赴内蒙古自治区学习借鉴经验并形成调研报告，提出加强和改进民族工作和宗教工作法治化5条建设性意见，为推动全区民族团结和宗教和顺提供参考借鉴。组织开展归侨侨眷权益保护工作和海外侨胞在共建“一带一路”中重要作用专题调研，调研组深入银川市、石嘴山市部分企业，惠农区南街街道矿中社区侨胞之家、大武口区朝阳街道怡心社区侨胞之家，了解社区侨胞之家品牌创建和特色活动情况，全区发挥海外侨胞参与共建“一带一路”情况、《中华人民共和国归侨侨眷权益保护法》贯彻执行情况等，形成高质量的调研报告上报全国人大，得到全国人大华侨委高度评价，为下一步修订《宁夏回族自治区归侨侨眷权益保护法》实施办法提供了参考。代表工作。认真办理马冬梅等代表提出的《关于将宁夏东部片区纳入自治区“一核两带三片区”文旅空间发展格局建设的建议》，加强与代表和主办部门联系沟通，制定工作方案，明确责任。督查督办，5月上旬，督办组深入盐池县实地查看建议办理情况并提出办理要求，自治区文化和旅游厅高度重视，认真研究采纳代表建议，将宁夏东部、中部地区依托黄河文化旅游带和贺兰山文化旅游带建设列入自治区文化和旅游发展“十四五”规划中，并给予大力支持。11月上旬，召开督办座谈会，听取办理情况汇报，对代表提出的建议进行答复，并从推动旅游项目园区化、大力培育龙头企业、完善旅游服务体系等方面提出加快文化和旅游产业高质量发展的意见建议。干部培训。9月28—29日，第23期全国人大民族工作干部学习班在银川市举办，全国人大常委会副委员长曹建明出席学习班并讲话，民族宗教外事侨务工作委员会全力配合做好各项承办工作。举办全区人大民族工作干部培训班，对各市、县（区）人大民族工作负责人进行了培训。

【代表联络与选举任免工作委员会】2021年，代表联络与选举任免工作委员会认真执行常委会年度代表工作计划，做好自治区第十二届人大第四次会议服务保障工作，研究起草了大会主席团、秘书长、议案审查委员会、选举办法等6个草案以及相应的大会组织、选举工作方案和预案，及时将选举办法、选票等报送自治区党委及相关部门审核批准；加强组织协调，做好选举培训，严格选举程序，依法补选自治区人大常委会副主任3名、秘书长1名、委员1名。做好大会代表提出议案建议工作。组织代表研读有关资料，服务代表所提出的高质量议案建议，确定议案5件、建议212件。指导完成全区县乡人大换届选举任务。服务常委会党组向自治区党委常委会专题汇报县乡人大换届选举准备工作情况，修订《宁夏回族自治区实施〈中华人民共和国全国人民代表大会和地方各级人民代表大会选举法〉细则》，通过《关于全区设区的市、县（区）、乡（镇）人民代表大会换届选举时间的决定》和《关于全区设区的市、县（区）人民代表大会代表名额的决定》。服务常委会党组制定《关于做好全区县乡两级人民代表大会换届选举工作的意见》，做好选举组织工作、合理划分选区、保障流动人口参选、加强代表资格审查、确保换届选举风清气正等工作。召开全区县乡人大换届选举工作部署会议，印发换届选举工作实施方案、计划，对各阶段工作作出统筹安排；举办全区市县乡人大换届选举工作人员和换届选举统计工作人员视频培训班各1期，应邀开展县（区）换届培训9次，培训代表及工作人员1100多人次；深入县（区）、乡镇、社区调查研究，发挥自治区市县乡人大换届选举工作联席会议作用，及时处理换届选举工作中出现的问题，保证了全区市县乡人大换届选举工作的顺利进行。严格代表推荐、筛选、审查工作，确保组织确定的基层一线工人、农民、妇女、专业技术人员代表候选人依法选出，比例有所上升；坚持把纪律和规矩挺在前面，严格要求，确保换届选举风清气正。结合常委会组成人员参加会议、立法调研、执法检查、专题调研等活动，通过座谈交流、实地走访、电话信函沟通等方式与代表保持经常性联系，充分听取代表对本地区经济社会发展及各项工作措施落实情况的意见建议，拓展联系深度、增强联系实效。召开2021年自治区人大常委会领导与基层人大代表座谈会。自治区党委书记、人大常委会主任陈润儿与列席会议的10名代表围绕实施“四大提升行动”、全面促进乡村振兴进行座谈，形成闭会期间代表建议，转交有关部门研究处理，推动代表联系工作的不断深入。组织好闭会期间代表活动。紧扣贯彻落实中央和自治区党委决策部署，围绕黄河流域生态保护和高质量发展先行区建设，委托各选举单位组织人大代表开展集中视察和专题调研，了解中央和自治区各项政策及工作措施落实情况，为代表全面掌握区情民情实情，积极提出议案建议打下坚实基础。充分发挥代表联系人民群众的桥梁纽带作用。面对疫情防控需要，各地人大代表以身作则，带头行动，深入所联系的部门、社区，了解情况，帮助群众解决实际困难和问题，及时将有关意见建议反映上来，交付有关部门研究办理，为做好疫情防控工作作出应有作用。结合常委会会议议程，统筹安排，邀请相关领域、提出相关议案建议以及参加有关立法、监督、调研活动的代表列席，通报有关情况，拓宽代表知情知政渠道，确保基层人大代表在任期内列席一次常委会会议目标的实现。全年共邀请60名代表列席常委会会议，80多名代表参与常委会有关视察、调研、执法检查等活动，代表列席会议审议发言、提出意见建议情况都及时向有关部门作出反馈。服务全国人大代表创新开展活动。组织全国人大代表赴青海省开展“黄河流域生态保护及高质量发展”跨区域专题调研，推动黄河流域九省（区）生态保护工作的联动开展。做好自治区第十二届人大第四次会议期间代表所提议案建议办理工作，5件议案、212件建议全部办结。将《关于打造宁夏黄河流域生态旅游产业带》等11件建议列为人大常委会年度重点督办建议，通过制定工作方案、召开座谈会、督办调研等方式，加大督办工作力度，推动重点督办建议办理取得实效，取得积极的政治效果和社会效果，促进了代表建议办理质量的整体提高。认真做好第十三届全国人大第四次会议代表议案、建议素材征集和梳理、研究上报工作，服务宁夏代表团及全区全国人大代表提交建议54件，其中《关于支持宁夏黄河宁夏段河道治理工程》等6件建议被全国人大常委会确定为重点建议，是历年来最多的一年。依法做好人事任免、宪法宣誓等服务保障工作。经委员会初审后提请常委会会议审议通过的有关人事任免共5批68人次。先后6次组织自治区国家机关领导人员和新任命的人大常委会工作机构负责人、政府组成部门负责人28人次向宪法宣誓，切实增强国家机关工作人员尊崇宪法、忠于宪法、落实宪法的责任感、使命感。认真做好代表资格审查工作。服务常委会代表资格审查委员会召开会议3次，对各选举单位调离、辞职的27名代表和补选的30名代表资格进行审查确认和公告。协助全国人大常委会办公厅调整2名全国人大代表参加宁夏代表团活动事宜。

【农业与农村工作委员会】2021年，农业与农村工作委员会服务常委会开展立法工作5项，执法检查3个，听取审议专项工作报告2个，重点督办代表建议3件。立法工作。按照常委会安排部署，对9件涉农地方性法规及决议决定清理意见进行认真审核，提出明确意见，并及时转交至法制委，如期高质量完成清理工作任务。开展修订《宁夏回族自治区贺兰山东麓葡萄酒产区保护条例》调研工作，根据相关部门意见，拟在2022年对条例进行全面修正，更好地为宁夏葡萄酒产业高质量发展提供法治保障。做好《宁夏回族自治区动物防疫条例》《宁夏回族自治区农业技术推广法实施办法》等法规打包修改工作。及时与相关部门沟通，掌握法规修改情况，对法规修改提出初步意见建议，按时提交常委会审议。开展修订《宁夏回族自治区水工程管理条例》调研工作，组成调研组深入固原市等，了解条例贯彻实施情况，提出修订建议。对法工委转交的《宁夏回族自治区麻黄草管理办法》等3件涉农方面规范性文件进行认真审查，及时提出并反馈审查意见。监督工作。组织开展《中华人民共和国水土保持法》《宁夏回族自治区实施〈中华人民共和国水土保持法〉办法》实施情况执法检查。严格落实自治区党委部署和常委会工作安排，坚持问题导向，聚焦重点问题，特别是中部干旱带压砂种植情况。3月17日，自治区党委召开压砂种植退出及生态修复专题会议，自治区领导陈润儿、咸辉专门听取执法检查情况汇报并给予肯定。执法检查组向常委会第二十五次会议提交执法检查报告，有针对性地提出深化思想认识，推动水保法律法规深入实施；严格依法分类处置非法开垦问题；加强执法监管，强化违法责任追究等建议。推动编制“多规合一”实用性村庄规划及其实施工作，组成调研组深入全区5个县（区）的8个行政村，全面了解编制“多规合一”实用性村庄规划及其实施工作进展情况，并向常委会第二十六次会议提交专题调研报告，指出存在的突出问题，提出意见建议，促进乡村振兴战略深入实施。检查《宁夏回族自治区枸杞产业促进条例》实施情况，重点围绕产业规划、扶持措施、产地保护、质量监管、品牌保护等规定，通过座谈交流、问卷调查等形式，对其实施情况开展执法检查和立法后评估，形成执法检查报告，自治区人大常委会副主任董玲在常委会第二十九次会议上作执法检查报告。受全国人大常委会委托，服务常委会执法检查组对《中华人民共和国畜牧法》（以下简称《畜牧法》）贯彻执行情况开展执法检查，并就新修订的《中华人民共和国动物防疫法》实施情况开展调研，全面了解该法在全区的实施情况、存在问题，形成执法检查报告，推动畜牧法在全区得到贯彻实施。宁夏提出的关于种养配套粪肥还田工作应建立畜禽粪污“统一收集、集中处理”机制得到全国人大常委会执法检查报告的肯定；关于畜牧兽医力量不足，动物卫生监督机构和动物疫病预防控制机构减少等问题被全国人大常委会执法检查组采纳。服务常委会听取和审议自治区人民政府《关于全区百万移民致富提升行动实施情况的报告》，加强与自治区乡村振兴局等部门沟通联系，协调报告稿起草、修改等工作，并就相关问题多次提出修改意见建议，提交常委会第三十次会议审议。代表工作。把督办工作与贯彻落实习近平总书记考察宁夏重要讲话精神、推动黄河流域生态保护和高质量发展先行区建设、自治区9个重点产业、四大提升行动结合起来，与常委会涉农监督工作结合起来，坚持委员会领导负责、办公室指定专人办理的制度，明确督办人员、责任、时限等要求，采取定期电话联系、当面交谈、网上征询等方式，加强与办理单位联系和沟通，及时了解掌握办理进展情况，研究办理工作中遇到的问题。加强与提出建议代表的沟通，邀请代表参加督办活动，有效推动问题解决。自治区第十二届人大第四次会议期间代表提出的第183号、184号、198号重点督办建议办理完毕，代表们对办理情况表示满意。

【环境与资源保护工作委员会】2021年，环境与资源保护工作委员会服务常委会开展立法工作4项，执法检查1个，听取审议专项工作报告2个，专题调研1项，办理代表议案2件，重点督办代表建议1件。立法工作。制定《宁夏回族自治区土壤污染防治条例》，这是宁夏在土壤污染防治方面的首部法规，为依法打好净土保卫战提供了法律保障。按照立法程序，主动配合预算工委、法工委，与自治区发改委、生态环境厅等厅局做好联合立法，服务常委会制定《宁夏回族自治区建设黄河流域生态保护和高质量发展先行区促进条例》。配合法工委，服务常委会完成《宁夏回族自治区环境教育条例》《宁夏回族自治区绿色建筑发展条例》《宁夏回族自治区建筑管理条例》《宁夏回族自治区城市绿化管理条例》修订工作，落实落细上位法规定，确保国家法律的有效实施，织密织牢生态环境保护的法律法规制度体系，为加强生态文明建设和生态环境保护工作提供法治保障。联合有关厅局，开展修订《宁夏回族自治区物业管理条例》《宁夏回族自治区基本农田保护条例》《宁夏回族自治区土地管理条例》立法调研，为立法修法奠定基础。监督工作。服务常委会完成全国人大常委会交办的贯彻实施《中华人民共和国固体废物污染环境防治法》情况检查，检查中采取实地检查、网络调研、知识问卷调查、随机抽查等方式进行，首次引入第三方评估，委托宁夏环境科学研究院就宁夏贯彻实施固体废物污染环境防治法情况进行评估，形成评估研究报告，其结果作为执法检查的参考依据，为常委会做好固体废物污染环境防治立法、监督等工作提供参考。服务常委会完成全国人大常委会交办的围绕以国家公园为主体的自然保护地体系建设情况专题调研，重点调研了全区以国家公园为主体的自然保护地体系建设情况、存在的主要问题等，就制定《中华人民共和国自然保护地法》提出相关的立法意见建议。服务常委会完成了听取和审议自治区人民政府《关于2021年度环境状况和环境目标完成情况》《关于黄河流域生态环境保护情况的报告》，围绕听取审议的内容开展专题调研，形成调研报告，提出意见建议，为常委会组成人员审议时提供参考。服务常委会完成2020年国家开展污染防治攻坚战成效"国考"自查和自治区对市、县（区）上年度污染防治攻坚战成效考核工作，推动党中央和自治区党委关于打好污染防治攻坚战工作部署的落实，压实工作责任。开展以"保护黄河生态、建设美丽宁夏"为主题的2021年中华环保世纪行——宁夏行动，结合调研、执法检查等，组织环保世纪行记者团采访报道，发挥媒体舆论监督和人大法律监督、社会群众监督相结合的优势，宣传先进典型、批评违法行为，形成工作合力，增强监督实效。代表工作。发挥代表作用，邀请12名常委会组成人员、14名基层自治区人大代表参加《中华人民共和国固体废物污染环境防治法》执法检查、环保世纪行、议案和重点建议现场督办等活动，听取代表意见建议，为代表依法履职搭建平台。办理了《关于制定〈宁夏回族自治区土壤污染防治条例〉》《宁夏回族自治区城市综合管理条例》的议案和《关于进一步加大黄河滩区湿地生态保护的建议》。在办理蔡菊等10名代表提出的《关于制定〈宁夏回族自治区城市综合管理条例〉的议案》过程中，积极创新方式方法，邀请提出议案的代表参加，深入石嘴山市、吴忠市、中卫市开展调研，让代表实地了解全区推进城市执法体制改革落实情况和城市综合管理工作的现状，现场与代表进行面对面沟通，共同做好议案办理工作，代表对办理结果均表示满意。开展代表"双联"活动，结合日常工作，深入银川市、石嘴山市、宁东能源化工基地和盐池县，实地调研全区经济社会发展和环境保护工作情况，与基层代表进行交流，向代表通报常委会工作情况，听取意见建议。

（周生元）

NINGXIA YEARBOOK

宁夏回族自治区人民政府

NINGXIAHUIZUZIZHIQURENMINZHENGFU

编辑◎张明鹏

综　述

【疫情防控】2021年，宁夏面对国内疫情多点散发、局部聚集的复杂态势，坚定落实习近平总书记重大部署，坚持人民至上、生命至上，在自治区党委领导下，始终保持指挥体系激活状态，打赢了疫情防控遭遇战、阻击战、歼灭战。坚持外防输入、内防反弹、人物同防，落实“四早”要求，压实“四方”责任，应检尽检、应控尽控、应隔尽隔、应治尽治，有序接种新冠疫苗，全面构筑群防群控、联防联控、严防严控的铜墙铁壁。完善重大传染病监测预警机制，建设重大疫情救治基地，运行疫情防控管理平台，实现县乡（镇）医疗机构发热哨点全覆盖。圆满完成包机入境隔离疏散任务，稳妥应对旅游专列滞留问题，有效防止风险外溢，为全国疫情防控贡献宁夏力量。

【经济发展】2021年，宁夏规模以上工业增加值增长8%，利润增长1.1倍。全面落实减税降费政策，精准出台“能源保供18条”“财政17条”等一揽子措施，新增贷款638亿元，降低实体经济成本130亿元以上，稳住了市场预期、稳定了企业生产。稳慎处置重点企业信用风险，连续三年超额完成政府隐性债务化解任务。实施促消费“四大工程”，举办“两晒一促”活动，加快全域旅游示范区建设，接待游客和旅游收入分别增长15%和40%，网上零售额增长46%，服务业对经济增长的贡献率稳定在50%以上。组织重大项目集中开工，“十大工程项目”有序推进，1133个重点项目全面实施，晓星氨纶、银昆高速、城乡供水一体化等加快建设或建成投运，民间投资占比提高到57.4%。全球最大的宝丰能源电解水制氢项目正式投产，宁夏首条穿越沙漠腹地的乌玛高速公路顺利通车，一批大项目好项目成为稳增长的强大引擎。

【产业转型升级】2021年，宁夏全力抗击60年来最重旱情，新建高标准农田96万亩，粮食生产实现“十八连丰”，粮食安全省长责任制国家考核获得优秀等次，奶牛存栏连续两年增长20%以上，“宁夏枸杞”跻身中国区域农业产业品牌影响力前十位。获批建设全国一体化算力网络宁夏枢纽、首个国家葡萄及葡萄酒产业开放发展综合试验区，清洁能源、新型材料等新兴产业保持两位数增速，制造业比重达63.6%。制定《碳达峰实施方案》，启动能耗“双控”三年行动，压减“两高”项目39个，减少能耗1725万吨标准煤，预计单位GDP能耗下降5%左右，扭转“十三五”以来不降反升局面。强化创新驱动战略，出台“聚才引才15条”，激发人才创新创造活力，1个项目首次摘得国家科技进步奖一等奖，2个项目分别获得国家技术发明奖、1个项目获得国家科技进步奖二等奖，全社会研究与试验发展经费投入强度达1.56%。多个国家部委推出一系列含金量很高的支持文件，帮助宁夏搭建先行区建设的“四梁八柱”。

【生态环境】2021年，宁夏正视生态环境总体脆弱、污染治理欠账较多的现实基础，主动担当筑牢祖国西北生态安全屏障的重大责任。统筹“一河三山”生态保护修复，黄河“四乱”问题实现动态清零，贺兰山生态环境综合整治入选“全国生态修复十大典型案例”，固原市被评为“国家生态文明建设示范区”。打好污染防治攻坚战，地表水国控断面水质优良比例达80%，黄河干流宁夏段水质连续5年保持Ⅱ类进Ⅱ类出，空气质量优良天数比例达83.8%，$PM_{2.5}$平均浓度下降18.2%，危废医废安全处理率100%，均超额完成国家下达任务。实施生态修复项目148个，治理水土流失面积880平方公里、荒漠化土地90万亩，完成营造林150

万亩，森林覆盖率达16.91%、提高1.11个百分点，为近年最快增速。

【城乡建设】2021年，宁夏建设重点小城镇12个、美丽村庄50个，改造老旧小区4.75万户、棚户区住房4000套，20户以上自然村基本通硬化路，高速公路通车里程突破2000公里。全区城镇化率达66%，连续两年高于全国平均水平。

【改革开放】2021年，宁夏制定优化营商环境"新80条"，工程建设项目审批实现全流程在线办理、时限压缩30%，市场主体总量突破71.3万户、增长13.9%，企业活跃度达88.7%。加快"数字政府"建设，政务服务事项网上可办率达93.2%，"我的宁夏"App用户覆盖全区94.8%的人口，1400多个事项能够"指尖办"，3400多个事项可以"掌上查"，一体化政务服务能力连续4年居西北第一位。加快国有经济优化调整，区属国企改革三年行动完成87.4%。深化投融资体制改革，晓鸣股份、凯添燃气成功上市，境内上市企业总数达17家，累计发行债券693亿元。全年进出口总额增长55%，招商引资实际到位资金增长10%。

【社会事业和民生保障】2021年，宁夏落实义务教育"双减"政策，学科类校外培训机构压减92%，普惠性幼儿园覆盖率达90%，普通高中大班额基本消除，"互联网+教育"经验在全国推广。巩固"互联网+医疗健康"示范区成果，城市医联体、县域医共体实现全覆盖，二级以上定点医疗机构门诊费用跨省直接结算，县域内就诊率达90%。持续调增城乡居民基础养老金、医保、低保标准，连续17年提高企业退休人员基本养老金、优抚对象抚恤补助标准，基本养老、失业、工伤保险参保人数分别增长0.9%、6.2%、8.5%。残疾人"两项补贴"惠及21.2万人。全面贯彻中央民族工作会议和全国宗教工作会议精神，以铸牢中华民族共同体意识为主线，全覆盖推进民族团结进步创建"七进"活动，深化宗教领域突出问题治理，各族群众像石榴籽一样紧紧抱在一起。拓展基层治理成效，启动"八五"普法，常态化推进扫黑除恶，完善矛盾纠纷化解机制，信访总量下降16.04%。涌现"七一勋章"获得者和第八届全国道德模范王兰花等先进典型，《闽宁镇移民之歌》等6部作品入选"庆祝建党百年艺术精品工程"，群众精神文化生活更加丰富多彩。全民健身蔚然成风，第八届特殊奥林匹克运动会金牌、奖牌总数均居全国之首。强化食品药品安全监管，安全生产和消防工作国家考核连续5年获得优秀等次。哲学社会科学、决策咨询、新闻出版、广播电视、文学艺术、参事、文史、统计、档案等工作又有新成效。国防动员、双拥共建、人民防空、应急救援、地震、气象、工会、共青团、妇女儿童、科协、残联、红十字、慈善、老龄等工作呈现新气象。2021年，宁夏在财政收支矛盾加剧的特殊情况下，仍将75%以上财力用于民生事业，开展"我为群众办实事"实践活动，10个方面28项民生实事全面完成。推动脱贫攻坚成果巩固与乡村振兴有效衔接，抓好产业、就业、社会融入3件事，移民收入增幅快于农民收入。"一村一年一事"行动获得中央农办通报表扬，全国东西部协作和中央单位定点帮扶工作推进会在宁夏召开。制定"灵活就业13条"，城镇新增就业8.2万人，农村劳动力转移就业81.3万人，均超额完成全年任务。

【政府建设】2021年，自治区人民政府开展政府系统党史学习教育，全面加强政府党组建设，增强"四个意识"、坚定"四个自信"、做到"两个维护"。严格执行重大事项报告制度，提请自治区党委研究重大事项37件，提请自治区人大常委会制定、修改和废止地方性法规26件，办理人大代表建议203件、政协提案447件，办复率均为100%。健全完善政府法律顾问和重大行政决策专家咨询论证制度，在全国率先开展政府规章、规范性文件集中清理整治。从严落实中央八项规定及其实施细则精神，开展楼堂馆所排查整治，持续纠治"四风"问题，切实减轻基层负担。认真落实党风廉政建设"一岗双责"，强化财政、审计监督，对违纪违法行为"零容忍"。加大督查考核激励，以9个重点产业为载体推进经济发展迈上新台阶、依托四大提升行动巩固脱贫攻坚成果、红寺堡区突出重点全面推进乡村振兴等3项典型经验做法受到国务院通报表扬。

（张明鹏）

重要会议

【自治区劳动模范和先进工作者表彰大会】2021年1月5日，自治区劳动模范和先进工作者表彰大会在银川市召开。自治区党委书记陈润儿出席会议并讲话，强调要深入学习贯彻习近平总书记在全国劳动模范和先进工作者表彰大会上的重要讲话精神，大力弘扬劳模精神、劳动精神、工匠精神，满怀豪情投身宁夏现代化建设的火热实践，意气风发开创美丽新宁夏建设的崭新局面。自治区主席咸辉主持，自治区政协主席崔波出席。自治区党委常委、常务副主席张超超宣读表彰决定，朱凤等159人被授予"自治区劳动模范"称号，王光俊等69人被授予"自治区先进工作者"称号。陈润儿、咸辉、崔波等自治区领导为获奖代表颁发荣誉证书。全国先进工作者代表周玮,自治区劳动模范和先进工作者代表柏长友、曹辉、吴丽萍作发言。全国劳动模范代表马玉山宣读倡议书。陈润儿在讲话中代表自治区党委、政府向受到表彰的劳动模范和先进工作者表示热烈祝贺,向全区广大职工和劳动群众致以诚挚问候。咸辉在主持时指出,各地各部门要深入学习贯彻习近平总书记在全国劳动模范和先进工作者表彰大会上的重要讲话精神,按照这次会议部署要求,大力弘扬劳模精神,落实劳模待遇,讲好劳模故事,完善创业创新平台,加强劳动保障服务,维护劳动者合法权益,引导和激励全区人民争做新时代最美奋斗者,更加积极主动投身黄河流域生态保护和高质量发展先行区建设,为继续建设经济繁荣民族团结环境优美人民富裕的美丽新宁夏贡献力量。自治区领导艾俊涛、赵永清、白尚成、石岱、李锐、左军、杨培君出席。各地级市、区直有关部门负责人等参加。

【自治区政府第五次全体(扩大)会议】2021年2月2日,自治区主席咸辉主持召开自治区政府第五次全体(扩大)会议,传达贯彻自治区两会精神,部署落实政府工作报告确定的目标任务。会议强调,全区政府系统要坚持以习近平新时代中国特色社会主义思想为指导,深入贯彻习近平总书记考察宁夏重要讲话重要指示精神,按照自治区党委决策部署,对标政府工作报告安排要求,以奋斗精神落实新任务,以奋进姿态开启新征程,确保“十四五”开好局、起好步。自治区党委常委、常务副主席张超超,自治区副主席王和山、刘可为、马汉成、杨培君、杨东、吴秀章、赖蛟,对分管领域工作作具体安排。

【宁夏内陆开放型经济试验区建设座谈会】2021年3月24日,自治区主席、自治区推进“一带一路”暨宁夏内陆开放型经济试验区建设领导小组组长咸辉主持召开宁夏内陆开放型经济试验区建设座谈会,强调要深入贯彻习近平总书记考察宁夏重要讲话重要指示精神,全面落实国家“十四五”规划纲要战略部署,按照自治区党委、政府工作安排,立足新发展阶段、贯彻新发展理念、融入新发展格局,着力补齐开放不足短板,加快推进内陆开放型经济试验区建设提质增效,全力塑造内陆开放优势,更好融入“一带一路”建设。自治区党委常委、常务副主席、领导小组副组长张超超,自治区副主席、领导小组副组长赖蛟参加会议并提出要求。自治区政协副主席马秀珍参加会议。自治区发展改革委、商务厅、银川市、银川海关汇报相关情况。会议讨论了《自治区推进“一带一路”和内陆开放型经济试验区建设2021年工作计划》。

【党史学习教育中央宣讲团宣讲报告会】2021年3月26日,党史学习教育中央宣讲团宣讲报告会在银川市举行。中央宣讲团成员、中国人民大学马克思主义学院教授杨凤城作党史学习教育专题宣讲报告。自治区党委书记陈润儿主持报告会并讲话。自治区主席咸辉、自治区政协主席崔波出席。报告会上,杨凤城围绕深入学习领会习近平总书记关于党的历史的重要论述,从“充分认识开展党史学习教育的重大意义、全面了解中国共产党百年奋斗的光辉历程和历史性贡献、深刻把握开展党史学习教育的重点、学懂弄通做实习近平新时代中国特色社会主义思想”4个方面进行深入解读。报告会以视频会议形式召开。自治区设主会场,各市、县(区)设分会场。自治区副省级以上领导人、离退休老干部,区直各部委办厅局、人民团体、直属事业单位,自治区人大、政协各专门(工作)委员会,各民主党派宁夏区委会,中央驻宁各单位、各大型企业主要负责人及部分中层以上干部代表,高校师生代表,自治区宣讲团、巡回指导组成员1300多人在主会场参加报告会。

【广东·宁夏经贸合作暨企业家座谈会】2021年4月11日,广东·宁夏经贸合作暨企业家座谈会在深圳市召开,并举行集中签约仪式。自治区主席咸辉,广东省委常委、常务副省长林克庆出席讲话并见证签约。座谈会上,咸辉、林克庆先后致辞。集中签约仪式上,31个项目现场签约(其中,投资类项目21个,主要涉及新型材料、电子信息、清洁能源、绿色食品和现代服务业等产业;贸易类项目10个,主要涉及有机蔬菜、葡萄酒和牛羊肉销售等)。自治区副主席赖蛟介绍宁夏经济社会和重点产业发展情况,并代表自治区政府与顺丰控股签订战略合作协议。会议播放《宁夏招商引资宣传片》。顺丰集团、华润电力控股有限公司、华为集团等8家企业代表交流发言。深圳健康产业发展促进会、中日经济友好协会、深圳宁夏商会等8家商协会,150多家与宁夏产业匹配度高、合作潜力大的企业应邀参会。

【建设黄河流域生态保护和高质量发展先行区第四次推进会】2021年4月21—22日,自治区党委和政府在银川市召开建设黄河流域生态保护和高质量发展先行区第四次推进会,研究部署“四权”(用水权、土地权、排污权、山林权)改革。自治区党委书记陈润儿出席会议并讲话,强调要坚持以习近平新时代中国特色社会主义思想为指导，深入贯彻落实党的十九届五中全会精神和习近平总书记考察宁夏重要讲话精神，以改革开路、以创新开题、以“四权”开局，奋力推动先行区建设取得突破进展。自治区主席咸辉主持并作小结讲话，自治区政协主席崔波出席。会上，自治区水利厅、自然资源厅、生态环境厅、林业和草原局负责人对“四权”改革实施方案作说明，石嘴山市、贺兰县、青铜峡市、彭阳县负责人就推进“四权”改革作交流发言。自治区领导张超超、艾俊涛、赵永清、雷东生、白尚成、张柱、李金科、石岱、马汉成、彭友东等参加会议。

【中央定点帮扶单位座谈会】2021年4月26日，自治区党委和政府召开中央定点帮扶单位座谈会，自治区党委书记陈润儿出席会议并讲话。陈润儿代表自治区党委、政府和全区各族人民，对中央各定点帮扶单位长期以来给予宁夏的倾力帮扶表示衷心感谢，强调要坚决贯彻落实习近平总书记重要指示精神，认真总结中央定点帮扶工作积累的宝贵经验，共同做好新发展阶段定点帮扶工作这篇大文章。自治区主席咸辉主持座谈会。自治区副主席王和山介绍中央定点帮扶单位帮扶工作情况，通报全区脱贫攻坚总体情况。中国宋庆龄基金会党组书记、常务副主席杭元祥，厦门大学党委书记张彦，中国商用飞机有限责任公司董事长、党委书记贺东风，国家烟草专卖局（烟草总公司）党组成员、副局长徐瑾，中国核工业集团党组成员、副总经理刘敬，华润集团党委委员、副总经理王传栋，中国建材集团党委副书记孙力实，中国航空油料集团党委常委、副总经理张志刚，中国国家铁路集团发改部专员、扶贫办专职副主任韩树青9家中央定点帮扶单位负责人作讲话，介绍了这些年帮扶工作的经验做法，提出了新阶段帮扶工作的意见建议。自治区领导赵永清、李金科、石岱、马汉成、彭友东、沈凡、沈左权参加座谈。

【全区脱贫攻坚总结表彰大会】2021年4月27日，全区脱贫攻坚总结表彰大会在银川市举行，330名先进个人、219个先进集体受到表彰。自治区党委书记陈润儿出席并讲话，强调要深入学习贯彻习近平总书记在全国脱贫攻坚总结表彰大会上的重要讲话精神，大力弘扬伟大脱贫攻坚精神，坚定必胜信心，汇聚磅礴力量，朝着继续建设经济繁荣民族团结环境优美人民富裕的美丽新宁夏宏伟目标奋力前行。自治区主席咸辉主持，自治区政协主席崔波、全国政协民族和宗教委员会副主任齐同生出席，福建省副省长郑建闽、交通运输部总规划师汪洋出席并讲话。自治区党委常委、秘书长赵永清宣读《自治区党委、人民政府关于表彰全区脱贫攻坚先进个人和先进集体的决定》，自治区副主席王和山宣读自治区党委和政府向福建省、向中央定点帮扶单位的感谢信。陈润儿、咸辉、崔波、齐同生等领导为受表彰的先进个人和先进集体代表颁奖。全国脱贫攻坚楷模代表、闽宁镇党委书记张文，福建援宁群体代表、福建省莆田海峡职业中学支教教师杨明，全区脱贫攻坚先进个人、自治区科技厅派驻海原县关桥乡方堡村第一书记穆海彬，全区脱贫攻坚先进集体代表、泾源县大湾乡杨岭村党支部书记杨杰，脱贫群众代表、盐池县花马池镇红沟梁村孙清艳作发言。陈润儿代表自治区党委、人大、政府、政协，向受到表彰的先进个人和先进集体表示热烈祝贺，向全区积极投身脱贫攻坚的各级党政军机关和企事业单位，农村广大基层组织和党员、干部、群众，驻村第一书记和工作队员、志愿者，各民主党派、工商联和无党派人士，人民团体以及社会各界表示崇高的敬意，向25年如一日无私援助宁夏力克贫困的福建省委和政府、援宁工作队员、闽籍企业、爱心人士，向中央定点帮扶单位、各有关部委以及支持宁夏脱贫攻坚、关心宁夏减贫事业的社会各界表示衷心感谢。自治区在职副省军级以上领导人和部分离退休省级老干部，中央定点帮扶单位和主管部门有关负责人、全国工商联万企帮万村企业代表，福建援宁工作队有关同志和企业家代表，全国、全区脱贫攻坚先进个人和先进集体代表，扶贫领域因公牺牲干部家属，区直各部门（单位）、各市县（区）、中央驻宁单位主要负责人，驻村第一书记、工作队员、帮扶干部、脱贫群众代表参加大会。

【闽宁协作交流座谈会】2021年4月29日，深化闽宁协作交流座谈会在银川市召开。会议深入学习贯彻习近平总书记关于深化东西部协作和定点帮扶工作重要指示精神，共叙闽宁情缘，共话闽宁协作。自治区党委书记陈润儿主持并讲话，福建省委书记尹力出席并讲话，自治区主席咸辉、福建省省长王宁分别介绍两省（区）进一步推进闽宁协作的思路举措。自治区领导赵永清、张柱、石岱、马汉成、沈左权、王和山，福建省领导赵龙、杨贤金、郑新聪、郑建闽参加会议。

【黄河流域生态保护和高质量发展先行区“四水四定”研究报告专家论证会】2021年5月12日，黄河流域生态保护和高质量发展先行区“四水四定”（以水定城、以水定地、以水定人、以水定产）研究报告专家论证会在银川市召开。自治区党委书记陈润儿出席会议并讲话，自治区主席咸辉主持。会上，中国水利水电科学研究院负责人汇报了黄河流域生态保护和高质量发展先行区“四水四定”研究报告编制情况。国家发展改革委地区经济司司长肖渭明，水利部总规划师汪安南、水资源管理司司长杨得瑞讲话，张楚汉、邓铭江、顾大钊、王浩、侯立安、王焰新等13位院士专家现场发言或在线发言，为宁夏落实以水定城、以水定地、以水定人、以水定产要求，加快推进黄河流域生态保护和高质量发展先行区建设传经送宝、献计献策。自治区领导赵永清、王道席参加会议。

【全区“两优一先”表彰大会】2021年6月28日，自治区召开“两优一先”表彰大会，对马洪梅等150名共产党员、胡月琴等99名党务工作者、银川市兴庆区掌政镇镇河村党支部等150个基层党组织予以表彰，分别授予“全区优秀共产党员”“全区优秀党务工作者”“全区先进基层党组织”荣誉称号。自治区党委书记陈润儿出席会议并讲话，代表自治区党委向奋战在全区各行各业、各条战线上的共产党员致以节日的问候，向受到表彰的先进集体和个人表示热烈祝贺。全区优秀共产党员代表、宁夏话剧团原团长王志洪，全区优秀共产党员代表、银川市兴庆区玉皇阁北街街道八一社区党委书记、居委会主任李娟，全区优秀共产党员代表、固原市六盘山林业局峰台国有林场杨家店护林点点长蒙旺平，全区先进基层党组织代表、吴忠市红寺堡区红寺堡镇党委书记郑慧玲，全区优秀党务工作者代表、宁夏电力投资集团有限公司党委党群工作部部长郑爱萍，全区先进基层党组织代表、固原市隆德县凤岭乡李士村党支部书记、村委会主任齐永新作发言。自治区主席咸辉主持会议，自治区政协主席崔波出席。自治区党委常委、人大常委会负责人，自治区党的建设领导小组成员单位主要负责人，受表彰的全区优秀共产党员、优秀党务工作者和先进基层党组织代表参加。

（张明鹏）

重要活动

【2021年全区第一批重大项目集中开工现场推进会】2021年3月18日，2021年全区第一批重大项目集中开工现场推进会在银川经济技术开发区宁夏中环光伏材料公司50GW（G12）太阳能级单晶硅材料智慧工厂项目建设现场举行，总投资3920亿元的846个重大项目在5个地级市及宁东能源化工基地同时按下“启动键”。自治区党委书记陈润儿出席推进会，宣布全区第一批重大项目集中开工。自治区主席咸辉讲话，自治区政协主席崔波出席。自治区党委常委、常务副主席张超超主持推进会并简要介绍全区第一批集中开工重大项目情况。自治区领导赵永清、张柱、彭友东、王和山、吴秀章、许宁及东方希望集团董事长刘永行、天津中环半导体股份有限公司总经理沈浩平在主会场参加，沈左权、马汉成在分会场参加。推进会以视频形式举行，5个地级市及宁东能源化工基地管委会负责人在各会场介绍本地重大项目开工建设情况。咸辉代表自治区党委、政府向集中开工的重大项目表示祝贺。该次集中开工的重大项目涉及工业、服务、农业、交通、水利、生态保护等多个领域，其中产业转型和“两新一重”领域的项目占比74.4%；新建项目353个，比2019年、2020年同期分别增长76.8%和94.1%；项目投资超过50亿元以上的11个、超过100亿元以上的6个；民间投资项目占比55.7%。推进会前，陈润儿、咸辉、崔波等自治区领导听取2021年全区重大项目建设推进情况和宁夏中环光伏材料公司50GW（G12）太阳能级单晶硅材料智慧工厂项目建设情况汇报。区直有关部门（单位）、中央驻宁有关单位（企业）主要负责人以及各项目建设单位、施工单位代表约1500人参加推进会。

【自治区经贸考察团到深圳考察对接项目】2021年4月10—11日，自治区主席咸辉带领自治区经贸考察团到广东省深圳市，学习改革开放的好经验好做法，对接洽谈项目，共商经贸合作。深圳市委书记王伟中陪同考察并进行会见。咸辉简要介绍了宁夏经济社会发展情况，希望双方加强改革开放合作，共享开放通道，共建开放平台，共用开放载体，为服务和融入新发展格局贡献力量。深化经济贸易合作，聚焦重点产业，加大商务交流，吸引更多企业到宁夏投资兴业，实现优势互补、互利共赢。拓展科技创新合作，在产学研深度融合、创新人才培育、科技成果转化等方面，建立合作机制，助力宁夏建设黄河流域生态保护和高质量发展先行区。王伟中表示，深圳与宁夏有较好合作基础，希望两地互相学习借鉴落实国家重大发展战略的经验做法，持续深化改革开放，坚持“政府引导、企业主体、市场运作、合作共赢”，进一步加强经贸往来，在科技创新、产业协作、农产品供销、旅游文化等方面开展更多务实合作，更好服务和融入新发展格局，推动高质量发展，携手为全国发展大局作出新的更大贡献，以实际行动和优异成绩庆祝中国共产党成立100周年。自治区党委常委、常务副主席张超超，自治区副主席赖蛟，广东省委常委、常务副省长林克庆，深圳市委副书记、市长陈如桂分别参加考察、会见。

【福建省党政代表团到宁夏考察】2021年4月28—29日，福建省委书记尹力、省长王宁率领福建省党政代表团到宁夏考察，共叙山海深情、共话闽宁协作。自治区党委书记陈润儿、自治区主席咸辉陪同考察。28日，福建省党政代表团成员到位于固原市隆德县的六盘山红军长征纪念馆，追忆长征历程、重温党的历史。代表团一行来到六盘山下的隆德县闽宁产业园，走进闽籍企业家创办的宁夏黄土地农业食品有限公司，了解园区发展、企业运营、群众增收等情况。看到园区把福建的广阔市场与当地的特色资源紧密结合，形成了中药材、农产品加工及特色轻工等主导产业，吸引群众“落户”产业链、嵌入利益链，实现了稳定就业、稳定增收、稳定脱贫，代表团成员为闽宁协作结出的丰硕成果感到高兴，表示要进一步把福建的市场、技术、人才等优势与宁夏特色产业发展连接起来、融合起来，打通双向流通渠道，构建完整的闽宁协作产业链、供应链，更好造福当地群众，带动两地协同发展。29日，代表团一行来到闽宁镇，走进德龙酒庄、红酒街，看万亩葡萄基地，进企业生产车间，详细了解品种栽培、工艺发酵、市场销售、品牌打造等情况，为宁夏发展葡萄酒产业得天独厚的地理优势产业优势点赞，对自治区党委和政府持之以恒推动葡萄酒产业发展表示赞赏。看到闽宁协作为贫困地区带来的巨大变化，代表团成员打心底里高兴，表示将继续沿着总书记指引的路子，发挥所长、尽己所能，加大协作力度，拓宽协作领域，加快巩固拓展脱贫攻坚成果同乡村振兴有效衔接，推动新时期闽宁协作结出更多硕果，让老百姓得到更多实惠。自治区领导赵永清、张柱、马汉成、王和山，福建省领导赵龙、杨贤金、郑新聪、林宝金、郑建闽参加考察。

【2021年全区第二批重大项目集中开工现场推进会】2021年5月21日，2021年全区第二批重大项目集中开工现场推进会在宁东能源化工基地宁夏百川新材料公司锂电材料及锂电回收利用和储能电池二期项目建设现场举行。自治区党委书记陈润儿现场宣布全区第二批重大项目开工。自治区主席咸辉讲话。自治区副主席王和山主持推进会并简要通报全区第一批集中开工重大项目推进和第二批集中开工重大项目相关情况。自治区领导赵永清、彭友东、吴秀章及江苏百川高科新材料公司董事长郑铁江、韩国晓星集团中国区董事长李宰宇、江苏苏利精细化工公司董事长缪金凤在主会场参加，自治区领导张柱、马汉成、沈左权在分会场参加。咸辉代表自治区党委和政府向集中开工的重大项目表示祝贺。推进会前，陈润儿、咸辉等自治区领导在宁东能源化工基地调研了晓星氨纶（宁夏）公司氨纶及原料配套项目、苏利（宁夏）新材料科技公司精细化工产品项目、宁夏百川新材料公司锂电池项目建设情况，并通过展板了解了2021年全区重大项目开工建设情况。这次集中开工的重大项目主要分布在工业、农业、基础设施、生态保护等领域，其中新建项目262个，全年计划投资158亿元、占开工项目计划投资的95.8%，呈现出项目质量持续提升、项目结构持续优化、民间投资持续回升、重点领域持续引领、要素保障持续发力的特点，将为全区经济稳定增长、加快推进先行区建设蓄积强劲动能。推进会上，5个地级市及宁东能源化工基地负责人分别介绍了本地第二批重大项目集中开工情况。区直有关部门（单位）、中央驻宁有关单位（企业）主要负责人，以及项目建设单位、施工单位代表在主会场参加。

【湖南省代表团在宁夏考察】2021年5月22—23日，湖南省省长毛伟明带领湖南省代表团到宁夏考察。其间，代表团深入银川经济技术开发区、贺兰山东麓葡萄园、宁东能源化工基地，实地了解宁夏的资源禀赋、产业布局、发展后劲，挖掘契合点、寻找互补点，推动两省（区）务实合作。自治区党委书记陈润儿、自治区主席咸辉分别参加考察。自治区领导赵永清、张柱、吴秀章、陈春平，湖南省委常委、常务副省长谢建辉等参加。22日，湘宁两省（区）在银川市召开能源合作座谈交流会，签署《能源合作备忘录》，推动实施“宁电入湘”工程，共建中西部新能源基地。

【自治区政府与人社部签订合作备忘录】2021年7月8日，自治区政府与人力资源社会保障部签订合作备忘录，共同推进宁夏人力资源和社会保障事业改革发展，加快建设黄河流域生态保护和高质量发展先行区。自治区党委书记陈润儿、自治区主席咸辉与人力资源社会保障部党组书记、部长张纪南一行座谈。张纪南、咸辉分别代表双方签约。根据合作备忘录，人社部将从实施就业优先战略、完善社会保障体系、实施人才强区工程、深化人事薪酬制度改革、构建和谐劳动关系、加强基本公共服务体系建设、建立部区合作协调机制七个方面，通过建设就业工作先行区、打造西部人才高地和“技能宁夏”、开展农村劳动力转移就业示范县建设、成立宁夏技师学院等务实举措，多点齐发、重点推动，给予宁夏全方位、多层次支持，助力宁夏加快建设黄河流域生态保护和高质量发展先行区。自治区领导雷东生、陈春平参加座谈。

【自治区政府与南水北调集团签订战略合作框架协议】2021年11月26日，自治区政府与南水北调集团签订战略合作框架协议。自治区党委书记陈润儿、自治区主席咸辉、自治区政协主席崔波会见南水北调集团党组书记、董事长蒋旭光一行，并共同见证签约。根据协议，双方将抓住黄河流域生态保护和高质量发展等重大国家战略带来的机遇，通过不定期举行高层会晤、建立部门衔接落实机制，共同推动南水北调西线工程、黄河黑山峡水利枢纽工程开发治理等项目实施，推进"互联网+城乡供水"示范省（区）建设，切实解决陕甘宁革命老区供水问题；进一步拓展清洁能源开发建设，推进产业综合开发和生态文旅合作，助力宁夏经济社会高质量发展。自治区领导赵永清、雷东生、王道席参加会见。

（张明鹏）

督查督办

【概况】2021年，自治区政府系统共开展督查检查15项（其中，备案计划内12项，审批计划外3项），以自治区政府名义开展的督查事项逐年下降。加强对督查工作的全过程约束，严肃督查纪律，严格执行中央八项规定精神和自治区"八条禁令""十项严禁"要求，制定《自治区政府督查九不准》，设立投诉举报电话，保障督查的严肃性、纪律性。探索将《政府工作报告》77项主要任务从"量化指标任务""出台政策措施""开展重大活动"3个方面细化分解为860项子任务。对相关单位完成《政府工作报告》情况进行抽查核查，适时开展集中书面督查。

【督查制度建设】2021年，自治区政府督查室贯彻《政府督查工作条例》（以下简称《条例》）依法督查，将学习贯彻《条例》作为重点任务，提请自治区政府常务会议两次专题学习，专门研究贯彻落实意见，强化自治区政府对督查工作的全面领导。结合《条例》精神，对历年来形成的22项具体制度进行修订完善，废除7项、修订15项、新增7项，《自治区政府督查工作规则》《自治区政府领导批示件办理工作规程》《自治区政府"互联网+督查"平台留言办理办法（试行）》等6项制度经自治区政府常务会议审议并以政府办公厅文件印发全区执行。

【专项督查】2021年，自治区政府督查室对黄河河道及滩地乱占乱建清理整治、遏制"两高"项目、能耗"双控"、违建别墅清查整治、违规兴建楼堂馆所、国家部委与宁夏签订目标责任书等重大工作开展专项督查，督促逐级压实政治责任、领导责任、工作责任，推动党中央、国务院重大决策部署在宁夏落地落实。完成国务院督查组实地督查各项服务保障工作，宁夏"依托'四大提升'行动巩固拓展脱贫攻坚成果"等3条典型经验做法得到国务院通报表扬，自治区政府主要领导对大督查服务保障工作作出批示表扬。

【重点领域督查督办】2021年，自治区政府督查室对全区重大项目建设、安全生产专项整治三年行动、百万移民致富提升行动、能源保障供应、葡萄酒文化旅游博览会等工作进行实地督查检查；对与国家部委对接争取政策项目资金、自治区政府常务会议决定事项落实、主席批示件办理、与广东省经贸合作项目落地等事项进行定期督办汇总，促进全区重点工作任务有序有效落实，其中督办常务会议决定事项94项，已落实86项；办理主席批示件2947件。特别是"10·17"疫情发生后，组织对银川市开展为期22天的疫情防控"三察一体"督导检查，深入街道社区、防控检疫站点、集中隔离点等320多个点位，召开问题集中交办督办会、协调会16场次，全面督导自治区党委和政府疫情防控决策部署落地落实，助力打赢疫情防控阻击战，其间报送督查信息和专报36篇，自治区领导先后26次作出批示。

【建议提案办理】2021年，自治区政府督查室将建议提案办理与改善民生、解决难点问题结合起来，精准分办、上门交办，邀请自治区人大、政协相关委员会组织开展督查调研，推动办理工作整体水平提升，自治区政府系统承办的203件人大代表建议、447件政协提案全部按期办复。

【民生实事督办】2021年，自治区政府督查室将扩大就业、教育提升、社会保障等民生实事纳入年度督查重点，持续督办、定期通报，力促每项实事落实落细，跟踪督办的10个方面28项民生实事全部完成。选取含金量高、受益面大、撬动力强的40项政策落实情况作为督查重点，深入69家企业开展惠企政策落实情况督查调研，上门做调查、送政策、问需求，有针对性地提出合理化建议，自治区政府主要领导对督查报告给予高度评价。

【网络意见办理】2021年，自治区政府督查室结合"我为群众办实事"实践活动，主动回应网民关切、凡是群众网上来信和留言反映的问题，即收即办、来信必复，规范程序、提升时效，一批涉及群众切身利益的操心事烦心事揪心事得到有效解决，共办理答复各类问题2301件、增长25%（其中，国务院“互联网+督查”平台问题线索838件，“主席信箱”来信1195件，“人民网领导留言板”留言268条）。

【优化督查方式】2021年，自治区政府督查室主动对接相关业务厅局，借助行业部门和专业人士优势，提高督查的专业性和针对性。在核查网民留言办理情况、国务院督查组转交问题线索核查整改情况、经贸合作签约项目落地情况时，推行“带着线索去、跟着问题走、盯着问题改”的线索核查法和“四不两直”（不发通知、不打招呼、不听汇报、不用陪同和接待，直奔基层、直插现场）的暗访工作法，更多选用“小分队、短平快、点穴式”等灵活督查方式，开展点对点精准督查，深入一线看实物、深入群众查实情、深入部门问实招，以督查方式的创新优化，推动督查效能的全面提升。强化闭环管理重整改，建立督查发现问题提醒、反馈、建议、整改、回头看闭环落实机制，层层压实责任，逐级传导压力，倒逼问题及时有效整改到位。对群众来信反映的苗头性、倾向性问题，及时向责任单位下发《提醒函》，督促抓早抓小、及时解决，以点上问题解决推动面上政策落实，先后针对房产证办证难、入学难、水电暖初装费等问题及时下发《提醒函》，要求对同类问题举一反三、系统解决。对实地督查发现的问题，通过《督查专报》反馈相关部门，建立问题台账，提出整改建议，适时开展整改情况“回头看”，直至问题彻底整改，先后对安全生产督查发现的34个问题、国务院督查组转交的59条问题线索、国务院大督查反馈的15个具体问题以及计划生育补助政策执行存在的12个问题进行闭环督办，已督促整改问题72个。强化“督导帮”，激励重效能，强化“督导帮”一体化，推动督查工作从“单打独斗”向“协同作战”转变，凝聚抓落实的强大合力。对督查发现的落实难、落实慢问题，结合实际分析研究，做到边督查边发现、边指导边协调，着力帮助解决具体问题和实际困难。在国务院督查组转交问题线索核查交办中，与每个线索人面对面交流沟通，与当地干部共同商讨整改方案，实现所有问题线索“边核边交、边督边改”，帮助基层单位理清根源、减轻负担；在惠企政策督查调研中，现场帮助18家企业协调解决“援企稳岗”“电力直接交易”等政策落实具体问题20个；在疫情防控督导中，发现问题200余个，现场帮助解决40余个，其他问题以《情况通报》转相关部门（单位）整改落实。

（王会宁）

发展研究

【调查研究】2021年，自治区政府研究室联合自治区政府办公厅、发改委等部门组成多个专题调研组，深入基层一线、园区企业、厂矿车间、田间地头、社区校园，大力宣传党的方针政策，广泛听取群众呼声，积极开展调查调研，高质量完成《加强需求侧管理　促进消费全面复苏》《关于我区新材料产业高质量发展面临的问题及对策建议》《关于推动我区种业发展的调研》等调研报告43篇，其中36篇得到自治区政府主要领导批示，大部分转化为自治区政府及有关部门政策举措，调研成果转化率为90%以上，有效推动解决一批群众和企业急难愁盼问题。

【文稿和信息服务】2021年，自治区政府研究室始终把以文辅政作为主责主业，把文稿服务作为参谋服务的重要载体，准确把握党中央、国务院决策部署和自治区党委、政府的部署要求，紧紧围绕自治区发展大局和中心工作，聚焦重点任务实际和领导决策需要，坚持“快功出新品、快功出精品”，加强与政府办公厅融合协作，主动靠前、勇挑重担、积极作为，牵头完成自治区政府工作报告、全区经济工作会讲话、各类发言材料等重要文稿150多篇，参与起草完成自治区“十四五”规划建议纲要等政策性文件10余

2021年7月22日，自治区政府研究室组织人员调研“六新六特六优”产业发展情况

篇。2021年，自治区政府研究室及时发现新典型、新经验、新做法、新动向、新问题，编辑起草《决策参考》51期、《信息快递》52期、《各省动态》151期，部分得到自治区政府领导肯定性批示，一些建议直接进入领导决策并转化为工作措施。坚持权威性、指导性、服务性原则，出版《宁夏经济》5期。

【决策咨询】2021年，自治区政府研究室积极承接自治区重大行政决策专家库日常管理服务工作，高质量协助筹办自治区政府重大行政决策咨询论证专家座谈会暨聘任仪式，在赴多地深入调研的基础上，起草印发《自治区人民政府重大行政决策咨询论证工作规则（试行）》等5项制度，建立重大行政决策事项目录、专家库和联系清单，积极开展重大行政决策咨询论证工作。组织专家参加自治区政府工作报告征求意见会、“十四五”专项规划咨询论证会30场次，协助相关部门开展“十四五”专项规划等重大行政决策咨询论证17项，向专家征集重大行政决策咨询论证重点研究课题11项。

（张　龙）

信访工作

【概况】2021年，宁夏信访总量10471件（人）次，同比下降16.05%（其中，来信1129件次，同比下降22.78%；来访1819批次3812人次，批次和人次分别下降15.47%和24.06%；集体访150批次1723人次，批次和人次同比分别下降26.83%和31.95%；网上信访5800件次，同比下降8.1%）。全区信访形势持续向好，信访总量持续下降、结构更趋合理、秩序明显好转。首次编制《宁夏回族自治区信访工作发展“十四五”规划》，从构建新时代信访工作高质量发展新格局、健全完善维护群众权益机制、提升信访工作法治化水平、提升防范和化解社会风险能力、完善城乡统筹的信访治理体系、加强信访部门建设等方面，明确了今后五年信访工作的主要目标、重点任务和具体举措。评选出宁夏“最美信访干部”10人，其中陈川宁入选全国第二届“最美信访干部”。

【专项行动】2021年，宁夏各级信访部门组织开展大走访活动，全面深入排查各类矛盾纠纷。启动信访信息“零报告”制度，向国家信访局和自治区党委政府报送信访信息专报18期，向自治区党委政法委报送矛盾纠纷排查14期。全区信访形势总体平稳，没有发生大规模聚集、涉访个人极端行为和因信访问题引发的负面炒作。

【信访矛盾攻坚化解】2021年，自治区信访局发挥“前沿指挥部”作用，实行挂图作战，每日监测积案化解进度，每周召开例会研究分析问题，每月对工作推进情况进行通报。各地各部门发挥“头雁效应”，抓住“关键少数”，压实各级领导干部的化解责任，中央信访联席办交办的1196件重复信访事项全部按照“五包”（包掌握情况、包解决化解、包思想疏导、包教育稳定、包息诉罢访）要求落实了领导包案责任。专项工作开展以来，全区各级领导干部每人接访下访至少两次，与1196件重复信访事项信访人全部见面，所包信访事项基本化解完毕。全区信访部门深入开展“大督查大接访大调研”活动，组织各级信访干部自上而下包联责任地区和部门，“捆绑”工作、一体担责，常态化指导治理重复信访、化解信访积案专项工作开展。中央联席办第一批交办件化解96%，全部上报化解；第二批交办的351件重复信访事项，上报化解126件，一大批群众急难愁盼问题得以妥善解决。

【智能辅助系统应用】2021年，自治区信访局开展2021年度全区信访业务智能辅助系统升级改造工作，丰富拓展智能化应用组件，加强信访大数据分析利用，提升数据和网络安全防护能力，提高信访工作信息化智能化水平。下大力气解决国家信访局登记网上信访重复率过高问题，依托系统监控，对重复网上信访事项第一时间督办责任地区（单位），及时介入开展工作。

【建立社会矛盾调处化解中心】2021年，自治区信访局探索建立“一站式接收、一揽子调处、全链条解决”工作模式，自治区本级和全区5个地级市、22个县（区）全部建立社会矛盾调处化解中心，石嘴山市社会矛盾纠纷调处化解中心经过编制部门审批，实现实体化运行，常态化矛盾纠纷排查化解机制和社会矛盾纠纷多元预防调处化解机制进一步健全完善。各级社会矛盾调处化解中心通过做优一窗受理，设立无差别受理窗口，健全窗口与入驻部门协调对接机制，一窗受理群众提出的各类事项，准确区分类型，分流到专业窗口或相关部门精准办理。中央信访工作联席会议在《信访信息快报》上，对宁夏信访制度改革经验进行介绍推广。

【乡镇（街道）建立信访工作联席会议机制】2021年，自治区信访局出台《关于建立乡镇（街道）信访工作联席会议机制的指导意见》，在政策层面加强指导，为“塞上枫桥”品牌创建活动作出新探索。依托基层综治中心工作架构，发挥“街道吹哨、部门报到”机制优势，把推动乡镇（街道）建立信访工作联席会议机制作为夯实信访工作基层基础的着力点，建立健全信访事项即接即办、会商研判、分流转办、跟踪督办、反馈回访等制度机制。全区90%以上乡镇（街道）建立信访工作联席会议机制。

【信访工作示范县创建活动】2021年，自治区信访局制定《自治区信访局关于开展全国信访工作示范县（市、区）创建活动实施方案》，将该项工作纳入平安建设考核。各市、县（区）以开展创建活动为抓手，进一步落实属地责任，不断创新工作方法，在发挥县级信访工作基础性作用、着力维护群众合法权益、促进社会和谐稳定、提高整体工作水平等方面作出积极努力。

（曹丽娜）

外事工作

【概况】2021年，自治区加强党对外事工作的集中统一领导，召开自治区党委外事工作委员会第四次全体会议及自治区党委外事工作委员会办公室联席会议，共同协调谋划重大外事活动，围绕重点外事工作开展专题调研，找准外事工作服务高质量发展的着力点和突破口，有力统筹和科学指导全区外事工作，进一步增强全区外事工作的整体性和协同性。加强党史学习教育组织开展"唱响红歌心向党、砥砺奋进新征程"等一系列具有外事特色的庆祝和表彰活动。深入发掘宁夏红色外事资源，对外讲好中国共产党的故事。推动"我为群众办实事"落地落细，梳理明确3个方面28项"外事为民"任务清单，驻村工作队被评为"全区脱贫攻坚先进集体"，有关做法得到党史学习教育中央第十指导组的肯定。

【疫情防控】2021年，自治区外事办公室向中国南亚国家应急物资储备库捐赠防疫物资，为国际友城捐赠防疫物资。争取为海外中国公民及在宁夏外籍人士接种新冠疫苗。提供多语种24小时疫情防控应急协助热线服务，主动解决在宁夏外籍人士遇到的困难。利用中外人员往来"快捷通道"政策，为符合条件的外企高管、技术专家等在疫情防控前提下到宁夏开展工作提供便利。顺利完成中电建滞留沙特员工包机入境银川工作。妥善处置涉疫情领事保护案件，有力落实"双稳"要求。

【服务共建"一带一路"】2021年，自治区外事办公室在第五届中阿博览会期间，做好礼宾、接待和翻译等工作，借助外交外事渠道广泛对外宣介，推动博览会取得多个第一次（习近平主席五致贺信，首次有"一带一路"国家的政要致辞，首次有中国政府中东问题特使致辞，首次有十多位大使在各分项活动致辞，外交部新闻发言人办公室首次就博览会接受提问并通过推特对外介绍情况）。举办首届中国（宁夏）国际葡萄酒文化旅游博览会，组织跨国公司高管、主流媒体记者和亚非拉青年领袖代表到宁夏参会并开展"宁夏行"活动，推动引导来访媒体发布正面积极报道博览会和贺兰山东麓葡萄酒产业，引起国内外广泛关注，得到外交部高度评价，并作为经验在全国外事系统进行交流。创新"云外事"交往方式，举办中非地方政府合作论坛宁夏分论坛、宁夏与韩国庆尚北道正式缔结友好城市关系线上签约仪式、银川市第二十一小学与日本岛根大学附属学校线上交流互动等。

【服务对外贸易交流】2021年，自治区外事办公室向阿根廷、西班牙等28个"一带一路"国家驻华使馆推介九大重点产业及有关合作项目。协调韩国忠清南道向第四届枸杞产业博览会视频致贺，推动中宁县与忠清南道青阳郡建立友好关系，并为宁夏农科院与忠清南道枸杞研究所开展技术交流牵线搭桥。争取外交部将贺兰山东麓葡萄酒作为"大爱无国界——让梦想飞扬"国际义卖活动唯一指定葡萄酒，受到与会驻华使节的热捧。推动外交部将贺兰山东麓葡萄酒列为重点对外宣介的地方特色产品之一，面向中国驻外使领馆和外国驻华机构进行宣介。促成韩国驻西安总领馆采购贺兰山东麓红酒作为接待用酒。组织宁夏葡萄酒企业线上参加阿根廷门多萨国家葡萄酒收获节，推动两地有关部门和葡萄酒企业建立联系并开展对接交流。支持吴忠农投公司通过乌拉圭驻华使馆与乌有关企业洽谈对接活体牛进口和繁育技术引进等方面合作。及时翻译和发布九大重点产业中英文对照表述。

【民间外交】2021年，自治区外事办公室印发《关于做好"十四五"时期民间外交工作的意见》。推动宁夏与韩国庆尚北道正式缔结友好城市。举办2021年宁夏国际青年友谊营，围绕葡萄酒产业、贸易往来、介护培养等，不断充实与日本岛根县等国际友城关系。沿着"一带一路"延伸方向推动国际友城建设，激活宁夏与吉尔吉斯斯坦楚河州、摩洛哥卡萨布兰卡赛塔特大区等友好关系。

【宁夏与韩国庆尚北道正式缔结国际友城关系】2021年10月20日，宁夏与韩国庆尚北道缔结国际友城关系线上签约仪式在银川市举办，自治区主席咸辉、庆尚北道知事李喆雨分别致辞，代表两地签署《中国宁夏回族自治区与韩国庆尚北道建立国际友城关系协议书》并互赠纪念品。中国驻韩国大使邢海明视频致辞。自治区副主席刘可为，庆尚北道副知事河大成参加签约仪式。

【脱贫攻坚】2021年4月27日，在宁夏脱贫攻坚总结表彰大会上自治区外办驻中卫市沙坡头区香山乡米粮川村工作队获"全区脱贫攻坚先进集体"称号。自治区外办驻中卫市沙坡头区香山乡米粮川村工作队先后争取落实各项资金4500余万元用于基础设施建设，为村民销售硒砂瓜出点子、找销路。积极协调引进山东祖代鸡养殖产业项目落地米粮川村，带动当地100人就业。助力村中22户养殖户发展养殖产业。协调村民利用农闲时间学技术、强本领、增收入，全村每年外出从事运输、餐饮等行业务工200人次以上，年收入400万元以上。

（马　瑞）

文史研究

【党史学习教育】2021年，宁夏文史研究馆多次举办宣讲报告会和党史学习教育读书班，多地开展"学党史忆初心感党恩作贡献"等主题党日活动。扎实开展"书画讲党史"大讲堂和"传承党的百年光辉史基因、铸牢中华民族共同体意识"主题教育活动，积极参加"宁夏统一战线庆祝中国共产党成立100周年文艺会演"、区直统战系统党史学习教育动员大会、"四史"宣讲报告会、"思想道德大讲堂"、主题演讲等活动。针对馆员、研究员和干部群众最关心最直接最现实的问题，分类整理20项实施项目，明确责任部门、责任人和完成时限，逐项逐条推进落实。

【助力抗疫】2021年"10·17"新冠肺炎疫情发生后，宁夏文史研究馆先后发布《志愿服务倡议书》《致宁夏文史研究馆全体馆员研究员的倡议书》等，动员党员干部积极下沉社区参与疫情防控志愿服务，号召馆员、研究员在做好个人防护的同时，主动发挥优势"以艺抗疫"。10月26日至11月19日，机关17名党员干部先后到彩虹湾、湖畔嘉苑、崇安、银华、宝湖、荷花苑等8个社区参加疫情防控工作。金凤区长城中路街道、满城北街街道彩虹湾社区和兴庆区前进街道银华社区赠予荣誉锦旗。在做好疫情防控志愿服务的同时，先后向长城花园、彩虹湾、银华等社区捐赠馆编书籍30余套、180余本图书，充实"社区书屋"书目种类。

【崇文鉴史】2021年，宁夏文史研究馆继续努力实现把宁夏文史研究馆建设"成为我区文史研究工作的窗口和学术平台"的目标，不断对馆刊《宁夏文史》进行优化完善，设置"庆祝中国共产党成立100周年"文章及诗词赋专栏。积极推进《闽宁协作20年口述史》编辑出版工作，整理稿件150余篇，邀请专业编审开展二次审改工作。面向区内征集《万历朔方新志》《乾隆宁夏府志》《弘治宁夏新志》《兵直速中建校周年纪念》《文选》等文史资料。推进盐池县大水坑镇《东风村村志》、《上梁文化教育史研究》、《湖湘文化人物》在宁夏等3个文化项目。

【调研咨询】2021年，宁夏文史研究馆始终牢记"咨询国事"职责，心系"国之大者"。围绕服务自治区"建设黄河流域生态保护和高质量发展先行区"等重点任务及全区文化建设和群众关心的热点问题等，先后开展"中华优秀传统文化在乡村振兴过程中如何发挥作用""推进黄河流域生态保护和高质量发展先行区建设黄河文化资源""回汉支队革命斗争及重要历史人物史料"等调研、调查并向自治区党委报送调研文章3篇。其中，《关于建好黄河文化传承彰显区的建议》被自治区党委办公厅采编为2021年第一季度优秀调研报告；《党的百年光辉历史基因之政治协商与文化自信》被评为2021年度宁夏人民政协理论研究论文一等奖、2021年度区直统战理论政策研究创新成果二等奖。充分发挥人才资源优势，组织馆员、研究员到驻村帮扶村开展调查研究，为巩固脱贫攻坚成果和助力乡村振兴建言献策。

【馆员服务与联络交流】2021年，宁夏文

2021年5月26日，上海、湖南、江西、宁夏四地文史研究馆联合举办的"'翰墨丹青颂党恩'暨庆祝中国共产党成立100周年书画展"在银川市开幕

史研究馆深入实施全员服务联络馆员机制，坚持做好馆员、研究员的生活和学术服务保障工作。馆领导分别带队走访、慰问8位年满80岁和2位70岁馆员并为今年逢80整寿馆员集体祝寿。工作人员采取打电话、发微信、上门等多种方式，关心和关爱馆员、切实解决生活困难，每月初给当月过生日的馆员邮寄生日贺卡，送上生日祝福。采取“线上+线下”相结合的方式，坚持每月组织1次馆员学习会，每期印发并邮寄馆员学习材料，及时传达中央和自治区党委、政府重要决策部署。在馆员、研究员中分别开展“中国共产党为什么‘能’、马克思主义为什么‘行’、中国特色社会主义为什么‘好’”三个专题的线上研讨交流，发言91人次，留言196条，并编订出版《党史学习教育——馆员、研究员“三个为什么”专题讨论发言摘编》。持续推进馆员影像资料库建设，加快脚本审核、拍摄协调、后期制作、审查修改等工作，力争完成馆员影像资料库项目结项验收工作。积极协助自治区政府选聘8名文史馆员。支持馆员做好书画创作、学术研究成果出版工作，提高补助经费标准。按照程序，给予2名馆员老师专著补贴，给予1名馆员老师追加补贴。协助2名馆员老师举办赠书仪式暨首发座谈会。

【文化建设】2021年，宁夏文史研究馆邀请上海、湖南、江西三地文史研究馆到银川市举办“翰墨丹青颂党恩——庆祝中国共产党成立100周年书画展”，献礼党的百年华诞，并制作印发书画展画册。开展“送文化进基层”活动，在宁夏职业技术学院举办继宁夏医科大学、宁夏师范学院之后的“弘扬伟大抗疫精神、建设繁荣美好家园”书画巡展。与石嘴山市委宣传部共同举办“宁夏大地情”书画作品展。分别与石嘴山市委宣传部和宁夏煤业有限责任公司在石嘴山市书画院和盐池县金凤煤矿联合举办“翰墨丹青颂党恩——庆祝中国共产党成立100周年书画巡展”，在石嘴山市书画院设立宁夏文史研究馆文艺创作基地，书画馆员和研究员在展览现场挥毫泼墨，为石嘴山市群众和金凤煤矿工友送出百余件书画作品。

（韩　伟）

地方志工作

【概况】2021年，自治区地方志办公室围绕志书编纂、年鉴编辑、基层业务指导开展工作。地方志各项工作顺利开展。全年出版专业（部门）志书4部，市县三级志书4部进入出版程序，启动编修专业志书5部。出版省、市、县三级年鉴25部。采取“以会代培”“以评代培”及专题培训班的方式，先后开展基层业务培训10多次。《宁夏史志》出刊6期，刊发文章、信息等90余篇，43万字，累计出刊211期。2021年12月4日，自治区党委副书记、自治区主席咸辉在自治区地方志办公室报送的《2021年全区地方志和古籍文献工作情况暨2022年主要工作打算、建议》上作出批示：“宁夏地方志办公室主动作为，勤勉工作，获得全国地方志系统先进集体实属不易，值得点赞！希望取得编修史志的更好成果。关于几点建议，请培君同志组织研究。”

【工作机构】2021年，自治区地方志办公室内设综合科、业务指导科、年鉴科、资料征集科。有工作人员13人。其中，编审2人，副编审7人，编辑4人。在5个地级市地方志工作机构中，银川市、石嘴山市与党史、档案合署，吴忠市、固原市、中卫市与党史合署。在22家县（区）地方志工作机构中，兴庆区、金凤区、西夏区，灵武市、贺兰县、永宁县、平罗县、同心县、红寺堡区、隆德县与党史、档案合署，大武口区、惠农区、青铜峡市、盐池县、彭阳县、西吉县、泾源县、海原县、中宁县原州区、沙坡头区与党史合署，利通区暂无地方志工作机构。全区地方志系统共有工作人员120余人。

【志书年鉴编纂】2021年，宁夏二轮规划志书52部，累计出版45部，约占规划总数的86.5%；6部移交出版，1部完成终审正在修改。其中，省级志书规划25部，累计出版25部；市级志书规划5部，累计出版《银川市志》《石嘴山市志》《固原市志》3部；《吴忠市志》《中卫市志》已移交出版；县级志书规划22部，累计出版《盐池县志》《彭阳县志》18部，《同心县志》《中卫市沙坡头区志》《银川市兴庆区志》《银川市金凤区志（2001—2018）》移交出版。出版《宁夏生态环境志》《宁夏金沙林场志》《宁夏贺兰山志》《中宁枸杞志》《固原扶贫志》4部。《宁夏检察志》《宁夏气象志》《宁夏人防志》《宁夏黄河志》《宁夏水文志》《宁夏贺兰山国家级自然保护区志》已完成终审。《宁夏扶贫志》《宁夏小康志》《宁夏农业志》《宁夏粮食志》《宁夏水利科学院志》启动编纂。《杨坪村志》《四十里店村志》《杨柳村志》《塔桥村志》《龙泉村志》《原隆村志》《杨郎村志》完成编纂。西吉县单家集村自发编纂的《单家集村志》出版发行。2021年，全区25部省、市、县年鉴完成编辑并出版。在第八届全国地方志成果（年鉴类）评审中，《宁夏年鉴（2020）》获省级年鉴二等，《银川年鉴（2020）》获市级年鉴一等，《红寺堡年鉴（2020）》获县级年鉴二等，《金凤年鉴（2020）》获县级年鉴三等。

2021年5月18日，自治区地方志办公室开展志鉴成果进校园为主题的“5·18”地方志工作宣传日暨向宁夏民族职业技术学院赠书活动

【“5·18”地方志宣传日活动】2021年5月18日，自治区地方志办公室和宁夏民族职业技术学院联合举办以“学党史、悟思想、办实事、开新局，志鉴成果进校园”为主题的“5·18”地方志工作宣传日暨向宁夏民族职业技术学院赠书活动。宁夏社会科学院副院长田光锋，宁夏民族职业技术学院副院长高建国，宁夏地方志办公室主任负有强、副主任张明鹏，吴忠市委党史和地方志研究室主任胡建东、宁夏民族职业技术学院图书馆馆长郭庆等参加活动，活动由负有强主任主持。宁夏民族职业技术学院师生100余人参加赠送图书交接仪式。田光锋副院长和高建国副院长签订《地方志成果赠送协议》并分别致辞。地方志办公室党支部和宁夏民族职业技术学院图书馆党支部建立支部共建关系。胡建东主任现场讲党课，学习有关党史学习教育内容。在宁夏民族职业技术学院举行地方志成果展览是地方志宣传日活动的重要组成部分。自治区地方志办公室向宁夏民族职业技术学院图书馆赠送《宁夏通志》3套、《宁夏年鉴》3套及《宁夏地方史话丛书》8种，共1709册图书，总价112935元。赠送自治区地方志办公室宣传册100本。全区各市县区地方志工作机构开展了不同形式的宣传活动。

【全区地方志工作考评】2021年12月，自治区地方志办公室组织开展全区地方志工作年度考评。考评工作采取量化打分的办法，分自治区、市级两个层次组织进行，先由银川市、石嘴山市、吴忠市、固原市、中卫市地方志工作机构各自对所辖县（区）修志工作机构年度工作进行初评，再报自治区地方志办公室终评。自治区地方志办公室召开考评会议，经会议表决，评出2021年度地方志工作市级优秀一等1个、二等2个、三等2个，县级优秀一等2个、二等4个、三等5个。《固原扶贫志》编纂试点、彭阳县委党史和地方志研究室百场“学党史、悟思想”宣讲活动被评为年度创新工作。

【业务培训】2021年7月26—30日，全区地方志系统业务培训班在盐池县委党校举办，全区地方志系统近70人参加培训。培训围绕习近平总书记在庆祝中国共产党成立100周年大会上的重要讲话、中国共产党百年历史进程和基本经验、减贫志编纂、方志馆建设及精品年鉴打造等知识开展专题讲座。2021年，自治区地方志办公室采取“以会代培”“以评代培”及专题培训班的形式，开展基层业务指导，提高全区志鉴编纂人员业务理论和实践操作能力。先后举办《金凤年鉴（2021）》编纂业务培训班，《宁夏生态环境志》《银川市金凤区志（2001—2018）》《宁夏检察志》《宁夏惠农渠志》《固原扶贫志》《西吉县扶贫志》《同心县志（1991—2015）》《宁夏水文志》《宁夏贺兰山国家级自然保护区志》《沙坡头区志（2004—2019）》《盐池县环境保护和林业志》评审会，邀请地方志专家学者通过志书评审或专业授课的形式对基层志鉴编纂人员进行业务培训。

【地方志工作调研】2021年6月1—3日，中国地方志指导小组办公室一级巡视员邱新立，纪检组组长、副主任叶聪岚一行到宁夏调研地方志工作。1日，邱新立一行到吴忠市红寺堡区调研。自治区地方志办公室主任负有强，固原市地方志研究室副主任杨永成，红寺堡区委常委、宣传部部长苏达志，红寺堡区档案史志馆馆长陈永康等陪同调研。2日上午，调研组一行参加《固原扶贫志》书稿评审会，固原市地方志研究室主任张志海及相关专家参会。2日下午，负有强主持召开调研座谈会，固原市及所属各县（区）地方志工作机构负责人参加。各地方志工作机构负责人分别汇报工作，并就二轮修志经验总结，推进三轮修志，“年鉴全覆盖”工作，扶贫志、小康志编纂工作进行交流研讨。9月14日，吉林省地方志编纂委员会副主任李正奎、二级

2021年7月26—30日，自治区地方志办公室主办的全区地方志系统业务培训班在中共盐池县委党校举办

巡视员谢奎江等一行4人到宁夏调研地方志工作。宁夏地方志办公室主任负有强主持座谈会，副主任张明鹏及相关科室人员参加座谈。座谈会上，吉林省地方志编纂委员会副主任李正奎介绍了吉林省地方志工作机构和地方志“志、鉴、馆、库、网、用”六位一体工作情况。负有强介绍了宁夏二轮志书、年鉴、期刊、“5·18”地方志工作宣传、资料工作、业务培训、开发利用及服务地方社会经济发展等地方志工作情况。张明鹏介绍了宁夏二轮志书编纂经验。宁夏地方志办公室年鉴科科长吴晓红、业务科科长王晓华分别介绍了宁夏年鉴编辑、宁夏地方史话编纂情况。双方重点就二轮志书编纂工作经验、志书编纂质量把控、三轮志书编纂谋划、扶贫志和小康志编纂工作进行深入交流讨论。双方表示将加强交流合作、互相促进，共同推进两省（区）方志事业发展。

（张明鹏）

政协宁夏回族自治区委员会

ZHENGXIENINGXIAHUIZUZIZHIQUWEIYUANHUI

NINGXIA YEARBOOK

编辑◎郭勤华

综　述

【党史学习教育】2021年，自治区政协把开展中共党史学习教育作为贯穿全年工作的重中之重，紧密结合政协实际部署推进。经自治区党委同意，将学习教育扩展到区、市、县三级政协委员，重点围绕“中国共产党为什么能、马克思主义为什么行、中国特色社会主义为什么好”3个专题深入开展学习研讨，召开政协委员学习习近平总书记“七一”重要讲话座谈会，开展“传承党的百年光辉史基因，铸牢中华民族共同体意识”主题教育活动，制定“我为群众办实事”清单，围绕“加强专门协商机构建设庆祝中国共产党成立100周年”开展理论研讨，推动中共党史学习教育走深走实。中共十九届六中全会召开后，及时召开党组会、主席会议、常委会会议层层传达学习，举办习近平新时代中国特色社会主义思想学习研讨会、委员学习座谈会、专题学习班深入研讨交流，党组成员和主席会议成员带头宣讲，迅速掀起学习宣传贯彻热潮。通过广泛多层的制度化理论学习和研讨，广大政协委员更加深刻地领会中国共产党百年光辉历程、伟大成就、历史经验，更加深刻地感悟中国共产党的初心使命和伟大建党精神，更加深刻地认识中国共产党的领导和中国特色社会主义道路的历史必然性，更加深刻地理解“两个确立”的决定性意义，思想认识升华，精神斗志鼓舞，“四个意识”更加牢固、“四个自信”更加坚定、落实“两个维护”更加坚决。

【协商议政】2021年，自治区政协坚持发扬民主与增进团结相互贯通、建言资政和凝聚共识双向发力，全年召开各类协商会议112次，组织调研视察考察90项，全面完成年度协商计划。围绕以“四大提升行动”为载体，推动巩固拓展脱贫攻坚成果同乡村振兴有效衔接、推进全面依法治区、建立水资源节约集约利用机制，召开专题议政性常委会会议集中协商议政，所提建议得到自治区党委和政府高度重视。就加快9个重点产业数字化进程、加强创新素养提高基础教育水平、培养符合新时代要求的宗教教职人员队伍、全区黄河文化传承彰显区建设、加强动物防疫体系建设等深入协商，多条建议被自治区出台的有关文件采用。注重在调研过程中协商解决问题，针对银川市主要路段交通拥堵、全区律师会见难调查取证难等提出务实建议，相关方面积极采纳、迅速落实。经自治区党委批准，制订围绕全区“十四五”规划实施开展民主监督工作计划，确定9个重点题目一盯五年、持续监督，年内已开展6个。建立每半年召开经济形势分析研讨会机制，从微观看宏观，就趋势性、苗头性和潜在性问题提出对策及建议。以高度负责的精神认真落实自治区党委安排的包抓任务，政协党组成员和主席会议成员深入调查研究、跟进督促检查、帮助解决问题。积极参与沿黄九省（区）政协黄河流域生态保护和高质量发展协商研讨会、西北五省（区）政协“助推服务丝绸之路经济带建设”联席会议，为推动省际间开放合作、共赢发展贡献智慧和力量。

【学习与交流】2021年，自治区政协党组成员和党员委员同党外委员谈心300余人次，召开界别群众关注问题恳谈会28次，组织3批230余名政协委员和机关干部专题参观，举办委员大讲堂10期。开展以政治学习为主要内容、以促进协商议政为重要目标的委员读书活动，开设习近平论坚持全面依法治国、乡村振兴战略与实践、产业数字化转型、黄河与中华文明等18个主题读书群，委员交流读书感想1900余人次。拓展界别委员工作室、委员会客室功能，总结推广委员按界别联系社会组织试点做法并印发指导意见，推动委员联系界别群众工作更加深入、更有实效。组织少数民族界、宗教界委员外出考察，动员港澳委员为建设美丽新宁夏、共促港澳长期繁荣稳定献计出力，加快推进当代宁夏移民历史资料征集研究和展览筹备工作。

【机构机制建设】2021年，自治区政协持续推进专门协商机构建设，印发《自治区政协制度建设两年计划（2021—2022）》，明确坚持制度44项、废止9项，新拟定和修订15项。印发《自治区政协协商工作规则》，修订《自治区政协专门委员会通则》。印发《加强和促进人民政协凝聚共识工作的实施意见》，明确凝聚共识的平台载体、工作机制、目标对象，面向委员加强思想政治引领，面向社会传播共识。印发《自治区政协强化委员责任担当的实施意见》，明确履职责任，发挥主体作用，引导委员勤学习、勇担当、善履职。落实自治区党委办公厅《关于加强和改进政协立法协商工作的通知》精神，印发《自治区政协立法协商工作规则》。修订提案质量和提案办理质量评议办法，首次引入第三方评价机制，全面推进提案工作提质增效，承办全国地方政协提案工作经验交流座谈会并在会上发言。建立重大战略性问题深入研究机制，完成《宁夏黄河流域生态保护地方立法》等3项课题研究，首批特聘25位专家组成政协参政议政人才库，首次召开专家协商会。认真落实协商议政质量评价制度，提高协商议政能力和水平。

（马生海）

重要会议

【全体委员会议】2021年1月28—31日，中国人民政治协商会议第十一届宁夏回族自治区委员会第四次会议在银川市召开，会议应出席委员412人，实到364人。按照中央和自治区疫情防控有关规定与要求，22名港澳政协委员通过视频参加会议。自治区领导陈润儿、咸辉、张超超、艾俊涛、赵永清、雷东生、白尚成等出席开幕和闭幕会，并参加联组讨论，听取委员大会发言。李彦凯主持开幕大会，会议审议通过了会议议程、听取审议了崔波代表常务委员会所作的工作报告和相关提案工作情况的报告。与会委员列席了自治区第十二届人大第四次会议，听取并讨论了自治区政府工作报告和其他报告。共收到大会发言材料87份，有16名委员作了大会发言。会议增选郑震、许宁为副主席，王杨宝等8人为常务委员。崔波主持闭幕会并致闭幕词，陈润儿在闭幕会上作了讲话。会议通过了自治区政协第十一届第四次政治决议、关于常务委员会工作报告的决议、关于提案工作情况报告的决议、2021年协商计划和提案审查情况的报告，共收到提案807件，立案593件。

【第十一届第十六次常委会会议】2021年1月26—27日，自治区政协召开第十一届第十六次常委会会议。会议传达学习自治区党委第十二届第十二次全会精神，审议《关于2020年工作情况的报告》、听取各专门委员会2020年工作汇报，审议《2020年协商计划执行情况的报告》，通报提案办理情况，审议通过《关于召开政协第十一届宁夏回族自治区委员会第四次会议的决定（草案）》《第十一届第四次会议各项文件（草案）》《政协宁夏回族自治区委员会〈关于加强和促进人民政协凝聚共识工作的实施意见〉》《关于强化政协委员责任担当的实施意见》，会议还审议通过有关人事事项并进行分组讨论。

【第十一届第十七次常委会会议】2021年1月29日，自治区政协召开第十一届

2021年5月7日，政协第十一届宁夏回族自治区委员会常务委员会第二十次会议在银川市召开

2021年9月26日，政协第十一届宁夏回族自治区委员会常务委员会第二十一次会议在银川市召开

第十七次常委会会议。会议审议通过《政协第十一届宁夏回族自治区委员会第四次会议选举办法》《政协提案委员会〈关于第十一届第四次会议提案审查情况的报告(草案)〉》，听取小组讨论情况汇报，审议通过有关人事事项。

【第十一届第十八次常委会会议】2021年1月31日，自治区政协召开第十一届第十八次常委会会议。会议听取各小组讨论情况汇报，审议《政协第十一届宁夏回族自治区委员会第四次会议政治决议(草案)》《关于常务委员会工作报告的决议(草案)》《关于政协第十一届第三次会议以来提案工作情况报告的决议(草案)》《关于第十一届第四次会议提案审查情况的报告(草案)》《政协宁夏回族自治区委员会2021年协商计划(草案)》，审议通过《增选政协第十一届宁夏回族自治区委员会副主席、常务委员候选人名单》，审定《政协第十一届宁夏回族自治区委员会第四次会议选举大会总监票人、监票人名单》。

【第十一届第十九次常委会会议】2021年3月15日，自治区政协召开第十一届第十九次常委会会议。会议传达学习习近平总书记参加有关代表团审议及政协联组会时的重要讲话精神、中央领导参加宁夏代表团审议时的讲话精神、第十三届全国人大第四次会议精神、政协第十三届第四次会议精神，分组讨论《政协宁夏回族自治区委员会协商工作规则(讨论稿)》。

【第十一届第二十次常委会会议】2021年5月7—8日，自治区政协召开第十一届第二十次常委会会议。会议学习习近平总书记在中央全面依法治国工作会议上的重要讲话精神，围绕“推进全面依法治区”协商议政，听取自治区党委常委、政法委书记雷东生《关于“深入学习贯彻习近平法治思想 努力建设更高水平的法治宁夏”的报告》，自治区政协副主席马秀珍就《关于推进全面依法治区的协商报告》作说明，10名常委和委员作大会发言，审议通过政协宁夏回族自治区委员会协商工作规则、有关人事事项。

【第十一届第二十一次常委会会议】2021年9月26—27日，自治区政协召开第十一届第二十一次常委会会议。会议传达全国政协系统党的建设工作经验交流会精神、全国政协第十三届第十八次常委会会议精神；围绕“建立水资源节约集约利用机制，支撑宁夏生态保护和高质量发展”协商议政；听取自治区政府副主席王道席《关于全区水资源节约集约利用情况的报告》；自治区政协副主席洪洋就《建立水资源节约集约利用机制 支撑宁夏生态保护和高质量发展协商报告》作说明；审议通过有关人事事项、政协宁夏回族自治区委员会专门委员会通则；8名常委和委员作大会发言；举行《宁夏水资源高效利用研究与实践》学习讲座。

【第十一届第二十二次常委会会议】2021年11月18—19日，自治区政协召开第十一届第二十二次常委会会议。会议学习讨论中共十九届六中全会精神、传达自治区党委第十二届第十三次全会精神；围绕“以四大提升行动为载体，推动巩固拓展脱贫攻坚成果同乡村振兴有效衔接”协商议政；听取自治区副主席王和山关于深入实施“四大提升行动”，全面推进巩固拓展脱贫攻坚成果同乡村振兴有效衔接工作情况的报告；举行《乡村振兴战略》学习讲座；8名常委作大会发言。

【全国地方政协提案工作经验交流座谈会】2021年7月17—18日，全国地方政协提案工作经验交流座谈会在银川市召开。会议的主要任务是：深入学习习近平总书记“七一”重要讲话精神，以习近平总书记关于加强和改进人民政协工作的重要思想为指导，深入贯彻中央政协工作会议精神，认真落实全国政协主席汪洋对提案工作的重要指示，围绕做好新时代人民政协提案工作，总结交流经验，研究部署工作，推动提案工作高质量发展。

2021年11月18日，政协第十一届宁夏回族自治区委员会常务委员会第二十二次会议在银川市召开

全国政协副主席张庆黎出席会议并讲话。全国政协提案委员会主任李智勇在闭幕式上作总结讲话，自治区党委书记陈润儿出席开幕式并致辞，自治区政协主席崔波、全国政协提案委员会副主任支树平、臧献甫、张敬安（驻会）和部分委员及自治区党委常委、秘书长雷东生出席会议。全国各省、自治区、直辖市及副省级市政协分管提案工作的副主席，提案委主任、副主任，部分市县政协负责和全国政协机关有关部门负责人参加会议。

（马生海）

重要活动

【习近平新时代中国特色社会主义思想学习研讨活动】2021年3月26日，自治区政协开展习近平新时代中国特色社会主义思想学习研讨会第1次学习研讨活动，主题为“深入学习贯彻习近平强军思想，推进国防动员建设高质量发展”，邀请自治区党委常委、宁夏军区司令员赵建宏主讲。6月21日，开展习近平新时代中国特色社会主义思想学习研讨会第2次学习研讨活动，主题为“中国共产党领导的多党合作和政治协商制度发展历程和现实意义”，邀请第十二届全国政协委员，中共中央统战部原研究室主任、新闻发言人张献生主讲。9月10日，开展习近平新时代中国特色社会主义思想学习研讨会第3次学习研讨活动，主题为“牢牢掌握意识形态工作领导权”，邀请自治区党委宣传部副部长朱天奎主讲。12月6日，开展习近平新时代中国特色社会主义思想学习研讨会第4次学习研讨活动，围绕学习宣传贯彻中共十九届六中全会精神交流学习体会，自治区政协党组副书记李彦凯及徐勇、刘金星、马中勇、王春秀、王波、相卫国、杨伟、沈爱红8名常委作大会交流发言。

【党史学习教育专题研讨会】2021年4月15日，自治区政协党组召开党史学习教育第1次专题研讨会，围绕“感悟思想伟力，增强用党的创新理论武装全党的政治自觉、思想自觉”进行专题研讨。5月25日，自治区政协党组召开党史学习教育第2次专题研讨会，围绕“把握历史发展规律和大势，始终掌握党和国家事业发展的历史主动”和“传承党的百年光辉史基因，铸牢中华民族共同体意识”进行专题研讨。6月28日，自治区政协党组召开党史学习教育第3次专题研讨会，围绕“深化对党的性质宗旨的认识，始终保持马克思主义政党鲜明本色”进行专题研讨。7月23日，自治区政协党组召开党史学习教育第4次专题研讨会，围绕“总结党的历史经验，不断提高应对风险挑战的能力水平”进行专题研讨。8月17日，自治区政协党组召开党史学习教育第5次专题研讨会，围绕“发扬革命精神，始终保持艰苦奋斗的昂扬精神”专题研讨。9月28日，自治区政协党组召开党史学习教育第6次专题研讨会，围绕“增强党的团结和集中统一，确保全党步调一致向前进”主题进行专题研讨。

【考察调研】2021年4月25—27日，全国政协副主席卢展工带领调研组到宁夏调研全国政协修订完善专门委员会工作指南开展情况。自治区政协主席崔波，副主席郑震陪同。7月16—18日，全国政协副主席张庆黎带队到宁夏参加全国地方政协提案工作经验交流座谈会。自治区政协主席崔波、副主席郭虎陪同。9月13—18日，全国政协副主席、全国政协书画室主任马飚带领调研组到宁夏对“黄河流域生态文明建设”工作进行调研。自治区政协主席崔波、副主席许宁陪同。10月14—17日，全国政协副主席刘奇葆带领调研组到宁夏就“推进黄河国家文化公园建设”进行调研。自治区政协主席崔波、副主席许宁陪同。

重点提案督办

【概况】2021年，自治区政协第十一届第四次会议共交办提案485件，经主席会议审定，确定集体提案12件、委员提案15件共27件重点提案（其中，自治区党委、自治区政府领导领衔督办4件，自治区政协主席、副主席领衔督办10件，自治区政协各专门委员会督办13件）。提案内容既涉及全区建设黄河流域生态保护和高质量发展先行区的自治区9个重点产业等方面，又有人民群众普遍关心的民生问题等。自治区政府办公厅印发《宁夏回族自治区人民政府人大代表建议政协提案办理办法（试行）》，办理过程中，各位主席、副主席亲自主持召开办理协商会，研究解决提案问题，有的还带队深入基层、实地调研、现场办理。自治区党委、政府领导审阅办理方案，要求相关厅局认真采纳落实提案建议。各承办单位普遍建立主要负责人亲自研究、分管负责人具体负责、责任单位具体承办的办理机制，层层压实办理责任，全力推进办理工作。自治区领导阅批、领办、督办，自治区党委办公厅、政府办公厅、政协各专门委员会共同督办重点提案；提案办理在自治区政协互联网综合信息服务平台上反馈、评价，在承办单位微信工作群里交流，在新闻媒体上公开的工作机制健全完善，为重点提案办理工作提供了强有力的保障。截至2021年年底，27件重点提案全部办理完毕。

【重点提案办理方式】坚持主席、副主席领衔督办重点提案和各专委会从各自联系的界别、委员提案中遴选提案开展重点督办的方式。各专委会将重点提案督办与专委会重点调研、界别协商等履职工作紧密结合，邀请兼职副主任领衔督办，积极开展形式多样的现场调研和协商，办理形式多样。改进重点提案办理协商会方式方法。重点提案办理协商更加注重精简务实，主办单位、协办单位办理情况更加注重对建议答复的针对性，避免了答复意见的分散和重复，提高了协商效率，促进凝聚共识和提案的采纳落实。合力办理重点提案。落实好自治区政协领导领衔督办、政协提案委员会统筹协调、各专委会组织实施，自治区党委办公厅、自治区政府办公厅协调配合，承办部门积极主动办理的重点提案办理模式，加强各方的协调沟通。自治区政府办公厅将政协提案工作纳入督查检查考核年度计划，召开重点提案交办、办理工作调度会，与政协联合走访重点提案承办单位，提供办理指导、督促办理进度。各相关单位明确提案工作责任人，通过加强业务工作培训，将重点提案工作流程、相关文本分享到政协工作微信群里，重点提案办理服务工作规范化、程序化。

【重点提案办理成效】针对《关于推进黄河流域生态保护和高质量发展的提案（147号）》《关于加强黄河泥沙输入监测和治理水土流失的提案（022号）》《关于全区黄土高原生态治理的提案（193号）》三项提案，提案承办单位按照黄河流域生态保护和高质量发展先行区战略布局、区域生态主体功能定位、区域地貌特点和水土条件、区域优势、发展潜力等实际情况，以“一河三山”为生态安全屏障，实施分区分类分策综合治理，新建淤地坝和病险淤地坝加固改造等国家重点水土保持项目，规划新增水土流失治理面积4000平方公里，统筹推进山水林田湖草沙系统治理，持续推动中南部地区生态保护修复和治理，推进黄土高原生态质量整体改善，生态系统功能明显提升。《关于建设全区黄河流域文化旅游廊道的提案（085号）》的办理，对加强黄河河道整治，支持沿黄历史文化遗址保护与传统村落保护，完善提升旅游配套设施，打造特色彰显的黄河魅力文化带，全面推动沿黄文化和旅游高质量具有指导意义。《关于紧抓有机枸杞的发展机遇引领宁夏枸杞产业高质量发展的提案（372号）》办理过程中，督办领导专题听

2021年8月11日，自治区政协委员学习培训班在银川市举办

2021年7月18日，全国政协提案工作座谈会在银川市召开

取办理情况汇报，提出明确要求，并带队赴中宁县实地调研和座谈，邀请提案人、办理单位、政府督查室、专家、枸杞协会、枸杞种植企业代表等，面对面沟通，充分听取各方意见、建议，协调解决宁夏枸杞产业高质量发展有关问题。《关于建立葡萄产业大数据共用平台的提案（199号）》承办单位拟订了《宁夏贺兰山东麓葡萄酒产业数字化转型升级方案》，规划近五年葡萄酒产业数字化建设方向，利用大数据推动葡萄酒产品质量提升。推动解决热点难点问题，助力社会和谐稳定。《关于精简评估评价类审批事项，打造优质营商环境的提案（219号）》助力出台了《关于服务“六稳”“六保”做好“放管服”改革有关工作的实施方案》，为加快转变政府职能、优化营商环境、抗击新冠疫情，助力全区经济社会高质量发展发挥了重要作用。《关于深化高等教育供给侧改革，优化人才培养模式　助推自治区经济社会高质量发展的提案（232号）》聚焦深化高等教育供给侧结构性改革，促进了《关于深化新时代高等教育学科专业体系改革的实施意见》出台，对全区高校专业体系建设作出全面部署。《关于加大全区中药材重点产区产业发展扶持力度的提案（047号）》办理过程中，督办领导召开两次办前专题会议，1次协商座谈会，对提案答复给予了大量指导，对中药材产业健康发展提出意见建议。《关于推进宁夏义务教育优质均衡发展的提案（304号）》推进了《关于推进义务教育优质均衡发展实施方案》《宁夏回族自治区县域义务教育优质均衡发展督导评估细则（试行）》的出台，为优化教师资源配置，组织兴庆区、灵武市等6个试点县先行先试。《关于加强农村集体经济管理，防止变相流失的提案（302号）》针对农村集体“三资”管理不规范，督办领导亲自审定办理方案和答复意见，催生了自治区农业农村厅、财政厅、民政厅、审计厅、乡村振兴局出台《关于切实加强农村集体资产管理的通知》，为全区农村集体经济持续、稳定、健康发展助力。重点提案《关于加强全区民族团结进步宣传教育的提案（025号）》推进了全区《关于加强统一战线宣传报道管理工作的实施意见》出台，把铸牢中华民族共同体意识作为民族领域各类节庆活动、重要时间节点的宣传报道内容，推进铸牢中华民族共同体意识教育进校园、进课堂。

表2　　宁夏回族自治区政协第十一届第四次会议重点提案督办情况表

序号	提案编号	提案题目	提案者	承办单位	督办领导或部门	协调部门
1	147	《关于推进黄河流域生态保护和高质量发展的提案》■（主提案）	茹小侠	自治区林业和草原局	陈润儿	自治区党委办公厅
		《关于努力建设黄河流域银川段生态保护的提案》（并案）	刘文锦			
2	219	《关于精简评估评价类审批事项，打造优质营商环境的提案》■▲	九三学社宁夏区委会	自治区政府办公厅	咸　辉	自治区政府办公厅
3	372	《关于紧抓有机枸杞的发展机遇引领宁夏枸杞产业高质量发展的提案》（主提案）	民盟宁夏区委会	自治区林业和草原局	崔　波	自治区林业和草原局

续表2

序号	提案编号	提案题目	提案者	承办单位	督办领导或部门	协调部门
3	372	《关于做优做强枸杞产业聚力打造“宁”字招牌的提案》(并案)	自治区工商联			
		《关于促进全区枸杞产业高质量发展的提案》(并案)	马　凯 孙　瑛 达　英			
4	047	《关于加大全区中药材重点产区产业发展扶持力度的提案》■(主提案)	自治区港澳台侨和外事委员会	自治区农业农村厅	张守志	自治区港澳台侨和外事委员会
		《关于引进生物技术推动六盘山中药材产业高质量发展的提案》(并案)	郑淑琴			
		《关于加大对全区中药材种植及研发的投入力度，打造六盘山地区中药特色产业的提案》(并案)	陈中伟 张　雷			
5	022	《关于加强黄河泥沙输入监测和治理水土流失的提案》■▲	严玉华 杨文生 吕玉兰	自治区水利厅	洪　洋	自治区政协人口资源环境委员会
6	232	《关于深化高等教育供给侧改革，优化人才培养模式助推自治区经济社会高质量发展的提案》	王春秀	自治区教育厅	郭　虎	自治区政协提案委员会
7	304	《关于让优质教育惠及山川每一个孩子的提案》■(主提案)	民进宁夏区委会	自治区教育厅	冯志强	自治区政协教科卫体委员会
		《关于推进宁夏义务教育优质均衡发展的提案》(并案)	文　军			
8	302	《关于加强农村集体经济管理，防止变相流失的提案》■▲(主提案)	自治区政协农业和农村委员会	自治区农业农村厅		自治区政协农业和农村委员会
		《关于大力发展集体经济、助推乡村产业兴旺的提案》(并案)	杨玉洲			
9	199	《关于建立葡萄产业大数据共用平台的提案》(主提案)	自治区政协经济委员会	宁夏贺兰山东麓葡萄产业园区管委会	王紫云	自治区政协经济委员会
		《关于推进葡萄酒产业发展的提案》(并案)	蒋永忠			
		《关于完善葡萄酒企业土地确权政策、支持葡萄酒产业高质量发展的提案》(并案)	张华清			
10	235	《关于引导和支持全区居家社区养老业加快发展的提案》■(主提案)	周晓涛	自治区民政厅	马秀珍	自治区政协社会和法制委员会
		《关于推进全区社区居家养老服务发展的提案》(并案)	郑大鹏			
		《关于加强居家养老与社区服务的提案》(并案)	柯　英 康萍芝			

续表2

序号	提案编号	提案题目	提案者	承办单位	督办领导或部门	协调部门
11	025	《关于加强全区民族团结进步宣传教育的提案》■（主提案）	自治区政协民族和宗教委员会	自治区党委宣传部	郑　震	自治区政协民族和宗教委员会
		《关于编辑出版民族团结进步系列丛书的提案》（并案）				
12	085	《关于建设全区黄河流域文化旅游廊道的提案》■（主提案）	民建宁夏区委会	自治区文化和旅游厅	许　宁	自治区政协文化文史和学习委员会
		《关于孵化宁夏“黄河”文化IP　促进旅游深度融合的提案》（并案）	黄　华			
13	193	《关于全区黄土高原生态治理的提案》■（主提案）	丁　波	自治区林业和草原局	自治区政协提案委员会	自治区政协提案委员会
		《关于打造固原西北黄土高原黄河流域生态保护和高质量发展先行区靓丽名片的提案》（并案）	马保相			
14	099	《关于加强社区工作者队伍建设的提案》■	自治区政协社会和法制委员会	自治区民政厅	自治区政协提案委员会	自治区政协提案委员会
15	162	《关于发挥医疗救助托底保障功能，建立因病致贫因病返贫长效机制的提案》■▲	边　卡	自治区医疗保障局	自治区政协提案委员会	自治区政协提案委员会
16	258	《关于巩固脱贫成效，衔接乡村振兴的提案》■	王　波	自治区农业农村厅	自治区政协提案委员会	自治区政协提案委员会
17	268	《关于促进全区小店经济高质量发展的提案》	自治区工商联	自治区市场监管厅	自治区政协提案委员会	自治区政协提案委员会
18	416	《关于汝箕沟矿区火区治理工程的提案》■▲	胡文生 马彦学 丁晓琴 郝登魁	自治区发展和改革委员会	自治区政协提案委员会	自治区政协提案委员会
19	469	《关于建立能源（煤炭）安全通道的提案》■	刘日巨 柏　青 郑忠安	自治区发展和改革委员会	自治区政协提案委员会	自治区政协提案委员会
20	332	《关于促进绿色食品业高质量发展的提案》■（主提案）	潘玮璐 马　刚	自治区农业农村厅	自治区政协经济委员会	自治区政协经济委员会
		《关于促进全区绿色食品产业现代化体系建设的提案》（并案）	安荣艳			
		《关于推进绿色食品产业发展的提案》（并案）	胡学文			
21	445	《关于加快全区肉牛产业培育发展的提案》■	王新军 潘志军	自治区农业农村厅	自治区政协农业和农村委员会	自治区政协农业和农村委员会

续表2

序号	提案编号	提案题目	提案者	承办单位	督办领导或部门	协调部门
22	122	《关于加快完善人口生育政策，积极应对人口老龄化的提案》■	杨淑丽	自治区卫生健康委员会	自治区政协人口资源环境委员会	自治区政协人口资源环境委员会
23	069	《关于依托“黄金奶源”禀赋，打造高端奶之乡的提案》■（主提案）	民革宁夏区委会	自治区农业农村厅	自治区政协教科卫体委员会	自治区政协教科卫体委员会
		《关于稳中求进推进奶产业高质量发展的提案》（并案）	民建宁夏区委会			
		《关于推进全区奶产业高质量发展的提案》（并案）	民进宁夏区委会			
		《关于强化全区动物防疫体系建设，保障奶产业高质量发展的提案》（并案）	买晓燕			
24	129	《关于改革完善疾病预防控制体系的提案》■▲（主提案）	农工党宁夏区委会	自治区卫生健康委员会	自治区政协社会和法制委员会	自治区政协社会和法制委员会
		《关于推进疾病预防控制体系改革的提案》（并案）	吕玉兰			
		《关于加强全区疾控队伍建设的提案》（并案）	自治区政协社会和法制委员会			
		《关于建立重大传染性疾病预防控制长效机制的提案》（并案）	边　卡			
25	387	《关于加大对“老头乐”低速四轮电动车治理工作的提案》■▲	杨　升 王雪峰	自治区公安厅	自治区政协民族和宗教委员会	自治区政协民族和宗教委员会
26	270	《关于城乡一体化电商体系建设的提案》■（主提案）	陈生荣	自治区商务厅	自治区政协港澳台侨和外事委员会	自治区政协港澳台侨和外事委员会
		《关于加快全区农村电商健康发展的提案》（并案）	解　方			
27	383	《关于加快未来社区建设，夯实“全民健康”城市基底的提案》■（主提案）	杜　勇	自治区卫生健康委员会	自治区政协文化文史和学习委员会	自治区政协文化文史和学习委员会
		《关于建设统一标准化的社区健康管理中心的提案》（并案）	文　军			

说明：带“■”号为清单式提案；带“▲”号为民主监督性提案

（马生海）

专题协商

【依法治区调研】2021年，自治区政协副主席马秀珍牵头负责全面推进依法治区专题协商，自治区政协社会和法制委员会承办，经济委、人资环委、教科卫体委、民宗委协办，分别围绕“科学立法、严格执法、公正司法、全民守法、法治保障”5个专题28个子题目，先后到区直16个相关单位和全区15个县（区）调研。自治区、市、县（区）三级政协联动调研，邀请自治区各民主党派、工商联参加调研。聘请调查公司，在全区群众中开展问卷调查，为协商议政提供多角度参考。在政协履职通开展网络议政，收到意见建议213多条。邀请自治区司法厅专家作《以习近平法治思想为指导，纵深推进全面依法治区》的辅导讲座。5个调研组分别形成5篇专题调研报告，在吸收借鉴调研成果的基础上，形成协商报告初稿。4月22日，自治区政协召开专题协商会议，与自治区党委政法委、司法厅、高级人民法院、检察院等部门面对面协商。经自治区政协第十一届常委会第二十次会议审议，形成《全面推进依法治区协商报告》，报自治区党委。报告认为，自治区对在全面推进依法治区方面取得明显进展，但立法存在薄弱环节、法治政府建设任务依然艰巨、司法领域一些问题值得重视、法治社会建设仍有短板、法治保障面临一些难题。建议从抓住领导干部这个"关键少数"、突出法治政府建设这个重点、提高立法质量、认真解决司法领域突出问题、深入推进法治社会建设、破解司法保障难题入手，推进全面依法治区。

【建立水资源节约集约利用机制】2021年，自治区政协副主席洪洋牵头负责建立水资源节约集约利用机制专题协商工作，政协人口资源环境委员会承办，社会和法制委、民族和宗教委、文化文史和学习委协办，分4个专题赴4个地级市和宁东能源化工基地就生态、农业、工业、城镇节水展开调研，并召开2次资深专家座谈会，掌握全区水资源节约集约利用基本情况，召开2次专家协商会专题讨论地下水开采和农业节水底线问题。9月26—27日，经自治区政协第十一届常委会第二十一次会议审议，形成《建立水资源节约集约利用机制　支撑宁夏生态保护和高质量发展协商报告》，报送自治区党委。报告认为，自治区建立的一些水资源节约集约利用机制，在管水用水节水上发挥了很好的作用，但存在已有机制落实不到位；已有部分机制，需补充完善；改革发展呼唤建立新的机制等问题。建议健全科研和成果应用机制；健全行政管理机制；健全资源配置市场化机制。

【巩固拓展脱贫攻坚成果同乡村振兴有效衔接】2021年，自治区政协农业农村委承办巩固拓展脱贫攻坚成果同乡村振兴有效衔接专题协商，提案委、经济委、教科卫体委协办，分4个专题赴全区4个地级市4县11乡22村围绕"国家乡村振兴重点帮扶县+川区移民安置县"进行调研。调研采取"全面了解+局部深入"模式。在政协网络议政平台围绕"脱贫攻坚、乡村振兴"畅所欲言，收集意见建议232条。采取"定向约稿+自主投稿"的方式，紧扣协商报告征集常委会会议发言，委员们围绕拓宽农民增收渠道、提升农村基础教育质量和农村居民健康水平、完善和落实好生态移民政策，与有关部门充分协商。经过反复推敲、多次修改，形成有数据、有问题、有分析、有对策的协商报告初稿。11月18—19日，经自治区政协第十一届常委会第二十二次会议审议，形成《以"四大提升行动"为载体，推动巩固拓展脱贫攻坚成果同乡村振兴有效衔接协商报告》，报送自治区党委。报告认为，自治区党委和政府抓"四大提升行动"思路清、力度大，"四大提升行动"起步快、有成效，但仍存在农民增收难度加大，移民增收困难更大；农村基础教育质量明显低于城市；农村居民健康水平还比较低；生态移民政策落实不够和政策不完善并存等问题。建议：拓宽农民增收渠道；提升农村基础教育质量，促进城乡教育均衡发展；提升农村居民健康水平，推进健康乡村建设；完善和落实好生态移民政策。

【9个重点产业数字化建设】2021年，自治区政协副主席王紫云牵头负责全区9个重点产业数字化建设专题协商，政协经济委员会具体承办。经济委员会成立9个调研组，组织政协委员、企业代表和专家教授108人次深入5个地级市12县（区）80多家企业对枸杞、葡萄酒、奶、肉牛和滩羊、电子信息、新型材料、绿色食品、清洁能源和文化旅游9个重点产业数字化发展情况进行调研。调研组采取"一产业一协商"的方式，组织政协委员与自治区发改委、工业和信息化厅、农业农村厅等6个主管厅局召开8次协商会，形成9份专项调研报告，在充分吸收各方面建议，广泛凝聚共识的基础上，形成综合调研报告《加快9个重点产业数字化进程　推动其高质量发展的协商报告》，经自治区政协第十一届77次主席会议审议，报送自治区党委。报告认为，全区9个重点产业在生产经营管理服务等领域的数字化应用日渐推开，数字化对产业发展的促进作用逐步显现，但存在各方对数字化推动、支撑和引领产业高质量发展的认识还不到位；对产业数字化发展投入力度不够；数据资源共享和业务协同性较差；数字化应用水平较低；信息化服务能力有待提升等问题。建议：强化顶层设计、聚焦关键环节推进九大产业数字化、加快监管数字化进程、提升生产营销数字化水平、全方位开发利用数据资源。

【创新素养提高基础教育水平】2021年，自治区政协副主席冯志强牵头负责创新素养提高基础教育水平专题协商，政协教科卫体委员会具体承办。教科卫体委员会组织部分委员及专家学者分两组赴银川市、石嘴山市、固原市围绕全区中小学推进课堂教学与信息技术深度融合、激发学生创新思维、提升学生创新素养情况开展专题调研，分专题针对不同对象分组访谈，以两三个委员为一小组，分别与学校管理人员和教师、不同学段学生以及学生家长座谈交流。各界别委员在政协“履职通”App进行网络议政，130余人发表了意见建议。委员们与自治区教育厅、部分学校负责人及与会专家充分协商，会后又多次听取教育部门和相关专家的意见，在此基础上形成《提升创新素养提高基础教育水平，推进课堂教学与信息技术深度融合的协商报告》。经自治区政协第十一届74次主席会议审议后，报送自治区党委。报告认为，全区中小学创新素养教育水平有了很大提升，教师常态化应用信息技术与课堂教学融合的能力明显提高，但存在创新素养教育及信息技术与课堂教学深度融合理念有待转变、创新素养教育及信息技术与课堂教学深度融合水平发展不均衡、教师的信息技术应用能力有待提高、创新素养教育的理论研究及培训水平有待提高等问题。建议：加强顶层设计、加大理论研究和培训力度、加快实现均衡化发展、多渠道分层次配备信息技术人才。

【宗教教职人员队伍建设】2021年，自治区政协副主席郑震牵头负责全区宗教教职人员队伍建设专题协商，民族宗教委员会具体承办。民族宗教委员会组织部分委员、专家学者深入银川市、吴忠市、中卫市和5个县（区），先后走访16所宗教活动场所，召开7场由各级统战、宗教事务、乡镇宗教专干、宗教团体、宗教活动场所主要教职人员参加的座谈会，围绕宗教教职人员队伍建设基本情况、培养机制以及宗教教职人员发挥作用等情况开展实地调研。同时赴甘肃、浙江两省学习考察经验和做法。在深入调研、学习考察、征求意见的基础上，形成协商报告讨论稿，并征求自治区党委统战部、自治区宗教局、宁夏社会主义学院、宁夏伊斯兰教经学院和部分委员、宗教团体负责人意见。9月14日召开协商会议，参与调研的11位委员、专家围绕开展培养培训宗教教职人员抓好顶层设计、抓实培训环节、完善培养培训机制等作交流发言；自治区党委统战部、自治区民委（宗教局）等部门相关负责人现场回应委员关切的问题，并针对协商报告提出修改意见；形成《如何培养符合新时代要求的宗教教职人员队伍的协商报告》，经自治区政协第十一届78次主席会议审议后，报送自治区党委。报告认为，全区宗教教职人员绝大多数爱国爱教、遵纪守法、品行端正，坚定“五个认同”，但对照“四句话”标准，还存在政治素质不高、学识水平比较低、品德修为有差距、担当作为不够、培训教育有短板等问题。建议：严把准入关、开展培训、完善培养体系、加强考核评价、压实各级责任。

【银川市城市交通管理与建设】2021年，自治区政协副主席张守志牵头负责银川市城市交通管理与建设专题协商，港澳台侨和外事委员会具体承办。港澳台侨和外事委员会与银川市政协联合开展调研，形成协商报告并广泛征求银川市政府有关部门意见建议，收集意见建议93条采纳24条，形成《关于借鉴港澳经验提升银川市城市交通管理与建设水平的协商报告》，经自治区政协第十一届80次主席会议审议后，报送自治区党委。报告认为，银川市高度重视城市交通管理与建设问题，持续强化城市交通综合治理工作，取得良好成效，但交通规划先行引领作用较弱；未能持续引导城市空间拓展、路网等级结构不协调；城市道路系统功能不完善、公交优先战略未充分落实；城市公交发挥交通骨干作用不足、停车泊位建管失衡；停车痛点问题依然迫切、交通大数据共享应用不足；智慧交通不智慧等问题依然存在。建议：坚持交通规划先行，构建可持续的交通发展体系；坚持路网结构持续优化，提升城市交通通行能力；坚持公交优先发展，提高城市公交集约服务水平；坚持停车泊位

2021年6月4日，全国政协社会法治委员会调研组到宁夏调研

建管并重，治理城市停车难问题；坚持交通大数据精准发力，提升智慧交通服务能力。

【宁夏黄河文化传承彰显区建设】2021年，自治区政协副主席许宁牵头负责宁夏黄河文化传承彰显区建设专题协商，政协文化文史和学习委员会具体承办。文化文史和学习委员会采取开题会专题研究、研讨会专门研究、座谈会协商研究、调研实地研究等形式，对《什么是黄河文化?》《黄河文化的内涵和时代价值是什么?》《黄河文化宁夏特征及地位是什么?》《黄河文化传承什么？怎么传承?》《黄河文化彰显什么？怎么彰显?》等问题进行研讨，并深入5个地级市调研，向基层文化和旅游干部及政协委员广泛征求各方面意见与建议。之后，赴青海、山东考察黄河文化保护传承弘扬情况，学习先进理念和做法，完善研讨成果。8月23日，召开专题协商会，听取委员、相关部门和专家学者的意见与建议，形成《推进宁夏黄河文化传承彰显区建设的协商报告》，经自治区政协第十一届75次主席会议审议后，报送自治区党委。报告建议：以黄河、长城、长征国家文化公园（宁夏段）建设为重要载体和抓手，加快推进黄河文化传承彰显区建设；多措并举，推进黄河宁夏文化创新性发展。

【贯彻落实《中华人民共和国草原法》】2021年，自治区政协副主席洪洋牵头负责贯彻落实《中华人民共和国草原法》（以下简称《草原法》）专题协商，政协人口资源环境委员会具体承办并重点调研了草原面积较大的宁夏中部4县。针对协商议题涉及法律范畴特点，首次邀请区、市、县人大常委会对口委员会和有关律师参加调研与协商，彰显了协商的“专、商、准”。协商会议上参与调研的委员们围绕草原规划、健全制度、保护利用、监督管理等方面交流观点，形成《全区贯彻落实〈草原法〉情况监督性协商报告》，经自治区政协第十一届71次主席会议审议，报送自治区党委。报告认为，《草原法》实施后，尤其是中共十八大以来，自治区党委和政府坚决贯彻习近平生态文明思想，以空前的力度、有力的举措推动生态文明建设，草原生态显著改善。但草原定义不明确、草原质量有下降、执法管理不到位、草原科研支撑不足等问题依然存在。建议：充分认识草原在“先行区”建设中的重要地位、统一草原定义、积极论证试点轮牧、开展草权改革、强化法治管理、加大草原科研。2021年，自治区政协副主席马秀珍牵头负责贯彻落实《中华人民共和国律师法》（以下简称《律师法》）专题协商，自治区政协社会和法制委员会具体承办并在全区3787名律师群体中开展问卷调查，收集到有效问卷432份；在自治区政协“履职通”上开展网络议政，收集到意见建议50条。综合运用实地走访、座谈交流、个别交流、问卷调查、网络议政、对比性调研的方式，比较全面、细致地了解全区律师行业发展的情况和贯彻落实《律师法》存在的问题，形成协商报告初稿。11月25日，参加调研的委员与自治区政法委、公检法司各部门、自治区、银川市律师协会领导召开协商会议，围绕贯彻《律师法》开展专题协商并形成共识，形成《全区贯彻落实〈律师法〉情况协商报告》，经自治区政协第十一届80次主席会议审议后，报送自治区党委。报告认为，自治区贯彻《律师法》总体情况良好，但依然存在会见难、调查难，知情权、辩护权保障不够充分，律师行业不规范，法律服务市场乱象等问题。建议：充分认识律师在社会主义法治建设中的重要作用；完善律师执业权利保障机制；着力解决贯彻《律师法》方面看守所会见、法院支持、落实律师知情权、依法保障律师庭审辩护权等问题；严格律师行业自律；依法规范法律服务市场。

（马生海）

专门委员会

【提案委员会】2021年，自治区政协共收到提案887件，经审查立案643件，在立案提案中委员个人提案508件，集体提案135件。经并案后实际交办提案485件，分别交由全区80家部门单位办理，年内已全部按期办复。

开展习近平新时代中国特色社会主义思想学习研讨活动。坚持以习近平新时代中国特色社会主义思想为指导，深入学习贯彻中共十九大及十九届历次中央全会精神、习近平总书记“七一”重要讲话和两次视察宁夏重要讲话精神；认真学习领会习近平总书记关于加强和改进人民政协工作重要思想，中央和自治区党委政协工作会议精神、自治区党委十二届历次全会精神等，通过会议、培训、座谈交流等多种方式深入领会精神实质，紧密联系提案工作实际，不断强化做好提案工作的使命感和责任感。开展党史学习教育。在提案各环节发挥党建引领作用，推进党建工作与提案工作深度融合，群众观点和为民履职相结合。制定党史学习教育实施方案，建立由分党组书记担任群主的提案委员会中共党史学习教育读书群，把学党史、办实事、解难题贯穿党史学习教育全过程。召开全体会议2次，分党组会议17次，功能型党支部会议7次，开展“学党史、看成就、促发展”学习调研活动2次，参与人员150余人次，讨论发言70余人次。发挥“两会一联系”工作机制作用，加强“党建+提案”工作。把思想政治引领融入学习教育、调研督办和实地考察等活动中，使党员委员与党外委员互为明镜、互促互进、共同提高。探索开展临时党小组活动，在全体会议和调研考察、学习培训期间成立临时党小组，提出《外出考察、调研等活动注意事项》，领导、指导开展相关工作，不断丰富政协党的建设内容。全国政协副主席张庆黎在7月召开的全国地方政协提案工作经验交流座谈会上对宁夏政协的“党建+提案”工作给予充分肯定。自治区党委书记陈润儿在自治区党委第十二届第十四次全会工作报告中，对全区提案工作经验向全国推广给予肯定。

提案督办。在充分协商、广泛听取意见基础上，协商选出事关宁夏工作大局、人民群众切身利益、政协委员普遍关心的重点提案27件作为自治区领导领衔督办的重点提案。组织提案者和承办单位奔赴全区开展实地调研，现场集中办理协商，召开重点提案督办座谈会38次，促进提案建议的落实和协商成果的应用。积极发挥各专委会在提案办理协商中的作用，推动各专门委员会将重点提案题目纳入调研等协商议题，结合年度重点工作开展督办。遵照协商规则做好提案办理协商。优化提案办理中的协商机制，强化提案办理面商环节，将其纳入办理质量评价考核重要内容。分别召开生态保护类和乡村振兴类提案集中办理协商，结合重点提案“回头看”和2020年度B类提案进行跟踪办理。发挥各党派团体在提案工作中的集体优势和界别作用，通过提交集体提案、提案评议、效能考核赋分等途径，构建同各党政部门、各党派团体、各界别协同推进提案工作的良好格局。主动加强与自治区党委督查室和政府督查室的联系，建立健全沟通协商、办理询问、研讨交流机制，将协商督办贯穿提案办理全过程。探索开展提案培育工作，确定21个聚焦党政中心工作和民生热点问题作为提案培育选题，邀请各民主党派、各专委会和部分界别、委员尽早调研，着手培育自治区政协第十一届第五次会议重点提案。

提案审查及服务。采取边征集边审查的方式，通过加大提案“撤、并、转”力度，提高立案提案质量。全体会议期间邀请政府有关部门负责人和提案委员会委员参与提案审查240余人次，并案率为24.6%。提高“清单式”提案管理水平，自治区政协第十一届第四次会议提交清单式提案706件，实际交办404件，分别同比提高45.9%和39.1%，推动提案建议的转化落实。制定《政协宁夏回族自治区委员会提案质量和提案办理质量第三方评价实施细则》，邀请自治区党校10位专家学者组成第三方评价团队，召开启动会签署协议，启动第三方评价工作。在重点提案督办过程中邀请第三方评价团队参与，并在第三方评价报告中专门分板块对重点提案督办情况进行评议。对提案质量、办理质量进行民主评议和考核。对全年立案交办的485件提案以及52个主办单位开展民主评议，形成评议情况报告，评议年度优秀提案146件，办理质量优秀提案146件，先进承办单位15个，委员满意率为99.59%。根据《自治区政协提案办理工作效能目标考核实施细则》要求，对52个提案主办单位进行考核赋分。开展提案表彰工作，表彰优秀提案60件，提案承办先进单位8个，提案工作先进个人8名。增强服务意识，坚持在每年全体会议期间对委员和提案审查组进行提案知识培训，印发《提案范例》和提案评议报告，杜绝“论文式”“空泛式”“应付式”提案的产生。对提案承办单位联络员和第三方评价团队进行提案管理系统培训，对换届后的基层政协委员及机关工作者开展提案培训工作。开展调查研究。围绕“以四大提升行动为载体，推动巩固拓展脱贫攻坚成果同乡村振兴有效衔接”，赴红寺堡区、灵武市就做好易地搬迁安置区后续发展工作，结合重点提案和同类提案一同开展调研。召开座谈会4次，参加调研座谈交流60余人次，征求意见建议30余条。调研结束后，及时撰写调研报告，相关意见建议被列入专题协商报告。组织委员围绕全区“十四五”规划中“激发人才创新活力”开展专题民主监督，邀请人才培养和使用单位负责人及专家学者共同参与，拓展研究问题的深度和广度。在吴忠市召开全区政协提案办理工作经验交流会。承办全国地方政协提案工作经验交流座谈会，自治区政协副主席郭虎作《落实“两会一联系”制度，提升提案工作效能》主题发言。9月，郭虎在重庆市参加西部地区政协提案工作座谈会并作创新提案评价机制交流发言。委员会梳理总结各省（区、市）政协经验做法，收集相关制度文件资料，结合全区实际，研究加强改进提案工作的思路和办法。在《华兴时报》设立《提案里的9个重点产业》栏目，扩大政协提案在人民群众中的知晓率和协商办理参与面。加强与社会组织联系。与宁夏工艺美术协会、宁夏小微企业合作发展促进会、宁夏大学教育发展基金会沟通联系，制定相关工作办法，通过提案和社情民意反映问题，扩大社会联系面，畅通社会组织的诉求渠道。服务住宁全国政协委员做好提案工作。全国政协第十三届第四次会议期间，住宁全国政协委员共提交提案68件，经审查立案60件，转意见和建议8件，立案率为88.24%，高出全国政协立案率3个百分点。其中《关于建立健全村集体经营性资产监管机制的提案》《关于促进民营企业深度参与创新驱动发展战略的提案》被确定为2021年全国政协重点提案。

【经济委员会】2021年，经济委员会召开分党组、功能型党支部、委员学习会共16次。中共十九届六中全会召开后，及时召开分党组和委员学习会传达学习，宣讲会议精神，开展讨论交流，帮助大家深刻理解中国共产党百年奋斗重大成就和历史经验，深刻认识“两个确立”的重大时代意义，统一思想认识，凝聚共识。在委员中深入开展中共党史学习教育，引导委员重点学好2本书，组织召开5次学习会和3次集中讨论，120余人次参加讨论，共有15名委员主题发言。

专题协商。围绕“加快9个重点产业数字化建设，推动其高质量发展”开展专题协商议政。4月，经济委员会成立9个调研组，组织108人次深入5个地级市12个县(区)80多家企业开展调研，与自治区发改委、工信厅、农业农村厅等6个主管厅局召开9次协商会，形成9份调研报告。开展《推进全面依法治区》专题调研。自治区政协副主席王紫云带领部分委员和民建宁夏区委会、工商联深入石嘴山市以及3个县(区)15个行政执法部门、企业和部分工商户实地调研，召开座谈会5次；赴自治区人民检察院听取公正司法情况介绍。提出的建议被协商报告吸收采纳，并转化形成“关于加强执法监督的建议”“关于提升执法人员素质的建议”等4个社情民意。开展《以四大提升行动为载体，推动巩固拓展脱贫攻坚成果同乡村振兴有效衔接》专题议政常委会调研。联合九三学社宁夏区委会、自治区工商联，组织部分自治区政协委员，赴海原县、平罗县，深入2个社区、7个行政村、8个农业合作社，就提高农民经营性收入、工资性收入和财产性收入开展调研，提出拓宽就业渠道、加强精准培训等建议被协商报告吸收采纳。协调宁夏厚生记食品有限公司进口设备通关事宜，从帮助企业发展、避免合同违约、增加银川市综合保税区业务量出发，经与银川海关沟通协商，为企业的生产设备及时到位、及时投产提供了方便。与自治区发改委、工信厅等部门及银川市、吴忠市、同心县多次协商，协调解决同心赛马新材料有限公司产能减量置换项目能耗指标转移问题。针对赵金田委员奶产业发展中遇到困难，经与自治区农业农村厅协调，先后3次召集奶产业加工企业和奶牛养殖企业进行协商，双方达成协议，年底前成立奶产业协会，牛奶收购价格由各方协商确定。围绕“电商产业发展”开展对口协商。组织政协委员和部分电商企业代表，重点就如何整合平台资源、避免恶性竞争、促进电商产业规范健康发展等问题，与商务主管部门负责人交流协商。围绕“供港蔬菜”开展界别协商。为巩固和深化全区供港蔬菜可持续发展，经济界别邀请政协委员和供港蔬菜的种植企业，围绕充分利用土地资源、提高资源效能效益等问题开展协商。

建言献策。牵头开展自治区政协经济形势研讨会2次。邀请政协委员及行业和企业代表，采取网络议政、召开座谈会、举办经济形势微观察论坛等形式，就全区经济运行总体情况、存在问题及原因、下一阶段行业发展走势等进行分析研判，形成的《经济形势研讨会情况报告》，自治区领导陈润儿、咸辉、赵永清进行了圈阅和批示。围绕“打造一流营商环境”开展民主监督。重点就行政部门推和拖、执法不规范等问题调研并召开座谈会，形成《关于鼓励各级干部担当作为，改善全区营商环境的建议》《建议降低政府类项目及采购招标门槛》等社情民意。召开界别群众关注问题恳谈会。组织委员及相关人员，召开恳谈会2次，收集到城市房价过快过高上涨、老城区改造保留文化底蕴、疫情防控必备的物资保障、新冠病毒抗体检测、中小微企业财税政策支持等方面社情民意。开展企业能耗情况调研。就全区“双高”项目能耗“双控”现状进行摸底调研，邀请自治区发改委、工信厅和火电、冶金、化工、新材料等行业10余家耗能和排放相对较高的企业召开座谈会，提出对不同企业采取差异化政策、探索使用经济手段调控等建议报送相关部门研究参考。

联系委员和界别活动。2021年，自治区政协副主席王紫云和专委会负责人走访看望委员40人次，开展界别活动3次。组织工商联界别委员和宁夏福建商会会员走进闽宁镇，深化闽宁企业家携手推进乡村振兴；组织经济界别委员与宁夏、江苏、福建三省(区)商会代表赴平罗县等地开展商协会作用发挥调研；组织经济界别委员视察银川建发·南泊湾项目建设，向界别群众宣传中共关于促进中小企业发展、发挥商协会作用等方面政策。开展委员会客室活动。组织开展“潘志军委员会客室”活动3次，围绕“大数据与宁夏9个重点产业发展的思考”主题，邀请苏州国云大数据公司创始人兼CEO马晓东作“数字转型发展”讲座；组织召开上半年经济形势研讨会，委员和企业代表提出23条具体意见建议；召集奶牛企业围绕奶产业数字化开展协商。开展委员读书活动。建立中共党史、产业数字化、经济和工商联界别读书群3个，开展党史以及与专题议政相关内容的学习，以学习促进思想政治引领，以学习促进委员履职。广泛联系社会组织。年内联系走访宁夏浙江商会、宁夏电子商务促进会、宁夏区块链协会、宁夏信息产业协会，组织业内人士进行互动交流。组织宁夏江苏商会、宁夏福建商会负责人就商会发展情况开展调研，对反映的基层商会“身份”不明、商会作用发挥不明显等方面问题以社情民意方式反映。

协作交流。参加西北五省（区）政协“助推服务丝绸之路经济带建设”联席会议。牵头制定方案，协调自治区政协领导和发改、交通等部门负责人参加会议，就产业发展、交通建设、商务、医疗健康等方面与兄弟省（区）相关部门沟通协商，会议形成一个建议、一个报告和三个提案等成果，为发挥政协优势、积极搭建建言平台、助推全区向西开放贡献政协智慧和力量。配合中国经济社会理事会开展调研。协助中国经济社会理事会开展推进西部大开发战略与高质量共建“一带一路”在银川、中卫等地深度融合调研，服务保障工作受到调研组肯定。全区提出的加快黄河黑山峡开发项目、支持宁夏葡萄酒产业发展等建议被采纳应用。参加全国地方政协经济委员会工作会议（视频会议）。1月，全国地方政协经济委员会工作视频会议在北京召开，全国政协机关设主会场，各省（自治区、直辖市、副省级市）政协设分会场。经济委员会主任李文华作《做实调查研究　提升协商质量》主题发言。

【农业和农村委员会】2021年，农业和农村委员会（以下简称“农业农村委”）牵头专题议政性常委会会议协商活动1项，召开各类协商会议7次，开展对口协商1次、界别协商1次、“有事好商量”协商1次、专题调研4次、专题座谈和面对面访谈37次、功能型党支部“1+X”共建共享活动4次、界别活动9次，组织线上线下学习活动9次。

思想政治引领。农业农村委坚持分党组学习与全体委员学习相结合，线上线下互动学、党员委员带动党外委员学。通过分党组成员宣讲、专家学者辅导、集体学习讨论、微信群推送等方式，组织委员深入学习贯彻习近平新时代中国特色社会主义思想、中共十九届历次全会精神，深入学习贯彻习近平总书记关于加强和改进人民政协工作的重要思想、“三农”工作重要论述，专题学习讨论“七一”重要讲话精神。开展党史学习教育，组建党史学习教育读书微信群，召开党史学习教育座谈会4次，委员围绕主题讨论发言59人次。成立临时党支部，发挥引领作用。坚持在调研视察活动中成立临时党支部，充分发挥党员委员先锋模范作用。落实中共党员委员联系党外委员制度，鼓励委员加强与界别群众的联系，广泛宣传党的方针、政策，发挥鼓干劲、强信心、聚人心的作用。坚持把“我为群众办实事”贯穿党史学习教育始终，践行人民至上理念，围绕群众“急难愁盼”突出问题，19名委员相继开展办实事活动。为破解中宁县康湾新村产业发展困局，委员、专家先后三次实地考察，帮助谋划枸杞种植加工、养殖技术培训等，为产业发展、农民增收献计出力。注重总结创新开展功能型党支部活动的成功经验，不断完善“1+X”共建共享工作模式。与自治区农业农村厅有关党支部、盐池县政协经济委党支部及马儿庄村党支部联动开展共建共享活动。充分发挥政协委员优势，结合盐池县发展需求，围绕盐碱地改良、发展草畜一体化等方面建言献策，实现党建和履职“双促进、双提升”。

建言资政。充分吸纳委员、部门意见，制定4个专题、16个子课题的调研提纲，明确全区4市8县（区）“国家乡村振兴重点帮扶县+川区移民安置县”的调研方向。采取“全面了解+局部深入”模式，赴全区4市4县11乡22村开展分调研。针对不同对象设计访谈提纲，组成小分队进村入户走访，与农民、县乡分管领导、部门负责人、乡镇村干部、涉农经营主体等270多人进行一对一“沉浸式”访谈。委托自治区教育厅、乡村振兴局、政府研究室、国家统计局宁夏调查总队开展课题研究，形成4份研究报告，作为协商主题的有益补充。广泛发动委员在网络议政平台上交流观点，专栏点击量1668人次，委员发表观点232条。紧扣协商报告采取“定向约稿+自主投稿”的方式征集常委会会议发言51篇，64人作大会发言和小组讨论发言。引导委员围绕党委政府重点工作、社会痛点堵点、“三农”热点、疫情防控等收集民情反映民意。组织政协委员、有关专家、企业代表，围绕奶产业、肉牛滩羊、葡萄酒、绿色食品、枸杞等自治区重点产业发展情况进行分析研究、出谋划策。疫情防控关键期，及时汇编14人次、24条委员意见建议报送政协办公厅。全年共反映社情民意信息45件，被采用31件。针对农村集体经济起步晚、管理弱、监管机制不健全的情况，根据崔波主席要求，撰写《关于建立健全村集体经营性资产监管机制的建议》提案提交全国政协会议，并被确立为2021年全国政协重点提案，由农业农村部到宁夏现场办理。发挥参谋助手和服务保障作用，紧扣巩固拓展脱贫成果深调研、聚力巩固拓展脱贫成果促发展，被自治区党委、政府评为“全区脱贫攻坚先进集体”。

专题协商。开展《加强动物防疫体系建设》专题调研，与自治区有关部门深入协商，形成《关于加强动物防疫体系建设 保障全区养殖产业健康发展调研情况的报告》，自治区农业农村厅起草的《关于加强动物防疫体系建设的意见》吸收了报告意见建议。开展《中南部黄土丘陵区生态修复和柠条种植情况》专题调研，助推中南部干旱带因地制宜发挥柠条林地功能、实现生态效益和经济效益最大化。破解产业发展困境强弱项。针对奶牛养殖企业反映强烈的奶牛保险问题，搭建“有事好商量”协商平台，邀请养殖企业、保险公司、自治区财政厅、农业农村厅、宁夏银保监局等部门负责人、政协委员开诚布公、友好协商，为化解争议、凝聚共识发挥作用。围绕自治区政协第十一届第四次会议302号重点提案、445号重点提案，组织提案者、承办单位、专家学者、有关部门充分协商，推动提案落地和问题解决。302号重点提案经协商督办，推动自治区农业农村厅等五部门联合印发《关于切实加强农村集体资产管理的通知》。

联动协商。参加全国政协农业农村委组织的“深入推进农村厕所革命”民主监督网络主题讨论活动，提交民主监督报告1篇，典型案例3件，文字、图片宣传材料32份。协助全国政协农业农村委做好到宁夏调研“加强高标准农田建设”保障服务工作。通过政协农业农村委系统微信群，学习全国政协及地方政协农业农村委先进工作经验。接待广西、山东两省（区）政协农业农村委到宁夏考察“农旅融合发展”“发展特色富农产业”。加强对市、县（区）政协涉农专委会工作的联系和指导。围绕“提高农民经营性收入”“四大提升行动实施情况”与原州区、红寺堡区政协开展联动调研。利用“三级政协农业农村委联动微信群”分享党史学习教育资料、优秀履职案例、有效履职方法等，引导市县政协围绕党史学习教育、专委会履职、自身建设等方面工作探讨交流。发挥委员优势开展界别活动。加强与中共、农业及第二界别委员联系，围绕“绿色农产品发展和移民增收致富情况”“巩固拓展脱贫地区脱贫成果”等开展界别活动，团结引导广大委员凝聚共识。搭建界别委员联系社会组织平台。选取2家涉农社会组织，建立沟通和联系机制。将联系社会组织工作与专委会履职工作相结合，邀请社会组织成员参与协商座谈、调研视察、界别活动。农业界别委员工作室根据社会组织提供的选题，开展界别活动。及时收集社会组织反映“三农”方面的难点、问题，以社情民意信息形式报送政协办公厅。“委员会客室”活动有声有色。“许兴委员会客室”通过面谈、电话、微信等多种形式，积极主动联系界别群众、新阶层人士，围绕宁夏水生态与农业结构调整、耕地土壤改良与修复等主题开展3次活动，切实把党中央、自治区党委决策部署和对人民政协工作的要求落实下去、把新阶层人士、界别群众的智慧和力量凝聚起来。

【人口资源环境委员会】2021年，人口资源环境委员会首次实行政协党组书记联系指导全委功能型党支部，政协党组成员指导分党组民主生活会，坚持政协党组成员联系评议党员常委、分党组成员联系评议党员委员，党员委员联系党外委员、委员联系群众的机制。强化分党组和功能型党支部规范化建设。组织委员着重学习习近平总书记在庆祝中国共产党成立100周年大会上、在党史学习教育动员大会上、在纪念辛亥革命110周年大会上、在中共十九届六中全会上的重要讲话，学习党史学习教育指定必读6本书。组织委员分专题开展6次学习研讨，组织委员关注农村垃圾处理、僵尸车辆清理、牙科门诊纳入医保、老年人因保健受骗、停车难停车贵、草原保护与利用、水资源节约集约利用等民生问题履职建言。利用“界别委员工作室”及“委员会客室”平台，首次举办界别群众关注问题恳谈会，首次开展专委会对口联系社会组织工作，了解界别群众思想动态和社会组织的愿望诉求，有针对性地加强思想政治引领，反映社情民意。

专题协商。高质量完成第21次常委会会议协商。围绕《建立水资源节约集约利用机制，支撑宁夏生态保护和高质量发展》议题，由自治区政协4位副主席带队分赴银川、石嘴山、吴忠、中卫4个地级市和宁东能源化工基地分别调研工业、农业、生态和城镇节水。通过开题会明方向、定重点、交任务、提要求，使调研协商有的放矢、规范有序。通过调研前学习培训会，让委员了解情况、吃透政策、提前思考、做好准备。针对“地下水开采和农业节水底线”问题，召开2次专家协商会。开展网络议政，委托专业的数据公司开展调查统计，提交《宁夏水资源节约集约利用数据分析暨水资源节约集约利用公众认知和行为调查报告》，形成《建立水资源节约集约利用机制，支撑宁夏生态保护和高质量发展协商报告》。开展好《中华人民共和国草原法》(以下简称《草原法》)贯彻落实监督性协商。首次邀请区、市、县人大常委会对口工作委员会和律师参加调研和协商，向自治区党委呈报《全区贯彻落实〈草原法〉情况监督性协商报告》。承担第20次常委会会议分项调研。承担“科学立法”“全民守法”和“法治保障”三项调研任务。采取小分队调研形式，深入机关、学校、企业、农村、社区、家庭，通过调查问卷、召开座谈会、案例分析、律师参与等方式深入调研。向常委会会议提交调研报告。探索丰富协商方式。开展农村生活垃圾分类及资源化利用无害化处理对口协商，开展贺兰山煤层自燃治理，开展界别协商，围绕停车难停车贵问题开展“有事好商量”。针对《草原法》贯彻落实和水资源节约集约利用开展多次专家协商。探索开展界别群众关注问题恳谈会，将凝聚共识的对象由委员转向界别群众。利用委员会客室，先后就“水稻面积与地下水位关系”“振兴宁夏中医药战略”“低碳城市建设”“四大提升行动”开展研讨。承担“振兴宁夏中医药战略”课题研究，参与“宁夏职业院校‘双师型’师资队伍”和“宁夏水生态与农业结构调整问题”研究。参与“十四五”卫生健康规划征求意见座谈会、延迟退休征求意见座谈会。组织委员对《宁夏建设黄河流域生态保护和高质量发展先行区促进条例(草案)》《自治区实施医疗保障基金使用监督管理条例办法(草案)》和《中共宁夏回族自治区委员会关于全面加强新时代少先队工作的实施意见(征求意见稿)》提出修改意见。围绕宁夏中部干旱带种植人工柠条和天然草地的效益对比开展协商讨论。参与固原市环保督察回头看和“六五”环境日宣传活动。组织共青团、青联界别委员开展“预防校园欺凌，促进青少年健康成长”座谈会，“政协委员与青年面对面”探讨产业青年心理健康等系列活动。参加全国地方关注森林活动工作交流座谈会，介绍全区经验，学习兄弟省市的经验。召开关注森林活动组委会第二次会议，研究部署2021年关注森林活动，指导5个地级市成立关注森林活动委员会并积极开展工作。

提案督办和社情民意。报送专委会集体提案8件、社情民意28篇，委员个人提案63件、大会发言18篇。新冠肺炎疫情期间，对《关于加强黄河泥沙输入监测和治理水土流失的提案》和《关于加快完善人口生育政策，积极应对人口老龄化的提案》进行线上协商督办。为《宁夏政协志》提供人口资源环境篇资料。在报刊发表理论文章7篇，向全国政协理论研究会提交文章《协商文化建设带来的变化及其理性认识》，《“有事好商量”协商经验谈》获2021年宁夏政协理论研究会论文三等奖。《人民政协报》《人民政协网》报道全委工作稿件26篇。加强内外联系交流。参加在西安市、延安市召开的沿黄九省(区)政协黄河流域生态保护和高质量发展协商研讨第四次会议，自治区政协主席崔波从6个方面介绍全区建设黄河流域生态保护和高质量发展先行区的情况，及自治区政协助力“先行区”建设所作的工作。自治区政协副主席洪洋提出“加快论证南水北调西线工程和黄河黑山峡水利枢纽工程进度”等5条建议。赴海南省考察林长制工作经验，为推动全区建立林长制建言献策。赴内蒙古自治区考察水资源节约集约利用和草原保护及利用经验，为开好“建立水资源节约集约利用机制”专题议政性常委会会议提供借鉴。

【教科卫体委员会】2021年，教科卫体委员会组织委员和党员干部开展党史学习教育，建立党史学习教育交流群，通过微信、“履职通”App等及时推送学习资料，分专题开展学习研讨，使委员与党员干部同步学习、相互促进。在党史学习教育中，专委会分党组及功能型党支部结合实际，组织委员赴青铜峡市开展“我为群众办实事”主题实践活动，重温入党誓词，与基层干部群众进行面对面座谈交流，为企业发展、乡村振兴贡献政协智慧，助推党史学习教育走深走实。持续落实“两会一联系”制度，突出引领作用，发挥委员会分党组的领导、功能型党支部战斗堡垒和党员委员先锋模范带头作用。

协商议政。2021年参与常委会调研2次，开展专题调研2次，“有事好商量”1次，民主监督1次。参与专题议政性常委会会议题调研。围绕《推进全面依法治区》议题子课题“严格执法”和“公正司法”，组织部分委员及专家先后赴利通区、红寺堡区、青铜峡市开展专题协商调研，形成《“严格执法”“公正司法”调研报告》，为常委会会议形成有关材料提供重要参考。组织部分委员及专家，深入农村中小学、幼儿园及县、乡镇、村三级医疗卫生机构开展《提升农村居民健康水平，推进健康乡村建设》和《提升农村基础教育质量，促进城乡教育均衡发展》专题协商调研，形成《关于“基础教育质量提升行动”在农村实施的调研报告》《关于“全民健康水平提升行动”在农村实施情况的调研报告》，为常委会提供重要参考。组织委员及相关厅局和专家深入银川市金凤区、石嘴山市大武口区、惠农区和固原市隆德县、泾源县部分中小学校开展“提升创新素养提高基础教育水平，推进课堂教学与信息技术深度融合”调研，同步开展网络议政，协调教育相关部门召开专题协商会，形成专题协商报告报自治区党委。自治区教育厅专门组织研究制定贯彻落实《协商报告》有关措施，并于11月以书面形式作了反馈。以《无神论和唯物主义宣传教育情况》为主题开展专题调研。为落实全国政协主席汪洋在宁夏调研期间有关“在干部和未成年人中加强无神论和唯物主义教育”的指示精神，组成调研组先后赴自治区党委宣传部、党校和教育厅等相关部门开展走访调研，并形成调研报告报送自治区党委。开展以《防控重大疾病，努力提高全区人均预期寿命》为主题的民主监督并召开座谈会，会后分别形成社情民意和提案5件。用好“有事好商量”协商平台助推社会发展。围绕政协委员提出的“关于对宁夏医学专业大学毕业生就业难进行专题研讨的建议”，搭建“有事好商量”协商平台，邀请部分委员及相关部门负责人开展协商、求解问策，共同为医学高校毕业生就业问题“把脉问诊”，并就规范高等学校学科专业目录与事业单位公开招聘专业参考目录、优化住院医师规范化培训招生及结业管理、加强住院医师规范化培训基地培养质量监督指导、强化各方协同等达成共识。

界别活动。全年共开展视察和调研等界别活动8次。组织召开“界别群众关注问题恳谈会”，为界别委员走进群众，反映群众诉求搭建平台，先后组织教育界别恳谈会，收集意见建议20余条，形成社情民意4篇；组织科技界别恳谈会，形成《关于县级机关服务企业科技创新能力的建议》的界别提案。组织民盟界别、科协界别和“第二界别”、科技界别、教育界别和“第二界别”、医药卫生界别、体育界别就“5G在宁夏应用情况”“科协助力新时代文明实践中心建设情况”等进行视察。

提案督办。组织委员对自治区政协第十一届第四次会议重点提案《关于让优质教育惠及山川每一个孩子的提案》《关于依托“黄金奶源”禀赋，打造高端奶之乡的提案》进行督办。坚持把改进工作、提质增效贯穿提案督办工作全过程，推动从“督了多少”向“督出什么成效”转变。积极沟通协调提案人、提案办理单位以及相关领域专家学者加强相互配合，层层深入，确保商出办法、商出共识、商出实效。提案督办中邀请提案质量和提案办理质量第三方评价团队专家参与，对提案工作考核给出更加客观公正的评价，极大地提升提案工作质量。

建言献策。先后就《宁夏回族自治区〈医疗保障基金使用监督管理条例〉办法（征求意见稿）》等多项政策法规，联系专家学者和业内委员讨论，为提高政策的科学性、合理性和可操作性提供参考。组织委员下基层、解民意，研究撰写提案、社情民意等向自治区党委政府建言献策。全年共提交大会发言材料21篇，提案130件（其中，委员会4件，委员126件）、社情民意202篇（其中，委员会27篇，委员175篇）。其中《关于深化高等教育供给侧改革，优化人才培养模式助推自治区经济社会高质量发展的提案》《关于发挥医疗救助托底保障功能，建立因病致贫因病返贫长效机制的提案》等8件被列为政协分管领导及专委会督办的提案。

【社会和法制委员会】2021年，社会和法制委员会分党组召开会议10次，研究部署社法委工作。制定《社法委中共党史学习教育实施方案》，开展集体学习讨论，分党组成员带头专题辅导，18名委员围绕主题发言。建立“社法委学党史微信群”、在“履职通”建立“中共党史学习教育”线上读书群，引导委员谈认识、谈体会、谈履职、谈担当。

专题协商。先后完成《推进全面依法治区》专题议政性常委会议题，《我区贯彻落实〈中华人民共和国律师法〉情况》监督性专题协商，以及《建立水资源节约集约利用机制，支撑宁夏生态保护和高质量发展》常委会议题中《建立城镇节水降损机制》专题。自治区党委书记陈润儿对两个协商报告均作出批示。组织部分委员赴河南、上海两省（市）政协考察学习立法协商工作经验，形成考察报告，并向自治区政协主席会议作专题汇报，所提建议得到自治区政协主席崔波肯定。根据主席会议指示，就改进政协立法协商工作，与自治区人大法工委、司法厅充分沟通协商，达成共识。在此基础上，向自治区党委报送《关于加强和改进立法协商工作的请示》。印发《关于加强和改进立法协商工作的通知》，明确立法协商计划编制、协商程序、形式以及组织领导等。社会和法制委员会制定《自治区政协立法协商工作规则》，细化政协内部各专委会开展立法协商的具体任务、工作流程、运行机制，经第74次主席会议通过印发。自治区司法厅还配套制定《立法协商工作办法》，加强与政协以及民主党派、工商联、无党派人士的立法协商工作。

界别活动。妇联界别委员与宁夏社会工作联合会、社会福利和社会保障界别与宁夏残疾人福利基金会、九三学社与"互联网+医疗健康"协会、工会界别与宁夏就业创业者协会分别开展联系活动。社法委在联系妇联过程中了解到，银川市婚姻家庭纠纷调解案件没有以案定补，造成调解员流失，影响婚姻家庭纠纷的化解。针对这一问题，社法委搭建有事好商量平台，组织自治区、银川市妇联与自治区司法厅、银川市司法局就"婚姻家庭纠纷调解案件补贴问题"开展协商，取得较好效果。自治区司法厅、财政厅根据协商意见，修订《宁夏回族自治区人民调解员以案定补管理办法》，将婚姻家庭纠纷调解纳入以案定补范围。开展界别协商。妇联界别部分委员就"关于创新新型养老模式的提案"，赴贺兰县宏基花园小区召开协商会，围绕如何打造人民群众满意的养老模式，与小区居民、自治区民政厅以及贺兰县相关部门进行沟通协商，双方表示将共同努力将该提案办好。开展立法协商。与自治区人大法工委分别就《自治区建设黄河流域生态保护和高质量发展先行区促进条例(征求意见稿)》《宁夏回族自治区土壤污染防治条例(草案)》开展立法协商两次，提出修改建议70条。其中《土壤污染防治条例》提出的30条建议被自治区法工委采纳16条。组织委员对《关于宁夏回族自治区优化营商环境条例(草案)》《宁夏回族自治区长城保护条例(草案)》等12部法规征集修改意见137条。开展重点提案办理协商。自治区政协副主席马秀珍组织召开重点提案办理协商会，对自治区政协《关于引导和支持全区居家社区养老产业加快发展》重点提案进行督办协商。社法委组织委员对《关于改革完善疾病预防控制体系》的重点提案进行督办协商。组织界别召集人围绕"如何做好界别工作"进行座谈交流。"三八"国际妇女节组织妇联界别委员开展传统文化学习活动。组织工会界别委员参观宁夏教育电视台"空中课堂"，并进行座谈交流。组织社会福利和社会保障界别委员视察全区共享轮椅免费发放情况。社法委与所联系的4个界别分别召开界别群众关注问题恳谈会，共整理收集委员反映意见40余条。

提案和社情民意。全年提交提案64件，社情民意84份。内容涉及基层社会治理、社区建设、养老服务、流动妇女权益保障、新冠疫情防控等多个方面，其中《关于加强全区社区工作者队伍建设提案》《加强疾控队伍建设提案》被列为重点提案。关于加强疫情防控几点建议的社情民意，由于反映及时得到采纳。《关于增加银川市污水处理专项经费的建议》得到重视，经过协调，银川市政府解决了部分拖欠污水处理企业的经费。

【民族和宗教委员会】2021年，民族和宗教委员会通过委员会全体会议、主任会议、委员学习会、调研座谈会等，将学习贯彻习近平新时代中国特色社会主义思想与中共十九大和中共十九届历次全会精神相结合，与学习贯彻习近平总书记在党史学习教育动员大会上的讲话精神、庆祝中国共产党成立100周年大会上的讲话精神相结合，与学习贯彻中央民族工作会议精神、全国宗教工作会议精神相结合，与学习贯彻自治区党委第十二届历次全会精神相结合，引导委员准确把握新时代加强和改进政协工作的新要求，把握做好民族宗教工作的历史方位，以铸牢中华民族共同体意识为主线，以实现中华民族伟大复兴为出发点和落脚点，努力提高政治站位，把"两个确立"真正转化为坚定做到"两个维护"的思想自觉、政治自觉、行动自觉。强化专委会党组织政治功能。强化专委会分党组和功能型党支部的政治引领、思想引领作用，以"融入履职抓党建、抓好党建促履职"的工作理念，广泛凝聚人心、汇聚力量。先后召开专委会分党组及功能型党支部理论学习会12次，召开分党组民主生活会和功能型党支部组织生活会3次；调研考察时成立临时党小组，充分发挥党支部的战斗堡垒作用和党员委员的模范带头作用；与宁夏优派莱斯集团联合开展主题党日活动，签订结对共建协议，丰富党建活动内容，促进共学共进。开展党史学习教育。深入学习习近平总书记在党史学习教育动员大会上的重要讲话精神，将党史学习教育与专委会工作同部署、同安排，确保党史学习教育走深走实。全年共开展专题辅导和学习交流会5次。组织委员赴吴忠市涝河桥革命烈士陵园接受红色传统教育，汲取精神养分、赓续革命精神；组织委员参观企业党建工作，感受"红色动力"助推企业发展新气象，坚定委员参与经济社会发展的信心；组织委员赴宁夏廉政警示教育中心开展廉政教育，增强委员遵纪守法和廉洁履职意识。

专题协商。聚焦全区宗教教职人员队伍培养开展专题协商，形成《如何培养符合新时代要求的宗教教职人员队伍的协商报告》报送自治区党委。聚焦推进全区宗教中国化进程，开展监督性调研。提出研究制订自治区推进宗教中国化与社会主义社会相适应的指导规划、推进"五进"宗教场所活动、巩固提升"三化"等宗教领域突出问题治理成果等建议，报送自治区党委和政府。聚焦群众关注的交通堵塞问题，开展界别协商。针对友爱路口与贺兰山路口左转通过率低的问题，组织特邀界别二组委员实地勘查银川交通指挥中心道路监控系统，与道路主管单位进行面对面协商沟通，达成延长该道路左转通过时间的共识。聚焦全区依法治理，就擅打滥用"清真食品标志"开展对口协商。提出加大《宁夏回族自治区清真食品管理条例》宣传力度，做好重点食品、重大节日、重要区域清真食品生产管理，切实维护各族群众合法权益等建议。聚焦专门协商机构建设，开展有事好商量活动。围绕《加快知识产权保护地方立法工作和政协专委会工作制度建设》进行协商议事，探索政协经常性、基础性工作标准化建设，制定制度规范和评价体系，推进政协履职制度化、规范化和程序化。就全区科学立法、全民守法和法治保障情况进行调研，形成调研报告，提交自治区政协第十一届第二十次常委会会议作大会发言。就全区农业节水增效机制情况进行调研，形成调研报告，提交自治区政协第十一届第二十一次常委会会议作书面大会发言。

提案督办。现场督办自治区政协第十一届第四次会议第25号重点提案《关于加强全区民族团结进步宣传教育的提案》、第387号重点提案《关于加大对"老头乐"低速四轮电动车治理工作的提案》。全年撰写提案68件、社情民意49件，一些意见建议得到自治区有关部门的高度重视并采纳。

界别活动。组织少数民族界、宗教界委员参观银川市雷锋纪念馆并开展恳谈活动。委员们围绕发挥好界别代表作用，凝聚和发挥界别群众的智慧力量，为全区民族团结进步、社会和谐稳定贡献力量等问题开展恳谈。组织特邀委员考察脱贫攻坚与乡村振兴有效衔接情况，视察吴忠市葡萄酒产业发展情况并开展恳谈活动。委员们围绕农村老人赡养、物业管理服务、交通拥堵治理等问题热烈恳谈。组织少数民族界、宗教界委员视察全区枸杞产业发展情况，深化对全区9个重点产业发展情况的认识。组织少数民族界、宗教界委员参观银川市妇女青少年红色教育基地，与宁夏爱国主义教育学会开展联谊交流活动。组织民进界别委员调研全区草原生态保护工作。委员们提出建立草原管理基本档案、完善征占用管制度体系、科技支撑草原生态保护等建议报送自治区党委。组织少数民族界、宗教界委员视察石嘴山市国家级农业标准化试点情况。委员们表示将聚焦农业增效、农民增收、农村发展重点问题，有针对性地支招献策和引资帮扶，为全区农业标准化试点工作贡献力量。组织民进界别委员参加"民族团结一家亲，同心共筑中国梦"主题社区服务活动。委员们走访少数民族家庭、赠送中国结，让各族群众切身感受民族团结的强大凝聚力，为铸牢中华民族共同体意识凝聚人心、汇聚力量。

委员履职。组织委员视察部分民族团结进步创建示范单位民族团结工作。委员们呼吁要切实发挥示范带动作用，继续在宣传贯彻党的民族政策、创新宣教载体方式、深化宣教成果等方面下足功夫，全面深入持久推进全区民族团结进步创建工作。组织委员视察《自治区关于加强和改进新形势下天主教工作的实施意见》《自治区关于治理佛教道教商业化问题的实施意见》的贯彻落实情况。委员们提出从自治区层面抓好佛教道教商业化问题整改治理、切实加强天主教爱国宗教团体自身建设、规范各类宗教活动等建议，以《政协专报》报送自治区党委。参与新冠肺炎疫情防控斗争。委员们发挥专业特长和工作优势，积极投身疫情防控一线，在疾病防治、志愿服务、舆情等方面，以实际行动诠释政协委员共克时艰的责任担当和家国情怀。开展"杨占武委员会客室"活动。围绕宗教界如何在铸牢中华民族共同体意识中发挥作用进行座谈交流，为推进宗教中国化履职尽责、凝心聚力。开展"委员沙龙"活动。杨占武、金忠杰、何晓丽等7名委员围绕《以"工匠精神"做好政协会议发言的选取》《情绪与压力管理》主题举办专题讲座。

【港澳台侨和外事委员会】2021年，港澳台侨和外事委员会开展党史学习教育，在抓好指定书目研读的同时，召开分党组会议10次、功能型党支部会议6次、委员学习座谈会10次，进行专题学习研讨，把学习习近平总书记"七一"重要讲话精神和中共十九届六中全会精神作为理论武装的重中之重，采取先学习、再讨论，分党组成员专题辅导引读与主题发言、预约发言、自由发言相结合的方式，引导委员紧密联系思想和工作实际，在互动交流中凝聚共识。制定委员读书活动方案，建立线上读书群，开展分享读书感想和体会活动。先后联合政协机关第四党支部、盐池县政协机关党支部、宁夏工商职业技术学院组织宣传处党支部等，分别开展《赓续红色血脉，传承红色基因，在红色历史展览学习中感悟初心使命》《重温峥嵘岁月　感悟光辉历程》主题党日活动，激发委员爱党爱国的情怀，调动委员干事创业的积极性、主动性、创造性。联合自治区侨联开展医疗服务进基层活动，组织医疗服务队赴灵武市水木灵州社区为200多名社区群众进行义诊，并送去3000多元的日常用药。为政协机关对口扶贫点同心县预旺镇土峰村小学联系协调捐赠价值1万余元的打印机、文体器材等。联系协调港澳委员郑俊武、魏雄向宁夏育才中学10名2021届优秀毕业生每人捐助1台价值4000元的电脑。针对人民群众反映的小区物业管理中存在的突出问题，组织民革界别就《规范小区物业管理，提升基层社会自治能力》议题开展调研协商活动，与社区群众面对面交流听取诉求、心贴心交流看法，提出的相关建议得到有关部门的高度重视和采纳。

建言资政。专题调研协商，助力银川市城市交通发展。探索和市县政协联动协商的新模式，联合银川市政协围绕“借鉴港澳经验，提升银川市城市交通管理与建设水平”专题开展调研协商，根据银川市政协反馈的主要问题进行再调研，通过“有事好商量”，提出6个方面改进城市交通工作的建议被银川市相关部门采纳并落实。专题学习考察，助力“开放宁夏”建设。组织委员赴广东省就“粤港澳大湾区和深圳先行示范区建设推进情况”进行实地考察，并与深圳市有关部门及企业负责人座谈交流，开阔眼界，深化对改革创新重要意义的认识。引导港澳委员把考察时的所见所闻所感积极向港澳同胞宣传介绍，向广大港澳青年和民众讲解内地最新发展形势和政策取向，特别是实施粤港澳大湾区战略带来的政策利好，以及国家重大战略给予港澳青年和民众的重大历史机遇。就宁夏主动融入粤港澳大湾区建设提出建议并形成考察报告报送自治区党委。专题民主监督，助力综合试验区建设。围绕《中国(银川)跨境电子商务综合试验区建设推进情况》专题开展民主监督视察，并召开协商座谈会，委员们提出的相关建议得到有关部门的高度重视和采纳。加强引导服务，充分发挥界别作用。组织侨联、台联界别委员围绕“未成年人保护公益诉讼”开展调研协商活动；组织台联界别和委员会委员，围绕“提升酒庄文化内涵，促进酒庄休闲文旅协调发展”与相关部门、企业负责人交流探讨。提交提案，反映社情民意。全年提交提案136件、立案43件，反映社情民意信息46篇、采用13篇。关注全区中药材产业发展，在2020年向自治区党委报送专题协商报告的基础上，委员会继续以提案的形式助推中药材产业发展，提出的《关于加大全区中药材重点产区产业发展扶持力度的提案》被确定为2021年重点提案。

加强港澳委员思想政治引领。针对港澳委员对中国共产党历史了解掌握比较少的问题，在引导港澳委员认真研读党史学习教育指定书目的同时，利用赴广东省考察之机，集中组织部分港澳委员参与调研并开展党史学习教育。结合学习贯彻中共十九届六中全会精神，积极开展宣讲，对港澳委员开展新时代发挥港澳政协委员“双重作用”线上专题宣讲活动，引导港澳委员充分认识发挥“双重作用”是推进“一国两制”实践行稳致远、推动港澳地区加快融入国家发展大局、发挥人民政协专门协商机构作用的必然要求。鼓励港澳委员继续以良好的精神状态和扎实的工作作风，履职尽责、发挥作用。建立完善引导服务港澳委员履职工作措施。制定《关于新时代发挥港澳地区全国政协委员“双重作用”的指导意见》，通过逐条逐项抓落实，推动工作取得良好成效。引导港澳委员为维护香港澳门繁荣稳定贡献力量。关注港澳地区社会动态，保持与港澳委员联系沟通，引导支持港澳委员积极参与港澳社会事务，引导港澳委员全力支持《全国人民代表大会关于完善香港特别行政区选举制度的决定》，支持港区委员参加“撑全国人大决定”签名街站活动。引导港澳委员为银川市城市交通发展献计出力。专题协商工作中，受疫情影响，调研组不能赴港澳地区调研，委员会领导主动加强与港澳委员沟通，跟进了解情况、指导组织港澳委员按提纲开展调研，广泛征询业内专家学者意见，并邀请香港大学等校园机构专家学者参与调研、咨询，在梳理香港城市交通经验、提供可借鉴的经验等方面发挥了重要作用。

侨务外事工作。全面贯彻落实全国暨地方政协港澳台侨工作座谈会精神，厘清新时代政协港澳台侨工作承担的重要职责，学习借鉴全国政协和兄弟省(区)的好经验好做法，解放思想、转变观念，就如何服从服务新发展格局，主动谋求政协港澳台侨工作新作为，明确方向，增强信心。抓培训，强素质。针对政协侨务工作创新方式不够、能力不足的问题，举办全区政协系统侨务工作培训班，组织全区三级政协港澳台侨和外事工作人员、自治区政协委员、自治区侨务工作人员赴福建省华侨大学进行专题培训，通过培训使全区政协侨务工作者把握新时代侨务工作新使命、新任务、新要求，学习经验和方法，提升侨务工作能力。抓协作，促合力。建立同自治区党委政府对口部门之间的会议沟通、信息沟通、日常沟通联系机制。主动走访自治区外事办、侨联、港澳台办，与自治区侨联共同参加自治区外事办举办的涉外事务专题辅导讲座、宁夏民间组织“走出去”座谈会等，围绕侨务外事工作政策、工作思路等进行探讨，就凝聚合力推进自治区侨务外事工作形成共识。抓联系，增感情。把加强日常联系走访作为做好侨务外事工作的重要抓手,开展走访慰问归侨、侨眷、侨联界别老党员及台属老党员活动,开展走访侨联界别委员活动,与侨联界别委员和群众就大家关心的社会热点问题进行座谈,商定侨联界别每年聚焦1个或2个课题调研,以集体提案的形式向相关部门提出建议。

【文化文史和学习委员会】2021年,文化文史和学习委员会深入学习习近平新时代中国特色社会主义思想,及时跟进学习习近平总书记在庆祝中国共产党成立100周年大会、在中央民族工作会议等重要讲话精神,全年共组织分党组学习5次、功能型党支部委员学习座谈会5次。开展党史学习教育,组织委员就“能、行、好”3个专题、机关干部就感悟思想伟力等6个专题,开展学习交流讨论,共有200多次委员和干部参加学习交流,提交20多篇学习体会。开展中共十九届六中全会精神的学习与宣讲,专委会分管副主席和分党组书记带头撰写宣讲提纲,交流心得体会,宣讲全会精神;积极组织分党组和功能型党支部会议,围绕学习贯彻中共十九届六中全会精神开展委员交流讨论。持续有效地开展政协委员“书香政协”活动,在“履职通”App上组建党史学习教育、中共十九届六中全会精神等4个读书群,线上线下开展委员读书活动。先后有100多人次参加讨论,发表读书评论300余条。加强功能型党支部建设,不断强化其战斗堡垒作用。分党组和功能型党支部召开年度民主生活会和组织生活会;9月,分党组召开《坚持以案促改、深化作风建设》专题民主生活会。及时更新本专委会党员委员联系党外委员名单,专委会分管副主席和分党组成员走访看望委员100多人次,党员委员联系党外委员20多次。组织专委会干部和委员参加抗疫志愿服务活动、社区环境卫生服务等。完善组织建设,确保党对政协工作的领导不留死角。坚持在调研考察等活动期间建立临时党组织、开展组织活动。在区内外开展“推进黄河文化传承彰显区建设”协商调研期间,及时成立临时党小组。协助全国政协《推进黄河国家文化公园建设》专题调研组在驻地召开临时党支部会议。

政治协商与民主监督。广泛调研、深入研究,全力推动黄河文化传承彰显区建设专题协商高质量发展。采取开题会专题研究、研讨会专门研究、座谈会协商研究等形式,对相关问题进行深入研讨,收集论文18篇并编辑成册。在扎实调研和深入研讨的基础上形成协商报告,通过征求意见会、专题协商会,听取委员、相关部门和专家学者的意见建议,完善协商报告,经主席会议审议通过后上报自治区党委。聚焦热点难点问题,开展民主监督系列活动。按照自治区党委书记陈润儿在2020年自治区政协《“推进长城、长征国家文化公园(宁夏段)建设”专题协商报告》上的批示精神,专委会及时推动自治区党委宣传部和文旅厅等相关部门对协商报告成果进行借鉴吸收。召开“推进长城、长征、黄河国家文化公园(宁夏段)建设,保护传承弘扬中华优秀传统文化”民主监督协商会进行深入协商,形成《关于推进长城、长征、黄河国家文化公园建设,保护传承弘扬中华优秀传统文化民主监督协商情况报告》,报自治区党委。结合全国政协黄河文化公园建设调研组到宁夏调研,积极推进黄河文化传承彰显区建设。10月14—17日,全国政协副主席刘奇葆率全国政协调研组到宁夏围绕《推进黄河国家文化公园建设》开展专题调研。委员会以此为契机,专题汇报自治区政协推进《黄河文化传承彰显区建设》协商议政情况,联系协调全国政协调研组到银川市、吴忠市、中卫市对部分黄河渡口、水利工程、历史文化遗址遗迹等进行实地考察,明晰和开拓了推进黄河文化传承彰显区建设的思路,也有效拓展了政协民主监督工作的新途径。

文史工作创新发展。聚焦当代宁夏移民历史展览,开展当代宁夏移民历史的各项工作。开展资料征集工作,先后共采访支宁老同志107人次,录制采访视频50个,整理口述稿91篇约40万字。搜集整理移民档案资料2000余份,收集实物368余件,照片1600余幅。在《华兴时报》开辟《移民岁月》栏目,刊发口述历史稿件96篇。开展展览大纲的撰写与完善,以《屯垦成边》《开基创业》《军垦转场》《建区兴区》《三线建设》《知青上山下乡》《改革开放》《人才强区》《脱贫攻坚移民》为主题内容,先后设立九个单元的框架结构,布局《当代宁夏移民历史的展览》。开展当代宁夏移民历史系列专题的研究,组织区内7名专家,分9个专题对当代宁夏移民历史展开研究,初稿已基本形成。编辑完成《宁夏文史资料》第33辑。按照全国政协倡导创新文史资料征集工作的要求,拍摄制作并完成历届住宁全国政协委员履职音像视频资料2集(戴秀英、马金虎),并上报全国政协。

参政议政。开展“有事好商量”活动。围绕《长城、长征、黄河国家文化公园(宁夏段)建设规划》,邀请自治区有关部门、政协委员、专家学者就三大文化公园建设(宁夏段)规划编制和实施情况进行座谈。围绕2020年第299号重点提案办理“回头看”活动。向全国政协文化文史和学习委员会及时报送《关于推进新时代宁夏博物馆事业高质量发展的调研报告》。组织多界别委员围绕全区乡村民宿发展情况及全区乡村旅游和文化设施建设情况建言献策，组织文化艺术界别委员就全区传统艺术传承发展情况到宁夏秦腔剧团参观调研考察，形成2件提案和4件社情民意并及时上报，引起相关部门重视。围绕“如何打造闽宁镇《山海情》影视文化旅游村”，组织委员和永宁县及闽宁镇的负责人召开协商座谈会，在实地调研的基础上就如何打造闽宁镇《山海情》影视文化基地、助推闽宁镇文旅融合实现新发展进行深入探讨、达成共识，形成建议方案并及时报送相关部门参阅。围绕民国省政府旧址的保护，实地考察位于中国农业银行分行总部的、始建于1929年的“民国宁夏省政府旧址”建筑，针对建筑出现地基塌陷、墙面裂缝、顶棚漏雨等情况，建议农业银行主动协调，按程序报批，积极申请文物保护专项资金，从速对旧址进行修缮和保护，得到积极响应。围绕创建品牌，持续开展委员会客室活动。“郭文斌委员会客室”开展会客室活动7次，形成提案1件（已立案）、信息1条（已报送全国政协）、社情民意4条。

（马生海）

NINGXIA
YEARBOOK

纪委监委

JIWEI JIANWEI

编辑◎霍丽娜

综　述

【政治学习】2021年，自治区纪委监委和全区各级纪检监察机关把党史学习教育作为贯穿全年的重大政治任务，贯通学习领会习近平总书记党史学习教育动员大会和“七一”重要讲话精神，系统推进“我为群众办实事”“传承党的百年光辉史基因、铸牢中华民族共同体意识”主题教育活动，弘扬伟大建党精神，赓续红色基因血脉，切实把学习成果转化为自我提高和自我改造的实际动力。认真学习贯彻党的十九届六中全会精神，深刻认识中国共产党百年奋斗重大成就和历史经验，准确把握习近平总书记原创性的治国理政新理念新思路新战略，结合纪检监察工作实际全面落实《中共中央关于党的百年奋斗重大成就和历史经验的决议》中推进党的自我革命实践要求。把督促学习贯彻习近平新时代中国特色社会主义思想作为日常监督、巡视巡察的首要内容，推动全区各级党组织和党员干部自觉用以武装头脑、指导实践、推动工作。

【监督检查】2021年，自治区纪委监委和全区各级纪检监察机关在自治区党委政治督查、政治考察、政治巡察“三察(查)一体”工作机制中突出专责监督作用，推动各级党组织常态化开展贯彻落实习近平总书记考察宁夏重要讲话精神“回头看”，督促职能部门和有关市县开展黄河流域宁夏段生态环境问题和“挖湖造景”乱象整改，严肃查处闽宁会议中心、丝路明珠塔等违规兴建楼堂馆所问题并推动开展专项清理整治，以有力有效的政治监督推动“两个维护”成为自觉、见诸行动。围绕把握新发展阶段、贯彻新发展理念、构建新发展格局、推动高质量发展，聚焦“十四五”开局、巩固拓展脱贫成果同乡村振兴有效衔接、铸牢中华民族共同体意识等党和国家重大战略推进情况，自治区党委建设黄河流域生态保护和高质量发展先行区、守好“三条生命线”等重大决策部署落实情况，跟进监督、精准监督、全程监督，持续纠治贯彻落实中的偏差、温差、落差，确保党中央、自治区党委决策部署贯彻落实到位。督促各地各部门毫不放松做好常态化疫情防控工作，面对突发疫情迅速响应，动员全区各级纪检监察机关围绕重点环节加强监督检查，精准审慎追责问责，压紧压实疫情防控责任，为迅速打赢疫情防控遭遇战、阻击战提供有力保障。完善领导班子内部监督机制，自治区纪委常委会协助自治区党委制定《加强对“一把手”和领导班子监督实施办法》，健全完善领导班子内部监督机制，突出政治监督、做实日常监督，形成“一把手”带动“一班人”、“一班人”监督“一把手”的责任落实体系和监督格局。严明政治纪律和政治规矩，坚持查办案件首先从政治纪律查起，查处违反政治纪律党员34人。

【纠治“四风”】2021年，自治区纪委监委和全区各级纪检监察机关对5个地级市和12个区直部门党风廉政建设责任制检查考核反馈问题的整改落实情况跟踪督办，加强党风廉政建设和反腐败斗争形势、政治生态分析研判，提升信访举报、党风政风监督、监督检查和审查调查工作季度分析质量，积极为党委主体作用发挥提供有效载体、当好参谋助手，推动“两个责任”贯通协同、一体落实。坚持把监督中央八项规定精神执行情况作为长期任务，协助自治区党委出台作风建设“八条禁令”，督促各地级市和区直部门党委(党组)召开“坚持以案促改、深化作风建设”专题民主生活会，开展违规吃喝隐形变异问题专项整治，督促领导干部发挥作风建设“领头雁”作用，推动全区上下真正把遵守中央八项规定精神作为不可逾越的铁规矩。从讲政治高度坚决纠治贯彻党中央决策部署只表态不落实、维护群众利益不担当不作为以及搞“包装式”“洒水式”“一刀切式”落实等形式主义官僚主义突出问题，加强对基层减负措施落实情况的监督检查。

【巡视整改】2021年，自治区纪委监委全面贯彻巡视工作方针，坚守政治巡视职能定位，根据系统掌握被巡视党组织职责使命、地位作用、特点等实际情况开展政治监督，高质量完成第十二届自治区党委巡视全覆盖任务。开展涉粮问题专项巡视巡察。压实巡视整改主体责任和监督责任，对自治区党委前八轮巡视整改情况进行“回头看”，建立巡视发现问题“四个责任”清单，动态管理、跟踪问效、挂账销号，实现巡视整改常态化、长效化。健全完善巡视机构与纪检监察机关以及组织、审计、信访等部门协作配合机制，制定《关于加强巡视巡察上下联动的若干措施》，实现巡视巡察同向发力、成果共享，构建左右衔接、上下贯通、集成联动的监督格局。坚持推进巡视全覆盖与推动系统巡察、市县巡察相结合，换届前全部完成巡察全覆盖任务。

【专项监督】2021年，自治区纪委监委开展巩固拓展脱贫攻坚成果同乡村振兴有效衔接专项监督，自治区纪委监委领导班子成员带队深入乡村振兴重点帮扶县开展专题调研，包抓督导重点县和重点社区百万移民致富提升行动，督促各地各部门做好重点领域和关键环节政策衔接，监督保障乡村振兴战略稳步推进。深化民生领域腐败和作风问题专项治理，对惠民惠农补贴资金“一卡通”专项治理进行“回头看”，紧盯教育医疗、养老社保、生态环保、安全生产、食品药品安全等领域，严肃查处侵害群众利益问题。

【队伍建设】2021年，自治区纪委监委和全区各级纪检监察机关加强自身建设，带头创建让党中央放心、让人民群众满意的模范机关。开展“基层党建全面提升年”活动，压实党建责任、提升党建水平，实现党建工作与业务工作互促共进。实施纪检监察干部政治能力和专业能力提升工程，认真学习宣传贯彻《中华人民共和国监察官法》《监察法实施条例》等法律法规，增强全员培训针对性和实效性，全年培训干部3522人次，实现区、市、县三级全覆盖；选派干部参加中央纪委国家监委专案，抽调市县纪委监委、派驻机构和国有企业、区管高校纪检监察机构干部到执纪执法一线实战练兵，有效提升监督执纪执法专业能力。加强对市、县（区）纪委换届工作的指导把关，选优配强各级纪检监察机关领导班子和干部队伍。开展“案件质量提升年”活动，加强执纪执法检查和案件评查，全区纪检监察机关受理申诉案件同比下降44%；移送检察机关审查起诉案件一次、二次退查率同比分别下降14.4%、7.4%，监督执纪执法工作更加规范严谨、案件质量实现整体提升。将现代信息技术有机融入监督执纪工作，通过大数据比对助推工程建设政府采购领域专项治理，中宁县建设的“杞乡清风”智慧监督执纪大数据平台有力提升监督质效。持续深化纪检监察体制改革，建立自治区纪委监委领导班子成员包片联系指导市、县（区）派驻机构改革工作制度，深入调研、谋划推进深化国有企业和区管高校纪检监察体制改革；落实国家监察体制改革要求，自治区监委首次向自治区人大常委会报告廉政教育工作，指导市级监委向本级人大常委会报告专项工作。分地区、分领域邀请特约监察员参与专项监督、作风检查、工作督查，拓宽参与纪检监察工作广度深度，自觉接受各方监督。制定《宁夏回族自治区新时代纪检监察干部监督工作实施办法》，健全内部监督机制，对新任职纪检监察干部进行集体廉政谈话，从严教育管理监督干部。全区受理纪检监察干部信访举报176件次、组织处理78人、处分12人，以“零容忍”态度严防“灯下黑”。

（罗　倩）

重要会议

【自治区第十二届纪委第五次全体会议】2021年2月2日，中国共产党宁夏回族自治区第十二届纪律检查委员会第五次全体会议在银川市举行。出席全会的自治区纪委委员38人，列席456人。自治区党委书记陈润儿出席全会并讲话。自治区党委常委，自治区人大、政府、政协省级领导及法检两长等出席会议。全会由自治区纪律检查委员会常务委员会主持。全会以习近平新时代中国特色社会主义思想为指导，全面贯彻十九届中央纪委五次全会安排部署，回顾总结2020年纪检监察工作，安排部署2021年任务，审议通过自治区党委常委、纪委书记、监委主任艾俊涛代表自治区纪委常委会所作的《坚定不移推动纪检监察工作高质量发展，为建设美丽新宁夏提供坚强保障》工作报告。

【会议精神学习报告会】2021年3月15日，自治区纪委监委召开会议，传达学习全国两会精神。自治区党委常委、纪委书记、监委主任艾俊涛主持会议并讲话。会议传达学习了习近平总书记在全国两会期间的系列重要讲话和中共中央政治局常委、中央纪委书记赵乐际参加宁夏代表团审议时的讲话精神，传达学习了第十三届全国人大第四次会议、全国政协第十三届第四次会议和自治区传达贯彻全国两会精神会议精神。12月14日，自治区纪委监委机关召开学习贯彻中共十九届六中全会精神报告会。自治区纪委常务副书记、监委副主任、自治区十九届六中全会精神宣讲团成员马文娟紧扣习近平总书记在党的十九届六中全会上的重要讲话精神和全会审议通过的《中共中央关于党的百年奋斗重大成就和历史经验的决议》，从深刻认识总结党的百年奋斗重大成就和历史经验的重大意义，深刻认识党的百年奋斗的初心使命和重大成就，深刻认识中国特色社会主义新时代的历史性成就和历史性变革，深刻认识党的百年奋斗的历史意义和历史经验，深刻认识以史为鉴、开创未来的重要要求5个方面，进行深入解读和系统阐释。自治区纪委监委领导班子成员、委机关、巡视办全体干部聆听了报告。

【新任职区管领导干部集体廉政谈话会】2021年1月15日，自治区新任领导干部集体廉政谈话会在银川市召开。自治区党委常委、纪委书记、监委主任艾俊涛出席会议并讲话。2020年12月以来自治区党委提拔和调整任用的50名区管领导干部参加会议。3月1日，自治区新任职区管领导干部集体廉政谈话会在银川市召开。自治区党委常委、纪委书记、监委主任艾俊涛出席会议并讲话，对新任职干部廉洁从政、担当作为等提出要求。6月21日，自治区新任职区管领导干部集体廉政谈话会在银川市召开。自治区党委常委、纪委书记、监委主任艾俊涛出席会议并讲话。这次新任职区管领导干部集体廉政谈话会，是对2021年3月以来自治区党委提拔、任用的区管领导干部集体开展的廉政警示教育。会前专门对新任职领导干部进行廉政知识测试。会上，部分领导干部代表作表态发言。12月9日，自治区新任职区管领寻干部集体廉政谈话会在银川市召开。自治区党委常委、纪委书记、监委主任艾俊涛出席会议并讲话。会议要求，新任职领导干部要锻造坚定纯洁的政治信仰，对党绝对忠诚；坚持以正确的权力观用权，务实担当作为；在廉洁自律上争作表率，树立良好形象。这次新任职区管领导干部集体廉政谈话会，是对2021年6月以来自治区党委提拔、进一步任用的区管领导干部集体开展的廉政警示教育。会前专门对新任职领导干部进行了廉政知识测试，会上新任职领导干部代表作了表态发言。

【专题辅导会和培训会】2021年3月24日，自治区纪委监委邀请中国纪检监察学院党委副书记兼纪委书记蔡志强，以视频会议形式围绕“中国共产党廉政建设100年”主题作专题辅导。自治区纪委监委领导班子成员，自治区党委党史学习教育第四巡回指导组成员，自治区纪委监委各派驻机构、派出机构和各区属企业、区管高校纪检监察机构负责人，委机关、巡视机构全体干部在主会场，各市、县（区）设分会场。自治区纪委副书记、监委副主任郑震主持。4月6日，自治区纪委监委邀请自治区党委党史学习教育第四巡回指导组组长、自治区党委党校（行政学院）副校长（副院长）郝彤，以《学党史悟思想办实事开新局，凝聚起推动中华民族伟大复兴的磅礴力量》为主题作专题辅导。自治区纪委监委领导班子成员、委机关全体干部参加会议。5月27日，自治区纪委监委邀请自治区政协民族和宗教委员会主任罗万里，以“传承党的百年光辉史基因、铸牢中华民族共同体意识”为主题作专题辅导，引导党员干部学党史、听党话、感党恩、跟党走，从党的百年奋斗历程中汲取营养、汇聚力量，凝聚起建设美丽新宁夏、共圆伟大中国梦的磅礴伟力。自治区纪委监委机关全体干部和自治区党委巡视机构全体

2021年12月26日，全区2021年度地级市和区直部门（单位）党委（党组）“一把手”述责述廉调查测评工作动员培训会在银川市召开

干部参加会议。7月22日，自治区纪委监委邀请自治区党委党史学习教育第四巡回指导组组长、自治区党委党校（行政学院）副校长（副院长）郝彤教授，以“以史为鉴、开创未来，实现中华民族伟大复兴”为主题作专题辅导，深入学习领会习近平总书记“七一”重要讲话精神。自治区纪委监委领导、委机关全体干部和自治区党委巡视机构全体干部参加会议。12月26日，2021年度地级市和区直部门（单位）党委（党组）“一把手”述责述廉调查测评工作动员培训会在银川市召开。自治区党委常委、纪委书记、监委主任艾俊涛出席会议并讲话。自治区纪委监委分管负责人对述责述廉调查测评工作作了说明，“一把手”述责述廉调查测评组全体成员，6个被调查测评地市、部门联络员参加会议。按照自治区党委统一部署，银川市委、石嘴山市委、吴忠市委、固原市委和自治区农业农村厅、卫生健康委党组“一把手”将在自治区党委常委（扩大）会议上述责述廉，接受评议。

【专项整治工作会议】2021年1月18日，宁夏工程建设政府采购等重点领域突出问题专项治理工作动员会在银川市召开，安排部署全区专项治理工作。自治区党委常委、常务副主席、专项治理工作领导小组组长张超超出席会议并讲话，自治区党委常委、纪委书记、监委主任、专项治理工作领导小组常务副组长艾俊涛主持会议。会议要求，自治区纪委监委要发挥好组织协调、督促检查、调研指导作用，将监督检查贯穿于专项治理各个环节。各地各有关部门要压实政治责任，坚持治理工作一盘棋，进一步强化组织领导，细化工作措施，切实把思想、行动统一到自治区党委和政府决策部署上来，扎实推进专项治理各项工作任务落地见效。9月10日，全区粮食购销领域腐败问题专项整治工作动员部署会议以视频形式在银川市召开。自治区党委常委、纪委书记、监委主任艾俊涛，自治区党委常委、政府常务副主席赵永清出席会议并讲话。自治区粮食购销领域腐败问题专项整治工作协调小组成员，自治区党委巡视办、国家粮食和物资储备局宁夏局负责人，自治区纪委监委各监督检查室负责人，自治区党委涉粮问题专项巡视组有关人员在主会场参加会议。各市、县（区）纪委监委主要领导、政府分管领导，相关部门负责人及涉粮问题专项巡察组有关人员在分会场参加会议。9月17日，全区违规吃喝隐形变异问题专项整治工作动员会在银川市召开。会议要求，各级纪检监察机关要保持战略定力，以坚强政治定力和战略定力推进作风建设，锲而不舍纠治“四风”，标准不降、力度不减，管出习惯、抓出成效、化风成俗。要体现严的主基调，深化运用“四种形态”，努力实现良好的政治效果、纪法效果、社会效果。要紧盯“关键少数”，深入贯彻《关于加强对“一把手”和领导班子监督的意见》和《宁夏回族自治区加强作风建设八条禁令》，教育引导党员领导干部始终牢记特殊身份、特殊岗位和特殊职责，以身作则、率先垂范。要“三不”一体推进，综合运用纪律检查建议、监察建议等方式，把解决问题和建章立制统一起来，不断提升整体工作水平。

【专项监督工作会】2021年7月15日，全区巩固拓展脱贫攻坚成果同乡村振兴有效衔接专项监督工作例会在银川市召开。各市、县（区）纪委监委负责人，自治区纪委监委派驻有关部门、金融机构纪检监察组、巡视机构以及委机关各部门负责人参加会议。自治区党委常委、纪委书记、监委主任艾俊涛出席会议并讲话。自治区乡村振兴局负责人介绍全区巩固拓展脱贫攻坚成果同乡村振兴有效衔接工作情况，部分市、县（区）纪委监委负责人作交流发言。7月16日，全区纪检监察干部监督工作会议在银川市召开，会议深入学习贯彻习近平总书记关于加强纪检监察干部队伍建设的重要论述，认真落实中央纪委《关于加强新时代纪检监察干部监督工作的意见》精神和《自治区〈关于加强新时代纪检监察干部监督工作的意见〉实施办法》，对加强自治区纪检监察干部监督工作和队伍建设作出安排部署。自治区党委常委、纪委书记、监委主任艾俊涛出席会议并讲话。自治区纪委监委班子成员，自治区纪委监委各派驻、派出机构负责人，区属企业、区管高校纪检监察机构负责人，委机关、巡视机构全体干部在银川主会场参加会议。各市、县（区）纪委监委干部在分会场参加视频会议。部分市、县纪委监委、派驻机构负责人作大会发言。12月10日，自治区党委常委、纪委书记、监委主任艾俊涛主持召开全区巩固拓展脱贫攻坚成果同乡村振兴有效衔接专项监督工作例会并讲话。会议要求，要持续压紧压实政治责任，结合“我为群众办实事”活动，从严从实做好政治监督、日常监督工作，对不作为、慢作为的典型问题严肃查处、通报曝光，真正使各级党员领导干部的思想紧起来、作风严起来。要深入推进重点村提级监督试点工作，围绕集体“三资”、公共设施建设、“一事一议”筹资筹劳、社会公益项目、合作社经营等方面开展监督，发挥试点村的典型示范引领作用，总结提炼可复制可推广的经验做法。要一体推进“不敢腐、不能腐、不想腐”，坚决查处侵害群众利益违规违纪违法行为，对具有资金权、项目权、政策权的职能部门加强监督，注重从典型案例中发现重点领域或部门存在的普遍性问题，推动立行立改，健全长效机制。要提高基层纪检监察机关监督能力，加强基层纪检监察干部教育培训，不断提升村监会履职保障水平，建立村监会考核评价机制，推动监督工作向村级组织有效延伸。

【工作推进会】2021年5月12日，全区纪检监察系统推进作风建设工作会议在银川市召开。自治区党委常委、纪委书记、监委主任艾俊涛主持会议并讲话。会议深入学习贯彻习近平总书记关于加强作风建设重要论述，传达学习中共中央政治局常委、中央纪委书记赵乐际在广西调研，中共中央政治局委员、中央书记处书记杨晓渡在宁夏调研时的讲话精神。按照党中央、中央纪委国家监委和自治区党委关于加强作风建设的部署要求，对全区纪检监察系统深入推进作风建设工作进行安排部署。3月17日，自治区纪委向各民主党派、工商联及无党派人士通报2020年全区党风廉政建设和反腐败工作情况，并听取与会人员提出的意见建议。自治区党委常委、纪委书记、监委主任艾俊涛出席会议。7月27日，自治区纪委监委召开派驻监督协作区工作推进会，自治区党委常委、纪委书记、监委主任艾俊涛出席会议并讲话。自治区纪委监委第二监督检查室和5个派驻（派出）机构负责人作交流发言。自治区纪委监委领导班子成员，各派驻（出）机构，各区属企业、区管高校纪检监察机构、委机关相关单位负责人参加会议。

【论坛、座谈会和表彰会】2021年6月24日，自治区纪委监委举办"塞上清风"论坛，邀请中国科学院计算技术研究所方金云教授作运用大数据提升纪检监察监督效能专题讲座。讲座以视频会议形式召开，自治区纪委监委主要领导及班子成员，各派驻机构、派出机构，区属企业、区管高校纪检监察机构主要负责人，委机关、巡视机构全体干部参加讲座。7月9日，自治区纪委监委召开同志式谈心谈话专题学习座谈会。座谈会学习了中央纪委副书记、国家监委副主任徐令义在西北片区省（区）纪委书记座谈会上的讲话精神、审查调查首场谈话提纲以及中央纪委国家监委第八监督检查室《持续深入地开展同志式谈心谈话使之成为做实日常监督，高质量做好思想政治工作的一把利器》经验材料，并进行了交流研讨。6月25日，自治区纪委监委机关召开庆祝中国共产党成立100周年暨"两优一先"表彰大会，隆重表彰优秀共产党员、优秀党务工作者、先进党支部和2020年度创建"让党中央放心、让人民群众满意"模范机关达标单位。根据中央和自治区党委统一部署，为委机关退休干部党员中党龄达到50周年的老党员颁发了"光荣在党50年"纪念章。自治区党委常委、纪委书记、监委主任艾俊涛出席大会并作专题党课报告。

（罗　倩）

重要活动

【调研指导】2021年1月7日，自治区党委常委、纪委书记、监委主任艾俊涛到自治区审计厅调研工程建设政府采购等重点领域突出问题专项治理筹备工作和交易项目大数据分析进展情况。自治区纪委副书记刘跃成陪同调研。2月5日，自治区党委常委、纪委书记、监委主任艾俊涛在指导中卫市委常委会2020年度民主生活会后，到沙坡头区调研纪检监察工作。自治区纪委常委、监委委员、秘书长张晓明和中卫市有关负责人参加调研。4月15日，自治区党委常委、纪委书记、监委主任艾俊涛到西夏区调研推进黄河流域生态保护和高质量发展先行区建设工作。自治区纪委监委相关厅部室和西夏区党委负责人参加调研。4月2—26日，中共中央政治局委员、中央书记处书记杨晓渡到宁夏调研。他强调，要坚持以习近平新时代中国特色社会主义思想为指导，增强"四个意识"、坚定"四个自信"、做到"两个维护"，立足新时代新阶段，把握新形势新任务，增强责任感紧迫感，毫不松懈治"四风"树新风，把推进作风治理与贯彻落实党中央决策部署结合融合，为"十四五"开局起步提供有力保障。调研期间，杨晓渡先后召开宁夏部分市、县（区）纪委监委主要负责人座谈会、陕甘青宁四省（区）纪委监委主要负责人座谈会。中央纪委副书记、国家监委副主任傅奎，中央纪委常委、国家监委委员张春生陪同调研。4月30日，自治区党委书记陈润儿到宁夏区纪委监委机关就深入学习贯彻杨晓渡到宁夏调研讲话精神进行调研，听取了关于当前自治区作风建设中存在的问题、原因分析及对策建议汇报，并与纪委监委班子成员进行座谈交流。

【巩固脱贫攻坚成果调研】2021年5月17—18日，自治区党委常委、纪委书记、监委主任艾俊涛到灵武市、盐池县调研移民致富提升行动开展情况。自治区纪委常委、监委委员、秘书长张晓明和自治区人社厅、灵武市、盐池县有关负责人陪同调研。7月8日，自治区党委常委、纪委书记、监委主任艾俊涛到惠农区、平罗

2021年5月18日，自治区党委常委、纪委、监委主要领导调研盐池县移民村人居环境整治情况

县，深入园区企业和村镇就经济社会高质量发展、基层党风廉政建设等工作进行调研。自治区纪委常委、监委委员、秘书长张晓明和石嘴山市、惠农区、平罗县有关负责人参加调研。7月22—23日，自治区党委常委、纪委书记、监委主任艾俊涛到固原市政务服务中心，隆德县、彭阳县园区企业和社区村镇就推进脱贫攻坚与乡村振兴有效衔接、经济社会高质量发展以及基层党风廉政建设等工作进行调研。固原市、隆德县、彭阳县有关负责人陪同调研。8月11日，自治区党委常委、纪委书记、监委主任艾俊涛在海原县调研纪检监察工作以及推进巩固脱贫攻坚成果同乡村振兴有效衔接情况。自治区纪委常委、监委委员、秘书长张晓明和中卫市、海原县有关负责人参加调研。8月20日，自治区党委常委、纪委书记、监委主任艾俊涛到同心县调研督办信访积案化解情况、推进巩固脱贫攻坚成果同乡村振兴有效衔接、推进“四大提升行动”以及纪检监察工作高质量发展情况。自治区纪委常委、监委委员、秘书长张晓明，吴忠市委、市纪委监委有关负责人参加调研。

【党史学习教育】2021年3月16日，自治区纪委监委召开机关党的建设暨党史学习教育动员部署会议，传达学习中央和全区党史学习教育动员大会精神，贯彻落实区直机关党建工作安排，对委机关开展学习教育进行安排部署。自治区党委常委、纪委书记、监委主任艾俊涛出席会议并讲话，就委机关开展好党史学习教育提出要求。4月7—8日，自治区纪委监委组织委机关全体党员干部，分两批次到宁夏博物馆参观“红旗漫卷”宁夏革命文物陈列展。参观活动围绕宁夏早期革命活动、红军长征在宁夏、红军西征在宁夏、宁夏的抗日活动、宁夏的解放等七个主题，通过看历史文物陈列、听红色历史故事，帮助党员干部重温红色历史，感悟英烈前辈为党和人民的事业不畏牺牲、艰苦斗争的红色精神。5月6日，自治区纪委监委机关举办“学习党史跟党走·永葆初心再奋斗”主题演讲比赛。自治区党委常委、纪委书记、监委主任艾俊涛出席并为获奖选手颁奖。

【督导疫情防控】2021年10月31日，自治区党委常委、纪委书记、监委主任艾俊涛深入吴忠市利通区、青铜峡市调研督导疫情防控工作。艾俊涛实地检查了集中隔离点、交通卡点、市人民医院以及社区防控措施落实情况，后在吴忠市主持召开了疫情防控工作会议，听取了主要负责人工作汇报，并就做好相关工作提出要求。11月2日，自治区党委常委、纪委书记、监委主任艾俊涛深入盐池县督导疫情防控工作。艾俊涛实地检查了交通卡点、集中隔离点、县人民医院和社区、乡村防控措施落实情况，主持召开了疫情防控工作会议，就做好疫情防控工作提出要求。11月5日，自治区党委常委、纪委书记、监委主任艾俊涛深入同心县、红寺堡区调研督导疫情防控工作，其间主持召开疫情防控工作会议，就落实落细疫情防控各项措施提出要求。

（罗　倩）

监督检查和审查调查

【概况】2021年，自治区纪委监委和全区各级纪检监察机关协助自治区党委抓实抓细全面从严治党各项重点工作，对5个地级市和12个区直部门党风廉政建设责任制检查考核反馈问题整改落实情况跟踪督办，加强党风廉政建设和反腐败斗争形势、政治生态分析研判，提升信访举报、党风政风监督、监督检查和审查调查工作季度分析质量，为党委主体作用发挥提供有效载体、当好参谋助手，推动“两个责任”贯通协同、一体落实。精准规范用好问责利器，全区共问责党组织13个，问责党员领导干部、监察对象213人。2021年，自治区纪委监委和全区各级纪检监察机关探索实践“室组地”联动协同监督，健全完善派驻机构协作区机制，推动派驻机构切实发挥“探头”作用、提升监督质效，全区各级派驻机构共处置问题线索2199个，立案305件，处分306人。2021年，全区纪检监察机关审慎高效回复党风廉政意见14.23万人次，提出暂缓或否定性意见350人次；严肃换届纪律，加强换届风气监督，查处换届选举违规违纪问题27件、问责处理68人、处分24人。坚持严管厚爱结合，对1546名受处分干部开展回访教育，为112名受到不实举报干部澄清正名，激励干部担当作为，保护干事创业积极性。

【“四项监督”】2021年，自治区纪委监委和全区各级纪检监察机关深化纪律监督、监察监督、派驻监督、巡视监督统筹衔接，健全“四项监督”信息、力量、手段、成果等资源共享机制，织密监督网络。把监督寓于被监督单位日常工作，综合运用“四种形态”批评教育帮助和处理党员干部12008人次（其中，运用第一种形态批评教育帮助9847人次，占比为82%；运用第二种形态处理1529人次，占比为12.7%；运用第三种形态处理318人次，占比为2.7%；运用第四种形态处理314人次，占比为2.6%），涉嫌职务犯罪、移送检察机关46人。

【专项整治】2021年，自治区纪委监委和全区各级纪检监察机关坚持把监督中央八项规定精神执行情况作为长期任务，深入学习贯彻习近平总书记关于作风建设重要论述和中央纪委国家监委领导人在部分省（区）调研讲话精神，协助自治区党委出台作风建设八条禁令，督促各地级市和区直部门党委（党组）召开“坚持以案促改、深化作风建设”专题民主生活会，开展违规吃喝隐形变异问题专项整治，全区共查处违反中央八项规定精神问题194起、处理283人、处分178人，其中查处违规吃喝问题46件、处分51人，对81起典型问题点名通报曝光。坚决纠治贯彻党中央决策部署只表态不落实、维护群众利益不担当不作为以及搞“包装式”“洒水式”“一刀切式”落实等形式主义官僚主义突出问题，加强对为基层减负措施落实情况的监督检查，着力防范基层监督泛化苗头性、倾向性问题。全区共查处形式主义、官僚主义问题30起、处理50人、处分20人。健全完善纠治“四风”工作统筹协调机制、查处问责机制、通报曝光机制、工作评价机制，推动治理“四风”工作更加规范高效。开展民生领域腐败和作风问题专项治理。2021年，自治区纪委监委对惠民惠农补贴资金“一卡通”专项治理进行“回头看”，紧盯教育医疗、养老社保、生态环保、安全生产、食品药品安全等领域，严肃查处侵害群众利益问题351件、批评教育帮助和处理595人、处分254人。把“打伞破网”与政法队伍教育整顿结合起来，扎实推进常态化扫黑除恶专项斗争，自治区纪委提级查办固原“名门会”涉黑案件，全区立案查处涉黑涉恶腐败和“保护伞”问题73件、处理192人、处分64人。

【监督保障乡村振兴】2021年，自治区纪委监委领导班子成员带队深入乡村振兴重点帮扶县开展专题调研，包抓督导重点县和重点社区百万移民致富提升行动，督促各地各部门做好重点领域和关键环节政策衔接，监督保障乡村振兴战略稳步推进。强化乡村振兴领域监督执纪问责，全区共查处腐败和作风问题158个、批评教育帮助和处理250人、处分99人。

【审查调查】2021年，全区纪检监察机关共受理信访举报26575件，处置问题线索8928件，初核7989件，立案2158件，处分2089人（其中，厅局级13人，县处级131人），同比分别上升48.5%、下降3.1%、下降0.1%、上升1.6%、下降9.4%。其中自治区纪委监委立案43件、处分25人，同比分别上升65.4%、下降26.5%。坚决清除了徐某某等政治蜕变、目无法纪的“两面人”，严肃惩处濮某、胡某等靠企吃企、靠院吃院的企事业单位“蛀虫”，深挖彻查戴某某、许某某等违规插手案件、妨碍司法公正的政法队伍“害群之马”，持续强化不敢腐的震慑。受贿行贿审查。2021年，全区纪检监察机关坚持受贿行贿一起查，全区处分行贿人员12人、行贿人移送司法机关4人；在高压震慑和政策感召下，全区87人向纪检监察机关主动投案，193人主动交代问题，反腐败斗争压倒性胜利得到巩固。重点领域突出问题专项治理。2021年，全区纪检监察机关开展工程建设政府采购等重点领域突出问题专项治理，大力整治领导干部及特定关系人“打招呼”“递条子”等违规违纪行为，立案603件、处分处理318人，推动职能部门建章立制、规范管理，同步整治行业乱象，进一步营造风清气正的政治生态和公平公正的营商环境。队伍整顿。2021年，全区纪检监察机关配合做好政法队伍教育整顿工作，牵头开展政法干警违规经商办企业和配偶、子女及其配偶违规从事经营活动专项整治，立案查处违纪违法政法干警358人、处理处分928人。

（罗　倩）

巡视巡察

【概况】2021年，全区巡视巡察工作全面贯彻中央巡视工作方针，精准落实政治巡视要求，各项工作取得新成效。全年对24个区直部门(单位)党组织开展常规巡视，发现“四个落实”方面的问题998个，移交反映领导干部问题线索19件，向党委政府及有关部门提出意见建议20余条，实现第十二届自治区党委巡视“全覆盖”。监察机关组织开展涉粮问题专项巡视巡察，对8个地方、部门开展工程建设政府采购领域突出问题专项巡视，深化专项治理成效。加强巡视巡察上下联动，市县完成了对136个部门(单位)常规巡察，延伸巡察村(社区)485个，发现“三个聚焦”方面问题2345个，问题线索145件，推进全面从严治党向纵深发展。

【政治巡视】2021年，全区纪检监察机关认真落实党中央决策部署，每轮中央巡视动员部署会和巡视指导督导工作专题培训会议召开后，自治区党委和巡视工作领导小组会议第一时间专题传达学习、研究贯彻落实举措。自治区党委书记陈润儿审阅对各单位的巡视情况报告，点人点事剖析原因，并对进一步深化政治巡视、强化巡视整改落实等提出明确要求。接受中央巡视指导督导，陈润儿书记亲自组织召开协调会，安排部署指导督导工作。巡视工作领导小组靠前指挥，与指导督导组同向发力、同题共答，研究提升巡视巡察工作质量的具体办法。以自治区党委理论学习中心组学习会形式，组织巡视指导督导第一专题培训。抓实指导督导反馈问题整改，制定改进措施40项，通过完善制度、规范工作、督促督办等整改37项，其余3项已取得阶段性成果，有力推动全区巡视巡察工作质量提升。

【巡视监督整改】2021年，全区纪检监察机关严格落实“三察(查)一体”工作机制，对习近平总书记考察宁夏重要讲话精神、自治区关于疫情防控的部署要求等贯彻落实情况开展靶向监督。建立巡视监督与纪律监督监察监督派驻监督贯通融合流程导图，聘请纪委监委监督检查室主任担任巡视组“顾问”，协调相关职能部门“一对一”“面对面”向巡视组通报情况，将涉及被巡视单位的人大代表建议、政协委员提案及办理情况列为巡视前通报内容，使巡视靶向更加全面精准。认真落实中央巡视办《关于巡视巡察信息化建设的指导意见(试行)》，建立日统计、周通报机制，加强基础保障，基本实现巡视巡察工作单机系统、网络平台全覆盖，巡视巡察信息化水平明显提升。全区纪检监察机关严格落实《关于进一步加强巡视整改工作的意见》《自治区党委巡视组巡视意见反馈办法》，推动巡视整改落实落地落细。向自治区党委和巡视工作领导小组分别汇报第十二届自治区党委前八轮巡视整改“回头看”情况，组织召开巡视整改“回头看”推进会，配合自治区纪委监委对巡视整改“回头看”抽查督导的20个地方和部门反馈问题整改情况进行“再督导”，对整改不力的4名部门(单位)主要负责人进行约谈。充分运用巡视成果，健全台账管理机制，逐单位建立巡视发现问题“四个责任”清单，采取“建账、交账、销账”模式，动态管理整改进展，实现“一本台账管整改”。

【基层巡视】2021年，自治区党委印发《关于加强巡视巡察上下联动的若干措施》，对构建“一体两翼”战略格局、推动自治区巡视巡察工作高质量发展进行安排部署。巡视组与市县巡察组建立联动机制，结合巡视工作同步开展巡视巡察上下联动，提升和放大监督质效。开展对中卫市委巡察工作的指导督导，推动中卫市全面压实党委主体责任。加强区直部门巡察工作指导，跟进指导教育厅、

2021年4月15日，自治区党委常委、纪委、监委主要领导调研西夏区镇北堡镇昊苑村

建投集团等23个单位巡察工作。指导市县对巡察整改情况进行督察，推动巡察发现问题整改落实到位。对延伸巡察村（社区）党组织情况开展大起底，市县党委换届前顺利完成巡察全覆盖任务，市县累计巡察部门（单位）1690个，延伸巡察村（社区）2775个，发现问题32302个，移交问题线索3731件。

（罗　倩）

廉政教育

【概况】2021年，全区纪检监察机关大力宣传习近平总书记在中央纪委第五次全会上的重要讲话精神，学习宣传习近平总书记考察宁夏重要讲话、重要指示和批示精神。制订下发委机关中心组2021年学习计划，结合党史学习教育、巩固拓展脱贫攻坚成果同乡村振兴有效衔接、《政务处分法》解读等主题，综合运用集体学习、专题讲座、交流研讨、观看专题片多种形式，强化学习效果。在中央纪委全会召开期间，主动推送宁夏纪检监察机关特色亮点工作稿件，在中央纪委国家监委所属媒体综合刊发。在《中国纪检监察杂志》刊登数篇文章。在自治区纪委五次全会召开前后，制定宣传方案，进行全面系统安排，先后在中央纪委国家监委媒体刊发《宁夏：严明政治纪律和政治规矩》等系列新闻稿件，在《宁夏日报》推出3篇专题报道和1篇综述，在宁夏广播电视台策划推出2期专题话题类节目和1期综述类节目，策划摄制播出7期“全会微访谈”。召开新闻发布会，通报2020年度全面从严治党、党风廉政建设和反腐败工作情况，并就热点问题答记者问，及时回应社会关切。及时做好重大主题宣传。在全国脱贫攻坚总结表彰大会召开前后，在《中国纪检监察报》刊发系列稿件。围绕开展党史学习教育、建设黄河流域生态保护和高质量发展先行区、开展全区领导干部廉政警示教育周、工程建设政府采购等重点领域突出问题专项整治活动，刊发系列稿件，宣传全区全面从严治党、党风廉政建设和反腐败工作成效。做好党史学习教育和庆祝中国共产党成立100周年的宣传工作。在门户网站、“清廉宁夏”微信公众号开设党史学习教育专栏和《我为群众办实事、纪委请您来出题》栏目，通过多种形式及时宣传中央和自治区党委重要精神、决策部署，发布党史学习教育内容，学习教育进展、各地各部门特色做法和成效、党员干部学习体会和交流发言等。在网站发布宣传标语680条，在“清廉宁夏”微信公众号发布宣传标语96条。及时总结提炼学习教育实践中形成的新认识、新经验和新做法，积极向自治区学习教育领导小组和督导组报送新闻素材18篇。统筹抓好全区纪检监察宣传教育队伍建设。根据工作需要，不定期下发宣传提示，明确相关宣传口径和宣传纪律，特别是在全区政法队伍教育整顿期间，总体把握好宣传工作的节奏和火候。在党史学习教育和庆祝中国共产党成立100周年宣传中，切实加强审核把关，严格落实意识形态责任制。与浙江大学合作，举办全区纪检监察宣传教育综合业务培训班，全区各地各部门80名学员参加培训。

【廉政警示教育】2021年，全区纪检监察机关持续深化自治区“廉洁从政警示日”和“全区领导干部廉政警示教育周”活动，精心设计廉政警示教育活动载体、不断丰富教育形式，召开全区领导干部廉政警示教育大会，自治区党委书记陈润儿做动员讲话，区直各部门、各市县设29个分会场，1300余名党员领导干部参加了视频会议，涵盖自治区、市、县、乡各级党员领导干部。根据全区扫黑除恶专项斗争中查办的典型案件，组织撰写编印《宁夏扫黑除恶“打伞破网”典型案例警示录》，发放2500余册供全区县处级以上领导干部阅读学习；聚焦国资国企领域腐败问题，拍摄制作警示教育片《国企“蛀虫”沉浮录——宁夏国资国企领域腐败典型案件警示录》，发放350余份至各地各部门和中央驻宁单位开展警示教育；结合党史学习教育和上年以来全区查处案件情况，对自治区廉政警示教育中心展厅展呈内容进行动态更新，为全区各部门单位接受廉政警示教育提供有力保障；为全区副省级以上领导和各地各部门（单位）一把手发放《清风传家》《严以治家》廉政读物。持续通报曝光，以强大的舆论震慑开展警示教育。发布审查调查和党纪政务处分信息12次16人，通报曝光扶贫领域腐败和作风问题典型案例2起2人，侵害群众利益的不正之风和腐败问题1次1起，违反中央八项规定精神问题6次19起。在春节、“五一”等节假日前向全区党员领导干部发送“过廉节”提醒短信7万余条。不断拓展宣传教育工作阵地，与有关部门联合开发建设“宁夏廉政知识测试系统”，建立党员领导干部党风廉政应知应会知识题库，对新任职区管领导干部进行任前廉政知识考试，以考促学、以考促教、以考促廉。

【涉腐涉纪舆情工作】2021年，全区纪检监察机关强化舆情分析研判，依托大数据和网络推送等手段，强化监测研判和综合分析工作，向委领导呈报舆情月报6期，专报9期，敏感舆情5期，转办网民诉求5起。向中央纪委国家监委宣传部上报舆情信息757条。积极组织开展网络评论等，组织全区网评员围绕“坚决落实党中央决策部署，为全面建设社会主义现代化国家开好局、起好步提供坚强保障”“深刻把握纪检监察机关在党的百年奋斗历程中的宝贵经验，更好推进新时代纪检监察工作高质量发展”等6个主题撰写网评文章230篇，向中央纪委国家监委宣传部上报优秀网评文章45篇。

【廉政文化建设】2021年，全区纪检监察机关围绕中共十八大以来自治区纪检监察工作护航脱贫工作，拍摄电视专题片《为了庄严的承诺》，在自治区纪委第五次全会前，在宁夏电视台和委官方媒体同步播出。结合向自治区人大专项报告调研工作，对全区和区直有关部门廉政文化建设工作梳理摸底，与区直相关厅局、部门对接，计划推出相关廉政文艺作品并进行展演。结合宁夏红色资源，与中纪委网站联合，围绕红军长征在将台堡胜利会师以及“红粉”故事（红军教当地人制作粉条），推出两期短视频《馆长讲党史》，已经在中纪委网站和其他中央网络媒体播出。继续办好内刊、委机关外网、微信公众号廉政文化栏目，推出经典篇目，弘扬中华优秀传统文化和红色文化，教育引导党员干部传承好家风、涵养好作风。

（罗　倩）

民主党派与工商联

MINZHUDANGPAIYUGONGSHANGLIAN

NINGXIA YEARBOOK

编辑◎黄　鑫

民革宁夏区委会

【概况】2021年，民革宁夏区委会辖4个市级委员会，1个区直工委，1个固原市总支部，3个县级委员会，2个小组。共有基层组织59个（其中，总支6个，支部53个）。截至2021年年底，全区共有党员1321人（其中，银川市委会406人，石嘴山市委会136人，吴忠市委会166人，中卫市委会197人，区直工委385人，直属固原支部31人）。民革党员中各级人大、政府、政协和党派机关公务员238人（其中，副省级1人，厅局级7人，县处级59人，乡科级及以下171人）。

【思想建设】2021年，民革宁夏区委会积极参与自治区党委及党委统战部庆祝中国共产党成立100周年座谈会和文艺会演，组织开展"追寻红色足迹"观故居走多党合作之路主题教育活动，举办"风雨同舟　携手前行"——庆祝中国共产党成立100周年和纪念辛亥革命110周年书画作品展览，开展庆祝中国共产党成立100周年理论征文、网络知识竞赛和中共十九届六中全会精神、《中国共产党统一战线工作条例》学习研讨等。深入开展中共党史学习教育，主委张守志先后在民革中央网站和《团结》发表《着力提升民主党派政治判断力领悟力执行力》《赓续传承合作初心，凝心聚力大道同行》《牢记革命历史启示，彰显民革履职担当》等署名文章，其他班子成员联系基层组织开展政策理论宣讲21场次。各级组织以多形式、全方位的研学深悟，形成各类理论成果50余篇，引领和教育广大党员进一步凝聚思想政治共识。

【专题调研和建言献策】2021年，民革宁夏区委会坚持聚焦党委政府中心工作和重点任务，围绕奶产业高质量发展，向自治区党委政府提交《关于推进我区奶产业高质量发展的报告》，以直通车形式建议自治区尽快解决牛源不足、饲草矛盾、人才短板、融资瓶颈等方面问题以促进奶产业高质量发展。围绕种质资源保护利用和提高农民收入，深入平罗、青铜峡等地调研，调研成果获得自治区党委书记陈润儿批示。围绕教育评价改革开展民主监督性专题调研，调研成果获自治区党委常委李金科批示，助力"双减"政策全面落地。聚焦全面依法治区、四大提升行动和水资源节约集约利用三大课题，调研形成《优化营商法治环境的四点建议》《按下自主迁徙居民增收"快进键"》《农村宅基地改革应该成为增加农民财产性收入的有效手段》《我区供港蔬菜用水问题需引起关注》等4篇大会口头发言和15篇书面材料在自治区政协常委会上交流。民革宁夏区委会把调研成果转化、专家约稿、重点提案培育等途径作为形成高质量提案和大会发言的重要抓手，在自治区政协第十一届四次会议上作了《基层减负应抓常抓细抓落实》的大会发言。提交会议12件集体提案，全部得到承办单位的有效办复，其中《关于依托"黄金奶源"禀赋、打造高端奶之乡的提案》等6篇提案得到自治区政协重点督办。

【社情民意】2021年，民革宁夏区委会建立健全社情民意信息上下联动采编机制和定向约稿机制，全年向民革中央报送21篇，采用15篇，采用率达71.4%。其中《关于进一步减轻再生资源行业税收负担》《促进煤化工产业与氢能产业耦合发展》等3篇信息被全国政协采用。向自治区政协报送92篇，采用44篇，采用率为47.8%。《关于进一步减轻再生资源行业税收负担》《促进煤化工产业与氢能产业耦合发展》等5篇信息被全国政协采用。

【定点帮扶】2021年，民革宁夏区委会支持驻村扶贫工作队，整合党内及各方面社会资源，全面完成脱贫攻坚任务，带领群众走上致富路。针对红寺堡区委巡察组延伸巡察反馈的问题和意见，向国家开发银行宁夏分行党委申请党建经费3万元，完善拓展党群活动中心阵地功能和作用。协调包村领导和红寺堡区财政局，投资基础设施建设项目300万元，全力开展农村人居环境综合整治行动，基础设施和村容村貌得到极大改观。接续落实种植3000亩黄花菜、2000亩优质苜蓿、养殖1000头肉牛的"321"产业布局，为巩固脱贫攻坚成果、有效衔接乡村振兴奠定坚实的产业基础。

【社会服务】2021年，民革宁夏区委会主动与自治区高级人民法院沟通协商，就促进多元矛盾纠纷化解、建立长效工作联席机制达成共识，共同探索合作开展机制化诉前调解服务的可行性。联合印发《关于发挥民革党员律师作用 建立矛盾纠纷多元化解工作机制的意见》，意在深化传统的法律服务，在国家司法领域改革中，充分发挥民革党员律师在参与诉源治理工作中的专业优势、职业优势和实践优势，彰显民主党派在推进治理体系和治理能力现代化、构建共建共治共享社会治理新格局中的责任担当。按照民革中央关于开展"博爱·牵手"活动要求，先后协调争取到宁夏公益慈善事业促进会西北地区扬帆项目，为全区50余所乡村学校捐赠价值60万元的课外图书。协调深圳市洁辰环保科技有限公司捐赠抽油烟机1500台，总价值192万元，受益群众达3000人次。疫情期间，广泛动员各级组织和全体党员下沉社区200人次，倡议和动员民革党员企业累计捐款捐物350万元，得到社会各界广泛好评。

（宋虎彪）

民盟宁夏区委会

【概况】2021年，民盟宁夏区委会有地方组织9个（其中，省级委员会1个，市级委员会5个，县级委员会3个）；75个基层组织（其中，1个基层委员会，17个总支委员会，57个支部），盟员2384名。在全体盟员中，有全国政协委员3名；自治区人大代表5名，市级人大代表10名，县级人大代表2名；自治区政协委员26名，市级政协委员80名，县级政协委员86名。2021年，发展盟员64人。

【思想建设】2021年，民盟宁夏区委会深入开展中共党史学习教育，各级盟组织把党史学习教育与基层组织活动紧密结合起来，在革命老区广西百色举办盟员培训班、举办专题讲座、开展"我为民生献一策""我为群众办实事"等主题突出、特色鲜明的学习活动。为切实增强思想政治教育的实效性，在载体上运用"会易通"实现区委会机关和基层盟组织的"同步学"，依托上海社会主义学院等平台举办两期线上培训班，不断加强各级盟组织在学习上的协同推进；在内容上，紧扣时间节点和时事政治组织开展学习；在形式上力求形式多样。班子成员坚持深入基层组织对盟史、全国两会、自治区两会精神等重点学习内容进行传达宣讲，与统战部联合举办"和声"大讲堂。举办选树典型、制作文创小品、主题征文等"十个一"系列活动，在固原建立宁夏民盟长城梁传统教育基地，在微信公众号编发9期"辉煌历程 风雨同舟"书画作品展，举办"翰墨颂党恩——庆祝中国共产党成立100周年"笔会活动和"维护民族团结 促进社会发展"线上书画展。《民盟沪宁合作长期开展社会服务工作经典案例及经验总结》获民盟中央理论研究课题三等奖，《强化多党合作制度自信研究》获宁夏统战理论研究优秀成果三等奖，《新时代民主党派在人民政协舞台上的新使命新样子》入选《党的基层建设与思想政治工作成果汇编》。在南开大学举办以思想政治教育为主题的培训班，不断提高盟员辨别外来意识形态渗

2021年3月2日，民革宁夏区委会赴统战系统定点帮扶村——利通区扁担沟镇渔光湖村捐赠由宁夏公益慈善事业促进会提供的物资

透的能力，增强迎接风险挑战的意识自觉。统筹网上网下综合宣传平台，加强思想宣传的目的性和引导性，讲好新时代民盟故事。围绕“弘扬爱国奋斗精神 建功立业新时代”，宣传优秀盟员先进事迹，盟员制作的微视频《一生相随》在民盟中央微信公众号刊发。

【参政议政】2021年，民盟宁夏区委会向民盟中央提交的《完善我国个人所得税制度的建议》为民盟中央领导参加中央党派人士座谈会高层协商发言提供了重要素材，民盟中央致函感谢。深刻领会习近平总书记对宁夏民族工作和宗教工作多次作出的重要指示批示，在全国政协民宗委召开的民族领域专家座谈会上围绕民族工作提出的意见建议，获全国政协主要领导批示。参加自治区党委政府政党协商会议，就《政府工作报告》和《宁夏回族自治区国民经济和社会发展第十四个五年规划和二〇三五年远景目标纲要》提出教育科技方面的意见建议，就自治区党委出台《关于贯彻落实〈中共中央、国务院关于以铸牢中华民族共同体意识为主线推进新时代党的民族工作高质量发展的意见〉的实施意见》提出注重在基础教育阶段加强民族共同体意识教育等建议。参加自治区卫生健康事业发展和医疗卫生服务体系规划制定协商会议，提出建立职业化乡村医生队伍、完善公共卫生服务管理体系等相关建议和意见。邀请自治区党委统战部、自治区发改委、教育厅等相关部门负责人开展专题研讨，形成了支持宁夏建设黄河流域生态保护和高质量发展先行区、支持设立中国（宁夏）自贸区、设立国家西部科技发展专项等五项配套政策的建议，报请民盟中央向国家层面呼吁。承担的国家发改委西部大开发《宁夏中部荒漠草原防沙固沙区多功能林建设项目前期研究》《宁夏综合养护通道基础设施建设前期研究》均获自治区科学技术成果登记，为践行生态文明建设贡献民盟力量、做好重点项目研究，紧贴实际深入研讨。积极促成民盟中央副主席龙庄伟率调研组到宁夏就长城国家文化公园和生态建设开展实地调研，为宁夏更好发挥全国重要生态节点、生态屏障、生态通道作用问诊把脉。向民盟中央提供调研素材形成的《关于发挥行业协会商会自律功能，助推社会治理创新的提案》被列为全国政协重点提案。承担自治区党委重点课题，聚焦宁夏9个重点产业高质量发展开展调研，探寻符合宁夏实际的培育科技创新主体路径。先后围绕中小学心理健康教育暨图书馆建设情况、宁夏养老产业发展开展问卷调查和实地调研。参与自治区政协关于“推进全面依法治区”“巩固拓展脱贫攻坚成果同乡村振兴有效衔接”等联合专题调研。《全方位培育科技创新主体的几点建议》《关于黄河宁夏段古渡口保护利用的建议》《加快推进科技成果产业化需进一步解决好投入、交易和转化环节有关问题的建议》3篇调研报告获得自治区主要领导批示。做好参政议政成果转化，充分利用平台建言献策。注重参政议政成果转化质量，突出主界别特色，利用自治区两会平台发挥作用。在全国政协第十三届四次会议上，主委冀永强围绕西部地区幼儿园师资队伍建设、建立公共健康卫生频道、推进城市商业步行街改造提升等问题提交3篇个人提案和4件联名提案；提交书面发言《科研创新呼唤“悬赏制”》，以通稿形式被媒体报道。在全国政协第十三届第十七次常委会小组讨论中，主委冀永强提交了《关于加快适老化无障碍建设的建议》书面发言。在自治区政协第十一届第四次会议上，区委会提交了涉及教育、文化、科技、生态环境建设等方面的10件提案；副主委刘金星代表区委会做了《利用“天时地利”气候资源 做好“人和”区位经济优势文章》的发言，自治区党委主要领导在发言稿上作出了批示。《紧抓有机枸杞的发展机遇 引领宁夏枸杞高质量发展》被列为重点提案，由自治区政协主席崔波督办，为自治区9个重点产业之一枸杞产业推进特性优势献策助力。向自治区政协常委会提交《法治政府建设需要“攻坚克难”》《健全农业节水机制 做好水资源安全文章》的专题大会发言。

【社情民意】2021年，民盟宁夏区委会向民盟中央，自治区政协，自治区党委办公厅、统战部报送社情民意信息共254件，采用29件。其中，《关于将新生儿耳聋基因检测纳入政府采购的建议》《关于硒砂瓜地推出后亟须关注的几个问题》得到自治区主要领导批示，《关于对车位、车库进行所有权登记的建议》得到相关厅局高度重视。针对放学后“接送难”“看护难”的问题，向自治区政府报送《盐池县中小学课后服务工作经验值得全区推广》的建议。为提升民盟各级组织反映社情民意信息的能力水平，举办2021年度反映社情民意信息员综合能力提升培训班。积极发挥区情研究中心、专门委员会等智库机构的平台作用，举办第六届经济研讨会和第四届生态研讨会，为宁夏实施乡村振兴战略和黄河流域生态保护和高质量发展先行区建设广纳真智。向民盟中央各类主题论坛报送论文15篇。区委会获民盟中央“2020年度参政议政工作优秀成果奖”和“问卷调查优秀单位”；文琦等5名盟员获“民盟中央反映社情民意信息先进个人”称号。《民盟宁夏区委会2020年度参政议政工作汇报》得到自治区政府主要领导肯定并予以批示。

【社会服务】2021年，民盟宁夏区委会围绕乡村治理和产业发展拓展社会服务工作内容，探索服务新模式。深化党史学习教育作出的实践，在全区开展“我为群众办一件实事”活动。为减轻学校、社区等疫情防控终端的工作压力，协调盟员企业向银川市、石嘴山市、中卫市的中小学校、城市社区等单位捐赠27台，价值38万元的卫生安全防护设备。与民盟上海市委会秉承民盟中央“东西互助、联手扶贫”的号召，持之以恒联合开展社会服务，编写出版《明月何曾是两乡——沪宁民盟合作开展社会服务回顾及总结》，打造民盟社会服务工作的亮点和品牌。

（李　静）

民建宁夏区委会

【概况】2021年，民建宁夏区委会共有3个市委会、1个区直工委、1个基层委员会、9个总支、57个支部、1个小组（盐池小组）。会员总数1495人，平均年龄50.4岁。其中，经济界会员1074人，占会员总数的74.6%；企业界会员805人，占会员总数的53.9%；具有各类专业技术职称的会员974人，占会员总数的65.2%。

【思想建设】2021年，民建宁夏区委会通过中心组学习、专题报告会、集中宣讲、辅导培训、座谈交流等多种形式，全面学习贯彻中共十九大以及十九届历次全会和习近平总书记系列重要讲话精神，不断提高思想政治理论水平。结合中国共产党成立100周年和民建履职能力建设年等活动，深入开展中共党史和民建会史学习教育，把学习教育、履职尽责、查找不足、整改提高贯穿主题教育的始终，通过召开主题座谈会、组织参观爱国主义教育基地、举办培训、开展主题征文等活动，确保党史、会史学习教育落到实处。主委杨培君作专题辅导3次，引领会员践行政治使命，争做合格民建会员。围绕“中国共产党为什么能”开展学习交流研讨，提交学习材料48篇。认真贯彻落实民建全国宣传工作会议精神，集聚会内宣传平台的合力，密切与各主流媒体的合作，围绕重大会务活动、各级组织工作动态以及会员先进事迹等，线上线下同频共振。增开《庆祝中国共产党成立100周年》《党史会史学习教育》网站专栏、举办网络书画摄影展、开展主题征文、举办“和声大讲堂”等活动，弘扬主旋律、倡导正能量。全年征集上报20余篇理论成果。编发简讯306期，被民建中央网站及其他媒体采纳170篇。《宁夏民建》出刊6期。区委会被民建中央评为“新闻宣传工作先进单位”。

【组织建设】2021年，民建宁夏区委会扎实开展专题民主生活会，班子成员结合各自所联系的工作，梳理问题查找不足。坚决贯彻民主集中制原则，完善听取意见建议工作机制、议事决策程序，凡属重大问题由集体讨论作出决定。坚持理论学习中心组学习制度以及领导班子成员联系基层制度，采取集体学习与个人自学、理论研讨与基层实践相结合的方式，不断提高班子成员的理论水平和履职能力。贯彻落实新时代民主党派组织发展工作新要求，坚持提高质量、稳定速度、优化结构，制订组织发展计划，稳慎发展会员。健全完善后备干部队伍储备库，选派后备干部参加民建中央、自治区政协和自治区党委统战部各类培训学习20余人次。加大对基层组织指导力度，班子成员到各支部、会员企业实地调研指导40余次。创建“会员之家”，搭建活动平台，市级组织建有“会员之家”5处。全程指导市级组织和基层支部完成换届工作。探索建立基层组织积分制管理，实行“六个一”指标考核，即每年至少召开一次总结会议、开展一次组织生活、提交一篇提案或社情民意、发表一篇新闻简讯或理论文章、开展一次社会服务活动、参加一次学习培训。组织各类活动60余次，参加活动会员1000余人次。严格落实委员履职登记制度。在市级组织换届前期，转发《民建中央〈关于严肃换届纪律保证换届风清气正的通知〉》，对市级组织和基层支部换届工作实行全程监督，确保换届选举风清气正。组织到自治区廉政警示教育中心现场接受教育。监督委员会成员列席班子民主生活会、全委会、常委会等重要会议，推动会内监督常态化。

【参政议政】2021年，民建宁夏区委会制定《民建宁夏区委会履职能力建设年实施方案》，推进履职能力建设。在全国政协第十三届第四次会议提交《关于加快推动民族地区就业的建议》《以高质量的高等教育助推西部地区高质量发展》两件提案。在自治区政协第十一届第四次会议上，提交6篇大会发言，其中《提升收入水平　降低生活成本》作为口头发言直指民生，获得政协委员高度评价。提交12件提案，其中《关于建设我区黄河流域文化旅游廊道的建议》被自治区政协列为重点提案，由自治区政协副主席许宁现场督办。在自治区政协常委会上共提交23篇大会发言，其中《提高移

民就业质量　拓宽移民增收致富渠道》等4篇发言被选为大会口头发言。主动与提案承办部门加强联系和沟通，增强提案的办理成效，提案办复率为100%。围绕民建中央、自治区党委工作部署，聚焦宁夏流通体系建设、大数据要素市场、移民地区产业发展、全区历史文化名镇保护和发展等，深入开展调研，形成《统筹解决统一高效的现代流通体系建设的难点、痛点与堵点》等4篇调研报告。在自治区党委、政府、政协召开的座谈会、情况通报会、征求意见会上，区委会班子成员围绕自治区“十四五”规划、建设黄河流域生态保护和高质量发展先行区等方面作发言，报送6篇书面材料，提出有针对性的意见建议。全年向自治区政协报送社情民意信息129篇，其中1篇被自治区政府领导批示、2篇被全国政协采用、27篇被自治区政协采用。向民建中央报送61篇，其中5篇被单篇采用、2篇被综合采用。

【社会服务】2021年，民建宁夏区委会以服务民生和服务基层为己任，继续开展教育帮扶。实施爱德基金会“e万行动孤儿助养”项目，累计资助孤儿3000余人次，资助金额近500万元。实施中华思源工程扶贫基金会“思源·佑华教育移民班”“思源·佑华教育育才班”项目，累计资助1728名学生，资助金额1225万元。育才高中班资助的学生中有158人考入普通高等院校，其中考入重点院校的学生占学生总数的5%，一本上线率达50%。组织会员开展消费扶贫2.7万元。为河南、山西、陕西三省洪涝灾害捐款捐物39万元。组织8名企业家会员参加天津非公论坛，组织4名企业家会员参加民建中央企业家培训班。助力脱贫攻坚，帮扶同心县李沿子村全村实现稳定脱贫。10月，宁夏新冠肺炎疫情发生后，区委会发出倡议书和慰问信，动员和组织会员迅速行动，全力以赴参与疫情防控。据统计，宁夏民建共有396人参与疫情防控。其中，医疗一线21人，下沉社区135人，志愿服务240人，累计捐款捐物170多万元，报送疫情防控意见建议5篇，报送信息简讯50余篇。

（罗　莉）

民进宁夏区委会

【概况】2021年，民进宁夏区委会辖5个市委会，2个县委会，共有87个基层组织（其中，2个基层委员会，9个总支，76个支部）。民进宁夏第八届委员会领导班子中，主任委员1名，副主任委员5名，常务委员13名，委员33名。2021年，发展会员75人，会员总数为1722人。

【思想建设】2021年，民进宁夏区委会以多种形式开展党史学习教育，与主题教育活动相结合，班子成员赴各市作专题讲座，指导开展学习10余场次。召开主委办公会、主委会、常委会、中心组学习和全委会共23次，围绕习近平新时代中国特色社会主义思想，中共十九届五中、六中全会精神，习近平总书记“七一”重要讲话精神，党史学习教育，主题教育活动和《中国共产党统一战线工作条例》等内容进行学习，班子成员和常委在中心组学习会上交流学习心得体会4次。参加自治区党委统战部理论学习中心组联合学习4次。微信公众号推送“党史知识微课堂”，线上开展党史知识竞赛和演讲比赛。各级组织分别采取集中学习、座谈会、学习辅导、参观红色教育基地等多种方式开展党史学习教育，引导广大会员坚定理想信念。开展庆祝中国共产党成立100周年活动，组织会员观看庆祝大会直播，举办学习习近平总书记“七一”重要讲话精神座谈会和培训班。联合固原市委会、民进宁夏开明画院在固原市举办“在正道上行——庆祝中国共产党成立100周年书画展”。完成自治区统一战线理论政策研究课题“中国共产党百年党建经验对中国特色社会主义

2021年12月19日，庆祝中国民主促进会宁夏回族自治区委员会成立40周年大会在银川市召开

参政党建设的启示”。加强宣传平台建设，在官网、微信公众号，推送学习中共十九届六中全会、习近平总书记“七一”重要讲话精神、党史学习教育、庆祝建党百年、区委会成立40周年等宣传学习文章。刊印《宁夏民进》4期，其中专刊2期，编发网页稿件184篇，微信公众号69篇，100余篇报道在人民网等主流媒体上发表（或转载）。制作《砥砺初心担使命 携手奋进新征程》专题片。制订《区委会网络安全事件应急预案》，提高应对网络突发事件的能力和水平。设置抗疫专栏，宣传会员抗疫事迹，刊文115篇。开展庆祝区委会成立40周年系列活动，编辑出版《中国民主促进会宁夏会史》，编印《图说民进宁夏40周年》《我与民进文集》《民进宁夏履职文集》《庆祝民进宁夏区委会成立40周年书画作品集》。召开庆祝大会，线上开展文艺演出、书画作品展、视频宣传片。开展“同心关爱困难会员”活动慰问。举办学习贯彻习近平总书记“七一”重要讲话精神专题培训班、学习中共十九届六中全会精神培训班、反映社情民意信息、参政党理论研究培训班，320多名会员参加。举办“我身边的先进”宣讲报告会2次，12名会员分享先进事迹。推荐会员参加中央和自治区有关培训。撰写多党合作、统一战线和民进自身建设研究理论文章9篇。

【组织建设】2021年，民进宁夏区委会加强领导班子建设，制定《区委会领导班子述职和民主评议实施细则》，班子在全委会述职，开展民主评议。召开领导班子民主生活会，围绕加强作风建设，开展批评与自我批评，提升领导班子建设水平。指导市级组织顺利完成换届，从5月开始，区委会领导带队赴各市，与中共市委和统战部协商沟通，圆满完成5个地级市委会换届。推进区委会换届工作，加强与自治区党委统战部协商，开展区委会领导班子换届人选的推荐活动，有序推进换届工作。加强队伍建设，严格发展程序，坚持质量优先、优化结构，坚持体现民进界别特色，提高会员整体素质。

【双岗建功】2021年，5个地级市人大、政府、政协换届中，首次实现均有民进会员进入领导班子。13名会员担任市级政府部门正副职或县（市、区）人大、政府、政协副职。柳萍当选为中国戏剧家协会第九届副主席。宋琰增选为民进中央委员。梅廷彦、马瑞霞被聘为自治区政府参事。马瑞霞获第九届国家卫生健康突出贡献中青年专家、第四批自治区“塞上英才”荣誉称号。金忠杰、汪晓、刘克山、虎久强、马青获“民进全国反映社情民意信息工作先进个人”。吴心华、张守宗、申剑钢获“民进全国脱贫攻坚民主监督工作先进个人”。吴心华、申剑钢、张守宗、李娟、王菁获“民进全国社会服务暨脱贫攻坚工作先进个人”。王莲喜、贾华、包晗参与主持的研究分别获国家文化和旅游研究院所科研建设优秀成果、自治区科学技术进步一等奖和三等奖。张炜获中国新闻奖三等奖，陈学仁的摄影作品入选第十届全国农民摄影大展。李磊获中华经典诵写讲大赛一等奖。虎久强获宁夏人民政协理论研究论文三等奖。宫波、李小雄获自治区劳动模范。陈怀获自治区先进工作者。吴忠、固原、中卫3个市委会获“民进全国反映社情民意信息工作先进集体”。民进宁夏大学委员会和吴心华分获“各民主党派、工商联、无党派人士为全面建成小康社会作贡献先进集体”和“各民主党派、工商联、无党派人士为全面建成小康社会作贡献先进个人”。民进宁夏大学委员会获“全区脱贫攻坚先进集体”。民进宁夏医科大学总支获“民进全国社会服务暨脱贫攻坚工作先进集体”。民进宁夏大学奶产业专家服务团获“民进全国社会服务暨脱贫攻坚工作优秀成果”。

【参政议政】2021年，民进宁夏区委会围绕中心，服务大局，充分发挥民进界别特色和优势，履职尽责有新作为。协商建言，积极履行参政党职责。向自治区政协第十一届第四次会议提交18件集体提案。其中《关于让优质教育惠及山川每一个孩子的提案》得到自治区政协领导督办。《关于进一步推进全区奶产业高质量发展的提案》由自治区政协教科卫体重点督办。《关于积极发挥宁夏区域性股权市场功能，推动我区多层次资本市场建设的提案》等9件提案被列为优秀提案。提交《网络学习平台不应成为家校负担》《加强动物防疫体系建设 保障畜牧业高质量发展》等4篇大会发言。在自治区政协常委会上作《强化措施 扎实做好社区矫正工作》《抓住农业节水这个“牛鼻子”》发言。区委会提交的《关于加快推动我区文化产业发展的提案》《关于积极发挥宁夏区域性股权市场功能，推动我区多层次资本市场建设的提案》，王春秀委员提交的《关于推进我区高等教育高质量内涵发展，提升高校培育紧缺领域创新型专业人才能力的提案》获十一届政协优秀提案。区委会3件集体提案，沙湧波、马青、韩玉红等提交的12件委员个人提案分获自治区政协传统优秀提案和“清单式”优秀提案。王春秀、杨立华、沙湧波、金忠杰、文军、虎久强获自治区政协2021年度优秀委员。聚焦重点，深入调研。区委会领导带队开展12次调研。其中《关于加强我区草原生态保护工作的建议》《关于组织民主党派区委会对黄河流域生态保护和高质量发展先行区进行民主监督的建议》等调研报告得到自治区党委主要领导和常委批示。配合民进中央教育委员会、自治区政协及政协民宗委开展“推进全面依法治区”“职业教育”等调研。开展主题年活动，提升信息质量。向民进中央报送社情民意信息21篇，《关于加强新业态从业者劳动权益保护的建议》等9篇被采用。《建议进一步健全国家司法救助工作机制》等4篇被全国政协信息采用，获民进中央参政议政成果三等奖。向自治区政协、自治区党委统战部报送信息156篇，其中《关于加快补齐西部地区农村数字经济短板的建议》等30篇被自治区政协采用。《关于在全区推广建设城市书房的建议》等信息得到民进中央和自治区领导批示。

【政治协商】2021年，民进宁夏区委会主要领导参加自治区党委、政府、政协召开的专题协商会等会议，就《政府工作报告》等提出意见建议19次。许多意见建议被自治区党委、政府、政协采纳。住宁全国政协委员参与的委员联名提案《关于建立健全村集体经营性资产监管机制的提案》获全国政协2021年度好提案。《关于加强社区人才队伍建设的提案》《加强社区人才队伍，巩固社会治理底盘》被民进中央选用为全国政协第十三届第四次会议党派提案和书面发言，分获民进中央参政议政成果二等奖。《建议进一步健全国家司法救助工作机制》《“十四五”期间农村学生营养改善情况需关注》获民进中央领导批示，《加快补齐西部地区农村数字经济短板》《“十四五”期间应大力实施农村教育质量提升行动》被全国政协信息采用，获民进中央参政议政成果三等奖。在全国政协第十三届第四次全会上提交《着力深化农村改革　为乡村振兴注入新的活力》等2篇大会发言，提交《关于尽快制定〈黄河保护法〉的提案》等5件提案。提交《关于重视村两委“一肩挑”模式监督问题的建议》等7条社情民意信息。在全国政协第十三届第十七次、第十八次常委会上，提交书面发言《壮大村集体经济　走共同富裕道路》《从心开始　加快建立健全心理疏导服务体系和机制》。

【社会服务】2021年，民进宁夏区委会以“同心·彩虹行动”为依托，打造“支教助农”社会服务品牌，多渠道开展社会服务活动，亮点突出，成效显著。抗击疫情，爱心奉献。10月，全区部分地区出现疫情后，区委会及时发出倡议。医疗卫生界会员第一时间投身疫情防控阻击战，机关干部职工下沉社区、企业界会员捐款捐物、书画界会员创作主题作品、教师会员“空中课堂”授课。截至目前，民进宁夏各级组织捐款捐物50多万元，为打赢疫情防控贡献民进的力量。联合民进银川市委会举办“辛丑(2021)年民进全国‘春联万家·奋进新征程’——宁夏专场活动”。各级组织开展活动13场次，书写春联3500余副。联合民进自治区人民医院支部，先后组织会内外专家赴区委会帮扶点隆德县张程村、自治区统战系统帮扶点利通区扁担沟镇渔光湖村开展“支教助农”捐赠暨送医送药义诊活动。联合民进医科大总支、银川市第一人民医院等单位开展“迎新春、战疫情、送医药下基层”进社区宣传义诊活动。共为500多名患者进行免费检查和诊疗，发放2万多元的药品和千余份宣传资料。在民进中央和开明慈善基金会的大力支持下，区委会又在西吉县举办2021年“同心·彩虹”乡村书法教师培训班，来自西吉县45所中小学及教育行政部门的50名书法教师参加培训。民进宁夏区委会获“民进全国社会服务暨脱贫攻坚工作先进集体”“民进中央脱贫攻坚民主监督先进集体”。

（曹立庆）

农工党宁夏区委会

【概况】2021年，农工党宁夏区委会辖市委会3个、市总支1个、区直工委1个和支部67个，有医药卫生、科技环保、妇女、经济法制和文化教育5个专委会。全年新发展党员50人，共有农工党员1177人，其中医药卫生界别中高级以上职称的党员占比分别为58%、79.7%。有各级人大代表和政协委员154人。

【思想建设】2021年，农工党宁夏区委会深入学习中共十九届六中全会精神。组织观看中共十九届六中全会新闻发布会、学习全会公报、说明和决议原文，班子成员积极参加自治区政协、党委统战部组织的专题学习研讨并发言，组织党员撰写体会，在区委会网站和统战部新媒体平台上发表学习感言，形成浓厚的学习氛围。制定中共党史学习教育实施方案，召开12次主委会议、5次常委会会议和3次全委会议，传达学习中共中央、农工党中央和自治区党委重要会议、重要讲话、重要活动精神，各级组织将学习中共党史与学习新中国史、改革开放史、社会主义发展史和多党合作史结合起来，认真组织学习《中国共产党统一战线工作条例》和自治区实施办法，全面加强政治理论学习，制定《区委会理论学习中心组学习制度》，机关干部轮流开展“我为大家讲党史”活动，全力提升学习实效。举办《中国共产党统一战线工作条例》、“中共党史学习教育”专题辅导报告会，在焦裕禄干部学院举办“学党史 守初心 强信念”思想政治建设专题培训班，组织瞻仰盐池革命烈士纪念馆、参观“百年恰是风华正茂”主题档案文献展等，接受红色教育，赓续精神血脉，始终保持与中国共产党团结奋斗、同心同德的政治本色。成立农工党宁夏书画院，举办“风雨同舟 携手前进”书画作品展，热情讴歌中国共产党百年伟大成就，广大党员“四个认同”更加强烈。开展“我为群众办实事”实践活动，举行手术示教、学术报告、义诊等活动，培训医护人员4场500余人次，助力红寺堡打造全国易地搬迁移民提升示范区，助力基层医疗服务能力提升。网站增设《党史学习教育》专栏，严把网站内容发布政治关、政策关、文字关，不断健全网站三级审核发布制度，全年发稿600余篇，在农工党中央网站发稿100余篇，编撰《宁夏农工》年刊，新华网、《宁夏日报》等主流媒体多次报道区委会重要会议、重点活动，持续讲好农工党故事。完成《民主党派参与乡村振兴战略研究——以农工党为例》理论研究课题。动员各级组织和党员撰写理论文章，推荐41篇论文参加农工党中央“庆祝中国共产党成立100周年”主题理论征文，获一等奖3篇，二等奖、三等奖14篇，区委会获农工党中央理论征文先进组织工作奖。《完善人民政协专门协商机构建设的思考》等2篇文章获自治区政协理论研究二等奖。

【参政议政】2021年7月14—17日，全国人大常委会副委员长、农工党中央主席陈竺率领农工党中央调研组赴宁夏就“完善基层卫生健康服务体系”开展考察调研，农工党中央专职副主席杨震参加调研，农工党宁夏区委会积极协调做好调研方案制定、材料汇集、服务保障等工作，为农工党中央形成调研专报和全国政协双周座谈会发言积极出力。农工党中央和自治区领导对区委会围绕健康宁夏工作积极建言给予肯定。农工党宁夏区委会向自治区政协第十一届第四次会议提交发言12篇，其中《改革完善疾病预防控制体系 增强服务保障能力》《创建“天下黄河富宁夏”国家农业公园的建议》被列为口头发言，《优化健康扶贫政策 构建防止因病返贫长效机制》《推进农膜回收利用 不断强化农业面源污染防治》等10篇被列为书面发言，为自治区加强重大疾病防治、提高居民健康素养和强化农业面源污染防治出台政策和举措提供了重要参考。积极参与自治区政协“推进全面依法治区”“建立水资源节约集约利用机制 支撑宁夏生态保护与高质量发展”“以四大提升行动为载体 推动巩固拓展脱贫攻坚成果同乡村振兴有效衔接”等专题调研，提交自治区政协常委会大会发言12篇，其中《完善工作机制 推进依法治区》《以生态流量保障为抓手 推进水资源节约集约利用》《培训乡村医生 让群众有“医”靠》被列为口头发言，书面发言9篇，为全区法治建设、水资源科学集约利用、提高农村医疗服务水平建言献策。全国两会期间向农工党中央提交5件提案，其中《关于降低重大慢性病死亡率的提案》被采用。向自治区政协报送集体提案11件，立案10件，委员个人提案50件。《关于改革完善疾病预防控制体系的提案》《关于加快完善人口生育政策 积极应对人口老龄化的提案》等3件提案被列为重点督办提案、5件集体提案和7件委员个人提案被评为优秀提案，为全区出台提高居民健康水平行动方案、加强医保支付方式改革，提高基金使用效率，促进人口均衡发展、应对老龄化等政策出台提供重要参考，多项建议被有关部门采纳。深入市县调查研究，形成《关于我区县域医共体建设实施情况的调研报告》《关于在石嘴山市建立智慧能源零碳工业示范园区的建议》获得自治区党委政府主要领导、分管领导批示，得到有关部门办理。形成《关于宁夏畜禽养殖业污染防治和粪污资源化利用的调研报告》《宁夏实现“双碳”目标面临的困难挑战及对策建议》专报自治区党委，为推动全区农业产业高质高效、工业产业转型升级献计出力。区委会参加农工党中央2021年优秀调研报告评比，《宁夏脱贫后巩固脱贫成果现状调查及对策建议》获一等奖，3篇调研报告分获二等奖、三等奖。

【社情民意】2021年，农工党宁夏区委会先后向农工党中央报送社情民意信息29件，《关于推进HPV疫苗尽快惠及贫困地区妇女预防宫颈癌》等2件被采用，向自治区政协报送社情民意信息97件，《进一步提升基层卫生健康服务水平的建议》等34件被采用，其中《强化科技手段 推进节水增效》《普及急救知识与技能 学校应“先行一步”》等4篇得到自治区政府分管领导批示，助推全区加强疫情防控，推进义务教育阶段“双减”政策实施。编印《两会专刊》，收录大会发言16篇、提案31件，供党员学习借鉴，提高党员参政议政能力。

【社会服务】2021年，农工党宁夏区委会争取农工党中央“同心全科医生特岗人才计划”落地平罗县，组织全科医生参加第六届海峡两岸全科医学西部论坛等学术交流活动，提升全科医生服务能力。向对口帮扶的贵州省大方县理化乡两所小学捐赠3.5万元的文体设备。深入海原县红羊乡红羊村开展慰问活动，帮助建立常态化返贫预警监测体系，完成定点帮扶任务。举办石嘴山市医养结合能力提升和9个重点帮扶县农村致富带头人培训班，培训业务骨干96人，不断提升养老机构医养护专业化水平，助力乡村振兴人才培育。在农工党中央脱贫攻坚和脱贫攻坚民主监督总结表彰中，区委会和4个市级组织获先进集体，9名党员获先进个人。各级组织结合“三下乡”、医师节、护士节等节点，开展特色医疗服务活动，组织医疗专家进社区、进农村，开展送医送药、义诊咨询、健康大讲堂等活动，持续提升区委会社会服务影响力。积极助力疫情防控，银川“10·17”突发输入性疫情后，区委会第一时间发出倡议，动员广大党员投身防疫一线，290余名党员服从调度，积极开展核酸检测、医疗救治等工作，160余名党员下沉社区开展志愿服务。及时报送疫情防控社情民意信息9件，被采用5件。区委会第一时间对接中国初级卫生保健基金会，协调捐赠防疫设备，驰援抗疫一线。全区各级组织累计捐赠款物及医疗设备2300余万元，为打赢疫情防控阻击战作出积极贡献。

（杨爱军）

九三学社宁夏区委会

【概况】2021年，九三学社宁夏区委会辖4个市级委员会、1个总支社、1个直属工作委员会、8个基层委员会，45个支社。全年共发展新社员48人，共有社员1204人。

【思想建设】2021年，九三学社宁夏区委会深入学习习近平新时代中国特色社会主义思想，中共十九届五中、六中全会和自治区党委第十二届第十二次、第十三次、第十四次全会等精神。引导社各级组织和广大社员自觉把思想和行动统一到重要会议精神上来，凝聚到自治区党委政府决策部署上来，不断增强“四个意识”、坚定“四个自信”、做到“两个维护”，政治判断力、政治领悟力和政治执行力不断提高。紧紧围绕庆祝中国共产党成立100周年，组织开展艺术网络展、“线上知识竞赛”、“线上文艺节目展演”和参加自治区党委统战部文艺汇演等活动，召开社区委第六届第十八次主题常委会开展专题学习讨论；开展主题征文活动，2篇获庆祝中国共产党成立100周年征文三等奖，2篇获宁夏政协理论研究三等奖。九三学社的各级组织积极开展党史学习教育，切实增进广大社员对中国共产党的领导和中国特色社会主义的政治认同、思想认同、理论认同和情感认同。区委会强化理论研究，全年完成社区委立项课题12项，向自治区党委统战部推荐理论政策研究成果8篇，实践创新成果1篇；完成九三学社中央思想建设理论课题1项，获三等奖。开展社员思想动态调查分析，形成2篇调查报告，为加强九三学社的自身建设筑牢理论基础。注重宣传引导营造良好氛围，全年在九三学社中央网站等媒体平台刊发消息168篇；九三学社区委网站及微信公众号发布各类信息683篇（次），刊发社讯4期；宣传社员参与疫情防控信息9期40多条。制定《社区委微信公众号暨工作群管理规定》，完成3个微信公众号、70个微信工作群的登记备案，撤销解散微信工作群20个。

【组织建设】2021年，九三学社宁夏区委会指导5个地级市社组织、地级市组织直属21个基层组织、区直工委所属12个基层组织完成换届。全面启动社区委换届工作，制定《社区委2022年换届工作方案》等6个换届文件。开展六届领导班子述职、民主评议和民主推荐工作。坚持将思想政治工作与组织发展工作相融合，该项工作在九三学社中央委员会第十四届第十四次常委会上作经验交流

2021年4月30日，九三学社中央科技赋能医疗健康调研座谈会在银川市召开

发言。举办第29期新社员学习班、九三学社区直工委骨干社员能力提升培训班；推荐社员14人参加各级各类培训；组织社员300余人参加各类线上培训，社员整体素质明显提高。加大九三学社内监督力度，批准九三学社吴忠市、中卫市成立监督委员会，实现九三学社市级组织内部监督机构全覆盖。

【参政议政】2021年，九三学社宁夏区委会积极参与政协协商，向全国政协第十三届第四次会议提交提案材料12件，其中《加强我国中学生群体性健康教育》的提案登上微博热搜榜首位。向自治区政协第十一届第四次大会提交发言9件，其中2件作为口头发言；提交集体提案12件，均已立案，其中《精简评估评价类审批事项，打造优质营商环境》被列为重点提案，由自治区政府主席咸辉督办。深入开展课题调研，促进成果有效转化。全年完成重点调研课题14项。邀请社中央常务副主席邵鸿到宁夏开展“科技创新赋能医疗健康”专题调研，为推动构建智慧医疗健康新格局贡献宁夏力量。形成的《加快科技服务业发展，持续赋能先行区建设》（自治区党委重点课题）等3篇调研报告得到自治区党委政府领导批示。6项调研成果分别作为自治区政协第十一届常委会第二十次、第二十一次、第二十二次大会发言；7篇建言被自治区党委统战部采纳。《在宁夏建立试点探索西部地区‘互联网+医疗’模式建议》获全国各民主党派、工商联、无党派人士为全面建成小康社会作贡献建言献策优秀成果奖；九三学社区委、九三学社银川市委会、九三学社区直工委获“社中央2018—2020年参政议政先进集体”。全年共向九三学社中央、自治区政协、自治区党委办公厅、自治区党委统战部报送社情民意信息112篇，其中1篇被全国政协采用，6篇被九三学社中央采用，28篇被自治区政协采用，3篇得到自治区领导批示。

【社会服务】2021年，九三学社宁夏区委会实施九三学社中央“一带一路”助推地方经济建设项目，向盐池县花马池镇惠泽村500户农户发放化肥，并开展病虫害统防统治；实施九三学社中央“农村幸福院建设”项目，为隆德县沙塘镇福利院采购厨房电器、服装等，改善老人生活条件。4人获“中央脱贫攻坚民主监督先进个人”。助力宁夏黄河流域生态保护和高质量发展先行区建设，针对宁夏9个重点产业发展中的科技支撑难点、堵点和重点，形成产业发展关键技术需求清单，并积极争取九三学社中央支持解决。形成《九三学社同心智汇宁夏先行区方案》并报九三学社中央，计划开展为期三年的技术合作。建立1个社会服务实践中心和5个地级市科普服务基地。打造“九三学社为民服务科普大讲堂”品牌，开展“九三学社中央专家科普固原行”活动，开展主题讲座3场次。组织专家开展科普宣讲6场次，义诊2场次。承办自治区党委统战部“和声”大讲堂，邀请九三学社中央资源环境专委会副主任吴琦到宁夏作专题讲座；参与乡村振兴实践，拓展社会服务领域。联合九三学社宁夏大学委员会与惠泽村成立共建团队，组建志愿服务队。开展送健康送温暖进惠泽活动，慰问困难群众25户。组织老社员赴灵武市考察重点产业发展。积极响应自治区抗疫号召，全区社员投身疫情防控一线83人，下沉社区志愿者95人，社员捐款捐物58.8万元。

（杨　磊）

宁夏工商业联合会

【概况】2021年，自治区工商联深入学习贯彻习近平新时代中国特色社会主义思想和习近平总书记考察宁夏重要讲话精神，坚决落实党中央和自治区党委决策部署，围绕促进“两个健康”工作主题，以党的建设为统领，以开展党史学习教育为主线，以巡视反馈问题整改落实为抓手，服务中心献良策，教育引导聚共识，战“疫”帮扶强担当，改革创新增动力，提升能力促发展，为推动民营经济高质量发展作出了积极贡献。

【政治建设】2021年，自治区工商联深入贯彻《中国共产党统一战线工作条例》和党史学习教育部署要求，扎实做好新时代民营经济统战工作。深化创新理论武装。多措并举教育引导广大民营经济人士和所属商(协)会，深入学习贯彻习近平新时代中国特色社会主义思想和党的十九届五中、六中全会精神，及时跟进学习领会习近平总书记“七一”等重要讲话精神，开展学习热议和研讨交流，录制微视频、收集发言稿在区内外媒体刊载转发。深化理想信念教育，制定宁夏年轻一代民营经济人士健康成长促进计划，在区内外举办4期专题培训班，开展2期年轻一代民营企业家理想信念教育活动，建立7000名宁夏民营经济人士人才储备库。自治区工商联副主席、吴忠仪表有限责任公司党委书记、董事长马玉山当选中国工程院院士，这是宁夏历史上第一位当选两院院士的民营企业家。深入开展党史学习教育。指导督促所属商会和民营企业党组织，按照党中央和自治区党委的部署要求抓好党史学习教育，同时以党史学习教育为重点深化理想信

2021年3月25日，自治区工商联在悦海宾馆举办“送政策进民企”政策宣讲会

念教育和“四史”宣传教育，向民营企业家发出“学党史、勤阅读”倡议，开展“传承党的百年光辉史基因、铸牢中华民族共同体意识”主题教育活动，购置党史学习教育书籍3000多册发给所属商会。利用《宁夏商会》、微信公众平台等媒体推送理论学习材料，组织8场次党史学习教育专题辅导，开展近百场次“讲党史·看变化”主题教育和党日活动，举办“两优一先”评选表彰和“向党送祝福·感恩新时代”主题党日暨文艺演出等系列活动，坚定了民营经济人士的志气、骨气和底气。严格落实意识形态工作主体责任。举办民营企业网络舆情专题培训，会同自治区党委网信办等部门，加强民营经济领域网络舆情研判。落实与民营经济代表人士联系交流和谈心谈话制度，召开民营企业家和商会负责人座谈会，开展民营经济人士思想状况大调研，主动走访困难民营企业和商会，加强惠企政策宣传和指引，积极为民营经济人士排忧解难。开展所属商会自办媒体和宣传平台摸底调研，制定《自治区工商联所属商会自办媒体管理办法》，建立工作台账，督促落实信息发布审核校对机制，加强网络、刊物、微信公众号等宣传阵地建设，提升意识形态工作管控能力。

【组织建设】2021年，自治区工商联抓好工商联领导班子建设，调整优化自治区工商联执委常委人员结构，撤销执委1人，免去执委和常委29人，替补28人。制定市、县（区）工商联换届工作实施意见，主要领导带队深入基层开展调研指导，推动市、县（区）党委配齐配强工商联领导班子，壮大基层工作力量。与天津市工商联开展互学互促活动，推荐金凤区等18个县（区）工商联为全国“五好”县级工商联。抓好所属商会规范化建设，加强自治区工商联青年企业家委员会建设，组织开展理论学习、联谊交流和考察观摩，引导青年企业家坚定信心、勇于创新。制定“四好”商会建设实施方案，明确创建标准、任务和目标，指导完成注册登记、按期年检、重组整合和换届等工作，巩固拓展了商会清理整治的成效。抓好所属商会党的建设，把好政治关口，严格按程序和标准发展预备党员38名，督促宁夏河北商会等3家商会成立党支部，扩大基层党组织的覆盖面。完成宁夏四川商会党支部等6家组织关系转接，理顺省级异地商会党建指导关系。以成立党组织和换届为契机，推动25个商会落实管理层和党组织班子“双向进入、交叉任职”制度。

【服务民营经济发展】2021年，自治区工商联聚焦先行区建设，发挥桥梁纽带和助手作用，搭平台建机制，多渠道拓展经济服务职能。联合自治区科技厅等单位开展“送政策·进民企”系列活动，在市、县（区）和工业园区开展政策宣讲10场次，发放《政策汇编》5800册，举办宁夏民营企业创新发展专题培训。联合自治区司法厅、总工会等单位开展法治宣传和援企稳岗政策宣讲等系列活动，举办各类法律宣讲、政策培训303场次，参训人员近2万人，累计发放法律服务联系卡、援企稳岗宣传册1.3万份。联合税务部门开展“春雨润苗”专项行动，帮助广大中小微企业和个体工商户落实税收等优惠政策。联系对接在外宁商和异地宁夏商会，邀请500多家民营企业参与33场部门和市、县（区）举办的产业推介活动，助力枸杞、葡萄酒等优质特色产品走出去。组织区内50多家民营企业到知名企业考察践学，在河南、四川等地召开产业推介会。举办宁夏特色产业共享发展峰会，精选优质项目41个，线上线下对接300多家区内外民营企业，搭建项目孵化发展新平台。建立百强民营企业评选发布机制，分行业定期开展调研评审，首次产生宁夏民营企业100榜单。搭建信贷服务对接平台，先后向金融机构推送500多家民营企业融资需求，帮助缓解融资难题。联合司法厅建立“百所联百会”机制，推动142家所属商会和县级工商联与律师事务所结对共建，签订纠纷调解、产权保护、合同管理、法律咨询和服务等协议。开展“法治体检”等系列活动，开展民营企业公司律师试点，先后帮助730多家民营企业，审查合同、出具法律意见书等1591份，法律服务更加精准化、专业化。深入基层开展重点课题调研，倾听民营经济人士的呼声和诉求，收集反映困难问题，商请自治区相关部门及时协调解决。借助参政议政平台和制度，通过提案和社情民意等，精准提出对策建议。2021年，向全国政协报送提案5件全部立案，其中1篇列为大会书面发言；向自治区政协报送提案18件全部立案，报送社情民意71篇、采用12篇；向自治区党委和政府报送重点课题调研报告6篇，帮助30多家民营企业解决了相关困难问题。其中《关于我区发挥企业创新主体作用壮大国家战略科技力量的调研报告》被自治区党委书记陈润儿批示有关部门研究落实。

【履行社会责任】2021年，自治区工商联坚持生产经营和疫情防控“两手抓”，引导民营企业和商会守好自身防护的“责任田”，主动担当起推动经济社会发展的重要责任。总结“百企帮百村”精准扶贫经验做法，推荐41个民营企业、商会和民营经济人士获“全区脱贫攻坚先进集体”或“全区脱贫攻坚先进个人”。联合自治区农业农村厅、乡村振兴局等五部门印发《“万企兴万村”行动实施方案》，召开启动会议，探索民营企业参与配合乡村振兴的新方法、新路径，全面巩固脱贫攻坚与乡村振兴的有效衔接。开展龙头民企和异地商会走基层活动，组织自治区工商联企业家副主席和异地商会负责人深入隆德、彭阳等县（区），与中小微企业负责人对话交流，签订供销合作协议，建立“大手”拉“小手”帮扶机制，促进县域经济发展壮大。深入推进闽宁协作帮扶，牵线搭桥推动两地企业签订优质特色产品供应销售等协议。引导广大民营企业和商（协）会，严格落实常态化疫情防控举措，加强员工管理、测温验码、外出人员核酸检测和健康监测，民营企业和商（协）会未发生疫情传染，守住常态化疫情防控的底线，为宁夏的防疫作出了重要贡献。银川“10·17”突发输入性疫情后，各级工商联、商（协）会和广大民营企业立即行动，坚决响应各级党委和政府的号召，主动配合居家隔离、全员核检、单元（小区）封控等防控措施，捐款捐物支援抗疫。据不完全统计，民营企业和商（协）会捐款捐物超过1300万元，有900多名民营经济人士和党员民营企业家下沉一线，参与社区疫情防控志愿服务。

（雷声远）

群众团体

QUNZHONGTUANTI

NINGXIA YEARBOOK

编辑◎马　静

宁夏回族自治区总工会

【重要会议】2021年1月5日，自治区劳动模范和先进工作者表彰大会在银川市召开。自治区党委书记陈润儿出席会议并讲话，强调要深入学习贯彻习近平总书记在全国劳动模范和先进工作者表彰大会上的重要讲话精神，大力弘扬劳模精神、劳动精神、工匠精神，满怀豪情投身宁夏现代化建设的火热实践，意气风发开创美丽新宁夏建设的崭新局面。自治区政府主席咸辉主持会议时指出，各地各部门要按照这次会议部署要求，大力弘扬劳模精神，落实劳模待遇，讲好劳模故事，完善创业创新平台，加强劳动保障服务，维护劳动者合法权益，引导和激励全区人民争做新时代最美奋斗者，更加积极主动投身黄河流域生态保护和高质量发展先行区建设，为继续建设经济繁荣民族团结环境优美人民富裕的美丽新宁夏贡献力量。自治区党委常委、副主席张超超宣读了表彰决定，朱风等159人被授予“自治区劳动模范”，王光俊等69人被授予“自治区先进工作者”。陈润儿、咸辉、崔波等自治区领导为获奖代表颁发荣誉证书。“全国先进工作者”代表周玮，“自治区劳动模范”和“自治区先进工作者”代表柏长友、曹辉、吴丽萍先后发言。“全国劳动模范”代表马玉山宣读倡议书。自治区领导艾俊涛、赵永清、白尚成、石岱、李锐、左军、杨培君及各地级市、区直有关部门负责人等参加会议。2月8日，自治区总工会第十二届第四次全委(扩大)会议以电视电话会议的形式在银川市召开，自治区总工会主席左军主持会议并讲话。自治区总工会党组书记、副主席马利明作工作报告。会议传达了全总第十七届第四次执委会议精神，审议通过了自治区总工会第十二届常委会工作报告，安排部署了2021年工会工作。4月28日，自治区总工会在宁东能源化工基地宝胜(宁夏)线缆科技有限公司举办“永远跟党走　奋进新征程”庆祝国际劳动节颁奖会，银川隆基硅材料有限公司等4家单位被授予“全国五一劳动奖状”，飞毛腿(福建)电子有限公司制造部班组长陈满库等13人被授予“全国五一劳动奖章”，百瑞源枸杞股份有限公司超临界二氧化碳萃取班组等16个集体被授予“全国工人先锋号”。自治区总工会、宁东基地、管委会负责人及2021年度全国“五一劳动奖状”“五一劳动奖章”“工人先锋号”获奖集体代表和个人，历年获奖代表以及宁东基地企业职工代表500余人参加颁奖会。宁夏新闻网现场云和抖音“宁夏劳动者之歌”同步进行直播。6月4日，自治区政府与自治区总工会召开第十四次联席会议，审议《自治区职工疗休养工作指导意见(送审稿)》，自治区政府副主席杨培君，自治区财政厅、人社厅、文旅厅负责人及自治区总工会领导班子成员参加会议。7月9日，自治区总工会召开全区产业工人学习贯彻习近平总书记在庆祝中国共产党成立100周年大会上的重要讲话精神座谈会，6名产业工人代表围绕学习领会、贯彻落实讲话精神进行交流发言。自治区总工会党组书记马利明讲话，自治区党委党史学习教育第八巡回指导组组长张仁汉到会指导。10月8日，全区产业工人队伍建设改革工作现场推进会在银川市召开，交流全区产业工人队伍建设改革工作经验，安排部署下一步工作。自治区党委副书记陈雍出席会议并讲话，自治区政府副主席杨培君主持会议。会议强调，要聚焦重点任务，推动产业工人队伍建设改革向纵深发展，在强化思想政治引领上下功夫，在提升产业工人能力素质上下功夫，在推动解决利益诉求上下功夫。11月25日，自治区总工会第十二届第五次全委会在银川市召开，自治区人大常委会副主任沈左权当选自治区总工会主席，吴会军、毛鹏飞（挂职）当选自治区总工会副主席。会议审议通过《宁夏工运事业和工会工作"十四五"发展规划》，会议还替（增）补了自治区总工会第十二届委员会委员，选举了自治区总工会第十二届委员会常务委员会委员。

【调研工作】2021年4月16日，全国总工会书记处书记许山松率全总调研组到宁夏调研宁夏总工会职工服务中心及基层工会职工服务等工作。8月2日，自治区党委副书记陈雍到自治区总工会、团委调研，强调要坚持围绕中心、服务大局，加强思想政治引领，自觉履行职责使命，深化改革创新，团结动员广大职工、青年积极投身加快建设先行区、继续建设美丽新宁夏的实践，在奋斗"十四五"、奋进新征程中更好地发挥工人阶级主力军和青年生力军作用。要坚持党的领导，加强政治建设，压实主体责任，严管干部队伍，努力把工会组织和共青团组织建设得更加充满活力、更加坚强有力。9月3日，自治区党委副书记陈雍先后到宁东能源化工基地展厅、煤制油项目现场、泰和新材化工、宝丰能源集团等地，听取产业工人队伍建设情况汇报，实地了解规划布局建设、企业生产经营、产业技术创新和人才队伍建设等情况，并与创新团队、劳动模范、一线工人深入交流。

【思想政治引领】2021年，自治区总工会把学习贯彻习近平新时代中国特色社会主义思想作为首要政治任务，结合学习宣传贯彻习近平总书记考察宁夏重要讲话精神、习近平总书记关于工人阶级和工会工作的重要论述，认真学习宣传贯彻习近平总书记"七一"重要讲话和党的十九届六中全会精神。在工会网站、微信公众号、"宁工惠"手机客户端、《宁夏工运》开设学习专栏，组织工会干部、劳动模范深入企业、定点帮扶村和工作联系点宣传宣讲，推动党的创新理论进企业、进车间、进职工头脑。把党史学习教育作为贯穿全年的重大政治任务，组织党员干部深刻领悟伟大建党精神的深刻内涵、坚持党的领导的历史必然和"两个确立"的决定性意义，增进对党的深厚感情、对习近平总书记的深厚感情。开展"传承党的百年光辉史基因、铸牢中华民族共同体意识"主题教育和"为职工办10件实事"活动，引领工会干部和职工群众坚定做到学史明理、学史增信、学史崇德、学史力行。以"中国梦·劳动美——永远跟党走　奋进新征程"为主题，开展"劳动者之歌"合唱大赛、送文艺下基层、免费观影等职工文化活动1056场次，吸引43.8万名职工参与。开展"网聚职工正能量、争做中国好网民"主题党史知识竞赛、微视频作品征集展播等活动，网络访问量突破1000万次。各级工会通过新媒体推送"党史上的今天"等信息705条，《工人日报》《宁夏日报》等媒体刊载宁夏工会信息1122篇（次）。

【庆祝中国共产党成立100周年】2021年，自治区总工会开展以"中国梦·劳动美——永远跟党走　奋进新征程"为主题的"十个一百"系列活动庆祝中国共产党成立100周年。百场学习学党史。组织全体党员开展数百场次党史学习教育，切实做到学史明理、学史增信、学史崇德、学史力行，以昂扬姿态团结引领全区职工奋进伟大新征程、建设美丽新宁夏。看百年盛会实况。组织全区各级工会党员干部集中收看庆祝中国共产党成立100周年大会实况，认真学习领会会议精神，树立正确的党史观。百场红歌颂党恩。组织全区广大职工群众以合唱的艺术形式演绎经典红歌，重拾红色记忆，讴歌时代主旋律。百名劳模话初心。组织劳模代表通过举办云宣讲、网络直播、宣讲会等线上线下模式，在全社会大力营造尊重劳模、关爱劳模、争当劳模的良好氛围。百首经典映初心。举办"声音里的经典·奋斗百年路　启航新征程"

2021年1月5日，自治区劳动模范和先进工作者表彰大会在银川市召开

全区故事演说赛，组织广大职工群众围绕中国共产党100年走过的光辉历程、取得的辉煌成就，开展“共读红色经典·喜迎建党百年”诵读活动。百佳作品展风貌。面向全区职工群众征集反映党的百年光辉历程、全区经济政治社会文化生态等取得的重大成就、工会围绕中心、服务大局的主要成效以及职工群众投身自治区“十四五”规划、9个重点产业发展等工作一线的微视频作品。百题竞赛学党史。利用“宁工惠”App、“宁夏总工会”官方网站等网络平台，在全区职工群众中开展党史知识竞赛，引导广大职工群众知史爱党、知史爱国、知史爱社会主义。百场文艺聚民心。利用“五一”国际劳动节等节日契机，围绕自治区九个重点特色产业开展职工文艺会演进基层惠职工活动，倡导全社会崇尚劳动、热爱劳动、辛勤劳动、诚实劳动。百场红色电影免费看。利用工会阵地开展免费观看红色电影活动，引导职工群众深刻认识红色政权来之不易、新中国来之不易、中国特色社会主义来之不易，坚定“四个自信”。千方百计——我为职工办实事。深入基层一线开展大调研、大走访、大排查活动，着力解决职工群众面临的难事、基层工会面临的难题、企业发展面临的难点。

【服务职工群众】2021年，自治区总工会出台《全区职工疗休养工作指导意见》。对疗休养对象、内容和费用予以明确并加强规范化管理，有步骤、有计划地组织好职工疗休养工作，依法保障和促进职工疗休养工作健康有序发展，激发广大职工的劳动热情和创造活力。实施小微企业工会经费减免援助行动。制定《宁夏回族自治区总工会落实小微企业工会经费支出政策实施细则》，全额返还小微企业2020年工会经费，着力保市场主体。开展“学史力行、惠泽职工”健康体检活动，3.2万名职工受益。实施百家工会户外劳动者服务（法律援助）站提升工程。针对环卫工人、出租车驾驶员、货车司机、快递员等户外劳动者工作特点，完善基础设施及服务功能，解决其“吃饭难、喝水难、休息难、如厕难”等困难。开展“建党百年，双百献礼”职工文体活动。利用宁夏工人文化宫阵地，为职工免费放映红色电影100场。开展服务劳模“五个一”活动。开展“制发一张劳模卡、举办百名劳模党性教育专题培训班、赠送一份建党节日礼物、走访慰问一次高龄劳模、开展一次劳模服务基层助力自治区9个重点产业专项行动”服务活动，增强劳动模范的幸福感、荣誉感、成就感。为快递员、网约送餐员赠送健康礼包。为5000名快递员、网约送餐员免费提供400元的健康礼包，包括体检、健康咨询服务等内容。在全区建设10个自治区“爱心妈咪小屋”，每个补助2万元；建设10个自治区“爱心托管班”，每个补助3万元。

【产业工人队伍建设】自治区总工会将2021年确定为“产业工人队伍建设改革提升年”，制订年度工作要点，与成员单位协调联动，推动形成改革合力。实施9个重点产业职工技能提升工程。组织40名职工赴福建等发达省（区）开展技能培训实操交流，组织400名新能源、新材料等行业产业职工开展区内技术交流协作。在9个重点产业中培育“自治区级劳动模范”和“技能人才创新工作室”，助力9个重点产业技能创新、人才传承。培训100名枸杞、葡萄酒、奶产业、肉牛和滩羊、绿色食品等产业技术带头人，培训200名电子信息、新型材料清洁能源产业技术工人。围绕9个重点产业和重点工程项目，开展7项示范性劳动竞赛和30个工种职业技能竞赛，选派18名职工参加第七届全国职工职业技能大赛，示范带动各级工会开展竞赛1000余项。建设试运行宁夏产业工人教育培训网络学院。开发建设培训课程管理系统、在线学习系统、在线考试系统、闯关练兵系统、产业工人数据库等13个功能子系统，推动新时代产业工人职业素质提升。

2021年7月16日，“颂歌献给党——全区劳动者之歌”合唱大赛决赛暨颁奖典礼在银川市举办

在区、市、县(区)遴选66家企业开展试点，组织召开产改推进会，全面总结工作成效，深化任务举措，64项年度任务全部完成。累计建成劳模和技能人才创新工作室600个，组织40名物联网与人工智能行业带头人到福建培训，700余名重点产业技术工人在区内龙头企业学习，促进职工技能水平整体提升。弘扬劳模精神、劳动精神、工匠精神。在宁夏电视台等媒体展播劳模风采，组织劳模精神宣讲937场次。

2021年10月8日，全区产业工人队伍建设改革工作现场推进会在银川市召开

【劳动领域政治安全维护】2021年，自治区总工会制定《全区工会劳动领域维护政治安全工作实施方案》，明确目标任务和工作举措。召开全区工会劳动领域维护政治安全工作座谈会，签订责任书，层层压实责任。全区各级工会排查各类用工单位5344个，受理职工诉求3535件、劳动争议566件，办结率为98.6%。坚持劳动关系三方成员单位轮值制度，每季度开展劳动关系突出问题和风险隐患分析研判。实施企业集体协商行动，提升区域、行业集体协商工作质量，全区建会企业集体协商建制率保持为95%。落实区、市、县三级预警机制，定期会商解决突出问题和风险隐患，维护劳动关系和谐稳定。

【职工维权服务】2021年，自治区总工会建立困难职工精准帮扶长效机制，深化结对帮扶工作。叫响做实“建档帮扶”“送温暖”“金秋助学”“工会班”等工会品牌服务项目，实现5.9万户困难职工解困脱困，解困脱困率达到96%。开展法律政策宣讲515场次，受理法律援助305件。实时跟进就业服务，开展“迎春送暖·稳岗留工·返岗就业”等就业创业活动，帮助上万名职工成功就业。统筹推进企业职工健康行动，联合自治区财政厅、人社厅、文旅厅印发《关于加强职工疗休养工作的意见(试行)》；开通职工医疗互助网上申报系统，23.4万名职工参加，为近4000名职工减轻医疗负担905万元。将健康企业建设和“安康杯”竞赛活动紧密结合，最大限度消除安全生产隐患。

【基层组织建设】2021年，全区新建工会组织829个，发展会员8.3万名，其中就业形态工会组织125个，会员2.4万名。新建“职工之家”示范单位131个、“会站家”一体化服务阵地24个、“爱心妈咪小屋”75个。建成户外劳动者服务站370个，其中10个被全国总工会评为“全国最美户外劳动者服务站”，贺兰县电商物流园劳动者服务站为货车司机、快递员等群体提供贴心服务，吸引3100余名新就业形态劳动者加入工会的做法，得到全国总工会的肯定，经验在全国推广，新闻联播予以报道。制定《基层工会规范化建设细则》《关于加强乡镇(街道)工会建设实施办法(试行)》，推动基层工作整体提升。开展“公开解难题、民主促发展”主题活动和“聚合力、促发展”优秀职工代表提案征集活动，推动厂务公开民主管理工作提质增效，得到全国总工会调研检查组肯定。实施工会干部政治能力和业务能力提升工程，持续加强社会化工会工作者管理，实行岗位等级竞聘，轮训500余人，公开招考聘用76名社会化工会工作者，为基层输入新动能。制订《宁夏工运事业和工会工作“十四五”发展规划》。

(张国铭)

共青团宁夏回族自治区委员会

【政治建团】2021年，自治区团委持续强化理论武装，坚持以习近平新时代中国特色社会主义思想统揽共青团工作，及时跟进学习习近平总书记最新重要讲话精神，深入系统学习中共十九届六中全会精神，坚持书记班子带头学、机关干部全面学、读书班重点学、培训班系统学，持续深化“第一议题”制度，坚持在学懂弄通做实上下功夫，引导全区各级团组织和广大青少年切实用党的创新理论武装头脑、指导实践、推动工作。坚持党的全面领导，始终把党的全面领导作为共青团工作的最高政治原则，坚决维护党中央权威和集中统一领导，自觉在自治区党委和团中央领导下统筹推进各项工作，严守政治纪律和政治规矩，严格落实意识形态责任制，坚定执行重大事项请示报告制度，自治区党委巡视反馈的32个问题逐项推进整改落实。坚决落实重大部署。深入落实习近平总书记考察宁夏重要讲话精神，紧紧围绕黄河流域生态保护和高质量发展先行区建设使命，带领全区各级团组织和广大团员青年踊跃投身产业发展、生态建设、民族团结、社会治理一线，全面提升共青团对中心大局的贡献度。

2021年5月18日，自治区团委开展“宁夏希望工程健康守护——中高考考前心理辅导活动”走进红寺堡第四中学

【青少年教育引导】2021年，自治区团委面向青少年开展讲好党的故事、革命故事、英雄故事党史学习教育，团结带领广大青少年与党同心、跟党奋斗。印发《分类学习指引》《学习资料清单》，召开全区各界青年座谈会、研讨会等8次，动员全区1.6万个团支部、46.1万名团员，1.4万名少先队中队、71.1万名少先队员全面开展组织化学习。创新教育形式，培训青年讲师、红领巾巡讲员415人，深入全区各地开展宣讲4686场次。利用媒体平台发布“青年大学习”“红领巾爱学习”等线上主题团队课160余期、制作文化产品60余条，参学1800万人次。引领青少年铸牢中华民族共同体意识。举办“传承党的百年光辉史基因　铸牢中华民族共同体意识”专题培训班，培养宣讲骨干400余人。把铸牢中华民族共同体意识作为共青团干部、少先队辅导员、青年马克思主义者培养工程等培训的重要内容。开展“共同书写悠久历史”“共同创造灿烂文化”主题微宣讲和无神论教育，实施“互联网+铸牢中华民族共同体意识”行动，开展“石榴籽一家亲”主题团队课，不断夯实文化认同、思想认同、情感认同。引领凝聚青年服务发展大局。

【青少年实践活动】2021年，自治区党委印发《全区青年投身“9个重点产业”“十大工程项目”“四大提升行动”10条措施》，号召全区广大青年在先行区建设中发挥生力军作用。自治区团委引领开展青少年生态环保实践，植树造林1300亩。投身基层治理，组织1290名西部计划志愿者投身基层一线，动员317支实践团队、3300余名大学生到基层开展“三下乡”社会实践。广泛动员青年投身创新创业，组织百名青年致富带头人赴闽浙豫等地推介产业，对接项目10个，落地6000多万元。举办全区青年创新创业大赛，围绕枸杞、葡萄酒等自治区重点产业设置项目类别，300余个项目、1000余名青年同台竞技、互学互促。举办“振兴杯”全区青年职业技能大赛，8支优秀团队和10名青年技术能手入围全国大赛。19个项目团队或个人获奖，6名青年获首届“全国乡村振兴青年先锋”称号。开展全区青少年投身先行区建设践诺活动，动员青年文明号、青年突击队等联动发力，引领青年在实践中长志气、强骨气、厚底气。积极投身疫情防控，招募1.9万名青年志愿者，组建482支青年突击队，动员290个青年文明号集体，冲在疫情防控、能源保供、中阿博览会等一线。深化“我为群众办实事”实践活动，针对农村青年致富带头人培育、移民青年社会融入等12个方面具体问题，落实创业就业精准帮扶、青少年生态环保实践、“爱在社区”志愿服务等18项举措。募集款物115万元，支援兄弟省（区）防汛救灾和灾后重建，为受灾青少年提供学习、生活资助。组建336人的青少年心理志愿服务团队，通过12355热线等开展心理疏导。紧急划拨特殊团费27万元，募集生活和医疗专项物资29万余元，全力保障一线工作人员和志愿者抗击疫情。团中央书记处第一书记贺军科作出批示：表扬自治区团委，这就是学党史、见行动的具体体现，就是抓基层、作贡献的现实载体。

【服务青少年】2021年，自治区团委推动“希望工程”转型升级，实施青年致富带头人培育、技能人才培训等移民帮扶项目提升移民致富；实施青年就业、返乡创业等兴业助农项目提升居民收入；实施青春期心理自护、中高考心理解压等助学育人项目提升教育质量；实施大病疾患救助、科学预防“小眼镜”“小胖墩”等健康守护项目提升健康水平。统筹运用行业领域带动帮扶、爱心善款资助，全年希望工程募集款物3760余万元。募集资金900万元成立宁夏青少年科技创新基金，用于科普教育、科研资助等，增强青少年创新意识和能力。在易地扶贫搬迁安置社区实施11个青少年社会公共服务项目，试点开展5个“青少年零犯罪零受害社区（村）”建设项目。组织高校毕业生招聘会7场，动员宁夏青年企业家协会会员等，提供就业实习岗位5700余个。

【基层团组织建设】2021年，自治区团委持续深化共青团改革，推进全国县域共青团基层组织改革试点、中长期青年发展规划实施县级试点、社区青春行动试点任务，联合自治区党委改革办等单位召开专题会议全面部署推进。推进基层团组织建设，自治区党委修订《关于加强和改进新时代党建带团建　凝聚青年投身先行区建设的意见》，成立区属国有企业团工委和司法行政系统团委，筹建消防救援系统团委，新建非公企业团组织439个、社会组织团组织70个。一体落实青联、学联学生会改革要求，支持其依据各自章程开展工作。落实全团抓学校要求，充分发挥区、市、县三级教育团工委作用，指导全区95%的中学成立团校，学校共青团、学生会改革评估全面完成，高校学生会满意度为94%以上。自治区党委印发《关于全面加强和改进新时代少先队工作的实施意见》，在全区90%的中小学校建立标准化队室，全部小学推进少先队员“分批入队”。少先队社会化工作实质性展开，试点建立25个社区少工委，挂牌命名17个校外少先队实践教育基地。

（王　德）

宁夏回族自治区妇女联合会

【思想政治引领】2021年，自治区妇联扎实推进党史学习教育，开设《宁夏女儿学党史》《话心声给党听》《红色故事我来讲》等专栏，开展“党的声音进万家”“七百户家庭接力”等主题宣讲，举办专场文艺演出、故事演说和广场舞大赛等活动，教育引导广大妇女知史爱党、知史爱国，传承党的百年光辉史基因、铸牢中华民族共同体意识。全年开展线上线下宣传宣讲4700余场次，覆盖群众30万人次，全区27人分获全国“三八红旗手”、全国“巾帼建功标兵”、“全国妇女维权工作先进个人”，51个集体分获全国“三八红旗集体”、全国“巾帼建功文明岗”、“全国妇女维权工作先进集体”。

【妇女创业就业】2021年，自治区妇联实施“乡村振兴巾帼行动”，推行线上审批方式，发放农村妇女创业担保贷款13.88亿元，支持1.31万名农村妇女发展特色产业。实施“农村妇女素质提升计划”，1.12万人次参加专项培训，银川市、中卫市2个基地被认定为“全国巾帼现代农业示范基地”、3名创业妇女成为全国“巾帼新农人”典型。加强闽宁妇联协作，搭建10个巾帼直播间，开展消费帮扶直播带货1419场，成交金额1700多万元。举办宁夏第二届“一带一路”妇女手工项目成果展，参加沿黄九省（区）“巾帼好品”展，联合相关厅局开展四项双创赛事，涌现一批优秀创业妇女带头人和巾帼创业项目。建立首个宁夏巾帼家政实训基地，对7200余名家政从业人员开展职业技能培训、从业资格专业鉴定，在春节、重阳节等节日节点为困难家庭服务64场次，覆盖1600多个家庭。打造培育

2021年10月15日，自治区妇联在兴庆区中寺社区开展重阳节敬老——“好宁嫂”巾帼家政服务进社区活动

"好宁嫂"巾帼家政品牌并在全区开展宣介推广活动。

【家庭家教家风建设】2021年，自治区妇联开展"颂百年风华 传红色基因"家庭亲子阅读及夏令营等活动，组织"颂党恩 传家风"党员家庭接力宣讲，共组建宣讲队伍65支，宣讲740场次覆盖7万多个家庭，并在各类播放家风家教宣传片7500次，全区17户家庭获全国"最美家庭"。启动健康家庭创建工作，制订《宁夏健康家庭标准（试行）》，开展"巾帼健康行动"百场宣讲，联合命名148户自治区健康家庭示范户。制订《宁夏指导推进家庭教育的五年规划（2021—2025年）》，培训家庭教育工作者8500人，举办"家庭家教家风与基层社会治理"研讨会，探索建立"妇联牵头+部门联动、社会组织+志愿服务、社区阵地+学校资源"的工作模式。

【妇女儿童维权与服务】2021年，自治区妇联完成2011—2020年宁夏妇女儿童发展规划终期评估，各项目标基本实现，广大妇女平等发展、全面发展得到持续推进，广大儿童健康发展、全面发展得到优先保障。编制《2021—2030年宁夏妇女儿童发展规划》，推动妇女儿童发展和家庭建设相关内容纳入自治区"十四五"规划纲要与专项规划。加强婚姻家庭矛盾纠纷化解，建立"村+社区"婚姻家庭问题观察点，开发上线"妇联在你身边"维权小程序，县级以上妇联共调解婚姻家庭矛盾1193件（次），在平安宁夏创建考核中获得优秀等次。联合相关部门出台侵害未成年人案件强制报告制度、未成年被害人"一站式"取证和救助工作机制等方面的规范性文件，从源头上为女童安全保驾护航。建立宁夏首个"妇女儿童法律援助维权岗"，实施"中国妇女法律援助行动"项目援助76人。启动"八五"普法，开展《民法典》、"反家庭暴力法 抵制高额彩礼"等宣讲88场次。推动妇女"两癌"救助持续纳入自治区民生实事，争取资金752万元，为1122名"两癌"患病及特殊困难妇女提供救助和关爱，683名患病妇女获得保险理赔2033.3万元。筹集公益资金2435万元，实施"春蕾计划""恒爱行动""母亲小额循环"等各类惠民项目28个，受益妇女儿童1.3万名。疫情期间，动员4.6万名妇联干部和巾帼志愿者投入抗疫服务，筹集各类物资140余万元支援抗疫一线，切实为妇女儿童送去党和政府的关怀与温暖。

【基层组织建设】2021年，自治区妇联开展"基层党建全面提升年"活动，机关4个党支部被评定为四星级党组织。完成全区乡镇（街道）、村（社区）妇联组织换届，4.9万余名各行各业优秀妇女担任执委；乡镇（街道）妇联主席全部由同级党政领导班子中的女性担任，专职副主席由在编女性干部担任；新一届村委会成员中女委员、女村主任占比为36.9%、9.83%，较上届分别提高12.9%和7.5%，99.8%的村（社区）妇联主席进村"两委"。整合300万元资金实施"双培双带"项目，培育60名村妇联主席成为村级组织带头人和农村致富带头人；探索实施"提升基层妇女参政议政能力和妇联组织力"项目44个，大力培育基层妇女"领头雁"和先进基层妇联组织。

（郝海莉）

宁夏回族自治区文学艺术界联合会

【庆祝中国共产党成立100周年】2021年6月19日，"伟业：庆祝中国共产党成立100周年书法大展"在中国国家博物馆开幕，宁夏书法家宋琰、陈国鸿、马雪宝、潘志骞创作的书法作品应邀在第二篇章"崇高信仰"中展出。6月21日，由自治区文联、宁夏曲杂协、盐池县文化旅游广电局联合制作播出的以盐池县红色革命故事为背景的三十回微评书《盐池红色故事》，通过宁夏文艺志愿服务中心官方抖音号、宁夏文艺志愿服务中心官方百家号、"黄河云视"App等多媒体渠道开始播送。6月23日，自治区文联举行"庆祝中国共产党成立100周年"表彰会，向"光荣在党50年"的6位老党员颁发了纪念章，表彰了2021年度优秀共产党员、优秀党务工作者和先进党支部。6月29日，由自治区党委宣传部、自治区文联共同主办，宁夏书协、美协、摄协、民协和宁夏报业传媒集团承办的"美丽新宁夏 翰墨颂党恩——庆祝中国共产党成立100周年书法美术摄影民间工艺作品展"在银川国际会展中心开幕，由中国文学艺术基金会中国文学艺术发展专项基金资助的全景展厅同步上线。

【文艺展览展演】2021年1月14日，由自治区文联、宁夏文史研究馆主办，宁夏博物馆、宁夏书协承办的"艺无涯——马学智小字书法探索展"在宁夏博物馆开展。展出的170余件作品，是马学智致力于小字书法研究近20年的一次阶段性总结，也是书法实用性与艺术性相融合的一次探索性书展。1月，自治区党委宣传部、自治区文联开展"塞上江南 美丽宁夏"摄影作品征集活动，共征集到2343幅摄影作品。经评审，评选出优秀组织奖5个，一等奖5幅，二等奖10幅，三等奖20幅，优秀奖50幅。4月12日，宁夏第十三届书法篆刻临摹展（网络展）优秀奖作品在宁夏书协、宁夏日报艺术风尚微信公众平台展出。展览共收到来自全区各地的743件投稿作品，经评审，10件作品获优秀奖，216件作品入展。4月15日，由自治区文联、宁夏摄协主办，彭阳县文联承办的“宁夏第十届摄影作品全区巡展”首展在彭阳县博物馆开幕。展览通过197幅（组）作品，以影像的方式反映改革开放以来宁夏在经济繁荣、民族团结、环境优美、人民富裕脱贫攻坚全面建成小康社会取得的成就，集中展现了五年来宁夏摄影艺术水平和创作成果。9月17日，由自治区文明办、自治区文联主办的宁夏2021“传统文化进校园”系列活动在海原县关桥中学启动，文艺工作者走进校园、深入课堂，开展形式多样的文艺活动，弘扬传承中华优秀传统文化，培育和践行社会主义核心价值观，让学生在实践中体悟中华优秀传统文化的博大精深和独特魅力，增强广大青少年知党爱党、知党爱国热情，提高了他们的民族自豪感、文化认同感。10月25日，由自治区文联、文史馆主办，宁夏美协承办的“岁月如歌——宁夏80岁老画家作品展”在银川美术馆开展，展出11位80岁以上老艺术家作品110件。

【文艺赛事】2021年4月29日，第十三届中国音乐金钟奖钢琴、古筝、声乐比赛（宁夏）选拔评审会在银川市举行，全区4个专业共48名选手报名参加选拔活动。通过评审，评选出钢琴选手2名、古筝选手2名、声乐（美声）选手3名、声乐（民族）选手3名，共10名选手，选手于6月初，代表宁夏参加“第十三届中国音乐金钟奖钢琴、古筝、声乐（美声、民族）全国选拔赛”，并举办“深情的旋律——第十三届中国音乐金钟奖宁夏参赛选手专场音乐会”。5月，宁夏剧协在银川市举办的第三届宁夏小戏小品评奖活动，6人获得等次奖，10人获得优秀奖。7月9日，由自治区文联主办，宁夏音协承办，宁夏人民剧院协办的“学党史 颂党恩 办实事‘奏响华章 童心向党’——2021中国音乐‘小金钟’全国琵琶展演（宁夏区）选拔活动”在宁夏人民剧院小剧场举行，全区27名选手参评。7月27—28日，由自治区文联主办，宁夏舞协、宁夏国际标准舞总会承办，5个地级市舞蹈家协会协办的2021中国·宁夏国际标准舞精英赛暨宁夏代表队选拔赛在银川市举行，区内外57支代表队的2000多名选手参赛。

【重要会议】2021年3月5日，自治区文联第八届第四次全委会在银川市召开。会议传达学习有关会议精神、通报全委会委员变更情况、表决通过秘书长更替人选、成立宁夏文艺志愿服务总队，自治区纪委监委驻宣传部纪检监察组组长王振升出席会议授旗并讲话。自治区文联党组书记、副主席崔晓华作题为《担当新使命 奋斗新征程 推动全区文艺事业高质量发展》的工作报告，自治区文联主席杨洪涛主持会议。12月3—5日，自治区文联第八届第五次全体委员会议在平罗县召开，会议通报委员变更情况，通过《宁夏回族自治区文学艺术界联合会补选第八届委员会副主席选举办法（草案）》，补选黄明旭为自治区文联第八届委员会副主席。

【文艺人才研修培训】2021年3月23日，由自治区文联主办，宁夏文学艺术院、同心县文联承办的“第14期《朔方》改稿班”在同心县开班。经修改，部分作品将刊发于《朔方》第6期“同心作家作品专辑”。4月23—26日，宁夏文学艺术院在原州区举办第19期文艺（散文）研修班暨第15期《朔方》改稿班，40名学员参加学习。经修改，部分作品刊发于《朔方》第8期“固原作家作品专号”。5月5日，自治区文联第三期艺术高研班（小楷班）在灵武开班。小楷高研班的培训时间从5月5日至11月5日，邀请中国书协理事、宁夏书协副主席、银川市书协主席刘银安担任授课老师，采取“网络+面授”的教学方式，共有12名学员参加该次高研班。7月15—18日，由自治区文联主办，宁夏文学艺术院、宁夏文艺评论家协会承办的全区文联第3期新文艺群体培训暨第20期文艺（评论）研修班在银川市举办。区内多个文艺门类的50名学员参加了新文艺群体培训班，全区高校、研究所、文化单位、基层评协的33名宁夏评协会员，以及甘肃、河北的4名学员参加了文艺评论研修班。培训研修期间，河北评协与宁夏评协举行了两省（区）友好协会签约仪式，将在评论家互访、刊物交流、人才培养、新媒体与网络文艺评论等方面加强合作。7月19—23日，由中国舞协、教育部体育卫生与艺术教育司主办，宁夏舞协、银川市教育局承办的全国中小学舞蹈教师培优计划2021年度宁夏站培训实施，线上课程参训学员累计达到3万人次，77人参加线下培训，为宁夏中小学舞蹈教师提供了包括舞蹈理论、创编、健康、教学实践以及宁夏传统舞蹈文化等全方位的培训及展示平台。12月6—8日，由自治区文联主办，宁夏作协承办的“文学宁夏·2021春秋改稿会”在银川市开班。全区青年作家、文学爱好者40余人参加改稿会。

【文艺志愿活动】2021年3月25日，由自治区文联主办，宁夏文艺志愿服务中心、宁夏摄协、宁夏书协承办的2021宁夏文化科技教育卫生“三下乡”暨“我为群众办实事”集中示范活动在大武口区长胜街道龙泉村文化广场启动。自治区文联开展了“六个一心连心”文艺惠民活动。文艺志愿者为群众拍摄赠送全家福、书写书法作品。自治区文联党组书记、副主席崔晓华参加活动。5月1—31日，自治区文联组织各文艺家协会和5个地级市文联开展为期一个月的“学党史、传精神、跟党走——宁夏文艺志愿者在行动主题月”活动。活动在“互联网+文艺志愿服务”工作模式的基础上，突出志愿服务活动主题性、时代性、创新性和互动性，依托抖音、西瓜视频、百家号等平台，制作发布56条内容丰富、形式多样、录制精美的小视频，点击量达6.2万人次，通过云端将文艺课程、文艺展览展演送至千家万户。举办“学党史·传精神·跟党走”——宁夏文艺志愿者在行动文艺惠民演出暨乐漫光影《红色畅想》交响音乐会。整合各文艺家协会和5个地级市文联资源，将“学党史、传精神、跟党走”——中国文艺志愿在行动、“我们的中国梦”文化进万家与自治区文联“到人民中去”文艺志愿服务月有机结合，开展慰问演出、辅导培训、展览展示、文艺支教等内容丰富的文艺志愿服务活动，持续打造靓丽的志愿服务品牌。9月28日，为庆祝第四届“中国农民丰收节”，自治区文联，石嘴山市委宣传部，石嘴山市文联，大武口区党委、政府联合主办的“宁夏2021年中国农民丰收节文艺惠民演出”和文艺志愿服务活动，在大武口区星海镇星海村举行。自治区文联以“送欢乐下基层”文化进万家活动为牵引，以激活乡村振兴内生动力为目标，组织文艺工作者把文艺演出送到一线、送到群众身边，不断营造全面推进乡村振兴的浓厚氛围，提升广大农民的获得感和幸福感。

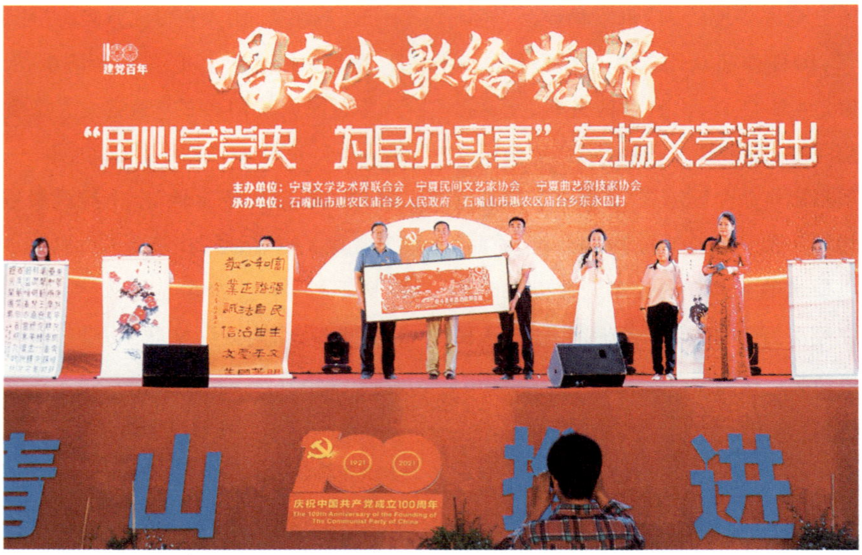

2021年7月3日，自治区文联、宁夏民协、宁夏曲杂协在惠农区庙台乡东永固村开展“唱支山歌给党听”“用心学党史　为民办实事”专场文艺演出活动

【协会活动】2021年3—9月，宁夏民间文艺家协会（以下简称“民协”）先后6次赴隆德县、彭阳县、大武口区等地开展歌谣和民间工艺田野调查与资料采集工作。5月20日，宁夏文艺评论家协会（以下简称“评协”）举办“庆祝建党百年华诞　彰显文艺评论使命”——2021年宁夏中青年文艺评论家座谈会。宁夏评协主席团、理事、会员代表共30人参加，协会主席郎伟出席会议。6月9日，宁夏评协在西吉县将台堡镇明星村，开展“六个一心连心”文艺惠民工程“我为群众办实事”文艺服务活动，向明星村赠送书画作品和图书刊物。6月15日，由宁夏曲艺杂技协会（以下简称“曲杂协”）副主席兼秘书长唐志刚带队，组织曲艺专家赴青铜峡演艺集团针对宁夏小曲曲调单一等问题，开展宁夏小曲《狱中阳光》创排和剧本修改工作。6月21日，宁夏摄影家协会（以下简称“摄协”）在中卫市举办第28届全国摄影艺术展投稿交流活动。宁夏摄协副主席兼秘书长吴建新为30多名中卫摄协会员和爱好者讲解分析了第27届全国摄影艺术展获奖作品。宁夏摄协副主席葛世卿、主席团委员王建波与中卫市摄协会员及爱好者作现场交流。6月21日，宁夏书法协会主席宋琰带领副主席、理事及会员一行8人，到西吉中学开展“学党史　办实事”书法进校园活动。6月22日，宁夏第十届摄影艺术作品展全区巡展第二站在中卫市沙坡头水镇开幕。7月3日和10月11日，宁夏民协为将“六个一心连心”文艺志愿服务引向深入，带领文艺志愿者走进惠农区庙台乡东永固村、青铜峡市，在群众家门口、在校园里组织“唱支山歌给党听”文艺演出活动。7月21日，由宁夏曲杂协选送的由郭克文表演的山东快书《田阿姨买鸡》，王砚晨、吴砚萌表演的相声《节日趣谈》和银川艺术剧院表演的小品《今天我休息》参加在兰州市举办的第四届西部曲艺展演。7月30日，庆祝中国共产党成立100周年美术主题创作研讨会在银川市召开。研讨会围绕“美丽新宁夏　翰墨颂党恩——宁夏回族自治区庆祝中国共产党成立100周年书法美术

摄影民间工艺作品展”10幅大型美术主题创作作品，邀请画家和评论家进行了全方位回顾与品评。9月15—18日，宁夏民协在海原县举办宁夏文联第22期文艺（刺绣）研修班，区内60名学员参加学习培训。其间带领文艺小分队赴海原县关桥乡观桥中学、史店小学组织开展“传承优秀传统文化　民间文艺进校园”文艺演出及民间工艺美术培训活动。9月24日，宁夏文艺评论创研基地揭牌仪式暨“石嘴山散文诗歌创作发展”研讨品读会在宁夏理工学院文学与艺术学院举行。9月25日至10月10日，宁夏美术家协会主办的“第六届宁夏版画展”在银川美术馆展出，共展出作品100余幅。10月12日，由宁夏曲杂协选派的曲艺演员洪艳参加“2020年第四届中国盐城全国乡村优秀曲艺节目交流展演”。10月30日至11月17日，宁夏摄协号召区内摄影家“聚焦瞬间　以艺抗疫”，将镜头对准医护采集人员、社区党群工作人员、各机关单位志愿服务人员、广大公安干警，创作、记录反映在党的坚强领导下坚决打赢疫情防控阻击战中所涌现的人间真情、温暖人心的感人瞬间。11月22日，由宁夏影视协会选送的微电影《追梦》获中国文联、国家乡村振兴局、中国电视艺术家协会、国家图书馆、福建省文联组织的新时代小康纪实影像征集典藏活动最佳作品奖，被国家图书馆收录。

【文艺精品创作】2021年4月2日，段鹏举、火会亮、孙艳蓉合著的长篇报告文学《大搬迁》一书入选国家新闻出版署发布的《2020年农家书屋重点出版物推荐目录》。该书从输血扶贫、造血扶贫，全社会初步消除贫困、共同迈进小康社会三个阶段，展现了自治区党委和政府在脱贫攻坚战中，通过生态移民的方式，将南部干旱地区123万人民搬迁至适合于生活和生产地区的伟大创举，见证并践行了“绿水青山就是金山银山”生态理念。5月28日，宁夏作协组织作家季栋梁、火会亮、单永珍、彦妮撰写的长篇纪实文学作品《六盘山上高峰》初稿完成，该书入选2021年中宣部重点出版项目。6月1日，由自治区文联启动，宁夏文学艺术院组织20多位专家编撰的《宁夏文学史》《宁夏艺术史》，历时五年，结集出版。《宁夏文学史》70万字，彩插精装，分为诗歌、散文、小说、文学研究与批评、儿童文学与纪实文学五卷。《宁夏艺术史》80万字，全彩精装，分为戏剧、音乐、舞蹈、美术、书法、摄影、民间文艺、曲艺杂技、电影电视、艺术评论十卷。10月，2021年宁夏重大题材创作项目出版长篇作品10余部，其中王佐红的《下口外》、我本疯狂的《铁骨铮铮》、季栋梁的《苦下到哪达哪达亲》、马慧娟的《黑眼湾》等产生了良好的社会反响。敕勒川的诗集《我在人间挺好的》、曹海英的长篇非虚构作品《黑色版图》等作品入选自治区重大题材创作项目。

【调研考察与采风创作】2021年4月14日，自治区文联、宁夏摄协组织开展红色文化采风活动，参观固原市彭阳县乔家渠毛泽东长征宿营地、中共红河支部旧址等红色遗址，接受革命教育。当晚，宁夏摄协在彭阳县摄影家协会活动中心开展摄影培训讲座。5月6—8日，由中国舞协分党组成员、副秘书长柳斌率中国文联舞蹈艺术中心、中国舞协、中国铁路文工团组成的调研组到固原市考察了解“新农村少儿舞蹈美育工程”教学成果及文艺志愿服务开展情况。在原州区黄铎堡老庄小学，举行了由中国舞协、自治区文联、宁夏舞协、固原市文联、原州区教育体育局等单位共同承办的“‘共筑中国梦·温暖农村娃’新农村少儿舞蹈美育工程——少数民族舞蹈课堂支教成果”汇报演出。5月17—21日，中国舞协、自治区文联、宁夏舞协“深入生活、扎根人民”舞蹈名家采风团到宁夏开展采风创作。活动系响应中宣部、中国文联等五部委号召在文艺界开展“深入生活、扎根人民”主题实践活动，同时为建党百年献礼的“各族儿女心向党”歌舞晚会作品汲取创作灵感，也是自治区文联、宁夏舞协“党史学习教育——我为群众办实事”的生动实践。中央民族歌舞团、中央民族大学舞蹈学院、上海戏剧学院舞蹈学院等舞蹈名家及宁夏中青年舞蹈创作骨干一行20余人参加。

【文学艺术获得奖项】2021年4月9日，青铜峡作家之家青年文学创作人才培养、西吉县文联中小学文学艺术培训入选中国作协文学志愿服务示范性重点项目。5月20日，以真实事件改编，反映自治区文联驻村工作队脱贫攻坚的微电影《心灯》，获得自治区党委宣传部组织的“全区第六届社会主义核心价值观微视频大赛”一等奖。7月16日，中国西北音乐节第五届“熊猫音乐奖”佛坪流行音乐邀请赛在西安市闭幕。宁夏选手高原获得比赛二等奖，李宁、李玉分别获得优秀奖。7月23日，“2021中国青岛合唱大会”在青岛市开幕。宁夏音协选送的宁夏大学银川校友合唱团获“杰出贡献合唱团队”一等奖。8月12日，第25届“中国少儿戏曲小梅花荟萃”终审结果揭晓，由宁夏剧协选送的卢籽伊获（个人项目）京昆组业余B组“小梅花”称号。9月10日，由自治区文联推荐的王志洪、“六个一　心连心”文艺惠民工程和利通区古城镇秦桥社区分别入选由中央文明办三局(全国志愿服务工作协调小组办公室)与中国文艺志愿者协会共同主办的首届学雷锋文艺志愿服务先进典型“最美文艺志愿者”“最美文艺志愿服务项目”“最美文艺志愿服务社区”。9月14—18日,《朔方》2021年第7期“庆祝中国共产党成立100周年作品专号”入选由中共中央宣传部、北京市政府主办的第28届北京国际图书博览会(BIBF)“2021中国精品期刊展”。2021年《朔方》原发作品被转载收录26次,为同类期刊之首。11月25日,由宁夏舞协选送的舞蹈《踏别的腔子热着呢》《公婆戏》入选第二届“中国舞蹈优秀作品集萃”。12月22日,由宁夏舞协推荐的原创作品《乐陶娃》获第十一届“小荷风采”全国少儿舞蹈展演“小荷之星”荣誉称号(金奖)。

【改革创新】2021年5月12日,自治区文联在永宁县闽宁镇举行首批“文艺创作基地”挂牌仪式。5月15日,全新改版的自治区文学艺术界联合会官方网站——宁夏文艺网正式上线,该次改版建设,是自治区文联贯彻国家“互联网+”行动计划和中国文联“互联网+文艺”规划建设要求,推进自治区文联网络与信息化建设的一项重要工作,在中国文联网络文艺传播中心支持下,网站改版升级同时设计开发了“宁夏文艺界”App和自治区文联会员管理系统,基于网站的移动互联网端和更标准化、科学化的会员管理体系搭建完成,标志着“互联网+宁夏文艺”取得阶段性建设成果。

【文艺研讨交流】2021年9月8日,由自治区文联、湖南省文联联合主办的第三届湖南文化艺术周宁湘两地脱贫攻坚书画展在宁夏人民剧院开幕。10月9日,山东书法家协会、宁夏书协“结对子·共发展”合作签约仪式在银川市举行。这是中国书法家协会为加强全国各省级书协之间交流合作,稳步推进东西部书法事业协调发展,在党史学习教育期间开展“我为群众办实事”实践活动的一项重要举措。鲁宁结对是首批8个对子之一。为配合活动开展,由中国书协副主席、山东书协主席顾亚龙主讲、山东书协常务副主席孟鸿声讲授的公益书法讲座在宁夏大学举行。在宁夏大剧院展厅组织现场书法交流会,来自山东书协的五位书法家现场为宁夏作者进行点评指导。山东书协向宁夏书协赠送了书法用品。

(邢　坤)

宁夏回族自治区科学技术协会

【服务宁夏发展】2021年,自治区科协立项16个重点课题研究,引导科技工作者围绕自治区9个重点产业、“四大提升行动”,为党委、政府科学决策提供服务。编辑出版《宁夏科协》6期、《科技决策咨询》5期。充分发挥政协科协界别委员作用,开展界别活动1次,提交提案2件,上报社情民意16条,采用9条。开展全域科普工作,印发《关于推进全域科普工作的实施意见》,是全国第二个出台全域科普实施意见的省份。自治区科协发挥牵头单位职责,会同成员单位,努力构建全领域行动、全地域覆盖、全媒体传播、全民参与共享的科普工作新格局。开展新时代文明实践中心建设,动员市县科协、全区学会广泛开展科技志愿服务“智惠行动”,共组建各类科技志愿服务队伍850余支,招募科技志愿者2万余名,开展各类科技志愿服务活动1600余场次。宁夏科技志愿服务总队被评为“自治区学雷锋志愿服务先进志愿服务组织”。开展科技助力乡村振兴行动,举办以“科技实践为民　助推乡村振兴”为主题的科技专家集中服务活动,与自治区党委组织部联合开展“抓党建促乡村振兴大宣讲”活动,受益群众达到10万余人次。建设科技小院4个。做好定点帮扶工作,选优配强驻村帮扶工作队员,助力乡村振兴。开展2021年中国创新方法大赛宁夏选拔赛和“科创中国”企业创新达人推选活动。举办一线创新工程师能力提升培训班2期,帮助企业解决生产技术难题19项。

【“科创中国”宁夏行动】2021年,自治区将“科创中国”建设纳入科技创新“十四五”规划。推动银川市出台创新枢纽城市建设工作方案,安排财政资金2000万元设立“科创中国”专项,设立创新创业投资基金,带动科创、科普同频高效发展。协调中国科协专家服务团31位院士专家、10家全国学会、8支宁夏科技服务团队,常态化开展科技服务活动。建成“科创中国·宁夏中心”和银川试点平台,建立项目库、问题库、专家库,发布科技成果616项、需求185项,组织机构入驻216家、科技专家入驻237人,发布资讯1300余条,组织进行线上线下科技转化对接服务和交易。推动银川市创新枢纽城市建设。举办中国(银川)葡萄酒产学融合高质量发展论坛和助力宁夏装备制造业高质量发展论坛,建设“科创中国”葡萄酒产业产学融合(宁夏)全国科普示范基地,助力银川市高质量发展。宁夏实施“科创中国”工作经验在“科创中国”2021峰会上作典型发言。

【院士专家宁夏行活动】2021年,宁夏充分发挥科协组织引才聚智的作用,持续开展东西部人才交流合作。开展江苏、福建“院士专家宁夏行”活动,邀请8名院士、28名高层次专家到宁,开展学术

2021年10月16日，2021"科创中国"产学融合会议中国（银川）葡萄酒产学融合高质量发展论坛在银川市举行

研讨10场，交流研讨30场，举办报告会19场，开展技术指导55次，达成合作意向23项。院士专家对宁夏枸杞深加工、菌菇种植等提出的建设性意见，得到自治区领导高度重视并推动落实。"院士专家宁夏行"工作经验入选"中国科协地方科协改革典型案例"。

【学术交流】2021年，宁夏围绕建设黄河流域生态保护和高质量发展先行区，举办第一届宁夏博士论坛、宁夏化工新材料发展论坛、助力清洁能源产业高质量发展论坛、宁夏枸杞产业高质量发展论坛等高端学术活动，邀请7位院士、135位区内外专家，开展调研对接和科技咨询服务，53.29万人次在线参加论坛。联系对接中国医师协会等5个全国学会在宁夏举办高端学术会议和转化对接服务。通过项目支持学术交流活动24项。全区学会举办各类学术交流150余场次，共邀请15位院士、500余位专家到宁夏参加学术交流活动和开展科技服务，3.5万余名科技工作者参加活动。组织开展第十六届自然科学优秀学术论文推选工作，推选优秀学术论文347篇。

【全民科学素质规划】2021年，自治区将全域科普工作和促进公民科学素质大幅提升纳入自治区"十四五"规划纲要。宁夏在全国率先印发《宁夏回族自治区全民科学素质行动规划纲要实施方案（2021—2025年）》，并开展"健康宁夏"、2021年科技活动周、2021年全区食品安全宣传周、2021年科普日、宁夏全民科学素质竞赛、典赞·2021科普宁夏、青少年机器人竞赛、青少年科学节等活动。与宁夏广播电视台、宁夏广电传媒集团等媒体合作，开设乡村大喇叭，设置科普专栏，扩大传播渠道。"科普中国"App科普信息员注册人数达到13.7万人，分享文章4143万余篇，在中国科协传播活跃榜排名第六。

【科技馆体系建设】2021年，宁夏争取中央免费开放资金3528万元，支持全区10个免费开放科技馆升级改造，提升服务能力。争取自治区财政新增"宁夏农村中学科技馆可持续项目"资金800万元，支持全区89个农村中学科技馆可持续发展。全区科普大篷车开展联合巡展活动1552场次，受益公众达到94.5万余人次。开展反邪教宣传54场次，打造反邪教警示教育阵地2个。

【学会建设与社会实践】2021年，宁夏科协印发《宁夏科协所属全区学会组织通则（试行）》《宁夏科协所属全区学会换届工作指引（试行）》。指导9家学会开展换届、52家全区学会完成年检。学会承担科技类公共服务能力得到提升，全区有18家学会承接技术标准制定、科技评估等政府购买或委托服务类项目60余项。支持成立宁夏企业科技创新服务联合会，吸引宁夏康复医学会等科技社团加入科协团体会员。加强对学会党支部的政治引领，开展学会党支部述职评议和星级评定工作，学会党的组织和党的工作覆盖率均达到100%。宁夏科协获得"全民科学素质工作先进集体""'全国科技工作者日'积极贡献奖""2021年度自治区政协优秀参加单位"等荣誉。宁夏全民科学素质网络知识竞赛被中国科协评为"2021年全国科普日优秀活动"。

【基层科协工作】2021年，银川市科协开展"科创中国"平台的推广应用工作，在科创中国平台上入驻组织（机构）189家、入驻科技专家60名；组织有关单位发布创新需求135项、科技成果415项、新闻资讯546条、技术路演3项。举办"碳达峰、碳中和"领域专业技术转移转化能力提升高级研修班暨"双碳"领域企业家创新精神培训班、宁夏装备制造业高质量发展论坛、2021"科创中国"产学融合会议"中国（银川）葡萄酒产学融合"高质量发展论坛。获得银川市委主要领导批示3项。石嘴山科协举办石嘴山市"筑梦科学家"主题月系列活动，线上同步直播互动公众达10万人次。深入开

2021年5月29日,2021年宁夏科技活动周启动仪式在银川市举行

展科普助力"双减"专项活动进校园等4项活动20个具体项目。石嘴山科技馆获"2021年度国家防震减灾科普教育基地"称号。获"2021年全国科普日活动优秀组织单位"。吴忠市科协获得中国科协第十届科普摄影大赛"全国优秀组织单位"。开展"弘扬科学精神　践行强国有我"主题科普展。完成《关于推动黑小麦产业化发展的建议》调研报告,获得吴忠市委领导批示。固原市科协加快科普信息化建设,实施"新媒体+固原科普"媒体矩阵项目,累计向全市公民推送各类科普信息646期,点击量23万人次以上。中卫市科协举办农村实用技术培训班88场次,累计受益农户8493人。围绕重点特色产业选拔科技专家331人。打造"仰望星空"科普基地,建设科普公园2个,新建科普宣传栏140余米。被中国科协办公厅评为"2020年科普中国信息员队伍建设优秀单位"。截至2021年年底,全区共有高校科协6家,园区科协9家,企业科协190家,农技协和农技协联合会191家,乡镇(街道)科协241家。

(杜　涓)

宁夏回族自治区社会科学界联合会

【概况】2021年,宁夏社会科学界联合会以"学史力行　助力黄河流域生态保护和高质量发展先行区建设"为主题,召开2021年度宁夏社会科学学术年会及分会,加强社科界政治引领,引导社会组织积极参与经济社会发展,凝聚发展合力,推动美丽新宁夏建设。召开宁夏回族自治区社会科学普及工作联席会议第一次会议,制订《宁夏社科普及活动项目管理办法》《宁夏社科普及专项资金管理办法》,持续开展社科普及宣讲队伍"进机关、进学校、进社区、进企业、进农村"活动,开展社科普及宣讲1200场次,举办全区朔方人文科学大讲堂85场次,组织开展黄河文化主题宣讲25场次。

【重要会议】2021年6月24日,宁夏社会科学普及工作联席会议第一次会议在银川市召开。会议听取宁夏社科联关于《宁夏回族自治区社会科学普及条例》颁布以来,全区社会科学普及工作开展情况汇报,审议《宁夏回族自治区社会科学普及工作联席会议成员单位分工(讨论稿)》和《2021年度宁夏回族自治区社会科学普及工作要点及任务分工(讨论稿)》。自治区副主席、联席会议召集人杨培君主持会议并讲话。9月3日,宁夏社科联组织召开全区社科界学习贯彻习近平总书记在中央民族工作会议上的重要讲话精神座谈会,传达学习习近平总书记在中央民族工作会议上的重要讲话精神,并邀请自治区党校、宁夏社科院、宁夏大学、北方民族大学、社会组织代表开展专题学习研讨交流。10月9日,宁夏社科联召开宁夏社科界"推进宁夏黄河文化传承彰显区建设"座谈会,区内大专院校和相关职能部门的地理、历史、考古、文化、规划、生态环境等方面的专家参加会议。宁夏社科联党组书记、主席杨占武主持会议,自治区党委宣传部副部长吴静参加会议并讲话。10月,宁夏社科联采取线上录播形式,以"学史力行　助力黄河流域生态保护和高质量发展先行区建设"为主题,举办2021年宁夏社会科学学术年会。自治区发改委研究员余登波、自治区党校教授霍岩松分别以《学史力行　坚定不移地推进高质量发展先行区建设》《学史力行　助力黄河流域生态保护和高质量发展先行区建设》作辅导报告,全区所属社会组织线上收看。

【社科普及宣传周】2021年6月25日,2021年度全区社科普及宣传周启动仪式在银川市民大厅举行。宁夏社科联党组书记、主席杨占武出席启动仪式并讲话。宁夏社科联党组成员、副主席刘祎出席仪式并宣读相关表彰决定,银川市委常委、宣传部部长李虹出席仪式并致辞。5个地级市社科联负责人、部分社科教育基地负责人、银川市宣传文化系统及部分机关干部群众代表参加启动仪式。宁夏地质博物馆不断探索尝试开发青少年研学体验项目，丰富科普教育内涵，利用矿物岩石小课堂、VR虚拟现实体验、专题科普讲座、科普电影展播等形式对社会各界尤其是青少年进行自然历史、生命演化、防沙治沙等知识普及。基地组织科普工作者成立志愿服务队，开展走进校园、走进乡村等系列科普活动，让博物馆实现“走出去”“动起来”的活动目的，截至2021年年底，累计走进50所中小学、3个社区、3个广场，受众5万余人。

【社科评奖】2021年，宁夏社科联启动宁夏第四届哲学社会科学突出贡献奖和宁夏第十五届哲学社会科学优秀成果奖评奖工作。共收到突出贡献奖申报材料15份（人）、优秀成果奖申报材料926项。自治区成立了以自治区党委常委、宣传部部长李金科和自治区政府副主席杨培君为主任，自治区党委和政府有关部门领导与专家学者为评委的社科评审委员会。经过申报、审核、初评、复评、终评和公示，自治区党委宣传部审核通过评出3名突出贡献奖候选人和145项获奖优秀成果。

【社会组织年检】2021年3月29日至6月30日，宁夏社科联对区本级哲学社会科学类社会组织进行2020年度检查工作，对长期不开展活动、内部管理不规范的学会提出了限期整改要求。2021年，宁夏社科联按程序组织哲学社会科学类社会组织换届4家，7家更换学会法人，并对7家长期不开展活动、不年检的社会组织报自治区民政厅注销。截至2021年年底，宁夏社科联所属社会组织共47家（其中，学会20家，协会5家，研究会12家，促进会3家，民办非企业单位7家）。

【宁夏统计学会】2021年10月22日，宁夏统计学会举办“努力推动碳达峰碳中和目标实现”专题讲座，讲座邀请自治区发改委研究员余登波围绕“双碳”概念及提出背景、实现“双碳”目标的紧迫性、努力推进“双碳”目标实现等三个方面进行系统讲述。5—6月，宁夏统计学会组织开展2020年度《统计与经济》内部资料优秀文章评选活动，共评出优秀文章35篇，并在全区会员单位范围内进行公示和通报表彰。学会编辑出版的《统计与经济》双月刊，充分发挥统计桥梁纽带和窗口作用，已成为全区统计科研、统计宣传、统计学术交流等方面的重要平台和园地，是党政领导和各行各业了解统计，获得统计信息的重要渠道。

【宁夏金融学会】2021年6月28日，宁夏金融学会举行换届及第九次会员大会，会议展示了“宁夏金融学会成立40周年”视频短片，宣读了宁夏金融学会第八届理事会工作报告，会议通过学会相关管理制度，选举第九届理事会和监事会成员，新会长闫先东代表学会发言。2021年，宁夏金融学会组织金融理论和专业知识培训，评选优秀金融科研成果，编辑出版发行金融理论研究书籍、刊物，向社会公众宣传金融政策、普及金融知识，促进了宁夏金融业繁荣发展。

【宁夏孝文化发展促进会】2021年6月8日至10月31日，宁夏孝文化发展促进会在银川市、固原市、石嘴山市开展“情暖夕阳健康行”项目活动，弘扬中华优秀传统文化蕴含的思想观念、人文精神，营造养老、孝老、助老和有利于老年人健康生活的社会环境。2020年11月至2021年8月，由自治区文明办、自治区关心下一代工作委员会、自治区文史研究馆、自治区老龄健康服务中心主办，宁夏孝文化发展促进会承办的“传承孝道文化　凝聚时代精神”暨“宁夏首届孝德文化节”项目活动，通过举办“孝文化故事经典诵读”、“微孝”摄影、书画作品展等活动，引导社会公众全面参与，鼓励社会个体尽“儿女”义务和责任，以孝道文化实现“孝敬合一”，传承中华孝道文化的同时，更能触动子女内心，呼唤亲情回归。4—12月，宁夏孝文化发展促进会开展“乐龄之

2021年7月28—30日，宁夏社会科学界联合会学习贯彻“习近平总书记在庆祝中国共产党成立一百周年大会上重要讲话精神”培训班在银川市举办

家"公益慈善项目活动,为留守、空巢独居老人提供生活照料、健康管理、心理关爱、学习教育、法律援助、安全防护等服务,关注老年健康。

【宁夏中外经济发展合作协会】2021年7月5日,宁夏中外经济发展合作协会党总支联合宁夏塞上伊佳仁清真食品有限公司看望慰问中房幸福里养老院老人,党总支副书记罗华参加慰问。所属宁夏早期教育协会积极推广、宣讲《中华人民共和国未成年人保护法》,开展各类公益讲座10余场次,对兴庆区551名困境、留守儿童、散居孤儿开展公益活动16余次,慰问留守儿童5次,深入推进困境、农村留守儿童关爱保护工作。所属宁夏爱国主义教育学会退役军人红星艺术团先后在宁夏大学、北方民族大学等高校、机关、厂矿、街道社区等以党史学习教育、"四史"教育、主题党日等活动进行文艺专场演出15场,近2万人观看演出。

【宁夏民生经济发展研究中心】2021年2月10日,宁夏民生经济发展研究中心根据疫情防控要求,采取线上形式召开理事会,传达相关文件精神,解读政策信息。8月13日,邀请中心法律顾问单位北京天驰君泰(银川)律师事务所主任及专业律师团队,就涉及民营企业经营发展的相关法律法规及地方政策进行专题讲解。

【宁夏公益文化研究会】2021年1月,宁夏公益文化研究会在银川文化城组织"迎新春书画笔会",为月牙湖乡的贫困村和中小学生写春联送画作,活动邀请自治区人大原副主任黄超雄、余今晓及抗美援朝老英雄牟元礼等10位书画家参加,月牙湖乡政府领导专程参加活动接受捐赠。7月7日,宁夏公益文化研究会组织到兴庆区海军希望小学进行调研和慰问师生活动,会长徐永富与学校老师组织座谈,秘书长段克峰与学生们进行互动交流。研究会决定与学校建立长期帮扶关系,帮助解决矛盾困难,支持乡村小学建设。7月31日,研究会在西夏区贺兰亭葡萄酒庄组织开展"守初心、促公益"贺兰亭军旅书画笔会,全区8位知名书画作家参加笔会,以此为建军94周年献礼。

【宁夏开心妈妈快乐爸爸家庭教育指导中心】2021年6月5—6日,宁夏开心妈妈快乐爸爸家庭教育指导中心在贺兰县德胜西夏幼儿园举办"以区域活动推动幼儿自主学习与发展"培训班,培训班邀请专家为银川市各民办幼儿园及普惠性幼儿园园长、教师举办讲座。主要内容有如何理解自主与幼儿的自主性;幼儿在游戏中是如何学习的;自主游戏的组织开展和相关内容的讲解;《生活·活动·经验——高质量幼儿园课程的探寻之路》主题活动案例分析,普惠政策下民办园所的生存发展之道;从招生角度看大型活动的策划与管理;解读国家科学幼小衔接政策,解决家长有效衔接焦虑;高质量的衔接管理让口碑赢在起跑线上。

(胡向宁)

宁夏回族自治区归国华侨联合会

【主要活动】2021年5月19日,自治区侨联在延安市委党校举办"全区侨界延安红色主题教育培训班",自治区侨联委员、侨务工作者和归侨侨眷代表共60人参加。学员们通过专题授课与现场教学,走进延安革命纪念馆、王家坪旧址、枣园革命旧址、宝塔山、梁家河等红色教育基地,感悟中国共产党的光辉历史,传承红色精神。6月17日,由自治区侨联、中共吴忠市委统战部主办,吴忠市侨联承办的"共庆百年华诞　共创同心伟业"暨全区侨界庆祝中国共产党成立100周年专场文艺演出在吴忠市文化馆举行,全区侨界群众300余人欢聚一堂,共庆党的百年华诞。7月26日,自治区侨联八届一次常委会议在银川市召开。中国侨联副主席、自治区侨联主席朱奕龙出席会议并作半年工作总结,副主席郑大鹏主持会议,自治区侨联八届委员会副主席及常务委员出席会议。5月1日至7月30日,自治区侨联举办4期"亲情中华·为你讲故事"网上夏令营——宁夏营活动,邀请来自美国、比利时和日本等国家的496名海外华裔青少年参加学习,通过中华传统文化浸润,将"根""魂""梦"真正融入广大海外侨胞血脉之中,不断加深海外侨胞对中华文化和祖籍国的情感认同。10月19—22日,由福建省侨联党组成员、副主席翁小杰率领的福建省侨联"闽宁协作"访问团在固原市开展项目帮扶和考察闽宁协作项目,先后参加福州市侨联和固原市侨联友好签约及帮扶项目捐赠仪式,翁小杰代表福建省侨联向固原市捐赠包括奖教助学、乡村振兴信息平台建设和慰问困难侨眷等在内的项目资金50万元,向新成立的固原市侨联支持工作经费10万元,并考察了固原融侨(丰霖)肉牛生态产业园、宁夏瑞丹苑油牡丹产业有限公司、福建飞毛腿技师学院原州区分校等闽宁协作项目。访问团一行还赴六盘山红军长征纪念馆、将台堡红军长征会师纪念园开展红色主题教育活动。

【两项机制建设】2021年11月19日,自治区侨联分别与银川市侨联、宁夏大学侨联、新西兰中国国际贸易促进委员会及华侨大学宁夏校友会、华侨大学菲律宾校友会签订合作意向书。自治区侨联

2021年9月15日，固原市侨联成立暨第一次归侨侨眷代表大会召开

副主席郑大鹏、银川市侨联主席李艳丽、新西兰贸促会代表孟阳、华侨大学宁夏校友会会长张兆林出席签约仪式，华侨大学菲律宾校友会会长张穆以视频形式参加。该次签约活动旨在推动贯彻落实《中国侨联事业发展规划（2021—2025年）》《关于新时代加强基层侨联建设的指导意见》要求，扎实推动“基层侨联（涉侨社团组织）+海外华侨华人社团”“地方侨联+大学侨联+校友会”两项机制建设在宁夏全面铺开。签约仪式结束后，与会代表还就做好联谊联络工作、开展务实合作进行探讨交流。

【基层组织建设】2021年9月15日，固原市侨联成立暨第一次归侨侨眷代表大会在固原市会议中心召开。自治区侨联副主席郑大鹏，固原市委常委、统战部部长周文贵出席会议并讲话。固原市人大、政府、政协等有关领导出席会议。会议听取了固原市侨联第一届委员会筹备工作报告，选举产生了固原市侨联第一届委员会委员及主席、副主席、秘书长。自治区侨联副主席、固原市政协副主席何学虎当选固原市侨联第一届委员会主席。成立大会上还举行了捐赠仪式，宁夏侨联组织银帝集团、宁夏华祺实业集团有限公司、广东佛山豹王滤芯制造有限公司、澳门友盈集团、宁夏外事旅游汽车有限公司、宁夏荣光科技集团6家侨资企业，为固原第一中学、固原第二中学2021届优秀高三毕业生捐赠30台价值15万元的笔记本电脑。固原市侨联的正式成立，实现了全区地级市侨联全覆盖的目标。石嘴山市侨联理顺领导班子设置。宁夏大学侨联完成换届。县区基层侨联组织建设取得新突破，向新成立的金凤区侨联和西夏区侨联颁发基层侨联组织统一社会信用代码证书，保障基层侨联规范建设和科学发展。兴庆区侨联召开换届大会，全区新建成9个“侨胞之家”。

【权益维护】2021年，自治区侨联协助自治区人大常委会围绕“一带一路”和维护侨益工作在全区开展调研，争取上级部门对侨联工作的重视和支持。与自治区高级人民法院联合制定《关于开展涉侨纠纷多元化解工作方案》，并协同银川市中级人民法院共同开展全流程在线调解和诉调对接工作。联系自治区高级人民法院，协调解决拖欠石嘴山市侨企安防设备服务费等问题取得积极进展，帮助挽回经济损失600余万元，保障了侨企的合法权益。利用“全国法制宣传日”“国家宪法日”“全民国家安全教育日”等重要时间节点，组织实施“连心桥——维护华侨权益”项目，在侨法宣传、法律援助、涉侨纠纷化解等重点领域开展服务。各级侨联先后深入全区10余家社区、侨资企业和乡村，开展法律知识讲座、侨法培训10余场，发放各类普法资料1万余份，受众2000余人，切实增强了各级侨联维护华侨权益工作的主动性和实效性。

【参政议政】2021年，自治区侨联印发《自治区政协界别委员台联、侨联工作室履职制度》《自治区侨联委员活动日制度》，从制度层面入手确保参政议政和为侨服务工作有章可循、有序推进。与自治区政协港澳台侨和外事委员会、全区各级检察院开展未成年人保护工作专题界别协商活动3次。组织侨界政协委员提交提案21件，反映社情民意9篇，形成建言资政及大会发言材料33份，向中国侨联报送《侨情专报》16篇。侨联界别被自治区政协表彰为“2021年度履职考核优秀界别”；郑俊武等5名委员被评为“2021年度优秀委员”；顾长虹等4名委员获“十一届自治区政协委员优秀履职奖”。牵头完成的研究课题《新时代侨务工作助力宁夏改革开放研究》，获2021年度全区统战理论政策研究创新成果二等奖，并被中国侨联通报表扬。全国政协委员、中国侨联副主席、自治区侨联主席朱奕龙向全国政协提交提案12份，内容涵盖乡村振兴、生态环境治理、弘扬传统节日文化、优化生育政策等社会普遍关注的热点、难点、痛点问题，其中《关于推进乡村人才振兴的建议》引发社会强烈共鸣，被新华网、人民网、中国政协报、宁夏日报等多家主流媒体报道转载。

【侨界服务】2021年，自治区侨联针对服务侨界群众和侨资企业存在的短板问题，制定《归侨侨眷侨企联系服务工作制度》，开展“侨胞服务日”活动，着力提升服务实效。全年共筹措经费21.8万元，慰问全区困难侨胞和群众、侨界和社区老党员300余人，走访调研侨资企业10余家；为全区25名老归侨进行健康体检，切实把党和政府的关心关爱送到侨胞心坎上。先后组织7家三甲医院的知名专家赴银川市、石嘴山市基层社区和乡村开展义诊活动，受助群众达500多人次。注重将弘扬中华优秀传统文化、铸牢中华民族共同体意识有效融入办实事实践活动，在端午、重阳、中秋和国庆等传统节假日期间，走进全区10多个侨胞之家、敬老院和乡村，以送文艺节目、送慰问、送温暖等形式，先后开展“端午粽飘香、侨心永向党”“翰墨铭初心、剪纸述党史”等各类群众性文化宣传主题活动10余场，受众达700多人次。组织爱心侨企开展“夏日送清凉”活动，慰问消防队员、公安干警和武警官兵360余人。

【公益援助】2021年，自治区侨联实施“侨爱心工程”，协调中国华侨公益基金会和浙江新华爱心教育基金会，引资127.5万元在宁夏育才中学、固原第一中学持续捐建“珍珠班”“正佳侨心班”“东井圆树人班”，惠及全区270名优秀贫困学生。动员全区侨界捐款20.8万元援建“华侨冬奥冰雪博物馆”，以实际行动助力北京冬奥会。对接澳大利亚魏基成慈善机构，向全区困难群众捐赠御寒冬衣4816件，棉被200件。组织6家爱心侨企为南部山区40名优秀贫困高三毕业生捐赠价值20万元笔记本电脑。联合中卫市公安局、爱心侨企为中宁县九年制学校师生捐赠价值10万元的文体器材和御寒冬衣。协调香港黄土地基金会捐资10万元资助固原五中100名困难学生。牵线爱心侨企2次向延安枣园革命旧址捐赠价值375万元的资金物资，并建成数字可视化智能网络，为加强红色资源保护利用贡献力量。

（张嘉明）

宁夏回族自治区残疾人联合会

【惠残政策】2021年，自治区残联编制并报请自治区政府印发《宁夏残疾人保障和发展“十四五”规划》，“十四五”残疾人事业发展愿景、发展蓝图、顶层设计更加清晰。印发《关于推进新时代残疾人事业高质量发展的意见》，对新时代残疾人事业作出全面安排部署，为推动残疾人事业高质量发展提供了方向指南和行动纲领。

【党史学习教育】2021年，自治区残联紧扣学党史、悟思想、办实事、开新局要求，精心组织学习研讨，广泛开展宣传宣讲，扎实开展“我为群众办实事”实践活动，围绕庆祝中国共产党成立100周年，结合残疾人工作实际，策划出版“奋斗路上”优秀文学丛书和艺术作品集，举办“我为党的生日送祝福”残疾人文创作品展、红色经典影片观影等系列特色活动，有力推动了广大残疾人和残疾人工作者学史明理、学史增信、学史崇德、学史力行，更加满怀信心地心服口服听党话、发自内心感党恩、一心一意跟党走，在新时代新征程中建功立业。黑眼睛读党史、基层组织建设等做法得到自治区党委党史学习教育领导小组的充分肯定。

【助力残疾人增收致富】2021年，自治区残联联合16家单位出台《“十四五”时期巩固拓展残疾人脱贫攻坚同乡村振兴有效衔接实施方案》，主动融入自治区“四大提升行动”和红寺堡区创建全国易地搬迁移民致富提升示范区工作大局，制定“3+6”和“343”工作举措，助力残疾人增收致富，做法得到中国残联副理事长程凯的肯定批示。落实残疾人“两项补贴”提标政策，开展大宣传大排查大调研活动，全年发放“两项补贴”资金2.7亿元，惠及残疾人21.2万人，实现应享尽享、应补尽补。推动落实残疾人信息消费、政府采购支持残疾人就业、就业年龄段残疾人意外伤害综合保险等优惠政策，累计受益残疾人46万人次。构建多元化的残疾人托养服务模式，开展困难重度残疾人照护服务试点，7365名残疾人得到托养照料服务，托养服务比例排名居全国第五位、西部第一位。

【残疾人民生实事】2021年，自治区残联牵头实施的政府民生实事超额完成，累计为5174户贫困重度残疾人家庭实施无障碍改造，完成计划任务的172%；帮扶1520户困难农村残疾人发展特色产业，完成计划任务的101%；完成全国残疾儿童康复救助定点服务机构管理试点，为2358名0~6岁残疾儿童提供机构康复训练，真正做到发现一例、及时救助一例，高标准完成全国残疾儿童康复救助定点服务机构管理试点，在中国残联试点工作总结会上作交流发言。新建“爱心接力、循环使用”辅具免费借用点65个，累计建成227个，惠及1.2万人次，影响力和受益面不断扩大。创新实施肢体残疾人“重塑未来”和脊髓损伤者“能力重建”公益项目，全年免费为102名肢体残疾人实施矫形手术救治、100名脊髓损伤残疾人提供个性化、专业化、精准化康复训练。“爱心接力 循环使用”辅具使用、“重塑未来”、“能力重建”项目得到中国残联主席张海迪和理事长周长奎的充分肯定。

【残疾人公共服务】2021年，自治区残联争取自治区发改委支持，将宁夏盲人按摩医院列入“十四五”中央预算内投资支持项目，宁夏成为“十四五”全国首批建设盲人按摩医院的10个省份之一。印发《宁夏残疾人辅助器具适配补贴管理办法》，完成残疾人基本康复服务6万人、辅具适配服务1.59万人，基本康复服务率和辅具适配率分别达到99.4%、99.3%，排名居全国第五位、第六位。资助学前、大中专残疾学生513名，残疾儿童少年义务教育阶段入学率达到97%。千方百计促进残疾人就业，开展职业技能培训4223人次，全年新增残疾人就业3474人，残疾人就业率达到85.5%，高校残疾人毕业生就业率排名居全国第七位、西部第一位。残疾人就业工作得到副理事长程凯的肯定批示，高校残疾人毕业生就业、按比例就业情况、联网认证“跨省通办”做法被中国残联向全国推广。

【残疾人体育和艺术会演】2021年，自治区残联组团参加全国第十一届残运会暨第八届特奥会取得历史最好成绩。在全国第十一届残运会暨第八届特奥会上，宁夏残疾人运动员获得残运会9金16.5银23.5铜、特奥会55金29银4铜、特奥会金牌和奖牌总数均位列全国第一的优异成绩。自治区残联以线上形式举办第十届全国残疾人艺术会演（西部片区）赛事，并摘得一等奖5个、二等奖5个、三等奖2个。以“残疾人助力乡村振兴、建设美丽新宁夏”为主题面向全国开展会演会徽和“五宝娃”吉祥物征集活动。创编的艺术会演主题歌《我们在一起》受到中国残联主席张海迪的肯定。

【残联基层组织建设】2021年，自治区残联出台《关于进一步加强残疾人基层组织建设的实施意见》，组织开展基层残联组织建设试点，召开现场观摩会推广试点经验，推动全区县、乡、村（社区）三级基层残疾人组织网络建设得到加强，基层有人办事、有钱办事、有地方办事、有手段办事、有制度办事、有能力办事目标举措更加清晰，“以服务要阵地、以阵地强服务”的做法得到中国残联理事长周长奎的肯定批示。从严执行中央八项规定和自治区八条禁令精神，积极争创自治区级文明单位，制定贯彻新时代党的组织路线加强班子和干部队伍建设“十条措施”，残联系统干部干事创业的精气神明显提振、服务残疾人能力水平显著提升。

（杨　辉）

宁夏回族自治区红十字会

【概况】2021年，自治区红十字会重点打造“博爱·未来”品牌，批准设立应急救护培训实训基地4个，公共场所投放AED（除颤仪）71台，并成功施救1人。将罕见病、硅肺病患者救助和老年人白内障、听力障碍“两筛两救”纳入救助范围。累计接受社会捐赠和争取援助共计4220.54万元，受益群众超过21万多人次，得到全国人大常委会副委员长陈竺“小省区真正有了大作为”的高度评价。

【体制改革】2021年，全区市、县级红十字会全部印发改革方案，全部理顺管理体制，5个地级市和有条件的县级红十字会设立了党组，4个地级市和16个县级红十字会依法进行换届或召开第一次会员代表大会，选举产生理事会、执委会、监事会，构建了“理事会决策、执委会执行、监事会监督”的新型治理结构。在乡镇、街道、学校、医疗机构和企业等机构建立红十字会基层组织659个，与改革前相比增长了23倍；发展团体会员607个、个人会员7053人，分别增长29倍和2.5倍，发展红十字志愿者2443人，新成立志愿服务队伍45支，基层活力明显增强。宁夏经验做法在全国红十字系统转发。

【“三救”工作】2021年，自治区红十字会努力推动“三救”（应急救援、应急救护、人道救护）工作，自治区应急管理厅建立健全信息共享机制；与邮政物流、顺丰快递、誉通物流签署战略合作协议，用好总会“博爱通”系统，提升救援效率。加强志愿服务队伍建设，抓好专业培训的同时组织参加总会和自治区的实战演练，赴河南省执行救援任务的中国红十字（宁夏）赈济救援队12名队员，转运分发物资1861批次、价值6680万余元，救援队和2名队员被河南省文明委分别表彰为“优秀志愿服务队”和“优秀志愿者”。开展群众性防灾减灾宣传活动27场、应急避险演练6场次，6500余人参加，群众性防灾避险能力不断增强；助力全民健康水平提升行动，着力开展应急救护推进年活动，与自治区教育厅、卫健委、总工会等部门联合发文，全年普及应急救护知识培训66654人次，持证培训31074人次，师资培训202人次，举办全区第六届应急救护培训技能大赛，培训质量和规模创历史新高。突出重点人群救助，为40名先天性心脏病、白血病患儿和家庭困难人员发放救助款120.5万元。持续开展“红十字博爱送万家”活动，发

2021年12月16日，全区红十字会基层组织建设推进会在中宁县召开

放款物148万元，受益群众9517户31813人。

【“三献”工作】2021年，自治区红十字会推进“生命永续”工程，做好“三献”(献血液、献造血干细胞、献人体器官组织)工作。新增造血干细胞血样2000人份、遗体和人体器官捐献登记6729人，实现造血干细胞捐献20例、遗体捐献12例、人体器官捐献2例、眼角膜捐献13例，挽救了23名病患生命，使30名病患重见光明。

【服务乡村振兴】2021年，自治区红十字会争取中国红十字会总会4个“博爱家园助力乡村振兴项目”、10个“社区(学校)为本减灾”项目、5所“博爱校医室”和4个红十字救护站建设，在线培训500名乡村医生，选派20人赴沪参加“院士+”西部儿科医师培训。2021年7月起，自治区红十字会承担青铜峡市邵岗镇连湖社区的定点帮扶任务。帮助连湖社区共协调落实项目资金910.7万元(其中，自筹资金60.7万元，协调资金850万元)，争取连湖西红柿观光采摘通道、西红柿育苗棚等5个重点项目。

【宣传工作】2021年，自治区红十字会大力弘扬“人道、博爱、奉献”精神，讲好红十字故事，精心设计和组织开展全系统专题宣传活动33场次，制作宣传片4部、发放宣传资料1.6万余份。争取人民网、新华网、总会报刊社以及《宁夏日报》、宁夏广电总台、“学习强国”地方频道、宁夏新闻网等主流媒体宣传，中央媒体刊登10余篇、总会刊登20余篇、区内主要媒体刊登120余篇、“学习强国”刊登20余篇，《银川市汽车站使用AED成功抢救一名呼吸心跳骤停的男子》《宁夏5岁小天使捐献器官拯救4人》等宣传信息获得广泛的社会关注，受众达到48万余人次。

(安鹏闻)

法治

FAZHI

NINGXIA YEARBOOK

编辑◎霍丽娜

立法工作

【概况】2021年，自治区立足于围绕中心服务大局，全面强化行政立法工作，认真落实习近平总书记考察宁夏重要讲话精神，坚持党对立法工作的绝对领导，以提高立法工作质效为核心，不断创新工作机制和方法，加大立法工作协同力度，为扎实推进全面依法治区工作提供有力的法治保障。严格执行立法风险评估制度，将立法风险评估制度纳入法规规章草案办理全过程，防范立法舆情发生。坚持开门立法，发挥立法基层联系点立足基层接地气的优势，打通立法为民的最后一公里。改进立法调研方式，综合运用座谈会、实地走访、体验调研、委托第三方问卷等多种方式开展立法调研。规范草案审查工作机制，坚持立法各环节关口前移，提高立法协同工作效能。

【立法项目】2021年，自治区围绕党和国家经济社会发展中的重大问题，落实立法为民理念，切实抓好重点领域立法。围绕自治区九个产业发展，审查修改《宁夏回族自治区非物质文化遗产保护条例（修订草案）》，打破非遗传承“终身制”。围绕深化公共法律服务体系建设，审查修改《宁夏回族自治区公证条例（修订草案）》，保障公证核实权的行使，优化公证办理流程。围绕促进中小企业高质量发展，审查修改《宁夏回族自治区促进中小企业发展条例（修订草案）》，加大对中小企业的财税支持力度。加强社会主义文化建设和文物遗产传承保护，审查修改《宁夏回族自治区长城保护条例（草案）》，划定宁夏长城保护红线。围绕落实三孩生育政策、促进自治区人口长期均衡发展，审查修改《宁夏回族自治区人口与计划生育条例（修正案）》，完善配套支持措施。（朱　琳）

【《宁夏回族自治区麻黄草管理办法》】2021年7月15日，自治区人民政府第95次常务会议讨论通过，自2021年10月1日起施行。该办法专门用于规范麻黄草管理工作，有效健全和完善了麻黄草监管机制，对预防麻黄草流入制毒渠道、遏制毒品犯罪和保护人民生命健康有着十分重要的作用。

【《宁夏回族自治区土壤污染防治条例》】2021年9月24日，经宁夏回族自治区第十二届人民代表大会常务委员会第二十九次会议通过，于2021年11月1日起施行。该条例深入贯彻习近平总书记关于生态文明建设的重要论述精神，按照“针对问题立法、立法解决问题”的要求，坚持以预防为主、保护优先、防治结合总体思路，科学合理确定风险管控措施，注重推进大气、水、土壤协同共治，对保护和改善生态环境、防治土壤污染、保障公众健康、推动土壤资源永续利用、推进生态文明建设、促进经济社会可持续发展具有重要意义。

【《宁夏回族自治区实施〈医疗保障基金使用监督管理条例〉办法》】2021年12月31日，经自治区人民政府第109次常务会议审议通过，于2022年3月1日起施行。（马　娜）

政法委及综合治理

【概况】2021年，全区政法机关按照自治区党委政法工作会议安排部署，紧扣高质量发展主题，创新实施忠诚本色、宗旨意识、系统观念、法治思维、科技应用、基层基础、素质作风“七大提升行动”，全力抓好事关全局性、战略性、基础性的“十项重点工作”，奋力推动政法工作高质量发展，有力确保全区政治安全和社会大局持续稳定。2021年，全区八类刑事案件、命案、传统盗抢骗发案数同比分别下降21%、15.68%、7.8%，信访总量同比下降16.05%。公众安全感连续12年保持90%以上，为“十四五”开好局、守好三条生命线，建设先行区、美丽新宁夏创造了安全稳定的社会环境，提供了优质高效的法治服务保障。

【强化党的领导】2021年，全区政法机关深入贯彻落实《中国共产党政法工作条例》，扎实开展党史学习教育、政法队伍教育整顿，健全完善践行“两个维护”制度机制，确保政法机关始终听从习近平总书记直接指挥，始终置于以习近平同志为核心的党中央集中统一领导下。强化理论武装。全区政法机关坚持把学习贯彻中共十九届六中全会和习近平法治思想、习近平总书记“七一”重要讲话精神作为重大政治任务，分层次、全覆盖组织开展大学习、大研讨、大培训活动，持续掀起学习贯彻热潮。深入开展习近平法治思想大学习大宣传大培训活动，组建习近平法治思想宣讲团，举办习近平法治思想专题辅导报告会400余场次，引导广大干警自觉做习近平法治思想的坚定信仰者、积极传播者、模范实践者。完善制度机制。出台《自治区党委政法委员会集体学习制度》，推动自治区党委政法委员会集体学习制度化、规范化。自治区党委政法委与自治区党委组织部联合印发《关于进一步加强政法领导班子和干部队伍建设的若干意见（试行）》，与自治区纪委监委联合出台《自治区政法机关向纪检监察机关移送问题线索工作办法（试行）》，推动党管干部原则落实落细。结合政法队伍教育整顿，对市、县（区）政法机关政治建设、纪律作风、违纪违法情况开展督察检查巡查，确保政法工作正确政治方向。开展党史学习教育。全区政法机关举办党史读书班、党史云课堂、党史专题讲座、党史知识测试等800余场次，受教育干警55000余人次，组织干警到红色教育基地接受革命传统教育23500余人次。自治区党委政法委主要领导为全区政法干警上党课，带头以普通党员身份参加所在支部专题组织生活会，杨东、沙闻麟、时侠联等自治区政法单位“一把手”为政法干警做专题辅导，引导全区政法干警学党史、悟思想、办实事、开新局。

【服务保障先行区建设】2021年，全区政法机关坚持以法治智慧、法治力量助推先行区建设，为经济社会高质量发展打造法治引擎、提供法治护航、增添法治底色。保障重大战略实施。统筹抓好重点领域立法，自治区人大常委会一审通过《自治区建设黄河流域生态保护和高质量发展先行区促进条例（草案）》《自治区土壤污染防治条例》，自治区党委政法委和政法各单位均出台依法服务保障先行区建设实施意见。保障生态文明建设。公安机关部署开展打击破坏黄河流域自然资源和生态环境犯罪、“昆仑”、农资打假等专项行动，侦破“6·3”特大污染环境案，共立食品药品环境保护刑事案件85起，打击处理犯罪嫌疑人125人。检察机关严惩破坏生态和污染环境犯罪，开展破坏环境资源犯罪专项立案监督活动，与相关部门联合开展打击整治破坏稀土资源、危险废物环境违法等专项行动。法院系统先于全国法院全面实施环境资源类案件跨行政区划集中管辖，妥善审理环境公益诉讼、生态环境损害赔偿案件，依法保障三北防护林、封山禁牧、退耕还林还草、防沙治沙等生态建设工程稳步推进。营造法治化营商环境。自治区公安机关提速推进“互联网+公安政务服务”，建成数据汇集库，公安业务网办量达到413万件次。检察机关深化涉民营企业刑事诉讼“挂案”专项清理活动，排查出的75件“挂案”已全部清结，起诉危害非公经济发展犯罪92人。高级法院发布《宁夏法院知识产权司法保护状况（2018—2020年）》白皮书与典型案例，积极构建知识产权保护大格局。司法机关组织开展全区地方性法规政府规章和行政规范性文件全面集中清理，细化全区证明告知事项清单80项，最大限度利企便民。

【平安宁夏建设】2021年，全区政法机关认真贯彻落实习近平总书记关于平安中国建设的重要指示精神和平安中国建设工作会议精神，坚持以解决影响群众安全感的突出问题为着力点，推动建设更高水平的平安宁夏。2021年，石嘴山市、固原市被命名为“平安中国建设示范市”，盐池县、隆德县、平罗县被命名为“平安中国建设示范县”。强化平安宁夏建设顶层设计。自治区印发《关于加快推进社会治理现代化建设更高水平的平安宁夏的实施意见》《平安宁夏建设领导责任制实施办法》《平安宁夏建设考核奖惩办法》和《宁夏回族自治区重大决策社会稳定风险评估实施办法》，平安宁夏建设协调小组统筹谋划、牵头抓总、督办落实作用更加凸显，建设更高水平的平安宁夏制度机制更加完善。全力维护社会大局稳定。全区组织召开维护政治安全和社会稳定工作会议、反恐怖工作会议、反邪教工作会议、庆祝中国共产党成立100周年安保维稳工作会议等，对全区维护政治安全和社会稳定工作作出专题部署。开展集中治理重复信访、化解信访积案专项工作攻坚行动，中央信联办交办重复信访事项化解进度和化解质量均位于全国前列。开展全区矛盾纠纷排查化解专项行动，组织对各类矛盾纠纷进行拉网式、地毯式、滚动式排查，全年排查化解各类矛盾纠纷2.4万余件，有效防范化解各类风险隐患。从严打击违法犯罪活动。组织召开全区打击治理电信网络新型违法犯罪工作电视电话会议，部署开展反诈人民战争专项行动，电信网络诈骗破案数、犯罪嫌疑人抓获数同比分别上升138.6%和120.7%，止付冻结涉案账户4.4万个资金15亿元。召开全区命案防范打击工作座谈会，建立命案情况定期分析通报制度，提升防范打击能力。2021年，全区命案发生数同比下降15.68%，未发生影响全国大局的重特大刑事案件。常态化开展扫黑除恶专项斗争。召开全区扫黑除恶专项斗争总结表彰大会，表彰嘉奖65个先进集体和139名先进个人。提请自治区党委办公厅、政府办公厅印发《关于常态化开展扫黑除恶专项斗争巩固专项斗争成果的实施意见》，持续深化案件突破、“打财断血”、“打伞破网”、建章立制等工作，推动常态化扫黑除恶专项斗争取得新战果。2021年，全区打掉涉黑社会性质犯罪组织2个，涉恶犯罪团伙5个，依法查封、扣押、冻结涉案资产3.04亿元，破获涉黑涉恶刑事案件259起。

【法治宁夏建设】2021年，全区政法机关充分发挥主力军作用，全面履行法治建设重要职责，加快推进法治宁夏、法治社会、法治政府一体建设。强化部署统筹。出台《法治宁夏建设规划（2021—2025年）》《宁夏回族自治区法治社会建设实施方案（2021—2025年）》《宁夏回族自治区法治政府建设实施方案（2021—2025年）》等文件，加快推进法治宁夏、法治社会、法治政府一体建设。定期听取法治工作汇报，及时研究解决有关重大问题，组织召开自治区司法体制改革专项小组第14次、第15次会议和自治区司法协调小组第2次会议，推动司法责任制落实落地。全面完成《自治区党委全面依法治区委员会2021年工作要点》明确的牵头任务。开展普法宣传。全区政法机关认真落实“谁执法谁普法”责任制，全面启动“八五”普法，宁夏普法“四清单一办法”经验被纳入全国“八五”普法规划。宁夏法学会以“青年普法志愿者法治文化基层行”为载体，举办普法宣讲400余场次，受众4万余人，在全社会营造了自觉学法守法用法的浓厚氛围。加强见义勇为工作。自治区政法委提请自治区人大常委会表决通过《宁夏见义勇为人员奖励和保护条例》，于2021年11月1日正式实施，为完善和加强见义勇为人员精神激励、物质奖励和抚恤优

2021年8月17日，全区第二批政法队伍教育整顿动员部署会议在银川市召开

待提供法律保障。对全区58名见义勇为人员进行慰问，对17户见义勇为困难家庭精准帮扶，共计发放慰问金、帮扶资金96.2万元。

【基层和市域社会治理】2021年，全区政法机关实施“宗旨意识提升行动”“基层基础提升行动”“科技应用提升行动”。创新平台机制。全力推进“科技应用提升行动”进基层，建设完成宁夏社会治理基层综合指挥平台，实现全区基层基础数据采集和管理统一入口。构建全区统一的辖区事件快速排查登记、矛盾纠纷多元化解平台，联通全区3800余个各类调解组织，统筹2万余名调解员资源。完成宁夏政法云智能辅助办案系统、宁夏涉案财物跨部门集中管理信息平台试运行。夯实基层基础。全面加强基层派出所工作，全区217个涉及户籍业务的派出所全部成立党支部。印发《关于建立完善人民调解与治安调解衔接联动机制的意见》，推动建立市、县（区）、乡镇、村（居）四级“一站式”矛盾纠纷多元化解平台，着力打造“塞上枫桥”工作品牌。统筹推动“一村一法律顾问”和乡村两级公共法律服务平台全覆盖，培育乡村“法律明白人”1.2万余名。推进市域治理，印发市域社会治理专项组2021年重点任务清单、分类指导实施意见等相关工作文件，28个成员单位对试点地区实行“多对一”包联指导，推动5个地级市形成“一市一品牌”。召开全区市域社会治理现代化试点工作推进会，推进市域社会治理现代化试点工作提质增效。组织开展基层治理100例经验总结推荐活动，吴忠市“志愿之城”创建经验被中央政法委市域社会治理专刊推广，银川市行政审批改革推进法治政府建设经验被中央电视台报道。严格疫情防控，坚持把常态化疫情防控作为重大政治任务，全面压实防控责任、落实防控措施，完成2批次647人沙特包机入境银川隔观疏散任务。10月17日区外输入病例引发突发疫情以来，1.2万余名政法干警、近万名综治干部、网格员全力投身于基层疫情防控第一线，守卡点、管通道、控风险、调矛盾，有效筑牢了防蔓延、防扩散坚实屏障。

【全面深化改革】2021年，全区政法机关紧扣破解案多人少、权责平衡突出难题，对改革政策实施情况开展效果评估，及时完善配套机制，推动新时代政法工作体系更加成熟定型。健全改革督查评估机制，深入贯彻落实自治区党委深改委会议精神，坚决整改落实自治区党委全面深化改革督查调研反映问题，对全区各级政法机关整改落实情况进行“回头看”，推动自治区党委全面深化改革督查调研反映政法领域改革43项问题全部完成整改并长期坚持，首次开展全区司法体制改革专项评估检查，并印发结果通报。健全综合配套机制，出台《关于深化司法责任制综合配套改革的实施意见》，压实政法单位党组（党委）主体责任，全面加强党对司法队伍政治领导。完善与法官检察官单独职务序列相适应的保障政策，明确公务交通、住房、医疗等方面生活待遇执行标准，相关做法受到最高人民法院院长周强批示肯定。组织开展2021年度法官入额遴选工作，确定入额法官87名。修订《全区各级人民法院、人民检察院聘用制书记员管理办法》，起草法院、检察院、司法行政系统警务辅助人员管理办法，推动补全司法辅助队伍经费保障、招录管理、绩效考核等薄弱环节。健全制约监督机制，提请自治区党委印发《关于加强新时代检察机关法律监督工作的实施意见》，推动检察机关法律监督与其他各类监督有机贯通、相互协调。出台《关于加强政法领域执法司法制约监督制度机制建设的实施意见》，构建“1+4”执法司法制约监督制度机制体系。常态化开展政法单位案件评查、执法检查，全面整治有案不立、压案不查、违法违规办理“减假暂”等问题。

【队伍建设】2021年，全区政法机关深入贯彻落实党中央关于开展政法队伍教育整顿的重大决策部署，聚焦“四项任务”“三个环节”，统筹全区政法机关，自下而上深入开展两批次政法队伍教育整顿。强化学习教育。坚持把学习教育贯穿教育整顿始终，突出政治教育铸忠诚、英模教育树导向、警示教育强震慑。自治区党委主要领导带头讲授廉政警示教育“第一课”，自治区党委政法委主要领导为全区政法干警作专题辅导讲座，以上率下带动全区各级政法单位党组（党委）书记讲党课380余场次，开展各类学习、轮训、研讨1000余场次，举办党史学习教育讲座400余场次，开展警示教育活动700余场次，筑牢广大政法干警政治忠诚思想根基。肃清流毒影响。制定《关于全区政法机关彻底肃清流毒影响　持续加强政治建设的实施意见》等文件，推进政法系统肃清流毒影响工作。全面落实“自查从宽、被查从严”政策，严肃查处一批违纪违法案件，维护政法队伍肌体健康。整治顽瘴痼疾。立足解决群众反映强烈的执法司法突出问题，建立顽瘴痼疾整治体系，成立专项整治专班，全面起底各类顽疾问题，推动1万余条顽疾问题全面整治、彻底整治。坚持“当下治”与“长久立”相结合，制定《宁夏政法干警政治轮训办法（试行）》《关于巩固全区政法队伍教育整顿成果推进全面从严管党治警的实施意见》等制度，持续巩固深化政法队伍教育整顿成果，推动全面从严管党治警常态化制度化。弘扬英模精神。组织“百名政法英模和先进典型”选树宣传活动，举办揭晓仪式和颁奖典礼，组建英模事迹报告团，开展巡回宣讲，广泛宣传政法英模感人事迹。在《宁夏日报》、宁夏广播电视台等媒体和抖音等第三方平台中同步开设专题专栏，中央政法委和中央电视台联合展播政法英模先进事迹，陈美荣、郭美玉、刘谊、包晓荣4名干警被评为全国“双百政法英模”，在全社会形成学习英模、崇尚英模、争当英模的良好风尚。服务基层群众。开展“我为群众办实事”“我为基层解难题”实践活动，统筹两批政法队伍教育整顿中推出18大类104项具体实事举措，实施为民办实事项目1912个，把解决好群众和基层的急难愁盼问题作为教育整顿成果的直接检验，群众对第一批、第二批政法队伍教育整顿满意率分别达97.58%、95.19%。

【2021年宁夏“法治为民五件实事”办理】2021年，自治区党委全面依法治区办聚焦加快全面依法治区进程，深入践行“法治为民”理念，把群众满意度作为检验工作成效的重要标尺，组织评选“法治为民五件实事”并全力推进实施，用法治保障人民安居乐业，不断提升人民群众的法治获得感、满意度。

医疗保障。自治区党委依法治区办将制定《宁夏实施〈医疗保障基金使用监督管理条例〉办法》（以下简称《办法》）作为2021年“法治为民五件实事”之一重点推进，协调自治区医疗保障局、自治区司法厅等职能部门有序推进立法工作。在立法调研起草过程中，先后征求43家部门（单位）意见，充分听取人大代表、基层立法联系点、基层监管部门、行业协会和医疗机构的意见，委托自治区政协、工商联征求部分政协委员、企业代表等方面的意见，组织专家学者对《办法》的修订草案进行论证，赴吴忠市、固原市等市县进行实地调研，收集意见建议33条，召开立法座谈会6场次。2021年12月31日，自治区政府第109次常务会议审议通过了《自治区实施〈医疗保障基金使用监督管理条例〉办法（修订草案）》。

办事方便。自治区党委依法治区办将推进“一件事一次办”等改革确定为2021年“法治为民五件实事”之一，持续协调推进“放管服”改革，切实疏通群众办事过程中的“堵点痛点”。2021年，全区围绕群众和企业全生命周期“一件事一次办”，开发建设应用场景20个，继续简办事流程，推广应用“一件事一次办”事项20个，公布标准化办事指南、流程图；对企业开办涉及的所有办理事项实行“线上一网一界面、线下一窗一表单”。制定“出生一件事一次办”办事指南和优化方案，实现群众办事“实名认证、一表申请、一体办理、一次办成”。推进跨部门、跨系统的协同管理和互联互通，自治区级事项进驻率达90%，市县普遍为80%以上。推进“一窗受理、集成服务”“最多跑一次”等改革，实现了75%以上事项“一窗”分类受理，市级一窗受理的事项占总承接事项的43%，推进办成“一件事”从“跑多窗、跑多次”向“跑一窗、跑一次”转变。

管理服务。自治区党委依法治区办将全面推行清单管理制度确定为2021年“法治为民五件实事”之一，持续深化政府部门权责清单制度，推动厘清各级各部门权责边界，让群众享受更加个性化、便捷化、智能化的服务。自治区政府印发《宁夏回族自治区政府工作部门权责清单管理办法》，动态调整《自治区政务服务事项目录清单》，进一步明确权责清单的编制发布、动态调整以及监督管理，建立权责清单，实行“两单融合”和“全区一单”的管理体制，推动权责清单标准化规范化建设。制定全区“一件事一次办”事项清单、“跨省通办”事项清单、“我的宁夏”政务App可办理审批服务事项清单等，推动更多政务服务事项“网上办、掌上办、一次办”。实行行政事业性收费和政府性基金目录清单管理，对347项涉企经营许可事项优化审批服务。自治区党委编办组织区直有关部门编制完成全区33个行业系统权力清单指导目录，更加方便老百姓查询、监督，更加方便企业和群众办事。

基层执法。自治区党委依法治区办将开展基层整合审批服务执法力量改革确定为2021年“法治为民五件实事”之一，推动将行政执法权限下放给基层，执法力量下沉基层，行政执法效率更高，有效破解了乡镇“看得见、管不着”和职能部门“管得着、看不见”的难题。全区建立健全派驻机构纳入乡镇街道统一指挥工作机制，赋予乡镇街道党工委对派驻机构的统一指挥权、干部管理考核权、主要负责人任免建议权等，完善了党全面领导基层治理的体制机制。将乡镇机构统一规范为9个、街道机构统一规范为7个，有力推动了审批服务下放、执法力量下沉、网格资源整合。“减上补下”下放编制2692名，乡镇街道编制增幅达30.4%，将83项审批服务执法事项与人员编制同步下放乡镇街道，逐步实现“一支队伍管执法”。统一编印乡镇街道权力、赋权、政务服务事项、行政执法事项、县乡“属地管理”事项主体责任和配合责任“5个清单指导目录”，指导市县区依单问责、依单免责，推进基层依法履职、阳光行政。

解决纠纷。自治区党委依法治区办将打造矛盾纠纷多元化解“塞上枫桥”工作品牌确定为2021年“法治为民五件实事”之一，创新推动“枫桥经验”宁夏实践。全区持续健全和推动人民调解“四张网”建设，调解组织数量同比增长3.84%。全区共建成各类人民调解组织3868个，人民调解组织基本覆盖社会热点难点领域，大调解工作格局基本形成。2020年以来，组织开展矛盾纠纷“大排查大调解”专项活动，排查矛盾纠纷5万余次，化解矛盾纠纷4万余件，成功率达96.8%。截至2021年年底，全区已建成一站式矛盾纠纷多元调解中心221个，各类行业性、专业性人民调解组织进驻调解中心，实现矛盾纠纷多元导入、一体受理。

【宁夏扫黑除恶专项斗争总结表彰大会】 2021年5月24日，宁夏扫黑除恶专项斗争总结表彰大会在银川市举行，会议表彰嘉奖65个先进集体和139名先进个人，总结全区扫黑除恶专项斗争取得的成就和经验，对常态化开展扫黑除恶专项斗争进行部署。会前，自治区领导陈润儿、咸辉、崔波等接见了受表彰嘉奖的代表并合影留念。会上，全区扫黑除恶专项斗争先进集体、先进个人和受嘉奖的全区扫黑除恶专项斗争表现突出的党员干部代表作交流发言。自治区党委常委、政法委书记雷东生全面总结了全区扫黑除恶专项斗争取得的成绩，对常态化开展扫黑除恶斗争进行安排部署。会议指出，三年来，在党中央的坚强领导下，自治区党委和政府带领全区各地各部门以前所未有的重视程度、推进力度、触及深度、参与广度，打了一场扫黑除恶的整体战、攻坚战、人民战争，取得了显著成效。通过专项斗争，彻底打击了黑恶势力的嚣张气焰，整治了一批群众反映强烈的突出治安问题，攻破了一批陈年积案，打掉了一批黑恶势力，严惩了一批腐败分子，实现了扫黑除恶过程人民参与、成果人民共享。会议强调，要科学把握形势，切实增强推进扫黑除恶专项斗争常态化的定力耐力。要把思想和行动统一到党中央决策上来，持续用力、久久为功。要在线索核查上再攻坚，源头治理上再深入，基层基础上再夯实，将扫黑除恶专项斗争进行到底。要始终把人民放在心中最高位置，坚决打好扫黑除恶持久战，让人民群众的获得感、幸福感、安全感更加充实、更有保障、更可持

2021年5月24日，全区扫黑除恶专项斗争总结表彰大会在银川市召开

续。要科学谋划部署，进一步提升常态化开展扫黑除恶专项斗争的层次水平，围绕健全“七项机制”，做到“七个坚持”，提升“七化水平”，开启常态化扫黑除恶斗争新布局。自治区领导艾俊涛、赵永清、石岱、彭友东、杨东、沙闻麟、时侠联，中央政法队伍教育整顿第四督导组扫黑除恶督导专员张新民参加接见并出席会议。

【宁夏政法英模和百名先进典型颁奖典礼】2021年6月26日，“致敬政法英雄·喜迎建党百年”全区政法英模和百名先进典型颁奖典礼在宁夏电视台演播大厅举行。颁奖典礼由全区政法队伍教育整顿领导小组主办，是全区政法系统庆祝中国共产党成立100周年、推进教育整顿走深走实的一项重要活动，典礼分为开场、不忘初心、致敬英雄、感恩有你、结尾五部分，设有播放专题片、宣读颁奖词、现场访谈、文艺节目等丰富多彩的内容，是宁夏政法战线英雄模范和先进典型的群英会，是政法队伍时代风采和光辉形象的展示会，是向政法英模学习和看齐的誓师会。颁奖典礼上，全区政法队伍教育整顿领导小组授予28名政法英模纪念章，为获得“全区政法百名先进典型”荣誉的代表颁发奖章，在全区政法系统掀起学习英模、崇尚英模、争做英模的热潮。全国政法队伍教育整顿中央第四督导组组长车俊、副组长樊绪银，自治区党委常委、政法委书记、全区政法队伍教育整顿领导小组第一副组长雷东生，自治区副主席、公安厅厅长、全区政法队伍教育整顿领导小组副组长杨东，自治区高级人民法院院长、全区政法队伍教育整顿领导小组副组长沙闻麟，自治区人民检察院检察长、全区政法队伍教育整顿领导小组副组长时侠联出席并为政法英模和先进典型代表颁发纪念章、奖章。

（李春亮）

法治政府建设

【“放管服”改革】2021年，全区坚持法无授权不可为、法定职责必须为，确保各项工作始终在法治轨道上运行。推进简政放权。组织制定“放管服”改革政策文件24件，配套改革措施260余项。编制457项涉企经营许可事项清单，实现“证照分离”改革全覆盖。推进国家公布的74项、自治区确定的145项“跨省通办”和448项“区内通办”高频事项落地见效。推进20余项“一件事一次办”集成服务改革，申请材料、办理时限、办理环节分别压减18%、66%和57%。深化“数字政府”建设。完成与国家平台办件数据及“好差评”数据系统对接48个，全区政务数据整体质检通过率居全国中上水平。“我的宁夏”政务App注册人数达665万人，群众累计办事421万件。全区一体化政务服务能力连续4年居西北第一、西部第四，位列全国第一方阵。优化营商环境。建立市场准入效能评估指标体系，出台优化营商环境“新80条”，工程建设项目审批实现全流程在线办理，时限压缩为30%，市场主体总量突破71.3万户，同比增长13.9%，企业活跃度达88.7%。建成“互联网+监管”系统和宁夏行政执法监督平台，监管事项达97%，“互联网+监管”项目被评为“全国优秀建设案例”，“审管联动”被列为全国试点。

【科学精准立法】2021年，全区统筹推进科学立法、民主立法、依法立法，用良法促发展、以善治保平安。完善立法机制。出台《关于进一步加强和改进地方立法工作的意见》，健全党委领导、人大主导、政府依托、各方参与的立法工作格局。严格执行立法风险评估制度，纳入地方性法规和政府规章草案办理全过程。建立健全基层立法联系点制度，组织立法协商、调研论证等41场次。加强重点领域立法。自治区人大常委会审议通过《宁夏回族自治区建设黄河流域生态保护和高质量发展先行区促进条例》等10件地方性法规，自治区政府公布政府规章2件，制定行政规范性文件15件。严格备案监督。认真落实有关制度，严防文件“带病出台”。政府规章、行政规范性文件按照规定报送国务院、自治区人大常委会备案，报备率、及时率、规范率均达100%。2021年，备案审查政府规章2件、行政规范性文件210件。加大清理力度。在全国率先组织开展政府规章、规范性文件集中清理整治，对自治区政府151件政府规章、465件行政规范性文件进行全面集中清理，修改政府规章11件、废止20件，修改行政规范性文件35件、废止134件。

【完善决策程序】2021年，全区坚持把制度建设作为依法行政的基础工作，强化法定程序刚性约束，不断提升政府科学决策水平。健全重大决策机制。出台《重大行政决策咨询论证工作规则》《重大决策社会稳定风险评估实施办法》，重要事项、重点项目、重大资金充分研究论证、广泛征求意见、集体讨论决策。及时公布自治区政府年度重大行政决策事项目录，把公众参与、专家论证、风险评估、合法性审查和集体讨论的决策程序贯穿于政府重大行政决策全过程。充分发挥法律顾问作用。印发《关于切实加强党政机关法律顾问工作　充分发挥党政机关法律顾问作用的实施意见》，组建自治区党委依法治区办决策咨询专家库，聘请法律顾问、专家44名，各级党政机关普遍建立公职律师、法律顾问制度。2021年以来，法律顾问列席政府常务会议、参与政府立法和重大问题处理151次。加大合法性审查。拟提请自治区党委常委会会议审议的重要事项，以自治区党委和政府、党委办公厅和政府办公厅名义印发的党内法规和规范性文件，由自治区党委办公厅法规室进行前置审核。提请自治区政府常务会议审议的重要议题，以自治区政府和政府办公厅名义下发的文件，未经合法性审查或经审查不合法的，不得提交会议研究。2021年，共审核各类文件、协议212件。

【规范行政执法行为】2021年，全区不断健全完善行政执法工作体系，严格规范公正文明执法，推进政府治理体系和治理能力现代化。深化执法改革。印发《关于深化市辖区跨领域跨部门综合执法改革的指导意见》《跨领域跨部门综合执法事项指导目录》，将60余项执法事项交由市辖区综合执法机构集中行使，83项审批服务执法事项与人员编制同步下放乡镇（街道），乡镇（街道）编制增幅达30.4%，初步实现基层"一支队伍管执法"。加大执法力度。严厉惩治重点领域违法行为，完成食品监督抽检32694批次，收缴假冒伪劣食品9514公斤。开展各类药品领域监督检查12989家（次），查办违法案件268余件。查处各类生产违法行为15702项，下达执法文书7627份，罚款1287万元。自然资源执法巡查4223次，立案查处80起，罚款3207万元，检查核查覆盖258家矿山。强化执法监督。修订《宁夏回族自治区行政执法监督条例》《宁夏回族自治区行政执法证件管理办法》，审核公布自治区本级81家行政执法主体，换发6个执法领域4439个证件，审批执法证件6859个，公布25个优秀执法案卷，印发5个典型案例汇编。

【强化权力监督制约】2021年，全区坚持有权必有责、有责要担当、失责必追究，实现行政决策、执行、组织、监督既相互制约又相互协调。形成监督合力。坚持重大事项向党委请示报告、重大决策出台前向人大常委会报告。2021年，自治区政府提请自治区党委研究重大事项37件、立法事项26件，办理人大代表建议203件、政协提案447件，办复率均100%。全区各级检察机关提出检察建议3961件，回复3821件，采纳3797件，采纳率为99.37%。加强行政监督。建立政府债务监测平台，超额完成隐性债务年度化解任务。重点开展黄河流域防洪治理及水土保持资金、自治区9个重点产业资金和政策落实、疫情防控资金和捐赠款物专项审计调查，做到应审尽审、凡审必严、严肃问责。推进政务公开。优化媒体政务公开功能，政策文字解读达100%、图解为80%以上、多元化解读为50%以上。集中清理规范260个互联网应用程序、1.6万个网络工作群。受理申请公开政府信息1462件。编发政府公报22期，在全国率先完成历年公报数字化录入工作，相关做法被国务院办公厅公开办推广。

【依法化解矛盾纠纷】2021年，全区坚持以矛盾纠纷化解为主线，加大排查化解力度，维护社会和谐稳定。加强基层矛盾纠纷排查化解。构建基层"两所一庭"诉调、警调矛盾纠纷联调机制，建成调解中心221个，设立派驻派出所调解室67个、诉前调解组织28个，通过人民调解成功化解30%的民商事案件。在道路交通、医疗、校园等8个领域开展调解工作，矛盾纠纷受理、研判、化解、回访"四清单"闭环运行机制受到司法部肯定。2021年，排查各类矛盾纠纷5.2万人次，调处4.6万件。加强行政复议应诉工作。出台《宁夏回族自治区行政复议体制改革实施方案》，发挥行政复议的"主渠道"作用。2021年，自治区政府收到行政复议申请669件，受理行政复议案件351件，审结340件，责令履行、撤销或确认违法行政案件6件，向司法部提交120件行政复议裁决案件的证据和答复。应诉案件268件，结案254件，无败诉案件。

（马　姣　李秉隆）

公　安

【经济案件侦查】2021年，全区公安机关联合相关部门，积极开展"扫楼清街"工作，提前化解"ARW虚拟币"等非法集资、网络传销风险隐患103起。创新开展"四个全覆盖"（宣传发动、干部包保、守法承诺、执法查处）经侦宣传模式，发挥"5·15"宣传日"经侦宣传进万家""普法六进"品牌效应，构建"网上网下"两个阵地、"三级经侦+派出所+行业监管"N个联盟，组织开展45场次全方位、立体化的宣传教育活动，受众群众达100万人次。全区共立非法集资案件22起，破案11起，抓获27人，挽回经济损失2.22亿元。开展4次打击传销"清零"行动，破获案件33起，抓获骨干89人，涉传销警情同比下降52.5%，连续3年大幅下降。破获"1·4"骗取出口退税案等涉税案件54起，移送起诉26起，发起全国会战1起，集群战役4起，价税合计41.3亿元。联合税务、市场监管等部门开展"净企"行动，研判梳理"空壳"企业11851家，清理5736家，清理率为48.4%，有力整治行业乱象。服务自治区9个重点产业健康发展，破获涉企案件243起，为企业挽回经济损失7220万元，不断优化良好营商环境。破获串通投标案件104起，抓获嫌疑人126名。开展“猎狐2021”行动，抓获上网逃犯90名，17个县区实现清零。

【食品药品环境卫生专项清理整治】2021年，全区公安机关组织开展“昆仑2021”专项行动，发起非法医疗美容、农资打假等11个战役行动，成功侦破银川“6·3”环境污染案、石嘴山“10·5”污染环境案等食药环节和知识产权领域刑事案件85起，涉案金额1.75亿元。自治区公安厅联合自治区市场监管厅等9个职能部门，开展为期一年的保健品专项清理整治行动，并将清理整治成效纳入平安宁夏建设考核，专项行动以来，检查各类“保健品”营销场所2200余家，查扣问题“保健品”3274盒，立案查处违法营销公司18家，责令停产停业35家，责令整改111家，发放提示告诫书2296份。全区公安机关联合市场监管、卫健、药监等部门开展打击非法疫苗流出犯罪专项行动，共核查涉案人员14人，涉案企业1家。组织开展全区打击整治破坏稀土资源违法犯罪专项行动，完成全区登记注册的39家涉稀土业务企业建档立卡工作。

【维护网络安全】2021年，自治区公安机关围绕中国共产党成立100周年大庆、全国两会及自治区两会、中阿博览会等重大活动，全面加强网上安保工作。围绕网民反映强烈的网上热点舆情，开展网络群防群治，发布和转载宣传普法类、防范诈骗类等主题帖文1.3万余篇，接受举报涉网舆情线索400余条，行政处罚10人。“宁夏网警账号”连续4个月获全国政法账号排行榜前三名。推进“净网2021”专项行动，侦办网络犯罪案件115起，抓获犯罪嫌疑人265名，发起全区集群战役1起，公安厅挂牌督办案件6起，打掉团伙26个。

【刑事案件侦查】2021年，全区公安机关开展常态化扫黑除恶专项斗争，破获黑社会性质组织2个、恶势力犯罪团伙4个，抓获涉黑恶犯罪嫌疑人94名，破获各类案件192起，查封、扣押、冻结涉案资产近3亿元，抓获涉黑恶目标逃犯7名。打击侵害群众人身安全的严重暴力犯罪，年内35起现发命案全破，现发命案实现连续5年全破，八类严重暴力犯罪案件、抢劫案件破案率分别达99.2%、100%，侦破历年命案积案9起，抓获命案积案逃犯5名。侦破传统盗抢骗案件5779起，抓获犯罪嫌疑人3033名，追回群众损失2974万元，传统盗抢骗案件发案同比下降4.9%，抢夺案件破案率达92.3%。推进“云剑-2021”“断卡”专项行动，强化对贷款、刷单、杀猪盘、冒充客服退款4类高发类案全面攻坚，坚决打击黑灰产业犯罪和“两卡”犯罪，破获电诈案件2981起，抓获犯罪嫌疑人3162名，同比分别增长108.6%、119.7%，抓获涉“两卡”人员1361人，破获“两卡”团伙33人，缴获“两卡”2558张，惩戒“两卡”违法人员8批次680人，封堵涉诈域名、网址42.8万个，止付、冻结涉案资金16.3亿元，劝阻群众17万余人，成功侦破公安部督办的固原市“3·28特大电诈案”、银川市“11·11特大电诈案”，打击犯罪成效显著。持续开展刑事技术三项破案会战，指纹、DNA、人像分别比中抓获犯罪嫌疑人246名、170名、335名，利用DNA比中侦破青铜峡“1997·2·23”故意杀人案、中宁县“2010·7·14”故意杀人案，抓获犯罪嫌疑人郑某某。协助34个家庭找回失散多年的亲属。推进“团圆”行动，找回宁夏失踪儿童6名，侦破公安部督办中卫市沙坡头区“2010·10·9”林某某被拐案，抓获犯罪嫌疑人3名。开展网上逃犯抓捕工作，抓获各类网上逃犯577名，其中命案逃犯8名。

【禁毒工作】2021年，全区公安机关开展

2021年12月17日，2021年全区网络安全等级保护工作会议暨第十届宁夏网络与信息安全大讲堂在银川市举办

“净边”专项行动，破获毒品刑事案件40起，查处吸贩毒人员，打掉吸贩毒网络团伙6个。统筹全区禁毒警力资源开展专案攻坚，成功组织破获公安部毒品目标案件9起、公安厅毒品目标案件4起，破获制毒窝点3个，缴获各类毒品，抓获公安部督办涉毒“钉子”逃犯4名，被外省（区）查获外流贩毒人数同比下降37%，有力遏制毒品向自治区渗透内流。深化吸毒人员“平安关爱”行动，推广应用“毛发验毒”等技术，巩固完善吸毒人员全流程服务管理模式，戒断巩固率达到88.9%。报请自治区政府审议出台《宁夏回族自治区麻黄草管理办法》，健全完善麻黄草全环节监管责任机制，将麻黄草审批监管业务下放至市级监管，对单位企业购买易制毒化学品审核环节实行“即报即审”，为便民利企创造良好的营商环境。开展“十镇百村”农村毒品问题专项治理，持续巩固禁毒示范创建成效，银川市、吴忠市被国家禁毒委评为首批“全国禁毒示范城市”。

【治安工作】2021年，召开全区打击整治枪支爆炸物品违法犯罪区际联席会议第3次全体会议暨专项行动推进会，收缴各类枪支324支、各类子弹21109发、炸药黑火药1.2公斤、雷管1173枚、手榴弹31枚、炮弹5枚、仿真枪16支、管制刀具484把。完成第五届中阿博览会、首届中国（宁夏）国际葡萄酒文化旅游博览会等重大活动安保任务。围绕重大活动安保维稳工作，开展矛盾纠纷排查化解专项行动，排查矛盾纠纷52208起、配合有关部门化解50405起。开展“护校安园”活动，推进“护学岗”建设，城区、城镇中小学、幼儿园实现“护学岗”全覆盖，偏远乡村学校和教学点建立民警辅警定人定期到岗工作机制。2021年，全区公安机关常态化开展黄赌违法犯罪打击工作，查处涉黄涉赌案件1774起，打击处理5541人，收缴赌资404.64万余元，冻结资金367万余元。

【基层社会治理】2021年，自治区公安机关印发《关于加强新时代全区公安派出所工作的实施意见》《加强新时代全区公安派出所工作三年规划》等及6个配套文件和相关工作《任务书》，落实自治区完善基层治理体系提高基层治理能力“1+6”文件精神，制定《自治区公安厅关于加强公安机关基层社会治理的实施意见》，印发《山西、陕西、宁夏三省户口迁移“跨省通办”试点工作方案》和《宁夏公安机关办理户口迁移“跨省通办”业务工作指南》，共办理户籍迁移5项业务“跨省通办”128件。

【法治工作】2021年，全区公安机关制定发现查找管控涉疫风险人员执法指引，跟进指导涉疫案件205起，确保“宽严相济”执法效果。实施民法典执法指引，持续推进行政案件快速办理机制，全年全区行政案件快速办理4042起，同比增加1.8倍。制定黄赌毒、诈骗等14类行政执法证据指引、高空抛物、袭警、信访警情处置等现场执法标准38项。推进新建、改建执法办案管理中心17个，完成率为81%，逐步健全“一站式”执法办案运行机制。完善动态执法考评和常态化巡查监督机制，执法智能预警风险点新增至60个，风险预警69667起，同比增长4.3倍，整改率为96.27%。开展执法顽疾整治有效解决群众“急难愁怨”执法突出问题。认定“有案不立、压案不查、降格处理、违规取保”等问题1588个。其中，有案不立（受）761个，压案不查611个，降格处理、违规取保候审及涉案财物管理不规范等问题216个，认定问题均已整改。

【出入境管理】2021年，全区公安机关持续开展出入境人员核查管控工作，组织研发“宁夏境外疫情输入防控预警智能应用系统”，实现精准、快捷、高效预警，全年共预警管控入境宁夏籍居民9564人次、预警管控境外返宁人员5788人次。落实市级出入境“实体窗口即时

2021年7月15日，“我为群众办实事”暨创新优化公安政务服务推介汇报会在银川市举行

办”、县级出入境窗口“预约即时办”和“24小时预约服务电话”服务举措，全天候受理各类出入境业务事项，满足群众出入境办证需求。全年全区各级出入境管理部门共受理出入境证件4787件次，其中非工作时间受理出入境证件118件次；共接听群众电话咨询8748人次，其中非工作时间接听998人次。出台《宁夏公安机关出入境管理部门“我为群众办实事”六项便利措施》《宁夏出入境管理部门服务老年人办理出入境证件十项便利措施》。

【机场公安】2021年，宁夏开展“平安机场”建设，实施空防反恐督导检查21次，编制《常见暴恐事件处置突发案（事）件应急处置预案》，组建应急处突队，配备一批价值175万元的反恐装备，用于装备优化升级。组织驻场武警、银川特警机场巡逻组、宁夏机场有限公司安航、安检、医疗、消防等多部门开展综合性暴恐事件应急处置演练，启用交通管理执法系统、全景鹰眼视频监控等信息化设施。持续开展民航“六严”专项整治行动，全年共立刑事案件8起，办理行政案件45起，抓获在逃人员6人，调解纠纷4起，检测涉毒人员73人，协助地方公安机关协查653人次，办理押解犯罪嫌疑人29人次。开展各类安全隐患检查1688次，整改隐患问题22件。召开银川河东国际机场新冠肺炎疫情防控检疫站点联合指挥部全体成员联席会议4次、专题座谈会4次、临时协调会18次，解决问题69项。

【交通管理】2021年，全区共发生一般道路交通事故3760起，死亡755人，受伤3966人，直接经济损失1084.2万元，事故起数同比下降5.3%，死亡人数同比下降3.58%，受伤人数同比下降4.4%，直接经济损失同比下降2.4%。全年共发生一次死亡3人以上道路交通事故5起，造成19人死亡，连续9年未发生重特大道路交通事故。全区开通轻微交通事故快速定损赔付功能，在线快处轻微交通事故4.5万起。全年共排查治理各类道路隐患498处，治理率为60%。持续开展清缴报废机动车专项行动，共报废老旧车辆29104辆，清理逾期未报废车辆73575辆，全区“两客一危”检验率、报废率均为99%以上。培训满分教育驾驶1万余人次，组织审验教育驾驶学习14万余人次，重点车辆驾驶人审验率达到96.68%，换证率达到99.07%。开展公路违法超员和违法载人专项治理、拼车包车超员载客等系列专项行动，常态化开展统一行动200余次，严查交通违法行为338万起，其中酒驾醉驾、无证超速等严重交通违法行为53万起，同比上升14%。推动110国道、312国道示范路创建工作，事故起数同比下降30%，打造有区域特色的示范路、样板路。持续协调完善公路基础设施，新增减速带1301条，信号灯、反光柱、中央隔离柱1685处，国（省）道示范路预警拦截率达到80%，交通违法查处量上升15%。建成并投入运行警保合作农村“两站两员”劝导站213个，查处农村地区“两违”、酒驾醉驾等重点违法3207起，同比上升129%。全天候开展车驾管“365天×24小时”受理办理业务，非工作日及夜间办理业务72万笔，占各警种办理量的80%以上。推进互联网交通安全综合服务管理平台建设应用，网上办理交管业务560余万笔，占所有交管业务量的77%。部署实施“两严三宽一规范”改进执法六项措施，实行轻微违法不处罚、一般违法先警告、常见违法先提醒，实施以来办理3.8万起、减免罚款244万元。全区部署开展“学法减分”举措，近88.8万人次在网上完成学习教育并减免交通违法记分。持续完善城区交通规划，通过老旧小区改造合理施划停车位5080个，整治背街小巷5133条，规范各类标识牌2000余处，新增停车泊位6.3万个。

【森林公安】2021年，全区森林公安开展“清风行动”“昆仑2021行动”，联合七部门开展依法严厉打击破坏黄河流域和贺

2021年6月18日，灵武市公安局民警开展反诈宣传

兰山等自然保护地自然资源和生态环境违法犯罪专项行动。全区各级森林公安机关共办理涉自然资源刑事案件64起，抓获犯罪嫌疑人51人，取保候审31人，批捕2人，收缴国家二级保护野生动物62只（头），“三有”动物（国家保护的有重要生态、科学、社会价值的陆生野生动物）1757只，象牙制品56件，疑似珍贵濒危野生植物制品245件，涉案林地草原面积2111余亩，收缴木材452立方米。联合银川铁路运输法院、银川铁路运输检察院印发《重大涉环境资源刑事案件会商制度（试行）》，解决对自然资源案件事实认定、证据标准、取证方向、法律适用及判后生态修复等问题。出台《公安厅森林公安局涉自然资源领域犯罪举报奖励办法（试行）》，鼓励广大群众积极举报涉自然资源领域违法犯罪行为。开展以“小手拉大手，保护生态环境”“世界地球日普法宣传”为主题的宣传活动10余次。组织5个地级市森林公安机关向社会公布野生动物24小时救助报警电话定点救助场所，全区各级公安机关参与救助野生动物128只。

【疫情防控】2021年，全区公安机关把疫情防控作为头等大事和重要政治任务，时刻保持战时状态，严密落实“外防输入、内防反弹”，保持境外疫情防控专班和大数据专班领导、机构、人员、机制和标准“五个不变”。完成2批次沙特包机入境银川隔离观察疏散任务，高效应对处置自治区“5·8”“7·30”“10·17”等3轮次突发新冠肺炎疫情。针对“10·17”新一轮突发疫情，全区公安机关快速反应，紧急调集武警和公安民警连夜驰援银川，投入警力，全力做好大数据研判筛查、重点人群管控、重点区域封控、重要通道查控等工作。充分发挥大数据专班职能作用，迅速核查确诊病例轨迹行程，实现在最短时间内流调闭环、人员锁定。织严织密机场、铁路、高速公路、国省干线等防控网，全区机场、车站、公路等入宁通道检疫站点始终保持24小时高等级查控勤务，筑牢疫情防控第一道安全屏障。全区社区民警辅警主动投入疫情防控大局，积极配合社区开展重点人核查管控、巡防值守、服务保障、秩序维护、矛盾纠纷化解等工作，筑牢社区防控网。研究制定全区公安机关发现查找管控新冠肺炎疫情风险人员工作机制和执法指引，推动健全常态化疫情防控工作体系。2021年，部署铁路、机场、公路等检疫站点迅速启动高等级疫情防控措施，共检查外省到宁（含宁夏籍）、返宁车辆2904万辆次、人员53393万人次。

（王永浩）

检　察

【概况】2021年，全区检察机关共办理各类案件23852件，同比上升25%（其中，办理审查逮捕案件3469件4975人，批捕3132人，不捕1843人；办理审查起诉案件8602件11285人，起诉8908人，不诉2377人；办理申诉案件1409件；办理诉讼监督案件8784件；办理公益诉讼案件1588件）。最高人民检察院通报的47项业务质量评价指标中宁夏有14项居全国前十，其中5项居全国第一。

【打击犯罪行为】2021年，全区检察机关贯彻总体国家安全观，严厉惩治危害国家安全、社会安定、人民安宁的犯罪行为，起诉故意杀人、故意伤害、涉枪涉爆、盗抢骗等严重影响群众安全感的刑事犯罪3826人。坚持深挖细查，推进扫黑除恶常态化，起诉黑恶犯罪141人，移送涉黑涉恶及“保护伞”线索119条。吴忠市检察院对“名门会”涉黑案76名被告人依法提起公诉。维护防疫秩序，起诉涉疫犯罪6人，抽调1477名检察干警深入社区，助力打赢疫情防控阻击战。强化监检衔接，增强反腐合力，起诉职务犯罪69人，其中原厅级干部4人。在严惩严重刑事犯罪的同时，认真落实“少捕慎诉慎押”刑事司法政策，通过开展羁押必要性审查专项活动，变更强制措施226人，诉前羁押率为32%，同比减少3个百分点。

【维护营商环境】2021年，全区检察机关起诉生产销售伪劣商品、扰乱市场秩序等犯罪284人，起诉侵犯非公经济权益犯罪92人，会同公安机关开展新一轮涉民营企业刑事“挂案”专项清理，推动75件“挂案”全部清零并回访涉案企业。中卫市沙坡头区检察院办理的一起认罪认罚案件促进企业规范生产经营，被最高检评为认罪认罚精品案例。坚持惩防并举，多地检察机关与相关部门共建反洗钱协作机制，发现洗钱犯罪线索19件，起诉破坏金融管理秩序、金融诈骗犯罪185人，防范化解金融风险。加大知识产权司法保护力度，起诉侵犯知识产权犯罪20人，联合自治区知识产权局开展“中宁枸杞”商标专用权司法保护行动，主动上门走访“盐池滩羊”等96家企业，为企业纾困解难，跟进服务创新驱动发展。

【守护生态环境】2021年，全区检察机关充分发挥检察职能，服务保障黄河流域生态保护和高质量发展先行区建设。坚持以“零容忍”态度严惩非法排放倾倒处置危险废物、非法采矿、非法占用农用地等破坏黄河流域生态环境的犯罪行为，依法起诉65人、监督立案4人、监督移送涉嫌犯罪线索38人，办理环保领域公益诉讼案件750件。强化水资源保护，持续深化跨区域、跨部门协作，举办陕甘宁三省（区）检察机关保护母亲河公益诉讼联席会，联合自治区水利厅等部门建立涉水领域行刑衔接机制，并开展黄河干流宁夏段取水工程专项整治，推动整改违规取水、超量取水等问题230个。惠农区检察院督促履行黄河行洪安全职责公益诉讼起诉案入选“全国黄河流域生态环境司法保护典型案例”。自治区检察院公益诉讼检察部门获评“全国全面推行河长制湖长制工作先进集体”。

【依法治理社会】2021年，全区检察机关针对办案中发现的交通运输、矿产资源、建筑工程等重点领域问题，以及寄递毒品防范、网络直播规范、粉尘噪声污染防治、公民个人信息保护等民生领域新问题，印发社会治理和公益诉讼类检察建议1911份，采纳率为99%，堵塞监管漏洞，促进社会治理。平罗县检察院制发检察建议督促加强危险货物运输车辆监管，消除公共安全隐患。同心、盐池等县检察机关制发检察建议促进西征红军十五军团指挥部遗址、雷记沟回汉支队驻地旧址等红色资源保护。三级检察院检察长进党校专题讲授检察公益诉讼课，全区检察官进校园、乡村、企业等开展法治宣传1635次，发布典型案例189件，并通过播出“检察官讲述办案故事”等形式以案释法，增强社会法治意识。全区检察机关畅通“12309”信访网电检察服务渠道，对1219件群众来信全部兑现“件件有回复”承诺，是全国检察系统持续保持七日内程序性回复率100%的两个省（区）之一。加强释法说理，对1250件案件组织公开听证，集中清理重复信访积案63件，为群众既解“法结”又解“心结”。中卫市人民检察院办理的一起申请监督案化解僵持近10年的纠纷，被最高检评为“民事和解典型案例”。

【践行司法为民】2021年，全区检察机关立足本职深入开展“我为群众办实事”实践活动，出台便民措施426项，为群众解决困难诉求1904件，切实增进民生福祉。守护群众“舌尖上的安全”。聚焦食品药品生产流通监管活动开展专项监督，立案办理食品药品安全领域公益诉讼案件198件，起诉危害食药安全犯罪33人。西夏区检察院办理的一起食用农产品质量安全案被最高人民检察院评为“全国公益诉讼守护美好生活典型案例”。自治区检察院立案办理高层建筑二次供水安全公益诉讼案，相关行政单位主动对接磋商，并迅速在全区开展专项整治，排查978家二次供水单位和1089座供水设施，推动整改问题132处。银川市金凤区检察院对一起制售假药案提起刑事附带民事公益诉讼，法院对检察机关提出的2275.9万元的惩罚性赔偿诉求判决予以支持。守护群众“脚底下的安全”。聚焦窨井施工、管理、养护等方面问题，制发检察建议，督促维修、更换存在安全隐患的窨井盖2406个。沙坡头区检察院办理的涉窨井盖支持起诉案被最高人民检察院评为“全国落实‘四号检察建议’典型案例”。守护群众“钱袋子安全”。聚焦网络犯罪高发态势，积极参与“反诈人民战争”，推进“断卡”行动，起诉网络犯罪744人，起诉集资诈骗及组织、领导传销活动等涉众型经济犯罪205人，助力追赃挽损7524万元。自治区检察院挂牌督办“3·28”特大跨境电信网络诈骗案，西吉县检察院提前介入引导侦查，对67名被告人依法提起公诉。全区检察机关推进“司法救助助力巩固拓展脱贫攻坚成果助推乡村振兴”专项活动，向298名农村地区生活困难案件当事人或其近亲属发放救助金446.5万元，防止因案致贫返贫。固原市检察院结合实际开展多元救助帮扶，推动一起超过20年的行政争议实现结案。

【维护特殊群体权益】2021年，全区检察机关落实未成年人保护“两法”和自治区工作意见，全面加强未成年人综合司法保护，创建宁夏“小白杨”未成年人检察品牌，推动专业化办案与社会化保护相结合，督促抓好强制报告、入职查询、从

2021年9月16日，自治区人民检察院召开推进落实“四号检察建议”联席会

业禁止等制度落实，起诉侵害未成年人犯罪554人，帮教罪错未成年人3163次，开展家庭教育指导1660次，制发督促监护令109份。全区检察机关5个集体获评“全国农村留守儿童关爱保护和困境儿童保障工作先进集体”“全国维护妇女儿童权益先进集体”和“全国青少年维权岗”。促进改善残疾人、老年人出行服务，联合自治区残联开展无障碍环境建设公益诉讼专项监督，发出诉前检察建议104件，督促加强医院、商场、公园和客运站等公共场所无障碍设施规划建设，已整改落实102件。帮助农民工讨薪维权，对515件拖欠农民工工资、侵害农民工权益民事案件支持起诉，追讨工资及赔偿金1232.1万元。海原县检察院在劳动监察执法部门设立“根治农民工欠薪工作站”，西吉、彭阳等县检察机关与相关部门制定协作办法，建立规范农民工薪酬支付长效机制。维护军人军属合法权益，银川铁路运输检察院开展“军人依法优先出行公益保护行动”，督促铁路运输部门保障落实军人优先购票、进站、候车、乘车等权益。同心县检察院办理的一起军人军属司法救助案被最高检评为“全国维护军人军属合法权益典型案例”。

【刑事立案侦查监督】2021年，自治区检察机关推进行政执法与刑事司法衔接工作，加强信息共享和案情通报，监督行政执法机关移送涉嫌犯罪线索104件，公安机关立案86件。常态化开展公安机关执法办案管理中心派驻检察工作，及时发现并纠正侦查违法行为，从源头上防范冤假错案发生。监督公安机关立案227件、撤案750件，同比分别上升9.7%和52.4%；纠正侦查活动违法254件次，同比上升28.3%；纠正漏捕漏诉282人。吴忠市检察院追加起诉的一名运输毒品案主犯被最高法院核准死刑立即执行。

【审判监督】2021年，自治区检察机关坚持精准监督，综合运用抗诉、纠正意见和检察建议等方式，及时监督法院纠正裁判不当、程序违法等问题。对刑事裁判提出抗诉77件，法院采纳率为55.4%。对民事裁判提出抗诉64件，法院采纳率为69.1%；提出民事再审检察建议87件，法院采纳率为85.1%。深化民事虚假诉讼监督，纠正民间借贷、物权纠纷等领域“假官司”40件。对行政裁判提出抗诉和再审检察建议7件，化解涉及群众切身利益、当事人诉求强烈、息诉服判难度较大的行政争议83件。对刑事、民事、行政审判活动违法情形分别提出监督意见66件、598件和191件，法院采纳率为100%、97%和100%。

【执行活动监督】2021年，自治区检察机关加强对刑罚执行全方位、深层次同步监督，纠正减刑、假释、暂予监外执行不当219人，纠正刑罚执行与监管活动违法126件，纠正社区矫正违法185人，同比分别上升100.9%、43.2%和33.1%。加强“大墙内”监督，对宁夏女子监狱、固原监狱及5个地市级看守所开展跨市交叉巡回检察，共同维护监管秩序和监管安全。对民事、行政执行活动违法情形分别提出检察建议608件、146件，法院采纳率为98.5%和99.3%。开展土地执法领域行政非诉执行专项监督，提出检察建议51件，法院及有关行政机关已采纳49件。在开展法律监督过程中，立案侦查司法工作人员滥用职权、徇私枉法等职务犯罪19人，是2020年的2.4倍，已起诉13人，法院对已审结的8人均作有罪判决。

【深化改革】2021年，全区检察机关持续更新司法理念，深化司法体制改革，加强检察工作信息化、智能化建设，促进公正高效司法。强化办案质量、效率和效果相统一的科学导向，规范有序推进认罪认罚从宽制度落实，刑事案件认罪认罚适用率为87.9%、量刑建议法院采纳率为98%、一审服判率为96.5%。完成最高人民检察院指定的认罪认罚控辩协商同步录音录像试点工作，相关经验在全国推广。发挥“捕诉一体”办案机制优势，推进简案快办，节约司法资源，退回公安机关补充侦查、延长审查起诉期限次数同比减少60.8%、84.3%，刑事检察“案件比”从上年的1.53降至1.16，同比减少3328个办案环节。在银川铁路运输检察院开展跨行政区划检察改革试点工作，优化资源配置，提升办理环境资源类跨区划案件专业化水平。自治区检察机关完善检察官权力清单和业绩考评机制，坚持业务数据月度分析，常态化开展案件评查，落实入额院领导带头办案制度。全区检察机关172名入额院领导办案4083件，其中三级检察院检察长直接办案419件、列席法院审委会124次。严格执行防止干预司法“三个规定”，记录报告有关事项1413件。落实司法责任制，认真排查2018年以来再审改判纠正的5件刑事错案，对检察环节存在失职问题的9名检察人员追究责任。上线运行检察业务应用系统2.0，优化流程管理、辅助办案和数据运用。2021年，自治区检察院自主研发的智能化检察业务及检察官业绩考评系统获得国家专利，更好发挥考评传导压力催生动力作用。无人机取证和快速检测实验室助力公益诉讼检察提质增效。远程提讯、出庭、接访应用保障“无接触式”办案顺畅高效。全区20个检察院建成标准化检察听证室，听证网络直播让公平正义看得见、听得到。全面启动律师互联网阅卷试点工作，律师阅卷从“最多跑一次”升级为“一次不用跑”。

【队伍建设】2021年，自治区人民检察院统筹推进全区检察机关党史学习教育和政法队伍教育整顿，促进政治生态优化、纪律作风好转、素质能力增强、司法公信力提升。强化政治引领。深入学习贯彻习近平法治思想、中共十九届六中全会精神和习近平总书记“七一”重要讲话精神，教育引导检察人员铸牢政治忠诚，坚定捍卫“两个确立”，坚决做到“两个维护”，坚定不移走中国特色社会主义法治道路，严格执行《政法工作条例》《重大事项请示报告条例》，自觉把党对检察工作的绝对领导贯穿履职始终。建立晨读夜训和督学促学常态化机制，精读党史国史、党章党规，围绕庆祝中国共产党成立100周年开展系列主题宣传教育活动。全面正风肃纪。以政法队伍教育整顿为契机，持续加强党风廉政建设，深入开展警示教育和自查自纠，肃清流毒影响，配合支持纪检监察机关查处全区违纪违法检察人员22人。大力整治顽瘴痼疾，深入开展“就案办案、简单办案、机械司法”专项查纠整治活动，剖析查摆12类问题并持续深化整改。自治区人民检察院切实转变机关作风，开展“我为基层解难题”活动，推动解决对下考核指标过多、个别基层检察院案多人少矛盾突出等9项难题，并针对工作薄弱环节建立完善57项制度机制，为常治长效奠定坚实基础。提升队伍素能。推动机关党建与业务工作深度融合，政治轮训与业务培训紧密结合，加强领导班子建设，加大干部交流力度，重视培养使用年轻干部。弘扬英模精神，发挥先进典型示范作用，选树20名“身边榜样”，将政法队伍教育整顿成效转化为奋进新征程的热情与动力。全区检察机关34个集体和73名个人受到自治区级以上表彰奖励，全区多名检察人被评为“全国扫黑除恶专项斗争先进工作者”“平安中国建设先进个人”“优秀办案检察官”“全区政法英模”“脱贫攻坚先进个人”“最美公务员”等。

（马雯悦）

法　院

【概况】2021年，全区法院系统认真贯彻落实党中央、自治区党委决策部署和自治区第十二届人民代表大会第四次会议决议，紧守“三地”法院建设奋斗目标，紧扣“守初心、担使命、创佳绩”工作主题，紧盯“全国有位置、西北走在前”目标定位，忠实履行法定职责，服务大局、司法为民、公正司法取得新进展。全年共受理案件30.2万件，审执结26.8万件，同比分别上升16.9%和11.5%。把强化理论武装作为首要任务，坚持和完善学习制度，认真开展专题理论学习和理论中心组学习，举办全区法院领导干部学习习近平总书记“七一”重要讲话和习近平法治思想研讨班，深入学习贯彻中共十九届六中全会精神。严格落实《政法工作条例》《重大事项请示报告条例》，向自治区党委、自治区政法委、最高法院汇报重大事项、重大问题、重大案件19次。自觉接受自治区党委巡视，将巡视反馈的4个方面47个问题细化为175项具体整改举措。开展党史学习教育和中国共产党成立100周年庆祝活动，从伟大建党精神中汲取政治营养、凝聚奋进力量。深化“我为群众办实事”活动，百人百场法律宣讲、年底不立案专项整治、“银耀宁夏”退休法官志愿服务等9个方面44件为民实事，受到群众广泛赞誉。全面贯彻总体国家安全观，依法严惩杀人、抢劫等严重暴力犯罪，严厉打击涉毒品、危险驾驶等犯罪，审结一审刑事案件6838件，判处罪犯8395人。常态化开展扫黑除恶斗争，石嘴山中院被自治区扫黑办树为“快执快结的典范”。开展“反诈人民战争”专项行动，建立电信网络诈骗刑事案件协作机制，审结盗窃、诈骗等多发性侵财犯罪案件1477件，判处罪犯1763人，为群众挽回经济损失近亿元。始终保持惩治腐败高压态势，审结徐某某、尹某某、徐某某等职务犯罪案件51件59人，依法追缴赃款赃物7254.7万元，判处罚金1712万元。加强妇女儿童权益保护，审结婚姻、医疗等案件3.1万件。加强妇女儿童权益保护，审结强奸、猥亵、虐待等案件511件，签发人身安全保护令38件。兴庆区法院设立妇女儿童法律援助维权岗，西夏区、灵武市、彭阳县、青铜峡市等8家法院相关案例获评“宁夏维护妇女儿童权益优秀案例”。加大司法救助力度，发放救助金884.8万元。开展“我为群众办实事、执行效果大提升”专项行动，执结案件6.7万件，执行到位145.4亿元。固原中院“执行大会战”暖心行动走进央视“新闻直播间”。永宁法院执行法官助力困难农企售出3万公斤小番茄。完善军地司法协作，维护促进军政军民团结。

【依法行政】2021年，全区法院系统服务保障法治政府建设，审结行政案件4582件，主动邀请124家2215名机关工作人员走进“庭审课堂”，行政机关负责人出庭应诉率为50%以上。推进行政争议协调化解中心全覆盖，出台诉前协调化解工作办法，探索行政非诉执行案件裁执分离，原州区、西吉县、大武口区法院建立律师参与协调化解机制。坚持行政审判白皮书制度，发送司法建议232份，助力提升依法行政和行业治理法治化水平。加强执行联动配合，执结案件9.1万件、标的185.3亿元，线上扣划资金15.9亿元，网络拍卖成交15.5亿元，做法被最高法院转发全国借鉴。推进执行指挥中心实体化运行，健全管理指挥协调、应急调度处置机制。升级“一案一账户”系统，开通二维码缴款功能，堵塞系统漏洞、规范案款管理。加大失信惩戒力度，曝光失信被执行人信息3.5万条，限制高消费6.4万人次，司法拘留979人。

【营造法治营商环境】2021年，全区法院系统推出服务保障民族工作高质量发展和“一带一路”建设20项举措，助推经济社会高质量发展。营造法治化营商环境，审结民商事案件16.1万件，同比增长10.6%。倡导“言而有信”“有约必践”的契约精神，审结各类合同纠纷案件10.7万件。支持银行、地方金融组织加快不良资产处置，审结借款、担保等金融案件3.9万件。出台“僵尸企业”司法处置工作指引，建立简单破产案件快审机制，宁夏天净冶金公司、德福胜粮油食品公司等企业走出困局、获得新生。加强知识产权司法保护，受理专利、商标、著作权等案件1015件，审结823件。发布知识产权司法保护白皮书及典型案例，营造尊重知识产权、鼓励创新创造的良好氛围。吴忠中院借助律师共同调查宁夏多家KTV侵害著作权纠纷系列案件。加大知识产权侵权损害赔偿力度，银川中院首次适用惩罚性赔偿原则，依法审理泸州老窖股份公司与富祥美酒总汇侵害商标权案。

【司法服务】2021年，全区法院系统坚守司法服务“三农”定位，审结农村土地流转、宅基地纠纷等案件9455件，农民工讨薪维权案件8239件。全面创建“塞上枫桥人民法庭”，沙坡头柔远法庭“五大联动调解”、贺兰德胜法庭“1+1+1+N”家事审判，惠农“红果子镇阳光司法微联盟”等创新举措，有效融入乡村振兴发展、走进农民日常生活。加强司法协同共治，实施环资案件跨行政区划集中管辖，推行“三审合一”审判机制，审结案件2646件。银川铁路运输法院选配精干力量组建专业团队，设立“巡回审判点”，建设生态修复示范与司法教育“两基地”。推进技术专家智库建设，建立涉环境资源重大刑事案件会商制度，中卫中院联合甘肃、内蒙古法院签订审判协作框架协议，构建省域间司法协同共治新模式。

【深化改革】2021年，全区法院系统优化司法资源配置，落实编制、员额动态管理，首次实施法官逐级遴选和员额递补机制，首批中院法官助理到基层法院遴选入额。积极应对人案矛盾，健全聘用制书记员、辅警管理制度。突出院庭长示范作用，加强办案通报考核，院庭长办案9.4万件，占案件总数的35%。金凤法院合理调配人力资源，充分激发内生动力，法官人均结案597件。持续推进以审判为中心的刑事诉讼制度改革，对不构成犯罪的13名被告人依法宣告无罪。规范自由裁量权，制定量刑指导意见实施细则，确保“同案同判”、量刑均衡。贯彻宽严相济刑事政策，准确适用认罪认罚从宽制度，一审刑事案件认罪认罚适用率为80%以上。强化简案速裁和繁案精审，独任制审结案件57830件，小额诉讼程序、简易程序案件平均用时分别为21天和45天。实施全流程网上办案，搭建智管系统30余个，优化审限临近预警、数据随机抓取、流程节点提示功能。组织案件质量评查和裁判文书评比，5篇案例在全国法院优秀案例分析评选中获奖，4场庭审被评为“第四届全国法院百场优秀庭审”。出台类案检索规定，完善专业法官会议和审判委员会工作机制，促进类案同判和法律适用统一。规范委托鉴定评估机构选定程序，搭建审判执行与专业机构“隔离带”，鉴定评估平均用时缩短近一半。构建公安“厅网

2021年6月23日，宁夏高院机关举办“举旗帜坚守初心担使命　庆华诞奋发有为护平安”主题庆祝活动暨“两优一先”表彰大会

线巡”诉讼服务格局，开启“线上、线下”双通道，升级移动微法院和“12368”功能，提供立体化、无障碍、智慧型便民服务。制定矛盾纠纷诉前调解与诉讼衔接办法，243家组织和1063名调解员进驻法院线上调解平台，诉前调解纠纷4.6万件。隆德县、平罗县、海原县、中宁县、利通区法院启动联调联动机制，在距离人民群众最近的地方定纷止争。

【强化监督机制】2021年，全区法院系统强化制约监督机制，以构建责任体系为目标实现“指引式”监督。划定办案人员权力边界，以明晰权责配置为基础推进“清单式”监督。研发“四类案件”管理系统，以特殊案件管控为抓手实施“定点式”监督。完善办案责任追究办法，以严格追责为依托开展“评价式”监督。落实违反干预司法“三个规定”，以如实填报为手段进行“严管式”监督。推进办案全过程，自动推送审判流程信息，在互联网公开文书10.7万份、庭审4.2万场。落实人民陪审员制度，人民陪审员参与案件审理1.8万件。同心县、泾源县、盐池县、红寺堡区法院强化判后答疑、以案说法，司法活动更阳光、更透明、更公正。2021年，全区法院系统依法接受人大监督，自觉接受政协民主监督，邀请代表委员参与、见证司法活动1168人次，办理代表建议、委员提案122件。主动接受新闻媒体的舆论监督，召开新闻发布会11场。

（康　莹）

司法行政

【概况】2021年，宁夏各级司法行政机关深入学习贯彻习近平法治思想，认真履行自治区党委全面依法治区办公室统筹协调、指导推进、督促落实的职责，提请自治区党委印发《法治宁夏建设规划（2021—2025年）》《法治政府建设实施方案（2021—2025年）》《法治社会建设实施方案（2021—2025年）》等文件，组织召开自治区党委全面依法治区工作会议，对今后一个时期法治宁夏建设作出全面部署。协调将党政主要负责人履行法治建设第一责任人职责情况纳入自治区党委党风廉政建设责任制、意识形态工作责任制检查和领导班子、领导干部考核“三合一”工作机制，有关经验做法被中央依法治国办专刊推广并得到自治区领导肯定性批示。组织开展全区法治政府建设督察和整改情况“回头看”，配合完成中央依法治国办第八督察组对宁夏的实地督察。加强基层治理考核、督查，协调将基层治理纳入全区效能目标考核内容和2021年督查计划，建立工作进展季报告制度，推动6个重点领域牵头部门发挥作用，各市、县（区）压实责任，广泛宣传报道基层治理创新举措、工作成效。在全国率先出台《司法所服务基层治理的指导意见》，推动司法所职能融入基层治理。在全国率先部署开展地方性法规、政府规章和行政规范性文件以及党内法规、规范性文件全面集中清理工作，共清理地方性法规266件、政府规章204件、行政规范性文件4285件，党内法规和规范性文件897件，得到自治区党政主要领导和全国人大民族委员会专题调研组的充分肯定。

【行政立法】2021年，自治区司法厅积极发挥职能作用，为建设黄河流域生态保护和高质量发展先行区提供坚实法治保障和优质法律服务。自治区党委印发《关于进一步加强和改进地方立法工作的意见》《关于加强和改进政协立法协商工作的通知》等，制定《司法厅参与立法协商工作办法》和《立法项目论证咨询办法》等，调整建立12个基层立法联系点，立法工作机制不断完善。加强重点领域立法，提请自治区人大常委会制定、修改和废止地方性法规26件，高质量办理《宁夏回族自治区公证条例》《宁夏回族自治区实施〈医疗保障基金使用监督管理条例〉办法》等一批与民生热点息息相关的法规规章草案。在全国率先出台《宁夏回族自治区建设黄河流域生态保护和高质量发展先行区促进条例》，上报的信息被中办《每日汇报》采用。认真履行行政规范性文件备案监督职责，审查报送自治区政府备案的政府规章2件、规范性文件207件。自治区政府办公厅印发《关于2020年度政府规章行政规范性文件报送备案情况的通报》，对存在违反上位法、超越权限等问题的规范性文件督促制定机关进行纠正。向国务院、自治区人大报送自治区政府2020年政府规章2件、行政规范性文件15件。办理行政规范性文件认定140件，征求意见30件。

【行政执法】2021年，自治区司法厅共审核公布自治区本级81家行政执法主体，被《宁夏日报》、“学习强国”整版报道。组织开展行政执法人员执法考试5000余人次，开展机构改革以来全区首次行政处罚案卷评查工作，发放首批4439个国家统一行政执法证件，组织、委派法律顾问为自治区政府提供各类法律服务159件（次），有效规范行政执法行为。全面推行证明事项告知承诺制，公布自治区本级证明事项告知承诺制清单80项，最大限度利企便民。

【行政复议改革】2021年，自治区各级行政机关共办理行政复议案件1227件，办理一审行政应诉案件2377件。协调自治区编办给司法厅增加2个行政复议与应诉处室、13个行政编制，给各市、县（区）司法局增加编制36个，改革成效走在全国前列。

【刑事执行】2021年，全区监狱系统制定加强监管安全具体举措，开展“百日安全排查整治行动”和“交叉驻在式”检查，全面排查整改问题隐患。落实“五大改造”，开展“我为罪犯解心结”活动，积极调处化解罪犯矛盾纠纷，全年累计排查罪犯矛盾纠纷400余起，调处化解率为90%以上。以“我为群众办实事”和“我为基层解难题”为抓手，搭建罪犯“云会见”系统，开展远程视频会见1000余人次。印发《关于完善监狱治理体系 提高治理能力的实施意见》，全面加强监狱建设，修订完善145项工作制度，为监狱工作高质量发展提供制度保障。开展“执法规范化建设提升年”活动，建立“六规范三公开两提升”工作机制，印发《减刑假释暂予监外执行集体审议工作规范》等11项制度，严格落实防止干预司法“三个规定”。开展“好好说话、文明执法”和“学会拒绝、严格执法”等教育活动，开展十佳“减假暂”案件评选，聘请15名执法监督员参与监狱执法监督工作，监狱执法公信力得到提升。智慧监狱建设取得新进展，全区监狱系统指挥中心应急指挥视频会议项目、网络安全等级保护测评项目等10个信息化项目全部建成投入使用。吴忠监狱被司法部记“全国司法行政系统抗击新冠肺炎疫情集体二等功”、女子监狱获全国“青少年维权岗”称号、石嘴山监狱九监区团支部获“第20届‘全国青年文明号’集体”。全区戒毒系统以“平安戒毒所”建设为抓手，严格落实三级形势研判制度，全方位摸排影响场所安全稳定的因素。打造教育戒治“个十百千”工程升级版，充分发挥社区戒毒（康复）工作指导站作用，丰富社区戒毒（康复）形式载体，全力提升场所医疗工作水平。全面建成全国统一的司法行政戒毒工作基本模式，顺利通过司法部戒毒局统一模式复检复核验收，女子强制隔离戒毒所被认定为统一模式示范所，吴忠强制隔离戒毒所、银川强制隔离戒毒所被认定为达标所。打造禁毒普法志愿服务品牌，组建五支禁毒志愿服务队，在重要节点、重点地区，有针对性地开展禁毒普法宣传教育。全年累计举办宣传讲座10余场次，开展各类宣传活动20余次，印制宣传彩页3000余册，制作宣传品2000余件，受众达2万余人次。

【社区矫正】2021年，《宁夏回族自治区社区矫正法》全面深入实施，区、市、县、乡四级社区矫正委员会实现全覆盖，全区23个市、县（区）成立社区矫正机构，有效解决执法主体资格问题。选聘59名社区矫正专职工作人员，引导5个社会组织参与社区矫正工作。组织开展“执法规范年”活动，印发《宁夏社区矫正执法文书格式》《社区矫正对象执法档案管理规定》，指导各地建立调查评估、心理评估、重大事项审批、奖惩考核、分级管理等制度，社区矫正机构职责权力更加明晰。优化升级宁夏社区矫正信息管理平台，建成4个县（区）“智慧矫正中心”，全区县（区）“智慧矫正中心”建设实现全覆盖。组织开展社区矫正案卷评查，全区评查历年来的社区矫正案件近3万件，发现问题线索31条，执法不规范、审批不严格的问题得到有效整改。社区矫正机构与人民法院初步实现信息互联互通，专门机关执法衔接配合得到加强，市、县检察机关对社区矫正工作法律监督实现常态化。编写《宁夏社区矫正对象读本》《宁夏社区矫正对象心理健康与心理保健读本》，推行“5+1”教育矫正模式和“三位一体”帮扶机制，分类教育和个别化矫正全面开展，有关经验做法被自治区平安宁夏建设协调小组转发推广，司法厅在全国司法行政系统学习贯彻社区矫正法经验交流会上作书面交流。

【公共法律服务】2021年，自治区司法厅建立公共法律服务联席会议制度，出台《全区公共法律服务体系建设评价指

2021年11月，自治区司法厅开展涉法涉诉信访案卷评查工作

标》,将公共法律服务体系建设纳入法治建设考核内容。制定政府购买法律服务管理办法、指导目录,将村居法律顾问经费列入政府购买服务范围。推行"1335"工作模式,整合资源实现公共法律服务"一网通办",搭建的智慧法律服务调度管理平台,被《法治日报》评为"全国政法智能化建设'智慧司法创新'案例"。办理法律援助案件1.5万件,为2.1万受援人挽回经济损失1.63亿元。公证12项利企便民措施深受好评,司法鉴定机构能力验证实现全覆盖。全年办理公证业务7万余件,司法鉴定业务1万余件。开展"乡村振兴,法治同行"专项行动,律师服务自治区9个重点产业、十大工程项目和"百所联百会"工作取得积极成效,组织195家律师事务所与326家商会开展结对联建。设考区的市全部建成法考基地,率先在全国实现法考基地全覆盖。

【人民调解】2021年,自治区深化"塞上枫桥"调解品牌创建,建成"一站式"矛盾纠纷多元调解中心221个,建立警调、诉调、访调衔接机制,出台并落实司法行政机关防范"命案"风险11条措施,联合财政厅修订《宁夏人民调解员以案定补管理办法》,被写入自治区政府工作报告,开展矛盾纠纷"大排查、大调解"专项活动,全年排查各类矛盾纠纷5.2万人次,调处4.6万件,成功率为96.8%,充分发挥维护社会和谐稳定的"第一道防线"作用。自治区95%以上的矛盾纠纷在基层就地解决,人民调解工作3次被中央电视台集中报道。建成标准化司法所128个,5个司法所被司法部评为"全国模范司法所"、8名司法所所长被评为"全国模范司法个人",1个司法所被评为"全国平安建设先进集体",人民调解员王兰花被授予"七一勋章"。

【普法宣传教育】2021年,"七五"普法圆满收官,宁夏普法"四清单一办法"经验被纳入全国"八五"普法规划,自治区司法厅被评为"全国'七五'普法先进单位"。自治区人大常委会印发《关于开展第八个五年法治宣传教育的决议》,自治区党委和政府印发《关于在全区开展第八个五年法治宣传教育的实施意见》,全面启动"八五"普法。自治区党委印发《关于加强社会主义法治文化建设的实施意见》,培育乡村"法律明白人"1.2万名,全区村(社区)法治文化阵地覆盖率达90%,永宁县原隆村等8个村被司法部、民政部命名为"全国民主法治示范村"。

【疫情防控】2021年,全区司法行政系统始终把做好常态化疫情防控作为全区司法行政系统一项重大政治任务,在做好各项工作的基础上,为自治区疫情防控工作注入司法行政力量。全区监狱、戒毒系统按照"高于平时、严于地方"的要求,严格执行常态化疫情防控警务执勤模式,构筑疫情防控"铜墙铁壁",警察职工连续奋战670余天,累计轮换执勤302批次39500余人次,人均封闭执勤超过260余天,监管场所实现"零感染"。2021年10月,在疫情反弹遭遇战中,全区司法行政系统1573名干部职工参与疫情防控,457名党员干部下沉社区,160余名党员干部职工无偿献血,有效缓解了疫情防控压力。

【队伍建设】2021年,自治区司法厅以"7+2"形式为主要载体,开展百年党史的深入学习,进行创新理论的系统武装,经受政治意识的强化淬炼,经历革命精神的深刻洗礼,在学史明理、学史增信、学史崇德、学史力行上取得了显著成效,全体党员干部"四个意识"进一步增强、"四个自信"进一步坚定、做到"两个维护"进一步坚决。在全系统选树政法英模3名、先进典型27名,包晓荣被选树为"全国政法英模",组织司法行政英模事迹巡回报告会6场。开展"我为群众办实事"实践活动,推出38项为群众办实事、8项为基层解难题举措,重点打造5个司法为民品牌,与自强社区"结对子"解决群众"急难愁盼"事被列入宁夏"我为群众办实事"实践活动案例。全区72家律师事务所实现管党建与管所务"双管合一"、党组织班子和所务管理层交叉任职,支部书记和律所主任一肩挑比例为66%以上,1309名党员律师全部被纳入组织管理,律师行业党建工作连续3年在自治区相关考核中被评为优秀等次。

(侯志鹏)

仲　裁

【概况】2021年,宁夏共有仲裁机构5家,全年办结仲裁案件38418件(其中网络仲裁案件36112件),案件量同比上升80%。2021年,宁夏各仲裁委办公室成立独立党支部2家,与司法局建立联合党支部1家,选派党建指导员1家,各仲裁委办公室共有中共党员14人,聘用仲裁员党员均在党组织所在支部参加组织生活。全区各仲裁委办公室党的组织和党的工作基本实现全覆盖,党建工作基本制度得到全面落实,党建与业务工作做到全面融合,党组织参与仲裁机构业务发展、队伍建设、质量管理等决策机制不断完善,党建引领仲裁服务的能力逐步提升。

【管理监督】2021年,自治区司法部门加强仲裁机构登记备案管理,依法全面履行登记备案管理职责,完成2家仲裁机构变更备案工作,并报司法部审核备案。完成固原仲裁委员会设立审核登记工作，实现设区市仲裁机构全覆盖。全区5家仲裁机构已在全国仲裁工作信息管理系统上完成仲裁机构、仲裁员信息补充和更新。依法强化换届复核，对银川仲裁委、中卫仲裁委及固原仲裁委报来仲裁委员会组成人员资料、拟聘用仲裁员资料进行复核，确保仲裁委员会组成人员数量、涉猎领域、仲裁员任职资格符合相关法律法规规定。依法规范仲裁秩序，严格履行对仲裁机构的监督、指导职能，紧盯届满不换届、超越仲裁执业范围、违法变更登记事项、违规跨地域设立分支机构和业务站点等问题，开展仲裁行业清理整顿行动，规范仲裁行业发展秩序。加强行业指导，对各仲裁机构的组织设置、队伍建设、运行机制、案件质量等情况进行督导，确保各仲裁机构依法规范发展。各仲裁机构严格从加强仲裁委建设、强化仲裁委法人地位、坚持仲裁公益性等方面推动改革各项工作。推动中卫仲裁委不断深入开展试点，落实内部治理改革方案，健全完善文书核阅、案卷管理、仲裁员指定等配套制度。组织开展“双随机、一公开”执法检查，对各地仲裁委员会设置情况进行梳理，未发现将仲裁委员会或仲裁委员会办事机构作为相关部门内设机构或者下属单位的情况。各仲裁委建立健全委员会决策实施、机构日常事务管理、仲裁案件程序管理等执行机构工作机制，确保执行机构认真执行委员会决议。石嘴山仲裁委制订《石嘴山仲裁委员会鉴定（评估）工作规范》《石嘴山仲裁委员会鉴定（评估）机构随机选定暂行办法》，形成科学组庭、专家论证、裁前告知、裁后答疑的办案机制，当事人满意度和裁决自动履行率同比均有较大提升。设立内部监督机构，按照决策权、执行权、监督权相互分离的原则，各仲裁机构全部设立监督机构。银川仲裁委设立监督委员会，行使对仲裁委办公室执行仲裁法和贯彻落实委员会决策、决议等情况进行监督检查。吴忠仲裁委设立了由司法行政、财政、律协等部门人员组成的吴忠仲裁委员会监督委员会，对仲裁委办公室贯彻执行仲裁法和相关工作开展情况进行了有效监督。中卫仲裁委员会纪律监督委员会对10余起信访投诉事件进行了调查核实，并及时答复当事人，取得了较好的社会效果。

【仲裁服务】2021年，自治区各仲裁机构按照管理要求，持续深入地宣传和推广仲裁制度，通过“两微一端”推送以及“法治体检”等方式，不断提升全社会的仲裁法律意识。结合公共法律服务实体、热线、网络平台，推动仲裁服务向乡村、街道、社区、企业延伸，加大保险、物业、装修、医疗等关系群众切身利益的纠纷案件办理力度，覆盖各行业的仲裁调解纠纷解决机制得到完善，仲裁在化解民商事纠纷中的首选率得到提升。将仲裁工作纳入公共法律服务体系建设总体布局，促进与平台融合、服务融通。推进仲裁融入公共法律服务热线、网络、实体平台，简化服务环节，优化工作流程，大力推行“网上办”“预约办”。促进仲裁与公证、司法鉴定、法律援助、人民调解等工作的有效衔接，宁夏各仲裁机构已全部入驻各地级市公共法律服务中心。积极与宁夏知识产权服务中心、知识产权局签署《多元化解知识产权纠纷合作框架协议》，健全知识产权纵向保护体系，提升知识产权纠纷解决水平。银川仲裁委创新提出“三进一融合两提高”工作模式，加强对基层企业、行业、街道社区的仲裁制度宣传，积极参与社会治理，依法妥善处理人民群众在日常生产生活中涉及财产权益的各类纠纷。中卫仲裁委完善“人民调解+仲裁+信访”工作模式，2021年共计受理处理“人民调解+仲裁+信访”案件867件，涵盖物业、侵权、医患、劳务、消费维权、信访等20余类纠纷，推动市域社会治理现代化向纵深发展。各仲裁机构主动发挥仲裁优势作用，开通涉疫情法律咨询专线、专刊、专

2021年6月25日，银川仲裁办举办“学党史　知党情　跟党走”庆祝建党100周年党史知识竞赛

栏，并严格依据法律条文予以解答，保障解答的权威性和一致性。对关注度、敏感度高的法律咨询问题根据国家和当地最新规定给予咨询解答。拓展提升疫情防控期间企业、当事人咨询服务的方式和质量，保障经济纠纷化解工作。采取针对性举措，对涉及民生及重点企业人群主动开展法律咨询和服务。分析研判疫情防控工作法律风险，为疫情防控决策提供法律论证。认真研究疫情期间仲裁服务方式，针对中小微企业生产经营受疫情影响较大的情况采取速调、速审、速结的措施，为抗击疫情、恢复生产生活秩序提供更加优质高效的仲裁服务。鼓励仲裁机构灵活采用线上线下相结合的案件办理方式，实现"不外出""不见面"的同时，公正高效解决争议，维护当事人的合法利益。疫情期间，各机构通过减免仲裁案件费用，切实减轻企业和群众负担，为营造稳定、有序、公平的营商环境发挥了重要作用。

【队伍建设】2021年，各仲裁机构积极拓宽仲裁员聘任渠道，加强对仲裁员资格审查、日常管理、监督考核，建立分类别、适应多层次需要的仲裁员队伍。银川仲裁委制定《银川仲裁委员会仲裁员管理办法》，建立仲裁员信用记录及严重失信行为惩戒制度，加强仲裁员信用监督和履职尽责情况考核，严格仲裁员从业行为管理。中卫仲裁委召开3次财务与薪酬评估委员会会议，研究制定办案秘书绩效薪酬和业务培训制度，实行仲裁庭和办案秘书双向选择的方式，推进办案秘书队伍职业化、专业化。加大培训与交流力度，开展多种形式的业务培训，不断打造专业、高效的仲裁人才队伍。石嘴山仲裁委邀请知名律师、资深仲裁员为全体仲裁员、工作人员讲解仲裁程序内容。中卫仲裁委承接自治区法学会《"人民调解+仲裁+信访"纠纷治理模式的调研报告》专项课题研究报送。组织开展《宁夏仲裁融入基层社会治理工作研究》课题专题调研，形成研究报告发各仲裁机构进行交流学习，形成推动工作的良好氛围。印发《宁夏回族自治区行政裁决与调解、仲裁、行政复议、诉讼工作相衔接的若干规定》，加强行政裁决与调解、仲裁、行政复议、诉讼等制度的协调衔接。

【仲裁信息化建设】2021年，各仲裁机构综合运用大数据、云服务、人工智能等信息技术手段，建立网络化的案件管理系统，用信息化赋能仲裁事业发展。银川仲裁委安装庭审电子监控器系统，采用先进、成熟的音视频编、解码技术和网络传输技术，为仲裁庭审信息化建设提供强有力的技术支撑。中卫仲裁委委托第三方研发公司采购新的网络视频庭审系统、互联网仲裁确认系统、互联网仲裁审理系统，降低了当事人解决纠纷的时间成本和经济成本，2021年共受理3.5万余件国内互联网消费金融纠纷，争议总金额达4.5亿元。

（王世奇）

军事

JUNSHI

NINGXIA YEARBOOK

编辑◎王晓华

宁夏军区

综　述

【概况】2021年，宁夏军区在习近平强军思想的指引下，坚决贯彻军委国防动员部和西部战区党委首长指示要求，熔铸初心、扛鼎使命，保持热情激情豪情的奋斗状态，涵养求实务实扎实的底蕴作风，立起细致精致极致的卓越标准，谋长远、打基础、抓落实，全面建设向上向好。突出党委谋战抓训，练指挥、验通联，强机动、磨意志。围绕部队急需试训，建立联训渠道，探索形成编训用保“四位一体”联训机制，成果在战区交流。协调建立义务兵优待金和退役士兵补助金定增机制，完成新兵征集、士官招收，大学生征集比例超过国家指导比例。坚持把抗疫当仗打，常态化防控原则不变、机制不停、责任不松，牢牢掌控主动权，助力疫情防控取得全面胜利。组织驻银单位共商闽宁振兴大计，邀请37名村干部聆听专家辅导新发展理念，军区组织闽宁镇和定点帮扶村14名村支书赴浙江省缪家乡村振兴学院培训，开国动系统之先河，趟助力乡村振兴之新路。认真学习贯彻党建新规新令，扎实推动党组织规范化建设，各级党组织功能更加彰显，在“两个一百年”奋斗目标交汇的重大历史时刻，用奋进的步履刻下清晰而又坚实的年轮。

【思想政治建设】2021年，宁夏军区深入学习贯彻习近平新时代中国特色社会主义思想和习近平强军思想，坚持举旗铸魂抓思想、聚焦中心抓服务、帮建指导抓基层、扭住关键抓队伍、持之以恒抓作风、内外兼修抓自身，始终把思想政治建设摆在首位。持续强化理论武装，印发《关于进一步加强团以上单位党委理论学习中心组学习的措施》，提升各级党委理论素养。大抓党史学习教育，抽组成立领导机构，制定工作规则，统筹党史学习教育和两项主题教育，邀请专家辅导授课，观看理论专题片和红色影片，组织讨论交流，开设党史学习教育专题网页，组织参观见学，让官兵在学史明理、学史增信、学史崇德、学史力行中铸牢听党指挥的思想根基。加强思想政治教育，制定《深化“传承红色基因、担当强军重任”主题教育实施方案》，落实专题辅导授课，持续开展“强军思想进百连”理论服务走基层活动，印发《关于加强军区系统思想政治教育的措施》。开展庆祝中国共产党成立100周年系列文化活动，对标习近平主席话语体系，规范营区文化建设。着眼意识形态领域复杂斗争形势，落实《加强军区部队意识形态工作的措施》，常态运行涉军网络舆情军地协作机制，加强涉军敏感信息监测，引导官兵理性认识是非曲直，确保部队绝对纯洁巩固。坚决贯彻落实军委党的建设会议精神，指导抓好各级党委班子建设，以班子建设带动部队建设。认真落实《团以上党委班子民主生活会暂行规定》，按照规定动作和内容，召开党委常委民主生活会，修订完善《加强军区党委班子自身建设的措施》《军区党委常委会工作规则》，提升党委班子团结力凝聚力战斗力。制定《关于巩固深化“不忘初心、牢记使命”主题教育成果的措施》，督导各级严格落实。指导各级扎实开展军队党组织规范化建设自查自纠，规范落实党员汇报思想、上纪律党课、过双重组织生活等制度，提升党内生活质量。严格贯彻中央军委有关文件精神，制定军区党委贯彻落实习主席军委扩大会议讲话重要任务措施。贯彻落实自治区《关于加强新时代党管武装工作的实施意见（试行）》，加强党管武装工作。按照中央军委和军委国防动员部问题整改“回头看”专项巡视动员部署会精神，一波接一波组织自查自纠，推进问题整改。强化党风廉政建设“三个责任”，指导建立31个基层风气监察联系点，监督查处基层“微腐败”和不正之风。加强军队党的建设法规学习，以“学用守”法规学习活动为载体，督导基层加强对《军队基层建设纲要》《中国共产党军队委员会（支部）工作规定》《军队政治工作条例》等法规的学习贯彻。制定《宁夏军区开展争创“四铁”先进单位　争当“四有”先进个人活动评比规范及实施细则》，在全区开展“两优一先”推荐评选表彰活动，营造比学赶超的浓厚氛围。开展“坚决听党话，永远跟党走”七一主题党日活动，表彰11个先进党组织、18名优秀共产党员和优秀党务工作者。

【国防动员建设】2021年，宁夏军区国防动员建设坚持以习近平新时代中国特色社会主义思想为指导，深入贯彻习近平强军思想，落实军委国防动员部、西部战区、军区党委扩大会议精神，按照“聚焦动员谋备战、适应改革抓征兵、依法抓建打基础、守正创新促发展”的思路，各项工作和建设稳步推进。指导兴庆区动员征召实战化演练，规范动员组织实施程序方法。精细开展国防动员潜力统计调查，积极开展新域新质动员潜力专项核查，实地走访重点企业，现地核查潜力资源，年度潜力数据在全国集中会审中实现“零差错”，潜力数据质量逐年提升，连续两年位列西部7省（区）第一，进入全国第一梯队。积极适应两征两退改革新形势、新要求，全方位开展宣传发动，全体系严格审查把关，全流程落实疫情防控，全覆盖实施检查督导，完善《关于做好新冠肺炎疫情常态防控下征兵体检工作的措施》，实施修订《自治区征兵工作条例》，提升自治区征兵工作法治化、制度化、规范化水平，完成年度新兵征集、士官招收，连续10年无查实的廉洁征兵信访举报和违纪问题线索。

【双拥共建】2021年，宁夏军区始终保持多年来积淀形成的优良传统，深化军政军民鱼水情感。发挥桥梁纽带作用，强化双拥职能，协调召开军地联席会议，传达学习全国双拥工作领导小组第三十一次全体会议、全国双拥办2021年第二次主任办公会精神，研究部署重点工作。协调组织驻宁解放军、武警部队和民兵，分批次在吴忠市红寺堡区植树造林。着力部署推动各市、县（区）构建拥军支前协调机构和组织2021年拥军支前数据采集工作。贯彻中央军委、军委国防动员部和军区党委有关要求，持续对接帮扶28个村巩固拓展脱贫攻坚成果、衔接乡村振兴。召开军区系统参与巩固拓展脱贫攻坚成果同乡村振兴有效衔接推进部署会，印发《军区系统做好参与巩固拓展脱贫攻坚成果同乡村振兴有效衔接工

2021年4月12日，石嘴山军分区组织民兵参加驻地植树造林生态治理活动

作20条措施》。参与闽宁镇乡村振兴帮扶，牵头协调驻银部队参与闽宁镇乡村全面振兴，组织23名业务骨干、村支书到浙江缪家乡村振兴学院学习培训，打造军区第3家、闽宁镇首家少年军校（耿飚少年军校）。完善《自治区党委退役军人事务工作领导小组2021年工作要点》《2021年度军地合力做退役军人工作任务清单》等5个文件，配合推进自治区退役军人政策制度改革。支持部队备战打仗，启动军地互提需求、互办实事"双清单、三助力"活动，协调走访慰问演训部队，帮助军人解决子女入学入托难题。1月6日，全区双拥模范城（县）命名暨双拥模范单位和个人表彰大会在银川悦海会议中心召开。自治区领导陈润儿、咸辉、赵永清、石岱、李锐、赵建宏、王和山出席会议。大会宣读自治区党委、人民政府、宁夏军区《关于命名全区双拥模范城（县）的决定》和《关于表彰全区爱国拥军拥政爱民模范单位和个人的决定》。自治区发展改革委军民融合处被授予"全区爱国拥军模范单位"荣誉称号。

【疫情防控】2021年10月18日至11月20日宁夏出现新冠肺炎疫情，军区首长亲自筹划部署全区疫情防控工作，先后4次召开疫情防控工作领导小组会议，研判疫情防控形势、研究重难点问题、审定防控管控方案、推动文化舆论宣传。军区首长带队，先后十余次前往一线点位检查督查，现场发现问题、解决问题、推动工作。各师团级单位和军区办局主要领导牵头建立在岗人员和在外人员2本台账，确保防控措施落实到人。军区疫情防控办从严落实军队疫情防控政策规定，坚持抓营区封闭管控、抓人员旅居史排查、抓全员核酸检测、抓防控组织指挥、抓各类相关保障，总体保持高效运转。探索建立三级专责专员机制，明确专责7项工作职责和3项工作制度，打通纵向到底指挥链，全面提升指挥效能。10月17日23时，获知驻地出现阳性检出有关情况后，立即研判确定"传播风险大、防控等级高"的严峻形势，果断定下自18日8时起组织各师团级单位同步启动应急响应的决心，比驻地提前2天以上进入全面应急状态。军区党委首长扁平化指挥，迅速组织有关单位1小时内隔离管控、6小时内建立台账、24小时内全员检测、21天无间断健康监测，以预先处置和全过程闭环管控稳妥化解险情。

（王瑞涛）

战备建设

【民兵军事训练】2021年6月9—23日，宁夏军区按照"区分专业、突出重点，统分结合、训用一致"的总体思路，采取理论辅导、实装操作、教学组训、考核验收的方式方法，组织全区民兵教练员进行集中强训和竞赛性考核，规范民兵军事训练组织实施的程序、内容和方法步骤，解决重难点课目难组训的矛盾困难，为各级培养一批基础理论扎实、军事技能过硬、教学组训熟练的民兵教练员，牵引提升全区民兵军事训练质量和遂行任务能力，达到以比促训、以赛促建目的，立起练兵备战鲜明导向。

【军地联合演练】2021年6月25日，宁夏军区组织银川警备区所属部分民兵应急力量，参加自治区"贺兰山东麓"抗洪抢险军地联合应急演练。12月10日，组织吴忠军分区、中卫军分区所属部分民兵应急力量，参加自治区军地联合应急演练，宁夏军区首长机关现场观摩指导。

【学生军事训练】2021年7月10—28日，依托军区综合训练队，采取个人报名、学校推荐、测试筛选的方法步骤，从普通高等学校、高中阶段学校选拔确定16名学生，进行集中强训，牵引提升全区学生军事技能训练水平。全年宁夏军区协调派出现役军官56人次，会同院校军事教师共同完成全区20所普通高等学校、5万余名学生的军事理论课教学任务。8—10月，协调指导驻宁部队和军分区（警备区）派遣现役官兵和民兵教练员，完成全区101所普通高等学校和高中阶段学校13.5万余名学生的军事技能训练任务。

（王瑞涛）

军事动员

【集训和演练】2021年4—5月，宁夏军区围绕33个训练课目和7个竞赛性考核内容，严密组织全区新任职基层武装部长集训、竞赛性考核和资格认证，牵引提升参训学员军事训练实战化水平和遂行国防动员任务能力。指导各军分区（警备区）完成新任职基层专武干部任职培训，同步组织新任职基层武装干事完成资格认证。7月27日，宁夏军区依托银川市兴庆区组织动员征召实战化演练，划分4个阶段，区分13个步骤，对实案中明确的各项任务进行全流程、全要素动员征召，印发《动员征召组织与实施》教学片和《动员征召实战化演练资料汇编》，动员组织实施程序方法得到规范。宁夏军区首长，银川市委、市政府主要领导，军区党委第十二届七次会议代表现地观摩。

【兵役工作】2021年1月，各级调整健全征兵领导机构，广泛开展兵役法规宣传，督促适龄青年依法履行兵役义务。全区18周岁男性适龄公民参加兵役登记率100%。协调宁夏卫视和宁夏公共频道播放征兵宣传片，电话接受宁夏新闻广播民生热线栏目关于兵役登记工作专题采访。7月7日，自治区征兵办公室联合自治区教育厅，在宁夏新闻广播中心，通过融媒体直播方式开展2021年征兵线上咨询宣讲活动，受众2万余人。年内，全区21家电视台、53个繁华商圈电子屏和299个公共电子屏，循环播放全国和自治区征兵宣传片；各市采取征兵流动宣传车走街串巷宣传，定制发放征兵特色手提袋、书包、行李箱等多种方式手段，营造浓厚征兵宣传氛围。9月16日，摄制推送的反映全区各地役前教育训练宣传短视频《蜕变》，被中宣部“学习强国”总网推荐转载，浏览量超过380万。7—8月，自治区征兵办公室会同招收部队、培养院校和宁夏教育考试院，集中组织报考定向培养士官考生，按照政治考核、体格检查、面试审查、录取的方法步骤，完成定向培养士官招收任务，招收率100%。

【基层建设】2021年7月29日，银川警备区组织银川市四套班子领导参加军事日活动，其间观摩银川武警支队课目演示，进行实弹射击，强化领导干部国防观念和管武意识。5月，石嘴山军分区为解决国防动员潜力数据信息缺乏融合共享性、潜力信息网络系统建设滞后、缺乏实时性等问题，通过招标与地方企业合力研发“智慧动员”信息系统，通过协调民政、交通、公安、城建、气象、水利、电信等部门，接入上述单位信息系统，着力解决技术接口的“联”、数据格式的“融”和信息流程的“通”等关键环节上的一系列问题，初步实现动员潜力自动化采集、动员任务数据化分析、动员行动网络化指挥、动员实况可视化监控、动员效果精确化评估，有效支撑动员支前组织实施。5—6月，吴忠军分区采取集中训练的方式，以军事训练大纲规定的内容为主，组织专武干部进行为期32天的集中训练。5—7月，督导各人武部依据年度训练计划，抓所属专武干部技能课目和指挥类课目训练，年度平均落实18天144小时，全市专武干部队伍整体素质得到较大提高。组织新任职专武干部赴宁夏军区参加集训，考核成绩优秀。3月13日，原州区张易镇马场村二林沟林场发生山火灾情，固原军分区迅即启动应急救援预案，分区领导亲赴一线指挥，组织市民兵应急营和原州区、西吉县、隆德县先后出动民兵290人次，配合地方救援力量圆满完成扑救山火任务。2月4—5日，中卫军分区根据军区《关于紧前做好组织民兵执行疫情防控任务相关准备的通知》，结合疫情防控形势和要求，以战备常识、应急行动常识、疫情防控常识学习、卫生

2021年9月16日，彭阳县召开下半年欢送新兵大会

与救护、道路封控、防疫装备的操作与使用等训练内容，组织4支分队百余名民兵进行执行疫情防控任务专项训练。

（王瑞涛）

政治工作

【党史学习教育】2021年，宁夏军区围绕迎接和庆祝中国共产党成立100周年，开展党史学习教育，制订学习教育方案，成立党史学习教育领导小组及办公室，按照“规定动作务实扎实、自选动作有声有色、学习成果见行见效”的要求，坚持将理论武装贯穿经常，邀请军地专家进行宣讲辅导，集中观看“七一勋章”颁授和建党百年庆祝大会，开设党史学习教育专题网页，组织机关及直属队骨干到第一干休所和军区援建的西夏区贺兰山少年军校开展“铭记革命传统、播撒红色种子”党史学习教育，汇编《宁夏红色印记》《宁夏军区红色故事集》等党史学习教育系列辅导读本，召开专题组织生活会，推进实践活动，配套完善军区大院文化设施，让官兵在学史明理、学史增信、学史崇德、学史力行中铸牢维护核心听党指挥的思想根基。

【思想政治教育】2021年，宁夏军区深入学习贯彻全军思想政治教育工作会议精神，结合实际制定《关于加强军区系统思想政治教育的措施》。严格落实党委议教规定，上下半年分别分析教育形势，制定加强措施。6月初，召开军区思想政治教育工作会议，分析形势，明确要求。积极创新教育手段载体，申办新媒体平台账号，并对军区强军网进行改版升级。11月，指导固原军分区开展民兵思想政治教育创新试点，着力铸牢广大民兵中华民族共同体意识。

【党史军史工作】2021年年初，宁夏军区启动宁夏革命军事馆建设，抽组人员成立专班，紧前展开展陈大纲设计和选址工作。7月28日，召开军区党史军史工作会议，3个单位介绍经验，启动第三轮史志编修工作，按时间节点推进各项任务。12月24—27日，邀请军地9名史志专家召开宁夏革命军事馆展陈文字大纲研讨会。成立第三轮宁夏区、市、县三级军事志编纂委员会，就办公室人员组成和当前工作任务进行分工明确。2021年史志工作办公室编纂的《宁夏军事年鉴（2020）》被评为全国地方志优秀成果评选（年鉴类）特等军事年鉴，编纂出版《宁夏军事志编纂工作手册》，为全区史

2021年6月10日，固原军分区及所属人武部全体党员赴任山河烈士陵园开展主题党日活动

志编纂工作提供规范。

【庆祝中国共产党成立100周年】2021年，宁夏军区把庆祝中国共产党成立100周年作为政治大事、年度要事，集中收看“七一勋章”颁授仪式、中国共产党成立100周年庆祝大会；采取领导带学、潜心自学、集体研学等方式，深学深悟习近平主席“七一”重要讲话，感悟思想伟力，牢记初心使命。“七一”期间，全区28个团以上党委集中开展“坚决听党话、永远跟党走”主题党日活动，重温入党誓词、齐唱党的颂歌、缅怀革命先烈、回顾百年征程、感悟精神谱系，极大激发各级拼搏奋进的时代豪情。军区政治工作局干事王继亮光荣出席建党百年庆典，军委国防动员部党委通报表彰2名优秀个人、3个先进党组织，宁夏军区表彰18名优秀个人、11个先进党组织；为51名老党员颁发“光荣在党50年”纪念章，开展为党员过“政治生日”活动，集中走访慰问319名获得党内功勋荣誉表彰的党员、生活困难党员、老党员，党员的荣誉感、归属感、使命感不断增强。

【助推乡村振兴】2021年，宁夏军区坚决贯彻军委和军委国防动员部有关指示精神，严格落实“四个不摘”要求，持续对接帮扶28村巩固拓展脱贫攻坚成果、衔接乡村振兴。召开军区系统参与巩固拓展脱贫攻坚成果同乡村振兴有效衔接推进部署会，印发《军区系统做好参与巩固拓展脱贫攻坚成果同乡村振兴有效衔接工作20条措施》，推进乡村振兴工作。军区机关针对“两村六校”制定30条衔接乡村振兴具体措施。积极参与闽宁镇乡村振兴帮扶，牵头协调驻银部队6家单位参与闽宁镇乡村全面振兴，组织23名业务骨干、村支书到浙江缪家乡村振兴学院学习培训，在28个定点帮扶村培养“兵支书、兵委员”和乡村振兴“领头雁”，组织帮扶村干部与军区官兵共同聆听教授围绕新发展理念辅导授课。积极援建共建学校，打造军区第3家、闽宁镇首家少年军校(耿飚少年军校)。

（王瑞涛）

驻宁部队

【军事演习】2021年5月21日至8月14日，中央军委指导西部战区参演官兵在青铜峡合同战术训练基地举行中俄演习。演习在中方境内由中国军队来主导，俄军首次成建制参加中方战略战役演习，体现中俄新时代全面战略协作伙伴关系的新高度，体现两国高度战略互信和务实交流协作的新水平，体现两军官兵不受时空阻隔、不受疫情影响的牢固友谊。该基地受领任务后，广大官兵克服两场演习同步展开、保障任务急难多重，人员力量高度分散、疫情形势极度复杂等困难，全力配合军委、战区和友邻部队完成上级赋予的五类100余项保障任务。全面检验基地联演联训活动保障能力，探索应用体系规划建设成果，培养塑造一大批在保障一线磨砺出的年轻骨干。国防部部长魏凤和、军委联参参谋长李作成、战区司令员徐起零、政治委员李凤彪等先后莅临现场指导。

【“八个一”强心暖心工作】2021年2月17日，驻宁某部开展“八个一”强心暖心工作，即：上好一次入营教育，着力讲好“如何适应、怎样起步，如何抗挫、怎样成长，如何当兵、怎样追梦”的问题；参观一次旅史长廊，全面讲解旅队光辉历程和红色基因，培养新兵的荣誉感、归属感、使命感；拨打一次亲情电话，让家人放心、新兵安心；组织一次谈心谈话，采取集中交流、逐个谈话、侧面了解、联系父母等方式，准确掌握新兵思想底数；测查一次心理状况，由心理咨询师制定心理疏导和干预措施，逐人建立心理健康档案；组织一次巡诊就医，安排军医对新兵全员巡诊，精准掌握伤病情，及时送诊就医；摸排一次矛盾困难，掌握家庭涉法、经济困难、身体患病以及需要特别关注人员，做好一人一事工作；组织一次伙食问卷调查，紧盯需求搞好伙食调剂，定制“家乡菜”，保证“胃动力”，提升战斗力。

（王瑞涛）

国防动员

【人民武装】2021年1月21日，宁夏军区组织召开2021年自治区征兵和民兵调整改革工作电视电话会议，总结讲评2020年征兵和民兵工作，安排部署2021年征兵和民兵工作任务。3月15日，以自治区民兵调整改革工作领导小组名义印发《关于抓好2021年全区民兵工作的通知》。2—9月，宁夏军区采取政策学习、集中调研、研究论证、梳理成果的方法，明确民兵开支范围、细化项目内容、量化预算标准、优化测算方式，研究形成省、市、县三级结构合理、内容齐全、标准具体的《宁夏回族自治区民兵事业经费保障标准体系建设规范》。3月23日，全区各级战备建设(军事)、动员、政治工作、保障部门等相关业务人员开展民兵组织整顿业务培训，解读自治区民兵调整改革领导小组《关于抓好2021年全区民兵工作的通知》，明确民兵工作检查考评相关事宜，为抓好年度民兵整组工作奠定基础。6月8日至7月8日，宁夏军区按照数据核验、现地检查、拉动点验的方法，对各军分区(警备区)机关和西夏区、永宁县、平罗县、红寺堡区、同心县、原州区、西吉县、海原县8个人武部民兵组织整顿工作落实情况进行检查验收。11月21日至12月4日，宁夏军区对各军分区(警备区)机关和永宁县、惠农区、利通区、泾源县、海原县年度民兵工作落实情况进行检查考评。

【交通战备】2021年7月27日，自治区交通战备办公室邀请国防大学军事管理学院教授王洪福，在全区交通运输系统中开展国防交通知识专题讲座，自治区交通运输厅机关、厅属单位党政主要领导、市(县、区)交通运输局分管交通战备工作的领导参加讲座。讲座增强了交通运输系统干部职工的国防观念和为军服务的热情。12月7日，自治区交通战备办公室组织驻宁部队召开交通战备工作座谈会。会议就部队基础设施建设需求，道路交通保障、民用运力使用等有关交通运输方面需要地方支持解决的矛盾和问题，开展座谈交流，为交通战备工作服务保障部队提供新的思路。

【国防教育】2021年，自治区国防教育办公室在宁夏国防教育网站推出《奋斗百年路　启航新征程》《宁夏国防教育基地红色故事视频展播》《鲜花献给英烈》等专题专栏，共转发稿件3643条，图片731张。在“塞上国防”微信公众号发稿900篇。在融媒体栏目《国防时空》播出节目32期。播出《立志报国　献身国防》《让青春的梦想在军营绽放》等征兵公益宣传片。9月中旬，举办首届自治区县处级领导干部国防教育培训班，开展国际国内安全和国防形势发展变化主题培训。开展以“赞颂党的辉煌　汇聚强军力量”为主题的全民国防教育系列活动，制作拍摄25部国防教育基地红色故事解说微视频，18部优秀视频在“学习强国”宁夏平台、宁夏国防教育网及各市、县(区)新闻网站、户外电子屏、车载宣传车等宣传媒体介质上进行展播，8部优秀视频参加国家网信办、环球网组织的第二届“追寻先烈足迹”活动，微视频《党的好儿子崔景岳》获“网络人气优秀作品”奖，国防教育办公室获“优秀组织者”奖；选送的影片《为了明天升起的太阳》入选2021年“国防万映优秀国产电影展映”影片，并在全国院线上映。组织大型群众性展演活动，举办“国防在心中”网上主题征文活动。加强青少年国防教育，举办第六届全区大学生“爱我国防”主题演讲比赛。开展自治区中、小学校军训试点工作，全区大学生、高中生军训100%覆盖，在全区遴选初中、小学各2所进行学生军训试点。持续开设《小龙人报》《国防园地》专栏。2021年，自治区国教办持续将全民国防教育日活动延伸为全民国防教育宣传周活动。9月的第三周，集中开展宣传活动，协调自治区各基础电信运营企业在全民国防教育日当天发送国防教育公益短信，覆盖全区所有手机用户。组织青少年学生“重登六盘山、重走长征路”国防教育主题研学实践、领导干部进军营参观雪枫旅旅史馆、开展群众性广场国防教育主题宣讲等活动。组织宁夏日报社、宁夏电视台记者进行为期一周的采访报道，在所属网站、公众号、专栏、户外电子宣传屏等同时进行宣传。

【信息服务保障】2021年10月17日，宁夏疫情多点爆发，自治区信息动员办公室按照自治区党委、政府关于疫情防控决策部署和自治区疫情防控工作电视电话会议精神，组织自治区精干力量做好党政机关、医疗机构、公共应急、教育教学等疫情联防联控单位的网络保障工作，重点做好工业互联网企业等用户网络运行安全和服务技术支撑工作，组织行业专业队伍提前对自治区卫健委核酸检测平台扩容，重点保障“我的宁夏”App云主机，并安排专人24小时保障，确保全区涉疫情平台正常、稳定运行。及时与自治区党委网信办、疾控中心沟通协调，为疫情防控指挥调度、检测采样

2021年6月25日，自治区党委宣传部、自治区教育厅、宁夏军区政治工作局、自治区国防教育办公室联合举办第六届全区大学生“爱我国防”演讲比赛

点、隔离点、医疗救助、远程办公和人民群众生产生活提供安全可靠的基础网络服务，对银川三区规模较大的451处核酸检测点免费开通千兆无线网络。建立行业应急保障队，为疫情重点保障地区网络基础设施提供24小时防护、检测和巡查，全行业在银川市、吴忠市累计出动应急通信保障人员522人，保障应急车辆98辆、油机27台、开通电话8部，站址394个，及时检测、优化封控小区及周边通信网络设施和网络，提前排除故障隐患。疫情期间，全区网络运行正常，通信市场运行平稳，未发生应急突发事件。全力配合做好“行程码”和大数据协查工作，助力全区筑牢疫情防控安全防线。截至2021年11月，利用大数据分析手段，累计向疫情防控相关部门提供重要涉疫数据97万余，发送疫情预警类短信2.1亿余条。协调保障宁夏各类通信工作，确保网络运行安全稳定。重点完成“庆祝中国共产党成立100周年、第五届中国—阿拉伯国家博览会、首届中国(宁夏)国际葡萄酒文化旅游博览会、疫情防控等通信保障任务，同时完成自治区司法考试、公务员考试等重要考试时间节点的通信保障工作。6月18日，宁夏通信管理局在银川市西夏区镇北堡镇组织开展2021年宁夏信息通信业应急通信保障演练。演练以“巍巍贺兰，通信护航”为主题，以汛期全区部分区域降雨较年平均量偏多2~5成、贺兰山东麓及中南部地区较大概率出现暴雨引发洪水为背景，开展搭建临时指挥部、现场电力保障、应急指挥车业务开通、移动静中通卫星车开通、短波电台车业务开通、跨障碍布放光缆、共享纤芯资源、协同光缆抢修、5G应急车开通、KA卫星便携站开通及无人机应用等11项科目，紧急出动应急通信救援力量，集结拉动应急通信保障队伍，经统计，演练总计出动应急通信保障车辆30余台，应急保障人员100余人。

（王瑞涛）

武警宁夏总队

综 述

【政治建设】2021年，武警宁夏总队坚持把学习贯彻习近平新时代中国特色社会主义思想和习近平强军思想作为长期战略任务，把读原著、学原文、悟原理作为基本途径，把提高政治判断力、政治领悟力、政治执行力作为重要目标，严密组织党委中心组带机关理论学习和警官轮训，常态开展理论服务走基层暨“双百”微课活动，持续推进党的创新理论大众化普及化。贯通落实全军和武警部队思想政治教育工作会、推进会精神，统筹抓好党史学习教育、开年教育、主题教育和经常性思想教育，开展庆祝建党百年系列文化活动和向新时代卫国戍边英雄群体学习活动，规范加强营区政治环境和书香军营建设，军地共建共享体系推进图书馆(站)建设经验在“嘉峪关会议”上介绍推广，总队机关图书馆被武警部队确定为建设参考样本，机动支队和中卫支队2名指导员参加武警部队优秀政治教员评比竞赛分获一等奖、三等奖。推进政治整训，加强政治能力训练，在部队上下鲜明立起讲政治、守规矩标尺和导向。坚持打好意识形态领域斗争主动仗，毫不放松抓好“四反”教育，注重做好热点敏感问题解疑释惑，突出防范错误思潮和有害信息渗透破坏，部队高度集中统一纯洁巩固。常年挂钩13个帮扶村、重点共建11所学校，主动做好基础设施援建、精神文明建设和产业、党建、教育、医疗、文化帮扶等工作，助力推动13个帮扶村全部脱贫摘帽，衔接乡村振兴道路迈出坚实步伐。

【军事训练】2021年，武警宁夏总队推进两处新建目标上勤，排查整治多处执勤隐患，规范组勤管勤、值班值勤运行管理，固定目标连续20年执勤无事故。全年保障中国共产党成立100周年庆祝活动、中阿博览会、中国(宁夏)国际葡萄酒文化旅游博览会安保和等级警卫、押解押运等各类任务370余起。贯彻军委和武警部队军事训练会议精神，构建“六化”新型军事训练体系，突出经常性基础性训练、核心任务能力训练、整建制成体系训练、实案化针对性训练，上下联动组织两级首长机关集中训练，严密抓好演习、冬季野营拉练、极限训练、教练员集训、预备特战队员培训和新兵集中统训，开展“创纪录、当尖兵”群众性比武竞赛，举办军事体育运动会“擂台”邀请赛，推进训练实战一体化。组织教练员集训，探索训练理念、思路和路径转变，经验做法被《人民武警报》头版头条刊载。总队信息通联能力“五个指标”8次达到100%，作战数据连续4年综合评比成绩A+，机动支队被武警部队评为军事训练一级支队。

【基层建设】2021年，武警宁夏总队开展“密切官兵关系、杜绝打骂体罚”专项教育整治，开展挂钩帮建、当兵蹲连、“双争”活动、“勤训管教保”网上检查和向“反恐尖刀中队”学习活动，5个先进基层党组织、10名优秀共产党员和党务工作者受到表彰。1个基层党组织、1名警官受到武警部队表彰。坚持每年全覆盖组织理论、心理、法律、文化、卫生服务“五下基层”，常态运行“阳光姐姐”心理服务平台，总队、支队两级党委常委与多个支队级单位和基层大(中)队分别建立挂钩帮建责任制,两次组织团以上领导和机关干部深入基层当兵蹲连,开展摸底调研和精准指导,有效提升工作质量。开展问题专项整治,常态组织安全警示日、翻安全计时牌、暑期百日安全竞赛等群众性创安活动,成功处置1起手榴弹实投爆炸险情。举办军地青年交友联谊会和官兵集体婚礼、警官退役仪式,协调解决官兵子女入学入托,承诺基层"8件实事"全部落地。

【基层服务】2021年,武警宁夏总队抓好经费、装备、医疗、住房、伙食等日常保障,开展6个行业领域专项整肃治理,攻坚克难理旧账、清存量,历史遗留问题治理整改率在武警部队3次通报中均排总队级单位第一名。严格预算审批执行,把经费和物资主要投向用于保障部队执勤处突、军事训练和人才、装备、信息化、基础设施等重点项目建设。常态抓好疫情防控,组织官兵、职工、文职和社聘人员完成疫苗接种,足量储备常态化和应急防疫物资,投入资金筹建核酸检测实验室,针对2021年宁夏先后3次发现确诊病例,疫情防控形势严峻客观实际,按照综合卫勤保障、应急医疗救援、专家小组抽组模式,及时编配医疗、防化、维稳、运输四类力量,与西宁市联勤保障中心、解放军942医院建立应急协作机制,有效展开防控行动,推进信息报送、核酸检测等工作,确保疫情"不输入、零感染"。总队连续5年被武警部队后勤部表彰为"后勤理论研究先进单位",装备库室建设与管理经验做法被武警部队推广。

【党的建设】2021年,武警宁夏总队认真学习贯彻系列党建法规,全面规范各级党组织设置运行,严格抓好团级以上党委班子考核评定、基层党组织考评鉴定、党委班子民主生活会和专题组织生活会,集中讲评支队级党委班子,评选表彰"两优一先",部队党的建设更加严实。围绕履职用权、担当作为、生活待遇、廉洁治家等方面加强监督管理,召开党委全会讲评支队级单位党委班子和团以上干部履职尽责情况,严密组织团级以上党委班子考核评定,对责任落实不到位、单位发生违规违纪问题的进行公开批评教育,以责任到人推动工作落地。践行"两个交给"(党委把工作任务交给官兵能够放心托底,官兵把前途进步交给组织不用分心走神)、"两个决不允许"(决不允许上级对下级吃拿卡要,决不允许下级对上级跑找送要)承诺要求,推进警官职级、警衔、待遇级别套改。深化政治整训,从严抓好武警部队党委巡视巡察反馈问题整改,稳慎组织廉政审查、作风建设督查、问题线索核查,加大军事训练、比武演习、选晋招考、工程建设、物资采购等敏感事项监督,严肃认真查处违规违纪问题,部队风气进一步纯正清朗。

(李昊然)

支队建设

【银川支队】2021年,银川支队坚持以习近平新时代中国特色社会主义思想为指导,深入贯彻习近平强军思想,坚决落实军委、武警部队和总队党委决策部署,紧紧围绕为建党百年营造安全稳定环境这条主线,着眼常态化疫情防控这个背景,在接续发展中固本开新、在直面考验中拼搏进取、在攻坚克难中奋力前行,各项任务完成圆满,部队建设保持"稳"的基调、"进"的状态、"好"的势头,支队被武警部队表彰为"抓建基层先进支队""安全工作'六无'支队",支队党委被武警部队表彰为"先进党委"。

政治建设。深入学习习近平总书记在庆祝中国共产党成立100周年和纪念辛亥革命110周年大会上的重要讲话,以及中共十九届六中全会精神,严密组织党史知识竞赛,集中开展党史故事分享会,组织观看红色影片,官兵革命理想高于天精神境界得到提升。严密组织党史学习教育专题组织生活会,全体党员围绕"四个方面"亮思想、找差距、定措施。贯彻全军思想政治教育会精神和武警部队思想政治教育工作推进会经验做法,开展"强军风采"群众性文化活动,支队被总队表彰为"新闻宣传先进单位"。开展"密切官兵关系、杜绝打骂体罚"专项教育整治,精准做好一人一事思想工作。

军事训练。严格落实执勤制度,严密组织两批新兵岗前培训考核,常态开展执勤隐患治理,组勤管勤质量不断提升。刚性落实党委议战议训和首长机关训练,开展"魔鬼周"极限训练、勤训轮换,严密组织创破纪录、"五小练兵"等活动,2人被总队表彰为"优秀教练员",2人被表彰为"军事训练标兵"。规范落实"3+1"战备值班力量体系和编携配装要求,严格正规战备值班秩序,细化完善各类预案。全年完成军演驻地警卫和机动备勤以及中阿博览会、首届中国国际葡萄酒文化旅游博览会、自治区两会安保等专项勤务71起。

基层建设。制定《按纲服务指导基层计划》《精准帮建计划》,规范基层党组织设置和工作运行,完善《大队工作规范实施细则》,摸索季度按纲建队考核方法,提高基层干部按纲抓建能力,2个大队、7个中队被表彰为先进单位。组织官兵家属健康体检,为74人办理家属随军、未就业补助及两地分居补助,为25

名官兵解决子女入托入学难题。

后勤保障。修订完善四类8种后装保障计划，优化应急保障力量抽组运用和编携配装，定期组织拉动演练，完成“魔鬼周”极限训练、勤训轮换等大项活动伴随保障任务。利用后勤比武、网络教学、巡诊服务、勤训轮换等时机，分3批组织驾驶员、卫生人员轮训，组织炊事、战勤等后装专业兵集训，增强专业保障力量。投入资金为部队维修供暖管道、购置学习桌椅、空调、直饮机、给养器材等，困扰官兵急难愁盼问题有效解决。严格落实疫情防控措施，协调地方卫生机构为官兵及23名家属接种新冠疫苗，投入资金购买防疫物资50万余件(套)，完成银川市疫情防控维护秩序任务。

党的建设。学习贯彻《军队党的建设条例》《军队党委(支部)工作规定》等党建法规，结合基层党组织考评鉴定，严抓党委(支部)自身建设。坚决落实总队党委“两个交给”公开承诺和“两个决不允许”纪律要求，持续全面从严治党，抓实党课落实、党日活动、党费收缴，抓严思想汇报、批评与自我批评、领导干部过双重组织生活，增强各党委(支部)战斗堡垒作用。推进武警部队党委巡视反馈问题整改。

【石嘴山支队】2021年，石嘴山支队深入学习贯彻习近平强军思想，紧紧围绕争创“四铁”先进支队这个目标，聚焦建党百年这条主线，按照“立足长远谋发展、基于质效抓建设、盯着末端抓落实、夯实基础厚底蕴”工作思路，科学统筹疫情防控和年度工作任务两条战线，部队全面建设稳中有进，各项任务完成圆满。

政治建设。推进党史学习教育，聚焦“传承红色基因、担当强军重任”主题深化年度思想政治教育，开展“牢记训词、迎接大庆、忠诚担当”开年教育和“向新时代卫国戍边英雄群体”“反恐尖刀中队”学习活动，开展党委中心组带机关理论学习，督导基层抓好“支委学习日”，先后协调支队领导开展10次党课辅导授课，组织4次参观见学。贯彻全军思想政治教育工作会议精神，修改《聚力提升思想政治教育质效措施》，每月制订教育计划，严格落实教育时间，探索“访谈式”“故事式”“情景式”等教育新模式，召开“指导员之家”活动，组织政治教员评比竞赛。基层政治指导员马静波、段二波被总队评为“优秀政治教员”，支队被评为“优胜单位”。推进反间谍及净化涉军网络环境专项行动，确保部队纯洁巩固。加强营区政治环境建设，推进红色观影区、图书流通站和机关训练馆建设。升级改造基层中队图书流通站、红色观影区、机关门厅和支队训练馆，支队被自治区表彰为“精神文明建设先进单位”，被总队表彰为“新闻宣传工作先进单位”；执勤一中队上尉政治指导员马立、勤务保障中队四级警士长罗辉波被总队表彰为“新闻宣传工作先进个人”，政工处少校营级副职干事粟安银被总队表彰为“强军风采群众性文化活动先进个人”。

军事训练。严格规范组勤管勤、值班值勤运行管理，连续20年执勤无事故。全年完成警戒设卡、联勤巡逻、武装押解等专项勤务42起。推进军事训练转型发展，统筹抓好首长机关训练、部队基础训练和其他专业性训练，严密组织军事职业教育学习、集训培训、勤训轮换、“魔鬼周”极限训练和群众性练兵活动。投入经费修缮2个中队训练场地，保障日常军事训练和演训活动，有序推进支队教导队训练场地建设项目。

基层建设。制订支队《党委机关按纲服务指导基层计划》《精准帮建计划》。规范基层“双争”评比活动实施程序，按照“帮建支部、帮带干部、帮抓骨干”思路，督导各党支部严格落实七项组织生活制度。坚持重法治、严纪律、抓经常、正风气，高效推动“五多四过”问题整改，按规范设立10个议事协调机构，指导基层中队完善人员名册和遂行任务编成表，清理合并相关登记统计，组织司号员培训，开展启用武警部队徽宣讲，指导基层中队统一按时间、按要求悬挂武警部队徽，完成旧警徽清理工作，推进部队管理领域负面问题清理整治。开展“翻安全倒计时牌”“4·9”警示日和暑期百日安全竞赛活动，组织班长骨干培训考核，拉网式排查避雷设施、天然气使用和机关、基层营区安防设施存在隐患，完成各中队营区电子围栏安装改造，先后开展4次安全综合检查，召开4次安全工作协调督导机制会议，组织3次安全警示教育，部队安全基础更加厚实。支队被总队表彰为“安全工作‘六无’单位”。

后勤保障。学习贯彻军队后勤和装备相关条例，动态修订后装保障方案，定期开展应急保障力量综合演练，实行油料社会化保障并配齐各类装备，提升应急应战水平。推进资产大清查，核准资产信息，逐项清查各类设施器材，按程序处置过期被装。针对大项任务、重要节日等节点组织演练，对战备物资数质量进行清查轮换，与驻地主副食、医疗、运输、油料、修理、银行、军粮站7家地方单位签订军地应急保障协议，疏通资金、物资、卫生、油料、运力、通用车辆维修等应急保障渠道。开展伙食管理专项整治活动，推行现代饮食文化和伙食标准体系建设，开展“节约光荣、浪费可耻”宣传教育活动，张贴厉行节约警句，严把食谱制定、实物验收、账目核算等环节，加强伙食全程管控。加强炊事员培训和岗位轮换，科学合理调剂伙食。坚持把疫情防控作为政治任务，刚性落实制度规定，统筹做好疫苗接种、物资储备、核酸检测和隔离观察等疫情防控各项工作，补充防疫物资和常用药品，严密组织休假归队、外出公差等人员核酸检测和官兵疫苗接种工作，确保“不输入、零感染”。

党的建设。认真学习贯彻系列党建法规，严格落实民主集中制和党内政治生活，开展民主生活会和党史学习教育专题组织生活会，做好党组织规范化建设专项检查和基层党组织考评鉴定，集中讲评党支部班子，评选表彰“两优一先”，结合“支委学习日”，加强支部正副书记、党小组长、入党积极分子帮带培训。组织学习《现役军官管理暂行条例》相关规定，做好行政警官及技术警官转换批注，按照军队好干部“五条标准”，做好警官平时考核工作，采取量化评比、素质考核、群众评议、实名推荐等方式，公平公正任用警官。全年先后为困难家庭赠送慰问品价值1.8万余元，协调解决官兵子女入学入托问题，走访慰问困难党员、烈士遗属和住院官兵。从严抓好武警部队党委巡视巡察反馈问题整改和评残专项整治，及时传达违规违纪通报，加强风气监察联系点建设，组织风气监督员培训和纪律党课教育，引导各级认清硬杠杠，守牢铁规矩。

【吴忠支队】2021年，吴忠支队党委深刻把握对美军事斗争准备、常态化疫情防控这两大背景，着眼大庆之年特殊政治要求，坚持以习近平新时代中国特色社会主义思想为指导，深入贯彻习近平强军思想，坚决落实武警部队和总队党委工作部署，自觉强化政治引领，聚力抓好练兵备战，深化推进改革创新，扎实打牢基层基础，持续纯正生态风气，完成中国共产党成立100周年庆祝活动保卫任务，实现“四个确保”目标。

政治建设。用好强军网、军职在线、“宁夏武警”微信公众号等平台，发挥“双百”微课、板报橱窗、“三个半小时”载体作用，开展理论服务下基层活动。学习贯彻军队思想政治教育和武警部队思想政治教育推进会精神，开展“牢记训词、迎接大庆、忠诚担当”专题教育，统筹党史学习教育、年度主题教育和经常性思想教育，用好基础教育4本教材、党史学习教育4本指定书籍和全军辅导宣讲提纲，探索“情景式”“互动式”“访谈式”教育形式，开展向新时代卫国戍边英雄、“反恐尖刀中队”等英模典型学习活动，邀请参加越战老兵等老英雄讲红色故事，组织官兵到红色场馆、法庭现场实践教学。推进基层图书流通站升级、万里边疆数字文化进军营，整治规范军史场馆和营区政治环境，开展建党百年系列庆祝活动。

军事训练。协调吴忠市看守所开展“学规定、查隐患、补漏洞、保安全”执勤安全教育整顿，贯穿全年采取挂账销号、重点攻关、综合治理等方法，推动照明设施、周界报警、通道门禁等执勤隐患治理，确保目标绝对安全。始终秉持“固定勤务抓规范、专项勤务抓处置、巡逻勤务抓形象”执勤思路，抓实“三班四哨两小时”管控和“三员一兵一组一班”履职。全年完成警卫、押解、设卡等专项勤务22起。推动战备值班由值班状态向指挥状态转变，突出抓好基于任务专攻精练，采取定期与随机、网上与实地相结合手段开展战备拉动演练。严格落实“3+1”战备值班力量体系，4次修订完善作战勤务方案，2批次组织特战排和应急班驻训走训。贯彻武警部队军事训练会议精神，分类分级制订训练计划，探索实施“重难点课目集中研训、优秀教练员巡回教学、季度军事训练统考排位”，不断推动军事训练提质增效。适应常态化疫情防控特点，采取“小批量、多批次”等形式，实行“示范引路、补差集训、荣誉激励”等训练方法，带动部队整体训练水平提高。严格落实军事训练达标和“一票否决制”，每季度对所有干部骨干考核一遍，量化排名、建立档案、硬化指标、倒逼落实，对不及格人员实施追责问责和集中整训，立起训练有为、训练有位鲜明导向。

基层建设。开展党支部班子岗位练兵活动，组织“两个群众组织”培训，系统学习《军队党的建设条例》《政治工作条例》《军队委员会（支部）工作规定》等系列法规，解决支委成员党内知识欠缺、党务工作能力较弱等问题。制订支队《按纲指导基层计划》《精准帮建基层实施方案》，建立完善“常委包队、机关挂钩、结对帮扶”帮建机制，落实“三问”（问建设近况、问官兵冷暖、问矛盾困难）、“三管”（管中队工作、管干部士官、管问题解决）措施，推动基层建设水平整体跃升。组织3个季度按纲建队考评、干部纪实评价，开展“夺红旗、争红星”活动。为基层官兵解难事、办实事，为多名官兵申请发放困难救助，帮助官兵子女就近入学、干部家属调整工作，看望慰问住院官兵和家属，落实探亲休假、父母赡养补助、配偶荣誉金和随军未就业补贴等事关官兵利益福利制度。

后勤保障。加强后装战备建设，细

化完善执勤战备、抢险救援等七类行动后装保障方案，优化“一组三队”和战勤编组编携配装，组织驾驶员、军械器材员、炊事员等岗位技能培训，后装力量体系更加完备。巩固军地协同保障机制，拓展与驻地单位在医疗、油料、运力等领域军地应急保障机制，理顺协调保障关系，后装保障前置预储更加充实。以武警部队巡视巡察和资产大清查工作为牵引，加快推进后勤法治化建设，严把经费申请、审核、签批、结算等环节，科学编制经费预算，正规核销流程，严控投向投量，审议执行情况，经费管理使用更加规范。以专班形式推进后勤领域重点问题整治，开展资产装备大清查、物资采购项目专项检查、生活待遇经费专项治理和评残工作整治，逐单据、逐项目、逐程序核查核实，以查促改、以改促建，不断提升依法治后水平。加强副食品采购监督，开展伙食管理专项整治，推行被装精确申领，全年投入经费改造基层淋浴及采暖设施、整修卫生间防水和营区绿化，组织官兵健康体检，服务保障效能更加凸显。

【固原支队】2021年，固原支队党委坚决贯彻习近平强军思想，按照总队党委部署，紧紧围绕“固基础、扬优势，补短板、强弱项，鼓干劲、争先进”工作思路，举旗铸魂抓引领，练兵备战谋打赢，按纲抓建固根本，创安保稳兜底线，全面从严强组织，实现重整旗鼓、稳劲奋起、破冰突围。被总队表彰为“抓建基层先进支队”和安全工作“六无”支队，以实际行动践行“强国有我、请党放心”铮铮誓言。

政治建设。严格落实党委中心组带机关理论学习和基层理论灌输，坚持把经常性思想教育与开年教育、党史学习教育、主题教育统筹起来抓，开展向“新时代卫国戍边英雄群体”和新疆“反恐尖刀中队”学习活动，严密组织“重温入党誓词、叩问入党初心”“学党史、悟初心、践使命”主题实践活动，集体参观“红色中国”展览馆和六盘山长征纪念馆，精心制作《清澈的爱——只为中国》《身边党史我来讲》《感恩新时代——歌声献给党》微视频，构建体现部队传统、驻地历史、时代特点文化环境，强力打造“一队一品”特色文化队伍。《开放式教学、交互式授课、体会式笔记》教育经验被人民武警报刊发，支队被总队表彰为“新闻报道先进单位”，授予“强军风采文化活动优秀组织奖”。

军事训练。采取常查常治、联防联治、软硬兼治措施，建立指挥控制席、作

2021年6月，武警宁夏总队开展庆祝中国共产党成立100周年系列配合活动

战勤务值班员、执勤安全监控员、备勤人员、执勤哨兵“五位一体”双向监控机制,严格“三班四哨两小时”勤务管控,固定勤务实现绝对安全。执勤中队班长徐健被武警部队表彰为“优秀执勤哨兵”。开展“学方案、研方案、推方案”活动,推进战训耦合,完成“3·13”红庄林场山林灭火行动、武装押解、警卫巡逻等任务26起。坚持以战领建、抓建为战,组织狙击手、机枪手集训和勤训轮换,推动军事训练水平整体跃升。《拒绝“一锅煮”,推出“定制餐”》“四训”特战训练经验在《人民武警报》刊发,支队参加总队军事体育运动会“擂台”邀请赛获团体第二,李世杰、陈龙飞和冈生龙、高翔分别被总队表彰为“优秀教练员”和“军事训练标兵”以及“运筹”比武优秀个人。

基层建设。制订《抓建基层计划》,组织“双争”评选、“双向讲评”和党组织考评鉴定,安排3批次党委常委带机关干部蹲点帮建,提升基层建设质量。开展安全领域系列整治活动,先后9次组织重点领域专题授课和录像辅导,开展3次季度安全综合检查、营区和目标周界安防设施检查,以及营房建筑物安全专项检查,“依法规范、精细落实、确保安全”常态运行模式逐步形成,部队安全基座更加坚实。推动“我为基层办实事”实践活动,落实新福利政策待遇,评选表彰“两优一先”,慰问救助困难官兵,给成绩突出的集体和个人记功、嘉奖。

后勤保障。修订完善8个应急保障预案,与地方6家单位签订社会化应急保障协议,建立健全卫勤保障体系,专攻精练后勤专业兵,投入经费补充升级后勤指挥器材、单兵防护装备、防疫专用物资2万余件(套)。深化行业领域整肃治理,家底经费、公务借款、住房资金等7项清查整治成效明显。开展伙食管理专项整治活动,严格落实伙食供应保障标准,官兵满意率为98%以上。坚持用心用情、上门服务,累计投入550余万元强力推动营房综合整治和营区绿化养护,严密组织官兵健康体检和全员新冠疫苗接种,为3名官兵申报慢性病医药生活补助。常态开设13间医学隔离病房,落实在外人员返回接站接机、核酸检测、隔离观察,守住疫情“不输入、零感染”防控底线。

【中卫支队】2021年,中卫支队党委团结带领广大官兵,坚持以习近平新时代中国特色社会主义思想为指导,深入贯彻习近平强军思想,全面落实武警部队党委和总队党委部署要求,紧盯“高标准实现‘四个确保’,高质量推动部队建设发展”目标,接力打基础、着力蓄底气、全力抓落实,部队建设稳中有进,各项任务完成圆满。

政治建设。严密组织党史学习教育和“传承红色基因、担当强军重任”主题教育,常态抓好经常性思想教育,开展向新时代卫国戍边英雄群体和“反恐尖刀中队”学习活动,精心打造“红色精神”文化墙,建好用好军史场馆,拓展文化建设军地共建共享,协调中卫市图书馆购置2000余册红色图书,做到主阵地灌注、多渠道渗透、全方位育人。政治指导员王鹏参加武警部队政治教员比武竞赛获三等奖;支队被总队表彰为“优秀政治教员优胜单位”,3人被评为“优秀政治教员”。

军事训练。开展执勤教育整顿,严密组织执勤方案网上“研学讲练”、参谋业务培训、教练员集训、演习和极限训练,开展群众性练兵活动。完成建党百年大庆安保、中阿博览会、“6·20”专项任务、警戒设卡和武装巡逻等勤务。参加总队军事体育运动会取得4个单科目第一,参谋业务比武竞赛取得集体第一、个人第三的好成绩。

基层建设。制订精准帮建计划,建立落实党委常委挂钩帮建责任制,安排4批党委常委带机关干部当兵蹲连,严密组织双向讲评会,开展安全管理重点问题专项整治,组织安全警示日、翻安全计时牌、“暑期百日安全竞赛”群体性创安活动。

后勤保障。完善以“一组三队”为主体的应急保障力量建设,规范战备库室建设,强化“一专多能、一兵多用”训练,组织保障分队实兵实装演练,抓好新冠肺炎疫情防控,开展“我为群众办实事”活动,先后投入资金建设完善基层执勤、训练、生活、文化等设施,推进支队教导队建设,完成执勤一中队新营区整体搬迁,跟进做好子女入学、帮扶救济、看望慰问、服装发放、医疗转诊和健康体检等服务保障。

党的建设。认真学习贯彻党建法规条例,全面规范党组织设置和工作运行,严密组织支队党委班子民主生活会、党史学习教育专题组织生活会和基层党组织考评鉴定,开展党的纪律教育,从严推进武警党委巡视反馈问题整改,巩固后勤重点行业领域整肃治理成果,抓好敏感事项监督,纠治发生在官兵身边的“微腐败”和不正之风,严肃处理违规违纪官兵,从严立起正风肃纪“风向标”。

(李昊然)

人民防空

【概况】2021年,自治区人民防空办公室(以下简称自治区人防办)在自治区党委、政府和宁夏军区的坚强领导下,在国家人防办的指导下，坚持以习近平新时代中国特色社会主义思想为指导，深入学习贯彻习近平总书记考察宁夏重要讲话精神和习近平总书记关于人民防空工作重要论述，全力提升组织指挥、综合防护、信息化建设、训练演练、宣传教育工作水平，深入推进人防系统腐败问题专项治理，人防事业高质量发展迈出新步伐。

【党史学习教育】2021年，自治区人防办以党组理论学习中心组学习为龙头，通过支部“三会一课”、主题党日等，组织干部、职工学习习近平总书记在党史学习教育动员大会上的重要讲话、习近平总书记在庆祝中国共产党成立100周年大会上的重要讲话精神以及党史学教办指定的学习教材，组织办系统党员干部参观党史文献展览、开展党史主题演讲比赛、快闪视频拍摄等活动。办党组理论学习中心组开展“传承党的百年光辉史基因、铸牢中华民族共同体意识”专题学习1次，研讨交流5人次。赴盐池县革命历史纪念园、宁夏长城博物馆、闽宁镇镇史馆、宁夏解放纪念碑开展主题党日活动，邀请专家学者为办系统干部、职工作“传承党的百年光辉史基因、铸牢中华民族共同体意识”专题讲座，教育引导办系统干部职工牢固树立“三个离不开”“五个认同”思想，坚定“四个自信”、铸牢中华民族共同体意识，守好民族团结生命线。开展庆祝中国共产党成立100周年主题活动。党组主要领导以《从党的奋斗历史中汲取前进力量，着力推动人民防空事业高质量发展》为题讲专题党课。举办庆祝中国共产党成立100周年主题党日活动，举行“光荣在党50年”纪念章颁发仪式，对办系统12名优秀共产党员、3名优秀党务工作者和2个先进党支部进行了表彰。“七一”前夕，办领导带队走访慰问定点帮扶村——海原县山门村困难党员。组织开展党史知识测试、重温入党誓词、“诵红色经典、唱红色歌曲”庆祝中国共产党成立100周年主题活动。开展“我为群众办实事”实践活动。开展人防“大调研”活动，办领导领题带队先后深入中卫市、固原市、吴忠市、石嘴山市和中宁县、平罗县，采取实地查看、座谈交流、征求意见等方式，就人防工程建设、行政审批、通信警报建设、宣传教育、党史学习教育等方面进行调研，形成调研报告7篇。建立“我为群众办实事”项目清单8项，针对调研中发现的人防工程审批工作中“最后一公里”不通问题，协调自治区工改办优化工程建设项目人防审批流程，同步指导各市县人防办与当地行政审批部门对接、沟通，人防行政审批工作实现网上审批、核费和一人受理，一人办结。针对人防易地费由税务部门征收后，存在不能在网上缴纳的问题，致函自治区税务部门协调解决。基层调研走访收集解决问题20个，排查风险21起，化解纠纷4起。

【通信体系】2021年，自治区预备指挥所、石嘴山市、吴忠市、中卫市和固原市人防基本指挥所完成内部装修和信息化建设，全部投入使用。完善人防专业队伍体系建设，印发《关于做好人防新型专业队伍编组的通知》，指导各市组建信息防护、伪装防护、心理防护新型专业队，开展专业队整组点验，固原市举行专业队授旗，基本形成种类齐全、功能完善、与防空袭斗争任务相适应的专业力量体系。着眼“全覆盖”目标，查漏补缺，完善人防预警报知系统建设，确保区属以上人防重点城市区警报覆盖率、统控率、鸣响率均达到100%，人防预警报知系统处于24小时战备状态。

【综合治理】2021年，自治区人防办严格执行《宁夏回族自治区人防工程建设管理规定》，严格审批，严格把关，确保人防工程“应建必建”，人防易地建设费应收尽收。开展人防系统腐败问题专项治理。按照全区人防系统腐败问题专项治理工作的安排部署，对台账中所列问题持续跟踪督办整改，采取建立专项治理月报告制度、实地督导检查、约谈相关负责人等方式，积极督促各市县抓好欠缴易地建设费的追缴工作，专项治理工作取得明显成效。

【训练演练和竞赛】2021年，全区人防系统以固原人防实战化大演习和人防“大比武”为牵引，掀起实战化练兵新热潮。举行固原人民防空实战化演习。先后举办人防通信专业队应急通信保障技能比武竞赛和全区人防机动指挥所开设与撤收比武竞赛。在“5·12”全国防灾减灾日，出动机动指挥所和机关专业人员，配合地震、应急部门在银川光明广场组织开展“防灾减灾宣传周”活动。“9·15”全区防空警报试鸣放日，各市、县人防部门组织机关、学校、社区共8.5万人开展疏散演练活动并发放各类宣传材料。7月28日，自治区人防办、自治区国动委信动办、宁夏电信公司联合在吴忠市举办人防通信专业队应急通信保障技能比武竞赛活动。竞赛全面提高全区人防专业队伍实战化训练水平核遂行任务能力。12月2日，自治区人防办在银川市举办全区人防通信知识理论竞赛和人防行政法规行政执法知识竞赛活动。全区各人防重点城市人防办组织50余名队员参赛。自治区人防办系统全体干部职工参加竞赛活动。竞赛活动以党史知识、民法典、人防法律法规知识和人防指挥通信知识为主要内容，充分检验参赛选手扎实的知识储备情况，促进全体人防干部职工学理论、学技能、比学赶超的精神，为打造一支行于思、业于精的人防专业通信保障队伍和人防执法队伍，推动全区人防的高质量发展注入强劲动力。

【宣传培训】2021年，全区加强宣传阵地建设，建成宁夏人防宣传教育馆，打造人防主题公园，办好人防杂志和人防网站、公众号。推进人防“进媒体”“进社区”“进学校”，办好人民防空之声专栏，播出广播节目180期，同步微信发布180期；在社区开设人防宣传栏，组织开展《小龙人报》全区中小学生有奖征文活动，共收到投稿2000篇，刊载征文21篇，在《小龙人报》开办《人民防空专栏》，刊载人民防空知识21期，不断提升人防宣传覆盖面。2021年，自治区人防办获“全区爱国拥军模范单位”称号。将生态保护、基础建设、人防公益性宣传有机结合的全区首个人防主题公园在石嘴山市新区人民公园建成，实现人民防空宣传工作的又一创新。3月24—25日，举办人防指挥信息系统理论与指挥信息系统操作培训班。培训打破以往先学后用的模式，采用“实地调研、收集意见、找准问题、解答疑惑”的方式，围绕人防预备指挥所指挥信息系统建设项目概况，以及建成十二大系统功能、操作、维护的基础知识、系统集成原理进行培训和实操。提升了干部职工应急救援指挥能力和应急通信保障能力，为构造“地下与地面相结合、固定与机动相结合”的人防应急指挥网络体系夯实技术基础。

【政务服务】2021年，自治区人防办充分利用新媒体，创新政务服务新方式，将“人防工程防化防护设备生产和安装企业进宁备案”“人民防空工程监理乙级以下资质认定”等8个人防政务服务事项进驻“我的宁夏”手机App办理，使群众可通过手机App进行事项申请、材料上传、追踪查看事项审批进度、查询事项审批结果等，真正实现“让数据多跑路，让百姓少跑腿”，迈步进入“掌上政务”新时代。加快落实政务服务改革有关重点任务，根据法定职责和权责清单，编制政务服务事项清单任务，形成政务服务“一张表”，完成所有政务服务事项要素数据录入和宁夏政务服务网政务服务事项信息更新；梳理上报与企业和群众生产生活密切相关且办件量较大的高频政务服务事项2项，将原来由人工核验的营业执照、企业相关资质等申请材料，改为利用

2021年12月3日，自治区人防办举行2021年“政府开放日”活动

网络核验、相关材料关联证明等方式核查，有效减轻企业负担。将10项连续3年未产生办件的人防政务服务事项转变为长期休眠事项，减轻办事窗口对于事项维护方面的工作负担，提升为民服务水平和质量。

【平台建设】2021年，自治区人防办组织召开第二代人防机动指挥平台验收会，专家认为该项目符合国家人防信息系统建设的有关标准、规范和自治区人防办建设要求，同意该项目通过验收并投入使用。第二代人防机动指挥平台建设项目顺利验收交接并投入使用，提升了自治区人防战时防空、平时服务、应急支援使命任务和通信保障能力。

【领导调研】2021年8月31日，自治区党委常委、宁夏军区首长到自治区人防办预备指挥所、机动指挥所和人防宣传教育展示馆调研，听取全区人防工作情况汇报并讲话。自治区人防办、宁夏军区动员局、战备建设局负责人陪同调研。

【“政府开放日”活动】2021年12月3日，自治区人防办举行2021年“政府开放日”活动，邀请30余名社区居民代表、媒体工作人员走进人防，近距离了解全区人防建设，提升广大群众对人防工作的认知度、认可度和社会参与度。本次“政府开放日”活动以“了解人民防空、支持人民防空、共建护民之盾”为主题，围绕人民防空建设背景、建设重要性和建设内容三方面，通过“人民防空我来观”“人防知识我来学”两个环节组织社区居民代表和媒体工作人员参观自治区人防宣教馆、二代机动指挥平台。人防工作人员利用文字、图片、模型等静态展示，声、光、电、3D动画模拟、视频展示播放等亲身体验和生动讲解，现场社区居民代表与自治区人防办干部开展交流互动座谈，自治区人防办副主任刘桂萍介绍全区人防近年的发展情况、相关服务举措和一系列创新成果等，让市民更深入的了解人民防空工作的重要性，激发广大民众关注人防、了解人防、支持人防和积极参与人防工作的热情。

（孔令彬、刘桂萍）

经济管理

JINGJIGUANLI

编辑◎王玉琴

宏观经济管理

【概况】2021年，在自治区党委的坚强领导下，全区上下以习近平新时代中国特色社会主义思想为指导，深入贯彻中共十九大和十九届历次全会精神，认真落实习近平总书记考察宁夏重要讲话精神，以努力建设黄河流域生态保护和高质量发展先行区为时代使命，统筹发展和安全两件大事，统筹疫情防控和经济社会发展，扎实做好"六稳"工作，全面落实"六保"任务，经济发展实现质的稳步提升和量的合理增长，美丽新宁夏建设交出新答卷。

【"十四五"发展】2021年，宁夏坚持从"供给侧"和"需求侧"两端协同发力，强化政策协调配合，妥善应对能源供应紧张和阶段性疫情冲击，全力推动中央和自治区助企纾困政策快速落地见效，全区经济呈现总体平稳、稳中有进、进中向好的态势，全年地区生产总值4522.3亿元，同比增长6.7%，两年平均增速高于全国平均水平0.2个百分点（其中，第一产业增长4.7%，第二产业增长6.6%，第三产业增长7.1%）。粮食总产量368万吨，特色优势产业占农业总产值比重的88%。规模以上工业增加值增长8%，两年平均增长6.1%；规模以上工业高技术制造业、装备制造业增加值分别增长22.5%、12.7%。服务业对经济增长贡献率稳定为50%以上。1133个重大项目全部开工，完成投资1085亿元，固定资产投资增长2.2%，民间投资占比提高到57.4%，丰能源科技公司电解水制氢项目正式投产，乌玛高速顺利通车；社会消费品零售总额增长2.6%，网上零售额增长两位数以上；进出口总值增长55%。出台"能源保供18条"，推进煤炭增产、电力增供、油气保供，煤炭日产量由最低时的16万吨提升至24万吨，27家统调电厂平均可用天数从最低时的7天提升到22.5天。坚决落实常态化疫情防控措施，累计接种新冠疫苗1326.17万剂次，完成包机入境隔离疏散任务，稳妥应对旅游专列滞留问题，有效防止风险外溢，确保人民健康安全和社会大局安全稳定。

【先行区建设】2021年，宁夏黄河流域生态保护和高质量发展先行区建设取得突破性进展。在黄河流域率先开展省级黄河保护立法工作，制订《宁夏黄河流域生态保护和高质量发展规划》及多个专项规划，积极配合国家制定支持宁夏建设先行区的实施方案，先行区建设相关工作得到中央政治局常委、国务院副总理韩正的批示肯定和全力支持。全方位贯彻"四水四定"原则，在黄河流域率先开展专题研究，制定宁夏"十四五"用水权管控方案，总量管控、指标到县、分区管理、空间均衡的配水体系基本建立，5个地级市均达到国家节水型城市标准，50%的县（区）通过国家级县域节水型社会达标验收。"四权"改革全面推开，用水权交易达3000万立方米，新增耕地指标在国家平台交易2.1万亩，处置批而未供和闲置土地5.75万亩，农村土地确权完成率达到95.1%；推进山林权不动产登记，建立枸杞产权交易市场，林权流转面积15.74万亩；建立排污权交易政策制度体系和确权核算体系，完成1084家企业排污权确权，建成全区统一交易平台。

【高质量发展】2021年，宁夏深入推进科技强区行动，实施重点科技项目162项，"400万吨/年煤间接液化成套技术创新开发及产业化"项目首次摘得国家科技进步奖一等奖。建成宁夏技术转移研究院，登记技术合同、合同成交额分别增长66.7%、11.7%。新增国家高新技术企业67家，"小巨人"企业、科技型中小企业等270家，专精特新中小企业162家。全力推进新能源、新材料、新食品三大领域，战略性新兴产业增加值占规模以上工业比重接近20%。获批建设国家葡萄及葡萄酒产业开放发展综合试验区，挂牌成立中国枸杞研究院。能源转型发展步伐加快，争取国家发展改革委、国家能源局出台《关于支持宁夏能源转型发展的实施方案》，得到中央政治局常委、全国政协主席汪洋的批示肯定和全力支持。在全国率先出台促进新型储能发展、绿电园区试点等政策。200万千瓦光伏大基地、国能新型储能以及一大批光伏制造项目加快实施，可再生能源发电量同比增长40%。国家(中卫)新型互联网交换中心正式揭牌，全国算力一体化网络宁夏枢纽获批建设。4G基站、5G基站分别达到3.45万个和0.4万个。大力实施农业品牌带动战略和品牌质量提升行动，新增培育特色优质农产品品牌466个，"贺兰山东麓酿酒葡萄"成为全国唯一上榜的葡萄酒地理标志产品；"盐池滩羊"获批2021年国家地理标志产品保护示范区。国家枸杞、葡萄酒产品质量检验检测中心(宁夏)获批筹建。

【生态环境质量】2021年，宁夏统筹山水林田湖草沙综合治理、系统治理、源头治理，生态系统加快恢复。开展能耗双控"五大行动"，制定能耗双控产业结构调整指导目录，压减"两高"项目39个，减少新增能耗1725万吨标准煤，单位GDP能耗下降5%。出台《关于完整准确全面贯彻新发展理念　做好碳达峰碳中和工作的实施意见》，开展碳排放峰值形势研究，碳达峰碳中和政策体系逐步建立。加强生态保护，实施"三山"生态修复项目148个，治理修复面积14.2万亩，贺兰山、六盘山、罗山水源涵养、水土保持功能稳固提升，贺兰山生态环境综合整治入选"全国十大典型案例"。大规模推进国土绿化行动，营造林面积达到150万亩，森林覆盖率达到16.91%，固原市获评"第五批国家生态文明建设示范区"。完成大气污染治理项目188个，空气质量优良天数比率达到83.8%，$PM_{2.5}$平均浓度优于国家考核目标，黄河干流宁夏段继续保持Ⅱ类进Ⅱ类出，20个地表水国控考核断面水质优良比例为80%，环境治理成效明显。

【一体化发展格局】2021年，宁夏深入推进区域协调发展，协同推进新型城镇化和乡村振兴战略，区域城乡发展的协调性、联动性、可持续性不断增强。完成116个成建制移民村实用性"多规合一"村庄规划，区、市、县三级国土空间规划实现上下贯通。北部绿色发展区、中部封育保护区、南部水源涵养区协同发展，沿黄城市群建设加快推进，银川中心城市辐射作用不断增强，石嘴山市、吴忠市、固原市、中卫市城市功能配套不断完善，竞争力不断提升。稳步推进新型城镇化建设，常住人口城镇化率达到66%，连续两年高于全国平均水平。改造棚户区4000套、老旧小区4.75万户，城市供水、燃气普及率分别达到98.9%和91.5%，生活垃圾无害化处理率达到99.9%，"10分钟健身圈"在城市社区覆盖率达到84.5%。4个地级市、18个县(区)建成数字化城市管理平台。实施乡村振兴战略，启动农村人居环境整治提升五年行动，建设重点小城镇12个、美丽村庄50个，改造危窑危房0.19万户，建成抗震宜居农房1.18万套。投入资金25.4亿元，开展"一村一年一事"行动，农村自来水普及率达到96%，卫生厕所普及率达到62%。发展壮大村集体经济，有稳定经营收入的行政村占比达到83.3%。

【发展活力】2021年，宁夏推进市场化改革和高水平开放，聚焦市场、政务、监管、法治、创新五大环境，迭代出台优化营商环境"新80条"，市场主体总量同比增长13.9%，企业活跃度达88.7%。政务服务事项网上可办率达到93.2%，"我的宁夏"App用户覆盖全区94.8%的人口，企业开办最快0.5个工作日办结，执行合同、获得电力等12项指标成为全国标杆。加大国有经济优化调整，区属国企改革三年行动完成87.4%。贺兰县等农村宅基地改革和平罗县、原州区、彭阳县二轮农村土地承包到期后延包30年两项国家级试点任务有序推进，农村家庭承包耕地流转达到325.5万亩。晓鸣股份、凯添燃气成功上市，境内上市企业总数达17家。举办第五届中阿博览会、首届中国(宁夏)国际葡萄酒文化旅游博览会，新设外商投资企业23家。全年招商引资合同项目1580个，实际到位资金1759亿元，同比增长10%。

【民生保障】2021年，宁夏扎实开展"四大提升行动"，10个方面28项民生实事全面完成。常态化开展"四查四补"，持续巩固"两不愁三保障"成果，红寺堡全国易地搬迁移民致富提升示范区创建成效明显，典型经验做法受到国务院第八次大督查通报表扬。居民就业收入总体平稳，出台"支持多渠道灵活就业13条"，实施企业稳岗扩岗专项计划，城镇新增就业8.2万人，农村劳动力转移就业81.3万人，全体居民人均可支配收入27904元，同比增长8.4%(其中，城镇、农村常住居民人均可支配收入分别达到38291元、15337元，分别增长7.2%、10.4%)。培育10个示范县(区)和187所标杆学校，6个县(区)和39所学校被教育部选树为全国优秀典型。794所义务教育阶段学校全部开展课后服务，受益学生65.9万人。全面推进区、市、县三级疾控机构建设，自治区重大疫情救治基地开工建设。新改扩建社区卫生服务中心10个，2个国家级、2个省级区域医疗中心项目前期工作加快推进。巩固“互联网+医疗健康”示范区成果，城市医联体、县域医共体实现全覆盖，县域内就诊率达90%。持续调增城乡居民基础养老金标准、医保标准、低保标准，连续17年提高企业退休人员基本养老金、优抚对象抚恤补助标准，在全国率先实现社会救助审核确认权限下放乡镇（街道）全覆盖。

（王　欢）

国有资产监管

【概况】2021年，自治区国资委深入学习贯彻习近平新时代中国特色社会主义思想和习近平总书记考察宁夏重要讲话精神，认真学习贯彻中共十九届六中全会和自治区党委第十二届十二次、十三次、十四次全会精神，坚决落实自治区党委、政府决策部署，坚持以先行区建设为牵引，以国企改革三年行动为抓手，以提质增效稳增长为重点，以高质量发展为目标，持续深化国企改革，不断完善监管体制，全面加强党的领导党的建设，各项工作取得新成效。监管和统计资产22户企业全年实现营业收入1401.48亿元、利润95.81亿元、上缴税费132.64亿元，分别同比增长40.1%、1.9倍、30.7%；区属国企改革三年行动任务完成率为87.4%，5个地级市总体完成率为81.3%。

【优化国资布局结构】2021年，宁夏国有资本布局结构不断优化，强化顶层体系设计，完善国资监管政策体系，起草区属企业新一轮重组改革方案，编制《自治区国资国企改革发展“十四五”规划》，出台《自治区国有企业高质量发展实施意见》。优化国资布局调整，围绕先行区建设发行20亿元债券，聚焦自治区9个重点产业、十大工程项目、“四大提升行动”“四权”改革，推进国有企业战略性重组和专业化整合，推动国有资本向重点行业和关键领域集中，完成固定资产投资232亿元，建设一批事关民生的重点项目，国有资本配置效能不断提升。围绕提高运营质量效能，印发《关于开展区属国有企业亏损子企业专项治理的通知》等，完成24户“僵尸企业”出清、17户重点亏损企业治理和28户“两非企业”（非主业企业、非优势业务企业）“两资企业”（低效资产企业、无效资产企业）清理，处置4.1亿元低效无效资产、清理8.17亿元债务，国有资本运营质量和效益不断提高。加快遗留问题解决，全面完成36户中央在宁企业、区属企业、政策性破产企业的215个家属区、1200万平方米“三供一业”分离移交维修改造及11万国企退休人员社会化管理等工作，为企业轻装上阵、公平参与市场竞争创造有利条件。

【国有企业改革】2021年，自治区党委出台《全区国有企业在完善公司治理中加强党的领导实施意见》，全面落实党的领导融入公司治理，区属企业及重要子企业制定党委前置研究讨论重大经营管理事项清单和章程修订实现全覆盖，党组织把方向、管大局、促落实作用得到有效发挥。推进董事会规范建设，印发外部董事履职指南，严格董事会“应建”标准，7户集团及63户各级子企业实现董事会应建尽建，94.3%落实董事会职权，应实现外部董事占多数的企业全部实现外部董事占多数，规范高效的企业治理运行机制进一步形成。深化三项制度改革，174户各级子企业与经理层签订任期制和契约化管理合同或契约占比为92.6%，496名经理层成员实现任期制和契约化管理占比为97.4%，1425名管理人员通过竞争上岗占比为71%，管理人员末位调整和不胜任退出比例达到9.1%，新进员工占公开招聘比例的96.5%，195户企业实现全员绩效考核占比为99%，管理人员能上能下机制已形成，员工能进能出渠道逐步畅通，收入能增能减制度基本建立。积极落实创新激励政策，区属企业科技研发投入15094万元，同比增长2.1倍，培育国家级高新技术企业、科技型中小企业3家，实施重点科技项目6项，培育自治区级科技创新团队1个、创新平台5家，企业自主创新意识和能力明显提升。深化混合所有制改革，混合所有制企业达到122户，混改面为42.3%。

【优化国资监管方式】2021年，宁夏推进“废改立”工作，加大放权授权力度，实施清单监管，国企改革三年行动制定的50个文件已出台39件，五大类20项监管事项有效落实，国资监管权责边界更加清晰。持续健全完善业务监督、综合监督、责任追究“三位一体”监督机制，推动责任体系“全覆盖”、责任落实“全过程”、责任追究“全方位”，开展“虚假投资、挂靠经营”、政府采购领域、粮食领域等专项整治，下发整改通知、核查通报、提示函、督办函34份，50余名责任人受到党纪政务处分或组织处理，挽回经济损失3000余万元。探索运用“大数据+监管”模式提高国资监管信息化水平，加快推进国资国企在线监管系统平台建设，国资监管体制持续完善，国资监管“一盘棋”格

宁夏电力投资集团积极发展光伏发电项目

局逐步形成。推动28个区直党政机关和事业单位所办140户企业经营性国有资产集中统一监管，脱钩后由国资委监管企业接收管理的40户企业基本完成划转39户，由所办单位市场化方式处置的77户完成53户，金融、文化、监狱等22户维持原有管理体制，自治区工商类国有资产集中统一监管率达98.8%，基本实现监管全覆盖。

（李　巍）

财　政

【一般公共预算】2021年，全区地方一般公共预算收入460亿元，为年初预算的106.4%，同比增长9.7%。(其中，税收收入300.7亿元，同比增长14%；非税收入159.3亿元，同比增长2.4%)。分级次看，区本级地方一般公共预算收入完成187.9亿元，为年初预算的109.7%，同比增长10.9%；市县一般公共预算收入完成272.1亿元，同比增长8.8%。分税种看，受大宗商品价格上涨、工业企业效益增长等因素带动，增值税、企业所得税、资源税等税种较大幅度增长(其中，国内增值税121.5亿元，同比增长9.6%；企业所得税33.6亿元，同比增长17.9%；资源税25.5亿元，同比增长26.8%；个人所得税19.4亿元，同比增长82.6%)。受房价理性回归，房地产业相关税收增幅回落。其中，土地增值税下降4.8%，城市维护建设税下降1.3%；契税保持小幅增长，同比增长5.4%。2021年，全区一般公共预算支出1428.3亿元，同口径增长3.7%。分级次看，自治区本级一般公共预算支出387.9亿元，同比增长8.1%。市县级一般公共预算支出1040.4亿元，同比下降7.2%。

【政府性基金预算】2021年，全区政府性基金预算收入完成145.7亿元，为年初预算的93.2%，同比下降8.9%(其中，区本级政府性基金预算收入完成9.6亿元，同比下降67.5%；市县级政府性基金预算收入完成136.1亿元，同比增长4.4%)，主要是区本级车辆通行费收入划转影响。全区政府性基金预算支出完成117.5亿元，为年初预算的73.1%，同比下降47.6%，主要是车辆通行费、抗疫特别国债及专项债券等收入安排的支出减少。其中，区本级政府性基金预算支出完成8.3亿元，同比下降80%；市县级政府性基金预算支出完成109.1亿元，同比下降40.2%。

【社会保险基金预算】2021年，全区社会保险基金总收入完成503.7亿元，为年初预算的109.7%，同比增长12.4%(其中区本级社会保险基金收入完成295.6亿元，为年初预算的110.8%，同比增长13.6%)。全区社会保险基金总支出完成484.6亿元，为年初预算的101.2%，同比增长8.2%(其中区本级社会保险基金支出完成303.1亿元，为年初预算的100.7%，同比增长7.9%)。当年全区社会保险金收支结余19.1亿元。截至2021年年底，全区基金滚存结余为492.3亿元。

【国有资本经营预算】2021年，全区国有资本经营预算收入完成1.78亿元，同比下降27.2%(其中区本级国有资本经营预算收入完成0.52亿元，同比下降76%)，主要是2020年国有企业一次性上缴股利、股息较多。全区国有资本经营预算支出完成1.17亿元，同比增长43.8%(其中区本级国有资本经营预算支出完成0.52亿元，同比下降16%)，主要是区本级解决历史遗留问题及改革成本支出减少。

【科技与企业政策】2021年宁夏发挥财政政策调节作用，推进创新驱动战略实施，落实创新驱动投入稳增长机制，建立科技创新奖补激励机制，充分发挥黄河流域生态保护和高质量发展科技支撑资金、企业研发后补助等资金撬动作用，引导企业和社会资本加大科技投入。支持实体经济发展，落实各项减税降费政策，新增减税降费62.4亿元，降低中小企业经营成本。发挥制造业高质量发展和开发区建设专项资金带动作用，支持实施结构改造、绿色改造、技术改造、智能改造，有效激发市场主体活力。拓宽直达资金范围，260.8亿元财政资金“一竿子插到底”，惠企利民作用凸显。综合运用融资担保补贴、财政贴息、中小企业转贷等财政金融工具，撬动银行贷款112亿元，帮助企业解决融资难题。落实上市、新三板挂牌和发债企业奖补政策，对12家拟上市及发债企业奖补2812万元。全力推进重点产业发展。出台支持9个重点产业加快发展“17条”财政措施，全面整合财政专项资金，调整优化支出结构，推动各地因地制宜发展重点产业，2021年9个重点产业税收增长26.4%。加强涉农资金统筹整合，引导市县聚焦良种繁育、产业融合、绿色发展、品牌创建等关键领域精准发力。

【助推先行区建设】2021年，宁夏集中财力保障重点，构建多元投入机制，加快推进先行区建设。出台《支持建设黄河流域生态保护和高质量发展先行区的财政政策》等6项政策文件，设立先行区建设基金，增加政府产业引导基金规模，发挥财政资金引导撬动作用，带动金融机构和社会资本共同助力先行区建设。持续加强生态环境保护。建立大气、水、土壤污染治理投入稳定增长机制。2021年，全区生态环保资金投入176.1亿元，同比增长4.9%。持续推进“一河三山”生态保护修复，支持落实压砂地退出奖励政策，贺兰山生态环境综合整治入选《全国生态修复十大典型案例》，生态功能整体提升。支持打好污染防治攻坚战，推动环境突出问题有效治理，成功争取吴忠市纳入财政部“中央北方地区冬季清洁取暖项目”。建立健全环境质量与财政投入挂钩政策，激励市县落实生态环保主体责任。印发《黄河宁夏段干支流及重点入黄排水沟上下游横向生态保护补偿机制试点实施方案》，自治区和市县共同筹措资金2亿元推动补偿机制落地实施。全力保障重大项目建设。支持自治区“十大工程项目”加快建设，做好黄河黑山峡段开发、银川至太原高速铁路等项目前期工作经费保障，支持自治区公路“1011”工程全面开工建设，制定黄河宁夏段头道墩至都思兔河右岸综合治理滨河道路工程资金筹措方案，支持工程顺利实施。支持银川都市圈城乡供水、固海扩灌扬水等重点水利项目建设。做好铁路项目建设和运营资金保障，中兰高铁进展顺利。创新投融资模式，推动银昆高速、海平高速、乌玛高速等PPP项目顺利建设，撬动社会资本283.14亿元。

【支持乡村振兴】2021年，宁夏坚持农业农村优先发展，不断增强农民群众的幸福感和获得感。出台衔接推进乡村振兴财政政策，支持脱贫县加大统筹整合涉农资金力度，确保过渡期内政策和资金规模总体稳定。支持百万移民致富提升行动，对101个重点村予以优先保障，对红寺堡区创建全国易地搬迁移民致富提升示范区给予倾斜支持。乡村建设持续推进。支持完成农村“厕所革命”整村推进行政村300个，支持建设12个重点小城镇和50个美丽村庄。整合中央和自治区资金11.7亿元，推动完成96万亩高标准农田建设。加强农村路、水、气、网等基础设施建设，支持集中实施一批农田水利基本建设等基础设施补短板项目，加快“互联网+城乡供水”示范区建设，争取将沙坡头区列入中央水系连通工程和水美乡村建设试点。做好村级组织运转经费保障，完善乡村治理体系，提升乡村治理能力。农业质量效益有效提升。统筹资金资源，加快现代农业产业体系建设。实施农产品品牌战略，加快完善县、乡、村三级农村物流体系，支持创建一批国家级现代农业产业园、农业科技园、返乡创业园，促进乡村产业振兴。继续支持388个村壮大村集体经济，因地制宜发展特色产业，推进“一村一品”建设。成功争取创建国家级产业集群项目1个、国家级现代农业产业园项目1个、产业强镇项目4个。

【民生保障】2021年，全区财政民生领域支出1085.6亿元，占全区财政支出比重的76%。着力办好民生实事，支持发展各项民生事业，不断提高全区人民生活品质。全力支持疫情防控。针对阶段性疫情防控严峻的实际，采取切块下达、分类补助、重点保障等措施，及时提出一揽子支持疫情防控政策资金的建议，分两批紧急拨付9841万元，全力支持打赢疫情防控阻击战。支持做好常态化疫情防控，保障应急抗疫物资，实施全民免费接种新冠疫苗，设立疫苗及接种费用专项预算，筑牢疫情防控安全屏障。推动健康宁夏建设。持续支持深化综合医改，支持自治区重大疫情救治基地、县域医共体紧密型医联体建设。支持全民健康水平提升行动，保障重点人群疾病筛查，修订完善财政供养人员的全员健康体检政策，继续提高基本医疗保险和基本公共卫生服务经费人均财政补助标准。全覆盖建设基层人工智能辅助诊断能力提升项目，加快推进“互联网+医疗健康”示范区建设。健全多层次社保体系。全面落实城乡居民基本养老保险待遇和基础养老金正常调整机制，连续17年调增企业退休人员养老待遇水平，连续6年调增机关事业单位退休人员养老待遇水平，做实自治区本级机关事业单位工作人员职业年金单位缴费，实现医疗保险门诊费用跨省直接结算。完善社会救助制度，建立残疾人两项补贴动态调整机制，支持孤儿助学圆梦和医疗康复救助计划，为3.9万名残疾人提供基本康复服务。强化就业优先政策。支持城乡居民收入提升行动，落实就业创业扶持政策，通过实施技能提升培训、加强区域劳务协作、鼓励返乡创业等途径，大力拓宽就业创业渠道。促进教育高质量发展。持续加大教育投入，支持基础教育质量提升行动，加快义务教育城乡一体化优质均衡发展，加快补齐学前教育、普通高中教育短板弱项，持续改善农村基本办学条件，健全学生资助政策体系，实现所有学段、公办民办学校、家庭经济困难学生全覆盖。支持“互联网+教育”示范区建设，支持建成一批示范县、示范校。支持职业教育和高等教育内涵发展。在国务院教育督导委员会办公室通报的教育经费投入和使用情况16项增幅指标中，全区有15项高于全国平均水平，10项指标排名第一。

【兜牢“三保”底线】2021年，宁夏兜牢兜实“三保”（保基本民生、保工资、保运转）底线。坚持“三保”支出优先顺序，严格市县“三保”预算审核机制和民生支出清单管理制度，在全国率先搭建“三保”及刚性支出动态监控系统。优先安排全区“三保”支出546亿元，保障倍数达到1.5倍至1.7倍。《坚持五种思维切实兜牢底线——宁夏财政扎实做好基层“三保”工作》入选财政部案例库。加强地方政府债务管理，全面部署清理核查全区债务，切实采取措施，坚决遏制新增隐性债务，推动消化隐性债务，连续4年超额完成政府隐性债务化解任务，为发行政府法定债券腾出空间。支持防范金融风险，依法依规履行财政职能，向宁夏银行增资3亿元，支持宁夏农合机构化解风险，增强国有金融企业资本实力和抵御风险能力。推进提升安全生产水平。调整优化支出结构，加大经费保障力度，支持做好安全生产装备配置，加强消防救援队伍建设，全区安全生产考核连续5年被国务院安委会评定为“优秀”。

【财税体制机制改革】2021年，宁夏推进预算管理改革，自治区出台《关于进一步深化预算管理制度改革的实施意见》，创新提出重大决策部署财力保障、深化财政管理体制改革、严格预算编制和执行管理、加强财政风险管控等全流程改革举措，为提升预算管理水平打下坚实基础。推动全面实施财政预算绩效管理，制定分级综合考评办法和绩效管理业务预算定额标准，出台项目资金绩效评价工作指南，理顺和规范部门绩效评价程序，自治区本级部门项目支出预算绩效目标编审、绩效自评实现全覆盖，财政资金分配效率和使用效益不断提升。严肃财经纪律，自治区印发《关于进一步严肃财经纪律　全面加强楼堂馆所建设管理的通知》，提出“八个严禁”要求，集中开展三轮清查，坚决杜绝违规建设楼堂馆所。开展整治地方财政收入虚假问题专项行动、政府采购领域突出问题专项治理等工作，财政内部管理水平显著提高。自治区注册会计师行业违法行为整治、会计师事务所执业质量检查等工作得到财政部通报表扬。深化“放管服”改革，制定政府采购电子交易规则，率先实现全区进场政府采购项目的全流程电子化，政府采购信息公开第三方评估位居西部第一，政府采购工作被作为3个典型地区的实践与经验在全国宣传推广。推动国有资产报告工作提质进位，2020年度行政事业性国有资产报告在财政部考核中位列全国第一，国有企业财务会计决算报告以及月报工作得到财政部考核表扬。财政政务服务工作效能持续提升，政务服务事项线下社会好评率100%。社保基金预算绩效管理获得全国二等奖。宁夏财政预算管理一体化系统成为全国政府信息化创新成果与优秀案例中唯一入选的财政类成果案例，获得“2021政府信息化管理创新奖”。

（袁海龙）

税　务

【概况】2021年，全区共组织各项收入1023.1亿元，同比增长17.9%，其中税收收入626.1亿元（含海关代征增值税、消费税，未扣减出口退税），同比增长17.2%。中央级收入325.4亿元，同比增长20.3%；地方级收入300.7亿元，同比增长14%；完成年度预算285亿元105.5%，超收15.7亿元。社保费收入315.4亿元，同比增长12.6%。

【服务企业和疫情防控】2021年，全区新增减税降费62.4亿元（其中，减税55.5亿元，降费6.9亿元）。为566户次一般纳税人办理留抵退税40.1亿元，为5626户煤电供热企业和制造业中小微企业办理“减、退、缓”税费4.1亿元，办理出口退（免）税8.58亿元，为5752户困难企业减税2.97亿元，有效缓解企业资金压力。914户企业享受研发费用加计扣除金额27.07亿元，减税6.77亿元。贯彻新发展理念融入新发展格局，更好增添经济发展动力。出台税收服务黄河流域生态保护和高质量发展先行区建设九类23条措施，推出“惠苗政策进万家”等13项具

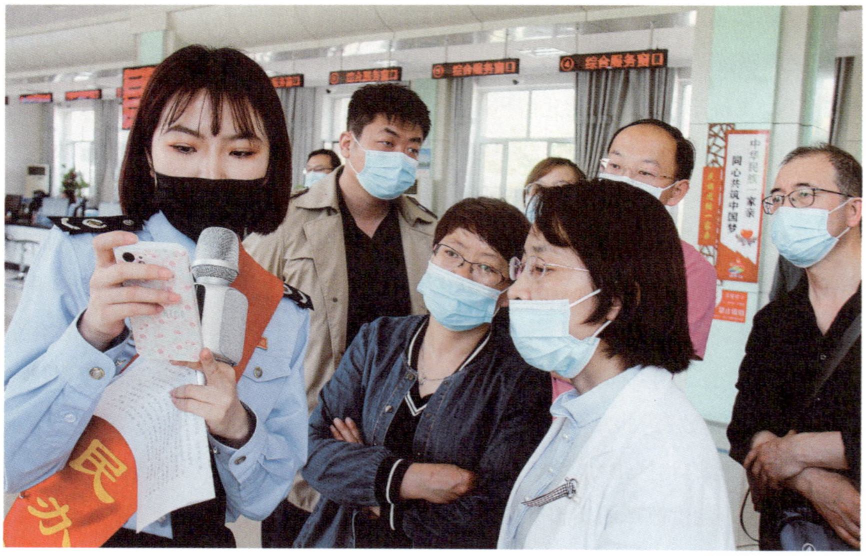

2021年7月16日，惠农区税务局开展“税务体验师”现场体验活动，税务干部引导纳税人体验“指尖”便民办税服务

体措施，支持小微企业发展。推进非税职责划转和社保费征管，保障全区4万户次单位缴费人、120万户灵活就业人员、500万户城镇居民顺畅缴费。统筹推进疫情防控和经济社会发展，开展抗击疫情志愿服务、“青春心向党、建功新时代”等活动。先后组织1350余人成立38个青年志愿突击队，下沉一线做好疫情防控工作。

【依法治税】2021年，宁夏税务部门发布23项“首违不罚”事项清单，全系统3300余户纳税人适用并受益。落实执法公示制度，公开涉税信息8万余条。落实执法全过程记录制度，采集执法信息1220余条，实现执法文书电子化率100%。落实重大执法决定法制审核制度，审核各类执法决定610余件。高标准做好行政复议、应诉工作及重大案件审理，全年未发生行政复议案件，办理行政应诉案件2件，审理重大案件18件。

【税务监管改革】2021年，自治区党委、政府印发《关于进一步深化税收征管改革的实施方案》，宁夏税务部门完成年度36项既定改革任务。主动融入宁夏“数字政府”建设，打造“2+5”数字政府互动平台，推进“放管服”改革，智慧税务建设加快推进，开展企业开办标准化规范化试点，梳理202项区内通办事项，统一标准口径、办理依据和业务流程。与市场监管部门联合为新办企业全力打造“宁夏一网通办平台”，推行开办登记“网上一点登录、涉税事项线上一表填报、涉税事项线下一键受理、发票领用窗口一次领取”的“四个一”套餐服务。稳步实施发票电子化改革，推广应用全国统一的电子发票服务平台，全天候免费为纳税人提供电子发票申领、开具、交付、查验等服务。持续优化升级宁夏电子税务局和“掌上办税”App，与全国同步建成统一规范的电子税务局。探索动态“信用+风险”监管方式，建立“突出重点环节、高效配置资源、精准防控风险”管理模式，开展风险应对并查补税款11.66亿元。强化对成品油行业的监管，利用成品油行业数据风险模型开展税收自查，补缴税款及滞纳金7300余万元。开展文娱领域税收治理，加强对高收入人群的税收监管。落实《自治区税费保障办法》，与自治区人社厅等九部门建立完善社保费征收、退役士兵社保缴纳等联席会议制度，与自治区公安厅、检察院、生态环境厅、自然资源厅等16个部门建立信息共享机制，获取数据信息40万条，开展实施联合惩戒142件。

【优化办税环境】2021年，宁夏税务部门连续第八年开展“便民办税春风行动”，与党史学习教育相结合，推出十大类31项100条工作措施。落实“非接触式”办税缴费清单服务214项，90%以上涉税业务实现网上办。推行财产和行为税“十税”合并申报和增值税、消费税及附加税费申报表整合，表单数量减少2/3、申报数据减少1/3，节约办税时间40%以上。推出10余项创新服务举措大力优化税收营商环境，税务注销业务免办、即办率达95%，出口退税平均办理时间压缩至7个工作日以内，不动产登记“一窗办理”业务实现全区覆盖。推广以“全国先进工作者”“最美税务人”马丽为带头人的“马丽工作室”，延伸至7个县（区）局，建成1主室7分室，各自推出10余项个性化便民服务举措。优化涉税事项办理流程，做好“12366”咨询与自治区“12345”热线归并工作，完成系统接口配置并实时向“12345”热线反馈。

（王　孺）

金融监管

【资本市场】2021年，宁夏聚焦“努力打造规范、透明、开放、有活力、有韧性的资本市场”，自治区政府出台《关于提高上市公司质量的实施意见》，推动实施企业上市“明珠计划”，协调组织开展云上指导视频培训、证券服务市县行、IPO推进培训会等活动，助推区域资本市场继续朝着梯次发展的方向迈进。1月、3月和10月，3次邀请中国证监会原发审委委员及上交所、深交所、全国股转系统专家，对宁夏重点拟上市企业进行“一对一”辅导，推动优质企业借力资本市场实现跨越式发展。晓鸣股份在深圳交易所上市，沃福百瑞已向证监会提交注册，中房实业向港交所提交申报材料，威力传动向深交所提交申报材料，凯添燃气即将登陆北交所，中银绒业、宝塔实业陆续脱星摘帽。截至年底，晓鸣股份已在深交所上市，凯添燃气即将登陆北交所，中房实业向港交所提交申报材料，威力传动向深交所提交申报材料，中银绒业、宝塔实业脱星摘帽。全区境内外上市公司达16家，总市值1981.5亿元；上市辅导备案企业8家，上市后备企业近40家，上市梯队初步成形。

【金融惠企】2021年，宁夏紧盯融资难融资贵融资慢等问题，创新思路举措，切实为企业纾困解难。推行局领导班子成员包抓、处级干部联系联络“一企一策”精准帮扶3亿元以上贷款企业制度。建立常态化政银企融资对接机制，全年举办政银企座谈会等融资对接活动6场，银行机构累计签约授信达210亿元。降低企业融资难度和成本，创新“线上+线下”一体化金融服务新模式，构建基于大数据风险识别的中小企业便捷融资新体系。线上，建成启用宁夏企业融资服务平台，平台已对接46个厅局和单位，政务涉企数据2400余项，平台注册企业2400余家，入驻金融机构39家，上线金融产品112款，共发布融资需求40.09亿元，累计解决融资需求430笔，金额合计24.59亿元。线下，企业“两中心一委员会”（续贷服务协调中心、首贷服务协调中心、信用修复人民调解委员会）继续发挥作用，帮助企业解决续贷首贷和信用问题，提升银行审批放款速度，降低企业融资成本，得到企业普遍认可，提振了企业发展信心。“两中心一委员会”累计收到业务申请673笔，申请金额72.97亿元，成功办理186笔，金额合计31.46亿元。落实对受疫情影响暂时困难的普惠型小微企业延期还本付息、取消反担保、降低担保费率等政策措施。提升融资担保服务水平，持续健全监管和发展法规政策体系，引导银行担保深化合作，支持融资担保机构推出“农户担”“奶企担”“应急贷”“疫信保”等产品，助力企业融资。充分发挥“7+4类”新型金融机构的功能作用，适度放宽监管要求，引导通过延期付款、减免费率等系列措施，为更多企业提供资金支持。

2021年6月10日，宁夏首批金融教育示范基地建成运行

【金融风险防范】2021年，宁夏创新加强监管科技运用，在全国率先打造宁夏地方金融运营登记统计结算平台和宁夏防范非法集资和非法金融活动监测预警平台，有效实现对“7+4”类地方金融机构全覆盖、全方位、穿透式的智能化监管，对非法集资行为和非法金融活动的实时监测预警、风险防范，以及提升“金融+”线上企业融资服务水平。推动重点领域风险整治，组织工作专班，化解宝塔集团、天元锰业等重点企业风险和交易场所风险，加强预警监测研判，深入处置交易场所清理整顿遗留问题。积极防范化解高风险地方中小法人银行风险，银行业信用风险总体可控。坚持防范化解金融风险与金融领域扫黑除恶专项斗争同步推进，建立健全扫黑除恶常治长效机制，持续提高扫黑除恶法治化、规范化、专业化水平，巩固和深化专项斗争成果，自治区地方金融监管局获得先进表彰。保持打击和处置非法集资高压态势。配合驻宁金融监管部门制定印发全区私募基金风险防范处置工作方案和惩治非法证券活动工作方案，对非法违规金融行为重点对象开展联合约谈处置。

【金融改革创新】2021年，宁夏以黄河流域生态保护和高质量发展先行区建设为总牵引、总要求，推动金融改革持续落地落实。发挥牵头作用，加强组织统筹，持续督导落实《〈全面深化改革重点任务和举措落实情况督查调研通报〉反馈问题整改方案》，项目式实施、节点式推进，争取尽快落地见效。全力推动固原市申报普惠金融服务乡村振兴改革试验区，及时提交可行性研究报告，根据中国人民银行总行反馈意见，征集并初筛典型案例21个，要求各机构深化案例内容。印发《关于金融支持红寺堡区建设全国易地搬迁移民致富提升示范区的实施意见》，开展政银企三方对接会，支持当地葡萄、黄花菜、肉牛等重点产业发展。推动实施"引金入宁"战略。2021年，英大泰和财产保险公司、中国长城资产管理公司宁夏分公司、平安银行银川分行相继在宁夏开业。永安财产保险公司已向中国银保监会提交申请资料。推动地方金融机构深化改革，起草宁夏银行、石嘴山银行《深化改革防控风险和补充资本工作方案》，自治区财政出资3亿元增持宁夏银行股份已到位。推动青铜峡联社、惠农联社、永宁联社筹备改制农商行工作，支持建信财险增资扩股。启动《宁夏回族自治区地方金融条例》立法工作、完成《宁夏回族自治区地方金融监管暂行办法（送审稿）》。

（严雪薇）

审　计

【概况】2021年，全区审计机关共完成审计项目566个（其中，审计521个，专项审计调查45个）。审计发现非金额计量问题2413个，损益（收支）不实金额151031万元，出具审计报告和专项审计调查报告773篇，被批示、采用53篇次。审计处理处罚金额426905万元；移送司法机关、纪检监察机关和有关部门处理事项147件，移送处理人员7人，移送处理金额107703万元。审计促进整改落实有关问题资金378679万元，审计促进拨付资金到位45428万元，审计后挽回（避免）损失1874万元，核减投资额4179万元，移送处理落实事项6件。审计提出建议1653条，被采纳996条；推动被审计单位制定整改措施457项；促进被审计单位建立、健全规章制度114项；提交审计信息1184篇，被批示、采用245篇次。向社会公告审计结果68篇。审计厅本级共完成审计项目36个，其中专项审计调查6个。查出违规金额47802万元、管理不规范金额1412946万元。出具审计报告和专项审计调查报告75篇。审计处理处罚金额69140万元。审计后挽回（避免）损失3万元。审计提出建议124条，被采纳72条；促进被审计单位建立、健全规章制度63项；提交审计信息497篇，被批示、采用129件，向社会公告审计结果4篇。宁夏国外贷援款项目绩效情况专项审计调查项目和灵武市2018年养老保险基金审计项目被评为全国审计机关优秀审计项目三等奖。

【审计质量】2021年，自治区审计系统开展"巩固审计质量提升年"活动，深化分级质量控制，规范审计行为，优化审计流程，加强全员全流程审计质量控制，不断提高审计质量，审计厅和灵武市审计局实施的2个审计项目分获全国省级、县级审计机关优秀审计项目三等奖。学习宣传贯彻新修订审计法，清理退出与审计法定职责无关的或可能影响依法独立进行审计监督的议事协调机构。7月4—16日，审计署组织对全区审计机关审计业务质量情况进行检查。10月，自治区审计厅组织对固原市、中卫市及所辖8个县（区）审计业务质量情况进行检查，有效提高审计业务质量。

【大数据审计】2021年，自治区审计厅积极践行"总体分析、发现疑点、分散核查、系统研究"的数字化审计模式，加强电子数据采集转换。完善数据分析模型80个，充分发挥数据引领和精准"导航"作用，在工程建设政府采购领域突出问题专项治理中发现问题线索2883条，在全区社保大数据审计中发现41个方面疑点，查出问题金额1.31亿元。

【政策落实跟踪审计】2021年，自治区审计厅组织开展自治区9个重点产业资金和政策落实情况跟踪审计，规范各类资金2.1亿元，推动重点产业发展。开展全区大气污染防治、节能减排资金和黄河流域防洪治理、节水改造及水土保持资金专项审计调查，抽查70多家企业涉及资金22亿元，及时揭示问题，促进专项资金有效发挥效益。

【财政审计】2021年，自治区审计厅组织开展预算执行审计，围绕现代财政制度建立、防范化解风险、财政预算执行和结果，重点关注深化预算管理制度改革、政府财政报告推进及编制质量、政府过"紧日子"等情况，及时指出财政预算管理使用中存在的7类60个问题，促进财政资金规范管理和提质增效。连续3年实现自治区、市、县一级预算单位审计全覆盖，促进提高部门预算和绩效管理水平。在国有企业、政府投资、涉外资金等审计项目中，及时揭示各类风险隐患，促进发展和安全协同推进。在各类审计项目中持续关注政府债务情况，促进加快隐性债务化解，加强存量债务管理。

【重点民生资金和项目审计】2021年，自治区审计厅开展保障性安居工程资金投入和使用、困难群众救助补助资金、工伤保险基金审计，揭示12类459个问题，推动健全完善制度8项，促进打通民生痛点、政策堵点。其中宁夏困难群众救助补助资金审计的经验做法在审计署研讨班上作重点交流发言。组织开展乡村振兴重点帮扶县相关政策落实和资金审计、易地扶贫搬迁审计，促进巩固拓展脱贫攻坚成果同乡村振兴有效衔接。

【公共投资审计】2021年，自治区审计厅开展2018—2020年黄河流域防洪治理、节水改造及水土保持资金专项审计调查和自治区2017—2020年政府投资重点工程项目专项审计调查。聚焦项目决策、工程设计、招标投标、工程管理等权力运行关键环节，促进完善相关制度，促进投资落地，提高投资绩效。通过开展自治区工程建设和政府采购等重点领域突出问题专项治理大数据分析，建立招投标全链条数据资源库。

【资源环境审计】2021年，自治区审计厅组织开展自治区地质局党委书记、局长经济责任暨2020年度预算执行情况审计，促进地质局加强内部管理和资产管理，规范投资行为，推动自治区地质局及下属单位修订《大额资金管理办法》《政府采购管理办法》等10项制度，收回应收账款4494.4万元。开展全区大气污染防治和节能减排资金专项审计调查，抽查92个项目建设单位运营情况，对专项资金的拨付、管理使用、绩效和项目管理进行审计。2021年，全区共开展27个领导干部自然资源资产离任审计项目(其中，地方党政主要领导自然资源资产离任审计项目2个，各级政府主管部门主要领导自然资源资产离任审计项目12个，乡镇主要领导干部自然资源资产离任审计项目13个)，涉及领导干部36名。

【国有企业和金融审计】2021年，自治区审计厅开展宁夏国有资本运营集团主要领导人员经济责任审计，配合中央审计办开展国有企业虚假会计信息专项整治工作，推动国有企业深化改革，促进国有资本保值增值。对自治区产业引导基金等17支自治区本级政府投资基金进行审计调查，紧盯金融服务实体经济、金融风险防范、政府投资基金改革等重大政策措施落实情况，并结合审计发现问题提出审计调查建议。2021年，先后对自治区党委宣传部、政府办公厅、国资委、财政厅等部门《自治区国有企业高质量发展实施意见》《自治区属文化企业国有资产监督管理实施细则》《区属文化企业深化改革加快发展实施意见(征求意见稿)》等10余件政策制度以国家审计视角提出意见建议，并持续关注执行情况，揭示政策设计、机制运行和政策执行中存在的突出问题和管理不规范等薄弱环节，充分发挥审计监督在促进改革、减轻负担、防范风险等方面的作用。

【经济责任审计】2021年，自治区审计厅对13个单位21名领导干部开展经济责任审计。在各类审计项目中，重点关注违反中央八项规定精神等腐败和作风问题、民生领域损害群众利益问题，促进反腐倡廉。充分发挥经济责任联席会议协调机制作用，对经济责任审计发现问题突出的2个单位、3名领导干部，会同自治区党委组织部、自治区纪委监委进行谈话提醒和诫勉。修订《关于切实提高经济责任审计质量的意见》《自治区经济责任审计工作联席会议制度》《自治区领导干部经济责任审计结果运用办法(试行)》《自治区本级经济责任审计对象分类管理办法(试行)》等8项制度，编印《宁夏经济责任审计工作制度汇编》。

【审计查出问题整改】2021年，自治区审计厅起草《关于建立健全审计查出问题整改长效机制的实施意见》，完善审计整改领导、落实、检查等制度机制。提请召开政府专题会议研究审计整改工作，对重点难点问题提出针对性意见建议，促进问题解决。认真落实督促检查责任，组织对中央和自治区本级预算执行审计查出问题整改情况开展专项督查，推动问题整改取得实效。全区各级审计机关对2018年以来审计发现问题进行全面梳理、建立台账、动态更新，确保整改工作全面规范精准。制定问题整改标准认定办法，提高审计整改的标准化和操作性。

【重要会议】2021年1月15日，全区审计工作会议在银川市召开，会议深入学习贯彻习近平总书记对审计工作作出的重要指示和李克强总理的要求，表彰全区审计质量优秀等级项目和审计能手，总结2020年审计工作，研究安排2021年工作。3月8日，自治区审计厅召开党史学习教育动员大会，对全厅开展党史学习教育进行安排部署，动员全体党员学党史、悟思想、办实事、开新局，书写新时代审计工作高质量发展的新篇章。3月12日，全区审计机关党风廉政建设工作会议召开，传达第十九届中央纪委五次全会、自治区纪委第十二届五次全会和全国审计机关党风廉政建设会议精神，总结2020年全区审计机关党风廉政建设工作，对2021年工作进行安排部署。7月23日，自治区党委审计委员会召开第5次会议，传达学习习近平总书记在中央审计委员会第4次会议上的重要讲话精神，听取自治区党委审计委员会办公室工作汇报，审议通过《自治区党委审计委员会关于加强自治区各级党委审计委员会工作的实施意见》《关于2020年度自治区本级预算执行和其他财政支出情况的审计报告》《“十四五”宁夏审计工作发展规划》《自治区党委审计委员会成员单位工作协调推进机制》。自治区党委书记、自治区党委审计委员会主任陈润儿主持会议并讲话，自治区主席、自治区党委审计委员会副主任咸辉出席会议。9月28日，全区审计系统学习习近平总书记关于审计工作重要讲话和重要指示批示精神专题研讨班召开，深入学习贯彻落实习近平总书记关于审计工作重要讲话和重要指示批示精神、中央审计委员会历次会议精神，切实用理论武装头脑、指导实践、推动工作。

（金　荣）

统　计

【统计服务】2021年，宁夏统计局为服务宁夏“十四五”开好局、起好步，紧抓研判分析，密切监测经济运行情况，按月开展经济形势分析和走势预判。围绕重点行业、重点领域、重点区域、重点指标，强化苗头性、倾向性、潜在性问题分析，有效发挥统计部门精准研判、前瞻预判的作用。聚焦全区经济运行、高质量发展、中国共产党成立100周年、“十三五”发展成就等撰写统计分析报告278篇，其中统计专报32期，获中央和国务院领导批示5篇、自治区领导批示54篇次，连续4个季度和2021年年度政务信息得分位居政府直属机构第一，为自治区党委和政府准确研判形势、科学决策提供优质统计服务。着力提升统计对外影响。自治区党委和政府高度重视统计工作，多次听取关于人口普查、经济运行等情况的汇报。9月22日，举办宁夏第十二届“中国统计开放日”暨“政府开放日”活动，宁夏电视台、《宁夏日报》、宁夏新闻网等主流媒体进行宣传报道，增进了社会公众对政府统计工作的认同感。及时发布《2020年统计公报》，编辑出版《宁夏统计年鉴（2021）》，整理编印《黄河流域九省（区）经济社会发展主要指标》等30余件统计产品，提高信息使用率。宁夏统计微信平台信息和影响力在全国统计系统均位居前列。积极配合宁夏“数字政府”建设，丰富充实宁夏宏观经济基础信息共享库，累计加载统计数据45万余笔，实现统计信息资源共享。多次就经济运行情况、人口普查等接受电视台专访，深入解读全区经济社会发展情况。统计服务融入全区中心工作的力度不断加大，传播力、引导力、影响力、公信力显著提升。

【统计普查调查】2021年，宁夏统计局坚决落实中央和自治区以及国家统计局重大决策部署，建立完善专题研究、专人负责、专班推进的工作机制和责任体系，逐个细化抓落实，确保部署有效贯彻、政令畅通无阻。按照宁夏第七次全国人口普查领导小组统一部署，各地各有关部门精心组织、协同推进，动员4万名普查人员，完成第七次全国人口普查任务，查清全区人口数量、结构、分布、城乡住房等方面情况，丈量社情民生，获得大量宝贵的信息资源，为自治区制订经济社会发展规划，推动高质量发展提供准确的统计信息支持。发布普查主要数据公报，及时回应社会关心关切。深度开发应用人口普查数据，加工整理编印人口普查资料手册，完成人口普查总结表彰工作。实施各项统计调查，发挥统计监测评价职能，承担国家碳排放核算试点，开展碳排放统计核算分析研究，主动服务全区碳达峰、碳中和工作。紧盯经济社会发展主要目标任务，开展国民经济各行业和社会发展各领域等57项常规统计、专项调查和大型普查项目，全面真实准确反映经济运行态势。完善高质量综合绩效指标和评价体系，开展2020年高质量发展综合绩效评价工作，科学引导全区上下推动高质量发展。开展全区生态移民统计监测调查，服务乡村振兴和百万移民致富提升行动。组织实施宁夏公众生态环境满意度、全国群众安全感等13项专项调查。

2021年9月22日，宁夏第十二届“中国统计开放日”暨“政府开放日”活动在银川市举办

【统计改革】2021年，宁夏统计局成立全面深化统计改革领导小组，建立协调会商工作机制，全面落实中央和自治区关于统计改革的各项决策部署。聚焦全区经济社会高质量发展，拓展统计监测覆盖面，制定实施“三新”经济、民营经济发展、工业经济新动能、文化产业、研发经费投入等13项服务自治区的地方统计监测制度。认真贯彻习近平总书记考察宁夏重要讲话精神，精心服务自治区黄河流域生态保护和高质量发展先行区建设，在深入调查研究和部门沟通对接的基础上，建立并实施枸杞、葡萄酒、奶产业、肉牛和滩羊、电子信息、新型材料、绿色食品、清洁能源、文化旅游9个重点产业统计监测制度，为推动重点产业高质量发展提供了统计信息支撑。巩固地区生产总值统一核算成果，实现全区与各市、县（区）核算数据总量、速度和结构完全衔接。组织编制2019年全区资产负债表、自然资源资产负债表。加大服务业统计改革力度，成立领导小组，制定实施方案，明确责任时限，有序推进服务业统计改革。加强和改进工业、能源、投资、消费等统计工作，稳妥推进法产并重、工业“大个体”统计改革，研究改进季度和地区能耗核算方法，持续深化劳动工资统计改革成果，推进基本单位名录库维护管理改革，扎实开展服务零售额测算地区试点，切实抓好知识产权产品投资统计改革等工作。

【依法统计】2021年，宁夏统计局坚持依法管统、依法治统，防范和惩治统计造假弄虚作假，统计数据质量得到持续巩固提升。召开全区统计法治工作会议，印发《2021年全区统计法治工作要点》，举办全区统计业务知识培训班，整理编印《领导干部统计法律法规汇编》《统计执法常用法律规范》《统计违纪违法案件选编》发送至全区科级以上领导干部和全区统计系统干部及统计调查对象，开展统计法律法规进党校、进社会主义学院等“五进”活动。坚持以案示警、以案为戒、以案促改、以案正风，组织全区统计系统认真学习国家统计局关于重大统计违法案件通报，召开警示教育视频会议，用“身边案”警示“身边人”，坚决筑牢防惩统计造假弄虚作假思想防线。法治制度不断健全。充分发挥统计法治监督职能，对标国家统计督察和自治区巡视整改要求，修订完善统计法治监督联动工作办法、统计造假弄虚作假约谈办法等7项制度，建立健全点面结合、协同联动的全区统计法治制度机制。认真履行法定职责，严格落实国家执法检查“清零行动”“回头看”要求，自治区统计局成立执法检查组，对全区77家企业开展双随机执法检查，共涉及10个行业、18项指标。组织各市、县（区）统计局开展执法检查，全区共检查411家企业（项目），实现各市、县（区）统计执法检查全覆盖。坚持正向激励，强化统计信用档案管理，全区共有6684人建立统计信用档案，命名2020年度自治区“五星级统计诚信单位”8家、“五星级统计站”2个、“四星级统计诚信单位”24家、“三星级统计诚信单位”29家。

【统计基层基础建设】2021年，宁夏统计局认真贯彻落实自治区政府《关于进一步加强统计工作的意见》和国家关于加强统计基层基础以及建立企业电子统计台账指导意见，建立局领导包抓市县和基层联系点工作机制，全面部署推进统计基层基础建设工作。修订完善统计数据质量全过程管理制度，建立联网直报调查单位、乡镇（街道）、县级统计机构、部门统计工作规范及其标准，为全区统计数据质量管控提供制度保障。加强部门统计工作管理，新建部门综合统计报表制度，开发建设部门统计联网直报系统，规范统计调查项目审批与管理。制定下发农业、能源、服务业等企业电子统计台账。制定出台政府购买服务管理办法和指导性目录，规范政府统计购买服务和统计调查外包行为。全区统计系统广泛开展基层统计人员和联网直报企业业务培训，切实提升统计人员业务能力。

（王　楠）

公共资源交易管理

【概况】2021年，全区共完成公共资源交易21749宗，交易金额726.1亿元，项目数同比增加32%，交易金额同比增加2.6%。其中，“四权”改革各要素均完成试点交易，成交金额累计6319万元；药品和医用耗材集中采购金额45.51亿元（其中，疫苗采购金额3.44亿元，医用耗材采购金额3.72亿元），同比增加6.2%，有效保证了改革创新突破和疫情防控需要。

【公共资源交易体制机制改革】2021年，自治区党委印发《关于深化体制机制改革　创新推进公共资源交易高质量发展的实施意见》，为体制机制改革指明方向、明确路径；自治区政府印发《宁夏回族自治区公共资源交易高质量发展“十四五”规划》，首次以自治区级专项规划对全区公共资源交易“十四五”“应尽必进”“管办分离”“法治引领”等重点任务作出具体安排。推动公共资源交易服务、管理、监督主体责任法定化、运行制度化、数据标准化。公共资源交易管理局制定出台《自治区公共资源交易平台服务标准（试行）》以及各交易要素交易规程、服务标准、见证标准、数据规范等，公共资源交易平台制度体系构建更加完善。已完成《宁夏回族自治区公共资源交易管理条例》的地方立法调研工作，积极进行深入研究修改完善。

【“四权”交易改革】2021年，自治区公共资源交易管理局与5个地级市政府、水利厅、自然资源厅、生态环境厅、农业农村厅等相关部门密切配合、通力协作，以协同建立制度解决难题、以创新建立机制提升效能，深入“四权”（用水权、土地权、排污权、山林权）改革试点市、县（区）调查研究，确立“融入基层实践、服务改革创新”的工作思路和工作方法，与“四权”改革试点市、县（区）改革实践高度契合、同步协同，四类交易要素顺利实现上线试运行，“四权”交易系统建设运行情况良好。率先在全国实现通过公共资源交易平台进行水权转让，拉开水权改革市场化运行的序幕，为宁夏用水权改革实现“节水增效”目标蹚出新路子。

【全流程电子化交易】2021年，宁夏全面实现不见面开标，远程异地评标运行常态化，全流程电子化交易迈上新台阶。公共资源交易管理局充分借力专项治理，推行电子化交易，全面总结不见面开标实践经验，推动实现全行业“不见面开标”常态化。紧盯重点环节和关键人员，推动完成工程建设和政府采购全流程电子化交易，为各类公共资源交易“应进必进”健全制度保障。以集采电商化引领，促进政府采购电子化的实现。与自治区住建厅、交通厅、水利厅联合印发《宁夏回族自治区工程建设项目远程异地平台管理办法》。开发上线“不见面开标”系统、“远程异地评标”系统、远程异地评标综合调度系统，实现闽宁两省（区）工程建设项目跨省远程异地评标，并与福建、

2021年7月22日，闽宁两省（区）工程建设项目远程异地评标系统启动仪式在银川市举行

陕西、甘肃等省签订工程建设项目跨省“远程异地评标”合作协议。

【专项治理】2021年，自治区公共资源交易管理局与住建厅建立协同工作机制，认真贯彻落实专项治理工作精神，深化研究、健全制度，编制房建市政电子招标文件示范文本，升级招投标评审系统，100%实现电子化招投标；健全“暗标评审”制度，编制出台全区房建市政电子招投标“一规程四标准”“暗标不暗”问题得到有效解决。与自治区发改委、住建厅印发《关于在全区房屋建筑和市政基础设施工程招标中试点推行“评定分离”改革的实施意见》，还招标人“择优定优”的权利，压实招标人的主体责任。与自治区审计厅、公安厅密切协同，核查、固定大数据分析线索190余条，为专项治理提供有效数据支撑。2021年通过专项治理推动加快实现远程异地评标常态化、档案电子归集常态化、跨省远程异地评标、各领域全流程电子化等。

【优化营商环境】2021年，自治区公共资源交易管理局深化“放管服”改革，优化营商环境。健全制度升级保证金提交清退系统，完善保证金提交清退操作规程，实现投标保证金在线提交清退。开发交易平台金融服务系统并上线试运行，有效提升效率、降低成本。主动融入全区一体化“数字政府”建设。对接自治区综合政务服务平台、自治区大数据共享平台，开放共享交易数据25万余条，公共资源交易管理局完成了与发改委、市场监管厅的信息互联互通、整合共享，交易平台与自治区发改委投资项目在线审批平台、住建厅宁夏建筑市场监管服务系统进行联通，实现了工程建设项目全流程在线审批、交易。对标国家标准，梳理服务事项，统一服务标准，修订发布《自治区公共资源交易平台综合服务标准2.0》，构建起全区公共资源交易统一服务标准体系。加强区域合作，实现资源共享。公共资源交易管理局与山东省公共资源交易中心签订合作协议，参加由山东省公共资源交易中心牵头的黄河流域生态保护和高质量发展公共资源交易省际合作联盟；与四川、内蒙

古、广西等12个省(自治区)、市公共资源交易中心签订《中国西部公共资源交易平台共享联盟倡议书》,积极探索黄河流域、西部地区公共资源交易共同市场建设。

【医药"招采合一"平台】2021年,宁夏完成宁夏医药"招采合一"平台整合共享升级项目建设,建成医药交易、综合服务和协同监管三大应用系统,实现与国家药管平台、金税三期系统、国家医保局快采、自治区政务数据共享平台、"我的宁夏"App系统对接互通,完成与全区66家二级及以上公立医疗机构信息系统的对接实施及联调测试工作。高标准落地国家组织医药集中采购,规范医药耗材招标采购、优化阳光挂网采购、升级集中带量采购,为有效降低全区药品价格,保障患者用药提供有力保障。2021年,全区公立医院医药集采交易态势平稳,采购配送率稳中有升。公立医疗机构药品采购工作开展顺畅,临床用药需求得到有效保障,网采率平稳增长,全区公立医疗机构共采购药品43.18亿元,配送药品36.82亿元,总配送率达85.26%,同比增长0.24%。疫情防控期间,牢牢把握时间节点、保质保量完成新冠病毒疫苗和配套注射器挂网采购,保障全区疫苗接种工作。

【全区平台交易服务】2021年,自治区交易服务中心加强制度建设,优化服务流程,规范现场管理,交易服务更加阳光高效,有效激发交易市场主体活力,深入开展以录促治,专项治理成效显著。银川市交易中心聚力聚焦加快平台数字化、智慧化转型升级,建设新型智慧交易中心,推行线上"电子监督",打通行政监督"最后一公里"。石嘴山市交易中心积极服务全区"四权"改革大局,上线试运行排污权交易、"标证通"手机CA认证,在全区地市级中率先实现实时在线监督。固原市交易中心积极上线"疫情防控人脸门禁识别系统",确保疫情期间交易不受限、服务不断档,采取评标专家"四锁四同"公开自助式随机抽取,有效增强招标采购人的责任感。吴忠市交易中心推行"限时办结"制,全面优化服务链条,精简服务流程,并对代理机构实行考评机制,代理机构进场交易行为得到有效规范。中卫市交易中心结合专项治理工作,建立周报专报制度,通过实时在线交易见证,整治行业乱象,维护公平公正阳光透明的交易环境。

(李　强)

市场监督管理

【市场主体现状】截至2021年年底,全区市场主体总量达到71.3万户,同比增长8.2%(其中,企业19.7万户,同比增长10.9%;个体工商户首次突破50万户大关,同比增长7.6%;农民专业合作社1.6万户,同比下降6.4%)。千人拥有企业数27.4户。全区集团企业法人数2488户,上市公司17家。2021年新登记市场主体11.9万户,同比增长13.9%,比上年增速提高16.7个百分点;日均新设市场主体326户,比上年增加39户。截至2021年年底,全区实有私营企业18.4万户,占全部企业数的93.2%,同比增长11.1%。其中新登记私营企业3.2万户,占全部新登记企业数的95.1%,同比增长8.3%,登记数量创近五年新高。2021年,全区新增涉税企业超过2.3万户,民营经济纳税总额占比达57.4%,带动新增城镇就业人员8.2万人,吸纳就业超过151万人。截至2021年年底,全区实有国有企业1.2万户,同比增长9.1%;注册资本(金)总额6738.1亿元,同比增长8.3%。2021年,全区新登记国有企业同比增长12.1%,国有企业资产规模持续扩大,大企业增多,法人企业0.7万户,户均(不含分支机构)注册资本(金)9810.9万元[其中,注册资本(金)规模1000万元~1亿元的有2607户,同比增加10.6%;亿元以上企业949户,同比增加5.2%]。全区注册资本100亿元以上企业有11家,国有及国有控股企业10户。国有企业全年纳税额占所有经济类型的38.7%。截至2021年年底,全区实有外商投资企业910户,同比增长1.2%。全年新登记注册外商投资企业75户,同比增长31.6%;投资金额7.6亿美元,同比增长144.4%;注册资本6.7亿美元,同比增长79.7%(其中外方认缴出资4.9亿美元,同比增长52.6%,外商投资主要来源于香港地区)。全年实际利用外资2.9亿美元,同比增长38.6%,高于全国增速23.7个百分点。

【商事制度改革】2021年,宁夏制定《2021年深化"放管服"改革优化营商环境工作任务责任清单》,细化任务分工23项,强化优化营商环境评价工作。开展企业开办标准化规范化试点,争取市场监管总局将宁夏列为全国试点省(区),联合自治区公安厅等6部门印发《全区开展企业开办标准化规范化试点工作方案》,升级"一网通办"平台,健全企业开办一体化办理机制,探索建立企业开办标准化规范化指标体系,推动23项行政许可事项实现"全区通办""跨省通办"。全面推进"证照分离"改革,制定《全区深化"证照分离"改革　进一步激发市场主体发展活力实施方案》,召开全区深化"证照分离"改革动员培训会,对自治区市场监督管理厅15项涉企经营许可事项率先进行改革，分类改革532项涉企经营许可事项。推行“互联网+登记”工作，将多个业务平台整合为“宁夏一网通办服务平台”一个快速入口，实现统一业务规范、统一平台接口、统一数据标准。全年通过网上自主核名79827个，网上设立登记共计52903户，网上变更备案登记26746笔，线上受理注销登记14159户；累计签发电子营业执照971984户，用于系统登录37318次，电子签名29729次，推动电子营业执照在政务服务、公共服务、商业服务中的场景应用。

【质量提升行动】2021年，全区开展质量提升行动，印发《2021年质量强区建设工作要点》，督促21家成员单位压实质量工作责任。推进公共服务领域补短板、强弱项、提质量，满意度连续3年保持上升，排名西北五省（区）第一位。修订《宁夏回族自治区质量奖管理办法》，开展第六届全区质量奖评选表彰。2020年省级政府质量工作考核，宁夏连续两年保持在全国质量工作第二方阵。共享装备股份有限公司获第四届中国质量奖提名奖，实现宁夏中国质量奖“零”的突破。银川市申报“2020年全国推进质量工作成效突出地方”，获得国务院办公厅督查激励通报表扬。推行“首席质量官”制度，联合20个区直部门开展“质量月”暨“服务企业质量提升百家行”活动，组织质量管理、标准化、计量认证、检验检测、知识产权等方面专家为16家企业把脉问诊，开展精准技术服务，帮助企业提升质量基础建设水平，推进产品和服务标准提档升级。推动质量基础设施一站式服务试点建设。完成制造业质量竞争力指数测算和服务质量满意度监测评价。制订《产品召回突发事件应急预案（暂行）》，加强缺陷产品召回管理。

【商标知识产权保护和运用】2021年，宁夏编制《宁夏回族自治区知识产权保护和运用“十四五”规划》，制定《2021年宁夏知识产权战略实施工作要点》，印发《关于强化知识产权保护的实施意见》，强化知识产权顶层设计。与自治区高院、公安厅等部门协商建立多元化纠纷协调解决机制及行刑衔接机制，加强跨区域知识产权保护，签署黄河生态经济带九省（区）知识产权保护协议和西北五省（区）及新疆生产建设兵团知识产权保护协议，开展打击商标恶意抢注行为、“盐池滩羊”注册商标专用权、“中宁枸杞”地理标志证明商标专用权、北京2022年冬奥会和冬残奥会奥林匹克标志以及第五届中阿博览会等展会知识产权保护行动。制定《关于技术调查官参与专利侵权纠纷行政裁决办案规定》《宁夏回族自治区知识产权专家库管理办法》，入库专家96名。2021年，全区查处各类知识产权侵权假冒案件232件，收缴罚没款270万元。强化地理标志和商标使用、管理与保护，制订重点商标保护名录管理办法，助力重点产业发展和乡村振兴，“宁夏枸杞”地理标志证明商标获准注册，“盐池滩羊”获批筹建国家地理标志产品保护示范区，全区地理标志专用标志使用企业达到191家。整合优化宁夏专利商标窗口服务资源，实现专利商标业务“一窗通办”。全年完成专利电子申请6634件，质检6320件，费减备案4912件，专利收费1110.5万元。

【反垄断与反不正当竞争执法】2021年，宁夏印发《宁夏回族自治区市场监督管理部门反垄断执法规定》《宁夏回族自治区市场监管厅反垄断执法人才库建设与管理办法（试行）》，健全完善反垄断执法机制。建立专业执法队伍，开展反垄断案件调查，发现案件线索6条。配合市场监管总局依法调查美团“二选一”垄断行为。率先创新反垄断执法机制、强化反垄断执法，宁夏在全国反垄断执法座谈会上做了交流发言，市场监管总局领导给予充分肯定。2021年，梳理摸排涉嫌垄断案件线索8条，立案7起，结案1起。查办石嘴山市应急管理局排除、限制竞争案，实现全区查处行政垄断案件“零”的突破。建立自治区反不正当竞争厅际联席会议制度，强化部门协同监管。加强反不正当竞争执法，重点围绕“保健”市场、教育培训、网络交易、医药购销等领域存在的7个方面18种不正当竞争行为进行整治，全年全区市场监管部门查办各类虚假宣传、混淆等不正当竞争案件27起，罚没款399.1万元。宁夏建立反不正当竞争厅际联席会议制度，制定《反不正当竞争工作厅际联席会议工作规则》，推进部门协同监管。召开自治区公平竞争审查工作联席会议，印发公平竞争审查工作要点。2021年，各级政策制定机关共清理存量文件9493件、修改94份，审查增量文件8195份，修改调整63份，适用例外规定2份。印发《自治区公平审查第三方评估办法》，规范引入第三方评估程序，实现外部监督与自我审查工作机制有机结合。发挥公平竞争审查联席会议办公室职能，对自治区发展改革委、医保局、扶贫办等部门有违公平竞争审查标准问题提出修改建议，有效预防行政垄断行为发生。

【价格监督检查】2021年，全区加大疫情防控期间粮油肉禽蛋奶菜、防控物资等市场检查力度，开展第五届中阿博览会期间重要商品市场、中秋节日期间月饼市场等专项检查，及时指导纠正明码标价不规范、违规促销等问题。2021年全区市场监管部门共查办各类价格违法案件101起，收缴罚没款316万元，涉及民生重要商品价格等违法行为得以查处。开展涉企收费专项检查，深入5个地级市检查水电气暖、中介机构、行业协会商会、商业银行等63家单位，督促部分企业主动退还不当收费2928.15万元。

【打击传销】2021年，全区开展打击整治聚集型传销违法犯罪“清零1号、2号、3号、4号”集中行动，推广应用“宁夏打传助手”App，发放各类宣传资料35000份，着力巩固打防传销“防控圈”，全年全区市场监管部门共查办传销案件120件，同比下降75.6%；取缔传销窝点327个，同比下降27%；遣散传销人员874人，同比下降43.7%；罚没130余万元，同比上升32.9%。

【食品安全】截至2021年年底，全区共有各类食品（含保健食品）生产经营单位116375家[其中，食品生产加工单位（含小作坊）8608家，占7.4%；食品经营单位69356家，占59.6%；餐饮服务单位38411家，占33%]。粮油、乳制品、葡萄酒、枸杞、调味品、糕点、淀粉、肉制品加工等是宁夏食品行业的主导产品。2021年，全区市场监管部门共完成各类食品抽检监测40327批次（其中，监督抽检38851批次，合格38222批次，不合格629批次，合格率为98.38%；风险监测1506批次，合格1424批次，发现问题样品82批次，问题发现率为5.44%）。全区各级市场监管部门对涉及不合格样品的食品生产经营单位依法进行核查处置，共对83家食品生产单位和323家食品经营单位进行立案查处，立案404件，没收不合格食品4585.56公斤，没收违法所得22.25万元，罚款408.8万元，吊销食品生产许可证1家、食品经营许可证1家，约谈61家食品生产单位和121家食品经营单位。

【特种设备安全监管】2021年，全区开展“安全百日会　战喜迎百年华诞”特种设备安全百日专项整治行动，强化重大节庆重要时段安全生产监督检查、值班值守和应急管理。全年共检查特种设备单位5057家，抽查设备8731台（套），发出《特种设备安全监察指令书》1212份，消除安全隐患2259处，立案查处156件，罚款717.61万元，协助捣毁销售“黑气”窝点2处，发生事故1起，死亡1人。继续深化气瓶安全专项整治三年行动，开展液化石油气瓶专项整治“回头看”，坚决打击和取缔翻新、销售“黑气瓶”违法活动，全年检查气瓶充装、检验企业697家，发现各类问题隐患655处，立案查处12起，罚没款40.22万元，取缔非法充装乙炔气体黑窝点2家。推进电梯维保质量和安装（含维修）企业、压力容器制造单位、检验检测机构证后监督检查，开展电梯制动器、起重机械限位装置等专项整治，进行电站锅炉范围内管道、快开门压力容器和液化石油气瓶专项治理“回头看”。督促宁夏大地循环发展股份有限公司及其子公司整改特种设备安全隐患110项。开展国务院安委会第十五督导组反馈问题隐患整改工作，督导整改问题隐患43条。印发《宁夏回族自治区特种设备安全风险分级管控与隐患排查治理指导手册》，推进双重预防机制建设。强化安全主体责任，排查治理检验机构隐患，规范检验行为。升级改造宁夏车用气瓶动态监管集成系统。推进电梯按需维保和检验检测改革，宁夏“96333”电梯应急处置服务平台运行平稳，全年接听困人求救、故障反馈、咨询投诉等各类电话2866起，解救1283人次。

【质量监督抽查】2021年，围绕社会关注度高、质量风险大、涉及民生紧的重点领域，全区开展非医用口罩“助企护民保安康”专项行动、化肥“提质量、保供应、稳价格”专项行动、儿童老人用品“护苗助老”关爱行动、儿童和学生用品安全守护行动、电线电缆质量安全“联查联打联治”专项行动、水泥产品质量提升专项行动、塑料污染防治专项行动、成品油市场专项整治行动、产品质量技术帮扶“巡回问诊”专项行动，全区重点领域、重点产品质量安全风险得到有效化解，倾向性质量问题得以有效解决。

【“双随机、一公开”监管】2021年，宁夏印发《宁夏回族自治区“双随机、一公开”综合监管平台使用运行管理暂行办法》，建设宁夏“双随机、一公开”综合监管平台，覆盖区、市、县（区）三级704个单位，258个单位建立市场主体库，213个单位建立执法人员库，205个单位建立“双随机”抽查事项清单。制定《2021年度宁夏市场监管领域相关部门“双随机”抽查事项清单》《宁夏市场监管领域部门联合抽查事项清单（第一版）》《2021年度宁夏市场监管领域部门联合随机抽查工作计划》，汇集243项抽查任务，部门联合抽查32项，实现“进一次门、查多项事”。全区市场监管领域开展“双随机”抽查343次，检查各类市场主体1.78万户，其中部门联合抽查55次。制定《2021年全区市场监管领域“双随机、一公开”监管工作考核评价方案》，对市、县（区）政府开展“双随机、一公开”监管工作进行考核。

【信用监管】截至2021年年底，全国企业信用信息公示系统（宁夏）共归集全区各级政府部门市场主体注册登记信息72.2万条、行政许可信息29.4万条、行政处罚信息1.29万条。加强信用约束和联合惩戒，首次将两起逃避执行行政处罚决定的案件当事人列入严重违法失信名单。严格执行企业法定代表人和高管任职限制，全区累计限制失信被执行人担任法定代表人2375人次。加强信用修复管理，对2068条企业经营异常名录、1825条行政处罚信息予以信用修复，停止公示行政处罚信息3331条。制定《宁夏市场监管厅重点领域企业信息归集公示事项清单》，优化平台功能建设。加强"互联网+监管"系统应用，监管事项覆盖率97%。开展企业公示信息抽查，按照不少于3%的比例抽取企业4758户、农民专业合作社399户。依法吊销长期未经营企业5551户。

【广告市场监管】2021年，全区集中清理和查处借中央领导人肖像和庆祝中国共产党成立100周年的名义从事商业牟利等违法广告行为，约谈并纠正贺兰山东麓葡萄产业园区管委会要求葡萄酒生产企业生产重大活动纪念酒不当行为，查处违法违规商业营销宣传行为案件7起，罚没款34万元。充分发挥广告监测平台作用，围绕涉及重大活动商业营销、借"党史学习教育"牟利炒作，监测广告233万条次，发现并处置涉嫌违法广告1055条次，条次违法率控制在0.1%以下。聚焦药品、医疗、医疗器械、保健食品、金融理财等重点领域，开展"护苗助老"、长江禁渔、非法医疗美容服务、"守护成长"电子烟、校外培训机构广告管控等虚假违法广告专项整治，全区市场监管部门共查办各类违法广告案件126起，罚没款257万余元。充分发挥自治区整治虚假违法广告联席会议机制作用，联合宣传部、网信办、卫健委、广电局等对抖音、快手等15家互联网媒体及广告主进行约谈。

【网络交易市场监管】2021年，宁夏坚持"以网管网、智慧监管"，全面提升网络交易监管效能。全年共开展专项监测13项，监测电商平台15个、网站28个、网店358万个、商品信息6511万条，发现违法线索2063条。依托"大数据智慧监管服务系统"，实现区、市、县、所四级贯通的日常网上巡查。聚焦重点产业，建立包含中宁枸杞、盐池滩羊、贺兰山东麓葡萄酒等15个品类228家许可使用主体的重点产业侵权保护名录库，开展"中宁枸杞""宁夏枸杞"地理标志"净网清源"专项监测，发现违法线索1729条。聚焦民生热点，线上约谈美团、饿了么、新百多点等零售电商以及属地监管人员。联合党委宣传部、公安厅等14个单位开展"2021网剑行动"，清理网上违法违规信息10万余条，关闭违法违规账号250个，整治违法违规收集使用个人信息App 4个，查处各类网络违法案件66件。

【优化消费环境】2021年，自治区消费者权益保护工作厅际联席会议在银川市召开。推进线下购物无理由退货，已承诺线下无理由退货的实体店338家，指导培育银川市新华百货和王府井百货两家典型企业。强化消费宣传引导和执法保护，通过开展"3·15"系列宣传活动，展示宁夏市场监管消费维权工作成效。会同商务、教育等部门开展重点行业单用途商业预付卡专项整治，重点整治教育培训、体育健身等行业，检查发卡企业1900余家，引导备案141家，列入异常名录2家，行政处罚4起，涉嫌犯罪移交公安3起。印发《关于对校外培训机构利用不公平格式条款侵害消费者权益违法行为开展集中整治的通知》，并纳入2021年"铁拳"行动。组织全区市场监管部门做好动产抵押登记和职责划转工作，已补录公示历史信息2355条。加强商品交易市场监管。以查处销售野生动物为重点，组织开展农(集)贸市场检查，立案31起，罚没款92万元。与自治区林草局等部门联合开展"清风行动"专项执法，行政指导警示61次。对天成市场经营秩序进行督查，行政约谈市场开办方，向辖区监管所提出具体监管整改措施。对中宁枸杞国际交易市场进行实地检查，开展"净网清源"专项执法行动。

【标准化体系建设】2021年，宁夏出台《自治区贯彻落实国家标准化发展纲要的实施意见》《自治区推动高质量发展标准体系建设方案(2021—2025年)》。指导自治区药品检验检测研究院筹建枸杞标准化技术委员会。协调市场监管总局对41项ISO、欧洲药典等相关枸杞国际标准翻译和评价。全年共立项89项标准制定，发布《自治区全域创建食品药品安全区评价验收细则》等69项地方标准。对第一批272项地方标准开展清理、评估、复审工作(其中，继续有效128项，修订97项，废止47项)。全年全区共发布团体标准209项，自我声明5067项企业标准。完成4家国家级和18家自治区级标准化试点项目中期评估工作，有3家单位成功获批国家级标准化试点项目建设。开展第三批20家自治区级服务业标准化试点项目建设。全国729项国家级社会管理和公共服务综合标准化试点13个项目中，宁夏有2家试点单位入选。

【计量与认证认可和检验检测】2021年，宁夏推动社会公用计量标准建设，全年新建和改造省级社会公用计量标准29项。完善地方计量技术规范体系，印发10项地方计量技术规范。组织全区22

家计量技术机构、54家建材检测机构、33家食品和农产品检验检测机构开展能力验证和技术比武活动。以集贸市场、加油站、餐饮业、超市、医院等领域为重点，开展民生领域计量器具监督检查和定量包装商品净含量监督抽查，查处并销毁不合格计量器具111台。组织对全区27家国有粮食企业的52个基层粮库和91个库点在用的392台强制检定计量器具全部建档鉴定。以生态环境、建材、机动车、食品领域为重点，联合打击未经检验出具检测数据和报告、篡改伪造检测数据和报告等严重违法行为，限期改正30家，停业整顿2家。以防爆电气、电线电缆、儿童用品、电动自行车等3C产品为重点，抽查生产经销单位594家。推进宁夏重点用能单位能耗在线监测平台建设，全区245家重点用能单位已有243家企业接入国家级平台。开展能效水效标识符合性监督检查，对11家进行集中约谈，对2家进行立案查处。推进"计量服务中小企业行"活动。结合自治区重点产业发展，实施"一企一策"帮扶，小微企业外部质量成本下降75%，产品质量通过率提高20%，客户满意度提高23.3%。"智慧能源信息化服务模式示范项目"进入全国能源资源计量服务示范项目(全国共入围20个项目)，创新电能表监管方式被市场监管总局评为典型案例，环境服务认证工作得到市场监管总局的高度认可和肯定。

【全区"12315"热线消费投诉热点】2021年，全区市场监管"12315"投诉举报平台共接收群众各类诉求155837件，为消费者挽回经济损失4074万元。食品安全投诉高居榜首。消费者关注度高。主要问题有：销售食品过期、变质，临期食品未设醒目标识，经营场所卫生差，违规使用食品添加剂，网购食品虚假宣传、误导消费。停车服务投诉仍是热点。全区各地停车服务规范不一。主要问题有：停车场收费不透明，不执行政府定价，人为设置计费陷阱。健身服务消费问题突出。主要问题有：商家随意变更经营地址，缩减健身项目，服务质量缩水，甚至恶意卷款跑路。家用汽车投诉增势明显。家用汽车保有量持续上升。主要问题有：销售汽车隐瞒返修、瑕疵等真实情况；三包期内只提供"包修"，规避"包换""包退"责任和义务；新能源汽车电瓶续航里程与商家介绍或说明书不符等。预付式消费纠纷难破解。"先交费后消费"存在风险。主要问题有：设置不公平合同格式条款，不按约定时间、内容、标准提供服务，以低价优惠吸引消费者付款后突然转让或关门停业。宾馆住宿投诉应季增长。旅游旺季时，主要问题有：网上订房宣传与实际不符；房间设施故障、卫生问题，影响入住体验；客流高峰期强制退房；延迟返还押金。电视购物投诉热度不减。主要问题有：夸大商品质量和性能；销售"三无"或质量不合格商品；消费中遇有问题，推诿履行经营者义务；商品售后服务无保障。全屋定制服务套路重重。主要问题有：合同约定不明、责任难定；原材料不合格，尺寸、颜色偏差，使用劣质五金件、环保不达标；售后仅提供修补服务，推诿损失赔偿责任。加油加气服务投诉频现。主要问题有：油品质量不合格，计量作弊，无强制检定合格标志，强制检定超过有效期，以及价格纠纷等。网络订餐投诉成新热点。方便快捷的网络订餐深受年轻人的喜爱。主要问题有：订餐广告虚假宣传；实际送餐与订餐内容不符；餐品不能按时送达；取消订单后，拖延退款；餐品变质、含异物等。

【2021年度消费侵权维权典型案例】侵害消费者权益案例：银川新城吾悦房地产开发有限公司价格欺诈、虚假宣传、发布违法广告案；银川紫苹果钻石装饰工程有限公司、银川兴庆区莱雅家具经销处、西安顾家装饰设计工程有限公司银川分公司侵害消费者个人信息案；银川天银汽车销售服务有限公司欺诈消费者案；盐池县万里加油站发布虚假广告案；银川市西夏区金玉美饰饰品怀远路店不正当有奖销售案；吴忠市利通区仁和堂诊所欺诈消费者、销售劣药案；宁夏云雾山果品开发有限责任公司生产经营不符合食品安全标准食品案；宁夏玺源量子实业有限公司虚假宣传案；石嘴山市新大运加油站销售不合格车用成品油案；中宁县骏通农汽修配部销售侵犯注册商标专用权蓄电池案。消费维权典型案例：银川天银汽车销售服务有限公司以"无忧险"名义向消费者销售自营的"无忧卡"服务；银川市兴庆区城市人家装饰装修有限公司与消费者签订"城市人家&欧派整装大家居"开业百万补贴协议未书面说明赠送条件；宁夏某文化有限公司设置的密室逃脱游戏设施存在安全隐患致人受损伤；银川市兴庆区雅格时尚服饰店支付规则不合理；新方向教育培训机构在被认定为属于因不可抗力致使合同不能完全履行的情况下应当解除合同，退回预付学款；大武口区某生活馆以"免费体检""发放礼品"等噱头诱导老人前来体验床垫，夸大产品疗效，虚假宣传包治百病，致使老年人上当受骗；中卫市某酒店因疫情影响无法成行的消费者预订旅游行程产生退款纠纷。

【信息化建设】2021年，宁夏完成"双随机一公开”综合监管平台建设，积极推进全区智慧市场监管一体化平台立项审批和项目建设。充分发挥信息化支撑保障作用，优化企业开办“一网通办”平台，统一数据采集标准，整合企业开办入口，优化系统流程；与自治区政务服务系统对接跨省通办、统一身份认证、好差评等，推送政务服务数据、法人数据等70余万条；将企业大数据平台上线自治区“宁政通”App，方便政府各部门工作人员查询调阅，为优化营商环境提供较好的信息化支撑。坚守网络安全底线，将19个系统共143个云资源迁移至安全区域，高标准完成操作系统和云平台安全整改工作。加强网络安全监测预警，组织网络安全攻防演练，提升应急处置能力，及时修复安全漏洞；定期组织等级保护定级和测评，确保网络和信息系统安全可靠。将市场监管厅门户网站迁入自治区政府网站集约化平台。

（陈　洋）

药品监督管理

【概况】截至2021年年底，宁夏共有持药品生产许可证的企业36家（其中，制剂及原料药生产企业14家，中药饮片生产企业16家，医用氧气生产企业4家，药用辅料生产企业2家）。各药品生产企业共持有药品批准文号368个（其中，化学制剂批准文号197个，含5个医用氧批准文号；中药制剂批准文号152个；原料药批准文号19个）。共有持医疗机构制剂许可证的制剂室8家，持有医疗机构制剂批准文号的76个。共有药品批发企业和零售连锁总部企业172家，零售药店（含连锁总部企业门店）5061家。共有第一类医疗器械生产企业13家，备案产品64个（含2021年新增备案产品45个）。共有第二类医疗器械23家，注册品种60个。共有医疗器械经营使用单位9711家（其中，医疗器械经营单位5107家，含三类经营企业1381家，二类经营企业3726家；第三方物流企业4家；医疗器械使用单位4600家）。共有化妆品生产企业6家。

【疫情防控】2021年，宁夏药品监督管理局联合宁夏卫生健康委印发《关于加强零售药店和个体诊所疫情防控工作的通知》《关于新冠肺炎疫情防控期间加强诊所等医疗机构及零售药店管理工作的通知》《关于进一步落实部门监管责任做好疫情防控工作的紧急通知》，制定《宁夏新冠病毒疫苗采购接收分配储运管理规范》《疾病预防控制机构、新冠病毒疫苗定点接种单位监督检查要点》等工作文件，开辟“绿色通道”快速备案2家医疗机构4个与疫情有关院内制剂，召开全区零售药店疫情防控工作视频会议2次，督促各级监管部门认真履行联防联控责任，推动零售药店严格落实退热类、抗病毒类、抗菌类药物销售实名登记制度，做好就医引导，发挥疫情防控“哨点”作用。宁夏回族自治区药品监督管理局印发《自治区药品监督管理局新冠病毒疫苗接种期间监管工作方案》《关于进一步做好新冠病毒疫苗质量监管工作通知》《关于切实加强新冠病毒疫苗全流程管控严防非法外流的通知》，组织开展新冠病毒疫苗生产流通专项监督检查，对全区疾病预防控制机构、新冠病毒疫苗接种单位每季度开展1次现场监督检查，并结合实际不定期巡查，及时排查化解疫苗流通使用环节质量安全风险隐患。转发国家药监局《关于进一步落实药品流通环节疫情防控工作的通知》，每月汇总统计全区药品流通环节疫情防控监管情况并上报国家药监局。

【创建“食品药品安全区”】2021年，宁夏药品监督管理局围绕《宁夏回族自治区全域创建“食品药品安全区”实施方案》确定的目标任务，成立全域创建“食品药品安全区”工作专班，建立党组领导包抓重点工作机制，明确宣传工作、推动企业主体责任落实工作、市县创建指导工作、药品监管信息化工作等“四项关键性工作”和职业化专业化药品检查员队伍建设、药品监管制度体系建设、智慧监管平台建设、信息化追溯体系建设、“阳光药店”工程建设、中药标准体系建设、药品检验检测体系建设、药品科研能力建设、药品信用体系建设、药品安全应急体系建设等“十项重点建设任务”。7月26日至8月6日，由5名党组成员分别带队深入5个地级市及宁东地区22个县（区）的115家“两品一械”生产经营使用单位开展飞行检查。印发《关于切实加强药品安全普法科普宣传工作　持续提升全域创建“食品药品安全区”公众知晓率和满意度的通知》，12月13—17日，在石嘴山市举办全区药监系统学习习近平法治思想暨信息宣传应急管理及政务公开和统计工作培训班。推动全区87.8%的“两品一械”生产经营企业共建立主体责任清单、质量安全风险防范清单8864份，培训企业法定代表人、主要负责人、质量负责人和企业员工13033人次。在全国6个试点省（区）中率先完成药品智慧监管一体化平台试点任务，推动宁夏药品智慧监管平台与自治区药检院LIMS系统实现数据互联互通。印发职业化专业化药品检查员队伍建设管理制度。推动全区4064家零售药店在“阳光药店”信息系统注册账号并上报数据，其中3519家零售药店被所在市县监管部门评定为“阳光药店”。

【政策法规制度体系建设和“放管服”改革】2021年，自治区政府办公厅印发《关于进一步加强药品监管能力建设的实施意见》，明确健全药品安全法规制度、加强技术标准体系建设、推动技术审评能力提升、完善检查执法工作体系、提升稽查办案工作能力、强化监管部门协调联动、提升检验检测机构能力、完善药物警戒监测体系、加强化妆品风险监测处置、健全应急处置工作机制、建立健全信息化追溯体系、完善药品智慧监管系统、提升监管队伍专业能力等13个方面的政策措施和重点任务。围绕创建宁夏法治政府建设示范单位，印发《贯彻落实自治区党委全面依法治区会议精神工作措施》《贯彻落实法治宁夏建设和法治社会建设实施方案(2021—2025)》《在全区开展药品安全法治宣传教育的第八个五年规划(2021—2025)》等工作文件，修订《宁夏回族自治区药品监督管理事权划分规定》《宁夏回族自治区药品监督管理局权力责任清单》《宁夏回族自治区药品监督管理行政处罚裁量权适用规则》和《裁量基准》，印发《关于推动药品监管领域企业质量管理安全主体责任落实工作的指导意见》《自治区药监局行政执法记录仪使用管理规范》等。联合自治区市场监督管理厅、公安厅、人民检察院修订《宁夏回族自治区食品药品行政执法与刑事司法衔接工作实施办法》，联合自治区发改委印发《宁夏回族自治区药品生产经营信用分级分类管理办法》，联合自治区卫健委印发《宁夏回族自治区医疗机构药品使用质量管理规范》和《宁夏回族自治区医疗机构医疗器械使用质量管理规范》。印发《2021年深化“放管服”改革优化营商环境工作的通知》，推进以减流程、减材料、减时限和提升办事效率为主要内容的“三减一提升”行动。自治区本级全年累计受理办结“两品一械”审批服务事项4206件，全程网办率达89.4%，为企业和群众实际节省2072个工作日，减免企业药械产品注册费30.7万余元，取消行政审批事项1项，优化完善放射性药品生产、中药配方颗粒备案等4个办理事项工作流程和办事指南，药品出口销售证明等3项行政确认事项取消8项证明材料。

【疫苗质量安全监管】2021年，宁夏药品监督管理局印发《药品(疫苗)监管质量管理体系质量管理手册》，配套印发《岗位说明书》《风险管理程序》等药品(疫苗)监管质量管理体系程序文件20个，并对相关工作文件进行修订，组织开展质量管理体系和质量管理手册专题培训，先后开展药品(疫苗)监管质量管理体系内部审核2次，推动药品(疫苗)监管质量体系有效运行。将疫苗监管工作纳入年度药品监管工作重点，结合新冠病毒疫苗接种工作，成立新冠疫苗预防接种质量监管和监测工作领导小组，及时就有关工作进行安排部署，对自治区本级直接监管的疫苗配送企业每年现场检查不少于2次，组织市县监管部门每季度至少对辖区疾病预防控制机构、新冠病毒疫苗接种单位进行一次现场检查，有效排查化解各类风险隐患，确保新冠病毒疫苗流通质量安全。

【药品注册与生产监管】2021年，宁夏药品监督管理局组织对全区3家医疗机构34个专业开展全覆盖监督检查，现场检查发现缺陷项目12条，检查结果按国家药监局要求报送“药物临床试验机构备案管理信息平台”，并督促有关企业全部完成整改。全年组织对药品生产企业开展日常监督检查43家次，其中对5家在产中药制剂生产企业进行7次系统性监督检查，对医疗机构制剂室开展日常监督检查5家次，对药品生产企业存在的违反GMP的3项主要缺陷和228项一般缺陷、制剂室存在的19项一般缺陷均督促整改到位。完成药品再注册18件，药品补充申请备案108件，配合国家药品核查中心开展注册现场核查5家，开展补充申请备案现场检查2家次；注册抽样9个品种28个批次。印发《宁夏回族自治区药品监督管理局关于药品上市后变更管理类别沟通交流有关事项的通告》，完成2个品种的沟通交流。组织对3家企业(中药制剂1家，中药饮片2家)9个风险监测中药材品种开展监督抽样。结合辖区企业实际，印发《2021年全区药品生产和特殊管理药品监督检查计划的通知》，对2家使用特殊管理原料药生产(配制)药品的企业进行现场核查，组织药品安全技术查验中心完成特药批发企业日常性监督检查30家次，未发现特殊管理药品流弊现象。完成中药饮片专项整治任务，其间共检查中药饮片生产企业23家次、经营企业3448家次、使用单位2348家次，各环节检查覆盖率均超过100%。

【药品流通监督管理】2021年，宁夏药品监督管理局组织开展药品流通环节专项检查，对集中带量采购中选药品、可用于医疗美容的药品实施重点监管，全区共出动执法人员2320人次，检查药品生产经营使用单位6325家，监督抽检116批次，对18条违法行为线索现场移交市县药品监管部门查处，对6家不符合要求的企业采取暂停经营的风险防控措施，对7家企业进行约谈，下发书面责令改正通知书673份，当场处罚186家，立案查处121家，罚没款共计135.44万元。开展药品网络销售违法违规行为专项整治，检查第三方平台、药品网络销售企业773家次，监测、处置药品网络销售违法违规线索20条，约谈企业1家，屏蔽或关闭网站17家，立案查处2家。开展全区药品零售连锁企业执业药师配备情况摸底统计，发布《关于全区药品零售连锁企业门店执业药师配备情况的通报》，要求各市县零售药店审批部门对不符合政策要求的37家企业不受理其新开办门店申请，督促市县市场监管部门对辖区零售药店的执业药师进行登记备案，建立执业药师数据库，加强对药品零售企业配备执业药师、在岗履职情况的检查，严厉查处各类违法违规行为。全区药品监管部门共下发责令改正通知书31份，暂停销售处方药和甲类非处方药2家，注销4家，给予警告处罚15家，立案查处5起，并对2名查实为“挂证”的执业药师纳入“黑名单”管理。督促各企业开展自查，报送《书面检查表》，制定上报主体责任落实清单和质量安全风险防范清单。举办3期药品批发企业零售连锁总部关键人员质量安全主体责任培训班，培训人员490人。协调完成药品批发企业零售连锁总部日常检查117家次。发布《内部通报警示信》5份、《提醒告诫书》1份，对12家严重违反《药品经营质量管理规范》的企业给予警告，对6家采取风险防控措施，对13家未严格落实《药品经营质量管理规范》的药品经营企业负责人进行约谈，并将监督检查信息和处理结果通过宁夏药品监督管理局门户网站公开，及时将检查信息录入药品智慧监管平台。

【医疗器械监督管理】2021年，宁夏药品监督管理局共受理医疗器械注册首次申请10个，延续注册申请5个；对通过技术审评和现场质量体系考核的5个产品予以核发医疗器械注册证，3个产品予以延续注册，备案第一类医疗器械45个品种。全年组织各级监管部门排查各级各类医疗器械生产经营企业和使用单位8571家次，责令整改282家，排查并监督企业整改各类风险隐患262个。立案查处医疗器械违法案件148起，货值金额134.64万元，罚没金额734.78万元。对7家生产企业停产整改，对10家生产企业进行责任约谈，下发风险警示函3期。先后召开风险会商会议4次，提出风险防控措施7项，向卫健委部门报风险1起，发布内部情况通报3期。组织开展医疗器械审评审批能力和质量自查自评工作，制定《自治区医疗器械技术审评专家库管理办法》《审评认证工作领导小组及工作职责》《医疗器械审评审批工作流程》等制度，编印《宁夏医疗器械审评注册法规汇编》，建立审评审批能力考核机制，组织参加国家药监局医疗器械审评中心等单位举办的各类培训、实训20期，共计参训160人次，专职审评审批人员参训率为100%。加强新冠肺炎疫情防控用医疗器械监管，组织对在产的6家医用口罩生产企业实施2轮次全项目检查，对2家企业进行责任约谈。对1家开展出口业务的医用口罩生产企业进行出口前监督检查，对防疫用医疗器械加大监管，对新冠病毒检测试剂经营企业和使用单位开展2轮次检查，共检查新冠肺炎检测试剂经营企业40家次，使用单位158家次，对5家存在问题的企业责令改正。组织对新冠病毒疫苗接种点使用的一次性使用无菌注射器（2毫升以下）进行现场抽查，共检查该产品使用单位165家，对1家予以警告，1家现场督促整改。加强集中带量采购医疗器械配送企业监管，全面掌握区内24家相关企业信息，专门安排经费，在省级抽检计划中增加集中带量采购冠脉支架3批次，经检测全部合格。组织相关市局对区内4家医疗器械第三方物流企业开展全覆盖监督检查，对1家未实行计算机系统对接的第三方物流企业，暂停其从事第三方物流业务。加强高风险品种医疗器械监管，组织对区内在产无菌医疗器械生产企业进行2轮次监督检查，对无菌医疗器械经营企业和使用单位的监督检查覆盖率超过35%，对植入性医疗器械经营企业和使用单位监督检查做到100%全覆盖。通过风险会商，安排各市县集中一个半月时间对辖区所有一次性使用植（介）入经营企业开展全覆盖摸排，共检查经营企业119家，使用单位105家。加强网络销售医疗器械监管，委托国家药监局南方医药经济研究所对全区的医疗器械网络交易开展销售监测，共监测网页83万个，对43起疑似违规案件线索及时移交当地监管部门核查。根据网络销售监测中出现的突出问题，组织召开第三方平台、网络销售企业参加的网络销售医疗器械质量安全座谈会。开展第一类医疗器械产品备案清理规范，组织对全区9家第一类医疗器械生产企业开展进行清理规范检查，对4家企业6个产品进行标注取消，14个产品进行名称、产品描述、结构组成、规格型号等变更。开展“僵尸”企业排查，对3家第一类医疗器械“僵尸”企业进行标注取消备案，对4家企业的6个产品进行标注取消，对1家第二类医疗器械生产企业规劝其主动予以注销。加强医疗美容用医疗器械监管，印发《关于进一步加强可用于医疗美容的医疗器械监管的通知》《关于持续加大可用于医疗美容医疗器械工作的通知》，共检查可用于医疗美容医疗器械经营企业559家次，使用单位523家次。

【化妆品监督管理】2021年，宁夏药品监督管理局制定《化妆品注册人备案人质量安全主体责任清单》，督促化妆品注册人备案人有效落实质量安全主体责任。印发《宁夏国产普通化妆品备案后检查要点》，完成全区14家企业231个普通化妆品备案产品的质量检查工作，检查率达到总备案产品的94%；完成89批次备案产品的质量督查任务，发现问题产品78件，对6家化妆品生产企业开展风险等级评定，以风险等级为基础，制订并印发《2021年度生产企业监督检查计划》，检查发现一般缺陷5项，下达限期责令整改1家，对1家化妆品生产企业的法定代表人和企业负责人及时进行约谈，发布监督检查信息公告2期。督促6家生产企业全部建立企业质量安全主体责任清单和防控质量安全风险清单。组织开展为期6个月的儿童化妆品专项检查，全区出动执法人员4488人次，检查化妆品生产企业6家，化妆品备案人76家，母婴用品专卖店742家，商场330家，其他化妆品经营者1637家，发放化妆品监管安全告知书5700余份，经营环节抽检儿童化妆品68批次；对6家台账记录内容不全、索证索票和进货查验制度执行不到位的经营户进行现场规范和整改；发现问题产品18件，下达责令整改59家，立案查处儿童化妆品案件5起。开展网络销售化妆品专项检查工作，集中对全区化妆品网络销售的电子商务平台、平台内网店和自建网店等95家单位进行检查，查询数据信息706条，对1家违法行为责令进行整改。推动建立化妆品经营进货查验制度，要求化妆品经营者按照《化妆品监督管理条例》的规定，建立并执行进货查验记录制度，查验供货者的市场主体登记证明，如实记录并保存相关凭证。

【稽查执法】2021年，宁夏药品监督管理局印发《关于持续深化落实“四个最严”要求专项行动　进一步加强药品违法案件查办工作的通知》和《宁夏回族自治区重大药品违法案件督查督办办法》，加大对案件查办工作的督导和考核。结合各类专项整治行动，组织全区各级监管部门全年累计查办“两品一械”一般程序行政处罚案件462起，简易程序案件395件，罚没款1342.31万元，案件数量同比增长36%，向公安机关移送涉刑案件9起，推荐2个行政处罚案例入选《全国药械网络销售典型案例汇编集》，并参与十大网络典型案例评选。4月22日，根据全国、自治区“双打”办的统一安排部署，委托宁夏上峰萌生环保公司对2018年以来的罚没物资进行集中销毁，涉及假冒伪劣药品、不合格医疗器械、化妆品共16个品种2900公斤，货值金额86万余元。加大案件查办行刑衔接力度，全年分别召开行刑衔接会商座谈会、案情分析、线索通报会4次，会同公安机关查办“理气化滞丸”“西藏肾宝丸”等违法销售假药犯罪案件。联合自治区公安厅、卫健委、市场监管厅等10部门印发《全区“保健品”行业联合清理整治专项行动方案》，组织开展为期10个月的全区“保健品”行业清理整治专项行动，严厉打击“保健品”市场存在的违法经营、欺诈误导、虚假宣传等行为。

【质量抽检】2021年，宁夏药品监督管理局印发《2021年度全区药品医疗器械化妆品抽检工作计划》，编印《2021年宁夏药品医疗器械化妆品抽检工作指导手册》《药品医疗器械化妆品抽检法规政策文件汇编》各200册。全年抽检“两品一械”2330批次。其中，药品1520批次［国家下达抽检任务140个品种不少于280批次，自治区本级安排抽检1240批次（生产环节344批次，流通环节896批次）］，医疗器械100批次（国家下达10批次，自治区本级安排35个品种90批次），化妆品510批次（国家下达400批次，自治区本级安排110批次），日常监管200批次。全年实际完成药品、医疗器械、化妆品抽检任务共2369批次，完成率为101.67%（其中，国家级抽检任务完成729批次，完成率为105.65%；自治区级抽检任务完成1640批次，完成率为100%）。抽检防疫用药品20批次，医疗器械23批次；共收到检验不合格报告23份（其中，药品检验不合格8批次，总体抽检合格率为99%；医疗器械检验不合格5批次，总体抽检合格率为95%；化妆品检验不合格10批次，总体抽检合格率为98%；向社会公示“两品一械”质量抽检公告6期）。2021年，全区各级药监部门通过投诉举报热线、互联网邮箱、信访信件、上级转办等途径，共收到并办理关于药品医疗器械化妆品的投诉举报395件，符合条件举报线索50件，立案调查30件，立案率为60.7%。

【检验检测能力和标准体系建设】2021年，宁夏药品监督管理局印发《宁夏中药配方颗粒标准制定工作程序及申报资料要求（试行）》，明确申报资料要求及工作时限，与自治区卫健委（中医药管理局）、医保局联合印发《宁夏回族自治区中药配方颗粒管理细则》，先后组织两次专家评审会议，评审通过中药配方颗粒质量标准104个，均正式发布并报国家药典委备案。按照《宁夏药品监督管理局增补品种中药饮片炮制规范制定工作程序》，经专家审评、公开征求意见、合规性审查等程序，于7月2日发布《宁夏回族自治区药品监督管理局关于发布中药饮片炮制规范的通告》，补充完善了冻干工艺的枸杞子中药饮片炮制规范。支持宁夏药品检验研究院全年申报课题15项，立项8项，其中自治区科技厅自然科学基金项目1项、自治区重点研发项目1项，获批课题经费76.5万元。依托宁夏药品监督管理局中药质量控制重点实验室开展并完成"冻干枸杞炮制工艺及质量标准研究""宁夏地产化妆品中枸杞成分的质量控制研究"等5项课题的科研工作，发表学术论文3篇，完成补充检验方法复核任务3项，完成企业委托质量标准起草工作1项(麻杏金牛合剂)。结合仿制药质量和疗效一致性评价，完成19个品种69批次注册检验，其中1个品种(沙赛药业的帕洛诺司琼注射液)于10月20日获得国家药监局注册批件，成为宁夏第二个通过一致性评价品种。开展化妆品5个检验方法141个参数扩项现场评审会，并取得省级资质证书，获得化妆品5个检验方法141个参数检测能力的授权。完成中药数字化标本馆项目建设，拍摄编辑收录各类中药材、饮片及腊叶标本11000余份，建立宁夏药品检验研究院标本馆的检索和信息查询数据平台，并实现与院信息化管理(LIMS)工作平台共享。通过积极争取，国家枸杞产品质量检验检测中心(宁夏)于8月25日获得市场监管总局批准筹建。推进国家实验室认可(CNAS)复评审网上申报、现场认证和不符合项整改等各项工作。12月19日，国家认证认可监督管理委员会对宁夏药品检验研究院开展远程(线上)监督评审，并通过复评审认证认可，标志着宁夏药品检验研究院检验检测能力运行稳定有效。

【药品监管信息化建设】2021年，宁夏药品监督管理局编印《"阳光药店"验收细则》，组织对市县局监管人员和药品零售连锁企业负责人进行培训，组织技术人员深入基层监管单位、药品零售企业现场办公，实时协调解决宁夏药品智慧监管平台相关应用系统在推广使用过程中出现的各种问题，推动"阳光药店"信息系统监管端、企业端、公众端功能趋于完善，运行较为稳定，于2021年11月15日通过专家验收。依托宁夏药品智慧监管平台信用管理模块，创新提出对信用等级实施"记分制"的精准信用监管模式，科学界定药品生产经营企业守信和失信行为，细化完善"守信、基本守信、失信、严重失信"4个信用等级的评定标准，启动信用信息系统开发工作，为实现信用信息化监管奠定基础。

【药品审评查验和不良反应监测】2021年，宁夏药品审评查验和不良反应监测中心通过ISO 9001质量管理体系认证。受理"四品一械"申请事项162件。其中，药品生产企业各类许可17件(包括药品GMP合规性检查)；药品经营企业84件；二类医疗器械生产企业(包括注册、生产许可)48件；其他(包括医院制剂、化妆品、食品保健食品等许可)13件。省级检查任务43件；国家级药品和医疗器械检查任务11件。共收到药品不良反应监测报告8959份(其中，新的和严重报告1146份，占比为12.79%，百万人口报告数达到1244份；收到医疗器械不良事件监测报告1899份，百万人口数为264份；收到化妆品不良反应监测报告549份，药物滥用监测报告337份)。共撰写51期新冠病毒疫苗疑似预防接种异常反应监测专报，12期疫苗疑似预防接种异常反应监测月分析报告，并对年度内全区疑似预防接种异常反应报告汇总分析形成年度报告。制定《严重药品不良反应报告专家评估会工作程序》，对收集到的药品不良反应报告进行评估并提出评价意见，开展现场调查。将药品不良反应监测工作纳入全域创建"食品药品安全区"考核细则地方标准。

(施晓雨)

煤矿安全监察

【概况】2021年，宁夏煤矿杜绝了较大以上生产安全事故，发生一般事故5起、死亡5人，同比减少4起、4人，百万吨死亡率为0.06；事故起数、死亡人数、百万吨死亡率，同比分别下降44.4%、44.4%、47.93%。2021年，宁夏矿山安全监察局将大排查监察执法作为推动三年行动的主要抓手，全年组织开展4轮大排查监察执法，31处正常生产建设矿井全覆盖。统一规范大排查监察执法，制定《安全生产大排查监察执法实施方案》，突出重点开展执法，逐矿形成执法报告。丰富大排查内容，将风险辨识及报备情况、瓦斯"零超限"目标管理情况等纳入大排查内容。针对煤矿自查自改"放空炮、挂空挡"、制度措施不精准等问题，责令推倒重来5矿次。

【煤矿安全监察执法】2021年，宁夏矿山安全监察局以防范遏制较大以上事故为落脚点，持续创新执法方式方法，推进"严格、规范、公正、文明"4个执法体系建设。全年共监察执法315矿次，查处一般隐患1451条、重大隐患9条，实施行政处罚179次，累计罚款2458.72万元，其中监察罚款1997.2万元。实施机关处室和分局双轨制执法，强化监察执法预审，加强执法分析，落实行政处罚公开裁定，推进执法信息公开。全年推动企业追责问责18人次。加强对5个产煤市及宁东管委会的联系指导，督促落实专项整治等重大工作部署和监管责任。统筹安排特殊时段监察执法。

【煤矿安全风险防范】2021年，宁夏矿山安全监察局建立实施分局执法组、省局业务联系处室和分片联系局领导三级动态分析研判煤矿重大安全风险制度，完善煤矿重大风险预判防控制度体系，联合自治区应急管理厅印发《宁夏回族自治区煤矿重大安全风险预判防控实施办法(试行)》，推进马莲台煤矿"风险分级管控和隐患排查治理双重预防机制"信息化试点建设。强化变化风险点报备管理，针对辖区煤矿存在的顶板、水害、自然发火等重大风险，制定督促完善采区设计等10余项具体措施，管控煤矿重大安全风险。依法调查处理5起死亡事故和1起涉险事故，追责问责38人。

【煤矿安全生产】2021年，宁夏矿山安全监察局坚持"管理、装备、素质、系统"并重，夯实煤矿安全基础。督促企业强化管理，落实全员安全生产责任制。支持金凤、枣泉等煤矿智能化示范矿井建设，推进单轨吊、齿轨卡轨车、人员精准定位等适用技术及装备应用，推进王洼二矿井下亮化及视频全覆盖项目实施，开展煤矿安全监控系统升级改造验收抽查。严格开展三项岗位人员考核发证，坚持"逢查必考"常态化，会同自治区人社厅完成井下劳务派遣工清理划转。

（赵洪青）

海关和检验检疫

【概况】2021年，宁夏对外贸易进出口总值214亿元，排名全国第29位，同比增长73.4%，增速排名全国第2位。其中，出口174.8亿元，同比增长101.7%，增速排名全国第1位；进口39.2亿元，同比增长6.8%，增速排名全国第30位。以美元计价，全区对外贸易进出口总值33.2亿美元，同比增长86.2%。(其中，出口27.1亿美元，同比增长116.7%；进口6.1亿美元，同比增长14.3%)。2021年，银川综合保税区进出口45.1亿元，同比增长672.8%。其中，出口44.1亿元，同比增长1151.1%；进口1亿元，同比下降54.3%。进出口值在全国149个综合保税区中列第105位。石嘴山保税物流中心进出口2242万元(均为进口)，在全国85个保税物流中心中列第71位。2021年，银川河东国际机场口岸共出入境包机2架次、出入境人员408人，圆满完成"西部·联合-2021"军演监管保障任务。全年监管国际快件9.42万件，货值2810.38万元，查获禁止入境类物品3批次，首次在快件渠道查获花粉。

【外贸促进】2021年，银川海关积极落实海关服务黄河流域生态保护和高质量发展工作举措，与区域海关和沿线海关建立跨关区全方位合作机制。紧贴企业合理诉求形成14项重点民生项目清单，制定48项便企利民措施。推广关税保证保险。2018—2021年，共办理关税保单233份，担保税款超1.34亿元。大力宣介区域全面经济伙伴关系协定(RCEP)政策，全年签发出口至RCEP成员国原产地证书1755份，签证金额2.15亿美元。全年办理减免税货值5787.56万美元，减免税款3494.95万元，办理原产地证签证金额9.97亿美元，为企业减负增效。强化对宁夏外贸统计分析和监测预警，为自治区宏观决策做好服务。2021年关区监管货总值6.3亿美元，同比增长102.3%；监管货运量10.9万吨；宁夏进出口贸易值214亿元，同比增长73.4%，增速排名全国第二位。

2021年7月15日，海关总署主要领导到宁夏调研

【推动银川综保区高水平开放】2021年，银川海关宣讲《综合保税区管理办法》，就银川综保区高质量发展和绩效评估事项多次专题向自治区建言献策。邀请海关系统专家向20余家单位及百余家企业开展《综合保税区适合入区项目指引》政策宣介。支持以贸易新业态带动银川综保区功能拓展，积极复制推广跨境电商B2B出口监管试点，完成2家跨境电商场所审批和2个海外仓备案，跨境电商网购保税业务顺利开展。支持在银川综保区设立O2O线下体验店，实行"网购保税+线下自提"；在中阿博览会现场设立跨境电商新零售展区，实行"网购保税+即时配送"。全年银川综保区进出口值45.1亿元，同比增长6.7倍，高于全国综保区平均增幅。

【助力重点产业高质量发展】2021年，海关总署多次与欧盟交涉，2021年6月欧盟解除对中国枸杞实施加严检验措施，该工作被列为2021年自治区枸杞产业高质量发展"取得重大突破的六项工作"之一。下沉宁夏枸杞主产地，开展约200个批次的质量研究和8万项次分析检测。深入葡萄酒和清洁能源企业开展税政调研，报送的风力发电机组用高速联轴器和酿酒用橡木桶进口税率调整建议，在海关总署支持推动下，被国务院税则委员会采纳，两项税率降幅均超过50%。加强银川海关葡萄及葡萄酒国家重点实验室建设，为葡萄酒等食品检测提供技术支撑。2021年宁夏葡萄酒出口5.5万升，同比增长145.4%，货值642万元，同比增长141.9%。支持引进国外优质种质资源，全程指导宁夏首家种牛进口隔离场顺利通过验收获得资质，指导关区企业首次进口500吨苜蓿草。

【口岸疫情防控】2021年，银川海关统筹推进常态化口岸疫情防控，强化"人、物"同防，根据疫情变化及时制（修）订各类防控预案方案和操作指引。严格规范入境客运航空器终末消毒监督工作。督促各监管场所运营企业落实疫情防控责任。严格疫情内部防控管理，不折不扣落实集中封闭管理要求。成立常态化疫情防控专项督查工作和安全防护工作领导小组，每月开展自查、每季度全面督查检查，全年共开展口岸"人防+物防"监控检查238次，整改问题29个。安全防护专项督查发现问题16个，均已整改完毕。坚决落实总署疫情防控各项措施，把好外防输入关。全年共检疫监管出入境包机2架次、出入境人员408人。口岸移动方舱PCR实验室获得核酸检测资质，实验室检测技术能力不断提升。

【打击走私】2021年，银川海关破获关区近年来最大的一起象牙及其制品走私案件，查获亚洲象幼象象牙2根、象牙制品56件，共计1.11公斤。开展"国门利剑"等专项行动，全年刑事案件立案数同比增长200%。研判全国涉枪行动性线索320条，同比增长533%，枪支查获数量同比增长248%。派员参与并成功侦破关区近年来最大一起出口骗税案件，案值约15亿元，涉税约3亿元，该案得到四部委打击虚开骗税领导小组办公室的肯定。

（马　龙）

口岸管理

【概况】截至2021年年底，宁夏经国务院批准的对外开放口岸1个，即银川空运口岸（银川河东国际机场）。经国务院批准建设的海关特殊监管区1个：银川综合保税区（以下简称"银川综保区"）。经海关总署、财政部、国家税务总局、国家外汇管理局联合批准设立的保税物流中心1个：石嘴山保税物流中心（B型）。经银川海关批准设立的海关监管场所（场地）5个，分别是：银川河东国际机场海关监管库、银川综合保税区国际快件监管中心、银川综合保税区跨境电商公共监管库、银川公铁物流港海关监管场所、银川国际公铁物流港跨境电商公共监管中心。经银川海关批准设立的进境动物隔离检疫场3个：宁夏澳亚牧业进境动物隔离检疫场、大地（宁夏）数字科技有限公司香山祖代鸡隔离场、宁夏澳牧进口种畜有限公司进境种牛隔离检疫场。

【口岸运行】2021年，银川海关监管进出口货物运量10.92万吨，同比下降67.98%（其中，进口2.42万吨，同比下降91.39%；出口8.5万吨，同比增长42.13%）；监管进出口货物货值6.31亿美元，同比增长102.3%（其中，进口1.93亿美元，同比增长13.53%；出口4.38亿美元，同比增长208.2%）。以国际段运输方式分类，进口方面，江海运输方式进口货物货值1.3亿美元，航空运输方式进口货物货值6312万美元；出口方面，江海运输方式出口货物货值3.07亿美元，铁路运输方式出口货物货值931万美元，汽车运输方式出口货物货值1亿美元，航空运输方式出口货物货值2190万美元。关税入库6838万元人民币，进口环节税入库1.44亿元人民币。2021年，受疫情影响，银川航空口岸定期航线仍处于停航状态，口岸出入境人员大幅下滑。全年共完成查验出入境航班22架次，查验出入境人员1242人次，同比下降64.5、87.3%（其中，入境人员767人次，同比下降85.8%；出境人员475人次，同比下降89.1%）。出入境中国公民408人次，同比下降95.6%；外籍人员834人次，

2021年12月25日，银川市委主要领导调研银川国际公铁物流港

同比增加59.8%。2021年12月，宁夏进口整体通关时间为8.22小时，比全国平均水平快24.75小时；出口整体通关时间为0.89小时，比全国平均水平快0.34小时，圆满完成国务院提出的“到2021年年底，整体通关时间比2017年压缩一半”的任务目标。2021年，国际贸易“单一窗口”标准版宁夏注册用户累计已超1100家，累计申报量超过73万票。其中，货物申报20650票、舱单申报4950票、运输工具申报15159票、企业资质9673个、原产地证12391份、许可证件2120份、税费支付3436笔、加贸保税27451票、物品通关633561单、跨境电商7611单、出口退税64笔。货物申报、舱单申报、运输工具申报以及农药进出口放行通知单、海关原产地证等业务应用率达到100%。

【口岸基础设施建设】2021年，银川航空口岸完成1号站坪更新改造工程，有效提高机场安全保障能力和运行效率；完成新冠病毒核酸检测口岸移动方舱PCR实验室建设，获得核酸检测资质，有效提升航空口岸防控疫情境外输入能力。推动宁夏首家种牛进口隔离场顺利通过验收获得资质。银川综合保税区、银川国际公铁物流港完善海关监管场地、供应链体系以及智能化信息化设施，建成2个跨境电商监管区，运用“前店后仓”模式在银川综合保税区开设跨境电商企业“O2O体验店”1家，指导电商企业完成纽约、洛杉矶2个海外仓备案审批。石嘴山完成石嘴山保税物流中心（B型）报关信息化系统升级改造，建成集装箱服务中心，形成宁夏专用铁路最为密集、综合服务功能最强的铁路、公路运输网络。中卫市在中卫迎水桥货站配置铁路场站装卸、计量、配送等设备，有力提升了口岸功能设施保障能力。

【国际货运班列运行】2021年，宁夏以构建通边达海、连南接北的陆上开放通道格局为目标，深化与沿边沿海口岸以及铁路、海关等部门合作，强化与西部陆海新通道省区市交流，举办宁夏及毗邻地区合作融入西部陆海新通道项目推介和签约活动，首发“西部陆海新通道”宁夏班列、惠农—凭祥—越南胡志明市中亚班列、中亚至中卫大宗货物国际班列、银川国际公铁物流港进境木材班列，推动西向经阿拉山口、霍尔果斯到中亚、西亚，北向经二连浩特至蒙古国、俄罗斯国际货运班列，南向至西南省（区）、东南亚的陆海新通道货运班列稳定运行；东向至天津港的铁海联运班列常态化运行。2021年，西向国际货运班列共发运258车，货重约1.383万吨，货值约1308.1万美元（其中，出口251车，货重约1.338万吨，货值约1255万美元，主要货物为钢材、腐植酸钠、鞋，主要出口目的地：哈萨克斯坦、乌兹别克斯坦、塔吉克斯坦、吉尔吉斯斯坦；进口7车，货重约0.045万吨，货值约53.1万美元，主要货物为葵花油、亚麻籽，进口国为哈萨克斯坦）。北向国际货运班列共发运50车，货值约60万美元，主要货物为烘干板、防腐木和方木，进口国为俄罗斯、哈萨克斯坦。南向陆海新通道班列共发运11列，382车，货重约2万吨，货值约1497万美元。主要货物：粮食、纯碱、石板材、蛋氨酸、型焦、腐植酸。东向铁海联运班列共计发运142列7914车，货值约4.84亿美元。其中，出口整列发运6列300车、散箱发运1086车，货值约1.27亿美元，主要货物为双氰胺、硅钡、硅镁、赖氨酸、味精、聚乙烯、增碳剂、丁二醇，主要出口目的地国为印度、巴西、欧美、日本、韩国、泰国；进口整列发运136列6528车、货值约3.57亿美元，主要货物为锰矿石、铁矿石，主要进口国为印度、巴西。

【优化口岸营商环境】2021年，宁夏取消报关企业注册登记和进出口商品检验鉴定业务行政审批事项，将报关单位备案全面纳入“多证合一”改革。推进“提前申报”“两步申报”“两段准入”通关便利化改革，有效降低通关手续准备的“门槛”，大幅缩减通关时间；积极推动“仓储货物按状态分类监管”模式落地银川综合保税区，最大限度盘活口岸通关监管资源；全面落地“网购保税（1210）”“零售进出口（9610）”“B2B直接出口（9710）”“出口海外仓（9810）”等跨境电商全业务模式，具备全方位推进跨境电商发展保障能力；全面实行“一保多用、全国通行”海关税款担保新模式，有效精简担保办理环节，实现“一地备案，全国通行”“一份担保多处使用”；全面加强企业信用培育，指导4家进出口企业通过高级认证，享受AEO国际互认便利措施。联合中国建设银行宁夏区分行在全区17个网点部署“关银一KEY通”合作制卡代理点，正式开展“关银一KEY通”业务，便利企业“就近办、多点办、一站办”。开通国家移民管理机构“12367”服务热线，提供一周24小时出入境记录查询服务，打造便捷、高效、规范、智慧的宁夏边检服务平台。推动交通运输厅出台《关于全民开展高速公路差异化收费》优惠政策。自2021年12月1日起，通行宁夏境内的国际标准集装箱车辆实施15%的差异化优惠。

【国际贸易“单一窗口”建设】2021年，银川海关拓展线上两用物项和技术进/出口许可证、技术出口许可证、技术出口合同登记证、进口许可证、进口普通化妆品备案凭证、进口特殊化妆品注册证书、人类遗传资源材料出口、出境证明、麻精药品进出口准许证、进口医疗器械备案注册证等证件申领功能，实现除保密等特殊情况外，其余38种进出口环节监管证件全部通过“单一窗口”受理和在线申请办理；完成国际贸易“单一窗口”出口退税模块与税务局金税三期系统对接、功能切换工作，进一步打通税务、海关等不同部门之间的数据“堵点”，实现退税申报身份验证“一卡通”，将现行出口退（免）税138项申报内容精简为89项，数据项减少近1/3，有效降低企业出口退税的申报难度；持续优化原产地功能，实现企业申报准确、规范证书“秒过秒签”、365天全天候随到随审，有效缩短了证书申领时长。截至2021年年底，国际贸易“单一窗口”服务功能已扩大至十九大类781项。全面升级“单一窗口”宁夏“95198”咨询服务热线服务质量，实行全天24小时咨询服务，常见问题回复时间限时在5分钟以内；开通“单一窗口”宁夏“95198”咨询服务热线公众号，组建微信、钉钉等服务保障群，构建常见问题库，大幅提升问题解答能力。2021年，宁夏“95198”服务热线共为全区400余家外贸企业解决各类问题590余条，发布各类系统更新通知78条，推送“单一窗口”资讯148篇，整理汇总各类常见问题解答250余条，录制“单一窗口”操作视频课程6节，整理常用功能操作手册7篇。组织举办国际贸易“单一窗口”出口退税业务上机实操培训班和许可证件培训会，邀请银川海关、宁夏税务局、外汇局宁夏分局、中信保陕西分公司宁夏业务处相关负责人详细讲解“提前申报”、“两步申报”、出口退税、外汇管理、出口信用保险等优化口岸营商环境等政策；赴沃福百瑞枸杞产业股份有限公司、宁夏鑫春天国际贸易有限公司、宁夏自然良品进出口有限公司、宁夏宁杰子海橡胶制品有限公司、宁夏泰鸿化工有限公司、迦南美地酒庄等企业开展“一对一”政策宣讲活动，现场解答企业遇到的疑难问题。

（王　华）

NINGXIA
YEARBOOK

金融

JINRONG

编辑◎郭勤华

综　述

【概况】2021年，宁夏银行业、证券业和保险业运行稳健，金融生态环境持续改善，风险攻坚战取得重要成果，金融服务实体经济效率和水平不断提升。贷款规模稳步扩大，信贷投向重点突出。截至2021年年底，全区人民币各项贷款余额8284.3亿元，同比增长6.5%(其中，涉农贷款余额同比增长10.6%，小微企业贷款余额同比增长14.5%，均明显高于各项贷款增速)。深化贸易投资便利化，跨境收支大幅增长。2021年，宁夏跨境人民币累计收付金额36.7亿元，同比增长25.9%，其中与“一带一路”沿线17个国家跨境收付12.4亿元。宁夏跨境收支总额37.1亿美元，同比增长18.8%。管好用足政策工具，精准支持普惠领域。落实人民银行总行两次下调金融机构存款准备金率政策，释放金融机构中长期资金68.8亿元。积极落实3000亿元支小再贷款政策，延续实施两项直达实体经济货币政策工具，办理宁夏首批绿色票据再贴现业务。截至2021年年底，宁夏再贷款再贴现余额142.8亿元，同比增长29.9%。证券交易较为活跃，企业上市再获突破。2021年，宁夏上市企业股票、基金、债券及其他证券交易额14053.1亿元，同比增长10.3%；期货交易额11295.5亿元，同比增长29.2%。宁夏企业共发行信用类债券30.4亿元。保险业发展良好，保障功能进一步发挥。2021年，宁夏保险业累计实现保费收入211.1亿元，同比增长0.2%；保险累计赔付支出73.0亿元，同比增长10.5%。商业保险一站式结算取得突破，城市定制型商业保险规范发展，宁夏首单新材料保险落地，关税保险试点持续推进。金融改革持续深入，金融体系不断丰富。永宁县、惠农区和青铜峡市的农村商业银行先后挂牌，全面完成农信社改制。英大泰和财险、中国长城资管、平安银行相继在宁夏开业。金融基础设施日益健全，金融生态环境持续向好。吴忠市“融信通”平台累计促成融资47.3亿元。借助银联“云闪付”平台，银川市、吴忠市共计发放消费券1530万元。实现跨省异地电子缴税，破解跨省经营纳税人“两头跑”缴税难题。36家地方法人银行发布适合老年人等特殊群体使用的“大字版”手机银行App。金融纠纷多元化解机制建设不断加快，设立11家金融纠纷调解组织。切实守牢风险底线，金融风险整体可控。银行体系流动性合理充裕，不良贷款余额和不良贷款率实现“双降”，地方法人银行机构资本充足率同比提高1.1个百分点，重点领域风险处置有序推进。

【金融市场运行】社会融资。2021年，宁夏社会融资规模增量为392.5亿元，同比少增478亿元。其中，人民币贷款新增503.4亿元，同比少增72.5亿元，占同期社融增量的128.3%；地方政府债券净增60亿元，同比少增138.2亿元，占同期社融增量的15.3%；非金融企业债券和股票净融资减少36.9亿元。货币市场交易。宁夏银行间市场成员货币市场交易量同比减少7.5%，资金流向多年来首次由净融入转为净融出，其中债券回购成交量同比减少4.9%，质押式回购占货币市场交易量的98.9%；债券回购加权平均利率2.01%，同比上升0.37个百分点。同业拆借交易量同比减少74.8%，资金流向以拆出为主，加权平均利率2.4%，同比上升0.65个百分点。票据融资。2021年，宁夏累计签发银行承兑汇票597.7亿元，同比增长0.5%；年底银行承兑汇票余额484.8亿元，同比减少10.4%。票据融资累计发生2960.9亿元，同比增长1.2%；票据融资余额862.8亿元，同比增长17.9%，增速较上年底加快

7.4个百分点。2021年第四季度，银行承兑汇票贴现利率2.74%，较第一季度下降0.87个百分点；买断式票据转贴现利率2.35%，较第一季度下降0.78个百分点。外汇市场交易。2021年，宁夏银行间外汇市场成员成交量同比增长7.1%，其中卖出美元占全部成交量的93.5%。宁夏银行业金融机构黄金市场业务累计成交额同比减少69.1亿元，代理个人上海黄金交易所黄金交易、人民币账户黄金交易和实物黄金成交额占全部成交额的84.4%，其中代理个人上海黄金交易所黄金成交额同比减少40亿元，人民币账户金累计成交额同比减少30.2亿元，实物黄金累计成交额同比增加2.3亿元。

【金融环境】2021年，全区金融基础设施日益健全，金融生态持续向好。完善信用体系，优化营商环境。拓展吴忠市“融信通”平台应用，累计促成融资47.3亿元。在平罗县探索开展新型农业经营主体信用等级综合评价试点，累计为首批66家A级以上主体授信3.2亿元。依法依规落实联合激励惩戒措施，推动构建诚信长效机制。探索开展“信用报告线上查询示范村”试点，有效提升征信查询服务的可得性和便利性。全年对外提供征信查询服务73.1万次。深化支付便民工程，支持稳企纾困。借助“云闪付”平台，银川市、吴忠市共计发放消费券1530万元，覆盖近11万商户，带动消费1亿元以上。在有效防范风险的前提下，银行机构有效优化开户流程，实现“应开尽开、只跑一次、一天办结、即开即用”。严格落实降费要求，帮助企业纾困减负。截至2021年年底，累计减免手续费支出超过2亿元。推进国库信息化建设，拓宽为民服务广度。实现跨省异地电子缴税，破解跨省经营纳税人“两头跑”缴税难题，缴税时间由1周缩短至1天，累计办理业务4.75亿元。开展国库直接支付便民“直通车”，拨付财政补助资金近2000万元。推进“国债下乡”，县域地区累计销售储蓄国债3.7亿元。优化现金流通环境，提升现金服务水平。推广人民币流通非现场监管系统，完善整治拒收人民币和反假币工作长效机制，推动拒收现金行为投诉量和假币收缴张数及金额逐年下降。严格落实现金投放回笼消毒措施，确保公众用上放心钱。全面落实全额清分工作措施，持续提高流通中人民币整洁度。提升“适老化”现金服务的针对性和有效性，不断增强广大群众对现金服务的获得感和满意度。加大金融科技应用，赋能普惠金融发展。建立宁夏金融科技创新监管工作机制，“基于人工智能的肉牛养殖农户信贷服务”项目、“基于大数据技术的普惠信贷服务”项目，正式进入金融科技创新监管工具测试运行。部分银行机构利用大数据技术构筑“信用共同体”，大幅扩大涉农信贷服务覆盖面。宁夏36家地方法人银行发布适合老年人等特殊群体使用的“大字版”手机银行App。强化部门协作，保护金融消费者权益。推进金融纠纷多元化解机制建设，设立11家金融纠纷调解组织。持续打造让金融消费者满意的“12363”热线，及时妥善处理金融消费者投诉咨询。着力提升辖内消费者金融素养，创建3家自治区级金融教育示范基地。建立金融营销宣传行为协同监管工作机制，全年甄别、处理11条疑似违法违规金融广告线索。

表3　2021年宁夏主要存贷款指标统计表

	存贷款项目	1月	2月	3月	4月	5月	6月	7月	8月	9月	10月	11月	12月
本外币	金融机构各项存款余额(亿元)	7269.9	7276.7	7437.4	7350.8	7391.8	7493.6	7391.0	7471.5	7484.7	7400.2	7417.0	7483.6
	其中:住户存款	4013.8	4081.8	4154.2	4102.6	4086.7	4165.9	4139.2	4159.8	4247.6	4209.0	4230.1	4279.8
	非金融企业存款	1479.2	1492.0	1568.9	1504.7	1518.9	1533.6	1478.2	1486.1	1461.8	1446.8	1448.5	1469.6
	各项存款余额比上月增加(亿元)	133.6	6.9	160.7	−86.6	41.0	101.8	−102.6	80.5	13.1	−84.5	16.8	66.6
	金融机构各项存款同比增长(%)	9.8	10.3	9.1	7.1	7.0	6.4	6.0	6.1	6.1	4.4	4.6	4.9
	金融机构各项贷款余额(亿元)	8112.6	8124.2	8199.6	8208.3	8203.1	8232.4	8265.8	8315.8	8338.6	8297.2	8343.3	8461.3
	其中:短期	2148.7	2146.7	2170.6	2116.0	2105.1	2147.8	2130.5	2116.7	2133.3	2095.2	2071.4	2091.1
	中长期	5042.8	5073.5	5123.1	5151.8	5150.5	5121.4	5133.3	5175.0	5195.2	5205.5	5257.5	5326.4
	票据融资	737.2	719.9	717.8	751.8	760.8	777.2	819.3	841.2	826.2	815.2	833.4	862.8
	各项贷款余额比上月增加(亿元)	130.7	11.6	75.5	8.7	−5.2	29.3	33.4	50.0	22.8	−41.3	46.1	117.9
	其中:短期	40.7	−2.1	23.9	−54.6	−10.9	42.7	−17.3	−13.8	16.6	−38.2	−23.7	19.7
	中长期	85.9	30.7	49.5	28.8	−1.3	−29.2	11.9	41.7	20.2	10.3	51.9	68.9

续表3

	存贷款项目	1月	2月	3月	4月	5月	6月	7月	8月	9月	10月	11月	12月
本外币	票据融资	5.5	−17.2	−2.2	34.0	9.1	16.3	42.1	21.9	−15.0	−11.0	18.2	29.5
	金融机构各项贷款同比增长(%)	7.3	7.0	5.7	5.7	4.9	4.5	4.3	4.8	4.8	4.2	5.0	6.0
	其中:短期	8.5	9.0	5.6	3.2	1.2	1.7	1.4	0.5	0.6	−0.6	−1.6	−0.8
	中长期	8.2	9.0	9.8	10.5	10.2	9.0	8.1	8.0	7.8	6.7	6.9	7.5
	票据融资	−0.1	−7.5	−15.0	−11.9	−12.0	−5.2	−1.0	6.4	6.9	10.2	12.9	17.9
	建筑业贷款余额(亿元)	91.0	92.2	97.4	96.6	93.1	91.4	90.4	89.3	88.0	86.6	86.3	85.0
	房地产业贷款余额(亿元)	274.5	274.0	272.8	268.6	271.6	274.2	276.6	276.1	284.1	281.3	280.7	289.6
	建筑业贷款同比增长(%)	13.1	14.8	17.4	18.5	12.2	2.9	0.7	−1.5	−6.4	−7.4	−7.8	−7.2
	房地产业贷款同比增长(%)	−2.6	−2.8	−3.9	−4.3	−2.8	0.8	2.1	2.1	1.5	1.4	2.0	4.7
人民币	金融机构各项存款余额(亿元)	7254.8	7258.8	7417.3	7330.3	7374.2	7475.8	7373.2	7455.3	7468.2	7382.7	7398.4	7465.8
	其中:住户存款	4003.9	4071.7	4143.8	4092.5	4077.1	4155.8	4129.0	4149.6	4237.5	4199.0	4219.8	4269.3
	非金融企业存款	1474.6	1484.9	1559.6	1494.7	1511.3	1526.3	1470.8	1480.3	1455.9	1439.7	1440.6	1463.0
	各项存款余额比上月增加(亿元)	133.5	4.0	158.4	−87.0	43.9	101.6	−102.7	82.2	12.9	−85.6	15.8	67.4
	其中:住户存款	60.0	67.8	72.2	−51.3	−15.5	78.7	−26.9	20.7	87.9	−38.5	20.8	49.5
	非金融企业存款	−24.2	10.2	74.8	−65.0	16.6	15.0	−55.5	9.5	−24.4	−16.2	0.9	22.3
	各项存款同比增长(%)	9.9	10.3	9.0	7.1	7.0	6.6	6.1	6.1	6.1	4.4	4.6	4.8
	其中:住户存款	12.2	14.4	13.6	13.0	11.7	11.1	10.2	9.8	8.6	8.6	8.8	8.3
	非金融企业存款	10.3	9.9	9.1	3.7	5.1	2.1	2.3	−0.1	0.1	0.9	−1.6	−2.4
	金融机构各项贷款余额(亿元)	7915.2	7926.9	7999.6	8011.3	8009.1	8053.6	8087.4	8136.9	8158.3	8119.6	8166.5	8284.3
	其中:个人消费贷款	1640.9	1649.8	1668.8	1672.9	1668.5	1673.8	1673.4	1681.2	1693.1	1704.2	1717.9	1729.5
	票据融资	737.2	719.9	717.8	751.8	760.8	777.2	819.3	841.1	826.2	815.2	833.4	862.8
	各项贷款余额比上月增加(亿元)	132.6	11.7	72.7	11.6	−2.1	44.5	33.7	49.5	21.5	−38.7	46.9	117.8
	其中:个人消费贷款	42.7	8.9	19.0	4.1	−4.4	5.3	−0.4	7.8	11.9	11.2	13.6	11.6
	票据融资	5.5	−17.2	−2.2	34.0	9.1	16.3	42.1	21.9	−15.0	−11.0	18.2	29.5
	金融机构各项贷款同比增长(%)	7.6	7.4	6.1	6.2	5.5	5.9	5.6	6.1	6.0	5.4	5.4	6.5
	其中:个人消费贷款	16.9	17.8	19.0	19.1	18.4	16.5	14.2	12.8	11.6	9.8	8.2	8.2
	票据融资	−0.1	−7.5	−15.0	−11.9	−12.0	−5.2	−1.0	6.4	6.9	10.2	12.9	17.9
外币	金融机构外币存款余额(亿美元)	2.3	2.8	3.1	3.2	2.8	2.8	2.8	2.5	2.5	2.7	2.9	2.8
	金融机构外币存款同比增长(%)	−8.5	6.0	30.2	32.1	16.4	−43.8	2.9	—	8.5	18.9	17.3	22.5
	金融机构外币贷款余额(亿美元)	30.5	30.5	30.4	30.5	30.5	27.7	27.6	27.7	27.8	27.8	27.7	27.8
	金融机构外币贷款同比增长(%)	1.0	1.0	1.3	−3.6	−3.6	−27.3	−27.5	−27.4	−28.0	−28.0	−9.3	−9.1

（张艳萍）

【金融监管】2021年，宁夏建立银行业和保险业风险监控、评价和预警体系，对银行业和保险业运行状况进行跟踪分析，做到及时监测和预测。改进公司治理、业务治理、合规管理、风险管理与发展转型，实现高风险机构阶段性“清零”。不良贷款较上年实现“双降”。加强房地产风险防控，严格贷款集中度管理，推动出台和落实“银八条”。前瞻式监测、计量、防控、处置重点企业风险。开展乱象整治“回头看”，及时纠偏治乱。坚持强监管严监管，依法严肃查处违法违规行为。

紧盯风险防范处置目标，坚决扛起监管责任，压实机构主体责任、主要负责人第一责任人责任，推动落实地方党委党的领导责任、地方国有金融资本股东责任和属地风险处置责任，形成防控处置风险合力。紧盯法人机构风险，坚持把中小法人机构作为风险防控的重中之重，将领导精力、监管资源向中小法人机构监管倾斜。推动改进公司治理、业务治理、合规管理、风险管理与发展转型。稳慎有序处置宝塔财务公司票据风险。采取“风险处置+同业吸收合并”创新模式，积极处置平罗沙湖村镇银行风险，实现高风险机构阶段性“清零”。严防重点领域风险。坚持准确分类、提足拨备、做实利润，督促加快不良资产处置，严控新增不良。不良贷款同比实现“双降”。强化房地产风险防控，严格贷款集中度管理，推动出台和落实《银八条》。探索建立民营企业风险处置的“两清单一机制”模式，对重点企业风险进行规范化前瞻式监测、计量、防控、处置。开展“重大信息虚假问题专项行动”“案件集中清理专项行动”等专项治理活动，紧盯互联网贷款、投资资金、非标债权、非金融企业债、结构性存款等重点业务，及时纠偏治乱。督促严格落实车险综合改革要求，规范车船税代收代缴行为。全区开展银行业保险业涉嫌非法集资风险常态化排查处置，组织防范非法集资宣传月活动，宣传贯彻《防范和处置非法集资条例》，参与群众人数22.8万人次，银行保险机构网点宣传覆盖率达99.07%。

【金融服务】2021年，全区银行业保险业积极服务自治区先行区建设等重大战略部署。9个重点产业贷款较年初增加3.03万户，余额达到1828亿元，占全部贷款的21.25%。助推脱贫攻坚有效衔接乡村振兴，涉农贷款余额2622亿元，9个重点县（区）贷款余额1335亿元，增速均超过全区贷款平均增速。农业保险提供风险保障200亿元、赔款10.43亿元、同比增长67.37%，“防贫保”提供风险保障368亿元、赔款9564万元。小微企业贷款获得率持续提升，普惠型小微企业贷款平均利率较年初下降0.52个百分点。迅速发放能源安全保供专项贷款20多亿元。支持疫情防控，发放抗疫贷款82亿元、保险绿色服务通道为5.87万人次理赔1.55亿元。2021年，平安银行、长城资产、英大财险在宁夏开设机构。宁夏成为西部第二、全国第九个全面完成农信社改制任务的省（区）。推动宁夏银行新增资本3亿元，42家法人机构将党的领导写入公司章程，39家法人银行股权托管比例超过95%。开展葡萄、滩羊、枸杞等宁夏特色产业保险，新开发或修订产品67个，首单枸杞完全成本保险和价格保险落地，商业车险改革累计让利超16亿元，森林保险承保面积达1654.02万亩，银川市巨灾保险试点为229.31万居民提供风险保障8亿元。

（陈 琪 郭勤华）

银行业

【存贷款业务】2021年，全区银行资产规模扩大，盈利能力有所弱化。银行业金融机构（不包括小贷公司）资产总额1.1万亿元，同比增长4.8%（其中地方法人银行机构同比增长4.3%）；负债总额1万亿元，同比增长4.3%（其中地方法人银行机构同比增长3.8%）；资产利润率同比降低0.3个百分点（其中地方法人银行机构与上年基本持平）。各项存款小幅增长。截至2021年年底，全区本外币存款余额7483.6亿元，同比增长4.9%；全区人民币存款余额7465.8亿元，同比增长4.8%；全年新增存款344.5亿元，同比少增333.4亿元。其中，地方法人银行存款余额3335.3亿元，同比增长4.3%；企业存款余额1463亿元，同比减少2.4%；住户存款余额4269.3亿元，同比增长8.3%。贷款保持平稳增长。截至2021年年底，全区人民币贷款余额8284.3亿元，同比增长6.5%，剔除互联网贷款因素，全年新增人民币贷款638亿元。分部门看，企事业单位贷款余额5546.1亿元，同比增长6.7%；个人贷款余额2738.2亿元，同比增长5.9%。分期限看，中长期贷款占比显著提升。2021年，全区新增中长期贷款388.4亿元，同比多增46.2亿元，占各项贷款增量的77.4%，同比提高16.9个百分点，中长期贷款余额5317.6亿元，同比增长7.9%；短期贷款余额2090.6亿元，同比下降0.8%；票据融资余额862.8亿元，同比增长17.9%。分投向看，信贷结构逐步优化。信贷助农、信用助农、金融科技助农和基础金融服务助农四大行动取得积极成效，全区涉农贷款余额2621.9亿元，同比增长10.6%，高于各项贷款增速4.2个百分点，全年新增251.3亿元，同比多增50.1亿元；中小微企业金融服务能力得到提升，全区小微企业贷款余额2078.5亿元，同比增长14.5%，较各项贷款增速快8个百分点；全区普惠小微贷款余额698.9亿元，全年新增21.6亿元，支持了19.3万户小微经营主体，其中信用贷款余额占比为16.7%，比上年底提高2.6个百分点；发挥新能源优势，信贷支持风力、光伏发电力度加大，带动绿色信贷快速发展。2021年，全区绿色贷款余额917.4亿元，同比增长23.1%，高于各项贷款增速16.6

表4　　2021年宁夏银行业金融机构统计表

机构类别	营业网点			法人机构（个）
	机构个数（个）	从业人数（人）	资产总额（亿元）	
大型商业银行	458	10099	3315	0
国家开发银行和政策性银行	16	600	1877	0
股份制商业银行	49	1586	714	0
城市商业银行	153	3129	2334	2
城市信用社	0	0	0	0
小型农村金融机构	381	5359	1895	20
财务公司	1	26	73	1
信托公司	0	0	0	0
邮政储蓄	194	1202	322	0
外资银行	0	0	0	0
新型农村机构	146	2352	339	86
其他	0	0	0	0
合计	1398	24353	10870	109

说明：营业网点不包括国家开发银行和政策性银行、大型商业银行、股份制银行等金融机构总部数据；大型商业银行包括中国工商银行、中国农业银行、中国银行、中国建设银行和交通银行；小型农村金融机构包括农村商业银行、农村合作银行和农村信用社；新型农村金融机构包括村镇银行、贷款公司、农村资金互助社和小额贷款公司；“其他”包含金融租赁公司、汽车金融公司、货币经纪公司、消费金融公司等

个百分点，其中清洁能源产业贷款余额643.1亿元，占比70.1%；科技创新企业贷款增长势头良好。2021年，全区科技型中小企业贷款余额同比增长8.4%，高于各项贷款增速1.9个百分点。融资成本稳中有降。12月，全区定期存款加权平均利率2.28%，较年初下降0.05个百分点；企业贷款加权平均利率4.95%，较年初下降0.07个百分点，其中小微企业贷款加权平均利率5.37%，较年初下降0.1个百分点；票据直贴加权平均利率2.56%，较年初下降0.86个百分点。

【货币政策】2021年，宁夏聚焦金融服务实体经济，认真执行稳健货币政策，落实全面降准要求，两次下调金融机构存款准备金率，为宁夏金融机构提供中长期资金68.8亿元。加大再贷款再贴现使用力度，及时落实支农支小再贷款利率下调政策，充分发挥正向激励作用。2021年，全区再贷款再贴现余额142.8亿元，同比增长29.9%。延续实施两项直达实体经济货币政策工具，加大对小微企业支持力度。2021年，全区银行业金融机构对111.9亿元到期普惠小微贷款办理延期还本，累计投放普惠小微信用贷款181.2亿元。自2020年6月两项政策工具实施以来，累计对地方法人银行延期的普惠小微企业贷款提供激励资金6287万元，累计发放普惠小微信用贷款支持计划12.6亿元。推动普惠金融发展，积极申报普惠金融改革试验区，牵头制定《金融助推宁夏乡村振兴行动计划》，实施信贷、信用、金融科技、基础金融服务4项助农行动，指导创新“兴农e贷”等线上信用贷款产品，加强金融服务乡村振兴考核，持续引导金融资源向乡村振兴领域聚集。积极服务绿色发展，出台《关于优化调整信贷结构支持建设黄河流域生态保护和高质量发展先行区

表5　　2021年宁夏金融机构人民币贷款各利率区间占比一览表

月份		1月	2月	3月	4月	5月	6月	7月	8月	9月	10月	11月	12月
合计（%）		100	100	100	100	100	100	100	100	100	100	100	100
LPR减点（%）		18	20.3	21.3	21.2	22.3	19.3	19.6	20.9	19.7	19.2	20.9	19.8
LPR（%）		7	6.4	6.7	8.5	6.6	5	8.2	7.9	9	10.2	10	9.1
LPR加点（%）	小计	75	73.3	71.9	70.2	71	75.8	72.2	71.2	71.4	70.7	69.1	71
	（LPR，LPR+0.5%）	8.8	7	8.4	5.7	8.3	7.1	7.7	8.9	9.2	9.1	8.3	8.9
	（LPR+0.5%，LPR+1.5%）	13.5	16.8	14.6	14.4	18.6	30.5	18.8	18.9	16.4	16.2	24.1	16.7
	（LPR+1.5%，LPR+3%）	21.6	16.2	18.5	19.1	19.2	19	23.5	20.5	24.6	23.3	17.9	25.2
	（LPR+3%，LPR+5%）	14	14.3	16.5	16.3	16.5	13	13.9	14.6	13.5	14.2	11.1	12.4
	LPR+5%及以上	17.1	19.1	13.9	14.7	8.5	6.3	8.2	8.4	7.7	7.8	7.7	7.9

的意见》，指导金融机构成功开发排污权、用水权、山林权抵押贷款产品，加大对生态环保、绿色改造等领域金融支持力度。12月底，全区绿色贷款同比增长23.1%，较各项贷款增速高16.6个百分点。成功办理宁夏首批绿色票据再贴现业务，加权平均利率为2.73%，专项支持清洁能源生产、资源回收利用等领域资金需求。加大金融支持科技创新力度，推动相关部门完善差异化风险分担机制、建立风险补偿资金持续补充机制，提升科技型中小企业融资可得性。认真落实房地产贷款集中度管理政策，落实差别化住房信贷政策，根据银川市房地产调控要求，指导宁夏市场利率定价自律机制将银川市二套房最低首付款比例由40%调整为50%，促进房地产市场平稳健康发展。

【风险防范和打击金融犯罪】2021年，宁夏银行体系流动性合理充裕，不良贷款余额和不良贷款率实现"双降"，地方法人银行机构多渠道补充资本，做实资产质量，资本充足率同比提高1.1个百分点。充分发挥金融委办公室宁夏协调机制作用，推动建立宁夏"财政金融风险防范化解领导小组"，增强金融监管合力，压实地方属地责任、金融机构主体责任和监管部门监管责任。建立宁夏金融机构反洗钱和反恐怖融资监管协调合作机制，扎实推进"打击利用离岸公司和地下钱庄转移赃款"、打击虚开骗税违法犯罪等各类专项行动，加强重点领域的反洗钱监测调查及线索移送。2021年，人民银行银川中心支行联合国税、公安部门成功破获1起骗取出口退税要案。建立宁夏辖区2021年涉洗钱罪重点线索台账，联合自治区检察院等部门开展"个案督办"，对重点涉洗钱罪案件线索联合跟进和研判，形成打击洗钱犯罪合力。上线运行银行账户风险防控系统，构建"12345"银行账户风险防控模式，严厉打击电信网络诈骗和跨境赌博，联合公安机关对多个涉案企业银行账户和多个开户人进行责任认定和金融管控，有效维护地方金融生态环境。开展外汇自律评估，引导金融机构积极为中小微企业提供汇率避险服务，推动企业树立"风险中性"理念。推进商业承兑汇票信息披露工作，加强市场化约束和商业信用培育，商票信息披露水平居全国前列。持续做好票据风险监测，防范金融机构票据业务异常和过度承兑风险。认真履行黄金市场监督管理职责，稳妥做好互联网金融及虚拟货币风险整治工作。

【外汇收支管理】2021年，宁夏持续深化跨境业务改革，跨境收支大幅增长。全年全区跨境收支总额37.1亿美元(其中，跨境收入24.9亿美元，同比增长41.4%；跨境支出12.2亿美元，同比下降10.3%)，同比增长18.8%。全区跨境人民币累计

2021年4月19日，全区外汇查审分离推进会在银川市召开

2021年5月18日，宁夏企业信用报告自助查询试点工作正式启动

收付金额36.7亿元，同比增长25.9%(其中经常项目和直接投资人民币跨境结算34.2亿元，同比增长35.6%)。2021年，宁夏与“一带一路”沿线国家和地区经贸往来密切，跨境资金收支总额8.8亿美元，同比增长62.4%，占宁夏跨境收支总额的23.7%，占比较上年上升6.3个百分点。其中，跨境收入7.5亿美元，同比增长88.8%；跨境资金净流入6.3亿美元，同比增长144.4%。从出口看，2021年宁夏向“一带一路”沿线国家和地区出口收入5.45亿美元，同比增长56.5%，高出全区货物贸易跨境收入增速34个百分点，占全区货物贸易跨境收入的25.4%。从服务贸易和直接投资看，2021年，“一带一路”沿线国家和地区对宁夏直接投资跨境收入1.05亿美元，同比增长445.3%。推进外汇案件查审分离试点，在全国率先实现外汇案件查审分离“省会+地市”全面落地，为外汇检查体制改革探索有效路径。推进资本项目收支便利化试点，促进便利支付增量扩面，2021年宁夏办理跨境投融资便利化支付业务1081笔，累计金额1.3亿美元，同比增长408.5%，企业单笔业务办理时间由1~2小时缩短至10分钟左右。优化对外付汇税务备案流程，联合自治区税务局在全区推广服务贸易对外付汇税务备案电子化，升级信息网上核验系统，便利企业“一次备案、多次付汇”，实现对外付汇税务备案“全天候、无纸化、零接触、跨区域”办理。税务备案电子化实施以来，累计惠及企业97家次，涉及金额4.3亿美元。实施货物贸易进出口企业名录登记、外债登记等行政许可事项网上办理。取消企业辅导期报告，将外债、内保外贷注销登记等下放至银行直接办理。2021年，累计简化企业外汇报告3737份，网上办理货物贸易进出口企业名录登记188家，大幅降低企业外汇业务办理成本。深入推进跨境金融区块链服务平台试点，依托“出口应收账款融资”和“企业跨境信用信息授权查证”场景，实现银企间可信信息交换和有效核验，为中小微企业融资提供增信支持，融资周期从7个工作日缩短至2~3个工作日，有效提升融资可得性和时效性。创建“三位一体”汇率风险管理机制，培育市场主体汇率风险中性理念，推动银行人员取得衍生产品销售资格认证。截至2021年年底，辖区外汇衍生品签约额1.3亿美元，同比增长349.3%。

【服务城乡经济社会发展】2021年，永宁县、惠农区和青铜峡市的农村商业银行先后挂牌，全面完成农信社改制。英大泰和财险、中国长城资管、平安银行相继在宁夏开业。在银川市、石嘴山市创建3家自治区级金融教育示范基地，推动“大金融”教育理念落地生根。在“我的宁夏”App开通“金融惠民馆”，向广大群众提供“指尖上”金融知识宣传平台。成功申报全国首批金融基础数据库大数据分析应用试点，全面推进金融基础数据统计及应用，持续提升调查统计分析对决策的参考作用。有序推进数字化综合服务平台和大数据应用平台建设，正式上线“人民币流通非现场监管”“银行账户风险预警防控”“支付数据应用服务”3项大数据应用项目，为科学履职提供有力支撑。网格化开展整治拒收现金行为，强化“适老化”现金服务针对性，在全国率先实现全区人民币流通非现场监管。高效办理各类财税利好政策退税，在全国首批试点办理跨省企业“足不出省”异地缴税，组织13家银行上线跨省异地电子缴税业务，国有和股份制商业银行上线率达到100%。办理时限从1周缩短至不到半天，有效解决跨省纳税人在税务、国库、银行“两地三头跑”的问题，提高了缴税效率。2021年，全区各级国库累计为255户纳税人办理跨省异地电子缴税业务835笔，入库金额4.8亿元。开展国库直接支付便民“直通车”，人民银行银川中心支行组织协调财政、补助资金下达单位、商业银行等部门建立协同配合机制，拓宽国库服务范围，利用国库系统及批量拨付工具，坚持“积极、稳妥”原则，实现财政补贴、补助资金从国库账户“点对点”直接拨付到收款人账户中，提高了政策落地效率。2021年，全区各级国库共办理各类补助资金5108笔，合计金额1894.8万元。推进国库信息化建设，强化与税务部门沟通配合，逐步推进村镇银行上线TIPS，为服务“三农”和小微企业发展提供高效便捷的国库信息服务平台。2021年全区共有16家村镇银行已加入TIPS，上线率达到84.2%。在全国首批实现企业信用报告自助查询，稳妥有序推进地方征信平台建设和动产融资工作，持续发挥征信服务实体经济作用。开展征信市场乱象治理，以打击“聚银征信”非法信用修复活动为切入点，全面摸排辖区征信修复、有偿代理征信异议投诉、虚假宣传等征信乱象。人民银行银川中心支行依托“融信通”平台创新试点宁夏企业“碳账户”，初步构建“绿色金融+大数据”线上绿色金融综合服务体系。围绕乡村振兴工作部署，以新型农业经营主体信用建设为重点，开展“三信”评定及结果应用，开展新型农业经营主体信用等级综合评价试点，提升农村金融服务质效。人民银行石嘴山市中心支行在平罗县先行先试，建立新型农业经营主体评价指标体系，确定试点机构、试点范围和评价流程，探索开展评价试点。截至2021年年底，完成首批新型农业经营主体信用等级评定121家，为66家A级以上主体授信3.2亿元。探索支付服务助力乡村振兴新路径，打造农村普惠金融综合服务点“固原模式”，制定全区推广方案，引导承办银行主动与当地政府、益农信息服务机构等合作，建设农村普惠金融综合服务点，扩充服务点功能，提升农村普惠金融服务水平。截至2021年年底，在助农取款服务点行政村全覆盖的基础上，共建成农村普惠金融综合服务点1164个，全年办理业务金额超4亿元。人民银行银川中心支行组织银行机构完善支付服务场景建设，对接政府促进消费政策，发挥银联“云闪付”平台及客户资源优势，在银川市、吴忠市连续开展消费券发放活动，激发消费潜力，共计发放消费券1530万元，覆盖近11万商户，惠及群众超过100万人，带动消费1亿元以上。指导银行机构支付产品适老化改造，提高老年人支付服务便利化程度。截至2021年年底，共有1051个营业网点开通“绿色通道”，占网点总数的80.9%，通过“绿色通道”为老年人办理业务共计31.2万笔，通过上门服务办理业务9293笔，通过远程视频服务办理业务711笔。开发“银行账户风险预警防控平台”，提供银行账户

2021年10月13日，金融委办公室召开宁夏协调机制信贷工作专题会议

风险“排查、识别、预警、处置、反馈、监管、查询”等一体化服务，为防范治理电信网络诈骗提供有力支持。

（张艳萍）

保险业

【概况】截至2021年年底，宁夏保险业资产总额614.0亿元，同比增长12.2%。保险业累计实现保费收入211.1亿元（其中，财产险保费收入65.4亿元，同比减少3.7%；人身险保费收入145.7亿元，同比增长2.1%），同比增长0.2%。保险累计赔付支出73亿元，同比增长10.5%（其中，财产险赔付支出45.8亿元，同比增长19.4%；人身险赔付支出27.2亿元，同比减少1.9%）。资产总额614.03亿元，同比增长12.24%；保险深度（保费收入/地区生产总值）4.67%，保险密度（保费收入/人口总数）2931.41元。宁夏共有保险法人公司1家，财产保险省级分公司11家，人身保险省级分公司13家。

表6 2021年宁夏保险业基本情况统计表

项 目	数量
总部设在辖区的保险公司（家）	1
其中：财产险经营主体（家）	1
寿险经营主体（家）	0
保险公司分支机构（家）	24
其中：财产险公司分支机构（家）	11
寿险公司分支机构（家）	13
保费收入（中外资，亿元）	211.1
其中：财产险保费收入（中外资，亿元）	65.3
人身险保费收入（中外资，亿元）	145.8
各类赔款给付（中外资，亿元）	73

【保险服务】2021年，宁夏积极引导保险创新，提升保险服务实体经济的效能，经济“减震器”和社会“稳定器”的功能得到凸显。商业健康保险一站式结算取得突破，实现商业保险与社会医疗保险的无缝对接。城市定制型商业保险规范发展，为居民提供稳定、专业、规范的定制医疗保险服务。首单新材料保险落地，为1家企业提供1.4亿元的新材料质量、责任综合风险保障。车险综合改革全面实施，累计让利超16亿元。关税保险试点持续推进，担保税款超1.3亿元人民币，提高了货物通关效率、降低了企业成本。

【保险消费投诉】2021年，宁夏银保监局及各银保监分局接收并转送辖内保险机构的消费投诉共433件，同比增加199件，同比增长85.04%。涉及财产保险公司175件（建信财险总公司3件，各财产保险省级分公司172件），占投诉总量的40.42%，较上年增加83件，同比增长90.22%；涉及人身保险公司257件，占投诉总量的59.35%，较上年增加115件，同比增长80.99%；涉及保险中介机构1件，占投诉总量的0.23%。保险公司消费投诉数量同比呈下降趋势。财产保险公司消费投诉数量依次为人保财险55件，平安财险39件，太平洋财险34件，大地财险19件，长安责任8件，阳光财险8件，华泰财险4件，建信财险2件，国寿财险2件，大家财险1件。人身保险公司消费投诉数量依次为泰康人寿64件，新华人寿49件，富德生命人寿36件，人民人寿29件，平安人寿28件，中国人寿21件，合众人寿11件，太平洋人寿11件，阳光人寿3件，泰康养老3件，平安养老2件。2021年，全区保险公司投诉量与业务量对比呈由高到低变化趋势。保险公司亿元保费投诉量平均值为2.36件/亿元。其中，亿元保费投诉量依次财产为长安责任21.2件/亿元、华泰财险14.35件/亿元、太平洋财险7.31件/亿元、大地财险4.11件/亿元、阳光财险4.01件/亿元、平安财险2.26件/亿元、建信财险1.67件/亿元、人保财险1.47件/亿元、大家财险0.89件/亿元、国寿财险0.6件/亿元。万张保单投诉量平均值为0.23件/万张。其中，长安责任1.85件/万张、阳光财险1.1件/万张、华泰财险0.72件/万张、大地财险0.51件/万张、太平洋财险0.42件/万张、人保财险0.18件/万张、平安财险0.16件/万张、大家财险0.11件/万张、国寿财险0.08件/万张、建信财险0.07件/万张。人身保险公司亿元保费投诉量平均值为1.87件/亿元。其中，泰康人寿5.62件/亿元、富德生命人寿5.38件/亿元、泰康养老5.35件/亿元、人民人寿4.83件/亿元、合众人寿2.69件/亿元、平安养老2.38件/亿元、太平洋人寿1.97件/亿元、新华人寿1.79件/亿元、平安人寿1.01件/亿元、中国人寿0.65件/亿元、阳光人寿0.31件/亿元。万张保单投诉量平均值为0.29件/万张。其中，富德生命人寿4.43件/万张、泰康养老3.66件/万张、人民人寿3.19件/万张、合众人寿0.85件/万张、泰康人寿0.63件/万张、新华人寿0.37件/万张、平安人寿0.3件/万张、阳光人寿0.28件/万张、太平洋人寿0.14件/万张、平安养老0.09件/万张、中国人寿0.05件/万张。万人次投诉量平均值为0.13件/万人次。其中，富德生命人寿2.33件/万人次、人民人寿1.1件/万人次、泰康人寿0.61件/万人次、合众人寿0.55件/万人次、泰康养老0.27件/万人次、阳光人寿0.23件/万人次、新华人寿0.22件/万人次、太平洋人寿0.12件/万人次、平安人寿0.07件/万人次、中国人寿0.02件/万人次、平安养老0.01件/万人次。

保险投诉主要问题。2021年，在涉及人身保险省级分公司的投诉中，销售投诉178件，占投诉总量的69.26%，销售纠纷涉及险种集中在疾病保险、普通寿险和分红险，主要反映误导保险责任或收益、未尽解释说明义务等。人身保险公司销售纠纷投诉数量由多到少，泰康人寿52件、新华人寿42件、富德生命人寿26件、平安人寿20件、中国人寿14件、人民人寿10件、合众人寿6件、太平洋人寿6件、阳光人寿2件。在涉及财产保险省级分公司的投诉中，理赔纠纷投诉97件，占投诉总量的56.4%，涉及的险种以车险为主，主要反映定损金额争议、理赔时效慢、责任认定不合理等问题。财产保险公司理赔纠纷投诉数量由多到少依次为人保财险37件、太平洋财险16件、平安财险15件、大地财险9件、长安责任6件、阳光财险6件、华泰财险3件、建信财险2件、国寿财险2件、大家财险1件。

（陈　琪　郭勤华）

证券业

【概况】截至2021年年底，全区无证券期货法人机构，共有58家证券分支机构（其中，分公司16家，营业部42家）。从业人员746名。投资者累计开立证券账户（A股、B股）259.29万户、资金账户149.96万户，客户托管资产总额1812.97亿元。2021年证券交易总额（包括A股、B股、基金、债券及其他证券）14053.09亿元。2021年营业利润累计21742.99万元。截至2021年年底，全区共有期货经营机构6家（其中，分公司5家，营业部1家），从业人员48名。从事期货IB业务的证券分支机构33家，期货IB专员77名。期货投资者（含证券机构期货IB业务）累计开户1.3万户、客户权益13.57亿元，2021年交易额11295.45亿元。期货经营机构2021年净利润-1408.25万元。截至2021年年底，全区共有基金代销机构48家，共计824个营业网点（其中，银行类15家768个营业网点，证券类31家的54个网点，期货类1家，独立基金销售机构1家），投资者累计开户数192.95万户，累计销售开放式基金184.41亿元，基金保有量143.6亿元。2021年代销收入11407.4万元。私募基金。共有私募基金管理人50家（其中，股权类38家，证券类11家，其他类1家）。管理基金103只，实缴规模211.75亿元，净值185.95亿元。

表7　2021年宁夏证券业基本情况统计表

项　目	数量
总部设在辖区的证券公司（家）	0
总部设在辖区的基金公司（家）	0
总部设在辖区的期货公司（家）	0
年底国内上市公司数（家）	16
当年国内股票（A股）筹资（亿元）	2.1
当年发行H股筹资（亿元）	0
当年国内债券筹资（亿元）	30.4
其中：短期融资券筹资额（亿元）	13.4
中期票据筹资额（亿元）	5

【上市（挂牌）公司】2021年，全区上市公司16家（其中，上交所6家，深交所9家，北交所1家）。上市公司总股本213.87亿股、总市值2126.07亿元，同比分别增加1.89%、55.66%。2021年，15家上市公司（1家公司未披露年报）实现利润总额107.28亿元、净利润92.61亿元，同比分别增加50.02%、49.85%。上市公司已宣告分红26.47亿元，同比减少0.82%。新增上市辅导备案企业4家，共有上市辅导备案企业8家。全年新增新三板挂牌公司2家，共有挂牌公司41家（其中，银川市29家，吴忠市7家，石嘴山市4家，固原市1家）。新三板挂牌公司总股本28.53亿股，其中创新层6家、基础层35家。宁夏股权托管交易中心有限公司共有挂牌展示企业1271家，股份托管企业270家，从业人员20名。

【证券市场直接融资】2021年，宁夏企业从证券市场直接融资共计50.33亿元（其中，宁夏晓鸣农牧股份有限公司在深交所上市，成为宁夏首家创业板上市公司，首发融资2.13亿元；新三板市场有6家挂牌公司累计融资2.06亿元；交易所债券市场融资45.83亿元；区域性股权市场有3家公司发行可转换债券累计融资0.31亿元）。私募基金累计投资辖区项目317个，投资152.75亿元，有力地支持了地方经济高质量发展。辖区公司债券发行人存量5家、公司债券数量15只、余额66.9亿元；资产证券化产品发行人1家、资产证券化产品1只、余额7.58亿元。区域性股权市场可转换债券发行人存量5家、债券数量6只、债券余额19164.5万元。

【注册制改革】2021年，宁夏1家公司登陆创业板，成为注册制改革后全区首家上市公司，实现创业板“零”的突破。1家公司从精选层平移成为北交所首批上市公司。自治区证监局举办“深化新三板改革暨北交所业务规则”等3场专题培训，调研走访自治区9个重点产业龙头重点企业20多家次，向自治区党委和政府专题报告北交所相关政策。1家公司创业板上市申请已在交易所审核中，上市辅导备案企业8家，形成“申报一批、辅导一批、培育一批”上市梯次格局。

【上市公司质量提升】2021年，自治区政府出台《关于进一步提高上市公司质量的实施意见》，全区5个地级市政府与自治区国资委签署《推动提高宁夏国有上市公司质量合作备忘录》，构建多层次提高上市公司质量工作机制。与上海证券交易所、北方民族大学、南京证券股份有限公司共同签署《投资者教育纳入国民教育体系合作备忘录》。6月，联合宁夏上市公司协会、深圳市全景网络有限公司共同举办“2021年宁夏辖区上市公司投资者集体接待日暨2020年度业绩说明会”。联合自治区地方金融监管局等单位，线上举办宁夏深化新三板改革暨北交所业务规则培训，辖区有关企业300余人参加培训。2家上市公司通过破产重整改善财务状况，逐步走出经营困境。现场检查首家平移北交所上市公司确保平稳过渡，认真落实辅导监管新规，严把企业上市入口关。落实退市新规，与交易所联合对1家公司开展检查。持续推进上市公司治理专项行动，自查自纠14个方面30项问题。

【期货市场】2021年，宁夏证监局开展特色农林产品“保险+期货”调研座谈会，推进玉米和马铃薯“保险+期货”项目落地，保险总额3357.68万元，保费支出83.4万元。支持1家公司建成全区首家鸡蛋期货交割厂库。举办“乡村振兴——走进宁夏”农产品产业链风险管理培训，提升市场主体利用期货工具发现价格、对冲自然灾害和管理风险能力。

【风险防范处置】2021年，宁夏证监局持续压降高风险上市公司数量。“一司一策”稳妥化解上市公司风险，*ST中绒、*ST宝实通过破产重整化解风险脱星摘帽，辖区高风险公司从上年3家降为1家，占比由21%降为6%。与地方建立国企债券风险监测预警机制，切实防范国企“逃废债”行为。走访调研全部发行人，拉网排查、重点盯防大体量民企和城投企业。分类监管、精准拆弹，以个人投资者全额兑付、机构投资者展期等方式平稳化解晟晏实业5只债券合计12.19亿元兑付风险，债券违约风险化解工作得到自治区领导批示肯定。督导4家发行人按期兑付12.84亿债券，未发生失信违约状况。配合地方政府有序处置远高实业债券违约风险。防范化解私募基金风险。巩固拓展“私募基金扫雷行动”成果，联合排查、摸清底数，协同开展“扫楼清街”打击非法私募活动，制定分类处置方案，推动将私募基金风险处置纳入平安宁夏考核机制。天元基金通过非现金资产分配方式完成70亿元基金兑付，高风险私募基金规模大幅下降，风险化解工作取得新进展。

【执法监管】2021年，宁夏证监局对私募投资基金管理人组织全面风险排查，有序开展分类整治。开展“防范非法证券期货宣传月”活动和防范打击场外配资专项整治行动，将1家非法从事场外配资的机构列入“黑名单”并公开曝光。协助公安机关成功破获宁夏君盛天弘投资咨询有限公司非法集资案，涉案金额2000余万元，涉及投资者170多人，犯罪嫌疑人因涉嫌非法吸收公众存款罪被依法批准逮捕。配合吴忠市公安局利通区分局成功破获“国好百分百”特大网络传销案，抓获犯罪嫌疑人46名，涉案金额达1.5亿元。与人民银行银川中心支行、宁夏银保监局、地方金融监管局建立《宁夏回族自治区金融机构反洗钱和反恐怖融资监管协调合作机制》。对黄某某、龙某某内幕交易“迪威迅”案作出罚款和没收违法所得等行政处罚决定。与自治区公安厅签订《关于办理证券期货违法犯罪案件合作备忘录》，在协助调查、信息共享、案件移送、执法协作、培训交流、宣传教育六方面加强合作。压实上市公司“关键少数”责任，开展对各上市公司高管谈话和日常监管谈话50余家次、300多人次。组织上市和挂牌公司、债券发行人及相关中介机构现场检查25家次，对市场主体及责任人采取行政监管措施10份，同比增加2倍。对5家挂牌公司开展“监管第一课”，约谈7家重点公司及年审机构。开展审计评估机构执业质量现场检查8家次，首次对1家律所IPO项目开展“双随机”检查。完成全区51家私募基金风险现场排查，采取行政监管措施5份，暂停1家基金销售机构业务并动态跟踪整改情况。强化区域性股权市场日常协同监管。做好诚信数据库管理维护，及时收集录入诚信信息18条。加大稽查执法力度，净化市场环境。开展案件调查4件、审理处罚3件，罚没款1193万元，超过历年总和。其中，立案调查宁夏远高实业集团有限公司债券违约涉嫌信息披露违法违规案，落实“一案多查”，对6家涉案中介机构同步调查，该案被列为证监会债市执法重点案件并向社会公布。从严从快查处*ST环球未按规定披露重大信息案，将两起内幕交易违法线索进行涉刑移送。联合开展涉非信息专项整治活动，全面清理场外配资和股市黑嘴，公开曝光非法场外配资“黑名单”。配合公安机关破获“国好百分百”特大网络传销案和宁夏君盛天弘投资咨询有限公司非法集资案，涉案金额合计1.7亿元。成立银川产权风险处置工作专班，并派人员参加自治区政府工作专班和银川市政府工作专班，与中证法律服务中心、银川中级人民法院签署《宁夏辖区证券期货纠纷诉调对接合作协议》，夯实诉调对接基础工作。完成远高实业股份有限公司涉嫌信息披露违法违规案立案调查，并移送证监会处罚委提级审理，该案被证监会列为2021年债市执法重点案件。开展防范打击“股市黑嘴”“非法荐股”“场外配资”宣传教育和专项行动，联合自治区党委网信办排查清理互联网涉非信息。与自治区国资委、人民银行银川中心支行建立地方国有企业债券风险监测预警工作机制。分别对5家私募基金管理人采取出具警示函监管措施。对简某某等人内幕交易“吉峰科技”案作出没收违法所得和罚款等行政处罚决定。对*ST环球涉嫌信息披露违法违规案开展立案调查。

【投资者保护体系建设】2021年，宁夏证监局与自治区高级人民法院共同牵头的“保护中小投资者”指标获得“全国优化营商环境标杆”称号，作为自治区典型经验做法复制推广宣传。与人民银行银川中心支行、宁夏银保监局建立金融消费者权益保护监管协作机制。根据自治区发展与改革计划委员会《关于做好优化营商环境改革举措复制推广借鉴工作的通知》，将宁夏证监局和自治区高级法院共同牵头的“保护中小投资者”等一批典型经验做法向全区复制推广宣传。印发《关于贯彻落实〈全国证券期货监管系统法治宣传教育第八个五年规划〉的实施方案》，全面启动“八五”普法工作。推动与全区三级法院签署证券期货纠纷诉调对接机制，宁夏证监局“全方位构建证券期货纠纷多元化解机制的经验做法”入选国家发改委《优化营商环境百问百答》。指导10家经营机构开展“投资者之家”建设。联合上海证券交易所、证券公司与北方民族大学签署合作协议，推进投资者教育纳入国民教育体系。受理办理信访投诉，接待来电来访58次、办理投诉19件。举办上市公司投资者集体接待日暨年度业绩说明会，开展投资者保护和“打非宣传月”等系列活动，取得良好社会效果。推动自治区政府印发《自治区人民政府关于进一步提高上市公司质量的实施意见》，提出18项具体举措。

（宋军伤）

农业

NONGYE

NINGXIA YEARBOOK

编辑◎郭勤华

综　述

【概况】2021年，全区农业综合产值达到757.7亿元（其中，农业412.6亿元，林业9.4亿元，牧业281.1亿元，渔业24.5亿元，农林牧渔专业及辅助性活动30.1亿元），同比增长4.8%。农村居民人均可支配收入达到15336元，同比增长10.4%，连续12年高于城镇居民收入增速。其中，经营性收入同比增长10.6%，达到6137元，占可支配收入的40%；工资性收入同比增长10.5%，达到5689元，占可支配收入的37.1%；转移净收入同比增长12.9%，达到3158元，占可支配收入的20.6%；财产净收入同比减少10.4%，为352元，占可支配收入的2.3%。在遭遇60年不遇严重干旱等多重挑战叠加下，粮食生产没有出现大的波动，守住了粮食安全生产底线，特色产业发展实现了提质增效，农民收入实现了稳定增长，粮食生产实现"十八连丰"。2021年，全区粮食播种面积达到1033.6万亩，总产量368.4万吨，占全国粮食总产量的0.5%。其中，小麦100.6万亩，占粮食播种总面积的9.7%；水稻76.3万亩，占粮食播种总面积的7.4%；玉米551.1万亩，占粮食播种总面积的53.3%；马铃薯149.9万亩，占粮食播种总面积的14.5%；杂粮155.7万亩，占粮食播种总面积的15.1%。压紧压实"菜篮子"市长负责制，新建现代集配中心4个、产地冷藏保鲜设施734个，瓜菜生产面积296.1万亩（其中，设施蔬菜54.9万亩，露地冷凉蔬菜162.7万亩，露地西甜瓜78.5万亩），总产量721.8万吨，瓜菜人均占有量916.2公斤，位居全国第一。夏秋蔬菜以露地、拱棚瓜菜为主，产量568.9万吨；冬春季以日光温室生产为主，产量151.6万吨。年消费蔬菜172万吨，冬春季70%的蔬菜需要调入，夏秋季60%的蔬菜外销。肉蛋奶产量分别达到35万吨、13.5万吨、280万吨，水产品产量达到16.6万吨。与自治区有关部门联合实施的9个重点产业、"四大提升行动"得到国务院第八次大督查通报表扬，高标准农田建设、人居环境整治、乡村治理、返乡农民工就业创业、基层农技推广机构星级服务创建等多项经验在全国会议交流。

【农业生产基础】2021年，宁夏启动建设高效节水农业"三个百万亩"工程，实施5个高效节水灌溉自动化信息化试点示范项目，新建高标准农田96万亩，发展高效节水灌溉16.6万亩。持续开展农田水利基本建设，改善灌溉面积230万亩。13个现代良种繁育基地建设取得阶段性成效，主要农作物、奶牛、肉牛、滩羊良种覆盖率分别达到96%、100%、88%、90%。坚持农业绿色发展，实施化肥农药减量增效行动，建立测土配方施肥与化肥减量增效示范区60个、病虫害专业化统防统治及绿色防控示范区55个，示范带动化肥、农药利用率分别提高到40.5%、41%。实施畜禽粪污资源化利用整县推进、秸秆综合利用、农用残膜回收等，畜禽粪污、农作物秸秆综合利用率和农用残膜回收率分别达到90%、88%和86%。平罗县、彭阳县获批国家黄河流域农业面源污染综合治理示范县。强化农业科技创新，先后引进、试验、示范国外农业新品种31个，建设中以数字化农场管理和基础滴灌设备示范基地0.6万亩，创建南非等3个农业技术转移海外分中心，农业对外交流技术合作取得积极进展。开展农业重大实用技术推广和关键技术攻关36项，推广奶牛性控繁殖、肉牛良种繁育等新技术新成果50多项，挂牌成立中国（宁夏）良种牛繁育中心、盐池滩羊研发中心，建设5G智慧牧场5个，优质高产奶牛选育技术研究与应用攻关科研成果获自治区科技进步一等奖。提升农机装备水平，建设农机农艺融合全程机械化示范园区11个、智能化示范基地3个，主要农作物耕种收综合机械化水平达到81%，石嘴山市获得“全国主要农作物全程机械化示范市”称号。

【重点特色产业】2021年，宁夏聚焦枸杞、葡萄酒、奶产业、肉牛和滩羊、绿色食品等重点产业，实行“一个重点产业、一名省部级领导、一个工作专班、一项实施方案、一套扶持政策”的推进机制，稳产能、调结构、建体系，加快推进高质量发展。实施基地园区标准化示范建设，创建国家级特色产业集群1个、产业强镇4个。新建枸杞基地8万亩，国家级中宁枸杞市场建成运营，全区枸杞面积超过43万亩，基地标准化率为70%以上，全区鲜果总产量达24.4万吨，干果总产量达4.9万吨，亩均鲜果产量1000公斤、干果200公斤。新建和改造酿酒葡萄基地8.1万亩，宁夏国家葡萄及葡萄酒产业开放发展综合试验区获批并启动建设。全区酿酒葡萄种植面积52.5万亩，占全国近1/3，共有酒庄234家，年产葡萄酒1.3亿瓶，综合产值达到300亿元。新(扩)建规模养殖场237个，奶牛、肉牛、滩羊规模化养殖比例分别达到99%、48%和53%，奶牛存栏70.2万头，增长22.3%，增速连续两年居全国第一，生鲜乳产量280万吨，同比增长30.3%，居全国第五位，成母牛单产达到9200公斤，高于全国平均水平800公斤，奶产业全产业链产值610亿元，同比增长37.4%。自治区高规格召开全区奶产业高质量发展现场会，奶产业成为自治区9个重点产业的“拳头产业”，肉牛、肉羊饲养量分别达到209.9万头、1322.6万只，增长5.9%和8.3%。举办中阿博览会现代农业合作大会，宁夏国家葡萄及葡萄酒产业开放发展综合试验区获批建设和首届中国(宁夏)国际葡萄酒文化旅游博览会成功举办，推动全区葡萄酒产业走向全球视野。新培育国家级重点龙头企业4家、自治区级66家，新增绿色食品加工企业178家，新建农产品加工项目12个，新增鲜奶加工能力45万吨、肉牛滩羊屠宰加工能力10万头、30万只，农产品加工转化率超过70%，成功创建国家奶产业全产业链重点链和盐池县滩羊全产业链典型县。

【农产品品牌】2021年，宁夏实施农产品品牌提升行动，成功注册“宁夏枸杞”地理标志证明商标，获批筹建“盐池滩羊”国家地理标志产品保护示范区，“六盘山牛肉”地理标志产品保护申报通过专家评审，“贺兰山东麓葡萄酒”地理标志使用管理办法印发实施，培育区域公用品牌13个，创建中国特色农产品优势区7个，中宁枸杞、贺兰山东麓葡萄酒、宁夏大米被列入中欧地理标志互保名录，贺兰山东麓葡萄酒、中宁枸杞、盐池滩羊品牌价值分别达到281.44亿元、190.32亿元和88.17亿元。举办首届中国(宁夏)国际葡萄酒文化旅游博览会、全国“地标农品中国行”首站(宁夏)活动，创新开展“宁夏品质中国行”系列宣传推介，提升全区农产品品牌知名度和市场影响力。提升农业标准化生产水平，新编地方标准84项，打造绿色农产品标准化基地185个，农产品质量监测合格率稳定在98%。

【农业发展新业态】2021年，宁夏创建全国休闲农业与乡村旅游五星级企业5家、中国美丽休闲乡村4个，休闲农业经营主体达到865家，接待游客1100万人次，“稻渔空间”一二三产业融合模式在全国会议交流推广，利通区、彭阳县被评为“全国休闲农业重点县”。加快数字农业、数字乡村建设，申报认定全国农业农村信息化示范基地3家，建成益农信息社1801个、行政村覆盖率达到80%，平罗县、盐池县等4个国家数字乡村建设试点县深入推进，贺兰县、中宁县、青铜峡市全国“互联网+”农产品出村进城工

2021年6月28日，宁夏农业农村厅召开庆祝中国共产党成立100周年暨“两优一先”表彰大会

程试点成效显著。

【助推乡村振兴】2021年，宁夏健全防止返贫动态监测和帮扶机制，累计监测5.02万人，81.6%的监测户消除返贫致贫风险。常态化开展“四查四补”（查损补失、查漏补缺、查短补齐、查弱补强），切实巩固“两不愁三保障”成果。整合资源力量，倾斜支持9个乡村振兴重点帮扶县（区）。把产业发展作为重要抓手，联合9部门出台《关于推动脱贫地区特色产业可持续发展的实施意见》，细化特色产业发展年度工作要点及任务分工，指导脱贫县（区）编制特色产业发展“十四五”规划，培育壮大县域富民产业，产业帮扶由到户到人向促进区域整体发展转变。支持红寺堡区创建全国易地搬迁移民致富提升示范区，下达项目资金1.5亿元，重点支持开展特色产业发展、农产品产销对接、高标准农田建设、农民创业增收、乡村建设等。深化闽宁农业对口协作，年度16项协作事项高质量完成，启动实施“万企兴万村”行动，引领带动脱贫地区增强自我发展能力。

【农村人居环境】2021年，宁夏启动实施农村人居环境整治提升五年行动，新改建卫生户厕3.9万户，普及率达到62.2%，整改问题厕所3.4万户，全区节水防冻型改厕模式被农业农村部列为推荐模式。统筹推进生活垃圾和污水处理，农村生活垃圾治理村庄比例为95%以上，生活污水治理率为30%，开展美丽宜居村庄和美丽庭院示范创建活动，连续3年获得国务院督查激励，隆德县获评“全国农村人居环境整治成效明显激励县”，金凤区、隆德县获评“全国村庄清洁行动先进县”。

【农村改革】2021年，宁夏出台《宁夏回族自治区农业农村现代化发展“十四五”规划》，配套制定国家农业高质量发展先行区建设、农业绿色发展、高标准农田建设、渔业发展、推进实施“四大提升行动”和行业规划，构建全面推进农业农村现代化的规划政策体系，为乡村振兴绘就美好蓝图。稳步推进农村土地制度改革，加快推进农村土地确权颁证扫尾，全区土地确权面积1546.4万亩，占应确权面积的95.1%。鼓励发展适度规模经营，农村家庭承包耕地流转面积325.5万亩，同比增长4.5%。平罗县二轮农村土地承包到期后延包30年国家级试点及沙坡头区、灵武市自治区级试点任务有序推进。完成农村集体产权制度改革整省域试点，清查核实村集体资产140.2亿元，界定集体经济组织成员身份423.4万人，成立村级集体经济组织2228家。推进农村宅基地改革，多路径发展壮大村集体经济，全区86.7%的村有稳定的经营性收益，集体经济收入突破16亿元，实现分红1.6亿元。培育壮大农业新型经营主体，全区农民合作社和家庭农场分别达到6244个、16261家。

（张　力）

种植业

【概况】2021年，全区粮食播种面积1033.9万亩，比上年增加15.1万亩，同比增长1.5%；单产367公斤，比上年减少17.1公斤，同比减少4.6%；粮食总产量达到368.4万吨，连续10年稳定在360万吨以上。全区小麦面积100.6万亩，占全区粮食播种总面积的9.7%，平均亩产188公斤，总产量18.95万吨，占全区粮食总产量的5.1%。全区水稻面积76.3万亩，占全区粮食播种总面积的7.4%，平均亩产538公斤，总产量41万吨，占全区粮食总产量的11.1%。全区玉米面积551.1万亩，占全区粮食播种总面积的53.3%，平均亩产478公斤，总产量263.4万吨，占全区粮食总产量的71.5%。全区马铃薯面积149.9万亩，占全区粮食播种总面积的14.5%，平均亩产241公斤，总产量36.2万吨，占全区粮食总产量的9.8%。全区杂粮面积155.7万亩，占全区粮食播种总面积的15.1%，平均亩产56公斤，总产量8.9万吨，占全区粮食总产量的2.4%。从消费需求看，全区粮食总消费需求约为375万吨，2021年自给率为98.2%，处在95%的基本自给线以上，粮食供求总量有余，但结构性矛盾较为突出，优质小麦、水稻、马铃薯大量外销，面粉、大米需大量购进补充。其中，小麦需求65万吨，自产19万吨，占比为29.2%，需调入46万吨；水稻50万吨，自产41万吨，占比为82%，需调入9万吨；玉米240万吨，调出23万吨；马铃薯加工20万吨，自食及留种9.2万吨，调出7万吨；小杂粮自食5.9万吨，调出3万吨。

【粮食种源和农作物制种】小麦。2021年全区种植面积100.6万亩。其中，春小麦42.5万亩，全部为全区自育品种，推广面积占比为100%；春小麦繁种面积2万亩以上，年产良种950万公斤，除满足全区用种需求外，外销量占30%。冬小麦58.1万亩，全区自育品种推广面积占比为2%，外引品种占98%。冬小麦繁种面积0.2万亩，年产良种约40万公斤，占比为4.6%；从区外调入种子约45万公斤，占比为5.2%，其余为农民自繁自用，占比为90.2%。水稻。2021年全区种植面积76.3万亩，全区自育品种推广面积占比为80%，外引品种占比为20%。全区水稻繁种面积约2.5万亩，年产水稻种子1250万公斤，除满足全区用种需求外，外销量占10%。玉米。2021年全区种植面积551.1万亩，全区自育品种推广面积占比为10.6%，先玉系列品种为国外育成、国内制种品种，推广面积占比为28.4%，外引品种推广面积占比为61%。全区玉米繁种面积9万亩，年产玉米种子3150万公斤，均为区外种子企业订单生产且全部外销，全区种植玉米所需种子通过区外调入保障。马铃薯。2021年全区种植面积149.9万亩，全区自育宁薯系列品种推广面积占比为3.3%，外引品种占比为96.7%。年产马铃薯原原种1.36亿粒，扩繁原种面积1.5万亩，年生产原种2250万公斤，一级种薯生产面积15万亩，年生产马铃薯种薯22500万公斤，除满足全区用种需求外，外销量占比为40%。小杂粮。2021年全区种植面积155.7万亩，全区自育品种推广面积占比为34%，外引品种占比为66%。全区小杂粮种子繁种面积0.5万亩，年产种子90万公斤，区内销售量占比为25.1%，外销量约占比为10%，农民自繁自用量占比为62.6%，区外调入量占比为12.3%。全区落实农作物繁制种面积60.4万亩，生产各类种子52075万公斤。累计调度种子、种薯41590万公斤(其中，春小麦1800万公斤，常规稻2390万公斤，玉米3200万公斤，马铃薯34200万公斤)，主要农作物良种覆盖率达96.1%，小麦、水稻、玉米种子、马铃薯种薯商品化率分别达到45%、90%、100%、56%；集中打造农作物新品种展示园区14个，展示小麦、水稻、玉米、马铃薯、大豆、油料、瓜菜等农作物品种1726个；审定主要农作物品种23个，引种备案品种61个，登记非主要农作物品种39个，推介小麦、水稻、玉米农作物主导品种30个；组织全区17家科研育种单位在海南建立南繁育种面积754.6亩，制种6万多公斤；办理种子生产经营证51个，审核办理种子进出口申请材料4份；开展农作物种子市场监管三年行动，组织检查种子和种苗企业327家次，抽查水稻、玉米种子样品126份，全年未发生重特大种子案件，主要农作物种子质量抽查合格率稳定在98%以上。举办第八届宁夏种业博览会。

【瓜菜产业】2021年，全区完成新建设施4.97万亩，建成集中连片蔬菜基地1137个，发展订单生产25万亩以上。瓜菜生产面积296万亩，较上年同期减少1.5万亩。其中，设施蔬菜55.7万亩，露地冷凉蔬菜162.5万亩(供港蔬菜49.7万亩，黄花菜17.8万亩)，露地西甜瓜77.8万亩。全年瓜菜总产量721.8万吨，总产值175.6亿元。推广秸秆生物反应堆、蚯蚓套种套养生物循环、精准水肥一体化、集约化育苗等节本增效技术，主推品种32个，主推技术19项，建设良种繁育基地4个，蔬菜新品种示范点13个，新技术集成示范基地19个，示范展示瓜菜优新品种2455个。举办第六届全国知名蔬菜销售商走进宁夏暨固原市冷凉蔬菜节，组织涉农企业“走出去”参加宁夏品质行(上海站)活动，宁夏菜在区外高端市场占有率逐步提升。

【农药管理】2021年，全区加强所有农药企业和部分肥料生产企业安全生产情况专项检查，排查安全责任落实、安全制度建设、安全事故隐患等54项，督促企业加强隐患自查整改，树牢安全生产底线意识。累计开展农药生产企业安全生产检查44次，累计检查196家农药企业，督导问题145个，有效帮助企业整改落实，及时排除安全隐患。开展农药、肥料登记服务，抽检农药样品177批次，肥料样品51个，累计核发农药经营许可证1479家，登记肥料产品14个，全区农药、化肥监管工作成效突出，农药、肥料安全生产有序进行。

【绿色农技】2021年，全区建立国家级绿色高质高效整建制示范县5个，粮食优新技术示范点35个，落实自治区级粮油绿色高质高效技术模式示范点19个，春麦后复种技术模式示范点5个，水稻保墒旱直播轻简栽培技术示范区3个，特色粮油作物绿色高质高效技术模式示范点8个，小杂粮标准化示范基地25个，粮食作物新品种新技术到位率为96%以上。全区建立测土配方施肥与化肥减量增效示范区60个，辐射带动全区测土配方施肥与化肥减量增效技术应用面积950万亩以上，主要粮食作物科学施肥技术覆盖率达到92.8%，全区化肥利用率提高到40.5%；建设水肥一体化技术核心示范区4个，带动水肥一体化技术应用10万亩；创建有机肥替减化肥标准化绿色生产核心示范区124个，农作物病虫害专业化统防统治与绿色防控融合示范区314个，全区主要农作物病虫害专业化统防统治面积1056.42万亩次，病虫害专业化统防统治覆盖率达到48%，病虫害绿色防控覆盖率达到46.6%，农药利用率达到41.1%。创建旱作节水技术核心示范区14个，在全区推广旱作节水农业技术158万亩。回收农药包装废弃物222.2吨，回收处置率达到100%，宁夏化肥农药减量增效绿色发展模式向全国推广。

【防灾减灾】2021年，全区加强大风、冰雹、旱涝等灾害监测，指导各地提前预防应对，及时发布预警信息18条，组织行业专家、技术人员开展技术服务指导，尽快恢复生产。加强小麦条锈病、黏虫、水稻稻瘟病、玉米叶螨、马铃薯晚疫病等重

2021年8月，宁夏旱作高标准梯田技术集成试验研究与示范项目——彭阳县田壕试验基地

大农作物病虫监测预报，发布农作物病虫害监测预警信息22条。突出抓好草地贪夜蛾等重大病虫害专业化统防统治，做好稻水象甲、瓜类果斑病、黄瓜绿斑驳花叶病毒病等重大植物疫情阻截防控。以中部干旱带扬黄灌区和南部山区库井灌区为重点，发展高效节水灌溉，扩大有效灌溉面积。中央下拨农业生产救灾资金3000万元、自治区财政农业生产救灾资金2000万元，支持各地扩大春秋覆膜面积，提升作物抗旱能力。协调金融、保险机构，开发农业自然灾害保险新产品，提高风险抵御能力。

（张　力）

畜牧业

【概况】2021年，全区畜牧业总产值281亿元，同比增长11.3%；奶牛存栏70.2万头，同比增长22.3%，增速连续两年居全国第一；肉牛、滩羊饲养量分别达到209.9万头、1322.6万只，同比分别增长9%和8.3%。生猪存栏85.5万头，完成国家下达任务的105.56%。奶产业作为自治区9个重点产业中的“拳头”产业，实现新突破、新优化、新跃升、新提升，成为全国奶业优质高效安全发展的一面旗帜。

【奶产业】2021年，全区奶牛存栏达到70.2万头，全部为荷斯坦奶牛，同比增长22.3%，位居全国第六名，增速连续两年居全国第一；年生鲜乳产量280.5万吨，同比增长30.3%，位居全国第五名；成母牛单产达到9200公斤，高于全国平均水平800公斤；奶产业全产业链产值610亿元，同比增长37.4%。规模化养殖。加快推进白土岗、五里坡、孙家滩、红崖子、月牙湖等8个奶牛养殖基地建设，基地奶牛养殖场、奶牛存栏、生鲜乳日产量分别达到175个、40.3万头、6000吨，同比分别增长17.4%、20.7%和38.7%。全区规模奶牛场355个，规模化养殖比例为99%，高于全国30个百分点。2021年，从国外引进育成奶牛5.5万头，同比增长41%，头均价格3万元，同比增长20%。其中，从澳大利亚引进1.8万头，从新西兰引进1.5万头，从智利引进1.2万头，从乌拉圭引进1.1万头，国内调购1.2万头带犊母牛，平均价格3.6万元，同比增长28.6%。标准化生产。全区有国家级和自治区级奶牛养殖标准化示范场104个，引进推广优质奶牛冻精80万支以上，自主培育优秀后备种公牛6头，其中“宁京1号”育种值全国第一，奶牛良种化率、机械化挤奶率、青贮饲喂比例均达到100%。生鲜乳平均乳脂率为3.9%、乳蛋白率为3.3%、体细胞数低于20万个/毫升，质量达到欧盟标准。乳制品加工。全区生鲜乳日加工能力1.09万吨，同比增长13%，年乳制品产量186万吨，同比增长20%，初步形成以伊利、蒙牛、光明、新希望四大龙头企业为引领，金河、亿美、北方乳业等12家宁字号企业为基础的高端奶产业发展新格局。饲草供给。每头奶牛年均饲喂量7.52吨（其中，青贮6.1吨，苜蓿1吨，燕麦草0.13吨，稻秸0.29吨）。全年全区奶牛饲草料需求526.7万吨（其中，青贮427万吨，苜蓿70.2万吨，燕麦草9.1万吨，稻秸20.4万吨）。奶产业主产区种植青贮玉米148万亩，年产518万吨，同比增长5.2%；留床优质苜蓿31.5万亩，年产31.5万吨，同比增长8.6%；示范推广“小黑麦+青贮玉米”“春小麦+燕麦草”等一年两茬饲草作物10万亩。所需青贮玉米能够自给自足，苜蓿、燕麦草、稻秸等饲草缺口58.2万吨，国内主要从内蒙古、甘肃等地调入，国外主要从美国、西班牙进口苜蓿3.56万吨，平均到场价3500元/吨，同比上涨6%，从澳大利亚进口燕麦草1.4万吨，平均到场价3200元/吨，同比下降1%。利益联结。成立宁夏奶产业协会，建立生鲜乳价格协商机制，发布全区生鲜乳购销参考价格2次，生鲜乳平均收购价格4.05元/公斤，同比上涨6.9%。

【肉牛产业】2021年，全区肉牛饲养量209.9万头(其中，存栏137.6万头，出栏肉牛72.3万头)，居全国第19位。西门塔尔牛占75%，安格斯及安格斯秦川杂交牛占比为13%，利木赞、夏洛莱等杂交牛占比为12%。牛肉产量11.8万吨，占全区肉类总产量的33.8%，人均牛肉占有量16.5公斤，居全国第六位。全产业链实现产值379亿元。规模化发展。打造中南部优质肉牛繁育基地和引黄灌区优质肉牛育肥基地，全区发展肉牛养殖户(场)18.5万个，建成存栏肉牛100头以上规模养殖场683个，打造千头以上肉牛养殖示范村274个、万头养殖乡镇49个，规模化养殖比例达到48%。良种繁育体。按照"优质+高端"双轮驱动的发展思路，建成中国(宁夏)良种牛繁育中心，建设肉牛冷配改良点420个。每年引进推广优质冻精73万支(其中，国产冻精70万支，占比为95.9%，每支10元；进口冻精3万支，占比为4.1%，每支60元)；改良肉牛36万头以上，良种化率达到88%。全区母牛存栏63.6万头，占存栏总数的46.2%，高于全国水平10个百分点。产销互促融合。采取内培外引，加大龙头加工企业培育，完善品牌营销体系，全区建成屠宰加工厂(点)25个，年屠宰加工能力达到61万头。2021年，屠宰加工肉牛13万头，屠宰加工率为18%，同比提高8.8个百分点。申报"宁夏六盘山牛肉"国家地理标志保护品牌，培育特色品牌55个、全国名特优新牛肉产品品牌4个。建成肉牛活畜交易市场47个，年肉牛交易量超过30万头。饲草料保障。每头肉牛年均饲喂量5.4吨(其中，玉米青贮4.6吨，苜蓿0.1吨，一年生饲草0.2吨，秸秆0.5吨)。2021年，全区肉牛饲草料需求661万吨(其中，全株玉米青贮504万吨，苜蓿干草25万吨，一年生牧草43万吨，秸秆89万吨)。全株玉米青贮、苜蓿干草、一年生牧草均能自给，玉米秸、麦秸、稻秸等饲草缺口67万吨，需从安徽、河南、内蒙古等地调入。疫病防控。落实政府属地管理责任、养殖场主体责任，改革完善强制免疫补助政策实施机制，加强口蹄疫、牛结节性皮肤病、小反刍兽疫等强制免疫，应免密度达到100%，免疫抗体合格率为70%以上。严格落实跨省调运审核、审批、备案和落地报告制度。

【滩羊产业】2021年，宁夏以打造"中国滩羊之乡"为目标，坚持提升品质、延链增值、合理承载，滩羊产业发展实现量质双增。全年全区滩羊饲养量1322.6万只，同比增长8.3%。羊肉产量11.5万吨，同比增长3.4%。人均羊肉占有量16公斤，是全国平均水平的4.3倍，居第五位。规模化养殖。加强养殖基地建设，家庭牧场、养殖合作社等新型经营主体分别达到2258家、223个，规模化比重达到53%，比全国平均水平高6.2个百分点，其中滩羊核心区规模化比重达到59%。品种结构。饲养羊分为绵羊和山羊。其中，绵羊饲养量1080万只，占比为81.6%；山羊243万只，占比为18.4%。绵羊中滩羊饲养量430万只，占比为39.8%，主要分布在中南部地区的盐池县、红寺堡区、同心县、灵武市、海原县5个滩羊核心区；滩羊杂交羊饲养量650万只，占比为60.2%(其中，滩寒杂占比为45.7%，萨福克、杜泊等肉滩杂占比为12%，湖羊及其改良羊占比为2.5%)，主要分布在引黄灌区平罗县、利通区、中宁县、沙坡头区、惠农区和南部山区的原州区、西吉县、彭阳县。山羊中中卫山羊饲养量12万只，占比为4.9%；内蒙古、辽宁省等绒山羊改良羊231万只，占比为95.1%，主要分布在沙坡头区、平罗县、中宁县、原州区、同心县、惠农区。饲草供给。每只滩羊年均饲喂量0.59吨(其中，青贮玉米0.18吨，苜蓿0.07吨，一年生牧草0.11吨，秸秆0.09吨，非常规饲草及杂草0.14吨)。2021年全区滩羊饲草料需求430余万吨(其中，全株玉米青贮131万吨，苜蓿干草51万吨，一年生牧草80万吨，秸秆66万吨，非常规饲草及杂草102万吨)。全株玉米青贮、非常规饲草和杂草基本自给，滩羊核心区一年生牧草及农作物秸秆年缺口38万吨，通过区外调运、县域间调购。繁育能力。支持盐池滩羊选育场、朔牧滩羊繁育中心等4家良繁企业加强繁育工作，建立三级繁育群(核心群、选育群、扩繁群)2.7万只，同比扩大13%；培育国家级保种场3家、核心育种场2家，推广优质滩羊种公羊1.1万只。开展新品系选育和生物育种技术攻关，建立双羔滩羊资源群和生物育种核心群2100只，双羔繁殖率达到163%，生物育种核心群生长性能提高50%以上。品牌营销。统一打造"盐池滩羊"区域公用品牌，推行"区域公用品牌+企业品牌+产品品牌"三牌联育，培育昫盐、宁鑫等特色品牌57个。"盐池滩羊"产品进入全国各大城市153家连锁超市、262家餐饮企业，"盐池滩羊"品牌价值达88.17亿元，比上年提升17亿元。融合发展。引导26家加工企业改造提升扩大产能，年屠宰加工能力达到580万只，屠宰加工比重达49%。开发出法式羊排、腿排小切、蝴蝶排等168种精细化分割产品，精深加工和中高端市场营销比例为13%以上。

【项目和金融支持】2021年，宁夏争取国家农业农村部奶牛肉牛产业集群、肉牛养殖大县、滩羊产业强镇、粮改饲、高产优质苜蓿示范等项目，落实产业扶持资金6.2亿元。对接自然资源、生态环境、水利、金融等部门，落实产业用地、用水、环保和金融贷款等各项政策措施。协调宁夏银行、黄河银行、宁夏人保公司和西部担保集团等金融部门，加大金融扶持力度，发放贷款280亿元以上，撬动各类社会资本发展奶牛、肉牛和滩羊产业。全年新建畜牧类项目164个，计划投资141亿元以上。

【良种繁育】2021年，宁夏加强畜禽遗传资源保护，全面启动第三次畜禽遗传资源普查，摸清畜禽资源底数。加强滩羊、中卫山羊、静原鸡等畜禽种质资源保护，建立国家级保种场3个、自治区级保种场8个。加快畜禽良种繁育，培育良繁龙头企业9个，推广奶牛优质性控冻精（胚胎）21.7万支（枚）、肉牛优质冻精60.4万支，优质种公羊1.08万只。核心奶牛群年均单产14.1吨，肉牛18月龄育肥出栏平均胴体重达到324公斤，规模场滩羊母羊两年三产比例达到80%。推进种业科技创新，持续开展优质高产奶牛选育、滩羊基因编辑育种等现代育种技术研究，自主培育优质后备奶牛种公牛6头，基因检测育种值最高达2822，排名全国第一，跨入国际先进行列；建立双羔新品系资源群867只、生物育种新品系核心群1217只，生长性能提高50%以上，繁殖率达到163%，提高40%以上。支持建设海原县中国（宁夏）良种牛繁育中心和吴忠市、宁夏农垦奶牛胚胎生产技术示范中心4个。

【标准化规模养殖】2021年，宁夏开展畜禽标准化示范创建活动，创建自治区级以上畜禽标准化示范场43家，指导海原县和盐池县创建肉牛、滩羊标准化养殖示范县，加快畜禽散养户“出户入场（园）”。统筹推进规模养殖场与专业示范村建设，新（扩）建规模奶牛养殖场53个，全区奶牛规模化比重为99%以上；支持移民村、养殖示范村新（扩）建牛羊出户入场（园）示范点63个、规模养殖场184个，培育家庭牧场1304个，全区肉牛、滩羊规模化比重分别为48%和53%。建设5G未来牧场5个，推广应用信息化管理软件、物联网系统、全混合日粮（TMR）全程监控饲喂系统、生鲜乳质量检测等智能化设施设备和“大数据”管理，不断提高牧场精细化管理水平。

【产业融合发展】2021年，宁夏新（扩）建蒙牛灵武、塞尚、亿美等乳品加工项目6个，新增产能1.09万吨/日。加大低温乳制品、奶酪、黄油等精产品开发，日精深加工乳制品842吨，同比提高20.1%。新建肉牛屠宰加工项目3个，新增加工能力10万头以上，年屠宰加工肉牛能力达到61万头，新（扩）建活畜交易市场3个、牛肉产品旗舰店3家。扩建滩羊屠宰加工项目3个，新增屠宰加工能力30万只，屠宰加工能力达到580万只。加强品牌宣传推介，积极申报“宁夏牛奶”“宁夏六盘山牛肉”地理标志产品。紧盯中高端消费市场，加大“宁夏牛奶”“宁夏六盘山牛肉”“盐池滩羊肉”宣传推介，在中央及自治区主流媒体宣传报道80余场次，积极参加宁夏品质中国行、国际肉类产业博览会等系列活动，品牌知名度和影响力提到提升。

【绿色循环发展】2021年，宁夏加强优质饲草保障供给，以“粮改饲”、优质高产苜蓿基地建设等项目为抓手，扩大优质饲草种植面积、调优品种结构、创新种养结合模式，带动全区种植青贮玉米254万亩、优质苜蓿11.8万亩，制作全株玉米青贮800万吨以上。推进畜禽粪污资源化利用，组织实施中宁县畜禽粪污资源化利用整县推进项目，引导养殖场流转土地种植饲草料，就地就近保障饲草、消纳养殖粪污，在养殖密集区探索建立畜禽粪污“统一收集、集中处理”机制，全区畜禽粪污综合利用率达到90%，规模养殖场粪污处理设施装备配套率达到95%。落实农牧民生态奖补，完成2021年草原补奖禁牧补助资金兑付工作，总补助资金19493万元，涉及禁牧草原2542万亩，农牧民39万户，户均直接增收500元，实现了草原增绿、牧民增收。

【动物疫病防控】2021年，宁夏开展强制免疫工作，全面完成春秋季重大动物疫病强制免疫任务，强化免疫抗体水平监测，科学评估免疫效果，及时跟进补免，应免密度达到100%，免疫抗体合格率达到70%，推进强制免疫补助政策改革，在56个规模养殖场开展动物“先打后补”试点。严格落实非洲猪瘟防控措施，制订《宁夏非洲猪瘟等重大动物疫病区域化防控工作实施方案（试行）》，实行生猪及其产品跨省调运“点对点”出证、智慧在线监控，构建防控长效机制，启用10条动物及动物产品指定通道，强化省区间、部门间协作和区域联防。建立完善全链条信息化监管体系，在全国率先开展无纸化出具动物检疫合格证明试点创建，初步建立畜禽免疫数量与检疫申报数量相结合、产地检疫与运输监管相结合、启运地出证与目的地反馈相结合的动物检疫全链条信息化监管体系。依托宁夏智慧动监信息管理平台，实现全区无纸化出具动物检疫合格证明（动物B）。建立产地检疫与动物免疫相结合、产地检疫与运输监管相结合、启运地出证与目的地反馈相结合的全链条动物卫生监督信息化监管模式，实现信息化、标准化、智能化、精准化监管。减少了养殖场（户）往返报检点次数，降低了办理成本，提高了动物检疫工作效能和便民服务能力。

（张 力）

饲料业

【概况】2021年，全区共有饲料生产企业72家（其中，配合饲料32家，饲料添加剂13家，单一饲料20家，添加剂预混合7家）。按地域分，固原市4家，中卫市6家，吴忠市19家，石嘴山市13家，银川市30家。2021年，全区饲料总产量157万吨，同比增长12.14%；总产值95.68亿元，同比增长43.7%。其中，配合饲料102万吨，同比增长22.89%；饲料添加剂35万吨，同比减少5.41%；单一饲料20万吨，同比基本持平。20万吨以上的商品料企业15家，饲料产量82.19万吨，占全区商品料产量的80.56%；20万吨以下的饲料企业有17家。2021年，全区猪饲料产量15.16万吨，同比增长4.65%；蛋禽饲料产量4.51万吨，同比下降5.93%；肉禽饲料产量3.56万吨，同比下降33.31%；奶牛饲料产量41.51万吨，同比增长27.19%；肉牛饲料产量9.81万吨，同比增长8.33%；肉羊饲料产量17.44万吨，同比增长22.94%；水产饲料2.4万吨，同比下降22.86%；其他饲料产量7.1万吨，同比增长28.62%。氨基酸产量32.5万吨（其中，赖氨酸24.5万吨，蛋氨酸8万吨）。出口饲料添加剂15.41万吨，出口额13.73亿元。宁夏伊品赖氨酸、紫光天化蛋氨酸、京城天宝硫酸锌产销量分居国内行业前三位。

【饲料研发和创新服务】2021年，宁夏组织饲料专家团队开展宁夏枸杞渣、葡萄渣、马铃薯渣、柠条等非粮饲料原料研发等项目，研发项目获全国农牧渔业丰收三等奖1项，自治区科技进步二等奖1项、三等奖2项。与企业联合开展猪低蛋白质饲料研发试验、肉鸡无抗饲料研发饲喂、保育猪无抗饲料产品和滩羊绿色发酵全混合日粮新产品研发与推广应用试验研究。与宁夏农林科学院畜牧兽医研究所开展滩羊绿色发酵全混合日粮新产品研究与示范，大力推动优质绿色饲料产品的研究开发。饲料专家团队对银川正大等10多家饲料生产企业的工艺流程、技术参数等问题进行技术指导和咨询服务。开展市场调控玉米竞价销售交易会，宁夏伊品生物科技公司、宁夏伊康元生物科技公司等6家饲料企业成交玉米竞价成交量21306吨。

【饲料质量安全管理】2021年，宁夏严把"产前"条件准入关，坚持把生产许可审核作为饲料源头管理的重要措施来抓，严把专家审核流程和考核评价机制，制订《宁夏回族自治区饲料和饲料添加剂生产许可现场审核专家管理办法（试行）》《宁夏饲料和饲料添加剂企业生产许可材料审查与现场审核工作程序》，编印《饲料行业法律法规选编口袋书》。组织专家审核新（换）发生产许可证17家。拓展监管服务，坚持督导检查与强化目标责任相结合，开展饲料质量安全提升年活动，严格日常监管巡查、管控饲料生产企业检查记录、饲料经销网点检查记录、产品购销台账和规范化管理公示栏等。全年共出动饲料监管人员1109人次，对全区72家饲料企业、324家饲料经销店和150家规模养殖场（户）开展饲料产品质量安全和安全生产大检查。强化质量监测，制订《2021年全区饲料质量安全监管监测计划》，采取联合执法和专项整治等方式，持续开展饲料产品质量安全、饲料使用环节违禁添加物等4项监测，逐步扩大监测范围到饲料经销点及部分自配料养殖场。开展"绿剑"专项整治行动，对饲料原料、自配料、药物饲料添加剂退出进行专项整治。配合农业农村部抽检19批次，组织自治区级抽检484批次，饲料质量安全监测合格率达到98%。创建宁夏饲料"互联网+监管"信息化平台，实现饲料产品"质量全程追溯，在线动态监管，数据便捷统计，风险及时预警"等各项功能，赋予饲料产品从生产到使用全程质量追溯"二代身份证"码查询。饲料质量监管追溯平台建设进入升级完善阶段，已在宁夏泰昆荣华饲料有限公司、宁夏大北农科技实业有限公司和宁夏正旺生物科技有限公司进行试点运行。

（张 力）

水产业

【概况】2021年，全区渔业面积为50万亩，产量达到16.6万吨，分别占西北五省（区）的10.9%、30.7%，产量同比增长2.7%。人均占有量为23.3公斤，是西北五省（区）平均值的4.5倍。人均水产品消费量为6公斤，鲜活水产品年市场需求量为4.4万吨，其中宁夏水产品占比为75%、外省调入量占比为25%。主要水产品平均批发价格分别为鲤鱼14.52元/公斤，同比增长38%；草鱼18.82元/公斤，同比增长54.2%；鲫鱼18.26元/公斤，同比增长27.1%；鲢鱼7.7元/公斤，同比增长23%。从渔农民人均可支配收入15291.61，同比增长9.67%。全国产地水产品监督抽查，全区产地水产品合格率为100%。坚持渔业绿色发展，编制《宁夏回族自治区渔业“十四五”发展规划》，对全区渔业绿色发展进行顶层设计。全面落实水产绿色健康养殖技术推广活动，遴选确定29个示范基地，示范推广10项水产绿色健康养殖模式。宁夏“稻渔空间”（“IPRS流水槽+大田种植”尾水处理模式）被列为全国水产养殖尾水综合处理六大典型技术模式之一。创建以县级政府和经营单位为主体的国家级水产健康养殖和生态养殖示范区各1个。

【渔业结构调整】2021年，宁夏加快推进渔业结构优化调整，推进常规品种提质增效、名优品种扩量增收，鲤鱼、草鱼最高价格每斤卖到15元，实现有价、有市、有鱼卖。加州鲈鱼品种突破人工繁育瓶颈，实现自繁、自育。南美白对虾外塘养殖、设施养殖成活率普遍显著高于往年，工厂化设施养殖成活率高达90%，实现全程不换水、不施药、尾水零排放，亩效益为10万元以上。大水面生态增养殖面积达到10万亩，名优品种设施养殖面积达到82万平方米。优化升级“稻田+设施养殖”模式，全区推广稻渔综合种养6.6万亩。“鱼菜”生态种养试验示范范围由固原市原州区扩大到银川市兴庆区、西夏区、金凤区24栋温棚，稳粮（菜）增收、节水增效成效显著。鱼子酱加工开始起步，螺旋藻干粉加工能力达到1000吨、丰年虫卵制品生产加工能力达到600吨，渔业产业链条得到延伸。

【稻渔综合养殖】2021年1月6日，农业农村部副部长于康震对宁夏水利厅呈报的《关于宁夏开展稻渔综合种养和示范推广“渔菜共生”生态种养模式情况的汇报》作出批示：宁夏的稻渔综合种养探索很有意义，实现了鱼米（菜）双收，节肥省水，提质增效，取得了良好的经济效益、社会效益和生态效益，经验做法值得认真总结、积极推广。《全国池塘养殖尾水治理专项建设规划（2021—2035年）》中将宁夏“稻渔空间”模式（“IPRS流水槽+大田种植”尾水处理模式）作为典型治理模式在全国推广。2021年年底，自然资源部发布11个生态产品价值实现典型案例，宁夏银川市贺兰县稻渔空间一二三产业融合促进生态产品价值实现案例名列其中。

【鱼类育种】2021年，宁夏狠抓优新品种和地方品种繁育，加州鲈鱼反季节人工繁育首次取得成功，并向广州等省销售受精卵1200万粒，实现宁夏水产养殖史上优新品种“北苗南进”的历史性突破。围绕地方重点品种开展基因编辑育种等现代鱼类育种新技术研发，黄河鲶鱼人工繁育孵化率由50%提升至80%，大规格苗种培育成活率提高30%。突破赤眼鳟人工孵化和苗种培育关键技术，2021年繁育苗种240万尾。国家二级保护动物大鼻吻鮈人工孵化技术研发取得重大突破，首次实现了见卵、见苗，2021年度成功孵化鱼苗200尾。宁夏贺兰县黄河经济鱼类水产种质资源场开工建设，全区国家级黄河经济鱼类水产种质资源场总数达到2个，年培育黄河重点保护经济鱼类亲本7万公斤，苗种生产能力提升50%左右。启动第一次水产养殖种质资源普查工作，年度普查786户，进度位列全国第九名。

【生产和水产品质量安全监管】2021年5月，农业农村部黄河禁渔联合交叉执法行动第四执法组到宁夏开展黄河禁渔检查，并与银川市、石嘴山市、吴忠市农业综合执法大队开展联合交叉执法，严厉打击各类违法捕捞活动，强化渔政执法监督，推动黄河禁渔秩序持续向好和基层渔政执法水平持续提升。落实部门监管责任和生产经营单位主体责任，强化水产品质量安全、渔业安全生产和水生生物安全监管，打造“平安渔业”，确保“舌尖上的安全”。开展渔业安全生产专项整治、“安全百日会战　喜迎百年华诞”安全生产和灾害防御百日专项整治行动，全年全区未发生重特大渔业安全生产事故。印发《宁夏加强水产养殖用投入品监管工作实施方案的通知》，严格水产养殖用投入品生产、经营和使用全过程监管，完善水产养殖用投入品生产、经营、使用行为，推行水产养殖用投入品使用白名单制度。启动水产养殖用投入品专项整治，开展产地水产苗种检疫，加大养殖全环节防范。2021年自检产地水产品211个，抽检合格率为99.53%；市场水产品240个，合格率为99.17%。苗种59个，合格率为100%。农业农村部抽检全区产地水产品50个，抽检合格率为100%；市场水产品96个，合格率为98.96%。完成20批次16个品种6.1亿尾区内自繁、外调水产苗种的督导鉴评，鉴评率为90%。加强水产苗种专项检疫和鱼病预测预报工作，发布《宁夏水产养殖病情预测预报》8期，及时针对性加强季节性渔业病害防控，2021年没有发生较大渔业病害。

【水生生物资源养护】2021年4月1日至7月31日，黄河宁夏段严格禁渔，开展“中国渔政亮剑2021”系列专项执法行动，多部门联动打击非法捕捞行为。查办违规违法案件25件，行政处罚6.9万元。清理取缔涉渔“三无”船只24艘，清理整治违规网具198张（顶）。宁夏农业农村厅渔业渔政管理局被农业农村部评为“中国渔政亮剑2021”系列专项执法行动工作成绩突出集体。线上线下相结合，开展2021年全国水生野生动物保护宣传月活动。6月6日，在宁夏沙湖举办主题为“养护水生生物，建设美丽中国”的全国“放鱼日”同步增殖放流活动，通过放鱼活动提升社会各界养护水生生物和保护湿地生态环境的意识、助推生态文明建设。实施2021年中央农业资源保护项目，向黄河干流宁夏段及泾河宁夏段等水域放流各类经济鱼类1687.68万尾。协调开展自治区重大项目涉渔工程环评工作，监督施工方落实涉渔工程环境补偿，协调推进渔业绿色发展和渔业资源保护。

（张　力）

葡萄酒产业

【概况】2021年，宁夏葡萄酒产业贯彻习近平总书记考察宁夏重要讲话精神，认真落实自治区党委和政府关于葡萄酒产业决策部署和包抓机制，以推动葡萄酒产业高质量发展为目标，重点在高标准建设优质葡萄基地、高效能加快战略投资合作和重大项目建设、高质量推进全产业链融合发展、高起点谋划建设国家葡萄及葡萄酒产业综合开放试验区、高水平办好中国（宁夏）国际葡萄酒文化旅游博览会等方面精准发力、务求突破，努力实现葡萄酒产业高质量跨越式发展，打造闻名遐迩的“葡萄酒之都”。全年全区新建酿酒葡萄基地3.3万亩，改造提升低质低效葡萄园4.8万亩，葡萄酒产量达到1.3亿余瓶，全年综合产值达到300亿元，酒庄接待游客达到120万余人次。全年葡萄酒销量同比增长8%，销售额同比增长15%。推进线上线下全渠道营销，线上优化京东、天猫产区葡萄酒旗舰店、酒庄专营店等平台，启动“中国消费者最喜爱的宁夏贺兰山东麓葡萄酒品牌”评选活动，与网红“醉鹅娘”合作推出联名酒款，延续热度、带动销售。线下在北京、广州等城市招聘直销经理，开通运营银西高铁“贺兰红”两列冠名列车，推出“紫梦贺兰”四日游旅游线路，吸引葡萄酒爱好者到产区旅游体验。张裕龙谕、长城天赋、西夏王开元、贺兰红、西鸽国彩系列等一批大单品畅销市场，西鸽、迦南美地、贺兰红等酒庄葡萄酒出口德国、法国、瑞士、加拿大等国家。

【综合实验区建设】2021年，经国务院同意，农业农村部、工业和信息化部、自治区政府联合印发《宁夏国家葡萄及葡萄酒产业开放发展综合试验区建设总体方案》，宁夏成为全国首个特色产业开放发展综合试验区，宁夏葡萄酒产业发展进入“国家战略”，宁夏国家葡萄及葡萄酒产业开放发展综合试验区正式启动。先后举办新闻发布会、挂牌系列活动，高规格组建专家委员会。联合西北农林科技大学、宁夏大学在永宁县闽宁镇建设酿酒葡萄试验示范园，在西夏区、贺兰县、永宁县、青铜峡市及农垦集团选取新建基地及低质低效老葡萄园改造示范点，进行技术推广。联合西北农林科技大学共同申报教育部首批现代葡萄酒产业学院（国家级）并获批，联合宁夏葡萄酒防沙治沙学院、宁夏大学食品与葡萄酒学院申报的宁夏葡萄酒现代产业学院正式挂牌。调研厘清银川市承建的“中国葡萄酒研究院”的产权、办理模式、债权债务等相关事宜。西夏区以葡萄酒产业为主导成功申报农业农村部现代农业产业园项目，争取项目资金7000万元。

【葡萄酒文化旅游博览会】2021年9月25—27日，全国首个国家级葡萄酒文化旅游综合性展会——首届中国（宁夏）国际葡萄酒文化旅游博览会在银川市举办。博览会以“中国葡萄酒·当惊世界殊”为主题，采取“线上线下相结合，以线上为主”的办会模式，涵盖世界葡萄酒大会、第二届中法葡萄酒文化论坛、中国（宁夏）国际葡萄酒文化旅游节、葡萄酒展览展示暨商贸洽谈订货会、云上“贺兰山东麓葡萄酒之夜”音乐会、中国（宁夏）国际葡萄酒大赛等主题活动。全国人大

2021年7月10日，宁夏国家葡萄及葡萄酒产业开放发展综合试验区举行挂牌仪式

常委会副委员长、农工党中央主席陈竺出席并致辞，法国前总理拉法兰视频致辞。博览会的举办推动中国葡萄酒走向世界，引进了先进理念、发展模式和品种技术，签订合作协议金额达87.93亿元，国际葡萄与葡萄酒组织（OIV）给予宁夏“葡萄酒之都”的认可，全球葡萄酒旅游组织（GWTO）授予宁夏“全球葡萄酒旅游目的地”称号。国际主流媒体、网站报道等对宁夏葡萄酒对外宣传得到外交部通报表扬。

【葡萄酒产业发展规划】2021年，宁夏制定《葡萄酒产业高质量发展实施方案》《宁夏贺兰山东麓葡萄酒产业高质量发展“十四五”规划和2035年远景目标》，把葡萄酒产业作为宁夏9个重点产业之一、建设黄河流域生态保护和高质量发展先行区的先行产业战略谋划，专班包抓、系统推进，对全区葡萄酒产业发展立体全面审视，深入分析研判产业发展优势、生产生活生态空间、国内国际两个市场，把宁夏葡萄酒产业放在国际大背景、世界大格局中谋划，主动融入“双循环”新格局、适应消费升级新需求、发展生态产业新业态，对全区葡萄酒产业目标定位、功能划分、发展模式、产业融合、综合改革、品牌建设等进行前瞻性思考、全局性谋划、战略性布局。规划目标为用5~10年时间，酿酒葡萄基地规模达到100万亩，年产优质葡萄酒3亿瓶以上，实现综合产值1000亿元。国家市场监管总局批准筹建国家葡萄酒产品质量检验检测中心（宁夏）；自然资源部、生态环境部、国家林业和草原局在葡萄酒产业可利用荒地调规方面给予支持。生态环境部支持贺兰山东麓葡萄产业园区创建“绿水青山就是金山银山”实践创新基地，西夏区镇北堡镇已被列入第五批基地名录。农业农村部支持西夏区以葡萄酒产业为主导的现代农业产业园项目。水利部支持在银川都市圈西线供水西干渠扩整改造工程建设及贺兰山东麓沿线4座水源泵站建设。自治区党委和政府高度重视葡萄酒产业发展，主要领导多次作出重要批示指示。制定《宁夏葡萄酒产业发展2021年工作要点》《宁夏葡萄酒产业发展2021年重点任务和责任清单》。自治区各相关单位部门在基础设施建设、人才引进培育、品牌宣传、技术提升、市场拓展、产区监管、项目建设、金融支持、招商引资等方面出台政策，狠抓落实。自治区党委宣传部将葡萄酒等特色产业品牌宣传纳入《关于加强和改进新时代宁夏对外宣传工作的实施意见》给予支持。自治区发改委、住建厅将永宁县玉泉营葡萄酒历史风情特色小镇列入首批特色小镇建设清单，将具备一定条件、有一定发展潜力的贺兰县金山葡萄酒康养小镇和红寺堡区肖家窑葡萄酒小镇纳入特色小镇培育清单。发改委印发《关于宁夏电网2021—2022年输配及销售电价有关事项的通知》，科技厅制定《自治区葡萄酒产业高质量发展科技支撑行动方案》，财政厅印发《自治区支持9个重点产业加快发展若干政策措施（暂行）》，自然资源厅出台《自然资源系统支持葡萄酒等重点产业发展用地的若干政策》，编制《宁夏葡萄酒产业用地确权登记指南》，交通运输厅制定《交通支撑葡萄酒产业高质量发展规划方案》，水利厅编制《中国（宁夏）贺兰山东麓葡萄酒产业高质量发展西干渠灌域供水保障工程总体实施方案》《贺兰山东麓葡萄长廊总体防洪规划》，市场监管厅（知识产权局）和葡萄园区管委会联合印发《宁夏贺兰山东麓葡萄酒地理标志专用标志使用管理办法》，金融监管局与银保监局联合印发《关于进一步做好金融支持自治区九大重点产业高质量发展相关工作的通知》，文旅厅出台《推进旅游业高质量发展行动方案》，人社厅出台《关于充分运用人社政策支持全区重点产业发展的意见》，银保监局出台《关于支持宁夏黄河流域生态保护和高质量发展先行区建设的指导意见》，银川海关制定《关于推进优势特色产业高质量发展促进扩大出口工作方案》，宁夏哈纳斯天然气集团公司编制《中国（宁夏）贺兰山东麓葡萄酒产业高质量发展配套设施天然气规划（2021—2035年）》。

【品牌建设】2021年，宁夏葡萄酒产业发展坚持政府主打产区品牌、酒庄主打产品品牌“双提升”战略。统筹全媒体资源，讲好宁夏葡萄酒故事，唱响贺兰山东麓品牌。“云游贺兰山东麓葡萄酒之都”系列直播嘉年华活动，全网曝光量超过6亿次。首届葡萄酒文化旅游博览会期间，全网总浏览量（点击量）突破20亿人次，“中国葡萄酒·当惊世界殊”网络媒体网络名人宁夏行活动话题阅读（播放）量超4亿次。全国政协副主席梁振英呼吁香港青年“到宁夏在星空下品尝葡萄酒”。“贺兰山东麓酿酒葡萄”入选第四批中国特色农产品优势区，“贺兰山东麓葡萄酒”以品牌价值281.44亿元位列全国100个地理标志产品区域品牌榜第九名，成为全国唯一上榜的葡萄酒地理标志产品。在第28届比利时布鲁塞尔国际葡萄酒大奖赛、品醇客世界葡萄酒大赛、中国（宁夏）国际葡萄酒大赛、柏林葡萄酒大奖赛中，贺兰山东麓葡萄酒产区获奖牌数量居中国奖牌榜首位。各类推介活动成效显著，举办第七届宁夏贺兰山东麓葡萄春耕展藤节。组织60多家酒庄参加成都糖酒会、宁夏品质中国行上海、长沙推介活动，在长沙、深圳、成都、上海、重庆、厦门等重点消费城市举办10余场推介会，酒庄签订超过4亿元的销售协议。银川市举办春季经销商大会签订超过2亿元的投资及销售协议，2021宁夏葡萄酒城市巡展活动在上海、宁波、杭州、苏州、南京等地掀起国产酒热潮。青铜峡市14家酒庄亮相第26届中国(广州)名酒展。红寺堡区举办红寺堡论坛·2021年中国葡萄酒酒商大会，在成都、杭州、厦门、重庆等地举办推介会。湖南、广东、浙江、海南等地葡萄酒协会先后组织酒商、会员800余人到宁夏研学交流。编制《中国葡萄酒侍酒师课程》，开展首批讲师认证。两期高素质农民培训班培训270名酒庄管理及种植、酿造人员。

【投资合作】2021年，一批国内外企业纷纷到宁夏考察、洽谈对接、投资合作。中粮集团产区11款葡萄酒进入213家中粮名庄荟销售。元气森林拟投资收购酒庄，已开展前期工作。洛可可公司成立宁夏贺兰山东麓葡萄酒产业数字科技有限公司，遴选了葡萄酒产品，与中国饭店协会、全球蛙、盒马鲜生等大型KA渠道合作销售。中国电信宁夏公司建设“红酒云”平台，打造葡萄酒产业数字化标杆。中国移动宁夏公司、中国联通宁夏公司将产区葡萄酒通过积分兑换形式在其商城平台展示销售。华润集团国内84家华润高端OLE超市有8家酒庄的17款精品葡萄酒上架销售。上海富吉集团在日本东京注册成立贺兰山葡萄酒文化研究中心，在宁夏注册成立宁夏贺兰山东麓富吉葡萄酒业有限公司。上海植城积极推进图兰朵葡萄酒小镇项目建设，一期3宗90.5亩商服用地已挂牌，规划审核、基础设施建设、土地报批有序推进，完成投资近700万元。香港新华集团在同心县韦州镇流转土地1.5万亩，完成种植酿酒葡萄6395亩。富邑集团与宁夏农业农村厅、葡萄管委会签订合作备忘录，从推广销售宁夏葡萄酒、投资建设基地、酒庄等方面进行合作。正大集团、融山海开元旅业、郑州酒元素进出口贸易公司与有关酒庄洽谈收购入股、销售合作事。

【绿色防控技术研发】2021年9月，由宁夏大学主持，西北农林科技大学、浙江大学、宁夏农科院植保所、志辉源石酒庄、立兰酒庄等单位共同参与实施的自治区重点研发计划项目《宁夏酿酒葡萄病虫害绿色防控关键技术创新与示范》通过自治区科技厅验收。项目针对葡萄霜霉病、灰霉病和根结线虫的绿色防控，引进各类功能性微生物菌剂、植物源农药和抗生素，筛选出10种单剂和复配剂，使疾病防效为85%以上，减少化学农药用量57%；投入绿色生物物料，提高葡萄抗逆性，使亩产稳定在450公斤以上。此外，项目开发葡萄病虫害预警系统，创建葡萄健康遥感诊断方法，建立霜霉菌潜伏期和卵孢子越冬量分子检测体系，筛选出地区适应性酿酒葡萄行间自然生草模式，提升了宁夏酿酒葡萄重大病虫害监测预警能力和植保防灾减灾科学化水平。项目在志辉源石酒庄、西夏王酒庄、立兰酒庄和西鸽酒庄建立示范基地，集成了冠层微气候实时监测+植物源、微生物源制剂防病+黏板、诱捕器和糖醋陷阱诱杀害虫+行间生草等技术，核心区示范面积2000亩，辐射推广8000亩，实现智能植保与绿色生态防控技术的有机融合。项目的实施对保证食品安全、保护生态环境、降低成本、提高产品市场竞争力，实现宁夏葡萄酒产业高质量发展具有重要意义。

（殷雪鹏）

农产品流通

【农产品信息与市场设施建设】2021年，宁夏开展农产品信息进村入户工程，扩大益农信息社服务范围，建成益农信息社1801个，覆盖80%的行政村，以农村电商综合服务平台为窗口，推进贺兰县、中宁县、青铜峡市3个国家“互联网+农产品出村进城”工程试点建设，实现“互联网+”与农业农村深度融合。全年争取农业农村部专项补贴资金1.12亿元，支持全区16个县(区)的305个新型经营主体建设冷藏保鲜设施582个，新增库容9.58万吨，从源头上降低农产品损耗和物流成本，推动全区农产品提质增效和农业绿色发展，满足了城乡居民对农产品的消费需求。推进省部共建国家级中宁枸杞大市场建设，对接农业农村部规划设计院完成中宁国家级枸杞市场建设规划，做好大市场的顶层设计，优化资源配置，完善中宁枸杞市场基础设施和硬件建设，加强运营管理，提升服务功能，提高市场社会影响力和核心竞争力。

【农村电商平台】2021年，宁夏农产品成功入驻天猫、京东、苏宁、拼多多、唯品会、抖音、快手、善融、云闪付等9个平台，累计入驻商家154家，上线农产品850款，平台实现销售收入10.27亿元；揽收快递826万余单，以每年30%的增量递增；组织完成营销策划166场、直播助农活动135场，实现销售额550余万元；与天猫头部主播合作直播带货84场，实现销售额210万元；为宁夏枸杞、羊肉、葡萄酒等18个品类农产品制作宣传视频6部、广告12部、短片20部，播放量40余万次，点赞4万人次，增加粉丝7170名。平台加强与京东集团的战略合作，在全区范围内筛选165家优质农产品经销企业作为培育对象，集中开展入驻培训。指导60余家企业完成入驻审核，成为第一批入驻京东宁夏优质农产品原产业带自营旗舰店的商家。

【特色品牌培育】2021年，宁夏完善特色优质农产品品牌目录，挖掘和提升宁夏特色农业文化内涵，整合资源，全方位打响宁夏品牌。坚持质量兴农、品牌强农，实施品牌带动战略和品牌质量提升行动，挖掘和推介“宁字号”“老字号”“原字号”农产品，建设宁夏特色农产品展示展销窗口，打造宁夏品牌新模式、新优势。贺兰山东麓酿酒葡萄产业被国务院批复为对外开放发展综合试验区并正式挂牌，带动全区7个特色农产品优势区、13个农产品区域公用品牌和30个知名农业企业品牌做大做强。贺兰山东麓葡萄酒、中宁枸杞、盐池滩羊品牌价值分别达到281.44亿元、190.32亿元和88.17亿元，宁夏农产品的品牌知名度和市场影响力得到全面提升。

【农产品营销宣传和品牌培育】2021年，天猫、京东、苏宁易购三大电商平台持续运营乡味宁夏微商城，吸引近200家宁夏农产品电商企业入驻，产品涵盖枸杞、滩羊、葡萄酒等数十个品类，为厂家引流促进销售。乡味宁夏严选店，新推出近300款宁夏特优农产品，累计销售农产品980余万元。举办首届“乡味宁夏”特优农产品微视频大赛，通过搭建专属话题、新闻通稿、抖音达人流量引导等渠道和形式全方位对大赛进行宣传，邀请10位抖音网红达人视频引导参赛、官方抖音发布“乡味宁夏　多彩农品”话题视频49期、视频号发布话题视频89期。参与“乡味宁夏　多彩农品”话题挑战的参赛视频480余部。经过前期筛选、网络投票、专家评审等环节，共评选出一等奖10名、二等奖20名、三等奖30名及优秀奖71名，并在宁夏2021年中国农民丰收节主会场举行颁奖仪式。举办宁夏农业农村电商实用人才带头人培训班，以培养一批既懂电商也懂农业的“新农人”为目标，先后在贵州省贵阳市和宁夏大武口龙泉美丽家园农民专业合作社，组织遴选全区100名农业经营主体相关人员分两期集中培训，提升了全区农产品销售人员建设、经营、管理等方面的综合能力素质，切实提升营销水平，快速推进宁夏农产品走向全国。拍摄“晒文旅·晒优品·促消费”宣传视频，通过宁夏电视台记者打卡宁夏农业产业的视角，运用丰富的镜头语言体现和反映宁夏各类特色优质农产品的品质特征及区位优势，扩大了各市县区特优农产品影响力。拍摄《乡味宁夏·这是宁夏的好东西》宁夏农业农村厅主题宣传片。发挥“乡味宁夏”官方微信公众号新媒体传播功能，贴近百姓生活，展示宁夏特色优质农产品品牌。到田间、基地、车间、厂家采风280多次，制作视频100余部。参加区内外展会30余场。累计发稿1280余篇，阅读量超132万人次，吸引粉丝18万人，累计发布短视频191部，累计播放量4232.1万次。“乡味宁夏”同步开通并运营“乡味宁夏”学习强国平台、今日头条、腾讯新闻、一点资讯、百家号、新浪微博、小红书、快手，形成以“乡味宁夏”为品牌的新媒体矩阵，媒体矩阵累计发布图文、视频内容1200多条，曝光量近2000万人次，成为宁夏农产品品牌对外宣传的重要渠道。围绕葡萄酒、枸杞、奶产业、肉牛和滩羊、绿色食品等五个农业重点产业，集合区域品牌、企业品牌、产品品牌等优势资源，分别在上海、长沙、南京三地举办“宁夏品质中国行”系列活动，组织全区170多家企业携200余个品类的特色农产品参加展览展示及品鉴推介，积极推进合作交流、招商洽谈和项目签约，助力更多特色农产品“走出去”，仅上海站活动达成合作意向38项，签约金额52.3亿元。

（张　力）

种子管理

【良种繁育基地建设】2021年，宁夏农业特色产业良种繁育基地累计建成国家级滩羊保种场3家、核心育种场2家，收集农业特色产业种质资源样本678份，数据整理和编目入库全面完成。联合培育种的公牛“宁京1号”达到国内一流遗传水平，CPI育种值高达3977，培育优良品种“宁薯19号”“宁薯20号”“宁薯21号”等5个并申请审定登记。饲草料、酿酒葡萄等良种繁育能力得到提升，饲草料繁育优良种子1286吨，繁育酿酒葡萄种苗1750万株。推动落实青铜峡市国家级玉米制种大县、西吉县马铃薯和平罗县蔬菜、盐池县杂粮杂豆国家区域性良繁基地项目建设。

【品种管理和种质资源普查】2021年，宁夏落实国家和自治区水稻、小麦、玉米、大豆4类主要农作物品种统一区域试验34组501个品种168点次，生产试验21组90个品种122点次。自行开展玉米、水稻区域试验6组51个品种49点次，生产试验4组18个品种35点次。审定通过水稻、小麦、玉米主要农作物23个品种，审核通过玉米、水稻引种备案品种

2021年6月23日，自治区农作物品种审定委员会小麦专业组委员对自治区原种场承担的灌区春小麦品种区域试验进行田间考评

61个，登记马铃薯、豌豆、甜菜、黄瓜、番茄、辣椒、西瓜7类作物24个非主要农作物品种。建设新品种展示示范园区14个，面积2553亩，展示示范各类农作物新品种1726个(次)，配套示范全程机械化、旱作覆膜保墒、节水灌溉、化肥农药减量增效、病虫害统防统治等主推栽培技术39项(次)，开展观摩、推介1052场次，培训农民和种子经销人员7736人次。承担国家玉米、水稻、大豆已审定农作物新品种展示44个品种3批次。制定《宁夏农业种质资源普查总体方案(2021—2023年)》及农作物、畜禽、水产养殖三个专项方案。牵头开展农作物种质资源普查与收集行动，厘清全区农作物历史变迁和特色资源传承现状。开展第三次全国农作物种质资源普查与收集行动，向国家普查办提交18个农业县(区)1953年、1981年、2014年三个节点《农作物种质资源普查表》54套。向国家物种资质资源库提交征(收)集的种质资源样本646份(其中，粮食作物291份，经济作物41份，蔬菜作物238份，牧草绿肥75份，果树1份)。

【种子市场监管】2021年，全区未发生重特大种子质量案件，主要农作物种子质量抽查合格率为98%。查处种子案件36起，查处违法种子1.56万公斤，处理种子质量纠纷96起，挽回经济损失249.98万元。办理种子生产经营证51个，审核种子经营网上备案单7631个，取缔无证种苗企业3家。开展种子转基因成分抽检，抽查水稻、玉米种子样品126份，对126个品种组合进行转基因成分快速检测。抽检玉米、小麦及水稻商品种子样品88份。开展国家级玉米制种大县专项检测，进行品种真实性DNA指纹检测，涉及品种81个。开展国家种子质量认证试点示范，建设马铃薯种薯、辣椒、番茄种子认证示范田240亩。

【供种保障】2021年，全区累计调度农作物种子种薯41.59万吨，有效保障春播用种需求。落实农作物繁制种面积60.4万亩，共生产各类种子52.07万吨，小麦、水稻、玉米农作物商品化率分别为60%、90%、100%，全区主要农作物良种覆盖率达96.1%。开展种业企业信息统计，全区农作物种业企业173家，累计销售种子10.1万吨，销售总额6.42亿元(其中，销售本企业商品种子3.87亿元，销售其他企业商品种子1.26亿元，代制代繁种子销售1.29亿元)。完成2021年度国家救灾备荒种子储备任务550吨(其中，杂交玉米种子400吨，小杂粮种子100吨，马铃薯种薯50吨)，种子质量合格，储备充足。

(张　力)

农机管理

【概况】2021年，全区农机装备总动力达653.8万千瓦，较上年增长1.52%。全区拖拉机拥有量21.91万台，同比增长18.8%，其中大中型拖拉机5.08万台。全区有联合收割机10054台，各种配套农机具34.12万台(套)，大马力、高性能、复式作业和畜牧业、设施农业等机械大幅增加，农机装备更新换代加速，农业机械已成为支撑现代农业生产的重要物质装备。全区农作物耕种收综合机械化率达到81%，较上年增长1个百分点。小麦、水稻、玉米实现全程机械化，耕种收综合机械化率分别达到96%、99%和89%，马铃薯耕种收综合机械化率达到68%。畜牧业、水产养殖业、设施农业、农产品初加工等机械化率分别达到43%、48%、34%、43%。

【农机购置补贴政策】2021年，中央和宁夏财政安排全区农机购置补贴专项资金22108万元(其中，中央资金21348万元，自治区财政资金760万元)，比上年增长28%，补贴政策覆盖全区所有县(区)和国营农场。按照突出重点与兼顾特色相结合的原则，补贴政策重点向优势农产品产区倾斜，全区全年补贴各类农业机械19668台（套）（其中，动力机械5803台，种植施肥机械811台，耕作机械3857台，收获机械2108台，畜牧机械6395台，其他机械694台），购置总金额为9.77亿元，资金拉动比为1∶4.58，受益农户和农机合作社达到14363万户。补贴政策实施中，完善监督管理制度，制订《宁夏回族自治区农业机械购置补贴产品违规经营违规行为处理细则（试行）》，印发《宁夏农机购置补贴政策实施管理内部控制制度（试行）》《宁夏农机购置补贴机具投档工作方案（试行）》《宁夏农机购置补贴机具核验工作要点（试行）》，使农机购置补贴政策更加科学规范、务实高效。

【农机社会化服务】2021年，全区新建农机作业服务公司10家，登记造册成立的农机专业合作组织达503家，其中农机作业服务公司154家，从业人员2.9万人，实现年经济效益过18亿元。采取“土地托管、订单作业、承包服务、一条龙服务”等方式，全年作业服务面积达到730多万亩。创新“互联网+农机作业”“全程机械化+综合农事”等农机服务新业态新模式，农机服务领域不断扩大，已覆盖农作物耕种收全过程、经济作物关键环节等领域，农机作业服务组织成为农业社会化服务中最具活力的市场主体。全区夏秋两季共组织884台农业机械参加跨区作业，跨区作业面积达到167万亩，平均单台机车跨区作业获利6.7万元。针对马铃薯机械化作业水平低的问题，探索马铃薯跨区机收，利用山川马铃薯收获的时间差，组织山川及周边省（区）农机专业合作组织开展马铃薯跨区机收作业。

【农机化科技应用】2021年，宁夏引进各类农机装备43台（套），合作研发农机新产品32台（套）。累计安装拖拉机北斗导航无人驾驶系统64套、深松机智能监测系统1500套，深松机安装率为100%。80%的规模奶牛养殖场安装了奶牛行为和发情监测器，植保无人机、TMR全日粮混合机、挤奶机器人、推料机器人、精量播种机等一批智能化农机投入使用，实现“机耕铁犁”到“智能精耕”的提速换挡。加快创建农机化示范县、示范园区，创建国家级主要农作物生产全程机械化示范市1个（石嘴山市）。围绕自治区确定的奶牛、肉牛和滩羊、酿酒葡萄、蔬菜等产业，优先选择一批园区配套、技术先进、辐射带动能力强的园区、基地和农机作业公司，建设农机农艺融合全程机械化示范园区11个、智能化农机示范基地3个，其中智能化示范园区3个，基于北斗、5G的无人化农机、植保无人驾驶航空器等智能农机进军生产一线。实现良种、良法、良机、良技、良制融合发展，助推特色产业高质量发展。园区重点环节实现机械化作业水平达到100%。7月，宁夏承办全国2021年特色作物“田间日”农机推广活动，活动集中展示小麦全程智能收获、无人驾驶、精准作业和蔬菜机械化收获、果园机械化除草等先进智能装备和技术，推进“机械化+数字化”高端智能农机装备在区域特色作物中的推广应用。围绕设施农业和智慧农业发展薄弱环节，引进智能推料机器人2台、田园管理机10台、菜心收获机1台，投入到企业和相关县（区）推广应用。一批产业急需、农民急用的农机科技创新成果得到应用，有效解决了全区优势特色产业发展机械化作业“无机可用”和“无好机用”的问题，促进农业结构调整和特色优势产业发展。

【农机安全管理】2021年，全区实行农机维修网点审核和修理工就业准入制度，开展农机维修经营网点等级评审工作，提高了农机维修质量。各级农机管理部门与工商、质监部门狠抓农机补贴产品质量监督，对重点区域、重点市场进行专项整治，净化了农机市场。加强农机产品试验鉴定检验，全年完成各类农机检验检测项目33项（其中，推广鉴定31项，专项鉴定2项），发放农机推广鉴定证书49份，专项鉴定证书2份。组织研发全

2021年4月29日，江苏院士专家宁夏行系列活动——全区食用菌栽培技术培训班在银川市举办

区农机安全监理业务办理信息化系统，实现全区农机监管网上办理、数据共享。推进农业机械化管理"放管服"改革，实施农机安全监理免费政策和便民举措，取消农业机械维修技术合格证核发行政许可，开展农机驾驶培训机构"证照分离"改革试点，改革农机试验鉴定制度，推进农业机械化管理信息化。全区累计创建全国"平安农机"示范市3个、示范县(区)15个，获全国农机安全监理岗位示范标兵24名、自治区农机安全监理岗位示范标兵60名。加强基层农机安全监管网格化建设，巩固建设农机安全联组2400个。

（张　力）

农田整治

【概况】2021年，宁夏完成中央和自治区农田建设投资116569万元(其中，中央投资89969万元，自治区财政26600万元)。建成高标准农田96万亩，较国家下达的95万亩年度任务增加1万亩，超过1%。发展高效节水灌溉16.84万亩，较国家下达的11万亩年度任务增加5.84万亩，超额53.1%。累计建成高标准农田876万亩(其中，银川市156万亩，石嘴山市132万亩，吴忠市237万亩，固原市158万亩，中卫市193万亩)，占全区耕地的49%。2021年，全区共有耕地1802万亩(其中，水田232万亩，水浇地576万亩，旱地994万亩)。共有永久基本农田1400万亩，粮食生产功能区640万亩。共有盐碱地264.9万亩(其中，轻度盐碱地139.8万亩，占比为52.8%；中度盐碱地74.2万亩，占比为28%；重度盐碱地34.3万亩，占比为12.9%；潜在盐碱地16.6万亩，占比为6.3%)。2021年，全区年均降水量289毫米，水面蒸发量1218毫米，干旱指数为4.2。全区人均水资源可利用量576立方米，不足全国平均值的1/3。全区取水总量68.1亿立方米，其中农业取水量55.9亿立方米，占比为82.2%，比全国平均值62.1%高21个百分点。2021年，全区灌溉面积1003万亩，亩均取水量558立方米。

【高效节水灌溉】2021年，全区发展高效节水灌溉面积16.84万亩，累计发展高效节水灌溉487万亩，占全区灌溉面积的49%，灌溉水利用系数达到0.56。全区高效节水灌溉率库井灌区达90%、扬黄灌区达60%、自流灌区达35%，2021年全区高效节水灌溉工程发挥明显的抗旱保灌减灾作用。推行盐池县高效节水"马儿庄模式"，坚持北部节水挖潜、中部提质增效、南部开源扩面的定位，启动实施"三个百万亩"高效节水工程，推广水肥一体化、按墒灌溉、精准用水、智能控制等技术。全区487万亩高效节水灌溉中，滴灌257万亩，主要支撑玉米、枸杞、葡萄、黄花菜等产业发展；喷灌58万亩，主要支撑供外蔬菜、苜蓿等产业发展；管灌172万亩，主要用于玉米、马铃薯等分散经营的种植区。

【农田水利基本建设】2021年9月17日，全区秋冬农田水利基本建设暨中部干旱带高效节水试点示范项目现场会在红寺堡区召开，抢抓秋冬黄金施工期，在全区掀起农田水利暨高标准农田建设高潮。全年清挖整治沟道1.5万公里，清理整修渠道2.4万公里，整修农田道路1.8万公里，新植农田林网2.1万亩，改善灌溉面积230万亩，秸秆还田216万亩，增施有机肥170万亩，农机深松整地157万亩，治理盐碱地10万亩。采取增施有机肥、秸秆还田、机深翻等措施，提升耕地质量，高标准农田项目区耕地质量提升措施覆盖率超过90%。实施退化耕地治理项目，在石嘴山市、吴忠市开展盐碱地治理示范10万亩，项目区耕地全盐含量降低至0.3%。采取平整土地、调整条田埂向、小块并大块，拆废拆闲拆孤、规整零星荒地，推广暗管排水、地面明渠变地下埋管等措施，深度挖掘耕地潜力，全年核定入库新增耕地2万亩。

【耕地质量监测保护】2021年，宁夏编制

2021年10月，平罗县通伏乡新潮村高标准农田建设项目

《2021年宁夏退化耕地治理与耕地质量等级调查评价项目实施方案》,指导相关县(区)开展退化耕地治理。在平罗县、贺兰县、惠农区、红寺堡区投入802万元,开展退化耕地治理模式示范10万亩,完成春季和秋季200个土样、40个水样和8个土壤剖面样的采集工作。通过持续两年的综合治理,构建了政府投入、农民参与、科学监测、专家指导的新模式,项目区农业综合生产能力显著提高,耕地质量等级提高1个等级,土壤盐渍化程度平均下降1个等级,粮食生产能力亩均增加50公斤,为全区退化耕地治理和耕地质量提升提供了示范样板。配合农业农村部完成全国土壤样品库中宁县、平罗县和沙坡头区4个土壤剖面诊断标准取样工作,为第三次全国土壤普查工作奠定基础。开展宁夏退化耕地治理与模式探究课题调研,对全区不同区域土壤理化指标监测提出耕地盐渍退化、水土流失退化等4个类型16种治理模式,为高标准农田提质增效提供数据支撑。

(张　力)

农业科技与教育培训

【农业科技创新】2021年,宁夏以现代农业产业技术体系专家团队为抓手,组织25个产业首席专家团队开展关键技术、重大实用技术攻关和推广应用36项,攻克一批农业科技关键核心技术,引进推广一批"卡脖子"重大实用技术,为特色产业高质量发展和乡村振兴发挥重要的科技支撑作用。开展种业振兴行动和种业科技创新行动,建成国家级制种大县1个,国家级区域良种繁育基地3个。建设自治区南繁育种基地339亩,全年培育水稻、玉米、向日葵、瓜菜等作物新品种组合5.6万个,繁制种4.5万公斤。全区主要农作物良种覆盖率为96%。开展农业科技合作交流,推动产学研、农科教一体化机制建设,与西北农林科技大学、中科院西安分院、宁夏农林科学院、宁夏大学等院校签订科技合作协议书。44家国内知名农业高等院校及科研院所近120名农业专家在全区开展科技合作与交流。

【农业技术推广】2021年,宁夏实施农业科技服务行动,落实技术服务组525个,农技人员1897人,服务主体1112个,科技示范基地1122个,下基层开展技术指导、建园联企服务、重大科技攻关、人才培养培训、政策法规宣传等,对示范主体开展手把手、面对面的技术指导和咨询服务。开展基层农技推广服务体系改革与建设,遴选发布农业主推品种133个、主推技术130项和绿色技术模式12项,建设56个长期稳定的农业科技示范基地,培育3232个科技示范主体依托示范基地开展培训、展示、观摩等活动,在兴庆区、西夏区、贺兰县、灵武市、青铜峡市、惠农区、同心县7个县(区)示范推广农业优质绿色高效技术模式10项,推动绿色环保、增产增效先进实用技术直接进村入户到田推进主推技术进村入户到企,全区农业主推技术到位率为95%;组织全区1232名基层农技人员开展能力提升培训,其中骨干培训420人。全面实施"农技推广服务特聘计划",从农业乡土专家、种养能手中招募农技员,充实到基层农技推广队伍,招募特聘农技员43人。全区所有农技人员基本信息在中国农技推广信息平台注册完善,农技人员App使用率达到85%,通过线上云端开展农技推广服务,给农技推广插上互联网的翅膀。组织申报吴忠市利通区和宁夏农林科学院入围首批全国科技现代化先行县共建结对单位。推荐申报并获批5个全国星级基层农技推广机构和3个星级农业科技社会化服务组织;推荐申报2人获"互联网+农技推广"服务之星。

【智慧农业】2021年,宁夏加强对平罗县、盐池县、利通区、西夏区4个国家数字乡村试点县的示范指导,以农业物联网、5G数字农业试点、数字乡村示范建设为契机,带动农业农村生产管理向自动化、智能化、数字化方向迈进。全年推广示范农业物联网项目17个,组织申报认定2021年度全国农业农村信息化示范基地3家,重点扶持发展奶牛、肉牛、滩羊养殖以及葡萄酒产业与绿色农产品5个重点产业农业物联网升级改造,农业自动化管理水平和数字化监测水平有了不同程度提高。

【高素质农民培育】2021年,全区组织实施新型农业经营主体带头人培训计划、返乡入乡创业创新青年培育计划、种养加能手技能培训计划、致富带头人培训计划以及服务乡村治理及社会事业发展的各类服务人员培训计划。培训各类型高素质农民14191人,培训师资100人。在线学员参评率为98.7%,学员对基地、培训内容、师资等综合满意度为99.7%。新建农民田间学校7所,农民田间学校示范校6所。组织参加全国农民教育培训评优评先活动,1名基层农广校校长获"2021年度中华农业科教基金会神内基金农技推广奖"、2名基层农广校教师入围"100名全国优秀农民教育培训教师"、3所农民田间学校入围"100个全国优秀农民教育培训田间学校"、2所农民田间学校入围"全国首批共享农民田间学校”、宁夏农业广播电视学校获评“2021年全国农民教育培训教材建设优秀单位”。

（张　力）

农业投资与综合开发

【外资项目】2021年，宁夏聚焦肉牛和滩羊、绿色食品等重点产业，借鉴国际先进的参与式项目管理、联农带农等理念，在彭阳县、原州区、红寺堡区、利通区、兴庆区组织实施国际农业发展基金贷款优势特色产业发展示范项目，项目建设期6年（2019—2024年），总投资人民币48419万元（其中，国际农发基金贷款3600万美元，自治区财政配套人民币25019万元）。已累计下达项目资金21254万元，完成10615万元。建成新型温室9.4万平方米，标准化养殖圈舍5.9万平方米，建设高标准农田1.54万亩，配套高效节水灌溉设施4000亩，修筑乡村道路63公里，培育合作社14家，培训农民1.41万人次。形成“党支部+合作社经营+基地+农户”订单生产、“生产基地+养殖基地”的种养循环、“生产端直接受益”小农户产业增值等模式，项目区肉牛、滩羊饲养量分别达到3.4万头和8.3万只，设施瓜菜0.42万亩，中药材0.3万亩，辐射带动农户10358户3.9万人，项目区人均增收3600元，实现小农户与现代农业的有机衔接。抢抓农业农村部与亚洲开发银行合作实施黄河流域绿色农田建设和农业高质量发展项目申报和可行性研究报告编制、论证、考察、评审等工作。国家发展改革委、农业农村部已将陕西、山东、宁夏等7个省（区）初步列入利用亚洲开发银行贷款备选项目规划，预计每省（区）贷款额度为2800万美元（由中央财政统借统还）。宁夏计划通过绿色高标准农田建设、水土流失防控、生态环境保护和助力产业发展等措施，在青铜峡市、兴庆区、彭阳县重点建设绿色农田9.6万亩，生态治理区域39万亩，提升区域内农田基础设施建设水平，实现绿色农田建设、生态环境保护、产业发展与农民增收协同推进。9月，亚洲开发银行考察团对宁夏黄河流域绿色农田建设和农业高质量发展项目前期工作给予高度评价。10月31日，宁夏项目可行性研究报告如期上报农业农村部。

【科技合作】2021年，为加快推进先进农业科技成果在全区的转化应用，依托宁夏现代农业综合开发工程技术研究中心科技创新平台，聚焦优质粮食、葡萄酒、高品质牧草、瓜菜、盐碱地治理等方面的技术瓶颈问题，与中国科学院、宁夏大学、宁夏农林科学院等11家科研院所合作，综合应用水利、农技、农艺、工程等措施，实施优质粮食绿色生产减肥增效技术集成与示范、中科甜饲用甜高粱转化应用关键技术集成示范及推广、宁夏六盘山区冷凉蔬菜水肥一体化优质高产高效综合技术示范推广、宁夏六盘山区食用菌新品种栽培技术集成与示范、银北盐碱地土壤改良技术集成等示范项目。通过项目实施，围绕优质粮食、现代畜牧、瓜菜特色优势产业，集成示范推广优质粮食绿色减施增效、甜高粱种植、饲草料调制及饲喂、冷凉蔬菜水肥一体化、香菇及羊肚菌新品种栽培、盐碱地土壤改良等10余项新技术，完成示范推广面积2万余亩，制定地方标准3项，获得发明（外观设计）专利2项，发表科技论文5篇，培训技术人员和农民1100余人次。

（张　力）

NINGXIA YEARBOOK

水利

SHUILI

编辑◎郭勤华

综 述

【生态水利】2021年，宁夏持续加强河湖水域岸线管控，国家水利普查名录内河湖管理范围全部划定并复核，78%的河流设立界桩。纵深推进“清四乱”常态化规范化，40个黄河岸线利用项目问题、207个河湖“四乱”问题全部整改。沙坡头区获批国家水系连通及水美乡村建设试点。开展生产建设项目水土保持专项整治行动，征收水土保持补偿费6.5亿元，近10年750个生产建设项目存在的1388个水土保持违法违规问题全部解决。实施小流域治理、坡耕地整治和淤地坝建设工程71项，新增治理水土流失面积964平方公里。盐池县、原州区、隆德县成为国家水土保持示范县。黄河流域水生态环境问题稳步整改，236个黄河宁夏段河道及滩地被占问题全部整改。制定全面推行河湖长制工作联席会议制度，4323名五级河湖长和2221名巡河员巡查河湖39万次，黄河宁夏段水质连续五年Ⅱ类进出，主要入黄排水沟水质全部达标，国控断面劣Ⅴ类水体全面清零，地级城市建成区黑臭水体整体消除。

【民生水利】2021年，面对60年来最严重旱情，宁夏紧盯重点强化水量调度，发挥基础支撑作用，三大扬水工程供水流量和供水期均达历史最高，确保720万城乡居民饮水安全和粮食生产“十八连丰”。自治区政府联合水利部召开“互联网+城乡供水”示范区建设工作推进会，17个县（区）完成可研报告批复，固原四县一区基本完成年度建设任务，全区农村集中供水率达98.5%、农村自来水普及率达95.8%，分别高于全国平均水平10个百分点、12个百分点，位于全国前列。多次赴国家部委对接汇报黄河黑山峡河段开发工作，力促水利部协调加快开展四项专题论证、相关省（区）转变态度、搁置七年的甘肃移民现场调查全面进场实施，宁夏治黄关键工程立项迎来新曙光。黄河宁夏段河道治理项目可研报告通过水规总院审查，完成防洪工程水毁修复156处、中小河流和山洪沟道防洪治理项目8个，实施中小型水库除险加固项目11个，更新雨水情监测站点1767个、预警设备3200套，防洪减灾基础不断夯实。

【水资源管理】2021年，宁夏率先出台《宁夏“十四五”用水权管控指标方案》，建立与水资源承载力相协调的发展布局，推动最严格水资源管理深入实施。开展取用水管理专项整治行动，整改取水工程11625个。启动“三山”地下取水井专项治理行动，关停自备井872眼。受理办结取水许可1323项，解决部分工业园区、沿黄取水口等历史遗留问题。推进深度节水控水行动，现代化灌区试点推广至10个县（区）。建立区、市、县三级重点监控用水单位名录。全区累计发展高效节灌面积487万亩，农田灌溉水利用系数达到0.56，万元GDP用水量、万元工业增加值用水量比上年分别下降9.06%和6.17%。全区50%县（区）建成全国节水型社会达标县（区），自治区政府机关、科技厅等6家单位和盐环定、红寺堡扬水灌区成为全国水效领跑者。

【现代水网体系建设】2021年，宁夏着力推进现代水网体系建设，主动融入国家水网，加快完善骨干水网，不断织密市县水网，城乡供水保障体系得到完善。列入城乡供水一体化工程的银川都市圈城乡西线供水项目完成青铜峡支线引水管道工程，东线完成首部取水工程、利通支线成功试通水，清水河流域城乡供水实现中卫至同心段通水，中卫市城乡供水一体化工程具备通水条件，全区城乡供水骨干网络布局基本形成，城乡供水网络提档扩面。固海扩灌扬水更新改造和青铜峡、固海大型灌区续建配套与现代化改造3个项目列入国家“十四五”重大农业节水供水工程实施方案，分别完成年度建设任务；银川都市圈城乡中线供水工程成功试通水，贺兰山东麓葡萄酒产业高质量发展供水保障工程开工建设，重点产业供水保障能力不断提升，农业生态水网提质增效。

【水利改革】2021年，宁夏率先出台用水权改革实施意见，印发配套制度6项，已完成核准确权灌溉面积867.65万亩、清查无用水权企业6689家，用水权确权稳步展开。完成用水权省级平台交易61笔、县级平台交易24笔，交易金额超3亿元，推动水资源向“水资产”转变，宁夏用水权改革在全国水利工作会议上交流。2021年，全区水利投资规模达70.9亿元，其中利用政策性金融、吸引社会资本投资20.31亿元。22个县（区）完成末级渠系农业水价的成本测算和审批，12个县（区）执行新水价。自治区本级涉水政务服务事项承诺时限比法定时限压减51%。承接国务院“审管联动”自治区试点任务，将“互联网+监管”向基层延伸。自治区水利厅所属18家企业完成脱钩移交，水利重点领域改革纵深推进。

【水利治理】2021年，宁夏推进水利法治体系建设，完成《宁夏回族自治区水工程管理条例》立法调研，配合自治区人大废止《宁夏回族自治区泾河水源保护区条例》，修订《宁夏回族自治区取水许可和水资源费征收管理实施办法》。开展工程建设政府采购等重点领域突出问题专项治理，整改问题339个。开展水利建设市场信用体系建设、水利工程项目审批“体外循环”和“隐性审批”整治、水利安全生产专项整治三年行动，完善水利建设市场主体信息档案，建立工程建设项目监管清单，排查整治隐患890个，水利工程质量和安全管理不断增强。水利财务管理规范有序，内控体系监管严格。水库移民后扶政策有效落实，助力移民区和谐稳定发展。

（邹　婷）

供水保障

【水量分配管理】2021年，宁夏坚持“以水定需，量水而行，总量控制，统筹配置”等原则，强化水资源最大刚性约束，自治区政府印发《2021年宁夏水量分配及调度》，将国家分配宁夏的水量分配到各市县及有关单位。分配各县（区）农业用水指标55.98亿立方米（其中，兴庆区1.67亿立方米，金凤区0.93亿立方米，西夏区2.27亿立方米，永宁县4.29亿立方米，贺兰县4.98亿立方米，灵武市3.59亿立方米，大武口区0.54亿立方米，平罗县7.04亿立方米，惠农区2.29亿立方米，利通区4.19亿立方米，青铜峡市5.92亿立方米，盐池县0.64亿立方米，同心县2.26亿立方米，红寺堡区2.18亿立方米，原州区0.87亿立方米，西吉县0.43亿立方米，隆德县0.16亿立方米，泾源县0.1亿立方米，彭阳县0.36亿立方米，沙坡头区4.58亿立方米，中宁县5.63亿立方米，海原县1.06亿立方米）。2021年，各县（市，区）农业实际用水量50.32亿立方米（其中，兴庆区1.44亿立方米，金凤区0.68亿立方米，西夏区2.31亿立方米，永宁县3.38亿立方米，贺兰县4.57亿立方米，灵武市3.42亿立方米，大武口区0.49亿立方米，平罗县6.55亿立方米，惠农区2.29亿立方米，利通区4.13亿立方米，青铜峡市5.23亿立方米，盐池县0.83亿立方米，同心县2.15亿立方米，红寺堡区2亿立方米，原州区0.52亿立方米，西吉县0.22亿立方米，隆德县0.09亿立方米，泾源县0.03亿立方米，彭阳县0.21亿立方米，沙坡头区3.58亿立方米，中宁县5.29亿立方米，海原县0.91亿立方米）。2021年遇到60年一遇罕见旱情，自治区水利厅综合研判抗旱保灌期间用水形势，协调

改造后的西干渠

市县、各水管单位，全力保障扬水系统供水水源干渠引水流量，启动红寺堡黄河泵站缓解七星渠供用水压力，红寺堡黄河泵站2021年累计开机88天创历年新高；东干渠自流灌区编组轮灌，支持盐环定加大流量运行，保障中部干旱带供水需求；协调西干渠和唐徕渠实施跨渠联调，有效缓解二农场渠中下游的灌溉困境。严格执行水量分配计划，依据黄河来水和灌区用水实际，细化月、旬调度计划，强化计划用水管理。实行日会商、周总结、月通报制度，每月定期对渠道管理单位引水量及各市、县（区）用水量进行通报，指导各渠道管理单位调整灌域调度计划，优化分配引水流量，强化干渠直开口规范管理，全面保障各业用水均衡受益。落实“以水四定”管控措施，完善引黄水量分配方案，各市、县（区）年度用水总量和各大干渠年度引水总量及时段引水流量严格控制在下达的指标之内。县（区）际断面和干渠控制断面引水实行“先交后用，交够再用”原则，保障灌区上下游、左右岸均衡受益。针对引黄灌区各引水渠道、泵站大流量满负荷运行时间长，制定加大流量运行调度专项预案，重新核定渠道限定水位和限定流量，统筹调度、协调配合，及时处置“4·27”黄河甘肃白银断面石油类超标2倍污染问题，受到生态环境部及自治区政府主要领导批示表扬。

【“互联网+城乡供水”】2021年，宁夏建立省部合作、领导包抓、部门协力、一抓到底的工作机制，全区22个县（区）按照“一个平台、两大产业、三张网、四个体系、五个示范区”的建设目标任务及工作要求，推进“互联网+城乡供水”示范省（区）建设。编制“互联网+城乡供水”项目工程质量评定与验收规程、工程运行与维护规程等5项技术方案，制定“互联网+城乡供水”项目数据规范，制定“互联网+城乡供水”项目资金筹措、建设管理和水价形成及调整3项指导意见，为示范省（区）建设项目落地提供行政指导和技术路径。强化月调度、季督查、年考核制度落实，加强对各县（区）项目实施的政策技术指导和项目推进引导。6月18日，召开“互联网+城乡供水”示范省（区）建设推进会。截至2021年年底，全区17个县（区）完成项目可研报告批复，固原市5个县（区）项目建设完成投资3.31亿元，宁夏“互联网+城乡供水”管理服务平台全面启动建设。

【生态补水】2021年，宁夏贯彻关于推动黄河流域生态保护和高质量发展的重要论述和全面落实黄河流域生态保护和高质量发展先行区建设各项决策部署，根据国家分配全区的用水指标，统筹各业用水需求，在《2021年全区水量调度方案》中将湖泊湿地生态补水计划纳入全区水量分配计划。2021年下达全区湖泊湿地生态补水计划2.11亿立方米，各渠道管理单位根据各县（区）生态补水工作的实际情况，将生态用水指标细化到具体到湖泊湿地。在生态补水计划的实施过程中，通过优化水量调度，避免与农业争水，加强督导，及时掌握补水动态，协调解决困难。督促有关渠道管理单位和市县水务局，做好渠道在建工程和渠道清淤工作，确保补水渠道安全畅通。唐徕渠3月15日开闸放水，全力向湖泊湿地生态补水。明确要求严禁向人造水面景观补水消耗黄河水，严防部分地区随意扩大水面、乱补水现象。加大供水单位与用水单位之间的协调力度，加强信息共享，确保湖泊湿地适时补水。加强补水数据计量统计。密切跟踪关注生态补水进展情况，补水统计数据已达到“日清日结日上报”电子化管理水平。全年湖泊湿地生态补水调度管理口径统计累计取黄河水量2.7亿立方米，净补水量2.3亿立方米。其中，典农河生态净补水0.79亿立方米，沙湖生态净补水0.32亿立方米。水资源公报统计口径全年全区湖泊湿地生态补水净补水量为2.223亿立方米，核减永宁县、大武口区部分生态绿化用水。

【农村供水】2021年，宁夏严格落实城乡供水安全，扎实做好水源保护、水厂运行、维修养护、水质净化和水质检测监测等日常管理工作，加强供水服务全流程管理，全区227处农村集中供水工程、12.98万公里农村供水管网规范管理、平稳运行。开展农村供水设施维修养护，完成4449万元中央维修养护资金建设任务，被列入自治区年度“十大民生实事”之一。持续加强脱贫县（区）、供水薄弱地区和供水易反复人群饮水状况监测，集中开展饮水安全问题排查整治，实现全区饮水安全脱贫攻坚成果持续巩固，在国务院第八次大督查中饮水安全零问题反馈。农村饮水安全脱贫攻坚工作受到自治区党委、政府的肯定，自治区水利厅节水供水处被自治区党委、政府评为“全区脱贫攻坚先进集体”。加强规范化水厂建设，供水水质达标率持续提升，全区有4座水厂被水利部评为规范化水厂。面对2021年春夏以来的极端干旱天气，坚持把抗旱保供水作为促发展惠民生的首要工作，全区城乡供水保障无虞，受到自治区党委、政府和水利部领导的肯定。做好农村供水投诉举报及舆情问题受理工作，共受理解决有关问题46起，其中水利部12314监督举报平台转办投诉12起，群众满意度达到

98%，做到了事事有回复、件件有落实。

（邹　婷）

水利工程建设

【清水河流域城乡供水工程】该工程以中卫市黄河右岸浅层地下水为水源，新建辐射井群取水，沿清水河向南布设输水管道供水，补充和替换区域现有水源，解决沿线乡镇135.75万城乡群众生活用水、规模化养殖和工业产业发展用水需求，改善和保护区域水环境，保障区域城乡供水安全。工程由取水、输水、调蓄、净水等工程组成，新建辐射井群20组、加压泵站4座、调蓄水池9座，铺设输供水主管道195.65公里，新建净水厂5座，改造净水厂4座，配套各类建筑物1132座、新建管理用房6560平方米，供电和综合电气自动化系统等构成。工程总工期24个月，总投资236621万元。截至2021年年底，已完成辐射井9眼，泵站1座、蓄水池4座、管道96公里，新建净水厂2座，改造净水厂2座，配套建筑物420余座，35千伏供电线路8公里，10千伏供电线路52公里，运营调度中心、部分综合自动化等。完成二泵站封闭圈施工，管材进场68公里，管道安装3公里，完成管桥12座，穿渠建筑物7座。2021年6月30日通水到同心县城。

【银川都市圈城乡西线供水水源工程】该工程涉及银川市、吴忠市、石嘴山市，通过建设以黄河地表水为水源的供水工程，补充和替换区域现有水源，保障项目区的城乡生活、规模化养殖和工业产业供水安全，改善和保护区域生态环境。主要建设内容：新建黄河水源泵站1座，配套扬水压力管道5.3公里；改造西夏渠长65.14公里，其中西夏渠进水闸至入渠联合建筑物段长0.81公里，隧洞长4.9公里，其余段落采用预制管涵和现浇混凝土箱涵相结合的形式，配套相关建筑物；新建石嘴山支线输水管道73.3公里，配套相关建筑物；改造西夏水库1座，新建青铜峡、大武口调蓄水库共2座。水源工程总投资396468万元，2021年完成水利工程投资31728.05万元。截至2021年年底，已完成黄河水源泵站1座，配套扬水压力管道5.3公里，改造西夏渠长65.14公里，改造西夏水库1座，新建青铜峡支线输水管道3.2公里，新建石嘴山支线输水管道4公里。

【银川都市圈城乡东线供水工程】该工程涉及吴忠市利通区、青铜峡市及银川灵武市，为全国150项重点水利工程之一，工程利用黄河青铜峡库区东干渠引水，经沉沙调蓄、净化处理后向吴忠市、青铜峡市及灵武市供水，解决2市3县（区）72.18万人城乡居民生活用水、规模化养殖及工业用水问题。工程初设批复总投资为148200万元，全年完成投资39256万元，工程设计水平至2025年引水量6903万立方米。累计完成首部取水工程、青镇泵站工程等，2021年5月1日首部取水调试运行；完成金积水厂工程，2021年9月初开始调试，2021年9月29日正式向吴忠市区供水；完成三星塘水库工程、金积泵站工程主厂房、副厂房主体建设以及第二水厂、第四水厂工程建设；青铜峡支线全部完成，灵武支线完成8.5公里，东山支线完成20公里，2021年10月18日正式向五里坡供水。

【银川都市圈城乡中线供水工程】该工程主要整合河东灌区各级泵站，建成统一的供配水工程，工程建设可实现区域水资源集约节约利用，解决高质量发展用水难题。工程主要建设任务为：在黄河右岸溜山头新建水源泵站1座，实施管道供水，建设泵站加压供水管道BCCP管13.62公里，建设重力输水管道43.62公里、配水管道67.63公里供水至田间蓄水池。工程实施后，灌溉保证率提高，规划种植结构调整，运行管理人员由76人减至20人，年节约人工成本672万元。工程总投资13.31亿元，全年完成投资6.34亿元。截至2021年年底，建设完成黄沙古渡泵站工程主体，13.6公里压力

清水河流域城乡供水工程小洪沟蓄水池

管道和35千伏供电线路全线贯通，重力流管道安装完成24公里，中线工程一次性试通水成功并输水到沿线4个高效节灌蓄水池工程。

【固海扩灌扬水更新改造工程】固海扩灌扬水更新改造工程包括固海扩灌扬水更新改造工程和西吉供水工程两部分。固海扩灌扬水更新改造工程：包括更新改造泵站19座，新建调蓄工程4座，更换主机组109套及配套辅助设备等，改造水工建筑物、翻建、维修主（副）厂房、配套防洪及巡护道路工程等。西吉供水工程：包括新建泵站3座，铺设输水管线长80.92公里，配套各类管线建筑物652座及管理设施等。工程年总供水量13172万立方米，灌溉面积68.44万亩。主体工程总工期36个月。工程总投资25.66亿元，全年完成投资4.57亿元。截至2021年年底，完成固扩骨干1~6泵站48台机组以及主（副）厂房、变电所等更新改造，改造后装置效率由原60%提高到67%。完成主（副）厂房土建结构改造6座，前池翻建2座、清污机室新建6座，技术供水蓄水池新建6座，PCP压力管道安装450节，机组就位安装40台、高低压柜安装350面。完成变电所翻建6座，主变安装12台。完成新建35千伏、110千伏供电线路23公里。

【宁夏引黄古灌区世界灌溉工程遗产展示中心】宁夏引黄古灌区世界灌溉工程遗产展示中心承担着河流文明互鉴的“窗口”、讲述宁夏特色黄河故事的“广播”、黄河文化交流与传播的“客厅”等重要职能作用，是系统全面宣传宁夏黄河文化悠久历史和引黄灌溉辉煌成就的核心区域。主要建设内容为：总建筑面积9901平方米，地上2层，使用功能分为陈列展览区、教育区、服务设施、业务区、行政区等。工程项目概算投资1.26亿元，建设工期489天，2021年完成投资0.4亿元。工程于2021年8月10日开工建设，已完成建筑主体框架结构施工以及室外消防水泵房、地下管沟等附属工程。

【青铜峡灌区续建配套与现代化改造一期工程】该工程实施范围包括唐徕渠、惠农渠、渠首、汉延渠、秦汉渠灌域部分渠道及建筑物改造，贺兰山东麓葡萄产业供水泵站改造等，工程主要建设内容包括改造骨干病险建筑物29座，改造骨干渠道55公里及巡护道路40公里，新建泵站2座，配套量测水设施、信息化设施设备等。工程估算总投资7.65亿元，总工期为24个月，2021年完成投资2.18亿元。唐徕渠灌域第二农场渠现代化改造完成后，灌溉水利用系数将提高到0.58，灌溉需水量将减少到2.32亿立方米，全灌区年粮食增产效益将达到16928万元。惠农渠灌域节水改造后，年节水量可达455万立方米，按照节水量70%进行水权转换至工业，单方水交易价格1.1元/立方米计算，工程节水转移效益将达到292万元，惠农渠控制灌溉面积115.8万亩，项目实施后改变作物种植结构，年灌溉效益可达81423万元，项目因种植结构调整新增效益2467万元。工程于2021年9月2日正式开工建设，截至2021年年底，惠农渠灌域完成渠道砌护11.47公里，改造斗口8座，4座水闸建筑物水下部分及主体结构全部完成；唐徕渠灌域完成渠道砌护11.81公里，26湾节制闸、红旗沟退水闸2座建筑物水下部分及主体结构全部完成；渠首灌域完成渠道砌护1.55公里；葡萄长廊供水1号泵站、2号泵站封闭圈浇筑已完成。

【固海扬水灌区续建配套与现代化改造工程】该工程概算总投资7487万元，工期为10个月，项目实施后，区域规模化高效节水灌溉得以大力发展，灌区用水计量设施配套得以加强，灌溉保证率进一步提高。工程于2021年9月3日正式开工建设，截至2021年年底，已完成黑水沟渡槽、枣林沟渡槽、小哈拉沟渡槽、大哈拉沟渡槽、1号退水闸、1~4号生产桥主体工程；完成4.91公里渠道和3号退水闸水下施工内容；完成4号涵洞全部施工内容；曹家大沟、马堡南、马堡北、清水河、金鸡沟、石坝渡槽槽壳预制、立柱排架、渡槽进出口旱槽连接段已浇筑基本完成，金鸡沟渡槽正在进行吊装槽壳。全年完成投资0.73亿元。

【贺兰山东麓葡萄产业高质量发展供水工程】2021年，根据全区葡萄产业现状及发展需求，统筹种植供水、防洪安全等要求，完善西干渠灌域供水、防洪工程体系。工程规划到2025年，葡萄种植面积达100万亩，新增种植面积50.8万亩，总需水量3.73亿立方米，新增需水量1.26亿立方米。输配水工程建设分二期实施，一期（2021—2025年）共计新建和改造泵站9座，配套输配水管网94.26公里，新建调蓄水池22座225万立方米。二期（2026—2035年）共计新建泵站5座，配套输配水管网88.29公里，新建调蓄水池4座450万立方米。工程规划配套水源工程24处，泵站55座（其中，利用现状泵站41座，新建或改造泵站14座），利用现状蓄水池65座。新建或改造泵站总新增装机容量3.91万千瓦，总新增上水能力1亿立方米。规划范围南起中宁县太阳梁的枣园沟，北至石嘴山惠农的正谊关沟，按照“分段导引，合理归并，集中入库”布局原则，在园区西侧新建导洪工程，归并山洪沟，新建导洪堤，治理现有泄洪沟，规划新建导洪工程长83.88

公里，提升加固堤防23.95公里，治理沟道146.05公里，道路硬化288.03公里，新建涉洪交通建筑物29座，提升园区防洪能力。工程总投资14.6亿元。截至2021年年底，永宁县广夏、奋斗、农一队扬水泵站，西夏区农牧场一号站、二号站5座泵站主体工程已完成，春灌全部投入运行；完成青铜峡市鸽子山片区配水工程，2021年完成投资0.3亿元。

【黄河黑山峡水利枢纽工程】2021年，自治区党委、政府高度重视黑山峡河段开发治理项目，坚持高位推动，黑山峡河段开发列入中共中央、国务院印发的《黄河流域生态保护和高质量发展规划纲要》和国家发改委、水利部印发的《"十四五"水安全保障规划》。自治区建立省级领导包抓机制，包抓领导自治区政协主席崔波、政府副主席王道席亲力亲为，多次带队前往国家相关部委协调对接，推动工程立项建设进程。全国两会期间，发挥人大、政协直通车作用，宁夏多位全国人大代表、政协委员建议决策立项黄河黑山峡水利枢纽工程。全国人大丁仲礼副委员长、全国政协刘奇葆副主席，水利部、黄委会、自治区党委政府、南水北调集团、人民日报社等各级领导15次考察调研黑山峡水利枢纽工程，共同推动黄河黑山峡水利枢纽工程项目实施，助力宁夏经济社会高质量发展。围绕推动项目加快立项建设，自治区水利厅与有关部委和技术支撑单位建立密切联系机制，及时了解动态，掌握工作进展，并将工作动态向政府分管领导汇报，共完成动态信息报送18期。通过上下联动、共同推进，国家发改委督促工程前期工作进展，水利部推进四项论证加快完成，并听取论证进展和部署下阶段工作，黄委会将黑山峡工程前期工作列入年度重点任务。在国家发改委、水利部和黄委会的积极协调下，甘肃省同意开展水库淹没及移民安置现场调查，设计单位调查人员于10月进入甘肃开展库区淹没实物调查。为切实加快工程立项决策，打牢河段开发论证关键技术基础，自治区财政支持该项目，筹措区本级财政资金2300万元，按照习近平生态文明思想和黄河流域生态保护和高质量发展要求，自治区水利厅组织国家级技术团队开展《黑山峡河段开发对黄河"几"字弯战略作用研究》《黑山峡水利枢纽工程水网规划布局研究》《基于黑山峡水利枢纽工程建设多能互补基地规划布局研究》等9项课题研究。

【黄河宁夏段综合治理工程】2021年，为推进黄河流域生态保护和高质量发展先行区建设，按照自治区党委和政府编制"一河三山"生态保护治理规划安排部署，自治区水利厅编制《黄河宁夏段生态保护治理规划（2020—2025年）》，自治区党委和政府于2020年11月7日对规划给予批复。在黄河宁夏段综合治理的基础上，编制完成《黄河宁夏段河道治理工程可行性研究报告》。黄河宁夏段河道治理工程主要建设内容包括新建堤防、河道整治、生态修复、信息化工程四个部分。工程的治理范围为中卫沙坡头以下到青铜峡库区末端河段以及青铜峡坝下到石嘴山河段。工程建成后，将进一步完善黄河宁夏河段防洪工程体系，保障防洪安全，促进生态环境改善，提升河道综合管理信息化水平，有力保障人民群众生命财产安全和经济社会持续健康发展。2021年2月，编制完成《黄河宁夏段河道治理工程可研报告》，并提请水利部进行审查。自治区包抓领导亲自协调可研审查、要件办理等事宜，自治区水利厅主要领导、分管领导带领专班专人常驻北京、郑州两地，反复对接黄委会、水利部水规总院，督促落实相关工作推进。5月，受水利部委托，水利部水电水利规划设计总院在银川市对工程可研报告进行正式审查，印送了审查会议纪要，按照审查意见修编完成可研报告。8月，水利部水电水利规划设计总院组织专家进行了复审，并通过审查，于10月26日出具工程可研报告审查意见且报水利部核批。10月22日，黄委会批复水工程建设项目规划同意书。水利部出具审查意见前所需办理的社会稳定风险评估、环境影响评价等前置要件和专题报告已获得批复或意见，自治区发改委批复黄河宁夏段头道墩至都思兔河右岸综合治理滨河道路工程可行性研究报告，并对生态保护修复专题进行审查，工程前期工作取得阶段性进展。

【陕甘宁革命老区供水工程】陕甘宁革命老区供水工程以黑山峡水利枢纽为水源，采取重力管道自流引水方式，自西向东将黄河上游原水从宁夏中部延伸至陕北榆林、延安，甘肃庆阳地区，主线总长度550.5公里，至陕西延安总扬程273米，至甘肃庆阳总扬程251米，包括宁夏盐池县、红寺堡区、同心县东部地区，陕西榆林市定边县、靖边县和延安市吴起县、志丹县、宝塔区、安塞区，甘肃庆阳市环县、华池县、庆城县、合水县，涉及三省（区）四市十三县（区），受益人口306.4万人（其中，宁夏48.8万人，陕西169.9万人，甘肃87.7万人）。工程规划水平至2035年供水量4.42亿立方米，设计年取水量为5.23亿立方米，取水流量18.23立方米/秒。2021年，委托黄河勘测规划设计公司编制完成《陕甘宁革命老区供水工程规划》，并进行补充修改，完成工程规划报告。完成《陕甘宁革命老区供水工程水资源配置方案》编制和评审验收；陕甘宁革命老区供水工程列入国家黄河流域生态保护和高质量发展水利专项规划及国家水网规划；2021年11月，自治区政府与南水北调集团合作协议也明确提出加快该工程推进的合作建议。

（邹 婷）

水资源管理

【概况】2021年，宁夏全面摸清各类取水口及取水监测计量现状，探索建立黄河流域水生态保护与司法保障协作新机制，出台黄河干流宁夏段取水工程专项整治行动实施方案，建立清查整改台账，规范取用水行为，持续维护母亲河生态健康。借助取用水工程专项整治、黄河滩地整治、开发区合规整改工作、环保警示片和审计反馈问题整改等有利契机，解决长期以来无许可取水、超许可取水、无计划用水等顽疾，规范取用水行为。加大组织审查水资源论证力度，仅区本级受理办结取水许可审批近百项，论证量和办理量为常年的3倍多，解决大量历史遗留存量问题。核查明晰沿黄独立取水口取水指标，核减自治区水利厅办理取水许可企业闲置取水指标5400万立方米，强化取水许可事中事后监管。推进全区规模以上取用水单位计量不到位、设施老化等问题整改，进行在线监测计量体系建设，重点取用水户监测全覆盖，沿黄取水口、工业取水口和重点农业取水口基本实现在线监测。

【节水型社会建设】2021年，宁夏印发《宁夏回族自治区节水型社会建设"十四五"规划》《宁夏回族自治区非常规水源利用规划（2021—2025年）》，建立以23个厅局为成员单位的宁夏节约用水行动厅际联席会议制度；核定下达41家取用水大户用水计划；审查5个规划和183个建设项目节水评价，9个建设项目节水评价未通过，发布了重点监控用水单位名录。全面开展节水载体建设，50%的县（区）建成"全国节水型社会建设达标县（区）"，宁夏重点用水行业规模以上节水型企业达到90.4%，自治区级节水型机关达到90.4%、节水型高校达到25%，固原市机关事务管理局、自治区机关事务管理局、水利厅、银川市机关事务服务中心等6家单位成为全国公共机构水效领跑者，红寺堡扬水灌区、盐环定扬黄灌区成为全国区域灌区水效领跑者。持续开展"精心呵护母亲河　建设美丽新宁夏"主题宣传教育系列活动，覆盖青少年累计超过500万人次，"节水中国·你我同行"宁夏主题宣传联合行动获全国"优秀活动""优秀组织单位""十佳地区"称号，宁夏参赛作品《滴答滴》《玛瑙的烦恼2》分获全国"节水在身边"短视频大赛一等奖、三等奖。

现代化李俊节制闸

【中小河流治理】2021年，水利部下达全区流域面积200公里至3000公里中小河流治理中央水利发展资金6459万元，治理河长任务50公里。按照下达资金计划和治理河长任务，2021年共安排实施中小河流治理项目6个，下达投资6629万元。截至2021年年底，累计完成投资5856万元，占下达投资6629万元的88%，完成治理河长50公里。为确保中小河流治理项目规范有序实施，自治区水利厅严格督导各地坚持系统治理，提升优化治理理念，统筹流域规划、国土空间规划，严格勘察设计质量过程管理，加强初设成果审查把关，及时与发改委、财政、自然资源等对接，加快初步设计审批办理，确保实现"治理一条、见效一条"的建设目标。加强工程建设管理。督导各级水务局、项目法人单位严格按照相关法律法规和工程建设管理制度执行，合理计划、组织，挂图作战，确保按照时序有力有序推进。坚持问题导向，加大监督检查力度，对各类突出问题进行分类，逐项落实整改，举一反三，建立长效机制，切实提高整改成效与建设管理水平。按照中央和自治区关于中央水利发展资金相关规定，督导各水务局规范资金使用与管理，重点紧盯进度审核、资金拨付、绩效评价等环节，确保用好管好资金，提高资金使用效益。工程建成后，全面提高区域防洪能力，保障沿线人民群众的生命安全和财产安全。在经济和社会效益方面，两岸农田、道路、工厂等设施得到有效保护，保证了沿河两岸人民安居乐业，实现人与自然的和谐相处，促进了经济社会的可持续发展；在生态环境效益方面，区域林草覆盖面积增大，区域小气候得到有效调节，河道流域及周边地区水分状况和热量状况明显改观，生态系统功能增强；在水土保持效益方面，流域生态治理水土保持措施实施后，大大减少入河泥沙量，延缓下游河道淤积，生态环境明显改善。

【水文监测】2021年，宁夏全面启用17处引黄灌区干渠站、4处山洪沟道站流量自动在线监测系统，新建1处渠道站自动在线监测系统。完成苏峪口、泉眼山全要素示范性现代化水文站建设，推进2处排水沟站自动在线监测试点建设。快速推进水文站提档升级。7处国家基本水文站提档升级项目有序实施，剩余23处国家基本水文站提档升级建设项目获自治区发改委批复。现代化水质检测实验室建设完成。完成银川分局水文巡测基地水环境监测实验室升级改造及搬迁，现代化水质检测实验室投入使用。全面完成2021年度黄河凌汛测报工作，凌汛期间向各级防凌单位发送凌情信息5万余条、发布凌汛快报45期。防汛测报精准高效。编制18处中央报汛站超标准洪水测报预案，完善80条中小河流洪水预报方案。完成23条沟道30场次暴雨洪水测报，发送水文情报预报短信近20万条，发布《水情简报》《旱情简报》等40期。不断提升预警能力。建立“空天地”一体化山洪监测预警体系，在贺兰山东麓等防汛重点区域引入铁塔高空视频站16处，新建水位视频站2处，配置无人机7架。做好泾河、清水河、苦水河、星海湖、沙湖生态流量（水位）监测，精心开展引黄灌区排水沟调查，摸清入黄排水水系现状。水资源承载能力监测先行先试。率先开展全国首批2个试点之一的中卫市水资源承载能力监测试点建设，实施方案通过水利部审查。地下水资源监测运维成效突出。完成16眼地下水监测井升级改造，更新配备自动监测设备50台，实现全区345眼监测井自动化监测全覆盖，国家地下水监测工程运维考核连续两年位列全国第一。完成地下水管控指标确定工作，编制《宁夏地下水管控指标方案》，通过水利部审查。水质监测拓宽服务。首次实施引扬黄灌区12条干渠31个监测断面水质监测，高效开展黄河水质应急监测1次，保障水安全。完成109个水质监测断面、45个国家地下水监测站共4万余项（次）水质指标检测分析，发布《水质月报》12期。逐月向河长制平台推送28个监测断面水量水质监测数据，服务河湖保护治理。

（邹　婷）

防汛防凌抗旱

【防汛】2021年，宁夏贯彻中央关于防汛救灾重要指示、批示精神，有序推进洪水防御应对工作，防洪工作取得群众零伤亡、工程无大险的成绩。汛期，全区共发生较大范围降雨31场次，呈现出降雨偏少、时空分布不均的特点。受降雨影响，共计21条河（沟）道发生洪水26场次，主要分布在清水河流域、苦水河流域、红柳沟流域、贺兰山东麓中北段及宁南山区葫芦河、泾河、颉河、策底河等处。调查最大洪峰流量为清水河同心段右岸支沟白石头沟6月10日135立方米/秒，实测最大洪峰流量为大武口沟大武口站7月17日100立方米/秒。入汛以来，黄河宁夏段平均入境流量1256立方米/秒，较多年同期均值偏多21.69%，最大入境流量为9月18日1720立方米/秒；平均出境流量930立方米/秒，较多年同期偏多15.02%，最大出境流量为9月20日1640立方米/秒。其中，下河沿水文站入境流量715~1720立方米/秒，青铜峡水文站实测流量427~1490立方米/秒，石嘴山水文站实测流量615~1640立方米/秒。据统计，受暴雨洪水影响，泾源县卧龙山、西峡、先进水库以及隆德县三里店等水库泄水渠道受损；泾源县泾河、西贤河、石嘴河以及隆德县甘渭河、渝河等河道治理工程护岸受损；红寺堡区买河沟、周圈沟等泄洪沟道护岸受损；永宁县闽宁镇导洪堤、红寺堡区柳树台等沟道堤防受损。黄河宁夏段平罗四排口、青铜峡唐滩、中宁石空湾、中卫黄河大桥等河段10余处防洪工程出现护岸基础沉陷、坍塌等水毁情况。为全力做好2021年的防汛工作，自治区水利厅在汛前提前组织召开全区水旱灾害防御视频会议，印发《2021年全区水旱灾害防御工作要点》，针对水库安全度汛、山洪灾害防御等重点环节，安排部署洪水防御工作。汛期严格执行24小时值班和领导带班制度，及时开展部门会商，发送雨水情信息15万余条，发布山洪灾害联合预警11次。汛前、汛中、汛后全过程对黄河、贺兰山、六盘山等重点地区、重点部位、关键环节进行督查暗访40余次，通过建立隐患台账、跟踪督促指导，累计解决问题90余个。开展全区水库库区防洪安全隐患排查处置工作，拆除6座拦洪库内的违建设施，消除安全隐患。督促落实全区327座水库防汛“三个责任人”，批复青铜峡、沙坡头两座干流水库调度运行计划，督导各地完成水库调度方案和应急抢险预案修订完善，提升预案方案的针对性和可操作性。督导各地开展水库汛限水位核定工作，完成42座重点水库汛限水位线上监管及报汛工作。投入资金2000余万元，完成黄河干流、贺兰山东麓、中南部等区域的堤防、护岸、拦洪库、泄洪沟道等防洪工程水毁修复156处，夯实防洪工程基础。实施贺兰县沙井子银新干沟、石嘴山市大峰沟等6条中小河流治理项目和中卫市沙坡头黑山嘴沟、固原市四道沟治理项目，治理河长约70公里；完成贺兰山东麓苏峪口沟、李家大沟等山洪沟道清淤工作，提升沟道行洪能力。在主要媒体和人群密集场所播放和推送山洪灾害防御知识短片154天8000余次，向群众发放宣传材料13.3万套，安装宣传牌459块，提升公共防灾减灾意识；开展水旱灾害防御业务培训19场，累计培训2036人次；统筹山洪灾害防御、水库防汛应急抢险等，开展洪水防御演练20场，有效检验预案应对措施可行管用。

【防凌】2021年凌汛期，黄河宁夏段出现二次封、开河，凌汛呈现流凌迟、封开河早，封河距离短、局部河段水位变化大的特点。2021年12月25日宁夏河段出现流凌，较多年平均流凌日期推迟7天，最大流凌长度144公里。12月29日宁蒙河段封河上首进入宁夏境内，黄河宁夏段封河日期较多年平均提前5天，至2022年1月4日，封河距离8公里；1月25日，首次出现开河，至1月26日全线开河；2月7日，受强降温天气影响，黄河宁夏段出现二次封河，至2月8日封河距离3公里；2月14日，黄河宁夏段全线平稳开河，较多年平均全线开河日期提前7天。封河期，麻黄沟河段水位较封河前上涨4米，其他河段水位无变化。为全力做好2021—2022年度防凌工作，在凌汛前、封河等关键节点3次印发通知，对防凌责任落实、监测预报预警、巡查值守、会商研判、涉河设施监管、应急调度等工作进行安排部署。配合自治区防指办召开自治区年度防凌工作会议，传达黄河防总防凌工作视频会议精神，对黄河宁夏段凌情形势进行分析。针对重大天气、封开河期等关键节点，自治区水利厅组织防凌会商4次，分析凌汛发展趋势，预测防御措施。各级水利部门认真做好防凌值班，全面及时掌握凌情发展变化，发布水旱灾害防御信息46期，向各级责任人和相关单位发送凌情信息1万余条，确保凌情信息及时上传下达。督促青铜峡、沙坡头水库落实“发电、供水服从防凌”的要求，科学调度控制水流平稳下泄，为下游防凌提供有力保障。凌汛前，提前组织沿黄各地水利部门，对中卫清水河口、青铜峡唐滩、平罗四排口等15处险工段开展应急加固工作，提前消除工程安全隐患，补强加固工程的薄弱环节，夯实防洪（凌）工程基础。沿黄水利部门强化涉河项目监管，流凌首日拆除石嘴山市河滨浮桥，开展涉河人员管控，保障涉河设施和人员安全。督促中卫市下河沿黄河大桥、银川都市圈中线供水工程等涉河在建工程管理单位，修编施工度凌方案，落实防凌措施。

【抗旱】2021年6月以来，全区气温快速升高，平均气温21.9℃，创1961年以来新高。受持续高温天气和降雨偏少影响，宁夏中部干旱带、南部山区西北部和东部普遍出现较严重旱情。面对多年不遇的严重旱情，自治区水利厅积极应对高温干旱气候和严峻的供水形势，为先行区建设提供有力水安全保障。根据旱情发展态势，适时加密全区降雨量、河道来水量、水利工程蓄水量、土壤墒情等监测频次，加强旱情动态管理。及时组织抗旱保灌有关部门开展旱情会商，实时收

西干渠宁化节制闸

集汇总各地、各部门受旱情况和抗旱保供举措，动态分析全区特别是中南部地区人饮和灌溉水利工程的供需平衡与供水能力，评估旱情发展趋势，提出工作举措建议，向水利部、黄委会，向自治区党委、政府报送抗旱简讯、信息、专报6份，为上级安排抗旱救灾提供科学决策依据。争取水利部中央救灾资金2400万元用于支持抗旱保灌，督导相关单位、企业、地方因地制宜制定抗旱保供水工作方案，确保供水安全稳定。在水利部大力支持下，争取落实中央水利抗旱救灾资金2400万元，及时下达至严重受旱县区，统筹用于今年各地及三大扬水抗旱保灌溉供水所需的抗旱水源、人饮和灌溉供水设施设备、水毁工程维修等，最大限度消除旱灾损失。推进灌区、泵站标准化规范化管理，落实灌溉风险防控责任，完善安全生产、水污染防控工作方案。强化渠道、泵站、水闸、渡槽和水源地、取水口、水厂、输配水管网等日常检查巡护，做好水源保护、水质净化消毒和水质检测等工作，针对重点区域、重点部位、重点时段，加大巡护力度、加密巡护频次，全力以赴确保全区25条2290公里骨干渠道、6800多座骨干建筑物、126座大中型泵站、990多座调蓄水池，以及327座水库、227处人饮工程、149座农村集中供水水厂、12.98万公里农村输配水管网的供水系统安全运行。及时下达资金1.14亿元，维修养护农村供水工程95处、农业灌溉引水渠道1600多公里、水工建筑物6600多座，检修保养泵站机电设备设施54座，及时消除隐患。科学分析研判用水形势，引黄灌区部分干渠比往年提前20天开闸放水，固海扩灌扬水等延长20多天供水，解决工业园区、灌区农作物、重点养殖业用水及典农河、沙湖等重点湖泊湿地补水问题。针对部分县（区）个别村庄用水高峰期管网末端供水压力不足、水量不稳定的情况，采取水源连通、水量调剂、设置集中供水点、拉水补水等应急措施，及时解决人畜饮水问题；紧急向太阳山、南坪等水库调配水量，保证盐池、海原等区域城乡居民生活生产用水。加强用水管控，重点关注扬黄灌区、渠系梢段及高口高地等易旱区域，采取错峰调峰、编组轮灌、加大流量、跨渠调度、渠库互补、拉长灌期等措施，三大扬水加足马力满负荷运行，流量和供水期均达到历史最高，引黄灌区日引水流量最高达500立方米/秒以上，同比增加70立方米/秒。唐徕渠、西干渠、固海、固扩工程跨灌域、跨系统调水，有效化解了用水矛盾。科学分析夏秋灌末期，灌区农田、水库、蓄水池等用水需求，合理延长四大扬水和秦汉渠、七星渠、扁担沟扬水等工程供水时间，向灌区水库和蓄水池补水，应蓄尽蓄做好抵御秋冬明春连旱准备。为积极应对严重旱情，坚持将先行区“十大工程项目”作为重中之重，精心谋划、及早启动、全力攻坚，加快建设银川都市圈城乡西线、东线、中线供水和清水河流域城乡供水，固海扩灌扬水更新改造等“大水源”工程，全区水资源优化配置和调控保障能力不断增强，支撑先行区建设9个重点产业、“四大提升行动”用水需求。6月30日，清水河流域城乡供水工程实现同心县城通水，日供水量已达2万多立方米，让县城各族群众喝上了期盼已久的甘甜黄河水；银川都市圈城乡东线供水工程主管线、利通支线具备通水条件；中线供水工程加快建设进度，为抗旱供水打下坚实基础。开展“供水服务提升年”活动，对接协调黄委会调增7月宁夏引黄水量指标，着力缓解高峰期用水紧张形势。3000多名水利职工坚守岗位，昼夜巡渠护水，直击痛点难点，做到事事有回复、件件有落实，保障城乡人饮安全和农业灌溉。组织水利职工深入田间地头，宣讲节灌知识和节灌效益，提高灌区群众节水意识。积极与地方政府沟通协调，通过《致灌区群众一封信》，开办高效节水灌溉课堂，结合“世界水日”等活动，为灌区群众宣讲节灌知识、节灌效益，增强灌区群众节约水资源意识，引导灌区群众抗旱自救。创新宣传方式方法，开展旱灾防御知识宣传，推动旱灾防御知识和政策法规进机关、进学校、进企事业单位、进社区、进农村、进家庭，增强社会公众旱灾防御意识。

（邹　婷）

水土保持

【概况】2021年，自治区水利厅编制《宁夏回族自治区水土保持“十四五”规划》《宁夏回族自治区淤地坝建设和坡耕地水土流失综合治理“十四五”实施方案》《宁夏2021—2023年水土保持重点工程实施方案》，实施国家水土保持重点工程共四大类68项（其中，坡耕地水土流失综合治理工程12项；新建淤地坝10座，包括大型淤地坝8座、中型淤地坝2座；小流域综合治理工程32项；病险淤地坝除险加固工程14座），完成水土流失治理面积448.42平方公里。2021年全区治理水土流失面积964平方公里，超额完成年度任务。其中，新建或改造旱作梯田18090.86公顷，水土保持林34580.99公顷，经济林6247.06公顷，种草2364.06公顷，封禁治理32494.93公顷，其他措施2585.10公顷。盐池、原州、

唐正闸开闸放水

隆德3县（区）被评为"全国水土保持示范县"，在公布的34个国家水土保持示范县名单中，宁夏占3个。全面推进黄河流域生产建设项目水土保持专项整治行动，全区各级水行政主管部门召开推进会31次，约谈会24次，约谈企业近400家，开展专项督查66次，下发督办函86份、协办函6份。依法依规认定水土保持"重点关注名单"17份并纳入全国水利建设市场监管平台，近十年积累的750个生产建设项目存在的1388个水土保持违法违规问题全部整改完成。联合自治区发改委、交通厅印发《关于进一步加强公路建设项目水土保持工作的通知》，开展水利建设项目水土保持专项整治工作，推进水土保持补偿费收缴工作顺利划转。常态化开展水土遥感监管，组织完成2次覆盖全区范围的生产建设项目水土保持遥感监管，遥感监管认定的违法违规生产建设项目整改率达到62%。组织开展2021年度水土流失动态监测工作，成果报告通过水利部组织的交叉审查复核。发布《宁夏回族自治区2020年水土保持公报》《水土保持生态监测站点建设与监测技术标准》。组织完成对各市、县（区）政府2020年度水土保持目标责任考核并通报，完成2020年和"十三五"实施全国水土保持规划情况自评工作。配合自治区人大常委会开展水土保持"一法一办法"执法检查，联合自治区司法厅、自然资源厅、生态环境厅、农业农村厅、林草局等部门做好自治区人大常委会〔2021〕11号审议意见办理工作，组织完成6个县（区）压砂地水土流失危害程度评估。开展宁夏水土保持高质量发展对策研究，建成涵盖水土流失预防监督、综合治理、监测评价三大业务模块的水土保持动态监测管理系统，实现水土保持主要业务与信息技术的有机融合。完成全区小流域名录普查工作。

【水生态文明城市建设】2021年，宁夏严格落实生态水量分配计划，统筹生态、生活、生产用水分配，合理开展生态补水，完成黄委会下达的年度生态水量调度指标。严格清水河、苦水河生态流量管控，督导沿河县（区）制定调度方案，保障生态流量满足程度达到100%。完成宁夏与甘肃省、内蒙古自治区拟定黄河干流上下游横向生态补偿省际协议，落实黄河宁夏段干支流及重点入黄排水沟上下游横向生态保护补偿机制，2021年度生态补偿资金已到位。加强地下水管理与保护，制定地下水管控指标方案，明确各单元地下水开采量、水位管控指标，提出监测、预警、治理于一体的管控措施，并报请自治区政府审定。以涵养贺兰山、罗山、六盘山区域地下水生态为目标，启动"三山"地下取水井专项治理行动，精准划定关停范围，指导县（区）摸清底数台账，部分市县政府陆续出台细化方案，建立关停名录。推进银川市、石嘴山市超采区治理，督导地下水源地关停、置换，实施地下水位变幅通报，全面启动新一轮超采区划定，2021年封停自备井872眼，银川市超采区地下水位持续向好，回升增幅居全国前列。强化饮用水水源地管理，持续推进全国重要饮用水水源地安全保障达标建设，完成年度评估。编制完成"十四五"城市备用水源地安全保障规划，指导各县（区）开展备用水源地建设，保障供水安全。

【河湖管理】2021年，自治区水利厅以河湖长制为抓手，加大河湖管理保护力度，推动全区河湖面貌持续向好，河湖"四乱"问题实现动态清零，黄河宁夏段水质连续5年保持Ⅱ类进Ⅱ类出，13条入黄排水沟入黄口水质稳定达到Ⅳ类以上，河湖长制工作连续3年受到国务院通报肯定。印发《宁夏河湖管理保护"十四五"规划》《黄河宁夏段河道清淤疏浚（采砂）规划》，批复清水河等自治区级河流岸线保护利用规划和河道采砂规划。印发《全面深化河湖长制　助推黄河流域生态保护和高质量发展先行区建设的意见》，为"十四五"时期河湖管理保护工作厘清思路，明确方向。自治区总河长令印发《宁夏河湖长履职细则》，明确河湖长职责及履职要求，提升履职质效。将河湖长制向农村河湖延伸，全部明确乡村级河湖长。持续深化河长制月通报制度，逐月通报重点断面水质、河湖长巡河、各责任部门涉河湖重点工作完成情况，印发《情况通报》12期，确保河湖长制重点工作有效推进。加快推进河湖管理范围划定成果复核，印发《关于开展河湖管理范围划定成果复核工作的通知》，部署开展复核工作，确保划定成果合法合规。清理整治河湖突出问题。坚持问题导向，推进河湖"清四乱"常态化规范化，黄河宁夏段河道管理范围内全面禁种高秆作物，完成40个黄河岸线利用项目整治任务，2021年排查的207个河湖"四乱"问题100%整改销号。完成清水河、典农河等重点河湖健康评价和"一河一策"修编完善，科学掌握河湖健康状况，为河湖"精准施治"提供依据。统筹资金实施河湖系统治理，加快推进美丽河湖建设，利通区清水沟、泾源县什字河分别建成自治区美丽河湖、示范河湖。制定《自治区全面推行河湖长制工作联席会议制度》，构建以自治区政府副主席为召集人、12个厅局为成员的联席会议机制，强化部门配合，推动重点工作。自治区7个部门联合印发《全区依法严厉打击破坏黄河流域和贺兰山等自然保护地生态环境及野生动物资源违法犯罪专项行动方案》，严厉惩治河道非法采砂、非法取水等违法犯罪行为，维护黄河流域生态安全。开展河湖长制系列宣传报道，发布新闻、简报32篇，制作河湖长制公益宣传广告，在宁夏公共频道黄金时段刊播，营造全社会共护河湖氛围。公布《自治区河湖管理保护名录》，公示区、市、县三级河湖长名单，广泛接受社会监督。组织参加水利部全面推行河长制湖长制先进集体、先进个人评选表彰活动，全区5个单位获"先进集体"、7人获"先进工作者"、7人获"优秀河(湖)长"称号。

（邹　婷）

水利改革

【水权水价改革】2021年4月，自治区党委、政府印发《关于印发用水权、土地权、排污权、山林权"四权"改革实施意见的通知》，明确自治区用水权改革以"四水四定"为核心，以"节水增效"为关键，以系统推进为路径，形成多方参与、多点发力、上下互动、开局良好的态势。优化分配用水量，出台《宁夏"十四五"用水权管控指标方案》，从区域、行业、产业等方面对用水量进行了重新分配，明确5年一调整的机制，实行总量控制、指标到县、用途管控。精准核定用水权，制定《宁夏回族自治区用水权确权指导意见》，明确用水权确权范围、对象及期限等，指导各市、县(区)开展用水权确权工作，制定县级用水权确权实施方案，先期认定确权灌溉面积1040万亩，清查无用水权工业企业2454家、无用水权规模化畜禽养殖户2840户，完成水量核定1020家。试点推进水资源论证区域评估及取水许可告知承诺制，印发《宁夏水资源论证区域评估工作规程》简化取水审批、强化用水监管，优化水利营商环境，宁东管委会全面启动水资源论证区域评估改革，对园区已建成和在建的144个工业项目统一打包开展评估。探索用水权绿色金融，宁夏地方金融监管局制定《金融支持用水权改革的指导意见》，宁夏银行、石嘴山银行和建设银行开发用水权抵押、贷款金融产品，赋予用水权金融属性和融资功能。石嘴山市、泾源县3家用水户以用水权质押贷款360万元，解决中小微企业融资难的困境，合理确定用水权价值基准，印发《宁夏回族自治区用水权价值基准(试行)》，确定全区黄河水、地下水和山区地表水不同用途的用水权价值基准。工业企业用水按照用水权价值基准(试行)分水源来源收缴用水权有偿使用费，青铜峡市、沙坡头区等已征缴工业企业用水权有偿使用费5000余万元。推进用水权市场化交易，印发《宁夏回族自治区用水权市场交易规则》，用水权交易纳入自治区公共资源交易平台统一管理运行，推动用水权一级市场、二级市场交易实现全流程电子化，全面开展行业间、区域间、用户间多种形式的用水权交易，2021年共完成用水权区级平台交易61笔、县级平台24笔，交易水量3309万立方米、金额2.97亿元。其中一级市场1宗用水权交易43家企业出价204次争相购买用水权，实际成交价比基准价提升20%。

【农业水价综合改革】2021年，自治区水利厅等部门联合印发《2021年宁夏农业水价综合改革工作计划的通知》，对农业水价综合改革领导小组各成员单位职责、各县(区)改革任务和目标进行细化分解。5月，自治区水利厅在红寺堡区组织召开全区农田灌排设施管护座谈会和农业水价综合改革培训会，现场观摩学习红寺堡区基层水管组织建设、农田设施运行管护及农业水价综合改革经验，对全区各县(区)水价改革进展情况进行通报，红寺堡区、利通区等6家单位作交流发言。9月，水利部在宁夏盐池县召开全国农业水价综合改革现场会，会议肯定宁夏农业水价综合改革工作取得的显著成效。11月，自治区水利厅印发《宁夏回族自治区末级渠系农业水价综合改革验收工作方案》，启动县级自验工作。截至2021年年底，完成《引黄灌区骨干水利工程2020供水成本监审报告》《引黄灌区骨干供水工程水价调整建议方案》，完成22个县（区）末级渠系水价监审和调整批复，其中盐池县、利通区等12个县（区）执行新水价，末级渠系即将实现按运行成本计费。

【水利投融资体制改革】2021年，宁夏围绕"到2025年基本实现水利现代化"的目标，聚焦治水难点瓶颈，持续推进水治理体制机制改革。不断拓宽水利投融资改革成效，抢抓水利大投资、大建设、大发展的重要"黄金期"战略机遇，用足用好用活中央、自治区投资政策，全面落实自治区"引金入宁"计划，通过特许经营、PPP等模式，鼓励吸引社会资本参与水利工程建设运营，充分利用开发性金融贷款，在资金筹措上融合"政、银、企"，通过"两手发力"激发水利投融资活力。制定"十四五"规划项目筹资建议方案，改革中央水利发展资金下达模式，采用"大专项+任务清单"模式下达资金，赋予市县在支出方向内自主使用资金的权利，鼓励撬动社会资本投入。加快银川都市圈供水、"互联网+城乡供水"等具有一定收益能力的准公益性、经营性项目建设，充分利用开发性银行政策性贷款解决建设资金问题。全区2021年水利投资规模达到70.9亿元，其中利用政策性金融、吸引社会资本投资20.31亿元，占比为29%，多元长效的水利投入机制基本建立。

【优化水利营商环境改革】2021年，自治区水利厅印发《关于认真落实深化"放管服"改革优化营商环境重点任务分工方案有关措施》，全面部署行政审批制度、项目投资审批服务、招投标监管与服务、监管执法规范性、信用监管和联合惩戒等10类23项重点改革任务，持续优化水利营商环境、激发市场活力。推进水利工程质量检测单位资质认定（乙级）、河道采砂、取水许可3项试点改革，将全部政务服务事项纳入跨省通办范围，全部实行跨省通办。承接国务院"审管联动"自治区试点任务，推动水利行政审批系统与"宁夏政务服务网"、"我的宁夏"App"宁夏行政审批与公共服务系统"对接整合；对接国家审批事项目录，梳理区级目录，完成全部政务服务事项落实；全面落实"四级四同"，三减一提升，自治区本级涉水政务服务事项承诺时限比法定时限压减51%，申请材料压减32%，办理环节减少13.9%，办结率达到100%。推进水利工程质量检测单位资质认定（乙级）、河道采砂、取水许可3项试点事项改革，将自治区水利厅全部政务服务事项纳入跨省通办范围。印发《宁夏水利建设市场主体信用管理办法（试行）》，明确信用评价结果在招投标过程中占比份额和计算公式，使企业信用情况与市场活动相结合。有序推进自治区级"审管联动"试点，厘清审管边界、明确审管权责，实现审批与监管有效衔接和事前事中事后联动，促进优化服务与严格监管的协同性和高效性，不断优化法治化营商环境。

（邹　婷）

水利科技

【数字治水】2021年，自治区水利厅围绕水利数字化转型、数字治水创新发展等方面扎实推进"数字治水"建设，各项工作取得积极成效。完成《宁夏数字治水"十四五"规划》，谋划重点工程十大类40项，匡算资金70多亿元。制订《宁夏水联网新型基础设施建设三年行动计划（2021—2023年）》，细化实化数字治水工程建设重点任务。数字治水工作被纳入自治区9个重点产业进行培育。自治区电子信息产业专班印发《关于促进宁夏数字治水产业发展的意见》，明确数字治水发展的目标、任务和保障措施，从产业角度指导发展，有利于促进要素合理配置，全链条推动供水数字化、数字化供水，为"互联网+城乡供水"等数字治水产业落地提供支撑。印发《宁夏水联网数字治水总体规划》，加快水联网数字治水产业园建设。对标新基建的要求，规范建设和管理，印发水利信息化项目指导目录，在建、拟建的信息化项目共69项，涉及投资3.6亿元。启动实施黄河宁夏段三维地理信息系统、贺兰山东麓山洪防御系统等为重点的水旱灾害防御"四预"项目。宁夏"互联网+城乡供水"管理服务平台建设项目通过自治区发改委立项批复。结合青铜峡市、惠农区等现代化灌区项目纷纷落地实施，积极推动各项应用升级和智能化改造。推进"研究院+试验区+产业园"数字治水创新，水联网全渠道控制算法在秦汉渠、西干渠完成落地试验，水联网研究院完成课题49项。数字治水产业园汇聚政产学研用要素的作用加强，吸引40多家国内外高新企业入驻园区，完成入园产值近5亿元。

【水利科技创新】2021年，宁夏发挥科技对水利高质量发展的引领和支撑作用，制订并下达2021年宁夏水利科技项目计划120项（其中，新开55项，延续65项）。宁夏水利科学院与宁夏大学联合成功申报2021年自治区重点研发计划“中部干旱带以水定产路径与特色农业高效节水模式林研究”项目。组织向水利部国科司申报宁夏水利行业8项“卡脖子”技术建议。国家重点研发计划项目《西部牧区高效节水灌溉技术与集成应用》4项课题通过科技部验收。水利部科技推广项目《宁夏中卫节水型社会创新试点关键技术应用与示范》通过国科司现场评估。完成对《宁夏水土保持环境治理战略与小流域治理关键技术创新研究》《宁夏现代化生态灌区建设与用水管理技术研究》《宁夏引扬黄灌区影响冬灌决策因素及模式研究》《基于物联网的城乡供水智慧运营管理体系研究》《基于大数据的城乡供水管网漏水损监控系统研发》《唐徕渠智能化数字渠道水资源集约节约管理研究》《银川市河西灌区水稻及水域面积变化跟踪监测与水权收储研究(三期)》7项水利科技项目的验收。自治区水利厅提名的6项成果获得省部级科技奖。其中,《黄河宁夏段防洪减灾工程方案优化与智能监管关键技术》获得2020年度自治区对外科学技术合作奖,《宁夏盐环定扬黄工程节能增效关键技术研究与应用》获得自治区科学技术进步二等奖,《黄土高原扬黄灌区(宁夏)增粮增效技术研究与示范》和《基于“互联网+”的宁夏水文监测数据采集与计算处理研究》获得自治区科学技术进步三等奖。《宁夏扬水灌区高效节水灌溉技术研究与集成应用》《宁夏灌区土壤盐渍化综合治理技术研究与实践》分获第八届“大禹杯”农业节水科技奖二等奖、三等奖。《土壤侵蚀自动计算分析与成果管理系统》被水利部列入《2021年度水利先进实用技术重点推广指导目录》。

【合作交流】2021年,水利部、自治区政府联合举办第五届中国—阿拉伯国家博览会水资源论坛。论坛以“数字赋能水资源节约集约安全利用”为主题,邀请国内外水资源专家学者通过“线上为主,线上+线下”的模式,围绕分享水治理数字化有益经验、“云上”共话水资源节约集约安全利用等话题进行交流研讨,形成具有重要影响力的水事活动自主品牌。水利部魏山忠副部长、自治区副主席王道席致辞。苏丹驻华大使加法尔·卡拉尔、国际灌排委员会主席拉杰卜·拉杰卜、阿拉伯水理事会主席穆罕默德·阿布扎伊德以视频录播方式分别致辞。中国大坝工程学会秘书长贾金生、水利部国际经济技术合作交流中心主任金海分别以视频录播方式,对“互联网+大坝工程医院”平台、水利部服务“一带一路”沿线国家人才培养基地两个合作平台进行宣传介绍。特邀报告环节,王光谦院士、张建云院士、中国水科院副院长王建华、启迪控股执行总裁张金生以视频录播方式作特邀报告,清华大学水联网研究院王忠静现场作特邀报告。水利部有关司局及直属机构、5家水国际组织,广东、四川等15个省水利厅,7家省级水利学会,92家企业、组织、单位3100多人线上参加水资源论坛。同年10月,承办水利部水利水电规划设计总院召开的国际水资源学会中国委员会学术交流会,围绕“水资源集约节约与安全利用”为主题,水利部、国家发展和改革委员会、中国工程院、中国科学院等50余名国际水资源学会中国委员会会员、专家、学者、院士及自治区水利厅的部分代表通过线上线下的方式,共商节水治水兴水良策,共谋水利高质量发展大计。

(邹　婷)

水文化建设

【水利精神文明建设】2021年,自治区水利系统举办“学习强国”达人赛,选拔2名选手参加区直机关达人赛,分获第二名、第五名,并参加了全区决赛。组织参加“颂歌献给党——全区劳动者之歌”合唱大赛获全区三等奖。举办“共产党好　黄河水甜”水利职工书法美术摄影作品展,共征集书法、美术、摄影作品204件。10月,在宁夏疫情紧急期间,800多名水利系统党员职工主动下沉到基层社区,扎根“疫线”志愿服务,持续奋战直到疫情解除。1名职工被评为“全区抗疫先进个人”,1名职工被评为区直机关“我身边的战‘疫’模范”个人,1个基层单位被评为区直机关“我身边的战‘疫’模范”集体。召开先行区建设、用水权改革、中阿博览会水资源论坛3场发布会,国家和自治区主流媒体发布各类报道9000余篇(含转载)。围绕2021年“世界水日”“中国水周”和“八五”普法宣传主题,统筹媒体宣传与活动推广,运用报刊、微博、微信等多种媒介集中发布节水、政策法规等新闻报道和水利科普知识,广泛开展“节水宣传进机关、进学校、进企业、进社区、进乡村”等活动,联合自治区有关部门开展主题宣传、知识竞赛、专题讲座等活动,推出9部优秀节水短视频、11部优秀节水歌曲,举办普法讲座20场次、印发宣传彩页1万余份,引导全民积极投身节水护水行动。加快黄河文化展示中心建设步伐,擦亮引黄古灌区世界灌溉工程遗产“金名片”,传播黄河文化,唱响主旋律。2021年,自治区水利厅机关创建为第九届“全国水利文明单位”和“自治区模范机关首批达标单位”，自治区水利厅老党员李识海获“全国优秀共产党员”。

【水利博物馆】2021年，宁夏水利博物馆围绕“传承、保护、弘扬宁夏特色黄河文化”主题，不断加强水利文化宣传展示和文物遗产收集保护，为水文化的传承和发展夯实基础。坚持预约制免费开放，高标准、高质量接待全国政协副主席刘奇葆、马飚，水利部副部长陆桂华等各级领导及区内外企事业单位参观考察。协助完成《黄河安澜》《大黄河》等纪录片拍摄工作，配合央视《文化影音》栏目对宁夏水利博物馆进行了宣传报道，与《乐活》杂志合作对宁夏水历史文化进行综合报道，在新咨询等网络媒体转载了《黄河水车：转动宁夏引黄灌溉的历史记忆》等标题文章，宁夏水利事业知名度和影响力显著提升。对宁夏水利相关的渠道、市县、乡镇、村落及因水衍生的桥梁、道路等进行全面梳理，整理出500多个水利地名的沿革变迁、现况描述和历史文化等内容。2021年，水利博物馆被列为自治区第二批党史学习教育点，先后接待了社会各界党史学习教育团体40余批次、1千余人次，联合开展党史学习教育主题活动10余次。制定管理应急预案，妥善应对单日接待量超1.5万人次等特殊情况的安全运营。全年共接待游客19.8万人次，其中学生1万余人次。印发《宁夏引黄古灌区世界灌溉工程遗产保护管理条例》（以下简称《条例》）中英文对照宣传读本，在宁夏广播电台、电视台、《中国水利报》等媒体对《条例》进行了解读报道。协调沟通宣传部、广电总局联合筹拍播出了央视大型纪录片《塞上江南》，向水利部主编的《黄河文化大典》提供相关水文化资料。深度研究宁夏悠久引黄灌溉历史文化，编纂出版《大清渠录点注本》《宁夏水利博物馆图典》等水文化丛书，协助完成《宁夏黄河志》初稿的编撰工作。在《宁夏日报》等媒体刊登水利文物征集启事，在系统内部下发文物征集通知，前往甘肃、河南、四川等文物市场考察调研，多渠道、大范围征集水利相关文物藏品，现已征集到秦汉时期陶水管、铁质农耕用具等水利文物10余件，联系国家图书馆、台湾故宫等单位，收集到清晚期《惠农昌润渠简图》和《宁夏河渠图等灌域图》140余张，及时搬运惠农渠、第二农场渠明代闸墩砌石等水利实物千余块、采购《西北揽胜》《中国长城》等宁夏水利相关古籍320余册，收集吴尚贤等老专家捐赠的水利图纸、资料、实物3600余件，协商借展重要农耕和水利文物70余件，为守护好灌溉遗产贡献了积极力量。协助国家灌排委制作开通《中国世界灌溉工程遗产》门户网站，在青铜峡、沙坡头引黄灌区的关键水工建筑物和引黄灌溉古渠旁分别设置了4块世界灌溉工程遗产纪念碑和46块遗产保护碑，开展国家水利遗产申报认定工作，并向水利遗产所在地市人民政府发函签署支持意见，切实提高了社会公众的文物保护和尊重意识。

【水利风景区保护与宣传】2021年，全区共有国家级水利风景区12家，自治区级

固海灌区新貌

水利风景区1家。国家级水利风景区中，对外开放经营5家，公益性景区7家，全年共接待游客约146万人。坚持高位推动维护水生态环境，自治区总河长、副总河长先后8次巡查调研黄河及重点河湖生态保护，主持召开总河长会议、签发总河长令。2024名区、市、县、乡级河湖长巡查河湖7.3万人次，6841名村级河长及巡河护河员守护河湖“最前哨”。全区河湖水生态环境质量持续改善，黄河宁夏段水质连续5年保持Ⅱ类进Ⅱ类出，国考断面Ⅲ类及以上优良水质比例达到80%。坚持创新完善建设管理机制，启动实施自治区美丽河湖建设行动，参考国家水利风景区评价标准，制定美丽河湖评价办法和评价指标体系，指导市县结合河湖水系连通、农村水系整治、河道治理等项目，打造美丽河湖、示范河湖，吴忠市利通区清水沟、固原市泾源县什字河分别建成自治区示范河湖、美丽河湖。将美丽河湖建设及水利风景区建设纳入河湖长制年度工作要点和考核细则，不定期开展暗访、调研、督查，深化“河长+检察长+警长”三长机制，携手发力解决突出问题，强化美丽河湖及水利风景区建设管理工作任务落实，推动水利风景区高质量发展。坚持规范管理夯实建设基础，将河湖水域岸线管控作为提升水利风景资源的前提和基础。将水利风景区宣传纳入自治区水利系统年度宣传工作中统一实施，组织开展水利风景区宣传活动。利用报、网、端、屏等手段及活动展会、学术交流等平台，线上、线下相结合，全方位向社会宣传、展示河湖治理及水利风景区建设成果，自治区水利厅联合《宁夏日报》、宁夏新闻网等媒体策划开展“跟着河长去巡河”系列宣传报道，在宁夏电视台黄金时段刊播公益宣传广告，集中展示河湖治理保护及水利风景区风貌。做好以青铜峡唐徕闸水利风景区为代表的宁夏引黄古灌区世界灌溉工程遗产管理保护，颁布《宁夏引黄古灌区世界灌溉工程遗产保护管理条例》，通过法治、行政和技术等多种手段，加大遗产保护和监管的力度，建设宁夏引黄灌溉工程遗产公园、宁夏引黄古灌区世界灌溉工程遗产展示中心等黄河文化展示载体，着力打造一批黄河文化惠民工程，不断深化宣传灌溉工程遗产的文化底蕴和内涵。

（邹　婷）

工业

GONGYE

NINGXIA
YEARBOOK

编辑◎张 哲

综 述

【概况】2021年，宁夏规模以上工业增加值增长8%；工业技术改造投资增长12.2%，规模以上工业研发投入强度增长10%，规模以上工业战略性新兴产业增加值增长26%；数字化研发设计工具普及率达到56.2%，关键工序数控化率达到55.1%；单位工业增加值能耗下降7.1%；固废综合利用率达到42%。2021年，宁夏工业在稳定调控节奏、惠企政策、项目增量上，多措并举、精准发力，有效落实“稳增长24条”等降本增效政策措施，落实新能源补贴41亿元，降低实体经济成本130亿元以上，实现利润同比增长1.1倍，高于全国平均水平（38%）72个百分点，增速位居全国第七。实施创新驱动战略，在新材料、电子信息和绿色食品等领域，组织开展26项揭榜挂帅攻关任务，取得阶段性成果253项。加快推进产业重点项目建设，实施“三新一电”（新材料、新能源、新食品、电子信息）产业项目173个，加快智能改造和产业转型升级，在9个重点产业推广近50个“5G+工业互联网”应用场景试点示范，建成40余个企业级、行业级工业互联网平台，高技术制造业同比增长29.7%，占规模以上工业比重的8.3%。实施节能降碳增效行动，加快工业绿色低碳转型步伐，严格执行电解铝、水泥、钢铁等行业阶梯电价政策，倒逼落后产能退出、落后工艺改造，淘汰落后产能220万吨，39户“僵尸企业”全部出清，创建绿色园区2家、绿色工厂10家、节水型企业7家、资源综合利用示范企业8家。单位工业增加值能耗同比下降6.5%，能耗“双控”目标任务超额完成。2021年，宁夏全力保障要素供应，对重点减产企业一企一策帮扶，确保产业链供应链安全稳定。强化政策落实，降低实体经济成本130亿元以上，全区规模以上工业企业每百元营业收入成本同比下降2.19元。狠抓重点项目建设，为74个投资项目贷款贴息1.2亿元，撬动银行贷款近50亿元，全年重点项目完成投资400亿元，235个项目试产投产，新增产值近470亿元。

【规模以上工业发展】2021年，全区规模以上工业增加值同比增长8%。分门类看，采矿业同比增长11.5%，制造业增长5.8%，电力、热力、燃气及水生产和供应业增长11.8%。分轻重工业看，轻工业同比增长12.8%，重工业增长7.6%。分经济类型看，国有控股企业同比增长6.5%，股份制企业增长7.8%，非公有工业企业增长9.4%，私营企业增长10.3%，大中型工业企业增长6.4%。分主要行业看，煤炭行业同比增长15.1%，电力增长13.5%，化工增长0.6%，冶金增长5.3%，有色金属增长2%，轻纺增长11.9%，机械增长3.2%，医药增长26.5%，其他工业行业增长18.9%，建材下降4.8%。分行业大类看，煤炭开采和洗选业同比增长15.1%，石油、煤炭及其他燃料加工业增长4.8%，电力、热力生产和供应业增长13.6%，黑色金属冶炼和压延加工业增长16.2%，有色金属冶炼和压延加工业增长2%，计算机、通信和其他电子设备制造业增长22.2%，金属制品业增长4.2%，通用设备制造业增长9.5%，食品制造业增长14.6%，农副食品加工业增长9.7%，化学原料和化学制品制造业下降3.4%，电气机械和器材制造业下降0.3%，专用设备制造业下降4.8%，非金属矿物制品业下降4.9%。分产品产量看，饲料产量同比增长21.9%，乳制品增长23.7%，工业自动调节仪表与控制系统增长34.9%，金属切削机床增长35.8%，滚动轴承增长38.3%，钢材增长20.8%，精甲醇增长10.8%，活性炭增长16.8%，碳化钙（电石，折300升/千克)增长7.8%,铁合金增长10.9%,化学药品原药增长20.5%,化学农药原药(折有效成分100%)增长34.1%,硫酸(折100%)增长7.9%,十种有色金属增长5.7%,农用氮、磷、钾化学肥料(折纯)下降6.0%,味精(谷氨酸钠)下降5.9%,烧碱(折100%)下降5.7%,单晶硅下降25.7%,多晶硅下降70.5%,水泥下降6.1%,铝材下降6.7%,电工仪器仪表下降5.4%,工业机器人下降18.6%。

【技术改造升级】2021年,宁夏全面推进百川新材料锂电池一体化、晓星氨纶、东方希望光伏材料一体化、中欣晶圆集成电路大硅片等一批项目建设,新材料、新能源、电子信息等特色产业保持30%以上高速增长。实施以智能改造为引领的技术改造升级,在全国率先实现规模以上企业智能制造诊断评估全覆盖,建成40余个企业级、行业级工业互联网平台。产业基础再造催生更多独门绝技特色产品,累计培育认定智能工厂和数字化车间达到90个,制造业领先示范企业(产品)53家,国家和自治区级首台套技术装备158个;全区高技术制造业同比增长29.7%以上。

【优化企业发展环境】2021年,宁夏持续推进重点领域改革,为企业创造宽松务实的政策环境、优质高效的服务环境、功能完备的创业环境。园区改革推广以"管委会+公司"模式为重点的开发区体制机制改革,建设公共服务项目近50个,入园企业的软硬件发展环境持续改善。逐步完善有利于市场主体成长的政策体系,培育首批年产值超过500亿元企业1家、100亿元企业1家、50亿元企业6家;累计培育认定国家级专精特新"小巨人"企业31家,自治区级专精特新中小企业达到1164家。累计培育中小企业公共服务平台66家、示范基地53家;"168企业公共服务平台"入驻服务机构1500多家,服务订单达2.7万个;通过政策性转贷、融资租赁等手段,多渠道帮助企业融资280亿元,企业融资难题得到有效缓解。

【绿色低碳转型发展】2021年,宁夏深入实施节能降碳增效行动,工业绿色低碳转型步伐明显加快。出台《自治区能耗双控产业结构调整指导目录》,坚决抓好"两高"项目排查清理,停批拟建"两高"项目31个,对全区63家工业企业和73个"两高"项目重点实施节能监察,"两高"项目盲目发展得到有效遏制。严格执行电解铝、水泥、钢铁等行业阶梯电价政策,倒逼落后产能退出、落后工艺改造,淘汰落后产能220万吨,39户"僵尸企业"全部出清,累计创建绿色园区12家、绿色工厂76家、节水型企业36家、资源综合利用示范企业21家。单位工业增加值能耗同比下降7.1%,扭转了"十三五"以来能耗强度不降反升的局面。2021年,中宁工业园区、青铜峡工业园区被认定为"国家级绿色园区";共享装备股份有限公司型号为V280、L32、J312型中低速发动机机体铸铁件被认定为"国家级绿色设计产品";宁夏瑞银有色金属科技有限公司、宁夏青铜峡水泥股份有限公司、宁夏石嘴山赛马水泥有限公司、宁夏和兴碳基材料有限公司、宁夏大窑饮品有限责任公司、宁夏鼎辉科技有限公司6家企业被认定为国家级绿色工厂,9家绿色示范典型建设引领宁夏工业企业向绿色方向发展。

【科技创新显成效】2021年,宁夏大力实施创新驱动战略,持续挖掘新的增长潜力,科技创新、业态创新、模式创新全面推进。一批重大科技成果不断涌现,组织开展26项揭榜挂帅攻关任务,取得阶段性成果253项。一批国字号新型基础设施项目进展顺利,宁夏成为国家八大区域一体化算力网络枢纽节点之一。国家(中卫)新型互联网交换中心试点项目快速推进,国家北斗导航位置服务数据中心宁夏分中心建成试运行,国家工业互联网标识解析二级节点接入企业310家。一批新模式新业态脱颖而出,累计培育服务型制造示范企业(项目、平台)达到53个,工业设计中心达到5家。2021年,全区工业技术改造投资高于工业投资13.7个百分点,占全区工业投资的比重由2020年的25%提高到28.5%。其中制造业技改投资同比增长19.7%,制造业技改投资占工业技改投资的比重由2020年的68.4%提高到72.9%。新材料、电子信息等重点产业占工业比重逐步扩大,建成银川隆基年产15GW单晶硅棒和15GW切片项目、恒力生物年产5万吨月桂二酸等一批引领产业转型、带动结构调整的重点项目。智能改造提速扩面,建成4个行业级工业互联网赋能与公共服务平台,40余个企业级工业互联网平台,产业数字化取得突破性进展。2021年11月3日,2020年度国家科学技术奖励大会在北京人民大会堂举行,宁夏工业领域4项科技创新成果喜获奖励,获得国家科学技术进步奖一等奖1项、二等奖1项,国家技术发明奖二等奖2项。这是宁夏工业企业近年来在国家科学技术奖励大会获奖最多、等级最高的一次。由国家能源集团宁夏煤业公司联合20余家单位协同攻关完成的"400万吨/年煤间接液化成套技术创新开发及产业化"项目被授予国家科学技术进步奖一等奖;西北稀有金属材料研究院联合郑州大学等单位,由何季麟院士领衔完成的“平板显示用高性能ITO靶材关键技术及工程化”项目获得国家技术发明奖二等奖(排名第二);宁夏天地奔牛实业集团有限公司联合中国矿业大学等单位完成的“煤矿井下智能化采运关键技术”项目获得国家技术发明奖二等奖(排名第六);中国石油天然气股份有限公司宁夏石化分公司联合中国石油天然气股份有限公司石油化工研究院等单位完成的“催化裂化汽油超深度加氢脱硫—烯烃分段调控转化成套技术”项目获得国家科学技术进步奖二等奖(排名第七)。“400万吨/年煤间接液化成套技术创新开发及产业化”项目是目前世界石油化工及煤制油化工行业一次性投资建设规模最大的化工项目,而且项目工艺复杂,技术难度大,共建设两条200万吨生产线,由1000余个子系统、156个系统组成的复杂巨系统集成。项目承担37项关键和重大技术、装备及材料国产化攻关任务,在煤间接液化基础理论、关键技术、重大装备及材料、工程放大及系统集成技术、节能节水等方面取得重要创新成果,共取得发明专利162件,制定国家标准7项,开发出白油、费托蜡、单碳正构烷烃等七大类新产品,实现了由单一油品向多元化产品的转变,对提升煤化工产业链技术水平有着巨大的带动和示范作用。西北稀有金属材料研究院参与完成的“平板显示用高性能ITO靶材关键技术及工程化”项目,在前期多年ITO粉末制备及烧结技术研究的基础上,联合郑州大学和福建阿石创攻关团队,开发“ITO靶材无压氧气短流程脱脂烧结一体化”关键技术,突破性解决了高性能ITO靶材全流程性“卡脖子”关键共性技术难题,大尺寸ITO靶材首次成功应用于京东方高世代TFT面板溅射,推进平板显示用关键基材的国产化进程,实现我国显示技术用ITO靶材料“从无到有、从低端到高端、从受制于人到自主有效供给、从模仿跟踪到形成完整自主技术体系”的重要转变。

(李　青)

煤炭工业

【概况】2021年,宁夏规模以上工业原煤产量8633万吨(其中,一般烟煤8070.6万吨,同比上年增长5.8%;炼焦烟煤442.4万吨,同比增长32.1%;无烟煤120万吨,同比下降36.8%),比上年增长5.9%,比2019年增长15.6%,两年平均增长7.5%。2021年,全区规模以上工业原煤销售量7670.1万吨,同比增长0.7%。全区原煤生产库存194.3万吨,库存周转天数为9天。全区规模以上工业焦炭产量964.7万吨,比上年增长4.8%。

【煤炭生产】2021年,宁夏煤业煤炭销售量和外购煤量双创历史纪录,煤炭销售量历史首次突破亿吨大关,实现销售10002万吨,同比增加3706万吨。面对煤炭市场急剧变化、寒潮来袭和新冠肺炎疫情等不利因素影响,宁夏煤业统筹采购与销售两项业务、内部和外部两个市场、自产和外购两种资源,充分发挥自产煤数量、区域市场份额和煤电煤化产业协同运行等多方面优势,按照国家能源集团部署,借助一体化运营优势,落实宁夏地区电煤“统一采购、统一供应、统一配送”工作部署,构建煤电一体化运行体系,通过大采购、大物流、大销售的规模化运行,实现宁夏地区煤电一体化工作顺利过渡、平稳运行。特别是在外购煤的购销上,宁夏煤业开通从神东煤炭、乌海能源、新疆能源等单位调入煤炭通道,实现煤源多元化,增强资源保障能力。科学布局采购市场,多措并举开发煤炭供应渠道,构建多元化采购煤源点,发展合作直采供应商44家、一般长期协作供应商45家、内部5家。构建大物流运输体系,根据一体化运行需求,在优先保证自产煤运输的前提下,加大煤炭外购运输组织,协调包神、东乌、三新、宁东等铁路公司和国铁运输部门,降低铁路物流成本,实现内蒙古、新疆、陕西煤炭入宁常态化。

(李　青)

电力和新能源

【概况】2021年,宁夏工业发电量2081.9亿千瓦时(其中,火力发电量1596.9亿千瓦时,增长4.1%;水电、风电、太阳能等可再生能源发电量485亿千瓦时,增长37.7%),比2020年增长10.4%,比2019年增长17.7%,两年平均增长8.5%。拉动全区工业发电量增长7个百分点,对工业发电量增长的贡献率为67.7%;可再生能源发电量占比由上年的18.7%提高到23.3%,提高4.6个百分点。

【全球最大太阳能电解水制氢项目正式投产】2021年4月20日,宝丰能源集团“太阳能电解水制氢综合示范项目”正式投产,这是已知全球单厂规模最大、单台产能最大的电解水制氢项目。该项目通过太阳能生产绿色电能作为动力,电解水制取“绿氢”和“绿氧”,用“绿氢”替代煤作为原料,“绿氧”替代煤作为燃料,直供化工系统生产聚乙烯、聚丙烯等上百种高端化工产品,包括20万千瓦光伏发电装置和产能为每小时2万标方的电解水制氢装置,其先进性达到国内外先进水平,全部投产后每年可减少煤炭资源消耗约25.4万吨，减少二氧化碳排放约44.5万吨，制氢综合成本控制在每标方1.34元，经济和社会效益显著。宝丰能源集团积极与科研单位开展合作，深入研究太阳能、风能应用和氢能制造、储运及多领域多场景市场化应用，逐步实现从化石能源向可再生能源、新能源转型。自治区工信厅落实《关于加快培育氢能产业发展的指导意见》，加快推进京能发电230标立/小时可再生能源电解水制氢、宝廷新能源2.14万吨、润丰新材料1.26万吨化工副产氢综合利用等项目建设及宝廷新能源氢能综合利用站及氢燃料重卡物流汽车示范项目建设和运营，加强精准招商，在耦合煤化工、氢储能、氢能交通、涉氢装备制造等应用场景实现新突破，打造氢能全产业链条，为宁夏高质量发展注入新动力。

【电力外送和区内市场化交易电量规模实现"双突破"】2021年，面对电力供需紧张局面，宁夏发改委全力以赴做好电力供应保障工作，全年外送电量达到904亿千瓦时，同比增长13.9%，创年度外送电量新高，外送电量连续6年实现"百亿级"增长，在全国电力保供攻坚战中贡献了强劲的"宁夏力量"。在加快推动外送电力市场建设的同时，宁夏推进区内电力市场建设，及时优化调整市场化交易规则，疏导煤电发电成本，有序放开各类电源发电计划，统筹推动区内区外两个电力市场协同发展。2021年，全区市场化交易电量突破500亿千瓦时，达到509亿千瓦时，同比增长21%，占区内售电量比例62%，市场化占比位居全国前列，确保了区内电力安全稳定供应。

【宁夏首个抽水蓄能电站核准建设】2021年12月31日，宁夏批复建设首个抽水蓄能电站项目——牛首山抽水蓄能电站项目，该项目纳入国家"十四五"抽水蓄能规划，是自治区"十四五"十大工程项目之一。电站总投资80亿元，装机容量100万千瓦，设计满发利用小时数5小时，设计年发电量11.48亿千瓦时。由于宁夏新能源并网规模不断增加，用电负荷降低时段新能源出力受限，面临消纳困难局面，新能源外送基地建设、大规模长距离联网交直流混合运行等对系统调峰、储能和安全稳定运行提出了更高要求。抽水蓄能电站对增强宁夏电网调峰能力、优化电源结构、改善电网运行条件、提高系统运行经济性、促进当地经济社会发展具有重要的意义。牛首山抽水蓄能电站项目是宁夏加快构建以新能源为主的新型电力系统的重点项目之一，将有力助推国家新能源综合示范区高水平建设。

（李　青）

冶金和有色金属工业

【概况】2021年，宁夏冶金行业有规模以上工业企业88家，完成工业增加值212.4亿元，同比增长5.3%，占全部规模以上工业增加值的13.9%。主要产品粗钢产量596.3万吨，同比增长27.8%；钢材产量582.3万吨，同比增长20.8%；铁合金产量371.5万吨，同比增长10.9%；金属锰产量49.4万吨，同比下降20.2%。2021年，宁夏有色金属行业有规模以上企业27家，完成工业增加值39.7亿元，同比增长2%，占全部规模以上工业增加值的比重2.6%。主要产品中，十种有色金属产量131.3万吨，同比增长5.7%；电解铝产量120.8万吨，同比增长1.3%；铝材产量50.3万吨，同比下降6.7%。建龙钢铁已形成年产350万吨钢铁生产能力，成为宁夏最大钢铁生产企业；宁夏钢铁集团将两台600立方米高炉置换升级为一台1580立方米高炉，单炉炼钢时间由30分钟缩短到18分钟，炼钢效率提升40%；兴华钢铁着手开展高炉产能置换改造，完善产业链，着力打造智能化、现代化炼钢新工艺。

【技术升级】冶金工业。2021年，天元锰业采用世界一流冶炼技术，形成以石膏制酸—电解锰—锰渣综合利用的循环经济产业链，建设的世界首条锰渣脱硫生产线，破解了锰渣综合利用的世界性难题，攻克了酸雾、氨雾处理的关键性技术。铁合金行业建成国内单台容量最大的63000千伏安矿热炉，25000千伏安及以上矿热炉占全部炉型的70%，铁合金余热发电覆盖率为80%以上，装备大型化、密闭化、节能化、自动化成为行业发展主流，一批先进成熟的节能技术得到普及推广，微机控制及自动加料系统得到普遍应用，余热余压综合利用、低压无功补偿等节能技术全面推广。有色金属工业。青铜峡铝业电解铝综合交流电单耗较全国平均低151千瓦时/吨。中色（宁夏）东方集团有限公司"钠还原钽粉"获得全国第四批制造业单项冠军产品，稳固国内行业领先、世界行业三强地位。铝加工行业建成今飞轮毂300万件汽车轮毂、锦宁巨科新材料40万吨铝板带加工、广银铝业30万吨铝棒加工、浩源铝合金10万吨铝棒材、金创铝业5万吨铝型材加工等生产线，电解铝初级加工转化能力由2015年的54%提高到2021年的80%以上。

【全球首套铁合金工业尾气生物发酵制燃料乙醇项目建成】2021年5月6日，宁夏首朗吉元新能源科技有限公司年产4.5万吨燃料乙醇项目在石嘴山市建成投产。该项目是铁合金领域全球首个建成投产的以一氧化碳工业尾气为原料的燃料乙醇生产线，年可处理铁合金矿热炉尾气3亿立方米，预计年产燃料乙醇4.5万吨，蛋白粉5000吨，实现产值3.3亿元，每年可减少二氧化碳排放18万吨。项目的投产将为全区铁合金产业技术改造、绿色改造起到示范引领作用，推动原材料行业高质量发展，助力全区工业实现“碳达峰、碳中和”目标。

（李　青）

建材工业

【概况】2021年，全区建材行业主要以水泥、商品混凝土、水泥管材、玻璃、防水卷材、保温墙材、砖瓦、石膏制品、碳化硅、碳素制品等为主，重点企业主要有宁夏建材集团、瀛海建材集团、胜金水泥、青龙管业、金晶科技、科豪陶瓷、滨河碳化硅等。全区水泥熟料产能2209万吨。混凝土及水泥制品、玻璃深加工、陶瓷、石膏及制品、防水及保温材料、碳化硅及碳素制品等子行业发展迅速，占建材行业比重达到20%。2021年，全区建材行业有规模以上企业175家，完成工业增加值47.3亿元，同比下降4.8%，占全部规模以上工业增加值的比重3.1%。主要产品水泥产量1867.7万吨，同比下降6.1%；碳素制品产量139.5万吨，同比下降8.5%。

【技术创新】2021年，宁夏碳化硅领域拥有目前全球单体最大冶炼炉，碳化硅结合氮化硅产品专利技术获得国家科技进步二等奖。陶瓷领域在国内首创陶瓷生产与煤炭干馏尾气利用循环经济新模式，建成西北首条大板岩板线。建成青龙管业、科豪陶瓷、和兴碳基等自治区级企业技术中心。吉元君泰建成综合利用冶金废渣制备矿棉生产线，上峰萌城、滨河海利等建成水泥窑协同处置生活垃圾、污泥和危废生产线。宁夏锦和星、青铜峡水泥等企业创建自治区级“绿色工厂”，宁夏赛马水泥成功创建国家级“绿色工厂”。

【新材料产业】截至2021年年底，宁夏新材料规模以上企业增至100多家，工业产值超过1200亿元、近两年平均增长30%以上；占全区规模以上工业总产值的20%、近两年提高7个百分点。2021年，新材料产业完成投资187亿元、两年累计完成320亿元，已建成光伏产业、锂离子电池产业等一批特色优势产业链，形成一批产业集聚区，新材料产业呈现主业突出、多元发展、集约协同的态势。宁夏围绕新材料产业开展关键技术“揭榜挂帅”。截至2021年年底，形成阶段性成果58项、实用新型专利17项，建成一批国家级及自治区级新材料重点实验室、高新技术企业，建成多家智能工厂、绿色工厂、数字化车间，组建新材料现代产业学院探索人才培养新模式，并在金融、科技、人才、招商等方面出台一批优惠政策，为新材料产业高质量发展提供支撑。

【宁夏水泥产业智能化变革】2021年，由宁夏建材集团股份有限公司承担的“水泥生产智能化实验室整体解决方案”揭榜攻关项目完成全部攻关目标任务并通过验收。项目攻关解决了水泥生产过程中生料、熟料及水泥成品的化学成分实时检测的及时性、准确性，并能自动调整物料配比和生产控制参数，保证了生产工艺的持续稳定，提高了产品合格率及产品质量，在水泥生产过程中实现了数据共享和智能化控制，提升了整个水泥生产系统的运行效率。项目通过技术集成创新，建设形成一条日产5000吨的第二代新型干法水泥示范生产线，实现水泥行业资源综合利用、绿色环保、节能低碳的可持续发展。2021年，可比熟料综合煤耗、电耗、能耗及可比水泥综合电耗、能耗均低于标准先进值，达到国际领先水平。粉尘、二氧化硫、氮氧化物排放远低于水泥行业超低排放标准，整个厂区干净整洁，自动高效，改变了传统水泥行业的感官形象，在行业内具备较好的示范带动作用和推广价值。

（李　青）

化学工业

【概况】化工行业是宁夏工业经济的支柱产业，已形成以现代煤化工、石油化工、化工新材料为主导的产业结构，涉及产品100多个品种。截至2021年年底，全区规模以上化工企业236户。全年工业增加值同比增长0.6%，占规模以上工业比重的30.6%。营业收入1625亿元，同比增长49.4%；实现利润197.6亿元，同比增长194.9%。2021年，全区规模以上工业企业原油加工量445万吨，同比增长16.8%；汽油产量202.7万吨，同比增长20.2%；柴油产量217.1万吨，同比增长8.1%；石脑油产量147.4万吨，同比增长5.4%。2021年，全区规模以上工业企业原油产量135.3万吨，与上年持平。

【技术创新】2021年，国能宁煤400万吨/年煤间接液化成套技术创新开发及产业化项目实现百万吨级煤间接液化重大装备及材料国产化，被授予2020年度国家科技进步一等奖。宁夏神耀科技有限责任公司开发出新型、高效、节能的大型干煤粉半废锅气化技术，推动“神宁炉”实现气化技术升级，被认定为自治区煤化工循环利用制造业创新中心。中石油宁夏石化建成国内首套具有自主知识产权的45/80国产大化肥项目，打破国外企业的技术垄断。创新平台建设取得积极成效，建成宁夏氰胺化工产业研究院、宁东现代煤化工产业研究院、微通道反应技术实验室等创新平台。全区化工行业共培育企业技术中心11家、国家级高新技术企业38家、自治区科技“小巨人”企业8家、自治区科技型中小企业17家。

【工业化和信息化融合发展】2021年，大地循环、贝利特化学、嘉峰化工等116家企业接入宁夏化工行业工业互联网赋能平台。国能集团宁夏煤业实施百万吨级烯烃智能制造国家试点示范项目，实现从生产控制到经营决策、从生产管理到绩效分析的全方位智能化管控。组织开展行业龙头企业智能制造成熟度诊断评估，化工行业(16家样本企业)智能制造整体水平达到二级左右，处于各行业中上游水平。

(李　青)

装备制造

【概况】装备制造业是宁夏智能制造的重点实施领域，也是发展智能制造的重要支撑产业，宁夏已形成以矿山机械、清洁能源装备、仪器仪表、铸件铸造、数控机床、电工电气、精密轴承等为主的产业结构。培育天地奔牛、共享集团、吴忠仪表、小巨人机床、小牛自动化、威力传动等一批骨干特色企业。截至2021年年底，全区装备制造业共有规模以上企业121家，全年实现工业增加值同比增长12.7%，增加值占全部规模以上工业增加值的5%。全行业有国家级企业技术中心7家，自治区级企业技术中心26家，国家级工程实验室11家，国家级技术创新示范企业4家，国家产业创新中心2家，高新技术企业数量占全区高新技术企业数量的30%，突破增材制造、高端铸造、精密加工、智能制造等核心技术70余项，共享铸钢3D打印技术引领行业标准，天地奔牛智能刮板输送机达到世界先进水平，维尔铸造中国标准动车组铝合金枕梁实现国产替代，吴忠仪表超大口径调压装置关键用阀、海洋工程及船舶用控制阀成功应用于国家重大工程，科技创新对产业发展的支撑作用进一步增强。

【创新发展】2021年，装备制造业数字化研发设计工具普及率为80%，质量竞争力指数达到78.5，规模以上企业研发经费支出占主营业务收入比重达到4%、每亿元主营业务收入有效发明专利达到2.2件。核心装备数控化率达到85%，机器人应用比例达到40%，两化(工业化和信息化)融合层次不断加深，涌现巨能机器人等10多家国家级专精特新“小巨人”企业，产值超10亿元的企业数量翻倍。

【技术改造投资】2021年，宁夏制造业坚持把技术改造作为转变发展方式、提升质量效益、增强内涵式发展的重要途径，持续加大投资力度，全区制造业技改投资同比增长30.1%，增速高于制造业投资29.4个百分点，占制造业投资的比重为31.3%，同比提高7.1个百分点。在制造业技改投资的带动下，全区工业技改投资同比增长18.5%，提前完成全年工业技改投资增长目标。

(李　青)

轻工业

【概况】截至2021年年底，全区轻纺行业规模以上工业企业293家，主要涵盖食品、纺织、服装、轻工等工业门类，全年完成营业收入546亿元，同比增长20.1%，实现工业增加值75亿元，同比增长11.9%，占全部规模以上工业增加值的4.9%。

【纺织行业】2021年全区轻纺工业规模以上企业实现营业收入546亿元，利润总额27亿元，分别占全区规模以上工业的8.4%、5.8%。全区建成纱线产能近200万锭，宽幅面料、服装面料等各类织物产能近4700万米，氨纶包芯纱产能20万锭，形成以贺兰工业园区、苏银产业园为中心和以金积工业园区、青铜峡工业园区为中心的两大纺纱、织造及服装服饰加工产业集群。氨纶、芳纶等化纤新材料产业加速发展，宁东泰和新材3万吨、晓星集团一期3.6万吨氨纶项目建成投产，滨河恒意6万吨氨纶、恒力生物新材料5万吨高档尼龙基材和宁东泰和3000吨高性能对位芳纶等项目投入建设。全年规模以上企业实现产值超过100亿元。

【食品行业】2021年，全区规模以上食品加工业完成产值约380亿元，实现增加值超过53亿元，较“十三五”末增长31%和32.5%。其中枸杞深加工转化率达到28%，产品品种约77种，规模以上企业年产值超过30亿元。宁夏国家葡萄及葡萄酒产业开放发展综合试验区挂牌成立，全年葡萄酒产量突破1.3亿瓶，规模以上酒庄实现酿造产值约10亿元。西鸽、贺兰红、中粮长城等葡萄酒庄发展迅猛，年销售额近亿元，成为贺兰山东麓葡萄酒产业的中坚力量。宁夏伊利继续保持全球最大单体液态奶生产工厂，2021年产量突破100万吨、销售收入超过100亿元。全区奶牛存栏达到70.2万头，全年生鲜乳产量280.5万吨，日加工能力达到1.09万吨，规模以上企业实现产值178亿元。全年滩羊肉产量11.6万吨、牛肉产量12.1万吨，屠宰及肉制品加工规模以上企业实现产值约15亿元；全年规模以上粮油加工企业实现产值约20亿元，瓜菜加工产值约2亿元，饲料、食品添加剂、饮料、调味品等其他食品加工产值约125亿元。伊品生物味精市场占有率和产能稳居全国第三。

【品牌塑造】2021年，"昊王"大米、"百瑞源"枸杞、"鑫海"盐池滩羊肉、"金河"酸奶、"西夏王"葡萄酒等产品驰名区内外。全区打造各类特色农产品品牌317个，盐池滩羊、宁夏大米等8个区域品牌入选2019年全国特色农产品区域公用品牌，贺兰山东麓葡萄酒品牌价值达到281.44亿元，列全国100个地理标志产品区域品牌榜第九位，中宁枸杞公用品牌价值达190.32亿元，盐池滩羊品牌价值达71.1亿元。"宁夏枸杞"地理标志证明商标获批注册，"宁夏枸杞"区域公用品牌策划高质量完成。

（李　青）

大数据与软件产业

【概况】2021年，宁夏共有软件和信息技术企业600多家。其中，规模以上软件企业83家，新三板上市企业15家，高新技术企业41家，占全区高新技术企业总数的14%。全年规模以上软件完成软件业务收入39.2亿元，同比增长32.7%，形成大数据中心、云计算等产业优势，具有工业、医疗、教育、政务、水利应用软件等产业特色，培育吸引了亚马逊、西云数据、共享创新、计服、美利云、希望、方达等一批龙头骨干企业，依托银川经济技术开发区、中卫西部云基地，加快构建"一核一基地多园区"格局。

【数字产业升级发展】2021年，数据中心建设快速发展，借助全区自然风冷和能源富足优势，中卫西部云基地亚马逊一期、美利云一期、中国移动一期、天云网络、中国联通、中国电信等大型数据中心建成。新建美利云二期、中国移动二期、广电一期等6座数据中心，服务器装机能力达到70万台。全年共培育和引进300多个工业App，2个国家优秀工业App，40个自治区优秀软件产品。支持13个大数据产业试点示范项目，涉及工业、医疗、旅游、金融、政务等领域，促进大数据的融合应用，获批1个国家大数据产业试点示范。宁夏电信公司参与国家一体化算力网络国家枢纽（宁夏中卫）节点、中卫云、北斗时空位置服务云平台、新型城市智慧体等的揭牌和发布仪式，服务自治区高质量发展，助力国家"东数西算"战略工程落地。中国电信根据"国家一体化算力网络国家枢纽（宁夏中卫）节点"的总体规划，建设绿色低碳的数据中心，构建驱动西部数字经济发展的基础载体；规模部署天翼云，构建西部乃至跨越东西部的算力调度体系；完善基础网络，构建连接东西部的高带宽、低时延的大通道，全面提供绿色低碳、自主可控、安全可信、云网融合的一体化能力。同时构建一体化建设、一体化运维、一体化销售的机制，实现一U起租，一TB订购，一键开通的新模式，助力国家一体化大数据中心创新协同体系建设。中卫云由中国电信和阿里共同打造。中国电信有效结合电信基础资源、网络能力，发挥云网融合的差异化优势，在全国形成云网资源布局，并持续打造"5G+云+北斗+AI"新动能，在政务云、混合云等方向引领行业发展。阿里云则是全国最大的公有云运营企业，拥有丰富的产品体系及行业解决方案，该次双方基于中卫西部云基地，发挥各自优势，共同建设运营"中卫云"，除计算、存储、网络等IAAS能力外，输出城市大脑、数字工厂、工业互联网等成熟的行业场景化解决方案。宁夏北斗时空位置服务云平台由中国电信宁夏公司建设和运营。该平台基于天翼云承载，整合宁夏高分中心、地面基准站、交通、气象、应急等北斗数据资源，实现北斗、遥感数据服务的共享共用，形成"北斗定位置、遥感看态势、通信看实时"能力，面向全社会提供北斗高精度位置导航、授时、短报文、遥感、地理信息服务，将在交通运输、自然资源、农业农村、社会管理、应急救援等关键领域发挥重要作用，助力黄河流域生态保护和高质量发展先行区建设。新型城市智慧体是中国电信基于"5G+北斗"打造的智慧城市解决方案。宁夏电信公司在"云网安+通导遥"基础底座上，建设城市中枢大脑，不断丰富涵盖政府、公众、企业和包含六大治理领域的N项智慧应用系统，逐步为政府部门、广大群众、各类企业提供更加安全高效的政务服务、优质便捷的惠民服务、公正透明的企业服务，以社会精细化治理为重点，实现治理体系延伸到基层，以实际行动促进城市信息化发展，助力自治区高质量发展。随着国家一体化算力网络国家枢纽（宁夏中卫）节点、中卫云、新型城市智慧体等的顺利揭牌，以及北斗时空位置服务云平台的发布，宁夏数字经济发展将迎来一个崭新的阶段，中国电信将持续推进云改数转战略，努力构建云网融合的安全、绿色新型信息基础设施，推动自治区数字经济建设、智慧社会发展，提升数字产业化、产业数字化水平，为“数字宁夏”建设贡献电信力量。

【2021云天大会】2021年10月18日，由宁夏工信厅、通信管理局、中卫市政府等联合主办的2021云天大会在中卫市举行。大会以“绿色发展·数据共享”为主题，邀请国家有关部委领导、院士、国内云计算龙头企业领军人物、资深专家学者、行业协会及企业代表，围绕“建设量子传输网络，确保数字基础设施安全”“东数西算的现状、机遇和挑战”“中卫市云计算和大数据产业”等相关话题分享交流，并就如何加快“双中心”建设，打造“东数西算”示范基地等，进行深度分析探讨，共商发展大计。

【闽宁两省（区）数字经济】2021年4月25日，福建、宁夏两省（区）工信厅在第四届数字中国建设峰会大数据分论坛上签约《闽宁数字经济战略合作协议》。根据协议，两省（区）本着“优势互补、互惠互利、共同发展”的原则，围绕数字产业、产业数字化融合应用、人才培养等领域建立供需清单和帮扶机制，开展多层次、全方位的交流与合作，争取培育一批国家级或具有区域影响力的智能制造、工业互联网和大数据试点示范项目，持续放大福建数字经济优势，加快宁夏黄河流域生态保护和高质量发展先行区建设。为推动合作协议落地见效，两省（区）还将建立定期会商制度，搭建闽宁数字经济合作交流平台，实现资源、信息同步，不断拓展更加广阔的合作空间，确保合作结出丰硕果实。在推动资源开放共享和闽宁企业产学研合作创新、共建数字产业园区和“闽宁云”等方面，双方也达成了多项合作共识，着力打造闽宁数字经济合作升级版，树立东西部数字经济合作新典范。

（李　青）

电子信息制造业

【概况】截至2021年年底，全区有规模以上电子信息制造企业31户，完成工业总产值351亿元，同比增长60%以上，占全区工业总产值的5%。主要产品涉及太阳能级和半导体级单晶硅棒、硅片、电池、组件、坩埚、锂离子电池正极和负极材料、工业蓝宝石、计算机零部件、服务消费机器人、智能手机显示屏、LED照明器件等产品子行业。

【光伏制造】2021年，宁夏光伏产业高速增长，全产业链发展，已经成为宁夏新材料产业的排头兵。共有光伏材料生产企业14户，聚集隆基绿能、天津中环等国内光伏产业头部企业，东方希望和江苏润阳等知名企业也相继落户全区，投资建设多晶硅项目。全年全区光伏产业实现产值289亿元，同比增长62%。

【锂电材料】2021年，宁夏锂离子电池材料产业发展规模不断壮大，有巴斯夫杉杉能源有限公司、百川新材料有限公司等锂电池正负极材料生产企业6户。全年全区锂离子电池材料产业实现产值36亿元，同比增长125%。

【电子信息材料】宁夏电子信息材料主要涉及工业蓝宝石晶体和电子级单晶硅棒和集成电路圆片。工业蓝宝石产业链包括高纯度氧化铝、工业蓝宝石晶体、工业蓝宝石晶棒、工业蓝宝石晶片、LED衬底。2021年，全区有工业蓝宝石晶体生产企业2户，工业蓝宝石晶体产能5500吨，蓝宝石晶片产能960万片，占全球份额的50%左右。电子级硅棒圆片产业链包括电子级多晶硅、电子级单晶棒、电子级单晶硅切片、集成电路圆片。全区有电子级单晶硅棒和集成电路圆片生产企业2户，电子级单晶硅棒产能2200吨，8英寸和12英寸集成电路圆片产能480万片。

【宁夏电子信息现代产业学院正式成立】2021年，宁夏电子信息现代产业学院正式成立。面对宁夏电子信息产业人才的迫切需求，自治区工信厅迅速组织亚马逊等优势企业召开宁夏电子信息现代产业学院建设现场会，联合成立工作小组，明确责任人，建立工作机制，制定工作方案，汇集优势资源支持学院建设。重点发挥亚马逊云科技公司世界一流的云计算、大数据、人工智能技术和管理团队资源，发挥宁夏云立方科技公司承建主体和软件开源社区资源，双方围绕人机交互实训基地建设，世界技能大赛（云计算、大数据分析和人工智能方向）团队组建，亚马逊云计算专业技术认证，创新创业课程开发，师资力量培训5个方面，高标准建设宁夏电子信息现代产业学院，高水平培育出大数据与软件领域人才。自治区教育厅指导宁夏现代电子信息产业学院科学定位产业人才培养方案、构建人才培养互联网平台、开展新产品研发和技术创新、探索校企园合作办学模式，实现产业学院可持续发展，同时积极统筹各类资源，对产业学院建设予以支持。

【企业优惠政策和优质服务】2021年，宁夏强化顶层设计，印发《宁夏光伏产业发展规划（初稿）》，引导全区电子信息制造行业高质量发展，推动光伏产业集群化规模化发展。开展“我为企业解难题办实事"调研活动。重点围绕企业融资、申请产业基金、企业上市、建设创新平台等问题诉求，先后深入17户龙头骨干企业，累计解决问题50多个，为企业提供优质、精准的服务保障。加强项目跟踪服务。紧紧围绕扩大产业规模、延伸产业链条和增强产业集聚三个方面开展工作，建立重点项目库、项目储备库，形成远近结合、梯次接续、动态推进的项目储备格局。持续跟进银川隆基光伏科技有限公司15GW单晶硅棒及切片和宁夏百川新材料有限公司年产41万吨锂电池材料等重点项目建设，推动项目尽早投产达效。培育升规入库企业。建立"小升规"重点企业培育库，加大奖励力度，鼓励企业升规入库。银川隆基光伏科技有限公司等3户新增升规入库企业累计完成产值57亿元，对上年产值增长拉动作用显著。加强惠企政策落实。抓好《自治区工业经济稳增长二十四条意见》《工业企业技术改造贷款贴息》等优惠政策的兑现，累计为杉杉能源、协鑫科技等3户电子信息制造企业落实贷款贴息768万元，给予银川隆基光伏科技有限公司等3户升规入库企业60万元奖励资金。降低企业生产运营成本，减轻企业经营负担。加大招商引资力度。围绕强链补链精准开展招商引资，不断延展光伏制造产业链条，先后招引东方希望年产25万吨多晶硅项目，润阳光伏年产10万吨多晶硅项目，中环50GW太阳能级单晶硅材料智慧化工厂厂房及相关配套项目，光伏制造产业集群化发展规模不断壮大。

【国家(中卫)新型互联网交换中心揭牌成立】2021年6月29日，国家(中卫)新型互联网交换中心揭牌成立仪式在中卫市举行。国家(中卫)新型互联网交换中心是工业和信息化部唯一部署在西部地区的交换中心，与杭州、深圳同步进行试点，这是工信部支持宁夏黄河流域生态保护和高质量发展先行区建设，构建新一代信息基础设施，推动区域协同发展的重要举措。国家(中卫)新型互联网交换中心有利于国家一体化大数据中心宁夏枢纽节点建设，助力宁夏成为国家算力基地，促进宁夏电子信息产业集聚发展。国家(中卫)新型互联网交换中心由中国联通宁夏分公司牵头，电信、移动、广电等区内外13家企业参与建设运营，经过半年的紧张筹备，注册成立宁夏中卫市新型互联网交换中心有限责任公司，标志着互联网交换中心进入实质性运营阶段。国家新型互联网交换中心是一项战略性、开拓性的工作，也是宁夏承担工信部的一项重要任务，自治区电子信息产业专班对互联网交换中心高度关注持续支持，先后多次召开专题会议协调推进，自治区工信厅将互联网交换中心列入2021年自治区大数据产业关键技术揭榜攻关项目，两年内给予500万元资金补贴，自治区发改委将互联网交换中心纳入全国一体化大数据中心枢纽节点重点项目争取国家支持，中卫市为互联网交换中心提供运营补贴，这些措施为互联网交换中心运营提供了重要保障。

（李 青）

中小企业

【概况】2021年，宁夏新增培育认定自治区专精特新中小企业162家、示范企业48家，新增国家级"小巨人"企业8家；新增规模以上工业企业193家；备案国家高新技术企业142家、科技型中小企业619家，评价入库国家科技型中小企业52家。全年全区规模以上民营工业企业增加值同比增长9.0%，对全区规模以上工业经济增长贡献率达44.4%，拉动经济增长3.6个百分点。截至2021年年底，全区累计登记注册各类市场主体71.3万户，同比增长8.2%。其中，私营企业18.4万户，同比增长11.1%；个体工商户50万户，同比增长7.6%。

【公共服务示范平台建设】2021年，宁夏共享智能铸造产业创新中心有限公司、宁夏清洁发展机制环保服务中心(有限责任公司)、石嘴山市非公有制经济服务中心、宁夏中卫工业园区管理委员会、石嘴山市尉元科技开发有限公司、宁夏创科小微企业创业服务培训有限公司6家平台入选2021年度国家中小企业公共服务示范平台名单。截至2021年年底，宁夏共培育和认定自治区中小企业公共服务示范平台67家(其中国家级13家)，按服务领域和类别划分，44家示范平台为中小企业提供知识产权、融资、财税、人才、法律等综合性服务，23家技术类示范平台聚焦具体行业领域提供专业技术服务，平台共开展服务活动2676场次，服务企业21832家。

【宁夏专精特新企业发展联盟工作委员会】2021年12月23日，宁夏专精特新企业发展联盟工作委员会成立仪式在银川市举行。宁夏专精特新企业发展联盟工作委员会由自治区中小企业服务中心和宁夏企业家联合会联合设立，接受自治区工信厅的工作指导，由热心中小企业发展事业、拥有丰富研究成果或实践经验的产业链行业龙头企业、专精特新中小企业，以及相关高等院校、科研院所、服务机构等方面的企业高管、专家学者、专业服务人员自愿组成。自治区工信厅与国家中小企业领军学院、湖南省株洲市中小微企业成长服务有限公司、宁夏股权托管交易中心(有限公司)签订服务专精特新企业发展框架协议。领军企业研究院副院长秦静、湖南省中小企业服务联盟创新服务研究院院长崔毓剑博士围绕"跨区域服务资源共享及梯度培育,数字化转型,探索专精特新中小企业高质量发展之路"为主题进行主旨演讲。宁夏中小企业公共服务示范平台共享智能铸造产业创新中心、宁夏股权托管交易中心(有限公司)、华信智信息技术有限公司就各自精准服务宁夏专精特新中小企业的服务方案作重点介绍。作为自治区专精特新中小企业服务的重要组织机构,自治区专精特新企业发展联盟工作委员会将重点致力于搭建专精特新中小企业服务及交流平台,进一步强化专精特新发展导向,推进政府、企业、服务机构、高校院所之间的交流与合作,共同探索专精特新中小企业服务新思路、新架构和新举措,共同探索专精特新中小企业服务新模式、新机制和新方法。

【小型微型企业创业创新示范基地】2021年,工信部公布2021年度国家小型微型企业创业创新示范基地名单,宁夏石嘴山高新技术产业开发区中小企业孵化园、吴忠金积工业园区中小企业创业孵化基地、同心工业园区小微企业孵化基地、石嘴山市启明星小微企业创业创新基地4家基地上榜,成功获批"国家小型微型企业创业创新示范基地"。截至2021年年底,全区共培育和认定53家自治区小型微型企业创业创新示范基地,创建国家小型微型企业创业创新示范基地12家。基地入驻企业共计4000余家,创业带动就业2.9万人。

(李　青)

商贸服务

SHANGMAOFUWU

NINGXIA YEARBOOK

编辑◎马　静

国内贸易

【概况】2021年，宁夏实现社会消费品零售总额1335.12亿元，同比增长2.6%，较上年加快9.6个百分点；全区居民人均可支配收入27904元，同比增长8.4%；全区人均消费支出20024元，同比增长14.4%；全区金融机构人民币存款余额7466亿元，同比增长4.8%，其中住户存款4269亿元，同比增长8.3%（居民存款余额同比增长5.45%）。全区消费品市场持续回暖、稳定恢复。银川市、石嘴山市、吴忠市、固原市和中卫市分别实现消费品零售额788.69亿元、106.81亿元、182.37亿元、124.92亿元和132.33亿元，同比分别增长2.3%、2.3%、3%、3.4%和3.2%。固原市增速最高，银川市、石嘴山市增速最低。商品零售增长快于餐饮消费。2021年，全区商品零售额1168.41亿元，同比增长2.8%；餐饮收入166.71亿元，仅增长1.4%，增速比商品零售低1.4个百分点。城市消费增长高于乡村。按经营单位所在地分，2021年全区城镇消费品零售额1181.49亿元，同比增长2.8%；乡村消费品零售额153.63亿元，同比增长0.8%。石油及制品类商品消费增势强劲。全区限额以上石油及制品类商品零售额156.22亿元，同比增长21.1%，增速居主要商品类零售额之首。升级类商品增长较快。全区限额以上家用电器和音像器材类零售额同比增长12.5%，书报杂志类同比增长12.1%，金银珠宝类同比增长1.6%。基本生活类商品保持增长。全区限额以上饮料类零售额同比增长12.3%，烟酒类同比增长4.1%，粮油食品类同比增长0.3%。

【消费市场健康运行】2021年，宁夏全力以赴保障市场供应。加强统筹调度，做好节日市场供应工作，组织各级商务主管部门提前制定工作预案，完善应对机制，确保全区生活必需品供应充足、价格稳定。加强市场监测。春节期间启动生活必需品市场供应销售、应急商品数据库、重点批发市场、重点零售企业日报制度和市场监测值班制度，密切关注生活必需品市场运行态势。加强产销衔接，引导商贸企业结合本地消费习惯，加大与上下游、产供销的沟通衔接，拓展采购渠道，增加库存数量，丰富商品种类，合理布局商品档次结构，确保供应充足稳定，充分满足市场需求。加强调控保障，加大政府储备肉菜投放力度，增加市场供应，稳定市场预期。春节期间，全区商务系统组织投放储备（调控）牛羊猪肉1537吨，储备蔬菜1.61万吨，储备肉菜投放数量均显著高于往年，较好地发挥了政府储备平抑价格、保障民生的作用。强化举措促进消费复苏，印发《关于扎实做好消费促进工作　确保完成2021年全年目标任务的通知》《2021年商务领域消费扩容升级行动计划实施方案》《关于组织开展好2021年消费促进活动的通知》《宁夏回族自治区关于繁荣夜间经济　促进消费增长的意见》，突出社会消费品零售增速目标牵引，强化全区统筹调度，指导各地制定本地区社会消费品零售总额目标，明确促进消费重点工作，任务层层压实责任，确保完成全年目标任务。实施消费惠民活动计划，自治区7部门印发《2021年全区消费促进月活动实施方案》，合力推动消费促进月活动取得实效。统筹协调全区商务系统，全面开展消费促进月、“缤纷塞上·惠民乐购”消费季、“爱尚宁夏·惠享生活”购物季、“夜宁夏　潮生活”、绿色智能家电以旧换新、“留银过年　欢乐购物”消费券发放等促消费活动700余场次。消费促进月当月（5月），重点监测的商贸流通企业实现销售额69.82亿元、同比增长8.2%，增速比4月加快3.5个百分点。创新模式培育消费动能。支持发展首店经济，满足群众美好生活需要。支持引进58个知名消费品牌到宁夏开设首店，喜茶银川首店2月6日开业当天，实现销售额19万元，刷新喜茶中国中西区销售纪录；乐高授权专卖店5月29日开业当天吸引近1万乐高粉丝到店，实现销售180万元，带动CCmall店铺客流增长81%、销售增长41%、餐饮营业增长78%。发挥假日经济带动作用，为促进消费增添新动能。统筹全区各级商务主管部门和商贸流通企业，开展节假日形式多样、丰富多彩的促销活动，活跃消费市场，春节、五一、端午节假日期间，全区重点监测的零售和餐饮企业销售总额同比分别增长44.17%、17.47%、17.23%，为全区消费市场稳步复苏提供了有力支撑。开展绿色智能家电以旧换新补贴，满足群众家电升级需求。安排专项资金，对老百姓淘汰旧家电购买绿色智能家电进行补贴，培育家电消费热点。营造热烈消费促进氛围。加强舆论宣传引导，对消费促进工作进行全方位、立体式宣传报道。新华社、人民网、中央电视台、中新社、央广网、《光明日报》、《经济日报》、“学习强国”平台、《中国日报》、《国际商报》等国内主流媒体，《宁夏日报》、宁夏电视台、宁夏新闻网、宁夏日报客户端、《新消息报》、银川广播电视台等区内主流媒体，抖音、微信等新媒体平台，对宁夏消费促进工作进行广泛宣传，《宁夏日报》6次在头版报道有关信息，营造了热烈促销氛围，有效提振了消费信心，促进了消费回补和潜力释放。

【市场体系建设】城乡市场体系建设。2021年，固原嘉泰、吴忠鲜鑫、中卫四季鲜3个农产品批发市场得到改造，惠农区礼和乡、平罗县红崖子乡等10个城乡农贸市场补齐城乡流通短板，拓展市场服务功能，激发农村消费潜力。争取商务部将银川市列入20个商品交易市场优化升级专项行动试点城市之一，建立了全区重点商品交易市场四级联系机制，支持宁夏四季鲜农产品批发市场建设智慧应用管理平台。产销衔接。落实自治区“百万移民致富提升行动”和“城乡居民收入提升行动”的决策部署，联合自治区农业农村厅在银川市举办2021年全区产销对接暨农商互联赋能乡村振兴大会。大会促成战略合作、产销供应、直供直采、冬菜保供等29项协议，采购协议金额达5.28亿元。推动消费帮扶专区建设，助力乡村振兴，推动新百连超、北京华联等9家大型超市建设消费帮扶专区；2021年，全区57个消费帮扶专区销售重点帮扶县农产品9500多万元。汽车市场管理。举办汽车促销及汽车下乡系列活动7场以上，扩大汽车消费。截至2021年年底，全区机动车保有量达202万辆，比上年增加14.6万辆，增长7.81%，高出全国均值1.49个百分点。银川市汽车保有量109.08万辆，成为全国汽车保有量超过百万辆的79个城市之一。印发《关于推进二手车交易登记跨省通办便利二手车异地交易的通知》，二手车交易市场日益活跃，近五年二手车汽车转移登记与新车注册登记数量的比例由0.95上升至1.37，反超新车注册登记量。2021年，宁夏51家二手车交易市场累计交易二手车22.74万辆，较上年增长27.03%，成交金额133.67亿元，较上年增长22.77%。严厉打击报废机动车回收拆解行业违法违规行为，联合公安、生态环境等部门对全区报废机动车行业进行专项检查，对符合条件的中再资源（宁夏）公司、宁夏晨鑫环保科技有限公司颁发了报废机动车回收拆解企业资质证书；2021年，全区回收拆解报废机动车6249辆。信用体系建设。联合自治区相关部门举办“诚信兴商宣传月”活动，评选并发布自治区“诚信兴商十大案例”，弘扬商务诚信文化，营造诚实守信的社会环境。

【“宁夏优品全国行”活动】2021年，宁夏借助全国专业类和综合类展会平台，积极整合优势资源，以“宁夏优品全国行”

2021年7月29日，2021国际肉类产业博览会暨牛羊肉产销对接大会在银川市举办

为主题，开展品牌宣传推介和贸易对接活动，采取线上线下融合参展模式，牵头组织300余家企业，参加了第104届成都春季糖酒会、首届中国国际消费品博览会、第五届丝绸之路国际博览会、第130届广交会等国内综合性和专业性重点展会10多场，线下特装宣传搭建面积达到1600多平方米，线上展位200余个，参展企业主动对接意向客户，有力地宣传推介了宁夏优势产业，助推宁夏名优产品“走出去”。

【外销窗口建设】2021年，宁夏引导协调与大型企业建立合作，创新配送服务，开展团购业务，组织并支持外销窗口抢抓节庆假日有利时机，举办贺兰山东麓葡萄酒、滩羊肉、枸杞等特色产品品鉴推介活动，线上线下不断拓宽营销渠道，提升销售业绩；在厦门、莆田、嘉兴、石家庄等地建成贺兰山东麓葡萄酒专柜6个；厦门、泉州、宁波等地5家外销窗口开始运营。协调组织宁优汇公司和17家特色产品供应链企业，携带产品深入15个城市开展“城市合伙人”对接招商、集中推广活动，达成合作协议额5000多万元。2021年，54家外销窗口实现销售额5.43亿元。

【首届国际肉类产业博览会】2021年7月29日至8月1日，由商务部流通产业促进中心主办，宁夏商务厅承办的2021年国际肉类产业博览会暨牛羊肉产销对接大会(简称“博览会”)在银川国际会展中心举办。博览会设置全国肉类产业综合展区、名优肉类食品展区、宁夏肉类发展展区、肉类加工技术及装备展区、肉类流通技术及装备展区。博览会期间开展了展览展示、发展论坛、牛羊肉产销对接会、“炙·醇”餐酒搭配课堂、“庖丁解牛”技能展演等系列活动。内蒙古、陕西、新疆、青海、吉林、湖南、贵州、辽宁、重庆、甘肃，以及南昌、青岛、宁波、义乌等地组团参展。大庄园肉业、盒马鲜生、西藏藏北牦牛、辽宁通正集团、黑牦牛集团、黑猫天华、美国查维斯、上海西鲜记电子商务、内蒙古晓牧牧业、鄂尔多斯荣耀云、内蒙古亿源、鄂尔多斯草原侠、鄂尔多斯恒科农牧业、青岛建华、河北汉普机械、温州大江、伊鑫牧业、牧羊人羊业、丰博乳鸽、巴子食品、青岛万福等100多家知名肉类企业和大型冷链运输设备企业参展，1000余家专业采购商到会采购。全区88家企业报名参展(其中，肉类企业65家，其他特色产品企业23家)。博览会期间，签约贸易合作项目30个，金额32亿元。博览会举办提升了宁夏肉类产业知名度，增强了产业发展聚合力，打造了宁夏肉牛和滩羊产业高质量发展的新优势。

(钟　科)

电子商务

【概况】2021年，宁夏深入推进电商助力乡村振兴、服务先行区建设。全区电商持续快速增长，规模质量同步提升，新业态活力勃发，新消费亮点纷呈。从2021年宁夏电子商务主要交易数据指标看，线上消费保持快速增长，网络交易额与网络零售额规模继续扩大，同时实物商品销售结构继续优化，扶贫产品销路持续攀升，服务型消费加速回暖。

【网络零售】2021年，宁夏实现网络交易额近1581.48亿元，同比增长13.03%，高出全国增速2.2个百分点；网络零售额实现277.25亿元，同比增长20.5%，增速居全国第八、西北地区第二，高出全国4.81个百分点。农村电商加快提档升级，助力特色产业培育成效显著，农村网络零售额同比增速达34.83%，较上年提升12.91个百分点。2021年宁夏网络零售额实现277.25亿元，其中实物型网络零售额实现231.29亿元，同比增长19.03%，增速居全国第六，高出全国5.30个百分点。分地市看，中卫、固原、石嘴山实物型网络零售额增速较高，在全区占比较上年同期分别提升1.33个百分点、0.11个百分点、0.03个百分点；分行业看，服

2021年7月9日，“电商助力特色产业发展”直播带货周正式启动

装鞋包、家装家饰、美容护理在实物型网络零售额中占比较上年同期分别提升1.68个百分点、0.34个百分点、0.31个百分点。整体来看，宁夏系列促消费活动持续落地显效，尤其在直播电商、社交电商等新兴业态助力下，“宁夏优品”云行全国，特色网货品牌影响力、竞争力不断扩大，电商快递包裹数累计完成7992.16万件，宁夏实物型商品网销整体呈现“行业增长动能持续下沉，多元营销结构持续显现”的发展特点。服务型网络零售额实现45.96亿元，同比增长28.49%，增速居全国第八，高出全国8.24个百分点。分地市看，固原市、中卫市、石嘴山市服务型网络零售额增速较快，在全区占比较上年同期分别提升1.71个百分点、0.76个百分点、0.55个百分点；分行业看，在线餐饮、在线旅游、生活服务分别实现网络零售额24.66亿元、10.85亿元、4.77亿元，其中在线餐饮占比53.66%，排名居全区首位，是服务型网络消费回稳发展的主要支撑力量，在线旅游行业景气度持续回升上行，在服务型网络零售额中占比23.61%，较上年同期提升3.98个百分点，对服务型网络消费增长贡献持续增强。整体看，随着全区疫情防控精准有序，新型消费培育逐见成效，特色文旅商贸活动举办成绩突出，服务型消费恢复性增长态势持续巩固，服务型网络零售额已回归至常态化增长。截至2021年年底，宁夏网商总数共计139287家，电商带动就业人数41.32万人(其中，直接带动21.2万人，间接带动20.12万人)。分网商类型看，应用型网商数共计135870家，占网商总数的97.55%，服务型网商数共计3389家，占网商总数的2.43%，平台型网商数共计28家，占网商总数的0.02%。在应用型网商中，流通型网商数共计126368家，占应用型网商数的93.01%；生产型网商数共计9502家，占应用型网商数的6.99%。分地区看，银川市、吴忠市、中卫市位居全区网商数量前三名，分别占比56.12%、12.81%、10.3%。全区直播电商等新业态新模式快速发展，全年累计直播场次达18224场，直播观看人次累计1.64亿人次，促进直播交易额累计实现33.15亿元。2021年全区农村电商聚焦乡村振兴，在促进农业升级、带动农村发展、助力农民增收等方面成效显著。全年实现农村网络零售额169.16亿元，同比增长34.83%，较全国农村网络零售额增速(26.92%)高出7.91个百分点，在全国农村网络零售额中占比0.57%，占比较上年同期提升0.03个百分点。其中，农村实物型网络零售额实现149.87亿元，占农村网络零售额的88.6%；农村服务型网络零售额实现19.29亿元，占农村网络零售额的11.4%。宁夏特色产业发展规模持续壮大，农产品产销衔接和线上线下一体化销售活跃，农特产品不断“触网升温”，2021年全区农产品网络零售额实现108.76亿元，同比增长24.97%。农产品网络零售分行业中，草药、畜禽、水果分别实现95.14亿元、8.56亿元、2.05亿元，在农产品网络零售额中分别占比87.48%、7.87%、1.88%。农产品品类中，枸杞、羊肉、红枣较受消费者青睐，草药产品线上枸杞、黄芪、芡实、菊苣根等最为热销，宁夏羊肉线上影响力持续扩大。

【城乡电商协同发展】2021年，宁夏推进农村电商提档升级，争取2个示范县获批2021年“升级版”综合示范项目，支持13个市、县(区)培育壮大电商新业态、新模式，提升城乡电商协同发展水平。强化各地工作引领推动，在中宁县召开电子商务进农村现场会，典型引路、以点带面为各地农村电商提档升级提供借鉴和路径指引，促进各地工作提升。全区农产品“出村进城”销售增速全国第五，中宁县跻身全国农产品电商“百强县”第42名。规范提升示范项目成效。加强综合示范项目监督管理和专项督查，突出整改问效及绩效成果运用，6个示范县新增5500万元综合示范资金支持。突出城市电商优化提升，丝路风情公司

2021年9月18日，宁夏跨境电商专题推介会在银川市召开

获批商务部商业科技创新应用优秀案例，组织IBI育成中心和灵武数字经济产业园开展国家电子商务示范基地和优秀数字经济园区综合评价。全区淘宝开店创业者增幅达420%，领跑全国。2021年，宁夏实施网上年货节繁荣大众消费，全区商务主管部门同频共动，1000余家企业协作联动，商旅文、吃住行、游购娱融合互动，保障了春节市场消费稳定和防疫安全，累计实现销售额超18亿元。2021年双品网购节推动品质消费。通过线上线下联动、“商品+服务”消费并举，推动“线上引流+实体消费”发展，参与企业交易额超3.3亿元，是2020年的5.4倍。“守旺宁夏·电商助农”双十工程助力乡村消费。通过深入实施“个十百千万”活动，助力乡村产业融合发展，拓展特色产品外销渠道。

【电商助力乡村振兴】2021年，宁夏举办“阅宁夏　鉴优品”飞跃2021全民电商节，实施“电商团队+村落产地”结对助力，全区361组团队、1099名人才踊跃参与、246个行政村积极响应，活动全网关注量超4亿人次。网购节当日上线宁夏农产品581款，98个直播带货单品10小时实现销售31.02万元，单日订单超1万单。搭建宁夏优品外销新平台。建成宁夏网销产品资源库、“阅鉴优品”微网站，与头部电商、金融平台的深度合作，形成宁夏优质农产品统一出口，上线产品1800余款，全年累计销售额2385万元，点击量超1560余万次。搭建特色产业聚焦引流新渠道。争取央视财经频道《生财有道》栏目组到宁夏拍摄枸杞、奶产业两期专题节目，实施“电商助力宁夏特色产业发展”直播带货周活动，多场景推介、为全区好物好品引流代言，广泛宣传扩大影响力。发挥电商助力产业发展新优势。举办全区脱贫县电商扶贫企业产品“三品一标”认证，借助中国电商扶贫联盟优势资源，拓展全区特色农产品外销渠道。编制发布《2020年宁夏特色产业网销数据报告》，开展特色产业大数据分析，助推全区特色产业数字化转型。

（钟　科）

商业服务业

【流通惠民便民体系】2021年，宁夏持续完善商业生活服务圈建设。全年建设13个品牌连锁便利店、6个城乡便民服务中心、6个特色商业街区改造提升项目。银川市获批“国家城市一刻钟便民生活圈建设试点”。支持建发大阅城推进智慧商圈建设。推动新华百货、小任果业等商贸流通企业加快线上线下融合发展，促进传统商业模式转型升级。

【餐饮业创新发展】2021年，宁夏开展枸杞宴席研发工作，推出枸杞迎宾宴春季菜谱及相应制作流程、产品标准。举办“宁夏枸杞宴”金牌美食评比活动，评选出“宁夏枸杞宴十大金牌名菜”“十大金牌大厨”和3个优秀研发团队。提升地标餐饮品质和影响力，联合吴忠市政府、中国烹饪协会主办“2021大西北吴忠早茶文化节”，吴忠市被授予“早茶文化地标城市”，命名了25家早茶示范店。联合中国饭店协会共同主办了第四届中国丝绸之路美食节暨首届中国烹饪工匠节，举行了宁夏枸杞饮食文化节、烹饪大师工作室创新菜品宁夏专项比赛等活动。共达成各类供货采购意向协议26个，总金额5.86亿元。

【家政服务】2021年，全区5个地级市持续推进家政服务业信用体系建设项目，全年完成668家企业、6990人信用信息采集工作。评选认定城市管家、好美妈妈等12家家政品牌龙头企业，家政企业进社区开设服务网点近200个。全年培训家政从业人员1660名，就业率达到90%。支持银川市建设宁夏家政服务广场。

【绿色流通体系】2021年，宁夏开展绿色商场（超市）、绿色餐厅（饭店）评定工作。引导鼓励商超、餐饮企业完善强化绿色管理标准，普及绿色消费理念。2021年评定自治区级绿色商场（超市）6家，绿色饭店（餐厅）11家。加强再生资源行业管理。开展商务领域一次性塑料制品使用、回收报告工作和医疗废弃物资专项整治行动。中再资源（宁夏）有限公司等4家企业列入全国再生资源回收重点联系企业。

（钟　科）

物流业

【概况】社会物流总额。2021年，全区完成社会物流总额9123.97亿元，同比增长28.1%。工业品物流需求增长较快，支撑带动作用强劲。全区工业品物流总额完成6317.4亿元，同比增长36.2%，增幅较一季度回升1.7个百分点，比上半年和前三季度分别回落1.9个百分点和1个百分点。工业品物流占全社会物流总额的69.2%，占比较上年提高4.1个百分点，拉动社会物流总额增长23.6个百分点。批发业物流需求持续复苏，市场活力仍然较强。2021年，全区批发业物流总额完成2114.25亿元，同比增长14.7%，增幅较上年同期回升32.9个百分点，比一季度、上半年和前三季度分别回落12个百分点、7.3个百分点和0.7个百分点。批发业物流占全社会物流总额的23.2%，占比较上年降低2.7个百分点，拉动社会物流总额增长3.8个百分点。农产品物流增速稳定，需求保持良好态势。2021年，全区农产品物流总额完成628.89亿元，同比增长7.8%，增幅比一季度、上半年和前三季度分别回落21.3个百分点、8.6个百分点和0.2个百分点。进口货物物流增速稳步回升，但进一步趋缓。2021年，全区进口货物物流总额完成39.2亿元，同比增长6.8%，增幅比上年同期回升67.1个百分点，比一季度和上半年分别回落7个百分点和13.4个百分点，比前三季度回升2.6个百分点。单位与居民物品物流保持较快增长，需求动力不减。面对疫情和极端天气等不利因素影响，各地区各部门积极落实"保基本民生"等政策措施，基本生活类消费较快增长。2021年，与民生相关单位与居民物品物流总额完成24.23亿元，同比增长23%，增幅比上年同期回升16.8个百分点，比一季度、上半年和前三季度分别回落22.3个百分点、12.6个百分点和7.2个百分点。全区完成快递业务量9962.97万件，同比增长36.1%，增速比全国高6.2个百分点，在全国31个省（市、区）中排名第12位；快递业务收入15.41亿元，同比增长30.3%，增速比全国高12.8个百分点，在全国31个省（市、区）中排名第5位。

社会物流总费用。2021年，全区社会物流总费用773亿元，同比增长16.1%，社会物流总费用与GDP的比率为17.1%，比上年同期回升0.1个百分点，比全国平均水平14.6%高2.5个百分点。从结构看，运输费用同比增长15.8%，占总费用的78.5%；保管费用同比增长17.8%，占总费用的15.4%；管理费用同比增长14.6%，占总费用的6.1%。

物流业增加值。2021年，宁夏物流相关行业实现增加值414.68亿元，按可比价格计算，同比增长9.3%，增速比上年同期回升8.8个百分点。其中，交通运输业、仓储业、邮政业实现增加值204.02亿元，同比增长12.1%，增速比上年同期回升7.7个百分点；批发零售业实现增加值210.66亿元，同比增长6.7%，增速比上年同期回升10个百分点。物流相关行业增加值占全区生产总值的9.2%，比上年同期低0.3个百分点。

2021年6月10日，京东物流银川亚洲一号项目暨6·18宁夏京东消费节启动仪式在银川市举办

货运量和货运周转量。2021年，宁夏全社会完成货运量48072.59万吨，同比增长9.2%；完成货运周转量874.91亿吨公里，同比增长14.4%。铁路货运量和货运周转量恢复明显。2021年，全区铁路货运量完成9423万吨，同比增长9.1%，增速比上年同期回升3.2个百分点，比一季度、上半年和前三季度分别回落5.7个百分点、8.1个百分点和1.8个百分点。铁路货运量占货运总量的19.6%，占比较上年持平，拉动全区货运量增长1.8个百分点。铁路货运周转量完成234.5亿吨公里，同比增长9.3%，增速比上年同期回升8.8个百分点，比一季度和上半年分别回落3.1个百分点和1.5个百分点，比前三个季度回升2.7个百分点。公路货运量和货运周转量运行态势持续向好。2021年，公路货运量完成37506万吨，同比增长9.6%，增速比上年同期回升10个百分点，比一季度、上半年和前三季度分别回落44.7个百分点、10.1个百分点和6.4个百分点，拉动全区货运量增长7.5个百分点。公路货运周转量完成577.7亿吨公里，同比增长19.4%，增速比上年同期回升8.8个百分点，比一季度、上半年和前三季度分别回落73.1个百分点、16个百分点和9.3个百分点。航空货运量及货运周转量增速回落。航空货运量完成2.3万吨，同比下降22.5%，增幅比上年同期回落11.7个百分点，比一季度、上半年和前三季度分别回落41.7个百分点、50.7个百分点和18.8个百分点。航空货运周转量完成3300万吨公里，同比下降11.6%，增幅比上年同期回落3.1个百分点，比一季度、上半年和前三季度分别回落58.5个百分点、64.8个百分点和28.2个百分点。管

道货运量及货运周转量降幅收窄。管道货运量完成1141.29万吨，同比下降2.6%，增幅比上年同期回落4.7个百分点，比一季度、上半年和前三季度分别回升4.4个百分点、4.5个百分点和1.9个百分点。管道货运周转量完成62.37亿吨公里，同比下降5.6%，增幅比上年同期回落17.8个百分点，比一季度、上半年和前三季度分别回落5.2个百分点、2.2个百分点和0.4个百分点。

【物流业运行】2021年，全区物流业固定资产投资同比增长9.6%，增幅比上年同期回升12.7个百分点，比同期全社会固定资产投资增幅高7.4个百分点。其中，交通运输仓储邮政业投资额同比增长9.6%，批发零售业投资额同比增长9.7%。2021年，重点调查的45户物流企业累计实现物流业务收入80.15亿元，同比下降1.1%，增幅比上年同期回落49.6个百分点，比一季度、上半年和前三季度分别回落11.6个百分点、15.3个百分点和1.4个百分点；物流业务成本73.66亿元，同比下降4.2%，增幅比上年同期回落59.4个百分点，比一季度、上半年和前三季度分别回落0.4个百分点、17个百分点和5.1个百分点。其中运输成本同比增长16.5%，占总成本的51.6%，而在运输成本中燃料成本同比增长16.9%，拉动运输成本增长7.7个百分点；营业利润3.03亿元，同比增长8.7%；职工薪酬5.23亿元，同比增长21.9%。每百元物流收入支出成本91.9元，比上年降低2.98元。货运量同比增长18.5%，比上年同期回升11.9个百分点；货运周转量同比增长11.2%，比上年同期回升1.2个百分点。做好成本控制，协调兰州铁路局为宁夏288家企业给予运费优惠，累计降低物流成本1.24亿元。协调天津港、青岛港克服海运舱位紧张、箱源短缺、班期延误等不利因素，优先为宁夏企业落实舱位、箱源及堆场，为企业节省物流成本600余万元。为11家符合申请条件的冷链物流企业争取到优惠电价，降低企业用电成本，减轻企业经营负担。

【“十四五”物流发展规划】2022年，宁夏出台《宁夏回族自治区现代物流发展“十四五”规划》，明确了以落实新发展理念，增强物流领域改革创新为根本动力，聚焦“降本、增效、提质”总目标，着力“强基础、补短板、建网络、造生态、促创新、优政策”，加快构建供需匹配、功能完备、开放共享、智慧高效的现代物流体系的总体目标；提出“集约、融合、创新、绿色”发展原则；制订物流规模、竞争能力、服务水平、建立体系等多个维度的具体目标；确立321国际国内物流通道建设，一核心一枢纽三基地的物流空间布局；提出优化提升物流通道基础设施、培育建设国家物流枢纽和示范园区、提升城乡物流配送效能、强化物流服务产业能力、激发物流新动能五项重点任务。

【物流项目建设】2021年，宁夏制定《2021年现代物流业发展专项资金申报指南》，拨付市县现代物流业发展专项资金1480万元，支持各市开展冷链物流、供应链创新与应用、城乡高效配送、绿色货运等方面项目建设，对物流企业新建高标准的产地预冷库、冷藏冷冻库等设施，购置冷链运输车辆、专业导航，以及使用智能化、标准化、信息化等现代技术和设备给予专项资金支持。全年累计支持各类物流项目53个，累计支持各企业新建冷库24009平方米、常温库19602平方米，购置物流车辆153台，其中新能源车辆21台、冷链车辆38台，购置托盘、周转箱、高层货架、叉车等标准化物流设施设备35433件（套），拉动社会投资约9.8亿元。新培育AAAA级物流企业3家。

（钟　科）

供销合作

【概况】2021年，全区供销合作社系统以习近平新时代中国特色社会主义思想为指导，在自治区党委、政府的坚强领导下，在中华全国供销合作总社的精心指导下，服务“三农”大局，助力黄河流域生态保护和高质量发展先行区建设，以建设全国“数字供销”示范区为引领，深入推进现代、开放、市场、数字、活力“五个供销”建设，深化综合改革，推动转型发展，奋力攻坚克难，实现“十四五”良好开局，取得新的发展进步。全国“数字供销”示范区花落宁夏，一举化解社有企业历史债务4.03亿元，占债务总规模5.6亿元的72%，2021年全系统完成销售总额96.35亿元，实现利润2.29亿元，较上年分别增长14.9%、64.7%，销售总额逼近百亿元，利润总额首超2亿元。

【“数字供销”示范区】2021年，全区供销社系统把“数字供销”示范区建设作为高质量发展的“总平台”，尽全力推动实施。2月9日，中华全国供销总社正式批复同意将宁夏确定为全国“数字供销”建设示范区。7月6日，自治区政府印发《宁夏回族自治区“数字供销”示范区实施方案》，为示范区建设提供基本遵循。将“数字供销”建设列入自治区“十四五”规划、数字经济“十四五”规划、数字政府三年行动计划，上升为政府行为。10月14日，自治区政府成立分管领导任组长，发改委、财政厅等15个厅局为成员的宁夏建设全国“数字供销”示范区工作领导小组，建立联席会议机制，明确

2021年9月29日，自治区供销合作社举行生产供销信用"三位一体"综合合作试点启动仪式

了工作思路、重点任务和责任分工。12月1日，总社与自治区政府签订战略合作协议，建立以"数字供销"示范区建设为主要内容的全面协作关系，正式启动示范区建设。自治区供销社成立领导小组，组建工作专班，召开专门会议，明确建设路径、任务和方法，启动"数字社务"建设，实施信创工程、政务协同平台建设、档案数字化建设等工作，极大地提高了办公信息化、规范化、无纸化水平。

【基层组织培育】2021年，自治区供销社投资1020万元，撬动市、县（区）政府及社会资本1656万元实施新型基层组织体系建设项目19个，新发展基层社45个，改造升级薄弱基层社28个，基层社总数达到203个，覆盖率提升到92.7%，7家基层社被全国供销总社评定为"标杆社"。全系统新发展成员社30家，领办创办专业合作社达到227家，新增7家农民专业合作社全国"示范社"。市、县（区）供销社全年实现销售总额69.26亿元，同比增长7.4%，占全系统销售总额的71.9%。

【为农综合服务】2021年，全区完成年度15万吨化肥淡季商业储备任务，全系统全年累计销售化肥32万吨，实现肥料、农药、农膜、农机等农资销售12.97亿元，同比增长12.2%。围绕枸杞、滩羊、果菜等重点产业，开展农资配送、统防统治、农产品收购、冷链物流、精深加工等全产业链农业社会化服务，建成农业生产服务中心72个、庄稼医院199个、五星级农村综合服务社67家，全系统新增土地托管面积41万亩。创建为农服务综合体8个，彭阳县被确定为全国供销系统整县推进乡镇为农服务综合体建设试点县。推动"数字供销"与"消费帮扶"深度融合，"线上+线下"有机衔接，"搭平台、建专馆、开专店、设专区、办展会"多措并举，实现脱贫地区农产品销售额4.5亿元，同比增长1.1倍。

【社有企业改革】2021年，全区完成区本级社有企业602.82亩国有划拨土地确权办证和作价出资，实施1家社有企业混合所有制改革及2家集体所有制企业公司制改革。加快宁夏金桥物流有限公司基础设施改造，金桥物流园大宗商品物流集散中心被列入自治区现代物流发展"十四五"规划"大宗物流服务工程"重点项目，发运"中欧""中亚"班列240车次，发运国内大宗物资2384车次15万吨。中卫市供销集团围绕苹果贮销、果菜种植、种子供应、食材配送等扩展经营服务领域，彭阳县供销社电子商务公司向厦门市推介销售农产品730余万元。社有企业全年实现销售总额27.08亿元，同比增长40.2%。

【运行管理】2021年，全区供销系统坚持稳字当头、稳中求进，筑牢红线、守住底线，防控风险、安全发展。把2021年确定为"风险防控年"，全面排查、化解、消除各类风险隐患，保障系统安全发展。建立《自治区供销社廉洁风险点防控责任清单》，制定《社有企业经营风险防控方案》，出台《财政项目资金财务审计监督管理办法》，健全完善纪检监察监督、监事会监督、审计监督、企业内部监督于一体的社有资产监督联席会议机制，开展巡视整改"回头看"和"两个体系"项目实施情况"回头看"，开展工程建设、政府采购、社有企业"小金库"治理等专项行动，各类风险隐患得到有效的防控和化解。

（郝小军）

粮食和物资储备

【概况】2021年，宁夏粮食播种面积1033.95万亩，同比增加15.15万亩，增幅1.5%。其中，小麦100.65万亩，同比减少38.85万亩，减幅为27.9%；稻谷76.35万亩，同比减少15万亩，减幅为16.4%；玉米551.1万亩，同比增加67.05万亩，增幅为13.8%。全区粮食总产量368.4万吨,同比减少12.1万吨,减幅为3.2%。其中,小麦19万吨,同比减少8.8万吨,减幅为31.8%;稻谷41万吨,同比减少8.4万吨,减幅为17%;玉米263.4万吨,同比增加14.3万吨,增幅为5.8%。共有规模以上粮油加工业企业170家,年加工能力743万吨,加工总量233万吨,实现工业总产值132亿元。

【粮食储备安全保障】2021年,宁夏落实粮食安全党政同责要求,将粮食安全工作列入2021年自治区党委督检考和效能目标管理考核,坚持强化考核压责任、领导挂帅抓关键、补齐短板创亮点、对标对表"挂图作战"、精准施策关口前移"五项措施",形成一级抓一级、层层抓落实、责任一起扛的工作格局。积极落实自治区储备粮增储调优计划,增加稻谷、玉米储备,压减小麦储备规模。截至2021年年底,自治区储备粮规模达到45万吨,储备油0.9万吨,质量良好,储存安全,可保障全区总人口4.5个月的口粮供应量和40天的口油供应;市县级原粮储备2.4万吨,粮食安全保障能力持续增强。在疫情防控常态化防控期间,建立自治区临时储备原粮15万吨、食用油0.5万吨,在全国11个粮食产销平衡区中率先实现粮食综合保障能力6个月。在永宁、平罗、青铜峡、中宁等地建设自治区储备小麦、优质储备稻谷生产基地19.9万亩,2021年超额完成种植任务,实现了让"宁夏田"种出更多"宁夏粮",让"宁夏仓"能装更多"宁夏粮",为全国其他非主产省(区)积累了可复制、可推广的成功经验。

【粮食和物资储备能力】2021年,宁夏出台全区储备粮油轮换管理、责任追究、建立企业社会责任储备等政策措施,妥善解决储备企业政策性业务与经营性业务分离问题。有序推进脱钩改革工作,加强与国资委的对接协调,参与宁夏粮食集团有限公司组建和方案起草修改工作。做好宁夏粮食产业集团和宁丰宾馆的移交工作,2021年12月3日正式与宁夏旅投签署协议,完成脱钩划转移交工作。有序推进6家僵尸企业处置工作,向法院申请破产清算并得到受理。重点围绕解决"储什么""谁来储""怎么储"的问题,在全国省级层面率先出台"救灾物资储备参考目录"。开展应急救灾物资大清查和救灾物资与代储商品检查,绘制《宁夏救灾物资储备布局图》《自治区行业主管部门物资储备分布图》,申请物资补库资金,做好自治区级物资采购入库工作,保障应急救灾物资储备需要。10月,宁夏发生新冠肺炎疫情,第一时间分23批次紧急调运了帐篷、棉大衣、棉被、棉褥、折叠床等物资1.8万件,保障了疫情防控核酸检测点、交通要点和防疫卡口等物资需求。

【粮食流通】2021年,宁夏面对大型养殖企业玉米供需告急,价格攀升至0.8元/公斤的高位,玉米出现"买粮难""买粮贵"的情况,通过研判及时启动保供稳市调控机制,向区内58家养殖、饲料企业定向销售调控玉米6.5万吨,实现了企业增效和市场稳定"双赢"。秋粮收购期间,全区收购市场低迷,部分质量较差稻谷无人收购,出现稻谷"卖粮难"。通过再次启动调控粮源收购机制,由宁储粮公司依质论价、挂牌收购,守住了"种粮卖得出"底线,保护了种粮农民利益和积极性。指导督促市县建立成品粮储备1.7万吨、企业社会责任储备1.5万吨;建立应急粮油加工企业74家、成品粮配送中心46家、应急供应网点307家;全区应急成品粮储备1.8万吨,可满足全区7天市场供应;全区应急粮油加工企业日加工能力达1.3万吨,网点日供应能力达到1.1万吨,经受住了疫情期间全区粮油市场供应充足、价格稳定的大战大考,交出了合格答卷。主动融入国家粮食战略,加强闽宁粮食协作,开展宁夏(中卫)"一带一路"粮食储加销基地研究和建设工

2021年6月29日,自治区粮食和物资储备局召开庆祝中国共产党成立100周年表彰大会

作。银川市、中卫市被列入国家发展改革委"'十四五'粮食仓储物流设施布局和建设规划"粮食物流关键节点城市。

【粮食产业】2021年，宁夏深入实施优质粮食工程，着力打造"产购储加销"全产业链体系，全区共落实优质粮食种植面积410万亩，建设"好粮油"示范县5个、示范企业30家，建成粮食产后服务中心64个，培育中国"好粮油"品牌4个、宁夏"好粮油"品牌61个。2021年组织实施自治区粮食产业化项目16个，带动社会投资近亿元，粮油精深加工综合利用水平得到提升。宁夏粮食和物资储备发展"十四五"规划首次进入自治区"十四五"重点专项规划。紧扣未来五年国家支持重点和投资方向，建立了"十四五"粮食产业发展和物资储备项目库，谋划25个重点项目，152个储备项目，确保谋划一批、储备一批、实施一批，为推动粮食和物资储备高质量发展提供持续动力。认真贯彻落实自治区领导批示精神和《粮食节约行动方案》工作任务要求，牵头制定贯彻落实任务分工和实施方案。建立健全粮食安全宣传教育长效机制，培育国家级粮食安全宣传教育基地2个、自治区级粮食安全宣传教育基地12个。联合自治区发改委、财政厅等部门印发《2021年全区开展节粮减损和反对浪费活动的实施方案》。充分利用"粮食科技周""世界粮食日"和"粮食安全宣传周"活动，向全区集中宣传节粮减损反对浪费工作，发出"节粮减损，反对浪费，从我做起"倡议，并开展集中公开承诺签名活动。

【粮食监管】2021年，宁夏开展粮食企业和基层粮库拉网式检查，推进粮食购销领域腐败问题专项整治工作。推进"亮剑2021"专项执法行动，累计开展执法督查400余次、检查粮食经营企业1366家，查办涉粮案件24起，办理国家"12325"热线转办案件8件。贯彻落实《粮食流通管理条例》，及时调整完善权责清单，实行目录化、编码化、动态化管理。制定出台自治区地方储备粮质量安全管理、仓储管理、区级应急救灾物资储备管理、应急救灾代储商品等办法规定，完成国家政策性粮食出库监管任务。

（白　冰）

烟草专卖

【概况】2021年，全区烟草商业系统实现商业增加值23.94亿元，同比增长11.44%；实现税利19.78亿元，同比增长6.15%；实现单箱卷烟销售收入3.26万元，同比增长7.37%；物流费用率0.79%，同比下降0.12个百分点。2021年，全区依法查处各类涉烟违法案件3361起，查获涉案卷烟1839.29万支，其中查处假冒卷烟案件1760起，查获假冒卷烟173.53万支；侦办重大涉烟违法案件7起，拘留34人、追究刑事责任25人，2起重大案件、1个专项行动和1个打假先进个人受到国家烟草专卖局通报表彰。

【市场监管】2021年，宁夏持续推动烟草"互联网+监管"转型发展，落实市场监管"双随机、一公开"工作机制，依法履行监管职责，部署开展"守护成长""雷霆-Ⅲ号""利剑-Ⅰ号"专项行动，依法清理校园周围违法经营卷烟商户50户。试点探索建立零售市场信用监管机制，市场监管与服务双向推进，全年市场管理满意度得分95.01分，同比提升2.15分。

【经营管理】2021年，宁夏推进"互联网+政务服务"，畅通烟草专卖行政许可证办理网上申请渠道，全区烟草专卖行政许可服务满意度达到95%，烟草零售许可平均办理时限压缩到0.5天，网上办件率达到60.95%。建成运行宁夏烟草"12313"市场监管服务热线，打造烟草政策法规"宣讲室"，切实解决消费者、零售户急难愁盼问题。加快现代卷烟零售终端建设，全年全区现代卷烟零售终端达到8362户，比重为25%，其中农网现代零售终端达到1501户，占总客户比重的5%；零售客户毛利率达到15.23%，同比增长0.5%；零售客户满意度同比提高1.58分，连续十年排名全国烟草行业第一。2021年，宁夏烟草深化重点领域和关键环节改革，企业治理效能不断提升，2个小组分获"全国优秀质量管理小组"和"全国质量信得过班组"称号，一项科研创新成果被列入行业标准项目计划。

【社会服务】2021年，宁夏烟草商业系统积极搭建就业创业平台，全区卷烟持证户3.37万户，直接为社会提供近7万个就业岗位，惠及14万群众民生问题。为零售客户协调办理贷款融资1.22亿元，有效解决了"卷烟零售户融资难"问题。积极融入乡村振兴战略，继续选派16名干部开展驻村工作，帮扶捐赠138万元，依托湖南中烟工业公司管理和技术支持，初步实现吴忠卷烟厂品牌整体升级和结构提升。协调上海烟草集团、上海汽车集团向宁夏捐赠7辆总价值近350万元的负压监护型救护车，改善全区医疗急救条件。

（杜振平）

NINGXIA YEARBOOK

经贸合作

JINGMAOHEZUO

编辑◎马　静

招商引资

【概况】2021年，宁夏共实施招商引资项目1580个，实际到位资金1759亿元，同比增长10%。强化三级联动招商。自治区党委、政府高度重视招商引资工作，自治区主要领导高位推动，亲自带队赴福建、广东两省出席闽宁经贸合作交流恳谈会、粤宁经贸合作暨企业家座谈会等经贸洽谈活动，签订投资金额400多亿元的项目合同95个，推动融侨、顺丰、平安银行、新发地等知名企业落地宁夏；第五届中阿博览会期间，先后会见华为、华润、上海电气、中车集团、中国能建、明阳集团等500强和行业领军企业主要负责人，见证签约近千亿元的投资合作协议。策划自治区领导赴重点地区开展闽宁、粤宁、渝宁、豫宁、湘宁等经贸洽谈活动10批次；5个地级市及宁东管委会主要负责人及分管领导外出招商340次，对接洽谈项目441个；22个县（区）外出招商677次，对接洽谈项目1366个；支持市、县（区）、园区自主选择目标地区围绕重点产业举办专题招商推介活动10场。第五届中阿博览会期间，推动签约成果277个，计划投资和贸易总额1566.7亿元。其中，投资类项目199个，投资额1539.2亿元；贸易类项目24个，贸易额27.5亿元；发布政策报告、签署备忘录协议54个。签约成果涉及国家、外省（市）、自治区三个层面。其中，国家层面签署各类合作成果8个，投资总额111.8亿元；外省（市）层面与阿拉伯国家和其他“一带一路”沿线国家签订投资类项目12个，投资总额74.3亿元；自治区层面签订投资类项目、贸易类项目和备忘录、协议257个，投资总额1380.6亿元。9个重点产业合作项目154个，投资额1276.8亿元，分别占项目总数和投资总额的55.6%、81.5%涵盖电子信息、清洁能源、新型材料、绿色食品、产能合作、“互联网+医疗健康”、旅游合作等多个领域。推动产业精准招商。赴河北、上海、浙江、安徽、陕西等省（市）开展清洁能源、新型材料、绿色食品等产业专题招商推介等活动15次。借助第五届中阿博览会、深圳高交会、厦洽会等重点展会，组织项目对接洽谈活动4场。9个重点产业招商引资项目966个、实际到位资金1015亿元，占项目总数和实际到位资金的61%和58%，对全区产业、产能、产品结构调整的促进作用显著增强。围绕目标企业投资意向和已落地重点企业产业链延伸方向，持续推动招大引强、招群引链，推进华润集团、亚马逊、山东水发等已落地重点企业延伸产业链、拓展投资领域。引进雪川、中车株洲所、韩国晓星等国内外行业龙头企业布局产业链条长、能耗强度低、质量效益好的优质项目，为建设制造业高质量发展先行区、国家新能源综合示范区、西部电子信息产业集聚高地、特色农产品优势区提供强劲动能。策划编制2021年重点产业招商引资项目册，编辑制作重点产业招商引资专题宣传片；设立招商引资项目投诉受理中心，完善“月度检查、季度通报、年度考核”招商引资过程考核机制；建成在外宁夏籍企业家数据库，策划编制“十四五”宁夏重点产业招商引资项目；自治区政府出台《宁夏回族自治区招商引资政策若干规定》。吸引京津冀、长三角、粤港澳大湾区等重要投资来源地实施项目817个，占全年总项目数的52%，比上年提高1.5个百分点；实际到位资金1122亿元，比上年增加82亿元，占全区实际到位资金的64%。

【区域经济合作】2021年，宁夏强化与京津冀、长三角、粤港澳、沿黄流域省（区）合作交流，赴河北、上海、浙江、安徽、陕西等地开展清洁能源、新型材料、绿色食品等产业专题招商推介等活动15次。推动与重庆、河南等地签署商务领域合作协议，策划举办粤宁、豫宁、湘宁、渝宁等多场经贸洽谈、产业推介活动，拓展与兄弟省（市）商务部门合作的广度和深度，推动区域间产业对接、项目承接、市场衔接。借助闽宁协作第二十五次联席会议、第五届中阿博览会等重要平台载体，举办闽宁经贸交流洽谈会、广东·宁夏经贸合作暨企业家座谈会、第五届中阿博览会主题省郑州推介会和豫宁经贸交流对接会，推动签订投资和贸易项目95个，投资额达400多亿元，促成中环单晶硅、明阳智慧能源产业园、韩国晓星氨纶、亚马逊数据中心二期、伊利奶制品加工等项目落地宁夏。提升服务保障水平，优化产业合作政策服务环境。召开全区招商引资工作推进会议，出台《宁夏回族自治区招商引资政策若干规定》，完善产业合作和招商引资督查考核机制，兑现招商引资奖励资金8687.8万元，建成全区招商引资项目统计数据库，编印《宁夏——中国西部的一块宝地》宣传册，新材料、新能源、电子信息产业宣传片和招商引资项目册，举办2次全区招商引资干部能力提升培训班，开展4次招商引资项目“人才+”“金融+”服务系列活动。

2021年9月25日，首届中国（宁夏）国际葡萄酒文化旅游博览会在银川市召开

【商务洽谈会】2021年，闽宁对口扶贫协作第二十五次联席会议期间，宁夏商务厅组织各市、县（区）多次赴福建开展经贸洽谈、项目对接活动。举办福建·宁夏经贸合作交流恳谈会，签约项目49个，计划投资114亿元（其中，投资类项目37个，计划投资111亿元，主要涉及新型材料、电子信息、清洁能源、绿色食品和现代服务业等产业；贸易类项目12个，金额3亿元，主要涉及枸杞、葡萄酒和牛羊肉销售）。从签约地区看，银川市签约项目13个，计划投资17.6亿元；石嘴山市签约项目5个，计划投资58亿元，其中贸易类项目1个，金额0.5亿元；吴忠市签约项目8个，计划投资24亿元，其中贸易类项目1个，金额0.1亿元；固原市签约项目7个，计划投资8亿元；中卫市签约项目13个，计划投资5亿元；宁东管委会签约项目1个，计划投资0.3亿元；自治区文旅厅与厦门风云科技股份有限公司签订文旅产业合作项目，宁夏农垦集团与福建闽宁投资发展有限公司签订投资0.5亿元闽宁协作优质葡萄园认购项目。从投资领域看，绿色食品项目11个、计划投资23亿元，电子信息项目5个、计划投资5亿元，新型材料项目11个、计划投资76亿，文化旅游项目2个、肉牛和滩羊项目3个、计划投资4亿元，现代服务业项目3个、计划投资1.5亿元，其他类型项目2个、计划投资2亿元；绿色食品、枸杞和牛羊肉销售贸易合作项目12个，合同金额3亿元。宁夏商务厅与福建省商务厅签订合作协议，持续推动两省（区）在加大产业合作力度、开展园区共建活动、拓展特色产品销售、深化国际经贸交流等重点领域继续加强合作。开展“广东·宁夏经贸合作活动”经贸洽谈和项目对接活动，宁夏商务厅组织相关市、县（区）商务部门多次赴广东开展经贸洽谈、项目对接活动，与顺丰集团、华润集团、华为集团、深圳创新投资集团、佛山市飞驰汽车科技公司、迪森集团、深圳日永光电科技公司、深圳市茂雄实业公司等企业进行深入洽谈对接。举办广东·宁夏经贸合作暨企业家座谈会，两省（区）政府主要领导出席会议，共签约项目31个，签约金额121.4亿元（其中，投资类项目21个，计划投资116.5亿元，主要涉及新型材料、电子信息、清洁能源、绿色食品和现代服务业等产业；贸易类项目10个，签约金额4.9亿元，主要涉及有机蔬菜、葡萄酒和牛羊肉销售）。举办“第五届中阿博览会河南主题省系列活动”经贸洽谈和项目对接活动。为将河南主题省系列活动打造成第五届中阿博览会的亮点活动，3月，自治区商务厅组织相关市、县（区）园区及企业赴河南省

就主题省系列活动设计、展览展示策划、工作机制建立、豫宁经贸交流、产业园区共建、班列运输合作、合作开辟航线等事宜开展双向对接洽谈。6月下旬，自治区商务厅再次组织人员赴河南推动两省(区)产业、园区、投资、贸易、展会等领域开展务实合作深入洽谈，并在河南省郑州市举办第五届中阿博览会暨河南主题省经贸合作推介会，150余家豫商、豫企和两省主要媒体参加推介会。7月上旬，河南省商务厅组织相关园区、企业到宁夏对项目投资、园区共建、贸易合作、展览展示进行实地考察、商谈交流。8月20日，第五届中阿博览会河南主题省系列活动"豫宁经贸交流对接会暨项目签约仪式"在银川、郑州两市设立会场，采用云对接、云洽谈、云签约的方式举行。对接会上，两省(区)商务部门分别介绍各自经济社会和重点产业发展情况，推介优势产业、招商项目，签约合作项目35个，计划投资171.8亿元，签约合作项目涉及绿色食品、清洁能源、新型材料、奶产业等多个领域。其中河南在宁夏投资合作项目11个，计划投资50.7亿元；宁夏在河南投资项目4个，计划投资21.6亿元；其他省在河南投资项目14个，计划投资98.6亿元；河南与"一带一路"沿线国家合作项目3个，计划投资0.9亿元；签署框架协议3个，分别是两省(区)商务领域合作协议、航空市场发展战略合作协议、园区共建合作协议。

(钟　科)

对外贸易

【概况】2022年，宁夏实现进出口总额214亿元，比上年增长73.4%，进出口增速居全国第二位。出口174.8亿元，比上年增长101.7%，出口增速居全国第一位。进口39.2亿元，比上年增长6.8%。从出口地区分布看，宁夏5个地级市均实现较大幅度的增长，银川市、石嘴山市、吴忠市、固原市、中卫市分别实现进出口132.1亿元、48.6亿元、4.8亿元、0.26亿元和28.3亿元，分别占进出口总额的61.7%、22.7%、2.2%、0.1%和13.2%。银川综保区实现进出口45.1亿元，同比增长672.8%。从出口产品结构看，农产品、纺织服装、机电和高新技术产品出口均实现30%以上的增长，其中纺织服装出口7.6亿元，增长440.6%(羊绒及其制品和羊绒纱线出口2.9亿元，同比增长1.9倍)。机电产品出口33.6亿元，同比增长121%。高新技术产品出口42.5亿元，同比增长60.9%。机电产品、高新技术产品出口占全区货物贸易出口总值的比重分别为19.2%和24.3%。特色产品出口保持快速增长，双氰胺出口量5.6万吨，出口11.1亿元，同比增长58.7%，出口价格同比增长55.4%；葡萄酒出口量55吨，出口额642万元，同比增长142%，出口价格同比增长174%。从出口企业性质看，2021年，民营企业继续保持第一大外贸主体地位，实现进出口126.5亿元，同比增长93%，占全区进出口总值的72.7%；全球最大的金属锰生产企业宁夏天元锰业集团公司出口8.8亿元，同比增长153%。国有企业呈回升态势，实现进出口24.1亿元，同比增长10.4%，占全区进出口总值的11.3%。外资企业实现进出口34.2亿元，同比增长64.1%，占全区进出口总值的16%。从出口市场分布看，宁夏对印度、俄罗斯、土耳其等"一带一路"沿线国家出口63亿元，同比增长78%；对日本、韩国、马来西亚、泰国等RCEP成员国出口53.7亿元，同比增长92.5%；对欧盟、美国等传统市场分别出口33.8亿元、23.3亿元，同比分别增长163.6%、116.6%；对香港地区出口3.2亿元，同比增长27.5%。出口商品销往169个国家(地区)。进口商品来自64个国家(地区)。对"一带一路"国家进出口额67亿元，比上年的36.5亿元增长84%。其中，出口额63亿元，比上年的33.53亿元增长88%；进口额39.23亿元，比上年的36.73亿元增长7%。宁夏对"一带一路"国家主要进口商品有铁矿砂、天然橡胶、山羊绒、机器零件、滚珠滚针、聚乙烯、亚麻子等；主要出口商品有双氰胺、抗菌素、锰矿、半导体器件、维生素C及其衍生物、赖氨酸酯及盐、钼丝、铁合金、甲硫氨酸等产品。宁夏与印度、泰国、马来西亚、越南、俄罗斯等62个"一带一路"沿线国家开展贸易往来，实现进出口总额67亿元，占全区进出口总额的31.3%，较上年下降0.4个百分点(其中，出口62.96亿元，占比为93.97%；进口4.04亿元，占比为6.03%)。

表8　2021年宁夏主要出口商品情况表

商品名称	出口金额(万美元)	占出口总额比重(%)
机电产品	339180	15.26
基本有机化学品	265792	11.96
医药材及药品	173665	7.81
高新技术产品	173301	7.80
农产品	144766	6.51
生命科学技术	115205	5.18
抗菌素(制剂除外)	107824	4.85
文化产品	72839	3.28
铁合金	52956	2.38
服装及衣着附件	42722	1.92
钢材	42229	1.90

续表8

商品名称	出口金额（万美元）	占出口总额比重(%)
汽车零配件	36379	1.64
计算机集成制造技术	34259	1.54
服装	33814	1.52
玩具	33795	1.52
纺织纱线、织物及其制品	32148	1.45
蔬菜	31596	1.42
橡胶轮胎	31158	1.40
新的充气橡胶轮胎	30245	1.36
塑料制品	29992	1.35

表9　2021年宁夏主要进口商品情况表

商品名称	进口金额（万美元）	占进口总额比重(%)
机电产品	126870	24.51
金属矿及矿砂	122348	23.63
高新技术产品	41468	8.01
计算机集成制造技术	27474	5.31
计量检测分析自控仪器及器具	27003	5.22
铁矿砂及其精矿	26811	5.18
农产品	26048	5.03
多晶硅	16868	3.26
机械基础件	13930	2.69
机电产品	126870	24.51

表10　2021年宁夏主要出口市场情况表

国别	出口金额（亿美元）	占出口总额比重(%)
美国	232773	13.32
印度	146261	8.37
韩国	120808	6.91
日本	120207	6.88
荷兰	116038	6.64
马来西亚	73562	4.21
德国	62643	3.58
巴西	54954	3.14
越南	53399	3.05
泰国	52632	3.01

表11　2021年宁夏主要进口市场情况表

国别	进口金额（亿美元）	占进口总额比重(%)
日本	96956	24.72
加纳	61305	15.63
南非	29447	7.51
韩国	24827	6.33
美国	24710	6.30
德国	20901	5.33
扎伊尔	19145	4.88
澳大利亚	16524	4.21
印度	16084	4.10

【贸易高质量发展政策体系】2021年，宁夏出台《关于促进全区开放型经济发展的意见》《关于进一步做好外贸外资工作的实施意见》，修订《2021年外经贸发展专项资金申报指南》。支持企业融入双循环，出台政策支持企业出口转内销，利用线上平台提升竞争力开拓国际市场。

【银川市跨境电商综合试验区建设】2021年，银川市制定加快推进跨境电商发展的支持政策，按照“一区多园”建设思路，开展企业招商、平台搭建、人才培养等工作。完成跨境电商综合试验区公共服务平台建设，建成集通关、税务、外汇、信用、物流等跨境电商政府监管与专业服务一体化综合服务功能，为企业在线提供信息备案、在线审核、结果反馈等一站式公共服务，以生态数字赋能产业发展。银川市强化海外仓储建设，降低跨境电商物流成本。推动银川综合保税区建成跨境电商进出口申报通关管理系统、跨境O2O新零售系统、电商仓储管理系统及大数据展示系统；推动设立跨境电商O2O展销店，累计实现销售额90.37万元。2021年银川市实现跨境电商交易额22.3亿元，占银川市进出口总额的16.8%，跨境电商为推动全区开放型经济向更大范围、更宽领域、更深层次发展注入新活力，增添了新动能。

【贸易便利化】2021年，宁夏发挥贸易金融联动服务机制作用，召开2021年贸易金融联动服务机制联席会议，为外经贸企业解决融资难融资贵的困难问题。深化外经贸行政审批备案事项“放管服”改革，全面落实对外贸易经营者备案和原产地企业备案“两证合一”，实现企业备案“一次受理、一次备案、一次发证”。实现进出口许可证、两用物项、机电产品等

2021年6月24日，福建、宁夏两省（区）举办经贸合作交流恳谈会

许可事项全流程无纸化办理。联合外汇局宁夏分局、银川海关及中信保等金融机构赴银川市、石嘴山市、吴忠市、中卫市、宁东能源化工基地开展调研，覆盖重点外贸骨干企业50多家，帮助企业解决疫情期间遇到的通关、出口退税、融资等方面的困难和问题。完成2021年度供港活牛726头配额指标。向商务部为宁夏宝廷新能源有限公司申请石油进口资质，扩大宁夏进口规模。

（钟　科）

对外投资与合作

【概况】2021年，宁夏共在36个国家和地区设立境外投资企业147家，投资目的地为阿曼、埃及、蒙古国、法国、美国，对外投资存量43.9亿美元，新设境外投资企业3家，计划投资总额116万美元。搭建对外交流合作平台，举办第五届中阿博览会“一带一路”投资促进，采用“线上线下相结合，以线上为主”方式，开展会议直播、云上签约、连线采访等，邀请中国对外承包工程商会、中国交建等境内外商协会、区内外200名代表到场参会。大会签约项目13个，总金额39.96亿元，发布《中国与阿拉伯国家经贸合作发展报告2021》。宁夏智慧宫文化传媒有限公司面向阿拉伯联合酋长国、沙特阿拉伯、埃及等国的国际中文教育项目线下教材已进入中小学校园并开展线上教育，埃及DTD电商平台项目已完成功能优化和升级。推进境外产业园区建设，召开沙特吉赞园区、阿曼杜库姆园区建设专题推进会，协助阿曼杜库姆园区做好国内产能募集工作，合力推动园区建设。根据疫情影响情况调整2021年“走出去”项目资金支持方向和内容，指导宁夏5个地级市做好项目申报审核工作。制定《宁夏回族自治区关于提升境外投资质量效益实施方案》，促进海外投资健康稳定发展。开展外经企业调研工作，香港投资推广署驻京代表赴宁夏红枸杞产业集团、宁夏金维制药股份有限公司等8家企业进行调研，协调解决企业存在问题。

【“一带一路”国家投资状况】2021年，宁夏企业面向“一带一路”沿线国家非金融类对外直接投资额88万美元，投资目的地为埃及、阿曼和蒙古国，主要投资领域为软件和信息技术服务业、商务服务业、批发零售业。对蒙古国、印度、沙特阿拉伯、阿拉伯联合酋长国、巴基斯坦等19个“一带一路”沿线国家和地区累计投资1.8亿美元，投资存量6785万美元。推动建设沙特吉赞经济城中国企业特别发展区和中国—阿曼（杜库姆）产业园区，响应国家“一带一路”倡议，充分发挥宁夏与阿拉伯国家交流合作渠道优势，拓展中阿博览会合作成果的安排部署。吉赞园区和杜库姆园区已成为中国与沙特阿拉伯、阿曼开展国际产能合作的重要载体。2021年，重点对广银国际投资发展有限公司、宁夏中阿万方投资管理有限公司两个国内实施主体进行多轮调研，两家企业根据备忘录的约定事项，在完善运营机制、推动园区招商引资、开展基础设施建设和寻求金融支持等方面开展了大量工作，园区建设有序推进。向自治区党委、政府提交《关于我区境外产业园区的调研报告》和《关于深化对外经济合作，主动服务和融入“一带一路”建设的调研报告》，牵头汇总整理全区商务领域“一带一路”建设推进情况。

【承包工程与劳务合作】2021年，宁夏签订对外承包工程合同项目2个，合同金额2225万美元，完成营业额3632万美元，主要在沙特阿拉伯、埃塞俄比亚、赞比亚、泰国开展工业建设、电力工程建设等工程承包业务。宁夏交通建设股份有限公司中标巴基斯坦旁遮普省罗德兰至木尔坦公路和跨铁路桥项目，中标金额2.8亿元人民币，实现宁夏历史上首次通过EPC方式在南亚国家中标海外工程项目。2021年，宁夏对外劳务合作派出各类劳务159人，同比增长83%，主要派往沙特阿拉伯、埃塞俄比亚、赞比亚从事电力工程建设、交通运输建设、机械加工等工作。2021年新签劳务人员合同工资总额32万美元，劳务人员实际收入总额167万美元。拓展省际外派劳务合作渠道，借助第五届中阿博览会“一带一路”投资促进大会平台，推动宁夏伊建国际公司与福建省对外劳务合作公司、中国南平国际经济技术合作公司、福建省国资教育投资有限公司开展外派劳务合作，已达成宁夏面向澳门输送劳务合作意向。稳步带动劳务增收致富，宁夏企业同基贸易位于刚果金的铜钴冶炼项目近年来共计派出劳务人员800余人，实现劳务创收1.36亿元。天元锰业、中色东方通过区外劳务公司派出劳务200余人。按照人均年收入10万元基本工资测算，外派劳务累计带动群众增收6亿元，带动宁夏、青海、甘肃等地贫困地区人口增收5000万元。凯瑞特乌干达电焊条厂和造纸厂设立以来，累计带动就业150人，并定期资助当地孤儿院。圣雪绒缅甸针织厂累计促进就业900余人。宁夏2家对外劳务合作企业宁夏伊建国际经济技术发展有限公司和宁夏交通建设股份有限公司创新服务方式，在原有日本、刚果、乌干达基础上，开发埃塞俄比亚、莱索托、赞比亚等新兴市场，派出领域由建筑劳务向机械加工、汽车修理、电子电气、高端医护、食品加工等技术领域延伸。

（钟　科）

外商投资

【概况】2021年，宁夏新设外商直接投资企业29家，同比增长31.8%，实际利用外资29291万美元，按商务部统计口径，同比增长38.6%，高于全国增速23.7个百分点。

投资领域分布。1家投向农、林、牧、渔业，占比为3.45%；7家投向制造业，占比为24.14%；3家投向电力、热力、燃气及水生产和供应业，占比为10.34%；2家投向批发和零售业，占比为6.9%；1家投向交通运输、仓储和邮政业，占比为3.45%；2家投向金融业，占比为6.9%；8家投向租赁和商务服务业，占比为27.59%；5家投向科学研究和技术服务业，占比为17.24%。从投向领域看，7662万美元投向制造业，占比为26.16%；9490万美元投向电力、热力、燃气及水生产和供应业，占比为32.4%；689万美元投向批发和零售业，占比为2.35%；9000万美元投向信息传输、软件和信息技术服务业，占比为30.73%；239万美元投向金融业，占比为0.82%；2211万美元投向居民服务、修理和其他服务业，占比为7.55%。从地市分布看，银川市实到外资11818万美元，占比为40.35%；石嘴山市实到外资1394万美元，占比为4.76%；吴忠市实到外资2450万美元，占比为8.36%；固原市实到外资345万美元，占比为1.18%；中卫市实到外资13284万美元，占比为45.35%。

主要投资来源地。美国等国家和地区是宁夏吸引外资的主要来源地，实际投资2.1亿美元，占全区实际使用外资额的72.4%。"一带一路"沿线国家实际投资3579万美元，同比增长31.5%，占全区实际使用外资额的12.2%；RCEP国家实际投资4779万美元，同比增长75.5%，占全区实际使用外资额的16.3%。

利用外资结构。制造业实际利用外资7662万美元，占全区实际利用外资额的26.2%。信息传输、软件和信息技术服务业实际利用外资9000万美元，同比增长12.5%，占比为30.7%。高技术产业实际使用外资9000万美元，同比增长12.5%，占比为30.7%，占比较上年提高1个百分点。新设外商投资企业中，第一产业、第二产业、第三产业新设外商投资企业数量分别为1家、10家、18家，占比分别为3.5%、34.5%、62.1%。

服务外商投资。实施准入前国民待遇加负面清单管理制度，优化外商投资信息报告数据推送流程，梳理汇编全区各项外资相关法规政策、办事流程，印制《宁夏外商投资指引》，为外商投资提供"一站式"服务。出台宁夏首个《外商投资企业投诉协调工作办法》，设立宁夏首个外商投诉服务中心，完善外商投诉工作机制，优化利用外资营商环境，增强投资者信心。国家级经济开发区创新发展取得积极成效。2021年，银川经济技术开发区实施招商引资和产业转型，实现绿色发展、高质量发展，经济规模稳步扩大、效益和质量提升、对全区开放带动作用明显。2021年，银川经济技术开发区完成工业生产总值497亿元，同比增长37%，全口径税收收入完成49.27亿元，同比增长14%，本级税收15亿元，同比增长11.4%，招商引资到位资金90亿元，同比增长12%。园区构建了新材料、高端装备制造、大健康和互联网+现代服务业的"3+1"产业战略产业集群体系，三大主导产业产值占工业总产值的比重为87%以上。根据商务部公布的2021年国家级经济技术开发区综合发展水平考评结果，银川经济技术开发区表现突出，排名较上年提高21个位次，在全国217家国家级经开区中名列第69位，跃居西部地区第7位。增强外资对全区经济社

2021年5月28日，阅海湾跨境电商产业园数字人才基地举行揭牌仪式

会发展贡献度。高效完成2021年全区外商投资企业年度信息报告工作，全区参加年度信息报告外商投资企业共253家，同比增长2%（其中，银川市参报企业179家，占比70.8%；石嘴山市参报企业27家，占比10.7%；吴忠市参报企业26家，占比10.3%；固原市参报企业4家，占比1.6%；中卫市参报企业17家，占比6.6%）。参报企业实现营收330.1亿元，研发投入3.08亿元，同比增长29.4%，缴纳税款18.3亿元，同比增长29.8%，带动就业2.2万人。外商投资企业实现进出口34.2亿元，同比增长63.6%，占全区进出口总额的16%。

【优化外商投资环境】2021年，宁夏发挥外贸外资协调机制及重点外资项目工作专班作用，动态调整重点外资项目清单，密切跟踪外资企业项目洽谈、签约和建设进展，做好用地、用能、资金等服务保障。全力为韩国晓星、嘉泽新能源、华润风电等重点外资企业做好环评审批、融资贷款、外籍员工入境、新冠肺炎疫苗接种等服务。赴舍弗勒、保乐力加等40余家外资企业开展“政策上门、服务下沉”活动，赴5个地级市和宁东能源化工基地开展摸底调研，组织召开外资企业座谈会，建立重点外资企业问题清单，协调解决外商投资企业在用地、用能、用工、融资等方面难题。发挥外商投资企业投诉服务中心，推动建立商务、市场监管、外汇、税务等有关部门外商投资协同工作机制，明确外商投资在项目备案、工商登记、外汇税务、资金项目申报等方面事项资料清单及办理流程，为外资企业提供一站式、全流程代办服务。针对外资产业布局调整出现的新情况、新特点，认真研究国家已经出台的鼓励外商投向中西部地区的政策措施，指导5个地级市、国家级经开区和银川综合保税区，统筹各类招商资源，形成纵向联动、横向协作的投资促进工作机制，提升市场化、专业化水平。充分运用信息化手段，通过远程推介、视频会议、网上洽谈、“云签约”等在线招商方式，持续加大招商引资力度。根据宁夏产业特色和资源禀赋，有针对性地承接东部地区产业转移。自治区政府出台《关于进一步做好外贸外资工作的实施意见》等外资支持政策，创新利用外经贸发展专项资金，首次对在宁夏新设或增资、年度实际到资超过100万美元的外资企业给予资金支持。有针对性地加大疫情期间对外资企业的国际市场开拓、内陆运费补贴、信用担保等方面支持力度。组织企业参加第五届中阿博览会，第21届中国国际投资贸易洽谈会、第四届中国国际进口进博会，建立与目标外资企业合作关系。赴福建、河南等省开展外向型经济投资洽谈活动，开拓外资招商渠道。推动银川经济技术开发区、石嘴山经济技术开发区与河南洛阳经济技术开发区、濮阳经济技术开发区签订合作协议，积极承接产业转移。对接中国外商投资企业协会、大韩贸易投资振兴公社等商协会，开展中介招商。梳理现代农业、新能源、先进装备制造等六大类知名跨国公司目录，储备外资招商资源，为全区外资促增量奠定坚实基础。

（钟　科）

交通 邮政 通信

JIAOTONG YOUZHENG TONGXIN

NINGXIA YEARBOOK

编辑◎张 哲

公路水路建设与管理

【概况】2021年，宁夏完成公路水路固定资产投资146亿元，超年度投资目标的12.3%，高速公路通车里程突破2000公里大关，干线公路养护管理水平提升至全国第18位。法治政府部门建设工作经验在全国交流，交通运输工作实现“十四五”开门红。截至2021年年底，宁夏公路通车总里程为3.76万公里，较上年增加676公里，公路密度为56.59公里/百平方公里。按技术等级分：高速公路2079公里（其中国家高速公路里程1685公里），一级公路2003公里，二级公路4263公里，三级公路5501公里，四级公路23722公里，等外公路9公里。按行政等级分：国道4056公里（其中国家高速1685公里），省道里程2947公里（其中地方高速394公里），农村公路里程29010公里（其中，县道823公里，乡道9124公里，村道19063公里），另有专用公路1564公里。截至2021年年底，黄河宁夏段航运工程建设稳步推进，其中黄河银川段航运建设一期工程、黄河中卫市沙坡头枢纽至白马乡航运建设二期工程加快建设；黄河宁夏中卫市南长滩至沙坡头航运一期工程已完成竣工验收；黄河吴忠段航运一期工程已到收尾阶段，正在组织开展验收工作；黄河石嘴山段航运建设一期工程已开展初步设计。

【基础设施建设】2021年，宁夏落实国家和自治区重大战略，自治区印发《关于贯彻落实〈交通强国建设纲要〉实施意见》，开展交通强国建设宁夏试点。《宁夏交通运输“十四五”发展规划》及各专项规划印发实施，《宁夏综合立体交通网规划（2021—2035年）》《宁夏公路交通基础设施国土空间控制规划》加快编制。在省级领导包抓机制统筹下，发挥项目建设指挥部作用，专班对接、专人负责、专项支持，银昆高速公路宁夏段累计完成投资86亿元，占总投资的33%；7个自治区级重点工程加快实施，19个普通国省道项目扎实推进，海平高速等项目超额完成年度建设任务，乌玛高速青铜峡至中卫段、国道309线硝口至西吉段等8个项目建成通车。持续拓宽融资渠道，以政府和社会资本合作模式撬动社会资金约54亿元投入高速公路建设，占高速公路投资的55%。注重新基建和传统基建融合，发布《宁夏公路网智能感知设施建设指南（试行）》，实施宁夏交通运输大数据中心等新基建项目。紧盯自治区9个重点产业和“四大提升行动”，编制交通运输支撑葡萄酒产业发展实施方案，建设产业路、旅游路200余公里，提升利通区五里坡奶牛生态养殖基地等90个产业集中区和景区的通行条件。重点推进50个自然村通硬化路，全区20户以上自然村通硬化路率达99%。

【运输服务保障】2021年，宁夏统筹城市、乡村、客货运输、新老业态协调发展，驱动道路运输行业内生动力。深化“互联网+客运”发展。引导平台稳步发展，累计开通55条定制客运线路。推动吴忠市网络预约出租车业务落地，累计许可29家网约车公司。助推“互联网+货运”发展。2021年新增网络货运企业19家，全年完成网络货运4.38万单次。落实运输行业数字监管。实现道路运输驾驶员高频服务事项“跨省通办”，已办理435件“跨省通办”业务。完成道路运政系统升级改造，开展道路运输电子证照前期工作。做好农村客货邮融合发展。联合自治区商务厅、邮政管理局、宁夏邮政分公司签订《战略合作协议》，发布客货邮商融合发展标识。建成10个融合站点、20条合作线路。宁夏采取城市公交延伸等方式支持农村客运，新改建县级客运站和乡镇运输服务站12个，开通

31条定制公交线路，全区乡镇通公交率超过60%。利通区完成城市公交延伸乡镇和建制村全覆盖，沙坡头区、西吉县被交通运输部命名为“全国城乡交通运输一体化示范县”，隆德县、红寺堡区被确定为“全国第二批城乡交通运输一体化示范县创建城市”。加大货运行业集约发展力度，银川市被交通运输部、公安部、商务部命名为首批“绿色货运配送示范城市”。323家危险货物道路运输企业接入“危货电子运单监管系统”，完成电子运单23.9万次。石嘴山富海物流、银川公铁物流园多式联运示范工程分别完成运量4154标准箱、1730标准箱，并开展全区第三批多式联运示范工程申报工作。加快提升运输服务品质，实现道路客运电子客票服务。全区二级及以上在用的汽车客运站均已启用电子客票，实现线上出票、退票、改签等功能，提供电子客票服务369.9万人次。快速发展城市公交智慧出行服务，4个地级市及隆德县、红寺堡区实现城市公交实时查询功能，所有市、县（区）全部实现城市公交非现金支付功能，中卫市城市公交“一卡通”硬件设施建设完成。支持旅游景区、工业园区、夜市等地开通定制公交线路，累计开通定制公交31条。加快“司机之家”建设，持续改善货运司机从业环境，充分利用“司机之家”线上小程序宣传功能，更新全区已投入运营的4个“司机之家”服务内容、位置定位等信息，5个“司机之家”建成运营。严把维修检测关口，正式启用道路运输达标车辆核查系统，委托59家综合性能检测站对新办理道路运输证的客货运输车辆进行达标审查。指导建设23家汽车排放污染维修治理站。提升宁夏机动车驾驶人培训管理服务平台与公安系统对接质量，完成道路货物运输驾驶员从业资格证考试制度改革工作。银川市8家驾校引进机器人教练车，银川市、石嘴山市实现机器人教练车教学模式。

【公路水路运输】截至2021年年底，全区累计完成公路客运量、客运周转量分别达到2712万人、26.8亿人公里，同比分别下降6.5%、5%；全区累计完成公路货运量、货运周转量分别达到3.8亿吨、577.7亿吨公里，同比分别增长9.6%、19.4%。合规网络预约出租车完成91.43万单次；网络货运完成4.38万单次；中心城市（银川市）出租汽车客运量达到1.1亿人次，同比增长9.36%；中心城市（银川市）城市公交车客运量达到1.3亿人次，同比增长7%。截至2021年年底，全区有营运资质的水路运输企业共23家（其中，从事水上旅游客运的18家，经营公路渡口、黄河浮桥运输的5家，营运性渡船22艘）。全区共有各类船舶和水上浮动设施1000余艘，其中符合法定检验的船舶665艘（部分船舶为休眠船舶，即超过1年以上未投入运营或中断运营），船舶种类主要有车客渡船、浮桥承压舟、拖轮、旅游客船（包括普通旅游客船、快艇等）。约500艘（架、座）为5米以下非机动游乐船舶，分布于各城市公园。全区水路运输从业人员约2100名，在册船员1145名。2021年，全区累计完成水路客运量141.6万人次，水路旅客周转量823.57万人公里。

【旅客运送】截至2021年年底，全区共有道路旅客运输经营业户105家（其中，银川市40家，石嘴山市12家，吴忠市16家，固原市20家，中卫市17家），三级及以上汽车客运站32家，客运班线1308条，载客车辆4498辆（其中，班车客运客车3430辆，旅游及包车1068辆）。全区共有城市公交车经营业户44家，城市公交车3837辆，其中新能源公交车1594辆，运营线路条数507条，运营线路总长度1万公里，公交车专用车道167.8公里。清洁能源和新能源公交车占比为90%，新能源公交车占比为41%。全区共有巡游出租车经营业户94家，巡游出租车16653辆，其中新能源巡游出租车131辆，清洁能源和新能源巡游出租车占比为87%。全区共有网约车平台公司

2021年6月28日，中卫卫民黄河大桥建成通车

29家，累计许可850个合规网约车、1293个合规网约车驾驶员资格证。

【货物运送】截至2021年年底，全区共有道路货运经营业户71768户（其中，企业3826户，个体经营业户67942户），道路运输载货车辆125116辆。按类型划分，一体货车26243辆，牵引车57726辆，挂车41147辆；按照地区划分，银川市54082辆（含宁东能源化工基地）、石嘴山市13545辆，吴忠市20634辆，固原市15694辆，中卫市21161辆。全区共有危险货物运输业户350家，危货车辆7700辆（挂车不计）。其中接入宁夏危险货物道路运输电子运单监管系统业户数337家，完成电子运单29.9万次。宁夏网络货运信息监测系统接入网络货运企业29家，运力规模20666辆。

2021年3月23日，自治区公路水路发展中心、自治区交通宣传事务中心、自治区公路联网收费清分结算中心正式成立

【行业治理体系建设】整合组建新的宁夏公路管理中心，实现非收费公路“建管养运”一体化运行；争取设立自治区公路水路发展中心等4家事业单位，进一步明晰事权责任，完成“一局一校一站七中心”厅属事业单位布局。宁夏交通学校进入自治区优质中职学校和专业群建设单位行列。市、县（区）交通运输综合行政执法改革全面落地。更新发布权力清单，建立执法事项目录，制定行政执法三项制度实施细则、执法流程文书规范样本，进一步规范执法行为。行政执法信息系统全面应用，3处非现场执法试点项目建成使用，治超联网系统投入运行。扎实开展素质能力提升、突出问题专项整治两个行动，素质考核综合达标率提升到83.5%，查纠整改问题687项，队伍面貌为之一新。全面推行农村公路路长制，20个县（市、区）明确三级路长，银川市等市、县（区）将农村公路养护资金、管理机构运行经费和人员支出纳入同级财政预算。强化典型示范引领，打造12条“美丽农村路”，盐池县创建“四好农村路”全国示范县，彭阳县、西吉县开展农村公路“专业化+社会化”管养试点，“四好农村路”高质量发展迈出坚实步伐。落实“简、放、减”要求，下放行政许可、备案事项5项；深化“证照分离”改革，取消审批6项，优化服务17项；5项运输高频服务事项实现“跨省通办”，44项运输服务事项融入全区“一张网”，区本级交通运输政务服务事项基本实现“不见面”办理。坚持法治强治理、信用管过程，修订行政处罚裁量权实施办法，制定交通运输信用管理试行办法。12328电话服务质量和水平保持在全国前列。

【法规建设】2021年，全区深入推进交通运输法规制度系统化建设，制定《全区交通运输法规制度体系建设工作实施方案》，推进《宁夏回族自治区水路交通运输安全条例》立法，开展《宁夏回族自治区高等级公路广告牌管理规定》调研，开展3次法规规章和规范性文件清理工作，废止政府规章8件、修改1件，废止自治区行政规范性文件2件、修改2件，废止、宣布失效交通运输厅行政规范性文件27件，修改4件。起草《公路水路市场行政执法监管办法》《运输市场行政执法监管办法》，推动构建新型执法监管体系。

【公路建设监管和公路管养】2021年，全区完成交通项目全流程电子化招投标工作，对公开招标的公路建设项目开标评标活动全部进行行政监督。提升数字化管理能力，在自治区交通厅管理项目的每一个合同推行项目工地主要履约人员人脸识别软硬件适配及信息上报，并于7月完成数据报送，实现在建项目主要管理人员数字化监管。印发《宁夏回族自治区公路建设与养护市场信用评价管理办法（试行）》，加强公路建设及养护市场信用信息管理，同步升级自治区公路建设与养护市场信用信息管理系统。开展2020年度宁夏公路建设市场设计、施工单位信用评价工作，对85家施工企业和14家设计企业进行信用评价。85家施工企业(其中,施工企业62家,房建工程15家,机电工程8家)中,AA级9家,A级63家,B级12家,D级1家。14家设计企业中,AA级9家,A级5家。开展红线行动、平安工地等专项行动,对10个重点项目的49个标段开展执法检查,发现问题484个,办理案件7起,筑牢品质工程防线。建立公路基础数据库,科学精准实施日常养护,及时处置路面病害和路基隐患,提升优化标志标线440公里。投入4.48亿元,实施养护工程97项。完成公路安全生命防护工程480公里,改造危旧桥梁22座。高速公路平均优等路率、普通国道及省道平均优良路率分别为93%、98%、68%。出台《自治区农村公路养护预算编制办法》等地方标准,加强农村公路抽检,"以奖代补"推动普通省道和农村公路管养提效。开展"春雷"、公路保安全保畅通等5个专项行动,组织"固定+流动"稽查,推进公路超限超载源头治理,开展多部门联勤联动联管,实施行政处罚971件,查处超限车辆2万余辆次,卸转载货物50余万吨,高速公路超限超载率控制在0.5%以内,普通国省干线超限超载率控制在2%以内。完成自然灾害综合风险公路承灾体普查,排查公路、桥梁、隧道的各类自然灾害风险点2782个,建立全区公路地质灾害数据库,为防治公路自然灾害奠定基础。

【交通运输综合执法管理】2021年,全区有效保护路产路权,巩固联勤联动联管机制,联合执法巡逻450余万公里,公路执法监管整治5700余处。规范道路施工监管,查处违法行为58起。深化大件运输企业"一对一"联络服务机制,勘验大件6300余辆,查处违法行为430起。全年行政处罚971起、行政强制93起。全年开展联合治超3100余次,查处超限车辆2万辆次,卸转载货物50余万吨,高速公路超限率控制在0.5%以内,干线公路超限率控制在2%以内。拆除限高限宽设施281处、规范345处,货运车辆通行更加通畅,实现了执法效果和社会效应的统一。

【交通科技创新】2021年,宁夏加强顶层设计,强化规划引领,印发《宁夏交通运输科技"十四五"发展规划》《宁夏交通运输信息化"十四五"发展规划》。依托乌海至玛沁公路(宁夏境)青铜峡至中卫段工程(国内首条穿越沙漠腹地的高等级公路),开展《基于绿色生态理念的沙漠腹地高速公路建设关键技术研究》,探索研发出包括风积沙资源综合利用、"四带一体"防护体系、生物矿化固沙技术、新型沙漠公路沥青路面结构设计方法、节水保湿基层施工技术、全寿命周期的数字信息化模型场景分析及综合应用等关键成套技术,为我国沙漠高速公路的建设积累了实践经验。举办第五届绿色交通论坛,引导推进建设银昆高速绿色示范公路,围绕生态选线、资源再利用、永临结合、环境保护等方面开展绿色公路建设,计划在风积沙路基施工、服务区亮化和功能提升、新型边坡防护、清洁能源再利用等方面提升水平。申报立项重点研发项目上取得新突破,《近黄河沙漠腹地高速公路建设关键技术研究》等三项科研课题列入自治区2021年重点研发计划。《公路沥青面层典型结构应用技术规范》等四项地方标准通过自治区市场监督管理厅组织的专家审查,《公路工程湿陷性黄土地基处理技术规范》等三项地方标准获批列入自治区地方标准制定计划。推进智慧交通建设,以高速公路视频云联网平台、AI智能构建高速公路智慧监测系统为代表的宁夏"互联网+交通运输"建设最新成果在第四届数字中国建设峰会得到集中展示。

【信息化建设】2021年,宁夏围绕构建信用交通、综合执法、互联网+监管等相关改革内容,重点开展宁夏交通运输信用信息共享与应用平台、宁夏"十三五"交通运输行政执法综合管理信息系统工程、宁夏道路运政管理信息系统升级改造与综合应用等信息系统建设。推进交

2021年12月29日,乌玛高速公路宁夏青铜峡至中卫段建成通车

通新基建，提升交通基础设施数字化水平，发布《宁夏公路网智能感知设施建设指南（试行）》，在中卫下河沿黄河公路特大桥项目中对有关智能感知设施进行实践应用，在全区"治超联网"和"非现场执法试点"项目中应用智能感知设施，通过信息化手段为全区超限超载非现场执法工作提供法律依据。按照分类实施理念推动全区交通基础设施数字转型、智能升级，要求在已建、在建和拟建项目中合理规划，加快推进高速公路和普通国省干线基础设施智能化改造与建设进程，确保《建设指南》落地实施。

（徐　娜）

铁路建设与运输

【概况】截至2021年年底，中国铁路兰州局集团有限公司（以下简称"兰州局集团公司"）营业里程6292公里，其中宁夏境内1349.5公里（包兰线361.4公里，宝中线259.2公里，平汝支线47公里，干武线11公里，太中线164.6公里，定银线158.9公里，宁东客联线30.6公里，银兰客专207.1公里，银西高铁109.7公里）。兰州局集团公司管辖宝兰高铁、兰新客专、银兰客专、银西高铁4条高铁线，陇海、兰新、兰渝、兰青、包兰、宝中、干武、太中、定银、中川、西平、天平（天华）、敦煌、酒额、兰州北环线、周家庄联络线16条干线和平汝、红会、嘉镜、玉门南线4条支线，设车站（线路所）326个（宁夏境内88个），连接甘、宁、青、新、蒙、陕、川7省（区），是西北交通运输和经济建设的大动脉。管辖范围：包兰线K784+350，宝中线K212+500，银西高铁K436+691，太中线K1501+000，在定银线K1485+000处与宁夏分界。管辖线路延长总计12716.59公里。其中，正线延长10302.89公里（宁夏境内1913.2公里），站特线延长2413.71公里（宁夏境内553.6公里）。道岔总计7630组（宁夏境内1671组）。

【运输经营及主要指标】2021年，兰州局集团公司精准实施"一日一图"，动态制定27个阶段性运输调整方案，培育银西高铁新线客流，增开银川至上海虹桥、杭州东等方向动车组列车45对，开行"环西部火车游"等旅游专列34列，实施商务座服务提质等新举措。货运方面坚持把以货补客作为全年运输经营的大格局，实施春运春节、货运淡季、后四个月等关键时段增运增收攻坚行动，狠抓13个"公转铁"和43个增量项目落实，强化重点企业包保营销，协议运量兑现率达110%，敞顶箱直通运量同比增长90.4%。集中力量开展电煤保供专项行动，四季度电煤日均装车939车、同比增长47.6%。2021年年底，管内19家铁路直供电厂存煤可耗天数达23.9天。加强国际联运计划管理，全年开行中欧中亚班列23列1144车，同比实现逆势大幅增长。

【列车运行图调整】2021年，兰州局集团公司完成国铁集团组织的运行图调整6次，分别是四个季度调整图、暑期调整图以及陇海线货运增量货车分号运行图，调整后客车方面，银西高铁动车开行对数增加至45对，新增银川至上海虹桥、杭州东、郑州东、成都东、庆阳、中卫南、环县到西安北的动车组列车。

【货运产品供给】2021年，兰州局集团公司完成冷链物流运量7.83万吨，同比增加0.35万吨，完成年度任务指标的87.03%。完成商品汽车运输37742台，同比增加18090台，完成年度任务指标的754.84%。组织货物品牌列车开行，对市场需求时限紧、需求量大、对运输要求高的货物，策划满足企业需求的"点到点"列车开行方案，全年开行"点到点"列车190列、6087车、17.4万吨。煤炭中长期协议签订280万吨，因宁夏王洼煤业有限公司采矿许可证到期，1月20日至9月间停产，实际完成264.5万吨，兑现率94.5%。完成集装箱发送46.14万TEU，1518.45万吨，其中敞顶箱20.41万TEU，565.79万吨。完成危险货物发送725.7万吨，到达479.7万吨。

【高铁快运】2021年，兰州局集团公司紧抓西去衔接进疆、东去衔接西安的节点优势，充分利用兰州—西安、银川—西安、兰州—乌鲁木齐载客动车组高铁优势资源，积极与国内各快递物流企业对接高铁业务合作；为服务管区内特色农产品运输，解决农产品外销运输困难，充

表12　　2020—2021年宁夏交通运输主要指标统计表

指标		2020年	2021年	备注
建设投资	基本建设投资	33.3	38.7	
通车里程（公里）	国家铁路	678.6	678.6	
	合资铁路	670.9	670.9	
运输情况	旅客发送量（万人）/货物发送量（万吨）	531.36/3267.48	682.90/3195.61	不含地方铁路
	旅客周转量（亿人公里）/货物周转送量（亿吨公里）	24.08/187.31	28.85/204.24	

分利用高铁快运运力资源，积极开发助农运输服务新产品。全年兰州—西安、银川—西安发送839吨，兰州—乌鲁木齐方向预留车厢94天94节，发送481吨；发送兰州白凤桃、天水樱桃、银川牛羊肉等农产品258吨。

【基本铁路建设】2021年，国铁集团下达兰州局集团公司基本建设项目投资计划196.07亿元。其中，银川至西安铁路（甘肃宁夏段）投资计划20亿元；酒泉至额济纳铁路酒泉至东风段升级改造工程投资计划21亿元；中卫至兰州铁路投资计划57.5亿元（其中，宁夏段投资计划9.5亿元，甘肃段投资计划48亿元）；包头至银川铁路银川至惠农段投资计划24.5亿元；兰州至张掖三四线铁路中川机场至武威段投资计划70亿元；其他项目3.07亿元。实际完成投资为年计划的100%。

【安全管控中心建设】2021年，兰州局集团公司开展“智能监控”科研项目攻关，开发完成自动捕捉、智能分析功能。增补兰州东、干塘、中卫等12站24个固定摄像头和电务系统单位移动布控球58套，增加210个区间防洪处所固定视频，改造陇海线、宝中线50个车站行车室视频，补强工务162台轨道车视频、机务120台机车视频，进一步完善对营业线施工、主要岗位作业、车列防溜、运输安全环境、防洪防灾的视频监控覆盖面。推进实施两级安全管控中心弹性班制，优化设置台位，细化制定《视频监控项目作业指导书》106项，提高视频监控质量。全年集团公司安全管控中心盯控施工9277处、维修22596处、现场作业117970处，发现并督导整改问题4097件。

【乡村振兴】2021年，兰州局集团公司按照国铁集团党组统一部署，调整优化集团公司帮扶工作管理体系和机构设置，

2021年6月23日，兰州局集团公司召开中兰铁路（宁夏段）建设动员会

将“扶贫开发领导小组”调整为“乡村振兴工作领导小组”，成员单位从19个增加至21个。向定点帮扶的原州区投入资金2200万元（其中，国铁集团1000万元，兰州局1000万元，协同单位200万元），实施建设乡村振兴示范村、打造区域性重点产业、冷凉果蔬产业链补强项目和扶智扶志、巩固“两不愁三保障”成果等10个帮扶项目。加强铁路建设服务乡村振兴战略的保障能力，甘肃、宁夏境内累计完成铁路建设投资167.95亿元，安全优质推进银川至惠农、中卫至兰州、西宁（兰州）至成都、天水至陇南铁路等重大工程建设。

【重要活动】2021年1月7日，宁夏开始办理高铁快运业务。4月2—5日，清明小长假期间，兰州局集团公司加开兰州西—西安北、银川—中卫南高峰线动车组11.5对。4月28日，中卫南—西安北首趟动车D4070次列车经过4小时2分抵达西安北站。5月11日，宁夏首次开行的西部陆海新通道集装箱班列从迎水桥货场驶出。西部陆海新通道北接丝绸之路经济带，南连21世纪海上丝绸之路，协同衔接长江经济带，是一条南北纵贯我国西部地区的铁海联运大通道，在国家区域协调发展格局中具有重要的战略地位。6月25日，全国铁路实行第三季度列车运行图，兰州局集团公司新增前往旅游热门城市银川、西安、成都等方向的动车组日常线8对，新增前往西安北、中卫南、庆阳方向的动车组高峰线3对，银川、庆阳至青岛、济南、成都首次开行高铁列车。6月30日至7月2日，由中华全国铁路总工会副主席韩树荣一行3人组成的国铁集团安全督导检查组，深入兰州局管内银川、中卫、武威地区以及银中高铁吴忠、中卫南站区，包兰线中干段、干武线等单位车间班组，围绕施工、防洪、防火防爆、设备质量、外部环境等重点工作进行为期3天的督导检查。兰州局集团公司总经理徐安策，工会主席、副总经理金霞等陪同检查。8月14日，中兰客专宗家梁大桥最后一孔箱梁完成支座灌浆工作，中兰客专完成全线架梁施工，为下一步推进铺轨工作创造了条件。中兰客专全线通车后，银川—兰州的列车运行时间将由现在的8.5小时缩

短至2.5小时左右。8月31日，为期62天的暑运收官。兰州局集团公司发送旅客1081万人，同比增加104.3万人，增幅10.7%；发送货物137万吨，同比增加30.6万吨，增幅2.3%。9月3日，中兰客专甘肃段控制性工程尖山隧道贯通。至此，中兰客专甘肃段16座隧道全部贯通，为全线开通运营奠定基础。10月31日，自治区党委副书记陈雍一行5人到银川车站调研督导疫情防控工作。重点检查车站进出站口“两码一证”查验、发热旅客、高中风险区来银旅客处置流程及与地方防控部门的联动机制。11月5日，自治区主席咸辉、副主席刘可为一行，到银川车站看望疫情期间坚守工作岗位的车站“三警联勤”公安干警及客运干部职工。了解车站疫情防控物资、近期列车开行及客流情况，建议铁路部门根据客流情况并结合当前疫情防控工作要求开行列车，做好旅客非必要不外出的宣传，避免疫情通过铁路传播。咸辉代表自治区领导对铁路工作人员的坚守和为广大旅客提供的优质服务表示感谢，并对疫情防控工作提出要求。

（杨雍梅）

民用航空建设与运输

【概况】2021年，宁夏机场公司累计完成运输起降6.9万架次、旅客吞吐量739.77万人次、货邮吞吐量4.3万吨，同比分别增长2.1%、0.2%和-18.6%。其中，银川机场三项指标分别完成6.37万架次、699.84万人次、4.2万吨，同比分别增长4.4%、1.3%和-18.9%；中卫机场、固原机场分别完成旅客吞吐量21.64万人次和18.29万人次，同比分别增长-2.6%和-29%。中卫机场、固原机场、月牙湖机场通航飞行分别累计完成0.28万架次、0.25万架次、0.77万架次，同比分别增长-13.1%、-25.4%和-34.9%。2021年，宁夏机场建设指挥部坚持以“四型机场”建设为总要求，立足银川、中卫、固原三地机场建设，注重规划、建设及运行的有机融合，推动机场规划水平提升和现代工程管理落地。重点完成银川机场1号站坪更新改造项目。拆除1号站坪现有水泥混凝土面板，铣刨石屑隔离层及三灰碎石基层，新建水泥混凝土面层，历时5个多月完成全部工程内容，顺利通过竣工验收，有效提高银川机场安全保障能力和运行效率，完善基础运行保障设施，缓解站坪运行压力，为银川机场未来提质增效、扩容固基提供硬件支持。推进银川机场四期扩建和中卫、固原机场二期改造项目，协调当地政府，畅顺沟通渠道，组织实地调研踏勘，建立专业对口联系。

【疫情防控】2021年，宁夏机场公司坚持“外防输入、内防反弹、人物环境同防”的总体防控策略，按照自治区、民航和西部机场集团各项工作要求，科学调整防疫体系、精准细化防控措施、系统梳理物资管理、持续推进联防联控，做到绷紧疫情防控之弦、扎紧疫情防控闭环、抓紧疫苗接种工作、扣紧防控责任链条“四个紧”，把守关口防输入、抓住战机防扩散、齐抓共管防蔓延、守好宁夏空中门户、确保人员健康安全。全年体温检测69.63万人次，移交中高风险地区到宁人员7.31万人、境外返宁人员5139人，实现宁夏机场公司防护“零遗漏”，员工“零感染”，防控“零失误”。

【航空安全】2021年，宁夏机场公司夯实安全基础管理，深入学习贯彻落实上级单位关于安全生产重要指示批示精神，全员完成《安全责任书》《安全承诺书》签订考核，安全责任有效压实。公司定期专题研究安全工作，解决突出问题，严抓问责惩戒。补充修订安全管理、生产运行手册65本，提高管理标准、优化作业程序，SMS建设成果受到民航局转发学习。印发《机场公司“十四五”安全发展专项规划》，树立总体发展目标、制定战略行动路径。开展风险隐患排查，健全完善风险防控和隐患排查治理双重预防机制，严格落实问题隐患和制度措施“两个清单”，针对各类问题隐患，常态化开展自查“回头看”，辨识管控危险源518项，一般安全隐患实现全部清零，坚决做到风险隐患深挖细查、抓早抓小。全年有效治理固原机场跑道病害和风机净空超高、银川外围垃圾场吸引鸟类觅食群飞、航服公司汽运修车库消防隐患等突出问题。实现安全管理系统上线运行，线下安全管理逐步向线上过渡，累计导入安全信息11000余条，数据价值得到发挥、体系效能得到深化。对照行业标准、结合系统建设，初步建成企业安全自查事项库，明确安全标准、强化过程管控。全年累计收到各类信息报告2308条，同比增长60.4%，数据驱动下的安全管理效能发挥明显，有效实现安全警示和态势纠偏。

【航空服务】2021年，宁夏机场公司在坚决打赢疫情防控阻击战的同时，围绕“引擎重塑深化协同提品质”战略硬仗，结合“服务质量标准建设年”主题活动、“我为群众办实事”、“为首乘旅客送温暖保畅通”活动，聚焦人民群众需求和关切，坚持防控与服务“两手抓”，推动各项工作有序开展。完善制度标准体系，评估适用性，查漏补缺，制定《首问责任制实施办法》《老年旅客保障方案》《首次乘机旅客送温暖保畅通保障方案》，修订《服务投诉管理规定》《首问责任制手册》等。完善服务质量监察体系，紧盯服务投诉，聘请社会监督员，开展满意度调查，不断完善服务问题库，切实提高银川机场服务精细化管理水平。持续加强问题整改能力，通过强化投诉分析、评估共性问题，督办问题整改，确保短板提升，为服务质量稳步提升夯实基础。做好重大运输保障工作。2021年，银川机场完成中共十九届六中全会、中国—阿拉伯国家博览会、中国葡萄酒博览会等重大保障任务，在新冠疫情频发的重压下，先后保障重要航班17架次1500余人次，实现全年重大保障安全运行“零事故”、精准保障“零差错”、优质服务“零投诉”。完成首例人体捐献器官运输保障任务，成立人体捐献器官临时工作组，第一时间启动人体捐献器官运输绿色通道，安排专人全程引导协助，高效完成首例人体捐献器官运输任务。

（张　萍）

邮　政

【概况】2021年，全区邮政行业实现收入6.62亿元，同比增长16.31%，增幅位列全国第一位，完成集团预算进度的100.7%，排名全国第六位。金融业务收入增幅连续12个月排名全国第一位，2020—2021年金融跨赛首次进入全国十强；寄递业务收入增幅排名全国第五位，特快业务收入增幅排名全国第三位；实现员工收入与企业效益同步增长，员工人均年收入增长11.9%。

2021年，全区5个地级市分公司均实现两位数增长，吴忠市增长率为17.3%、石嘴山市增长率为16.8%、固原市增长率为16.4%、银川市增长率为15.3%、中卫市增长率为12.8%；吴忠市、石嘴山市、固原市超额完成自治区分公司预算目标，完成进度分别为103.9%、102.8%、102.5%；22个县（区）全部实现正增长，其中13个县（区）收入增幅超过全区平均水平，西吉县、贺兰县、灵武市、盐池县、永宁县、沙坡头区、原州区、平罗县被评为“经营发展八强县”。金融业务实现新突破，聚焦优化业务、客户结构，加快构建全产品链体系，形成储蓄存款、代理保险、理财、电子支付多元化增收格局，全年实现收入3.44亿元，增幅为23.41%，连续12个月增幅排名全国第一位。坚持以“比学赶帮超”作为促进金融发展的有力抓手，外学山东省、江苏省找差距、强弱项，内学石嘴山市、大武口区比发展、聚合力。储蓄余额实现突破性发展，全年累计新增余额27.6亿元，余额规模达到170.98亿元，创历史新高；提前7个月完成集团非货基金销量目标。2020—2021年，所有市、县均实现两位数增幅。其中，吴忠市增长率为27%、石嘴山市增长率为26.4%、中卫市增长率为23.9%、银川市增长率为23.1%、固原市增长率为18.8%，吴忠市、石嘴山市、中卫市收入增幅超全区平均水平；13个县（区）增幅超全区平均水平（其中沙坡头区、灵武市、青铜峡市和利通区增幅超过30%），分别为39.8%、36.1%、33%和32.4%。80个网点收入增幅超过全区平均水平，其中灵武农场、盐池县惠安堡、西吉县将台堡、石嘴山市静安街、中卫市丰安东路等营业所增幅超过50%；永宁县望远镇、银川市怀远西路、石嘴山市贺兰山北路、石嘴山市前进南路、贺兰县银河东路西、贺兰县光明东路、银川市丽景北街在水一方、银川市塞上骄子、银川市福州北街及石嘴山市丽日小区等营业所获“金融发展30强”称号。石嘴山市分公司获“全国跨赛百优地市分公司”，银川市分公司获“全国代理金融百城标杆争先进位奖”和“爆款基金百强地市最佳效益奖”，永宁县邮政分公司、中宁县邮政分公司大战场营业所、利通区分公司“投递员之家”被中国邮政集团工会授予“2018—2020年度全国邮政系统模范职工小家”，吴忠三级物流体系建设多次在全国邮政进行经验交流，区寄递运营中心集中均衡作业模式被集团公司作为经验复制推广。

【寄递业务】2021年，全区寄递业务取得新进展，全年实现收入1.98亿元，增幅为23%，排名全国第五位。5个地级市、20个县（区）收入实现两位数增长。其中，固原市增长率为37.1%，石嘴山市增长率为29.2%，吴忠市增长率为26.4%，中卫市增长率为24%，银川市增长率为21.2%；泾源县、彭阳县增幅超过100%，分别为125.9%、104.3%；盐池县、惠农区、灵武市、贺兰县、永宁县、海原县、西吉县、平罗县、原州区、沙坡头区10个分公司收入增幅超全区平均水平。在城市核心区推行“众创众享”“准加盟制”，在非核心区推行“加盟制”。“众创众享”揽投部共计33个、“准加盟制”揽投部13个，有力解决揽收能力不足的问题。金凤万达、大武口游艺街、金凤大阅城、湖畔嘉苑、利通城南、东城兰亭苑、青铜峡东区、贺兰、灵武营业部、金凤紫荆花等揽投部获“寄递发展20强”称号。围绕生鲜、消费、政务、商企、综合便民服务站建设五个维度制定发展目标，奖励覆盖市、县、揽投部三个层面，充分调动各层级寄递人员的内生动力，特快业务继续保持高速发展，全年实现收入8205万元，增幅为47.3%，排名全国第三位，特快收入增幅高于竞品时效件34个百分点。所有市、县均实现两位数增长，吴忠市、石嘴山市、中卫市、固原市收入增幅超全区平均水平，分别为73.7%、68.6%、60%、51.4%；泾源、盐池、灵武、惠农等4个县（区）收入增幅超过100%；同心、平罗、贺兰、海原、中宁、彭阳、红寺堡、沙坡头等8个县（区）收入增幅高于全区平均水平。

【金融业务】2021年，全区强化金融营销力量，建设“百人强军”理财经理队伍，理财、大堂经理由46人增加至115人，专职大堂经理由4人增加至43人。阶段性组建营销专班，集中发展商户收单业务；搭建网点“衣食住行游娱乐购”高频生活场景，实现“一点接入、综合营销”。强化寄递营销，以央企国企客户销号开发及“清风行动”为抓手，落实“首席经理制”，分层开展头部客户营销，全年开发央企国企客户42户，挖转竞品客户257户。发挥集邮网厅主渠道作用，持续推进线上营销，累计实现收入2849.7万元，增幅为96.9%；收入占比达到77%，排名全国第二位。邮银双方共同推进考核机制落地。六大协同项目实现收入9451万元，增幅为31.8%；总部项目实现收入2090万元，增幅为16.3%。惠农项目累计走访对接农民合作社16274户，发展个人农户会员6万户，发放融资E贷款7500万元，全面完成年度计划目标，培育66家实现三项以上业务典型示范社；政务服务项目落实“放管服”和“跨省通办”政策，抓实警邮、法邮、社邮等合作，累计实现收入1950.5万元，增幅为24.2%；做好军粮供应、被装发运、救灾物资运送服务，取得新突破，累计实现收入228.6万元。

【企业管理改革】2021年，宁夏邮政落实国企改革三年行动方案总体要求，深化企业干部人事制度改革，制定《全区经理层成员任期制和契约化管理实施方案》，并在中卫市分公司进行试点。深化薪酬制度改革，将薪酬分配向高效业务、创收环节、高绩效员工倾斜，明确薪酬增长“经营一线高于本部”的要求，让贡献大者多得、绩优者多得。将工资总额、营销费使用充分授权给基层单位和经营一线。根据时间节点及区域情况，及时调整网点营销费用，重点对旺季期间、重点地区中心区域加大营销费用支撑；推进揽投部销售化转型，按照经营单位特快收入的4%、国际及快包收入的2%配套营销费用，充分调动揽投部获客动力。网点、揽投部经营自主性、积极性逐渐增强，管理能力、营销能力进一步提升，经营活力和经营效果逐渐显现。建立“8强县、30强网点、20强揽投部”争先进位竞争机制，持续推进金融、寄递“比学赶帮超”，大力营造“后进赶先进，中间争先进，先进更先进”的发展氛围，各市县分公司对标对表补短板、你追我赶争进位，发展士气空前高涨。做好选育用留“四篇文章”，提高准入门槛，招收高学历高素质的人才。拓宽选人用人视野，形成竞争择优、充满活力的选人用人机制，选拔经营业绩优秀的人员到四级领导岗位，完成1个县（区）总经理、4个副总经理职位的全区公开竞聘工作；先后有10名金融网点负责人被提任到县（区）分公司四级副领导岗位。建立完善交流轮岗、反馈承诺、绩效奖励等制度，充分激发优秀人才干事创业的活力。深化“两集中”管控，实施集中均衡作业模式，处理中心全天班次时长压缩9小时，分拣机开机时长压缩8小时，分拣机平均效率提升0.4万件/时，生产人员压减15人。在邮件处理中心包件处理环节试行“加盟制”改革，将专业主体转化为损益主体，确保网运、服务质量等指标稳步提升，综合达标率稳定在93%。

【社会服务】2021年，宁夏邮政全面完成“三升三降、六个100%”目标，集团通报考核的17项指标全部达标，其中15项指标排名全国第一位。所有建制村均实现周三班以上投递。“造血”功能逐步增强，转型网点覆盖率达到96%，排名全国第一位；全面消除零收入网点，万元以上网点新增22个。机要通信工作连续33年质量全红。巩固拓展脱贫攻坚成果同乡村振兴有效衔接，加快推进县、乡、村三级物流体系，共建成县级仓配处理中心19处，镇级周转运营中心164处，村级收投服务站1093处；各市、县积极对接地方政府，西吉、同心、海原、中宁4个县中标政府电子商务进农村综合示范三级物流体系建设项目，总计中标金额1715万元；加快推进邮快合作下乡及客货邮商融合发展，在17个县（区）、501个建制村开展“邮快合作”，进驻客运站8处，开通3条客运班车邮路，变“多家向下”为“一家向下”。助力自治区重点产业发展，连续3年引进邮政航空公司落地银川，开通“银川—南京”邮政直航牛羊肉生鲜产品寄递线路。疫情期间，克服民航货运班次大幅减少困难，以时限最快为目标，开通“银川—呼和浩特”冷链陆运线路，保障“极速鲜”牛羊肉邮件无延误、无积压，累计完成寄递量41.3万件，实现寄递收入3046万元。建成滩羊肉、枸杞、葡萄酒3个邮政农产品基地，实现产品交易额2002万元。积极承办、参与自治区

“双品网购节”“电商助力特色产业发展”直播带货周等活动，打造11款过万单农产品。充分托底百姓生活必需品配送，全力以赴保民生、保畅通。与卫健委、核酸检测定点医院合作开通《核酸检测报告》寄递服务通道。疫情突发时期，迅速行动、科学统筹，做到疫情防控不放松、经营发展不停步、企业运行不失序，实现疫情防控和经营发展双胜利。各市、县（区）迅速建立同城寄递绿色通道，免费为社区居民配送蔬菜、水果等物资7500余单，吴忠分公司主动承担核酸检测样本运输转运任务，无一剂遗漏、无一剂差错。

2021年4月13日，全区邮政英雄表彰大会在银川市召开

【创建首家“中邮驿站”】2021年1月7日，全区首家“中邮驿站”创建于银川市金凤区丽银街。宽敞明亮的营业厅、整齐干净的货架、规范熟练的工作人员，在这里，用户可以享受到安心、贴心、放心的寄递服务。作为一个快递综合服务中心，中邮驿站每天营业12个小时，日均邮件满载入库量可达600件。“中邮驿站”可为周边2000余户居民提供各类邮件收寄和派送服务，集中解决“最后100米”的揽投服务问题。为满足客户日益增长的寄递服务需求，加快推进寄递服务进社区，宁夏邮政通过网点叠加、社区加盟、乡镇快邮合作三种模式建设“中邮驿站”，搭建综合快递服务平台。社区居民可在“中邮驿站”加入邮政会员，“一站式”享受邮政金融、寄递以及其他各项便民服务项目。

【开通“银西”高铁邮运路线】2021年1月8日凌晨5点5分，67袋285件EMS邮件“搭乘”DJ5803/2银川—西安的高铁驶出站台，标志着宁夏邮政与中铁快运合作正式开通“银川—西安”高铁邮运线路，邮件陆运时间由原来的12小时缩短至3小时，寄递服务能力有效提升，实现银川、西安两个城市当日寄次日达。为做好寄递服务工作，宁夏邮政不断强化网络建设，丰富运输方式，积极构建集汽车运输、航空运输和高铁运输等多种方式于一体的邮运网络，并引进邮航直飞南京航线，让EMS邮件，特别是牛羊肉、枸杞等宁夏地方特色产品能够选择最快、最优、最稳定的方式寄往各地。宁夏邮政将根据银川高铁线路的运行计划，陆续开通银川—北京、银川—上海、银川—杭州、银川—广州、银川—郑州等高铁邮运线路。

【领导调研】2021年3月31日至4月2日，中国邮政集团有限公司党组书记、董事长刘爱力一行深入银川市、吴忠市的邮政支局、邮储网点、寄递揽投部、中邮驿站，以及银川邮区中心局、银川市烟草专卖局配送中心等地，实地调研宁夏邮政金融、寄递、农村电商等业务发展情况，了解县、乡、村三级快递物流体系建设情况，看望慰问一线员工，并听取宁夏邮政分公司、邮储银行宁夏分行重点工作情况汇报。刘爱力强调，宁夏邮政各板块要坚持求真务实的科学态度，牢固树立“不到长城非好汉”的发展信心和“丢掉农村市场就是丢掉未来”的忧患意识，切实将各项工作抓细抓实抓落地，学党史、悟思想、办实事、开新局，全力推动宁夏邮政实现高质量发展。

【业务培训】2021年4月25—28日，宁夏邮政分公司举办揽投部销售化转型培训班，全区邮政共计105人参加培训。培训以“理论培训+市场实践”的方式开展。理论培训重点围绕揽投部销售化转型的意义进行讲解，对寄递市场进行分析，对当前全区快递市场及邮政面临的市场形势进行分析。讲师围绕揽投部面临的投递压力大、投入产出不合理、团队管理混乱等进行深刻剖析。认为要实现揽投部销售化转型要以特快专递业务为核心，主动开展对标，从利润、市场、网点和人才等方面实现根本性变革，通过增部拆段增人，从对现有组织机构和客户结构进行优化，建立标准化的营销体系和客户服务体系，规范揽投部团队管理等方面入手抓好转型工作。市场实践围绕特快业务市场，以分组的方式，对竞品市场活动以及揽投部目前存在的问题、网点管理及一线人员工作现状、客户需求及管理策略等方面进行调研分析。各小组分别对银川市分公司10个揽投部进行现场“问诊”“找茬”,集体市场分析与区域市场调研成果,各小组畅所欲言,分享完毕后讲师点评,引导大家“补短板、强弱项”。通过四天的培训,参培人员全面了解揽投部网格化、营销化转型的方式方法,对如何转型升级有了具体想法,并表示将培训所学的知识和经验与实际工作相结合,做到“四个到人”,确保转型工作落到实处、转出成效。培训结束后,还对评选出的优秀小组和优秀学员进行了颁奖。

【2021年全区邮政金融柜员技能竞赛】2021年8月20日,宁夏邮政分公司举办2021年全区邮政金融柜员技能竞赛,全区各市分公司的五支参赛团队、15名金融网点优秀柜员参加比赛。竞赛分为个人竞赛和团队竞赛两部分。其中,个人竞赛由笔试和个人技能操作环节组成;团队竞赛由团队技能比拼和知识竞答环节组成。经过紧张激烈的角逐,共评选出团体类奖项3个,个人类奖项6个。

【助残服务】2021年8月31日,宁夏邮政分公司与宁夏残疾人联合会签订战略合作协议,双方秉承为人民服务的宗旨,深入贯彻落实“我为群众办实事”实践活动的要求,充分利用宁夏政务服务网、“我的宁夏”App、邮政服务网络等信息服务平台,积极发挥各级残联基层组织、邮政服务网点和网络的优势,在政务、公共、社保、家政及其他方面,围绕让残疾人“少跑路”“零跑路”的目标,开展以“定时服务、上门服务、一站式服务”为主的残疾人精准服务新模式,探索形成“残联主导+政府合作+邮政参与”的为残疾人上门代办服务机制,通过为残疾人提供物流寄递服务、普惠金融服务、创业指导服务、共建爱心助残服务站、开展助残志愿服务等,实现“数据多跑路、残疾人少跑路或不跑路”,共同打通服务残疾人的“最后100米”,解决残疾人急难愁盼问题。

【农村客货邮商融合发展】2021年10月12日,宁夏农村客货邮商融合发展工作推进会在吴忠市召开。自治区交通、商务、邮政管理部门与宁夏邮政分公司四方共同推进农村客运、货运、商务、邮政快递融合发展,加快推进县、乡、村三级物流体系建设,统筹解决农民群众幸福出行、物流配送、邮政寄递三个“最后一公里”问题。自治区交通运输厅、商务厅、邮政管理局与宁夏邮政分公司四方联合签订《战略合作协议》。各方本着发挥优势、相互促进、长期合作的原则,以资源共享、客货兼顾、运邮结合的方式,推动交通运输、商贸物流、邮政快递实现融合发展。推进会现场发布客货邮商融合发展标识,标识中三条色带代表交通、邮政、商务三个体系,体现客货运、邮政和农村物流相互促进、共同发展的理念。客运车辆和信封体现了交通、邮政融合发展,也体现了“一站多能、一网多用”的功能,以统一的形象设计、统一的标志标识、统一的设施设备、统一的管理模式,共创一个品牌。四方建立联合推进机制、联席会议机制,制定工作方案,形成政府支持、行业牵头、交邮主导、部门和乡镇协同的工作机制。会后,与会代表参观了由宁夏邮政分公司运营的吴忠市黄沙窝村客货邮商综合便民服务点和扁担沟镇客货邮商综合便民服务站。

(高丽君)

信息通信

【概况】2021年,全区累计完成基于上年不变单价计算的电信业务总量104亿元,同比增长30.9%,增幅居全国第七位,实现电信业务收入66.2亿元,同比增长10.1%。电话用户总数达914.1万户,同比增加2.6%(其中,移动电话用户数达到866.1万户,同比增加26.9万户;固定电话用户达48.0万户,同比减少3.5万户)。5G终端连接数达到304.2万户,5G移动电话用户数为208.9万户。IPTV网络电视用户达到256.3万户,物联网终端用户达到139.7万户。

【基础设施建设】2021年,全区通信领域完成固定资产投资20.6亿元,其中4G投资0.8亿元,5G投资10.5亿元。新建光缆线路2.5万公里,光缆线路总长度达到29.4万公里。移动电话交换机容量达到1503万户,移动电话物理站址数达到41915个。新建4G基站2777个,4G基站总数达到37282个,新建5G基站4069个,5G基站总数达到7394个,移动通信基站总数达到58429个,移动电话基站室内分布系统数达到6543个。全区互联网省际出口带宽达到962万Gbps,互联网宽带接入端口数达到596.6万个。推动中卫市申报全国一体化算力网络国家枢纽节点,成为全国八个枢纽节点城市之一。全区互联网数据中心服务器数量达到78538台,同比增长10908台,互联网业务收入达到10.9亿元,同比增长42.4%。

【信息服务应用】2021年,《数字中国建设发展报告(2020)》在福州市举行的第四届数字中国建设峰会上正式发布,报告对2020年各地区信息化发展成效进行了全面的评价，宁夏信息服务应用水平列全国第六位，西部首位。宁夏以提升信息通信基础设施水平为抓手，大力推进5G网络、工业互联网、大数据中心等“新基建”项目建设，实现全区乡镇5G网络覆盖；提升4G网络覆盖水平，全区4G基站达到37282个；继续实施电信普遍服务试点项目，实现全区所有行政村光纤和4G网络100%覆盖；持续扩大千兆光网的覆盖范围，全区已实现光纤网络全覆盖，光纤接入端口数达到596.6万个，同比增加46.6万个，城市宽带接入端口数达到454.9万个，城市光纤网络接入能力超过100M，部分小区已达到1000M能力；农村宽带接入端口数达到141.7万个，行政村光纤网络接入能力接近100M，与城市网络水平相当，固定宽带平均接入速率达到104.97.4Mbit/s，100Mbps及以上宽带用户总数达到308.5万户，占宽带用户比例的97.3%，居全国第三位，1000M以上宽带用户达18.1万户。2021年，信息通信服务应用发展良好，宽带业务持续增长，移动互联网用户增加38.1万户，总数达到750.8万户，移动宽带用户普及率108.8部/百人，居全国第八位。固定互联网宽带接入用户同比增加33.4万户，达到317.1万户，其中光纤接入用户数同比增加33.2万户，达到309.2万户，占宽带用户比例的97.5%，占比居全国第二位。固定宽带接入用户家庭普及率为111.4部/百户，居全国第四位。以创新驱动引领高质量发展为抓手，推动中卫市申报全国一体化算力网络国家枢纽节点，成为全国八个枢纽节点城市之一，召开新型互联网交换中心推进会，提升新型数据中心建设和全区算力能力，拓展应用服务水平，支撑互联网市场创新发展。推进“5G+”发展，推进5G在工业互联网、教育、医疗、环保、电力等方面的应用。

【信息通信市场及互联网监管】2021年，出台《宁夏信息通信行业信用记分管理制度》，开展服务感知提升行动，签订自律承诺书，维护市场秩序。审批增值电信企业41家，全区增值企业达到179家。针对三家电信企业及宁夏广电网络公司客服热线开展电话拨测1000多次，15秒接通率高于85%，完成客服热线“12300”“12321”归并到“12345”，积极受理各类申诉、信访、局长信箱、咨询等1815件，申诉和解率达80%。聚焦“携得了、转得快、用得好”，携转用户超过11.6万，1小时携转成功率99.5%以上，行业满意度指数连续7年提升。加强互联网网站备案管理，强化基础电信运营企业及互联网接入企业主体责任，开展“新风2021”“剑网2021”“净网2021”，责令59家企业进行备案主体整改，44家网站进行标题及内容合规性整改，配合公安等处置违法违规网站835家，清理空壳网站主体6101家，清理空壳网站21225家，处理未备案先接入网站32家，处理失效域名34个，共取消接入网站27家，变更备案网站218家，处置仿冒侵权网站4家、无资质发布新闻信息网站1家、违规发布广告信息3家、违规游戏网站1家、涉诈网站55家，配合处置涉黄涉赌网站554家。完成对LTE核心网、接入网、承载网和固定网络骨干网、城域网、核心网的IPv6升级改造，实现IPv4/IPv6双栈部署。

【信息安全管理和手机App监管】2021年，宁夏以电信网络诈骗治理为抓手，推进“断卡行动2.0”、行业扫黑除恶专项行动，开展移动电话卡“一证通查”。截至2021年年底，累计处置诈骗、骚扰电话221万次、号码7.5万个，发送精准预警短信2万余条，累计惩戒不良信用用户243个，加强物联网卡管理，核查107万多张，累计开展“三无”睡眠卡二次实人认证13.6万次，关停号卡13.2万张，配合封堵涉诈网址573101个，向公安机关提供疑似诈骗窝点、贩卡收卡信息30余次。2021年，宁夏成功申报App部一省联动试点工作，加强App综合整治，利用移动终端App监测平台，线下为用户检测终端3.1万部，检测App共109.8万款，发现问题应用175款，线上检测样本600万余款，发现高危应用127款，下发责令整改书21份，均进行有效处置。

【工业互联网监管】2021年，出台《宁夏工业互联网标识管理办法》《宁夏工业互联网标识解析二级节点赋码规则（试行版）》，发挥吴忠西北首个工业互联网标识解析节点作用，接入企业节点数量309家，标识注册量606.7万个，标识解析量200.5万次，与制造企业形成跨行业跨领域的应用生态。利用“工业互联网安全态势感知平台”，主动对接企业、机关、高校，开通SAAS账号120家，监测全区工业互联网侧攻击事件4600万次，公共互联网侧攻击事件8亿余次，开展两轮110万条网络资源信息核对，具备对全区19类90余个行业分类监测能力，对互联网企业检查33家，利用工业和信息化部“网络安全威胁监测共享处置平台”，对83起网络安全威胁及恶意网络资源及时进行100%处置。组织召开“云天大会”“5G+工业互联网”推进会，推动“5G+工业互联网”融合应用发展。

【惠民助残扶贫】2021年，宁夏落实“六稳”“六保”任务，切实为中小企业纾难解困，通过“双G双提”，以提速降费服务惠民为抓手，大幅降低信息通信费用，让老百姓享受优质低价的信息服务。月户均移动互联网接入流量达到17.3G，居全国第八位；移动互联网接入流量资费水平1.9元/G，同比下降22.1%，连续5年平均资费全国第一低。2021年，宁夏中小企业宽带业务平均资费同比下降17.4%，中小企业专线业务平均资费同比下降16.2%，提前3个月完成全年降费目标。对全区残疾人实施语音、流量、宽带和IPTV给予8.5折优惠。提升适老化服务，提供"一键接入"人工客服、100%线上办理服务，升级改造101家营业厅，推出孝心卡、银龄卡、爱心卡、畅听王卡等专属资费方案，全行业累计让利达1.14亿元，惠及18.6万残疾、贫困、老年用户。聚焦"用得上、用得起、用得好"目标，组织企业成功申报2021年电信普遍服务试点，获批基站343个，获得中央财政补助资金6174万元，以数字乡村助力乡村振兴。

【通信质量监督】2021年，宁夏开展商务楼宇接入市场整治专项行动，自治区公安厅、住建厅、市场监管厅到部分商务楼宇、工业园区等开展联合检查，下发责令改正通知书2份，18处商务楼宇问题得到协调解决。推动安全生产专项整治三年行动集中攻坚，全区共排查农村通信线路隐患5184处，完成率为99.8%，排查小区皮线安全隐患小区3193个，完成率为94%。上线宁夏通信建设信息管理系统，核准通过工程项目质量监督申报936项、竣工备案114项，处理配套基础设施规划、设计评审和工程验收专家审核共计392项。

【行业创新】2021年，宁夏印发《关于推进宁夏信息通信行业创新驱动高质量发展的实施意见》《关于开展宁夏信息通信行业数字化人才素质提升行动的实施意见》和《数字化人才培养计划》，成立行业创新服务工作站，在宁夏电信公司等基础电信运营企业挂牌成立首个服务企业创新工作站——数字化技术创新服务工作站，不断满足5G、人工智能、区块链等数字化共性技术和企业技术创新需求。搭建行业人才教育培养基地，挂牌成立宁夏数字化人才教育培养基地，联合宁夏电信、移动、联通、广电、铁塔公司共同成立行业职业技能实训基地，承担自治区第三批职业技能等级认定社会培训评价工作，获批成立宁夏数信通职业技能培训学校。主办"2021年世界电信和信息社会日"纪念大会暨数字化转型发展高峰论坛，举办行业数字化成果应用展，配合开展"江苏院士专家宁夏行活动"。组建宁夏通信学会专家咨询委员会及8个专业委员会，着力构建创新评价体系，开展第一届宁夏数字化转型创新应用大赛，以赛促创，以赛促用。启动数字化人才素质能力提升行动，开展教育培训活动，全年举办四期数字化人才素质能力提升轮训班，开展继续教育培训50余次，累计1万多人次，举办首期宁夏工业和信息化领域网络与信息安全管理师职业能力等级评价培训班，承办3场专业技术人才高级研修培训班及2021年宁夏电信和互联网行业职业技能竞赛赛前培训及理论选拔考试工作。组织职业技能认定工作，开展职业技能大赛，创新开展人才评价服务工作，开展信息通信工程类工程能力评价候任考官征集工作，参加中国通信学会第一期工程能力评价候任考官交流研讨活动，开展工业信息化和网络工程专业初级职称、中级职称、高级职称评审，申请增加网络信息安全专业职称，完善工程系列职称评价体系标准和职称量化评价标准，拓展全行业人才职业晋升通道。

（唐光强）

NINGXIA YEARBOOK

开发区和园区建设

KAIFAQUHEYUANQUJIANSHE

编辑◎王玉琴

综　述

【经济运行】2021年，全区23个开发区（工业园区）共有工业企业2210户，其中规模以上工业企业1112户，占全区规模以上工业企业户数的84.8%。入园企业数比上年同期增加210户。工业生产运行。2021年，全区23个开发区（工业园区）完成工业总产值5145.5亿元，同比增长39.6%；实现工业销售产值5027.7亿元，同比增长40.8%；工业生产电力消耗955.4亿千瓦时，同比增长4.1%。工业企业经济效益。2021年，全区23个开发区（工业园区）实现营业收入5147.5亿元，同比增长39.1%；实现利润384.5亿元，同比增长1.5倍；盈利企业实现盈利额494亿元，同比增长93.3%。根据《开发区整合优化和改革创新实施方案》，贺兰德胜开发区更名为宁夏贺兰工业园区，石嘴山生态经济开发区更名为宁夏平罗工业园区，宁夏吴忠青铜峡新材料产业基地更名为宁夏青铜峡工业园区，宁夏同德慈善产业园更名为宁夏同心工业园区，宁夏吉德慈善开发区更名为宁夏西吉工业园区。银川金凤工业集中区并入银川经济技术开发区，银川生物科技园并入宁夏贺兰工业园区，灵武市再生资源循环经济示范区等园区并入银川高新技术产业开发区，宁夏精细化工基地并入宁夏平罗工业园区，吴忠红寺堡开发区并入吴忠太阳山开发区，吴忠毛纺织产业园并入宁夏吴忠金积工业园区，青铜峡市嘉宝轻纺开发区并入宁夏青铜峡工业园区，固原清水河开发区并入宁夏固原经济开发区，撤销吴忠特色装备制造产业园，增加银川综合保税区、苏银产业园，开发区（工业园区）总数由33个变为23个。

【银川市所属开发区（工业园区）】2021年，银川市共有7个开发区（工业园区），即宁东能源化工基地开发区、银川经济开发区、宁夏永宁工业园区、宁夏贺兰工业园区、银川高新技术产业开发区、银川综合保税区、苏银产业园。以上7个开发区（工业园区）共有企业868户，占全区开发区（工业园区）企业的39.2%；其中规模以上工业企业364户，占全区规模以上工业企业的27.8%。全年银川市7个开发区（工业园区）完成工业总产值2271.7亿元，同比增长39.4%，占全区23个开发区（工业园区）总产值的44.1%；实现工业销售产值2208.5亿元，同比增长40.8%，占全区23个开发区（工业园区）销售产值的44%；工业生产电力消耗337.9亿千瓦时，同比增长4.4%。经济效益。7个开发区（工业园区）共实现营业收入2462亿元，同比增长48.6%，占全区23个开发区（工业园区）完成营业收入的48%；实现利润254.6亿元，同比增长1.2倍，占全区23个开发区（工业园区）利润总额的66.2%；盈利企业实现盈利额310.2亿元，同比增长95.9%。

【石嘴山市所属开发区（工业园区）】2021年，石嘴山市共有3个开发区（工业园区），即石嘴山高新技术产业开发区、石嘴山经济技术开发区、宁夏平罗工业园区。2021年，石嘴山市3个开发区（工业园区）共有工业企业419户，占全区开发区（工业园区）企业的19%；其中规模以上工业企业340户，占全区规模以上工业企业的25.9%。2021年，石嘴山市3个开发区（工业园区）完成工业总产值1435.4亿元，同比增长49.4%，占全区23个开发区（工业园区）总产值的28%；实现工业销售产值1417.2亿元，同比增长49.4%，占全区23个开发区（工业园区）销售产值的28.2%；工业生产电力消耗288.6亿千瓦时，同比增长8.7%。石嘴山市3个开发区（工业园区)全年共实现营业收入1084亿元,同比增长40.1%,占全区23个开发区(工业园区)完成营业收入的21%;实现利润55.2亿元,同比增长1.9倍,占全区23个开发区(工业园区)利润总额的14.3%;盈利企业实现盈利额79.4亿元,同比增长1倍。

【吴忠市所属开发区(工业园区)】2021年,吴忠市共有5个开发区(工业园区),即吴忠太阳山开发区、宁夏吴忠金积开发区(工业园区)、宁夏青铜峡工业园区、宁夏盐池工业园区、宁夏同心工业园区。2021年,吴忠市5个开发区(工业园区)共有工业企业520户,占全部开发区(工业园区)企业的23.5%;其中,规模以上工业企业246户,占全区规模以上工业企业的18.8%。2021年,吴忠市5个开发区(工业园区)完成工业总产值750.2亿元,同比增长30%,占全区23个开发区(工业园区)总产值的14.5%;实现工业销售产值737.5亿元,同比增长35%,占全区23个开发区(工业园区)销售产值的14.6%;工业生产电力消耗115.9亿千瓦时,同比下降0.4%。吴忠市5个开发区(工业园区)全年共实现营业收入804.2亿元,同比增长42.2%,占全区23个开发区(工业园区)完成营业收入的15.6%;实现利润37.5亿元,同比增长1.8倍,占全区23个开发区(工业园区)利润总额的9.7%;盈利企业实现盈利额45.5亿元,同比增长97.8%。

【固原市所属开发区(工业园区)】2021年,固原市共有5个开发区(工业园区),即宁夏固原经济开发区、宁夏西吉工业园区、隆德县六盘山工业园区、泾源县轻工产业园区、彭阳县王洼产业园区。2021年,固原市5个园区共有企业199户,占全区开发区(工业园区)企业的9%;其中规模以上工业企业35户,占全区规模以上工业企业的2.6%。2021年,固原市5个园区完成工业总产值113.7亿元,同比增长35.5%,占全区23个开发区(工业园区)总产值的2.2%;实现工业销售产值111.5亿元,同比增长35.5%,占全区23个开发区(工业园区)销售产值的2.2%;工业生产电力消耗25.6亿千瓦时,同比增长1.3%。经济效益。固原市5个园区全年共实现营业收入122亿元,同比增长27%,占全区23个开发区(工业园区)完成营业收入的2.3%;实现利润16.5亿元,同比增长1.5倍;盈利企业实现盈利额17.2亿元,同比增长1.3倍。

【中卫市所属开发区(工业园区)】2021年,中卫市共有3个开发区(工业园区),即宁夏中卫工业园区、宁夏中宁工业园区、中卫市海兴开发区。2021年,中卫市3个园区共有企业204户,占全区开发区(工业园区)企业的15.6%;其中规模以上工业企业127户,占全区规模以上工业企业的9.6%。2021年,中卫市3个园区完成工业总产值574.5亿元,同比增长32.4%,占全区23个开发区(工业园区)总产值的11.2%;实现工业销售产值552.9亿元,同比增长29.9%,占全区23个开发区(工业园区)销售产值的11%;工业生产电力消耗187.4亿千瓦时,同比增长0.3%。2021年,中卫市3个园区全年共实现营业收入675亿元,同比增长11.1%,占全区23个开发区(工业园区)完成营业收入的13.1%;实现利润20.7亿元,亏转盈24.6亿元,占全区23个开发区(工业园区)利润总额的5.3%;盈利企业实现盈利额41.6亿元,同比增长44.5%。

(席　黎)

国家级开发区和园区建设

银川综合保税区

【概况】2021年,银川综合保税区实现进出口45.1亿元,增长672.8%,实现恢复性增长,分别占自治区和银川市同期进出口总值的21.18%和34.31%,在全国142家有实绩的综合保税区中排名105位,在西部34家有实绩的综合保税区中排名19位。银川综合保税区实现国际卡车班列常态化运营,全年累计发车750辆次,实现进出口贸易额近8亿元。率先在宁夏开展跨境电商“前店后仓+快速配送”新业务,实现本地跨境电商“四个首单”突破(首单1210网购保税进口业务、首单9610跨境电商B2C出口业务、首单9710跨境电商B2B直接出口业务、首单9810跨境电商出口海外仓业务),全年累计实现跨境电商贸易额约13.42亿元。实现跨境电商O2O体验店“网购保税+线下自提”业务模式首次在银川跨境电商综试区落地。成立通关服务中心,为宁夏外贸企业开展代理报关等系列服务,吸引宝丰能源、启元药业、泰益欣生物等13家区内重点外贸企业转至银川综合保税区开展进出口业务,以上企业全年实现进出口贸易额近5亿元。

【项目建设】2021年,银川综合保税区实施综合配套服务项目(一期)等项目8个,推进天然气调压站及应急救援中心等项目建设,1—11月完成固定资产投资1.08亿元,同比增长229%。以电子信息、食品加工、跨境电商等产业和海关绩效评估缺项填补作为重点,分类谋划2022年重点建设项目7个,计划总投资5.35亿元。储备招商引资项目21个(重点储备项目10个),计划总投资23.8

亿元。

【招商引资】2021年，银川综合保税区先后赴北京、上海等地，对接长胜纺织科技（上海）发展集团、厦门优传集团等10余家目标企业，跟踪推进跨境电商产业园、宁夏进口肉类口岸等项目落地，做好后续项目储备。组建招商小分队外出招商22次，接待客商164批500余人次，充分利用“全球跨境电商大会”“厦洽会”等活动平台，开展形式多样、专业性强的招商活动，全年实施招商项目33个（含贸易项目），到位资金7.27亿元。全年签约落地炬翼跨境电商分拨中心、狮丹服装加工及跨境电商等8个项目，总签约金额5.93亿元，跨境电商产业园和炬翼跨境电商分拨中心已正式开展业务，狮丹服装加工出口、跨境电商产业孵化基地有序推进。探索开展市场化招商，与狮丹贸易（银川）等企业签订第三方委托招商引资协议，与河南保税集团签订跨境电商产业园《园区运营协议》，通过第三方引进注册企业20余家。

【跨境电商贸易】2021年6月，银川综合保税区推进跨境电商产业园开园运营，入驻企业21家，全年实现跨境电商交易额约6亿元。完成工商注册企业43家，注册资金12.59亿元。配合炬翼公司开展跨境电商9610业务2614单共计79万元，实现跨境电商1210、9710、9810在银川跨境电商综试区“首单”突破。“银大门”跨境O2O体验店于7月29日试营业，实现跨境电商O2O体验店“网购保税+线下自提”业务模式首次在银川跨境电商综试区落地，累计实现销售额61.98万元。对接落地中大门国际卡车班列、通欧国际卡车班列等卡班运营及贸易项目，国际卡车班列已发车746辆，实现进出口贸易额7.99亿元。

【营商环境】2021年，银川综合保税区出台《银川综合保税区产业扶持政策（试行）》，制订了《国际卡车班列扶持资金管理办法》等政策性文件，编制并提请银川市政府印发《银川综合保税区“十四五”发展规划》。主动协调自治区商务厅、工信厅和银川市商务局组织举办两期“综保区政策宣讲会”。严格执行资金管理办法，年内兑现各类企业扶持资金1918万元。成立通关服务中心，为8家区内外企业代理报关业务近千票，产生贸易额6600余万美元。加快推进跨境电商产业孵化企业入驻，引进各类跨境电商、物流、服务企业13家。编制完成《银川综合保税区总体规划》《银川综合保税区控制性详细规划（2020—2035）》等，开展洪水影响评价、规划水资源论证等7项区域评价论证，开展土地集约评价和园区地下管线测绘。

（席　黎）

宁东能源化工基地开发区

【概况】2021年，宁东能源化工基地开发区完成地区生产总值480亿元，增长5%；工业总产值达到1500亿元，增长35%；工业增加值增长3.5%。连续4年入选中国化工园区前10位，获评“十三五”化工园区发展进步奖。

【产业升级】2021年，宁东能源化工基地开发区围绕全区9个重点产业，构建以现代煤化工、新材料、清洁能源、电子材料及专用化学品、精细化工等产业为重点的产业格局，制造业占全部规模以上工业增加值的比重提高到58.7%，拉动工业增加值增长1.2个百分点。创新开展重大项目提速年活动，分四批集中开工建设晓星36万吨氨纶、国能电力200万千瓦光伏基地等重大项目，总投资1290亿元。实施工业对标转型发展行动，规模以上工业企业对标率为100%，新增规模以上企业16家，总数突破85家，实现利润142.29亿元，同比增长350.9%。强化能源供应保障，通过释放产能、电网错避峰生产、启动煤热联动机制、开辟绿色通道等措施，保障企业用煤需求，确保电煤存量为10天以上，蒸汽供应和居民供暖价格稳定。处置闲置用地252.31公顷，处置率达到自治区指标的319.54%。

【科技创新】2021年，宁东能源化工基地开发区坚持把科技自立自强作为推动高质量发展的战略支撑，健全政产学研用“五位一体”协同创新体系，安排2677万元财政资金并逐年递增，引导支持企业加大研发投入，落实“揭榜挂帅”科研项目10项，全社会R&D投入强度达到2.1%，“宁东现代煤化工”商标成功注册。打造国内首家现代煤化工中试基地、能源化工供应链管理平台、宁东能源化工研究院、工业互联网等创新业态，新增国家高新技术企业、自治区科技型中小企业17家、专精特新企业4家、工业互联网试点企业2家。获国家科学技术进步一等奖，自治区科学技术进步一等奖、二等奖，中国创新创业大赛行业赛成长组一等奖。成立全区首所现代产业学院宁东产业学院，实施“宁东头雁”“宁东工匠”等一批特色人才项目，先后引进院士专家、硕士博士3813人，近万名技术工人参加技能培训取证，着力打造现代煤化工产业人才高地。

【营商环境】2021年，宁东能源化工基地开发区推进“放管服”改革，修订完善招商十条、企业用工补贴等20余项惠企政策，建设“互联网+政务”服务平台，落实统一市场负面清单、增量配电、证照分离等改革任务，压减事项办理总时限

51.7%、一窗受理率达85.53%，网上可办率达93.42%，打造重点招商项目40个工作日、企业开办3小时内的全区最快办结效率。完善企业生产、金融、生活三条服务线，成立企业家协会，承办能源“金三角”区域协同发展论坛、煤化工高质量发展高峰论坛、中国企业家年会，投资9.32亿元实施管廊、给排水等20个基础配套项目，开通国有公交，前三季度降低企业用电成本1.3亿元、铁路运输成本2亿元，为企业争取各类资金1.47亿元，帮助企业融资、担保贷款、提供过桥资金77.24亿元，着力打造低成本化园区。科创公司和担保公司分获全区中小企业创新服务示范平台、金融产品和服务创新项目成效显著奖。

【绿色发展和环保安全】2021年，宁东能源化工基地开发区推进煤炭清洁高效开发利用，围绕绿能开发、绿氢生产、绿色发展，创新实施节能减煤加氢5年行动，提前编制碳达峰行动方案，建成世界单体规模最大的电解水制氢项目，探索多能互补耦合制氢、氢能交通、CCS/CCUS等工程示范，从源头降低煤耗和二氧化碳排放量。分类有序清理整改高耗能、高污染项目，对10个未批先建项目逐一制定处置方案，对76个节能审查未批先建项目制定整改方案，建立“一个问题、一个方案、一个责任主体、一套档案资料”整改推进工作机制，确保按期整改销号。建成能耗在线监测三级平台，32家重点用能企业接入率为100%，完成重点用能单位节能降耗目标评价考核，前三季度单位工业增加值能耗下降0.3%，单位GDP能耗下降0.6%，实现由增转降目标。2021年，宁东能源化工基地开发区持续实施2015—2022年环保行动计划，严格落实企业环保上限入园入规、一票否决，创新建立“一企一策”环保帮扶机制，中央环保督察和“回头看”反馈问题全部完成整改并销号备案，再次获批“绿色化工园区”。开展固废、危废及异味专项整治行动，建成加油站和储罐区油气回收监测系统、机动车尾气遥感监测系统，加快推进化工新材料园区大气特征污染物防控三级监测网络、污水处理改扩建、雨污分流和中水回用管网建设，环境空气质量前三个季度排名全区第二，鸭子荡水库国控断面水质稳定达到Ⅲ类限值要求，固废综合利用率提升至44.2%。推进安全生产标准化达标创建6年行动，实施安全百日会战、煤矿安全警示教育周等活动，推进园区智能化封闭化管理、安全培训网络试点建设。宁东消防救援大队获评全国应急管理系统先进集体。

（席　黎）

银川经济技术开发区

【概况】2021年，银川经济技术开发区实现工业总产值485亿元，同比增长35%；规模以上工业增加值同比增长25%；完成固定资产投资70亿元，同比下降41%；财政收入16.1亿元，同比增长1.2%；全年招商引资实际到位资金90亿元，同比增长12%。

【项目建设】2021年，银川经济技术开发区计划实施项目69个，总投资520.1亿元，年度计划投资113.6亿元，已开复工项目66个，开工率为95.6%。列入自治区重点项目6个，列入自治区重大项目46个。新建项目。推进中环50吉瓦太阳能级单晶硅、天通四英寸蓝宝石衬底材料信息化改造等33个新建项目建设进度，总投资281.7亿元，年度计划投资70.1亿元，全年完成投资36.2亿元。其中投资120亿元的中环50吉瓦太阳能级单晶硅材料智慧化工厂厂房及相关配套项目已完成投资5.8亿元，已完成主厂房基础浇筑并进行车间主体钢结构施工。续建项目。重点实施鑫晶盛工业蓝宝石晶体制造加工（一期）、同仁堂生产基地、智能终端产业园等33个续建项目，总投资238.4亿元，年度计划投资43.4亿元，全年完成投资24亿元。其中，投资17亿元的鑫晶盛工业蓝宝石晶体制造加工项目已累计完成投资5.9亿元，已进场蓝宝石长晶炉250余台，安装230余台。技改项目。力促盾源聚芯大直径半导体级硅部件、天通四英寸蓝宝石衬底材料等22个技改项目达产达效。总投资69.2亿元，年度计划投资31.8亿元，全年完成投资14亿元。其中，总投资5亿元的盾源聚芯大直径半导体级硅部件扩建项目已完成投资1.1亿元，建筑安装工程基本完成，加工中心设备已调试进入生产状态。

【招商引资】2021年，银川经济技术开发区招商引资累计签约项目29个，协议总投资304亿元；已落地项目21个，总投资267.5亿元；意向性项目8个，总投资36.5亿元。组建重点产业工作专班，按照“一个产业一个专班”的形式，对接自治区9个重点产业及银川市三新产业，建立主要领导包抓、各部门负责、一抓到底的工作机制，分解任务，精准对接，促进项目早落地、早投产。重点围绕三新产业，开展产业链招商、产业配套招商。新材料产业，引进的中环50吉瓦太阳能级单晶硅材料、盾源聚芯大直径半导体级硅部件扩建等4个项目已开工，总投资167亿元；晶盛机电年产1200万片4英寸蓝宝石切磨抛智慧化等3个项目待开工，总投资10.5亿元。新能源产业，引进隆基乐叶年产5吉瓦单晶电池制造项目已开工，总投资46亿元；科邦&懿福年产10

吉瓦时低温固态电池项目待开工，总投资30亿元。新食品产业，引进四季能量年产21万吨饮料、北仁高纯度生物活性肽等2个项目待开工，总投资7亿元。围绕重点产业项目建链、延链、补链、强链。依托蓝思科技、中环半导体等行业领军企业，引进内蒙古中晶新型碳纤维复合材料产业化、内蒙古欧晶光伏制造等产业配套服务、年产1200万片4英寸蓝宝石切磨抛等上下游产业配套项目，重点产业集群初具规模。

2021年，银川经济技术开发区全国排名累计提升超20个位次（图为辖区企业宁夏小巨人机床有限公司生产车间）

【科技创新】2021年，银川经济技术开发区增强企业科技创新培育力度，审核推荐120余家企业申报国家级、自治区级科技型中小企业。园区共有国家高新技术企业84家。自治区科技"小巨人"企业30家，国家及自治区科技型中小企业408家。科技创新平台建设成效显著，建成舍弗勒（宁夏）轴承研发中心、新材料科技创新众筹服务中心等创新平台建设，为产业发展提供孵化、科技成果转化等服务，引导产业转型升级。园区已建设国家及自治区级研发创新平台100个，其中国家级创新平台15个。科技创新环境持续优化，开展科技服务网格行动，建立新的科技服务模式，深入企业指导开展R&D归集、项目申报等工作，形成"一站式"快捷畅通服务格局。2020年规模以上工业企业R&D投入达到12.02亿元，占主营业务收入的3.3%，同比增长31.6%。规模以上工业企业中有研发活动的企业占比63.4%。技术合同登记成交额超过2亿元。

【营商环境】2021年，银川经济技术开发区为重点项目建设融资15.22亿元，其中协助高新总公司为3吉瓦高效单晶电池工程项目成功发行7亿元企业债券。帮助园区62家企业争取政策贷款2.61亿元，为企业发展注入金融"活水"。开展土地报批6宗，报批面积32.13公顷；完成供地7宗，面积66.27公顷，全年完成供地10宗，面积91公顷。推进高端综配区项目建设，完成投资4.7亿元，整体规划体系基本形成，初步建成9条道路和3个公园，职工公寓管理逐步规范。完善企业高端人才引进、培养、储备体系，开展第三批"学术技术带头人储备工程培养对象"选拔、第三批"人才小高地"等项目申报工作、银川市第四批"高精尖缺人才"认定等工作。联合高校召开园区重点企业校园专场招聘会，解决用工难题。全面落实安全生产责任制，紧盯重点领域、关键部位和薄弱环节，常态化开展危化、火灾隐患、建筑施工、特种设备等重点领域的安全生产专项整治，始终保持高压严管态势。

【产业培育】2021年，银川经济技术开发区新能源产业加大光伏和风电装备产业培育力度。光伏材料已形成从拉晶、切片、电池到组件的全产业链，年产单晶硅棒30吉瓦、单晶硅片21吉瓦、单晶电池10吉瓦，小牛光伏组件串焊机全球领先；风电装备已形成从轮毂、减速器、塔筒、叶片到主机的全产业链，威力减速器在全国具有影响力。1—8月，新能源产业实现产值102亿元，同比增长24%。全年可实现产值130亿元，同比增长24%。其中，小牛自动化产值同比增长35%，威力减速器产值同比增长88%。新材料产业重点实施一批蓝宝石、半导体和锂离子电池材料等项目。以天通银厦、鑫晶盛为代表的蓝宝石材料，不断向下游切磨抛延伸；以中欣晶圆为代表的大尺寸硅片和以汉尧石墨烯为代表的锂离子电池正极材料，成为西北地区工业强基示范项目。1—8月，新材料产业实现产值135亿元，同比增长135%。全年实现产值180亿元，同比增长66%。其中，隆基系列受隆基15吉瓦产能释放和产品价格影响，产值同比增长101%；汉尧石墨烯正极材料订单饱满，产值预计同比增长380%以上。新食品产能重点发展枸杞深加工、乳制品、葡萄酒及保健食品产业。沃福百瑞的鲜枸杞原浆和多糖产品、张裕葡萄酒畅销国内外。蒙牛“特仑苏”高端奶年产量40万吨，占全国产量的20%。1—8月，新食品产业实现产值45亿元，同比增长16%。全年实现产值70亿元，同比增长17%。

（席　黎）

石嘴山经济技术开发区

【概况】截至2021年11月底，石嘴山经济技术开发区规模以上工业企业实现工业总产值690亿元，同比增长62.5%，规模以上工业增加值增速达7%，全年实现产值750亿元，同比增长55.9%。

【项目建设】2021年，石嘴山经济技术开发区实施的35个市级重点项目全部开工。恒力新材5万吨月桂二酸、彩妍科技高品质有机颜料等一批项目建成投产，清研高端工程塑料、氟峰新材等优质项目开工建设，华欣有机硅烷偶联剂等一批战略性新兴产业项目落地投资。推动开发区内企业加大技改投入，实施盛港循环经济产业链、乾洋电石氰胺、科通硅钙合金改造升级等技改项目，转型升级成效凸显，助推产业绿色化、高端化发展。

【招商引资】2021年，石嘴山经济技术开发区拓宽招商领域，积极对接来访客商，引进鹏义科技、金通药业、嘉宝新材料、瑞鼎新材料、氟峰新材料等新企业新项目，多次赴安徽、山东、新疆、江苏等省（区）开展项目招商，宁夏启玉生物新材料有限公司年产10万吨高纯L-乳酸升级等项目均已落地实施。推动外向型经济发展。2021年口岸共发运各类货物1502.95万吨，同比增长33.7%，其中发运集装箱52719箱、货重176.16万吨，同比分别增长26.2%、26.7%，口岸带动作用更加明显。依托石嘴山保税物流中心（B型）、西北矿产品交易中心，集聚区建设水平不断提升，争取自治区发改委资金支持500万元。充分运用自治区、石嘴山市出台的外资外贸等政策措施，实际利用外资426万美元，同比增长555%，在石嘴山市占比为30.5%，支持引导沃达化工、萨瑞斯贸易、富海物流等企业开展进出口业务，实现进出口总值9.63亿元，同比增长27.7%。

【科技创新】2021年，石嘴山经济技术开发区加大高新技术和科技型企业培育力度，持续完善科技型中小企业—科技“小巨人”企业—高新技术企业梯次培育机制，鼓励企业强化研发投入。嘉峰化工等11家企业获评国家高新技术企业，荣泰生物、天合化工获评科技“小巨人”企业，胜蓝化工、天鑫源等入库国家科技型中小企业8家，清研液晶高分子、锦华电石渣应用等技术创新中心8家。坚持两化融合，推动绿色发展，天净隆鼎、德昊科技等7家企业被认定为自治区专精特新企业，乾洋新材智能出炉机器人高端装备技术改造提升项目获批自治区机器人应用示范项目，申银轧钢获评自治区数字化车间。新增授权发明专利9件，有效发明专利授权量达到65件，万人有效发明专利拥有量为29.5件/万人。

【管理服务】2021年，石嘴山经济技术开发区成立能耗“双控”工作专班，紧盯年度目标任务，一企一策精准管控，针对单耗高、能源利用率低的企业采取错峰生产等措施，先后实施6批次重点用能企业错峰生产。1—11月，园区综合能源消费量为583.56万吨标准煤，万元工业产值能耗为0.85吨标准煤/万元。组织实施第二污水处理厂中水回用、工业污水处理厂提质扩容、天然气应急储气站、明园路电力管廊、开发区道路提升改造等一批补短板项目。推动西片区动力岛、危化品停车场项目、消防应急取水码头等项目实施，园区水、电、路、汽、污水管网等设施日趋完善，承载能力得到提升。深化“放管服”改革，推行“一窗受理、集成服务”理念和“前台综合受理、后台分类审批、统一窗口出件”的政务服务模式，受理办结各类事项442件，办结率为100%。持续推进商事制度改革，企业开办实现1个工作日办结。积极推行政务“好差评”，实现网上服务“一事一评”，确保政策执行不变形、不走样、全落实，已累计评价371件，满意率达100%。

（席　黎）

银川高新技术产业开发区

【概况】2021年，银川高新技术产业开发区完成工业总产值65亿元，同比增长60.69%；完成固定资产投资6.5亿元，同比下降1.81%；完成税收收入3.5亿元，同比增长56.95%。

【项目建设】2021年，银川高新技术产业开发区实施项目23个，总投资83.47亿元，年度计划投资24.64亿元。其中争取实施项目12个，总投资56.17亿元，年度计划投资13.28亿元。计划实施的9个项目全部开工建设，已完成投资1.7亿元。全年招商共73批次，组织参加“广东·宁夏经贸合作暨企业家座谈会”、宁夏（泉州）纺织服装产业专题招商推介会。储备重点在谈项目21个，总投资58.49亿元；再生资源产业项目12个，总投资45.99亿元；现代纺织产业项目7个，总投资7.5亿元；绿色食品项目3个，总投资7.5亿元；签约项目14个，协议资金89.7亿元。年度实施招商项目15个，总投资78.17亿元，实际完成到位资金29.5亿元（其中，实体项目12个，到位资金20.05亿元；金融项目3个，到位资金9.45亿元）。

【科技创新】2021年，银川高新技术产业开发区核心区规模以上企业实现主营业务收入52.56亿元，R&D经费支出完成3706.7万元，R&D占主营业务收入比重的0.71%，全年认定国家高新技术企业3家，组织备案国家级及自治区科技型中小企业11家，宁夏众源建材列入自治区科技"小巨人"企业名单，各类科技型企业总数达到98家。申请各项专利100余件，授权专利63件，其中发明专利9件，万人有效发明专利拥有量达112件。瑞银科技"灵武市再生循环利用技术创新服务中心"项目获批科技厅2021年自治区高新技术产业发展专项，获得资金支持120万元；新澳羊绒、西部皮草等4家企业获批银川市科技创新重点研发项目4项，获得资金支持332万元；国斌亚琦纺织、新澳羊绒分别与天津科技大学、西安工程大学签订《服装设计及设备研发、羊绒纤维原位矿化染色技术研发与应用产学研合作协议》，恒业金属、万殷机械2家企业获批2021年自治区技术创新中心。编制《银川高新区科技创新"十四五"规划》《银川高新区2021年战略提升方案》。柔性引进西安工程大学、天津科技大学等高层次人才10人以上，组织园区46人赴重庆大学举办"银川高新区2021年经营管理人才素质提升"专题培训班；联权绒业李毅等2人被认定为2020年银川市"高精尖缺"E类人才，新澳羊绒李发洲当选中国毛纺织行业"十三五"科技带头人并入选2021年银川市首批智库专家；推荐新澳羊绒王海霞等5人申报2021年银川市"高精尖缺"人才，兴唐米业杨茂红、马建林及中再资源白铁军申报2021年自治区政府特殊津贴享受人员，推荐联权绒业、桤懿科技申报2021年银川市优秀人才合作基地。瑞银科技吴军入选2021年宁夏企业"创新达人"候选人。

【营商环境】2021年，银川高新技术产业开发区梳理编制《银川高新区行政审批事项服务指南》，通过宁夏政务网投资项目审批监管平台和工程建设项目审批平台，建立高新区企业项目审批"一站式"代办服务制度和"一口受理、集中审查、一网审批"建设项目施工许可并联审批规程，逐步构建网上审批规范化、集中审批便利化、审批管理扁平化的"互联网+政务服务"新模式。全面推行项目帮办代办服务制度，制订《银川高新区企业投资项目代办服务管理办法(试行)》，为企业提供一对一、精准化的"保姆式"服务，变"企业跑"为"我来办"，全力保障项目建设零障碍、快推进。全面落实项目帮办代办服务制度，继续深化"放管服"改革，深入推进37项审批事项承接到位，做到"应接尽接""一局通办"。累计办理企业投资备案54个，完成项目环评批复50个，建设用地规划许可证8个，建设工程规划许可证13个，建筑工程施工许可证11个，建设工程规划验收合格证7个。

【产业转型】2021年，银川高新技术产业开发区主动适应发展新常态，全力以赴促转型，产业发展迈上新台阶。现代纺织产业。按照以龙头企业带动引领产业转型升级的思路，围绕延链补链壮链，成功引进排名全球亚麻行业第二位的宜兴舜昌亚麻纺织公司及浙江爵派尔羊绒服饰公司，一批关联项目相继落地投产。依托新澳羊绒公司对各条纱线板块的优化升级，原中银绒业34条纱线生产线已全部启动运行，全年纱线产销量将达1800吨，实现产值7亿元。全年21家生产企业共完成工业总产值12亿元，同比增长67.83%。再生资源循环经济产业。中国再生资源公司宁夏分公司年处理40万吨废钢、杰瑞邦达环保科技公司6.5万吨油泥及废油综合利用、万美通管业公司150万米新型复合材料电力护套管等项目建成投产，鸿盛达环保公司5.6万吨废催化剂、兴捷公司报废汽车回收拆解绿色化提标改造与再制造等6个项目加紧建设。再生资源综合利用基地(二期)建设项目、亿能固废50万立方米聚氨酯复合轻集料等项目顺利推进。全年12家生产企业共完成工业总产值44亿元，同比增长79.15%。绿色食品加工产业。紧盯宁夏奶产业和银川市三新产业布局，立足"黄金奶源带"区位优势，聚焦建设"高端奶之乡"目标，成功引进蒙牛集团(灵武)奶业全产业链高质量发展百亿集群、中粮饲料有限公司年产18万吨饲料等项目，为打造全国一流优质奶源生产加工基地注入新动力。全年6家生产企业共完成工业总产值6.5亿元，同比增长1.25%。

(席　黎)

苏银产业园

【概况】2021年，苏银产业园完成规模以上工业总产值42亿元，同比增长69.3%(三年完成96.1亿元)；完成固定资产投资16.4亿元，同比增长68%(三年完成29.7亿元)；完成全口径税收2.6亿元，同比增长78%(三年完成5亿元)；招商引资实到资金15亿元，同比增长1.4倍(三年完成21.6亿元)；新增规模以上企业7家(三年累计14家)，实现国家级高新技术企业"零"的突破，三年新增4家。新增劳动就业人口800余人(三年累计增加2000人，其中建档立卡贫困户236人)，"东西合作"优势初现，园区发展势头强劲。

【高质量发展】2021年，苏银产业园确定将耗水较低的医疗器械、电子信息、先进制造三大产业作为主导产业，重点聚焦三大主导产业及其细分领域招商引商，丰富产业业态。园区正式落地的55个工业项目中，三大重点鼓励类产业占比为91%。牢牢把握资源消耗低（特别是土地资源、工业用水、能源消耗低）、环境影响低的招商标准。既招商，又择商。规模以上企业万元工业产值能耗0.22吨标准煤，万元产值水耗2.8立方米，均低于自治区工业园区平均水平，发展效益不断提升。实行最严格的环境保护措施，总投资1.03亿元、一阶段可日处理工业污水2.5万立方米的工业污水处理厂已全部建成投运。总投资2.4亿元、一期一阶段可日处理中水1.25万立方米的中水厂，近日注水试运营，全部中水将综合用于工业生产、园林绿化、生态补水等，最大限度减少黄河取水量，最终实现“污水100%截流、中水100%回用”目标。坚持把环境评价作为项目落地的前置条件，累计通过苏州华昊生物医药、连华科技等43个项目的环境评价报告。实行重点企业在线监测制度，磐泰科技、鑫尔特新能源等6家企业已安装环境在线监测设备并同步连接银川市环境信息中心，实时监测重点企业排污情况。

【管理服务】2021年，苏银产业园借鉴苏州工业园区招商引资、规划建设、企业服务等方面经验，努力打造“投资苏银就是数银”金字招牌。派出由自治区、银川市相关部门及管委会工作人员组成的2批次102人次培训班，赴苏州工业园区学习（三年累计完成7批405人次）。学习借鉴苏州工业园区“先工业、后商业”的招商经验，招商队伍“走出去”与“请进来”相结合，开展小分队“上门敲砖”、以商招商、产业链招商，委托机构、中介招商，先后到长三角、京津冀、珠三角等地开展招商活动58次，开拓医疗健康、电子信息、先进制造、新材料等领域项目180个。园区新签约落地项目45个，总投资67.6亿元，包括工业项目34个，总投资54.1亿元（拿地项目12个，总投资43.2亿元；租赁厂房项目22个，总投资10.9亿元），数字经济/高端服务类项目11个（三年累计落地实施项目111个，总投资110.3亿元。其中工业项目55个，总投资近90亿元）。落地项目中来自东部地区的项目占比60%，苏银产业园已逐步成为东部企业家及产业转移的首选区。学习苏州工业园区“先规划、后建设”的经验，完成园区总规划优化调整、控制性详规、国土空间规划等规划文本的编制及修编工作。形成总体规划、产业规划、控制性详规、核心区城市设计、水电气暖、市政交通专项规划在内的“1+1+N”规划体系。“智慧苏银”App统筹规划、土地、审批、公安、交警、消防等十类52项图层的信息数据于一体，为高效服务投资者、提高工作效率提供智能化和数字化手段。2021年，园区两批实施项目共36个，总投资41.6亿元，其中工业制造业项目26个，总投资31.9亿元，开工率为100%，当年建成25个，有14个工业制造业项目可投产达效。12万平方米“标准”厂房、9.7万平方米员工集宿区、苏州华昊生物医药等项目从开工到建成仅一年多时间，创造了“苏银速度”。学习苏州工业园区“亲商、富商、安商、扶商”理念，努力做到“一切为投资者着想、一切为投资者服务”。共召开15次亲商领导小组会议（三年累计30次），为70余个项目解决落地、建设、生产过程中出现的各种问题。制定出台招商政策兑现流程，做到“既承诺，必兑现”，共向嘉盛德新材料等28家企业兑付产业发展奖励3950万元（累计兑付7560万元）。提升E站式服务中心效能，推行跨省通办、一网通办、全程网办，让企业群众“一窗办完所有事”“审批不见面、办事不找人”。1—11月共办结各类事项43036件（三年累计办结58929件），实时办结率为100%，被评为优质服务大厅。

【科技创新】2021年，苏银产业园按照国家级高新技术开发区的标准，加快创新驱动，不断强化企业创新主体地位，加强科技创新平台建设，力争通过5~8年建设成为国家级高新区。创新能力培育。强化企业创新主体地位，1—11月，园区新增科技“小巨人”企业1家、科技型中小企业4家（三年累计10家），授权各项专利73件（三年累计125件。其中，发明专利14件，实用新型专利104件，外观专利7件），拥有创新创业服务机构5家。规模以上企业完成研发投入8547万元（三年累计2.04亿元），R&D投入强度达2.3%，创新环境持续优化。每年举办“智创·苏银”全国创新创业大赛，三年共征集320个创新项目，独角兽企业江苏画你文创公司已落户园区，可为全国各大城市、产业园提供整合、传播、推广等全流程设计策划服务。另有20余家优秀企业来园区考察落地事宜。创新载体建设。利用海归小镇（10+1）机制，努力吸引海归创新创业团队及项目落地苏银产业园。出台《关于加快欧美同学会海归小镇（银川·医疗健康）建设发展的若干意见》《医疗器械产业发展实施意见》，从人才、金融、建设奖励等方面给予大力支持。启动设立总规模10亿元、首期2000万元的海归小镇产业基金，与自治区食药监局签订申报服务绿色通道备忘录，与银川市行政审批局签订一类、二类医疗器械备案授权协议，加快海归小镇医疗器械类项目审批效率。总投资1.3亿元、总建筑面积1.8万平方米的创新大厦A座已租赁并投入使用，总投资6400多万元、总建筑面积1.2万平方米的首开区建成并投入使用。海归小镇已有启栋生物、深圳旭宏医疗、苏州景昱医疗器械、苏州肺诊网、宁夏粤港澳大湾区互联网医疗协同创新中心等项目签约进驻。联合自治区科技厅、人社厅举办海归小镇线上线下推介会两次，邀请140余名留学生及海归专家、学者、企业家前来商务考察、投资兴业。产业转型升级。重点推动深圳立讯科技、北京呈像科技5G+AI应急救援智能装备等项目尽快建设达效，提高园区智能制造水平。完成宏兴新能源、美邦寰宇等4家规模以上企业智能化诊断工作，粤泰科技即将获批为数字化车间。帮助磐泰科技对接中国石油大学，康亚药业、荣和绿色等企业与宁夏大学、宁夏医科大学达成技术研发战略合作。指导银得利科技等企业进行产品创新、品牌申报，促进价值链向中高端发展。通过技术改造，百川通清洁能源实现可用现有装备生产从C3到C16高纯度单烃，连华科技将原来生产的固体水质检测试剂，升级为更便于储存和使用的液体水质检测试剂，扩大产品种类，提高产品附加值。

（席　黎）

石嘴山高新技术产业开发区

【概况】2021年，石嘴山高新技术产业开发区克服宏观经济不利因素影响，统筹抓好疫情防控和经济发展，强化产业引导、招商引资、项目服务、调度协调，顺利签约落地河北雷柴、协鑫佳洋、晶安科技等一批优质产业项目，实施铂唯新材、金晶科技等47个重点项目，新引进落地长平玻璃高端玻璃器皿、斗工工程机械等招商项目48个，特色产业发展积极推进。2021年，实现工业总产值190亿元，同比增长22.4%；完成固定资产投资22.6亿元，同比增长18.7%；招商引资实际到位资金26亿元，同比增长59.2%，主要经济指标均实现两位数增长。

【科技创新】2021年，石嘴山高新技术产业开发区坚持以创新驱动战略引领高质量发展，培育创新主体，集聚创新资源，提升创新生态。全年R&D经费投入5.24亿元，投入强度2.68%，万人有效发明专利拥有量达10.43件，两项指标均位居全区前三。全年新增国家高新技术企业6家，自治区科技“小巨人”企业3家，自治区科技型中小企业27家，新增自治区级科技创新平台6个，超额完成年度目标任务，创建总数实现历史最高。园区国家高新技术企业、自治区“小巨人”企业、科技型中小企业总数分别达到29家、9家、79家；自治区级以上科技平台总数达到32个，创新主体梯队不断扩大。全年实施自治区级及以上科技项目52项，获国家科技进步二等奖2项，占全区一半；获自治区科学技术奖5项，居全市首位；杉杉能源等4家企业获评自治区首批创新型示范企业，认定总数占全区创新型示范企业的20%，园区科技创新实现历史性突破，园区企业自主创新能力大幅提升。2021年，石嘴山高新技术产业开发区获评国家“支持打造特色载体推动中小企业创新创业升级”第二批园区终期验收“优”等级，新争获专项奖励资金1000万元，累计达到4700万元。获得2020年度自治区工业园区考核优秀等次，争获低成本奖励资金1200万元，自治区成效突出重点开发区奖补资金2065万元。高新区中小企业平台被工信部认定为国家中小企业服务示范平台，石嘴山中小企业孵化园国家小微企业创业创新基地通过工信部复审。

【绿色发展】2021年，石嘴山高新技术产业开发区加强园区环境综合整治，投入资金1亿元，相继实施长胜煤炭集中区环境综合整治、园区生态环境提升、供排水完善等工程，园区环境面貌大幅提升。推动赛马水泥、大窑饮品创建为国家级绿色工厂，杉杉能源、大窑饮品创建为自治区级智能工厂，共有各类绿色工厂12家，智能工厂3家，数字化车间4家，创建总数居自治区前列。以市场化运作为方向深化改革，铂唯新材完成宁夏首宗排污权交易，成功竞得5.3吨二氧化硫排放指标，获授信200万元。围绕“双碳”“双控”任务目标，严格落实限峰停产措施，全年综合能耗下降4%，以全市1/10能耗贡献1/7工业产值，万元工业产值水耗0.82吨，远远低于全市全区平均水耗。

（席　黎）

国家农业科技园区

【概况】2021年，全区四个国家农业科技园区始终坚持以科技创新为主线，以体制机制创新为动力，以资源高效集约利用、生态农业功能全面开发为重点，加快构建特色产业技术体系，充分发挥园区示范带动作用，带动农民增产增收，已经成为全区农业科技创新的主战场。

【吴忠国家农业科技园区】2021年，吴忠国家农业科技园区抢抓黄河流域生态保护和高质量发展先行区及自治区“千亿元”奶产业发展战略机遇，以推进现代农业高质量发展为目标，切实强化科技引领和示范带动，着力打造“生态、绿色、有机、富硒”品牌，在创新驱动发展、科技引领示范、农业提档升级、院地合作与人才培养等方面取得显著成效。2021年，实现农业总产值21.03亿元，同比增长13.68%。建成奶牛养殖场43家，奶牛存栏8.5万头，鲜奶总产量43.6万吨，奶产业实现产值17.13亿元，占园区总产值的81.5%。围绕主导产业，引进示范瓜菜新品种36个，示范应用重点技术8项，引进示范温室专用起垄机、温室专用移栽机、悬挂式自走一体机等设施农业新装备及研发喷药施肥一体机。中国(宁夏)奶业研究院奶牛营养与饲料实验室建成并投入运营，引进美国嘉吉集团开展第三方饲料检测，建立吴忠市DHI测定中心，与中国农业大学合作共建“奶业教授工作站”挂牌成立。

【石嘴山国家农业科技园区】2021年，石嘴山国家农业科技园区聚焦“一园四区”建设，着力构建以种业创新为主线，以育种、制种、科技服务为载体的创新服务体系。园区核心区面积3200公顷，示范区面积达到22000公顷，已形成种业、牛羊肉、生态水产、露地瓜菜四大主导产业。园区引进培育农业企业91家。其中，农业高新技术企业13家，国家科技型中小企业10家，自治区科技型中小企业36家。累计引进培育新品种58个，推广各类农业新技术52项，制定自治区级农业标准22个，取得专利授权15个，转化各类农业科技成果44个。引进16名专家为常驻园区专家组，同中科院吴常信院士，工程院邹学校院士、麦康森院士深入开展合作。2021年，实施科技研发项目14个，争取乡村振兴成果引进项目18个，其中依托宁夏千叶青农业科技开发有限公司完成草种子试验基地建设项目；与泰金种业、千叶青、嘉禾花语等企业签订服务协议，组织开展科技签约服务企业行动；贺东庄园被认定为自治区酿酒葡萄产业化农业科技示范展示区，享受自治区现代农业科技创新示范区和科技创新政策。

【中卫国家农业科技园区】2021年，中卫国家农业科技园区按照“政府主导、市场运作、企业主体、农民受益”的原则，持续优化科技创新载体和企业发展环境，提升园区创新驱动能力。在产学研一体化推动科技成果转化方面，园区内核心企业与中国农业大学、中国农科院、中国药科大学、天津科技大学、西北农林科技大学等科研院校(所)合作，先后引进区内外专家30多名到园区指导、交流，建立长期合作关系。积极引导华宝、全通等企业加大科技研发投入，拓展深加工产品研发生产，延长产业链，组织实施国家、自治区科技项目9个，科技研发投入达980万元；华宝、永寿堂被认定为国家高新技术企业，3家企业被认定为自治区农业高新技术企业，培育认定自治区科技型中小企业23家，授权专利20项，开发新产品24种，产品种类达到十大类70多种；全面推广良种繁育、科学饲养、疫病防治、饲草料加工调制等实用技术，建成高标准育肥一体化养殖示范区和肉牛良种繁育中心及全产业链肉牛精深加工生产线。

【固原国家农业科技园区】2021年，固原国家农业科技园区围绕产业发展需求，以科技创新为主线，以资源高效集约利用、生态农业功能全面开发为重点，加快构建特色产业技术体系。园区企业与科研机构、高校合作培育技术示范村169个、技术示范户4.8万余个、技术示范企业55个，建立农作物种植技术示范基地69200公顷，肉牛养殖技术示范规模16万余头，实施技术成果转化项目30项，转化新品种与新产品29种、新农艺与新工艺39项、新规程与新标准25项、新装备与新软件14项。建成三级脱毒种薯繁育体系，脱毒种薯覆盖率达到100%；优质肉牛品种西门塔尔覆盖率为70%以上，良种化率为85%以上，黄牛冷配改良实现全覆盖。重点对农业新型经营主体带头人、脱贫带头人等实施精准培训，完成农民培训6642人次，农民科技素质进一步增强。

(石虹媛)

自治区级开发区和园区建设

永宁工业园区

【概况】截至2021年11月底，永宁工业园区44家规模以上工业企业完成工业总产值35.71亿元，同比增长7.99%；完成工业增加值7.85亿元，同比增长4.24%；完成工业销售产值34.66亿元，同比增长12.29%；完成出口交货值6.33亿元，同比增长4.18%。截至11月底，完成固定资产投资5.79亿元(其中，工业项目投资5.26亿元，物流项目投资0.53亿元)。2021年，园区招商引资实际到位资金4.9亿元。截至2021年10月底，园区44家规模以上企业上缴税金78.3万元，同比增长3.6%。

【项目建设】2021年，永宁工业园区开工建设项目32个，开工建设项目实行责任到人，每人负责包抓2~3个项目，做好项目建设中的协调、服务工作，督促项目建设加快进度，确保项目按期顺利完成。对未开工的政府类投资项目，安排专人负责对接政府各部门办理项目各项前期手续，推进项目开工建设。良田路一体化提升泵站维修项目前期各项手续办理齐全，建设完成并通过竣工验收；宁夏伟达世纪机械加工厂年产800万米环保装饰线条建设项目、京东“亚洲一号”永宁电商物流园项目、宁夏四季鲜农产品综合批发市场二期扩建项目建设完成并投入运营；中钢新型材料（宁夏）有限公司年产2万吨特种石墨项目、宁夏乐丛世家国际家居博览中心主馆及1#馆、2#馆提升改造等项目按要求建设中。

【招商引资】2021年，永宁工业园区加强与银川经济开发区等园区合作，选派招商小分队常驻深圳、苏州两地开展驻点招商。建立领导包抓项目责任制、落地项目帮办代办制、项目建设倒排工期制等一系列推进项目建设的服务管理机制。围绕主导产业开展精准招商、产业链招商，主攻龙头企业、引进配套企业，延伸和完善产业链，培育产业集群，提升产业竞争力。重点对接山东海化集团太阳能光伏玻璃项目、浙江商会木材加工产业园项目、路丰品牌家居定制仓储物流项目、昆明理工恒达科技铅炭电池项目、洛阳月星新能源锂电池负极材料项目。围绕主导产业、新材料开展精准招商、产业链招商，主攻龙头企业、引进配套企业，延伸和完善产业链，培育产业集群，提升产业竞争力。

【产业链延长】2021年，永宁工业园区围绕主导产业，通过“建链、补链、强链”，完善产业全链条，形成园区产业互补、循环利用的产业链。玉元公司生产的山梨醇供给启元药业生产VC；中盛紫征生产的纸板供给和瑞包装；德朗宁等型材生产企业的产品在铝型材市场销售；石材企业生产的产品在北方国际建材城销售；家具、板材企业在路丰市场销售；管材、管件企业在阳光100市场销售；钢结构生产企业在金属物流购买原材料，产品供给园区企业建设厂房。园区以和瑞包装为龙头企业带动其他纸板生产企业，中盛紫征、银浙包装、宇恒印刷等纸板、纸箱生产企业，形成园区的循环式发展。

（席　黎）

贺兰工业园区

【概况】截至2021年11月底，贺兰工业园区57家规模以上企业累计完成工业总产值83.22亿元，同比增长12.4%；62家商贸企业累计完成销售额163.2亿元，同比增长2.89%；全年规模以上工业企业完成工业总产值90亿元，同比增长13%；完成线上商贸销售额180亿元，同比增长6%。

【项目建设】2021年，贺兰工业园区建立重点项目、技改项目、招商引资项目领导包抓责任制，围绕项目洽谈、签约、开工、建设各个环节，明确时间节点，压实包抓责任，推动30个项目开工建设，其中大一食品、中通科技等19个新建项目有序推进。建立投产项目服务专班，采取挂图作战、倒排工期、细化责任的方式，抓好投产督促和服务保障工作。11月底完成固定资产投资10.6亿元，同比增长94%；全年完成固定资产投资11亿元，同比增长86%。

【招商引资】2021年，贺兰工业园区聚焦园区产业建链、补链、强链、延链，加强与宁夏驻浙江、福建、北京、深圳等省市的外派机构及商会对接，实施精准招商；全年组织外出招商考察15批次，先后邀请49批次企业的200余位客商到贺兰县考察，招商入库项目37个。对接园区现有生产企业，深挖企业改扩建和技改提升潜力，推动汤姆森电气、昇兴三片罐生产等5个项目签约落地，西夏嘉酿啤酒扩建、泰益欣液态有机肥等项目筹备推进。截至11月底，累计完成招商引资实际到位资金22.5亿元，同比增长15.8%，全年完成招商引资到位资金25亿元。

【科技创新】2021年，贺兰工业园区坚持围绕产业链部署创新链、创新链完善服务链，推动普通企业向科技型发展、科技企业向高精尖迈进。新培育各类科技型企业28家，宁夏大北农科技实业有限公司、宁夏厚生记食品有限公司、宁夏凯晨电气集团有限公司3家企业被认定为自治区首批创新型示范企业，宁夏山逗子杂粮绿色食品科技开发有限公司、宁夏明翔粮油有限公司、宁夏领航岩棉科技有限公司、宁夏全盛金属表面处理有限公司、宁夏宁博通钢模板有限公司被认定为自治区专精特新中小企业，银川百泓新材料科技有限公司被认定为自治区专精特新示范企业，宁夏大北农科技实业有限公司被认定为自治区专精特新“小巨人”企业。新组建宁夏特种变压器（贺兰）技术创新中心、宁夏新型岩棉制品（贺兰）技术创新中心、宁夏精制保健胡麻油（贺兰）技术创新中心、宁夏葡萄与葡萄酒（贺兰）技术创新中心、宁夏渔业健康养殖（贺兰）技术创新中心5个创新平台，宁夏丰植源现代农业科技开发有限公司被评为自治区级创业示范基地，宁夏上源五睿科技有限公司被评为自治区级优秀创业企业。围绕传统产业改造提升，组织企业积极申报实施技改项目，推动重点产业向“高端化、智能化、绿色化、融合化”方向发展；培育2个自治区数字化车间（百瑞源枸杞股份有限公司、宁夏麦尔乐食品有限公司），1个自治区绿色工厂（宁夏领航岩棉科技有限公司）、自治区工业互联网建设和应用试点示范项目2个（宁夏饮和食品发展公司、宁夏昊裕油脂有限公司）。

（席　黎）

平罗工业园区

【概况】2021年，平罗工业园区着力发展新材料、绿色氰胺、先进装备制造，截至11月底，169家规模以上工业企业累计实现产值522.2亿元，同比增长42.3%，全年完成产值565亿元；工业增加值103.9亿元，同比增长17%，新入规模以上企业7家；规模以上工业能源消费量748.5万吨标准煤，单位工业增加值能耗同比下降13.8%。完成宁夏德泓建设发展（集团）有限责任公司组建工作，完成公司资产划拨，完善公司内部管理制度。

【项目建设】2021年，平罗工业园区计划实施重点项目119个，概算总投资154.7亿元，年度计划投资51.8亿元。已开工项目115个（其中已完工项目49个），开工率为96.6%，累计完成投资36.2亿元。其中，工业项目94个（新建31个，续建24个，技改39个），基础设施项目25个（新建22个，续建3个）。94个工业项目中，东越铸造年产15万吨铸件铸造加工项目、森源重工智能化生产车间项目、贝利特生物氰胺下游产品深加工二期等35个项目已建设完成；首朗吉元年产4.5万吨燃料乙醇项目、华耀生物年产21250吨精细化工产品项目、阳光焦化焦炉升级改造等30个项目已投产达效。

【招商引资】2021年，平罗工业园区先后赴北京、山东、江苏等地开展招商活动11次，洽谈对接招商线索31条，计划投资153.28亿元，已完成投资53亿元，完成任务数的100%，完成引资任务7473万元，完成任务数的67%。在争项目上，共争取项目24个；在争试点上，共争取试点5个；在争示范上，共争取示范8个；在争会议上，共争取会议4个；在招才引智上，已被认定208分，完成任务数的104%。

【营商环境】2021年，平罗工业园区共受理项目备案126件（其中，新建项目58件，扩建项目7件，技术改造项目52件，改建项目9件）；受理入园登记33件，受理审批环境影响评价文件43件，受理审批水土保持44件；办理非国有投资工程项目直接发包备案38件，办理建筑工程施工许可证52件，办理建筑起重机械设备安装、使用、拆卸登记20件。制定《宁夏平罗工业园区环境综合整治工作方案》，开展企业规范化整治，实施绿化提升、道路改造、路灯亮化三大提升工程，集中清理整治裸露空地，园区环境得到大幅度提升。

（席　黎）

吴忠太阳山开发区

【概况】截至2021年11月底，吴忠太阳山开发区40家规模以上工业企业完成工业总产值148.8亿元，同比增长19.8%，实现规模以上增加值增速0.3%。全年完成工业总产值182亿元，同比增长25.5%，实现规模以上工业增加值增速2%以上。新增规模以上企业7家，27家规模以下企业中停产9家、注销5家，13家正常生产。企业2021年完成营业收入20.8亿元；3家服务业规模以上企业截至10月底完成营业收入16075万元，上年同期完成营业收入10253万元，同比增长56.8%。2家批发零售业企业截至10月底完成营业收入36321万元，上年同期完成营业收入24378万元，同比增长49%。2021年，吴忠太阳山开发区能源消费总量控制目标为58万吨标准煤，同比增长8.9%；工业总产值能耗强度0.32吨标准煤/万元，能耗增量控制在5万吨标准煤，单位工业增加值能耗同比下降3%。

【项目建设】2021年，吴忠太阳山开发区实施续建项目19个，新建项目41个。其中，工业项目42个，基础设施及其他项目18个。总投资232亿元，全部开工建设。3个自治区重点建设项目、29个自治区重大项目（三批次）、18个市级重点建设项目全部开工（含调整项目1个）。全年完成固定资产投资43亿元，同比增长14.7%。自治区重点项目完成投资8.8亿元，完成年度任务的110%；市级重点项目完成投资32.2亿元，完成年度任务的197%；20个工业技改项目完成投资16.9亿元，同比增长30.5%。

【招商引资】2021年，吴忠太阳山开发区先后赴上海、北京、河北等14省（市）考察9次，对接企业39余家，拜访商协会2家；接待到访企业45家300余人，发放各类宣传资料500余份。截至11月底，对接洽谈意向性项目35个，实施招商引资项目29个，总投资70.46亿元，实际到位资金50.78亿元。其中，续建项目9个，实际到位资金21.1亿元；新建项目20个，实际到位资金28.68亿元。新引进高新技术企业投资翻倍，认定招商引资完成投资93.74亿元，完成年度任务的135.9%。

【科技创新】2021年，吴忠太阳山开发区新培育科技型中小企业5家（常晟药业、瑞兴矿业、天源石化、鹏昱新环保、东润环保），申报专精特新示范企业2家（瑞科新源化工、兴民纺织），“数字化车间”1家（东润环保），科技“小巨人”企业3家（泰富仓储、常晟药业、东方盛达管业），组织申报重点科技研发项目1个（瑞科新源微谱分析和生物强化协同技术在精细化工废水处理中的研究），科技厅组织审查项目3个，企业开展研究项目5个，17家企业通过年度研发投入税务认定，研发费用8000万元，R&D投入强度达到1.25%。

【低成本化改造】2021年，吴忠太阳山开发区鼓励企业通过低成本化改造、延伸产业链、技术改造等措施，不断优化产业结构，降低生产成本，提高产品附加值，增强企业竞争力。组织电力直接交易企业11家，全年完成电力直接交易电量约5亿度，节约企业电费500万元。协助宁电投能源成功申报自治区低成本化改造资金2000万元。组织瑞科新源化工、太阳镁业等10家企业申报2021年优势产业电价补贴，组织鹏旭环保、通达煤化等6家企业申报宁夏电力需求侧管理项目补贴资金。梳理上报宝瑞隆石化和兴民纺织2家企业，取得融资租赁补助资金110万元。申报亿洁炭业、通达煤化和鹏旭环保3家企业，获取自治区工业企业贷款贴息补助资金133万元。鼓励和引导企业实施技改项目，组织青铜峡水泥、易达天然气、坤正生物、宝众帮化工等4家企业取得技术改造综合奖补资金400万元。

【资金支持】2021年，吴忠太阳山开发区通过多渠道争取到低成本化改造、生态环境、科技研发、高新技术企业奖补、政策性纾困基金、林业管护补助等15个项目资金，共上争资金10253万元，完成年度任务的102.5%。其中，经济发展和招商局上争资金5737万元，完成任务的147.4%；应急管理和生态环境局上争资金3100万元，完成任务的155%；建设和林水局上争资金1416万元，完成任务的47.2%。

（席　黎）

盐池工业园区

【概况】2021年，盐池工业园区完成工业总产值117亿元，其中规模以上工业企业完成工业总产值112.8亿元，同比增长44.03%。规模以上工业企业全年能源消费量22.6万吨标准煤，同比下降1.7%，单位工业增加值能耗同比下降32.6%。

【项目建设】2021年，盐池工业园区累计实施工业项目16个。其中，新建项目9个，续建项目7个。深燃200万立方米液化天然气、神瑞10万吨混烃综合利用、艾沃新能源10万吨废橡塑资源化再利用、瑞科能源6.8万立方米油品及化工物料仓储等7个项目按计划有序推进。润广石化20万吨石脑油综合利用、天利丰低温重大核心装备研发实验中心及50万立方米高纯氦气、新珂源2万立方米储罐、巨拓二期、宇联石膏、嘉华60万吨固井材料、盐洲电气新能源电气设备等9个项目基本建成并投产，全年完成固定资产投资6亿元。

【招商引资】2021年，盐池工业园区以新型材料产业为主攻方向，制定了石油化工、天然气、煤化工、石膏4个产业链拓展图。全年外出招商7次，邀请有意向投资客商到盐池县实地考察50次，对接洽谈意向性项目20个。引进晟荣2万吨信息新材料、茂维4万吨新型建材添加剂羟丙基甲基纤维素、中科能源3万吨PE蜡及20万吨单烷烃分离、宝丰新能源光伏全产业链示范、国电投铝电集团年产15万吨铝型材清洁能源装备制造5个项目，计划总投资179.4亿元，完成招商引资落地资金15.37亿元。推行“代领办”服务，编制完成压覆矿、地质灾害、规划环评、水土保持等4项评估报告，全面落实区域评价改革，简化入园项目手续，着力优化营商环境。

【产业转型】2021年，盐池工业园区修订完善园区产业发展规划，制定化工新材料和绿色建材产业高质量发展实施方案，推动产业转型升级、提质增效。全年化工产业完成工业总产值92亿元，绿色建材产业完成工业总产值4.8亿元。全国天然石膏应用研究中心机构成员由政府先前聘用的专家顾问团6名成员和新增加的3名行业全国知名人士组成，已制定应用研究中心的工作规则初稿。企业科技研发投入完成1.5亿元，R&D经费投入强度为1.5%以上，R&D活动规模以上企业占比45%，技术合同交易额3000万元。培育国家级高新技术企业3家、技术创新中心企业1家、科技型中小企业10家、培育绿色工厂1家、科技“小巨人”企业2家、专精特新中小企业1家。

（席　黎）

青铜峡工业园区

【概况】2021年，青铜峡工业园区累计完成工业总产值165亿元，同比增长23.13%；工业增加值同比增长7%以上；实现税收6.44亿元以上，同比增长75%以上；完成固定资产投资27亿元，同比增加6.9亿元；完成上争资金6500万元；培育规模以上企业11家。全年土地投资强度为230.04万元/公顷，土地产出强度为1363.2万元/公顷，万元工业总产值能耗为0.78吨标准煤，万元产值用水量2.69立方米。

【项目建设】2021年，青铜峡工业园区严格落实园区干部包抓项目建设责任制，协调解决项目建设接水接电、土地审批、贷款融资等问题，推动天霖新材料、万向新元、永利新材料、中泰新能等45个产业转型项目快建设、快投产、快达效。完成全区黄河流域生态保护和高质量发展第五次推进会现场观摩筹备工作。盘活“僵尸企业”及停产半停产企业14家，利用闲置厂房7.18万平方米。

【招商引资】2021年，青铜峡工业园区围绕精细化工、有色金属材料、装备制造三大主导产业，聚焦打造铝产业、精细化工

“两大百亿元”产业板块目标，紧盯京津冀、长三角、粤港澳大湾区等东中部产业转移地区，积极推行以商招商、产业链招商、网络招商、商协会招商、小分队招商、公司化招商和第三方招商等方式，聘任15名企业家为招商引资专员开展精准招商。园区领导带队先后外出6次，对接洽谈湖南海利、南通东港含氟新材料系列产品、天津津和铝杆铝丝等55个符合园区产业发展定位和安全环保政策要求的项目，着力延链补链强链，增强产业发展动力。全年完成招商引资任务25亿元，海鸿智能制造、元储科技新型储能电站等34个项目已落地建设。

【科技创新】2021年，青铜峡工业园区实施科技创新驱动战略，有效激发企业自主创新意识，加速科技成果转化应用，增强企业核心竞争力。园区创建自治区级高新技术产业开发区已获批复，创建国家高新技术企业7家、自治区科技型中小企业8家、科技“小巨人”企业5家，自治区制造业示范中心企业2家，8家企业获批专精特新中小企业，2家获批专精特新示范企业。园区有研发投入的企业46家，当年科技创新投入总额为4亿元，科技创新投入比重为2.61%，当年R&D活动规模以上企业的比重为80%，全年技术合同交易成交额1.3亿元。园区科技创新经验做法代表区内23家工业园区在全区县域科技创新工作大会上交流发言，科技创新对园区经济发展的贡献率为39%以上。

（席　黎）

固原经济开发区

【概况】2021年，固原经济开发区实现工业总产值68亿元，增长30%；固定资产投资11亿元，增长12%；招商引资到位资金30亿元，增长25%。

【项目建设】2021年，固原经济开发区实施重点项目22个（其中，续建11个，新建9个，拟建2个），全年投资16.6亿元。宁川置业20万锭纺纱织布、丰源20万锭纺纱纺织、天楹垃圾焚烧发电、羽欣华耀PVC等18个项目已在建设，环保家具加工与仓储物流、雪川农业马铃薯全产业链、污水处理厂再生水循环利用等项目开展前期工作，中山华人礼服智能服装产业园项目进行设备调试和工人培训，长江医药宁夏六盘山现代中药大健康产业园项目实施生产厂房装修。新材料产业园固废填埋场、雨污分流、轻工产业园“七通一平”基础配套、标准化厂房改造项目由原州区通过地方政府债券资金实施。

【招商引资】2021年，固原经济开发区以建链、补链、延链、强链为导向，建立“四个一”招商机制（一个产业发展路线图、一张目标企业分布图、一套招商引资方案、一支专门招商队伍），通过闽宁协作、委托第三方、小分队、以商招商、会展招商等形式，推进精准招商。截至11月底，主动“请进来”考察对接洽谈新招商项目30次；主动“走出去”招商10次，考察企业35家。华生管道盐化工循环经济新材料加工等15个项目签约，计划总投资29.4亿元。洽谈推进招商引资项目24个。实际完成到位资金29.98亿元。

【营商环境】2021年，固原经济开发区积极申报企业项目，组织企业申报项目54个，申报17家企业贷款资金需求，联合固原市金融工作局举办政银企对接会，争取贷款资金2950万元。加快企业培育发展，申报认定专精特新企业5家、科技型“小巨人”企业2家、技术中心3家、服务型制造示范企业1家，申报农业高新技术企业2家，入评规模以上企业4家。优化行政审批服务，按照“便民、高效、务实、廉洁”的要求，建成投运行政审批服务大厅，与固原市行政审批局及相关业务主管部门对接赋权的42项行政审批事项，接通163政务服务平台网络，建立市场准入窗口与市行政审批中心的数据传送系统，设立中业电力公司售电窗口。推行“园长制”管理，按片区设立6个园长，明确工作职责，围绕当好园区建设管理员、企业发展服务员、项目建设推进员、安全环保护航员“四员”，为企业和项目协调解决土地、规划、供电、供水、供暖、道路、手续办理等事项100多件。

（席　黎）

中卫工业园区

【概况】2021年，中卫工业园区完成工业总产值320亿元，同比增长41.6%；实现主营业务收入325亿元，同比增长40.1%；实现利润29亿元，同比增长104%；上缴税金7.6亿元，同比增长72.5%；完成工业投资总额36亿元。

【项目建设】2021年，中卫工业园区实施工业项目28个（其中，新建项目9个，续建项目19个），完成投资17.63亿元；实施园区基础设施项目26个，完成固定资产投资20.53亿元。印发《宁夏中卫工业园区2021年重点建设项目五定工作分工方案》，每月持续跟踪掌握项目进展情况，及时解决问题，力促项目早开工、早建成、早投用。云计算大数据产业。开工建设亚马逊AWS二期、联通数据中心（国家新型互联网交换中心）等，西部云基地服务器装机能力达到60万台。新能源和新材料产业。建成中化锂电池年产1万吨三元正极材料前驱体项目、利安隆6000吨复配造粒技改项目等，协鑫

中卫工业园区

晶体完成现有276台单晶炉提升改造，整体产能由2.2GW提升至2.7GW。钢铁冶金产业。宁钢260平方米烧结机、双高棒项目建成试运行。

【科技创新】2021年，中卫工业园区建成云天中卫众创空间，与西安交通大学、兰州大学、中科院银川中心建立战略合作关系，西安交通大学国家技术转移中心中卫分中心、兰州大学中卫市高新技术研究院等正式入驻，打造产学研合作高地，力争1~2年创建为自治区级众创空间，3年内创建为国家级众创空间。打造科技创新服务新高地，与3家科技服务机构、15家金融机构、2家检测平台、1家律师事务所等服务机构开展合作，为园区高质量发展提供服务支撑。营造浓厚的双创氛围，举办科技型企业申报培训会，引导园区企业积极申报高新技术企业、科技型中小企业等。截至2021年年底，园区共有高新技术企业18家，国家级科技型中小企业26家，专精特新示范企业10家，专精特新中小企业22家，建成科技孵化器、众创空间、工程技术研究中心、研发中心等服务平台近30个。

【绿色发展】2021年，中卫工业园区编制《中卫工业园区绿色发展提升规划与行动方案》，编制环保提升三年行动方案，严把项目准入关，从源头杜绝高污染高耗能项目入园。实施环保提升三年行动，聘请第三方专业机构完成第一轮45家企业环保问题大排查，帮助企业建立环保档案，督促企业积极整改。开工建设第二固废填埋场，持续推进宸宇环保无害化处置中心焚烧系统建设，以VOCs治理能力建设为重点，不断提升挥发性有机废气治理及监测能力。委托专业第三方机构对园区5000吨以上17家重点用能企业开展节能诊断工作。严格落实中央和自治区环保督察反馈问题整改，完成自治区党委第三生态环境保护督察组反馈意见第25项整改任务及2018年中央环保督察“回头看”及水环境问题专项督查反馈意见第19项整改任务销号。先后迎接中央第四环保督察组、西北督查局、自治区生态环境厅第二监察专员办、自治区党委督察组等各级环保督察巡察，并按要求整理提供相关资料并配合现场督察，整改完成各项反馈问题。

（席　黎）

中宁工业园区

【概况】截至2021年10月底，中宁工业园区规模以上企业完成工业总产值187.73亿元，同比增长13.49%，占全县工业总产值的75.63%。规模以上企业完成工业增加值25亿元，同比下降25%。完成固定资产投资14.14亿元，同比实现较大幅度增长。完成招商引资2.55亿元。能源消费量314.8万吨标准煤，同比下降2.75%。单位工业增加值能耗同比增长14.1%。

【项目建设】2021年，中宁工业园区牵头建设的全县重点项目13项，已建成5项，正建设5项，停工或未开(复)工3项。其中，宁水中研12万吨/年生物碳源项目、50万吨/年锰渣脱硫制酸项目、武警中卫支队营区项目、园区污水管网建设工程、园区110千伏输变电工程已建成使用；工业园区固废处置场项目已完成总工程量的60%；粉煤灰深加工项目土建工程完成40%；枣园—兴尔泰110千伏线路工程现已完成总工程量的70%；华夏物流铁路专用线项目已完成全部工程量的52%；华夏物流翻车机项目已完成全部工程量的35%。绿电科技的植物工厂和光伏大棚项目因能耗问题暂时停工，中宁大宗商品物流交易中心项目因前置手续问题尚未开工。

【招商引资】2021年，中宁工业园区通过外出招商、以商招商等多种招商方式，立足光伏指标充足、区位优势明显、产业基础良好等重要优势，聚焦园区产业定位，引进一批延链、补链、强链、壮链项目。围绕铝基深加工，引进宁创新材料30万吨再生铝、锦宁巨科年产100万吨再生铝项目（一期20万吨）等项目；围绕新材料产业，引进浙江中晶科技股份有限公司年产1000吨半导体级单晶硅棒项目；围绕新能源光伏产业，引进明阳（中宁）智慧能源产业园（一期）、大唐中宁200MW/800MWh网侧新能源共享储能电站、宁夏伟力得绿色能源有限公司中宁县全钒液流电池装备制造（一期）等多个项目。全年共梳理招商线索23条，外出招商8次，接待来访客商200余人次，达成投资意向8个项目，实际落地6个项目。

【科技创新】2021年，中宁工业园区贯彻落实自治区9个重点产业高质量发展实施方案，指导督促天元锰业、宁创新材料、锦宁巨科、全通枸杞等10多家重点企业加大研发投入，强化数据归集，规范档案整理。加快培育科技型企业，建立国家高新技术企业培育库，开展精准指导服务。新增国家级高新技术企业3家，国家科技型中小企业15家，自治区专精特新“小巨人”企业3家，自治区专精特新中小企业3家，自治区专精特新示范企业1家。

【营商环境】2021年，中宁工业园区对赋权的14项行政审批服务事项实行“一站式”代办服务，在备案、安评、环评等手续办理上实行“店小二式”的指导帮办服务和领办服务，共办理项目备案证14个，备案证变更2项，建筑工程施工许可证3个、建设工程质量监督申报书4个。开展助企发展调研走访活动，组织召开全县工业发展推进会，听取企业心声，了解企业在生产经营中存在的各项问题，梳理出用工短缺等共性问题6个和个性问题6个，通过分析研判，及时将问题转办至相关部门，切实优化园区整体营商环境。

【绿色发展】2021年，中宁工业园区对照“碳达峰　碳中和”目标，采取有力措施，严控能耗指标。截至10月底，对4家企业实施停产措施，对6家企业实施限产，要求11家企业实行错峰生产，指导15家重点用能企业按照任务目标调整生产周期，对5个未办理节能手续的项目实行停产、停建，并督促尽快办理能评手续。加大企业节能改造力度，引导天元锰业等企业开展废渣资源利用技术攻坚，提高固废综合利用率；宁创科技公司炭渣无害化回用、长安铝制品铝灰渣无害化资源化处置等技改项目已建成投产；新世纪冶炼电石净化灰焚烧利用、春杞枸杞年产200吨巧克力枸杞及数字化车间项目进行调试设备；隆基硅RF-A热场、赛马外购熟料智能卸车入库、宁创科技碳素区域预焙阳极提质综合技术改造、今飞轮毂年产30万只卡巴轮毂等技改项目进展顺利。推进园区绿色发展，推动工厂绿色转型，帮助指导隆基硅、宁创科技、今飞轮毂申报国家级绿色工厂，委托第三方编制绿色园区申报材料并报工信部进行评审。

（席　黎）

自治区慈善产业园区

吴忠金积工业园区

【概况】2021年，吴忠金积工业园区入园企业达153家，实现工业总产值230.8亿元，增长33%；税金3.3亿元，同比增长84.3%；规模以上企业增加值增长25%；固定资产投资12.6亿元，增长3.2%；招商引资到位资金57.3亿元，上争项目资金1.2亿元。

【项目建设】2021年，吴忠金积工业园区确定实施项目34个（其中，新建项目18个，续建项目6个，技改项目6个，基础设施项目4个），计划总投资74亿元。恒久源配方奶粉、天康生物30万吨饲料生产基地、金世纪包装效能提升改造、夏进制箱高宝生产线等15个项目已投产达效；北连食品添加剂、汇伟塑料包装等4个项目实施主体工程建设；伊利液态奶升级改造、伊瓶香食用油等4个项目进入设备安装调试后期；苏润粮油等4个项目实施土方工程；长燃智慧物流园项目加紧办理产权过户手续；恒通塑料包装、成峰中高档包装箱、红山石新能源转换中心等4个项目进入土地报批；牛首山产业区君德路、育德路、润德路等4个道路工程项目已完成可研批复、规划选址，开始办理土地预审、规划选址工作；新增绿化面积约18.07公顷，总绿化面积达到200公顷。

【招商引资】2021年，吴忠金积工业园区依托园区发展定位和主导产业，按照“抓大不放小、抓外不舍内、抓新不弃旧、抓硬不失软”的“四抓四不”招商思路，积极采取以商招商、产业链招商等精准措施，不断加大招商引资和僵尸企业盘活力度。邀请浙江上方生物公司、江苏悦达集团、南京雨润集团等20多家大中型企业入园投资考察，园区管委会主要领导亲自带队先后8次赴上海、江苏、河南等地开展招商推介，对接洽谈徐州凯舜乳业奶粉、江苏昆山新莱集团洁净智能装备、义马宁盈新型防火材料等项目15个，达成投资意向企业3家，意向投资金额25亿元。促成投资10亿元的上海北连生物食品添加剂项目和6亿元的广东汇伟食品级塑料制品生产项目签约落地。全年共引进签约项目17个，签约金额33.6亿元，盘活闲置土地28.67公顷，资产2亿元，厂房10万平方米。

【科技创新】2021年，吴忠金积工业园区加快推进国家高新区创建升级工作，先后出台《柔性引才十条措施》《本土人才培养十条措施》，支持企业通过顾问指导、合作引进等多种方式为企业引进重点领域急需紧缺人才。实施“大中小企业融通型”特色载体项目，组织伊利乳业、吴忠仪表、恒丰纺织开展企业技术攻关、共建创新平台，提升产业发展水平，指导企业申报各类专利60多项，培育科技“小巨人”企业6家，自治区级科技型中小企业10家，研发新产品6项。柔性引进渤海大学博士刘贺、上海华东理工大学教授王泽建等26名高层次人才，组建辣椒色素提取研发、中药生物替代品技术人才等研发团队，全面开展复合调味料、冬虫夏草等生物发酵产品的攻关研发。全年新增国家高新技术企业5家，国家级科技型中小企业10家，自治区科技型中小企业23家，专精特新企业7家，新获专利187项，战略型新兴产业增加值占比达到17%，科技型企业数占全市的65%。

（席　黎）

同心工业园区

【概况】2021年，同心工业园区经济运行态势持续向好，投产企业73家，规模以上企业34家，其中新增规模以上企业2家、规模以下企业29家。入园投产企业完成工业总产值54.71亿元，同比增长19.2%，项目入库12家，完成固定资产投资入库10亿元。

【项目建设】2021年，同心工业园区保障落地项目入库有效衔接，点对点跟踪服务宁夏富源能源有限公司7.2万立方米油品及化工物料仓储、宁夏小黄鸭食品有限公司年产3000吨巧克力威化食品、宁夏迎福食品科技有限公司年产1000吨牛肉制品深加工建设、同心县羊绒产业园现代物流中心等项目建设，以高质量的服务支撑高质量发展。

（席　黎）

西吉工业园区

【概况】2021年，西吉工业园区实现工业总产值4.14亿元，同比增长24.32%；主营业务收入4.32亿元，同比增长51.58%，带动就业1000余人；共对接洽谈招商引资项目16个，招商引资到位资金2.67亿元。实施产业和基础设施项目8个，完成固定资产投资13473万元，项目全部按照进度计划有序开展建设。编制完善《西吉工业园区总体规划（修编）》《园区“十四五”规划》《西吉工业园区区域评估》，健全企业服务管理制度，提高行政服务效能，不断优化营商环境，促进园区高质量发展。

【项目建设】2021年，西吉工业园区实施重点项目8个。其中，产业类项目4个，基础设施项目4个。全年完成固定资产投资13473万元（其中，政府投资完成固定资产投资5746万元，企业完成固定资产投资7727万元）。亲亲（中国）投资有限公司休闲食品生产基地项目完成一期虾条膨化线、油炸线、挤压膨化线、复合薯片线等4条生产线安装及厂房装修改造，5月顺利投产；深圳市花点新思发展有限公司文创产品生产项目完成厂房装修改造及人造花设备安装，3月顺利投产；宁夏金蛋蛋食品有限公司马铃薯干品深加工项目完成1条马铃薯片（条）烘干生产线、削皮机和配套设备安装及生产车间装修改造，3月顺利投产；宁夏绿康农业有限公司蔬菜加工项目完成厂房装修改造及脱水蔬菜加工设备安装调试，6月顺利投产；批复概算投资4669万元的园区污水处理厂及集污管网（一期）建设项目，已完成污水处理厂（一标段）池体单元基础和压滤单元、事故水池、加药单元主体施工，完成厂区回填土3.5万立方米，服务用房主体封顶，集污管网（二标段）已完成全部给水、供热、排水管网敷设施工；批复概算投资1198万元的西吉工业园区闽宁产业园（19#）标准化厂房建设项目，已完成钢结构主体封顶；批复概算投资1428万元的园区闽宁产业园基础设施维修改造工程基本完成全部建设内容，11月底进行了预验收；概算投资278万元的园区东区15#、16#、17#厂房室外附属工程建成并投用。

【招商引资】2021年，西吉工业园区先后赴广东、福建、山东等地招商6次，接待来访客商40次，对接洽谈项目16个。落地开工项目7个，招商引资到位资金2.67亿元。全年开工续建项目4个［宁夏荣吉科技有限公司人造花等工艺品生产项目、宁夏金蛋蛋农业食品有限公司年产1万吨马铃薯干品深加工项目、亲亲（中国）投资有限公司建设休闲食品生产基地项目、水发（宁夏）食品有限公司蔬菜加工项目］，新建项目3个（宁夏绿康农业有限公司脱水蔬菜项目、宁夏溢森源纺织科技有限公司服装生产项目、西吉县废旧汽车回收拆解项目）。已签约项目2个（福州福星鞋业有限公司鞋类生产项目、福建润霖农业集团有限公司蔬菜加工项目），协议投资额0.7亿元。积极对接枸杞芽菜生产项目、广东汕头市三佳食品实业有限公司马铃薯颗粒全粉加工厂项目、深圳市泰尔达净水科技有限公司净水机生产项目。

【营商环境】2021年，西吉工业园区提升服务效能，设立园区审批服务专区，建立代办服务制度，确定专人提供“保姆式”全程跟踪代办服务。随着园区区域评估工作的完成，后续入园企业可以直接使用评估成果，有效节省入园费用、缩短入园时限。与物业公司签订协议，由专人负责对园区给排水、消防管道进行检修，严格执行24小时管道抢修制度，有效保障园区企业的正常生产运营。提高管理水平，制订《宁夏西吉工业园区入园企业管理办法(试行)》，严格落实企业进驻和退出程序，规范入园企业及项目的准入、运营、管理。从严落实企业经济发展考核及落后企业清退机制，对长期无法正常经营运转、产能低、用工人数少的企业实施强制清退措施。加大优质企业扶持、补贴政策倾斜，鼓励企业扩量提质。深化闽宁协作，促进福州市与西吉县对口协作再上新台阶，实现园区产业提质增效和园区扩容升级。9月，园区同福州新区福清功能区管委会签订《对口帮扶合作框架协议》，建立友好帮扶合作关系。

（席　黎）

隆德县六盘山工业园区

【概况】截至2021年11月底，隆德县六盘山工业园区完成固定资产投资2亿元(其中，基础设施建设项目3个，完成投资5105万元；工业投资项目18个，完成投资1.49亿元)。实现工业总产值5.23亿元，同比增长22.1%；实现工业销售值4.9亿元，同比增长10.7%；实现工业增加值1.57亿元，同比增长11.8%。园区主导产业实现工业总产值4.81亿元，同比增长25.4%，主导产业占园区总产值的比重为91.9%。从园区工业经济运行整体情况看，三大主导产业工业总产值都明显增加。其中，中药材加工企业工业总产值2.11亿元，同比增长25.8%；特色轻工制造企业工业总产值1.6亿元，同比增长24.3%；农副产品深加工企业工业总产值1.1亿元，同比增长22.5%。宁夏绿地草业科技有限公司销售收入达到4281.2万元，同比增长16.3%。5家规模以上企业实现工业总产值2.02亿元，同比增长2.2%。规模以上企业中除宁夏隆德县六盘山中药资源有限公司与上年同期相比产值减少3487.6万元外，其余4家企业产值均有所上升。分主导产业看：中药材加工企业实现产值21130.5万元，占园区1—11月总产值的40.4%，同比增长25.8%。其中上药(宁夏)中药资源有限公司实现产值8252.7万元，同比增长60.9%，占园区总产值的15.8%，居于各企业首位；充分体现出以中药材加工为主的药材加工企业充分利用隆德县中药材主导产业优势，初步形成中药材种植—加工—销售产业链，成为园区产值增长的主力军。宁夏金誉生物科技有限公司11月底产值达到2493.9万元，销售收入达到1969万元。农副产品深加工方面，宁夏兴宇绿色粗粮加工有限公司、宁夏黄土地农业食品有限公司和宁夏隆德县达高食品为主的食品产业实现产值5459.5万元，占园区1—11月总产值的10.4%，同比增长31.2%。新引进的以枸杞芽茶芽菜为主的宁夏杞茗食品科技有限公司投产达效后预计年产值达1000万元以上，将助推农副产品产业提质增效。特色轻工制造业方面，以工艺美术品制造为主的宁夏隆德县人造花工艺有限公司和地毯、羊绒坐垫生产为主的宁夏爱丽纳地毯有限公司等轻工制造企业产值达4277.5万元，同比增长11.9%。占园区1—11月总产值的8.2%，新引进的隆德县弘兴玻璃有限公司截至2021年年底产值达到1600万元。

【招商引资】2021年，隆德县六盘山工业园区招商引资12家企业落地园区，落地资金为29124万元，主导产业项目12个。2021年完成税金600万元，同比增加36.13万元，同比增长6.4%。

【科技创新】2021年，隆德县六盘山工业园区共有专利授权22项，其中发明专利5项。争取自治区党工委人才计划资金28万元，推荐50名企业员工在隆德县职教中心开展国家级电工技术培训，其中22名已取得资格认证。2021年，园区企业R&D投入为2200万元，其中规模以上企业R&D活动占比100%。截至2021年年底，园区有1家国家高新技术企业，8家国家级科技型中小企业，12家自治区级科技型中小企业。2021年技术交易合同额为892万元，同比增长27.8%。

（席　黎）

泾源县轻工产业园区

【项目建设】2021年，泾源县轻工产业园区实施项目12个(其中，新建6个，续建6个)，项目总投资5007.76万元。孵化车间、孵化车间附属工程、产品研发展示服务中心、园区产业孵化车间蜂蜜醋洁净化厂房建设项目、产品研发展示服务中心(蜂蜜检验检测中心)、孵化车间(黑果花楸)洁净厂房6个续建项目已全部完工；新建项目中污水处理设备设施、产品研发展示服务中心配套设施工程、园区卧龙山防洪渠护坡、污水处理设备设施项目附属工程及室外管网建设项目5个项目已基本完工，进入试运营。加快推进泾源黄牛肉切片加工项目。

【招商引资】2021年，泾源县轻工产业园区推动源牛(宁夏)农牧科技有限公司入驻园区，新建肉牛精深加工基地并完成基础建设；推动宁夏众天蜂业生物科技有限公司建设蜂蜜醋生产线，已完成洁净化厂房建设、生产线设备安装；推动宁夏盛飞豪供应链管理有限责任公司落地园区；在纺织、康养、中药材加工等方面进行意向性洽谈。

【营商环境】2021年，泾源县轻工产业园区依托闽宁对口帮扶优势，创设“泾品臻牛”区域公共品牌，搭建产品走出去平台，发挥区域公共品牌在缔造价值、整合资源、引领产业发展等方面优势，授权农特产品精深加工企业免费共享，提升品牌效应。不断优化公共服务，通过设立行政审批事项“一站式”服务代办点和企业服务工作站，对入园企业行政审批事项专人提供“保姆式”全程跟踪代办服务，对企业所有需要办理的手续做到一次性告知，与相关行政审批部门对接协调50余次，为园区企业办理服务事项20余件，坚持企业的事园区办、园区的事园内办。

（席　黎）

彭阳县王洼产业园区

【概况】2021年，彭阳县王洼产业园区实现工业总产值32.52亿元（其中，煤炭产业实现产值30.12亿元，农副产品加工及轻工制造产业实现产值2.4亿元），实现工业增加值14.63亿元，园区就业总人数为4833人（其中，王洼煤业有限公司就业4314人，其他非煤矿业生产企业从业人数为519人）。园区有自治区级专精特新示范企业3家，规模以上企业2家。

【项目建设】2021年，彭阳县王洼产业园区实施王洼独立工矿区居民避险搬迁工程、王洼矿区集中供热改造提升2个政府投资项目，完成投资1591.5万元。彭阳县鑫卓能源科技发展有限公司、宁夏佳利源薯业有限公司等5家企业技术改造项目通过验收，完成投资1815.4万元。

【招商引资】2021年，彭阳县王洼产业园区引进宁夏东昂农业科技发展有限公司、宁夏六盘山纺织有限公司、宁夏合业制衣有限公司和宁夏金秋农业科技有限公司等8家企业落户园区，入园企业达49家。东昂冷链物流及农副产品贸易中心、1万吨全自动化农膜生产、1000万米织布3个项目实现当年入园建设、当年竣工投产。

（席　黎）

中卫海兴开发区

【概况】2021年，中卫海兴开发区完成工业产值7.62亿元，同比增加3.96亿元，增速108%。完成税收0.51亿元，同比增加0.05亿元，增速10.87%。完成工业投资1.27亿元，同比增加0.15亿元。2021年，开发区新引进宁夏中车新能源有限公司1家国家级高新技术企业，为中车株洲电力机车研究所有限公司的子公司。

【招商引资】2021年，中卫海兴开发区外出开展专题招商10次，对接洽谈项目18个，共实施招商引资项目12个，完成招商引资到位资金4.12亿元，其中区外项目到位资金3.26亿元，同比增长94.05%。

（席　黎）

表12

2021年宁夏开发区（工业园区）主要经济指标一览表

园区名称	入园工业企业单位数（个）		已开发面积（亩）		园区基础设施投资（千元）		工业总产值（千元）		工业销售值（千元）		营业收入（千元）	
	总量	同比%	总量	同比%	总量	同比%	1-本季	增减%	1-本季	增减%	1-本季	增减%
全区总计	2210	10.5	680639	4.8	505705	-89.5	514555861	39.6	502775243	40.8	514748092	39.1
总计中：规模以上企业	1112	9.7	—	—	—	—	482522677	39.7	471951085	41.0	484885768	38.6
规模以下企业	1098	11.6	—	—	—	—	32033185	38.6	30824158	37.4	29862324	48.7
一、银川市	868	11.4	313341	-2.1	358582	-89.6	227171022	39.4	220857326	40.8	246204585	48.6
宁东能源化工基地开发区	88	17.3	165000	0	115600	-88.4	148205020	42.2	142983381	43.6	162568554	57.7
银川经济技术开发区	133	6.4	46235	0.5	227944	-89.9	50807080	36.6	50801582	37.5	53153021	33.0
银川综合保税区	8	-33.3	6000	0	9411	-74.0	65022	15.7	74005	27.3	83352	-41.3
苏银产业园	26	23.8	27938	-8.7	4395	-94.4	4079145	59.4	3912714	59.4	3906749	73.8
宁夏永宁工业园区	336	20.0	27538	2.3	0	0	6218741	13.8	6116100	14.1	6655621	9.0
宁夏贺兰工业园区	164	5.1	28246	-15.1	628	-97.1	9719534	12.0	8999165	12.3	10482662	18.4

园区名称	利润总额（千元）		盈利企业盈利额（千元）		亏损企业个数（个）		亏损企业亏损额（千元）		在岗职工期末人数（人）		工业生产电力消费（万千瓦时）	
	1-本季	增减%	1-本季	增减%	1-本季	增减%	1-本季	增减%	1-本季	增减%	1-本季	增减%
全区总计	38453687	153.3	49402801	93.3	572	-15.1	10949114	5.5	265199	1.2	9554305	4.1
总计中：规模以上企业	36365238	147.0	46818457	90.9	271	-13.4	10453219	6.6	241790	2.6	8053487	5.3
规模以下企业	2088449	355.3	2584344	151.9	301	-16.6	495895	-12.6	23409	-11.4	1500818	-1.6
一、银川市	25462058	118.7	31024819	95.9	255	-3.0	5562761	32.6	126581	1.3	3379274	4.4
宁东能源化工基地开发区	18690168	199.8	23171646	147.1	23	27.8	4481478	42.6	74362	1.2	2787076	2.3
银川经济技术开发区	5605327	18.1	6116112	18.9	28	-22.2	510785	28.5	27269	-0.4	411610	16.5
银川综合保税区	-24359	增亏16万元	0	—	5	25.0	24359	0.7	124	-32.2	830	10.0
苏银产业园	203311	687.8	298922	207.2	11	37.5	95611	33.7	1053	-2.3	18951	5.4
宁夏永宁工业园区	95222	77.1	174583	-11.3	115	0	79361	-44.5	6544	-6.0	34390	5.5
宁夏贺兰工业园区	840809	5.5	997556	9.7	42	-6.7	156747	39.9	10751	4.6	95336	11.9

续表12

园区名称	入园工业企业单位数（个）		已开发面积（亩）		园区基础设施投资（千元）		工业总产值（千元）		工业销售值（千元）		营业收入（千元）		利润总额（千元）		盈利企业盈利额（千元）		亏损企业个数（个）		亏损企业亏损额（千元）		在岗职工期末人数（人）		工业生产电力消费（万千瓦时）	
	总量	同比%	总量	同比%	总量	同比%	1-本季	增减%	1-本季	增减%	1-本季	增减%	1-本季	增减%	1-本季	增减%	1-本季	增减%	1-本季	增减%	1-本季	增减%	1-本季	增减%
银川高新技术产业开发区	113	2.7	12384	0.2	604	-98.7	8076480	69.6	7970379	78.0	9354626	78.3	51580	亏转盈2.4亿元	266000	137.9	31	-16.2	214420	-29.2	6478	15.3	31081	27.5
二、石嘴山市	419	6.9	159428	-2.2	68202	-91.6	143540958	49.4	141722353	49.4	108406421	40.1	5516505	186.4	7943828	109.8	94	-33.8	2427323	30.5	60667	3.5	2886496	8.7
石嘴山高新技术产业开发区	90	11.1	36420	56.6	2719	-89.6	19407610	23.1	18448244	21.3	17756974	18.3	1448748	26.1	1512881	14.5	13	-31.6	64133	-63.0	12987	1.1	150831	37.8
石嘴山经济技术开发区	120	13.2	57900	0	9986	-95.0	74737703	55.3	74655068	55.7	37948931	31.0	2174841	108.3	3419576	113.0	27	-20.6	1244735	121.8	21099	3.7	992399	-0.7
宁夏平罗工业园区	209	2.0	65108	-20.4	55497	-90.4	49395645	53.5	48619041	53.5	52700516	57.9	1892916	亏转盈21.6亿元	3011371	250.6	54	-39.3	1118455	-0.6	26581	4.6	1743266	12.7
三、吴忠市	520	11.6	90500	20.5	25742	-91.7	75027739	30.0	73752204	35.0	80424903	42.2	3753376	178.0	4552788	97.8	133	-16.4	799412	-16.0	38940	7.1	1159118	-0.4
宁夏吴忠太阳山开发区	69	3.0	14550	1630.1	7593	-68.6	17836232	28.7	17986784	31.4	19996284	51.6	979427	亏转盈10亿元	1100637	229.4	19	-20.8	121210	-67.8	6618	25.4	80966	34.3
宁夏吴忠金积工业园区	120	6.2	29128	0.4	3850	170.6	23270338	32.9	23143852	35.1	26364992	30.6	1197701	34.1	1651941	57.9	27	-3.6	454240	197.1	14037	2.6	230311	2.7
宁夏青铜峡工业园区	132	6.5	27401	11.5	4117	-97.1	16209304	22.8	16042924	18.7	16153627	28.3	1179746	512.7	1255545	208.9	31	-34.0	75799	-64.6	10065	1.7	794225	1.3
宁夏盐池工业园区	125	5.0	15745	-8.1	4312	-13.4	12212429	46.0	12334136	52.7	13335273	61.3	411616	33.2	458300	3.7	38	-11.6	46684	-64.8	4865	-10.2	48577	-47.9

续表 12

园区名称	入园工业企业单位数（个）		已开发面积（亩）		园区基础设施投资（千元）		工业总产值（千元）		工业销售值（千元）		营业收入（千元）		利润总额（千元）		盈利企业盈利额（千元）		亏损企业个数（个）		亏损企业亏损额（千元）		在岗职工期末人数（人）		工业生产电力消费（万千瓦时）	
	总量	同比%	总量	同比%	总量	同比%	1-本季	增减%	1-本季	增减%	1-本季	增减%	1-本季	增减%	1-本季	增减%	1-本季	增减%	1-本季	增减%	1-本季	增减%	1-本季	增减%
宁夏同心工业园区	74	72.1	3676	3.2	5870	-95.8	5499436	14.6	4244508	90.4	4574727	96.6	-15114	增亏0.1亿元	86365	17.1	18	5.9	101479	34.1	3355	60.8	5039	154.4
四、固原市	199	11.8	17935	9.7	34663	-74.6	11368258	35.5	11157171	35.5	12203888	27.0	1656135	150.8	1719963	128.1	32	-8.6	63828	-31.7	9724	-17.5	255784	1.3
宁夏固原经济开发区	87	10.1	11134	10.6	5381	-87.2	7044281	33.3	7037431	34.9	7747704	30.2	486440	52.2	529297	33.3	15	-28.6	42857	-44.7	3458	-4.7	241192	6.4
宁夏西吉工业园区	32	23.1	1500	0	4500	-44.9	434067	31.0	384338	44.0	389087	33.3	48826	45.8	51117	48.2	4	300.0	2291	131.4	886	0.3	1118	-44.9
隆德县六盘山工业园区	46	12.2	1387	0	5105	-80.2	575642	26.4	457229	5.7	450692	6.3	5235	-70.5	23397	-23.7	10	11.1	18162	40.6	1233	-57.7	1310	-89.8
泾源县轻工产业园区	9	0	660	378.3	18097	-61.5	81056	53.7	52876	20.9	47863	22.4	3008	-24.7	3008	-37.1	0	—	0	—	57	39.0	135	-90.4
彭阳县王洼产业园区	25	8.7	3254	0	1580	-88.4	3233212	42.6	3225297	41.7	3568542	22.9	1112626	289.6	1113144	288.1	3	0	518	-58.3	4090	-5.2	12029	25.9
五、中卫市	204	10.3	99435	33.0	18516	-84.9	57447883	32.4	55286192	29.9	67508295	11.1	2065613	亏转盈24.6亿元	4161403	44.5	58	-22.7	2095790	-36.0	29287	-3.5	1873634	0.3
宁夏中卫工业园区	114	7.5	23889	0.8	6671	-85.6	33257666	45.7	32729382	44.6	35715079	52.5	1825326	27.6	2564976	47.9	28	-31.7	739650	143.3	13986	2.5	920516	7.1
宁夏中宁工业园区	62	8.8	73657	82.9	2652	-95.3	23413436	16.0	21802806	11.5	31025059	-16.2	213560	亏转盈20.5亿元	1563799	38.4	20	-9.1	1350239	-54.5	14417	-3.9	952741	-5.5
中卫市海兴开发区	28	27.3	1889	-82.5	9193	-54.2	776781	96.5	754004	105.5	768157	129.9	26727	157.5	32628	127.3	10	-16.7	5901	48.6	884	-47.8	377	6.8

（席　黎）

住房和城乡建设

ZHUFANGHECHENGXIANGJIANSHE

NINGXIA YEARBOOK

编辑◎贾虎林　郭勤华

综　述

【概况】2021年，在自治区党委和政府的领导下，全区住房和城乡建设系统学习贯彻习近平新时代中国特色社会主义思想和中共十九大及十九届二中、三中、四中、五中、六中全会精神，贯彻落实习近平总书记考察宁夏重要讲话精神，以建设黄河流域生态保护和高质量发展先行区为重点，统筹抓好疫情常态化防控和住房和城乡建设各项工作任务，为全区经济社会高质量发展作出积极贡献。

【房地产市场和监管】2021年，宁夏贯彻"房子是用来住的，不是用来炒的"理念，坚持宏观调控与"一城一策"相结合，保持全区房地产市场平稳健康发展。稳定市场。针对部分地区房价涨幅过高趋势，以稳地价稳房价稳预期为目标，指导市县落实主体责任，稳定市场发展。1—10月，全区房地产开发投资392.9亿元，同比增长6.8%。商品房销售面积812.8万平方米，同比下降2.7%，其中住宅销售面积698.3万平方米，同比下降6.3%。商品房待售面积942.7万平方米，同比下降0.2%，商品房和住宅库存去化周期持续处于合理区间。指导银川市"一房一价"、精准调控，遏制房价过快上涨态势。规范整治。印发《2021年宁夏整顿规范房地产市场秩序工作方案》，对房地产开发、房屋买卖、住房租赁、物业服务、房地产估价、非法集资等6类33项违法违规行为进行系统性整治，共检查房地产企业及中介机构2195家，下发限期整改通知书495份，规范企业经营行为。防控风险。建立部门协作机制，将房地产市场风险防控纳入对各地的效能目标考核，印发《宁夏回族自治区房地产开发企业信用信息管理办法》《宁夏回族自治区商品房预售资金监管实施意见》等文件，从根源上防范房地产市场逾期交房、"烂尾楼"等问题发生。建设全区房地产市场监测"一张网"，建成"宁夏互联网+智慧房产服务平台"，将房屋网签备案、交易资金监管等业务全部纳入，实现数据集中、风险可控。发挥住房公积金支持职工合理住房消费作用，全区住房公积金归集104.9亿元，提取79.28亿元，向11397户缴存职工家庭发放住房公积金贷款50.92亿元，支持购房面积145.31万平方米。

【住房保障体系】2021年，宁夏健全城乡住房保障体系，提升广大群众的住房获得感。加大老旧小区改造。按照基础类、改善类、提升类三种模式，推进小区、街区、社区"融合式"集成改造，开工改造老旧小区376个、46049户（套），完成投资9.19亿元，重点解决居住环境不好、基础设施不全、服务功能不足等老旧小区中的"老大难"问题，让幸福在老百姓家门口升级。提升住房保障能力。严把棚户区改造标准，开工改造棚户区3880套，基本建成3680套，引导企业将闲置房屋改造为保障性租赁住房，发放租赁补贴7534户，累计入住公租房164866套，50多万困难群众圆"住房梦"。在全国率先建成并使用公租房信息化系统，指导银川市研发掌上公租房App和PC网页公众平台，银川市被住建部列为全国推广公租房App项目10个试点城市之一。精准实施农房改造。开展农村房屋安全隐患排查，完成排查95.05万户，对存在隐患的1000户和鉴定为C级危房、D级危房的452户全部整治，得到国家督察组好评。根据脱贫攻坚"四个不摘"原则，完成因灾因生命周期到期返危和动态调整新增、外出返乡生活的"四类重点对象"危房改造1708户。按照加固改造、原址翻建、异地迁建、房屋置换等方式，完成抗震宜居农房改造建设10530户。

【城镇建设】2021年，宁夏适应城镇发展由规模扩张向内涵提升转变的阶段性特征，以实施城市更新行动为重点，系统谋划全区城镇建设，提升绿色宜居水平。优化城镇空间布局。加快以人为核心的新型城镇化，印发《宁夏“十四五”新型城镇化规划和年度计划》，构建与黄河流域生态保护和高质量发展先行区及“一带三区”生产生活生态总体布局相适应的城镇发展体系，建立以沿黄城市群为主体、以中心城市为龙头、以县城为平台、以小城镇为节点的城镇空间布局，全区常住人口城镇化率达到64.96%，银川市与周边城市一体化联动发展格局基本形成。完善城镇基础设施。持续实施水气路暖改造等城镇基础设施“补短板”项目，优化城市路网结构，加强小微公园、绿道和老旧公园、绿地改造建设，建成城市公园204个，全区城镇人均拥有道路面积26.38平方米、人均公园绿地面积20.01平方米，位居全国前列。推进城镇污水处理提质增效，争取中央财政补助资金8213万元，支持各地改造建设城镇污水处理设施和老旧集污管网。编制《宁夏回族自治区海绵城市建设标准图集》，建成一批海绵城市示范项目，全区设市城市建成区海绵城市面积达到25%。编制《宁夏关于推进污水资源化利用实施方案》，开展城市公共供水水质监测和城镇生活饮用水二次供水专项排查整治，提升污水利用率和水质合格率。银川市获得全国城市更新试点。保障城市运行安全。做好供热准备工作，及时沟通协调，确保煤炭、天然气供应稳定，保证10月20日开始供暖。对天然气及液化石油气安全隐患开展“地毯式”“拉网式”排查，整治安全隐患2115处。编制《全区城市内涝治理系统化实施方案》，争取中央预算内资金5000万元，支持各地建设排水防涝设施。按照应保尽保原则，确定并公布具有保护价值的城市片区和建筑，全区划定1处历史文化街区（银川市），完成44处历史建筑确定。

【城市管理】2021年，宁夏推进城市管理向基层治理延伸覆盖，以城市精细化管理能力提升城市整体运行效益，让城市更加宜居。加强城管队伍建设。以深化城管执法体制改革为重点，强化城管执法队伍建设，在全区范围内开展巩固深化城市管理执法队伍“强基础、转作风、树形象”专项行动，推行住建领域执法人员全过程记录制度，推进队伍建设标准化、执法行为规范化、为民服务精准化。加快省级城市综合管理服务平台建设，完成吴忠市、固原市、中卫市平台与国家平台联网，实现全区5个地级市100%对接。推进生活垃圾分类。印发《关于进一步推进生活垃圾分类工作的实施方案》，制定《宁夏回族自治区城市生活垃圾分类及评价标准》，推进生活垃圾填埋场、生活垃圾集中转运站、建筑和餐厨垃圾资源综合利用等体系化重点项目建设，银川市城市生活垃圾回收利用率达到40%。开展市容环境专项整治，加大对背街小巷、城乡接合部等重点区域专项整治，对乱搭乱建、生活垃圾清运、渣土扬尘等城乡环卫一体化提升，美化城乡环境。规范物业服务管理。出台《全区物业服务企业及物业服务人员信用信息管理办法》《物业服务企业良好、不良行为认定标准》和《宁夏回族自治区住宅物业服务导则》，完成《宁夏回族自治区物业管理条例》修订立法调研，开展加大“物业服务收费信息公开力度　让群众明明白白消费”专项行动，推进物业服务管理标准化、规范化，全区公示物业服务信息的项目1984个。开展住建领域扫黑除恶专项斗争，围绕“招标采购、行业管理、行政监督、交易服务、政策文件”等内容开展重点治理，营造风清气正的发展环境。

【乡村建设】2021年，宁夏围绕实施乡村振兴战略，以实施乡村建设行动为重点，千方百计加大投入，提升乡村建设发展品质。建设美丽乡村。围绕集聚提升

2021年7月15日，住建部对石嘴山市国家园林城市整改落实情况进行实地考查

类、城郊融合类中心村或有发展优势的保留一般村，突出环境美、田园美、村庄美、庭院美特点，实施高质量美丽宜居村庄建设项目50个，完成投资13.7亿元。建立自治区级传统村落保护名录，围绕有文化遗产保护、基础设施配套、人居环境整治、资源活化利用价值，实施平罗县黄渠桥镇黄渠桥村、隆德县陈靳乡新和村等10个自治区级传统村落保护与发展建设项目。启动实施乡村建设评价，加大农村风貌管控。发展重点城镇。科学把握建设规模、空间布局、功能形态、特色风貌，统筹规划布局、基础设施、公共服务、产业发展、生态环保、社会治理“六个一体化”要求，启动实施第一批12个重点小城镇建设项目，完成投资46.1亿元。围绕自治区9个重点产业，按照严定标准、严控数量、统一管理、动态调整原则，建立玉泉营葡萄酒历史风情特色小镇等5个特色小镇清单和贺兰县金山葡萄酒康养特色小镇等5个培育清单，推动特色小镇梯次培育和健康发展。整治人居环境。推进农村生活垃圾分类治理，新建垃圾分类分拣点28个，新增垃圾分类和资源化利用村庄148个，全区生活垃圾得到治理的村庄比例达到95%，“宁夏因地制宜推进农村生活垃圾分类治理”被住建部选入徐州国际园林博览会参展。发动建筑企业认领项目、定向帮扶，抓好西夏区富宁村等地移民致富提升行动，支持红寺堡区创建全国易地搬迁移民致富提升示范区。

【建筑产业转型发展】2021年，宁夏着眼解决建造方式落后、主体实力不强等突出问题，以落实碳中和、碳达峰目标为重点，推进建造方式转型，提高对经济发展的贡献率。发展绿色建筑。加快建筑产业化进程，推进绿色建筑、装配式建筑发展和光伏建筑一体化应用，实施绿色建筑面积780万平方米，可再生能源应用试点示范7.45万平方米，建筑节能标准设计执行率为100%，实施装配式建筑面积63.37万平方米，培育建立3个自治区级建筑产业化基地。编制《装配式钢结构工程施工工艺标准》等5项技术标准，完成《高性能混凝土应用技术规程》等4项地方标准发布，筛选宁夏太阳能光伏建筑一体化应用技术等3项宁夏科技“揭榜挂帅”项目，加快建筑领域碳达峰碳中和关键技术研究应用。加快建筑业转型。落实在资质管理、税费优惠等方面的利企、助企政策，支持企业做大做强，促进建筑业持续健康发展。创新监管方式，加大建筑市场整治和关键岗位人员管理，落实建筑工人实名制管理制度，全区监管在建工程832项，从业人员11万人。推进“互联网+监管”，对4700多家区内外建筑企业、7.5万名从业人员进行信用管理，企业覆盖率达到95%。强化质量安全管控。制定《宁夏绿色施工专项提升行动实施方案》等多项政策文件，开展建筑领域突出问题百日专项整治行动，组织质量安全与企业管理标准化双考评，开展质量安全、消防、检测机构及预拌混凝土企业专项检查，标准化建设观摩，建筑工人技能大赛等活动，推进住宅工程质量信息公示试点，启动建筑工程质量评价试点。印发《建设工程消防设计审查验收管理实施细则》，明确主管部门、建设单位在办理消防审查验收的规范流程、文书样式和消防技术服务机构责任义务及管理规则，共办结消防设计审查489件、消防验收492件、备案551件。

【深化改革】2021年，宁夏深化项目审批改革，全面深化工程建设项目审批制度改革，印发《2021年全区工程建设项目审批制度改革工作要点》和《宁夏工程建设项目全流程审批操作指引规范》，出台扩大施工图免审范围、规范消防设计审查验收和中介服务等政策措施，对15类高频办理项目实行“定制审批”，联合验收、区域评估、水气暖报装等关键环节改革，推进全流程在线审批，所有事项实现100%网上办理，工程建设项目审批时限再提速30%以上，宁夏开展“体外循环”和“隐性审批”问题专项整治得到国家充分肯定，审批标准化改革经验被国家工改办在全国推广。加大行政审批改革。印发《住房和城乡建设系统自治区本级证明事项清单》，完善办事指南，对不直接涉及国家安全、公共安全、人身健康、生态环境保护等58项办理项300项证明事项全部推行“告知承诺制”，率先对建设工程企业资质、安全生产许可等7项涉企经营许可事项推行“一步到位”告知承诺，极大方便企业办事。在宁夏政务服务网开辟“证照分离”改革专区，对实行告知承诺的建设工程企业资质、安全生产许可等涉企经营许可事项等“一窗受理”，审批决定“一日办结”。简化资质申请、安全生产许可证等办事流程，开展预约办、线上办等多种方式，提升办事效率。加快建筑管理改革。优化建筑业资质办理，助力1家企业升特级、6家企业升施工总承包一级。变革保证金缴纳方式，推行工程担保制度，支持企业以保函、担保等方式缴纳房屋和市政建设领域的投标保证金、履约保证金、工程质量保证金、农民工工资保证金，全区房屋建筑和市政基础设施工程各类保证金保函替代率达到50%。推行电子化招投标工作，规范评标专家行为，印发《关于开展房建市政工程项目评标专家评标不良行为评价记录工作的通知》，对评标专家不良行为进行评价记录。

【法治建设】2021年，宁夏开展“八五”普法宣传，修订《自治区房屋建筑抗震设防管理办法》等5件政府规章，废止《自治区城市建设档案管理办法》等2件政府规章。推进法治政府示范创建，落实重大行政决策风险评估、专家论证、公众参与、合法性审查、集体决策等程序，工程建设项目“审管一体化”建设被命名为全区法治政府建设示范项目。严格执行行政规范性文件制发程序，全年印发行政规范性文件12件，规范性文件报备率、及时率、规范率均为100%。

（赵常炜）

新型城镇化建设和城市管理

【概况】2021年，宁夏制定《全区2021年新型城镇化建设和城乡融合发展重点任务》，编制《全区新型城镇化“十四五”规划》，全面落实中央城镇化工作和城市工作会议精神，坚持以人为核心的城镇化，加快推进建立与“一带三区”生产生活生态总体布局相适应的新型城镇化发展体系，推动城镇建设由规模扩张向内涵式、集约化、绿色化转型发展。截至2021年年底，全区常住人口城镇化率达到66%，位居全国前列。实施区域中心城市带动、沿黄城市带发展、中南部大县城建设、生态移民、黄河流域生态保护和高质量发展先行区建设等一系列重大战略，初步形成以沿黄城市群为主体、以中心城市为龙头、以县城为平台、以重点小城镇为节点的城镇发展格局，加快融入黄河“几”字弯城市群。人口和经济加快向以银川为中心的沿黄城市群集聚，固原区域中心城市辐射带动作用进一步增强。截至2021年年底，沿黄城市群常住人口和城镇人口分别达到606万人和418万人，占全区比重分别为84%和89%，成为全区主要人口承载地；固原市城区城镇人口较2015年增加8.2万人，城市集聚吸引作用增强。坚持以改善城市人居生态环境为主线，以提升城市承载力和综合竞争力为重点，不断推进城市基础设施建设，加强城市运行管理，全区人均城市道路面积达到25.76平方米，城市（县城）污水处理率达到98.01%，公共供水普及率达到99.43%，燃气普及率达到91.73%。

【城镇化试点】2021年，宁夏将城镇化试点与推进全区城镇化工作有机衔接，下达城镇化试点奖补资金2500万元。全面总结第三批国家新型城镇化试点城市工作经验，“银川分配保障性住房约4.5万套，对农业转移人口等重点人群应保尽保”“兴庆区推动老旧小区改造市场化运作，引入供水、供电、供气、通信等企业，按不同比例分担改造资金”“盐池县推进城乡供水一体化建设，农村自来水集中供水率和水质达标率均达100%”等3条经验被国家发改委以正式文件印发，在全国推广学习。

【历史文化名城和历史建筑保护】2021年，宁夏按照应划尽划、应保尽保原则，全力推进具有保护价值的城市片区和建筑确定公布。截至2021年年底，全区划定一处历史文化街区（银川市），确定公布历史建筑45处（其中，银川市22处，石嘴山市13处，固原市5处，吴忠市1处，灵武市1处，青铜峡市3处），完成44处历史建筑测绘建档工作。

【城镇老旧小区改造】2021年，全区共有390个小区、1452栋楼、4.74万户（套）、总建筑面积413.34万平方米的城镇老旧小区被列入国家改造计划。截至2021年年底，已开工改造小区393个、1452栋楼、47475户（套）、建筑面积414.92万平方米，其中已完成改造小区258个、684栋楼、23262户（套）、建筑面积210.8万平方米，开工率分别占计划任务的100.7%、100%、100.2%、100.4%。累计完成投资额159796.2万元，占计划投资额的69.4%。

【海绵城市建设】2021年，编制《宁夏回族自治区海绵城市建设标准图集》，组织对全区7个城市2021年度海绵城市建设成效进行自评，委托第三方对全区7个城市2020年度海绵城市建设自评情况进行复核评估，督促指导各地系统化全域推进海绵城市建设。截至2021年年底，全区7个城市累计建成海绵城市面积131.61平方公里，占全区城市建成区面积的26.56%。

【城市排水防涝】2021年，自治区住建厅印发《宁夏城市内涝治理系统化实施方案》，指导市县在规划建设管理等各阶段，落实排水防涝设施、调蓄空间、雨水径流和竖向管控要求，统筹建设防洪排涝、治污、雨水资源化利用、海绵城市建设等工程。组织开展城市（县城）市政管道老化更新改造摸排工作，积极争取国家资金支持。2021年，全区共积极争取银川市、固原市、中宁县、隆德县相关排水设施建设项目中央预算内投资4893万元。

【市容环境卫生】2021年，自治区住建厅印发《关于开展市容环境整治专项活动的通知》，指导各地开展市容环境整治专项活动。截至2021年年底，共整治背街小巷2916条、维修路面4236处、人行步道5204处、治理公厕卫生5669次，清理卫生死角3200余处和乱堆乱放6000余处。规范有序开展垃圾分类工作，自治区住建厅印发《关于进一步推进生活垃圾分类工作的实施方案》，制定《宁夏回族自治区城市生活垃圾分类及评价标准》，明确工作目标和评价标准。推进垃圾处理设施建设，中卫市垃圾焚烧发电厂投入试运行。在全区开展生活垃圾填埋场安全隐患排查整治工作，对19个城市生活垃圾填埋场安全运行管理情况进行全面检查，发现各类问题隐患101项，发出整改通知17份。建立闽宁生活垃圾分类“1对1”交流协作机制，组织相关人员赴福建省考察交流生活垃圾分类工作，并召开福建宁夏两省（区）生活垃圾分类工作座谈会，全面推进闽宁两省（区）生活垃圾分类工作。

【改善人居环境】2021年，宁夏落实“300米见绿、500米见园”的园林绿化建设要求，加强小微公园、绿道等建设，围绕城市生态修复做好老旧公园、绿地改造，统筹做好城市公园、绿地防灾避险功能建设，提高公园绿地均衡性。指导银川市创建国家生态园林城市，同心县、中宁县创建国家园林县城。开展城市园林绿化项目负责人培训，做好园林绿化企业诚信管理，推动园林绿化行业健康发展。全区共建成城市公园204个，人均公园绿地面积达19.81平方米。组织各市县全面排查园林绿化建设项目，涵盖小微公园、道路林带续建、城市道路配套绿化、公园改造提升等方面，坚决杜绝破坏性“建设”行为发生。

（赵常炜）

美丽乡村建设

【概况】2021年，宁夏科学把握小城镇建设规模、空间布局、功能形态、特色风貌，推动镇域乡村一体化设计建设，畅通城乡生产要素和经济循环，统筹实施规划布局、基础设施、公共服务、产业发展、生态环保、社会治理“六个一体化”，启动中宁县石空镇、西夏区镇北堡镇等12个重点小城镇建设项目，按照每个每年补助奖补资金1500万元的标准，拨付奖补资金8000万元，12个重点小城镇全部开工建设，完成投资69.4亿元。围绕集聚提升类、城郊融合类的中心村，或有发展优势的整治改善类保留一般村，突出产业支撑、绿色发展、科技创新、文脉传承、数字赋能，示范带动建设一批环境美、田园美、村庄美、庭院美系统集成的高质量美丽村庄。实施高质量美丽宜居村庄50个，按照每个每年拨付奖补资金200万元的标准，拨付专项资金1亿元，完成投资17.7亿元。在开展国家级传统村落保护的基础上，印发《宁夏传统村落认定评价标准》《宁夏传统村落保护管理办法》，启动自治区级传统村落保护项目，建立自治区级传统村落保护名录，重点实施文化遗产保护、基础设施配套、人居环境整治、资源活化利用等工程，择优实施平罗县黄渠桥镇黄渠桥村、隆德县陈靳乡新和村等10个自治区级传统村落，按照每个每年拨付奖补资金200万元的标准，拨付专项资金0.2亿元，完成传统村落保护发展规划编制工作，逐步推进项目建设。自治区政府建立宁夏特色小镇清单和培育清单，拟将永宁县玉泉营葡萄酒历史风情特色小镇等5个纳入特色小镇清单、贺兰县金山葡萄酒康养特色小镇等5个纳入培育清单，待自治区人民政府审定后开展命名创建工作；对不符合要求的28个“特色小镇”列入清理整治清单，推动特色小镇梯次培育健康发展。

【农村房屋安全整治与改造】2021年，宁夏按照国家和自治区对农村房屋安全隐患排查整治的工作安排，组织5个地级市22个县（区）住房和城乡建设系统、乡镇村干部协同27家第三方机构360多人，对全区行政村集体土地上的房屋进行彻底排查，共排查录入农村房屋95.02万户。同时，排查用作经营的农村自建房2.51万户，初判存在安全隐患房屋0.1万户，鉴定为C级危房、D级危房共452户（其中，C级危房294户，D级危房158户），经组织各县（区）相关行业管理部门联合开展整治，于6月底前完成全部整治任务。在国家各部委组织开展的“住房和城乡建设重点工作督查检查”工作中获督查组好评。实施低收入群体危窑危房改造，对房屋因灾因生命周期到期返危和动态调整新增、外出返乡生活的六类低收入群体（农村易返贫致贫户、农村低保户、农村分散供养特困人员、因病因灾因意外事故等刚性支出较大或收入大幅缩减导致基本生活出现严重困难的突发严重困难户、农村低保边缘家庭和未享受过农村住房保障政策支持且依靠自身力量无法解决住房安全的其他脱贫户）的房屋实施改造建设，2021年完成改造1959户。实施抗震宜居农房改造，全区逐户开展农房调查和抗震性能评估，对达不到抗震设防要求的唯一住房实施抗震宜居农房改造，支持农户选择加固改造、原址翻建、异地迁建、房屋置换方式，改造建设结构安全、风貌乡土、功能适用、成本经济、绿色环保的抗震宜居农房，2021年完成改造11808户。

（赵常炜）

【农村生活垃圾治理和清洁行动】2021年，全区农村生活垃圾得到治理村庄比例达到95%。依托宁夏大学开展《农村生活垃圾分类和资源化利用无害化处理》课题研究，强化科研成果运用。搭建"政产学研用"平台，召开自治区政协对口协商研讨会，探索农村生活垃圾分类治理新路径新方法。组织县(区)开展垃圾源头上门收集、分类转运、分类处置实操培训，全年新增垃圾分类分拣点28个，开展垃圾分类和资源化利用村庄新增148个，农村有机垃圾和农业生产废弃物协同处置站点新增9处。"宁夏因地制宜推进农村生活垃圾分类治理"成就，被住建部选入徐州国际园林博览会参展作品。开展村庄清洁提升行动，对公共环境、河湖沟渠、庭院内外开展全方位整治，累计发动群众200多万人次，清理生活垃圾310多万吨、乱堆乱建40多万处，整治河湖"四乱"问题180个，金凤区、隆德县被评为"全国村庄清洁行动先进县"。

【农村生活污水治理】2021年，宁夏因地制宜推进农村生活污水分区治理，按照近郊村城乡一体、中心村集中处理、散居村厕污同治的原则，全面消除农村黑臭水体，全区农村污水治理率达到26%。全面推广垃圾处理"两次六分、四级联动"治理模式，积极试点推进可回收垃圾、有机垃圾等源头分类减量和资源化利用，农村生活垃圾治理覆盖面达到95%。

【农村厕所改造】2021年，召开全区农村厕所革命互观互检和现场会，推进全区农村改厕工作。印发《宁夏实施"十四五"厕所革命实施方案》。全年争取中央预算内项目资金4368万元，高质量完成3.5万户户厕改造及厕所问题摸排，全区农村卫生厕所普及率达到62%。完善改厕模式。围绕节水、防冻两大关键问题，加大创新力度，有效破解改厕难题，西吉县、同心县、彭阳县节水防冻型改厕模式得到农业农村部认可。同心县充分利用屋檐院落集雨节水冲厕，海原县探索就地旱改水等做法得到群众认可。坚持因村施策，先试点后推广，优化模式选择，在近郊村，建设完整下水道式卫生厕所；在集中村，建设小型污水处理设施和集中管网收集处理粪污；在散居村，推广钢筋混凝土三格化粪池和节水防冻型厕所。建管并重，提升改厕实效。建立农村改厕"4+4+4"全过程管控体系，严格落实改厕选型、建设施工、产品质量、竣工验收"四个关口"，产品备案、随机抽检、黑名单、第三方监理"四制管理"，乡镇自验、县级复验、市级核验、区级抽验"四级验收"，确保厕所建得好、后续管得好、农民用得好。探索改厕项目整体打包一体化"建运管"，推进"互联网+智慧运维"服务平台建设，公布农村改厕服务和投诉电话，有效解决户厕后期运维难的问题。

（张　力）

2021年7月6日，自治区住房和城乡建设厅相关负责人带队在隆德县开展城市生活垃圾填埋场安全隐患排查整治工作

住房保障

【概况】2021年，宁夏坚持因城因地施策，贯彻落实《国务院办公厅〈关于加快发展保障性租赁住房的意见〉》精神，起草《宁夏回族自治区人民政府办公厅〈关于加快发展保障性租赁住房的实施意见(征求意见稿)〉》。提出保障性租赁住房坚持小户型、低租金，主要面向符合条件的新市民、青年人等群体，主要利用存量土地和房屋建设，引导多主体投资、多渠道供给，财税、金融等支持政策多措并举。根据新市民、青年人等群体需求状况，引导企业将闲置房屋改造作为保障性租赁住房，适时根据供需情况在新建商品住房小区中，按照不低于住宅面积5%的比例配建保障性租赁住房。其他城市利用非居住房屋和土地按需发展保障性租赁住房。

【保障性住房建设】2021年，宁夏住房保障工作统筹疫情防控和开复工工作，坚持以"四率"(棚改开工率、基本建成率、租赁补贴发放完成率、公租房入住率)为抓手，推进保障性安居工程建设。全区计划改造城镇棚户区住房3857套，发放城镇住房保障家庭租赁补贴7366户，保障性安居工程基本建成2100套。实际开工建设棚户区住宅4002套，占年度计划任务的103.8%，发放租赁补贴7806户，占年度计划任务的106%，保障性安居工程基本建成3880套，占年度计划任务的184.8%，持续为164873户家庭提供公租房保障，约50万城镇住房困难群众得到有效保障。依托技术创新、数字赋能开展公租房小区智能化、智慧化建设，银川市被住建部纳入全国推广应用公租房App项目10个试点城市之一。按照“申请无纸化、申报常态化、审核网签化、保障精准化、服务精细化”的管理要求，率先全国在县级城市全面实现公共租赁住房信息化管理，实现与全国公租房信息系统贯标应用。因城施策指导银川市积极发展保障性租赁住房2000套，缓解部分新市民、青年人等群体住房困难。

【住房保障规范化管理】2021年，自治区住建厅和自治区财政厅对全区18.58万套公租房资产管理情况开展检查抽查，指导督促各市、县(区)按照“一房一档、一物一卡”要求加强对国有资产管理。加强公租房住用安全管理。2021年上半年组织各市、县(区)住建部门对公租房小区应急疏散通道、安全出口、消火栓、灭火器等重点部位和私装充电桩等重点安全隐患进行检查；8月集中开展对公租房的违规专项整治，规范保障性住房运营管理工作，加大对住房保障领域失信行为约束。推行物业公司、房管员、社区网格员“三位一体”模式管理公租房小区，提升基层社区治理能力和管理效益。

(赵常炜)

房地产业和市场

【概况】2021年，宁夏贯彻落实国家、自治区有关房地产市场调控的各项政策，坚持“房子是用来住的，不是用来炒的”定位，以稳地价稳房价稳预期为目标，保持调控政策的连续性和稳定性，推动省级政府监督指导责任、城市政府主体责任的全面落实，因城施策，分类指导，推动全区房地产市场持续平稳发展运行态势。全年完成房地产开发投资466.9亿元，同比增长7.8%；全区房屋施工面积5606.9万平方米，同比增长0.8%；商品房销售面积1014.4万平方米，其中住宅销售面积845.8万平方米；商品房待售面积1027.4万平方米，同比增长3.5%，去库存周期12.2个月，其中，住宅310万平方米，同比下降6.3%，去库存周期4.4个月。

【房地产市场调控和整治】2021年，自治区政府建立房地产市场调控部门协调机制，设立处置化解有关房地产风险问题专班，发挥对全区房地产市场调控监管的高位推动、顶层设计、分类指导、监控预警等作用。出台《宁夏房地产开发企业信用信息管理办法》《房地产开发企业良好、不良行为认定标准》《宁夏商品房预售资金监管实施意见》等多项政策，搭建“宁夏互联网+智慧房产”服务平台，指导全区各市、县全面接入平台，实现全区新建商品房网签备案、预售资金监管、房地产企业信用信息管理等业务“一张网”和房产交易业务数据“省级大集中”，规范市场主体经营行为，建立风险防控长效机制，促进房地产市场平稳健康发展。持续开展房地产市场专项整治，自治区住建厅、自治区发改委、公安厅、自然资源厅、市场监管厅等7部门出台《整治规范房地产市场秩序三年行动方案》，聚焦房地产开发、房屋买卖、住房租赁、物业服务、房地产估价、非法集资等领域人民群众反映强烈、社会关注度高的问题，摸排潜在隐患，重点针对6类33项违法违规行为开展行动，督促各市县加强房地产开发、中介机构等从业人员的监管，对违法违规行为严查重罚，规范企业经营，净化市场环境，促进市场秩序稳定，提升

2021年12月，吴忠市太阳山开发区保障性租赁住房一隅

群众满意度。

【建设工程造价管理】2021年，宁夏贯彻落实国务院、住建部深化“证照分离”改革工作要求，开展“双随机、一公开”抽查工作。随机抽取119家工程造价咨询企业，对企业主体责任落实、从业行为合法合规性等情况进行督查，规范企业和从业人员市场行为，促进行业持续健康发展。为发挥工程造价服务保障能力，提升工程造价从业人员专业素养，减少争议，提高管理效率，编写《宁夏回族自治区建设工程造价计价依据（2019版）解释汇编》；编制完成《宁夏安装工程材料价格（2021版）》初稿。为稳定建筑市场秩序，加强建筑市场各方主体的风险意识和履约能力，起草《关于加强建设工程材料价格风险管控的指导意见》，撰写《我区大宗建材及建筑劳务人工价格上涨对建筑市场影响调研报告》，及时增加钢材、水泥及预拌混凝土价格信息发布频次，确保建材价格信息发布及时准确。按时发布6期《宁夏工程造价》。扩大造价咨询行业规模，增强服务工程项目建设能力。自2021年7月1日起工程造价咨询资质取消后，全区共有本地工程造价咨询企业147家，较上年增加54家；外省进宁工程造价咨询分支机构211家，较上年增加8家；2021年服务建设工程项目总投资1482.5亿元。

【农民工保障】2021年，宁夏落实“六稳”“六保”任务要求，完善制度，强化监管，推动农民工工资保证金、工资按月发放、总包发工资、农民工工资专用账户、工程款支付担保、施工现场维权信息告示牌等制度落实，保障广大农民工依法获得劳动报酬，有效维护农民工合法权益。严格落实建筑工人实名制管理、工程款支付担保、农民工工资保证金及银行专账管理、总承包发工资等制度，采取信息化手段对有拖欠苗头的项目企业及时进行提醒，加大建筑市场整治力度、加强关键岗位人员管理，通过推动保障农民工工资支付长效机制落实落地。全年全区实名制实施覆盖率达到95%，工人通过系统每日进行考勤的更新率达到85%；线上发放工资23.6万人次，发放金额4.15亿元，线下发放36.87万人次，发放金额13.21亿元；实名制系统向企业发出工资预警36次（其中，红色预警10次，黄色预警26次）。借助宁夏建筑市场监管服务平台，累计培训农民工8.5万人次。推行工程担保制度，支持企业以保函、担保等方式缴纳房屋和市政建设领域的投标保证金、履约保证金、工程质量保证金、农民工工资保证金。

【物业服务管理】2021年，宁夏规范物业服务标准，加强事中事后监管，出台《宁夏回族自治区物业服务企业及物业服务人员信用信息管理办法》《物业服务企业良好、不良行为认定标准》和《宁夏回族自治区住宅物业服务导则》，完成《宁夏回族自治区物业管理条例》修订立法调研。贯彻落实《住房城乡建设部等十部门关于推进物业服务企业加快发展线上线下生活服务意见的通知》《关于加强和改进住宅物业管理工作的通知》等政策文件，制定任务落实清单，银川市和吴忠市被列为“加强物业管理，创建美好家园”试点城市，银川市被列为“加快发展线上线下生活服务”试点城市。加大物业服务收费信息公开力度，印发《关于开展加大物业服务收费信息公开力度　让群众明明白白消费工作的通知》，要求物业服务企业在住宅小区内显著位置，公布物业服务、停车及其他有偿服务的收费项目、收费标准、收费方式和投诉电话等信息，让群众明明白白消费，享受质价相符的物业服务。全区已公示物业服务收费信息的住宅项目1984个，开展检查和执法行动检查504次，出动检查和执法人员数324人次，物业服务企业签订承诺书322家，发放政策法规宣传册数12411份。

（赵常炜）

建筑业与质量安全

【概况】2021年，宁夏有本地建筑业企业2540户［其中，特级资质1户，一级资质70户（其中，总承包一级资质24户，专业承包一级资质46户），二级及以下资质2469户］。有进宁企业2796户［其中，特级资质239户，一级资质1694户（其中，总承包一级资质1010户，专业承包一级资质684户），二级及以下资质863户］。监理企业共453户（其中，本地监理企业90户，包括甲级资质24户；进宁监理企业363户，包括甲级资质296户）。2021年，全区完成建筑业总产值681.5亿元，同比增长6.2%，全区在建房屋建筑与市政工程832项，从业建筑工人总计11万人。

【建筑业改革】2021年，区外3家建筑企业通过资质管理优惠政策，在宁夏成立子公司。1家升为特级资质，6家建筑企业升级施工总承包一级。印发《关于进一步规范自治区房屋建筑与市政工程业绩管理工作的通知》，明确企业通过告知承诺方式申请建筑业企业资质时，代表工程业绩应在全国建筑市场监管公共服务平台与宁夏建筑市场监管服务系统中数据等级标记为A级。规范核准A级业绩的流程和方法，确保宁夏建筑市场监管服务系统与全国建筑市场监管公共服务平台数据有效衔接。印发《关于加强建设工程材料价格风险控制的指导意见》，明确施工合同中未对材料价格风险进行约定或约定不明的，发包承包双方应在协商基础上，按《建设工程工程量清单计价规范》（GB 50500—2013）的规定签订补充协议。主要材料价格约定的风险幅度宜控制在±5%，风险幅度以内的由承包人承担或受益，风险幅度以外的由发包人承担或受益。增加价格信息发布频次和范围，利用信息化方式动态发布价格信息。加强施工合同签订中和签订后的监管。印发《宁夏工程建设项目中介服务机构“红黑名单”管理办法（试行）》《宁夏工程建设项目中介服务机构信息公示公告管理办法（试行）》，加强工程建设项目中介服务机构诚信体系建设，构建守信联合激励、失信联合惩戒机制，促进工程建设项目中介服务业健康发展。

【建筑质量安全】2021年，全区各级建设行政主管部门按照《加强节日期间全区房屋建筑和市政基础设施工程安全工作的通知》《关于开展全区城市建筑施工质量安全百日专项及暗查暗访的通知》要求开展隐患排查，检查在建工地项目928项，下达隐患整改541份、停工整改309份，对存在违法违规行为的209家企业和346名关键岗位人员记分处理。组织开展督查、暗查暗访4次，延伸抽查房屋建筑和市政工程56项，抽测安全防护用品199组，对存在安全违法违规行为的企业下达行政执法建议书14份、隐患整改通知书39份、停工整改通知书19份，对41家违法违规企业不良行为记录、诚信体系扣分，并向全区通报典型案例。开展百日安全专项整治工作，印发《宁夏危险性较大的分部分项工程安全管理实施细则》，强化对较大风险及重大风险的评估，指导行业开展隐患排查治理，全年全区发生建筑安全生产事故5起，死亡4人，重伤1人。制定强化高空作业管控专项方案，对高处坠落事故多发现象进行治理。提升事故灾害防范能力，结合“安全月”活动、城市建设安全专项整治三年行动和百日专项整治，紧盯重点行业、重点领域、重点场所，深化风险隐患排查、制度执行和安全措施落实，共排查187家城市燃气企业、55家液化石油气企业、282座加气站、燃气管线11000公里，发现燃气安全隐患2157处。排查既有房屋建筑1980栋548万平方米，下发整改通知书109份，整改违法建设行为75起；排查农村房屋95.02万户，农村用作经营的自建房2.43万户，鉴定为C级危房、D级危房已全部完成整治加固。开展“安全咨询日”宣传活动，发放各类安全宣传手册1000余册、安全用品3000余件，面向建筑行业工作者和过往群众广泛宣传“智慧工地”“VR安全体验”和“智能头盔”等新技术监管手段。举办宁夏第二届建筑施工安全文化微视频竞赛，征集作品70余件，共推选全区优秀安全作品30项。组织多名建筑行业领域专家录制20学时全区建筑行业领域专家视频培训课件，在全区住建领域进行系统性培训宣传贯彻，提升监管队伍水平。开展“建筑工人安全教育培训月”活动，按照“四有”（即有场所、有师资、有资料、有学时）标准加强施工进场人员安全培训，培训施工关键岗位管理人员4202人、施工现场“安管人员”和特种作业人员9814人。启动自然灾害普查房屋建筑和市政设施调查工作，做好以中卫地区为试点的自然灾害普查工作，培训指导银川市、石嘴山市、吴忠市、固原市开展普查区划和评估工作。全区共下发房屋建筑图斑数量130万余个、市政道路1153条、市政桥梁334座。截至2021年年底，中卫市共计调查房屋数量71.4万栋，面积共计9519.87万平方米。市政道路448条，调查长度640.11公里；桥梁数量77座，调查长度3230.71米；供水厂站数量44座，供水管网数量968条，共计388.48公里。

【质量安全获奖】2021年，全区5项工程获得国家“AAA级安全文明标准化工地”称号；2项工程入选2020—2021年度第一批中国建设工程“鲁班奖”。4家检测机构获“建设工程质量检测AAA级信用机构”，20项工程获“2019年度‘西夏杯’优质工程奖”。认定自治区级质量标准化示范工地112项，安全标准化示范工地158项。53项工程建筑工法获自治区级工程建筑工法；3家企业获全国“中青建安杯”决赛装修团体三等奖，6项宁夏技术获第五届中国建设工程BIM大赛三类成果奖。8家检测机构、14家预拌混凝土企业获得“全区AAA级信用企业”称号，建筑工人实名制录入工作在全国名列前茅。

（赵常炜）

建筑节能与科技

【概况】截至2021年年底，宁夏新建建筑节能设计和施工阶段执行节能标准比率达到100%，新建建筑中绿色建筑占比达到69.6%，绿色建材评价标识工作有序推进，新型墙材推广应用得到巩固，新型墙体材料应用比例达到90%，装配式建筑发展步伐加快，全区建设装配式建筑面积累计完成600万平方米，可再生能源应用规模持续扩大，完成农村地区可再生能源应用试点示范7.45万平方米。完成《既有房屋建筑修缮施工标准》（DB64/T 1765-2020）《城市生活垃圾分类及评价标准》(DB64/T 1766-2021)《高性能混凝土应用技术规程》(DB64/T 1767-2021)《民用建筑二次供水技术规程》(DB64/T 1775-2021)4项地方标准的审定备案和发布,完善宁夏工程建设标准化专家库。

【建筑节能和绿色建筑】2021年,宁夏落实国家节能环保、低碳发展的产业政策,加强日常督查和服务指导,开展全区建筑节能、绿色建筑、装配式建筑实施情况专项检查,督促指导各地严格执行建筑节能、绿色建筑等工程建设标准,提高全区新建建筑节能整体水平。全年共完成新建建筑1360万平方米,新建建筑节能标准执行率达到100%。实施绿色建筑面积973.6万平方米。把绿色建筑、装配式建筑作为推进建筑业绿色发展的重要举措,完成《宁夏居住建筑设计标准》编制报批工作,印发《宁夏回族自治区绿色建筑标识管理办法》《宁夏建设领域推广应用和限制禁止使用技术与产品目录(2020版)》《宁夏绿色建筑标识管理办法》,明确绿色建筑标识星级、标识授予范围、标识授予单位职责等内容。开展2021年度绿色建筑示范项目区级奖励资金的申报工作,将示范类别扩充为6种类型,受理评审可再生能源示范项目13项,科技创新项目3项,提升宁夏新建建筑能效水平。

【建筑产业现代化和建筑科技】2021年,宁夏实施装配式建筑238.21万平方米,培育2个自治区级建筑产业化基地。推广应用工程建设关键技术和工法,以技术进步支撑装配式建筑、绿色建造等新型建造方式发展。全年征集立项建设科技计划项目28个,结题验收2个。全年组织完成39家企业申报的149项自治区级工法关键技术鉴定,组织新技术新产品鉴定1项;新技术新产品推广认证12项,换证38项。

(赵常炜)

住房公积金管理

【概况】2021年,宁夏住房公积金实缴人数达72.19万人,归集住房公积金126.77亿元,同比增长9.49%;提取住房公积金96.28亿元,同比增长9.01%;发放住房公积金个人贷款1.35万笔,同比下降18.53%。发放住房公积金个人贷款60.31亿元,同比下降13.57%,支持职工购房172.42万平方米,为职工节约利息支出73145.97万元。截至2021年年底,累计归集住房公积金1135.5亿元,累计提取住房公积金751.07亿元,累计发放个人住房贷款31.32万笔715.24亿元,个人住房贷款率为76.53%。

【住房公积金审计】2021年,宁夏开展审计发现典型案例排查整改工作,全区各中心对照典型案例和专项审计发现的问题,集中开展"住房公积金典型案例警示教育活动",通过对典型案例分析,剖析根源危害,警示干部职工严守纪律、法律底线。强化信息安全,开展安全隐患排查。印发《关于做好全区住房公积金和住宅专项维修资金审计配合工作的通知》,贯彻落实审计署《关于审计宁夏回族自治区住房公积金和住宅维修资金的通知》,全面落实审计要求,主动做好审计服务,严格执行审计意见。印发《迎接2021年住房公积金国家审计工作方案》,设立专班紧盯各地审计进展,梳理汇总审计发现问题,建立问题清单和每日情况报告制度,研判分析指导对审计发现问题的整改落实和政策解读,主动与审计组沟通,做好解释说明工作。

【优化营商环境】2021年,宁夏优化和统一住房公积金综合服务平台网厅业务流程,将原有6个网厅集成为1个,服务功能更加方便快捷。完成住房公积金"跨省通办"任务目标。印发《关于认真贯彻落实自治区人民政府办公厅政务服务改革办加快推进政务服务"跨省通办""区内通办"事项落地落实的通知》,2021年5项"跨省通办"和6项"区内通办"的任务全面落地落实。完成与自治区政务服务平台对接,11项住房公积金业务通过自治区政务服务网,实现不见面办理。完善住房公积金数据共享平台建设,在共享公安、民政、市场监管等部门数据的基础上,通过自治区大数据平台与相关部门积极沟通协调,实现与不动产登记、社保基础数据、房地产交易等信息数据共享,为住房公积金业务核验和减少办理要件以及为缴存单位、职工提供便捷服务提供有效数据支持。

(赵常炜)

综合执法监督

【概况】2021年,贯彻落实习近平法治思想和中央、自治区推进法治政府建设和常态化开展扫黑除恶专项斗争决策部署,推进和深化行政执法改革,围绕住建厅党组重点工作安排,进一步增强法治意识,强化法治保障,履行依法行政职责,发挥住房和城乡建设系统职能作用,制度建设、行业治理、队伍建设、监督检查、执法水平等方面取得一定成效,为全区住房和城乡建设事业高质量发展提供法治保障。指导监督全区城市市容环境卫生工作。全区城市生活垃圾无害化处理率达到99.86%,银川市生活垃圾回收利用率达到44.7%。获自治区"2021年度扫黑除恶专项斗争优秀单位”。

【城市执法体制改革】始终坚持12348工作原则，即坚持1个改革方向不变，确保2个改革文件执行到位，协调3级党委政府共同发力推改革，采取4项措施整体推进，最终实现8项改革重点任务落地见效，实现从无到有，从不认可到逐步认可，从过去的负面评价到充分认可的转变。逐步破解过去城市管理部门职责不清、多头执法问题，队伍面貌焕然一新，行政执法效能有效提升，精细化管理和精准服务能力得以改善。推行全区市辖区跨领域跨部门综合执法体制改革，围绕解决多头执法、多层执法、重复执法等问题，推动行政执法重心下移，相对集中行政处罚权，加强城市管理执法机构和队伍建设，提高管理、执法和服务水平。全区各市、县（区）按照80%~85%比例将城市管理执法人员下沉乡、镇、街道，形成市、县（区）、镇街三位一体的执法体系，实现一个区域一支队伍管执法，着力解决城市管理服务“最后一公里”问题。树立执法为民理念，把“人民城市人民建，人民城市为人民”发展思想，作为队伍建设的实践指南。落实《城市管理执法行为规范》《城市管理执法人员十条禁令》等要求。把“强基础、转作风、树形象”专项行动与“党史学习教育”有机结合，充分发挥党员先锋模范带头作用，以点带面，夯实基础。大力践行“70%的问题用服务手段解决、20%的问题用管理手段解决、10%的问题用执法手段解决”工作法，变被动管理为主动服务，变末端执法为源头治理，着力破解城市管理执法难题和发展瓶颈，全面提升服务水平、管理水平、执法水平。

【行业监管和专项整治】2021年，宁夏狠抓工程建设领域专项整治和建筑市场、房地产市场、住房保障、农村房屋、住房公积金综合治理，推进扫黑除恶专项斗争常态化。全面排查2017年以后依法必须招标的1424个工程建设项目，发现同体监督、未批先建和转包挂靠等问题730个，整改595个，正在整改135个。开展房地产市场治理，检查房地产企业及中介机构1220家，下发限期整改通知书400份，处罚物业企业15家；开展住房保障治理，清退不符合条件公租房883套，停发违规租赁补贴19户；开展农房排查治理，完成排查95.06万户；开展住房公积金治理，排查54笔373.58万元逾期贷款，执行归还39笔249.38万元。畅通线索渠道，查处违法违规行为和反映问题。及时受理电话投诉、厅长信箱、来信来访，查办重点案件12件，发现和举报的8件招投标案件和移交的1件安全事故案件全部办结，办理自治区纪委转办的1件房地产评估出具虚假报告案件和住建部转办的2件工程质量和房屋销售案件，取消评标专家资格5名，通报评标专家9名，扣除企业信用分值2家，吊销企业资质1家，共处罚金23.52万元。办理厅长信箱59件，对反映的35个问题妥善处理。办理来信来访46件，处理“12345”政务服务热线68件。

（赵常炜）

NINGXIA
YEARBOOK

自然资源管理

ZIRANZIYUANGUANLI

编辑◎马　静

综　述

【国土空间规划体系】2021年，宁夏构建国土空间规划体系，优化先行区建设空间格局。把“四水四定”作为根本原则，贯通落实先行区“五个区”战略定位和“一带三区”总体布局，自治区国土空间规划征求公众意见，19个市县国土空间总体规划编制压茬推进，116个“多规合一”实用性村庄规划编制完成，国土空间规划体系框架初步形成。统筹划定“三条控制线”，三轮次核实清理补划永久基本农田129.35万亩，评估调整生态保护红线内九大类矛盾冲突问题，城镇开发边界完成3轮试划，国土空间保护开发边界基本厘清。制定过渡期规划管理政策和生态保护红线管控规则，完善耕地、生态用地向建设用地及其他用地转化用途管制措施，用规划管活动、保自然、促修复的制度基本建立。

【生态修复】2021年，宁夏争取贺兰山生态保护修复、黄河宁夏流域矿山治理、20个县（区）生态工程建设、总投资369亿元的14个项目包等一批重大项目，进入国家“十四五”生态修复重大规划、重点工程、重要项目资金储备库。实施贺兰山、罗山、六盘山自然保护区生态修复工程，建立省级领导包抓协调机制，累计完成投资49.01亿元，实施生态保护修复项目152个，完成矿山生态修复4.82万亩，国土综合整治27.6万亩，营造林138.4万亩，治理荒漠化土地82万亩，保护修复湿地23.2万亩。开展贺兰山综合整治“回头看”，保护区内169处、保护区外围45处整治点位全面治理修复，贺兰山200平方公里历史“疮疤”逐渐愈合，植被覆盖度增加5%。建成黄河上游生态保护修复宁夏科研工作站，探索形成志辉源石酒庄生态产业化、产业生态化和泾源“生态修复+产业导入”模式。

【资源产权使用权改革】2021年，宁夏深化土地权改革，实行联席会议、领导包抓、分片指导机制，创新出台配套政策制度22项，高质量完成年度重点任务17项；出台化解农村宅基地疑难问题政策措施，3.9万宗宅基地获得产权证，志辉源石酒庄获得国有农用地经营权证；制定工业用地弹性供应、产业用地“标准地”出让、集体经营性建设用地出让等政策措施，盘活批而未供和闲置土地6.97万亩，交易农村集体经营性建设用地32宗544亩，高效供应重点产业、重大项目用地7.97万亩，复垦闲地废地荒地13.6万亩，推进10万亩新增耕地指标跨省交易，第一笔5.7亿元资金到位入库。深化自然资源产权制度改革，启动全民所有自然资源资产所有权委托代理机制国家试点，完成覆盖全域的全民所有自然资源资产清查、全民所有自然资源资产平衡表编制。深化“放管服”改革，全区矿业权审批系统、不动产统一登记信息系统上线运行，自然资源“证照分离”和“互联网+监管”事项全覆盖，23个行政审批事项“跨省通办”，用地审批时限压缩50%、企业一次拿地成本压减50%。

【管地用地】2021年，宁夏精准高效保障重点产业用地，完善先行用地、分段分期报批制度，制定保障重大项目、一二三产融合发展等一揽子支持政策，全年批准建设项目用地199批次（宗）面积3.07万亩，151批次2.69万亩用于重点工业产业和民生发展项目，48宗0.38万亩用于交通、水利等基础设施项目，没有一宗地用于“两高”（高耗能、高污染）项目。严守耕地保护红线，带位置分解下达耕地和永久基本农田保护任务，全区耕地面积稳定在1802万亩。推动矿产资源开发绿色转型发展，142家生产矿山全部按照绿色矿山标准建设，13家矿山入选国家绿色矿山名录，实施矿产资源绿色勘查项目17个、探明大型矿产8处，长达10年之久的宁东无证煤矿问题实现清零。完成全域地质灾害风险调查评价，建成地灾监测预警平台，971个地灾隐患点全部落实防治措施，20处重要灾点实现智能化监测，34个重点区域实施工程化治理，43户170名群众搬离地灾危及区，确保了人民群众生命财产安全。

【自然资源治理体系】2021年，宁夏历时三年的第三次国土调查圆满收官，矿产资源地理国情调查、“一河三山”生态资源专项调查、“紫红白绿”（葡萄酒、枸杞、肉牛滩羊、绿色蔬菜）四色名片产业用地调查全面完成。稳步推进新型基础测绘国家试点，1:2000基础地理信息数据库、全域实景三维地形场景全部建成，数字乡村治理系统在27个重点移民村推广应用。实施自然资源数字管理工程，推进“1+4”数据中心、三维立体“一张图”建设和自然资源管理平台建设，生态修复、执法动态监测等应用系统建成运行。用最严格制度和最严密法治保护自然资源，颁布实施《宁夏回族自治区测绘管理条例》，修订废止法规、规章和规范性文件53件，统筹运用卫片执法、执法巡查等手段发现制止违法行为659起，立案查处违法案件353个，对1161个矿山企业实行全覆盖大排查大整治，自然资源管理秩序持续向好。

【科技与信息化建设】2021年，宁夏自然资源厅制定《宁夏自然资源数字管理工程建设总体方案（2021—2023年）》《自然资源网络安全和信息化建设管理办法》。宁夏自然资源大数据中心建设项目获2021年中国地理信息产业优秀工程铜奖。升级打造自然资源管理平台，在内网管理平台集成1:2000、实景三维等数据，完成二三维一体化升级改造、业务专网与电子政务外网交换系统，扩展平台统一身份认证、管理数据回流、动态更新共享等功能。组织实施17个业务应用系统项目建设。宁夏自然资源三维立体一张图数据库及应用建设项目获自治区发改委批复。自然资源宁夏卫星应用技术中心实现2米影像月度全覆盖、亚米级影像季度全覆盖，编制《宁夏市级卫星中心建设指南》，推进市县级卫星中心节点建设，完成57批次全区地表动土常态化遥感监测，为耕地保护、矿山越界开采监测、执法监查及宁夏交通“一张图”、黄河黑山峡河段开发工程等提供影像数据支撑。获自然资源部“2021年自然资源科普讲解大赛”优秀组织奖。编制自然资源地方标准体系目录，新获批立项地方标准6项。申报省级自然科学基金项目11个，获科技专项资金支持近100万元。获2021年自治区重点研发计划1项，自治区科技进步二等奖1项。

【自然资源治理】2021年，宁夏加强卫片执法和动态巡查，全区各市、县（区）自然资源局落实“月清、季核、年度评估”工作要求，核查判定疑似图斑，严查违法违规行为，违法占耕地比例逐年下降，管理秩序持续向好。各市、县（区）自然资源局压实巡查责任，建立巡查台账，落实巡查制度，利用执法动态监测监管系统，强化执法工作科技支撑，及时发现处置违法违规行为。开展专项执法和整治，保持各级工作机构不撤销，对上一轮完成整改的违建别墅问题开展“回头看”，围绕“深化”和“巩固”，排查移送违纪违法线索，建立完善长效管理机制。保持高压态势，广泛开展宣传，与纪委建立线索移送和处置工作机制，及时发现、制止、处置农村乱占耕地建房新增问题。推进例行督察反馈问题整改，建立厅领导分片包抓机制，梳理制定动态清单，加强政策研究，强化工作指导。各市、县（区）落实整改要求，强化整改措施，持续将问题整改工作向前推进，取得扎实成效。黄河流域专项执法常态开展。工作范围从黄河干流向重要支流延伸，扩大到20个市、县（区），专项执法向常态化执法过渡，健全完善制度，推动黄河流域自然资源长效治理、系统治理。矿产资源领域违法违规行为清查整治取得成效。以“一河三山”生态保护修复专项规划区域为重点，全面排查、严肃查处矿产资源领域违法违规行为，建立“一报告、一方案、四清单”制度，规范矿产资源管理秩序。舆情线索及时处置。与宁夏生态环境厅、中卫市成立联合调查组，调查处理中卫北山地区矿产资源网络舆情。督促青铜峡市整改落实国务院大督察反馈鸿裕公司越界开采问题，依法查处违法行为，完成采砂区域恢复治理，严肃追究相关责任人责任。执法能力稳步提升。开展全区执法案卷质量评查，规范违法案件查处规程，解读案卷质量评查标准。组织全区近200名干部开展执法业务培训，有效提升基层执法人员能力和水平。

（郑　燕）

矿产资源管理

【地质勘查和地质灾害排查】2021年，宁夏建立地质勘查项目清单制度。由各市、县（区）自然资源部门和地勘单位结合地方实际、出让计划、产业需求报送年度地质勘查项目计划，宁夏自然资源厅组织专家筛选论证，形成地质勘查项目清单列入年度勘查计划。全面推进矿产资源绿色勘查，贯彻落实自然资源部支持全面推进绿色矿业发展意见，印发《关于全面推进矿产资源绿色勘查的通知》，从项目准入、审计审查、施工管理、过程监管、改革创新、示范创建6个方面部署推进，财政出资勘查项目已全部完成绿色勘查验收。找矿增储，夯实资源基础。争取财政资金支持，启动实施17个地方急需矿产资源勘查项目，集中督导、压茬推进，半年内全部完成野外施工，探明矿产地大型8处、中型5处、小型4处，为地方经济高质量发展夯实资源基础。提升地质灾害防治水平，保障人民群众生命财产安全。筑牢防治基础，构建地质灾害风险防治体系。成立6支专业分队（60余名技术人员），以县为单位对全区地质灾害隐患点和新增隐患点，以及削坡建房等引发的地质灾害隐患点进行再排查、再甄别，完成全区地质灾害隐患排查，确定2021年最新隐患点971个，逐点落实防治措施。中卫市1区2县完成地质灾害风险普查试点工作，推动全区有序开展风险普查，积极对接自然资源部、财政部，争取590万元资金，开展固原市等地区地质灾害风险调查与评价，大幅提升灾害识别和风险管控能力。建成全区地质灾害监测预警综合管理平台，构建自动化监测预警体系，深入基层开展管理平台应用操作实训5次。争取自然资源部和自治区财政支持，开展20处重要地质灾害隐患点普适性监测项目，安装监测设备129套，大幅提高地质灾害预警预报精准度。发布地质气象风险预警7次，处置灾（险）情9起，保障700余人的生命财产安全。指导督促原州区、泾源县投入2400万元资金，实施地质灾害治理工程34项，搬迁群众43户170余人，大幅降低灾害威胁。举办全区汛期地质灾害防治专题业务培训班，采用"互联网+云传播"的线上模式和"五进"线下模式开展宣传20余次，联合原州区政府开展地质灾害应急响应演练1次，指导相关市、区、县开展应急响应演练10余次，不断提升突发地质灾害应急指挥、协调配合、快速反应、高效处理能力。

【矿产资源开发监管】2021年，宁夏实现无证煤矿采矿权办理问题清零。积极协调、加快办理，为红二煤矿和羊场湾煤矿颁发采矿许可证，释放优质产能1440万吨/年，有效缓解全区煤炭供应紧张形势。困扰宁夏10余年14个宁东地区无证煤矿采矿权手续办理问题实现清零，得到自治区政府高度肯定。保障煤炭资源合理接续。完成马莲台煤矿、王洼煤矿、王洼二矿深部煤炭资源采矿权协议出让，挂牌出让王洼煤矿北部扩大延伸勘查区煤炭资源采矿权，特事特办，在最短时间内受理审查，颁发采矿许可证，接续资源量5.4亿吨，助力煤炭增产保供。保障重点建设项目用料需求。审查批准2021年度全区采矿权出让计划，建立砂石土开采信息季度报送机制，对重点项目建设用料（矿）保障情况进行摸底调查，推进全区各级自然资源部门与建设项目单位建立动态联系机制，全力保障重点建设项目用料需求。净采矿权出让试点取得阶段性成果，推进矿产资源管理改革，制定《推进净采矿权出让试点方案》，选取吴忠市及所辖县（区）开展净采矿权出让试点，动员部署、集中督导，试点市、县（区）已成功完成3宗净采矿权出让，起始价2220.74万元，成交价12975.74万元，溢价10683万元，超额完成年度目标任务，初步形成可复制可推广的试点经验。开展勘查开采信息核查。2021年，宁夏制定矿业权人勘查开采信息公示及核查工作方案，督促全区311个采矿权和37个探矿权按时在全国矿业权人勘查开采信息公示系统公示勘查开采信息，公示率为100%。组织对83个矿业权进行专家现场核查，比例达24%，远高于国家要求的5%，列入异常名录25个，充分发挥异常名录、严重违法名录震慑、惩戒作用。开发利用监管。持续开展矿山超层越界开采专项整治，委托第三方测量机构开展28家生产煤矿实地核查测量，确认存在超层开采行为的煤矿移送属地自然资源部门依法查处到位。依托矿产资源综合监管系统，结合遥感影像动态监测、无人机倾斜摄影、手机App闭环处置等技术手段，完成226家露天矿山实景三维模型构建，接入155家矿山摄像头，发现19个矿山存在越界开采行为，已全部查处到位，精准、实时打击露天矿山越界开采行为。全区矿山综合监管做法已形成"宁夏经验"，自然资源部以简报形式在全国范围推广，多省到宁夏实地调研学习经验做法。开展全区矿山违法违规开采专项整治，聚焦矿产资源领域典型突出问题，两次印发专项整治方案，成立3个检查组和1个技术保障组，对全区1161家矿山开展全覆盖式"体检"，"一矿一档"建立问题清单，"一矿一策"制定整改清单，"一矿一时"限期整改到位。截至2021年年底，已完成整改矿山108个，停产整改45个，并通过视频监控、三维建模、遥感监测等手段，对问题矿山进行重点监管，彻底肃清行业乱点乱象。

【矿产资源规划编制】2021年，宁夏组织开展能源矿产资源勘查开发利用与保护等4个专题研究，编制绿色矿业发展等3个专项规划，支撑高质量编制自治区矿规，对"十四五"时期全区矿产资源保护、勘查、开发利用作出全面部署。规划已经自治区政府审核同意，于10月正式报自然资源部审批，是最早报部审批的省份之一。下发方案，组织推进会、技术培训会、集中审核会7次，发调度通报10期，推动市、县两级规划编制。截至2021年年底，12个编制矿规的市、县(区)均已进入审核报批环节。

【绿色矿山创建】2021年，宁夏及时印发绿色矿山创建工作方案，成立工作领导小组和三个推进组，分片督促指导各地积极创建。召开动员会、培训会，每月通报各地创建进展情况。严格源头管控，在采矿权出让合同中明确新建矿山投产一年内必须建成绿色矿山，把好矿山入口关。严格创建过程控制，加强日常监督管理，督促企业落实绿色矿山建设主体责任，加快已有生产矿山升级改造。参与开展两次矿山违法违规开采排查整治，一体推进绿色矿山建设。完善长效机制，推进绿色矿山建设法治化、规范化、制度化，起草《自治区绿色矿山建设管理指南》，更新绿色矿山建设专家库，规范、引领创建活动。《人民日报》等媒体对宁夏全面建设绿色矿山的做法进行了报道。全区142个矿山被列入创建计划。

【矿产资源储量管理】2021年，宁夏按照自然资源部要求认真部署开展矿产资源国情调查。构建“区厅统筹推进、市县协调支持、调查机构主体实施、第三方独立监督”的“四方联动”工作机制，按月调度推进。全区列入范围的366个矿区内业数据整理、外业调查工作均100%完成。2021年12月19—22日，矿产资源国情调查全国核查专家组通过内业资料核查、外业实地调查、听取调查成果汇报等方式，对全区矿产资源国情调查工作进行全面核查。认为宁夏矿产资源国情调查工作部署早、行动快、标准高、要求严，调查质量符合技术规范要求，进度居于全国前列。严格规范储量报告评审备案。建成运行全区统一标准、统一流程的储量管理系统，实现区、市、县三级储量数据同平台管理。2021年，全区各级自然资源部门通过系统受理审查各类储量报告396份，全部在规定时限内办结。全年新增查明石膏资源量4亿吨，水泥用灰岩12.56亿吨。规范区、市两级储量报告评审工作，修订《自治区地质矿产(环境)类专家库管理办法》，召开专题培训会2次，对全区储量管理工作进行调研，组织对2020年度72份储量报告进行抽查复检。宁夏矿产资源储量统计质量监控工作经验在全国矿产资源储量统计质量监控工作会议上交流，是5个交流的省份之一。严格建设项目压覆矿产资源审批。依法审批压覆申请8件。完善压覆查询系统，提高查询服务效率，共出具查询报告1067份。做好地质资料汇交、借阅服务管理，2021年宁夏地质资料汇交率为97.72%。

(郑　燕)

国土资源管理

【空间规划编制】2021年，宁夏衔接落实国家重大区域规划，对接自治区“十四五”规划及相关专项规划，开展全域生态空间、主体功能分区评估调整等3个专题研究，将自治区9个重点产业和重大工程项目空间布局和用地需求在规划中作合理安排。5次向自治区政府分管领导专题汇报，2轮向自然资源部汇报，在北京召开高规格专家咨询会，3轮征求相关厅局、市县意见建议，面向社会广泛征集意见建议63条，并逐条研判吸纳，不断完善后形成自治区国土空间规划文本、说明书、图件成果，自治区国土空间规划基本形成。市县国土空间规划围绕构建全区国土空间规划体系，制定市县国土空间总体规划编制指南、国土空间规划现状基数转换规则、基数转换汇交要求等技术文件，为各市县国土空间总体规划编制提供重要依据。完成市县规划成果第一轮审查，组织3轮城镇开发边界试划，逐市县审核对接，确保上位规划管控要求传导到位。以贺兰县为试点开展规划现状基数转换和规划留白，指导贺兰县制订国土空间规划留白机制实施意见，指导银川市高标准完成城市体检评估和城区范围确定，2项城市设计(银川火车站片区城市设计、银川市滨水空间及规划建筑导则研究)入选全国优秀案例。落实自然资源部关于过渡期国土空间规划管理有关政策，以编制近期国土空间规划实施方案形式，保障近2年地方规划用地需求，22个县(市、区)近期国土空间规划实施方案全部取得自治区人民政府批复。村庄规划编制强化村庄规划顶层设计，印发《关于进一步加强和改进村庄规划工作的指导意见》《村庄规划编制管理暂行规定》，全面规范村庄规划编制管理。在已出台6项技术标准基础上，修订村庄规划用地分类指引，制定村庄规划共同缔造导则、成果审查技术细则以及搬迁撤并类村庄认定标准3项技术文件，形成“2+9”村庄规划制度标准体系。开展村庄规划“大会战”，全区完成“多规合一”的实用性村庄规划编制388个，2项村庄规划(盐池县王乐井乡曾记畔村“多规合一”实用性村庄规划、吴忠市新华桥村“实用性”村庄规划编制成果)被评为全国优秀，宁夏村庄规划工作成效写入全国农村人居环境整治经验交流材料。针对帮扶的固原市原州区、贺兰县洪广镇广荣村、青铜峡市邵岗镇甘城子村，分别形成帮扶措施工作台账，制定实施方案分解帮扶任务和三年行动计划，建立区市县乡村五级协同落实机制，积极协调解决困难问题，2021年各项帮扶措施全部落实到位。

【生态保护红线评估与监管】2021年，宁夏重点开展生态保护红线评估调整，梳理分析原生态保护红线内永久基本农田、耕地、城镇、村庄等九类矛盾冲突的类型、范围、面积，逐一编号建立台账，并按照国家调整规则进行分类处置，衔接自然保护地整合优化预案、资源环境承载能力和国土空间开发适宜性评价成果，形成《宁夏生态保护红线调整方案》《宁夏生态保护红线评估技术报告》《宁夏生态保护红线评估工作报告》及生态保护红线数据库。生态保护红线评估调整成果已通过国家部委审核。开展生态保护红线内有限人为活动监管、专项规划审查等专题研究，形成《宁夏国土空间专项规划管理办法(试行)》《宁夏生态保护红线监管办法(征求意见稿)》等成果。审核涉及避让生态保护红线的近期国土空间规划实施方案23件、建设项目拟用地476件、矿业权等42件。主动对接工程项目，对项目拟用地与生态保护红线存在的矛盾冲突提出解决对策。组织完成5个国家级项目占用生态保护红线不可避让性论证工作。

【耕地保护与占补平衡】2021年，宁夏完成国家"十三五"耕地保护责任目标考核。截至2020年年底，全区实有耕地面积1802万亩，超额完成国家下达目标任务，考核结果位居全国前列。开展地级市耕地保护责任目标考核，经综合考评，吴忠市、石嘴山市分获一等奖，中卫市、银川市、固原市分获二等奖。永久基本农田管理。22个县(区)共划定永久基本农田1340.39万亩，分别占"三调"稳定耕地和全区耕地总量的82.1%和74.5%，整改补足全面完成。全年共审核重大建设项目、设施农业等占用补划方案14个、补划面积612.99亩，永久基本农田实现数量、质量双平衡，占用补划全面落实。加强耕地占补平衡管理。狠抓项目实施，全年核定国土综合整治、高标准农田等补充耕地项目82个，入库指标15万亩，产能6450万公斤，超额完成年度下达目标任务。年内审核占补平衡挂钩单165个，核销指标2.79万亩，先补后占全面落实。完成跨县域指标交易5宗0.8万亩，成交金额0.89亿元，有力保障了银昆、乌玛高速等一批重点建设项目用地需求。跨省指标交易成果初显。配合自然资源部完成2020年度申报的2.1万亩补充耕地指标核查，8个项目一次性通过国家验收，其中0.76万亩水田规模已完成交易，获得资金5.7亿元；2021年36个项目10.1万亩补充耕地指标按期上报国务院，被纳入国家统筹；印发《补充耕地项目后期管护办法》等一揽子制度文件。合法权益得到有效保障。组织开展地上附着物和青苗补偿标准制定工作，有效解决全区现行补偿标准偏低、南北差异偏大、类别不统一等问题；率先建成集体土地征收监管平台，在全国首次实现集体土地征收省级监管智能化、管理流程化、信息公开化和成果数字化，《自然资源报》头版予以宣传报道。违法占耕问题得到遏制。加快推进督察反馈问题整改，2019年、2020年715个问题整改到位548个，2021年6000多个疑似问题图斑提前完成核实举证。推进2021年上半年耕地卫片监督反馈问题整改，自然资源部下发的79个问题，整改到位75个。完成25个"挖湖造景"(吴忠市、宁东管委会)和100个"大棚房"回头看发现问题整治整改工作。

【国土空间用途管制】2021年，宁夏坚持"要素跟着项目走、增量存量相挂钩"，土地要素持续向优势地区、优势产业集聚。全年70%以上的计划指标用于自治区9个重点产业、十大工程项目和四大提升行动，其中国家、自治区重大项目单列计划指标1.25万亩、9个脱贫县(区)单列指标5400亩，保民生、保发展、保乡村振兴更加有力。空间准入要求更加清晰。落实农业空间、生态空间管控要求，印发《进一步强化国土空间用途管制保障重大项目用地的通知》，明确规则、划定底线，要求重大项目选址避让"三条红线"，严控黄河滩区土地开发利用，严格"两高"项目选址要求，明确耕地向其他农用地转用的管制规则，创新提出城市生态用地差别化管控方式。"全类型"用途管制制度体系更加清晰。2021年，宁夏持续开展批而未供和闲置土地盘活利用专项行动，充分运用自然资源部支持政策，规范调剂使用方式处置批而未供土地的程序和预告登记转让程序，通过分解任务，明确措施、时限、处置标准和强力督办，压紧压实市县主体责任。联合自治区高级人民法院、检察院印发《关于建立司法查封闲置土地清理处置联动机制的通知》，协同推进涉法涉诉闲置土地案件快审、快结、快执行。全区已处置批而未供土地6.99万亩(其中，2009—2018年2.12万亩，2019—2021年4.87万亩)、闲置土地9601.89亩，分别完成自然资源部下达宁夏年度任务的109.87%、152.3%。根据自然资源部通报，2019—2021年12月，全区各类建设用地开发利用巡查事项为7979项，已巡查7927项，占比为99.3%。

【土地市场建设】2021年，宁夏构建全区集体经营性建设用地入市政策体系，印发《宁夏回族自治区集体经营性建设用地出让（出租）指导意见（试行）》《宁夏回族自治区集体经营性建设用地使用权网上交易规则（试行）》，开展土地增值收益分配课题研究，指导市县依法依规、稳慎推进集体经营性建设用地入市28宗466.66亩，土地出让价款3321.82万元，村集体分享土地增值收益1560.87万元，进一步激活农村土地资源要素。印发《关于加快推进建设用地使用权转让、出租、抵押二级市场有关问题的通知》《自治区建设用地使用权转让、出租、抵押二级市场交易服务系统建设指南》，统一规范全区土地二级市场交易服务系统建设标准。采取现场督办、每周通报进度等方式，加快推进自治区和5个地级市土地二级市场平台建设，实行“一对一”“点对点”对接服务工作。

【节约集约评价】2021年，宁夏印发《关于强化开发区节约集约用地导向　助推先行区建设的若干措施》，开展全区产业园用地情况总调查及2021年度23个开发区土地集约利用全面评价；评价结果显示，开发区亩均税收、土地供应率、建成率等8项指标稳步提升；2020年单位GDP建设用地使用面积下降率为3%，超额完成2.9%的目标任务。全区23个开发区2020年度土地利用程度、利用强度逐年稳步提高，13项指标中6项指标持续增长。其中，开发区土地供应率、建成率、工业用地建筑系数同比提高3.06个百分点、3.23个百分点、0.11个百分点；综合容积率、工业用地综合容积率同比提高0.02、0.08；地均税收同比增长18.7%。

【国土空间生态修复】2021年，宁夏实施生态修复规划体系建设，充分衔接全国生态保护和自然资源利用规划、全国重要生态系统保护和修复重大工程总体规划、自治区国土空间规划，以农业、生态、城镇空间为对象，编制《自治区国土空间生态修复规划（2021—2035年）》，部署市县国土空间生态修复规划编制工作，启动市县规划编制指南的研究制定。完善生态修复项目管理制度，修订《宁夏生态修复项目管理办法》，制定《宁夏生态修复项目竣工验收办法》《宁夏生态修复项目变更管理办法》《宁夏生态修复项目档案管理办法》及项目竞争性评审规则等有关规定。建立“每年一更新、三年一滚动”项目动态管理机制，强化生态保护修复项目储备库管理，指导各市、县（区）科学编制项目实施方案。施行中央、自治区资金支持项目竞争性评审制度，突出项目科学性，择优选择重大工程项目予以支持。实行项目实施全程监管，强化调度管理，严把项目质量关，严格落实绩效目标管理，做好绩效运行监控及评价，确保工程优质高效。完善生态修复监管措施。履行矿山地质环境治理恢复监管职责，多轮次开展调查研究和督查检查，起草《自治区在建与生产矿山生态修复管理办法》，明确各级自然资源部门监管职责、管理措施以及矿山企业主体责任和激励政策。基于全区自然资源“一张图”和国土空间基础信息平台，建设国土空间生态修复监测监管系统，对入库项目、实施项目、完工项目进行动态监测和综合分析评价，实现规划范围可查、实施区域可看、管理流程可溯、实施效果可评，不断提升制度化、规范化、信息化管理水平。建立生态修复工程推进机制。成立省级领导包抓“三山”生态保护修复工程工作机制办公室，统筹落实贺兰山、六盘山、罗山生态保护修复专项规划，逐年细化分解项目建设任务，建立项目清单，定期调度项目进展。督促5个地级市建立相应机构，协调组织和指导督促相关厅局和市、县（区）谋划实施“三山”生态保护修复项目。开展调查研究，及时发现工作推进过程中存在的问题，提出对策措施，为省级包抓领导决策提供服务和参考。定期通报工作进展，及时总结推广典型经验做法。谋划实施生态修复重大项目。抢抓国家编制《全国重要生态系统保护和修复重大工程总体规划》《黄河重点生态区生态保护和修复重大工程建设规划》重大机遇，将涉及宁夏20个县（区）的黄土高原水土流失综合治理、贺兰山生态保护修复和黄河重要生态区历史遗留废弃矿山生态修复等三大工程纳入国家规划覆盖范围，“一河三山”重要生态功能区总投资369.5亿元的14个修复治理项目包，进入中央资金项目储备库。两批中央历史遗留废弃矿山修复资金9330万元已落实到位。青铜峡牛首山、沙坡头陈水矿区废弃矿山治理等5个修复项目，进入国家发改委黄河专项资金项目名录，申请中央预算内投资18.16亿元。聘请专家团队，提升完善六盘山山水林田湖草沙一体保护修复工程实施方案，全力做好竞争性评审准备，力争中央20亿元项目资金落地宁夏。

【“三山”生态保护修复工程】2021年，宁夏强力推进“三山”（贺兰山、六盘山、罗山）生态保护修复工程。协调和组织各有关厅局与市、县（区）累计完成投资48.55亿元，实施项目148个，修复破损土地和矿山31.8万亩，营造林138.4万亩，保护修复湿地23.2万亩，“三山”生态环境显著改善。贺兰山区域开展生态环境综合整治成效“回头看”，对214处整治点位逐一排查、逐点核实、逐项建档，紧盯整改落实。保护区内关闭退出的83处矿山已依形就势恢复地形地貌，清理整治的53处人工设施已彻底拆除，保留的33处农林牧等设施实现共管共治，植被覆盖度增加5%。保护区外围11家煤矿依法关停，10个绿色矿山建设初见成效，384处工矿设施全部拆除，石嘴山市崇岗、长胜2个煤炭集中加工区561家企业关停取缔、126家整治提升，绿化面积3000亩。贺兰山老旧矿区“黑、乱、差”状况彻底改观，重点区域“散、乱、污”现象根本扭转。贺兰山历史“疮疤”逐渐愈合，野生动植物种群数量稳定增长，自然生态本底逐步恢复。2020年6月，习近平总书记用“壮士断腕”肯定了宁夏保护贺兰山的举措和成效，中央生态环境保护督察办公室全国通报表扬，中央环保督察组“回头看”将贺兰山综合整治作为落实“两山论”的典型。2021年6月，贺兰山生态保护修复被自然资源部和世界自然保护联盟联合推荐为全国十大生态保护修复典型案例，向全球公开发布；10月，习近平总书记在济南座谈会上，对贺兰山生态保护修复工作再次给予肯定。六盘山区域推动矿山修复、水源涵养、水土保持等项目实施，形成了彭阳县小流域治理“山顶林草戴帽子、山腰梯田系带子、沟头库坝穿靴子”和“88542”等可复制可推广的治理模式。罗山区域实施禁牧封育、关停地下水开采井等工程，大力实施沙漠锁边工程，营造水源涵养和水土保持林71.19万亩，水源涵养能力持续提升。

探索开展多元化投入机制研究实践。成功创建“黄河上游风沙区生态保护修复宁夏科研工作站”，组织开展生态保护修复多元化投资机制等3项专项课题研究。指导银川市、泾源县编制完善试点区域社会参与生态修复工作方案，推动泾源县引进社会资本投入燕家山生态移民迁出区、青龙山流域生态保护修复，试点探索“政府引导、市场运作、社会参与”的生态保护修复治理新路径。探索复制志辉源石酒庄生态产业化发展模式，指导银川市实施镇北堡408亩历史遗留采坑修复治理，总结修复工程与产业项目融合的可复制可推广经验，推进企业将生态资产转化为可持续发展的资本，形成矿山生态修复新策略。

【自然资源资产交易管理制度】2021年，宁夏完善自然资源资产管理制度体系，印发《关于推进产业用地“标准地”出让的实施意见》，指导吴忠市完成“标准地”出让5宗、562亩，有效提高了全区土地资源配置效率。制订《宁夏回族自治区工业用地弹性供应实施办法(试行)》，指导各市、县(区)按照弹性年期出让工业用地53宗2833.5亩，完善了差别化土地供应制度。修订《自治区国有建设用地使用权网上交易办法》，企业通过一级市场拿地时间平均减少10个工作日，有效缩短土地出让交易周期；指导银川市推出“限房价、竞地价”出让商住用地9宗584.23亩，为稳定银川市住房价格发挥了重要作用。开展所有权委托代理机制试点，编制自治区试点实施总体方案和自然资源清单，探索不同资源资产所有权的委托代理模式和受托所有权管理路径，构建全区自然资源资产评价考核体系。开展自然资源资产清查国家试点，在第一批成功试点的基础上，推进覆盖全域的第二批国家试点，完成国家级价格体系建设、实物量清查等年度工作，为摸清资产“家底”奠定了基础。开展平衡表编制国家试点，完成平衡表编制年度任务，完善优化了报表体系、指标内容、核算方法，制定了报表技术细则，为做好国有自然资源资产管理提供基础数据支撑。聚焦土地权改革，牵头制定构建城乡统一用地市场工作方案，指导平罗等市县全面推进改革任务。指导各地规范配置土地资源，全年供应建设用地1095宗6.8万亩。初步建成自治区全民所有土地资源资产数据库管理系统和土地储备综合信息管理系统，完成银川市土地储备资产负债表编制试点，建立健全土地资产储备、管护、临时利用制度。落实自然资源资产监督制度。组织编制自治区国有自然资源资产管理情况专项报告，做好向自治区人大专项报告工作，在自治区人大常委会首次作专项报告并得到肯定。制定专项报告编制模板，指导全区自然资源部门规范开展专项报告编制，为建立健全国有自然资源资产报告制度提供有力支撑。探索建立自然资源生态产品价值实现机制。印发《宁夏回族自治区生态产品价值实现典型案例》，贺兰县“稻渔空间”一二三产融合、银川市镇北堡废弃矿坑治理案例成功入选全国第三批、第四批生态产品价值实现典型案例，经验被全国推广。完成自然资源领域生态产品价值实现机制专题研究，为构建宁夏生态产品价值实现政策制度体系提供了基础支撑。

（郑　燕）

调查监测

【自然资源常态调查监测】2021年，宁夏完成第三次国土调查后续任务。按期完成全区耕地资源质量分类核查、建库与汇总分析。加强三调数据成果分析评价工作，形成了三调综合分析报告，耕地、建设用地、生态移民迁出区、生态保护红线和永久基本农田利用状况等5个专项分析报告。同步开展三调成果数据提供使用，有力支撑先行区建设和土地权、山林权改革等重大改革事项。统筹推进年度国土变更调查。开展耕地“非农化”“非粮化”监测，更新“国土三调”成果，支撑自然资源“一张图”和综合监管平台平稳运行，不断夯实“以图管地”工作基础，全区22个市县均一次性通过核查，全区变更调查成果综合差错率低于0.3%，顺利通过国家验收。完成2021年全区地理国情监测工作任务，对485万个图斑进行监测，其中变化图斑17万个，变化面积575万亩，通过对数据统计和变化原因全面分析，形成高质量的监测分析成果，服务于自治区宏观决策和地方经济社会发展。

【自然资源专项调查评价监测】2021年，宁夏开展全要素自然资源调查监测评价，坚持“山水林田湖草沙城”八大空间全覆盖，“耕林草湿水矿土生物”八大资源要素全统筹的总体思路，在全国率先开展自然资源全域全要素调查。印发《宁夏回族自治区自然资源调查监测实施方案》，配套制定技术细则、数据库标准、汇交要求及核查方案等系列规程，选取贺兰县、彭阳县和沙坡头区3个县（区）先行开展林草水湿沙城各类资源调查监测试点。在试点工作基础上，开展覆盖全域各类自然资源调查监测工作，查清全区森林、草原、湿地、矿产、水、沙漠、生物、城市空间等资源分布、范围、面积等基本属性情况，建立“资源典”电子台账。完成贺兰山、六盘山和罗山“三山”专项调查，形成“三山”自然保护区自然资源“一张图”。结合自治区特色产业名录，全面查清酿酒葡萄、枸杞、优质瓜果蔬菜、奶牛、肉牛和滩羊等“紫红白绿”四色名片重点产业用地126.56万亩及各类用地类别、结构和分布等，形成“三山四色”调查监测成果分析报告，建立数据库和管理系统，推动宁夏特色农产品布局区域化、经营规模化、发展产业化。

【自然资源确权登记】2021年，宁夏全面启动自治区级自然资源保护地确权登记，印发项目实施方案和工作实施方案，已完成25个自治区级自然保护地和自治区级6条河流的确权登记工作，完成宁夏自然资源统一确权登记工作疑难问题研究汇编初稿，为自然资源统一确权登记这项全新的工作提供切实可行的经验做法。全区农村宅基地“房地一体”符合确权登记条件的62.76万宗，已完成确权登记62.52万宗，登记率为99.62%；针对尚不具备登记条件的29.97万宗宅基地，提出8类疑难问题解决措施，印发《关于印发〈关于化解农村宅基地确权登记历史遗留问题若干措施〉的通知》。以支持葡萄酒产业发展为切入点，印发《关于完善葡萄酒产业用地确权登记的政策措施》及配套技术指南，首次明确国有农用地土地经营权确权登记路径，创新开展葡萄苗木在不动产权证附记栏中记载品种、数量、种植面积和年限等信息，并为宁夏志辉源石酒庄率先颁发首批土地经营权不动产证。印发《关于加快推进集体建设用地确权登记发证工作的通知》，针对全区12462宗集体建设用地，已完成地籍调查12155余宗，已登记发证388宗。印发《关于进一步做好林权类不动产登记档案整治数据整合规范林权登记工作的通知》《全区林权登记数据整合操作流程》，规范林权不动产登记，彭阳县、中宁县、平罗县在全区颁发第一批林权不动产权证。建设并上线运行宁夏不动产统一登记信息系统，实现全区不动产登记“省级大集中”模式，功能更优化，操作更简便高效，已实现增量不动产登记生成电子证照和不动产登记审核、证书打印、网上查询、信息共享、“带图”作业等目标；为银行、房地产开发企业等机构搭建“互联网+不动产登记”申请平台；商品房预售、抵押涉及的不动产预告登记、资料查询、不动产抵押等业务实现“全区通办、跨省通办”。完成全区全部18491套易地扶贫搬迁安置住房不动产登记工作。加快化解城镇不动产存量问题。结合“不动产登记领域我为群众办实事”专项活动，已解决城镇不动产历史遗留问题项目114个，涉及不动产18450套，惠及29176人。

（郑　燕）

测绘地理信息

【基础测绘】2021年，编制完成基础测绘“十四五”规划，提出构建现代测绘基准体系、影像数据资源体系、基础地理信息数据资源体系、测绘地理信息应用服务体系、测绘地理信息监管体系5个方面任务，明确了实景三维宁夏、北斗卫星定位服务等22项重点项目。全面建成1∶2000基础地理信息数据库，数据成果平面精度优于0.4米，高程精度优于0.25米，中国科学院院士、武汉大学教授龚健雅等7名区内外专家对项目进行验收，成果汇交至自然资源信息中心，项目成果提供全区自然资源、水利、农业农村、交通运输等23家部门单位使用，累计提供成果超12TB。完成国家新型基础测绘宁夏试点建设生产任务，完成试点贺兰县1159平方公里、全区水系、23个工业园区专题地理实体数据生产；编制完成《国家新型基础测绘建设宁夏试点实施方案》，通过自然资源部评审。完成全域2米格网实景三维地形场景，构建乡村三维框架模型，共构建房屋院落450万个。完成1178平方公里的倾斜航空摄影，覆盖22个县（区）城市区域，建立402平方公里城镇实景三维模型。

【测绘行业管理】2021年，全区测绘资质完成复审换证工作。举办新政策培训班，共180多人进行政策培训。通过复审换证单位109家（其中，甲级4家，乙级105家）。开展行业乱点乱象专项整治，聚焦测绘资质、成果质量、地理信息安全、地图市场等问题，对全区160多家资质单位开展调研摸排、实地核查、专项检查、集中整治。加强事中事后监管，开展全区40家测绘地理信息成果质量监督抽查和80家测绘资质巡查，在银川市和石嘴山市开展市级质量检查试点，推进测绘管理职能下移。完成《宁夏回族自治区测绘条例》修订并于2021年11月30日施行。截至2021年年底，宁夏卫星导航定位基准服务系统用户达507家，年内新增21家；注册用户终端达2587台，年内新增180台。为自治区自然资源、住建、交通、水利、农业农村、应急、生态环境、气象等行业提供高精度空间定位服务。全力推动工程建设项目“多测合一”改革，协同自治区住建厅、人防办联合印发《关于推进工程建设项目“多测合一”的实施意见》《宁夏工程建设项目“多测合一”技术规程》。

（郑　燕）

林草资源管理

【概况】2021年，全区完成营造林10万公顷，修复退化草原1.4万公顷，恢复湿地1.23万公顷，湿地保护修复1.55万公顷，治理荒漠化面积6万公顷。完成封山育林0.47万公顷，征占用林草地面积0.24万公顷，发展庭院经济和村庄绿化0.47万公顷，生态经济林建设完成0.93万公顷；自然保护地生态修复完成0.64万公顷，办理建设项目使用林地审批530件，共收缴森林植被恢复费18119.3290万元。争取林草资金24亿元。

【林业草原管理改革】2021年，宁夏全面推行林长制，自治区党委和政府印发《宁夏全面推行林长制的实施意见》，建立区市县乡村五级林长组织体系，印发总林长1号令和《自治区级林长制会议制》等7项制度。深化山林权改革，印发《关于深入推进山林权改革　加快植绿增绿护绿步伐的实施意见》，出台山林权交易规则、纠纷调解、以林养林、以地换林等配套政策。编制《宁夏天然林保护修复中长期规划（2021—2035）》《宁夏天然林资源保护工程评估报告》。国家草原自然公园试点建设。规范麻黄草种植和溯源管理，启动草原禁牧成效评价研究，形成《宁夏草原征占用审核审批行政许可办事指南（试行）》和贯彻落实加强草原保护修复意见。

【资金规划】2021年，宁夏共争取林业草原项目资金24.19亿元，按资金来源分，其中中央资金16.95亿元，自治区财政资金7.24亿元，较上年增加1.31亿元，提高6%；按项目类别分，其中国土绿化资金13.64万元，退耕还林资金2.8亿元，天保工程资金2.5亿元，生态护林员资金1.12亿元，草原保护恢复资金0.75亿元，枸杞产业资金0.8亿元，湿地保护资金0.78亿元，其他项目资金1.8亿元。印发《宁夏林业和草原发展“十四五”规划》，联合自治区财政厅起草《宁夏回族自治区中央财政林业改革发展资金管理办法》《宁夏回族自治区中央财政林业草原生态保护恢复资金管理办法》，完成《宁夏固原市黄土丘陵森林火灾高风险和草原极高火险区综合治理项目》《宁夏南华山国家级自然保护区基础设施建设项目》等9个基本建设项目评审、申报工作。制定《自治区林业和草原局系统工程建设政府采购领域重点检查工作方案》。

【森林资源管理】2021年，宁夏开展林草生态综合监测评价工作，共调查各类样地977个（其中，森林监测样地共644个，包括130个地类核实样地和514个现地调查样地；草原样地281个；湿地样地31个；荒漠化样地21个）。在2020年度林地变更调查的基础上，以国土“三调”（全国第三次国土调查）数据为统一底版，按时间节点完成2021年全区遥感判读图斑7029个的调查核实和全区林地“一张图”年度更新工作。完成“三调”数据对接融合和优化国家级公益林工作。林地定额管理。办理建设项目使用林地审批530件，使用林地面积1551.67公顷（其中，长期占用林地316件，面积580.98公顷；临时占用林地196件，面积840.54公顷；直接为林业生产服务18件，面积130.15公顷）。共收缴森林植被恢复费18119.33万元。为服务自治区重大项目，争取国家林地定额指标1500公顷，使用林地定额580.98公顷。采伐限额管理。立足全区采伐需求实际，编制《宁夏回族自治区“十四五”期间年森林采伐限额汇总表》，经国家林业和草原局审核同意，自治区人民政府批准下达全区采伐限额指标。办理林木采伐65件，批准采伐蓄积4971.07立方米，采伐限额有效控制。

【国土绿化和荒漠化治理】国土绿化。2021年，自治区绿化委员会办公室印发《关于下达2021年国土绿化任务的通知》；编制形成《宁夏科学绿化试点实施方案（2021—2025年）》；开展"3·12植树节"宣传活动，结合疫情防控，采用文艺汇演、搭建咨询台、宣传展板、线上募捐等多种形式通过报纸、网站等刊登《全民义务植树倡议书》进行广泛宣传；与银川市绿化委员会办公室共同组织区直机关在银川市兴庆区沙漠休闲运动公园参加全民义务植树活动。荒漠化治理。开展"6·17"世界防治荒漠化与干旱日宣传，编制《自治区林业和草原局沙尘暴灾害应急处置工作方案》。绿化工程。完成造林计划上图11.07万公顷，编制《宁夏科学绿化试点实施方案（2021—2025年）》《自治区林业和草原局沙尘暴灾害应急处置工作方案》；在中宁县启动实施2021年"幸福家园——西部绿化行动"生态扶贫项目0.03万公顷，中国绿化基金会下达宁夏项目资金520.36万元，援助种植104.07万株优质枸杞苗木。首次引进"蚂蚁森林"项目。2021年"蚂蚁森林"公益造林项目首次落地宁夏，实施0.41万公顷，其中在海原县实施200万穴柠条共计0.08万公顷，在中卫市沙坡头区实施470万穴（其中，柠条200万穴，花棒220万穴，山桃50万穴）0.33万公顷（蚂蚁森林全民义务植树合作造林项目）。

【自然保护地建设】自然保护地体系建设。2021年，宁夏完成《2020年度以国家公园为主体的自然保护地体系建设项目执行绩效自评报告》、完成14个自然保护区总体规划并进行函审、开展贺兰山国家公园前期评估论证及总体规划等工作。完成《宁夏回族自治区林草碳汇计量评估与碳中和战略研究》编制及2021年政府采购任务。完成《宁夏三北工程总体规划修编（2021—2050年）》《宁夏三北六期工程规划（2021—2035年）》编制工作。编制《宁夏新一轮林地保护利用规划工作方案》《宁夏新一轮林地保护利用规划编制技术方案》《宁夏新一轮林地保护利用规划大纲》，报国家林业和草原局西北林业调查规划设计院进行审查。野生动植物保护。2021年，全区各地组织开展联合执法专项行动85次。自治区相关部门组织多部门联合打击行动8次，配合宣传教育活动15次。全区各地、各相关部门单位出动执法车辆6536车次，巡查有关场所394500人次。全区办理野生动植物案件92起，其中行政案件59起，刑事案件33起；收缴野生动物1819只（头、尾），野生动物制品56件，非法猎具渔具303个（张、台），疑似珍贵濒危野生植物制品245件（串）。共审批（规范）野生动物人工繁育单位8家，协调办理跨省（区）出售、科普展示事项8件，清理非法野生动物展演2家；救助猎隼、白鹭等野生动物10余种26起55羽。充分利用"野生动植物日""爱鸟周"等节点，发挥新媒体优势，深入一线开展宣传。据统计，共悬挂横幅、标语620余条，发出海报1500余张，制作展板200余块，发出《倡议书》《告知书》《承诺书》3600余份，定制餐桌禁食野生动物温馨提示牌12000余块，张贴告示、发放手册、宣传彩页30余万份，组织现场宣传讲座18次，开展解答群众疑难问题30余场次，安装永久性宣传牌80余块。相关重要新闻媒体共发布转载有关野生动植物保护的新闻信息报道1000多篇。自然保护地体系建设。筹备贺兰山国家公园设立工作，对设立方案、社评方案、边界范围等材料进行再次梳理和完善，编制《宁蒙共同创建贺兰山国家公园工作方案》。加大贺兰山国家级自然保护区整合优化力度，组织召开《宁夏贺兰山东麓洪积扇区域生态评估研究报告》等贺兰山生态评估成果评审会，自治区政府已将再次修改完善的贺兰山国家级自然保护区整合优化预案上报自然资源部、生态环境部、国家林草局。加强自然保护区管理，上报南华山、沙坡头国家级自然保护区总体规划，协调国家林草局已批复；研究和编制全区自然保护地发展规划和9个国家级自然保护区总体规划工作，调整青铜峡库区自治区级自然保护区范围和功能区。自治区自然资源厅与自治区司法厅联合修订《宁夏回族自治区六盘山、贺兰山、罗山国家级自然保护区条例》，相关草案已上报自治区人民政府；科学评估白芨滩、沙坡头、火石寨等9个国家级自然保护区管理工作，统计保护地红线内矛盾冲突情况68处；开展全区范围内的风景名胜区违法违规问题排查活动，梳理自然保护地内有关生态旅游项目50余个，纳入自治区发改委项目库。

【森林草原防火】森林草原防火。2021年，全区共发生森林草原火灾7起，过火面积0.03万公顷，森林火灾受害率低于0.9‰，草原火灾受害率低于3‰的预期指标。先后印发《关于做好元旦春节期间安全防范工作的通知》《关于做好"清明""五一"期间森林草原防火工作的通知》《关于做好2021年秋冬季森林草原防火和安全生产工作的通知》；制作《保护绿色家园　严防林草火灾》宣传片，在宁夏电视台、"学习强国"平台上播放宣传，在宁夏电视台投放森林草原防火公益广告；全区各级林草部门共发放各类宣传资料21万余份，发送宣传、预警短信12万余条，悬挂横幅3000余条；与气象部门及时会商森林草原火险形势，通过多渠道联合发布森林草原火险气象等级预警信息，共发布高火险气象等级信息40期、预警信息15期，联合自治区森防指等单位印发《野外火源治理和查处违规用火行为专项行动方案》《关于开展林（草）区输配电设施火灾隐患专项排查治理的通知》，在哈巴湖国家级自然保护区组织开展2021年全区春季森林草原防灭火实战演习，组织实施自治区财政森林草原防火专项资金1000万元，印发《全区森林草原火灾风险普查方案》。林业行政执法。全年共受理信访案件20件，完成执法证件的申领和换发，办理资格审核80人次；争取自治区财政经费745万元，为全区护林员配备防护服。

【林草科技】成果推广转化。2021年，宁夏实施中央、自治区财政林草科技推广项目54个（其中，新立项16个，延续38个），2021年投入中央财政资金及自治区财政资金1273万元（其中，投入中央财政资金1168万元，投入自治区财政资金105万元）。举办2021年中央、自治区财政林业科技推广项目启动培训会；完成2020年立项实施的17个项目中期绩效评价工作；广泛征集2022年林草科技推广项目，录入中央项目储备库15个、自治区项目储备库5个；新增授予植物新品种权2个，累计取得国家植物新品种权27个；完善科技成果管理库，进入国家局成果库的有159个，新录入的16个科技成果等待复核审查。宁夏对“抗寒月季（系列品种）引种试验”“彩叶豆梨引种试验研究”等7个引种试验项目实施开展业务指导。跟进“黄花丁香引种驯化试验”等9个项目，完成红寺堡区本土旱生植物驯化试验研究、栓翅卫矛轻简化繁育试验研究等3个项目的验收工作，组织实施中央科技推广项目《罗山地区植被恢复及示范推广》，在项目外围辐射新造林60公顷，栽培辽东楤木31000株，六盘山黄花楤木7000株。对照复审8条标准，完成65个地方标准的复审工作，形成复审情况报告。标准化建设。制定《宁夏林业和草原地方标准分类构架》，新立项并组织编写地方标准16项，举办2021年林草标准制（修）订培训会；完成2020年立项的8个地方标准的送审、报批、公示等工作；对各业务领域标龄在5年以上的200多项标准进行复审。科技创新平台。对现有国家级创新平台进行综合评估，完成《宁夏林草科技创新平台建设自评情况报告》。在向国家林草局推荐“最美科技推广员”和“乡土专家”的基础上，首次组织评选自治区级“最美林草科技推广员”22名、“林草乡土专家”10名和“林草技术专业服务队”7个，调动一大批林草科技工作者的积极性；推荐1名干部为2021年自治区青年人才托举工程培养对象。关注森林活动。召开全区关注森林活动组委会第二次会议，开展“关注森林走基层，绿水青山看宁夏”新闻采访活动，启动宁夏林草“绿色宁夏　美丽山川”全国诗词创作大赛活动，制作《绿水青山如画来》宣传片，录制林草科技微课堂等科普宣传片。在国家林草局关注森林网站发布信息4500条，关注森林活动融媒体指数在全国各省排名第四；指导开展国家森林城市和森林乡村创建工作，石嘴山市已建成森林城市，银川市、吴忠市、灵武市正在积极创建森林城市，盐池县正申报创建森林城市。

【天然林保护】天保工程评估和规划编制。2021年，完成《宁夏天然林资源保护工程评估报告》编制并报送国家林草局。总结宁夏天保工程20年建设成效，在《宁夏日报》《中国林业》专版刊发《实施天然林保护修复　筑牢黄河流域生态根基——宁夏天然林资源保护工程实施20年回顾与展望》等，全面宣传天保工程20年建设成效。编制完成《宁夏天然林保护修复中长期规划（2021—2035）》。天然林保护及公益林管理。2021年，安排落实中央和自治区天保森林管护费、森林抚育、公益林建设资金3.85亿元。天保工程区森林资源得到有效管护，完成森林抚育0.73万公顷，公益林造林1.33万公顷任务。动态管理天保“五险”参保人数，下达国有林场3919名职工“五项”社会保险补助资金6896万元。落实下达全区51.24万公顷国家级公益林中央财政补助资金9742万元，签订管护责任书，落实管护责任。林草资金稽查。开展林草重点工程项目资金稽查，完成2020年草原项目、三北防护林等7个林草重点工程项目、7个局直属单位预算的专项稽查，稽查资金9.2亿元。调研完成《林草项目资金稽查问题及对策建议调研报告》报送自治区林草局。

【草原建设】草原资源监管。2021年，宁夏共办理麻黄草采集证293个，审批采集面积0.06万公顷，采集量4194吨。累计巡查12次，巡查面积0.67万公顷；撰写《草原禁牧封育政策调研报告》，并被自治区政府以专刊形式采纳；参与制定《宁夏回族自治区麻黄草管理办法》；编制申报《宁夏吴忠市毛乌素沙地荒漠草原火险区综合治理项目》，全年征收草原植被恢复费1061多万元，出具草种检验报告288份，共发放草原普法宣传资料汇编、宣传手册等5500多份（册）。草原监测。全年完成281个国控草原监测样地和15个国家级草原固定监测样地的野外调查及省级质量审查任务，获取888个样方内各草种的“四度一量”（高度、盖度、密度、频度和产量）数据；完成全区天然草原退化及植被健康状况评价监测206个样地、798个样方调查数据，采集草种762种（其中，毒害草78种）、土样273份，建设14个草原生态自动监测站和管理平台1套；在同心县新建1个国家级固定监测点，对已建成3个国家级固定监测点的设备、软件进行更新。草原生态修复。全年共完成退化草原生态修复3.26万公顷，完成全区草原有害生物防治面积5.59万公顷，完成率为102.2%，绿色防治比例100%。制定《宁夏草原有害生物普查工作方案》，设置36个样线，187个样地。完成草地资源105个监测样地选点、布设和监测任务；对已长芒草、扁穗冰草等13个乡土草种在青铜峡甘城子基地设置39个小区进行试种；在盐池县、海原县、灵武市、原州区共建成示范面积80公顷的4个示范区；在同心县、盐池县、海原县选取具有代表性的退化草原共60公顷，采集植被指标及土壤指标4万余个。开展披碱草、多年生黑麦草、无芒雀麦、苇状羊茅、高羊茅、鸭茅、巨能耐盐、英斯特等11个牧草品种引种，经测定，初步筛选出适宜宁夏南部山区的优质牧草品种3个；完成2021年度国家草品种区域试验，完成6个牧草品种及5个生态型草种的返青监测；举办《全区草原确权承包登记管理技术培训班》等业务培训4次，培训技术人员300多人次；制定宁夏地方标准2项，出版《宁夏草原有害生物及退化指示植物图鉴》；与宁夏大学联合开展的《宁夏中南部地区土地质量提升及配套作物栽培技术理论研究》获自治区科技进步三等奖。

【湿地保护】湿地保护修复。2021年，全区恢复湿地1.22万公顷、保护修复湿地1.5万公顷任务，共完成恢复湿地（退耕还湿）1.23万公顷、保护修复湿地1.54万公顷，分别完成2021年总任务的101%和103%；共争取财政资金8267万元（其中，中央财政湿地补助资金6822万元，自治区财政湿地补助资金945万元，自治区发改委湿地保护恢复资金500万元）。争取资金额度比上年增加576万元。湿地资源管理。印发《关于开展2020年度湿地监测建设占用湿地图斑反馈问题整改落实工作的通知》，将湿地占用图斑、坐标、占用形式等下发到涉及的17个市、县（区），将2020年度全区湿地监测数据与2018年数据进行对比分析，梳理出人为活动、工程建设等导致湿地被无序占用的点位100个，有13个市县66个点位已完成整改和说明，有4个市县34个点位正在落实整改；通过创新落实湿地资源管理措施，截至2021年年底，全区湿地面积311万亩，湿地保护率达到55.5%，高于全国水平。湿地科研宣教监测。成立工作督查组和3个监测调查组，对全区的沼泽湿地、湖泊湿地、河流湿地及盐碱滩涂进行调查，共调查监测样地45个、样方120个；在招标采购第三方对2021年度全区湿地资源开展动态监测的同时，印发《关于开展2021年湿地动态监测工作的通知》《关于加强迁徙鸟类保护救助和加大监测的通知》，为固原市、中卫市、吴忠市3个国家湿地公园购置安装湿地监测和鸟类识别设备9套，对宁东海子井迁徙生活的濒危鸟类遗鸥开展持续监测，研究遗鸥迁徙生活习性，为保护提供依据。

【林草产业发展】标准化基地建设。2021年，全区发展特色经济林0.48万公顷（其中，苹果0.12万公顷，红枣0.02万公顷，鲜食葡萄0.03万公顷，设施果树及花卉0.04万公顷，其他0.27万公顷）。占计划任务的260%，完成低产、低质、低效果园改造0.35万公顷（其中，苹果0.11万公顷，红枣0.07万公顷，红梅杏0.09万公顷，其他0.08万公顷）。在巩固32个自治区级优质示范基地基础上，扶持培育示范基地67个，评选优质特色林果示范

2021年9月23日，2021年宁夏果品大赛客观评定会在利通区举办

基地15个(其中,苹果示范基地6个,红枣示范基地4个,设施果树示范基地3个,特色林果示范基地2个)。技术指导服务。在中宁县举办全区春季果树修剪和低温冻害防御暨品质提升技术推广骨干培训班,组织专家技术人员,开展基地建设、树体修剪等技术指导服务100多次,成立由自治区设施果树首席专家张国庆为组长的技术服务组,指导建设5公顷"青砧1号"矮化密植示范点、3公顷优质苹果生产示范点、2公顷低产低质果园改造示范点。特色品牌建设。举办以"庆丰收·展硕果·感党恩·助力乡村振兴"为主题的2021年宁夏果品大赛,全区101个单位选送8类215个样品参赛,共评出金奖8个、银奖16个、优质奖24个,吸引全区135家经销商代表、600多名果农自发前来参赛,大赛期间签订4350吨采购合同,成交额1566多万元。组织6家知名林果企业参加2021广州国际森林食品交易博览会,搭建以"品牌建设、乡村振兴、对接湾区"为主题的宁夏特色经济林展馆,获"优秀组织奖"1项,金奖4个,优质奖2个,通过国家级森林食品行业展会平台,拓展产品营销渠道,全面展示宁夏特色林果产业发展成果。按照《国家林业重点龙头企业推选和管理工作实施方案(试行)》要求,对各市、县(区)林业和草原局推荐的企业进行认真审核,推荐宁夏弘兴达果业有限公司、宁夏云雾山果品开发有限责任公司2家企业,参评第五批国家林业重点龙头企业。指导10余家林果企业进驻国家林草局和中国建设银行共建的善融商务林特馆销售平台。

【枸杞产业】2021年,宁夏印发《宁夏枸杞规范化栽培技术手册(2021版)》,指导主产市、县(区)完成新增枸杞种植面积0.53万公顷,创建"百、千、万"绿色丰产示范点8个,全区枸杞种植面积达到2.86万公顷,基地标准化率达到80%,良种使用率达到95%。支持完成10个枸杞良种采穗圃建设。发布《宁夏枸杞干果商品规格等级规范》《食品安全地方标准枸杞干果中农药最大残留限量》《宁杞10号枸杞栽培技术规程》3部地方标准。在全区布设监测样点2002个,组建257人的测报队伍,开展监测测报10次。病虫害监测预报体系已覆盖16个县(区)、62个乡镇、174个村。完成自治区级枸杞产品质量溯源平台硬件设施搭建、软件系统连通,6家枸杞企业7个基地1个交易市场授权使用"宁夏枸杞"溯源标签。举办宁夏枸杞区域公用品牌发布会,发布宁夏枸杞区域公用品牌标识(LOGO)、吉祥物及"宁夏枸杞　贵在道地""中宁枸杞　道地珍品"广告语。举办第四届枸杞产业博览会。开展"百家媒体宁夏枸杞行"、院士专家高峰论坛等17项活动,现场签约12.48亿元。各类媒体发布新闻稿件380余篇(条),中国日报双语报道直播在线总曝光量近1亿人次。"宁夏枸杞"地理标志证明商标获得国家知识产权局商标局正式核准。组织区内知名企业参加上海药交会、深圳文博会等国内著名展会。在宁夏卫视《品牌宁夏》栏目,播放《宁夏枸杞　贵在道地》等宁夏枸杞专题节目。启动编制《中国枸杞产业蓝皮书》《枸杞保健实用手册》。研发枸杞明目胶囊、特膳、糖肽、红素、黄酮、面膜、口红化妆品等新产品20余种,各类枸杞深加工产品10类70余种,鲜果加工转化率28%,综合产值250亿元。宁夏现代枸杞产业高质量发展工作在2021年国务院第八次大督查中被列为典型经验做法,分别被国务院办公厅和自治区人民政府办公厅予以通报表扬。"宁夏枸杞"区域公用品牌获"2021中国区域公用品牌市场竞争力品牌"评选活动第一名,中国枸杞研究院挂牌成立,国家级中宁枸杞市场及国家枸杞产品质量检验检测中心(宁夏)获批筹建,成功举办第四届枸杞产业博览会,建成宁夏枸杞文化馆,宁夏枸杞协会完成换届,中国经济林协会枸杞分会落户银川市。

【退耕还林和三北工程】2021年,宁夏完

2021年9月24日,第十七届深圳文博会宁夏枸杞专场推介会签约仪式

成国家下达的2020年度新一轮退耕还林任务0.07万公顷，任务完成率为100%。指导各县（区）完成2020年度退耕还林中央林业改革发展资金绩效自评，顺利通过国家专项检查工作。申报2022年度退耕还林政策补助资金。贯彻落实全区压砂地退出恢复生态修复与重建战略决策，多次参与自治区多个部门压砂地退出的调研，邀请并配合自然资源部、国家林草局对宁夏压砂地进行调研，形成对宁夏退出压砂地种植支持的调研报告，为进一步争取压砂地退耕还林、生态修复等国家支持政策打下基础。全年共争取三北工程建设任务7.92万公顷，中央投资5.68亿元，任务完成率为100%。编制《宁夏林草发展空间分析（2021—2050年）》，完成《宁夏三北工程六期规划编制》《宁夏总体规划修编》。配合编制《宁夏三北工程退化林草调查工作方案》《宁夏三北工程退化林草调查技术方案》，组织开展退化林分修复和退化林分改造项目，督促指导县（区）抓好项目规划编制、精准修复对象、科学修复措施、提高修复成效，全面提升林草建设质量。邀请国家三北局、国家林科院相关专家深入各市县（区）检查三北工程信息管理服务平台运行情况，开展一对一技术培训指导，推动平台运行。

2021年3月12日，自治区领导听取全区春季植树造林情况汇报

【林业调查】参与修订《自治区关于完整准确全面贯彻新发展理念　做好碳达峰碳中和工作的实施意见》，编制《2021年宁夏林业碳汇计量监测体系建设工作方案》《宁夏林草湿生态系统碳汇提升行动方案（2021—2030年）》。林草技术支撑。开展年度森林资源管理“一张图”更新工作。完成宁夏平原地理单元、陇中切割山地地理单元的春夏季野生动物外业调查的收尾工作。完成鄂尔多斯台地、陇东切割塬两个地理单元野生动物资源调查工作。完成宁夏第六次荒漠化和沙化监测数据与“国土三调”数据的全面融合、内业汇总等工作。完成《宁夏2020年乔木林单位面积蓄积量和可治理沙化土地治理率成果调查报告》。完成2021年度绿色指标调查的招标工作。配合国家林业和草原局西北调查规划设计院，开展宁夏林草生态综合监测评价工作，完成644个林业样地、21个荒漠化大样地的外业调查及森林图斑监测工作。委托并配合宁夏大学农学院完成全区23种珍稀濒危植物453个样地2265个样方的调查及标本采集工作，拍摄照片5000余张。全面参与黄河宁夏段“乱占、乱建”问题的调查及整治工作，指导原州区、泾源县开展防控野猪致害综合试点工作。配合中国地质调查局西宁自然资源综合调查中心，对黄金部队开展的一类清查外业样地进行技术指导和省级监测。制定全区退耕还林数据区划落界指导意见，配合国家林草局西北林业调查规划院对全区25个县（区）及国家级自然保护区国家级公益林优化成果进行审查。建成省级天然林保护修复专题数据库。

【林业有害生物防治】2021年，宁夏争取林业有害生物防治补助资金886万元，完成林业鼠（兔）害和松材线虫病疫情监测普查工作，发布预警通报6期，生产性预报预警信息320条，联合13个部门印发《宁夏回族自治区松材线虫病五年攻坚行动计划》。实施野生动物疫源疫病监测，成功处置贺兰山野生岩羊小反刍兽疫疫情和灵武市与盐池县交界处的南湖发生野鸟H5N8高致病性禽流感疫情。在平罗县、青铜峡市及银川市等地，开展候鸟禽流感病毒主动预警工作，共采集、送检样品5000余份。联合基层单位开展培训应急演练，加强野生动物疫源疫病监测防控技术培训，全年共培训各级监测人员450余人次。

【外援项目管理】2021年，以视频形式举办第二期荒漠化防治技术与实践国际研修班，来自欧洲、美洲、非洲和亚洲的39个国家70多名学员参加线上培训，学员交流研讨《中国荒漠化防治的成就与经验》《防治实用技术及其应用》《宁夏生态建设与荒漠化治理实践案例》。协调中卫市、青铜峡市和利通区落实配套资金1190万元，配合自治区审计厅完成项目最后一次的年度例行审计工作；配合自治区专项检查组、人大督察组、财政厅绩效组、自然资源厅巡查组完成对项目的全面审查、检查等工作。

【国有林场和林木种苗管理】国有林场改革。2021年，完成《宁夏国有林场绿色发展调研报告》，推进全区96个国有林场矢量边界数据收集整理上图工作，组织指导全区脱贫县及非脱贫县的13个国有林场积极申报中央财政衔接推进乡村振兴补助资金项目，在自愿申报的基础上，根据国有林场发展现状，提出2491万元资金计划安排，并界定全区欠发达国有林场名单，推进国有林场基础设施建设、苗木培育、林下经济和森林旅游等产业的发展潜力，推动巩固脱贫攻坚成果同乡村振兴有效衔接。组织全区12个国有林场场长及专业技术人员参加全国国有林场GEF项目和国有林场防灭火基层干部培训班。种苗监督管理。配合国家林草局石家庄种苗检测中心完成对宁夏春季造林苗木质量检测。完成全区6个国家级重点林木良种基地、1个国家级和3个自治区级种质资源库、1个良种采种基地和3个良种苗木培育项目作业设计和实施方案，指导并确定宁夏4个林木良种采种基地。开展收集保存野生、栽培、珍稀濒危及古树名木等林木资源的统计汇总和普查成果编写，对2个良种进行林木良种引种备案。承担宁夏古树名木保护抢救复壮项目，编写《宁夏古树名木保护抢救复壮试点项目实施方案》。森林旅游管理。完成全区森林公园经营建设和生态旅游游客量数据采集汇总工作。指导火石寨国家森林公园实施中央财政林相改造项目和隆德县清凉山省级森林公园规划编制工作。完成全区生态旅游和森林康养产业发展情况报告，组织申报国家森林康养基地试点单位1个，国家森林养生基地1个。

（马永福）

国家级自然保护区建设管理

【宁夏贺兰山国家级自然保护区】2021年，保护区配合生态环境部南京科学研究所、自治区林草局完成《宁夏贺兰山国家级自然保护区整合优化专项研究报告》和保护区东麓山前洪积扇动植物资源调查、生态评估报告编制及评审工作。在重点防火地段设置微型消防站10处，为局、站、点三级防火物资库配备防火物资架110组，完成1处防火雷达探火项目建设，开展第二届大练兵、大比武、大演练活动。协助国家林草局规划院、自治区林草局编制贺兰山国家公园体系建设“两报告一方案”，开展“清风行动、兰剑三号”等专项行动，年内共办理林业行政案件47起，办结41起，行政处罚违法行为人44人，罚款79.8万元。开展各类调查研究，推进《贺兰山主要野生动植物生态特征及顶级捕食者适应性研究》《贺兰山猞猁、雪豹抢救性保护研究》等10多项课题和项目的实施。在保护区架设林业有害生物智能化监测防治设备50套，布设红外监测相机160多台，首次在贺兰山拍摄到豹猫、马麝等国家重点保护野生动物，对救助放归的雪豹持续开展监测。与高校合作项目获批自治区重点研发项目2项，获国家发明专利1项。贺兰山生态定位观测研究站通过国家标准认证，被授予4块国家级牌匾，并入选首批国家林草生态综合监测站。

【宁夏罗山国家级自然保护区】2021年，保护区开展野外火源专项治理、安全生产月等专项行动，加强安全隐患排查整治和业务技能培训，累计出动人员400余人次，机动车100余台（次）。实施封山育林2万亩，开展沟道治理380亩，草原修复4000亩。开展保护区主要虫害监测防控，安装各类诱捕器1000余套，实施山杏天幕毛虫和油松林小蠹虫无人机飞防0.01万公顷。完成“三山”国家级自然保护区监测体系建设项目，已建成管理局监测指挥中心1处、管理站监控中心4处、护林点监控室17处、前端监控点24个、道路卡口4处，新建疫源疫病监测及救护点3处，迁建护林点3处，维修护林点3处、巡护道路100余公里。推进《罗山保护区总体规划（2021—2030年）》编制，联合宁夏大学开展主要虫害发生危害调查及小蠹虫防治成效评价。

【宁夏哈巴湖国家级自然保护区】2021年，保护区共审核备案保护区内居民原址翻建住房125处，修缮种植温棚养殖棚137处。完成2021年绿盾行动反馈的卫星遥感监测145个点位和2021年第二批次国家级自然保护区人类活动反馈的10处问题点位。完成林地变更“一张图”工作，结合遥感影像数据与盐池县农经站确权耕地数据库比对，对存在一地两证、林地耕地重叠的1010块图斑0.1万公顷区域，联合乡镇部门开展现地调查，结合“三调”数据和自然资源确权登记，启动纠错工作，逐步妥善解决一地多证的历史遗留问题，通过厘清资源底数，落实管护小坂地块，建立规范化资源管理体系，确保森林资源数据“一张图”“一套数”“一个体系”监测，“一个平台”管理。全年争取落地18个项目，到位资金10231.5万元，完成公益林补偿面积3.68万公顷，兑现资金652.25万元。完成湿地生态补偿项目，受损耕地补偿面积168143.32亩，兑现资金809.98万元；完成湿地生态修复和社区环境整治工程建设，完成投资814.9231万元。完成规模化防沙治沙试点造林2万亩，安装灌溉管道21599.1米。完成退耕地抚育0.2万亩，退耕地补植补栽59亩，平茬沙柳0.6万亩，封山育林1万亩工作任务，补植补播草种0.5万亩，安装刺丝围栏0.5万米。协助地方政府开展H5N8高致病性禽流感监测工作，共观测到湿地水鸟30种，水鸟种群数量最多1000余只，新发现杓鹬1种保护区新纪录鸟类。

【宁夏南华山国家级自然保护区】2021年，保护区共打击偷牧行为13次，打击非法捕猎行为4次，制止非法采砂11次。完成中幼林鼢鼠防治1万亩，人工扑杀鼢鼠5000只，完成投资5万元。针对松材线虫等有害生物对宁夏森林资源的威胁，南华山对6万亩针叶林持续进行监测，完成2021年基础设施建设项目（综合服务用房、科研监测中心、信息机房，防火物资储备库、车库、有害生物防治检疫站、灵光寺管理站、围栏等）主体工程的近80%，投资784万元。完成自然保护地生态修复任务0.63万亩，投资950万元；完成退化草原生态修复治理任务2.5万亩，投资500万元，完成封山育林任务1万亩，投资100万元。建设完成4套远程视频监控系统，15套主要道路及沟口人、车数据采集系统，22公里光缆，1套指挥调度系统等，投资860万元。编写《宁夏南华山国家级自然保护区总体规划（2021—2030年）》，并上报国家林草局。编写《宁夏南华山国家级自然保护区人工促进生态修复规划（2021—2025年）》，并通过自治区林草局评审。

【宁夏云雾山国家级自然保护区】2021年，保护区制定《宁夏云雾山国家级自然保护区全面推进林长制实施方案》。完成802.5万元的《生态保护恢复资金草原生态修复治理资金项目》。完成科研宣教中心窑洞改造，引进马鹿、梅花鹿各28头。配置更换防火装备高压细水雾灭火机10台，斯蒂尔BR600吹风机20台，背负式脉冲气压喷雾水枪4台。组织割建20米宽的防火隔离带350余亩，为示范户发放草原协议保护发展基金17万元，退耕还草3261.4亩，兑现退耕费26.1万元；实地核查2020年国家级自然保护区遥感监测疑似线索点位17个，共处理并完成整改点位16个。开展智慧监测平台实操技能培训和系统维护工作及疫情防控、野生动植物保护、生物多样性保护、科普及普法宣传教育、防火、安全生产等一系列宣传活动，受教育人数近万人。

【宁夏沙坡头国家级自然保护区】2021年，保护区共下点巡护检查112次260人次，利用无人机开展巡护检查8次。开展"清风行动"、打击保护区内毁林及破坏自然资源专项行动和依法严厉打击破坏保护区自然资源与生态环境违法犯罪专项行动4次，与中卫市签订《国家级公益林委托管理协议》，投保国家级公益林森林保险2.63万亩。全年跟踪督查国家、自治区重点建设项目3个。开展规模化防沙治沙试点项目生态监测以及动物、植物、昆虫、湿地4个专项调查研究，布设生态监测样地28个、动物监测样线11条、植物监测样点150个，调查发现脊椎动物5纲26目55科140种，红外相机监测发现动物15目21科24种，其中国家一级保护动物2种、国家二级保护动物15种，采集植物腊叶标本150余种，制作昆虫标本7目46科163种。开展7种林业有害生物监测和黄花刺茄有害入侵物种生态监测。利用保护区数智中心平台实时获取保护区气象、水质、土壤等生态因子监测数据128.1万条。完成林业有害生物防治100亩共计4000株。上报野生动物疫源疫病信息6183条。全年未发现野生动物疫源疫病及有害生物入侵情况，林业有害生物发生控制在3.5‰以下。

【宁夏六盘山国家级自然保护区】2021年，保护区完成生态经济发展示范园、森林精准抚育、良种基地建设10000亩。培育良种苗木760万株。建成生态经济发展基地1200亩，形成六盘山乡土树种生产、销售产业链，全年苗木收入达200万元。完成135.66万亩森林病虫害监测、普查，采用物理防治办法人工采集叶蜂虫茧64.23万枚，开展有害生物无公害防治4.41万亩，检疫苗木102.3万株，采集野生动物媒介样本106份。开展《华北豹及其大型兽类调查项目》《华北落叶松人工林生长规律及生物量调查研究》《漆树生产性实验研究》《六盘山野生林木繁育与示范推广》等科研项目，发表《宁夏六盘山地区黄花楤木播种育苗技术》《元宝枫育苗技术》论文2篇；与复旦大学、猫科动物保护联盟、阿拉善SEE塞上江南项目中心等多家专业机构、院校、单位开展六盘山华北豹及其他大中型兽类调查监测项目，共计开展6次红外相机的安装与回收工作。共安装红外相机700台次，拍摄到有效野生动物照片18000余张、视频6000余段，初步建立六盘山野生动物影像资料数据库。

【宁夏灵武白芨滩国家级自然保护区】2021年，保护区完成营造林面积6万亩(其中，人工乔木林0.1万亩，草方格灌木林0.66万亩，改造提升及退化林分改造4.74万亩，封山育林0.5万亩)，共种植苗木362.1万株，新造林安装供水管线9公里，铺设地表节灌1100亩。开展手机随手动态拍、红外相机定点拍、固定样方定期调查、林木林地本底资源信息采录采集，构建生态监测的秘境之眼。共采集气象数据4380份、野生动物疫源疫病移动信息48次，完成各站100个植被样地调查。119台红外相机拍摄有效巡护照片200余张，动植物照片200余张，全年完成项目方案编制及申报8项(其中，国家级项目1项，自治区级项目5项，管理局项目2项)，获批4项，实施完成2项。打造大泉沙漠田园综合体3000亩，提质增效马鞍山沙漠林果综合体2000亩，新增林果园464.03亩。向银川市编办申请在管理局科研科加挂沙产业服务中心牌子并获批。对建设沙产业研究院进行充分研究论证，与银川市编办、自治区编办对接筹建沙产业研究院，与宁夏大学合作申报宁夏沙产业研究院创新平台。争取到银川市"人才小高地"项目——灵武白芨滩沙产业发展人才小高地，为沙产业研究与发展工作奠定基础。

【宁夏西吉火石寨丹霞地貌国家级自然保护区】2021年，保护区投资95.12万元完成大岔小学整体拆除和生态修复，拆除面积3042.8平方米、砖结构围墙158米，清运垃圾2426立方米，拆除后生态修复面积74.46亩。完成生态环境部卫星中心2021年遥感下发的火石寨国家级自然保护区2020年14处人类活动点位和党家岔湿地保护区2019—2020年9处人类活动点位的实地核查、台账建立、清理整治、手机App监管平台上传和终端管理平台提交上报销号工作。全年共现场纠正和制止各类违规行为13起，口头劝诫或下发整改通知13起。配合国家林业和草原局规划院专家修正编制《宁夏火石寨国家级自然保护区总体规划(2021—2030)》，对总体规划初稿提出修改意见，逐步完善自然保护地法规制度体系和管理监督制度建设，提升自然生态空间承载力。

(马永福)

生态环境

NINGXIA YEARBOOK

SHENGTAIHUANJING

编辑◎马　静

综　述

【生态环境治理体系建设】2021年，全区生态环境系统紧紧围绕黄河流域生态保护和高质量发展先行区建设主线，统筹常态化疫情防控、经济社会发展和生态环境保护，深入打好污染防治攻坚战，坚定不移守好改善生态环境生命线，坚决守好疫情防控“最后一道防线”，协同推进经济高质量发展和生态环境高水平保护，圆满完成各项目标任务。积极推进环境污染防治率先区建设，统筹谋划“十四五”生态环境工作，推动生态环境保护督察整改，加快推动绿色低碳发展重点任务，着力抓好环境空气质量提升、水污染防治、土壤污染防治、二氧化碳减排、农业面源污染治理、生态环境风险防控“六大行动”，在排污权交易、横向生态补偿机制、污水排放地方标准等方面实现了突破。出台《宁夏回族自治区土壤污染防治条例》地方性法规。发布了《宁夏第二次全国污染源普查公报》。研究制定《关于构建现代环境治理体系的实施意见》《关于推进环境污染防治率先区建设的实施方案》《宁夏回族自治区生态环境保护“十四五”规划》等全局性重要文件。完成13项重大环保课题研究。环境空气质量目标顺利完成，水环境质量得到改善，土壤环境质量总体安全清洁，危险废物风险防控有力得当。银川市在全国率先以立法形式将每年6月设立为“黄河流域生态保护主题宣传实践月”。生态文明示范创新再获佳绩。石嘴山市率先敲响排污权交易“第一锣”。吴忠市成功入选国家北方地区冬季清洁取暖试点。中卫美利林区生态损害赔偿案例入选全国典型案例。宁东能源化工基地率先在西北省(区)发布“三线一单”生态环境分区管控意见。实现自治区级生态环境保护专项督察地级城市全覆盖。化学需氧量、氨氮、氮氧化物和挥发性有机物重点工程减排量分别为1794.48吨、123.42吨、5311.98吨、2692.91吨。实现碳减排3.7%的年度目标，扭转了“十三五”不降反升的局面。全区生态环境系统先后7个批次选派65人参与生态环境部组织的大气监督帮扶、入黄排污口专项排查等任务。

【政务信息及环境信访】2021年，宁夏生态环境厅官网发布政务动态信息436条。全区“12369”环保投诉热线共受理群众环境污染投诉8031件，较上年增加2002件，同比上升33.21%，办结率为100%。从污染类型看，同比均有不同幅度的上升，其中，噪声污染投诉6037件，占投诉总量的75.17%，同比上升27.74%；大气污染投诉1589件，占投诉总量的19.79%，同比上升44.32%；水污染投诉186件，占投诉总量的2.32%，同比上升44.19%；固体废物污染投诉76件，占投诉总量的0.95%，同比上升230.43%；电磁辐射污染投诉2件，占投诉总量的0.02%，同比上升100%；其他(含建议咨询、生态破坏等)污染投诉141件，占投诉总量的1.76%，同比上升187.76%。从地区分布看，年投诉量排名依次为银川市、吴忠市、石嘴山市、固原市、中卫市、宁东能源化工基地，除吴忠市小幅下降、宁东能源化工基地未进行同比分析外，其他各市均有不同幅度的上升。其中，银川市受理环境污染投诉6778件，占全区投诉总量的84.4%，同比上升32.2%；吴忠市受理环境污染投诉464件，占全区投诉总量的5.78%，同比下降2.32%；石嘴山市受理环境污染投诉219件，占全区投诉总量的2.73%，同比上升15.26%；固原市受理环境污染投诉187件，占全区投诉总量的2.33%，同比上升7.47%；中卫市受理环境污染投诉195件，占全区投诉总量的2.43%，同比上升230.51%；宁东能源化工基地66件，占全区投诉总量的0.82%；宁夏“12369”环保投诉受理中心受理环境污染投诉122件。接到生态环境部“全国生态环境信访投诉举报管理平台”群众举报917件，办结662件，不予受理255件。全年共编发《宁夏生态环境舆情动态》舆情专报14期。推进生态环境信访制度建设，规范了信访接待、登记、批阅、办理、督查、办结、反馈等环节办理要求，全年共受理来信48件，来访67批89人次。全年办理答复自治区第十二届人大第四次会议代表建议和自治区政协第十一届第四次会议提案共51件(其中，人大代表建议20件，政协提案31件)。所有人大建议提案均按时办复，办复率达到100%。从代表委员关注的生态环境重点领域和热点问题看，大气污染防治类建议提案数量减少，黄河生态环境保护类建议提案数量猛增。

【生态环境质量】2021年，全区环境空气质量持续改善，地表水环境质量保持稳定，土壤环境质量良好，声环境质量保持稳定，核与辐射环境正常，全区环境质量总体好转。水环境质量方面，全区地表水有效监测的37个断面(点位)中，Ⅰ~Ⅲ类24个，占64.9%；Ⅳ类5个，占13.5%；劣Ⅴ类8个，占21.6%。20个地表水国家考核断面水质达到或优于Ⅲ类比例为80%，劣Ⅴ类水体断面比例为10%。黄河干流宁夏段水质为优，6个国家考核断面水质连续5年达到Ⅱ类。10条黄河支流水质总体为中度污染，有效监测的21个断面中Ⅰ类水质断面1个，占4.8%；Ⅱ类水质断面9个，占42.9%；Ⅳ类水质断面3个，占14.3%；劣Ⅴ类水质断面8个，占38.1%。7个沿黄重要湖库水质总体为良好，有效监测的10个点位中，Ⅱ~Ⅲ类点位8个，占80%；Ⅳ类点位2个，占20%。地表水环境质量状况排名中，5个地级市及宁东能源化工基地水环境质量由好到差为宁东能源化工基地、固原市、中卫市、银川市、石嘴山市、吴忠市。县级城市地表水环境质量由好到差为泾源县、隆德县、西吉县、彭阳县、兴庆区、金凤区、西夏区、原州区、海原县、同心县、中宁县、利通区、贺兰县、平罗县、红寺堡区。主要排水沟水环境质量状况排名中，地级城市除固原市无考核断面外，水质由好到差依次为中卫市、吴忠市、银川市、石嘴山市、宁东能源化工基地。县级城市主要排水沟水质由好到差依次为沙坡头区、中宁县、青铜峡市、永宁县、利通区、兴庆区、灵武市、金凤区、大武口区、贺兰县、惠农区、平罗县。11个地级城市集中式饮用水水源地水质达到Ⅲ类标准的比例为72.7%。22条主要排水沟水质总体为轻度污染。环境空气质量方面，全区地级城市优良天数比例为83.8%(平均305.6天)，同比下降1.3个百分点(平均减少5.8天)，达到国家82%的考核目标。剔除沙尘天气影响，环境空气质量综合指数为3.71，同比下降8.2%。全区重污染天数0天，同比平均减少3天，影响全区空气质量的主要污染物依次为PM_{10}和O_3；6项主要环境空气污染物同比呈“5降1升”。其中，$PM_{2.5}$浓度值为27微克/立方米，同比下降18.2%，达到30.7微克/立方米的国家考核目标；PM_{10}浓度值为62微克/立方米，同比下降4.6%；SO_2浓度值为13微克/立方米，同比下降13.3%；NO_2浓度值为25微克/立方米，同比下降10.7%；CO浓度值为1.2毫克/立方米，同比下降14.3%；O_3浓度值为145微克/立方米，同比上升4.3%。地级城市环境空气质量排名中，空气质量由好到差为固原市、宁东能源化工基地、中卫市、吴忠市、银川市、石嘴山市。按空气质量综合指数同比变化率排名，5个地级市及宁东能源化工基地空气质量均改善，改善幅度由大到小依次为宁东能源化工基地、银川市、吴忠市、固原市、中卫市和石嘴山市。14个县(区)环境空气质量排名中，空气质量由好到差为隆德县、泾源县、彭阳县、海原县、西吉县、红寺堡区、盐池县、灵武市、中宁县、同心县、青铜峡市、永宁县、贺兰县和平罗县。14个县(区)空气质量均改善，隆德县改善幅度最为明显。土壤环境质量方面，全区受污染耕地安全利用率达到100%，建设用地安全利用得到有效保障。50个基础点位土壤环境质量监测结果显示，土壤污染物含量均低于农用地土壤污染风险筛选值。自然生态环境质量方面，全区生态环境质量总体评价为“一般”，全区22个县域中生态环境质量为“良”的县域3个，“一般”的县域19个，其中原州区、泾源县、隆德县和彭阳县为“良”，占全区国土总面积的9.4%；其他县域均为“一般”，占全区国土总面积的90.6%。全区5个地级市均开展区域声环境、城市道路交通声环境、城市功能区声环境质量监测，全区5个地级市城市区域昼间噪声等效声级为52分贝，比上年下降1.5分贝，昼间区域声环境质量等级为二级，总体水平评价为较好。道路交通声环境质量昼间平均等效声级为65.4分贝，比上年上升0.7分贝，道路交通噪声强度等级为一级，道路交通声环境质量评价为好。功能区声环境质量各类功能区昼间监测总点次达标率为98%，夜间监测总点次达标率为89.9%。功能区声环境质量昼间相对较好。与上年相比，各城市中昼间、夜间监测点次达标率均有所上升。全区城市功能区声环境质量昼间达标率高于夜间，声环境质量总体平稳。全区电离辐射水平处于本底涨落范围内；5个地级市及宁东能源化工基地环境电磁辐射水平远低于相关规定的公众暴露控制限值。农村环境质量方面，全区监测的54个村庄环境空气主要污染物SO_2达标天数比例为99.9%，NO_2达标天数比例为99.8%，CO达标天数比例为100%，O_3达标天数比例为93%，PM_{10}达标天数比例为90.2%，$PM_{2.5}$达标天数比例为94.7%。37个县域地表水监测断面中达到《地表水环境质量标准》(GB 3838-2002)Ⅰ~Ⅲ类水质点位26个，占74.3%；Ⅳ类水质点位5个，占14.3%；Ⅴ类水质点位1个，占2.8%；劣Ⅴ类水质点位3个，占8.6%。68个农村万人千吨饮用水水源地水质达到或优于Ⅲ类标准的比例为47.1%。其中20个地表水饮用水源地有19个达到《地表水环境质量》(GB 3838-2002)Ⅲ级及以上标准，达标率为95%。48个地下水饮用水源地水质全年达到《地下水质量标准》(GB/T 14848-2017)Ⅲ级的有13个，达标率为27.1%。22个农田灌溉水质中有16个灌区达到农田灌溉水质标准(GB 5084-2021)，达标率为72.7%。167个正常运行污水处理设施出口水质中，达标的污水处理设施有109个，达标率为65.3%。对50个村庄开展了土壤环境质量监测，共布设监测点位190个，各监测指标均符合《土壤环境质量　农用地土壤污染风险管控标准(试行)》(GB 15618-2018)风险筛选值标准，土壤中镉、汞、砷、铅、铬、铜、镍、锌浓度均达标。

2021年12月3日，中央第四生态环境保护督察组督察宁夏动员会在银川市召开

【生态环境保护督察】2021年，宁夏把中央生态环境保护督察反馈问题整改作为一项重要政治任务，作为推进黄河流域生态保护和高质量发展先行区建设、深入打好污染防治攻坚战的有力抓手，通过党政主要领导包抓督办、定期调度跟踪、台账销号管理、督查预警通报、社会舆论监督等方式，扎实推进生态环境保护督察问题整改。截至2021年年底，2018年中央生态环境保护督察“回头看”及水环境问题专项督察反馈的57项具体问题，已完成54项，1339件群众信访转办件已办结1338件。黄河流域生态环境警示片披露的8个涉及生态环境领域问题，完成整改5个。完成第二轮中央生态环境保护督察配合保障工作，牵头制定《宁夏回族自治区服务保障第二轮中央生态环境保护督察工作方案》，完成进驻动员、走访调研、下沉督察、受理举报等相关服务保障工作，协调推进群众信访转办件立行立改，有力有效保障督察工作顺利圆满完成。截至2021年年底，已办结777件第二轮中央生态环境保护督察转办的群众信访投诉件。持续推进自治区生态环境保护督察。6月9—29日，组织对5个地级市和宁东能源化工基地开展生态环境保护专项督察，形成《宁夏回族自治区生态环境保护专项督察情况的报告》，对3个典型案例通过媒体曝光，向各地级市移交6个责任追究问题清单。截至2021年年底，专项督察反馈的129项整改任务已完成47项，83件群众信访转办件，已办结82件。通过调度督办、现场核查、信息公开等方式推动自治区例行督察反馈问题整改。自治区生态环境保护例行督察反馈的156项问题已完成整改107项，418件群众信访转办件已办结413件。健全完善自治区生态环境保护督察工作机制，研究制定《宁夏回族自治区生态环境保护督察工作实施办法》，首次以党内法规的形式明确自治区生态环境保护督察制度框架、程序规范、权限责任、结果运用等，为依法开展自治区生态环境保护督察、夯实生态环境保护政治责任、推动生态环境治理体系和治理能力现代化提供制度保障；明确督察结果作为被督察对象领导班子和领导干部综合考核评价、奖惩任免的重要依据；明确自治区生态环境保护督察作为中央生态环境保护督察的延伸和补充；在督察方

式和对象上，自治区生态环境保护督察采取例行督察、专项督察、派驻监察的方式，推动各地级市党委和政府、宁东能源化工基地党工委和管委会、自治区有关部门及重点区属国有企业，严格落实生态环境保护"党政同责、一岗双责"；在组织机构方面，明确成立自治区生态环境保护督察工作领导小组，组长由自治区党委和政府主要负责人担任，副组长由自治区纪委监委主要负责人和政府分管领导担任，组成部门包括自治区纪委监委、党委办公厅、组织部、宣传部、政府办公厅、司法厅、生态环境厅、审计厅和检察院等。修订《宁夏回族自治区生态环境保护督察工作规范(试行)》，建立自治区生态环境保护督察人员库。

【生态环境法治建设】2021年，宁夏加强生态环境法治建设，推进生态环境地方立法，颁布《宁夏回族自治区土壤污染防治条例》，共6章53条，为宁夏首次针对土壤污染防治专门立法，也是宁夏首部土壤生态环境领域的地方性法规，于2021年9月24日宁夏回族自治区第十二届人民代表大会常务委员会第二十九次会议正式通过，于2021年11月1日起正式实施。根据2021年3月26日宁夏回族自治区第十二届人民代表大会常务委员会第二十五次会议《关于修改〈宁夏回族自治区禁毒条例〉等七件地方性法规的决定》，完成了《宁夏回族自治区环境教育条例》颁布实施以来的第二次修正，删去相关条款，修正后共6章38条。启动《自治区党委 政府及有关部门生态环境保护责任规定》修订工作，是对该规定2016年实施以来的第二次修订。起草全国首部黄河流域生态保护和高质量发展进行的地方立法《宁夏回族自治区建设黄河流域生态保护和高质量发展先行区促进条例》。对现行6部地方性法规、2部政府规章、48件行政规范性文件和党内规范性文件进行清理并公布结果。推进生态环境损害赔偿制度改革，完成宁夏中卫美利林区生态环境损害赔偿磋商案件，被生态环境部评为全国第二批生态环境损害赔偿磋商典型案例。加强依法行政能力建设，组织修订《宁夏回族自治区生态环境行政处罚自由裁量权适用标准》。印发《宁夏回族自治区生态环境法治宣传教育第八个五年规划(2021—2025年)》。对全区598家企业进行了2020年环境信用评价，其中，中国石油天然气股份有限公司宁夏石化分公司化肥厂等364家企业环境信用获评"绿牌"；宁夏银星能源股份有限公司等196家企业获评"蓝牌"；宁夏电投西夏热电有限公司等26家企业获评"黄牌"；环境信用差被挂"红牌"的企业共12家。"红牌"企业有9家集中在中卫市。加快推进"数字政府"建设，推送生态环境监管数据1977条，基本实现生态环境领域监管事项全覆盖。继续深化"放管服"改革，完成237个服务事项信息录入，34个行政审批事项实现全程网上办理，年度线上办理覆盖率为87.3%，位列全区第三。完成59名执法人员换证工作。落实生态环境重大行政执法决定法制审核办法，全年审查15起违法案件。依法依规办结行政复议案件3起。加强地方环境保护标准体系建设，制订《宁夏回族自治区污水处理厂主要水污染物排放标准(送审稿)》，已通过宁夏回族自治区市场监管厅技术审核，进入政府报批程序。

【科技与资金投入】2021年，宁夏开展清洁生产审核工作，研究制定全区重点行业清洁生产三年方案，石化、建材、印染等行业清洁生产审核全面推开。对全区"双超双有"企业进行全面排查，安排15家企业开展强制性清洁生产审核，促进绿色低碳循环发展。完成科普基地综合评估工作，根据生态环境部、科技部有关要求，对宁夏沙坡头国家级自然保护区、宁夏沙湖生态旅游区、贺兰山国家森林公园3家科普基地进行综合评估。经生态环境部复核，沙坡头国家级自然保护区跻身全国26个"优秀"科普基地名录。全年争取生态环保专项资金27.78亿元(其中，自治区生态环保专项资金10.88亿元，中央污染防治专项资金9.6亿元，中央预算内投资7.3亿元)。推动全区107个项目进入中央项目储备库，总投资100.76亿元。开展中央资金项目竞争性评审工作。先后开展中央山水林田湖草沙一体化保护和修复工程项目、2021年北方地区冬季清洁取暖项目竞争性评审工作。安排专项资金，支持排污权有偿使用和交易改革制度与核算体系研究等13项课题研究。完善财政支持与生态保护成效挂钩政策，探索建立纵横结合生态补偿机制。开展纵向生态补偿，修订完善《宁夏回族自治区环境质量和污染物排放总量考核奖补和处罚资金管理办法》，处罚标准修订为奖补标准的5倍。根据各市、县(区)2020年环境质量和污染物排放总量指标考核情况兑现财政投入与环境质量及污染物排放总量考核奖补资金共计2亿元，按照处罚标准为奖补标准的5倍核算处罚资金1.57亿元，处罚资金用于对生态环境质量明显改善的海原县等进行补助。依据《黄河宁夏段干支流及入黄排水沟上下游横向生态保护补偿机制试点实施方案》，开展横向生态补偿，按照"保护责任共担、流域环境共治、生态效益共享"和"谁达标谁受益、谁污染谁赔付"的原则，搭建"全面覆盖、权责对等、联防共治”合作平台，设置水源涵养、水质改善、用水效率三类考核指标，设立黄河宁夏过境段干支流及入黄重点排水沟流域上下游横向生态保护补偿专项资金，引导建立黄河宁夏段上下游横向生态补偿机制和黄河流域省际上下游横向生态补偿机制，兑现黄河流域宁夏段干支流及重点入黄排水沟上下游横向生态保护补偿资金2亿元。开展工程建设政府采购等重点领域突出问题专项治理。制定生态环境领域工程建设政府采购等重点领域突出问题专项治理实施方案，对2017—2020年实施的74个政府采购项目进行专项检查并完成问题整改。建立银政企合作机制，自治区生态环境厅分别与国家开发银行宁夏分行、中国农业发展银行宁夏分行、中国银行宁夏分行、宁夏银行等金融机构及宁夏环保集团有限责任公司共同签订战略合作框架协议，有效地打通了宁夏环保产业集团与政府部门沟通、与金融机构互信之间的壁垒。全区12个县域被纳入2020年度国家重点生态功能区县域考核，2021年中央财政依据2020年度考核结果下达宁夏国家重点生态功能区转移支付资金20亿元，较上年的18.56亿元增加1.4亿元，同比增长7.78%。彭阳县、原州区达到转移支付资金奖惩的标准，获得奖励资金0.81亿元。同时，与甘肃省政府层面有关黄河干流（甘肃—宁夏段）横向生态补偿协议已进入征求意见阶段，与内蒙古自治区就黄河干流横向生态补偿事宜开始相关部门层面的会商。接续做好乡村振兴工作。2021年，支持乡村振兴12个重点县区147个项目，安排资金6.58亿元，较上年提高了近一倍。统筹整合自治区资金4966万元，分两批支持红寺堡等重点县区11个农村污水治理项目，覆盖农户27280户，受益人口134445人。紧盯“百万移民致富提升”行动，筹措资金20万元，支持平罗县红瑞村开展农村环境综合整治。

（崔万杰）

污染防治

【水生态环境管理】2021年，宁夏先后印发《宁夏水生态环境保护“十四五”规划》《水污染防治资金管理办法》《水污染防治项目管理规程》《2021年全区水生态环境保护重点工作安排》，从顶层设计层面统筹指导全区各地水生态环境保护工作。出台《关于加强入河（湖、沟）排污口监督管理工作的指导意见》，为全区各地做好入河（湖、沟）监管工作提供制度保障，走在全国前列。聚焦打赢碧水保卫战，树立“全流域综合治理”理念，突出抓好“五水共治”，有效改善全区水环境质量。安排中央水污染防治专项资金支持五市开展人工湿地、再生水利用、滨河缓冲带生态修复等15个重点项目建设。70个农村“千吨万人”水源地开展规范化建设，完成率为100%。11个地级市集中式饮用水水源地水质达到或优于Ⅲ类标准的比例为100%（剔除本底影响）。全区主要排水沟的11个入黄口水质稳定达到Ⅳ类及以上。对已建成投运的30个人工湿地开展为期一年的评估工作，优良等级以上所占比为82.8%。完成黄河干流沿线4个地级市所辖黄河河道及滩地被占问题摸底调查和资料审核汇总。全区黄河流域“挖湖造景”26个突出问题项目中，13个涉及环评方面问题已全部完成整改。全区89家二级及以上卫生医疗机构实现医疗污水处理处置与在线监管100%全覆盖，在生态环境部召开的专题会议上被3次点名表扬。巩固提升葡萄酒企业废水直排问题整改成果，组织开展“回头看”。推动石嘴山市、固原市积极争创再生水资源化利用试点城市。在生态环境部发布的2021年度美丽河湖、美丽海湾优秀（提名）案例名单当中，沙湖被评选为全国首批18个美丽河湖优秀（提名）案例之一。生态环境部指出，“沙湖因地制宜防治结合，运用‘外部隔离、内部循环、沉沙净化、污水外迁、生态修复、综合治理’的策略，有效改善了沙湖水质，其经验做法可为西北内陆干旱地区绿洲灌溉退水补给型湖泊、旅游类湖泊污染问题提供经验借鉴”。沙湖成功入选国家“美丽河湖”案例。

【大气环境管理】2021年，宁夏编制《宁夏回族自治区环境空气质量改善“十四五”规划》并向各市县（区）分解下达目标计划。印发《“十四五”全区细颗粒物与臭氧协同控制监测网络能力建设方案》《2021年全区县级城市声环境质量监测方案》。推进工作落实。紧盯重点领域和重点时段，坚持监督检查和指导帮扶并重，全面推进年度重点工作安排和重点项目清单的落实。完成大气污染治理重点项目188个，在西北地区率先全面推进水泥行业烟气超低排放改造，完成10条水泥生产线改造任务；组织专家帮扶指导17个行业108家企业开展VOCs“一企一策”综合治理；完成全区10648辆非道路移动机械摸底调查和编码登记。为强化移动源和加油站油气挥发性有机物污染环境监管，启动全区在用机动车及非道路移动机械污染排放检查工作指南、机动车排放检验机构监督检查工作指南、加油站油气回收检查工作指南的编制工作。积极应对污染天气。开展夏季臭氧污染和冬春季大气攻坚，强化预报预警、调度分析、帮扶指导、督查检查和联防联控，督促协调各地和相关部门狠抓工业企业减排、错峰生产和散煤污染治理、柴油货车以及工地、空地扬尘污染管控，10—12月全区优良天数同比增加10.2天。全年全区未出现重污染天气。印发《宁夏回族自治区应对气候变化"十四五"规划》，开展碳达峰研究，启动全区碳达峰实施方案编制工作。印发《关于做好2020年度企业温室气体排放报告管理相关工作的通知》，组织开展全区发电、钢铁等七大行业112家重点企业2020年度碳排放报告核查及监督检查，按时完成数据报送。通过碳排放注册登记系统向35家发电企业发放2019—2020年度免费配额3.06亿吨及履约通知书。建立履约进度通报机制，强化属地生态环境部门监督与服务，共同推进履约清缴程序。全国碳排放权交易市场第一个履约周期宁夏企业履约率达到98%，17家单位交易配额856.8万吨，交易额3.43亿元。积极探索开展工业企业碳排放管理体系建设，组织6家火电、水泥企业开展碳排放管理体系试点。积极组织开展全国低碳日宣传活动，传播低碳理念。举办2021年全区应对气候变化能力建设培训班，提升生态环境等部门和企业"双碳"意识。

【土壤生态环境管理】2021年，宁夏完成全区重点行业企业用地土壤污染状况调查，组织9个优先管控地块开展土壤污染状况详细调查和风险评估，22家高风险在产企业和164家土壤污染重点监管单位全部开展土壤污染隐患排查并完成176家(10家因停产等原因未开展)，共查找隐患点954个并完成整治848个。生态环境、农业农村、自然资源等5个部门和单位共同印发《宁夏回族自治区农用地土壤镉等重金属污染源头防治行动工作方案》，开展涉镉等重金属行业企业排查整治"回头看"。制订《宁夏2021年度受污染耕地安全利用工作计划》，按期完成受污染耕地土壤污染详细调查和土壤安全利用，启动治理修复研究，受污染耕地安全利用率达到100%。建立建设用地土壤环境联动监管机制，强化建设用地分类管控和开发监管。开展全区地下水环境状况调查，完成15个垃圾填埋场、3个危险废物处置场、8个化工园区和8个矿区及尾矿库。完成地下水生态环境保护评估，启动全区地下水污染监测和预警应急系统建设，推动建立地下水环境监测和风险预警体系。

【应对气候变化和机动车污染防治】2021年，宁夏回族自治区应对气候变化和机动车污染防治中心成立，为宁夏回族自治区生态环境厅直属事业单位，其主要职责是：为全区碳排放工作的组织、协调、考核评估等提供技术支持，负责编制全区碳排放年度核查分析报告；承担全区温室气体排放清单编制、重点企业碳排放数据统计核算、抽测核查工作，承担全区碳排放权交易测算及技术支持工作；承担全区温室气体控制、应对气候变化技术标准制定等技术支持工作；组织开展全区碳达峰、碳中和相关政策、规划、制度、目标制定及相关技术咨询和研究工作；承担全区应对气候变化国际国内交流、项目合作和技术培训，应对气候变化咨询、宣传、技术服务和数据信息工作，负责全区低碳试点及示范工程技术支持和服务保障、应用推广工作；承担全区消耗臭氧层物质淘汰管理方面的技术支持和清洁发展机制项目认证管理及技术审核工作；负责全区机动车尾气检测机构监管及全区机动车排污监控平台、机动车遥感监测系统的管理运行工作；承担全区机动车污染排放数据的统计、核算、分析工作，负责编制全区移动源环境管理年报；负责开展在用车道路及集中停放地抽检、遥感监测、在用非道路移动机械排放抽检工作；承担全区机动车污染防治技术研究、应用推广、标准制定等技术支持工作，组织开展全区机动车污染防治技术培训；开展大气污染物与二氧化碳排放协同治理工作，承担大气污染防治专项资金项目入库审核等技术支持工作。

【固体废物与化学品环境管理】2021年，宁夏制订《宁夏回族自治区工业固体废物污染环境防治"十四五"规划》；开展全区重点行业重点重金属污染减排对策重大课题研究。持续开展危险废物专项整治三年行动，排查发现的277个问题全部完成整改。全区现有危险废物利用能力434.1万吨/年；持续提升危险废物利用处置能力，危险废物集中处置能力由上年的17.98万吨/年，增加到40.07万吨/年，增加了120%；医疗废物处置能力由0.93万吨/年，增加到1.44万吨/年，增加了83%。提升风险防范能力，生态环境与应急管理两部门联合印发《生态环境和应急管理部门联动机制》，生态环境与卫生健康委两部门联合印发《关于进一步加强疫情医疗废物监管的通知》，生态环境与交通运输部门签订《关于共享危险废物运输信息的合作协议》。全区共检查医疗卫生机构940家，下达监督意见书181份，警告25家，行政处罚36家，罚款68800元，排查出的215个问题全部整改。实现"两个监控"全覆盖，有1593家医疗机构纳入申报监管系统，793家安装了在线视频监控，89家医疗废水在

2021年，银川市实施黄河银川段滨河水系截污净化湿地扩整连通工程

线监测设备，实现所有医疗机构及设施监管和服务100%全覆盖，医疗废物、医疗废水及时有效收集转运和处理处置100%全落实；开展废盐类危险废物专项治理，下发责令整改通知书27份，排查环境并完成整改安全隐患45个。开展汛期固危废领域排查治理，排查并完成整改问题256个。开展年度危险废物规范化管理评估考核，严厉打击危险废物环境违法行为，立案查处17件，罚款199.5万元，移送公安机关4起；全区固危废企业规范化管理抽查合格率为98.2%。依法办理核准危险废物跨省转移审批245件，其中转入152件，转出93件。全年批准危险废物跨省转移109.37万吨。全年办理危险废物经营许可事项29件，退回危险废物经营许可事项2件。283家固危废企业被列入年度重点监管范畴，其中固体废物重点监管企业91家，危险废物重点监管产生企业99家，危险废物经营单位60家，危险废物自建利用处置设施单位33家。全区被纳入固体废物信息系统网上平台申报企业535家，固废产生量7915.71万吨；危险废物企业申报675家，产生量113.2万吨；强化对涉重点重金属项目的管理，完成全区涉重点重金属企业监督性监测工作。完成国家下达的重金属减排目标。开展废弃电器电子产品拆解审核专项治理，审核拆解量130.3万台（套）。持续开展废铅酸蓄电池收集转运试点工作，试点企业共收集各类废铅酸蓄电池2.13万吨。印发《宁夏回族自治区塑料污染治理2021年工作要点》，组织开展塑料污染治理专项督导。贯彻实施《中华人民共和国固体废物污染环境防治法》的情况，被纳入2021年“中华环保世纪行——宁夏行动”执法检查。落实新冠肺炎疫情防控要求，指导应急处置单位将新冠肺炎疫情防治过程中产生的感染性医疗废物与其他医疗废物实行分类分流管理，及时化解处置危机；强化应急处置措施，提升应急处置能力，“10·17”疫情发生后，生态环境部门先后分两批启动6家协同应急处置单位，应急处置能力达到205吨/天，为有效应对最新一轮重大疫情起到了决定性作用；疫情医疗废物处置经受住了重大考验，2020年1月21日到2021年12月31日，全区共收集处置医疗废物12537吨，其中疫情医疗废物1463吨，实现了应收尽收、应处尽处，守住了最后一道防线；医疗废物处置“零库存”、安全“零事故”、人员“零感染”。

（崔万杰）

生态保护

【自然生态保护】2021年，宁夏持续强化“绿盾”自然保护区监督工作。自2017年以来，宁夏连续5年开展“绿盾”专项行动，自然保护区监督机制不断完善。以贺兰山、六盘山、罗山3个自然保护区为重点，持续深入推进自然保护区人类活动监管，坚决整治和关停退出自然保护区内矿产开发、工矿企业以及核心区缓冲区旅游等生态破坏突出问题，发挥了震慑、警示和教育作用，有效推进生态保护与修复，取得显著成效，逐步形成了部门联合监督良好机制。截至2021年年底，共排查建立14个自然保护区人类活动点位台账2650处，整改完成率为99.7%。生态示范创建取得明显成效。固原市和泾源县、镇北堡镇，分别获第五批国家生态文明建设示范区和“两山”实践创新基地，这是继2020年吴忠市、石嘴山大武口区在第四批创建成果实现“零”的突破基础上，再获一市、一县、一镇生态示范创建新成果。评审通过了中卫市、盐池县示范区创建规划，指导推进地区示范创建，并以示范创建为引领，持续推动生态文明建设，统筹推进生态保护和绿色高质量发展。开展生态保护红线监管试点。根据生态环境部《关于组织开展试点省份生态保护红线疑似生态破坏问题核查工作的通知》要求，以及下发的564个宁夏生态保护红线区域疑似问题图斑清单和矢量数据，积极组织协调专业技术团队全面开展实地核实工作，为依法依规监督严守生态保护红线取得试点经验。截至2021年年底，全区省级以上自然保护区14个，总面积5340.12平方公里（其中，国家级自然保护区9个，面积4642.61平方公里；省级自然保护区5个，面积697.51平方公里）。全区有脊椎动物5纲30目87科471种，属国家Ⅰ级重点保护动物12种，Ⅱ级重点保护动物62种；各种野生植物130科645属1909种，属国家Ⅰ级重点保护植物2种，Ⅱ级重点保护植物4种。全区湿地面积20.72万公顷，占国土面积的4%左右。

【农业农村生态环境保护】2021年，自治区党委政府印发《关于全面推进乡村振兴　加快农业农村现代化的实施意见》，明确了农村生活污水治理目标，提出到2025年，全区农村生活污水治理率达到40%。2021年，分三批共确定农村污水治理项目104个，覆盖户数88469户，受益人口36.28万人。组织开展农村生活污水处理项目建设和设施运行管理情况督查，建立污水处理设施建设和运行台账，督促地方抓好非正常运行设施整改落实。指导中宁县、沙坡头区不断完善“大数据”“智慧云”平台，试点地区实现农村生活污水处理设施无人值守、自动运行、故障报警和远程控制，监管效能显著提高。全区农村生活污水治理率达到28.96%。印发《2021年全区农业面源污染防治实施方案》《全区农业面源污染治理与监督指导实施方案》，督促农业农村部门切实加强畜禽粪污资源化利用、农药化肥减量、农残膜及农药包装废弃物回收利用等面源污染治理工作。确定彭阳县为全国农业面源污染治理与监督指导试点县。开展畜禽养殖废弃物综合利用技术规范课题研究，编制《宁夏畜禽养殖粪污资源化利用技术规范》《宁夏回族自治区畜禽养殖污染防治管理办法》《宁夏回族自治区畜禽养殖污染防治“十四五”规划》。积极推进农村黑臭水体整治。向社会公开各县（区）农村黑臭水体名录，大力实施截污控源、清淤疏浚等整治工程，分期分批整治国家和自治区监管黑臭水体。全年完成7条黑臭水体整治，完成国家下达任务。

（崔万杰）

环境监管

【辐射安全监管】2021年，宁夏探索核与辐射监管机制创新，完善核与辐射安全三级监管体系，印发《关于深入推进核与辐射环境安全监管的通知》，明确自治区、地级市、县的核与辐射安全监管责任、监管内容和监管对象，发布《全区重点辐射安全监管单位名录》，实行核技术利用单位分级分类监管，制定全区放射性同位素与射线装置安全与防护监督检查大纲和技术程序，指导各级执法监管人员开展辐射安全监管工作，该做法被生态环境部以函件的形式转发全国学习借鉴。对全区357家核技术利用单位开展隐患排查，对区内3家电子加速器辐照装置核技术利用单位开展专项检查、监督性监测，共出动执法检查人员1000余人次，检查发现174个问题并已全部完成整改。依法立案查处2家医院使用X射线装置和2个建设项目未批先建违法行为。利用高风险移动放射源在线监控系统，对全区22枚高风险移动放射源实现全天候地理位置和剂量率水平在线监控，对全区2家伴生放射性矿开发利用企业进行辐射环境监督监测，公开自行监测信息，推进监管能力和监管体系现代化水平。严把核与辐射类建设项目环评技术审查质量关，审批完成30个核与辐射类建设项目，共办理各类行政审批技术审查137件。发布《宁夏回族自治区省（区）控辐射环境监测网络建设方案》，选设省（区）控监测点位47个，建成覆盖全区的辐射环境监测网络。开展黄河流域宁夏段放射性水平研究性调查，对7段黄河干流和7条黄河支流共14个断面，分不同季节下枯水期和平水期，开展放射性指标调查分析，建立水环境放射性水平监测基础数据库。完成2021年生态环境部下达的32个国控点辐射环境监测任务，国控网辐射监测有效数据获取率为99.3%，质量保证有效数据获取率为98%，位列全国第12名，西北五省（区）第1名，国控监测项目24个，通过资质认定的23项，监测能力符合率为96%，监测能力符合率稳步提升。调查处理电磁辐射投诉信访8起。督促移动通信运营商完成2021年新建5G基站3850个、4G基站4307个的环境影响登记备案，备案率为100%。修订《宁夏回族自治区辐射事故应急预案（修订）》《宁夏生态环境厅辐射事故应急预案（修订）》，每月组织辐射事故应急调度平台联调联试，开展本级辐射事故应急单项演练和专项演习，检验《应急预案》的有效性和实战性，增强辐射事故应急能力，宁夏获得生态环境部辐射环境监测与应急能力评估考核优异成绩。强化宁夏放射性废物库的运行管理，完善库区配套设施，提升库区功能，安防系统升级改造项目顺利通过终结验收，全年安全收贮废旧放射源51枚，实现全区放射性废物100%入库贮存的目标。截至2021年年底，全区共有核技术利用单位443家，伴生放射性矿开发利用单位2家，废旧金属熔炼企业6家，在用各类放射源1308枚，其中，医用Ⅰ类放射源1枚，Ⅱ类放射源90枚（含22枚高风险移动放射源），Ⅲ类放射源10枚，Ⅳ类放射源862枚，Ⅴ类放射源345枚；射线装置988台（套），其中Ⅱ类射线装置187台（套）、Ⅲ类射线装置801台（套），主要分布在化工、地质勘探、工程检测、医疗等行业。全区共有电磁辐射使用管理单位74家，主要分布于广播电视、通信、电力、工业、铁路交通等行业，移动通信基站42387个，110千伏电压等级以上变电站265个，110千伏电压等级以上输电线路790条，其他电磁辐射设施设备14个。

【环境影响评价】2021年，宁夏把生态环境保护工作放在经济社会发展大局中考量，加强生态环境源头防控和监管，深化“放管服”改革，发挥环境影响评价作用，积极服务黄河流域生态保护和高质量发展先行区建设。深化生态环境分区管控，组织地市“三线一单”成果发布，并广泛运用于规划编制、项目环评、遏制“两高”项目盲目发展、产业布局优化调整等领域。向生态环境部争取国家级产业园区规划环评审查权限。坚持以改善环境质量和防范环境风险为核心，严格审查永宁工业园区、贺兰工业园区、隆德县六盘山工业园区、同心工业园区、青铜峡工业园区规划环境评价，核查了石嘴山市经济技术开发区、石嘴山高新技术产业开发区等6个产业园区规划环评落实情况。主动服务宁夏9个重点产业规划环境评价，对接规划编制部门，促进重点产业高质量发展。建立长效服务机制，采取提前为企业把关诊脉、区外专家“不见面”评审、优化调整环评审批权限、整合专家资源等措施提高工作效能。2021年，全区共审批建设项目环境评价、备案环境影响登记表5087个（其中，审批建设项目环境评价1095个，备案登记表项目3992个），总投资约3164.37亿元，通过项目带动，积极服务经济社会发展。结合疫情防控常态化新形势，对符合生态环境准入条件的基础设施和民生保障类项目一律加快审批，全区共审批基础设施、民生保障类项目293个，总投资约408.58亿元，约占审批总投资的24%，持续增强民生保障力度。建立全区重大项目台账并及时调度更新，对接国家有关部门，审查审批了横城矿区总规修编规划环境评价、包头至银川高铁包头至惠农段（含银川至巴彦浩特支线）项目环境评价等。建立“两高”项目管理台账，对全区各级环境评价审批部门新审批的“两高”项目环境评价文件实行100%复核，推进在建违规“两高”项目分类处置整改。发布了《化学原料药、农药、染料行业环境准入指导意见》，这是宁夏首个行业环境准入政策性文件，提升环境准入门槛，严格污染防治措施和排放标准。

大武口区星海湖生态环境治理工程南域成果

【生态环境监测体系建设】2021年，《宁夏回族自治区生态环境监测“十四五”规划》正式发布。全区农村布设了54个监控村庄点位，工作模式得到中国环境监测总站的肯定和推广。建成40个区控水质自动监测站，实现全部水质监测实时联网。建立了环境保护与气象部门会商机制，建成全区空气质量预报预警体系，实现7~10天精细化预报能力。印发《“十四五”全区细颗粒物与臭氧协同控制监测网络能力建设方案》，建设非甲烷总烃自动监测站点，有效补充了大气环境监测指标。修订了《宁夏回族自治区生态环境监测中心突发环境事件应急监测预案》，有效提升应急监测响应时效和能力。出台《全区大气污染热点网格监管办法》《宁夏回族自治区生态环境监测质量管理规定》，加强全区大气污染热点网格监督管理，规范环境监测质量管理工作。宁夏生态环境厅对全区第三方生态环境检测机构开展“双随机、一公开”监督抽查工作。完成全区重点生态功能区县域生态环境质量监测与评价工作。组织完善环境空气质量深度分析工作专班，为全区污染防治统筹处置提供技术保障，有效支撑打赢蓝天保卫战。举办污染物与“双碳”协同治理、污染源及环境应急监测技术等培训班，促进了区内监测技术人员交流。每月编制《宁夏环境质量总体状况》和《全区城市环境质量状况排名情况》，按时高效报送及发布。发布《宁夏2020年生态环境状况公报》。实时公开空气自动监测数据，定期公开地表水环境例行监测信息和企业自行监测信息，发布环境空气质量形势预报信息（全年发布56期），按时组织编发空气质量日报、预报和质量状况信息。截至2021年年底，全区共有各类生态环境监测点位1698个（其中，环境空气质量监测点位54个，水环境质量监测点位（断面）114个，土壤环境质量监测点位294个，噪声监测点位1032个，辐射环境质量监测点位204个）。

【生态环境执法与环境税】2021年，《宁夏回族自治区生态环境保护综合行政执法事项目录清单（2021年版）》正式实施，厘清全区综合行政执法职能和定位，解决了执法边界不清、多头多层执法的问题。印发了《宁夏生态环境违法案件专案查办制度》《全区生态环境交叉执法检查制度（试行）》《全区生态环境保护典型执法案例指导制度（试行）》《全区重点排污单位非现场监管工作规范（试行）》等制度，逐步推行自动监控、在线监测等非现场监管手段作为日常执法检查的重要方式，组织对216家在线监控超标企业进行核查，全面规范现场执法检查和处罚工作。印发《全区生态环境监督执法正面清单管理办法》，对纳入正面清单的企业名单进行调整，调整后纳入正面清单企业数量152家，对正面清单企业非现场执法596家（次），对正面清单企业现场执法363家（次），正面清单企业差异化监管336家（次）。印发《全区优化生态环境保护执法方式　提高执法效能实施方案》《关于加强生态环境保护综合行政执法队伍建设实施方案》《全区生态环境“双随机、一公开”监管工作实施方案》，优化执法方式，提升执法效能，推进执法机构规范化建设。全年实施生态环境“双随机、一公开”监管3163次（其中，污染源日常监管2762次，专项检查296次，跨部门联合监管68次，非现场检查37次），发现并查处违法问题37个，发现并要求整改的环境管理问题628个，随机抽查信息公开3163个，抽查信息公开率为100%。开展“基于排污许可制的生态环境执法标准化模式研究”，编制了《排污许可执法操作手册》《排污许可重点行业现场执法清单》，探索实现以排污许可为主要依据的“一证式”执法，拓展生态环境执法新格局。印发了《关于开展水环境固（危）废重点排污单位自行监测数据专项交叉执法检查　严厉打击环境违法犯罪专项行动的通知》，出动执法人员4872人次，检查企业2284家（次），立案28件，罚款385.5万元，向公安机关移送4起非法填埋倾倒危险废物案件、2起自动监测数据弄虚作假案件。开展黄河流域宁夏段入河排污口排查整治专项行动工作，制定工作方案和无人机航空遥感及图像解译方案，组织第三方开展资料收集、整理分析和无人机航空遥感及图像解译工作，配合生态环境部完成黄河流域宁夏段入河排污口徒步拉网方式现场排查工作。认真开展“清废行动”问题点位核查整治工作，核查交办点位112个，完成整改点位97个。持续开展垃圾焚烧发电行业、消耗臭氧层物质（ODS）、VOC、排污许可等专项执法检查，组织精干力量完成“黄河流域生态环境保护问题专题片”反馈问题、生态环境专项督察等核查检查工作，常态化开展涉水、气、土壤、危险废物、自然保护地、规模化畜禽养殖等执法检查，有力支撑污染防治攻坚战。印发《关于深入开展生态环境领域突出问题专项整治常态化　推进扫黑除恶专项斗争工作实施方案》，围绕危险废物处置、环境影响评价、生态环境监测和行政执法处罚等领域开展生态环境乱象整治。建立联合会商办案机制，生态环境、公安等部门联合侦办石嘴山市第三排水沟水污染突发环境事件，查处“5·23”灵武市石沟驿污染环境案、“6·3”灵武市大羊其村污染环境案、“8·9”灵武市大羊其村污染环境案等大案要案。宁夏与内蒙古自治区、陕西省生态环境部门就边界区域环境污染综合整治签订了执法联动协议。全年共出动执法人员3.31万人次，发现问题3180个，发现问题占比28.3%；全区共立案处罚460件，罚款5646.83万元，同比增加60%。印发了《2021年全区生态环境保护执法大练兵工作方案》，组织开展全区环境执法大练兵案卷评查、线上知识竞赛活动，指导全区开展大练兵实战技能比武竞赛。印发《全区生态环境执法稽查工作方案》，采取现场与非现场相结合的方式，对5个地级市、宁东能源化工基地和部分县（区）开展日常生态环境执法稽查，共发现执法检查、行政处罚等8个方面335个问题，下发稽查意见书17份。推进全区执法队伍统一着装。举办2021年全区生态环境执法岗位培训班，对全区290名执法骨干进行了培训，全面提升执法队伍的能力和水平。建立税务、环境保护税征管协作机制。全区共登记环境保护税纳税人1785户，入库环境保护税15708万元，减免357户(次)，减免8902万元；复核纳税人700户(次)，复核补缴税款615万元，退缴税款8万元，加收滞纳金56万元。

【生态环境应急管理】2021年，宁夏强化对基层环境应急管理工作指导。妥善处置13起突发环境事件。印发《全区生态环境系统“以案促建　提升环境应急能力”专项活动方案》《全区生态环境领域环境应急救援队伍建设管理实施方案》和《宁夏回族自治区“十四五”期间流域突发水污染事件环境应急“南阳实践”工作方案》，开展全区生态环境系统“以案促建，提升环境应急能力”专项活动，举办全区环境应急管理岗位培训班和“守护碧水”——宁夏2021年度跨市流域突发水污染事件应急演练，印发《宁夏回族自治区突发环境事件应急响应工作手册》，加快推动基层环境应急能力与体系现代化建设。在与甘肃省、内蒙古自治区签订《宁甘两省(区)跨界流域水污染联防联控框架协议》《宁蒙两省(区)跨界流域水污染联防联控框架协议》的基础上，2021年，督促指导黄河干流沿线4个地级市签订《突发水污染事件联防联控协议》，自治区生态环境厅与宁夏消防总队签订《突发环境事件联防联控协议》，与应急管理厅建立了危险废物污染环境防治与安全生产监管联动工作机制，基本形成跨省、跨市、跨部门突发环境事件联防联控体系。

【排污许可】2021年，宁夏加强监管、监测、监督“三监”联动，完成排污许可证质量审核716家，占全区持证企业总数的38.68%，超额完成2021年任务，审核完成率为116.05%。对火电、污水处理厂、水泥制造、化学药品原料药制造业等10个行业重点管理企业排污许可证质量进行复核，并对其中106家企业(含部分限期整改企业)进行现场核查，实地帮扶指导企业做好排污登记工作，为企业解决了填报过程中遇到的技术难题，及时纠正了企业排污许可申报材料的错误，确保了排污许可证的核发质量。按照排污许可证规定应提交2020年年度执行报告的排污单位共计1489家，提交审核完成率达100%。

(崔万杰)

宣传教育与信息化

【生态环境宣传教育】2021年，宁夏生态环境厅完成《宁夏生态环境志》编纂出版工作。宁夏生态环境厅、自治区党委宣传部、自治区教育厅、自治区团委、自治区妇联等五部门联合印发《宁夏回族自治区“美丽中国　我是行动者”提升公民生态文明意识行动计划(2021—2025年)实施方案》，系统全面部署“十四五”全区生态文明宣传10项重点工程和38项具体任务，成立了行动计划推进实施协调小组，加强对宁夏生态文明宣传教育工作进行指导，定期对行动计划实施情况进行督导评估。完成重点课题《宁夏公民生态环境行为调查报告》。拍摄完成宁夏“污染防治攻坚战三年行动”纪录片。由中央宣传部、中央文明办等19个部门和单位共同公布的2020年度全国学雷锋志愿服务最美志愿者、最佳志愿服务组织、最佳志愿服务项目、最美志愿服务社区“四个100”先进典型名单中，宁夏生态环境保护志愿服务队获“最美志愿服务组织”称号，成为宁夏唯一上榜的生态环保类志愿服务组织。开展新闻宣传、新媒体宣传、社会公众宣传教育和生态环境文化建设，全年累计编发《宁夏生态环境新闻通报》49期，组织新闻发布会4场、专版宣传12期、《打好污染防治攻坚战》专栏宣传120篇，协调新闻采访近200次，协调区内外主要新闻媒体刊发生态环境新闻稿件1300多篇。策划推出“建设先行区——市县(区)委书记谈生态环境”大型系列访谈节目，推动落实党委和政府生态环境保护主体责任。邀请17家媒体开展“牢记初心使命、奋进开创新局”媒体走基层看环保采访活动，全面反映全区“十三五”生态环境保护成效。宁夏生态环境“双微”累计编辑、审核发布信息1.1万多条，累计阅读量405万人次。宁夏生态环境微信公众号平台获得2021年宁夏第六届公益广告大赛原创公益平台传播类二等奖。组织开展“六五环境日”“生物多样性日”“全国低碳日”等重大主题宣传活动19场次，开展法律科普“四进”活动40场次，宁夏生态环境展示馆累计接待100批5000多人次，发放宣传资料10万余份。组织“四类环保设施”公众开放培训班和示范观摩，指导全区30家“四类环保设施”开展公众开放工作，接待3000余人次。利用社区宣传栏、广场电子屏、电梯轿厢智能视频和广播电视等媒体大力宣传法律科普知识，倡导绿色低碳生活方式。制作2021年“6·5”环境日、“全国低碳日”、“生物多样性日”主题宣传片和《宁小环讲生态环境》、环保志愿者抗疫纪实片等25部，制作发布主题海报、短视频、政策解读长图、法律科普音频等新媒体作品70余部。制作的《献给抗疫前线的宁夏生态环保铁军》微视频创下“宁夏生态环境”微信、微博单条视频信息点击量超7000人次的历史记录。设计编印《公民生态环境行为规范》漫画折

2021年6月5日，宁夏举行"6·5"环境日暨宁夏环境教育宣传周活动

页、《生态环境宣传"四进"微读本》、《宁夏生态环境"十三五"成就图册》等宣传资料和环保购物袋、围裙、太阳帽等宣传品近20万份，免费向社会公众发放宣传，广泛传播生态文明理念。

【环境信息化建设】2021年，宁夏继续深化宁夏生态环境数据资源中心平台建设，完成宁夏生态环境信息整合及挖掘分析服务项目（2020年度任务）建设验收。探索数据集成汇聚共享新模式，打造"上下联通、纵向全覆盖、横向多覆盖"的环境数据资源体系，已完成22个系统对接，30个数据同步任务，汇集23大类97小类6亿多条数据和业务数据的全面整合、协同共享以及生态环境数据的智能化分析，提升了全区生态环境信息资源利用水平。完成与"宁政通"的对接融合，同时与互联网+监管和全国生态环境固定污染源统一数据库、地市生态环境部门等应用需求开发60多个数据共享和平台对接口，为全区政务数据集成共享、监管应用和信息公开提供支持；宁夏生态环境数据资源中心平台建设成果被评为"数字中国建设峰会优秀应用案例"。开发建设宁夏大气环境精细化管理平台，为全区各地冬春季大气攻坚精准治污、精准施策提供实时、准确数据支撑。完成固定源基础信息库建设、固定源数据管理的功能开发、固定源数据汇总、集成等数据收集、清洗、联调测试工作。实现了部、自治区两级固定污染源数据共享共用和协同联动，为全区固定污染源"一企一档、一数一源"奠定了基础。推进宁夏环境信息化指挥监管应用系统（一期）建设项目验收。编制完成《宁夏环境信息化指挥监管应用系统（一期）项目变更实施方案》，保障宁夏机动车排污监控平台和宁夏机动车遥感监测平台稳定运行，实现全区机动车排放数据的互联互通和共管共享。优化完善全区生态环境系统网络普查工作成果，为网络安全工作奠定基础，获得全区首次网络普查工作先进集体。开展2021年度网络安全宣传周暨实战攻防演练系列活动，组织参加全区"护网2021"实战攻防演练活动。宁夏生态环境厅获得优秀防守单位和网络安全等级保护工作先进单位。截至2021年年底，宁夏重点排污单位基础数据库与自动监控系统共对459家企业进行了在线监控（其中，涉气企业202家，涉水企业257家）；系统全年数据传输有效率为99.86%。推进自动监控数据应用，对监控数据进行"日报—周报—月报—季报"数据统计和报送工作。每日通过重点污染源督办平台向全区各级生态环境部门相关人员发送超标企业日均值超标督办单，全年共发出电子督办单3325份。

（崔万杰）

教育

JIAOYU

NINGXIA
YEARBOOK

编辑◎张　哲

综　述

【概况】2021年，宁夏共有各级各类学校3442所。普通高等学校20所，其中，普通本科院校7所（宁夏大学、宁夏医科大学、宁夏师范学院、北方民族大学、宁夏理工学院、银川能源学院、银川科技学院），普通高职（专科）学院12所（宁夏民族职业技术学院、宁夏工业职业学院、宁夏职业技术学院、宁夏工商职业技术学院、宁夏财经职业技术学院、宁夏警官职业学院、宁夏建设职业技术学院、宁夏葡萄酒与防沙治沙职业技术学院、宁夏幼儿师范高等专科学校、宁夏艺术职业学院、宁夏体育职业学院、石嘴山工贸职业技术学院），独立学院1所（宁夏大学新华学院）。成人高等学校1所（宁夏开放大学）；中等职业学校31所（普通中专11所，成人中专2所，职业高中18所）；普通中学318所（高级中学70所，初级中学248所）；小学（含教学点）1567所，幼儿园1490所，特殊教育学校15所。各级各类学校在校生1601435人，其中，普通高等学校在校生172581人，成人高等学校25632人，中等职业学校76339人（普通中专33859人，成人中专177人，职业高中42303人），普通中学454301人（高中167356人，初中286954人），小学603706人，幼儿园261440人，特殊教育7436人（特殊教育学校2109人，中小学随班就读5327人）。专任教师数97421人，其中，普通高等学校9625人，成人高等学校124人，中等职业学校3247人（普通中专1116人，成人中专70人，职业高中2061人），普通中学33179人（高中12079人，初中21100人），小学34995人，幼儿园15775人，特殊教育476人。各级各类教育发展综合指标不断提升，学前教育毛入园率达到90.2%，普惠性幼儿园覆盖率89.99%，小学学龄人口入学率100%，初中阶段毛入学率118.3%，九年义务教育巩固率100%，高中阶段毛入学率达到93.89%，高等教育毛入学率58.6%。

【教育发展规划】2021年，宁夏围绕自治区“十四五”规划目标要求，统筹全区教育事业发展，编制《宁夏教育事业发展“十四五”规划》。4月28日，自治区党委教育工作领导小组第七次全体会议原则同意《宁夏回族自治区教育事业发展“十四五”规划（送审稿）》报请自治区政府审议。8月27日，自治区政府第99次常务会议通过《宁夏教育事业发展“十四五”规划（送审稿）》。9月6日，自治区政府办公厅正式印发《宁夏回族自治区教育事业发展“十四五”规划》。宁夏围绕优化高等教育布局结构、引导高校深化内涵建设、强化职业教育类型定位等方面，制定《宁夏高等学校设置“十四五”规划草案》。10月14—30日，组织各地各校召开宁夏高等学校设置“十四五”规划草案征求意见座谈会，面向有关厅局、5个地级市和各高校征求书面意见建议40余条，修改完善形成送审稿，已经自治区政府同意报教育部评议。

【人事与人才】2021年8月25日，自治区党委编办、教育厅、人力资源和社会保障厅联合印发《关于建立事业编制周转池的意见》，向14个市、县（区）及教育厅直属中小学校一次性下达2710个周转池编制；印发《关于使用周转池编制组织自主公开招聘补充中小学教师有关事项的通知》，指导各市、县（区）使用周转池编制自主公开招聘中小学教师1800余名。主动服务企业人才需求，举办自治区教育厅与宁东基地战略合作签约仪式，为宁东能源化工基地引才聚才搭建平台，为“中环股份”等30多家自治区引进的重点企业举办“校企合作专场人才见面会”2场次，组织全区高校600余名博士、硕士和本(专)科人才与企业面对面洽谈交流;强化人才项目申报执行,争取自治区人才经费507万元,支持"教育系统高层次人才国情区情研修班"、"互联网+教育"信息化骨干培育工程、"双一流"高校毕业生到宁夏实践等自设人才项目;组织开展"长江学者"、青年拔尖人才、杰出专业技术人才、"西部之光"访问学者、自治区人民政府特殊津贴人选、青年托举人才、"互联网+教育"信息化骨干等8个国家级和自治区级人才项目的申报评审、选拔推荐工作,完成对37个单位或个人人才项目考察考核工作;做好人才服务保障,完成20名硕士、博士人才工作补助和安家费、5名中青年人才赴区外深造补助费和2名预引进博士补助费申请审核工作,落实补助经费76.2万元;指导帮助高校协调解决高层次人才住房、配偶工作、子女入学等问题,协调自治区卫健委建立高层次人才所在单位与定点医院对口联系,营造良好人才工作环境。持续做好2021年少数民族高层次骨干计划研究生(博士)报名资格审核、少数民族高层次骨干人才计划毕业学生档案、毕业证、学位证的管理工作,严格少干生档案管理,制定档案管理各项规定和流程,建立台账,对每名学生档案进行清单式管理,与98名学生签订定向就业协议书。

【教育投入】2021年,中央财政下达宁夏各级各类教育专项资金共计42.1亿元,较上年增加2.7亿元;自治区财政厅预算安排各类教育经费26.2亿元,总量较上年增加1.2亿元。全年批复新建幼儿园37所,新增幼儿学位1.2万个,重点用于扩大学前教育资源与规模,下达资金3.88亿元,其中教育民生实事任务20所,开工率100%,校舍主体竣工率85%。2021年批复新建扩建学校87所,建设校舍面积42万平方米,下达资金11.6亿元,其中教育民生实事任务完成校舍建设15万平方米,开工率100%,校舍主体竣工率91%。2021年批复改善普通高中学校办学条件45所,下达资金3.58亿元,校舍及附属设施维修改造和设备购置项目学校31所,校舍建设项目学校24所,新建校舍13万平方米,其中教育民生实事任务5万平方米,开工率100%,校舍主体竣工率88%。9—11月,组织编制《全区义务教育薄弱环节改善与能力提升项目规划(2021—2025年)》,印发《自治区教育厅　发展改革委　财政厅〈关于下达2021年义务教育薄弱环节改善与能力提升项目计划的通知〉》。

【校外教育培训监管】2021年,自治区教育厅等九部门开展校外培训机构专项治理,围绕6个方面20个重点内容,在全区开展校外培训机构"大摸底、大排查、大整治、大引导"专项治理行动,按照"三个一批"(取缔一批、规范一批、整治一批)的要求推进治理工作,各地先后下发整改通知书2000余份,坚决取缔无证无照机构60余家,坚决整顿资质不全、超前超纲培训、存在安全隐患的机构700余家,坚决查处借机敛财、虚假宣传、与学校勾连牟利的机构150余家;在自治区实施方案中明确非学科类培训机构区分体育、文化艺术和科技等类别的相应主管部门,学科类培训机构转型发展的有200余家,全区义务教育阶段学科类校外培训机构由1546家压减至985家,压减561家。强化规范管理,全面升级启用全国校外教育培训监管与服务综合平台,制定《关于将面向义务教育阶段学生的学科类校外培训机构统一登记为非营利性机构的实施方案》,开辟绿色通道,简化办理程序手续,100%完成"营转非"登记工作。协调印发《全区加强义务教育阶段学科类校外培训收费监管的实施方案》,授权各地级市于年底前出台义务教育阶段学科类校外培训收费政府指导价管理政策。坚决查处以咨询、文化传播、"家政服务"、"住家教师"、"众筹私教"等名义,通过"直播变录播"、化整为零在登记场所之外"一对一""一对多"变相违规开展学科类校外培训等问题;推行"黑白名单"、信息公开制度,实现"亮证制度",强化培训机构收费、预收费监管,规范教育广告等营销行为,加强教师资格、培训教材、培训课程、培训秩序等方面的管理。全区使用《中小学校外培训服务合同(示范文本)》,基本做到"应签尽签"。加强校外培训广告管理,监测培训广告线索160条,查处虚假广告以及含有承诺性、诱导性等内容的广告发布23条,严肃查处各种夸大培训效果、误导公众教育观念、制造家长焦虑的校外培训违法违规广告行为。防范风险隐患,各地加强部门间的协调沟通,依法依规从严、审慎、规范审批非学科类新机构。7月以后,各地不再审批新的面向义务阶段学生的学科类校外培训机构,不再审批新的面向学龄前儿童的校外培训机构和面向普通高中学生的学科类校外培训机构,实现学科类校外培训机构"零审批"。印发《关于做好校外培训机构预收费监管工作的紧急通知》,全区376家学科类培训机构纳入预收费风险管控,强化对校外培训机构的学费资金规范管理。印发《关于做好防范化解校外培训机构治理中劳动用工风险的紧急通知》,强化劳动保障监察执法;印发《全区公安机关积极参与校外培训专项治理工作方案》，制定“双减”工作舆情风险应对预案，加大校外培训治理涉稳问题处置，全区排查舆情信息10万余条，协同对银川市存在退费风险的33家校外培训机构，通过“消课”、学费退还等方式，化解资金风险2933万元，有效维护了群众利益和社会稳定。印发《关于做好2021年秋季学期“双减”工作和“五项管理”督导工作的通知》。从2021年9月5日起，对全区中小学校和校外培训机构“双减”工作、校外培训机构治理、“五项管理”工作等，采取责任督学分片包督、市县级常督实导、市级交叉互检、自治区暗访督查等方式进行督导；迎接教育部和中央媒体实地督查，全区“双减”工作得到教育部充分肯定，国家“双减”工作专门协调机制办公室《“双减”工作专报（第19期）》刊发了《宁夏回族自治区积极稳妥推进“双减”落实落地》做法。加强宣传引导，自治区教育厅发出“三封书”（《致全区校外培训机构告知书》《致广大学生家长倡议书》和《全区中小学教师承诺书》），引导宁夏民办教育协会公开倡议，凝聚“双减”工作共识；指导各地举办家长学校500余期，引导家长树立正确的教育观、育儿观、人才观。

【“双减”工作】2021年，自治区成立“双减”（即减轻学生作业负担、减轻校外培训负担）工作协调推进小组，明确25个部门职责，建立联络员制度，建立日报告和每周信息报送、半月工作调度制度，形成工作合力。3月31日，自治区教育厅印发《关于促进中小学生身心健康发展的十条措施（试行）》，严格教学管理、严格作业管理、严格考试管理、严格教辅读物管理、严格手机管理、严格培训机构管理、加强体育锻炼、重视视力保护、关注心理健康、保证睡眠时间，引导学校家庭社会树立科学的育人理念，避免校内减负校外增负，促进学生身心健康发展。5月27日，自治区教育厅印发《关于进一步规范中小学作息时间的通知》，规定城区小学上午上课时间一般不早于上午8点20分，城区初中及普通高中上午上课时间一般不早于上午8点，切实保证学生充足睡眠，促进学生身心健康成长。7月8日，自治区教育厅印发《关于坚决防止中小学生暑期学习负担过重有关工作的通知》，切实维护未成年学生合法权益，严防学科类校外培训泛滥，坚决防止中小学生暑期负担过重，使学生度过一个愉快、温馨、有意义的暑假。7月10日，自治区教育厅转发教育部《关于开展暑期学生托管服务工作的通知》，鼓励有条件的地区积极承担学生暑期托管服务工作。全区开展暑期托管服务的学校、社区托管班等393所（家），参与师生分别为2202人、9626人，其他工作人员513人。7月16日，自治区教育厅印发《关于进一步做好义务教育课后服务工作的通知》，要求各地充分发挥学校在课后服务中的主渠道作用，积极构建校内课后服务体系，保证课后服务时间，拓宽课后服务渠道，提高课后服务质量。8月6日，自治区教育厅等九部门联合印发《关于开展全区校外培训机构专项治理的通知》，安排8月10日至10月10日，利用两个月的时间，对面向中小学学生和3~6岁学龄前儿童的学科类和非学科类培训机构6个方面20项内容进行专项治理。2021年秋季学期开学前制定中小学课后服务费和幼儿园延时服务费标准，并推进义务教育学校课后服务全覆盖和幼儿园、中小学研学旅行、社会实践等活动常态化、规范化开展。8月29日，自治区召开全区“双减”工作推进会，自治区党委常委、宣传部部长、党委教育工作者领导小组组长李金科主持会议，自治区政府副主席杨培君讲话，自治区教育厅、发改委、公安厅、市场监管厅和宁夏银保监局以及银川市、吴忠市相关负责人交流发言。10月9日，自治区印发《关于进一步减轻义务教育阶段学生作业负担和校外培训负担的实施方案》，从总体要求、重点任务、组织保障3个方面，采取25项工作举措，对全区“双减”工作进行全面细化和部署，着眼建设高质量教育体系，深入实施基础教育质量提升行动，强化学校教育主阵地作用，深化校外培训机构治理，积极构建教育良好生态，促进学生全面发展、健康成长，提出学生过重作业负担和校外培训负担、家庭教育支出和家长相应精力负担1年内有效减轻、3年内成效显著，人民群众教育满意度明显提升的目标要求。加强宣传引导，建立“双减”工作宣传会商机制，在教育厅官微、教育电视台开设宣传专栏，《宁夏日报》9月8日整版报道《构建良好教育生态，“双减”在行动》，集中呈现宁夏“双减”工作成效。

【学校体育竞赛】2021年4月24日，自治区党委办公厅　政府办公厅印发《〈关于全面加强和改进新时代学校体育工作的实施意见〉和〈关于全面加强和改进新时代学校美育工作的实施意见〉的通知》，加强学校体育、美育顶层设计。推进校园足球工作。3月20日至4月3日，中国足协C级教练员培训班（宁夏第一期）在平罗县举行，全区24名足球教师参加。完善校园足球发展体系，遴选申报22所全国青少年校园足球特色学校、24所足球特色幼儿园、1个试点县（区）和1个“满天星”训练营，面向全体学生开齐开足每周一节足球课，开展课余训练和竞赛活动，推动校园足球运动普及。推进竞赛体系建设，6月初在5个地级市推荐的基础上，采取定量测评、定性评议的方法，举办全区校园足球夏令营最佳阵容选拔，确定74名小学学段、88名初中学段、88名高中学段学生入选自治区最佳阵容，参加全国夏令营系列活动。规范组织竞赛活动。2021年宁夏学生体育竞赛及培训计划共41项，单项赛事品牌化，构建分学段、跨区域的(学校、县区、市、自治区)四级选拔性竞赛与小学、初中、高中、大学四级学生体育竞赛体系，逐渐形成覆盖全区、类别多样、系统衔接的学生区级竞赛体系。3月19—23日，2020—2021凯迪拉克中国初中篮球联赛(宁夏赛区)在石嘴山市举行，宁夏5个地级市选拔推荐16支代表队共计280人参赛，男女冠军队吴忠市第五中学、泾源县第一中学5月代表宁夏参加在成都市温江区二十一世纪学校举办的西区赛。4月5—11日，2021年全区学生田径锦标赛暨全国第十四届学生运动会田径选拔赛在青铜峡市奥体中心体育场举行，比赛设大学甲组、大学乙组、大学丙组、高中组、初中组5个组别，大学组17支代表队306名运动员参赛，中学组33支代表队491名学生参赛，797人参赛，共有45名运动员打破31项宁夏学生田径比赛纪录。4月8—11日，2021年全区学生游泳锦标赛暨全国第十四届学生运动会游泳选拔赛在青铜峡市奥体中心游泳馆举行，全区的37支代表队322名学生参赛。6月9—13日，2021年全区青少年校园足球夏令营最佳阵容选拔活动在青铜峡市职业教育中心、青铜峡一中、青铜峡高级中学、青铜峡奥体中心、青铜峡南苑体育场举行。选拔设置小学混合组、小学男子甲组、小学男子乙组、小学女子甲组、小学女子乙组、初中男子甲组、初中男子乙组、初中女子甲组、初中女子乙组、高中男子甲组、高中男子乙组、高中女子甲组、高中女子乙组13个组别，共有700名学生参加。6月10—12日，2021年全区大学生3×3篮球联赛暨高校教职工男子3×3篮球比赛在宁夏大学举行，全区9所高校的240人参赛。7月6—12日，2021年全区学生篮球锦标赛在固原市第一中学、固原市第五中学举行，比赛设高中男子组、高中女子组、初中男子组、初中女子组，经过预赛选拔共有52支代表队741名学生参赛。7月21—24日，2021年全区学生三人制篮球锦标赛在石嘴山市举行，比赛设高中男子组、高中女子组、初中男子组、初中女子组，经过预赛选拔共有88支代表队400名学生参赛。9月27—29日，2021年全区学生沙滩排球锦标赛在吴忠市滨河体育运动公园举行，全区22所学校的200余人参加。10月9—18日，2021年全区学生排球锦标赛在灵武市第一中学、灵武市第十小学举行，共有40支代表队近1000人参赛。7月6—18日，全国第十四届学生运动会在山东青岛举办，宁夏组织9支代表队121名师生代表参加田径、游泳、武术、沙滩排球、跳绳五个项目的比赛，宁夏学生运动员获得1枚金牌、1枚银牌、3枚铜牌、3个第4名、3个第5名、4个第6名、7个第7名、3个第8名。10—12月，全区各级各类学校开展学生体质健康标准测试和监测数据上报工作，宁夏大学、宁夏医科大学成立专家组，全面监测、分析、比对各地各学校学生体质健康数据质量，实现对学校体育工作的调整、干预和优化，迎接教育部对全区体质健康抽查复核。

【学校艺术活动】2021年，宁夏医科大学、北方民族大学、宁夏师范学院参加在成都举行的全国第六届大学生艺术展演活动并获得3个一等奖。6月27日，庆祝中国共产党成立100周年全区教育系统教职工书画展和文艺会演在宁夏人民会堂举行，共收到合唱类中小学作品47个、高校19个，百人集体舞类中小学作品40个、高校11个，诵读类中小学作品40个、高校13个，全区教职工书画展中小学绘画类作品297件、书法作品311件，高校绘画类作品39件、书法类42件。组织高雅艺术进校园活动，自治区教育厅、文化厅联合录制24节戏曲进校园艺术云课程，支持宁夏大学、宁夏师范学院、银川实验中学、银川高级中学、石嘴山光明中学组织高雅艺术进校园活动，开展自治区级高雅艺术进校园活动等演出30场次。4—12月，举办第七届中小学生艺术展演，活动项目分为艺术表演类、学生艺术实践工作坊、艺术作品类、中小学美育改革创新优秀案例四大类。

【校园安全】2021年，全区加强校园安全工作部署，做好重点领域专项整治，持续推进校园安全专项整治三年行动，自治区教育厅联合消防部门印发《消防安全宣传教育“七进”工作方案》《携手参与除火患建设美丽新宁夏2021年消防志愿服务活动方案》等，结合春季开学安全工作开展消防安全教育，制定《宁夏回族自治区中小学校、幼儿园消防安全标准化管理体系建设指南(试行)》，推动全区消防安全示范校创建活动；开展2021年“护校安园”专项行动，出台《关于进一步加强全区中小学幼儿园护学岗工作的规定》，强化校园周边“高峰勤务”机制，全区各中小学、幼儿园重点时段学校门口“见警察、见警车、见警灯”基本实现全覆盖。开展防范校园欺凌专项治理行动，委托中国教育学会开展问卷调查，形成宁夏中小学学生欺凌情况分析报告，在全区教育系统开展防范中小学生欺凌专项治理行动，及时发现、及早干预并采取有效措施制止学生欺凌等行为，确保学生欺凌防治工作持续有效落实。加强预防学生溺水工作，教育、水利、住建部门建立危险水域清单并向社会公布，协同开展危险水域隐患排查和日常巡查，及时印发《致全区家长的一封信》，发布风险提示，切实做好预防学生溺水工作。实施“危险校舍清零”行动。完成469所50人以下小规模学校校舍安全排查鉴定工作，对排查出的5446平方米C级危房，督促各地政府按照“一校一案、一楼一策”的原则，根据排查鉴定结果列出问题清单、整改清单，细化方案、分级整治，对排查出的D级危房，已实施动态化清零。强化校园食品安全管理，严格落实学校相关负责人陪餐等制度，全面提升学校食品安全管控能力，学校食堂“互联网+明厨亮灶”覆盖率为87%。开展2021年中小学生安全教育日、“防灾减灾日”系列活动、防溺水专题教育、“安全生产月”“安全生产万里行”等活动，印发《致全区中小学生家长的一封信》，加大学生防溺水等安全知识宣传力度，营造良好的校园和社会宣传氛围。

【国防教育】2021年9月6日至10月15日，自治区教育厅组织完成全区106所大中专学校（其中，普通高等学校17所，高中阶段学校89所），共计131000名学生的军事技能训练。统筹安排2020年因疫情影响未组织学生军训的学校落实军训任务，协调安排8所高校16927名学生军训。开展丰富的国防教育活动，利用“国防教育日”开展教育活动，组织师生观看军事题材的影片、录像片等，开展国防征文比赛、国防演讲比赛、专题报告、双拥文艺演出等活动。

【对外教学与合作交流】2021年，自治区教育厅制定《宁夏教育对外开放“十四五”规划》，全面总结“十三五”教育外事工作，明确“十四五”工作重点要点。推进中俄联合研究西夏学工作，中俄西夏学联合研究列入中俄总理定期会晤成果清单。宁夏大学中俄西夏学联合研究所与俄罗斯科学院、冬宫博物馆合作整理俄藏西夏学文献，出版联合研究成果《俄藏黑水城汉文文献释录》等多部专著，线上举办第七届西夏学国际学术论坛暨西夏学重点研究基地建设20周年研讨会。加强国别研究基地建设，宁夏大学“阿拉伯国家研究协同创新中心”入选国家级协同创新中心。启动第二批基地建设申报工作，每个基地给予20万元经费支持，鼓励中小学通过线上线下相结合的方式，拓展国际合作交流，传播中华优秀文化。《提升来华留学生中华文化影响力建设品牌项目》入选教育部支持项目，立项建设《汉字文化》等5门来华留学生在线课程。开展中外导师联合培养研究生项目，聚焦服务“一带一路”，推进教育部丝绸之路国际产学研用合作计划，做好中外导师联合培养研究生工作，已获批教育部中外联合培养研究生指标39个（其中，博士指标9个，硕士指标30个）。推动来华留学质量提升，遴选中国政府来华留学生奖学金、丝绸之路来华留学奖学金生12名，制定《宁夏回族自治区政府来华留学生奖学金管理办法》，规范政府奖学金管理提升使用绩效，指导高校落实落细《学校招收和培养国际学生管理办法》和《来华留学生高等教育质量规范》，按照分类评价原则，修订完善留学生教学质量监测与评价体系，提高留学生培养质量。规范普通高中国际班管理，全面落实《宁夏回族自治区普通高中国际班管理办法（试行）》，建立年检制度，审批新一轮办学申请，规范普通高中国际班办学行为。助力职业教育国际化，宁夏职业技术学院与阿曼万方公司深化合作，利用线上教学资源，在阿曼杜库姆经济特区中国产业园，筹备建设远程学习中心和来华实习实训平台，围绕校企合作“双元制”人才培养模式改革，遴选宁夏职业技术学院等6所院校参与“中德职业教育项目”、4所院校参与法国施耐德产教融合项目，2所院校参与亚洲合作资金教育领域项目。宁夏大学与马来西亚彭亨大学、宁夏医科大学与波兰卢布林医科大学、北方民族大学与泰国清迈大学合作，开展本科教育层次中外合作办学项目，打造一支全英文教学团队，建设一批国际化课程，已报教育部审批。

【教育督导】2021年，自治区印发《关于深化新时代教育督导体制机制改革的实施意见》，从完善督导体制等6个方面提出17条措施，制定《〈关于深化新时代教育督导体制机制改革实施意见〉分工方案》和《自治区人民政府教育督导委员会工作规程》。按照“四个一”（“健全一个机构、制作一枚印章、配强一支队伍、完善一套制度”）要求，督促指导各地抓好改革任务落实，建设“全领域、全口径、全支撑、全保障”的督导新体系。中小学生减负。将推进中小学生减负落到实处作为年度督导的“头号工程”，纳入责任督学日常督导内容，纳入各级常规督导内容，纳入对各级政府履行教育职责评价、县域义务教育质量监测范围，印发《宁夏责任督学落实“五项管理”督导评估细则》等文件，要求全区责任督学每月至少进校督导一次，采取进校园巡查、推门听课、查阅资料、问卷调查、走访座谈等方式逐校、逐项进行督导。组织7次暗访督查，下发3次通报，反馈问题300余条。自治区印发《宁夏回族自治区2021年省级政府履行教育职责自查自评工作方案》，协调各地各有关部门和教育厅各处室、单位认真开展自查自评，提请自治区人民政府办公厅上报自查报告，通过网络汇总上传43个观测点工作情况报告和560余份佐证材料，配合国务院教育督导委员会办公室进行6.2万份社会满意度调查。政府教育职责评价。抓好国务院教育督导委员会办公室2020年对自治区政府履行教育职责评价实地督查反馈问题整改工作，制定整改方案，明确任务、措施、责任、时限四个清单，通过电话督促、专项督查等方式，督促各地各部门严格按职责、按时限、按要求全面抓好整改工作，确保国家督查组反馈的7个方面36项问题全部整改落地。学前教育。以评促建督质量，把学前教育普及普惠和义务教育优质均衡发展督导评估作为全区基础教育质量提升行动的重要抓手，印发《县域学前教育普及普惠发展督导评估细则》，举办全区学前教育普及普惠督导评估培训班，学习理解评估标准，熟悉掌握督导程序和方法，聘请区外专家担任专家组长，抽调8名自治区督学组成督导组，对率先争创国家学前教育普及普惠县的金凤区和贺兰县进行督导评估，查找指出三类29个问题，督促整改落实，9月督促银川市对金凤区和贺兰县学前教育普及普惠进行过程性督导评估，召开学前教育普及普惠督导评估专题汇报会，督促金凤区、贺兰县按照时间节点列出工作清单，推进学前教育普及普惠发展创建工作。义务教育均衡发展。印发《县域义务教育优质均衡发展督导评估细则》和档案目录，举办全区义务教育优质均衡发展督导评估培训班，成立自治区教育工委、教育厅义务教育优质均衡发展工作领导小组，建立包片联系、目标激励、年度任务推进、监测通报、督导评估等工作机制，督促市、县(区)制定义务教育优质均衡发展规划或实施方案，明确具体的时间表和路线图，提请自治区政府与各县(区)政府签订《推进义务教育优质均衡发展目标责任书》，明确创建规划时间和具体目标任务，压紧压实县级人民政府落实责任。5月，根据各地级市申报情况，对各项指标相对靠前的灵武市等8县(区)进行过程性督导，印发督导情况通报，逐县列出问题清单，督促抓好整改落实。10月，督促相关地级市对2022年拟申报自治区督导评估的大武口区、盐池县进行过程性督导。高等教育。9月，抽调13名专家组成2个督导组，由教育厅领导带队，按照“对接行、对接谈、对接策”要求，对宁夏大学、宁夏职业技术学院等9所高校开展“对接督导”，督导组采取查资料、访师生、看项目、现场反馈等方式，重点从思想认识、组织领导、推进机制、工作进展4个方面，对相关高校落实自治区9个重点产业高质量发展教育任务情况进行实地和网上督导，印发督导评估意见，提出5个方面的整改意见。教育系统安全工作。3—4月，开展全区教育系统安全工作大督查、大排查、大整治活动，采取各地自查、5个地级市交叉检查、教育厅实地督导方式，重点对校园安全、意识形态工作、校园治理等六大类27项工作进行拉网式检查。7月，对同心县校园安全“四个百分之百”完成情况进行专项督导。高职院校。首次开展高职院校适应社会需求能力督导，对宁夏财经职业技术学院、宁夏工商职业技术学院、宁夏建设职业技术学院、宁夏艺术职业学院四所高职院校党的建设、办学基础条件、教师队伍建设、人才培养、学生发展质量、服务社会能力6个方面进行督导评估。义务教育质量。印发《2021年全区义务教育质量监测工作实施方案》，对2021年质量监测工作进行安排部署，组织全区22个县(区)分管领导、样本校校长、工作人员1000余人次，参加国家义务教育质量监测网上培训2期，指导并审核各县(区)制定质量监测工作实施方案，组织各县(区)完成学校、教师和学生信息的填报和审核，为各县(区)配发监测工作手册，组成5个视导工作组，对全区各地质量监测工作进行检查指导，确保质量监测工作在疫情常态化防控的条件下，安全有序开展。重视质量监测结果研究与运用，起草《关于加强义务教育质量监测结果运用的通知》。12月，举办2020年义务教育质量监测结果解读会，组织各地对监测反馈报告进行认真研究与解读，全面掌握义务教育质量状况和影响因素，对监测报告指出的问题进行分析，一县一案制定整改措施，改进学校教育教学，促进学生全面发展。

【庆祝中国共产党成立100周年】2021年，自治区教育系统开展庆祝中国共产党成立100周年“知党恩、颂党情、跟党走、展风采”系列活动，先后举办“让有信仰的人讲信仰”百场学习宣讲活动、“两优一先”百人表彰活动、“没有共产党就没有新中国”百场文艺会演活动、“向党送祝福，感恩新时代”百场党史学习教育比赛活动、开展“党在我心中——感念党恩 情系教育”百个课题研讨编纂活动、“党旗在基层一线高高飘扬”百部党员教育电视片观摩交流活动、“党课开讲啦”百堂党课征集展播活动、“送温暖、显真情”百名走访慰问活动、“永远跟党走”百项红色主题教育实践活动、“党建引领、服务育人”百个典型宣传活动。

【教育强国工程】2021年，宁夏争取教育强国推进工程资金41113万元，支持14所中小学校新建改扩建校舍3.6万平方米，支持普惠性幼儿园、中西部高校、高等职业学校产教融合实训基地等185个项目建设。争取自治区发改委支持，追加项目资金745万元，用于改善宁夏育才中学等3所直属学校办学条件。教育重大项目建设工作获全区重大项目建设考核一等奖，奖补资金250万元。

【民办教育】2021年，全区强化民办义务教育规范管理，提升民办义务教育质量。加快推进民办学校分类登记进度，民办学校分类登记完成率达到92%，超出既定目标12个百分点。顺利平稳完成中国矿业大学银川学院转设工作，稳步推进宁夏大学新华学院转设。

【“走教计划”】2021年，在中国教育发展基金会支持下，出台《宁夏回族自治区乡村小规模学校教师走教支持计划》，春季学期共从全区100所城区学校选派194名中级以上具有专业技术职称的音体美学科骨干教师，向181所受援乡村小规模学校（教学点）开展走教，争取走教经费21.54万元。2021年秋季学期将试点地区扩大至10个，共从118所学校安排298名教师向262所受援小规模学校（教学点）开展走教，争取经费61.62万元，解决乡村小规模学校音体美等学科教师总量不足、结构性短缺等难题，对推进优质教师资源共享交流，助推城乡义务教育优质均衡发展，促进乡村学生特别是小规模学校学生德智体美劳全面发展起到有力促进作用。中国教育发展基金会先后2次到宁夏调研走教计划实施情况，对全区走教工作予以充分肯定。

【校舍安全排查整改】2021年，宁夏印发《自治区教育厅关于深入开展校舍安全排查整治工作的通知》，要求对现有学校和校舍进行一次“拉网式”排查，自治区教育厅督促指导各地各学校密切协调相关部门和专业机构，对2010年以前建设的校舍，特别是50人以下小规模学校校舍进行全面排查鉴定，共排查学校469所，校舍面积24.4万平方米，重点对2010年以前建设的520栋8.2万平方米校舍全部委托第三方专业机构进行鉴定。经排查鉴定，全区50人以下小规模学校无D级危房，C级危房有5446平方米，主要涉及盐池县、同心县、原州区、西吉县、沙坡头区、海原县等6个县（区）22所学校32栋校舍。

【教育考试】2021年，全区组织实施的普通高考、成人高考、研究生统考、专升本考试、自考、普通高中学业水平考试、教师资格考试等涉及近30万名考生、七大类36项考试总体平稳有序，组考工作零失误、招生投档零差错、录检审核零纰漏、计划调整零违规。统筹做好组考工作，印发《2021年宁夏普通高考考试安全保障工作方案》《2021年宁夏普通高考招生突发事件和舆情应对应急处置工作方案》等文件，修订全区国家教育考试考务手册，制定普通高考外语听力考试工作方案和应急预案，推进考务管理规范化、标准化；加大标准化考点建设，统筹2035万元用于标准化考点高清改造。其中，新建21个考点，844个考场；改造19个考点、976个考场，全区共有102个考点、5353个考场全部实现网上高清视频巡查系统；加强普通高考艺术类专业命题能力，加强考评人员选聘、培训力度，扩大区外评委比例，借鉴其他省份成功经验，修订完善全区艺术统考命题评分细则，提高命题能力水平；强化研究生命题管理，对标国家教育考试标准，加强命题人员培训，重点加强命题审核和试卷命制全过程监督检查；加大题库建设力度，普通高中学业水平命题征集工作有序开展，2021年共征集语数英、物化生、政史地9门学科约3000道试题，经专家审题，新增试卷72套、试题2064道入库；科学分析命题质量，组织教师撰写普通高中学业水平考试“试题说明”及“试卷分析”，完成《宁夏2021年普通高中学业水平文化课考试质量分析报告》，并发放到市、县（区）教育部门、高中学校，用于指导教育教学。2021年在全区招生的普通高校共有1371所，国家下达招生计划71698个（含高职分类），比去年增加2597个，录取考生68306人，比去年增加4871人，总录取率为83.97%，比2020年提高1个百分点，特别是下达本科计划34265个，通过积极争取录取34873人，计划完成率101.77%。推进普通高中学业水平考试改革，2021年是规范普通高中学业水平合格性考试后第一年实施，印发《宁夏普通高中学业水平考试报名办法》《宁夏普通高中学业水平考试大纲和说明》，盘点学考改革新变化，搞准学考改革新要求，落实学考改革新任务，严密组织实施考试，考试平稳顺利进行。推进全区中等职业教育与高等职业教育衔接改革，《宁夏回族自治区本科高校面向中职毕业生单独招生工作实施方案（试行）》2021年落地实施，规范职业技能测试项目和测试大纲，高职分类招生考试改革平稳实施，2021年报名16894人，其中有14754人参加由区内11所高校组织的十八大类50个专业的技能测试，本科录取212人，高职（专科）录取14886人，录取率为89.4%。精准改革高考加分政策。7月，发布《宁夏回族自治区深化普通高考加分改革工作实施方案》，从2024年高考开始执行。提升考试服务能力，批准中国人民警察大学与中国传媒大学在宁夏分别开考消防工程（专升本）专业网络与新媒体（专升本）专业；批准红寺堡中等职业学校和银川矿业大学为自考助学机构，助学机构由原来的15个增加到17个；首次成功开展宁夏书画等级考试，共有498名考生参加，报考583科次，全区没有全国性书画等级考试成为历史。

【教育科学研究】2021年，出台《宁夏回族自治区教育厅〈关于加强和改进新时代教育科学研究工作的实施意见〉》。组织做好全区教育科研管理与服务工作，全年分两次分批分阶段受理、组织专家鉴定来自大中小学、教科研机构等承担的宁夏哲学社会科学（教育学）规划项目、全国教育科学规划项目等省部级课题43项。召开2021年宁夏哲学社会科学（教育学）规划项目立项评审会，对各地教育局、高校推荐申报的207项课题材料，经组织专家评审立项26项（其中，高校19项，中小学7项）。开展宁夏教育科学“十四五”规划“互联网+教育”示范区建设专项课题征集工作，共收到大中小学、教科研机构申请616项，经组织专家评审，共立项212项（其中，委托重点课题9项，委托一般课题58项，规划课题145项）。开展全区教育系统庆祝中国共产党成立100周年“我与宁夏教育”征文活动和《为党育人为国育才——我与宁夏教育》系列文集编辑出版。6月，《为党育人为国育才——“我与宁夏教育”》《为党育人为国育才——宁夏教育发展成就巡礼（五册）》系列丛书由宁夏人民出版社出版，并发放到全区各级各类学校（幼儿园）和各级教育行政部门。

【教学改革创新和研究】2021年，宁夏实施新时代思政课改革创新提升工程，举办“思政课程”和“课程思政”教学大赛和示范巡讲，持续开展师生“同上一堂思政课”活动，办好第三届全区学校思政课教师教学能力大赛。推进中小学思政课改革创新，组织全区中小学思政课教师集体备课和优质课堂竞赛评选与展示活动，评选优质课55节。组织思政课集体备课研修活动5场次，培训教师500余人。开展全区五市“我心中的思政课”中小学思政课优质示范课堂教学竞赛及巡讲系列活动。开展“铸牢中华民族共同体意识主题教育”活动，先后在全区5个地级市巡回开展铸牢中华民族共同体意识主题演讲和精品课总决赛，评审优课和主题演讲40余个。聚焦课堂教学，规范教学行为，印发38个学科《宁夏中小学各学科课堂教学基本要求》《宁夏中小学各学科优质课堂教学评价标准》；开展“5+1”系列活动，组织教研员对厅直学校（含集团校、托管校）等17所学校开展全覆盖教学视导调研，对市、县（区）视导实现全覆盖。印发《全区第一届中小学校（园）长听评课评选展示活动方案》《全区第一届中小学校教师课堂教学“四课”比赛方案》《全区第一届教研员专题讲座评选展示活动方案》《全区第一届教研员示范课评选展示活动方案》《全区第一届教研员教研综合能力评选展示活动方案》5个方案，聚焦课堂教学提质增效，聚焦教师和教研队伍专业能力提升。深化数字教材在义务教育各学科应用，联合组建数字课程教材应用研究中心，探索数字教材研究、应用机制，开展基于数字教材的培训、课例评比、课题研究等活动。全年组织全区289所学校523场入校培训，培训教师超过2万人，全区1362所学校的登录率为94.8%，教师47322人登录率为91.3%，数字教材常态化使用率提升至63%。宁夏数字教材应用经验被四川、山西、云南、广东、河北五省学习，在全国第六届数字化教学大会交流。深化高考综合改革，推动普通高中课程改革，组织力量完成普通高中各学科教材样书审读，形成《宁夏普通高中国家课程教学用书选用目录》。完成全区普通高中新课程新教材全员网络研修活动，面向教育行政部门、普通高中校长、教研员、各学科教师开展通识研修课程和学科研修课程培训，为2022年高一年级实施新课程、使用新教材做好准备。研究普通高中课程设置与管理办法、选课走班教学组织管理制度、学分认定办法等，召开普通高中新课程新教材实施工作推进会，指导银川市等国家级示范区、银川一中、育才中学等示范校探索普通高中新课程实施办法，引领全区高中课堂教学改革，为全区新课程落地做好准备。外派教研员和骨干教师120人次参加教育部课程教材中心、人教社组织的普通高中新课程新教材培训，指导学校加强特色课程建设，健全学生发展指导制度。组织力量研制印发普通高中体育与健康、音乐、美术、信息技术、通用技术5个科目合格性考试要求和标准，为推进全区普通高中学业水平考试提供专业支撑。健全强化教研队伍管理，落实自治区《关于实施基础教育质量提升行动的意见》，起草《新时代宁夏基础教育教研工作基本规范》《新时代宁夏基础教育教研员管理办法》，发布《宁夏基础教育第一批兼职教研员名单》，规范基础教育教研工作；制定《全区教研人员"五包"工作方案》，建立教研人员包区域、包学校、包学科、包教师、包质量工作机制，聚焦乡村学校、薄弱学校短板弱项，加强教育教学常规性指导。2021年，全区持续深化创新素养教育，召开全区创新素养教育现场会，举办5期局长、教研室主任、校长创新素养教育培训班，组织各学科教研员录制创新素养通识课程，评选优质课500节、优质原创试题100套，打造创新实验室15个、名校(园)长工作室10个。

【教育宣传】2021年1月1日，宁夏电化教育中心(教育电视台)与教育厅体卫艺处联合开设《健康伴我成长》栏目，以新闻、专题、访谈、讲座、微课、短视频、公益片等多种节目样态，多平台、多渠道、多层面宣传校园卫生健康工作。根据固原市教育宣传工作相对薄弱的实际，实地走访调研南部县(区)，与宁夏师范学院合作建立"宁夏教育电视台宁夏师范学院工作站"，通过专业技术能力人才跟岗锻炼、专业技术设备硬件支持等举措，教育宣传工作进一步向基层辐射；先后完成《保驾护航破浪前行》——宁夏教育督导工作巡礼、2021年职业教育宣传周文艺会演、第四期线上高雅艺术进校园《艺术云课堂》(12集)、全区第三届中华经典诵写讲大赛启动仪式(并承担大赛短视频及报送参赛视频的制作)、"'十三五'宁夏教育发展成果"短视频、全区高校精品思政课《我心中的思政课》(17节)、"习近平新时代中国特色社会主义思想学生读本"示范课(60节)、2021年高考填报志愿系列访谈节目(3期)等专题片和主题节目的录制与制作；关注教育热点，做好深度报道，结合党建育人、立德树人、劳动教育、闽宁教育协作、高考志愿填报、四点半课堂等师生家长和社会关注度高的选题，策划、拍摄制作《教育时空》栏目17期；关注学生健康，做好常态化疫情防控宣传、校园安全主题宣传，在春季开学、近视预防宣传月、爱眼日等重要节点，配合青少年近视预防宣传、传染病预防、安全健康过假期等内容，策划制作《健康伴我成长》栏目8期；加强职业教育宣传，结合《服务自治区九大产业十大工程》《深化校企合作》《促进产教融合》等选题，在职业技能大赛、职业教育宣传周等重要节点，策划制作《匠心筑梦》专栏节目10期；在《宁夏教育新闻》中开设《职教宁夏》专栏；策划制作《2020年全区教育工作十大亮点》特别专版、《宁夏教育2021发展蓝图》系列报道；紧跟"基础教育质量提升行动"，开展覆盖全区的专栏报道，及时展现教育改革发展的新思路、新做法、新成绩；围绕"双减"和"五项管理"工作，通过字幕、图表、消息、新闻专题等形式做好立体宣传；紧跟校外培训机构治理行动，做好政策解读和舆论引导；围绕"互联网+教育"和基础教育质量提升行动多形式宣传报道，与中国教育电视台围绕"互联网+教育"进行连线直播；全年完成专题类采访、职业教育校长访谈等节目类拍摄共计37次，130多期(节)，其中大型活动5次；在全国电视观众面前展示了宁夏信息化发展成效，电视新闻共采制播发《宁夏教育新闻》《一周要闻》共计237期1021条；"宁夏教育厅"微信公众号累计推送文章1453篇、阅读总量427万次，累计关注人数37万人；"宁夏教育电视台"微信公众号累计推送文章1090篇，阅读总量达到51万次，累计关注16万人次；抖音号、视频号发布作品68个，观看总量超过96万次，吸粉1.5万人，获赞总数超过12万人。

【语言文字工作】2021年，制定《宁夏回族自治区人民政府办公厅〈关于全面加强新时代语言文字工作的实施意见〉》，召开全区语言文字会议，提请自治区人大修订《宁夏回族自治区实施〈中华人民共和国国家通用语言文字法〉办法》；启动全区第二批国家语言文字推广基地创建工作，迎接国家语委考察组对宁夏大学全国语言文字推广基地实地考察验收。制定《"家园中国"宁夏回族自治区中华经典传承活动实施方案》，联合银川市、自治区朗诵协会予以实施。举办自治区第三届中华经典诵写讲大赛，参与大赛人次逾15万。

【教育装备管理】2021年，宁夏教育装备管理信息系统已在全区所有小学、初中、公办幼儿园全面应用，为各级教育主管部门准确掌握中小学教育技术装备建设、配备、管理、使用情况提供有力技术支撑。规范政府招标采购工作，成立招标采购办公室，严格执行政府招标采购法律法规，印发《宁夏教育装备和校园风险管理中心政府采购实施细则(试行)》，建立重大事项集体决策、专家论证等制度，完成29个招标采购项目，招标采购资金6533万元，实现招标采购无投诉、无质疑。加强实验教学工作，印发《关于加强和改进中小学实验教学工作的实施意见》，对实验教学提出明确任务要求，推动构建与德智体美劳全面发展相适应的实验教学体系，助力基础教育高质量发展。开展第十届全区中小学优秀自制教具展评活动，印发《自治区教育厅办公

固原地区乡村学生的营养餐

室〈关于举办第十届全区中小学优秀自制教具展评活动的通知〉》,共收集549件自制教具作品,遴选20件优秀作品上报教育部,代表宁夏参加全国中小学优秀自制教具展评活动。做好社会捐赠工作,组织全区90所学校申领社会捐赠的“学校食堂人脸识别系统”964套,安装“微信人脸识别团餐机”964台。强化学生用品监管,宁夏学生校服、床上用品管理服务平台全面应用,平台入驻校服厂商86家,学校完成注册用户1384家,55所学校完成线上采购,交易金额623万元,开展企业备案登记、校服质量管控等工作,校服采购不规范、购买不便捷、廉政风险等问题得到有效解决。强化学生校服质量监管,联合自治区市场监督管理部门不定期开展学生用品质量和使用情况检查,配合宁夏纤维质量监测中心组织学生校服絮用纤维制品及相关企业培训,通报2020年国家检测抽检结果,督促学校及学生用品生产企业不断提高产品质量意识,坚决杜绝不合格产品进入校园。

【学生资助】截至2021年年底,全区累计下达中央和自治区学生资助补助经费3.4亿元,资助高等教育阶段学生5.86万人。其中,在奖助学金工作上,2021年下达本专科国家助学金、国家奖学金、国家励志奖学金资金14190万元、39648人,研究生国家助学金、国家奖学金资金5197万元、7351人;2021年下达高等学校学生应征入伍服义务兵役和直接招收为士官国家资助6317万元、资助11581人(应征入伍学费减免412人,退役复学学费减免355人,直招士官学费减免139人,退役士兵预计学费减免5586人,退役士兵预计享受国家助学金5089人);2021年自治区财政下达高校毕业生赴基层就业补偿代偿1125万元;2021年自治区财政下达6000万元用于支付地方财政承担的生源地信用助学贷款风险补偿金;2021年下达国家助学贷款奖补资金1197万元,用于全区全日制普通高校学生资助;在国家助学贷款工作上,2021年度共发放生源地信用助学贷款6亿元,较上年增加0.73亿元,增长13.85%;惠及全区家庭经济困难学生8.6万人,较上年增加0.59万人,增幅7.36%。全区5.89万名续贷学生中,80%以上通过线上方式远程办理。

(卢光辉)

基础教育

【学前教育】2021年,全区共有幼儿园1490所。在园(班)幼儿26.14万人,其中普惠性幼儿园在园幼儿23.52万人,普惠性幼儿园覆盖率达到89.99%。共有幼儿园教职工3.2万人。学前教育毛入园率为90.02%。2021年,全区启动学前教育普及普惠县创建,制定《宁夏回族自治区学前教育普及普惠县督导评估细则(试行)》,指导贺兰县、金凤区对照自治区评估验收开展工作。巩固城镇小区配套幼儿园治理成果,印发《关于加强城镇小区配套幼儿园校舍安全管理工作的通知》,开展安全大排查,推动各地认真落实城镇小区配套幼儿园建设移交管理要求。加强幼儿园规范管理,先后印发《关于进一步加强幼儿园规范管理工作的通知》《关于对幼儿园违规开展保教活动进行核查治理的通知》,全面开展办园行为专项督查和规范保教活动核查治理。实施幼小衔接攻坚行动,建立幼儿园与小学科学衔接长效机制,开展幼小衔接实验县(园)申报工作,征集评选34篇幼儿园优秀游戏活动优秀案例。公开征集遴选幼儿园保育教育课程资源,印发《2021年幼儿园课程资源目录》,遴选公布4套幼儿园课程教学类资源。开展2021年全区学前宣传月活动,筹备网络巡展、典型经验案例征集、改革访谈等活动。推进安吉游戏试点推广工作,印发《自治区幼儿园安吉游戏推广实施方案》,成立专家指导组开展巡回指导,遴选自治区级安吉游戏一县一区共6所试点园,并组织部分园长及教师赴浙江安吉、四川成都跟岗实践，深化以游戏为基本活动的幼儿园课程改革。指导学前科学保教，指导幼儿园坚持以游戏为基本活动，创设寓教于乐的游戏环境，实施科学保教。组织全国学前教研工作坊（宁夏坊）暨全区首轮巡回教研指导活动，开展全区幼儿园园本教研研讨会、专题讲座6次，参培园长和教师7000余人次。开展幼儿园创新素养教育优秀游戏案例和幼儿园课程资源评审，评选优秀成果150余项。构建各市、县（区）域内幼儿园教研共同体30余个，共同携手解决保教实践问题。

【义务教育】2021年，全区共有义务教育阶段学校1815所。招生19.78万人，在校生89.07万人。专任教师5.61万人。九年义务教育巩固率100%。全区共有小学1567所，招生10.35万人，在校生60.37万人。共有小学专任教师3.50万人。全区共有初中248所，招生9.43万人，在校生28.69万人。共有初中专任教师2.11万人。2021年，自治区印发《关于深化教育教学改革　全面提高义务教育质量的实施意见》，建立健全推进义务教育均衡发展保障机制。推进义务教育薄弱环节改造和能力提升项目，印发《关于下达2021年义务教育薄弱环节改善与能力提升项目计划的通知》，新建改扩建校舍面积20万平方米，扩大城镇学位供给。举办全区义务教育优质均衡发展督导评估培训班，印发《宁夏回族自治区县域义务教育优质均衡发展督导评估细则（试行）》和督导评估档案目录，对各县（区）义务教育优质均衡发展指标进行监测分析，对盐池县、大武口区、灵武市、惠农区等地创建工作开展两轮过程性督导检查。巩固拓展教育脱贫攻坚成果，遴选创建全国第二批“乡村温馨校园”3所，印发《关于进一步精准做好控辍保学工作的通知》，指导各地深化联防联控机制，持续做好核查劝返工作，精准建立辍学学生工作档案，严防辍学新增反弹。推进集团化办学，印发《关于推进中小学（幼儿园）集团化办学的指导意见》，指导各地完善强校带弱校、城乡对口支援的办学机制，增加城乡优质教育资源供给。推进义务教育质量监测突出问题的整改，制定《国家义务教育质量监测发现的主要问题整改方案》，明确整改目标、整改措施和落实整改时限，落实好整改任务。

【普通高中教育】2021年，全区共有普通高中70所，招生5.75万人，在校生16.74万人。共有普通高中专任教师1.21万人。2021年宁夏启动实施普通高中多样化发展计划，制定《宁夏普通高中学校实施分类办学促进特色发展改革试点工作的方案》，完成新课程新教材12个学科选用工作，召开深化高中育人方式改革座谈会，开展新教材新课程专项培训和网络研修，完善综合素质评价管理平台，组织培育自治区特色普通高中10所。推进实施普通高中改造计划，下发《关于下达2021年高考综合改革项目计划的通知》，改善47所普通高中办学条件，新改扩建校舍13万平方米。规范普通高中招生秩序，印发《关于做好2021年全区中小学招生入学管理工作的通知》《关于进一步加强普通高中自主招生管理有关问题的通知》，公民办学校实现同步招生，从严限制跨区域招生；稳妥有序推进中考改革，制定中小学生综合素质评价实施办法，建设自治区初中学生综合素质评价平台，督促21县完成35个标准化考点巡查系统升级改造和新建设工作。推进落实化解普通高中大班额，督促各市、县（区）严格落实《宁夏消除普通高中大班额专项规划2019—2021年》，全区普通高中大班额已控制到3.57%。

【特殊教育】2021年，全区共有特殊教育学校15所，招收各种形式的特殊教育学生1284人，在校生7436人。共有特殊教育学校专任教师476人。宁夏启动研究制订第三期特殊教育提升计划，编制2021年中央特殊教育补助资金安排使用意见，12个县（区）成立县级特殊教育专委会。举办普通学校随班就读骨干教师培训班，妥善做好残疾少年儿童义务教育安置入学工作。持续指导各地一人一案做好未入学残疾儿童就学安置，巩固提高残疾儿童少年义务教育入学率为95%以上。加强教育系统助残宣传工作。

【劳动教育】2021年，自治区印发《关于全面加强新时代大中小学劳动教育的实施意见》，全区推动各地各中小学校实施劳动教育，开好劳动教育课程，组织劳动教育培训班2期，开展“劳模大讲堂”“大国工匠进校园”等先进人物进校园活动12场，评选劳动教育精品课60门，遴选自治区劳动教育示范学校20所，挂牌自治区级劳动教育基地20个，推荐获评全国劳动教育实验县（区）3个，引导师生树立正确的劳动观念、掌握必备的劳动能力、培育积极的劳动精神，养成良好的劳动习惯和品质。

【中小学德育】2021年，自治区教育厅组织全区各地一校一案征集《中小学德育指南》优秀典型案例，开展中小学思政课建设情况专题调研，组织全区做好第十五届宋庆龄奖学金评选工作，推动各地开展研学实践教育活动。完成2020年中央专项彩票公益金支持未成年人校外教育项目绩效考核及2021年申报工作，组织各级遴选“新时代好少年”“文明校园”，指导各中小学开展“学习新思想做好接班人”“从小学党史永远跟党走”“圆梦蒲公英”“开学第一课”“塞上书香节”等主题教育活动。参加全国中小学生电影周经验交流，加强中小学生理想信念教育，道德教育，引导学生培育和践行社会主义核心价值观。举办“心理健康教育周”活动，开展中小学班主任心理健康教育教学示范研讨班。指导各地各校采取心理讲座、主题班会、团队活动等多种形式，开展心理健康教育，积极做好学生心理疏导和教育关爱。建立区、市、县三级家庭教育专家服务团队，指导创建家庭教育示范校创建20所，开展培训4批300名专兼结合的家庭教育指导教师队伍，会同妇联指导中小学、幼儿园建立家庭教育工作机制。

【进城务工随迁子女和优待人员子女就学】2021年，全区保障进城务工随迁子女在公办学校就读99851人，占全区义务教育阶段进城务工随迁子女比例的98.6%；联合自治区消防救援总队研究制定消防救援人员及其子女教育优待措施，组织协调解决现役军人411人、公安英烈子女3人等入学入园问题，受到自治区领导、驻宁部队及社会各界的一致好评。

（卢光辉）

职业教育

【概况】2021年，全区共有中等职业学校31所，招生2.82万人，在校生7.63万人。共有中等职业学校专任教师3247人。全区15所高职院校（含3所民办本科院校）针对退役军人、下岗失业人员、农民工、在岗企业员工和村“两委”负责人等群体，共计完成招生5383人。

【职业教育规划】2021年，宁夏全面实施高职学校“双高计划”、中职学校“双优计划”，对全区12所高职院校和申报“双优计划”建设单位的13所中职学校进行综合评价，遴选建设宁夏工商职业技术学院等5所高职学校为自治区高水平高职学校，葡萄与葡萄酒工程等13个为高水平专业群，宁夏工业学校等8所学校为中等职业教育优质校，电子信息等20个为优质专业群。出台《自治区职业院校专业管理实施细则（试行）》，建立职业教育专业设置动态调整机制，优化职业教育专业供给结构，增强职业教育专业适应性。遴选高职院校5名专业教师或中层干部及5名企业中层干部开展首批职业院校与开发区（企业）互派干部挂职工作。围绕自治区9个重点产业发展需求，推动高职院校与行业联合，与龙头企业联盟，同园区联结，共同建设枸杞、葡萄酒、肉牛和滩羊、奶产业、绿色食品、新材料、清洁能源、电子信息和文化旅游现代产业学院。集中力量、集中资源，将现代产业学院建成集“产学研培赛创”于一体、带动职业院校相近专业（群）整体发展的开放共享平台和高水平实习实训基地。

【职业教育质量提升工程】2021年，宁夏继续实施职业院校教师素质提高计划，落实教师到企业实践制度，加强职业教育教材管理，引导广大教师创新教学模式和方式方法，不断催生技术技能人才培养新活力。开展9批次18个培训项目，参与培训教师1646人，企业实践教师2700人次。启动实施自治区第二批教师教学创新团队和首批“双师型”教师培训基地遴选工作。出台《自治区职业院校教材管理实施细则》，明晰职业教育教材编写、审核、选用、使用、更新、评价等重要环节的制度要求，全面加强和规范教材管理，提高教材质量。引导和支持职业院校教师深度参与教学模式、教学方式方法创新。健全组织机构，成立全区1+X证书制度试点工作协调推进领导小组、领导小组办公室和1+X证书制度试点工作指导专家组，加强全区1+X证书制度试点工作的组织管理、统筹协调和质量检测。全年全区参与1+X证书制度试点的院校共有40所（其中，本科院校6所，高职院校11所，中职学校23所）。开展试点的1+X证书171个，覆盖教育部发布的4个批次，试点学生规模为17015人。

【职业院校技能大赛】2021年，全区职业院校技能大赛赛项设置紧密对接自治区9个重点产业岗位技术要素，引导院校将人才培养的关注点从重视个别学生转向大多数学生，突出大赛对教学改革和专业建设引领，推动人才培养和产业发展的结合。大赛设置赛项170个，参与学生5246名、企业员工51名。召开全区职业院校技能大赛总结会，表彰个人一等奖171个、二等奖317个、三等奖483个，团体一等奖132个、二等奖226个、三等奖340个，“优秀指导教师”872名等。选拔出的优秀学生在全国赛上获得二等奖2项、三等奖11项。

（卢光辉）

高等教育

【概况】2021年，全区共有高等学校21所，其中普通本科院校8所，高职（专科）院校12所，成人高等学校1所。高等教育在校生19.82万人，高等教育毛入学率

58.6%。全区研究生招生4536人(其中,博士研究生招生249人,硕士研究生招生4287人)。在读研究生1.15万人(其中,在读博士研究生804人,在读硕士研究生1.07万人)。全区普通本专科招生5.11万人,其中,本科招生2.66万人,高职(专科)招生2.45万人;在校生16.11万人,其中本科在校生9.5万人,高职(专科)在校生6.61万人。全区成人本专科招生1.17万人,在校生2.56万人。全区共有高等学校教职工1.34万人(其中,专任教师9749人)。2021年,全区研究生招生计划较上年增加310人,增幅8.45%,其中博士研究生增幅20%,全日制硕士研究生增幅7.78%;本科招生计划较上年增加900人,增幅4.64%。高职分类考试招生计划较上年增长2500人,增幅15.43%。首次下达宁夏大学地方高校优质本科计划120人。

【本科教育】2021年,宁夏全面启动宁夏师范学院"升大创博"(升格为宁夏师范大学,创建博士学位授予学位)工作,召开"宁夏师范学院推动'升大创博'工作启动大会",制定《宁夏师范学院推动"升大创博"工作方案》,明确学校办学定位,优化教育资源配置,提升人才培养质量,推动学校高质量特色发展。组织召开全区高校"十四五"学科专业体系建设工作专项调研,制定《关于深化新时代高等教育学科专业体系改革的实施意见》《宁夏回族自治区普通高等学校本科专业建设发展指南(2021—2023年)》,优化学科专业结构,提升宁夏高等教育服务经济社会发展能力。组织召开全区高校一流本科专业和一流本科课程建设研讨会,遴选建设一流本科专业、一流课程、一流基层教学组织和"卓越拔尖"培养班和课程思政示范课等项目,宁夏大学、宁夏医科大学、宁夏师范学院3门课程获批教育部国家级课程思政示范项目。

【研究生教育】2021年,自治区教育厅印发《自治区教育厅发展和改革委员会财政厅关于加快推进新时代研究生教育改革发展的实施意见》,明确全区高校研究生教育改革发展的指导思想、目标任务和具体措施,建立健全制度体系。7月26日,国务院学位办和教育部学位与研究生司公示《2020年学位授权审核结果公示》,新增宁夏理工学院1所研究生学位授予单位,新增宁夏大学物理学、宁夏医科大学药学、北方民族大学数学等3个一级学科博士学位授权点、5个一级学科硕士学位授权点和10个专业硕士学位授权点,宁夏高校学位点结构布局得到优化。截至2021年10月,全区8所本科院校共有博士授予单位3所,一级学科博士学位授权点13个,博士专业学位授权点1个;硕士学位授予单位5个,一级学科硕士学位授权点57个,硕士专业学位授权点41个,全区学位授权结构更加完善,布局更加合理,将力促全区"双一流"建设再上新台阶。

【学校和学科建设】2021年2月19日,根据《宁夏回族自治区西部一流高校和一流学科二期(2021—2025年)建设实施方案》要求,组织实施西部一流高校和一流学科二期建设遴选建设工作,并核拨专项资金2亿元,支持立项的宁夏大学西部一流高校建设,和宁夏大学民族学、宁夏医科大学临床医学等10个国内一流学科、10个西部一流学科,15个自治区培育学科建设。发展现代产业学院建设,加快推进"宁夏大学—贺兰山东麓葡萄产业园葡萄酒现代产业学院""宁夏大学枸杞现代产业学院""宁夏理工学院—施耐德电气(中国)有限公司产教融合基地"等现代产业学院建设。自治区政府办公厅印发《自治区人民政府办公厅印发关于加快深化医学教育创新发展实施方案的通知》,加快推进宁夏医学教育创新发展,建立高质量医学教育体系,提升医学人才培养质量,为服务健康中国、健康宁夏提供人才支撑和智力支持。

【创新创业教育】2021年,宁夏持续支持全区高校创新创业学院或创客空间建设,重点推进30个大学生校外实践基地建设,建设600个国家级、自治区级大学生创新创业训练计划项目。开展宁夏第七届"互联网+"大学生创新创业大赛暨"青年红色筑梦之旅"活动,共20所高校、15348个项目、65596人次参赛,参赛项目和人次再创新高,区赛共决出44个金奖、76个银奖和118个铜奖。《宁夏大学"丝路宁夏文创——中国西部文化旅游融合发展领跑者"》获中国国际"互联网+"大学生创新创业大赛金奖,实现宁夏高校全国总决赛中金奖"零"的突破。宁夏高校还获得6项银奖、30项铜奖,自治区教育厅获优秀组织奖。

【教学研究】2021年,制定《宁夏教育资源公共服务平台高等教育板块优化升级建设方案》,实施高等教育综合信息服务平台、高校在线教学资源服务平台、创新创业教育服务平台和高等教育项目管理评审系统、高校内涵发展基本数据管理系统"三平台两系统"建设工作。宁夏普通高校2021年度科研经费(R&D)投入为6.1亿元,同比增长78.4%。开展2021年度高等教育教学成果评选,8所本科高校共申报教学成果奖77项(其中,本科教育类56项,研究生教育类21项)。

【高校思想政治工作】2021年,自治区教育厅指导高校全面落实教育部印发的高校思想政治工作体系,指导中小学"一校一案"落实《德育工作指南》,印发《关于在全区大中小学充分运用〈中小学德育学堂〉〈国家相册〉切实提升学校思政课教育教学水平的通知》,提升学校思想政治工作的思想性、理论性、亲和力和针对性。开展铸牢中华民族共同体意识主题教育,将铸牢中华民族共同体意识教育融入教书育人全过程各方面。精心打造"石榴花开·丹心向党"特色品牌,指导宁夏大学和北方民族大学组建铸牢中华民族共同体意识宣讲团,面向全区各大中小学校开展"百场万人"宣讲活动。全面加强学校心理健康教育工作,不断健全和完善学校、院系(年级)、班级、宿舍"四级"预警防控体系,指导高校心理健康教师志愿服务队在疫情防控期间及时开通心理健康咨询热线。举办全区首届高校心理健康教育课程微课教学大赛,开展2021年全区高校心理健康教育工作网络调研和实地专项调研、心理健康测评,不断提升学校心理健康教育能力和水平。

2021年4月,2021年大中城市联合招聘石嘴山市高校毕业生春季专场招聘会在石嘴山市万达广场举办

【高校毕业生就业创业】2021年,宁夏建立健全就业工作新机制,先后5次召开工作推进会,及时掌握就业进展情况,研判就业形势,制定对策举措,严格落实学校领导包院系、院系领导包专业、专业老师包学生、毕业班辅导员全程参与的"四级责任包抓"机制,压实压紧高校主体责任,为毕业生提供就业指导服务;推动落实政策性岗位新举措,自治区人社厅、团委等部门累计开发政策性岗位和基层就业岗位9337个(其中,公务员招录1096名、事业单位计划招录3325名、"特岗教师"招录451名、全科医生招录125名、地方公费师范生安置300名、住院医师规范化培训计划招录660名、"西部计划"招录380名、"三支一扶"招录3000名)。拓展就业新空间,挖掘平台经济、共享经济中的就业机会,用好就业创业支持政策,鼓励和支持毕业生到战略性新兴产业就业,通过电商、网店等形式实现灵活就业、自主创业2359人。主动对接园区岗位新需求,分别与宁东基地管委会和银川高新经济技术开发区签署战略合作协议,开展校企合作"对接行"活动,为毕业生提供适合的就业岗位,实现精准签约就业,已就业毕业生中有2174人在国有企业就业,14733人在私营民营企业实现就业。精准开发区外就业新市场。先后组织高校就业部门赴长三角、珠三角等经济发达地区和新疆、西藏等人才急需地区考察毕业生就业市场,探索"实习+就业"新模式,毕业生在区外就业8683人,其中有50名优秀毕业生被新疆招录为公务员,有14名优秀毕业生被西藏招录到卫生和教育系统就业。创新建立应征入伍新机制,配合兵役机关"两征两退"改革新要求,会同宁夏军区调整征兵时间,加大普通专升本免试招录退役毕业生等新政策宣传力度,为大学生入伍开辟绿色通道,2021年高校毕业生应征入伍人数达到796人,同比增加20%。优化完善智慧就业新平台,充分利用教育部"24365"网络招聘平台和"宁夏高校一体化智慧就业平台",累计举办分专业、分层次、分行业系列网上招聘活动181场,提供岗位13万个,为毕业生网上投递简历、网上面试、网上签约提供服务保障。做大做强校园招聘新模式,充分发挥社会化力量,着力增加校园专项招聘会、定向宣讲会频次,会同有关部门联合开展举办区域性、行业性、联盟性招聘活动403场,提供岗位9.6万个。探索创新就业指导新方法,健全完善职业生涯发展教育和就业指导服务工作体系,首批建设10个高校职业生涯咨询特色工作室,加强就业创业指导课建设,开展"成才观、职业观、就业观"主题教育,为毕业生提供个性化的职业发展咨询和指导服务。截至2021年8月31日,全区高校毕业生共计37983人,已落实毕业去向31113人,总体就业率为81.91%,较上年同期提高5个百分点,提前实现《自治区党委办公厅 人民政府办公厅印发

《关于实施城乡居民收入提升行动意见》的通知》中“高校毕业生初次就业率不低于70%”目标，其中，博士研究生108人，就业89人，就业率为82.41%；硕士研究生2675人，就业2196人，就业率为82.09%；本科生20548人，就业15864人，就业率为77.2%；专科（高职）生14652人，就业12964人，就业率为88.48%。

（卢光辉）

教师管理

【师德师风建设】2021年，宁夏全面开展师德师风专题教育，制定《自治区教育厅全区教育系统开展师德专题教育实施方案》，组织全体教师深入学习习近平总书记关于师德师风的重要指示批示精神，强化教师“四史”学习教育，加强对青年教师思想引领，加强对教师法治和纪律教育，集中开展师德警示教育，开展“四长六进”活动，选树宣传师德优秀典型，完善师德建设长效机制，拓宽渠道增强宣传效果，坚持依法依规、德法并举，注重融入日常、抓在经常，系统组织、分类指导，引导教师学习践行新时代师德规范。深入开展专项整治工作，制定《关于开展中小学有偿补课和教师违规收受礼品礼金问题专项整治工作实施方案》，促进各级教育行政部门和学校建立与完善师德师风问题线索处置、违规问题查处、典型问题通报等制度，建立和完善本地区和学校师德师风建设组织机构、部门协作机制和宣传教育制度，建立完善本地区和学校师德评价办法、师德档案、师德建设责任清单和负面清单等制度。规范中小学教师职业行为，有效遏制中小学教师“课上不讲课下讲”，“组织开办校外培训班”“到校外培训机构兼职”等形式的有偿补课行为和“同家长搞利益交换”等师德失范突出问题。持续发力严格师德规范，制定并落实《禁止在职教师有偿补课七个严禁》措施，面向社会公布教育厅和各市、县（区）师德师风举报电话，畅通师德举报渠道。推进建立师德师风监督员制度，指导各市、县（区）建立师德监督员机制，邀请“两代表一委员”和“家委会成员”、社区群众作为师德师风监督员，依法接受监督举报。开展师德承诺活动，在教师节期间开展全体教师师德承诺活动，全员签订师德承诺书，新入职教师进行宣誓活动。协同自治区公安厅，建立教师资格认定师德审核机制，开展教师资格认定无违法犯罪记录查询，探索展开在职教师无犯罪记录排查工作。

【人才管理】2021年，制定《宁夏回族自治区教育厅基础教育各类人才管理办法》，对各级各类基础教育人才的界定、工作职责、考核、待遇、退出等明确规定，共认定180名2021年度自治区基础教育年度人物。开展特级教师评选，通过基层单位审核推荐、县（市、区）遴选推荐、地市初评推荐和自治区评审认定四个阶段，按照各单位教师数量和现有在职特级教师的人数共拟评选70名。2021年在招收173名国家公费师范生的基础上，地方公费师范生招生计划由300人提高到450人，同时招收地方优师计划师范生50名，争取国家优师计划师范生名额29名。组织红寺堡区、同心县等10个县（区）公开招聘特岗教师441名，协同自治区人力资源社会保障部门招聘事业编教师604人。完成大中小幼教师资格认定14299人，完成教师资格注册3.5万人。配合教育部对宁夏大学和宁夏师范学院6个专业认证。

【教师培训】2021年，全区围绕基础教育质量提升行动，分层分类开展新入职教师、青年教师、骨干教师、教学名师、优秀班主任专业能力提升培训。助力自治区“互联网+教育”示范区建设，2021年遴选11个市、县（区），以整县推进的方式对市、县（区）培训团队、学校信息化管理者、学科骨干教师分层组织培训；遴选全区优质中小学幼儿园，对60所边远农村中小学幼儿园实施“一对一”精准帮扶；全年培训乡村中小学幼儿园教师近4万人次。组织对第二批塞上名师工作室139名成员进行考核，经考核合格的124名教师被认定为自治区骨干教师；启动新一轮自治区骨干教师培养对象遴选和培训工作，共遴选650名市级骨干教师进行为期两年的培训；组织开展100名塞上名师、特级教师工作室主持人能力培训。全年选派80名中小学校长赴闽挂职锻炼。

【闽宁教育合作】在全国东西部协作暨中央单位定点帮扶推进会上展示交流了闽宁教育协作成果；闽宁协作机制逐步完善，确定了每年召开联席会议和签订帮扶协议机制；闽宁协作领域不断拓展，由最初的义务教育向两头延伸至学前、高中阶段和高等及职业教育，实现各学段全覆盖；挂职学习人数不断增加，每年选派中小学校长赴闽挂职锻炼名额由40名增加到2021年的80名。

（卢光辉）

“互联网+教育”建设

【概况】2021年，宁夏基础教育信息化发展综合指数排名全国第六位，其中教育管理、教育资源、教学应用分别列第一位、第三位、第四位。推进学校联网提速升级，实现全区学校互联网200兆以上带宽接入率达100%，平均带宽达411兆，无线网络覆盖率达100%。推进“班班通”数字教学设备、在线互动教室、“互联网+教育”达标县(区)和数字校园建设全覆盖，实现“互联网+教育”全域达标。培育10个“互联网+教育”示范县(区)和158所标杆校，推动“互联网+教育”创新发展，13个县(区)和52所学校被教育部评为“全国教育信息化应用典型案例”。9月6日，中央网信办、国家发展改革委、教育部、民政部、生态环境部、国家卫生健康委、市场监管总局、国家体育总局八部门联合发文，确定宁夏为“国家智能社会治理实验基地教育特色基地”。全域推进“三个课堂”常态化按需应用，500多所学校与北京、上海等优质学校网上结对，100%的乡村中小学校与城镇学校线上牵手，实现学校“联教网教”、教师“在线走教”。

【宁夏教育云平台】2021年，宁夏教育云平台扩容升级，汇聚优质数字资源4300多万件，接入教学管理应用110多个，支持全区所有中小学校、教师和适龄学生开通网络学习空间，建成课程社区1361个，网络名师工作室677个，推进教育教学数字转型；依托宁夏教育云平台，加强资源共建共享，为全区师生免费提供课程教学、专题教育、课后服务、教师研修、家庭教育等优质资源，覆盖中小学各学段各学科，数字教材配套率达100%。

【信息化建设促进活动】2021年6月17日，由教育部教育管理信息中心《中国教育信息化》杂志社主办、宁夏教育信息化管理中心承办的中小学“三个课堂”区域建设与应用专题研讨会在银川市召开，高校专家、标杆学校和企业代表作交流发言。6月18日，全区“互联网+教育”示范省(区)建设现场推进会在银川市召开，200多名校长、教师参加现场观摩和分享交流活动。河南、内蒙古等11个省(区)考察团到宁夏，调研学校“互联网+教育”发展情况。实施人工智能助推教师队伍建设国家级试点，组织全区中小学校长、教研员、教师开展2021年度信息素养全员测评，98.84%的教师达到合格水平，61.78%的教师达到优秀水平。举办2021年全区“互联网+教育”应用大赛，共评选教学助手课例、在线互动课例、教育云应用案例、教学创新案例、教研论文等奖项550个。先后举办11期“互联网+教育”大讲坛，邀请北京师范大学余胜泉、华东师范大学顾小清、西北师范大学郭绍青等20余名全国知名专家到宁夏讲座。7月21日，在银川市举办华中师范大学—宁夏人工智能教育研究院启动仪式，教育部教师工作司司长任友群等出席活动并致辞，开启校地联合推进“人工智能+教育”高端研究与创新实践。9月27日，宁夏参加2021年世界互联网大会乌镇峰会“互联网+教育”分论坛，向国内外有关专家学者介绍“互联网+教育”示范省(区)建设经验模式。

【在线教学】2021年，宁夏教育云平台整合自治区名师同步课程5895节，上线全国名校课程、精品微课74863节，利用宁夏数字学校、“宁教云”App和在线互动课堂等系统，全面支撑疫情发生地区283万名师生和家长相聚云端，开展直播授课、辅导答疑等99.61万堂，线上提交作业1.14亿次，智能测评6213次，累计访问量突破1.58亿人次，吸引陕西、甘肃等周边省市师生1642.7万人次参加线上学习，确保停课不停学、离校不离教。

(卢光辉)

NINGXIA
YEARBOOK

科学技术

KEXUEJISHU

编辑◎杨　云

综　述

【概况】2021年，宁夏围绕9个重点产业、四大提升行动、“双碳双控”等重大任务，深入实施创新驱动发展战略，各项工作取得新成效新进展。全社会R&D强度达到1.54%，技术合同成交额突破25亿元，增长11.7%，国家高新技术企业增长超过20%，有研发活动的规模以上工业企业首次超过400家。

【重大科技攻关】2021年，宁夏组织实施162项重大重点科技项目，破解一批关键技术瓶颈，登记科技成果628项，科技成果登记数连续两年增幅超过50%。神州轮胎公司成功研制出石墨烯大飞机轮胎，国网宁夏电力公司新能源高效消纳技术在全国示范应用，银川隆基硅公司N型双面电池转换率达到世界领先水平，钜晶源科技公司实现6英寸钽酸锂晶片产业化试生产，银川西部大森数控公司研制出国内首条砂箱智能加工生产线。实施种业科技创新和农业产业高质量发展科技支撑行动，持续推进农业育种专项，培育完成国审品种13个、区审品种5个，培育出遗传性能国内领先的奶牛种公牛“宁京1号”。宁夏农科院绘制出首张完整的枸杞基因组图谱，完成枸杞全基因组测序并在《自然》杂志子刊上发表，开发滩羊种质基因鉴定技术；宁夏农垦集团在国内首次研制奶犊牛智能化饲喂系统，宁夏大学首次开发出酿酒葡萄智能靶向植保机械。成功争取牵头实施科技部2项部省联动农业重大科技项目，获得国拨研发资金1亿元。

【科技成果转化】2020年，宁夏持续完善科技成果转化政策体系，制定《赋予科研人员职务科技成果所有权或长期使用权试点实施方案》《科技成果转化中试基地补助暂行办法》《技术交易补助管理暂行办法》等系列政策，在宁夏大学、宁夏农科院启动职务科技成果赋权改革试点。加强技术服务体系建设，提升宁夏技术市场功能，建设固原、贺兰分市场，搭建宁夏技术转移研究院，带动全区登记技术合同达到3100多项，同比增长66%。创新科技成果转移转化方式，重视发挥全区创新创业大赛、创新挑战赛平台作用，促进供需有效对接，一批优秀科技成果脱颖而出。加快重大科技成果转化应用，率先在国内沙漠治理中应用生物矿化固沙技术，发挥科技利器作用助力新冠疫情防控，在基因测序、中西医结合诊疗、信息化精准防控、心理干预等方面一大批科技成果得到广泛应用，具备4小时内快速鉴定和锁定新冠突变病毒株病原型别的能力，中医药在新冠肺炎治疗中发挥了突出作用。推行科技特派员制度，重点向261个移民村定向选派科技特派员，与乡村振兴科技指导员组团开展结对帮扶和科技服务。围绕红寺堡区创建全国易地搬迁移民致富提升示范区，瞄准红寺堡区特色产业，建设综合科技示范基地，示范推广玉豆间作青贮等8项先进适用科技成果，支撑红寺堡区高质量发展。

【企业创新】2021年，宁夏坚持把企业作为科技创新的主体。启动实施企业家创新精神培育行动，通过“走出去”与“请进来”、线上与线下、理论与实践相结合等多种方式，大规模开展培训，激发企业家创新精神，开发并上线运行“宁夏政策计算器”，加强科技政策宣传解读，引导企业家解放思想、开阔视野、敢于创新，培训超过2.1万人次，有效增强了企业家创新意识。全区有研发活动的规模以上工业企业占比从30.2%提高到34%，缩小了与全国平均水平的差距。科技型企业培育行动成效显著，全年新增国家高新技术企业67家，全区总数达到356家；新培育自治区科技“小巨人”企业、农业高新技术企业、科技型中小企业等414家，全区各类科技型企业总数突破2100家，增幅近30%；着眼推动产业高端化、绿色化、智能化、融合化发展，启动实施创新型示范企业培育行动，首批命名20家自治区创新型示范企业，树立一批现代企业科技创新标杆。支持企业科技创新，推动科技金融深度融合，修订科技金融资金管理办法，引导金融资本18亿元、支持近400家次企业科技创新。

【科技体制改革】2021年，宁夏深入贯彻中央和自治区决策部署，推进科技体制改革，优化创新生态，激发创新活力。自治区党委增设全区科技体制改革专项小组，顶层设计和统筹推动科技体制改革。创新科研管理机制，组织实施首批"揭榜挂帅"重大科技项目，在基础研究领域扩大科研经费"包干制"实施范围，推行企业科技项目"前引导、后支持"改革，调动企业科技创新积极性。宁夏以需求为导向的科技项目形成机制改革得到国务院督察组充分肯定，《柔性精准灵活高效引才》《强化政策举措激发企业创新活力》入选2021年全国科技体制改革典型案例。推进基础研究改革，累计与区内10家单位建立自治区自然科学基金联合基金，初步形成基础研究多元投入格局。推动县域科技创新，自治区政府首次召开全区县域科技创新工作现场观摩会，全面部署县域科技创新工作；制定《提升县域科技创新能力 推进乡村振兴行动方案(2021—2025年)》，首次发布县域科技创新监测评价结果，自治区财政专门给予县域科技创新成效显著的县(区)奖补支持。

【东西部科技合作】2021年，宁夏坚持走开放创新之路，持续深化东西部科技合作，宁夏东西部科技扶贫协作行动得到科技部表扬，并在全国推进会上做经验交流。组织实施东西部科技合作项目180多项，汇聚区内外科技力量攻克一批关键核心技术；加强科技成果转移转化，引进示范一批新品种、新技术、新工艺。支持宁夏凯晨电气有限集团公司、宁夏隆基宁光仪表有限公司、宁夏维尔铸造有限公司等企业在东部地区建设研发中心。加强东西部战略咨询合作研究，围绕碳达峰碳中和、互联网+医疗、装备制造业高质量发展、压砂种植环境影响等自治区重大战略需求，依托中国工程科技发展战略宁夏研究院，组织27位院士领衔实施战略咨询研究项目，为自治区重大决策提供科学依据。持续推进中阿科技合作，高标准举办第五届中阿博览会科技板块活动，签约落地一批合作项目，得到自治区领导的充分肯定。

【科技创新体系建设】2021年，宁夏坚持把创新体系建设作为增强科技力量的基础，积极打造创新高地，自治区政府出台《推动高新技术产业开发区高质量发展的若干意见》，批准中宁工业园、固原经济开发区、贺兰工业园区、青铜峡工业园区为自治区高新技术开发区，新认定由宁夏贺兰山东麓庄园酒业有限公司建设的自治区酿酒葡萄产业化(大武口区)农业科技示范区和由宁夏恒天然牧业有限公司建设的自治区奶牛优质高效种养一体化(青铜峡市)农业科技示范区为自治区农业科技示范展示区；加大开发区科技创新考核力度，引导开发区加快向高新技术开发区转型发展。组织对运行两年以上的79家自治区科技创新平台进行动态绩效评价，新组建3家自治区重点实验室(宁夏环境因素与慢性病控制重点实验室、宁夏反刍动物分子细胞育种重点实验室、宁夏大气环境遥感探测重点实验室)和14家工程技术研究中心(宁夏煤化工废水处理工程技术研究中心、宁夏硅靶及硅碳负极材料工程技术研究中心、宁夏零部件制造自动化工程技术研究中心、宁夏复合调味品工程技术研究中心、宁夏无机氟化盐工程技术研究中心、宁夏碳素材料工程技术研究中心、宁夏硅基多元合金工程技术研究中心、宁夏草牧业工程技术研究中心、宁夏中药饮片炮制工程技术研究中心、宁夏区家禽肉制品工程技术研究中心、宁夏中药配方颗粒工程技术研究中心、宁夏区医学3D打印工程技术研究中心、宁夏公路数字信息化工程技术研究中心、宁夏土木工程防震减灾工程技术研究中心)。制定《新型研发机构备案支持暂行办法》《加快科技企业孵化器高质量发展的意见》，修订《科技企业孵化器、众创空间管理办法》，加快培育发展新型研发机构和"双创"载体。加强科技人才队伍建设，遴选科技领军人才15名，新组建和柔性引进科技创新团队28个，创新团队带头人马玉山当选中国工程院院士，科技人才队伍进一步壮大。全面加强科技安全、生物安全工作，全区科技领域安全意识明显增强。

【科学技术普及】2021年，宁夏聚焦提升全民科学素质、营造良好创新氛围，编制《自治区科学技术普及"十四五"规划》，明确科普工作目标、任务和重点举措。创新科普形式，统筹传统媒体和新媒体，多途径传播科学知识。全年培育科普基地、智慧科普校园、乡村社区科普工作站、科普主题公园广场街区等科普阵地20多个。组织开展基层科普服务能力提升培训，举办科技活动周、科普讲解大赛、科普作品创作与传播大赛等系列科普活动，全社会科普意识明显增强，全民科学素质稳步提升。

【科技企业孵化器发展】2021年，在自治区加快科技企业孵化器高质量发展的政策下，全区22家纳统科技企业孵化器在孵化条件、孵化能力、孵化效益等方面取得显著成效。孵化基础条件显著改善。全区科技企业孵化器财政投资达到8.6亿元，是上年的15.1倍；总面积达到85.09万平方米，在孵企业用房达到68.98万平方米，较上年分别增长13%和27.1%；开展创新创业活动589场次，对在孵企业开展培训3.56万人次，较上年分别增长29.7%和10.1%。孵化企业能力大幅度提升。全区科技企业孵化器内入驻企业、在孵企业、当年上市(挂牌)企业和营业收入5000万元以上企业分别比上年增长10.8%、26.5%、42.9%和160%；当年和累计获得投融资企业分别是上年的4.3倍、3倍；培育高新技术企业22家、科技型中小企业63家，分别比上年增长214.3%和37%。在孵企业研究与试验发展(R&D)经费支出比上年增长65.5%；当年申请知识产权、授权知识产权、授权发明专利和拥有有效发明专利分别是上年的2.1倍、3.5倍、5.6倍和9.4倍。孵化运营效益明显增强。全区科技企业孵化器总收入达到1.15亿元，较上年增长30.1%；其中综合服务收入、房租及物业收入、投资收入分别比上年增长2.3%、13.4%和331.4%；享受孵化器税收优惠政策免税金额，为在孵企业减免房租分别是上年的2.2倍、7.5倍。

（石虹媛）

科技创新

【工业领域科技创新】2021年，宁夏重大工业领域科技攻关实现新突破。推进企业研发“前引导、后支持”机制，引导企业持续加大研发投入，共立项130个前引导项目，专项资金1.3亿元，拉动企业投入研发4.3亿元，立项后支持项目55项，总研发经费超过3亿元，攻克一批关键技术瓶颈。2021年11月3日，2020年度国家科学技术奖励大会在北京人民大会堂举行。宁夏共有4项科技成果获得奖励：由国家能源集团宁夏煤业公司牵头完成的“400万吨/年煤间接液化成套技术创新开发及产业化”项目获得国家科学技术进步奖一等奖；由郑州大学材料科学与工程学院院长、中国工程院院士何季麟领衔，西北稀有金属材料研究院宁夏有限公司参与完成的“平板显示用高性能ITO靶材关键技术及工程化”获得国家技术发明奖二等奖；宁夏天地奔牛实业集团有限公司参与完成的“煤矿井下智能化采运关键技术”项目获得国家技术发明奖二等奖；中国石油天然气股份有限公司宁夏石化分公司参与完成的“催化裂化汽油超深度加氢脱硫-烯烃分段调控转化成套技术”项目获得国家科学技术进步奖二等奖。神州轮胎公司成功研制出石墨烯大飞机轮胎，国网宁夏电力公司新能源高效消纳技术在全国示范应用，银川隆基硅公司N型双面电池转换率达到世界领先水平，钜晶源科技公司实现6寸钽酸锂晶片产业化试生产，银川西部大森数控公司研制出国内首条砂箱智能加工生产线。科技型企业培育取得新成效。在区内区外、线上线下共举办企业家创新精神培育培训活动37场次，培训企业管理人员2万余人次。全年新增国家高新技术企业67家，总数达到356家；新培育自治区科技“小巨人”企业、农业高新技术企业、科技型中小企业426家；聚焦推动产业高端化、绿色化、智能化、融合化发展，启动实施创新型示范企业培育行动，首批命名自治区创新型示范企业20家。“双创”工作迈上新台阶。推动“双创”载体建设，印发《关于加快科技企业孵化器高质量发展的意见》，举办第十届中国创新创业大赛(宁夏赛区)暨第六届“中国银行杯”宁夏创新创业大赛，吸引500余家企业报名，44家企业获奖；推荐海沃空间等3家自治区级孵化器升级国家级孵化器。高新

2021年6月21日，宁夏枸杞产业重大科技成果路演及成果签约活动在银川市举行

区提质增效获得新进展。中宁工业园区、固原经济开发区、贺兰工业园区和青铜峡工业园区升级为自治区高新技术开发区。出台《关于推动高新技术产业开发区高质量发展的实施意见》,科技资源向高新区倾斜。对标《国家高新区综合评价指标体系》,督导银川和石嘴山国家高新区抓改革、激活力,补短板、强弱项,在国家高新区中争先进位。引导企业研发投入实现新提高。落实企业科技研发优惠政策,向682家企业下达后补助资金3.16亿元,对96家规模以上工业企业下达新增研发费用奖励资金3775.8万元。全区1077企业申报自治区企业研发费用后补助资金及规模以上工业企业新增研发费用奖励资金,比上年增加近400家,总补助金额达到5.88亿元,其中自治区补助4.55亿元,比上年增加1亿元。

2021年12月13日,全区县域科技创新工作交流会在盐池县举行

【农业领域科技创新】2021年,宁夏持续推进种业科技创新。制定《自治区农业产业高质量发展科技支撑方案》《自治区种业科技创新行动方案》,持续构建种业产学研协同创新体系,全面加强种质资源保护利用和新品种选育。培育完成国审品种13个、区审品种5个。加强产业关键技术攻关。组织实施智慧枸杞园、瓜菜绿色高效优质生产、奶牛精准化健康养殖、有机旱作及高效节水农业技术等重大重点项目,争取牵头实施科技部2项部省联动农业重大科技项目,获得国拨研发资金1亿元。枸杞产业突破有机枸杞生产技术瓶颈,开发国内领先的枸杞功效物质富集纯化技术,开发出有效延缓眼底黄斑变性、抗抑郁、抗疲劳、增强免疫力等枸杞新功能产品,绘制出首张完整的枸杞基因组图谱;葡萄酒产业构建国内领先的水肥精准管理技术体系,突破病虫害绿色防控关键技术,研制出酿酒葡萄智能靶向植保机械;奶产业开发了智慧牧场综合信息管控平台和奶犊牛智能化饲喂、牛舍环境调控等系统,构建粪污发酵+沼液配水还田技术模式;肉牛滩羊产业组建肉牛育种核心群,建立3个繁育基地,构建滩羊基因组"指纹图谱"模型,开发出滩羊种质基因鉴定芯片和配套检测技术;绿色食品产业形成年产1000吨优质冷鲜滩羊肉和300吨优质冷鲜牛肉生产示范线。推进农业科技园区体系建设。指导5家国家农业科技园区编制新一轮建设规划,推动以生态高值农业为主题的银川自治区级农业高新技术产业示范区建设,带动葡萄酒、枸杞、种业升级发展,争创国家农业高新技术产业示范区;建成以奶产业、绿色食品加工产业为主导的吴忠、石嘴山自治区级农业高新技术产业示范区,全区自治区级农业高新技术产业示范区达到3个。新培育认定自治区农业科技示范展示区2个,累计达到19个,形成集新品种、新技术、新装备、新模式于一体的展示样板。科技助力乡村振兴初见成效。启动实施乡村振兴科技成果示范推广项目,围绕县域重点产业,针对动植物疾病防控、农村废弃物资源化利用、食品加工处理等产业环节存在的技术瓶颈,集成示范108个项目,解决制约产业发展的技术难题,通过项目实施建立了作物新品种种植、粪污处理、酿酒葡萄标准化栽培、水肥一体化高产栽培等各类示范基地112个,实现全区22个县(区)全覆盖。推行科技特派员制度,重点向261个移民村定向选派科技特派员,与乡村振兴科技指导员组团开展结对帮扶和科技服务。制定《红寺堡区创建全国易地搬迁移民致富提升示范区科技支撑方案》,瞄准红寺堡区葡萄酒、黄花菜、肉牛和滩羊等特色产业,建设综合科技示范基地,示范推广玉豆间作青贮等8项先进适用科技成果,有力支撑红寺堡区高质量发展。

表13 　　2021年宁夏重点研发计划(农业农村领域)立项一览表

序号	项目名称	项目主持单位
1	压砂瓜替代产业开发技术研究与示范	宁夏大学
2	宁夏绿色、安全、优质农产品产区生产体系创建与路径研究	宁夏农产品质量标准与检测技术研究所
3	宁夏主要瓜菜绿色高效优质生产技术规程集成研究	宁夏大学
4	宁夏奶牛精准化健康养殖技术规程集成研究	宁夏回族自治区畜牧工作站
5	宁夏冷鲜牛羊肉高品质生产及贮运保鲜技术规程集成研究	宁夏大学
6	宁夏葡萄酒产业生产技术规程集成研究	宁夏贺兰山东麓葡萄酒产业园区管理委员会
7	宁夏冷凉区特色优质蔬菜绿色冷链物流保鲜技术规程集成研究	宁夏大学
8	滩羊绿色健康养殖技术规程集成研究	宁夏农林科学院动物科学研究所
9	优质粮食标准化生产技术规程集成研究	宁夏农林科学院农作物研究所
10	枸杞标准化生产技术规程集成研究	宁夏农林科学院枸杞科学研究所
11	宁夏肉牛标准化生产技术规程集成研究	宁夏畜牧工作站
12	海原县关庄乡高台村特色产业发展关键技术集成示范	海原县科技服务中心
13	海原县方堡村老果园改造与种养结合关键技术集成应用与示范	海原县科技服务中心
14	海原县有机旱作及高效节水农业技术集成创新与示范	宁夏大学
15	固原中华蜜蜂种质资源价值评价及核心种群遴选繁育研究与示范	固原市养蜂水产技术推广服务中心
16	茶用枸杞产业化开发关键技术研究	宁夏农林科学院枸杞科学研究所
17	宁夏葡萄霜霉菌卵孢子特性及防控技术研究与应用	宁夏大学
18	智慧枸杞园关键技术集成创新示范及采收机械配套研究	宁夏农林科学院枸杞科学研究所
19	枸杞种质资源精准鉴定与评价	宁夏农林科学院枸杞科学研究所
20	野生红果枸杞资源挖掘与药用型种质开发利用研究	宁夏农林科学院枸杞科学研究所
21	枸杞枝剪枝收模式创新及关键技术研究与应用	宁夏农林科学院枸杞科学研究所
22	枸杞良种生态区划及区域栽培关键技术研究与示范	宁夏农林科学院枸杞科学研究所
23	枸杞宁杞1号种质资源深度挖掘利用与药用枸杞定向培育研究	宁夏农林科学院枸杞科学研究所
24	枸杞病虫害高效新型生物农药创制及精准技术应用研究	宁夏农林科学院植物保护研究所
25	枸杞蚜虫寄生性天敌昆虫资源的挖掘与利用	宁夏农林科学院植物保护研究所
26	有机枸杞生境优化与微生态调控植保新模式研究	宁夏农林科学院植物保护研究所
27	枸杞活性成分分离、结构修饰与功效作用研究	宁夏农林科学院枸杞科学研究所
28	宁夏枸杞质量安全指标体系构建	宁夏农产品质量标准与检测技术研究所
29	枸杞子组方防治阿尔茨海默症组分配伍保健产品创制	宁夏枸杞创新中心
30	药用与食用枸杞子质量标准构建及生产区划分析	宁夏枸杞创新中心
31	功能导向的枸杞高值化产品创制与产业化	宁夏中杞生态农业科技有限公司
32	具有视功能保护作用的枸杞子高值化产品创制与作用机制研究	宁夏华宝枸杞产业有限公司
33	枸杞抗疲劳、增强免疫力产品关键技术研发及产业化示范	宁夏沃福百瑞枸杞产业股份有限公司
34	枸杞功能提取物靶向开发及液态高值化产品产业化关键技术研究(企业后支持项目)	宁夏润德生物科技有限责任公司
35	枸杞红素对眼保护作用的研究及产品开发(企业后支持项目)	百瑞源枸杞股份有限公司
36	贺兰山东麓产区葡萄酒核心品质组分定向积累的关键酿造工艺方法和技术研发与示范	宁夏大学

续表13

序号	项目名称	项目主持单位
37	宁夏酿酒葡萄无毒种苗繁育技术体系研究与产业化示范	宁夏农垦事业管理局农林牧技术推广服务中心
38	基于抗性砧木的酿酒葡萄高位嫁接不下架免埋土栽培技术研究	宁夏大学
39	葡萄园生产废弃物综合利用关键技术研究与应用	宁夏大学
40	贺兰山东麓酿酒葡萄老龄园提质增效及高标准建园技术研究与应用	宁夏贺兰山东麓葡萄产业园区管理委员会
41	关键生产工艺对宁夏白兰地感官的影响	宁夏职业技术学院
42	宁夏牛奶品质性状的挖掘与应用	宁夏畜牧工作站
43	宁夏奶牛养殖区域重大疾病综合防控技术集成与创新	宁夏动物疾病预防控制中心
44	奶牛精准饲养与养殖污染源头减控技术与装备研发	宁夏奶业研究院(有限公司)
45	宁夏奶牛场病原菌耐药性监测及合理用药方案建立与示范推广	宁夏大学
46	宁夏特色功能性乳制品加工及品质提升关键技术研究与产业化示范	宁夏北方乳业有限责任公司
47	规模化牛场犊牛腹泻综合防控与肠道微生物区系重构技术研究示范	宁夏农林科学院动物科学研究所
48	优质高产奶牛繁殖健康关键技术研究与示范	宁夏奶业研究院(有限公司)
49	宁夏滩羊肉特定品质成分智能识别关键技术研究与应用	宁夏兽药饲料监察所(宁夏动物食品质量安全检测中心)
50	双羔滩羊选育及其综合配套技术研发与示范	宁夏畜牧工作站
51	区块链技术在滩羊健康养殖中的应用研究与示范	宁夏农林科学院动物科学研究所
52	规模羊场地方高发疫病快速诊断技术研究与示范	宁夏农林科学院动物科学研究所
53	滩羊高效安全日粮系统生产体系集成研究与新产品区域示范	宁夏大学
54	宁夏肉牛呼吸系统疾病综合征与腹泻综合征的快速诊断与防控技术研究	宁夏大学
55	肉牛良种高效繁育关键技术研究与应用	宁夏大学
56	宁夏同心肉牛和滩羊高效养殖技术集成示范	宁夏农林科学院动物科学研究所
57	粗饲料资源高质化利用及肉牛精准饲喂技术研究与集成应用	宁夏大北农科技实业有限公司
58	富硒苜蓿生产关键技术研究与集成示范	宁夏西海固高端牛产业研究院有限公司
59	全乳浓缩蛋白衍生高附加值产品和功能性乳脂产品加工关键技术研究及示范	宁夏塞尚乳业有限公司
60	基于高效射频场杀虫灭菌的优质粮食及其制品品质改良加工关键技术与装备研发	宁夏塞外香食品有限公司
61	利用基因编辑等关键技术提升宁夏主要粮食作物品质研究与应用	宁夏农林科学院农业生物技术研究中心
62	宁夏引黄灌区种植结构优化及节水高效绿色栽培模式研究与示范	宁夏农林科学院农业资源与环境研究所
63	香菇培养基开发与菌种快速培育关键技术研究与应用	彭阳县福泰菌业有限责任公司
64	农菇结合性资源高效循环综合利用技术研究与示范	宁夏农林科学院种质资源研究所
65	“一年两熟”人工草地可持续生产模式研究与示范	宁夏大学
66	复合微生物制剂对玉米青贮提质增效关键技术研究与示范	宁夏瀚阳农业综合发展有限公司
67	宁夏干旱半干旱区牧草种子生产关键技术与模式集成创新	宁夏荟峰农副产品有限公司
68	甘农4号苜蓿品种繁育技术集成与示范	彭阳县荣发农牧有限责任公司
69	畜禽粪污清洁高效资源化利用关键技术与瓜菜高品质生产模式研究与示范	宁夏大学
70	供港叶菜土壤连作障碍预警与综合修复技术研究	宁夏大学

续表13

序号	项目名称	项目主持单位
71	新型甘草、黄芪育苗播种机创制开发	固原市拓明农业发展有限公司
72	优质甘草种质资源利用及其相关功能性产品开发	宁夏永寿堂中药饮片有限公司
73	干旱区中药材、小杂粮抗旱栽培技术集成与示范	宁夏农林科学院荒漠化治理研究所
74	宁夏贺兰山生态修复特色植物引种繁育及试验示范	北方民族大学
75	耕层残膜回收机关键技术研发与应用示范	宁夏智源农业装备有限公司
76	吴忠农业科技园区种养结合循环农业与绿色发展研究与示范	宁夏农林科学院农业资源与环境研究所
77	中部干旱带以水定产路径与特色农业高效节水模式研究	宁夏大学
78	沼液沼渣肥料化定向发酵技术研究与应用	宁夏阜康生物科技股份有限公司
79	苹果、桃轻简栽培与高质量生产技术研究与示范	宁夏农林科学院种质资源研究所
80	宁夏金冠苹果品质提升关键技术研究与集成示范	北方民族大学
81	香水梨采后提质增效关键技术集成与推广应用	宁夏大学
82	草莓绿色优质高效栽培关键技术研究与应用	宁夏科大光伏农业研究院有限公司
83	鲜食葡萄早熟新品种(品系)选育及基因型与环境互作影响研究	宁夏农林科学院园艺研究所
84	多价植物疫苗研制及产业化项目	宁夏中宁枸杞产业创新研究院有限公司
85	亚适温对樱桃番茄花序形成的影响及调控技术的研究示范	宁夏农林科学院园艺研究所
86	设施葡萄延后栽培引种及整形方式研究与示范	北方民族大学
87	优质抗逆固原鸡品种保护和选育利用关键技术研究与示范	宁夏好水川养殖有限公司
88	压砂瓜种植对生态环境的影响及对策研究	宁夏农林科学院荒漠化治理研究所
89	宁夏红寺堡全国易地搬迁移民致富提升示范区重点产业提质增效集成示范	宁夏大学
90	高亚麻酸和耐除草剂胡麻品种的研究	宁夏农林科学院固原分院
91	渗水地膜旱作节水增效技术示范与推广	宁夏农林科学院固原分院
92	特色瓜菜病虫害绿色防控集成技术研究与示范	宁夏夏能生物科技有限公司
93	西甜瓜高质量工厂化育苗技术研究与集成示范	宁夏塞上江南农业科技有限公司
94	设施葡萄优新品种引进及配套绿色高效栽培技术研究	宁夏大学
95	基于光调控的植物工厂瓜菜快速加代关键技术研究与示范	宁夏大学
96	设施蔬菜健康复合生境系统研究与示范	宁夏大学
97	设施精品西瓜高品质生产技术研究与示范	宁夏农林科学院园艺研究所
98	大青葡萄设施栽培花芽分化规律及精品化栽培技术研究	宁夏大学
99	越冬高效生产新型日光温室建造及配套技术研究与示范	宁夏大学
100	旱区农业高效节水智慧管理系统开发与集成示范	宁夏大学
101	宁夏旱作节水高效农业科技园区科技服务和科普宣传能力提升	宁夏回族自治区农村科技发展中心
102	苹果、梨、枣节水高质高效及化学调控防霜冻关键技术研究示范	宁夏农林科学院园艺研究所
103	宁夏中部干旱区楼葱优势种品质定向调优研究与绿色高效生产技术示范	宁夏大学

【社会发展领域科技创新】2021年，宁夏充分发挥新冠疫情常态化防控科技支撑作用，33项应急攻关和成果转化项目进展良好，培养一支全基因测序和传染病疫情趋势预测技术队伍，具备4小时内快速鉴定和初步锁定新冠突变病毒株的能力；基因测序、中西医结合诊疗、精准防控等一大批科技成果得到广泛应用，彰显了科技成果“抗疫”的“硬核”担当。

出台《宁夏碳达峰碳中和科技支撑行动方案》，明确重点行业领域“碳达峰碳中和”技术发展路线和支持措施，启动实施科技创新支撑行动，助力自治区实现“双控”“双碳”目标。组织实施“抗生素发酵菌渣资源化利用气化装备技术及应用示范”“基于北斗的贺兰山生物多样性智能监测预警与保护修复关键技术研究与示范”等生态环境领域重点研发项目43项。科技创新在水土保持、生态修复、水质提升、节能减排、防污治污、固废处理、绿色低碳技术等方面发挥良好的支撑作用。推进医疗卫生科技创新，加强自治区临床医学研究中心建设，组织开展首批临床中心绩效评估，备案两家国家分中心，推进自治区临床医学中心分中心和诊疗技术实践基地建设，着力提升基层医疗机构诊疗水平。实施一批人口健康领域重点研发计划和科技惠民项目，惠及群众近30万人。提升科技服务民生水平，出台《关于加强政法科技创新支撑平安宁夏建设的实施方案》，开展政法领域关键技术攻关及新技术新产品集成应用。组织建立“西夏区禁毒预防教育科普基地”，成为全区首家宣传普及毒品相关知识、教育预防毒品犯罪的综合性场所，获“2021年全区禁毒先进集体”称号。

（石虹媛）

科技合作

【东西部科技合作】2021年，宁夏积极与科技部对接，筹备召开第三次东西部科技合作推进会，制作东西部科技合作专题宣传片，与江苏、山东等省签订合作协议，与重庆市科技局、重庆大学、湖南农业大学达成合作意向并初步拟定科技合作协议，向科技部报送《第三次东西部科技合作推进会方案》《宁夏关于开展东西部科技合作有关情况的报告》。推进东西部科技合作引领区建设。联合中国科学技术发展战略研究院实施《东西部科技合作示范区建设研究》战略咨询项目，在总结4年来东西部科技合作经验和做法的基础上，编制《宁夏建设东西部科技合作引领区行动方案》并提请科技部联合相关部委印发。推动闽宁、鲁宁等地科技合作。与福建省科技厅在闽宁协作第二十五次联席会议期间签署新一轮科技合作协议，明确科技合作领域，建立定期会商和科技需求对接机制。举办“山海情深　科技助力”闽宁科技合作线上成果推介会，邀请厦门大学等高校以及嘉庚创新实验室和清源创新实验的专家分别就“以氨为富氢燃料的锅炉和窑炉的减煤降碳技术”“土壤改良剂的开发及应用”等多项成果做线上推介。与山东省科技厅就组建黄河流域科技创新联盟，推动黄河流域绿色产业发展、重大关键共性技术协同攻关、技术成果转移转化进行座谈并达成合作。持续推动与江苏、上海、山东、中国科学院、中国工程院项目联动支持机制，12项“苏宁”“沪宁”“鲁宁”科技合作项目获得当地科技部门联动支持。充分发挥中国工程科技发展战略宁夏研究院作用，围绕碳达峰和碳中和、互联网+医疗等自治区重大战略需求，确立8项由27位院士参与实施的战略咨询研究项目，为自治区决策提供战略咨询。与中科院共同确立14项“西部之光”项目，为宁夏培养高层次青年科技人才。聚集产业需求联合开展科技攻关。2021年，围绕自治区9个重点产业发展，组织实施186项东西部科技合作项目，通过与东部地区科研院所合作，引进一批科研人员到宁夏服务，促进一批科技成果在宁夏转移转化，攻克一批关键领域技术难题，弥补了宁夏创新资源不足的短板。推动宁夏神州轮胎公司在大飞机轮胎领域取得突破，宁夏钜晶源科技有限公司6英寸钽酸锂晶片已生产出样品。推进全小林院士团队和自治区中医研究院签署科技成果转移转化协议，推动中药

2021年3月11日，全区企业家创新精神培训班在银川市举行

制剂“稳糖颗粒”“解郁颗粒”在宁夏备案推广。推荐“中国标准高速动车组铝合金枕梁”“超大口径高硬度全金属密封高性能蝶阀”“六盘山特困区小杂粮精准扶贫技术集成”成功入选国家“十三五”科技创新成就展。

【国际科技合作】2021年，第三届国际腹针疼痛治疗师培训班在银川市举办，通过线上线下相结合的方式对来自15个国家的30名学员进行了为期20天的培训。组织区内高校、科研院所申报2021年国家重点研发计划“政府间国际科技创新合作”重点专项和“中国—乌克兰政府间科技交流项目”3项。实施自治区国际科技合作项目1项。

（石虹媛）

2021年9月8日，“福建院士专家宁夏行”座谈会在银川市召开

科研规划与管理

【科技创新“十四五”规划】2021年，宁夏强化国家科技创新“十四五”规划及自治区“十四五”规划的衔接，立足于黄河流域生态保护和高质量发展先行区建设，坚持需求导向，突出长远发展，高质量高标准编制完成并由自治区政府印发《宁夏科技创新“十四五”规划》（以下简称《规划》）。《规划》从科技创新环境改善、科技体制机制改革、东西部科技合作、创新支撑高质量发展等六个方面，对“十三五”以来宁夏科技创新取得的主要成就进行了全面总结。《规划》在对新形势下宁夏科技创新面临的机遇和挑战进行科学判断的基础上，提出全社会R&D经费年均增速达到17%等11项定量指标，明确了打造区域有影响力的创新中心、努力建设全国东西部科技合作示范区、争创国家科技成果转移转化示范区等重要目标，并部署93个重点技术攻关方向、35项重点任务、5个层面的关键保障措施。《规划》的发布为宁夏“十四五”期间明确科技创新方向、把握科技创新重点、优化科技资源配置、厚植创新力量提供了可靠的行动基础。

【基础研究改革】2021年，宁夏完善基础研究管理制度。全面落实科技领域“放管服”改革，对自治区自然科学基金优青项目和一般项目全部试行经费“包干制”，制定了科研诚信承诺书和经费支出负面清单。2021年，自治区自然科学基金立项584项，其中实施“包干制”管理的项目556项，占立项总数的95.2%。对国家自然科学基金结题项目予以奖励补助，共落实奖励资金294万元。扩大自治区自然科学基金联合基金范围。不断扩大自然科学基金支持面，鼓励高校、科研院所及大型国有企业、社会组织等加入自治区自然科学基金联合基金，新增联合基金单位3家，联合基金单位累计达到10家。2021年立项项目中，联合基金单位和其他单位投入资金2217.4万元，占资金总额的32.69%。实施重大基础和应用基础研究项目。充分利用国家自然科学基金区域创新发展联合基金，聚焦重点领域重大科学问题，组织凝练形成的19项项目指南经由国家基金委审定发布，在滩羊、葡萄、新材料、奶产业、能源化工等重点产业和医疗健康领域获批项目14项，拨付直接经费3633万元。

【科技创新平台发展】2021年，宁夏建立健全完善创新平台年度评价体系。全面落实“三评”改革意见，按照重点实验室、工程技术研究中心的功能定位、任务目标、运行机制等不同特点，首次建立年度评价指标及赋分体系，修订完善了综合绩效评估指标体系，建立定性和定量相结合的评价机制，组织开展重点实验室、工程技术研究中心年度评价和综合绩效评估。加强创新平台培育建设。聚集创新资源，引导企业与高校、科研院所协同创新，围绕自治区9个重点产业、“双碳”及生态环保、生命健康等重点领域，2021年批建自治区重点实验室2家、工程技术研究中心11家，备案技术创新中心103家。积极争创国家级科技平台。聚焦黄河流域与生态保护高质量发展先行区建设，推进西北土地退化与生态恢复国家重点实验室培育基地创建国家重点实验室，实验室建设运行实施方案已通过科技部论证。推进科技资源共享服务平台建设。印发《宁夏回族自治区实验动物管理办法》《宁夏回族自治区科学数据管理实施细则》，启动自治区科学数据中心建设工作。支持农林科学院建设种质资源库，推进基础条件共享平台建设。优化科技创新券服务改革。修订《宁夏回族自治区科技创新券管理办法》，建立科技创新券服务事项清单。截至2021年年底，科技创新券累计申领约2200万元，兑付创新券资金及发放科技服务机构补贴约2000万元，入库科技服务机构335家，大型科学仪器1630台(套)。

【全社会研发投入】2021年，宁夏抓紧抓实研发投入和创新统计服务工作，联合自治区统计、教育、工信、财政、税务等部门，通过组织专题培训、录制培训课件、召开视频会议等方式，开展科技创新政策宣传解读、R&D经费归集方法及研发统计年报培训辅导、摸底调查工作，不断扩大纳统单位范围，提高统计数据质量。2020年，全社会R&D经费支出59.64亿元，同比增长9.4%。全社会R&D经费投入强度为1.52%，比2019年提高0.07个百分点。投入强度居西北地区第2位，西部地区第4位，全国第19位。

(石虹媛)

科技成果与奖励

【科技成果转化与科技金融】2021年，宁夏科技成果转化和科技金融政策环境得到优化。对标“十四五”科技规划、科技成果转移转化实施意见、要素改革意见等文件要求，先后印发技术交易补助、“宁科贷”、科技金融资金、科技金融项目、中试基地补助、科技中介示范机构培育支持等6个管理办法以及推进高校技术转移机构建设方案、职务成果赋权改革方案2个改革文件，起草《建立健全成果评价机制意见》《促进科技金融创新发展措施》《科技金融集团组建方案》《企业知识价值融资评价体系》《关键设备补助》《乡村振兴成果转化》《科技成果登记》等文件，提升和拓宽了宁夏成果转移转化、技术转移体系、科技金融政策支撑和支持方式。完善自治区技术转移体系建设。推进宁夏技术市场建设，启动建设宁夏技术转移研究院，推动固原市、贺兰县建设技术市场。加强科技服务人员、技术转移人才培养，依托国家技术转移人才培养(宁夏)基地，举办1期科技成果标准化评估培训班和2期宁夏技术经纪人培训班。依托宁夏技术市场开展常态化线上线下科技培训、科技成果对接等活动。促进科技成果转移转化取得新成效。首次启动自治区乡村振兴科技成果示范项目，围绕县域特色产业开发、农村废弃物资源化利用等方面，组织实施108个项目、支持资金3752万元，实现全区22个县(区)全覆盖，引进示范推广一批新品种、新技术、新装备、新工艺、新产品。下达一批技术交易补贴项目，对22家创新主体的技术交易项目给予1191万元补贴。组织科技成果转化中试基地申报工作，支持高校、科研院所、园区及行业龙头企业建设科技成果中试基地。启动自治区新能源科技成果转化项目，印发项目征集通知。科技成果管理与应用取得新突破。开展2021年自治区科技成果汇编。首次启动《自治区年度科技成果转移转化情况报告》的起草工作，在各地、各部门、各高校和科研机构上报的基础上，形成《2020年度自治区科技成果转移转化情况报告》。完善科技成果登记政策，加快自治区科技成果登记汇交平台建设并完成试运行。加强科技成果登记与科技项目验收有效结合，印发《加强科技成果登记的通知》，科技成果登记数量达到524项(首次突破500项)，较上年增长31%。引导金融资本支持科技创新取得新成效。“宁科

2021年11月25日，全区科学技术奖励大会在银川市召开

贷”资金池达到20410万元,较上年底增长31%,合作单位达27家,当期在贷企业272家、在贷余额7.19亿元,在贷企业数量及在贷金额较上年末分别增长21.4%、34.7%。开展科技担保基金绩效评价,并依据绩效结果调整了资金额度。截至2021年年底,共有83家(次)企业通过科技担保基金获得担保贷款9.19亿元。持续开展科技金融补贴支持,对21家科技型中小企业贷款利息给予补贴,平均为每家企业降低融资成本49%。举办5场融资对接活动,畅通政银企融资信息。截至2021年年底,通过补偿、补贴、担保、保险等方式,撬动金融资本18亿元,支持376家(次)科技企业创新发展。

【科技成果总体情况】成果类别。2021年宁夏共登记科技成果628项,同比增长57.39%(其中,应用技术成果442项,占比为70.38%;基础理论成果166项,占比为26.43%;软科学成果20项,占比为3.18%)。应用技术类科技成果总量较上年增长36.42%,在全区科技成果中占主导。成果项目来源情况。在628项登记的科技成果中,属于政府项目成果(来源于国家计划、地方计划、部门计划、地方基金和部门基金的成果)488项,占比为77.71%(其中,国家科技计划133项,占比为21.18%;地方计划317项,占比为50.48%;部门计划25项,占比为3.98%;地方基金12项,占比为1.91%;部门基金1项,占比为0.16%)。社会项目成果(来源于国际合作、横向委托、民间基金、自选课题及其他来源的成果)占比为22.29%。成果评价方式。628项科技成果的评价方式以项目验收、评价机构评价为主(其中,验收结题项目共430项,占比为68.47%;机构评价145项,占比为23.09%;行业准入41项,占比为6.53%;知识产权授权12项,占比为1.91%)。与上年相比,验收结题登记的成果数量有明显的增长,增长了120.51%。成果完成单位情况。在登记的科技成果中,企业牵头完成的科技成果达302项,占比为48.09%;科研机构完成103项,占比为16.4%;大专院校完成88项,占比为14.01%;医疗机构完成98项,占比为15.61%;其他单位完成37项,占比为5.89%。

【科技成果应用】行业分布。442项成果按应用行业分布,农业、林业、牧业、渔业167项,占比为37.78%;制造业155项,占比为35.08%;电力、燃气及水的生产和供应业34项,占比为7.69%;卫生和社会工作26项,占比为5.88%;采矿业15项,占比为3.39%;水利、环境和公共设施管理业12项,占比为2.71%;建筑业9项,占比为2.04%;科学研究和技术服务业8项,占比为1.81%;信息传输、软件和信息技术服务业7项,占比为1.58%;租赁和商务服务业、批发和零售业及住宿和餐饮业3项,占比为0.68%;交通运输、仓储和邮政业3项,占比为0.68%;居民服务、修理和其他服务业3项,占比为0.68%。数据表明,宁夏科技成果主要分布在农业、林业、牧业、渔业、制造业、电力热力燃气供应和卫生等行业。经费投入。2021年,全区登记的科技成果实际投入经费总额为211588.89万元(其中,国家投入10050.79万元,占比为4.75%;地方投入38401.41万元,占比为18.15%;部门投入12209.34万元,占比为5.77%;基金投入2260.9万元,占比为1.07%;自有资金145479.65万元,占比为68.75%;银行贷款432万元,占比为0.02%;其他投入2754.8万元,占比为1.49%)。2021年科技成果的经费来源以自有资金为主。应用情况。442项应用技术成果中,达到产业化应用水平的有236项,占比为53.39%;小批量或小范围应用的有145项,占比为32.81%;试用阶段的有39项,占比为8.82%;未应用的有21项,占比为4.75%;应用后停用1项,占比为0.23%。完成阶段。442项应用技术成果中,处于成熟应用阶段的有318项,占比为71.94%;处于中期阶段的有78项,占比为17.65%;处于初期阶段的有46项,占比为10.4%。经济效益。442项应用技术成果中,有212项科技成果产生了经济效益,占比为47.96%。自我转化共取得收入942494.7万元,净利润199570.39万元,实缴税金34992.99万元,出口创汇32626.21万元,节约资金57366.66万元;合作转化收入11634.32万元,产生技术转让与许可收入16166.78万元。

【科技奖励】2021年11月25日,宁夏科学技术奖励大会在银川市召开,隆重表彰为宁夏科学技术进步和经济社会发展作出突出贡献的科技工作者和外国专家。自治区党委书记陈润儿、自治区主席咸辉、自治区政协主席崔波出席,自治区党委副书记陈雍主持会议。根据《宁夏回族自治区科学技术奖励办法》的规定,经宁夏科学技术奖励评审委员会评审、宁夏科学技术奖励委员会审定,宁夏人民政府批准,88项科技成果获得2020年度宁夏科学技术奖励,“铸造用工业级3DP打印设备研发及产业化应用”“宁夏新能源高效消纳综合技术创新与实践”2项成果获得2020年度宁夏科学技术重大贡献奖,“黄河宁夏段防洪减灾工程方案优化与智能监管关键技术”1项成果获得2020年度宁夏对外科学技术合作奖，“天然气调压系统关键控制阀”等8项成果获得2020年度宁夏科学技术进步一等奖，“新体系高能比锂离子电池电极材料的制备、性能调控及产业化关键技术”等26项成果获得2020年度宁夏科学技术进步二等奖，“铜基纳米分子磁体的构筑及相变机理的热力学研究”等51项成果获得2020年度宁夏科学技术进步三等奖。

（石虹媛）

外国专家管理

【概况】2021年，宁夏聚焦海外创新资源，实施引智项目，优化引才环境，共审批外国人来华工作许可255件，争取国家和自治区专项资金911万元，征集国（境）外智力引进计划项目35项。持续推进外国人来华工作许可全流程网上审批，对A类高端人才提供“绿色通道”“容缺受理”服务，无数量限制；B类专业技术人才审批数量根据市场需求进行调整；对C类其他人员按国家有关规定进行数量限制。特别是支持宁夏最大的外商投资公司晓星氨纶（宁夏）有限公司在宁东落户，共为该公司14名外国专家办理工作证件。2021年，长期在宁夏工作的外籍人员有164人，高层次人才占比14%，专业技术人才占比82%，其他人员占比4%。人才主要集中在教育业和制造业领域，教育业人才占比41.4%，制造业人才占比为26.8%，其他人才在农林牧渔、批发零售、信息技术、住宿餐饮等行业均有分布。

【引智项目】2021年，宁夏修订《宁夏回族自治区国境外智力引进计划管理办法》，旨在完善引进国境外智力工作相关内容，规范经费管理使用，改进和优化项目管理流程，保障引智项目有效组织实施。积极构建引智新模式，实行离岸创新和远程合作等智力引进新模式，鼓励项目单位根据实际需求通过远程视频、网络办公、邮件等多种方式开展科研合作、学术交流。聚焦重点产业征集项目计划，围绕枸杞、葡萄酒、奶产业、电子信息、新型材料等自治区9个重点产业高质量发展人才需求，聚焦“高精尖缺”引才重点，共征集2021年引智项目35项，批复26项，共计682万元。加强项目全流程监督，按照自治区人才项目及专项资金审计问题整改要求，对2017—2019年自治区人才项目及专项资金管理使用中的问题进行专项整改，聘请第三方会计师事务所对2020年引智项目及专项资金使用情况进行自查整改，并全面清查历年结余资金。

（石虹媛）

地震预报

【概况】2021年，宁夏及邻区（北纬35°00′~40°40′，东经103°30′~107°40′）共发生M 2.0以上地震32次，其中M 2.0~2.9地震27次，M 3.0~3.9地震4次，M 4.0~4.9地震1次，无M 5.0以上地震。最大地震为2021年11月18日宁夏银川市灵武市M 4.0地震，次大地震为2021年1月14日甘肃兰州市榆中县M 3.6地震。2021年，宁夏境内共发生M 2.0以上地震18次，其中M 2.0~2.9地震14次，M 3.0~3.9地震3次，M 4.0~4.9地震1次，无M 5.0以上地震。最大地震为2021年11月18日银川市灵武市M 4.0地震，次大地震为2021年6月22日固原市原州区M 3.0地震、7月20日吴忠市利通区M 3.0地震和9月29日中卫市中宁县M 3.0地震。

【地震活动特征】频次上。宁夏及邻区方面，2021年发生32次M 2.0以上地震，低于2009年以来宁夏及邻区M 2.0以上地震年均40.8次的水平，且高于2020年的23次；宁夏境内方面，2021年该区域发生18次M 2.0以上地震，高于2009年以来宁夏境内M 2.0以上地震年均15.4次的水平，且高于2020年的15次。空间上。2021年宁夏及邻区M 2.0以上地震主要相对集中在以往地震多发的地区，即乌海以北地区、吴忠—灵武地区以及固原地区。而阿拉善左旗以西区域以及银川盆地中北部M 2.0以上地震相对稀少。2021年宁夏及邻区M 3.0以上地震活动主要发生在毗邻鄂尔多斯地块西缘的区域，大体以北纬38.5°为分界线，和2020年M 3.0以上地震“北强南弱”的活动特征相比，2021年M 3.0以上地震活动则呈现“南强北弱”的特征，这些地震主要位于北纬38.5°南侧区域的吴忠—灵武地区、中卫—中宁地区以及固原地区，也位于银川盆地南部和青藏高原东北缘弧形构造区，而其北侧区域的银川—石嘴山以及阿拉善左旗—乌海一带无M 3.0以上地震发生。时间上。2021年宁夏及邻区M 2.0以上地震在时间上呈现明显的丛集性，主要发生在2—3月份、5—7月份和9—11月份；宁夏境内M 2.0以上地震主要发生在6—7月份和11月份，其他时间段地震活动相对平静。2021年宁夏及邻区发生多次显著性地震。1月14日，甘肃兰州市榆中县发生M 3.6地震，该地震位于马衔山断裂北侧区域，震中及周边区域震感明显，未发生显著灾损情况；6月11日至7月15日，固原地区发生M 3.0震群活动，其中M 2.0~2.9地震6次，M 3.0~3.9地震1次，最大地震为6月22日固原市原州区M 3.0

地震，6月15日起宁夏地震局在该震中附近架设5台流动测震仪，7月1日后固原地区地震活动明显减弱；7月18日至8月7日，吴忠—灵武地区发生M 3.0震群活动，其中M 2.0~2.9地震4次，M 3.0~3.9地震1次，最大地震为7月20日吴忠市利通区M 3.0地震，7月25日后吴忠—灵武地区地震活动显著减弱；11月18日，宁夏银川市灵武市发生M 4.0地震，该地震位于黄河—灵武断裂西侧区域，宏观震中位于灵武市郝家桥镇，该地震导致银川市、灵武市和吴忠市震感强烈，未造成人员伤亡。

【地震监测预报预警】2021年，宁夏地震局制定《宁夏回族自治区2021年度震情跟踪和应急准备工作方案》，完成1—11月震情跟踪和地震前兆观测效能评估工作。完成全国两会、中国共产党成立100周年庆祝活动、党的十九届六中全会、中阿博览会、高考、国际葡萄酒文化旅游博览会等重大活动和重要时段地震安全保障服务工作。协调完成周、月震情跟踪分析与研判工作。召开2021年全区地震趋势会商会，形成地震趋势会商意见。参加2021年南北地震带北段构造协作区会商会。开展异常现场核实分析工作，全年开展异常现场核实92人次，提交异常现场核实分析报告15份。首次开展GNSS观测与定点形变异常对比分析工作，提升异常判定科学性。加强地震台站和台网运行规范管理，对分布在宁夏境内的观测台站、仪器设备进行定期或不定期巡检，确保宁夏地震监测台网连续可靠运行。严格按照中国地震局关于地震监测仪器运行状况大检查要求，制定《宁夏地震局地震监测仪器运行状况大检查工作方案》《宁夏地震局业务系统检查工作方案》，开展台网观测技术系统、应急技术等各业务系统检查，确保系统安全可靠。每月开展全区地震观测系统运维及资料质量通报，全年观测资料连续可靠，测震站网月平均运行率为99.79%，地球物理站网数据汇集率为99.98%，数据有效率为99.76%。在2020年监测预报工作质量全国统评中，中卫地震监测中心站盐池地震台获GNSS基准站二等奖、国家测震台站系统运行三等奖，银川地震监测中心站获GNSS基准站三等奖、地电场观测二等奖、氡气和氢气观测获二等奖。完成2021年全区台站监测运维、台站环境保护、地震监测及信息服务工作。成立监测预警、预测与预报、地下流体等9个学科技术管理组。强化台站观测环境保护，完成银川北塔地磁台迁建项目框架协议签署、23套仪器设备安装架设和银川地震监测中心站办公场所搬迁工作；推进海原高台地电场观测环境保护工作。组织对全区观测手段的观测效能研究评估，完成银川胜利气氡仪、灵武大泉气氡仪和海原郑旗水位仪、水温仪永久停测手续办理。加强台站工作管理，组织完成地震台站检查和季度绩效考核工作。组织完成2021年台站巡检和观测仪器标定检查，相对地磁、跨断层水准测量、流动地球化学等野外观测任务，电磁卫星接收站的运维工作。推进地震监测中心站改革工作，印发《关于各地震监测中心站承担观测台点运维工作任务的通知》，制定《宁夏地震局地震监测中心站管理办法(试行)》《宁夏地震监测中心站综合考评管理办法(试行)》。组织宁夏地震台、信息中心、中心站骨干到区外调研学习，协助举办2021年地震观测技术委员会学术交流会议，提升监测预报人员的业务能力。制定《宁夏地震局党组关于进一步加强地震监测预报工作的实施方案》及任务分解表，每季度按时完成并及时向中国地震局汇报工作进展。认真学习《震情会商技术方法动态评价工作规则(试行)》《震情会商技术方法业务应用推荐清单》等业务制度，制定《宁夏地震局震情短临跟踪和会商技术方案》。按要求推进地震会商技术系统业务应用，已开展业务试运行工作。完成基于预测指标体系的地震概率预测技术业务试用并实现月会商应用。按要求推进前震自动识别软件试验应用，并及时对前震告警信息开展复核和会商工作。承担并完成震情跟踪定向工作任务6项。推进国家地震烈度速报与预警工程宁夏子项目建设。落实中国地震局关于“地震信息误发问题专项整治”工作部署，印发并落实《宁夏地震局落实中国地震局地震信息误发问题专项整治工作方案》。全区52个新建台站土建任务全部完成，基准站、基本站仪器设备安装集成率为90%，建成省级预警中心，72个预警信息发布终端验收通过，270个一般站运行率为96.5%。宁夏地震监测预警项目列入自治区2021年重点支持项目，获批投资1345万元。协调成立宁夏地震监测预警工程建设项目组织机构和实施团队，明确项目实施主体责任；完成预警中心实施方案编制、仪器设备和台站土建招标、一般站合同签署等工作。银川地磁台优化改造项目、“子午工程”项目和“一带一路”项目完成年度建设任务。

【地震灾害风险防治】2021年，宁夏地震局开展抗震设防督查检查，对重大工程和学校、医院、一般建设工程抗震设防情况进行再检查再落实，并做好抗震设防监管档案、数据上报、问题反馈等工作，夯实抗震设防监管基础。加强市县抗震设防工作指导，银川市地震局协同审批、住建部门开展"双随机、一公开"检查；石嘴山市地震局推进工业园区区域性地震安评工作，平罗工业园区成为全区唯一开展区域评估并通过技术审查的园区；中卫市地震局建立健全地震监管行政执法队伍，推进行政执法工作规范化、法治化。提高抗震设防监管水平。举办抗震设防业务及相关法律法规培训班，培训班设置加强抗震设防监管、抗震设防政策解读及工作实践课程，介绍了抗震设防的目的意义、河南省抗震设防经验、抗震设防实务、减隔震技术，系统梳理了2013年以来抗震设防行政许可、地震安全性评价技术审查方面的相关法律法规和政策演变过程，讲解了抗震设防与地震安全性评价的区别、法律法规适用、安评范围、三级地震部门的监管职责。开展抗震设防检查。7—9月组成抗震设防检查组，对5个地级市的15个县（区）和17个工业园区建设工程抗震设防和区域性地震安全性评价进行实地检查，印发《宁夏地震局关于抗震设防和区域性地震安全性评价检查情况的通报》，要求各地震部门做好抗震设防事中事后监管机制完善、地震安全性评价违规行为纠正、问题整改落实等工作，积极适应政府职能转变和深化"放管服"改革、优化营商环境要求，稳步推进抗震设防管理。加强地震安全性评价监管，组织召开管理人员规范学习研讨会，安排专人对2020年以来的安评监管档案进行认真对照检查，遴选区外专家依据项目规模、重要性和安评单位等因素对安评报告进行技术再审查，提高安评单位备案、安评报告内容、技术审查等环节的规范性和完备性。开展地震安评从业资质和报告审查，对不具备技术条件公司的从业申请进行否决。推进银川河东国际机场改扩建工程地震安全性工作。2021年，完成5项工程场地地震安全性评价项目、1项区域性地震安全评估项目。开展活动断层探测。2021年，中卫市沙坡头区活动断层探测与地震危险性评价项目完成剩余的6个专题验收。12月20日，召开《中卫市沙坡头区地震活断层探测与地震危险性评价》项目验收会，中国地震灾害防御中心组织专家通过审阅报告、听取汇报、质询讨论等形式，对项目进行了评审验收。项目组根据中卫市地震构造特点，在系统收集前人资料的基础上，利用多种有效勘探手段的联合应用，查清了目标区内主要活断层的分布，甄别出了地震活动断层和非地震活动断层，提供大比例尺活动断层分布图，开展地震危险性和危害性的评价工作，并建立了中卫市活断层基础数据库和地理信息系统。项目通过验收，探测成果将为中卫市城市发展规划、土地利用、重大工程选址以及防震减灾提供科学依据，提高政府防震减灾决策效能。

【地震应急保障】2021年，宁夏地震局修订并印发《宁夏地震局地震应急预案》，印发《宁夏地震局地震应急服务响应等级（暂行）》《震后12小时宁夏地震局地震应急服务响应行动清单》；加强地震现场应急工作队管理，补充工作装备，掌握可调动队员动态，做好轮值安排。指导市县地震部门积极开展地震应急预案修订。银川市地震局联合教育局开展中小学、幼儿园预案修订工作，修订预案达769份；石嘴山市地震局完成市抗震救灾指挥部57家成员单位预案修订备案；固原市、中卫市、同心县、中宁县地震局组织修订本级政府地震应急预案。应急响应。针对固原小震群、中宁县3.1级地震和灵武市4.0级地震，宁夏地震局派出现场工作队，及时发布信息和回应社会关切，做好线上线下科普。辖区内市县地震部门及时向当地党委、政府汇报震情，第一时间收集灾情，赶赴震区协助做好地震现场调查，开展应急响应，加强舆情处置。应急演练。利用"5·12"全国防灾减灾日等重要时段，开展地震应急演练，增强地震应急救援社会化水平。银川市地震局举办2021年地震应急实战演练暨市抗震救灾指挥部全体会议，有效检验了应急处置能力；石嘴山市地震局组织消防、医疗部门及民间救援队，开展地震搜救模拟演练，强化与社会力量的协调联动；固原市地震局组织市抗震减灾指挥部地震应急响应桌面推演、实战演练各1次。

【防震减灾公共服务与法治建设】2021年，宁夏地震局印发《宁夏地震局2021年公共服务要点》，从推动防震减灾服务提质增效、营造防震减灾良好社会氛围、确保防震减灾法治建设成效等3个方面，谋划部署20个防震减灾公共服务重点工作任务。根据中国地震局《关于印发〈中国地震局公共服务事项清单（内部试行）〉等3个文件的通知》要求，完成第一批公共服务事项和产品清单实施情况自评估工作。落实中国地震局巡视整改工作要求，增强防震减灾公共服务产品供给，以《宁夏防震减灾条例》和宁夏地震局"三定方案"为基本依据，印发《宁夏地震局公共服务事项和产品清单（内部试行）》《宁夏地震局公共服务事项清单管理办法（试行）》，明确公共服务事项责任部门、主要承担单位、责任人、服务产品。学习贯彻《国家防震减灾科普教育基地认定管理办法》《国家防震减灾科普示范学校认定管理办法(试行)》,加强与自治区应急厅、教育厅、科技厅和科协沟通协调,联合印发《宁夏回族自治区防震减灾科普教育基地管理办法(试行)》《宁夏回族自治区防震减灾科普示范学校管理办法(试行)》,为全区开展示范创建活动提供了政策和制度保障。

【防震减灾科普宣传】2021年,宁夏地震局强化防震减灾科普顶层设计,将加强全区防震减灾科普工作作为落实整改的重要举措之一,与自治区党委宣传部、教育厅、科技厅、应急厅和科协沟通对接,联合印发《关于加强新时代宁夏防震减灾科普工作的实施意见》,对深化各地各级各部门合作,强化资源共享,做好新时代防震减灾科普工作,提升全民防震减灾科学素质,提高全社会防震减灾综合能力等,提供了政策支持。开展国家防震减灾科普教育基地和科普示范学校认定、创建工作,组织市县地震部门在综合考虑科普教育基地和科普示范学校的布局、防震减灾科普成效、引领带动作用等情况的基础上,择优推选了两个科普教育基地和两所科普示范学校参与国家防震减灾科普教育基地和科普示范学校创建活动,并在指导督促其认真做好材料申报等工作过程中,夯实其防震减灾科普教育的各项软硬件基础。联合自治区应急厅、气象局,组成全国综合减灾示范社区创建核查工作组,深入20个社区详细了解各社区综合减灾措施做法,实地查看应急物资储备点、应急避难场所、防灾减灾知识宣传栏、综合减灾体验馆等基础设施和宣传阵地,对各创建社区提出抓好防震减灾宣传教育、应急救援志愿者队伍和地震应急疏散演练等方面的工作建议。开展防震减灾主题宣传,在银川市第九中学阅海分校举办宁夏防震减灾科普讲解大赛暨第五届全国防震减灾科普讲解大赛选拔赛。在"全国中小学生安全教育日""全国防灾减灾日""唐山大地震纪念日""国际减灾日"等重点时段,有序开放全区国家级、自治区级的防震减灾科普教育基地,举办防震减灾专题讲座,提高全民防震减灾科学素质。在科技活动周和全国科普日期间,分别参与"百年回望:中国共产党领导科技发展"2021年宁夏科技活动周和2021年宁夏(银川)全国科普日暨第六届宁夏青少年科学节活动,宣传宁夏地震预警工程,普及防震减灾知识。参与中国地震局公共服务司举办的防震减灾科普"随手拍"活动,联合石嘴山市地震局拍摄2部地震应急避险短视频,利用新媒体集中宣传。

【防震减灾科技】截至2021年年底,宁夏地震局在研各类科研项目54项,经费近300万元,其中在研横向合作科研课题4项。第一作者发表学术论文14篇,获软件著作权10项,获实用新型专利2项。马禾青研究员牵头完成的项目《地震活动场理论基础、分析方法及应用实践》获2020年度自治区科学技术进步二等奖。开展2021年度宁夏防震减灾优秀成果奖评选活动,共评出一等奖2项,二等奖3项,三等奖8项。加强科研制度保障和执行,修订《宁夏地震科研基金课题管理办法》《宁夏地震局科研项目管理办法》《宁夏防震减灾优秀成果奖励办法》。完成宁夏地震局2013年以来各类科研项目的统计梳理工作,按照《宁夏地震局科研项目管理办法》统筹了部分项目的结余资金。加强科技成果转化,按照宁夏地震局科技成果转化办法转化震灾风险防治中心科技成果1项。

(沙曼曼)

气象测报

【概况】2021年,宁夏总体属于一般年景,年平均较常年偏高1.4℃,年降水量与常年持平,年日照时数较常年偏少239小时。2021年,全区平均气温9.9℃,为1961年以来最暖的一年,也是1997年以来连续第25个气温偏高年。引黄灌区、中部干旱带和南部山区平均气温分别为11.1℃、9.6℃和7.2℃,偏高1.5℃、1.5℃和1.0℃,其中引黄灌区和中部干旱带创新高,南部山区为第4高值,各地平均气温在6.1℃~12.3℃,偏高0.4℃~2.3℃;惠农区、利通区、中宁县偏高2℃以上,中北部大部地区为前2高值。全区平均降水量268.9毫米,引黄灌区、中部干旱带降水量为167.4毫米、291.4毫米,偏少11%和5%;南部山区为520毫米,偏多2%。各地降水量在116.1~752.3毫米,沙坡头区、中宁县、盐池县麻黄山及海原县以南偏多1%~32%,其他各地偏少2%~34%。全区平均日照时数2595小时。各地日照时数在1896~2981小时,大部地区偏少90~495小时。

【主要气象灾害及重大天气气候事件】2021年,宁夏气象灾害以干旱、风雹、暴雨洪涝、霜冻等灾害为主。1.冬季冷暖两重天,"极寒"向"极暖"快速转变。2020年/2021年前冬出现4次全区性降温过程;1月中旬以后,气温迅速回升且持续异常偏高;2月20—21日中北部大部日最高气温超过18℃;麻黄山及银川以北大部突破2月日最高气温纪录。前、后冬平均气温之差创最高纪录。2.春季沙尘过程多、强度强、范围大。春季沙尘天气频发,全区平均沙尘日数为13天,为近10年最多。3月15日出现2002年

2021年4月22日，自治区人工影响天气与气象灾害防御指挥部办公室召开宁夏人工影响天气作业协调会

以来强度最强、范围最大的强沙尘暴过程，海原县以北地区能见度小于500米，最小能见度仅为166米（沙湖）；3月28日再次遭遇沙尘暴天气过程，其范围和强度仅次于"3·15"强沙尘暴过程，最低能见度为635米（惠农区）。3. 4月全区平均气温日较差创新低。4月由于最高气温异常偏低，最低气温偏高，全区平均日较差仅为10.6℃，较常年同期偏低3.5℃，创1961年以来新低，各地偏低2℃~5.1℃，除大武口区、固原市六盘山为第2低值，其余各地均创新低。4. 春季降水异常偏多，首场透雨强度强。春季全区平均降水量80.8毫米，较常年同期偏多64%，为2003年以来最多。3月31日出现全区性首场透雨，中北部大部在10毫米以上，银川以北各地降水量超过25毫米，为1961年以来最早的区域性大雨过程；引黄灌区大部突破3月日降水量纪录。5. 夏季降水量创新低，气象干旱严重。夏季降水量持续偏少，全区平均降水量仅41.3毫米，较常年同期偏少67%，创1961年以来最低纪录。由于持续少雨和气温异常偏高，气象干旱发展迅速，7月上旬中北部大部达重旱及以上，8月14日全区达特旱。6. 夏季高温过程持续时间长、强度强、范围大。夏季全区平均高温（≥35℃）日数7天，创1961年以来新高。中北部大部高温日数2~19天。7月8—16日、18—19日、29—31日出现3次持续高温过程，平罗最高气温达39.6℃，创新高。7. 秋雨多、强度大。8月16日至11月30日，全区平均降水量138.9毫米，较常年同期偏多56%，为2004年以来最多。各地中雨日数1~8天，大部较同期偏多0.5~3.6天。

【气象防灾减灾】2021年，自治区政府出台《关于推进气象事业高质量发展的意见》，明确了到2025年、2035年宁夏气象事业发展的总体目标，提出6个方面16项重点任务。积极落实自治区《抗旱减灾工作二十条措施》部署的5项气象任务。首次发布干旱风险预警，发布抗旱专题气象服务材料20期。选派3名技术专家参与自治区专班工作，随同自治区领导赴旱情严重的中部干旱带调研2次，提出气象服务建议，为抗旱减灾提供支撑。准确预报了年初极寒、春季强沙尘暴、夏季破纪录高温、秋季阶段性多雨和局地暴雨等15次重大天气过程。启动区级应急响应6次，发布天气预警225条，联合自然资源、水利部门发布山洪、地质灾害等气象风险预警。围绕服务保障黄河流域生态保护和高质量发展先行区建设大局，年内气象防灾减灾服务保障多次获自治区党委和政府以及中国气象局领导肯定。自治区领导到宁夏气象局调研指导5人次，工作批示47人次，并多次在相关会议上对全区气象工作给予充分肯定。中国气象局领导到宁夏气象局调研指导3次，工作批示19人次。

【人工影响天气】2021年，自治区政府印发《宁夏回族自治区增雨飞机运行管理办法》《宁夏回族自治区人工影响天气地面作业站点设置及运行基本条件实施细则（试行）》《人工影响天气"耕云"行动计划（2020—2022年）宁夏实施方案》。各市、县人工影响天气办公室开展安全检查2次，宁夏气象局联合公安厅、应急厅开展安全检查1次，并督促限期整改。加强空中云水资源开发利用，抓住60次有利天气过程，大力实施空地一体化人工增雨（雪）作业，飞机作业31架次，地面火箭、烟炉作业1123点次，增雨（雪）影响面积约86.7万平方公里，防雹保护面积约1.9万平方公里，为生态修复增加有效降水约11.17亿立方米。

【气象服务】气象助力乡村振兴工作。2021年，宁夏气象局印发《宁夏气象脱贫行动领导小组调整为宁夏气象局乡村振兴气象保障工作领导小组》《2021年宁夏气象局乡村振兴气象保障工作要点》，对年度乡村振兴气象保障工作进行全面部署。继续完善基层气象防灾减灾标准化建设,完成气象防灾减灾业务系统在全区各市、县级的推广应用工作。在永宁县闽宁镇建成贺兰山东麓综合气象灾害监测网、智慧农业气象物联网和人工影响天气作业网“三个网络”,开展基于位置的预报预警和“一户一号”直通式服务。公共气象服务。面向公众衣食住行游购娱等美好生活需要,创新气象服务产品展现形式,发展图形、视频、动画等直观式服务产品,围绕城市生命线运行,做好极端天气气候事件下供电、供水、供暖等能源保供气象服务工作。推进融媒体气象服务,提升气象科普水平。在“3·23”世界气象日、“5·12”防灾减灾日、气象科技活动周等关键节点,通过电视、微信、微博、抖音等渠道对气候变化热点话题进行气象科普宣传及解读。开展专家直播活动,通过抖音播放处暑科普节目,引起公众广泛关注。制作并播出电视天气预报节目5474期;通过“两微”发布原创气象科普等服务信息2800余条;制作各类宣传片8部,1部获全国气象部门短视频大赛湖北赛区一等奖;在《宁夏日报》发稿42篇,在《中国气象报》发稿88篇;累计发布紫外线指数、出行指数等生活指数类预报服务产品1001期。依托新媒体平台,宣传宁夏气候好产品、康养旅游气候资源,为公众康养休闲提供参考。2021年公众气象服务满意度93.5分,位列全国31个省(市、区)第九名。决策气象服务。完成政府部门气象灾害预警信息服务对象信息更新和备案工作,梳理汇总各级政府部门和气象灾害重点防御单位应急责任人、基层气象信息员名单,并在各个业务系统更新备案。调整信息报送渠道,决策气象服务信息专报实现快速直达党委领导工作案头,加强面向党委政府的直通式决策气象服务,丰富服务内容。修订完善并印发《宁夏气象局决策气象服务周年方案》,针对大风沙尘、秋季持续阴雨、初冬雨雪降温等灾害性天气,为自治区防汛抗旱、农业生产、能源保供、疫情防控等提供优质决策气象服务,及时通过纸质报送、传真、邮件等渠道向自治区党委、政府及相关部门报送《我区太阳能资源禀赋优越　开发潜力巨大》《冬季阶段性低温形势分析研判》等各类气象信息专报100期。其中,针对6月1日至8月15日全区性干旱报送的专题决策气象服务材料获得自治区领导批示7次。开展全区气象部门决策气象服务现状调查,召开推进决策气象服务高质量发展实施方案专题研讨会议,印发《宁夏气象局推动决策气象服务高质量发展十五条措施》。生态气象服务。主动服务生态环境保护,为建设黄河流域生态保护和高质量发展先行区提供保障支撑。融入自治区生态立区战略,参与自治区生态保护红线划定。开展生态移民、生态修复等气候效应评估和大型光热发电项目气候可行性论证。服务大气污染防治,完成银川都市圈主要污染物关联气象因子分析,发布重污染天气预警2次,选派1名技术专家参加自治区大气污染防治工作专班,为自治区优良天数达标提供气象支撑。聚焦碳达峰碳中和,编制《宁东能源化工基地碳排放监测评估体系建设方案》,积极推进项目实施。加强生态遥感监测服务,利用卫星遥感资料,开展湖泊湿地、自然植被变化、森林草原火险、干旱、凌汛、城市热岛等生态监测评估,发布服务产品134期,生态遥感年报被中国气象局评为优秀等次。在石嘴山开展生态气象遥感业务体系建设试点工作。气象为农服务。聚焦枸杞、葡萄酒、文化旅游等自治区9个重点产业,分析气候资源优势和潜力,参与完成自治区党委《利用西北独特气候资源　培育壮大区域经济优势》重大调研报告起草工作,服务经济发展决策。加强粮食安全气象服务,在春播、三夏和秋收秋种等关键农事季节,发布气象为农服务产品18期,直通式服务超过4000人次,为全区粮食生产实现“十八连丰”贡献气象力量。服务枸杞绿色防控,制作发布专题服务材料15期。围绕酿酒葡萄种植,制作发布专题服务产品,完成年度气候品质评价报告。针对经济林果生产,联合开展霜冻等灾害防御和品质认证,灵武长枣获气候品质特优级认证。拓展养殖气象服务,发布奶牛产奶热应激气象预警。

【专业气象服务】交通气象服务。2021年,宁夏开展贺兰山沿山等重点地区交通气象灾害风险普查。针对宁夏高速公路高影响天气服务需求开展交通气象影响预报关键技术研究,升级改版宁夏交通气象服务保障系统,开发交通气象灾害风险预警与影响预报服务产品,研发气象灾害风险评估系统,提供精细到路段的公路交通气象灾害风险预警服务。在春运、国庆节假日等出行客流量大的关键节点,提前制定气象保障服务方案,细化各项服务措施,与道路交通、安全管理等部门加强联动,组织召开专题气象服务联合会商,加强高影响的灾害性天气监测预警,及时发布预报决策气象服务产品,提供多举措、全方位、精细化的道路交通气象保障服务。旅游气象服务。围绕《自治区全域旅游发展规划》,深入分析全区旅游气候资源优势。开展生态旅游气候资源评价认证,泾源县获得“中国天然氧吧”称号。研发精细到景区的常规气象要素预报及旅游气象指数产品的标准通用数据调用接口，对接宁夏"智慧旅游"平台，直接呈现天气状况。提供区内77家AAA级以上景区基于位置的天气实况和预报预警。联合文旅厅研发观星指数，编制国内首个观星气候适宜度评估报告，借助中国最具品牌价值文旅类栏目《星空朗读》走进宁夏第三季现场发布观星气象指数。"宁夏天气"视频号、微博等平台同步开展"星动塞上　与宁为邻"直播。研发制作桃花、杏花、梨花等始花期和盛花期预报，通过"宁夏天气"和宁夏文旅新媒体平台广泛宣传。遇有重大灾害性天气时，提前通过国家预警发布系统向各景区责任人、气象信息联络员发布预警信息，提醒做好气象灾害防御及景区管理工作。环境空气质量预报预警服务。围绕重污染天气形成机理、源解析和污染迁移转化规律等关键问题开展技术攻关，及时报送《宁夏沙尘天气概况及2021年3月15日区域性强沙尘暴天气成因》《银川都市圈臭氧浓度时空特征和今年臭氧浓度变化及气象条件趋势预测》等决策咨询报告。强化与生态环境部门空气质量预报会商，联合发布环境空气质量预报365份，每周发布未来一周大气污染气象条件预报。开展精细化的面向企业生产环节的气象影响预报和风险预警服务，向宁东管委会微信工作群发送空气污染气象条件预报365条，降低灾害性、高影响天气对企业造成的损失。森林草原火险预报预警和火灾气象服务。利用卫星遥感监测系统做好森林草原火险监测、预报和预警服务，开展植被、森林草原火情等生态灾害监测评估。及时发现并通报热点信息68次、火情信息16次。在张易镇火灾救援中，利用多源卫星数据开展持续15小时的火情跟踪监测，向应急及森林防火管理部门进行实时服务，为防火灭火工作提供支撑。

2021年1月21日，宁夏云创气象技术研究院正式挂牌成立

【综合气象观测与网络】2021年，宁夏做好观测业务顶层设计，印发《宁夏综合气象观测站网布局规划》。观测质量管理体系工作有序推进，通过中国气象局第三方外审抽查，ISO 9001质量管理体系与业务进一步融合。推动卫星遥感在市县级应用，在石嘴山市部署了无人机及S185机载高速高光谱成像光谱仪等设备。完成吴忠国家基本气象站新址启用申请，2021年12月31日启用。完成全区国家级气象观测站探测环境调查评估。完成13套国家级气象观测站冻土自动观测要素升级建设，完成151个省级气象观测站4G通信升级。新建隆德风廓线雷达、西吉X波段天气雷达。完成银川探空雷达大修。推进气象信息化建设，开展宁夏气象大数据云平台业务试运行，开展气象业务系统全面融入气象大数据云平台全国试点工作。完善"天镜—宁夏"监控系统，实现与11个业务系统对接。扩充省级基础设施资源池，新增可用资源CPU 576核，内存2.38TB，有效存储容量112TB。新建高性能计算机，新增CPU资源为960核，内存1.5TB，峰值运算性能达到50万亿次/秒，存储容量达450TB。印发《宁夏气象局气象数据管理实施细则（试行）》。强化网络安全，初步构建覆盖全业务的网络安全防护系统。参加了公安部、中国气象局、自治区公安厅等举办的护网演习。印发《宁夏气象局建党百年活动网络安全保护专项工作方案》等网络安全通知，做好庆祝中国共产党成立100周年活动、中阿博览会、北京冬奥会、第十四届全国运动会、中国（宁夏）国际葡萄酒文化旅游博览会等重大活动期间的安全调度及防护工作。

【气象预报预测】2021年，宁夏修订《宁夏气象部门气象灾害预警信号发布实施细则》《宁夏气象局重要天气过程"531-63"递进式预报预警服务业务规程》等规范性文件，实现重要天气早期预警和滚动监测预警相结合、灾害性天气预报与预警信号有效衔接、预警信号命中率与时间提前量科学有效兼顾。印发《宁夏气象局2021年智能预报业务建设重点任务分工》，聚焦预报精准，发展智能预报预测技术。向社会公众发布气候预测公报产品50期。年内，全区共出现暴雨、高温、寒潮、大风、沙尘暴等重大灾害性天气过程15次，暴雨(雪)预警信号准确率达90%，强对流天气预警信号时间提前量68.5分钟，较之前三年平均提前2.7分钟。24小时网格预报晴雨准确率达90%，全国排名第一。月气候预测技巧、汛期降水预测技巧均为全国排名第三。

【气象科技创新】2021年，宁夏部署“十四五”期间宁夏气象部门气象科技创新任务，印发《宁夏气象局加强气象科技创新工作实施方案》。充分发挥省部共建重点实验室集聚科技人才、创新成果、开放联合的创新基地作用，加强核心技术攻关和成果转化。组织完成重点实验室2020年度科技奖励评审工作，奖励科技成果奖6项，科技成果转化奖2项，科学咨询报告和论文著作奖16项。新增获批国家自然科学基金2项、省部级科研项目21项，自筹经费支持立项科研项目22项。年度科研经费627万元。承担的1项中国气象局关键技术发展专项子项目、6项预报员专项、24项自立科研项目的通过验收。年内，获得专利3项、软件著作权11项，出版专著1部，核心期刊发表论文37篇。认定科技成果6项，科技成果通过业务准入6项。主持完成的2项科技成果分别获自治区科技进步二等奖、三等奖，参加完成的1项科技成果获甘肃省科技进步三等奖。1人入选“2021年自治区科技创新领军人才”，1人入选“2021年自治区青年拔尖人才培养工程”，3人入选第六批“自治区青年科技人才托举工程”。

【气象法治建设】2021年，宁夏做好气象地方性法规立、改、废工作，完成2部气象地方性法规、5部政府规章和2件行政规范性文件的梳理工作。《宁夏回族自治区防雷减灾管理办法》等4部规章列入2022年自治区政府立法修订计划。制(修)订《宁夏回族自治区雷电防护装置检测单位监督管理办法》《宁夏回族自治区雷电防护装置检测质量考核办法》《宁夏回族自治区雷电防护装置检测单位报告公示工作规程》3部规范性文件。获批立项行业标准1项，地方标准4项。继续深化“放管服”改革，推行“经营场所产权证明”等4项证明事项告知承诺制，推进升放气球、防雷检测资质“证照分离”改革，进一步“减证便民”。协调推动宁东管委会政务服务中心将防雷行政许可纳入政务服务事项。国务院“互联网+监管”系统数据录入率及系统应用率均达到100%。全年共办理各类行政许可206件。规范气象行政执法工作，制定《宁夏气象部门重大行政执法决定法制审核目录清单(2021年版)》，指导市气象局依法查处防雷检测违法案件2件。加强防雷和升放气球安全责任体系建设和监管，防雷、升放气球安全工作纳入自治区安委会对各市人民政府和自治区有关厅局的安全生产工作考核体系。与自治区应急管理厅联合开展危险化学品等重点领域防雷安全专项整治行动。印发防雷安全重点单位、雷电防护装置检测单位和升放气球单位安全责任清单，开展防雷安全重点单位雷击风险辨识与分级管控试点工作。印发《防雷及相关专业技术人员重要业绩成果认定规程》。全年共开展行政执法检查580余次，检查督查单位1092家，排除风险隐患点93个。加强普法宣传教育，印发《宁夏气象部门法治宣传教育第八个五年规划(2021—2025年)》，开展专题讲座、旁听庭审、网上答题等活动，开展新制(修)订法规规章宣传贯彻解读工作。2人获自治区“七五”普法先进个人。

(金　飞)

社会科学

SHEHUIKEXUE

编辑◎黄　鑫

社科规划

【国家社科基金项目】2021年，宁夏获批国家社科基金项目共计54项(其中，重点项目1项，一般项目22项，青年项目11项，西部项目20项)。

【自治区社科规划项目】2021年，自治区社科规划项目共立项86项(其中，重点项目4项，一般项目55项，青年项目27项)。全年国家社科项目结项9项，自治区社科项目结项78项。

表14　　2021年宁夏国家社科基金项目立项一览表

序号	课题名称	姓　名	工作单位	项目类别	所在学科	批准号
1	海内外珍稀黄河古地图整理与研究	李新贵	宁夏大学	重点项目	中国历史	21AZD128
2	“双循环”新发展格局下西部民族地区高质量发展研究	李红梅	北方民族大学	一般项目	马列·科社	21BKS180
3	“人类共同价值”的认同机制研究	张　鲲	北方民族大学	一般项目	马列·科社	21BKS181
4	黄河甘宁青段文旅深度融合与高质量发展路径研究	梁向明	宁夏大学	一般项目	应用经济	21BJY031
5	黄河上游地区环境保护税政策效应评估及优化路径研究	胡菲菲	北方民族大学	一般项目	应用经济	21BJY074
6	政府对新兴产业监管中的包容审慎评价模型研究	张　超	北方民族大学	一般项目	政治学	21BZZ071
7	黄河流域横向生态补偿的法理分析与制度构建	施海智	北方民族大学	一般项目	法　学	21BFX209
8	“互联网+”背景下西北民族地区小学教师职前培养模式研究	马　丽	宁夏大学	一般项目	社会学	21BSH082
9	民族学中国化学科范式的探索历程研究(1949—1966)	王明龙	北方民族大学	一般项目	民族学	21BMZ025
10	生态移民民族互嵌型社区的共同体韧性重塑研究	冯　骁	宁夏大学	一般项目	民族学	21BMZ043
11	各民族交往交流交融视野下近代青藏高原商业变迁研究	勉卫忠	北方民族大学	一般项目	民族学	21BMZ062
12	黄河上游生态经济带人口时空分布格局演变及其环境胁迫机制研究	马学娟	北方民族大学	一般项目	民族学	21BMZ113
13	铸牢中华民族共同体意识视域中宁夏多民族共享民俗文化研究	梁莉莉	宁夏大学	一般项目	民族学	21BMZ165
14	回鹘文《大唐大慈恩寺三藏法师传》异本对勘研究	郑　玲	宁夏医科大学	一般项目	中国历史	21BZS027
15	绥西抗战文献整理与研究	马　骏	宁夏大学	一般项目	中国历史	21BZS036
16	须弥山石窟研究	王　艳	宁夏大学	一般项目	中国历史	21BZS107
17	奥斯曼帝国历史上的瘟疫与防疫研究(1347—1923)	宋保军	宁夏大学	一般项目	世界历史	21BSS011
18	近代报刊西行游记文献整理与研究(1840—1919)	李九华	宁夏大学	一般项目	中国文学	21BZW121
19	文学人类学视野下中国神话资源的影像转化路径研究	张洪友	北方民族大学	一般项目	中国文学	21BZW167
20	基于语料库的托妮·莫里森创作风格及其历时演变研究	马　艳	宁夏大学	一般项目	外国文学	21BWW039

续表 14

序号	课题名称	姓　名	工作单位	项目类别	所在学科	批准号
21	陆上丝绸之路"华夷译语"文献整理、语言研究与数据库建设	周永军	宁夏大学	一般项目	语言学	21BYY031
22	基于依存句法标注语料库的中国英语学习者时间状语从句语序习得发展研究	李雯雯	北方民族大学	一般项目	语言学	21BYY186
23	党管媒体原则研究	马学清	北方民族大学	一般项目	新闻学与传播学	21BXW102
24	《资本论》视域下数字资本主义批判研究	余伟如	宁夏大学	青年项目	马列·科社	21CKS052
25	中国共产党与中东华人华侨百年关系史研究	雷安琪	宁夏大学	青年项目	党史·党建	21CDJ035
26	西部地区居民绿色农产品消费行为的影响机制及优化路径研究	张　锐	北方民族大学	青年项目	应用经济	21CJY057
27	农村家庭育赡投入之代际冲突与干预对策研究	华　静	宁夏大学	青年项目	社会学	21CSH020
28	西北民族地区三线建设遗产在铸牢中华民族共同体意识中的价值挖掘与活化利用研究	杜华君	北方民族大学	青年项目	民族学	21CMZ008
29	"路学"视域下青藏铁路与多民族交融共生研究	马　巍	宁夏大学	青年项目	民族学	21CMZ012
30	新中国成立初期中华民族共同体建设研究(1949—1957)	张福强	北方民族大学	青年项目	民族学	21CMZ018
31	黄土丘陵地带宋夏金墓葬研究	陈雪飞	宁夏大学	青年项目	中国历史	21CZS023
32	朱子学二百年英语译介史研究	田　莎	宁夏大学	青年项目	语言学	21CYY004
33	宁夏汉语方言地图集	张秋红	北方民族大学	青年项目	语言学	21CYY007
34	乡村振兴战略下西部农村校园足球特色学校发展困境及治理路径研究	杨　涛	北方民族大学	青年项目	体育学	21CTY014
35	新时代大学生正确党史观培育研究	林雅琴	宁夏大学	西部项目	马列·科社	21XKS023
36	西海固扶贫开发史研究(1980—2020)	董宜祥	宁夏师范学院	西部项目	党史·党建	21XDJ021
37	基于需求导向的西北农村互助养老模式研究	祁　玲	宁夏医科大学	西部项目	社会学	21XSH015
38	权力控制视野下中国古代公罪制度研究	杨玉明	北方民族大学	西部项目	法　学	21XFX017
39	西北地区社区矫正运行制度与实施研究	计　莹	北方民族大学	西部项目	法　学	21XFX018
40	黄河流域生态环境法治保障问题研究	贾德荣	中共宁夏回族自治区委员会党校	西部项目	法　学	21XFX019
41	新中国农垦史研究	廖　周	宁夏社会科学院	西部项目	中国历史	21XZS018
42	习近平关于扶贫工作的重要论述与"闽宁模式"研究	郭勤华	宁夏社会科学院	西部项目	中国历史	21XZS019
43	法国农民经济研究(1789—1914)	孙　柳	宁夏大学	西部项目	世界历史	21XSS004
44	魏晋南北朝正史书写与中华民族共同体意识建构研究	胡祥琴	北方民族大学	西部项目	民族学	21XMZ047
45	西北民族地区巩固脱贫成果与乡村振兴有效接续路径研究	纳　慧	北方民族大学	西部项目	民族学	21XMZ048
46	黄河文化旅游带建构研究	张廷刚	北方民族大学	西部项目	民族学	21XMZ049
47	多民族交融的西北地区基层政府突发公共事件治理效能评价及提升策略研究	雷　婷	北方民族大学	西部项目	民族学	21XMZ050
48	碳中和目标下黄河上游民族地区生态保护与高质量发展研究	马明娟	北方民族大学	西部项目	民族学	21XMZ051
49	黄河流域各民族共享的中华文化符号和中华民族形象研究	狄良川	宁夏大学	西部项目	民族学	21XMZ052
50	民族地区中心城市文旅空间培育及治理机制研究	陆筱璐	宁夏大学	西部项目	民族学	21XMZ053
51	我国北方草原牧民职业分化的结构测度、转化机制与支持政策	丁文强	中共宁夏回族自治区委员会党校	西部项目	民族学	21XMZ054
52	宁夏古代各体文章的整理与研究	梁祖萍	宁夏大学	西部项目	中国文学	21XZW030
53	宁夏古代文学史	田富军	宁夏师范学院	西部项目	中国文学	21XZW031
54	乡村振兴背景下宁夏农村语言生活的调查与研究	郭玉梅	北方民族大学	西部项目	语言学	21XYY014

表15　　2021年自治区社科规划项目立项一览表

序号	批准号	项目名称	主持人	所在单位	学科分类	研究类型	项目类别
1	21NXAYJ01	宁夏推动产业发展向高端化、绿色化、智能化、融合化迈进对策及实施路径研究	文晓梅	宁夏工商职业技术学院	经济学	应用研究	重点项目
2	21NXASH01	宁夏脱贫县(区)巩固拓展脱贫攻坚成果与乡村振兴有效衔接研究	狄国忠	中共宁夏区委党校	社会学	综合研究	重点项目
3	21NXAGL01	宁夏推进葡萄酒产业高质量发展路径研究	熊莉萍	宁夏大学	管理学	综合研究	重点项目
4	21NXAGL02	宁夏枸杞产业服务供应链结构设计与协同优化研究	杨保军	北方民族大学	管理学	综合研究	重点项目
5	21NXBKS01	铸牢中华民族共同体意识与中国民族理论创新发展研究	黄彦华	北方民族大学	马列·科社	综合研究	一般项目
6	21NXBKS02	宁夏青少年中华民族共同体意识培育研究	杨荣斌	北方民族大学	马列·科社	应用研究	一般项目
7	21NXBKS03	宁夏高校网络意识形态领域风险防范化解机制研究	马　越	宁夏大学	马列·科社	应用研究	一般项目
8	21NXBKS04	宁夏大学生劳动意识培育路径研究	褚　娜	宁夏师范学院	马列·科社	综合研究	一般项目
9	21NXBKS05	宁夏高校大学生中华民族共同体意识培育研究	张宇龙	宁夏师范学院	马列·科社	应用研究	一般项目
10	21NXCKS01	深化宁夏大中小学思政课一体化建设的策略研究	杨佳江	宁夏财经职业技术学院	马列·科社	应用研究	青年项目
11	21NXCKS02	新时代历史虚无主义对高校的危害及对策研究	马　斌	宁夏大学	马列·科社	应用研究	青年项目
12	21NXCKS03	“四个自信”教育融入高校思政课教学研究	綦文婷	宁夏大学	马列·科社	综合研究	青年项目
13	21NXBDJ01	宁夏非公企业和社会组织党建工作研究	马丽娟	宁夏社会科学院	党史·党建	应用研究	一般项目
14	21NXCDJ01	习近平大历史观理论突破研究	温　静	宁夏医科大学	党史·党建	综合研究	青年项目
15	21NXBZX01	习近平中华优秀传统文化观研究	倪富静	宁夏大学	哲学	基础研究	一般项目
16	21NXCZX01	新时代青年国家安全意识教育研究	王巍儒	宁夏职业技术学院	哲学	应用研究	青年项目
17	21NXBYJ01	宁夏农民工返乡创业与乡村振兴联动发展机制研究	王秀琴	宁夏固原市委党校	经济学	应用研究	一般项目
18	21NXBYJ02	科技金融服务宁夏黄河流域生态保护和高质量发展先行区建设的路径研究	马　琴	北方民族大学	经济学	综合研究	一般项目
19	21NXBYJ03	创新驱动战略背景下宁夏企业创新动力提升的路径研究	仇娟东	宁夏大学	经济学	应用研究	一般项目
20	21NXBYJ04	宁夏推进用水权改革对策建议及实施路径研究	龙生平	中共宁夏区委党校	经济学	应用研究	一般项目
21	21NXBYJ05	基于集群式供应链视角的宁夏葡萄酒产业高质量发展瓶颈及对策研究	高桂英	宁夏大学	经济学	应用研究	一般项目
22	21NXBYJ06	脱贫攻坚和乡村振兴耦合背景下宁夏农村电商可持续发展路径研究	赵燕妮	宁夏大学	经济学	应用研究	一般项目
23	21NXBYJ07	国家战略背景下宁夏与沿黄省(区)协同发展问题研究	杨巧红	宁夏社会科学院	经济学	综合研究	一般项目
24	21NXBYJ08	宁夏推进土地权改革的对策建议及实施路径研究	郭正东	中共宁夏区委党校	经济学	应用研究	一般项目
25	21NXBYJ09	基于宁夏GI农产品的现代农业生态化与高质量发展实现路径研究	邵宁平	宁夏工商职业技术学院	经济学	应用研究	一般项目
26	21NXCYJ01	以农业合作化推进宁夏乡村振兴战略实施机制研究	尚亚龙	宁夏社会科学院	经济学	应用研究	青年项目
27	21NXCYJ02	“双循环”新格局下宁夏推动枸杞产业高质量发展路径研究	王愿如	宁夏社会科学院	经济学	应用研究	青年项目
28	21NXCYJ03	宁夏与“一带一路”沿线国家贸易现状及贸易潜力研究	夏菲菲	北方民族大学	经济学	应用研究	青年项目
29	21NXBTJ01	基于机器学习的相对贫困识别与预警研究	孙　莉	宁夏大学	统计学	应用研究	一般项目

续表 15

序号	批准号	项目名称	主持人	所在单位	学科分类	研究类型	项目类别
30	21NXBFX01	国际视角下葡萄酒法律制度构建研究	熊　宇	北方民族大学	法学	应用研究	一般项目
31	21NXBFX02	习近平法治思想的哲学研究	金　磊	中共宁夏区委党校	法学	综合研究	一般项目
32	21NXBFX03	新时代宁夏经济高质量发展的法治保障	刘　芳	宁夏大学	法学	应用研究	一般项目
33	21NXCFX01	共治理念下城市社区组织的法律赋权研究	程　琰	北方民族大学	法学	应用研究	青年项目
34	21NXCFX02	宁夏推进黄河流域生态保护和高质量发展先行区法制建设研究	刘　媛	宁夏大学新华学院	法学	应用研究	青年项目
35	21NXBSH01	宁夏文化旅游产业融合水平测度与"双循环"发展策略研究	许丽君	宁夏大学	社会学	应用研究	一般项目
36	21NXBSH02	宁夏推进乡村振兴战略研究	梁春辉	中共宁夏区委党校	社会学	应用研究	一般项目
37	21NXBSH03	高质量发展驱动下宁夏旅游公共服务体系优化研究	王　静	宁夏大学	社会学	应用研究	一般项目
38	21NXBSH04	宁夏文旅融合发展的长效机制构建研究	许　洁	宁夏工商职业技术学院	社会学	综合研究	一般项目
39	21NXBSH05	宁夏国有文艺院团改革40年研究	任保新	宁夏演艺集团	社会学	应用研究	一般项目
40	21NXBSH06	宁夏地区城市老年人社区居家养老的影响因素及优化对策研究	杨丽恒	宁夏大学	社会学	综合研究	一般项目
41	21NXCSH01	宁夏中宁宽口井生态移民社区发展变迁研究	徐　舒	宁夏大学	社会学	应用研究	青年项目
42	21NXCSH02	宁夏民间黄河故事的时代价值研究	杜　丹	北方民族大学	社会学	综合研究	青年项目
43	21NXCSH03	长征国家文化公园宁夏段建设发展中的红色基因传承研究	任　婕	宁夏社会科学院	社会学	综合研究	青年项目
44	21NXCSH04	宁夏黄河流域生态环境保护和文化旅游高质量发展	周　波	宁夏回族自治区核与辐射安全中心	社会学	综合研究	青年项目
45	21NXCSH05	宁夏黄河流域历史文化资源的空间分异与影响因素耦合分析	简太敏	宁夏师范学院	社会学	综合研究	青年项目
46	21NXCRK01	宁夏人口结构变化对经济社会发展的影响及对策研究	贺　茜	宁夏社会科学院	人口学	应用研究	青年项目
47	21NXBGJ01	埃及涉华舆论影响因素分析及对策研究	王　榕	宁夏大学	国际问题研究	应用研究	一般项目
48	21NXBGJ02	中东涉华舆情监测分析——以埃及、沙特为例	郝诗羽	宁夏大学	国际问题研究	应用研究	一般项目
49	21NXBZS01	新中国成立以来宁夏移民档案整理与研究	张玉梅	宁夏社会科学院	中国历史	基础研究	一般项目
50	21NXBZS02	隋唐时期中华民族多元一体新格局与文化自信	冯　敏	宁夏师范学院	中国历史	综合研究	一般项目
51	21NXBZS03	宁夏古代引黄灌溉工程开发及其保护研究	尤　桦	宁夏大学	中国历史	综合研究	一般项目
52	21NXBZS04	新时代历史虚无主义的新特点新趋势研究	李世荣	宁夏师范学院	中国历史	综合研究	一般项目
53	21NXBKG01	贺兰山岩画资料数字化采集与保护性研究	左长缨	宁夏回族自治区岩画研究中心	考古学	应用研究	一般项目
54	21NXBZW01	明清时期六盘山文学文献整理与研究	安正发	宁夏师范学院	中国文学	基础研究	一般项目
55	21NXBZW02	宁夏文学的影视改编与传播研究	张银霞	北方民族大学	中国文学	综合研究	一般项目
56	21NXBZW03	新时代西部大开发背景下的宁夏移民文学研究	薛青峰	宁夏理工学院	中国文学	基础研究	一般项目
57	21NXCZW01	地域文化视野下的宁夏儿童文学研究	李　丽	宁夏大学	中国文学	基础研究	青年项目
58	21NXBYY01	基于海外文献的中国贫困治理话语建构特征研究	周丽艳	北方民族大学	语言学	应用研究	一般项目
59	21NXBYY02	黄河文化传承区域"花儿"数字化建设与语言生态对比研究	张晓瑾	北方民族大学	语言学	综合研究	一般项目
60	21NXCYY01	"一带一路"背景下中国西部文学汉英平行语料库建设及翻译研究	侯崇莹	宁夏师范学院	语言学	综合研究	青年项目
61	21NXBXW01	媒介融合视域下宁夏红色文化的有效传播策略及路径选择	李亚利	北方民族大学	新闻学与传播学	综合研究	一般项目

续表 15

序号	批准号	项目名称	主持人	所在单位	学科分类	研究类型	项目类别
62	21NXBXW02	5G时代背景下宁夏媒体融合发展研究	张学霞	北方民族大学	新闻学与传播学	综合研究	一般项目
63	21NXCXW01	新媒体构建社会主义意识形态话语权的路径研究	张　晓	中共宁夏区委党校	新闻学与传播学	应用研究	青年项目
64	21NXCXW02	社交媒体时代地方政府网络舆论引导策略研究	马小萍	银川市委党校	新闻学与传播学	应用研究	青年项目
65	21NXBTQ01	隆德地区书法资料的发掘整理与研究	马　芳	北方民族大学	图书馆、情报文献学	综合研究	一般项目
66	21NXBTQ02	宁夏红色资源案例挖掘整理研究	丁冬梅	宁夏大学	图书馆、情报文献学	综合研究	一般项目
67	21NXBTQ03	宁夏用好红色档案资源传承红色基因研究	桑果果	中共宁夏区委党校	图书馆、情报与文献学	综合研究	一般项目
68	21NXBTY01	基于SWOT分析法的宁夏地区沙漠体育旅游发展研究	吴广宏	宁夏大学	体育学	综合研究	一般项目
69	21NXBTY02	健康老龄化背景下宁夏老年人公共体育服务现状及提升路径研究	谢　琴	宁夏大学	体育学	综合研究	一般项目
70	21NXBTY03	宁夏南部地区乡镇青少年健康危险行为及其影响因素研究	哈　瑾	北方民族大学	体育学	综合研究	一般项目
71	21NXCTY01	宁夏全民健身与全民健康融合发展研究	赵海波	宁夏师范学院	体育学	综合研究	青年项目
72	21NXBGL02	提升宁夏制造产业链供应链现代化水平的共融路径研究	蒋紫艳	宁夏大学	管理学	应用研究	一般项目
73	21NXBGL03	环境规制对宁夏畜禽养殖绿色转型的影响机理和政策优化研究	马　瑞	北方民族大学	管理学	综合研究	一般项目
74	21NXBGL04	基于工业互联网的宁夏装备制造业数字化转型路径研究	付　森	宁夏大学	管理学	应用研究	一般项目
75	21NXBGL05	宁夏农村人居环境整治影响因素及大数据下协同机制建构研究	王　苗	宁夏工商职业技术学院	管理学	应用研究	一般项目
76	21NXBGL06	宁夏实施百万移民致富提升行动路径研究	杨海娟	宁夏大学	管理学	应用研究	一般项目
77	21NXBGL07	宁夏推进农村人居环境整治和农业面源污染治理研究	李世忠	宁夏农业环境保护监测站	管理学	应用研究	一般项目
78	21NXCGL01	基于创业心理和关键胜任力的宁夏科技型企业人才管理策略研究	刘梦琼	宁夏大学	管理学	应用研究	青年项目
79	21NXCGL02	“互联网+医疗健康”服务体系下宁夏医疗服务水平提升路径研究	王惠群	宁夏医科大学	管理学	应用研究	青年项目
80	21NXCGL03	宁夏垃圾分类的环境态势分析及对策研究	王　银	宁夏医科大学	管理学	应用研究	青年项目
81	21NXCGL04	人地协调与空间协调：黄河流域生态保护同高质量发展研究	吕文清	宁夏师范学院	管理学	应用研究	青年项目
82	21NXCGL05	碳达峰碳中和背景下六盘山生态脆弱区森林碳汇补偿机制研究	卢大同	中卫市委党校	管理学	应用研究	青年项目
83	21NXBJY01	乡村振兴战略下宁夏乡村教育高质量发展路径研究	咸富莲	宁夏大学	教育学	综合研究	一般项目
84	21NXBJY02	宁夏实施义务教育质量提升行动路径研究	孔炜莉	宁夏社会科学院	教育学	应用研究	一般项目
85	21NXBJY03	宁夏学前教育质量与儿童发展的关系研究	王燕华	银川市第一幼儿园	教育学	应用研究	一般项目
86	21NXCJY01	九大产业发展视域下宁夏职业教育“双师型”教师队伍建设比较研究	尚竺莹	宁夏职业技术学院	教育学	应用研究	青年项目

新型智库建设

【概况】2021年，宁夏继续加快推进新型智库建设，以习近平新时代中国特色社会主义思想为指导，深入贯彻落实中共十九大和十九届二中、三中、四中、五中全会精神，全面贯彻落实习近平总书记考察宁夏重要讲话精神，以及自治区党委第十二届八次、九次、十次、十一次、十二次全会精神，坚持围绕中心、服务大局，突出问题导向、应用导向，组织力量深入研究阐释新思想新观点新论断，大力推动实践基础上的理论创新，着力推出有理论说服力、实践指导性和决策参考价值的重大成果，更好地服务自治区党委政府决策，为全区经济社会发展提供强有力的智力支持。2021年立项第四批宁夏新型智库课题43项，36项2020年第三批宁夏新型智库课题完成结项。

表16　　2021年宁夏新型智库课题立项一览表

序号	学科分类	课题名称	主持人	所在单位
1	经济学	宁夏贺兰山东麓地区葡萄酒旅游产业创新动力及高质量发展路径研究	景　曦	北方民族大学
2	经济学	激发宁夏企业创新动力的路径研究	仇娟东	宁夏大学
3	经济学	数字经济赋能黄河流域高质量发展的空间优化对策及宁夏的战略选择	马　静	宁夏大学
4	经济学	宁夏沿黄经济区粮食产业高质量发展路径研究	王重玲	银川能源学院
5	经济学	“需求侧改革”视角下宁夏城镇居民消费需求释放路径研究	王　瑛	北方民族大学
6	经济学	创新驱动宁夏经济高质量耦合协同发展路径研究	哈梅芳	宁夏大学
7	经济学	宁夏农业绿色发展水平测度与提升对策研究	乔志霞	北方民族大学
8	经济学	高铁开通对宁夏站点城市旅游经济发展影响研究	刘晓伟	宁夏大学
9	经济学	宁夏奶产业高质量发展的动力机制与路径研究	杨韶艳	宁夏大学
10	经济学	高铁经济对区域经济影响的效应研究——以银西高铁为例	沈玉星	宁夏财经职业技术学院
11	管理学	黄河流域先行区视域下宁夏科技人才政策优化研究	马金龙	宁夏大学
12	管理学	高质量发展背景下宁夏育才引才政策评价与优化研究	光　晖	北方民族大学
13	管理学	宁夏村庄规划“共同缔造”制度建设的探索	方　俭	宁夏回族自治区 国土空间规划研究中心
14	管理学	黄河流域宁夏段乡村振兴与新型城镇化融合发展路径研究	程淑杰	银川能源学院
15	管理学	抓住“碳达峰”“碳中和”的机遇，推进宁夏绿色转型的研究	段红霞	宁夏环境与可持续发展研究院
16	管理学	宁夏区域创新能力比较分析及对策建议——以2020年中国区域创新能力评价报告为视角	马忠莲	中共宁夏区委党校
17	管理学	宁夏科技人才管理机制研究	苗　婷	北方民族大学
18	管理学	“一带一路”倡议下宁夏物流枢纽多式联运存在的问题及对策研究	蒋紫艳	宁夏大学
19	管理学	建设先行区背景下持续优化我区营商环境的对策研究	刘雅静	中共宁夏区委党校
20	管理学	宁夏脱贫不稳定人口防止返贫监测预警机制研究	李艳军	北方民族大学
21	社会学	黄河(宁夏段)文化内涵的符号表达及其创造性转化研究	徐　哲	宁夏社会科学院
22	社会学	巩固拓展宁夏脱贫攻坚成果同乡村振兴有效衔接机制研究	杨　琼	宁夏大学
23	社会学	宁夏引黄古灌区世界灌溉工程遗产文化景观保护及开发策略研究	梁莉莉	宁夏大学
24	社会学	传承红色文化　助推宁夏乡村振兴研究	吴晓红	宁夏社会科学院
25	图书馆、情报与文献学	新媒体时代下宁夏红色文化网上展示馆建设研究	张　琴	宁夏大学
26	社会学	高质量发展背景下宁夏乡村旅游生态影响评价与人居环境优化路径	杨莹莹	宁夏大学
27	社会学	宁夏农村“互联网+医疗健康”实践和建设路径研究	张宏彩	宁夏社会科学院

续表16

序号	学科分类	课题名称	主持人	所在单位
28	社会学	“十四五”宁夏黄河文化传承创新研究	刘智远	中共宁夏区委党校
29	社会学	黄河宁夏段文化遗产廊道规划与建设研究	杨克敏	北方民族大学
30	社会学	宁夏智慧城市公共安全防范与治理研究	张　桢	宁夏警官职业学院
31	党史·党建	以高质量党建引领乡村基层社会治理对策研究	李小刚	中卫市委党校
32	法　学	防范化解重大行政决策风险的宁夏路径研究	李　斌	中卫市司法局
33	中国文学	宁夏网络与新媒体文学发展对策研究	吕　颖	北方民族大学
34	政治学	积极发挥宁夏统一战线在“全面建设社会主义现代化”中作用研究	李淑萍	社会主义学院
35	法　学	宁夏基层社会治理视域下的社区治理机制研究	朱爱农	宁夏大学
36	法　学	宁夏黄河流域生态保护地方立法研究	施海智	北方民族大学
37	党史·党建	将台堡会师研究	饶彦久	自治区党委党史研究室
38	教育学	宁夏特殊教育高质量发展保障机制研究	马　芳	宁夏师范学院
39	教育学	宁夏民族团结进步进学校项目化推进研究	潘忠宇	宁夏大学
40	党史·党建	深入贯彻新时代党的组织路线、加强领导班子和干部队伍建设研究	马小军	自治区党委办公厅
41	管理学	常态化开展扫黑除恶专项斗争机制研究	张自军	自治区党委政法委
42	管理学	完善社会矛盾纠纷多元预防调处化解综合机制促进平安宁夏建设对策研究	李刚军	自治区人大常委会办公厅
43	新闻学与传播学	走好全媒体时代群众路线——主流媒体“开门办报”探索实践	周庆华	宁夏日报报业集团

（包　懿）

【宁夏社会科学院】2021年，宁夏社会科学院紧紧围绕自治区党委和政府重大战略决策部署，深入阐释党的创新理论，充分发挥党的意识形态阵地作用。在《光明日报》《中国社会科学报》《宁夏日报》《共产党人》《宁夏工作研究》及“学习强国”等中央、自治区主流媒体刊发理论阐释文章98篇次。被“宁夏新闻网”“学习强国”平台转发31篇36次。聚焦重大现实问题研究，充分发挥新型智库建言咨政作用。应用对策研究成果得到中央、自治区领导签批30件47人次，自治区领导圈题点题重大现实问题签批率接近80%。科研成果注重体现时代性、把握规律性、富于创新性、科研集成性等特点。如《“守好‘三条生命线’　走出一条高质量发展新路子”实践探索》《十二次党代会以来的成就和经验》《宁夏人口结构现状、未来趋势及生育政策选择研究》《优化宁夏农村金融生态环境的难点及对策建议》等课题。修订《宁夏社会科学院推进哲学社会科学发展的意见》《宁夏社会科学院推进新型智库建设的意见》《宁夏社会科学院优秀科研成果认定及奖励暂行办法》《宁夏社会科学院学术委员会章程》等规章制度，完成院学术委员会换届。

【宁夏大学】2021年，宁夏大学与联合国教科文组织高等教育创新中心（中国深圳）并签署合作协议，双方就发挥优势共同推进中东阿拉伯国家高校信息智能化项目的相关合作，带动我国信息化技术产品与中东地区高校共同发展进行深入交流。宁夏大学中华民族共同体研究院、西夏学研究院教授杜建录教学团队主讲的《解读西夏》入选首批国家级课程思政示范课程，该教学团队同时被确定为“课程思政教学名师和团队”。通过对西夏历史文化的讲授，阐释中国传统思想文化的先进性及其对古代少数民族的吸引力，彰显中华民族强大的凝聚力与向心力，讲述民族对国家统一和中华文明传承和发展的贡献，构建中国特色社会主义学术话语体系，实现“课堂教学思政”与“田野调查思政”的融合。宁夏大学“文化遗产保护与文旅产业研发协同创新中心”正式揭牌，该中心是在部区合建、闽宁合作对口帮扶机制下，三所高校为助推黄河文化遗产保护与文化旅游产业发展，深化产学研融合，服务黄河流域生态保护和高质量发展先行区建设而成立的协同创新平台。中心的成立，将发挥三校的优势，通过人员互聘、资源共享以及联合开展重大重点项目，产出重大成果，提升服务区域文化旅游产业发展的水平。

【北方民族大学】2021年，北方民族大学申报的“中华民族共同体研究基地”通过国家民委评审，成功获批，该基地将根据铸牢中华民族共同体意识的理论和实践要求，结合时代需要和学校实际情况，聚焦铸牢中华民族共同体意识的理论与实践研究、中国特色社会主义民族理论与政策及发展完善研究、新时代深化民族团结进步创建研究、加强各民族交往交流交融与打造各民族共建共治共享社区等研究方向，力争形成一批理论和实践成果，为党和国家深化民族团结进步教育、中华民族共同体建设以及中华民族的伟大复兴提供智力支持。召开对接宁夏9个重点产业座谈会，对对接宁夏9个重点产业科研工作方案进行说明，通过专门设立服务宁夏9个重点产业专项科研项目，增强学校科研与宁夏经济社会发展密切结合的意识，强化科技创新，持续推动服务宁夏经济高质量发展的能力。在2020年度全国民委系统调研报告评选结果中，校长李俊杰的《“三区三州”深度贫困治理的经验、难点和对策》获二等奖、马克思主义学院徐晓美的《新时代宁夏回族自治区民族团结进步创建工作现状分析及对策建议》获三等奖、民族学学院聂君的《宁夏科技人才政策实施效果及对策研究》获优秀奖。与智慧宫文化产业集团有限公司、宁夏真呐中巴文化发展有限公司达成共识，并借助第五届中国—阿拉伯国家博览会平台，签订框架性合作协议。与石嘴山市政府签署合作框架协议，双方发挥各自特色学科和特色产业优势，在氰胺产业、新材料、高端装备制造和电子信息等领域，就项目申报、技术研究、成果转化、产品开发及产业化实施等方面进行广泛合作。

【自治区党校】2021年，自治区党校聚焦党和国家中心工作、党委政府重大决策部署、宁夏经济社会发展重点热点难点问题，开展决策咨询，积极建言献策，设立智库调研咨询课题15项，向自治区党委政府报送调研报告33篇，有9篇调研报告得到省(部)级以上领导10次批示。建设全区党校(行政学院〈校〉)智库联盟，设立2021年全区党校(行政学院〈校〉)系统智库研究课题14项。举办全区党校(行政学院〈校〉)系统科研智库骨干培训班，邀请区内外有丰富经验的领导和专家学者指导工作、交流经验。不断健全智库管理体制和运行机制，修订《关于建设高端智库的实施意见》《关于推进自治区思想理论建设智库发展的若干措施》，有效激发了智库的活力和创造

2021年1月15日，宁夏社会科学院举行“2021年宁夏社科成果暨2022宁夏蓝皮书系列丛书”新闻发布会

力，着力培育精品力作，打造硬核成果。

（黄　鑫）

社科研究

宁夏社会科学院

【科研项目】2021年，宁夏社会科学院获批国家社科基金项目2项、自治区社科规划项目6项、智库课题4项，结项国家社科基金项目4项、自治区社科规划项目6项、智库课题4项，在研国家社科基金项目23项、自治区社科规划项目10项、智库课题3项，国家社科基金项目在研率为64%，科研人员三项课题在研覆盖面接近50%。通过自治区领导圈题、点题等形式，立项院级重大现实问题研究课题24项，结项24项。

【科研成果】2021年，宁夏社会科学院出版学术专著9部、编著7部、发表论文194篇（其中，核心期刊论文17篇，一般学术期刊论文56篇，蓝皮书中论文56篇，编著中论文36篇，论文集中论文24篇，非学术公开期刊5篇），呈阅件自治区领导作出肯定性批示30件。11项研究成果和个人获奖。出版发行《宁夏系列蓝皮书》（经济、社会、文化、生态文明、法治）5部，主办的《宁夏社会科学》《回族研究》《西夏研究》等学术期刊和《新智库》院报编辑出版工作顺利完成。《宁夏社会科学》入选2021—2022年度中文社会科学引文索引来源期刊，被中国社会科学文摘、新华文摘、人大报刊复印资料转载24篇。

【学术交流】2021年4月30日，宁夏社会科学院历史研究所与宁夏大学人文学院签署战略合作协议，双方就古文献整理与地域文化研究、加强人才交流、加强学术交流及党建活动方面开展合作。6月18—21日，中国文艺理论学会第15届年会暨“新世纪文学状况与中国文艺理论的当代创新”学术研讨会在天津市召开，宁夏社会科学院文化研究所研究员牛学智与许峰博士分别作题为《当前文学批评根本问题与思想建设研究》《少数民族文学批评的审视与反思》交流发言。6月24—25日，由陕西省社会科学院承办的第二届“一带一路”长安智库论坛暨第24届全国社会科学院院长联席会议在陕西省西安市召开，会议以“双循环”与“一带一路”建设、西部大开发新格局与陕西追赶超越、“三新”背景下高端新型智库建设、加快构建中国特色哲学社会科学“三大体系”为主题。宁夏社会科学院院长刘雨作题为《牢牢把握根本遵循聚焦重大现实问题研究强智库》主旨发言，交流了宁夏社科院在推进建设宁夏高端新型智库建设方面的做法和思路。7月19日，中国社会科学院党组副书记、副院长（正部长级），中国历史研究院院长、党委书记高翔到宁夏社会科学院调研。高指出，宁夏历史文化内涵丰富，自然风光独特，要发挥自身优势，深入挖掘宁夏历史文化资源，在传承中华优秀传统文化、铸牢中华民族共同体意识上作出贡献。12月10日，由黄河流域九省（区）社科院主办、山东社科院承办的黄河流域生态保护和高质量发展理论研讨会在山东省济南市召开，宁夏社会科学院副院长田光锋作了《着力推动黄河流域宁夏段生态保护和高质量发展情况》交流发言。全年全院各学科集中调研8次，举办学术沙龙12次。

【宁夏系列蓝皮书新闻发布会】2021年1月15日，宁夏社会科学院举行“2021年宁夏社科成果暨2022宁夏蓝皮书系列丛书”新闻发布会，《宁夏蓝皮书系列丛书》集中关注了自治区一系列重大发展战略问题，对宁夏在高质量发展中扎实推动共同富裕、重点产业相关政策配套、第十二次党代会以来经济社会发展成就和经验、建设黄河流域生态保护和高质量发展先行区等重大战略问题进行深入研究。对自治区发展中的重点、热点、难点问题，如9个重点产业、十大工程项目、“四大提升行动”等自治区中心工作进行系统研究，对碳达峰碳中和、网络化购物、新媒体文化发展等热点问题进行深度调查，对老工业基地产业转型升级、特色优势产业振兴、房地产业健康发展、宁夏人口结构及发展趋势等难点问题也进行深入分析，还对党史学习教育、乡村振兴、基层治理、平安宁夏建设、建设宁夏长城国家文化公园、宁夏文学艺术发展等进行广泛的关注。

（徐　荣）

宁夏大学

【科研项目】2021年，宁夏大学获批国家社科基金项目21项（其中，一般项目10项，青年项目6项，西部项目5项），资助经费420万元，立项数列全国高校第70位。人文学院教授李新贵申报的项目《海内外珍稀黄河古地图整理与研究》获批国家社科基金重点项目。商学院房彦兵团队申报的《西部应用型数智化新商科专业建设改革与实践》获批教育部首批新文科研究与改革实践项目立项，该项目聚焦新商科专业特色，以数字经济为背景，着眼于商科与大数据、人工智能等信息技术的深度交叉融合，对传统商科进行学科重组交叉，将新技术融入商科课程，用新理念、新模式、新方法为学生提供综合性跨学科教育，从而增强教学实效性，促进人才培养质量的提高，是对技术创新、产教融合、社会变革的现实观照。中华民族共同体研究院(西夏学研究院)院长杜建录教授申报的《中华民族历史观研究报告》获批国家民委基地项目。

【科研成果】2021年,宁夏大学哲学社会工作者围绕建设黄河文化传承彰显区、黄河流域生态保护和高质量发展先行区建设、铸牢中华民族共同体意识、党史学习教育、红色基因文化传承、中央民族工作会议精神、十九届六中全会精神等,充分发挥哲学社会科学工作者的专业学识和雄厚理论功底,活跃于全区调研、咨询和宣讲的广阔舞台,共同助力学校服务宁夏经济社会繁荣发展的能力和水平。民族学是宁夏大学的优势和特色学科,在2021年软科学学科排名中,宁夏大学民族学位列全国19所具有民族学学科高校的第五位,进入学科排名前20%。教育部国别和区域研究协同创新中心社会影响力不断扩大,全年向中央、国家有关部委、自治区各部门、民进中央、中国侨联等提交各类资政报告26份,提交舆情报告42份。《中阿经贸关系发展进程年度报告》(2020)在中阿博览会期间发布,组织翻译出版"读懂中国"阿拉伯语版系列丛书10部,"贺兰山论坛"持续扩大品牌影响力。外国语学院朱海燕、生态环境学院麻冬梅、农学院伏兵哲、土木与水利工程学院王德志、省部共建煤炭高效利用与绿色化工国家重点实验室杨庆凤等5名教师入选"自治区青年拔尖人才"。

【学术交流】2021年6月26日,由宁夏大学人文学院主办,人文学院历史系、自治区"古文献整理与地域文化研究"人文社科重点研究基地、国家社科基金重大项目"《朔方文库》编纂"项目组承办的"黄河古旧图研究与沿黄地方文献整理"学术研讨会在银川市召开。7月4—5日,由宁夏大学、厦门大学、陕西师范大学主办,宁夏大学中华民族共同体研究院、宁夏大学对外合作交流处、宁夏大学民族学与文化旅游产业研究院、宁夏大学对外合作交流处、厦门大学社会与人类学院、陕西师范大学中国西部边疆研究院承办的第二届民族学贺兰山论坛暨铸牢中华民族共同体意识研究学术研讨会在银川市举办。9月26—27日,由宁夏大学、宁夏贺兰山东麓葡萄产业园区管委会和中国农业工程学会等单位联合主办的第二届贺兰山东麓葡萄酒国际学术会议在银川市召开,20多位来自中国、美国、法国、德国、日本、澳大利亚等国的专家学者,围绕葡萄栽培、葡萄酒酿造等领域的最新研究成果及热点问题进行了研讨,为宁夏国家葡萄与葡萄酒产业开放发展综合试验区建设及贺兰山东麓葡萄酒产业可持续、高质量发展建言献策。10月15日,由宁夏大学、中国社会科学院世界经济与政治研究所、国际关系学院联合主办的第十二届国际政治经济学论坛在银川市开幕,与会专家围绕"美元与大国竞争""阿富汗局势及对中国的挑战和机遇""人类命运共同体:马克思主义国际政治经济学视角"等国际政治经济学的前沿、热点问题展开交流。12月18—19日,由中国翻译协会跨文化交流研究委员会(原中国跨文化交际学会)主办,宁夏大学外国语学院承办,外语教学与研究出版社和《跨文化研究论丛》编辑部协办的第十七届中国跨文化研究年会在银川市举行。与会专家以"增进国际理解:跨文化教育与跨文化沟通"为议题,在跨文化学术前沿、理论建设和社会现实问题的解决等方面提出了富有建设性的意见和建议,为跨文化学科的理论创新奠定了基础,为"一带一路"沿线国家的跨文化交流和构建人类命运共同体作了前瞻性的思考。2021年,《光明日报》"奋斗百年路　启航新征程"特刊第七版《知识分子党员风采》栏目遴选报道了三名宁夏知识分子党员代表的先进事迹,人文学院院长胡玉冰教授事迹荣列其中。全年,宁夏大学民族学与文化旅游产业研究系列贺兰山大讲堂、西夏学研究院朔方论坛、人文学院博学讲坛、回族研究院兰山讲坛、新闻传播学院学术讲座共举办讲座47次。

(史晓娟)

北方民族大学

【科研项目】2021年,北方民族大学获批国家社科基金项目26项(其中,一般项目11项,青年项目5项,西部项目8项,艺术学项目1项,冷门绝学研究专项学者个人项目1项)。获批教育部人文社科一般项目1项、国家民委服务国家战略服务民族工作重大现实问题研究项目5项、国家民委民族研究一般项目1项、国家民委民族研究自筹项目1项、国家民委民族研究基地项目1项、国家民委民族研究委托项目1项。获批自治区哲学社会科学规划年度项目16项、宁夏哲学社会科学(艺术学)规划项目4项、宁夏哲学社会科学(教育学)规划项目2项、自治区重点研发计划第一批科技创新政策研究(软科学)项目2项。

【科研成果】2021年,北方民族大学出版专著21部,3篇研究报告获国家民委组织的全国民族工作优秀调研报告奖(其中,二等奖1项,三等奖1项,优秀奖1项)。潘倩团队获批自治区人社厅"中国—白俄罗斯文化教育交流发展平台建设团队"。王旭杰、杜华君、张乐等入选第四批自治区青年哲学社会科学和文化艺术人才托举工程。

【学术交流】2021年6月20日，由中国人民大学经济法学研究中心主办，北方民族大学法学院承办的第十六届中国经济法治论坛在银川市召开。7月3—4日，由中国商业会计学会主办、北方民族大学承办的中国商业会计学会2021年学术年会暨“双循环格局下会计研究与发展创新”学术研讨会在银川市举办。7月31日至8月1日，由北方民族大学主办的第十七届全国民间法·民族习惯法学术研讨会在银川市召开。9月24—26日，由中国高校影视学会民族影视专业委员会主办、北方民族大学承办的第七届中国民族影视高层论坛暨民族影视与影视人类学作品展映在银川市举行。论坛以“新时代的共同体叙事”为主题，以铸牢中华民族共同体意识为主线，共话民族影视创作、整理、研究等方面的创新与拓维，提出深耕内容，通过跨学科、跨文化、跨技术、跨领域来提升民族影视的品质内涵与时代精神。9月25日，由《中国金融学》编辑部主办，北方民族大学承办的第三届《中国金融学》年会暨数字经济的融合、创新与西部地区发展研讨会举办。10月16—17日，由中国法学会财税法学研究会主办、北方民族大学承办的中国法学会财税法学研究会2021年年会暨第33届海峡两岸财税法学术研讨会在银川市召开。年会以“‘十四五’时期国家财税法治的新愿景”为主题，超过3万人次在年会直播平台上观看开幕式及研讨会。10月23日，北方民族大学采取线上线下相结合的形式举办了第四届中国人文社会科学评价日暨期刊评价主任委员年会，线上点播量达3.4万余人次，新华网、《中国民族报》、宁夏新闻网等媒体均进行了宣传报道。12月19日，中国社会科学院研究员刘跃进和西北师范大学副校长韩高年教授应邀到学校开展学术交流活动，就文学研究、国家社科基金项目申报和文本撰写等进行深度讨论交流。全年学校举办人文社科类学术讲座85次。

（王　皓）

宁夏师范学院

【科研项目】2021年，宁夏师范学院获批国家社科基金项目（西部项目）2项、教育部首批新文科研究与改革实践项目1项、自治区社科规划项目9项、宁夏教育规划项目7项、宁夏艺术规划项目1项、第四批宁夏新型智库课题1项、学风建设项目1项。立项地厅级项目13项、自治区教育政策课题2项、宁夏教育科学“十四五”规划“互联网+教育”示范区建

2021年7月4日，第二届民族学贺兰山论坛暨铸牢中华民族共同体意识学术研讨会在宁夏大学召开

设专项研究课题2项、宁夏第六届基础教育教学研究课题8项、宁夏法学会法学研究课题1项。

【科研成果】2021年，宁夏师范学院出版著作17部，《学人文库（第八辑）》资助出版著作5部，发表论文共计150篇（其中，专业期刊105篇，核心期刊45篇）。获得第十五届宁夏哲学社会科学成果奖15项（其中，一等奖3项，二等奖3项，三等奖9项）。教育学学科（学科带头人：薛正斌）进入自治区一流学科二期（2021—2025年）建设行列。薛小蕙、赵海波入选2021年自治区哲学社会科学和文化艺术青年托举人才工程。

【学术交流】2021年，宁夏师范学院重点打造"学人文库""今朝学术大讲堂""六盘山论坛"学术品牌，扩大学校学术影响力。"今朝学术大讲堂"和"六盘山论坛"等线上线下学术讲座举行50余场次。

（国　华）

自治区党校

【科研项目】2021年，自治区党校获批国家社科基金项目（西部项目）2项、自治区社科规划项目7项（其中，重点项目1项，一般项目5项，青年项目1项）、全国地方党校（行政学院）重点调研课题3项，设立校（院）级课题21项、全区党校（行政学院〈校〉）系统科研协作课题10项。共结项国家社科基金项目4项，自治区社科规划项目8项，全国党校（行政学院）系统科研课题3项，校（院）级科研课题20项。

【科研成果】2021年，自治区党校出版学术著作3部，发表核心期刊论文9篇，在《人民日报》《光明日报》《学习时报》等中央级报刊发表理论宣传文章15篇。通过《干部思想动态研究》和《调研咨询专报》，向自治区领导报送决策咨询报告33篇。

【学术交流】2021年，自治区党校先后组织教研人员参加省部级以上理论研讨会4次，8篇论文入会，其中《从百年大党视域下看坚持和加强党的全面领导》入选中宣部组织的庆祝中国共产党成立一百周年理论研讨会。校（院）先后组织召开全区党校（行政学院〈校〉）系统"建设黄河流域生态保护和高质量发展先行区"调研报告研讨会、全区党校（行政学院〈校〉）系统"庆祝中国共产党成立100周年"理论研讨会和校（院）2021年青年学者10人论坛等学术研讨活动10场次。

（张　弼）

学术期刊

【《宁夏社会科学》】《宁夏社会科学》创刊于1982年（双月刊），是由宁夏社会科学院主管、主办，宁夏社会科学院期刊中心编辑出版的综合性人文社会科学学术期刊。为中文社会科学引文索引（CSSCI）来源期刊（2021—2022），中国人文社会科学期刊AMI综合评价A刊核心期刊（2018），曾获"第二届国家期刊奖百种重点期刊"，国家社会科学基金资助期刊。截至2021年年底，《宁夏社会科学》共出版230期。开设有《哲学》《政治》《法律》《经济管理》《社会问题与社会治理》《历史》《文化传媒》等栏目。刊物坚守学术性、原创性、实践性、前瞻性办刊理念，以质衡文，刊发高质量、高水平的学术理论文章。重视栏目策划，推动学术创新。2021年，开辟《中国共产党成立100周年》《中国共产党百年经验总结》《铸牢中华民族共同体意识》《中国特色话语体系构建》《多学科视角下三线建设研究的理论与方法》《大数据与社会认识》《黄河流域生态保护和高质量发展研究》《劳动与幸福美好生活研究》《实现"双碳"目标研究》等专题栏目。稿件选发更关注区内外重大现实问题研究成果，2021年围绕"建党百年""中华民族共同体意识""经济高质量发展研究"等议题刊发了《马克思主义意识形态理论源流探综》《习近平推动哲学社会科学体系构建的"中国特色"》《传统文化传承创新的仪式化传播机制研究》等相关研究成果。2021年第5期刊发的《"双创"视角下"花儿"艺术的传承与发展》一文被《新华文摘》2022年第1期全文转载。2021年共处理稿件1万余篇，出版期刊6期，发文143篇，计240万字。被人大复印报刊资料、《新华文摘》《中国社会科学文摘》《高等学校文科学术文摘》等全文转载和论点摘编22篇；被人大复印报刊资料推荐索引188篇次。

（张　炜）

【《回族研究》】2021年《回族研究》共刊发文章60篇，其中国家社科基金资助文章18篇，省部级社科基金资助文章23篇。在选取文章时，注重选取在民族学领域有重大突破的研究文章，努力反映本学科的研究热点与重点。2021年，《回族研究》开设了《民族理论与民族政策研究》《铸牢中华民族共同体意识研究》《民族关系研究》，继续以深入贯彻落实习近平总书记在党的十九大报告中指出的坚持我国宗教的中国化方向、积极引导宗教与社会主义社会相适应的重要指示精神，《回族研究》特刊发了一批反映伊斯兰教中国化的文章，对伊斯兰教中国化的问题进行了深入的探讨，在学术界引起了良好的反响。2021年《回族研究》从三个方面对期刊的选稿用稿提出了要求。首先是选题精确。选题精确是学术期刊把握正确政治舆论方向的前提。对于重大选题严格执行报备制度;进行经常性选题策划,以确保选稿与专业领域研究热点、重点问题同步。其次是观点正确。以符合国家意识形态、符合社会公序良俗、符合伦理道德为标准选取稿件。最后是内容准确。要求引用党中央、国务院出台的法律政策必须准确无误;对于特殊词语的使用准确掌握;严格审核文章所引用法律、政策内容是否正确理解,确保引用内容无误。2021年,《回族研究》继续入选北京大学《中文核心期刊要目总览》,南京大学《CSSCI核心期刊目录(扩展版)》。

(和 侃)

【《宁夏大学学报》】《宁夏大学学报》(人文社会科学版)是由宁夏大学主办主管的人文社会科学综合学术期刊。1979年创刊,双月刊,由宁夏大学学术期刊中心负责编辑出版工作,截至2021年12月共出版43卷227期,是中国国际图书贸易总公司推荐、介绍、精选并直接向国外发行的当代中国重要学术研究期刊和中国高等院校人文、哲学社会科学期刊之一。2021年共收登稿件1924份,出版252万字,刊发稿件184件。新开设了《庆祝中国共产党成立100周年》《中华传统文化的当代传承》《铸牢中华民族共同体意识》《习近平新时代中国特色社会主义思想研究》等专题专栏,全面实现特色栏目的学术研究水平的关键性突破与重大超越,并注重及时刊载法律、经济、历史、文学等各学科中的具有创造性的研究成果。继续与中国知网、万方数据、超星公司、重庆维普等国内外期刊评价机构、收录机构、数据库建立广泛的联系并签订合作协议,通过多种渠道对刊物进行传播,以促进期刊影响力,推进了期刊的数字化进程和传播范围。《宁夏大学学报(人文社会科学版)》获2021年度中国人文社会科学综合评价A刊扩展期刊。1篇文章被人大复印资料全文转载。编辑部定期对期刊的内容质量、编校质量、出版形式质量、印制质量进行自查、检查和抽查,并将检查、抽查的结果及时上报和通报,促进期刊质量的不断提高,完成自治区党委宣传部组织开展的专项检查。发挥办刊主动性,积极约稿组稿。加强与学校研究院及学院的联系、合作,积极开展组稿约稿,扩展期刊稿源,提升期刊稿源质量,实现重点学科建设与期刊建设双促进。全年派出近13人次参加国内专项培训,通过学习达到更新知识、提高技能、不断推动期刊出版工作再上新台阶的目的。

(王 涛)

【《图书馆理论与实践》】《图书馆理论与实践》是由宁夏图书馆、文化和旅游厅主管,宁夏图书馆学会、宁夏图书馆主办的图书馆学、情报学、文献学、信息学专业刊物,其前身是《宁夏图书馆通讯》,创刊于1979年12月,1986年经自治区党委宣传部批准,更名为《图书馆理论与实践》。2021年,《图书馆理论与实践》设置《特约专稿》《专题研究》《学术探讨·工作研究》《数据·信息·知识·智慧》《阅读推广》《公共文化服务》《公共图书馆研究》《图书馆法律与法规》《口述史》《青年学苑》《文献学》《开放获取》《用户研究》《“双一流”高校图书馆》《区域一体化研究》《智慧图书馆》《用户画像》等栏目。全年来稿2346篇,刊发124篇。2021年,组织党和国家对图书馆事业的支持与关怀以及党史文献研究方面的文章,先后刊发《陕甘宁边区延安市图书馆协会工作探析》《党和政府发展图书馆事业的政策与法规研究》《基于CiteSpace的中国共产党历史研究文献知识图谱分析》等文章。参加中国期刊协会赠建全国百家期刊阅览室行动,及时刊登本地图书馆活动报道并参与“4·23读书日”活动等。参加第五届中国智慧图书馆论坛、图书情报档学科建设与实践创新高端学术论坛暨青年学者论坛、2021年图书情报档研究生教育论坛暨青年学者论坛暨第十四届全国图书馆学博士生论坛等活动。2021年,在中国知网的影响因子评价中有较大的提升,复合影响因子由上年的1.14提高到了1.34,综合影响因子由上年的0.87提高到1.02。

(张 莉)

【《西夏研究》】《西夏研究》是由宁夏社会科学院主管、主办的专业学术期刊,创刊于2010年,季刊,是国内唯一以西夏学研究为主要内容的中文综合性专业学术期刊。截至2021年12月,共出版48期,特刊1期,共刊发论文和译作77篇,内容涉及西夏语言文字、西夏文物考古、西夏文文献考释、西夏法律与社会经济、敦煌石窟艺术、西北历史地理、研究综述和书评等方面。

(孙广文)

【《北方民族大学学报》】《北方民族大学学报(哲学社会科学版)》是由国家民族事务委员会主管、北方民族大学主办的综合性学术理论期刊。创刊于1989年(现为双月刊),以民族学为主要特色,刊发习近平新时代中国特色社会主义思想、民族学、人类学、历史学、经济学、教育学等研究领域的学术论文。学报入编《中文核心期刊要目总览(2020版)》民族学、人类文化学类核心期刊。入选国家哲学社会科学文献中心、中国社会科学院图书馆发布的《国家哲学社会科学文献中心建设成果报告(2016—2020年)》最受欢迎期刊。2021年,被中国人民大学书报资料中心复印报刊资料130个人文社科类专题、《中国社会科学文摘》《高等学校文科学术文摘》《新华文摘》等144条检索途径转摘文章14篇,其中人大复印报刊资料11篇、《新华文摘》1篇、《中国社会科学文摘》1篇、《文摘报》1篇,在全国民族学院学报中排第四位,在北大民族学分类期刊中排第五位。《北方民族大学学报》(哲学社会科学版)共被144条检索途径转载(全文+文摘)文章11篇,在宁夏地区排第二位。

(陈　帅)

【《宁夏师范学院学报》】《宁夏师范学院学报》(原《固原师专学报》)是宁夏师范学院主管、主办的综合性学术期刊,创刊于1980年,时为内刊且不定期,1996年改为双月刊。2018年经宁夏回族自治区新闻出版广电局批准,《宁夏师范学院学报》由双月刊变更为月刊。期刊曾获"首届全国百强社科学报""第二届全国优秀社科学报""中国北方优秀期刊"。截至2021年年底,学报共出版42卷242期,完成250余万字文稿的编辑、校对、出版、发行工作。12期学报共刊发稿件221篇(其中,社会科学158篇,自然科学63篇)。博士、硕士文章采用176篇,占比为79.64%,各类基金资助项目文章135篇,占比为61.09%。2021年,学报结合党史学习教育"为民办实事"的要求,7月开始运行系统在线投稿,优化编审流程,提高信息化,及时回应作者关切。2021年《宁夏师范学院学报》继续强化特色栏目建设工作,坚守意识形态阵地,将学术研究与国家、地域文化需求相结合,特色栏目在传承社会文明、弘扬民族文化、提升学报的学术品位和知名度的同时,也促进了学校教学科研水平,提升了学科建设的层次。针对中国共产党成立100周年、黄河流域生态保护和高质量发展两个专题进行约稿、组稿,设置《党史研究》《黄河文化研究》专栏,第3期、第6期、第8期共发表11篇文章。在稿件的筛选上更加注重地方性内容文稿的选用,着眼学术前沿,也注重本土学者及时发声,推动地域经济文化建设,依托地方经济和民族文化基础,带动区域经济和地方历史文化研究,打造地方文化特色栏目,如《文学与语言》《历史与文化》《研究综述》《宁夏文学研究》《高等教育》《基础教育》《基础理论与应用理论》《计算机及应用》等重点栏目,提升了学报服务地方的特色。学报作为重要的学术平台和载体,作为学校的学术窗口,在办刊理念上追求学术理性,服务教师,服务科研,助力学校内涵建设和高质量发展。

(王文娟)

【《宁夏党校学报》】《宁夏党校学报》是由自治区委党校(宁夏行政学院)主办的刊物,是自治区宣传马克思主义中国化最新成果的主要阵地之一。2021年,《宁夏党校学报》与《人大复印报刊资料》《中共中央党校学报》《光明日报》等报刊中心广告部联系,及时刊登刊物的每一期目录,以此扩大刊物的影响力。2021年,《宁夏党校学报》刊发《中国共产党文化制度建设的基本经验》被《新华文摘》2021年第11期论点摘编,共有51篇文章被《中国人民大学报刊复印资料》目录索引。学报在第4期和第5期设立《庆祝中国共产党成立100周年》《学习贯彻习近平总书记"七一"重要讲话精神》专栏,共刊发文章9篇。2021年,共刊发6期共94篇文章,约140万字。其中《习近平新时代中国特色社会主义思想》和《学习贯彻习近平总书记"七一"重要讲话》栏目共发表文章15篇,占比为16%;《名家论坛》栏目发表文章11篇,占比为11.7%;《马克思主义》栏目发表文章19篇,占比为20.2%;《党的建设》《党史·党建》与《庆祝中国共产党成立100周年》栏目共发表文章16篇,占比为17%;涉及公共管理方面的文章共12篇,占比为12.8%;其他栏目共发表文章21篇,占比为22.3%。

(任德靖)

文化

WENHUA

NINGXIA YEARBOOK

编辑◎杨 云

综 述

【文化事业发展】2021年，宁夏按照“基层群众在哪里，社会主义先进文化就要推进到哪里”理念，推进文化惠民与以文化人相结合、服务群众与教育群众相衔接、满足需求与提高素养相贯通，通过整合“文艺轻骑兵”“送戏下乡”“清凉宁夏”等平台载体，建立“文化大篷车”宣传习近平新时代中国特色社会主义思想以及党的创新理论“飞入寻常百姓家”文化惠民新机制，年均组织文化惠民演出4000余场，有效发挥了文艺教育群众、增进文化认同、增强文化自信、增益民族交融的重要作用。在全国率先实现贫困地区村综合文化服务中心全覆盖，五级公共文化服务设施网络基本形成。国家示范区创建地级市覆盖率达到80%。“欢乐宁夏”“清凉宁夏”、中国西部民歌（花儿）歌会等活动成为满足广大人民群众精神需求的地域特色品牌。

【文化产业】2021年，自治区坚持以供给侧结构性改革为主线，聚焦补短板强弱项，坚持创新驱动发展，全区共有文化产业法人单位5336个，国家文化和旅游消费试点城市2个（银川市、吴忠市），文化和旅游部认定动漫企业化和旅游消费集聚区1个（漫葡小镇），国家级文化产业示范基地5个6家，自治区级文化产业示范园区3个（宁夏贺兰山东麓葡萄文化长廊、闽宁镇葡萄酒文化产业示范园区、阳光大麦地文化产业示范园区），自治区级文化产业示范基地50个。举办中国（宁夏）国际葡萄酒文化旅游节、AFN“一带一路”（宁夏）动漫节等品牌活动，创新推出“宁夏味道”“宁夏好物”征集推广、“星星故乡”旅游商品设计大赛等特色活动。截至2021年年底，全区文化产业实现增加值103.26亿元，文化产业增加值占生产总值比重的2.61%，规模以上文化及相关企业有73家。

【文化遗存普查和保护】2021年，宁夏通过开展岩画和石窟寺专项调查、黄河流域（宁夏段）非遗资源详查、革命文物普查等工作，基本摸清文化遗存资源家底。全区登记不可移动文物3818处（其中，全国重点文物保护单位37处，自治区文物保护单位135处，市县级文物保护单位344处）、国有文物收藏单位收藏可移动文物68443件（组），长城遗存1038公里、岩画48处、石窟寺54处，不可移动革命文物80处（全国重点文物保护单位2处，自治区级文物保护单位13处）、可移动革命文物2035件/套。梳理非遗资源线索5667项、整理四级非遗代表性项目名录1065项，认定国家级代表性传承人22名、自治区级代表性传承人378名，建立自治区级非遗扶贫就业工坊15个、非遗保护传承基地98个。修订《宁夏回族自治区非物质文化遗产保护条例》，颁布《宁夏回族自治区长城保护条例》等地方性法规，制定《加强全区石窟寺保护利用工作方案》等政策性文件，印发《黄河流域宁夏非物质文化遗产保护传承弘扬专项规划》等。在全国率先实施一张图管理，将37处全国重点文物保护单位和135处自治区文物保护单位“两线”（保护范围和建设控制地带）纳入自治区国土空间规划，为文化遗产保护利用科学化、制度化、规范化奠定坚实基础。

（杨世英）

艺术创作

【文艺创作及展演】2021年，宁夏坚持思想精深、艺术精湛、制作精良相统一，创作出一批展现宁夏文化底蕴、体现宁夏文艺水准的精品佳作。音乐剧《花儿与号手》、杂技剧《岩石上的太阳》获第六届全国少数民族文艺会演“圆梦奖”最佳剧目奖和舞台美术奖。秦腔现代戏《王贵与李香香》《擎天一柱》等入选2021年中国秦腔优秀剧目会演。《闽宁镇移民之歌》等6部作品入选文旅部“庆祝中国共产党成立100周年舞台艺术精品创作工程”。深化国有院团改革，以市场需求为导向，制定《关于深化国有文艺院团改革实施方案》《旅游演艺项目补助资金管理办法》，完善保障机制和政策体系，基本形成创作结构合理、产品特色突出、艺术门类互补的发展格局。加强与中国东方演艺集团、中央音乐学院等国家级艺术院团交流合作，引导全区文艺工作者，围绕庆祝中国共产党成立100周年、服务乡村振兴等重大主题，开展优质文艺资源进景区、进社区、进营区、进校区，组织文化惠民演出1200余场，及时将党的声音和关怀传递到千家万户。

【戏曲振兴工程】2021年，宁夏实施戏曲振兴工程，新创现代京剧《红高粱》，复排京剧《杨门女将》等经典剧目。现代京剧《花漫一碗泉》入选第九届中国京剧节演出剧目，秦腔《狸猫换太子》入选中国秦腔艺术节演出剧目，秦腔现代戏《王贵与李香香》《擎天一柱》、折子戏《武松杀嫂》《打銮驾》入选2021年中国秦腔优秀剧目会演。银川道情、中卫道情和盐池道情3个濒危剧种保护传承工作扎实推进。完成“风华百年·梨园千秋”庆祝中国共产党成立100周年戏曲晚会录制。开展“戏曲进乡村”惠民文艺演出606场次，戏曲文化传承更加深入人心。

【品牌文化活动】2021年，宁夏健全文化“大篷车”宣传习近平新时代中国特色社会主义思想文化惠民新机制，凝集全区文艺战线合力，推动将文化“大篷车”作为全国文艺战线的一面旗帜持续打造。创排庆祝中国共产党成立100周年大型主题晚会《风华百年路　启航新征程》。组织实施“千秋伟业·百年辉煌”庆祝中国共产党成立100周年主题美术创作展，创作美术作品133件，用精美画卷展现全区发展成果。举办宁夏首届舞台剧艺术节，组织区内外优秀获奖剧目交流展演，为观众提供高品质文化享受。拓展“欢乐宁夏”“清凉宁夏”等特色文化品牌活动参与范围，动员组织全区各级机关、社会团体和广大群众开展系列文化惠民活动1600余场次，形成了全民参与、共建共享浓厚氛围。

（杨世英）

2021年5月22日，庆祝中国共产党成立100周年戏曲晚会在银川市举办

公共文化服务

综　述

【公共文化服务网络】2021年，固原市文化馆、图书馆新馆等一批新建项目建成运营，宁夏美术馆、银川市图书馆等一批重点项目稳步推进。新改建西吉县红耀乡等标准化乡镇综合文化站6个，扶持120个村（社区）综合文化服务中心和文化大院及民间文艺团队配备文化设备器材，优质公共文化资源服务基层“最后一公里”更加通畅。探索实践在城市核心区建成城市书房、城市阅读岛等新型文化空间126个，逐步完善便捷高效的全民阅读服务体系。建成自治区级图书馆武警总队分馆、6个地市级图书馆支队分馆和39个县（区）级图书馆中队流通站，驻宁武警部队公共图书资源基本实现全覆盖。

【公共文化服务能力】2021年，固原市成功创建第四批国家公共文化服务体系示范区，全区地市级创成覆盖率达到80%。广泛吸纳行业专家、社会力量、公民参与公共文化事务管理，15家公益性文化事业单位完成理事会改革，文化事业服务能力得到提升。完成6个国家公共服务机构功能融合试点建设。支持盐池县、平罗县、利通区、西夏区完善县域公共文化服务平台。组织全区27家文化馆开展第五次全国文化馆评估定级，20家被评定为国家一级馆，7家达到国家二级馆标准，走在西部前列。

（杨世英）

图书馆

【宁夏图书馆】2021年，宁夏图书馆新增文献5.1万册，新增电子图书3.6万册，接待读者74万人次，书刊文献外借7.4万册，通过官方网站、微博、微信等方式向读者提供服务，年网站访问量总计14万人次。为读者举办讲座、展览、培训班等各种活动129场次，参与人数总计20.7万人次。在文献资源建设方面，完成297万元纸质文献的招标采购工作，共采购图书12430种41083册，接受社会捐赠图书2573种4883册；验收图书12572种42207册；完成图书编目14844种40137册；审校图书14434种；补配地方文献127种/249册。在古籍保护方面，承办国家古籍保护中心第四期中华古籍总目·分省卷编纂研修班，全国24个省（市）33家古籍存藏单位的55名学员参加培训，开展培训的同时完成对宁夏地区7125条古籍数据的分类工作，并将分类后的数据提交国家古籍保护中心。完成《册府千华——宁夏回族自治区珍贵古籍特展图录》编纂和《宁夏回族自治区图书馆藏民国期刊创刊号图录》最终审校核对。在公共数字文化建设方面，完成《公共数字文化资源——2020年特色文化系列纪录片加工转化项目》建设工作；向自治区文化和旅游厅申报立项《诗词中的宁夏》《诗词中的宁夏·二》微纪录片和知识资源细颗粒度建设项目；完成《听遍中国——塞上江南宁夏特色音频资源库》项目的区内验收及《宁夏全域旅游文化推广微视频》《精准扶贫——塞上江南多媒体资源库（二期）》《听遍中国——塞上江南特色音频资源库》终验资料，已提交国家发展中心最终验收；继续做好全区公共电子阅览室管理信息系统维护及宁夏数字文化网、自建资源库、国家公共文化数字支撑平台宁夏分中心平台运维与服务工作，对2019—2020年《基层公共数字文化服务提档升级》项目中21个乡镇及12个村级项目实施站点设备安装情况进行现场查验、巡检巡查，解决使用中遇到的问题，确保基层站点设备正常运行。完成《2020年公共文化云建设项目》《2019年基层公共数字文化服务提档升级项目》《2020年基层公共数字文化服务提档升级项目》验收支付，全面提升17家基层图书馆的互联互通项目建设。在分馆及服务网点建设方面，新建武警宁夏总队分馆、公安厅网络安全中心、武警宁夏总队训练基地、武警银川支队一大队（含4个中队）、宁夏现代高级技工学校、黄河东路街道工会服务网点6个，共配备图书12120册。各分馆和服务网点均能通过VPN与宁夏图书馆区和其他分馆及服务网点通借通还。督查巡检44个分馆和服务网点，各服务网点准时按规定开放。截至2021年年底，开放的分馆和服务网点达48个，共调配调换图书31次37000册，全年各网点流通达37000人次，流通图书约56000册次。在读者服务方面，全年办理读者证5311张，读者接待量741024人次，文献流通356140册，网站访问量140379次，微信公众号关注用户累计134921人，累计发布“宁图荐读”“宁图线上展”“馆员荐书”“红色故事会”等推文665篇，微信推文阅读量33.4万人次，微信数字资源点击量741002人次。为宁夏总工会、宁夏社会科学院、宁夏扶贫办等单位及个人提供专项咨询服务180次，提供参考文献395种533册。开展全民阅读活动，举办“新中国的诞生——1949年那些值得铭记的故事”“马克思主义传播在中国”等线下展览18场次，“碧血丹心铸丰碑——清明节缅怀革命先烈”“寻访红色足迹——共产党人的革命之路”等线上展览37场次，参观93697人次。举办塞上讲坛、朔方人文科学大讲堂、书香微讲堂等讲座16场次，参加活动3400人。通过线下开展与线上直播相结合方式，举办“为爱朗读”“迎国庆、学党史、关注特需儿童、友谊与爱同行（线上直播）”等各类阅读推广活动58场次，参加活动110003余人次。承办由自治区党委宣传部、自治区文化和旅游厅等部门共同主办的2021年“塞上书香节”暨“4·23”世界读书日系列活动，参加活动600人。以红色文化图书展、传统文化体验活动、“塞上水脉　千秋流韵”——宁夏引黄灌溉历史文化展、“童心永向党”悦读分享系列活动、“行走的图书”“书香宁夏”微讲堂、朔方人文大讲堂、优秀图书和文创产品展示展售、线上直播等多渠道开展丰富的全民阅读活动。《书香宁夏　为爱朗读》项目被共青团中央授予“第十三届中国青年志愿者优秀项目奖”。

【银川市图书馆】2021年，银川图书馆共接待读者270863人次，办理读者证2200余个，书刊外借227456人次，书刊流通309615册。开展各类读者活动176场，开展“书香银川·银川书香”暨“银川读书日”全民阅读推广宣传活动10场次，开展“阅百年历程　传精神力量”为主题的“4·23”世界读书日系列活动18场次，开展服务自治区两会阅读推广服务1场次，开展“月阅相约”读书沙龙活动4场次，开展主题展览40场次（含线上展览31场次），开展少儿类阅读推广活动22场次（含线上活动6场次），开展亲子阅读推广活动41场次（含线上活动32场次），开展特殊读者阅读推广服务活动

2021年5月27日，庆祝中国共产党成立100周年“百年百场”2021年全区“清凉宁夏”广场文艺演出在银川市举办

12场次（含老年读者阅读推广活动6场次），其中“阅百年历程·传精神力量”阅读推广活动被评为2021年度银川市公共文化服务示范项目。在微信公众号发布线上活动678场次，点击率超过62017次。各类主题线上展览31场次，“书香银川·百姓讲堂”线上讲座31场次，少儿类线上活动共45场次，“文旅专题动画·云游天下”34场次，“亲子趣多多”及“阳光宝贝”等活动5场次，“魔法读书节”“建党百年《烽火抗战》”等线上阅读活动6场次，新语听书及超星资源活动29场次，其他宣传类活动及公告249场次。坚持开展“四送六进·文化惠民”活动。截至2021年年底，共建成“图书流通服务点”151个，2021年为图书流通服务点更换、配送图书3万册，其中兴庆区静听馨声少年之家图书流通服务点、宁夏工人文化宫城市阅读岛被评为“2021年度银川市优秀公共文化服务站点”。持续做好“城市阅读岛”图书更新、定期督查以及新建工作，2021年新建“城市阅读岛”10个，配送图书2.3万余册，共投入使用68家。2021年银川市图书馆在中国盲文图书馆举办的“时刻听党话，永远跟党走”视障读者红色经典诵读比赛中获优秀组织奖，在“永远跟党走，启航新征程”庆祝中国共产党成立100周年暨第三届全市中小学生演讲比赛中获优秀组织奖，2021年被银川市文化旅游广电局授予“先进集体”称号。

【石嘴山市图书馆】2021年，石嘴山市图书馆365天不闭馆，节假日不休息，截至2021年年底，外借部接待读者40527人次，阅览图书65481册次。少儿阅览室接待读者45433人次，阅览图书64929册次。老年人阅览室接待读者1887人次，阅览报纸杂志5102册次，印象空间接待读者12683人次，爱心阅览空间12605人次，自学室7980人次，休闲大厅39078人次，公共电子阅览室为读者提供免费资料检索，接待上网读者517人次，总计接待读者160710人次，阅览图书135512册。馆内设立“习近平总书记谈治国理政新思想阅览专区”、党建有声听书墙，收集《习近平用典》《习近平谈治国理政》等重要著作2000余册，有声期刊100余种，文章8万余篇。推广数字化阅读模式，深化数字阅读与传统阅读融合发展，充分挖掘《石嘴山故事》丛书中的文献价值，利用石嘴山故事体验区推出“石嘴山故事之声”60期，点击量达60000余人次。与石嘴山综合广播联合推出《书香石嘴山》活动10期，阅读量10000余人次，与石嘴山市传媒中心共同制作《阅百年历程　传精神力量》书香石嘴山形象宣传片1个。承办十二生肖工笔画展，“第十五届文津图书奖”获奖图书展，“第十六届文津图书奖”获奖图书展，“飞阁流丹”——世界最美图书馆图片展，“永远跟党走”党的光辉历程图片展等展览5场次，吸引入馆读者20000余人次参观。举办“迎新春　送福字　送春联”活动、“书香里的年味石嘴山”谜语猜猜乐活动、“书香润泽清明，故事传承经典”主题阅读+故事诵读会活动、“永远跟党走”系列活动、“书香伴粽香，共叙端午情”主题阅读会暨包粽子活动、“庆七一”——讲党史、强党性、感党恩党史专题讲座、“我们的节日——浓情中秋诗画国庆”阅读活动、“我们的节日——爱在重阳　又见重阳　浓浓敬老情”等阅读推广活动15余场次，参加读者10000余名。加强馆内软硬件设施建设，不断提升公共服务能力，实施城市书房（洗煤厂分馆）项目、石嘴山市图书馆自动化集成系统升级与总分馆管理建设项目，搭建石嘴山市图书馆“煤城记忆”数字资源平台等项目。利用图书移动服务平台，在惠农区礼和乡人民政府、银川中房物业集团股份有限公司、石嘴山市中级人民法院、市财政局、市光明中学、市财政国库支付中心、丽景社区、大武口区消防救援支队、龙泉山庄等图书流通点开展“书香飘基层”图书流动配送活动10场次，服务群众5000余人次。与石嘴山市消防救援支队共建“书香消防　流动书屋”1家。2021年市图书馆华夏奇石山公益主题书屋入选全国53个特色阅读新型空间，城市书房（洗煤厂分馆）并被市党史办确定为党史学习教育观摩示范点。

【吴忠市图书馆】2021年，吴忠市图书馆不断提升对外服务质量，持续做好免费开放工作，每天对外开放时间10.5小时，每周对外开放时间保持70个小时。全年共订购印刷型报刊370种份，采购11764种、42948册图书，接待到馆读者225255人次，借还图书读者65303人次，借还图书136905册，新办图书证1346个，组织保障各类会议、展览45场次，收到各类赠书53种。以“我们的节日”为主题，组织开展“赏春意　品书香　暖万家　送春联”“我们的节日——元宵节”谜语竞猜、“我们的节日——清明节”少儿诗歌朗诵、“全民阅读　书香吴忠——行走的图书”“吴忠讲堂”“吴忠市图书馆馆藏”文献展等活动34场次，承办吴忠市2021年“传承红色血脉　续写先烈荣光”清明诗会，通过现场+直播方式，吸引1.5万余人在线观看。持续推进传统品牌活动，举办吴忠市“红色精神代代传”青少年硬笔书法比赛，近200名中小学生通过书法艺术形式，讴歌中国共产党百年来光荣历史和丰功伟绩。承办“吴忠市党史文献展”，通过42块展板、70余册红色文献，为大家了解党的历史、吴忠红色革命历史提供了一个直观的视角和平台，约170个单位、5000人次参展。继续深化流动图书车“2+X”服务，开展流动图书车“五进”活动150辆次，调换图书22431册次。扩大流动图书点建设，分别在第三中学、洼渠幼儿园、太阳山九年一贯制学校、青铜峡混成旅坦克团、市总工会等设立图书借阅流通点7个，配送涵盖党史、文学、历史、科技、少儿等类别图书4000余册。结合工作实际，开展线上阅读活动。先后开展“元宵节”线上谜语竞猜、“赏春意　品书香　暖万家”春节主题活动、“阅读打卡”、“征集年味”、中国木版年画精品线上展览、疫情防控有奖知识竞答等阅读活动15场，吸引3439余读者参与。疫情期间，图书馆闭馆不打烊，在“吴忠市图书馆”微信公众号开设微网站栏目，上线党建书屋、中国共产党成立100周年、少儿绘本、防疫专题等资源，为广大读者提供科学、有效的疫情防控知识和海量线上免费数字资源。加强新媒体阅读推广，通过“吴忠市图书馆”微信公众号向读者推送各类线上巡展、阅读推文59期、101篇。

2021年7月1日，庆祝中国共产党成立100周年“永远跟党走　幸福生活舞起来”宁夏广场舞大赛决赛在青铜峡黄河楼旅游区举办

【固原市图书馆】2021年9月25日，固原市图书馆完成新馆布展工作，投入试运行，向广大读者免费开放，每周开放时间为56小时以上。截至2021年年底，接待读者近60000人次，书籍借阅20000多人次，图书借阅量近30000册。开通图书馆网站、微信公众号、手机移动图书馆平台，为图书馆新媒体服务开辟新空间。数字图书资源阅读点击量达到16.8万多人次。拥有固定读者4000多人。全年完成420万元纸质文献和55.6万元数字资源的招标采购工作，共采购纸质图书43965种131895册，采购数字图书资源20TB，并完成所有图书编目工作。先后举办第十六届“文津图书奖”获奖图书展、2022年“畅读经典　欢度新年”典籍里的中国年巡展、“春光万道，虎威千山”——虎文化主题展、中国传统年画赏析展、中国的“福”文化等线上线下公益展览10次，举办“听名师点拨，品文化魅力”名师讲坛、春节特辑——国图公开课讲坛视频精选、“虎年共奋进　一起向未来”开学第一课等线上线下公益讲座、培训11期，举办“温暖发声，共抗疫情”线上朗读比赛展播活动、“科学防疫，我是答人”知识竞赛、年度“阅读之星”评比和“阅读之星”谈阅读读书沙龙活动、“全民阅读　书香固原·一起向未来”新春诗

2021年10月6日，“颂歌感党恩·唱响新生活”宁夏文化大篷车下基层演出活动现场

会、邀您共赏古籍里的春联、“书香助梦 喜迎冬奥”线上有奖知识竞答、“闹元宵 猜灯谜”有奖竞猜活动等线上线下阅读推广活动33次，开展“新春走基层，文化惠民生”送书下乡、“我们的中国梦 文化进万家——迎新春·写福字·送春联”活动等“我为群众办实事”文化惠民活动4次。

【中卫市图书馆】2021年，中卫市图书馆完成图书采购和期刊报纸的征订任务，其中期刊254种，报纸72种，接收中国百家期刊协会赠刊100种，集中采购中文图书30万元，4800种，11000册。全年图书馆进馆183202人次，办证人数1532人，累计持证读者22161人，图书借阅72723人次，图书借阅110447册(次)，微信关注人数总量达17400人，歌德电子图书下载量达16770册，移动图书馆访问量23.46万人次，编目加工数据15336条。利用中卫市数字图书馆开展“迎新春牛年话牛，奔前程不懈追求——牛文化主题展”等展览6次，微信公众平台开展“线上讲座”“阅读推荐”等数字阅读推广活动83次。以“我们的节日”为主题，开展“写春联”“中秋雅集”等活动，树立品牌阅读活动，共举办“书香中卫大讲堂”9期，“书香中卫·朗读有你”2期，阅读分享活动4次，参与1200余人次。立足关爱特殊人群，在残疾人康复中心建立图书流动服务点，配送图书1250册，同时分别在社区、乡镇、企业、景区、军营等地设立流动服务点，累计配送图书5790册。开展“献礼中国共产党成立100周年”系列活动，在成人借阅室和世纪花园城市悦读书房设立“党建读物”专架，在微信公众号开通“党建云”“博看党建云”专题学习数字资源，并推出《红色故事绘——连环画里的中国共产党100周年》专题展览，开展学党史线上知识竞赛2次、党史专题讲座2次、朗诵艺术讲座1次。谋划中卫市智慧图书馆及图书馆红色体验区和相关文化建设项目，并争取项目资金242万元，为中卫市智慧图书馆转型发展打下坚实基础，中卫市智慧图书馆及图书馆红色体验区项目已立项。推出“信易阅”惠民服务，对守信激励对象提供免押金办理读者证的服务。参与中国图书馆学会开展的2021年“书香社区”发现活动，中卫市图书馆申报的新时代文明实践中心，新墩花园社区被评选为2021年全国“书香社区”发现活动名列。

（杨世英）

文化馆与美术馆

【宁夏文化馆】2021年，宁夏文化馆开展全民艺术普及。通过线上线下举办音乐、舞蹈、戏曲、美术等门类艺术普及课程46个，艺术展览项目12个，全年发布各类艺术普及知识175条。举办全区群众文艺骨干音乐舞蹈、广场舞、戏剧小品和曲艺培训班、宁夏文化志愿者队伍建设专题培训班。举办“乐龄无忧”智能手机生活应用培训课程18期。全年开展少儿舞蹈、美术、钢琴、声乐艺术课程25个课时。持续打造群众文化品牌活动。开展全区“清凉宁夏”广场文化活动演出50余场，5万余市民观看。举办“欢乐宁夏”全区群众文艺会演、第七届庆“六一”全区少儿美术作品展、“大河上下”第十三届黄河流域九省(区)艺术摄影展、第八届“迎新春”全区群众书法绘画作品展，接待群众10余万人次。继续加强非遗传承与保护工作。8类82个项目列入第六批自治区级非物质文化遗产代表性项目名录，129名传承人被认定为第六批自治区非物质文化遗产代表性传承人。组织开展非遗保护复核评估工作。先后举办宁夏黄河流域非遗作品创意大赛暨“两晒一促”优品大赛、宁夏黄河流域非遗讲解大赛、黄河流域非遗美食大赛、全区非物质文化遗产传承人培训班、“贺兰魂黄河情”宁夏贺兰砚制作技艺大赛。推进文化志愿服务。开展非遗实用技能培训，接收残疾人就业，全年累计开展培训近300次，培训残疾人2000余人，200余人在非遗工坊和传承基地就业。

组织书法志愿者现场为环卫工人、社区居民书写、赠送春联、送"福"字500多幅。24名党员和6名干部职工参与疫情防控志愿服务，为近200户700余名居民提供志愿服务。开展疫情防控知识宣传，撰写疫情防控宣传报道20余篇，宁夏小曲《待在宁夏过大年》视频转发量达到3万余次，累计点赞近17万次。快板《群文抗疫在一线》阅读量达到6万人次。组织全区非遗传承人开展"以艺抗疫"，先后征集作品200余幅，在网络平台进行宣传展示。开展宁夏歌曲进景区上大巴推广活动，精选36首宁夏原创歌曲、宁夏民歌(花儿)、红色革命歌曲等优秀曲目，制作3000个U盘并向群众发放。

【银川市文化艺术馆】2021年，银川市文化艺术馆创新实施文化惠民工程，策划组织多项传承优秀文化、彰显时代特色、丰富百姓生活的惠民活动、主题活动、品牌活动、交流活动，全年共完成活动480场次，现场观众达150万人次。基层活动。开展进社区、进校园文化志愿服务活动10场。举办玉皇阁广场文艺演出创新节目评审工作，对82支团队410个节目进行评审。组织开展"你点单我送戏"、美丽乡村·文化大集、文化惠民·一元剧场等活动290场。主题活动。将党史学习教育融入庆祝中国共产党成立100周年系列主题文化活动，组织"永远跟党走"全市群众文艺会演县区专场演出、"唱支山歌给党听"银川市群众大合唱等系列主题活动40余场。品牌活动。举办第十八届湖城之夏广场文化季玉皇阁广场文艺演出、美丽乡村文化大集等20余项群众文化活动。实施免费公益培训，从服务对象、服务时间和服务空间三个维度的模式开展"请进来，走出去"的公益性艺术普及和培训，培训时间覆盖全年。利用重大节假日组织策划本馆线上文化活动，春节期间共发布44期线上文化活动，惠及30000余人次，并录制推出30堂广场舞慕课教学视频，惠及20000余人次；在国家公共文化云直播2次，惠及30万余人次。培训人群覆盖全年龄段，开办馆办老年大学长期艺术培训班、银川市广场民族健身舞创作与推广普及培训班、暑期少儿艺术培训班、市民周末艺术培训等艺术普及项目。共开设声乐、器乐、服饰走秀、书法、绘画、主持人、中医养生等20余个艺术门类44个班次课程，共计2320课时，服务30000余人次。以义务教育阶段"双减"政策为契机，打造青少年校外美育基地，在银川市良田镇光彩小学、金凤区第十一回民小学、金凤区第十二小学开办长期"戏曲传承基地实践教学"特色班。共计辅导96课时，学员共计85人。组织业务干部长期为牵手共建村镇开展声乐、广场舞，戏曲辅导培训。进残联、监狱，为特殊群体培训声乐、器乐等，服务100余场次，服务500余人次。非遗传承保护与展示服务。2021年银川市非遗保护中心共举办非遗项目展示、展演活动15场，举办传承人、传承项目评审3次(第六批自治区级非遗代表性项目、第五批银川市级非遗代表性传承人、第六批自治区级非遗代表性传承人)。申报宁夏小曲、贺兰砚项目的国家非物质文化遗产专项资金，获批资金分别为22万元、95万元。在非遗研究方面，对传承人申报工作进行考察研究，参加调研活动，撰写调研报告等。同时，以新时代文化与旅游融合发展为契机，推选非遗传承人参加推介会、旅游文化周等活动，打造一批有品牌效应和品牌内涵的非遗活动，包括组织举办参加"我们的节日"线上线下活动、2021"贺兰魂·黄河情"贺兰石雕刻大赛暨第二届银川市贺兰砚文旅商品创意大赛、宁夏小曲赶大集等十余项活动。

【银川市美术馆】2021年，银川美术馆举办各类展览18期(其中，以庆祝中国共产党成立100周年为主题的展览11期，国家艺术基金项目展览2期，交流展览2

2021年6月10日，千秋伟业·百年辉煌——庆祝中国共产党成立100周年主题美术创作展在银川市举办

期，公共教育展览3期），全年观展26500余人。银川美术馆将为民办实事落到实处，通过走访宣讲、牵手共建、报到社区、志愿服务等方式主动走访服务对象和"下基层"，在兴庆区月牙湖乡滨河家园四村举办7期培训，培训人员300人次。在金凤区社区组织下岗女工及退休人员举办非遗麻编技艺后期合成培训班8期，培训人员160人次。在银川美术馆举办残疾人非遗麻编技能培训班1期，培训人员24人。在清水湾社区培训麻编1次，培训人员20人。2021年，为探索全新的扶贫商业业态植入，打造有独特价值的麻文化扶贫创意产业链，银川美术馆非遗麻编技艺传承人张璟带领团队通过不断搜集、采录非遗麻编文本方式，对传统麻编作品、文化内涵、功能、属性、保护传承的特征等开展比较全面、深入的研究，并以文本形式保存，撰写印制扶贫宣传册2000余册。扶贫作品在2021年宁夏黄河流域非遗作品创意大赛中获一等奖。《人民日报》、中央电视台、《宁夏日报》、宁夏电视台等多家媒体对非遗麻编进行宣传报道。疫情防控期间，举办"云上幸福年·书画进万家"和宁夏书法名家线上春联展线上展览、线上公益微课堂2期、线上艺术赏析6期。2021年，银川美术馆继续对美术馆收藏的宁夏本土优秀版画艺术家的版画作品开展系列研究工作，并进行数据化处理，录入全国美术馆藏品普查数据库80幅。

【石嘴山市文化馆】截至2021年年底，石嘴山市文化馆累计完成各类大型活动149场（其中，市文化馆大剧院、音乐厅演出共计30场，庆祝建党百年系列活动27场，完成"我为乡亲送戏来"文化惠民活动35场，完成"舞动石嘴山第22届广场文化艺术节"28场，举办百姓健康舞、瑜伽、摄影等培训班共12场，开展市民学校寒暑期少儿、成人免费培训班共4期，完成全年"戏曲进校园"13场），12万余人受益。2021年，完成"永远跟党走 共筑中国梦"庆祝中国共产党成立100周年群众文艺演出、庆祝中国共产党成立100周年"永远跟党走——心中的歌儿献给党"全市干部群众合唱比赛、"永远跟党走 幸福生活舞起来"全区广场舞大赛（石嘴山赛区）暨全市第八届"幸福舞步"广场舞大赛、"永远跟党走"石嘴山市第二届原创文艺作品征集、"欢乐宁夏"全区群众会演等系列活动。举办自治区级传承人王洪喜农民画作品展等书画作品、"少年儿童心向党庆六一""贺兰魂·黄河情"宁夏贺兰砚等展览。推出"信仰的力量"——庆祝中国共产党成立100周年原创红色历史舞台情景剧，走进村镇、社区、景区等基层进行巡演10余场。录制《一起向未来》冬奥主题广场舞宣传片，引进"非遗进万家·文旅展风采"——2021年宁夏黄河流域非遗讲解大赛初赛、决赛在石嘴山市文化馆剧院举行，组织开展黄河民间故事（宁夏石嘴山篇）编撰相关工作，整理完成126篇24万字。开展第六批自治区级非物质文化遗产项目和非遗代表性传承人申报工作。举办全市非物质文化遗产保护培训班，组织石嘴山市非遗传承人参加"宁夏黄河流域非遗创意大赛"暨"两晒一促"优品大赛"宁夏黄河流域非遗美食大赛"和2021年"文化和自然遗产日"吴忠主会场活动。特别策划春节不打烊、线上线下齐发力石嘴山市文化馆"金牛贺岁"春节特别系列活动，线上观看石嘴山市原创精品剧目《葫芦情缘》、石嘴山市原创微电影《武城故事》《读书点亮生活》微访谈、演出12场次，观看"迎新春——宁夏大地情"石嘴山山水条屏展等展览3个，完成"非遗过大年·文化进万家"的5个非遗主题（剪纸、葫芦刻画等）节目录制并播出。完成"过年七天乐"线上微课堂的录制如插花、瑜伽、小吃、新年开运妆等7期。购置及自制线上公共文化服务资源总库达到121GB，线上浏览人次达277454人。

【吴忠市文化馆】2021年，吴忠市文化馆承办元旦春节系列文化活动、庆祝建党100周年文艺晚会、2021年文化和自然遗产日宁夏主会场系列活动、宁夏黄河流域非遗美食大赛、2021大西北吴忠早茶美食文化节论坛及演出活动、"永远跟党走 幸福生活舞起来"全区广场舞大赛决赛暨集中展演活动。全年举办"滨河百姓大舞台"广场文化活动34场次、"送戏下乡"演出70场次、"戏曲进校园"演出10场次、"文艺轻骑兵"演出20场次。组织参与2021年"欢乐宁夏"全区群众文艺会演线上评选活动，共报送的20件文艺作品全部获奖。全年累计承接市直各机关单位、社会、团队组织的演出、大赛、演讲比赛等61余场次。美术馆及一楼展厅全年承接各类大型展览展示活动14余场，线上展览8期，参与群众达1万余名。开展各类公益性培训班5期1200余人次，分别举办庆祝中国共产党成立100周年"颂歌献给党·奋进新征程"吴忠市2021年广场舞合唱与指挥暨"三区"人才支持计划文艺骨干培训班、2021年吴忠市文化馆暑期少儿艺术免费培训班、吴忠市文化馆（青少年活动中心）2021年秋冬季公益培训班，非遗展示厅全年接待区内外游客及城乡群众9000余人，组织11个非遗项目及24个非遗传承人参加宁夏黄河流域非遗作品创意大赛暨"两晒一促"优品大赛，获一等奖3个,二等奖5个,三等奖2个,优秀奖19个。推选7名选手代表吴忠市参加在石嘴山市文化馆举办的"非遗进万家·文旅展风采"——2021宁夏黄河流域非遗讲解大赛(决赛)。组队赴江苏南通市、青海西宁市开展文化交流活动,参加"大河之韵"九省(区)黄河流域文化线上艺术展、文化和旅游部全国公共文化发展中心组织的"舞出中国红"全国广场舞展演、西北五省(区)乡村文化大联动等线上展演活动。吴忠市文化馆选送的《幸福花儿唱起来》《幸福花儿赞》《幸福拍拍手》《塞上花儿,我心中的歌》节目在"日出东方　花开海上"2021年第九届全国文化馆"地市级百馆联动"文旅嘉年华活动中,获优秀展演奖。原创广场舞作品《幸福花儿唱起来》入选2021年第三届"戴爱莲杯"人人跳广场舞群众舞蹈展演活动。排练录制《一起向未来》冬奥广场舞参加"一起向未来　大家舞起来"参加全国网络广场舞大赛,用实际行动助力冬奥会,为冬奥会加油。

【固原市文化馆】2021年,固原市文化馆举办承接各类大型展览展示活动5期。策划组织开展各类讲座、培训3期400余人次。文化馆新馆基础装修完成,开展党史学习教育系列活动。开展群众文化工作,完成录制秦腔精品剧目10本,非遗项目线上宣传片4部,"我的中国梦,文化进万家"固原市2021年文化云下乡活动启动仪式,"过年在固原"优秀文艺节目展演暨春节系列文化旅游活动启动仪式,开展2021年"过年在固原""送春联、迎新春"进社区惠民活动,完成固原市广场舞培训和固原市广场舞大赛。开展文艺创作工作,参加全区"欢乐宁夏"群众性文艺会演,创作的舞蹈《映山红》《灯火里的中国》分获表演一等奖、创作一等奖。组织协调中国共产党成立100周年文艺专场演出,创作舞蹈《我的祖国》《东方红》《跟着共产党走》《任山河壮歌》《突破封锁线》,创作小品《振兴共富跟党走》,创作歌曲《欢歌新时代》。创编广场舞《再唱东方红》,获全区广场舞大赛一等奖。开展以艺抗疫文艺节目线上宣传,创作音乐快板《请党放心、抗疫有我》、疫情防控情景短剧《执勤》、非遗剪纸《以艺抗疫,非遗在行动》、三句半《齐心抗疫筑防线》、志愿者非遗传承人改编创作花儿音乐《绕三绕》等。开展线上慕课及培训,完成线上培训10期。开展"文化和自然遗产日"宣传活动、参加"非遗进万家　文旅展风采"——2021年宁夏黄河流域非遗作品创意大赛,共有14个非遗项目28名非遗传承人百幅作品参加活动,展现了固原非遗特色,作品分获一等奖2个、二等奖5个、三等奖5个、优秀奖8个。参加2021年全区非遗讲解大赛、美食大赛。申报第六批自治区级非遗代表性项目11项、代表性传承人33个,19人被列入自治区级非遗代表性传承人名录。

【中卫市文化馆】2021年,中卫市文化馆完成"担当新使命　奋进新时代"大型广场文化艺术节活动117场次,举办"颂歌献给党·劳动者之歌"职工合唱大赛、"永远跟党走·幸福生活舞起来"全市广场舞大赛等活动。围绕"我们的节日"活动主题,开展清明节戏剧展演、重阳节群众文艺会演、中秋节文艺会演活动等线下文化活动,结合中卫市数字文化馆、中卫市文化馆官方微信公众号开展"文化进万家""文化惠民""非遗过大年""那些有温度的记忆"等春节系列线上文化活动,各大平台转发播放量10余万次。先后举办"学党史　颂党恩　唱红歌"红色经典合唱培训班1期、"学党史　悟思想　办实事　开新局"送文化下基层百人红色广场舞培训班2期、公益性摄影培训班1期、"传承笔墨书香　弘扬传统文化"职工书法公益培训班1期、社会科学普及宣讲教育人文大讲堂2次。组织完成"第十一届丝绸之路大漠黄河国际文化旅游节"非遗及美术书法摄影作品展、"少年儿童心向党"2021年第七届庆"六一"全区少儿美术作品线上展览、"喜迎中国共产党成立100周年·争做新时代好少年"中卫市2021年少年儿童美术作品线上大赛展览。编排完成道情小戏《金沙梦》,为群众送戏下乡13场次。整理完成《中卫道情》并刊印出版1000册,收集整理出中卫黄河民间故事146个,约24万字。申报第六批自治区级非物质文化遗产代表性项目24项、代表性传承人43人,其中有19项被列入自治区级非遗代表性项目名录,31人被列入自治区级非遗代表性传承人名录。组织非遗传承人参加2021年宁夏黄河流域非遗讲解大赛、2021年宁夏黄河流域非遗作品创意大赛暨"两晒一促"优品大赛、2021年宁夏黄河流域非遗美食大赛,包揽了非遗讲解大赛三个组别(院校组、传承组、导游组)金奖,并获得银奖2个、铜奖3个、优秀奖1个,获得非遗作品创意大赛一等奖1个,二等奖2个,三等奖10个,优秀奖9个。完成中卫市文化馆美术书法摄影展厅设施设备采购项目建设,申报完成2021年中央支持地方公共文化服务体系建设补助资金215万元、公共数字文化建设(公共文化云)全民艺术普及项目资金6万元。

(杨世英)

博物馆

【宁夏博物馆】2021年,宁夏博物馆举办各类展览19个(其中,引进展览8个,输出展览6个,自主创办展览3个,参与合作办展2个)。全年共接待观众433721人次,青少年71649人次,开展讲解服务2458场次。开展博物馆里过大年、红色历史文化下基层、中小学生研学体验、文化“六进”、寒暑假“小小讲解员”培训等社教活动45场次,为1000多家单位、社团提供党史学习教育参观义务宣讲。开展志愿者活动,为观众提供讲解、引导、物件寄存等服务达665小时8万余人次。选派讲解员参加庆祝中国共产党成立100周年全国博物馆讲解大赛并获二等奖,组织拍摄《毛泽民用过的铜手炉》《寻访“抗战之声”拍摄地》《重温〈清平乐·六盘山〉》《斯诺镜头中的小号手》等短视频,被中央网信办、退役军人事务部、国家文物局等推选为第二届“追寻先烈足迹”短视频网络人气作品。申报2021年度中华民族文化基因库红色基因库建设项目,并被列入建设试点单位名录。编撰《让文物活起来——宁夏博物馆》数字文物图录,完成保护修复文物133件,文物成分测试160件,协助平罗县文广局、彭阳县公安局、贺兰县公安局、宁东公安分局、自治区纪检监察委员会完成涉案文物鉴定12起800余件。与河南博物院、青海省博物馆等沿黄九省(区)博物馆联合开发“考古盲盒”,与沈阳故宫博物院、山西博物院等12家博物院(馆)联合开发2022年《国宝日历》,不断丰富提升文创产品的文化元素和内涵。

2021年4月29日,学党史为民办实事“宁夏歌曲进景区上大巴”推广活动在大武口区启动

【宁夏固原博物馆】2021年,宁夏固原博物馆共接待参观人数7万多人次,讲解近300场次,语音导览使用2000多台。2021年6月被命名为“全国爱国主义教育示范基地”,“丝路课堂”数字化社教项目获“2021年度全国文博十佳社教案例”,“重走长征路 重温革命史”红色主题研学游活动获“2021全国文化遗产旅游百强案例”。全年举办展览12个(其中,引进展5个,联合举办展览5个。推出展览1个,原创展览1个),并制作线上数字展。完成《隐形将军韩练成》《中共固原革命史》虚拟展览的制作。开展节日主题教育、小小讲解员培训等活动。举办庆祝建党百年华诞“讲好革命故事·传承红色基因”大中小学生红色故事讲解比赛。组织志愿者深入原州区西城路社区、西湖路社区、南关街道军民路社区开展志愿服务活动。2021年征集文物22件/组;登记编号建档征集文物657件、完成数字化项目及北魏漆棺画保护项目的验收。拣选20件文物参加《万物生灵:丝绸之路上的动物与植物》展。开展《隋史射勿墓壁画保护修复项目》。与西北大学联合开展文保专业学生实习培训,完成3幅征集丝织品入库前的消毒养护工作,完成征集文物陶水管的再修复及修复档案的撰写,完成唐代镇墓武士俑的修复计划书的编写和上报,完成《固原博物馆铁器保护项目》初稿并获自治区文物局批准,完成《隋代史射勿墓葬壁画修复研究》编辑工作,完成《固原青铜文化》《萧关古道 丝路重镇》视频拍摄和《漆棺画绘本》编辑出版。

【石嘴山市博物馆】2021年,石嘴山市博物馆共接待参观人数4.2万余人次。开展“流动博物馆”活动10场次,利用“从南昌起义走出的共和国将帅展”“青年毛泽东时代专题展”红色图片展览资源,先后到平罗县第二中学、平罗县城关三小、惠农区西永固村、平罗县城关二小开展“红色百年图片展”宣传活动。开展“新春闹元宵 妙趣猜谜语”“寓教于乐,厚植爱国主义情怀”“诵读红色家书 传承革命精神”等8期研学活动,通过手工泥塑制作、齐唱一段红色歌曲、体验拓片技艺和活字印刷等方式,拓宽博物馆教育的新途径,激发青少年对传统历史文化的浓厚兴趣。以“文物映耀百年征程”文化和自然遗产日为主题,开展活动5场次,线上线下受众人数100万余人次,多重角度搭建博物馆与社会沟通互动平台,加深群众对文化和自然遗产日以及博物馆的认知认同。推出17期"文化服务不打烊""走进石嘴山市博物馆"系列线上文物展览，整理文稿2万余字，浏览量达3000余人次，做到闭馆不闭展、暂停开放不停服务，让"云看展""云体验"成为群众文化生活的新选择。承办"伟大开端"——中国共产党创建历史图片展、"砚在贺兰"——艺术品展、毛泽东诗词书画展、王忠厚书画展、"红旗漫卷"宁夏革命文物图片展。开展"小小讲解员"走进石嘴山市博物馆主题实践活动，面向社会招募培训"小小讲解员"37名，参与志愿服务活动20余场次，累计接待观众2万余人次。

【吴忠市博物馆】2021年，吴忠市博物馆围绕党史学习教育，精心挑选30余件革命文物扩充到红色吴忠厅，提升红色展厅展陈内容。积极对接机关、企业等153家单位到馆接受红色教育，受众人群11000余人次。打造"让文物'活'起来，讲好吴忠故事"党建品牌活动，先后到吴忠市第五中学、吴忠市残联开展文博知识"五进"活动。全年开展文博知识专题讲座11次，参加授课人员约1200人次。举办"缅怀先烈　遥寄相思""月满中秋　家国团圆"等主题活动，为公众讲授传统节日习俗和内涵，受众人群达8400余人次。举办"5·18"国际博物馆日宣传活动，邀请"今日头条"等5家网络媒体参与活动直播，《中国日报》等5家媒体发布稿件5篇，总浏览量约为12万次，观看直播观众达11万余人次。按照"十四五"文化保护传承利用工程项目储备库编制工作和文物保护项目储备计划要求，申报储备吴忠博物馆文物数字化保护与展示提升建设项目，争取中央财政补助地方公共文化服务体系建设专项资金140万元，地方财政配套资金60万元，用于博物馆数字化建设项目。全年组织开展各类志愿服务活动90余次，志愿服务者达3000余人次。

【中卫市博物馆】2021年，中卫市博物馆实施博物馆提升改造项目，完成陈列布展并免费对外开放。展馆布展面积3600平方米，共设置6个展厅，分别为历史文物基本陈列"文明历程"、长城丝路专题展厅"丝绸之路沙漠绿洲"、民俗展厅"河漠风情"、红色展厅"红色新生"、岩画专题展厅"石吟牧歌"和旅游临时展厅。为配合陈列布展，通过复制、协调调拨、征集等方式，多方征集布展所需各类文物共965件，其中按程序复制了中宁石空大佛寺石窟出土的11尊佛像。在自治区文物局、考古研究所支持下，接受移交的中卫地区汉墓出土文物384套905件，向自治区博物馆借展红军在海原县祁家堡子活动期间留下的革命标语复制品3件，向社会征集布展所需的古生物化石及革命文物46件，对1200余件展陈文物进行清理修复。截至2021年年底，累计接待观众1.5万余人次。博物馆依托展陈资源，将党史学习教育融入其中，累计接待机关单位等参观团体13个，展示地方历史文化和革命文化，弘扬社会主义核心价值。邀请非遗传承人，依托岩画专题展厅，利用复刻岩画，展示岩画拓印方法，提高观众参观吸引力，宣传本地岩画特色，营造社会保护岩画氛围。开展"5·18"国际博物馆日暨宁夏长城保护宣传日活动，以馆藏历史文物、地方各类不可移动文物和文物法律法规为宣传内容，深入市区广场、乡镇和社区，通过宣传展板、宣传册页等形式，展示地方历史文化，提高群众文化遗产保护意识。

（杨世英）

文化产业和文化资源

【招商引资和模式创新】2021年，宁夏坚持"请进来、走出去"，谋划文化重点招商引资项目54个，举办旅游产业投融资大会，为产业发展搭建合作平台。引入洛可可、景域驴妈妈等企业在文旅IP打造、文创产品开发等方面深化合作。加强与北京依文、阿里飞猪等国内龙头企业对接洽谈，促进合作事项落地生根、开花结果。借力闽宁协作平台，联手招商银行，把宁夏作为高端客户休闲度假目的地重点推荐。制订《宁夏文化旅游产业促进中心管理办法(试行)》，推动招商引资规范化运行、常态化开展、精准化发力。坚持网络与实体并举、线上与线下互动，优化消费供给途径。联合洛可可等头部企业，在阿里飞猪平台打造全国首家文旅官方旗舰店，聚合各领域运营专长，初步建立"企业做设计、网络搭平台、行业推产品"的线上销售新模式，升级网络消费、定制消费、智能消费，培育宁夏"数字文旅"消费新热点。举办AFN"一带一路"(宁夏)动漫节、2021年银川市文化旅游消费季暨贺兰山漫葡小镇浪漫生活节、黄河数字音乐节等系列节会活动，营造消费浓厚氛围，助推文旅消费由数量满足型向品质追求型转变。

【服务产业发展】2021年，宁夏文旅部门加强与有关部门、行业、企业间的对接联系，不断激发市场活力。自治区文旅厅、人社厅等部门推动文旅行业特别是旅行社列入"以工代训"奖补范围，西夏陵景区、漫葡小镇等20多家文旅企业享受奖补政策。自治区文旅厅、宁夏银保监局和金融机构合作，江泰宁夏保险分公司为全区147家出境旅行社办理零元保单延期优惠服务。修订《"引客入宁"以奖代补管理办法》,由传统奖人次转变为奖增长、稳需求、促发展。与文旅企业对接,制定12条差异化、精准化帮扶措施,引导市场主体与葡萄酒、枸杞等特色产业跨界融合,帮助企业提信心、拓路子、稳发展。

【对外交流】2021年,借助国家项目平台、省部合作平台、自主创新平台,全面展示中华优秀传统文化、促进国际文明互鉴交流。聚焦港澳地区,举办"根与魂·天下黄河富宁夏"——宁夏非物质文化遗产线上展演、"丝路驿站·神奇宁夏"澳门专场等活动,大力宣传推广黄河文化、"星星故乡"等宁夏文旅新IP。与海峡两岸旅游交流协会共同承办2021"美丽中国·黄河之旅"线上推广活动,展示黄河流域文化旅游资源。承办2021"中国旅游文化周"启动仪式,展示宁夏精彩。举办第五届中阿旅行商大会,创新"线上+线下""北京+宁夏"办会形式,为推动"一带一路"沿线国家和地区深化交流合作牵线搭桥。

【文化产业开发】2021年,宁夏推选110个文旅项目纳入"十四五"中央预算内投资储备项目库。围绕国家文化公园建设及文化旅游产业高质量发展,实施建设项目120个,其中30个重点项目被列入自治区建设项目库。聚焦星星故乡、黄河文化、长城遗址等文旅特色IP,推动北京依文、驴妈妈等文创龙头企业与宁夏企业合作,将宁夏传统文化融入流行元素,研发"我把宁夏送给你"文创伴手礼,打造特色文创符号。与招商银行、国航联手,推荐宁夏为休闲度假重点目的地,畅通千万元级以上高端客户与宁夏文旅企业直接对接合作新通道。大力扶持文化产业发展,鼓励支持地方和企业结合自身实际,打造特色文化消费品牌,激活文化消费市场活力。支持文旅消费集聚区建设,引导优质文化产品和互动体验项目入驻旅游景区、特色街区、文旅综合体,打造漫葡小镇、青铜峡古镇、沙坡头等特色文化旅游产业综合体,漫葡小镇入选第一批国家级夜间文化和旅游消费集聚区。以创建国家文化和旅游消费示范城市为抓手,带动旅游、住宿、餐饮等业态快速发展,不断激发文化旅游消费潜力。新评定自治区级文化产业示范园区2家(闽宁镇葡萄酒文化产业示范园区、阳光大麦地文化产业示范园区)、自治区级文化产业示范基地18家(银川艺术剧院有限公司、宁夏大象文化传媒有限公司、宁夏华夏河图文化旅游运营管理有限公司、宁夏观唐文化艺术传媒有限公司、宁夏塞上葡萄酒文化旅游产业有限公司、宁夏真呐中巴文化发展有限公司、宁夏凤翔九天影视文化传媒股份有限公司、宁夏巴鸟文化产业有限公司、大武口区景岳文化旅游投资发展有限公司、石嘴山市优宜家数据科技有限公司、宁夏稻艺编制有限公司、盐池春雪文化产业园有限公司、吴忠市巧儿刺绣传承有限公司、宁夏刘三朵八宝茶科技有限公司、隆德县正观花灯工艺有限公司、宁夏建茹文化产品创意有限公司、宁夏大原古建筑文化艺术有限公司、宁夏微元素文化传播有限公司),吴忠市入选第二批国家文化和旅游消费试点城市。

2021年"文化和遗产日"宁夏主会场活动在青铜峡黄河楼景区举办

(杨世英)

文化市场

【执法监管】2021年,宁夏以网络案件、禁止内容类案件办理为重点,开展文化旅游市场综合整治,全区文化市场安全有序。开展"送教上门"、"以案施训"、交叉执法检查等活动,提升执法综合能力。推进互联网上网服务营业场所视频监控系统接入推进工程,全区接入率为90%,实现人防、物防向技防转变,视频监控工作位居全国前列。紧盯常态化疫情防控、未经许可经营旅行社业务整治、校园周边治理等重大工作部署,联合网信、公安、市场监管等部门加大对文化、出版、版权、旅游市场等领域的行政执法检查力度，全年督办案件11件，系统交办案件9件，跨市县指导办案9件，共出动执法人员95910人次，检查文化市场经营单位29016家次，办结案件267件，行政处罚91.62万元。

【安全生产】2021年，宁夏落实“管行业必须管安全、管业务必须管安全”要求，签订安全生产管理责任书，健全抓安全生产责任体系。开展“安全百日会战喜迎百年华诞”安全生产、防灾减灾百日专项整治行动，推进公共博物馆安全专项整治三年行动，开展2021年全区文化和旅游领域应急演练，提升应急处置能力。强化安全督导巡查，5个督导组深入基层常态化开展安全隐患排查和暗访督导，联合自治区相关部门对全区文化旅游领域特种设备、文物安全等进行专项督查，全面营造安全稳定社会氛围。

（杨世英）

非遗传承和文物保护

【文物保护利用】2021年，宁夏聚焦黄河文化传承彰显区建设，充分挖掘黄河流域（宁夏段）文化内涵，分类实施文物保护利用工程，不断提升文化遗产保护利用水平。坚持抢救性和预防性保护相结合，争取中央预算内投资、国家文物保护专项资金共计3.82亿元，重点实施9个国家文化公园文旅融合项目、47个文物保护项目，提升改造8个博物馆展陈项目。对尚未纳入保护计划的文物采取相应封控措施或进馆入库，确保文物安全。推动文化遗产数字化保护传承与弘扬，借助互联网、VR等数字技术，启动宁夏长城数字再现及在线监测预警项目，实施宁夏博物馆、固原博物馆珍贵文物数字化保护项目，完成近2000件珍贵文物数字化采集、归类和建档工作。北京大学考古文博学院盐池基地暨宁夏文物考古研究所盐池工作站建成运行，水洞沟、西夏陵两处遗址入围中国“百年百大考古发现”，姚河塬遗址入选“中国社会科学院考古学论坛·2020年中国考古新发现”。

【非遗文化传承】2021年，宁夏坚持将非物质文化遗产作为挖掘黄河文化、讲好黄河故事、展示宁夏形象的独特地域“名片”，不断推进非遗创造性转化、创新性发展。评选第六批自治区级非物质文化遗产代表性项目共计60项（其中，民间文学1项，传统音乐2项，传统戏剧1项，传统体育、游艺与杂技3项，传统美术10项，传统技艺31项，传统医药12项）。在传统技艺中，泾源县的九碗十三花制作技艺和永宁县手鞠球制作技艺榜上有名。10个非遗项目入选第五批国家级非物质文化遗产代表性项目名录，入选的项目涉及传统舞蹈、传统技艺、传统美术、民俗、传统医药等。中宁县申报的黄羊钱鞭，固原市申报的固原传统建筑营造技艺入选非遗项目且入选国家级非物质文化遗产代表性项目名录，民间绣活（宁夏刺绣）、建筑彩绘（中卫建筑彩绘）、地毯织造技艺（宁夏手工毯织造技艺）、酿醋技艺（吴忠老醋酿制技艺）、传统面食制作技艺（中宁蒿子面制作技艺）、牛羊肉烹制技艺（宁夏手抓羊肉制作技艺）、中医传统制剂方法（马氏济慈堂生育药剂制作技艺）、民俗春节（六盘山区春官送福）8项非遗项目入选国家级非物质文化遗产代表性项目名录扩展项目名录。创新举办“非遗进万家·文旅展风采”宁夏黄河流域非遗系列活动10项，精心制作《宁夏非遗》宣传片，培育出一批非遗领军人物、推出一批非遗优秀作品、打造一批非遗融合项目，形成具有宁夏特色的非遗品牌。推进非遗融入产业发展，建成8个非遗展示体验销售馆，扶持15家自治区级非物质文化遗产就业工坊（银川市：文昶非遗扶贫就业工坊、麻编非遗扶贫就业工坊、闽宁镇非遗扶贫就业工坊；石嘴山市：大武口区“工艺葫芦”非遗扶贫就业工坊；吴忠市：同心县尕妹子非遗扶贫就业工坊、盐池县春雪非遗扶贫就业工坊、红寺堡区非遗扶贫就业工坊、利通区巧儿刺绣非遗扶贫就业工坊、利通区强家老醋非遗扶贫就业工坊；固原市：西吉县乡土文化创意产业有限公司非遗扶贫就业工坊、隆德县魏氏砖雕有限公司非遗扶贫就业工坊、大原古建非遗扶贫就业工坊、六盘山抟土瓦塑非遗扶贫就业工坊、隆德县杨氏彩塑非遗扶贫就业工坊；中卫市：海原县剪纸刺绣非遗扶贫就业扶贫工坊），带动周边群众人均月收入近2000元。

（杨世英）

旅游

LVYOU

编辑◎杨　云

综　述

【概况】2021年，宁夏坚持以习近平新时代中国特色社会主义思想为指导，认真贯彻落实中央和自治区关于推进旅游业发展的部署要求，抢抓文化旅游被列入自治区九个重点特色产业重要契机，统筹常态化疫情防控和文化旅游产业发展，着力延长板、强优势、创品牌，加快“旅游+”工作进程，积极组织企业调整文化和旅游产品供给，倡导新的文化和旅游消费观念，推进宁夏文化和旅游业高质量发展。

【旅游接待】2021年，宁夏共接待游客3623.67万人次，实现旅游总收入286.65亿元，旅游收入同比增长43.99%，旅游收入增幅首次超过游客增幅，旅游人次和旅游收入分别恢复至2019年的90.34%和84.3%，高于全国平均水平。其中，全区接待国内游客3622.51万人次，实现国内旅游收入286.38亿元。入境旅游。2021年，全区宾馆（饭店）接待过夜入境旅游者11648人次，同比增长5.04%，恢复至2019年的9.27%，其中，接待外国人6796人次，同比增长47.1%，恢复至2019年的23.35%。到宁夏旅游的入境过夜游客平均停留天数为3.2天，实现外汇收入426.05万美元（折合人民币2700.52万元），同比增长10.48%，恢复至2019年的6.58%。国内旅游。全区5个地级市共接待国内游客3622.51万人次，总收入为286.38亿元，其中银川市位居5个地级市之首。全区22个县（区）中，沙坡头区旅游接待人次和收入增幅均位居全区第一。旅游景区（点）、旅行社和旅游住宿设施。截至2021年年底，全区共有国家A级以上旅游景区115家（其中，AAAAA级景区4家，AAAA级景区29家，AAA级景区47家，AA级景区33家，A级景区2家）。全区有旅行社184家（其中，出境组团社25家，国内社159家）。全区共有旅游星级饭店89家（其中，四星级36家，三星级38家，二星级13家）。

【产业格局构建】2021年，宁夏围绕习近平总书记重要指示要求以及宁夏建设黄河流域生态保护和高质量发展先行区重大使命，找准文旅产业特色优势、比较优势和潜力优势，着力谋篇布局，完善顶层设计，认真落实《文化旅游产业高质量发展实施方案》，明确全区文化旅游产业高质量发展的方向、目标和重点任务，全力构建“一核两带三片区”发展格局的战略定位（一核：银川都市圈文化旅游高质量发展核心区；两带：黄河文化旅游带、贺兰山文化旅游带；三片区：沙湖片区、沙坡头片区、六盘山片区），全力抓好黄河文化、星星故乡、酒庄休闲、红色主题、动感体验、长城遗址“六大品牌”的工作重点，全力打造大西北旅游目的地。

【调整发展理念】2021年，宁夏坚持推动

表17　　2021年宁夏5个地级市接待国内游客人数和收入情况统计表

地　区	接待国内游客总人数（万人次）	接待国内游客总收入（亿元）
银川市	1917.08	125.65
石嘴山市	438.48	28.23
吴忠市	740.40	45.13
固原市	708.58	28.67
中卫市	886.80	58.70

表18　　2021年宁夏22个县(市、区)旅游接待统计表

县(区)	游客接待量(万人次)	旅游收入(亿元)
兴庆区	491.32	43.84
金凤区	316.69	28.90
西夏区	715.75	29.33
灵武市	171.65	10.92
永宁县	80.89	4.51
贺兰县	140.78	8.15
大武口区	335.57	15.51
惠农区	29.69	1.61
平罗县	73.23	11.11
利通区	226.83	15.85
红寺堡区	26.54	2.62
青铜峡市	237.45	11.29
盐池县	162.00	10.00
同心县	87.59	5.37
原州区	134.37	4.68
西吉县	207.82	7.29
隆德县	265.68	6.29
泾源县	50.07	8.26
彭阳县	50.63	2.15
沙坡头区	823.88	57.25
中宁县	46.90	1.43
海原县	15.92	0.02

文化旅游产业高质量发展作为全区调结构、促转型的重要抓手,深化人文交流、提升文明素养的重要平台,实现绿水青山转化为金山银山的重要载体。积极推动将发展理念从“营销文旅”调整为“营销宁夏”,围绕民航直飞、高铁沿线和红酒、枸杞、滩羊等特色产业销售重点城市,进一步聚合宁夏脱贫攻坚、乡村振兴、民族团结等发展成果以及葡萄酒、枸杞等极具宁夏标识的优势特色产业,聚拢拳头、相互赋能,把宁夏作为一个整体品牌推广出去。宁夏充分发挥旅游业辐射广、带动强的综合产业优势,借助宁夏葡萄酒、枸杞、滩羊等特色产业在国内外有一定知名度和影响力的优势,聚焦宁夏9个重点产业,在巧于借力、善于借势上创造延伸,推动与优势产业融合发展,打造出圈吸粉的文旅特色IP,拉长产业链条,增强产业动能、释放产业活力、提升产业价值。

【旅游政务服务】2021年,宁夏深化“证照分离”改革,印发《自治区文化和旅游厅深化“证照分离”改革进一步激发市场主体发展活力工作实施方案》,细化改革举措,统一事中事后监管规则,对30项文化和旅游领域涉企经营许可事项,按照直接取消审批、优化审批服务等两种方式分类推进审批制度改革,推进文化和旅游领域涉企经营许可事项在全区范围内推行“证照分离”改革全覆盖,培育和激发文旅市场主体活力和创造力,为文化和旅游产业高质量发展提供有力支撑。对4项政务服务事项实行告知承诺制,编制自治区文化和旅游厅证明事项告知承诺制清单和证明事项告知承诺书,并在宁夏回族自治区文化和旅游厅官网予以公布,方便申请人查阅、下载使用,持续开展“减证便民”行动。全面推行“一网通办”“一窗受理”。完成文化和旅游系统国家垂直管理平台与自治区级平台对接,推动国家、自治区、市、县四级政务服务统一服务入口和身份认证,有效解决登录不同平台“二次申请”、政务系统之间“各自为政”的问题,实现企业群众“只进一张网、只用一个号”就能办成事。开展政务数据资源协作应用,推动政务数据“聚、通、用”,编制文化和旅游系统92项政务服务办理事项政务数据资源目录,完善政务数据资源目录,拆除“数据烟囱”,打通“信息孤岛”,实现政务服务事项“一网通办”“一窗受理”。优化行政审批服务。结合“我为群众办实事”活动,深化流程再造,持续开展“减材料、减环节、减时限”工作,精简申请材料为30%以上,政务服务事项对照法定时限平均压缩50%,急办件压缩为一个工作日。将“好差评”作为落实“放管服”改革要求、提升政务服务效能和优化营商环境的工作抓手,“好差评”事项覆盖度达100%,满意度达100%。将“导游证核发”政务服务事项确定为“区内通办”事项,编制《导游证核发政务服务事项操作规程》,指导各市、县(区)科学、规范办理,实现群众异地办事“网上办、马上办、

就近办、一地办”，切实解决群众多地跑、折返跑等难题。制定《跨地区巡回演出审批程序指南》，通过在线审批等方式，简化跨地区巡回演出审批程序，促进演出市场繁荣发展，全年共办理审批事项3177件。

（杨世英）

旅游开发建设

【全域旅游示范创建】2021年，宁夏出台《宁夏全域旅游示范区认定管理办法（试行）》，落实“五个一”包抓机制，巩固提升西夏区、沙坡头区、青铜峡市、平罗县国家全域旅游示范区创建成果，泾源县、盐池县、大武口区、兴庆区、灵武市被认定为首批宁夏全域旅游示范区。实施铸魂提质增效工程，新评定国家AAAA级旅游景区3家（盐池革命历史纪念园、庙庙湖生态文化旅游区、贺东庄园）、全国特色旅游休闲街区5条（西夏区贺兰山·漫葡小镇旅游休闲街区、西夏区怀远旅游休闲街区、兴庆区建发大阅城旅游休闲街区、利通区光耀旅游休闲街区、沙坡头区向阳街旅游休闲街区）、全国乡村旅游重点村（镇）8个（永宁县闽宁镇、西夏区镇北堡镇、泾源县泾河源镇、青铜峡市大坝镇韦桥村、红寺堡区红寺堡镇弘德村、平罗县高仁乡六顷地村、中宁县余丁乡黄羊村、隆德县风岭乡李士村）、宁夏特色旅游村76个（其中，银川市21个、吴忠市14个、石嘴山市9个、固原市22个、中卫市10个）。优质资源带动辐射作用显著提升。宁夏沙坡头旅游景区、宁夏沙湖旅游景区入选第一批国家级文明旅游示范单位。中卫南岸民宿入选全国甲级旅游民宿，是宁夏唯一上榜甲级民宿。中卫南岸民宿位于中卫市沙坡头区常乐镇上游村大湾自然村，为自创民宿品牌，以高端度假住宿业态为主，是国内首个民宿集群黄河·宿集。

2021年7月15日，“星星故乡　品味宁夏”酒庄休闲旅游产品培训交流会在银川市举办

【乡村旅游】2021年，宁夏休闲农业和乡村旅游接待人数达1655万人次，实现旅游收入11.37亿元，同比增长21%和18%，乡村旅游直接从业人员超过1.5万人，带动就业10万余人，宁夏乡村旅游人数和旅游收入连续12年保持两位数增长。宁夏乡村旅游资源丰富，全区70%以上的自然风光、民俗风情、文化遗产集中在乡村，清新的空气、良好的生态、优美的环境、古朴的风貌吸引了越来越多的城市居民到乡村度假。2021年，宁夏紧紧围绕“一核、四带、多区”的乡村旅游发展格局，安排资金支持乡村旅游集聚带打造和乡村旅游重点村改造提升，推动乡村旅游由点及面，呈带状发展。推进《宁夏乡村旅游示范点评定标准》《宁夏特色旅游村评定规范》等标准落实，评定第一批自治区级特色旅游村镇76个，评审命名一批乡村旅游示范点。举办乡村类主题文旅活动30余场次，推出28条乡村旅游线路和25条休闲农业线路，其中10条线路入选全国300条乡村旅游学习体验线路。出版《宁夏乡村旅游指南》，集中展现宁夏乡村旅游独特的自然、人文、民俗以及宁夏乡村旅游取得的成果，成为受游客欢迎的乡村旅游攻略。2021年，宁夏8个村（镇）入选“第三批全国乡村旅游重点村名录”和“第一批全国乡村旅游重点镇（乡）名单”，37个村（镇）被评为“全国乡村旅游重点村（镇）”。在文化和旅游部推出10条黄河主题国家级旅游线路中，宁夏入选其中8条线路。“红旗漫卷六盘山”精品线路和“金沙滩·山海情”精品线路入选中宣部等4部委联合推出的“建党百年红色旅游百条精品线路”。全区各级文化旅游部门充分利用民俗风情资源和乡土文化，发展民宿旅游、农家乐等，其中黄河·宿集南岸民宿入选全国首批甲级旅游民宿，并获2021“文旅目的地好品牌”。乡村旅游的快速发展形成了具有地方特色的文旅产业带动乡村振兴的

典型案例。2021年，红寺堡区永新村、西吉县龙王坝村、隆德县新和村、泾源县杨岭村入选文旅部“全国乡村旅游扶贫典型案例”。宁夏被全球葡萄酒旅游组织(GWTO)授予“推荐全球葡萄酒旅游目的地”。“贺兰山东麓葡萄酒文旅融合模式”入选“2021世界旅游联盟——旅游助力乡村振兴案例”。

【文化旅游产业融合】2021年，宁夏积极推动文化旅游与农商教体等行业领域以及葡萄酒、枸杞、滩羊等特色产业相互赋能，重构产业链条、创新销售模式、提升服务能力，打造文化旅游产业发展新的“增长极”。紧紧抓住宁夏葡萄酒、枸杞等特色产业独特IP，推进贺兰山东麓葡萄酒廊道建设，积极培育枸杞养生、文化体验等枸杞主题休闲旅游业态，葡萄酒的“紫色”和枸杞的“红色”成为宁夏文化旅游的“底色”。培育葡萄酒酒庄类、枸杞类旅游景区16家，开展专场推介宣传活动30余场次，研发贺兰山东麓葡萄酒配餐产品5套，带动葡萄酒庄、枸杞庄园转变传统营销模式，在吸引游客景区消费的同时，通过文旅赋能带动葡萄酒、枸杞销售收入实现“双攀升”，12家列入A级景区的葡萄酒庄和4家枸杞类旅游景区销售收入分别增长38%和30%，2/3以上酒庄超过50%的葡萄酒由游客在酒庄直接购买，基本实现销售“去营销化”。依托宁夏良好的生态环境和空气质量，坚持以“星星故乡”特色品牌为突破点，从供给端和需求端双向发力，全力打造星空旅游系列产品，“星星故乡”成为宁夏旅游新IP。紧盯年轻主力消费群众需求，依托贺兰山东麓地形地貌和资源优势，深度开发汽车攀岩、徒手攀岩、沙漠越野、贺兰山徒步露营、汽车越野拉力等深受新兴群体热捧的动感体验项目和产品，动感宁夏品牌内涵进一步丰富。依托革命文物和博物馆、展览馆、考古现场等资源，推出“博物馆之夜”“文物研学游”等融合项目，打造内涵丰富、区域性强的精品研学基地，构建研学旅游消费新业态。联合教育厅命名首批35家研学教育实践基地和营地，西夏陵国家考古遗址公园研学体验等3个项目入选“2021全国文化遗产旅游百强案例”，固原博物馆被评为“全国爱国主义教育示范基地”。宁夏天地奔牛实业集团有限公司的“西北煤机一厂”项目入选第五批国家工业遗产名单，实现宁夏在国家工业遗产名单中“零”的突破。

【红色旅游资源开发】2021年，宁夏文化和旅游厅推出“庆祝中国共产党成立100周年宁夏22条红色旅游精品线路”(其中，长征精神研学游线路5条，红色记忆研学游线路7条，感受中国力量研学游线路3条，美丽乡村研学游线路7条)，结合全党开展的党史学习教育，为各地各部门开展红色研学和主题党日活动提供支撑。推出的22条线路涵盖全区5个地级市和22个县(区)的传统红色旅游景区景点、展陈展馆、美丽乡村等一批展现改革开放和新时代乡村振兴、脱贫攻坚等社会主义建设重大成就的研学点共128个，线路还特别安排了习近平总书记考察宁夏走过的一些地方，如宁东能源化工基地、泾源县杨岭村、原州区姚磨村、志辉源石酒庄等。这些精品线路的推出，将进一步引导宁夏广大干部群众通过追寻先辈足迹、学习英雄事迹，在寓教于游中，深刻铭记党百年奋斗的光辉历程，知史爱党、知史爱国、知史奋进，走好新时代的长征路。

表19　　2021年宁夏22条红色旅游精品线路一览表

长征精神研学游线路5条：1935年10月，毛泽东率领中央红军翻越六盘山进入宁夏境内，历时5天4夜，留下了许多世代相传的故事。六盘山是中央红军长征翻越的最后一座大山，毛泽东同志在此写下了著名的《清平乐·六盘山》；1936年10月，中国工农红军一方面军、二方面军在西吉县将台堡会师，标志着震惊中外的红军长征胜利结束。宁夏是中国工农红军长征结束地、中国革命走向胜利转折地、“不到长城非好汉”革命精神诞生地、党和红军民族团结政策实践地、新时代长征路的出发地。长征精神深深植根于宁夏的土地，重走长征路，翻越六盘山，体会“红军不怕远征难”的坚定信念，感受长征精神的内涵，激励我们不忘初心、牢记使命，走好新的长征路

线路	路线	时间
线路1	隆德县六盘山红军长征旅游区→红崖村老巷子→西吉县单家集革命遗址→将台堡红军会师纪念园→龙王坝村	2日
线路2	西吉县单家集革命遗址→将台堡红军会师纪念园→红军寨→大庄村	1日
线路3	原州区青石嘴战斗纪念碑→彭阳县小岔沟毛主席长征宿营地旧址→乔家渠毛主席长征宿营地旧址→长城村	1日
线路4	同心县西征纪念园→党性教育基地→非物质文化遗产展览馆→传统艺术馆→王团北堡子豫海县回民自治政府办公旧址→满春休闲农业观光园→预旺镇红军西征纪念碑→红军小号手遗址→杨家堡子红军西征原总后勤部遗址	2日

续表19

线路5	盐池县革命历史纪念园→红军七十八师解放盐池旧址→红色记忆馆→长城博物馆→春雪文化产业园→红新文化展示馆→元华工厂地毯分厂和皮毛分厂→李塬畔革命旧址→唐平庄中共宁夏工委旧址→高嵝岘炮楼→萌城阻击战旧址→曹泥洼村→园林人家	2日

红色记忆研学游线路7条：宁夏是一片红色的土地，遗址遗迹丰富多样，有长征、西征、解放宁夏时的红色印记，更有习近平总书记考察宁夏时所走过的足迹，这些红色文物、红色景区等重要的红色资源，承载着一个个闪光的历史记忆，是重温党的辉煌历程、传播革命文化、传承红色基因、培育家国情怀的重要载体和平台。2021年是中国共产党成立100周年，回望"雄关漫道真如铁"的过去，展望"长风破浪会有时"的未来，我们要继承先烈遗志，弘扬革命精神，锐意进取，开拓创新，抒写中华民族伟大复兴的新篇章

线 路	路 线	时间
线路6	宁夏博物馆→银川党史馆→宁夏科技馆→宁夏解放纪念碑→永宁县宁夏工委纪念馆	1日
线路7	固原博物馆→原州区西北农耕博物馆→脱贫攻坚成果展示馆→姚磨村	1日
线路8	固原博物馆→泾源县老龙潭革命纪念亭→冶家村→大湾乡杨岭村	1日
线路9	彭阳县博物馆→中共固原县委旧址→李寨红色记忆馆→友联村→友联农庄→中共红河地下支部旧址→任山河烈士陵园→任河村→杨坪村	2日
线路10	海原县牌路山烈士陵园→非物质文化展示基地→地震博物馆→天都老庄生态旅游村→贺堡会议遗址→方堡村梨花小镇→关桥堡会议遗址→红军井	2日
线路11	宁夏农垦博物馆→石嘴山市国务院直属干部学校历史陈列馆→平罗县黄渠桥镇爱国主义教育基地	1日
线路12	常信乡四十里店村稻渔空间生态园→志辉源石酒庄→闽宁镇原隆村→利通区金花园社区→红寺堡区弘德村→原州区姚磨村→西吉县将台堡红军长征会师纪念园→泾源县大湾乡杨岭村	3日

感受中国力量研学游线路3条：习近平总书记考察宁夏时对宁夏的防沙治沙及化工能源工程给予了高度的肯定，并发出了"社会主义是干出来的"伟大号召

线 路	路 线	时间
线路13	宁夏"三北"防护林工程·中国防沙治沙博物馆→盐池县白春兰冒贤治沙业绩园	1日
线路14	宁东国家能源集团宁夏煤业公司"社会主义是干出来的"实践教育基地→黄河军事文化博览园	1日
线路15	青铜峡唐正闸(大坝)水利风景区→青铜峡宁夏水利博物馆→大坝镇韦桥村→富汇龙门农庄	1日

美丽乡村研学游线路7条：宁夏在新时代脱贫攻坚、美丽乡村建设、生态文明建设等方面取得了显著的成绩，闽宁东西部协作扶贫在全国形成了可复制推广的经验。宁夏乡村旅游资源丰富，发展势头迅猛，富民效果突出，形成了一定的规模和特色，发展乡村旅游已成为农村发展、农业转型、农民致富的重要渠道，成为撬动乡村振兴的重要力量。近年来，我们打造和创建了一批乡村旅游示范点和全国乡村旅游重点村，让我们一起体验美丽乡村，助力乡村振兴

线 路	路 线	时间
线路16	闽宁镇史馆→原隆村→扶贫工坊→贺兰红共享酒庄→立兰酒庄→红树莓生态园→佳闽现代农业采摘园	1日
线路17	兴庆区孔雀村→五渡桥村→五渡空间→五渡桥农庄→塞上田园休闲农业生态园→灵武市枣树博览园→泾灵村蜜瓜小镇→梧桐树乡滨河田园综合体	2日
线路18	金凤区丰登镇润丰村→田园蜜语生态产业园→志辉源石酒庄→西夏区华西村→贺兰山国家森林公园→贺兰县四十里店村稻渔空间生态园→光明渔村	2日
线路19	平罗县黄渠桥村→大武口区贺东葡萄酒小镇→龙泉村→龙泉山庄→惠农区礼和乡银河村→惠农区马家湾村→方歌农庄	2日
线路20	利通区牛家坊村→石佛寺村→白寺滩村→葡源农庄→红寺堡区西川村→永新村→弘德村	2日
线路21	隆德县红崖村老巷子→辛坪村→新和村→新庄村→温堡村→盘龙山庄	2日
线路22	中宁县枸杞博物馆→舟塔村→倪丁村→沙坡头区沙坡头村→黄河·宿集→南长滩村→北长滩村	2日

（杨世英）

旅游营销与推介

【概况】2021年，秉持“营销宁夏”理念，宁夏围绕民航直飞、高铁沿线和红酒、枸杞等特色产业销售重点城市，将宁夏脱贫攻坚、生态环保、民族团结等丰硕成果作为宣传展示核心要素，与自治区相关部门加强合作，共树一个形象、共推一个IP，以点带面打造全国范围营销“矩阵”。统筹常态化疫情防控，坚持既抓防控又调市场，按照“小规模、高规格、高频次、大流量、广传播”理念，在巩固周边市场基础上，将重点客源市场调整为资源差异大、消费能力强的长三角、珠三角区域，深耕沪、深、穗等重点城市，自驾游占比为86%以上，35岁以下青年主力游客群超过90%。整合区、市、县三级力量，开展“两晒一促”第二季活动，将“塞上江南·神奇宁夏”主题形象“晒”到全国，综合传播量突破32亿次。抢抓《山海情》热播效应，线上主推互动体验主题游线路产品，吸引游客体验“打卡”。在抖音等8个新媒体平台搭建“看见宁夏”专区，网络传播量突破5亿次。在全国省级文旅新媒体传播力指数报告中，宁夏综合传播力两次位居前十，微信阅读量、微博传播力等5项指数上榜，上榜指数居历年之最。

【特色品牌创建】2021年，宁夏坚持把文化旅游作为调结构、促转型的重要抓手，深化人文交流、提升文明素养的重要平台，紧紧围绕黄河流域生态保护和高质量发展先行区建设，积极对接自治区9个重点产业，不断激活文化旅游产业发展新动能。借势葡萄酒、枸杞等特色产业，举办中国（宁夏）国际葡萄酒文化旅游节，宁夏获评“全球葡萄酒旅游目的地”。立足宁夏生态环境优势，创新“星星的故乡”特色IP，积极培育新业态、新产品，举办首届中国（宁夏）星空旅游大会，吸引梵克雅宝、兰博基尼世界知名品牌等与区内企业合作，通过自主品牌与国际一线品牌融合借势，宁夏对外影响力不断提升。举办“坐着高铁游宁夏”“大西北旅游高峰会”等活动，携程、飞猪2021年数据显示，宁夏网络搜索热度较2019年增长3倍，线上成交量增长4倍，增长率居西北五省（区）之首。

“美丽中国　神奇宁夏”2021中国旅游文化周启动仪式暨宁夏（银川）专场活动在银川市举办

【中国（宁夏）星空旅游大会】2021年7月30日，由宁夏文化和旅游厅、中国旅游报社共同主办的“中国（宁夏）星空旅游大会”在中卫沙坡头旅游景区开幕。大会依托宁夏独特的星空资源，开展一系列星空文化旅游活动，探索旅游新业态发展、讲好宁夏故事。大会以“星空月下·最美宁夏”为主题，包括“中国（宁夏）星空旅游大会”开幕式暨星空旅游论坛，发布《中国星空旅游发展报告》和“星空旅游目的地推广计划”以及“暗夜保护与星空旅游高质量发展”主题对话，并举办星光夜跑、星空摄影师作品展示、星声诵读、星空音乐会等一系列活动，以此提升“星星故乡”在国内外的知名度，吸引游客到宁夏感受星空旅游的魅力。近年来，宁夏充分发挥星空旅游资源优势，着手打造“星星故乡”文旅品牌，先后举办多场星空旅游主题研讨会、推介会、星空朗读、星空露营音乐大会、重要天文现象线上直播等系列活动。打造沙坡头星星酒店、黄河·宿集观星民宿、观星品尝葡萄酒等文化和旅游项目。推出12条星空旅游主题线路产品，引导景区配备观星装备，开设星空讲堂，深入挖掘星空旅游与特色产业内涵，持续擦亮“星星的故乡”文旅IP。

（杨世英）

旅游市场管理与培训

【疫情防控举措】2021年，宁夏围绕文化和旅游高质量发展大局，落实落细疫情防控常态化措施，坚决守住安全生产底线，推进复工复产，旅游市场持续平稳有序。面对零星散发疫情冲击，精准实施

“外防输入、内防反弹”防控策略，指导A级旅游景区、旅行社等经营单位严格落实疫情防控指南要求。紧盯“五一”“十一”等重要节点，坚持节前部署、节中督导、节后总结，精细化指导各地落实疫情防控各项措施，筑牢文化和旅游系统疫情防控铜墙铁壁。严格落实封、关、管、停各项措施，暂停旅行社及在线旅游企业经营跨省团队旅游及“机票+酒店”业务，从源头阻断疫情传染风险。强化精准摸排，及时对接内蒙古、安徽、河南等地文化和旅游部门，协调旅行社开展一对一、点对点服务，精准排查宁夏团队游客滞留数量，协助开展中高风险地区入宁游客摸排，及时安排处置，按时上报数据，形成工作闭环。成立3个工作专班协调落实3趟旅游专列2013名滞留宁夏游客安置工作，提供定制化个性化服务，制作“宁夏旅游暖心卡”，赠送27家国家AAAA级以上旅游景区门票及旅游优惠手册4500份。联合同程旅游搭建“云游宁夏”线上平台，让群众足不出户“云”赏宁夏。

2021年8月26日，中国—阿拉伯国家旅行商大会举办中国—阿拉伯休闲旅游论坛

【旅游市场监管】2021年，宁夏深化“放管服”改革，制定《深化“证照分离”改革进一步激发市场主体发展活力工作实施方案》，完成文化旅游系统国家垂直管理平台与自治区级平台有效衔接，实现政务服务事项“一网通办”“一窗受理”，92项政务服务办理事项全部进驻窗口，办理审批事项3177件，群众满意度100%。制定《旅游服务质量监管提升方案》，开展“宁夏优品”“宁夏多礼”等六大行动。创新导游培养模式，实施“导游带您游宁夏”系列云课堂研培计划，发挥以点带面、示范引领作用。完善星级饭店动态监管机制，发挥正面激励和反向制约作用，新增星级饭店7家，取消13家星级旅游饭店资质。推进文明旅游示范单位创建工作，5家涉旅企业入选自治区级文明旅游示范单位，港中旅（宁夏）沙坡头旅游景区、宁夏沙湖旅游景区成功创建国家级文明旅游示范单位。宁夏百瑞源枸杞博物馆、港中旅（宁夏）沙坡头旅游景区获第20届“全国青年文明号”称号。中卫南岸民宿入选“全国首批甲级旅游民宿”。

【文化旅游系统培训】2021年12月8日，全区旅游星级饭店运营能力提升培训班在银川市举办。全区各级文化和旅游行业相关负责人、全区四星级饭店总经理、拟申报四星级饭店总经理和优秀三星级饭店总经理共计50人参加培训。培训班邀请区内外的知名专家、学者，对党的十九届六中全会精神解读、酒店运营与品质提升、国内疫情常态化下酒店OTA运营之路、“大众旅游时代”高星级旅游饭店面临的挑战及应对策略等方面进行全面讲解，课程内容丰富，具有很强的针对性和指导性。全区旅游星级饭店业以培训为契机，学习借鉴全国优秀星级饭店的先进管理经验和经营理念，开阔管理视野，理清发展思路，进一步探索经济新常态下我区旅游星级饭店业高质量发展的基本途径和有效方法，切实破解和应对旅游星级饭店业面临的问题和挑战，不断提升自身运营能力和服务质量，提高整体经营管理水平，切实推动宁夏旅游星级饭店业再上新台阶，更好地服务全区经济社会发展大局。全区文化旅游系统政策法规培训班。7月14—16日，全区文化旅游系统政策法规培训班在平罗县举办。全区各市县（区）文化和旅游局，厅机关各处室、直属各单位负责人和普法骨干共计60余人参加培训。区内外行业知名专家、学者围绕“黄河流域生态保护和高质量发展先行区建设”“新形势下文化和旅游前沿政策”“十四五”时期法治政府建设等内容进行讲解，并结合“赓续红色血脉 汲取奋进力量”主题教育活动、现场教学、观看爱国主义教育片等方式进行实践教学，既有理论知识辅导，又有业务知识指导和实践活动，从理论到实践，对开展好法治文旅工作具有很强的针对性和指导性。全区文化和旅游领域安全生产培训班。4月

2021年，宁夏固原博物馆"重走长征路 重温革命史"红色主题研学游入选《2021全国文化遗产旅游百强案例》

26—28日，全区文化和旅游领域安全生产培训班在中卫市举办。培训班邀请了业内专家华侨大学旅游管理系邹永广教授，围绕"居安思危压实责任 坚守安全底线——学习贯彻习近平总书记安全生产重要论述的体会"主题进行分享，同时结合近年全国文化和旅游领域内发生的事故教训进行深刻剖析总结；邀请黑龙江科技大学安全工程师王河，围绕如何落实安全管理主体责任、文旅安全工作重点等方面，从实际工作角度仔细梳理、科学分析、精准指导。另外，还邀请自治区应急管理厅、中卫市消防救援总队、宁夏气象服务中心、宁夏红十字会有关从事安全生产和消防救援工作领域专家，从各自从事行业专业角度进行授课辅导。全区各级文化和旅游行业行政部门、AAAA级以上旅游景区、四星级以上旅游饭店、出境旅行社、五星级农家乐以及公共博物馆负责安全生产工作相关人员160余人参加培训。宁夏文化和旅游投融资专题培训班。4月19日，宁夏文化和旅游投融资专题培训班在盐池县举办。培训班旨在进一步提升宁夏文化旅游行政部门和重点文旅企业负责人的专业素质和业务能力，拓展文旅产业融合及投融资发展的思路举措，推动宁夏文化旅游产业高质量发展。培训班以专家讲授、研讨交流、专题座谈与现场教学相结合的方式，邀请文旅部产业发展司投融资处处长陈桦楠、中国人民大学创意产业技术研究院副院长宋洋洋、景域驴妈妈集团有限公司奇创旅游规划设计咨询机构副总经理刘宇楠、工商银行宁夏分行公司部高级信贷经理谭子龙以及宁夏大学李陇堂教授，围绕文旅产业投融资政策、文旅融合及消费、项目策划、新业态培育、金融支持政策等方面进行深入解读。全区各市、县（区）文化和旅游部门分管投融资业务的负责人和业务骨干、宁夏国有文旅投融资公司及区内重点文化旅游企业主要负责人共60人参加了专题培训班。

（杨世英）

体育

TIYU

NINGXIA YEARBOOK

编辑◎张　哲

综　述

【疫情防控】2021年，宁夏体育局坚决落实党中央、国务院和国家体育总局、自治区党委、政府疫情防控决策部署要求，针对不同疫情防控阶段，及时调整防控措施。印发了《关于做好当前疫情防控有关工作的通知》《关于做好局系统集中（居家）健康监测人员解除隔离后相关工作的通知》《关于进一步加强局系统疫情防控常态化管理的通知》《关于进一步督促指导辖区加强室内体育活动疫情防控工作的函》等疫情防控指导性文件。全力支持金凤区、兴庆区在亲水体育中心和宁夏体育馆设立方舱疫苗接种点，切实扛起社会责任。认真落实自治区党委"三察（查）一体"工作要求，局系统党员干部下沉银川市13个街道22个社区开展疫情防控志愿服务。录制居家锻炼科学指导视频20期。

【体育工作推进会】2021年1月8日，全区体育工作会议以视频会议方式召开。主会场参加会议的有宁夏体育局班子成员，机关各处室负责人，直属各单位党政主要负责人；5个地级市分会场参加会议的有各市、县（区）体育（教育、文广、旅游）局局长、体育中心主任，自治区级部分体育协会负责人。会议对做好2021年宁夏体育工作分析了形势，明确了目标，提出了十六项重点工作要求。中卫市旅游和文化体育广电局、金凤区文化旅游体育广电局、宁夏体育运动训练管理中心、宁夏篮球联合会4个部门（单位）做了交流发言。

【体育规划】2021年，宁夏加强顶层设计，提升体育治理水平和治理能力，完善促进新时代宁夏体育事业高质量发展的政策体系。科学编制《宁夏体育事业"十四五"规划》《全民健身实施计划（2021—2025年）》《宁夏竞技体育"十四五"规划》《宁夏体育产业发展"十四五"规划》，印发《关于深化体教融合　促进青少年健康发展的实施意见》《体育融合发展行动方案》《户外休闲体育发展行动方案》《加强全民健身场地设施建设　发展群众体育的实施方案》和《促进冰雪运动发展的实施方案》。

【体育基础设施建设】2021年，宁夏坚持体育场地设施供给普惠化、均等化、身边化，持续完善公共体育服务体系，建设80.6公里健身步道、42个多功能体育场、4个足球场、2个户外运动营地、2个全民健身中心、1个体育公园、3套拼装游泳池、5个多功能儿童体育运动场。

【体育人才培养】2021年，宁夏结合备战第十四届全国运动会，公开招录专业运动员34名。认真贯彻《体育局2020—2023年干部教育培训工作规划》，改进干部教育培训方式，举办体育系统学习习近平总书记系列重要讲话精神培训班，增强干部政治业务能力。将干部培训与专业技术人员继续教育工作挂钩，调动干部学习积极性，干部网络学习任务通过率100%。

【体育赛事安全管理】2021年，宁夏体育局聚焦安全生产责任落实，紧盯体育领域安全生产各个环节，高频次检查、高标准督查，召开15次体育局安委会工作会议，制定《自治区体育局2021年安全生产工作要点》，落实《自治区体育局落实安全生产专项整治三年行动工作实施方案》《自治区体育局人员密集场所专项整治方案》和《自治区体育局大型体育赛事及群众体育活动突发公共事件应急预案》，确保赛事活动安全措施到位、责任到位、监管到位。开展"消防宣传月"活动，印发《自治区体育局关于开展"119"消防宣传月活动的通知》，开展消防安全演练和紧急疏散演练，做好日常24小时应急值班值守工作。

【体育工作专项监督】2021年，自治区开展体育工作专项监督治理。印发《开展群众身边腐败和不正之风专项整治的实施方案》，排查贯彻落实中央、自治区惠民富民政策中的形式主义官僚主义问题，重点整治惠及健身群众体育政策、项目、资金等落实不到位、漠视健身群众利益、服务群众质量不高、推动"我为群众办实事"事项落到实处。制定《关于加强作风建设专项监督检查方案》，对体育赛风赛纪及反兴奋剂重要指示批示中的作风问题、落实中央八项规定精神以及自治区"八条禁令"、纠治"四风"方面的突出问题等6个方面开展监督检查，建立问题清单推动整改。督促自治区体育局加大对市、县（区）全民健身场地设施建设支持力度，推动健身步道、多功能运动场、公共体育场馆设施维修改造项目落实。督促体育职业学院健全教学质量评价体系、运动训练评价体系、绩效考核评价体系。对2021年全区举办的134项体育赛事评估工作进行监督，叫停不符合要求的赛事，推动办赛单位自查自纠、整改巩固。督促自治区体育局召开工程建设政府采购领域突出问题专项治理工作会议，成立专项治理工作领导小组，对《自治区体育局工程建设政府采购领域突出问题自查整改工作方案》提出意见和建议，推动自查自纠中发现的17个项目8类问题和重点检查中发现的16个项目7类问题，按标准按时间整改，对自治区专项治理督察组反馈的问题建立问题清单，推动销号整改。对体育统计造假、弄虚作假问题开展专项监督，督促体育局党组落实体育总局《关于防范和惩治体育统计造假、弄虚作假责任制的规定》，对直属单位落实防范和惩治体育统计造假、弄虚作假责任制进行监督。对训练管理中心、体育科技中心等单位督查第十四届全国运动会参赛备战工作进行专项监督，制定《进一步严格赛风赛纪和反兴奋剂工作规定》。围绕体育彩票公益金监管开展专项监督，牵头完善资金监管办法，督促职能部门开展专项资金使用情况的监督检查，召开专题会议安排足协、篮协等相关协会开展体育彩票公益金项目使用情况自查，对拨款金额较大的协会进行抽查。

2021年5月22日，全国田径分区邀请赛（西北赛区2）在吴忠市举行

【2021年宁夏十大体育新闻】1.宁夏62个体育先进集体和个人受到国家表彰。2021年9月，全国体育系统先进集体、先进个人和全国群众体育先进单位、先进个人表彰大会在西安市举办的第十四届全国运动会期间召开，宁夏体育系统2个集体、1名个人受到人社部、体育总局表彰，29个群众体育先进单位、30名群众体育先进个人受到体育总局表彰。2.重大政策助推宁夏体育新发展。国家体育总局将"支持宁夏建设黄河流域体育公共服务体系高质量发展先行区"列入总局《"十四五"体育发展规划》，为宁夏体育高质量发展提供新机遇、注入新动力。3.全区掀起冰雪热助力北京冬奥会。为喜迎北京冬奥会，宁夏积极响应习近平总书记"带动三亿人参与冰雪运动"的号召，通过线上线下组织开展"万人冰雪"普及培训、贺兰山大众滑雪邀请赛、"六盘山旅游杯"大众健身滑雪邀请赛、"滑向2022"全国滑雪俱乐部大众公开赛（宁夏站）、"第八届全国大众冰雪季"宁夏冰雪运动等系列活动，累计带动参与人数达30万人次。4.系统谋划宁夏体育高质量发展新蓝图。宁夏坚持开门搞规划，通过线上线下征集民意，广泛了解社会需求，科学编制《宁夏体育事业发展"十四五"规划》《宁夏全民健身实施计划（2021—2025年）》《宁夏竞技体育"十四五"规划》《宁夏体育产业发展"十四五"规划》，制定《宁夏体育融合发展行动方案》《宁夏户外休闲体育发展行动方案》《关于加强全民健身场地设施建设发展群众体育的实施方案》《关于促进冰雪运动发展的实施方案》，明确了"十四五"体育改革发展目标任务和政策措施。5.宁夏体育民生实事亮眼。宁夏坚持以人民为中心发展思想，回应群众对体育

宁夏培训冰雪人才

新期待，梳理办结9项为民实事。聚焦群众关心的“健身去哪儿”问题，统筹各渠道项目资金，在全区布局建设80.6公里健身步道、42个多功能运动场、2个户外运动营地、2个全民健身中心、1个体育公园、3套拼装游泳池、5个多功能儿童体育运动场、4个足球场，维修改造一批体育场馆，全区全民健身设施得到完善。6.线上线下联动开展全民健身活动成为宁夏新常态。在扎实做好疫情防控工作的基础上，宁夏通过线上线下组织开展“我要上全运”、农民篮球争霸赛、“全民健身日”校园棋类网络赛、健身大拜年、亲子挑战赛等560余项健身活动，参与人数220多万人次。录制居家锻炼科学指导视频20期，网上点击量超过147万人次。培训各级社会体育指导员3483人。组织352人参加第十四届全国运动会群众项目16个大项75个小项的比赛，获得比赛类项目3枚铜牌、5个名次和展演类项目1个一等奖、5个二等奖、2个三等奖和7个最佳人气奖，成功承办5项第十四届全国运动会“三大球”群众组比赛。7.宁夏冬季运动项目实现新突破。宁夏4名运动员在国家越野滑雪集训队全力备战北京冬奥会。以跨界跨项选材运动员为基础，组建宁夏越野滑雪队，加强与黑龙江省等合作。在第十四届全国运动会冬季项目已办比赛中获得3枚金牌、2枚银牌、2枚铜牌和7个名次；在2020—2021赛季全国越野滑雪锦标赛、冠军赛上获得4枚银牌、6枚铜牌。8.宁夏体育发展新增“国字号”示范。宁夏坚持典型带动、示范引领，被列为全国公共体育场馆开放使用综合试点，中卫市沙坡头景区和金沙海景区被评为2021年全国体育旅游示范基地，西夏区入选2021年中国体育旅游精品目的地，金凤区入围2021年度国家体育产业示范基地评审，灵武市、盐池县、平罗县、金凤区被确定为首批全国县域足球典型城市。宁夏体育局获得2021年中国体育文化博览会、中国体育旅游博览会“优秀组织奖”和“优秀展示奖”。9.宁夏体教融合发展迈出新步伐。2021年10月17日，经宁夏全民健身领导小组研究同意，宁夏回族自治区体育局、教育厅印发《关于深化体教融合　促进青少年健康发展的实施意见》，确定中卫市和兴庆区、平罗县、青铜峡市、同心县、西吉县、沙坡头区开展第三批体教融合试点工作。成功举办2021年全区青少年锦标赛。10.宁夏体育彩票公益惠民贴近民心。宁夏体彩中心发布《宁夏体育彩票社会责任报告》，积极践行责任彩票理念，2021年累计销售15.6亿元，累计上缴公益金4.37亿元，代扣代缴个人偶然所得税超过4500万元，提供就业岗位近2000个，开展“公益体彩快乐操场”等大型公益活动，推进全区518家体育彩票网点“爱心驿站”建设。

（李继伟）

群众体育

【概况】2021年，宁夏按照国家体育总局关于开展《公共体育场馆开放使用综合试点工作方案》要求，对试点场馆进行调研，筹集场馆试点专项资金775万元，用于信息化建设，打造智慧化场馆，提升场馆的整体形象及场馆所属场地设施开放使用的舒适便捷度，为群众提供更好的公共体育服务。加强对自治区级体育社会组织的政治引领，不断完善体育社会组织党的建设。制定《自治区体育社会组织功能型党支部规范化建设指导意见》，指导54个自治区级体育协会成立45个党支部，实现对体育社会组织党建工作和组织建设“两个覆盖”。开展体育社会组织年检工作，配合自治区民政厅对7个任期到届协会进行换届。4月15日，宁夏路跑运动协会成立大会暨第一届会员代表大会在宁夏体育局召开。自治区体育局、自治区民政厅有关领导到会指导工作，全区各市、县（区）跑团负责人及路跑爱好者等69名会员代表参加

2021年10月12日，沿黄城市足球赛在银川市举办

会议。会议审议通过了《宁夏路跑运动协会章程》等6个内部制度，选举产生第一届理事会理事、常务理事、会长、副会长和秘书长。

【各项赛事活动】2021年4—9月，全区开展“我要上全运”群众赛事活动，包括篮球、足球、气排球、乒乓球、羽毛球、网球、毽球、象棋、围棋、桥牌、龙舟、中国式摔跤12个群众基础好的比赛类项目和广场舞、广播体操、太极拳、健身气功4个展演类项目的选拔赛。共选拔出432名“草根”运动员代表宁夏参加全国运动会群众组12个大项75个小项的比赛。7月8日，“中国体育彩票杯”宁夏第四届农民篮球争霸赛决赛在海原县全民健身活动中心落幕。宁夏第四届农民篮球争霸赛自2020年11月中旬启动以来，共有961支代表队，11705名运动员参加海选赛和预赛。选拔出的各县（区）22支农民篮球劲旅，246名运动员参加了决赛的62场激烈比拼，最终原州区代表队击败东道主海原县代表队，蝉联四届宁夏农民篮球争霸赛冠军。9月，由国家体育总局社会体育指导中心、宁夏体育局等单位承办的2021年《国家体育锻炼标准》推广活动暨“承载梦想走向健康”宁夏健步走网络竞赛圆满结束，活动共有100支队伍近万人参加线上比赛，受到广大健身爱好者热烈欢迎。10月1—4日，2021全国首届沙漠定向徒步邀请赛暨宁夏沙漠健身嘉年华在兴庆区沙漠休闲运动公园拉开帷幕。活动分为5公里沙漠定向徒步和沙漠趣味健身两个版块。沙漠定向徒步为群众打造一场集观赏性、娱乐性、文化性、体验性于一身的沉浸式文旅体验，路线设计将壮阔的黄河水、紫色花海、金色的沙漠、绿林等多种景色尽收眼底。趣味健身总动员包含沙滩足球点球大战、沙滩排球、沙滩毽球、沙漠击靶、沙漠龟兔赛跑、沙漠大闯关等活动，将全民健身与竞技体育相结合，加强体育与旅游等领域的互促互进。10月13—15日，全区第八届社会体育指导员交流展示大赛在盐池县举办，全区20个代表队240名社会体育指导员在健身秧歌、健身气功·气舞、柔力球等项目和主题演讲上激烈角逐、各展风采。银川市承办全国第十四届全国运动会群众赛事活动篮球、足球、气排球3个大项7个小项的预决赛。截至12月31日，篮球男子青年农村乡镇组预决赛、三人篮球城市街道（社区）组预决赛、篮球男子公安民警组预决赛、三人篮球女子公安民警组预决赛、五人制足球男子乙组预决赛均落下帷幕。

【群众体育活动】2021年1月22日至3月22日，全区开展以“体育大拜年运动过新春”“科学健身健康战疫”为主题的线上健身大拜年系列活动，主要内容和形式分线上赛事活动、线上科学指导、线上交流展示等活动。开展2021年“宁夏·奔跑”线上系列赛及公益领跑人招募评选活动，评选出16名公益领跑人，利用他们的影响力组织群众开展跑步健身。举办《国家体育锻炼标准》线上挑战赛和亲子线上挑战赛等系列活动，号召大家居家锻炼，参与线上挑战，以大带小，共同运动，增进亲子感情。10月14日，“领步山河·全民健身”2021年宁夏首届城市全域徒步登高大会开幕式在银川市花博园举行。活动由自治区社会体育服务中心及银川市体育局主办。活动创新全民健身方式，创造“零接触”参与赛事新模式，依托“云”服务器及微信、抖音、微博等平台，开发“环球度假汇”微信小程序，徒步爱好者可以通过小程序扫码报名参赛“云”徒步。赛事组委会将通过活动打造银川市徒步活动“一会一品牌，一网多平台”，推动银川休闲运动活动向融合化、智慧化、产业化发展。为积极响应“带动三亿人参与冰雪运动”的号召，宁夏体育局以“圆梦冬奥　同享未来”为主题，采取“线上+线下”结合的形式，于2021年12月至2022年2月组织开展“第八届全国大众冰雪季”宁夏冰雪运动“线上+线下”系列活动。系列活动包括竞技类冰雪运动赛事、群众性冰雪运动活动、青少年冰雪运动冬令营、冰雪运动知识培训和竞答等丰富多彩的活动，共同喜迎2022年北京冬奥会的到来。

【“我要上全运”全国第十四届运动会群众项目选拔赛】2021年7月3日，由自治区体育局主办，宁夏社会体育服务中心、宁夏武术协会承办，西吉县体育中心协办的“我要上全运”第十四届全国运动会群众项目太极拳宁夏选拔赛在西吉县全民健身活动中心圆满结束。比赛设置太极拳八法五步、24式太极拳和42式太极剑三个项目，企事业组和城市街道（社区）组两个组别，全区7支代表队的100多名运动员参加比赛。经过角逐，兴庆区文化旅游体育广电局、隆德县武术协会和贺兰县体育中心代表队脱颖而出。自治区体育局将按照竞赛规程选拔优秀队员代表宁夏参加全国第十四届运动会群众项目太极拳的比赛。7月3—4日，“我要上全运”全国第十四届运动会群众项目气排球宁夏海选及总决赛在宁夏体育馆举行，全区18支代表队的200多名运动员参加比赛。经过激烈角逐，海陆星队、金凤区气排球之乡队分获城市街道社区男女组第一名；宁夏火车头队获企事业单位男子中年组冠军；焕易联队、夺冠体育队分获青年男女组第一名。比赛分为城市街道社区男女组、企事业单位组、青年男女组共5个组别。比赛结束后，将选拔优秀球员组队代表宁夏参加全国第十四届运动会群众项目气排球比赛。7月10—11日，由自治区体育局主办，宁夏毽球协会和石嘴山市教育体育局承办的我要上全运“中国体彩杯”全区毽球选拔赛暨第十一届全区毽球锦标赛在石嘴山市胜利学校举行。全区50多支队伍的200多人参加比赛，经过两天的激烈角逐，各项目决出了前八名。获得本次比赛前三名的队伍将选拔出优秀运动员代表宁夏参加第十四届全国运动会群众组毽球比赛。

【公益培训】2021年，全区以滑轮教练员培训、滑轮进校园、滑轮夏令营三种方式，分别在金凤区、西夏区、灵武市、平罗县、盐池县、泾源县开展滑轮公开课系列活动，培训1900人，推动滑轮项目推广普及，实现滑雪项目陆地全季节训练，打破滑雪项目季节性限制。11月至次年1月，举办5期“体彩杯”迎冬奥冰雪运动知识线上培训竞答，分别从冬奥会历史、冬奥会任务、冬奥会赛事、冬奥会科技和北京冬奥会5个方面进行线上培训和竞

2021年7月4日，第十四届全国运动会群众比赛宁夏海选及总决赛在银川市举办

答，在全区范围内营造广泛参与冰雪运动的浓厚氛围，助力“带动三亿人参与冰雪运动”目标实现。

（李继伟）

竞技体育

【参加第十四届全国运动会】2021年，宁夏成立代表团，参加第十四届全国运动会夏季项目13个大项43个小项的比赛，获得9个名次；在冬季项目比赛中，获得3枚金牌、2枚银牌、2枚铜牌和7个名次。组织352人参加群众项目16个大项75个小项的比赛，获得比赛类项目3枚铜牌、5个名次和展演类项目1个一等奖、5个二等奖、2个三等奖和7个最佳人气奖。首次组队参加“三大球”比赛。代表团未发生兴奋剂和赛风赛纪问题，获体育道德风尚奖。积极争取成功承办5项第十四届全国运动会“三大球”群众组比赛。

【全国越野滑雪锦标赛和冠军赛】1月22—29日，参加2020—2021年全国越野滑雪锦标赛；2月1—8日，参加2020—2021年全国越野滑雪冠军赛，6名运动员获得4枚银牌、6枚铜牌和4个录取名次。

【全国射击西北协作区锦标赛】2021年3月23—31日，由中国射击协会、宁夏体育局、西北地区射击协会主办，宁夏射击运动协会、宁夏体育运动训练管理中心承办的2021年全国射击西北协作区锦标赛在宁夏体育运动训练管理中心射击馆举行。共有21个参赛队伍的251名运动员参加步枪、手枪10米、25米和50米38个小项的角逐。

【全国田径分区邀请赛】2021年5月22—23日，由中国田径协会、宁夏体育局、吴忠市人民政府主办，宁夏田径协会、吴忠市文化旅游体育广电局、青铜峡市人民政府等单位共同承办的2021年全国田径分区邀请赛（西北赛区）在吴忠黄河奥体中心举行。来自陕西、甘肃、内蒙古、青海、西藏和宁夏等10个省（区）代表队的120名运动员参加36个项目的比赛。

【反兴奋剂工作】2021年4月26日，宁夏印发《宁夏回族自治区体育局反兴奋剂工作责任追究办法（试行）》，对反兴奋剂工作的组织领导、宣传教育、监督检查、责任落实、责任追究等方面作出了详细规定，为严防严控反兴奋剂问题发生和领导干部履行反兴奋剂工作“一岗双责”提供制度保障。参加第十四届全国运动会的全区661名运动员及辅助人员通过反兴奋剂知识培训、观看教育视频、线上考试、反兴奋剂宣誓及宣誓承诺等教育准入环节，全部通过参赛资格准入，合格率为100%。对进入决赛的63名运动员进行二轮全员兴奋剂血检，做到了兴奋剂问题“零出现”。

（李继伟）

青少年体育

【体教融合】2021年10月20日，宁夏体育局、教育厅联合印发《关于深化体教融合　促进青少年健康发展的实施意见》（以下简称《实施意见》）。《实施意见》从加强学校体育工作、完善青少年体育赛事体系、建设体育传统特色学校和高校高水平运动队、深化体校改革、发挥体育社会组织作用、培养体育教师和教练员队伍、强化政策保障、加强组织领导等八个方面，制定33条具体措施，并明确责任单位和部门。为探索体教融合的实施路径，在西吉县、同心县等7个县（区）进行试点。

【“奔跑吧·少年”儿童青少年主题健身活动】2021年6月，宁夏各市、县（区）以“奔跑吧·少年”为主题，按照小型分散、覆盖基层、易于参与、形成长效的要求，利用体育中心、体育协会、业余体校、青少年体育俱乐部、体育公园等场所，以中小学生运动会、体教融合试点、阳光体育大课间、校园足球活动、青少年体育冬（夏）令营、中小学生体育技能培训等形式，广泛开展长流水、不断线、适合不同年龄、贯穿全年、线上线下相互配合的青少年体育健身活动。全年共有26万名青少年参加赛事活动，带动60万人次青少年参加。

【全区青少年田径锦标赛】2021年10月6日，全区青少年田径锦标赛在贺兰山体育场闭幕。兴庆区代表队的汪舸在预赛中以10秒81的优异成绩打破男子甲组100米纪录，彭阳县的秦晴在女子100米预赛中达到国家一级运动员等级标准。田径锦标赛由自治区体育局主办，宁夏田径运动协会、银川市体育局共同承办，全区400多名运动员参加。比赛设11个径赛项目和6个田赛项目，选手按年龄分为男子甲组、男子乙组，女子甲组、女子乙组4个组别。最终，有2人次达国家一级运动员等级标准，158人次达国家二级运动员等级标准。

【宁夏青少年锦标赛】2021年，宁夏青少年锦标赛在石嘴山市、中卫市、中宁县、海原县、彭阳县、泾源县等11个市、县（区）举办，比赛共设田径、游泳、射击、武术、国际式摔跤、举重、射箭、自行车、足球、篮球、排球、乒乓球、羽毛球、跆拳道、攀岩、轮滑、网球、拳击、高山滑雪、越野滑雪（滑轮）、短道速度滑冰、马术、铁人三项、沙滩排球等24个项目，共有5200

2021年5月29日，"奔跑吧·少年"儿童青少年主题健身活动启动仪式暨彭阳县第十七届中小学生田径运动会开幕

多名运动员和800多名教练员参加比赛。该届赛事的最大特点，既是年度青少年锦标赛，也是2022年第十六届全区运动会的资格赛。

【宁夏青少年男子足球冠军杯赛】2021年，由宁夏足球协会主办，平罗县教育体育局、平罗县足球协会、灵武市教育体育局承办的宁夏青少年男子足球冠军杯男子甲组、男子乙组比赛分别在平罗县、灵武市闭幕。全区12支代表队、200名球员参加比赛。

（李继伟）

体育产业

【概况】2021年，宁夏全力推动体育与多行业融合发展，中卫市沙坡头景区和金沙海景区被评为2021年全国体育旅游示范基地，西夏区入选2021年中国体育旅游精品目的地，金凤区入围2021年度国家体育产业示范基地专家评审。灵武市、盐池县、平罗县、金凤区被确定为首批全国县域足球典型城市。宁夏体育科学技术中心运动医学研究与康复诊疗室被中华全国总工会评为2021年"全国五一巾帼标兵岗"。

【体育产业培训】2021年，全区体育产业管理干部业务培训班在银川市举办，体育产业管理人才业务能力得到提升。开展全区青少年网球进校园公益培训12期，培训1100人。开展旱地冰壶进校园公益培训15期，培训1155人。举办银川市2021年户外赛事活动安全管理培训暨户外运动安全二级社会体育指导员培训班，培训人数130人。

【体育旅游融合发展】2021年，宁夏开展体育旅游精品项目宣传推广工作，以"体味宁夏"为主题，征集体育旅游典型案例，制作宁夏体育旅游宣传推介片、宣传标识、导览册和小程序。组织参展2021中国体育文化博览会、中国体育旅游博览会，展示推广宁夏特色体育旅游资源，宁夏体育局被评为"优秀组织奖"和"优秀展示奖"。

【体育彩票】2021年，宁夏体育彩票累计销售15.6亿元，筹集公益金4.37亿元，市场份额为55.8%，全区体育彩票销售网点达1285家，解决就业岗位2000个。2021年全国体育彩票工作会议对2020全国在责任彩票（风险防控）工作、品牌营销工作、渠道建设三个方面工作中取得显著成绩的先进单位给予表彰，宁夏体育彩票管理中心获"责任彩票（风险防控）工作奖"和"品牌营销工作奖"。宁夏

2021年6月26日，2021年“中国体育彩票杯”沙坡头区全国沙漠毽球邀请赛在宁夏中卫市沙坡头区举行

体育彩票聚焦公益活动，结合宁夏社会体育服务中心各类青少年体育赛事活动，在广大青少年中开展“送知识”“送健康”“送公益”“送快乐”活动。宁夏“公益体彩快乐操场”活动面向固原市的10所中小学开展，宁夏体育彩票管理中心向10所学校捐赠乒乓球案、篮球架、乒乓球发球器、联合器械等近50种体育器材和防疫口罩，同时选择宁夏体育职业学院的20名优秀志愿者开展为期3个月的支教工作。

（李继伟）

体育文化

【主题座谈会】2021年6月18日，宁夏体育局主办，宁夏体育职业学院承办的“牢记总书记殷切嘱托　奋进体育强国新征程”主题座谈会在宁夏青少年足球训练基地举行。宁夏体育局和宁夏体育职业学院、宁夏体育运动训练管理中心的干部职工和教练员、运动员、学生代表近300人参会，来自宁夏体育职业学院的2位教练员代表和4名学生代表，宁夏体育运动训练管理中心的1名教练员代表和3名运动员代表作了交流发言。全体与会人员共同学习重温了习近平总书记回信，并作出了庄严的反兴奋剂宣誓。

【抗击疫情】2021年，宁夏体育局先后3批次组织71名志愿者，分赴5个县（区）13个街道22个社区开展卫生消杀、核酸检测、捐助物品、取送物资等志愿服务近千次。全区56个自治区级、990个市县级体育社会组织，踊跃开展爱心捐赠、推广居家健身、参与志愿服务。

【宁夏体育书画摄影展】2021年5—6月，宁夏体育局举办“体育彩票杯”宁夏体育书画摄影展，以“庆建党百年展体育风采”为主题，全方位展示宁夏体育事业发展成就，弘扬中华体育精神，展示体育部门良好形象，深化精神文明建设，以丰富多彩的艺术语言讲述体育故事。经过1个多月的作品征集，共有301位参赛者积极响应、热心参与，投稿625件。经过初选，确定书画类175名参赛者的239幅作品（其中，书法作品188幅，美术作品51幅）；摄影类118名参赛者的348幅（组）作品（其中，单幅作品288幅，组图作品60组）入围参与评奖。经过专业评委公平公正的评选，74幅作品获奖。

（李继伟）

出版传媒

CHUBANCHUANMEI

NINGXIA YEARBOOK

编辑◎霍丽娜

综　述

【出版管理】2021年，全区出版管理坚持党管出版原则，坚持守正创新、稳中求进，始终把社会效益放在首位，引导各出版单位坚持正确的政治方向，以人民为中心，紧紧围绕《2021年全区宣传思想文化工作要点》和“十大工程”，贯彻新发展理念，调整出版结构，树立精品意识，提高原创能力，确保出版质量，重点推进主题出版工作、数字化融合发展、出版“走出去”、区域协作发展，打造了一批思想精深、艺术精湛、制作精良的出版精品，有效推动了宁夏出版业高质量发展。重点策划出版《六盘山上高峰》《诗在远方：“闽宁经验”纪事》《出路》等主题图书。其中，《六盘山上高峰》和《诗在远方：“闽宁经验”纪事》入选中宣部2021年主题出版重点出版物选题和“农民喜爱的百种图书”名单；《诗在远方：“闽宁经验”纪事》（俄文版）获丝路书香工程项目资助，主题出版取得较好成绩。依托主题出版和出版物质量检查，促进出版结构优化，压缩合作类教辅、公版图书选题，降低自费出版比例，减少各种平庸选题。加强书号核发把关，积极申请宁夏地区书号试点工作，开展“买卖书号”“一号多用”专项检查，充分发挥书号调控杠杆作用，推动出版产业供给侧结构性改革。加强选题质量把关，突出政治性、政策性要求，加强选题策划和选题论证，严格源头管理，优化选题质量。主动适应时代变革，坚持互联网思维，推动数字出版和数字阅读发展。积极引导区内出版企业加快数字化转型升级，深化与区外出版集团、高校、科研机构的深度合作，顺应互联网传播移动化、社交化、视频化、互动化趋势，生产满足用户多样化、个性化需求和多终端传播的数字出版产品。

【新闻出版行政审批】2021年，自治区持续深化“放管服”改革，按照“数字政府”建设工作要求，优化政务服务流程，完善优化各类数据体系。梳理“四级四同”数据清单54项、“权力清单”数据清单六大类74项、“证照分离”数据清单13项、“数字政府”建设数据台账52项。梳理“互联网+审批”事项50项，梳理行政审批事项165项，对照中央行政许可事项梳理事项108项，全部实现政务公开。政务大厅窗口共办理审批件2700余件，办结率为100%。全年全区审批图书选题1476种，向国家新闻出版署申请年度书号1198个。宁夏人民教育出版社开发的“黄河云课网”“家校共育”“Rays”等多个数字出版项目取得良好市场反响。智慧宫文化产业集团有限公司积极进军数字出版领域，开发智慧宫文库、智能互译平台等数字产品，获批国家文化和科技融合示范基地。加强网络出版监管，开展全区网络文学出版单位社会效益评估以及网络出版服务单位换证工作。加强编校质量把关，严格执行“三审三校”制度，建立健全出版审读制度，开展编校质量专项检查、期刊社会效益评估、未成年人读物专项检查、国家出版基金项目年度检查等，提高出版质量。紧盯出版风险点管控，重点加强对图书、电子音像、动漫游戏等领域的意识形态管理，强化对政治类、宗教类、民族类、网络类等出版物的管理。

【全民阅读】2021年，自治区结合庆祝建党百年和开展党史学习教育，以建设“书香宁夏”和提升宁夏全民阅读水平为目标，重点构建覆盖城乡的全民阅读服务推广体系，建立健全工作体制机制，提升优质阅读内容供给能力，不断提高全民综合阅读率和数字化阅读水平。印发《2021年度全民阅读工作重点任务分工方案》，策划举办习近平总书记“七一”重要讲话精神学习分享活动、“学而时习之”——《论中国共产党历史》《习近平扶贫故事》学习分享会、2021年“塞上书香节”暨“4·23”世界读书日系列活动、“学党史、感党恩、跟党走”全民阅读主题演讲大赛、全区阅读推广人培训班等七项全民阅读大型主题活动。各地各部门严格按照活动要求，融入地方特色文化和元素，不断创新宣传形式，充分发挥自媒体优势，通过“黄河云视”App、微信公众号、抖音、快手等网络媒体平台进行广泛宣传动员报道，扩宽活动覆盖面，扩大活动影响力，仅“学而时习之”——《论中国共产党历史》《习近平扶贫故事》学习分享会在线观看人数达5万人次。组织全区有关出版单位赴江苏省、上海市及在区内开展数字出版和数字阅读工作调研考察，向自治区党委宣传部呈报《关于赴区内外开展数字出版和数字阅读工作调研考察情况的报告》《关于在全区推广“城市书房”有关建议的报告》，撰写《以“互联网+”的思维推进全民阅读的调研报告》。参与申报2021年全民阅读优秀项目5个，参与2021年“农民最喜爱的百种图书”、2021年“乡村阅读榜样”活动，宁夏作家马慧娟入选2021年“乡村阅读榜样”名单，宁夏人民出版社出版的《诗在远方——“闽宁经验”纪事》《出路》入选2021“农民喜爱的百种图书”。

【印刷行业监管】2021年，全区印刷企业和出版物发行单位及时复工复产，完成全区疫情防控宣传品和宣传资料的印刷发行任务。加强印刷复制行业监管和内部资料性出版物规范管理。按照“谁审批、谁监管、谁负责”的原则，严格落实《内部资料性出版物管理办法》，加强内部资料的审批和管理，建立健全内部资料管理风险防控体系，强化宣传培训，严肃处理违规行为，对各市内部资料出版情况进行督查。开展印刷复制“3·15”质检活动，对2021年中小学春季、秋季教材和宁版图书、出省印制的教辅材料的印装质量进行监督检测；在重要节点开展印刷企业和出版物发行市场的专项检查行动，做好2021年中小学春秋季教科书的印制发行工作，加强集中督查，发现问题及时解决，确保全区中小学春秋季教材和三科教材“课前到书、人手一册”；开展印刷企业年度报告工作和复制、发行单位年度核验工作，完成新版《出版物经营许可证》的换发工作；按照《中共中央宣传部关于印发〈新华书店社会效益评价考核试行办法〉的通知》要求，开展全区新华书店社会效益评价考核工作。

2021年3月31日，《诗在远方——“闽宁经验”纪事》在第34届北京图书订货会上首发

【出版传媒监管】2021年，自治区推动报刊出版单位落实“三审三校”主体责任，确保中国共产党成立100周年报刊出版安全。对全区具有“国内统一连续出版物号”的报刊进行年度核验、社会效益评价考核和出版质量检查。对1家违规的报纸、1家出版质量不合格的期刊缓验，对质量检查不合格的15家报刊进行约谈，下发监管提示函1份。盘活报刊资源存量，优化调整报刊结构，督促报刊《宁夏广播电视报》《银川市委党校学报》《优享生活》复刊，推动《回族研究》更名为《民族学论丛》，开展期刊意识形态专项检查和期刊滥发论文专项检查，及时排查新闻出版领域意识形态安全隐患，守好意识形态安全底线。提升新闻阅评质量，印发《自治区党委宣传部新闻阅评工作实施细则（试行）》。加强对媒体新闻报道的导向管理，强化对重大主题宣传、新媒体的评议，构建媒体自评、媒体之间互评、宣传部门重点评工作体系，全年采写阅评报告296篇、编发《新闻阅评》56期、《阅评通报》2期。坚持开门阅评，先后策划党史学习教育宣传报道专题阅评，自治区党委书记专题党课新闻报道专题阅评，宁夏主流媒体报道第五届中阿博览会阅评等，组织6家党报开展全区报纸新闻互评。举办全区新闻阅评人员培训班，集中培训近百名新闻阅评员，提升媒体新闻报道和舆论引导水平。新闻阅评工作得到中宣部《每日要情》肯定。加大监管力度，开展新闻记者

证年度核验，完成全区41家新闻单位和46家中央驻宁新闻机构记者证年检1850个，报刊记者站整改12家，新核发记者证150人。解决非采编岗位领取新闻记者证、注销新闻记者证收回、主管单位不落实职责等问题。抓好中央驻宁新闻机构评估，督促缓验驻宁记者站做好整改工作，加强自身建设，不断提高办站水平。开展打击新闻敲诈和假新闻专项行动，坚决整治各类新闻违法活动，形成宣传部牵头、多部门联动的工作机制，相关做法被中宣部《每日要情》刊发。抓好重要时间节点，先后开展3轮电影行业安全生产和疫情防控检查，全年未发生安全生产和疫情防控事故。

【电影产业管理】2021年，自治区党委宣传部联合自治区教育厅、总工会等5部门印发文件，针对不同领域和群体特点，以“百部红色电影进基层”“百部红色电影进校园”“百场红色电影免费看”“百场优秀国产影片展映展播”为载体，结合群众性主题宣传教育活动，组织学生群众和党员干部观影，完成城市院线主旋律电影展映3000余场次，农村公益电影放映4万场，营造共庆建党百年、共创历史伟业的浓厚氛围。推动重点影片规划创作，召开全区电影工作座谈会，加强对电影工作的规划指导，特别是对民营电影企业和影院的鼓励扶持，充分发挥国家电影事业发展专项资金的引导作用，对影院、影视机构、影视基地进行资助奖励。推出建党百年献礼影片《为了明天升起的太阳》，获得中国电影基金会“2021国防军事电影盛典”优秀影片，成为党史学习教育中讲述宁夏红色故事的“鲜活教材”。创新电影工作思路，在全区广泛开展电影党课，通过电影教育引导党员干部群众传承红色基因、赓续红色血脉。组织协调开展电影党课百余场，指导鼓励影院开设主题党日影厅。

【“扫黄打非”工作】2021年，宁夏“扫黄打非”工作领导小组办公室组织协调全区各地各部门强化网上网下出版传播活动监管，加大“扫黄打非”进基层力度，规范版权管理工作，推进软件正版化。全区先后开展“扫黄打非”“净网”“护苗”“秋风”专项行动，扫除文化垃圾，弘扬新风正气。协调网信、公安、文化和旅游、市场监管等部门加强联动协作，拓展线索核查，适时召开分析研判会议，以推动案件查办为抓手，实施全链条打击。依托网信专网对属地重点微信公众号和微博账号开展日常监测，将全区重点App录入技术监测平台，开展常态化巡查，做好网络信息内容的监管。加强行业自律，健全行业道德规范，严格落实内容信息发布“初审+复审”机制。

（李　莉）

图书出版

【概况】2021年，黄河出版传媒集团以政治建设统领改革发展，认真贯彻落实党中央和自治区党委决策部署，坚持“精品出版带动”和“市店振兴”两大战略，统筹推进出版供给侧结构性改革和发行需求侧改革，截至2021年12月31日，集团资产总额16.88亿元，同比增长7.75%；净资产总额10.08亿元，同比增长5.51%；实现营业收入5.86亿元，同比增长11.34%；实现利润总额6197万元，同比增长14.04%，其中归属母公司利润6892万元。

【主题精品图书出版】2021年，黄河出版传媒集团立足实际突出精品出版主题，大力优化出版选题结构，全年共出版图书2511种（其中，初版书1157种，重印书1354种）。策划并推出《诗在远方——“闽宁经验”纪事》《出路》《百万大移民》《六盘山上高峰》（稿件已送审）等脱贫攻坚方面主题精品图书，出版《“七一勋章”获得者王兰花》《社会主义是干出来的》等

2021年，黄河出版传媒集团策划出版的主题精品图书

赓续红色血脉主题精品图书以及《“石榴籽”故事》《贺兰山志》等服务美丽新宁夏建设的主题精品图书。加强原创出版，推出“我们的时代”系列、宁夏精品文学系列图书。提升教育出版，《幼儿园课程指导用书》等入选宁夏幼儿园教学资源使用目录，《学习之友(高中版)》入选自治区教育厅评议推荐使用教辅用书目录，形成覆盖幼小中高的全学段教育出版产品线。加大人教版教材推广，人教版教材在宁夏义务教育阶段市场占有率达76.54%，高中阶段占有率达86.48%。

【图书获奖】2021年，宁夏出版精彩亮相第34届北京图书订货会、第30届图书博览会、第17届深圳文博会和第28届北京国际图书博览会。全年新书发布会、出版座谈会、阅读分享会举办频次远超以往，邀请多名国家级协会负责人助阵，《人民日报》、新华社、《光明日报》等媒体给予高度关注，各大媒体全年转载、报道、刊发稿件300余篇。黄河出版传媒集团倾力打造的《诗在远方——“闽宁经验”纪事》先后进入“中国好书”5月榜单、中宣部“书映百年伟业”好书荐读6月书单、《中国新闻出版广电报》2021年度优秀畅销书排行榜，与《六盘山上高峰》共同入选中宣部2021年主题出版重点出版物书目，与《出路》共同入选“2021年农家书屋增补目录”，与《“记录小康工程”丛书·宁夏卷》《宁夏黄河志》《宁夏村志丛书》共同入选全国《出版业“十四五”时期发展规划》。新华社客户端播发微纪录片《诗在远方——我眼中的“山海情缘”》，播放量超过150万次；《百万大移民》新书发布会新闻浏览量超过70万次。《闽宁镇记事》《我们的脱贫之路》《普通话口语表达技巧指导》《遵循节气设施果树管理实用技术》等图书入选2021年农家书屋重点出版物推荐目录。《创新素养教育读本》《互联网+：教育发展新范式》《人工智能与未来》等15种教育图书获第三届中国西部地区优秀教育图书奖。《刘少奇哲学思想研究》《中国传统文化导论》《贺兰山志》等16种图书获北方十五省(市、区)第31届哲学、社会科学优秀图书奖。《有声有色的水科普读物》《宁夏艺术史》《宁夏文学史》《家乡故事》等60部图书获得第23届北方文艺图书奖。

【图书发行经营】2021年，黄河出版传媒集团以强化新华书店文化供给服务能力为主线，推动发行版块全面转型升级。完成吴忠市新华书店中心店综合改造工程，推进固原市新华书店门店升级改造，中卫市、西吉县、平罗县、灵武市、中宁县新华书店纳入升级计划。坚持服务乡村振兴，完成闽宁镇新华书店、红寺堡时代广场店等10处乡镇发行网点建设。坚持发挥新华书店主阵地作用，全年发行党史学习教育指定教材60多万册。推动习近平新时代中国特色社会主义思想进校园，《习近平新时代中国特色社会主义思想学生读本》总印数38.8万册并已开始征订发行。完成“课前到书、人手一册”政治任务，全年发行教材1.8亿码洋、教辅1.77亿码洋。2021年，加大构建以文化供给为主线的新华书店发展新格局，吴忠市、固原市、海原县、灵武市4家书店利润总额突破300万元，西吉县、同心县、中卫市3家书店利润超过200万元，各市县新华书店全部实现盈利。

（王佐红）

广播影视

【概况】2021年，宁夏广播电视局深入实施习近平新时代中国特色社会主义思想入脑入心工程，推进广播电视媒体“头条”建设和网络视听媒体“首页首屏首条”建设，在宣传阐释、舆论引导上下功夫，深化习近平新时代中国特色社会主义思想学习宣传贯彻，教育引导全区干部群众不断增强学习贯彻习近平新时代中国特色社会主义思想的思想自觉、政治自觉、行动自觉，坚持不懈用党的创新理论武装头脑、指导实践、推动工作。紧扣庆祝中国共产党成立100周年这一主线，组织开展重大主题宣传，指导全区各级广播电视和网络视听媒体开展“庆祝中国共产党成立100周年——奋斗百年路 启航新征程”主题宣传活动，大力弘扬伟大建党精神，为建党百年营造浓厚氛围。紧紧围绕乡村振兴、“9个重点产业”“十大工程项目”“四大提升行动”等自治区党委和政府中心工作，推出《宁夏不会忘记》《共产党好，黄河水甜》等系列主题报道，拍摄纪录片《黄河谣》，开办《纪录宁夏》等栏目，为黄河流域生态保护和高质量发展先行区建设提供良好舆论支持。充分发挥农村电影放映媒体公益宣传作用，在全区农村、社区广泛开展庆祝中国共产党成立100周年红色影片放映活动。

【精品创作】2021年，宁夏广播电视局支持和参与电视剧《山海情》创作拍摄，该剧在第27届上海电视节白玉兰奖评选中，获得最佳中国电视剧、最佳女配角、最佳男配角和最佳摄影奖。由国家广电总局指导，福建、宁夏两省(区)宣传部、广电局等单位联合摄制的纪录片《闽宁纪事》，获第31届中国新闻奖电视新闻专题一等奖。纪录片《宁夏明长城》《塞上江南》被国家广电总局评为2020年第四季度、2021年第一季度优秀国产纪录片。网络电影《那片沙那片海》被国家广

2021年11月13日，自治区广播电视局组织干部职工下沉社区共筑疫情防控坚强防线

电总局评为2020年“弘扬社会主义核心价值观　共筑中国梦”主题原创网络视听节目征集推选和展播活动优秀节目。创作拍摄12集公益宣传系列短视频《宁夏故事2021》，在腾讯视频、今日头条、优酷等全网50多个主流媒体投放播出，宣传效果显著。策划推出《入党那一天》《驻村第一书记讲党课》《党史故事我来讲》《青年说》《Vlog：唱支红歌给党听》等短视频。筹办第六届宁夏公益广告大赛，共征集作品2226件，《平凡中的不平凡》《新生活　新奋斗　伍六十的幸福生活》等公益广告作品，被国家广电总局评为2020年度广播电视公益广告扶持项目优秀广播作品、优秀电视作品。宁夏广播电视局被总局评为广播电视公益广告扶持项目优秀组织机构，隆德县广播电视台被评为优秀播出机构，公益广告取得显著成绩。

【行业管理和服务】2021年，宁夏广播电视局立足新发展理念，主动服务新发展格局，系统谋划宁夏广播电视和网络视听高质量发展，起草《关于推进宁夏广播电视和网络视听高质量发展的实施意见》。全面落实意识形态工作责任制，坚持网上网下统一导向、统一标准、统一尺度，强化阵地管理，加强行业监管。开展“大排查、大起底、大检视”，意识形态工作基础深厚坚实、态势平稳向好。深化“放管服”改革，梳理行政职权和公共服务事项41项，全年办理行政审批和行政许可48项，完成16个电子证照模板报送录入工作。整治违规广告，查处问题节目，开展境外卫星电视传播秩序专项整治。完成银川广播电视台合并、惠农区广播电视台撤销工作，推动频道频率专业化、融合化、特色化、品牌化建设，宁夏广播电视台、宁夏教育电视台和5个地级市广播电视台电视节目实现高标清同播。2021年，宁夏广播电视局以实施惠民工程为抓手，建成“宁夏广播电视高质量发展项目库”。印发《宁夏广播电视服务乡村振兴专项行动方案》，发挥广电行业优势，助力乡村振兴和农民富裕。开展安全播出大检查、应急演练，严防死守，完成庆祝建党百年等重要保障期安全播出任务。推进700兆赫频率迁移工作和宁夏广播电视监测监管平台系统升级改造项目。在8个脱贫县(区)实施有线高清交互数字机顶盒推广普及项目。

【媒体融合】2021年，宁夏广播电视局推进县级融媒体中心建设，县级融媒体省级技术支撑平台和县级融媒体平台建设2021年12月完成项目竣工验收。向13家县级融媒体中心集中颁发《信息网络传播视听节目许可证》。完成IPTV监测平台与宁夏IPTV播控分平台对接工作。推进网络整合发展工作，2021年5月28日，原宁夏广播电视网络有限公司正式更名为中国广电宁夏网络有限公司。

【对外宣传】2021年，宁夏广播电视局实施“视听中国播映工程”，强化内容、渠道、品牌建设和主体培育。推进“一带一路”(中阿)广播电视交流合作项目，国产电视剧《双城生活》(阿拉伯语版)在黎巴嫩LBC电视台播出，受到我国驻黎大使馆高度评价。在2021年第五届中阿博览会期间，通过Youtube宁夏卫视官方频道和2个客户端，多语言对中阿博览会进行网络直播。授权Sinow平台播放《宁夏明长城》《变迁》《温暖有光放映队》《故事》《品牌宁夏》《故事》《解码“一带一路”》等节目通过与中阿卫视合作的《宁夏时间》，走进中东和北非地区。

(俞　姣)

新闻传媒

【《宁夏日报》】2021年，《宁夏日报》坚持纸媒网媒共同发力、网上网下协同推进，主题宣传、成就宣传、亮点宣传等精彩纷呈。以改革促发展、以发展推转型，在深度融合、深层变革激发活力、增强动力，有效提升党媒传播力、引导力、影响力、公信力。《宁夏日报》把学习宣传贯彻习近平新时代中国特色社会主义思想作为首要政治任务，将习近平总书记考察宁夏重要讲话精神内化为加强新闻舆论工作的思想自觉和行动自觉。坚持守正创新，新闻舆论"四力"有力提升。提前布局、精心谋划，高站位抓好重大主题策划，组织完成庆祝中国共产党成立100周年、学习贯彻习近平总书记"七一"重要讲话精神、党史学习教育、党的十九届六中全会、第五届中阿博览会、首届中国（宁夏）国际葡萄酒文化旅游博览会、自治区党委第十二届十三次全会、建设黄河流域生态保护和高质量发展先行区推进会、疫情防控等40多项重大宣传报道任务。2021年1月起对《宁夏日报》的版面进行优化提升，关停并转一批受众少、影响力弱的版面栏目，集中力量打造精品内容和知名品牌。《宁夏日报》一版头条持续刊载的习近平同志《论中国共产党历史》中关于宁夏的3段重要论述及相关评论员文章，被中宣部新闻局以《宁夏日报结合本地实际学党史发评论明方向》为题，在全国范围进行推广交流，得到自治区有关领导的批示表扬。2021年，3件作品获第31届中国新闻奖，其中宁报集团撰写的新闻论文《以深化改革为深度融合蓄能——宁夏日报报业集团媒体深度融合探索》获二等奖。坚持办好《宁夏日报·内参》，深入调研采写的《我区农村"空心化"现状调查》等4篇内参稿件得到自治区领导批示。"传承党的百年光辉史基因、铸牢中华民族共同体意识"、疫情防控、全区经济形势分析会等报道得到自治区党委、政府领导表扬。《读者来信》栏目时隔20多年再次上线，关心关注群众急难愁盼，刊登了《忧心！电子烟"溜进"校园》《提升服务　让居民家暖心更暖》等系列社会民生稿件，党媒贴近群众服务群众凝聚群众作用更加彰显。推进全媒体传播体系建设，宁夏日报客户端下载量突破10万次，宁夏新闻网微信公众号粉丝数达60万人次，"宁夏日报""宁夏观察"等短视频账号用户数超400万，阅读量破亿，全媒体矩阵总覆盖用户数超2800万。特别是在疫情防控宣传报道中，集团报网端微齐发力、全媒体齐上阵，刊登的《陈润儿在自治区应对新冠肺炎疫情工作指挥部听取汇报时强调：精心组织有序应对　坚决阻止疫情扩散》等稿件，凝聚起众志成城、群防群控的强大力量。及时澄清"银川市封闭小区""中卫发生确诊病例"等虚假信息，稳定公众情绪，引领舆论导向，发挥主流媒体定盘星、压舱石作用。2021年，集团推出融媒体原创产品14000多个，点击量1000万+作品6件，500万+作品22件，融媒体产品同比增长46%，总点击量增长205%。

【银川市新闻传媒集团融媒体中心】2021年，银川市新闻传媒集团融媒体中心重点报道亮点频出，银川发布、银川新闻网、银川广播电视网、银川晚报新媒体持续保持主旋律、主基调，着重做好网上氛围营造工作。围绕重大活动开展重点报道。银川市两会期间，推出《树牢一线意识，做新时代的奋斗者》等3个书记会议发言原声短视频，通过银川发布客户端、银川新闻网、银川新闻网、银川晚报抖音号、视频号，微博、微信、今日头条等平台推送，这几个短视频的点击量在短短几天内超过百万次。在两会期间会前、会中、会后策划制作新媒体作品——《主播说两会》《李洋跑两会》《H5：银川送你幸福宝盒》《银川，是每个人的银川》等。银川发布客户端、银川新闻网在首页首屏设置专题专栏，共发布280余篇/次稿件。8月，第五届中阿博览会召开，银川新闻网、银川发布、《银川晚报》等平台，通过客户端、网站等自有平台及抖音、视频号等第三方平台对第五届中阿博览会开幕进行全方位报道。截至会议结束，银川发布客户端共发布相关稿件267篇，以最大力度为银川跨境电商的发展做好网上宣传。在银川市委第十四届十二次全委会、十九届六中全会、全市重大项目集中签约现场会等重大会议活动期间，制作海报、长图、视频、音频等新媒体产品充分报道。2021年，依托银川市党建融媒体中心的实体，在银川发布、银川新闻网开设党建频道、栏目及专题《奋斗百年路　启航新征程》《传承党的百年光辉史基因　铸牢中华民族共同体意识》等，庆祝建党百年品牌栏目及各类党建动态新闻，发稿5000余篇。4月29日，推出每周一期的新媒体党建集纳产品《银川党建前沿》。策划并制作形式涵盖短视频、长图、H5、手绘、互动小游戏等多种形式的新媒体产品。6月中旬，筹备"银川市庆祝中国共产党成立100周年新媒体产品发布会"，陆续发布推出。探索VR拍摄在视频展示中的应用，先后拍摄制作《VR打卡银川党史学习教育场馆》《VR展示中阿博览会跨境电商展》等13部VR产品。服务社会发展。新冠肺炎疫情期间银川新闻网共发布相关稿件1200篇，其中最受关注的短视频抖音平台，单个产品最高点击量1078.1万次，平均阅读量20万人次。银川发布制作大量海报、长图、新媒体推文，拍摄的系列短视频《银川48小时》《银川又一个夜以继日的48小时》，全面记录疫情防控期间的市民生活、大范围核酸检测现场情况等。客户端、网站等还实时通过图、文、视频，滚动推送一线抗疫实况，并及

时发布相关法律法规知识，发布典型案例。先后与自治区纪委监委、自治区党委网信办、银川市委宣传部等单位建立合作，策划一系列线上线下活动并执行。先后承办自治区党委网信办“脱贫攻坚巡礼——网络名人宁夏行”活动，银川党史领导小组办公室主办的“永远跟党走”银川市党史知识竞赛暨第二届“学习强国”达人挑战赛，承接中央网信办、自治区网信办、央视网、中新网等联合举办的中央媒体“石榴花开　籽籽同心”网络主题在宁夏采访活动，中央媒体“母亲河畔的中国”网络主题活动等一系列媒体行活动。申报自治区文化产业发展专项资金、科技厅科技项目，银川市委人才局“人才小高地”项目。在2020年认定为自治区科技型中小企业的基础上，又通过国家科技型中小企业的认定，并获得自治区及银川市高企奖补资金120万元。在创城宣传工作中，融媒体中心加强宣传引导，号召广大群众积极参与文明城市创建。通过银川发布、银川新闻网，开设专题专栏《专题|创建全国文明城市进行时》《专题|文明城市　你我守护》等，全面报道创城动态。银川发布、银川新闻网等平台继续做好脱贫攻坚宣传，展示宁夏脱贫精神，切实增强干部群众的自豪感、荣誉感，激发决战脱贫的斗志。重点做好脱贫攻坚中的闽宁实践，特别策划开设专题《脱贫攻坚精神的闽宁实践》，已发布稿件450余篇。借助电视剧《山海情》的热播，制作出一系列宣传闽宁及银川、宁夏的新媒体产品。以习近平总书记考察宁夏一周年、“世界防治结核病日”、森林防火等为主题的融媒体产品，弘扬社会正气。为弘扬中华传统文化，银川发布、银川新闻网、《银川晚报》、看银川等平台精准发力。各平台将视频、科普长图、剪纸海报制作成微信推文，全平台推送。银川发布客户端陆续推出每月日历海报、早安银川海报；银川新闻网抖音推出《听医生的话》专栏；银川晚报在此前“天气”“突发”受众基础上，不断加大正能量、社会新貌、传统文化传播；看银川则在文明城市创建上苦下功夫，持续推出理论文章与网络文明树新风短视频。2021年，融媒体中心紧抓意识形态时刻紧绷，借助大数据严控风险点，加强科学研判，将风险消灭在萌芽状态和早期阶段。加强合作交流。在做好集团与腾讯、今日头条、搜狐、澎湃等第三方商业网络平台的全力合作的同时，与央视频、人民网等主流媒体签订合作协议，扩大集团各平台在全国权威媒体平台的影响力，进行媒介深度融合。银川市新闻传媒集团与字节跳动（抖音、今日头条）、腾讯（视频号、腾讯号）、央视（央视新闻、央视频）、新华网、人民网党媒视点、人民网、中国日报社、搜狐、中新社、澎湃等平台进行多方位合作。

【石嘴山市新闻传媒中心】2021年，石嘴山市新闻传媒中心突出抓好庆祝中国共产党成立100周年以及党史学习教育宣传这条主线，坚持融媒聚力、矩阵发声，各媒体平台统一开设《奋斗百年路　启航新征程》《学党史　悟思想　办实事　开新局》等专题专栏，营造浓厚的舆论氛围。紧紧围绕自治区乡村振兴、黄河流域生态保护和高质量发展、“四大提升行动”、“十大工程项目”、“三山”建设、“9+3”重点特色产业、走出一条高质量发展新路子等内容，开展重大主题宣传报道，先后组织策划10余个专题专栏，发布各类稿件8600余篇。开通“今日石嘴山”强国号，开设《石嘴山头条》《石嘴山故事》《文艺石嘴山》《融媒视听》《文明石嘴山》专栏，对石嘴山市时政、经济、社会、文化、民生等领域的重要新闻进行特别报道。针对植树造林、优化营商环境工作中存在的问题，拍摄制作专题片，为市委、市政府决策提供重要参考信息。加大对进展缓慢重点项目曝光力度，有力督促相关部门履职尽责。2021年，开展《百姓问政》直播、网络微问政，有效帮助群众协调解决各类民生类问题近50件。按照中央、自治区加快推进主力军向主战场转移的要求，将粉丝读者喜好作为目标导向，将优质内容、先进技术、专业人才向互联网汇集、向移动端转移。注册成立“今日石嘴山”抖音号、“石嘴山发布”视频号，采取“直播+商务”“直播+产业”的方式助推本市重点项目建设、工业文化旅游发展和农业特色产品对外宣传。注册成立石嘴山综合广播文化传媒有限公司、石嘴山电视台文化传媒有限公司，依托广播场外直播、《百姓问政》《百姓热线》、《百姓春晚》等新形式、新媒体栏目及活动提升服务群众效果，拉近与百姓的距离。为石嘴山市两会、全区重点项目集中开工、献礼建党百年无人机灯光秀、“工业之声”摇滚音乐节等重要会议、活动提供现场连线和大屏保障，通过“直播+”的形式，有效传达党的政策方针。结合传媒实际，举办“中国共产党百年辉煌”“学党史　悟思想　办实事　开新局　铸牢对党绝对忠诚的政治品格”等6场专题讲座，凝聚思想共识；邀请专家、学者开展“马克思主义新闻观线上培训”专题辅导，将理论学习转化为推动工作的动力。2021年，石嘴山市新闻传媒中心推动媒体深度融合发展创新案例入选“全国新闻出版深度融合发展创新案例”，各类稿件获宁夏广播电视奖、宁夏好新闻奖25件，其中一等奖3件，二等奖

8件，三等奖14件。稿件《你封闭在家我跑腿帮种——石嘴山市25万亩春小麦如期播种》入围第31届中国新闻奖。

【吴忠市新闻传媒中心】2021年，吴忠市新闻传媒中心以政治建设为统领，深入推进党史学习教育、宣传思想文化工作、“讲政治、担使命、守纪律”主题教育，层层压实管党治党政治责任，不断提升党委班子把方向、抓导向、管阵地、强队伍能力。服务党和政府重大活动。策划推出“十大产业看发展”“四权”改革、地方换届、“传承党的百年光辉史基因　铸牢中华民族共同体意识”等一系列意义重大、特色鲜明的主题宣传；围绕庆祝建党百年、习近平总书记“七一”重要讲话，统一开设《奋斗百年路　启航新征程》等专题专栏及系列子栏目，并及时转载央媒、区媒等重点报道；围绕党史学习教育，联合市委学教办组织线上党史知识答题参与3万余人次，精心策划摄制推出18集反映本地红色历史的党史学习教育专题纪录片《红色记忆》，系统提升全平台密切协作、融合传播能力，已播出内容被自治区党委组织部等推送，并作为全市党史学习教育重要内容；整理上报“记录小康工程”资料1080条、“扶贫印记”887条。服务社会治理和建设。结合党史学习教育“我为群众办实事”实践活动，先后完成“有事您找我”新闻服务热线、打造线上数字党史馆、建设运行职工餐厅、设立市档案馆新闻媒资分馆、参与新时代文明实践中心建设、购买正版优质影视节目等为民办实事。《黄河岸边的故事》等6件作品分获宁夏好新闻奖二等奖、三等奖，75篇新闻稿件、短视频被中央电视台、《光明日报》及人民网客户端等央级媒体采用，78件原创作品被“学习强国”宁夏平台采用转发、1件被全国平台转发，《春天还会来》获全区第五届社会主义核心价值观微电影大赛一等奖，《教育风景线》栏目一期节目获2020年度宁夏广播电视奖电视社教类二等奖，《八旬老人为美好生活放声高唱——第二届最美吴忠人濮传勇》短片获宁夏广播电视奖电视社教类三等奖。自全市抗击新冠疫情战斗打响后，立即组织报纸、广播、电视发布疫情防控原创稿件319篇、原创短视频522个、疫情防控公益广告16期；发挥新媒体“短平快”作用，发布疫情防控稿件1231篇、视频176个，总播放量超过5000万人次。出台《特约撰稿人、通讯员和评论员稿件（视频）使用及稿费发放管理办法（暂行）》，强化“看吴忠”App快编首发作用，成立视频小组创新策划多种新媒体产品，通过短视频、H5、长图、动漫等打造多元媒介产品，在手机客户端新设《吴忠日报》《新视听》栏目及26个子栏目，形成“一核多元”高效联动融合传播态势，全市首推全景VR线上数字党史馆，新媒体受众达116万人，全媒体受众达167万人，实现新闻宣传内容在不同渠道同频共振和传播效果最大化。按照受众意见调整优化专题专栏形式内容，推出《我为吴忠代言》《文明礼仪三分钟》《吴忠好家风》《道德模范》《创城暗访》等专题专栏，《有事您找我》新闻栏目先后为群众解决急难愁盼问题16件。先后推出快闪《唱支山歌给党听》等10部，承办全区第五届社会主义核心价值观主题微电影（微视频）大赛、清明诗会、全市学习强国达人赛、全市“学党史　感党恩　跟党走”演讲比赛等；提前对接争取中国报业协会、宁夏报业协会支持，承办“传承黄河文化、弘扬时代精神”全国省地（市）媒体融合创新论坛暨采风活动，助力2021大西北吴忠早茶美食文化节成功举办，快手《吴忠早茶mia气得很》短视频总播放量达到2741万人次，抖音话题“吴忠美食DOU起来”点击量达3163.7万人次，《原来吴忠早茶这么硬核》《“游在宁夏·吃在吴忠”——吴忠早茶打造养生社交文化符号》等一批优秀稿件通过中央及地方各类媒体广泛传播，提升了宣传展示美丽吴忠的影响力。技术保障和队伍建设。完成“七一”及全区重大项目开工吴忠分

2021年12月28日，宁夏“学习强国”学习平台电视端上线发布会在银川市举行

会场现场直播等安全播出技术保障任务；结合“我为群众办实事”实践活动协调将吴忠电视节目正式接入IPTV宁夏播控平台，彻底解决31万网络用户看不上本地电视节目的问题；对广播电视制播网络系统开展网络与信息系统安全等级保护第三级测评并逐项彻底整改，完成全区“护网2021”网络安全攻防演练任务；顺应高清化、智能化传播趋势，对报纸编排系统、电视新闻制作系统进行硬件升级，各融媒体采编平台实现平稳对接，提升技术服务新闻出版、刊播保障能力。修订完善绩效考核、工作室运行等制度，建立常态化“金点子”征集机制，完善新闻调度、工作室项目化运行机制，以绩效考核为指挥棒推动由产品内容数量向质量转变提升。强化培训、提升技能，先后选派3人参加吴忠市委党校干部培训、17人外出培训、9人参加全区广播电视媒体融合发展和骨干通讯员培训、12人到宁夏广播电视台跟班学习，举办马克思主义新闻观、新闻采编播专题业务能力提升培训班7期531人次。业务交流合作。推进各业务平台与社会资源的对接与合作，推出一批合作栏目、节目。整合播音主持人才资源，成立主播工作室加强新闻播出力量，与宁夏大学、北方民族大学、银川科技学院、山西传媒学院等高校专业院系建立产学研融合播出机制，编制内招考播音员1人，有效促进业务交流和全媒体人才水平提升。制订《经济管理委员会议事规则》《广告刊播管理制度》《中心经营业务及项目活动管理办法》《广告业务“三审三校”流程及差错追究制度》《报纸加印及增扩版流程》，统一整体经营谋划、形成工作合力。对接社会优质资源，增加创收渠道；整合专业资源开办少儿口才培训学校；与中国报业协会延安新闻培训学院开展红培教育初步达成合作意向，积极打造成业务运营新品牌。严格落实各类广告“三审三校”安全刊播规定，向自治区各厅局及全市文化大院、部分离退休干部赠送报纸384份，发挥媒体作用参与红寺堡区大河乡香园村新时代文明实践站所建设，并通过直播带货、公益广告等助力乡村振兴。

【固原市新闻传媒中心】2021年，固原市新闻传媒中心对“今日固原”客户端进行全新改版，将《固原新闻联播》节目接入宁夏广播电视台IPTV播控平台，解决了广大电信、移动和联通用户长期无法收看本地电视新闻的难题，用户由原来的不足1万户增加到近30万户。围绕习近平新时代中国特色社会主义思想、习近平总书记考察宁夏重要讲话精神、庆祝中国共产党成立100周年等重大主题宣传，围绕市委和政府中心工作，坚决贯彻市委各项决策部署，做到全媒体宣传，传播渠道、传播载体、传播形式多样化。固原市新闻传媒中心拍摄的党史学习教育新闻连连被中央电视台转播：3月27日，党史学习教育中央宣讲团在固原宣讲的新闻被央视采用；6月1日，《固原27万师生同唱〈没有共产党就没有新中国〉》被央视新闻联播采用。2021年，中心各平台共刊播党史学习教育稿件3268篇（条），其中《固原日报》1171篇，《固原新闻联播》534篇，固原人民广播电台116篇，新媒体各平台1447篇。完成全国脱贫攻坚总结表彰大会和全国重要会议、自治区重要会议、固原市重要会议、全区重大项目集中开工等时政报道，共刊发各类稿件680篇（条）。中心各平台统一开设宣传脱贫攻坚、四大产业创新引领、环保督察回头看等中心工作和阶段性重点工作的专栏，共刊发各类稿件1760篇（条）。完成自治区建设黄河流域生态保护和高质量发展先行区第五次推进会车载全程直播工作。中心重新整合为“六大中心和四大平台”，即全媒体指挥中心、全媒体采访中心、全媒体新媒体中心、全媒体质量管理中心、全媒体技术数据中心与全媒体经营信息中心和报纸编辑、电视制播、电台编播、新媒体发布平台，实现“策采编发评”各环节一体联动，构建“新媒体首发、全媒体跟进、融媒体传播”等传播新格局。充分发掘利用新媒体平台，“今日固原”客户端6.0版本于3月升级上线，受众通过“今日固原”实现用手机看电视、听广播、读报纸、观直播多重功能。固原市第五次党代会、全市两会召开期间，共制作新媒体原创产品近百件，充分发挥新媒体“快、新、活”的特点和优势。第一时间推出动态报纸发布开幕快讯；会议期间，在移动平台优先发布程序性会议报道和会议公告，制作“书记原声”视频版、两会花絮等产品，提升新闻报道速度；会后，制作发布微视频《书记原声》、3D动画《固原的发展》，增强报道维度。移动直播成为媒体融合的新抓手和助推器，中心优质高效完成第一批、第二批“全区重大项目集中开工现场推进会固原分会场”五个地级市连线保障、全程直播和新闻宣传工作。2021年，固原电视台微信视频号累计关注量10239人、阅读量680万，上升4750人；《固原日报》抖音关注量19.5万、播放量980万，上升1.5万人；固原电视台抖音关注量2.9万人次、播放量321万次，上升6780人；今日固原客户端原有用户2.22万人次，自3月份客户端升级上线以来新增下载量2431人次，原创阅读量356.65万人次；固原电视台微信关注量4.78万人次、阅读量18.25万人次，上升了1029人。年内，新闻传媒中心获"全区脱贫攻坚先进集体"。固原新闻传媒中心广播作品《郭建雄种植"黑金刚"成网红》获中国新闻奖三等奖，是固原广播电视首次斩获中国新闻奖。12件作品获"宁夏好新闻奖"，9件作品获"宁夏广播电视奖"。

【中卫市新闻传媒集团】2021年，中卫市新闻传媒集团在《中卫日报》、中卫广播电视台、中卫新闻网等各平台开设《在习近平新时代中国特色社会主义思想指引下——贯彻新发展理念　推动高质量发展》专栏。制定中卫市"奋斗百年路　启航新征程""云天大会""自治区十六届运动会"等阶段性宣传报道方案20个。做好党史学习教育宣传。从1月20日起，《中卫日报》、中卫电视台、中卫广播电台"新闻联播"和各新媒体平台同步开设《奋斗百年路　启航新征程》总栏目，全面报道中国共产党成立100周年各项活动开展情况和各界反响。加强与中央驻宁媒体、自治区主要媒体、宁蒙陕甘毗邻地区联盟媒体对接，多篇文章被《人民日报》等中央和自治区媒体转载刊发。聚焦重大活动和发展战略。全年组织策划开展全媒体重点报道10次以上，重点聚焦庆祝中国共产党成立100周年、党史学习教育、持续打好"三个大会战"、创建全国文明城市、建设云天中卫、建设黄河流域生态保护和高质量发展先行市、实施乡村振兴战略、全域旅游、健康中卫等全市重点工作、亮点工作；《中卫日报》策划出版《2021中卫市两会》等专刊特刊8期，中卫电视台综合频道推出"全市政法队伍教育整顿"等6期专题宣传，中卫综合广播开设"志愿服务在一线"等专题宣传6期，新媒体推出"贯彻新发展理念　推动高质量发展""认真学习贯彻全国'两会'精神""党史学习教育""全市政法队伍教育整顿"等网络专题15个，完成《中卫市第五小学快闪表白伟大祖国》等融媒体产品120个；中卫新闻网、云端中卫手机客户端、中卫新闻网年内开设专题8个，云端中卫组织《2021年全区第一批（第二批、第三批、第四批）重大项目开工》等直播活动10次以上；新开中卫发布抖音账号、中卫发布快手号、中卫发布视频号，实现常态化更新发布；获得2020年度宁夏好新闻奖、宁夏广播电视奖、相关媒体协会奖等奖项12件；完成2021年度《中卫日报》出版发行工作，完成发行任务13802份，完成经营收入710万余元；中卫市文化产业孵化园项目主体建设已封顶。制作完成时长20分钟的中卫市党史学习教育纪录片《沐恩百年志云天》等电视专题片20余部；举办庆祝建党百年系列快闪等新媒体推广及直播活动20余场；出版庆祝中国共产党成立100周年百版典藏特刊1期。创办《新闻参阅》内参期刊。完成2021云天大会市区氛围营造，制作反映"四大提升行动"市委、市政府主要领导包抓重点村情况专题片2部。开展自治区第16届运动会新闻宣传、市场开发、氛围营造等相关工作，制作5个户外大型电子倒计时牌，完成会徽、会歌、吉祥物和主题口号等征集活动。专题制作。充分运用H5、VR、直播等新媒体手段，在中卫市发布视频号并发布视频200余条，总浏览量400万+，推出的《中卫夜景》浏览量近40万次，点赞量1.5万+；在疫情防控期间，推出的《核酸检测现场，两个可爱的人儿暖了整个中卫》浏览量100万+，点赞量1.4万+；承办"网络达人看中卫"活动，推出《今天看网络达人去哪儿了》等系列H5、动漫视频15条；在"2021云天大会"期间，推出60余条短视频，H5长图1条，海报30余张。其中，《两院院士李德仁点赞中卫：中卫是个好地方》《王宇翔：中卫"双中心"节点城市优势诸多！》《激动，学校来了大教授》等重点产品浏览量30万+。推送图文稿件《"一号工程"云计算和大数据产业为宁夏中卫高质量发展插上腾飞翅膀》《"2021云天大会"在宁夏中卫举行　多项战略合作达成》到头条号、百家号、搜狐号、一点号等百家新媒体平台。其中，《"一号工程"云计算和大数据产业为宁夏中卫高质量发展插上腾飞翅膀》浏览量173.3万+；《"2021云天大会"在宁夏中卫举行多项战略合作达成》浏览量129.5万+。推送《李德仁院士点赞中卫云！》《龚健雅：中卫"云"发展速度令人惊讶！》等9部短视频到抖音平台、凤凰视频、一点视频、新浪视频、网易视频、头条视频、西瓜视频、腾讯视频、百家号视频、爱奇艺视频等。其中，抖音平台浏览量为63.8万+，凤凰网客户端"四大"门户网站首页推荐浏览量超过1000万+。管理改革。2021年，传媒集团深化媒体融合发展和产业经营改革，全面落实现代企业法人治理结构，重构机制、重建流程、重塑形象、强化采编、盘活资源。新组建中卫市新闻传媒集团有限公司，为市政府管理直属国有企业，与中卫市新闻传媒中心实行"一套人马、两块牌子"双重管理模式，职工实行全员企业化管理。集团公司成立后，组建全媒体指挥调度中心等14个部门，由集团公司吸收整合社会资本，有计划、有步骤注册成立若干控股公司，并依托（县）区融媒体中心成立沙坡头区、中宁县、海原县3个分支机构。按照"分类管理、科学设岗、以岗定薪、岗变薪变"的工作思路，制定灵活的工资收入分配制度，加大绩效考核力度，建立薪酬激励机制，体现按劳分配、多劳多得。通过完成集团公司组建前的一系列工作，集团公司于9月18日挂牌成立。已完成集团组织架构设置，相关改革工作按计划有序推进。

（柳　萌）

期　刊

【《宁夏画报》】《宁夏画报》由黄河出版传媒集团主管主办。2021年，《宁夏画报》完成12期，上稿量72万字，图片3010张。开设《中国共产党成立100周年》栏目，连续推出《盐池，红色大地的昔与今》《红色彭阳》《闪耀在单家集的红色光芒》《将台堡，胜利之声冲云霄》《红星照耀同心》《经典诗词里的红色之山》6期采访报道稿件。将原有栏目《红色档案》在报道内容上加以扩充丰富，从宁夏革命人物、宁夏红色文物和宁夏红色遗迹入手，全面深入地梳理宁夏丰厚的红色资源，稿件讲究故事性、可读性。以“努力建设黄河流域生态保护和高质量发展先行区”作为2021年选题策划的主攻方向，开设《高质量发展》栏目，关注宁夏经济社会发展，组建专门报道团队，推出《“智造”赋能银川经开区高质量发展》《一条“电力动脉”的强壮之路》《贺兰工业园区：书写高质量发展的“绿色”“智慧”答卷》《660的创新传奇》《枸杞新生的“魔法师”》《给传统农业装上智慧大脑》《罗山脚下的节水农业》《吴忠利通区“节水经”》《平罗，为农业插上智慧翅膀》《“香”自吴忠金积》等反映宁夏经济高质量发展的采访报道，刊登稿件共计17组。开设《沿着高速看发展》栏目，推出《京藏线（宁夏境）新型工业聚活力，现代农业展蓬勃》《乌玛高速：一程山水一路诗》采访报道。聚焦“实现巩固拓展脱贫攻坚成果同乡村振兴有效衔接”，推出专题《从脱贫攻坚到乡村振兴》。全年开设《乡村振兴》和《特色小镇》栏目，专栏以每期4~6页篇幅从产业兴旺、生态宜居、乡风文明、治理有效、生活富裕五大方面选取宁夏典型乡村的典型做法加以报道。以记者观察和人物采访相结合的形式直观、形象、深入地展示宁夏乡村振兴的阶段性成果。聚焦全国、宁夏重大时事新闻，推出首届中国（宁夏）国际葡萄酒文化旅游博览会、《全民全运，同心同行》第十四届全运会等专题报道。推出“2021年北京图书订货会”“第30届全国图书交易博览会”集团参会全景报道。推出“三山两河”之贺兰山篇、罗山篇、六盘山篇以及《长渠流润宁夏川》，从自然地理、人文历史、生态保护、产业经济等角度进行专题报道。推出《永远的冰雕连》系列报道，传播宁夏声音。增强杂志公益形象，彰显社会责任。全年推出“庆祝中国共产党成立100周年”“高质量发展”“党史学习教育”“宁夏着力实施四大提升行动”“乡村振兴”“社会主义核心价值观”“疫情防控”“厉行节约”“讲文明树新风”“青山绿水”公益广告。2021年，《宁夏画报》微信公众号，对版面设计、播发形式、发稿周期和内容进行调整。截至2021年年底，宁夏画报微信公众号共发稿132组，内容涉及庆祝中国共产党成立100周年、乡村振兴、疫情防控、高质量发展、历史文化、本土人物等方面。通过发布最新资讯、深度报道和影像专题，持续提高平台关注度。2021年，《宁夏画报》新冠疫情报道稿件入选中国画报协会举办的2021年全国抗疫成果图片展。《全国首条穿沙高速在宁夏建成》被《中国日报》英文版转载。入选第28届北京国际图书博览会“2021中国精品期刊展”。记者钟培源、辛怡丽的摄影作品入选由中国宁夏回族自治区和韩国庆尚北道联合主办的“宁夏·庆尚北道友好交流图片展”。

【《宁夏人大》】《宁夏人大》由宁夏人大常委会办公厅主办。2021年，《宁夏人大》编辑部围绕中央和自治区党委重大部署、贯彻第十三届全国人大四次会议和自治区第十二届人大四次会议精神以及常委会中心工作，组织策划“全国人民代表大会报道”“自治区人民代表大会报道”“自治区人大常委会报道”等专题。每期专题稿件容量保持在4篇左右，对立法、监督、代表等重要议题，或是社会关注度高的话题，多角度进行深入报道，先后组织撰写《韶华不负“赶考人”》《为大局服务　为人民司法》《“三联一家亲”真管用》等多篇新闻报道。《宁夏人大》从第3期开始设立《党史学习教育》专栏，先后组织撰写、刊发《同心抗疫办实事　为民服务解难题》《党史微宣讲　走心又走实》《弘扬伟大建党精神　做好新时代人大工作》等30余篇稿件。编辑部注重利用重大节庆、纪念日等时间节点开展重点宣传，期刊第7期特推出“建党百年　新时代基层人大工作巡礼”，刊登《民声变良策　实事惠民声》《履职为民初心　务实创新担使命》等新闻报道5篇，为庆祝建党百年营造浓厚的舆论氛围。坚持“走基层、转作风、改文风”，把采访和报道目标选在基层、稿件选择倾向基层，突出“人民选我当代表，我为人民解难题”的主题，重点报道和反映工作在基层一线各级人大代表履职先进事迹。先后刊登《我的“舞台”就在社区楼院》《从黑眼湾走出的“网红代表”》等多篇介绍代表履职先进事迹的文章。

【《看天下》】《看天下》由宁夏日报报业集

团主办。2021年，《看天下》组织策划“建党百年”重磅封面故事《重回1921：改变中国的关键时刻》，向年轻读者呈现在中国风雨飘摇的时刻，毛泽东等中国优秀年轻人的家国情怀，以及中国共产党又是如何挺身而出，点燃“新中国”的星星之火的。撰写深度特别报道《共产党军队的真实情况，为何最先从这里传遍世界?》，以埃德加·斯诺在宁夏的经历为线索，向受众呈现了红军在宁夏的特殊经历，以及宁夏在中国革命历史上的特殊贡献。配合建党百年宣传，刊登相关公益广告。其中，刊登“建党百年·数风流人物”六期；刊登时代楷模三期。《看天下》策划采写深度报道《宁夏：国家重大战略与397公里的责任担当》。对宁夏文旅发展进行宣传报道，策划系列深度报道《在宁夏，重新发现长城》《一张“紫色文化旅游名片”崛起于中国西部》。配合重点宣传任务，全年共刊发公益广告30期。2021年，《看天下》坚持守住新闻舆论主阵地，对于“双减”这一重要国内教育民生议题，相继组织策划《从“鸡娃”中拯救童年 清华教授：真学霸都是玩出来的》封面故事，以及《一个北京重点中学老师的“双减”实践》《他研究了十几年补习，告诉你“双减”要往何处去》等深度报道。

【《朔方》】《朔方》创刊于1959年，由宁夏文学艺术界联合会主管，宁夏作家协会主办，是宁夏唯一的省级文学期刊。2021年，《朔方》开设并加强五个主打栏目《本刊推荐》《本期一家》《朔方新锐》《此在专栏》《同期品评》，奉行好稿主义，力推优秀作品，版式上适合读者的审美需求，突出简约明快的现代风格，完成12期出刊任务。配合重要时间节点，适时推出主题专辑专号。第4期推出“小康路上，你我同行”非虚构征文专辑展示我国脱贫攻坚所取得的伟大成就；第7期特别推出“庆祝中国共产党成立100周年作品专号”；第10期推出“母亲河畔，我们先行”征诗专辑弘扬黄河精神。开设《同期品评》栏目，特邀具有影响力的青年评论家对同期发表的作品进行同步批评。先后在同心县、固原市、青铜峡市、灵武市举办《朔方》改稿班，编辑与作者面对面改稿，第6期推出“同心作家作品专辑”，第8期推出“固原作家作品专号”。2021年，《朔方》原刊作品被《小说选刊》《散文选刊》《散文·海外版》《2020年中国诗歌年选》等转载、收录26次，有些作品被转载2次。《朔方》在出版纸刊的同时，发布电子刊，向全国读者免费提供，是全国首家公益文学电子刊。9月14日，《朔方》2021年第7期入选第28届北京国际图书博览会(BIBF)“2021中国精品期刊展”。

【《民族艺林》】《民族艺林》由宁夏回族自治区文化和旅游厅主管，宁夏民族艺术研究所主办的文化艺术理论学术期刊，季刊，每期160页，常设栏目有《民族文化》《戏剧研究》《影视研究》《艺术博览》《非遗研究》等。2021年，《民族艺林》期刊发行4期(总第300期~303期)，共刊发文章81篇(约80万字)。期刊与中国学术期刊网络出版总库、中国核心期刊(遴选)数据库、国家哲学社会科学学术期刊数据库、中文科技期刊数据库、超星域出版平台、中教数据库、博看网等7家数据库、网站建立合作关系，并被收录。2013年成为“中国学术期刊网络出版总库全文收录期刊”。2021年，结合自治区文化和旅游厅工作重点，新设《黄河文化》栏目，刊发黄河文化研究文章若干篇。2021年，《民族艺林》期刊将政治方向和意识形态作为办刊工作的重中之重，确保刊物在政治立场、政治方向、政治原则、政治道路上自觉同以习近平同志为核心的党中央保持高度一致；在意识形态、政治历史、民族宗教等问题上坚持党性原则；紧紧围绕党中央和自治区党委的决策部署，坚持团结稳定鼓劲、正面宣传为主，自觉地服务于党委、政府的中心工作；坚持以社会效益为首位，弘扬主旋律、传播正能量。

【《宁夏教育》】《宁夏教育》由宁夏教育厅主办。2021年，《宁夏教育》发行12期，其中彩色专刊2期，彩页宣传44版，共刊发稿件400余篇，150余万字；共推送《宁夏教育期刊》微信120期，近300篇文章。2021年，《宁夏教育》设立《建党百年》《立德树人先锋岗》等栏目，刊发以建党百年为主题的理论文章、基层经验及先进党员教师事迹等。将第七期、第八期合并刊行，重点突出庆祝中国共产党成立100周年主题。全年先后围绕全区年度教育工作会议、教育厅工作要点、构建高质量教育体系、义务教育阶段学生“五项管理”、“双减”、基础教育质量提升行动、教育督导、劳动教育、校园治理、教师队伍建设、学生思政和德育等内容进行深入政策解读和宣传报道。已连续第三年策划出版《互联网+教育》专刊和《2021年度教育成就》专刊，对推进“互联网+教育”示范区建设工作中积累的经验做法进行全方位多角度的深入宣传报道。以盘点梳理全年教育工作十大亮点为主打内容，总结宁夏教育事业改革发展所取得的新进展新成就。在中国期刊协会举办的“首届‘方正电子’杯中国期刊设计艺术周”上，入选优秀封面设计奖，并在第28届北京国际图书博览会上以专题形式展出。

（柳　茵）

卫生健康

WEISHENGJIANKANG

NINGXIA YEARBOOK

编辑◎贾虎林

综述

【概况】2021年，全区卫生健康系统坚持“人民至上、生命至上”理念，把卫生健康工作摆在突出位置，将全民健康水平提升行动确定为推进卫生健康事业“十四五”改革发展和增进人民福祉的关键载体和重要抓手，统筹部署疫情防控、综合医改、“互联网+医疗健康”、“一老一小”等重点工作，促进健康宁夏建设取得新成效、实现新发展。

【疫情防控】2021年，宁夏坚持“外防输入、内防反弹”总策略和“动态清零”总方针，科学统筹常态化防控和突发疫情应急处置，完善工作机制，提升应对疫情能力，从快从实有效处置“10·17”等突发疫情9起，突发涉疫情况30余起，守住“患者不死亡、社区不传播、医护不感染”的疫情防控底线。无条件服务全国防疫大局，对3个额济纳旗旅游专列实行就地管控保障。推进新冠病毒疫苗接种，累计接种1326.17万剂次，3岁以上人群接种率达91.7%，加强免疫应接尽接，守护人民群众生命安全和身体健康。

【全民健康水平提升行动】2021年，宁夏从“防、控、治、保”入手，全面实施全民健康水平提升行动，人均预期寿命达76.6岁，较上年提升0.7岁。居民健康素养水平提高到24.16%，孕产妇死亡率、婴儿死亡率、5岁以下儿童死亡率分别下降到10.48/10万、3.5‰、5.22‰，低于全国平均水平。全面完成脱贫攻坚“基本医疗有保障”目标，做到健康扶贫成果同乡村振兴有效衔接。37种大病专项救治路径在脱贫地区全面推广，乡村两级医疗卫生机构和人员“空白点”动态清零，完善健康扶贫工作机制。开展爱国卫生运动，国家卫生城市创建成效显著，银川市、石嘴山市、吴忠市、青铜峡市通过国家卫生城市复审。

【综合医改】2021年，宁夏全面推广“三明医改”经验，纵深推进县域综合医改，统筹推进价格调整、支付方式、绩效考核等多项改革政策，建成医疗集团4个、专科联盟37个、县域紧密型医共体14个，区域紧密型医联体8个，县域内就诊率达到90%。全区医院员工满意度高于全国平均值4.67分，年住院率低于全国水平1.46个百分点。综合医改成效整体处于全国前列。中卫市被确定为国家公立医院综合改革示范市，西吉县公立医院综合改革获得国务院通报表扬奖励。中宁县、永宁县县域医共体建设经验被国家卫生健康委推广。

【“互联网+医疗健康”示范区建设】2021年，宁夏推进“五个一”行动(一个联防联控机制、一套科学管理台账、一条引导服务流程、一张办事服务网络、一串广泛有效宣传)，五级远程医疗服务体系初步建成，“5G+智慧医疗”试点正式启动，互联网医院一体化平台建设顺利实施，人工智能辅助诊疗系统实现基层全覆盖，越来越多智慧医疗赋能基层卫生，医疗卫生服务更加便民。举办中国“2021医生云大会”，钟南山、张伯礼、樊代明、曾溢滔、陈君石、廖万清、柴洪峰、张志愿、石学敏等15位院士对宁夏“互联网+医疗健康”示范区建设成果给予肯定。银川市、中卫市在全国卫生健康信息化发展指数排名中，分别位列省会城市、地级城市前列。

【生育政策和养老服务】2021年，宁夏实施三孩生育政策，修订《宁夏回族自治区人口与计划生育条例》，取消社会抚养费，清理和废止相关处罚规定，兑付奖扶资金8802万元。实施国家普惠托育服务项目，每千人口3岁以下婴幼儿托位数达到0.44个。妇幼健康服务能力持续提升，保障母婴安全措施得到有效落实。出台积极应对人口老龄化中长期规划，医养融合迈出新步伐，10个社区被命名为全国首批示范性老年友好型社区。

【公共卫生体系建设】2021年，宁夏重大疫情救治基地和自治区疾控中心迁建项目开工建设，规范地市级综合医院传染病区，12个县级医院救治能力提升项目顺利完成。预检分诊点实现基层医疗卫生机构全覆盖，发热哨点诊室覆盖所有乡镇卫生院和社区卫生服务中心。高效处置近60年以来首例输入性鼠疫疫情，实现不扩散、不蔓延应急处置目标。重点传染病发病率保持较低水平，结核病、艾滋病呈低流行态势，常见病和健康影响因素监测与干预实现县级全覆盖。紧急医学救援能力不断加强，国家紧急医学救援队获"全国工人先锋号"称号。

（吕任兴）

疫情防控

【概况】2021年，宁夏保持应对新冠肺炎疫情工作指挥部实体化运行，抽调各部门工作人员集中办公，确保零过渡进行平战转换，严格高效落实各项防控措施。高质量完成自治区两会、高考、"七一"建党节活动、第五届中阿博览会、国际葡萄酒文化旅游博览会、司法考试等重点会议、重大活动、全国考试疫情防控保障100余次，组织对全区近1000次大型活动、会议、考试等疫情防控工作进行疫情评估指导。加强境外入宁人员和国内中高风险地区到宁返宁人员排查管控联防联控机制，建立常态化冷链食品和进口非冷链货物核酸检测周工作机制，落实社会福利养老机构、公安司法监管场所、医疗机构、口岸边检机构疫情防控。截至2021年年底，全区累计完成应检尽检人员核酸检测8425517人次，419152份冷链食品和16980份非冷链货物核酸检测，及时发现和消除感染风险，严防疫情输入和传播。全年完成9起境内外输入新冠肺炎疫情防控工作，成功应对"10·17德尔塔毒株新冠肺炎疫情"，用20天实现新增确诊病例清零，用37天实现隔离管控人员清零，用42天实现确诊病例清零，全面阻击疫情扩散蔓延，确保未发生社区疫情传播。服务全国防疫大局，对来自内蒙古自治区额济纳旗途经宁夏的三列旅游专列就地紧急扣停，制定应急处置预案，对1943人进行健康管理，做法得到国务院联防联控机制充分肯定。投资3.42亿元的自治区重大疫情救治基地加速建设。石嘴山市传染病区、吴忠市传染病区开工建设。争取国家和自治区发改委投资1.49亿元，立项支持15个县级医疗机构，救治能力提升项目建设。加强定点医院和发热门诊建设，建立健全22家定点医院和63家发热门诊台账管理。

【疫苗接种和核酸检测】2021年，全区3岁以上人群接种新冠病毒疫苗1326.17万剂次。成立自治区、市、县三级疫苗接种医疗救治专家组，累计发现疑似异常反应454人，累计现场医疗处置117人。提升全区核酸检测能力建设，核酸检测机构由年初的45家增加到67家，检测能力由8万管增加到每日20万管。"10·17"疫情期间，从全区调集6770人次支援银川市、吴忠市、中卫市核酸采样；快速调集1个气膜实验室和5个方舱实验室，累计完成1060万人次采样检测工作。

【医疗救治】2021年，宁夏先后完成沙特入境航班及"5·8""7·27""7·30"等疫情防控救治工作。10月17日疫情发生后，迅速腾空自治区第四人民医院院区，集中开展救治工作，组建了国家（宁夏）联合救治专家组，先后调派呼吸、重型、儿科、中医、营养、心理等20名专家进点工作，累计派出74名医生（含医技20人）、114名护士参加隔离病房救治工作，35名后勤人员做好隔离病区保障，参与闭环救治人员和保障人员达到223人。截至2021年11月25日，共治愈出院43例确诊病例和1例无症状感染者。保障疫情期间基本医疗服务供给，及时启用银

2021年4月10日，北方民族大学方舱接种点

川临时急救医院,分区分类为集中隔离点、封控管控区域、健康码“黄码”人员提供医疗救治保障。

【院感防控和中医药参与防控】2021年8月开始,全区月月开展督查。“10·17”疫情期间,联合国家专家组成督导指导组,发现的问题24小时内落实整改。11月指挥部成立院感防控专班,每周安排一次全区培训,出台8项工作机制,全面提升院感防控能力和水平。组建由206名专家组成的国家(宁夏)中医药应对重大公共卫生事件和疫病防治骨干人才库,组建96名队员组成的国家(宁夏)中医紧急医学救援队,成立55名专家组成的国家(宁夏)中医疫病防治队伍。“10·17”疫情期间,中医专家第一时间进入自治区第四人民医院,中医药早期干预,患者在国家诊疗方案基础上,采用个性化中医药治疗,“一患一方”“辨证论治”,全区45例确诊病例中医药使用率达97.8%。自治区中医研究院、银川市中医院开发研制的“益气防疫合剂”“固本避瘟颗粒”,作为预防用药通过自治区药监局紧急审批备案批准并投入使用。全区各级中医医疗机构向集中隔离点1.1万名密接者、次密接者免费发放预防汤剂3.7万剂。

(吕任兴)

医药卫生体制改革

【概况】2021年,宁夏以“健康宁夏”建设为统领,以实施全民健康水平提升行动为载体,各项改革工作取得积极进展。西吉县获得2020年度国务院公立医院综合改革真抓实干激励奖及500万元奖励资金。接受国务院医改领导小组秘书处对综合医改试点省份阶段性总结评估工作,评估认为宁夏综合医改进展与成效整体处于全国前列,评估得分在11个试点省份里排名居中。

【医改推进机制】2021年,宁夏建立党委、政府统筹推进医改双联动机制,增设自治区党委深改委医药卫生体制改革专项小组,成立以自治区政府主席为组长的推动公立医院高质量发展工作领导小组,调整优化自治区医改领导小组秘书处议事协调机构。印发《2021年医改重点工作任务及责任分工》《关于推动公立医院高质量发展的实施意见》《关于推动公立医院高质量发展的实施方案》《在全区深入推广福建省三明市医改经验 进一步深化医药卫生体制改革的实施方案》《贯彻落实习近平总书记关于深化医改重要指示精神 推进全区形成看病就医新格局工作方案》等政策文件,建立了医改任务台账和动态监测机制。县域综合医改工作。印发《关于积极推进县域紧密型医共体实体化运行的若干意见》《紧密型县域医共体和城市医联体建设绩效评价方案(试行)》等文件,指导各县(区)规范医疗健康总院和医疗健康集团“五统一”管理、一体化运行。县级综合医院共建成10个胸痛中心、卒中中心13个、创伤中心6个;建成远程影像、心电、超声等诊断中心,提升县域检查检验同质化水平。城市医联体建设试点。银川市和石嘴山市按照区域网格化管理布局,由三级医院牵头,分别成立医疗健康集团,通过专家坐诊、技术帮扶、远程诊疗,推动优质医疗资源在医联体内共建共享。

【“三医联动”改革】2021年,宁夏出台《关于深化医疗保障制度改革的实施意见》《关于建立健全职工基本医疗保险门诊共济保障机制的实施意见》《关于巩固拓展医疗保障脱贫攻坚成果有效衔接乡村振兴战略的实施意见》等文件,改革职工医保个人账户,建立健全门诊共济保障机制。整合门诊大病政策,动态调整门诊大病病种。在银川市开展高血压、糖尿病“两病”门诊用药保障专项行动试点。率先在全国探索职工和城乡居民基本医疗保险省级统筹。健全重大疫情医疗救治费用保障机制,全区疫苗接种费用全部由医保基金承担,财政按照实际

2021年12月10日,自治区全民健康水平提升行动推进会在银川市召开

支付情况给予30%的补助。医保支付方式改革。在县域医共体实行“总额包干、绩效监管、结余留用、合理超支分担”的支付方式改革。在石嘴山市和固原市开展国家DIP支付方式改革试点，付费试点于2021年9月20日正式运行。全区三级医疗机构132个病种日间手术纳入医保支付范围。药品耗材集中采购。自治区政府出台《关于推动药品集中带量采购工作常态化制度化开展的实施意见》，参与国家组织药品集中带量采购，执行国家5批次218个品种药品的中选结果。与陕西、新疆、重庆、广东、湖北等地开展5批次200多个品种药品的省际联盟带量采购工作。医疗收入结构试点。在宁夏医科大学总医院、自治区人民医院等6家公立医院探索开展调整优化医疗收入结构试点工作。通过实施“一升二降五控”综合施策，6家试点医院医疗服务收入占比较改革前提高3~13个百分点，全区公立医院医疗服务收入占比较上年提高1.79个百分点。人事薪酬制度改革。落实“两个允许”要求，按5%~20%的比例核增全区各级公立医院绩效工资总量。对作出突出贡献的科技人才单列，不计入绩效工资总量。总结自治区人民医院薪酬制度改革经验，制定《关于深化公立医院薪酬制度改革的实施意见》。在宁夏医科大学总医院、自治区人民医院、自治区中医医院和银川市第一人民医院开展高级职称自主评审试点。控制医疗费用不合理增长。开展“合理检查、合理用药、合理治疗”专项整治行动，定期考核通报治理情况。全区公立医院门诊次均费用、住院次均费用均低于2020年度。

【医防融合发展】2021年，宁夏实施全民健康水平提升行动。自治区党委出台《关于实施全民健康水平提升行动的意见》，自治区党委、政府成立全民健康水平提升行动专项领导小组，将全民健康水平提升行动纳入自治区效能考核范围并对各地各成员单位进行考核。定期召开全民健康水平提升行动调度会和推进会。分年度建立34个部门的任务台账，压实压细部门责任。宁夏卫健委制订《自治区全民健康水平提升行动示范县（市、区）建设标准（试行）》，常态化开展督查检查，全区初步形成领导包抓、部门协同、上下联动、全面推进的良好工作局面，“十大工程”（健康素养提升工程、健康细胞创建工程、人均预期寿命提升工程、医疗卫生机构达标工程、医疗服务能力提升工程、中医药服务能力提升工程、医疗卫生人才培养工程、智慧医疗健康升级工程、重点领域改革创新工程、健康产业培育工程）、有序推进以下30项重点措施：1.加强健康教育；2.推进全民健身；3.创建健康社区（乡村）；4.创建健康企业；5.创建健康机关（事业单位）；6.创建健康学校；7.创建健康家庭；8.加强重大疾病筛查救治；9.加大意外死亡综合防治；10.强化食品药品安全监管；11.促进医疗机构提档升级；12.加强疾控机构能力建设；13.规范妇幼保健机构建设；14.加快区域医疗中心建设；15.加强特色优势专科建设；16.加大传染病救治能力建设；17.加快区域中医医疗中心建设；18.加强中医医疗机构建设；19.加大专业人才培养引进；20.加强基层人才队伍建设；21.完善人才评价激励机制；22.加快信息一体化建设；23.推进应用标准化建设；24.加大服务智能化建设；25.深化疾病预防控制体系改革；26.深化县域公立医院综合改革；27.深化医保支付方式改革；28.深化医疗卫生领域“放管服”改革；29.加快医养康养产业发展；30.加快中医药产业发展。重大慢性病机会性筛查干预管理。宁夏卫健委出台《宁夏重大慢性非传染性疾病医疗机构机会性筛查干预管理工作方案（试行）》，建立医院内部重大慢性病筛查干预机制，在全区筛查干预心血管病、脑卒中、高血压、糖尿病、结（直）肠癌、食管癌、胃癌等9种重大慢性高危人群和患者24万余例。

（吕任兴）

医政药政管理与监督执法

【医疗交流合作与学科建设】2021年，自治区卫健委与北京大学肿瘤医院、北京大学第一医院合作，签订《国家区域医疗中心框架协议》，建设方案通过国家发展改革委和国家卫生健康委的评估。自治区发展改革委正式批复《自治区第五人民医院省级区域医疗中心建设项目可行性研究报告》，项目总投资2.5亿元、总建设面积28124平方米。固原市人民医院已经与西安交通大学附属第一医院签订框架协议，制定《自治区级区域医疗中心建设方案》，争取自治区发展改革委支持立项。省级专科区域医疗中心。印发《自治区呼吸病、心血管病、儿童疾病、神经疾病、传染病区域医疗中心设置标准》，确定16个自治区级专科类区域医疗中心开展建设。制定《自治区县域区域医疗中心设置标准》，确定22个县域区域医疗中心开展建设。特色优势专科建设。争取国家专项支持宁夏建设3个国家级临床重点专科；组织遴选确定16个自治区级重点专科和20个县级重点专科、50个县级医院薄弱专科进行建设。

【医疗帮扶与救治】对口帮扶。“千名医师

下基层"活动，支援医院免费接受2~4名基层医务人员进修学习，并抽调5名业务骨干到帮扶医院挂职锻炼。受援医院累计新建临床重点专科13个，开展新适宜技术207个，帮扶资金386.76万元、设备30万元。支援医院人员在受援医院累计接诊门、急诊患者111301人次，完成手术3170台次，发起远程医疗服务1235例次；累计培训县级医院人员10390人次，开展教学查房83666例次。常见病、多发病和疑难病在县级医院得到有效诊治。临床用血费用直免。全区5家采供血机构完成临床用血费用直接减免信息系统平台的建设，33家医院已接入平台，实现全区本地和异地临床用血费用的直接减免。截至2021年11月30日，全区血费累计报销896人次，共计973462.2元。医院直接减免569人次，占比为63.5%；直接减免金额631796.8元，占比为64.9%。

【医疗行业管理】医疗机构管理。2021年，宁夏为了加强和规范救护车管理，印发《宁夏回族自治区救护车管理暂行办法》。编制《宁夏回族自治区医疗机构审批管理实施办法》，对全区不规范的医疗机构名称逐一整改到位。开展民营医院管理年活动，加强开展督查检查，注重总结阶段性经验，向国家医政医管局上报5例典型案例。完成2021年度宁夏公立医院绩效考核，形成55家公立医院运行情况分析报告。医师执业管理。医师资格考试推进实践技能考试"新三站"和综合笔试考试。全区参加实践技能考试4098人，通过2857人，技免1566人，通过率为69.71%。参加综合笔试考试4423人，通过1806人，通过率为41.82%。顺利完成全区医师定期考核工作，2020年度参加医师定期考核19141人，完成医师定期考核19019人，考核合格18976人，合格率为99.77%。医院等级评审。成立三级综合医院评审标准与细则编制专家库，制定出台评审标准实施细则。组织医疗机构专题培训，医院进行等级评审申报、开展数据质控。平安医院建设。制定2021年平安医院建设工作21项重点工作任务，制定大型医院安防系统建设项目实施方案，推进二级以上医院(含综合、中医、妇幼)安防系统建设。自治区卫健委与自治区公安厅联合组织开展全区医疗安保风险排查。

【医疗质量安全管理】2021年，宁夏加强医疗质量安全改进工作。实施提高急性脑梗死再灌注治疗率等10项医疗质量安全改进行动，项目标准均有明显提升。向全国医疗质量安全提升项目推荐14例典型案例。组织完成自治区级各质控中心年度考核，进行全区通报，新设立1个质控中心，调整2个质控中心人员组成。自治区卫生健康委、市场监管厅、医疗保障局、药品监督管理局联合开展不合理医疗检查专项治理行动自查自纠，发现开展无依据检查336起，开展非诊疗需要的重复检查17起，违法违规使用医疗保障基金510起。停业整顿医疗机构9家，责令限期整改医疗机构19家，予以行政处罚的机构14家，处罚金额12.14万元。护理康复质量管理。新增静脉治疗、儿科、中医护理3个专业专科护士培训。自治区卫健委与民政厅联合印发《精神障碍社区康复服务工作规范》《关于积极推行政府购买精神障碍社区康复服务工作的指导意见的通知》，推动精神障碍康复服务工作规范发展。自治区卫健委、发改委、教育厅、财政厅等8部门联合制定《自治区加快推进康复医疗工作发展实施方案》。自治区人民医院、宁夏医科大学总医院2家医院试点开展康复外科工作。

【行业作风整治】2021年，全区开展大型医院巡查工作，对36家二级以上医疗机构进行年度巡查。制定《宁夏回族自治区医疗卫生人员廉洁从业若干规定》，明确"红包"、回扣等相关标准，开展专项排查检查。健全举报投诉机制，采取"三公开、三强化"(即公开电话、公开网站、公开信箱三种举报方式，强化违纪问题线索处理、强化违纪问题曝光、强化督导检查)措施，畅通举报投诉渠道。

【药政管理】2021年，宁夏健全完善短缺药品信息直报体系，实现公立医疗机构短缺药品信息监测全覆盖。组织对全区212家单位开展药品配备使用数据采集，完成年度医疗机构药品使用监测分析。建立处方审核流转平台，加强互联网医院药品审核流转，保障用药安全。处方审核流转中心已接入公立医疗机构5家，接入基层医疗机构318家，接入互联网医院20家，自助售药机5台，处方共享药店61家，授权专业审方资格的药师123人，共审核处方522.7万余张，日均审核处方1.6万余张。提高抗菌药物临床应用与管理水平，研究制定抗菌药物使用目录，对超规定使用抗菌药物的医疗机构重点检查，依法进行处理。完成《宁夏高值医用耗材重点治理清单(第一批)》并进行通报，督促各级公立医院建立高值医用耗材院内准入遴选机制和管理。配合落实好国采药品报量和采购工作。

【医疗废物污水专项整治行动】2021年，宁夏全面实施医疗废物在线视频监控和医疗污水在线监测问题整治，将在线智能监管工作纳入健康宁夏行动、公立医院绩效考核内容，并在宁夏等级医院评审实施细则中作为前置条款予以推进。791家医疗卫生机构建成医疗废物在线监控设施，实现一级以上医疗卫生机构100%覆盖。89家医疗卫生机构建成医疗废水在线监测设施，实现二级及以上医疗机构100%覆盖。生态环境部在全国工作会议上对宁夏的创新举措给予肯定，提出表扬。

【智慧医疗健康服务】2021年，宁夏健全互联网医院管理制度。印发《宁夏互联网医院管理办法(试行)》《宁夏互联网医院校验管理办法(试行)》《宁夏互联网医院不良执业行为积分管理办法(试行)》《宁夏护士区域注册管理办法(试行)》《宁夏处方审核流转中心管理办法(试行)》5个规范性文件和《宁夏互联网医院电子病历系统管理规范(试行)》《宁夏互联网医院投诉管理规范(试行)》《宁夏互联网医院医疗风险防范管理规范(试行)》《宁夏互联网医院绩效考核标准(试行)》《宁夏互联网诊疗服务规范(试行)》《宁夏远程医疗服务管理规范(试行)》6个管理制度。完成2021年度电子病历应用等级评价自评工作，新增宁夏医科大学总医院和银川市第一人民医院自评5级。开展智慧管理全区评价，评估结果为4级1家，3级2家，2级6家，1级26家，部分医院个别指标可达到4级水平、5级水平。全区临检、影像、病理、超声、心电全面开展互认，69家医疗机构临床检验实验室互认项目共27项，包括生化项目17项、免疫2项、血液8项。推进“互联网+护理”试点，在中卫市和全区16家医疗机构开展“互联网+护理服务”试点工作。

【卫生监督】2021年，全区应监督医疗行业户数27136户，实际监督户数26964户，监督覆盖率99.37%，报告监督总数为38633户次，每个被监管单位年平均被监督1.43次。案件查处1016件，罚款金额301.69万元，没收违法所得49件，没收金额12.00万元，吊销许可证5家。国家医疗卫生行业综合监管督察反馈问题整改。上报《宁夏贯彻落实国家2020年医疗卫生行业综合监管督察反馈意见的整改方案》，组织整改5个方面22个具体问题，反馈问题全部整改到位。规章制度修订。编制《自治区卫生健康领域实施包容免责清单》，修订完善免责清单20项。修订《自治区卫生健康行政处罚自由裁量权基准》，推进全区卫生行政执法三项制度工作落实。开展宁夏互联网医院监管平台建设工作，平台已正式上线运行，制定《宁夏互联网诊疗监督管理办法》和《宁夏互联网医院监管标准》。双随机抽检。2021年，全区国家随机监督抽查共下达任务2938家，任务完成2849家，任务关闭89家，未完成0家，查处案件137件，罚款8.41万元，完成率为96.97%，完结率为100%。重点领域专项督查。先后开展打击非法行医、医疗美容、健康体检专项监督检查、人类辅助生殖技术、托幼机构、校外培训机构、学校采光照明抽检等8个专项整治工作。共查处无证行医违法行为98户次，行政处罚96户次，罚款84户次，罚款金额123.26万元，没收违法所得9.68万元。能力体系建设。全面总结银川市、中卫市“信用+监管”试点工作经验。开展全区卫生监督执法案例评查，评出全区十大优秀案例。开展6家卫生监督所规范化建设，通过规范化建设同步推动医疗机构多元化监管目标。

【职业健康监管】2021年，宁夏编制《自治区职业病防治“十四五”规划》。成立自治区职业健康诊断专家库，制定《宁夏职业卫生技术服务机构乙级资质认可程序》，协调成立自治区职业病防治研究所，制定职业病鉴定收费标准。危害因素监测。工作场所职业病危害因素监测已完成455家，完成率为103.41%；职业病诊断机构共诊断职业病60人，职业病鉴定18起；49家职业健康体检机构体检并网络报告个案109870人，随访尘肺病患者1845人。用人单位职业病危害因素监测完成率为100%，职业病诊断机构市级覆盖率和职业健康检查机构县(区)覆盖率均达到100%。职业健康保护活动。组织开展第19个《中华人民共和国职业病防治法》宣传周活动、国家第二届职业健康传播作品征集活动和争做“职业健康达人”活动，共评选出职业健康传播优秀作品23件，评选“健康达人”126名。

【食品安全风险监测】2021年，全区化学污染物及有害因素计划监测样品835份，完成食品微生物及其致病因子监测样品179份，检出阳性致病菌4株。494家病例报告医院共报告病例信息1560例，发现聚集性病例14起，经核实排除12起，2起上报食源性疾病暴发事件网。15家采集便样的哨点医院上报样本信息605份，检出12株阳性菌，检出率为1.98%；检出54株诺如病毒，检出率为8.93%。共报告食源性疾病事件11起，中毒人数45人，无死亡病例。常态化开展冷链食品核酸检测工作，共开展52轮次检测，检测样品236865份。食品安全标准制定。发布《食品安全地方标准　枸杞干果中农药残留最大限量》《食品安全地方标准　黑果枸杞》《食品安全地方标准　富硒食品硒含量要求》《食品安全地方标准　枸杞》《食品安全地方标准　枸杞茶》5项食品安全地方标准，备案企业标准522项，为宁夏9个重点产业高质量发展奠定标准支撑。合理膳食行动。创建市级健康餐厅(食堂)6个。在兴庆区、平罗县等6个监测点开展居民营养健康知识知晓率调查,组织第七届“全民营养周暨‘5·20中国学生营养日’系列宣传活动”。

(吕任兴)

基层卫生健康

【基层卫生基础设施】2021年,全区新改扩建10个社区卫生服务中心,争取财政资金2000万元支持20个乡镇卫生院提升服务能力,创建1所社区医院、2个县域医疗分中心。全区实现基层医疗卫生机构预检分诊全覆盖,乡镇卫生院和社区卫生服务中心发热哨点诊室实现全覆盖。推进“优质服务基层行”活动,累计有68个乡镇卫生院、13个社区卫生服务中心达到国家服务能力建设基本标准,18个乡镇卫生院、4个社区卫生服务中心达到推荐标准。加快基层卫生信息化建设,推进家庭医生签约服务,依托智能穿戴设备提高慢性病管理水平。为全区乡镇卫生院、村卫生室配备涵盖66种疾病的基层人工智能辅助诊断系统。采取政府购买服务方式,为基层配备云诊车,加强健康管理末端能力。

【基层卫生服务】2021年,全区推进紧密型医共体医联体建设,自治区卫健委联合自治区组织、编制、人社、财政、医保等6部门出台《关于积极推进县域紧密型医共体实体化运行的若干意见》。制订《宁夏紧密型县域医共体建设工作绩效评价实施方案(试行)》,以绩效评价推动任务落实。平罗县、中宁县、永宁县县域医共体建设经验被国家卫健委推广。持续实施“千名医师下基层”支援活动,推动优质医疗资源下沉。县域内就诊率达到90%。推进城乡居民健康管理服务,基本公共卫生补助经费提高到人均79元。全区共组建家庭医生团队2166个,全区常住人口、重点人群的签约覆盖率分别达到59.39%、84.73%,脱贫人口实现应签尽签,签约74.01万人,居民电子健康档案建档率达91.33%,累计为老年人、0~6岁儿童、孕产妇、严重精神障碍患者、高血压患者、糖尿病患者等164万重点人群免费提供健康管理服务。强化新冠肺炎疫情防控,制定境外入宁人员居家健康监测工作指引。基层医疗卫生机构全面实行“双预检、双分诊”,强化首诊负责制和院感防控。“10·17”疫情以后,累计集中隔离12527人,封控/管控楼栋/单元11543个,管理风险监测人群53.28万人,实现应管尽管。

(吕任兴)

公共卫生

卫生应急

【“8·20”输入性鼠疫疫情处置】2021年8月20日,银川市报告1例输入性腺鼠疫病例,是1962年以来宁夏首次报告。国家卫生健康委立即派出专家组指导工作,自治区第一时间启动四级应急响应,成立自治区指挥部及办公室和相关工作组,统筹资源与市、县联合办公、扁平运行,每日召开例会,压茬推进各项防控措施有效落实。共隔离管控密接、次密接人员137名,封控重点区域36个,健康管理重点风险监测人员15189人。9月6日,患者治愈出院,实现疫情不扩散、不蔓延的既定目标。

【突发卫生事件应急处置】2021年,永宁县皮肤炭疽、平罗县和惠农区水痘等突发传染病公共卫生事件8起得到及时处置,未造成疫情传播蔓延。全年全区120紧急救援系统共受理呼救电话88814次,调派救护车84954趟(次),救治患者78065人次,同时高效处置各类突发及特殊事件511起,救治患者1693人次。

【野禽H5N8亚型高致病性禽流感疫情处置】2021年6月17日,灵武市和盐池县交界处的马家滩镇和冯记沟乡南湖地区,陆续有野生鸟类异常死亡现象,共死亡黑颈鹏鹏36只、凤头鹏鹏1只、遗鸥6只,经检测,样本均感染H5N8高致病性禽流感病毒。截至6月22日,全区5个职业暴露及环境监测点共采集环境禽流感标本354份,共检出阳性24份,其中H9阳性23份,H5阳性1份(中卫市检出)。自治区疾控中心立即开展风险研判、禽类捕杀、对职业暴露人员进行个人防护指导。7月2日,开展全区人禽流感防控技术视频培训班。有效阻止疫情由禽类向人的传播。

【紧急救援队伍建设】2021年,宁夏投入2100万元提升国家紧急医学救援队伍(宁夏)设备和装备,完成救援拉练和专项应急演练任务。组织完成全区医疗机构卫生应急管理培训班,培训各级人员300余人次。自治区卫健委联合自治区工信厅制定《宁夏回族自治区应急药品储备目录》,完善自治区、市、县三级疾控机构应急物资储备目录。

(吕任兴)

疾病防控

【传染病防控】2021年,全区法定传染病报告发病率367.18/10万,报告死亡率0.46/10万;报告发病率较上年上升12.14%,报告死亡率较上年下降40.88%;报告新冠肺炎确诊病例47例、无症状感染者3例；布鲁氏菌病、皮肤炭疽病分别较上年上升68.98%、129.93%，高效处置1例输入性鼠疫疫情；流行性出血热较上年下降48.83%；手足口病较上年上升458.35%，较上年同期下降72.54%。

【肿瘤和慢病防控】2021年，全区建设国家级慢性病示范区7个，报告常住人口死亡率518.61/10万，报告门(急)诊伤害监测病例70721例；肿瘤新发病例和死亡病例共报告31325例，任务完成率为91.7%；随访管理癫痫患者6130例，任务完成率为102.2%；上消化道癌早诊早治项目人群筛查2312例，任务完成率为96.3%；完成心血管病等重大慢性病高危人群及患者筛查244884例，任务完成率为222.6%；大肠癌早诊早治项目人群初筛6888例，高危人群肠镜检查903例，任务完成率为90.3%；脑卒中高危人群筛查和干预12735人，任务完成率为106.1%；高血压患者健康管理47万人，2型糖尿病患者健康管理13.3万人，65岁及以上老年人健康管理47.9万人，任务完成率分别为120.5%、133.3%、101.6%。

【艾滋病防治】2021年，全区完成第四轮艾滋病综合防治示范区省级间现场评估，初步结果为“优秀”；全区接受免费艾滋病抗病毒治疗人数达2430人，治疗覆盖率为92.5%、成功率为93.2%，均达到90%的目标要求；耐药检测完成任务量的189%，艾滋病检测咨询点实现县级全覆盖，检测咨询完成任务量的108.5%；7家戒毒药物维持治疗门诊维持治疗303人，维持率达到96.8%；全区性病诊疗机构主动提供梅毒检测服务比例为99.7%。

【结核病防治】2021年，全区发现肺结核患者1784例，病原阳性患者1041例，活动性肺结核患者较上年同期(1882例)下降5.21%，病原学阳性患者较上年同期(1152例)下降9.64%；肺结核患者病原学阳性耐药筛查率为94.69%，高危人群耐药筛查率为97.66%，新登记病原学阳性患者密接者筛查率为100%，肺结核患者和疑似肺结核患者的总体到位率为97%。

2021年6月16日，专家在平罗县现场指导监测人员进行蚤类梳检工作

【地方病防治】2021年，全区完成碘缺乏病监测工作，碘盐、孕妇尿碘监测和学生甲状腺B超检查超额完成任务，合格碘盐食用率为94.25%，达到国家标准要求。饮水(茶)型氟中毒、饮水型砷中毒监测任务完成率为100%，以县为单位实现饮茶型地氟病控制和砷中毒消除目标。棘球蚴病防治项目进展顺利，棘球蚴病重点人群筛查任务完成率为167.23%，药物治疗完成率为103.63%；土食源性线虫病监测稳步推进，各项指标基本达标。动物鼠疫监测各项指标全面完成，检出2份鼠疫血清阳性标本，及时开展灭鼠灭蚤工作，疫源地扩大调查2700平方公里，灭鼠面积8553公顷。

【预防接种】截至2021年12月31日，全区备案新冠病毒疫苗接种点434个，运转接种单元1208个，日最大接种能力达30万剂次。累计接种新冠病毒疫苗1326.17万剂次，初步建立起人群免疫屏障。全区累计接种免疫规划疫苗11种170.42万剂次，同比减少15.27%；接种非免疫规划疫苗32种99.02万剂次，同比增加18.93%。报告疑似预防接种异常反应(AEFI)1272例，同比增加12.97%，无严重异常反应病例报告。

【公共卫生监测】2021年，全区完成食品安全风险监测任务，食品中化学污染物和有害因素监测12类食品、846份，任务完成率为101.32%，检出率为67.02%，超标率为8.98%；食品微生物及其致病因子监测10类食品、928份，任务完成率为103.11%，检出率为3.77%。饮用水水质监测水样2205份，任务完成率为104.6%，合格率为83.03%；空气污染对人群健康影响监测完成436份样本采样检测任务；7个农村环境卫生监测项目县入户调查任务完成率为100.57%；国家人体生物监测问卷调查293人、体检和生物样本采集292人；气传花粉致过敏性鼻炎综合防治项目稳步推进，完成健康教育宣传片制作、网络直报平台建设和

8000人现况调查;在22个县(区)和宁东地区对5.1万名中小学生开展青少年近视和学生常见病等监测干预工作,全区儿童青少年视力健康电子档案学校建档率为86.54%、学生建档率为94.37%,实现以县为单位全覆盖;开展8期蚊媒专项监测,实现蚊密度监测县级全覆盖。全区开展病媒生物日常监测,病媒生物监测覆盖率达到40%。自治区卫生健康部门联合农业农村部门对畜禽养殖场所和农村庄点环境卫生进行治理,定期开展防蚊、灭鼠工作;组织开展冬春季越冬蚊消杀工作,有效防控乙型脑炎、流行性出血热等病媒生物性疾病的传播流行。集中对(集贸)市场、冷链物流、垃圾转运站、垃圾收集容器等重点场所开展环境卫生整治和消毒处置,助力常态化新冠肺炎疫情防控。

【精神障碍管理治疗和心理健康促进】2021年,全区共筛查15238例疑似严重精神障碍患者,确诊报告1533例严重精神障碍患者。截至2021年12月,宁夏报告患病率达4.29‰;严重精神障碍患者应急处置468例,应急处置任务完成率为156%。全区线上线下共开展心理健康讲座64场,惠及19530人;对宁夏大学、北方民族大学、宁夏工商职业技术学院、银川育才中学等学校学生开展系统心理健康教育,提供心理援助;宁夏心理援助热线(0951—2160707)提供24小时心理援助公益服务,全年共接听来电1941例。

(吕任兴)

爱国卫生

【爱国卫生活动】2021年,自治区政府印发《关于深入开展爱国卫生运动的实施意见》,结合全民健康水平提升行动“十大工程”,统筹开展爱国卫生运动。每月第四周的周五,组织党政机关、企事业单位、街道(村镇)干部职工、学校师生、社区志愿者等积极参加“爱国卫生日”活动。2021年,全区参加“爱国卫生日”活动的机关干部、志愿者、群众达76.8万人次。以“文明健康　绿色环保”为主题,组织开展第33个全国“爱国卫生月”活动,弘扬“爱国”主旋律、“卫生”新理念、“运动”新方式,其间全区共计开展各类活动300场,参与者64008人次,播放主题视频,发放宣传资料、条幅和展板733673张(条)。

2021年2月9日,全区卫生健康会议在银川市召开

【农村村庄清洁提升行动】2021年,自治区卫生健康部门联合农业农村部门开展“五清一绿一改”,引导农民群众自觉打扫屋内、庭院、厕所、圈舍卫生,清理生活垃圾,维护公共场所环境。开展农村“千吨万人”水源地保护区规范化建设和环境问题排查整治,开展农村面源污染防治,加大城乡垃圾和污水处理设施建设力度。配合做好农村户厕建设卫生学评价,2021年已完成农村户厕建设3.9万个,超额完成全年任务目标。

【卫生城镇创建和健康城镇建设】2021年,宁夏推进平罗县、泾源县、同心县等国家卫生县和西吉县、海原县等自治区卫生县创建工作。在银川、石嘴山、吴忠、固原、中卫5个地级市打造国家卫生城市升级版,主抓健康细胞示范点,开展石嘴山市实施健康影响评价评估制度建设试点。联合教育、民政、工信、工会、妇联等部门创建健康社区(乡村)、健康机关(事业单位)、健康学校、健康企业、健康家庭等健康细胞324个。

【健康教育和健康促进】2021年,自治区卫健委印发《开展文明健康绿色环保生活方式活动实施方案》,多维度、全方位引导群众形成文明健康绿色环保生活方式。全年全区开展集中宣传活动1488次、制作各种宣传条幅、展板、资料184.4万份、播放公益宣传广告8916个。无烟党政机关及无烟环境建设实行动态管理。2021年省级及以上无烟党政机关达标243家,达标率为100%;地市级无烟党政机关达标378家,达标率为73.8%;县(区)级及以下无烟党政机关达标927家,达标率为68.9%。投入100万元,在二级以上医疗机构建设30个规范化戒烟门诊，提供戒烟综合干预服务，推行科学戒烟方法。

（吕任兴）

健康扶贫

【“四查四补”】2021年，宁夏卫健委印发《关于开展巩固拓展健康扶贫成果有效衔接乡村振兴“四查四补”常态化工作的通知》，确保已脱贫县（区）基本医疗有保障。加大重点人群患病情况监测，及时将患病人员纳入管理，有效防止“因病致贫返贫”发生。实施疾病分类救治。2021年，全区建档立卡脱贫人口中11004人确诊患30种大病，已入院或签约管理10851人，救治率为98.6%；全区组建家庭医生团队2105个，常住人口、重点人群的签约覆盖率分别达到51.05%、80.35%，农村脱贫人口签约70.85万人，实现应签尽签。继续实行住院先诊疗后付费。脱贫人员入院时不需缴纳住院押金，只需在出院时支付医保报销后的自付医疗费用。2021年，全区已脱贫患者106358人，已入院救治或签约102813人，救治比例为99.67%，住院医疗费用实际报销比例为90.2%。

【健康扶贫能力建设】从2021年5月开始，宁夏卫健委组织调研核查全区1000人以上261个移民安置村卫生资源状况，解决261个移民村行政村卫生室、合格乡村医生“空白点”的问题，确保移民安置区群众有地方看病、有人看病。继续开展闽宁、京宁协作对口帮扶。2021年选派前往福建、北京两省（市）对口医院进修学习104人，两省（市）选派援宁专家134人。援宁专家开展学术讲座308次、教学查房1270次、接诊病人17091人次、手术1130台次、义诊328次、新技术新业务91项，合作科研项目3项。

（吕任兴）

互联网+医疗健康

【平台建设】“互联网+医疗健康”一体化平台。2021年，按照全区一个医疗集团的一体化建设思路，宁夏投入资金3825万元，建成覆盖37家二级以上医疗机构的一体化平台，平台上已汇聚医护人员、药师2.07万人，服务患者115.22万人次。“宁夏‘互联网+’推动优质医疗资源线上共享”案例在2021年全国深化医改经验推广会上获评“2020年度‘推进医改服务百姓健康’十大新举措”。全民健康信息平台。自治区全民健康信息平台与宁夏51家二级以上医疗机构及21个业务应用系统相联，汇聚685万份居民电子健康档案、6.88亿条医疗卫生服务数据。在全国卫生健康信息化发展指数（2021）城市排名中，银川市的卫生健康信息化发展总指数、卫生健康信息化应用水平分指数在省会城市中分别排名第10位、第5位；中卫市在地级城市中分别排名第10位、第3位。“互联网+医疗健康”监管平台。建成全区“互联网+医疗健康”监管平台，制订《宁夏回族自治区互联网诊疗监督管理办法（试行）》，完善“互联网+医疗健康”监管考核体系，涵盖6类考核维度、542个考核指标、595个评分公式和10个考核方案，实现对互联网医院的准入和运行全过程监管，并支持公立医疗机构综合考核评价和绩效管理。

【医疗应用】5G远程医疗试点。2021年，宁夏印发《2021年“互联网+医疗健康”示范区建设（5G+智慧医疗）试点工作方案》，依托自治区妇幼保健院试点建设5G远程超声、动态心电、远程脑电三大应用场景。基层人工智能辅助诊断。自治区卫健委联合自治区财政厅印发《2021年“互联网+医疗健康”示范区建设（基层人工智能辅助诊断能力提升）项目实施方案的通知》，实现人工智能辅助诊疗系统乡镇卫生院、村卫生室、社区卫生服务机构全覆盖。截至2021年年底，完成基层人工智能辅助诊断325.35万人次、规范门诊电子病历298.75万份，基层门诊病历规范率提高到96.45%。便民惠民。实现核酸检测结果、新冠疫苗接种记录数据与患者依托电子健康码挂号、缴费、查询个人检查结果报告等数据的互联互通。全区电子健康码激活用码700多万个。投入2000万元搭建覆盖全区92家助产机构的妇幼健康信息平台，线上支撑居民“出生一件事”“电子出生证明”快办快结，申请人可在“我的宁夏”App或“母子健康”App查阅出生证电子证照，生成历年居民出生证电子证照48.4万张。

【健康医疗产业】2021年8月19—22日，第五届中国—阿拉伯国家博览会大健康产业论坛暨第三届“互联网+医疗健康”应用大会以及医疗康养展览展示在银川市举办。与会中外代表围绕“‘互联网+’引领创新，繁荣健康医疗产业”主题进行深入探讨。125家互联网企业通过“线上+线下”方式参加医疗康养展，签订7项合作协议。会议期间，钟南山院士远程连线会场分享如何通过接种新冠疫苗实现“群体免疫”；张伯礼院士以“中医药在抗疫及维护健康中的作用”为主题进行演讲；国际国内知名嘉宾围绕“坚持科技创新驱动，引领大健康产业高质量发展”进行演讲。国家卫健委副主任于学军一行观摩医疗康养展览展示。10月14日，自治区卫健委与大专家.COM医学服务平台联合主办，中国整合医学发展战略研究所、广东省钟南山医学基金会协办的2021医生云大会在银川市举办。钟南山、张伯礼等15位院士和20名国内知名专家出席会议，大会发布医学智慧数字化产品MedBrain的研究与在宁夏的应用成果。引导企业积极参与银川市国家互联网+医疗健康产业园和中卫市国家健康医疗大数据中心建设，125家医疗健康互联网企业入驻产业园，医疗云专区已为区内外31家公立医院、8个县域医共体、35家行业企业提供云服务。深圳旭宏医疗智慧心电产品生产项目成功落地银川市苏银产业园。2021年新审批37家互联网医院，累计有99家互联网企业在宁夏注册并取得《医疗机构执业许可证》。

【疫情防控】2021年，宁夏依托自治区政府公共云平台搭建新冠病毒核酸检测信息系统，通过"一张工作台+一部手机"的轻量化便捷部署，有效保障大范围核酸筛查，有力支撑"10·17"疫情处置工作，累计向群众推送核酸检测结果1050万条。搭建新冠疫苗接种数据实时分析大屏，并将数据推送至宁夏政务数据共享平台。线上义诊。动员11家互联网医院开辟疫情防控专区，开通提供24小时线上服务，提供线上义诊94.68万人次，健康咨询59.29万次、心理咨询12.72万次、送药上门3.8万次。

（吕任兴）

人口监测与家庭发展

【人口监测与人口发展】2021年，全区开展出生人口有关情况分析研究和三孩生育意愿调查，收集有效问卷2万多份，形成《宁夏出生人口下降有关情况分析报告》《宁夏实施三孩生育政策群众生育意愿调查报告》《实施三孩生育政策背景下的宁夏人口形势分析》。加强人口监测经费使用管理，合理布局监测点，确定40个自治区级人口监测乡（镇、街道）。2021年，全区常住人口为725万人，出生人口为8.4万人，死亡人口为4.4万人，自然增长人口为4万人，人口出生率、人口自然增长率分别为11.62‰、5.53‰，两项指标均高于全国平均水平。根据第七次全国人口普查结果，2020年全区常住人口较2010年增长14.3%，10年间年平均增长1.35%。"十四五"期间，宁夏总人口增速放缓，年均增量将下降到6万人以内，到2025年全区总人口预计将达到750万人。生育政策效应已经逐渐弱化。2020年全区出生人数8万人左右，相当于2015年全面二孩政策实施前的水平，"三孩"政策的实施，预计仅能使未来年出生人数维持8万人水平，主要原因是育龄妇女数量在逐步减少、群众生育意愿下降。全区育龄妇女将由第七次全国人口普查的183万人减少至177万人，其中25~34岁育龄妇女由58万人减少至49万人，占比由32%降至28%。2021年调查结果显示，全区育龄人群平均理想子女数是1.68个，传统三孩政策人群（中南部地区少数民族农村居民）为2.08个，均明显低于现行生育政策。老龄化加速到来。全区20世纪60年代中后期生育高峰期出生人口已逐步步入老龄化阶段。第七次全国人口普查数据显示，2020年全区60岁及以上老年人口占常住人口比重的13.53%，10年间上升3.95个百分点。全区2018—2021年死亡率分别为5.54‰、5.69‰、5.88‰、6.09‰，连续4年呈上升态势，逐步接近全国平均水平。老龄人口数量、比重的快速增加，为经济社会与人口可持续发展带来挑战。

【生育政策】2021年，宁夏制定《关于优化生育政策　促进人口长期均衡发展的实施意见》。11月30日，自治区第十二届人大常委会第三十次会议通过表决，对《宁夏回族自治区人口与计划生育条例》作修改，为实施三孩生育政策提供重要法治依据，取消计划生育的相关审批和证明事项，删除超生规定以及社会抚养费征收、处罚制约措施等，将计划生育与入职全面脱钩。稳步实施计划生育家庭帮扶保障制度，兑付计划生育奖扶资金1.02亿元。建成宁夏计划生育家庭扶助保障管理系统，落实计划生育特殊家庭联系人、家庭医生签约、优先便利医疗服务"三个全覆盖"，开展"暖心行动"，建设"暖心家园"13个。

【婴幼儿照护服务】2021年，全区建立促进3岁以下婴幼儿照护服务联席会议制度，健全齐抓共管的工作机制。制发《宁夏回族自治区全国婴幼儿照护服务示范城市创建活动方案》，开展全国婴幼儿照护服务示范城市创建活动。推动全区医疗单位开展托育机构建设，先行先试积极探索普惠托育宁夏路径。争取国家普惠托育服务项目2021年中央预算内投资356万元，推进托育机构建设。全区注册托育机构122家，备案托育机构65家，备案托位数3156个，每千人口托位数达到0.44个。

（吕任兴）

妇幼健康与老龄健康

【妇幼健康保健】2021年，宁夏争取国家项目资金1101万元，加强自治区和3个县级妇幼保健机构"云上妇幼"、人才队伍建设和重点医疗设备配备。加强妇幼健康人才培训，共培训出生缺陷防治人才30名、基层产科医师50名、新生儿科医师6名、儿童保健医师5名、产前产后超声检查技术学员200名。邀请国内知名专家召开示范评审会暨危重症识别管理培训班，现场培训新生儿心肺复苏技术268人次，线上线下培训孕产妇危重症识别培训3013人次。建成自治区妇幼健康信息平台，项目内10家妇幼保健院云HIS已上线并运行良好。完成母子健康手册App项目并全面推广使用。组织对第三批危重孕产妇和新生儿救治中心进行复评验收。争取1000万元资金，为5个县级孕产妇和新生儿救治中心配备诊疗设备。“10·17”疫情发生后，按照接诊正常孕妇、红码孕妇和黄码孕妇三类人群，分别划分助产机构，杜绝孕产妇交叉感染。全力做好疫情期间封控管控和集中隔离孕产妇产检及分娩工作，实现安全转运和闭环管理，被封控、管控的267人全部安全分娩。

【母婴安全保障】2021年，全区完成农村适龄妇女宫颈癌筛查152351人，乳腺癌筛查155703人；新生儿疾病筛查72721人、听力筛查72682人，脱贫户新生儿耳聋基因筛查6042人，免费产前筛查37754人。全年孕产妇死亡率下降至10.48/10万，婴儿死亡率、五岁以下儿童死亡率分别下降至3.5‰、5.22‰。对《关于实施妇幼卫生“七免一救助”的意见》进行修订。全年，完成婚前医学检查28348对，孕前优生健康检查37843对，为60777名农村育龄妇女免费发放叶酸，免费为12个项目县（区）77686名6~24月龄婴幼儿发放营养包，完成0~6岁儿童视力检查507472人。

【老年健康促进行动】2021年，宁夏印发《自治区健康老龄化“十四五”规划》，促进积极老龄观、健康老龄化理念融入经济社会发展全过程，提高老年人健康服务能力。在全区开展“关注口腔健康，品味老年幸福”老年健康主题宣传周活动、400个村（居）实施“情暖夕阳健康行”项目，累计服务6万多老年人。印发《关于开展建设老年友善医疗机构　切实做好老年人就医便利服务工作的通知》，在全区综合性医院、康复医院、护理院和基层医疗机构开展创建工作，全区二级以上综合性医院老年医学科占比达100%。开展老年人健康水平提升行动。基层医疗卫生服务机构每年免费为65岁以上老年人提供1次健康管理服务，并为患有慢性病的签约老年人开具4~8周的长期处方。2021年65岁及以上老年人城乡社区规范健康管理服务率达到68.98%。

【医养结合发展】截至2021年年底，60岁及以上老年人口达到97.59万人，占全区总人口的14.03%。2021年全区医养结合机构总数32个，医养结合机构床位总数13307张。2021年，宁夏实施医养结合能力提升工程。安排1000万元专项资金，支持8家医疗卫生机构建设康复中心、护理中心和安宁疗护中心。医养结合机构服务质量提升行动。围绕医养结合机构医疗卫生服务质量存在的问题，坚持边建边改、边学边改，申报10家医养结合机构纳入国家医养结合远程协同服务试点机构，示范带动全区医养结合机构提质增效。在金凤区、中宁县、彭阳县开展家庭病床试点工作。

【构建老年友好型社会】2021年，宁夏推动解决老年人运用智能技术困难。开展“智慧助老”行动、老年友善医疗机构创建工作，推动解决老年群体看病就医面临的“数字鸿沟”问题。全国示范性老年友好型社区创建工作。银川市兴庆区富宁街中寺社区、银川市金凤区黄河东路街道通福家园社区、银川市西夏区朔方路街道恩和社区、银川市灵武市东塔镇黎明村、石嘴山大武口区青山街道团结社区、石嘴山市惠农区尾闸镇滨园社区、吴忠市利通区金星镇开元社区、吴忠市青铜峡市裕民街道南苑社区、固原市原州区古雁街道雁岭社区、中卫市沙坡头区滨河镇长安社区等10个社区被命名为“全国首批示范性老年友好型社区”。敬老爱老助老系列主题活动。组织开展以“实施积极应对人口老龄化国家战略，乐享智慧老年生活”为主题的2021年全区敬老月活动，举办“翰墨丹青颂党恩　不忘初心重晚晴”全区老年书画展，开展第三届全国“敬老文明号”和“敬老爱老助老模范人物”宣传及第四届“敬老文明号”创建活动。启动建设老年健康信息管理系统。全国老年健康信息管理系统上线运行，核准上报14个项目的数据共860.7万条，发挥信息化对老年健康服务管理支撑作用。

（吕任兴）

中医药管理

【概况】2021年，全区有中医类机构385所，中医类医院35所，其中公立中医医疗机构18所，中西医结合医疗机构4所，中医药高等教育院校1所，中医科研机构1所；中医类医院实有床位5758张，每千常住人口公立中医医院床位0.67张；中医类别执业（助理）医师3125人、每千人口中医执业类（助理）医师数0.43人；社区卫生服务中心、乡镇卫生院全部建设中医馆，全区中医馆平均配备中医医师2.01人；社区卫生服务中心、乡镇卫生院、村卫生室提供中医非药物疗法分别为100%、98.56%、78.89%。2021年，全区中医总诊疗608.28万人次，占医疗卫生机构总诊疗人次的15.32%。在2021年全国公立医院绩效考核中，三级公立中医医院分别位列全国第五名，西部第

2021年8月19—22日，“中医中药”展示体验区亮相第五届中国—阿拉伯国家博览会

一名。2021年，自治区卫健委联合自治区发改委、医保局等8部门印发《宁夏中医药服务能力提升行动实施方案》，联合自治区残联、体育局等5部门印发《宁夏中医药康复服务能力提升工程实施方案（2021—2025年）》。重点支持自治区中西医结合医院、银川市、石嘴山市、固原市、中卫市、同心县等中医医院康复中心（科）建设，全区二级以上中医类机构已设置中医康复中心2个、康复（医学）科14个。在石嘴山市、固原市、中卫市等中医医院建设重症医学、心病、皮肤等京宁合作重点中医专科8个，批准成立中医儿科、风湿、康复、肛肠等专科联盟4个。自治区中医医院暨中医研究院门（急）诊综合楼暨中医药传承创新工程项目2020年11月3日开工建设。银川市中医医院中医药传承创新工程已封顶。银川市中医医院、宁夏医科大学附属中医医院成功申报全国中医特色重点医院项目建设单位。

【中医药政策法规】2021年1月1日，完成修订的《宁夏回族自治区发展中医条例》正式实施，从法律层面保障了中医药事业发展。建立宁夏回族自治区中医药工作联席会议制度，由自治区分管副主席作为召集人，自治区25个部门参加，强化部门间协调配合，定期研究解决中医药重大问题。编制《宁夏回族自治区“十四五”中医药发展规划（2021—2025年）》，以“坚持传承精华、守正创新，努力推动中医药振兴发展”为统领，注重完善中医药服务体系、发挥中医药特色优势、体现中医药传承创新。制定《自治区党委 政府〈关于促进中医药传承创新发展的实施意见〉》。印发《关于加快中医药特色发展的若干措施》，发挥中医药特色和比较优势，推动中医药和西医药相互补充、协调发展。组织召开全区中医药大会，表彰中医药突出贡献奖及第三批“自治区名中医”23人。

【中药材产业发展】2021年，自治区政府办公厅印发《宁夏中药材产业发展实施方案（2021—2025年）》，提出“十四五”期间产业发展目标、措施和重点任务。实施道地药材生态种植及质量保障项目，开展种植调查，在隆德县、彭阳县建设金莲花、黄芪、黄芩、秦艽等道地药材生态种植基地6个，良种繁育基地2个，在8家企业推广使用中药质量追溯体系。开展中药材种植、病虫草害防治、采收、加工、质量检测等培训，共培训240余人。利用中药资源动态监测网络，继续开展对枸杞子、甘草、银柴胡、黄芪等15个品种中药资源情况动态变化日常监测。编制《中国中药资源大典·宁夏卷》初稿。组织5家企业参加第九届中药材基地共建共享交流大会，在宁夏展厅展出以枸杞为主的42种道地药材。自治区卫健委联合自治区药监局、医保局共同印发《宁夏中药配方颗粒管理细则》，规范配方颗粒生产、销售使用，引导产业健康发展。

【中医药人才队伍建设】2021年，宁夏开展中医药“百千万”人才工程项目，培养中医临床特色技术传承、中药特色技术传承、中医创新、西学中、骨干人才38名。建设全国名老中医药专家传承工作室、全区基层名老中医药专家传承工作室27家。完成中医药骨干人才培训166名。组织开展第七批全国老中医药专家学术经验继承工作，实施第六批继承人中医专业学位申请。举办全区医疗机构中药饮片临床使用质量管理培训班，培训200余人。修订传统医学师承备案管理办法、传统医学师承出师和确有专长考核实施方案、中医医术确有专长人员医师资格考核注册管理暂行办法实施细则等规范性文件，规范备案管理和人员考核工作，2021年中医医术确有专长人员医师资格考核通过10人。2名中医药人才享受2021年自治区政府特殊津贴。

【中医药科研】2021年，宁夏向国家发展

2021年8月，张伯礼院士出席第五届中阿博览会大健康产业论坛

改革委报送自治区中医医院暨中医研究院国家中医药传承创新中心项目申报材料。由宁夏医科大学和自治区中医医院暨中医研究院牵头，联合银川市中医医院、北京中医药大学、宁夏明德中药饮片有限公司等，组建自治区区域高发病中西医结合防治研究重点实验室、自治区中药制剂创新工程技术研究中心中医药创新平台，开展协同创新。组建“中医药治疗肾病理论与临床研究”和“宁夏道地中药资源开发利用”两个自治区科技创新团队。安排20万元用于开发“青白散痰搽剂”“消痤乳”等少数民族医药特色制剂。2021年立项宁夏中医药自然科学基金项目34项。

【中医药文化建设】宣传普及平台。宁夏广播电视台经济频道“养生有道中医大讲堂”、《新消息报·国医堂专栏》、宁夏卫健委网站和微信平台发挥宣传作用，弘扬中医药文化、倡导未病养生理念。2021年，完成《养生有道中医大讲堂》专栏52期，《国医堂》专刊52期。文化项目。开展中医药古籍保护与传统知识收集，在宁夏医科大学中医学院建立中医古籍室，对馆藏古籍进行系统和专题研究，增加电子古籍456种，4133卷，收集、整理83条中医传统知识项目。安排150万元开展中医药文化传播活动。文化活动。在第五届中国—阿拉伯国家博览会大健康产业论坛和医疗康养展览展示活动中推出“中医中药”展示体验区。12月9—10日在银川市举办2021年全区中医药文化宣传科普培训班，近80人参加。2021年，组织参加第二届全国中医药健康文化知识大赛，《海原深处杏林暖》等作品获奖。

（吕任兴）

卫生健康科技与合作教育宣传

【科技创新】2021年，自治区卫健委联合自治区科技厅在全区19个重大疾病领域布局建设25家临床医学研究中心，加快诊疗技术成果转化和应用推广。组织全区医疗卫生健康机构申报国家级、自治区级自然科学基金、科技惠民计划、重点研发、卫健委重点项目等共计453项，争取资金1.1亿元。自治区卫健委联合教育厅印发《宁夏回族自治区医学科研诚信与作风建设专项教育整治活动实施方案》，开展为期4个月的专项整治工作。遴选适宜技术示范推广项目20项。牵头建立自治区生物安全工作机制，制定《自治区加强生物安全工作实施意见》。指导医疗卫生机构改善实验室生物安全环境条件，严格高致病性病原微生物实验活动和保藏运输资格审批工作，组织开展实验室生物安全领域风险点排查，梳理风险点29项，建立台账并跟踪检查监督。

【交流合作和援外医疗】闽宁合作。2021年，闽宁协作第二十五次联席会议签署《福建省卫健委 宁夏回族自治区卫健委医疗卫生协作协议》，确定21家单位对口帮扶关系。福建省对口帮扶医院先后选派118名专家到宁夏，宁夏对口帮扶医院共选派54名医务人员赴福建省培训学习。京宁合作。自治区卫健委联合北京市卫健委共同举办京宁医疗卫生合作宁夏疾控中心主任（管理骨干）培训班，50余人参加。沪宁合作。全区共选派36名专业技术人员赴上海市16家医疗卫生机构进修学习。公共卫生交流合作。选派2名公共卫生专业技术人员赴厦门市参加流行病学培训班。“2021年沪宁合作计划”选派5名公共卫生专业技术人员赴上海市疾控中心进修学习。为第25批援贝医疗队员开展疫情防护培训及指导16次，为第25批援外医疗队员开展疫苗接种培训。以宁夏医科大学总医院为主体，参与中非对口医院合作机制，在国家对外交流中心指导下拟订与贝宁对口医院的合作项目方案。

【人才培养和继续医学教育】2021年，宁夏成立自治区住院医师规范化培训专家库，制定专家管理办法，修订考试试题库。完成878名住培医师和60名助理全科医生结业考核任务。完成455名住院医师规范化培训住院医师、69名助理全科医生培训、8名专科医师培训招考任务。完成125名卫生专业技术人员参加全科医生转岗培训。90名全科方向农村订单定向免费医学生参加2021年住院医师规范化培训。安排13名临床药师、12名县级骨干、25名麻醉和康复专业人员作为紧缺人才培训。组织对新批准的国家住培基地进行督导验收,完成2个协同单位的评估。加强继续医学教育管理,修订《宁夏回族自治区卫生专业技术人员继续医学教育学分授予和学分登记办法》《宁夏回族自治区卫生专业技术人员继续医学教育管理办法》《宁夏回族自治区远程继续医学教育项目管理办法》。以线上面授、云端课堂、空中诊室、视频教学、远程教育等形式,推进继续医学教育与"互联网+"充分融合。全年完成继续医学教育培训项目5709项,共培训51.99万人次,其中全区新冠疫苗接种知识培训3.9万余人,远程继续医学教育培训4.6万余人。

【典型宣传和信息发布】2021年,自治区卫健委每月向国家卫生健康委推荐"中国好医生、中国好护士"2人;推荐宣传年度"宁夏好医生、宁夏好护士"各10人、"2021年优秀村医"10人。创作拍摄《宁夏卫生健康委推进为民办实事行动》《健康宁夏 医路同行》专题短视频,弘扬新时代宁夏医务工作者职业精神。开展第五届中阿博览会外宣工作,对卫生健康方面的新理念新技术进行深度聚焦报道。对樊代明院士、张伯礼院士进行专访。央视新闻、新华社、《光明日报》等国内主流媒体累计报道达到3100余条。疫情期间,配合自治区新冠疫情防控指挥部召开4场新闻发布会。官网官微每日权威发布全区新冠肺炎疫情通报和新冠疫苗接种情况;更新推送"最新疫情风险等级提醒""紧急通知"等300余条;联合"黄河云视"、宁夏广播电视台"直播60分"开展"宁夏抗疫进行时"融媒体直播,行业专家做客直播间,解读防控工作策略,累计播放量达500万人次。

(吕任兴)

社会管理

SHEHUIGUANLI

NINGXIA YEARBOOK

编辑◎张明鹏

就业创业

【概况】2021年，宁夏编制完成《宁夏回族自治区就业促进“十四五”规划》，推动出台支持多渠道灵活就业、加强就业帮扶、巩固脱贫攻坚成果、助力乡村振兴等政策，修订完善《宁夏回族自治区创业担保贷款管理办法》，全年城镇新增就业8.15万人，城镇调查失业率全年均值为5.3%，基本回落至疫情前水平。坚持将保市场主体、纾困中小企业作为稳就业的重要基础，延续实施部分减负稳岗扩就业措施，支持企业特别是中小微企业渡过难关、稳定就业。为1.34万户企业发放稳岗返还资金1.68亿元，惠及职工36.16万人。共向12.66万人发放失业补助金及临时生活补助5.49亿元。

【重点群体就业】2021年，宁夏实施企业稳岗扩岗专项支持计划、高校毕业生就业创业促进计划、失业保险扩围计划和就业援助帮扶，全区农村劳动力转移就业81.27万人，离校未就业高校毕业生就业率达到95.78%，开发购买公益性岗位8819个，“零就业”家庭实现动态清零。

【创业带动就业】2021年，宁夏全面落实创业担保贷款政策，积极搭建集政策扶持、创业指导、创业培训于一体的开放式综合服务平台，开展创业孵化提升行动，鼓励各类劳动者返乡入乡创业兴业。新认定国家级创业孵化示范基地2家，自治区级创业孵化示范基地6家，发放创业担保贷款15.46亿元，开展创业培训1.52万人，培育创业实体1.59万个，创造新岗位3.42万个，创业带动就业6.35万人。

【职业技能培训】2021年，宁夏开展补贴性职业技能培训16.81万人次，支持1175家企业、2.97万名企业职工开展以工代训，完成企业新型学徒制培训3355人次、“两后生”培训643人。在全国率先全域推行民办职业培训学校“告知承诺制”审批改革，人社部向全国推广经验做法。开展职业技能竞赛活动，组团参加全国乡村振兴职业技能大赛获得1枚铜牌和4个优胜奖，实现在国家一类职业技能大赛中奖牌“零”的突破。

【公共就业服务】2021年，宁夏开展“就业援助月”“春风行动”“稳岗留工”、就业帮扶直通车、直播带岗等公共就业服务活动，探索实施“互联网+就业”公共就业服务，推行“免申即享”失业保险稳岗返还经办服务。举办线上线下招聘会554场，提供岗位38万多个。

【城镇居民收入】2021年，宁夏坚持把城镇居民收入提升行动作为巩固脱贫攻坚成果、推进共同富裕的重要抓手，千方百计拓宽增收渠道。建立目标推进机制，制定年度工作要点及分工方案，明确任务书、确定路线图、定好时间表，纳入各级效能目标管理考核统筹推进。自治区人社厅发挥牵头作用，建立成员单位会议、信息通报、工作调度、增收因素会商、督查考核五项机制，强力推动各项措施落实。2021年，全区城镇居民人均可支配收入增长7.2%。

（尚　晨）

社会保险

【概况】2021年，宁夏持续推进养老、失业、工伤保险制度改革，加快健全完善多层次社保体系。出台《宁夏回族自治区工伤预防五年行动计划（2021—2025年）实施方案》和中小微企业优先参加工伤保险政策，研究制订《企业职工基本养老保险省级统筹考核奖惩办法》，失业、工伤保险省级统筹意见及经办规程，规范了基本养老保险待遇和代发资金集中统一发放。做好企业职工基本养老保险全国统筹，实施机关事业单位养老保险制度改革中期考核评估，完善参保人员遗属待遇标准，积极构建多层次养老保险体系。

【全民参保计划】2021年，宁夏巩固拓展全民参保计划实施成果，基本养老（含企业、机关事业单位、城乡居民）、失业、工伤保险参保人数分别达到482.85万人、109.07万人、143.79万人，超额完成年度目标任务。

【社保待遇调整】2021年，宁夏将城乡居民养老保险最低缴费档次由100元调整为200元，第八次调增基础养老金最低标准，为47.48万城乡居民每人每月调增基础养老金5元，调整后人均养老金达到229元。连续17次调整企业退休人员、6次调整机关事业单位退休人员养老金水平，增幅4.5%，68.57万退休职工受益。

【社保基金监督管理】2021年，宁夏开展社会保险基金管理问题专项整治，核查疑点数据127万多条，集中整改冒领、重复领等10多项突出问题。排查出2019—2020年基金要情363件，追回752.24万元。养老保险基金新增结余投资率达80.8%。持续加大稽核监控力度，建立与司法、卫健等部门信息比对机制。核查少缴社保费626.02万元，全部追回。比对出欺诈冒领813人，冒领金额1410.64万元，追回1021.32万元。

【经办服务】2021年，宁夏落实社保经办利企便民31条措施，92%的社保业务实现网上办理，13项社保业务高频办理事项下沉基层实行全区通办。累计发行社保卡714.66万张，签发电子社保卡494.13万张，联合18个部门协力推进社保卡在人社、医疗卫生、文化旅游、交通出行、金融惠民、涉农惠农、残疾人服务等领域的应用。工伤保险医疗费全区同城化即时结算工作不断优化，区内跨市县医疗费审核支付和资金清算顺畅，协议管理覆盖80家医疗机构、11家康复机构和13家辅助器具配置机构，采取“四早”措施，提前12天完成养老金发放得到自治区领导的批示肯定，“四秒同步、八办并举”社保经办服务效能建设走在全国前列。

（尚　晨）

人才工作

【人才引育工程】2021年，宁夏选拔享受自治区政府特殊津贴39人，青年拔尖人才89名，新增高技能人才6811人，精准引进优秀在读博士7名。评选留学回国人员创业资助团队项目8个、个人项目18个。宁夏1人获第六批全国杰出专业技术人才、1集体获全国专业技术人才先进集体，培养的院士后备人才马玉山当选中国工程院院士，姚敏团队科研成果获全国科技进步一等奖。全年取得高级工以上职业资格证书（职业技能等级证书）6811人，完成全年高技能人才新增5000人任务的136%；取得技师、高级技师职业资格证书（职业技能等级证书）979人，完成全年700人任务的139%。

【人才评价体系】2021年，宁夏科学修订自治区高层次人才分类认定目录，认定第二批高层次人才人选597名。深化职称制度改革，出台《宁夏职称评审管理办法和操作规程》，分层分类修订出台15个职称系列（专业）评审标准条件，全面完成各系列（专业）职称制度改革任务。开展基层职称“定向评价、定向使用”工作，启动高素质农民职称评审试点工作，对突出贡献人才和引进高层次人才职称评审实行绿色通道，212名突出贡献人才和全职引进高层次人才直接获评高级职称，贯通高技能人才与专业技术人才职业发展通道，25名高技能人才通过评审取得中高级职称。深化技能人员职业资格制度改革，形成以职业资格评价、职业技能等级认定、专项职业能力考核等全方位技能人才评价服务体系。

【人才载体】2021年，宁夏加强人才小高地、博士后科研流动站（工作站）考核评估和动态管理，对2018年遴选的20个自治区人才小高地、2017年选拔的青年拔尖人才进行了中期评估；加强院士后备人才、博士后科研工作（流动）站的动态管理。新建自治区人才小高地10个、专家服务基地7个，取消9个专家服务基地和13个院士工作站资格。创建国家级、自治区级高技能人才培训基地、技能大师工作室等技能人才载体21个，遴选技工院校急需特色专业2个。

（尚　晨）

人事管理和公共服务

【事业单位人事制度改革】2021年，宁夏跟进国家政策，推进实施县以下事业单位职员等级晋升制度，建立事业单位岗位等级与职员等级并行的晋升通道。推进人才密集型事业单位全员竞聘、公立医院人员总量一体化管理、基层行业县域统筹等人事制度改革。健全完善事业单位人事管理政策体系，出台事业单位工作人员创新创业升级版政策、特设岗位管理办法、培训实施细则。推行事业单位公开招聘条件放宽、形式放活、主体放权等改革举措，全区各级各类事业单位公开招聘6946人。开展全区事业单位二级岗位评聘、脱贫攻坚领域专项奖励、人事档案专项审核工作。

【工资制度改革】2021年，宁夏健全完善

2021年6月7日，自治区政府领导到宁夏人社厅调研

事业单位岗位绩效工资制度，推行知识价值为导向分配政策，落实高层次人才工资分配激励机制。建立义务教育学校教师平均工资与公务员平均工资联动增长机制，单独核增中小学校校长津贴、班主任津贴绩效工资总量，解决了因发放校长津贴和班主任津贴挤占其他教师绩效工资总量的问题。完善国有企业负责人薪酬制度和工资决定机制改革配套政策体系，规范工资总额信息披露办法。调整最低工资标准，平均增幅17.89%。发布企业工资指导线，合理确定企业职工平均工资，引导企业提高职工工资水平。

【人事考试管理】2021年，宁夏出台巡考人员和重点人事考试考点学校相关管理办法，建立人事考试安全风险预警提示制度，强化考务信息安全防护能力建设，组织完成45项人事考试，服务考生33.6万人次。

【部区合作】2021年，人社部与自治区政府签署《共同推进宁夏人力资源和社会保障事业改革发展　助力黄河流域生态保护和高质量发展先行区建设合作备忘录》，从就业创业、完善社保体系等7个方面确定人社部支持宁夏人社事业25项措施，全年争取国家政策性资金63.66亿元，位居区直部门前列。

【“放管服”改革】2021年，宁夏实施人社服务“快办行动”，301项政务服务事项中95%的事项实现不见面办理，137项实现即来即办，32项实现了“零材料”办理。民办职业培训学校证照分离审批改革在全国推广，人社快办服务一体化建设被评为全区法治政府建设示范项目。健全“互联网+监管”“双随机、一公开”执法监管体系，对87项行政许可、行政处罚事项重新修订自由裁量幅度，45项违法行为实行“首违不罚”“首违轻罚”的包容免罚机制，切实做到监管不缺位、权力不滥用、执法必依法。

【行风建设和为基层减负】2021年，宁夏坚持行风建设与业务工作有机融合，持续深化整治形式主义官僚主义突出问题为基层减负。开展以干部提气增劲、服务提速增效、工作提质增色为内容的“三提三增”活动。加强窗口单位作风建设和经办队伍建设，不定期开展明察暗访，对发现的问题督促整改。开展人社窗口单位业务技能练兵比武活动，宁夏代表队获得全国省级区域赛三等奖。进一步清理规范自治区级以下评比达标表彰活动，受理表彰计划289项，批复56个，压减率达80.6%。取消、终止10余个部门拟开展或变相开展的评比达标表彰和创建示范活动计划。

【信息化建设】2021年，宁夏按照“数字政府”建设、信息化便民服务创新提升行动及宁夏人社信息化建设发展规划要求，高标准开发建成“数据共享、纵向一体、横向协同、标准统一”的宁夏人社一体化与公共服务两大系统，已上线就业创业、劳动关系、劳动监察、职业培训、人才人事、社会保险、农民工工资支付预警等板块，4.7万家单位通过公共服务系统不见面办理人社业务，累计办理各项业务73.7万件。

【乡村振兴】2021年，宁夏出台《加强就业帮扶　实施百万移民致富提升行动　巩固脱贫攻坚成果　助力乡村振兴的实施意见》，实施农村劳动力转移就业促进行动、困难人员就业援助行动、“铁杆庄稼保”等措施，全区脱贫人口和边缘易致贫人口就业26.86万人。深化闽宁等省际协作，开展闽宁劳务对接37次，组织闽宁专场招聘会44场次。全区农村劳动力赴闽就业5037人。出台巩固拓展社会保险扶贫成果同乡村振兴有效衔接意见，对参加城乡居民基本养老保险的低保、特困、重度残疾、易致贫返贫三类监测对象等困难群体实施政府部分代缴和全部代缴保费政策。落实百万移民致富提升行动重点县重点村（社区）包抓工作，支持帮扶村（社区）改善基础设施、发展致富产业。

（尚　晨）

劳动关系

【概况】2021年，宁夏发挥协调劳动关系三方机制作用，通过会商研判、协同联动、跟踪问效和考核奖惩，推动劳动关系共商共建共治共享。实施劳动关系"能力提升"三年行动和"百千万计划"，整合劳动关系社会资源，发动企业和社会组织力量，组建劳动关系协调员、集体协商指导员、协调劳动关系社会组织、劳动人事争议调解组织4支社会力量，全区登记劳动关系协调员3727人，建立基层调解组织247个，备案调解员630人，助力用人单位提升用工管理水平，建立更加规范和谐的劳动关系。

【劳动用工管理】2021年，宁夏开展规范小微企业、新业态企业、劳务派遣用工监管专项行动和煤矿井下劳务派遣工清理划转专项行动，出台《维护新就业形态劳动者劳动保障权益实施办法(试行)》，小微企业用工管理得到规范，新就业形态劳动者权益维护有了法治保障，年内完成煤矿井下劳务派遣工的清理划转工作。

【保障农民工工资支付】2021年，宁夏全面贯彻《保障农民工工资支付条例》，相继出台农民工工资专用账户、工资保证金等配套政策。全面推广根治欠薪线索反映平台畅通投诉举报渠道，对重点工程实施常态化监控预警，对恶意欠薪违法行为实施联合惩戒。集中开展根治欠薪夏季、冬季专项行动，清理整顿人力资源市场秩序、维护女职工产假等权益专项执法检查和相关活动，保持根治欠薪"高压"态势。全年受理劳动保障监察举报投诉163件，为3857名劳动者追回工资4131.1万元，根治欠薪工作扎实推进并取得明显成效。

【劳动人事争议】2021年，宁夏加强调解、仲裁与诉讼衔接机制建设，畅通农民工等困难群体劳动争议处理"绿色通道"。推进劳动人事争议金牌调解组织建设，推荐国家级金牌组织2家。推进调解仲裁法律援助、仲裁案卷专项评查，开展青年仲裁员志愿服务活动。推广使用"互联网+调解"服务平台，提升案件处理智能化水平和服务劳动者能力，全区共受理劳动人事争议案件1.46万件，结案1.42万件，仲裁结案率、调解成功率分别达到94%、66.4%。

（尚　晨）

民　政

【社会组织管理】2021年，自治区民政厅制定《关于选派党建工作指导员深入社会组织加强党建指导的意见》等文件，全区"一盘棋"推行选派党建指导员和网格化监管模式，向2080家社会组织选派党建指导员1000多名，将3500余家社会组织纳入网格监管，社会组织党的工作实现全覆盖。健全社会组织联动监管和联合执法机制，严格做好年度检查、执法监督和抽查审计等常态化监管，联合16个部门制定12条硬措施，全面开展社会组织规范收费、评比评奖、非法集资等5项治理，打击查处非法22家，全面摸排"僵尸型"1103家，依法抽查审计530家，撤销登记141家。大力整治行业协会商会乱收费问题，分级督查行业协会商会1158家，减免降低收费2282.8万元，惠及会员企业10103家，依法清退违规收费66.85万元。强化服务理念，创新社会组织"管理+服务+培育"模式，投入265万元实施养老、助残、儿童等社会组织公益创投，培育扶持项目69个。推进法人库系统应用普及，对接梳理42个业务事项67个电子表单，完善后台信息5000余条，完成实名注册2300余家。深入开展社会组织等级评估，评定AAAAA级6家、AAAA级29家、AAA级32家。

【基层政权和社区治理】2021年，自治区党委和政府印发《关于进一步加强基层治理体系和治理能力现代化建设的实施意见》，全力推进城乡社区治理纵深发展。按照自治区党委和政府统一部署，全区2207个村、642个社区首次同步完成换届，实现"两升一降"(学历提升、女性比例提升、年龄下降)目标和历史性突破。一体化推选村民代表70343名，接续做实村代会制度"55124"模式(即以"五步工作法"为统揽夯实制度基础，以"五联记录表"规范会议程序和记录，以"一份议事清单"规范议决内容，以"乡村两级监督"确保工作合法合规，以"四级联动"督查推动工作落实)。举办自治区示范培训班12期1300余人，指导市、县(区)举办培训班50余期1.2万余人次。协同自治区党委组织部等部门研究制定社区职责、减负增效、就业服务、队伍建设、小微权力等11项"微政策"。协调各地各部门五级联动，增加社区81个，增幅约14%；增加人员1692人，增幅约37%；增加报酬人均约1000元，增幅约35%；开展"百楼万户大走访"等活动，走访121.64万户，收集群众"三件事"约8.83万件；组织8.67万群众协商7300余次，调处矛盾纠纷和解决问题约1.12万起。持续推进"万能章"整治行动，平均每个社区清理证明事项约30类、各类挂牌10~15个、上墙制度8~10项。

【社会救助】2021年，自治区民政厅提请自治区党委和政府出台《关于改革完善社会救助制度的实施意见》，创新制定《自治区最低生活保障审核确认暂行办法》《自治区特困人员认定办法》《自治区最低生活保障边缘家庭认定办法（试行）》，优化审核确认流程，界定低保边缘家庭认定范围，首次打破区内居民申办最低生活保障户籍限制。扩大信息共享覆盖面，提升社会救助精准度，上线宁夏社会救助家庭经济状况跨省联网核对，全年共核对543259户、1523512人，出具核对报告546653份。建立涵盖100.55万城乡低保、特困供养、边缘易致贫人口等数据库和监测预警机制，下拨救助资金25.26亿元，保障城乡低保等对象42.1万人，临时救助15.4万人次。通过“两节”慰问和“我为群众办实事”等活动，发放春节饺子费、取暖补贴和慰问金1.7亿元。围绕百万移民致富提升行动，持续推进社会救助与乡村振兴有效衔接，制定支持红寺堡区、西夏区易地搬迁移民致富提升示范区“双20条措施”，全力落实3个包抓点责任，自治区党委书记陈润儿、副书记陈雍在全区现场会上对民政厅工作予以充分肯定。打通政策落实和服务群众“最后一公里”，在试点基础上将低保审核确认权限下放乡镇（街道），成为全国首个全下放省区。在8个县区创新推行“党建+救助”“物质+服务”“多维度评估认定”等示范试点，实践个性化救助服务。

【社会福利和养老服务】2021年，自治区民政厅深化养老机构公建民营改革，编制《宁夏回族自治区“十四五”养老服务体系规划》，出台《宁夏回族自治区养老服务综合监管实施意见》《宁夏回族自治区养老机构等级评定管理办法（试行）》；修订《宁夏回族自治区社区老年人日间照料中心管理办法》《宁夏回族自治区农村老饭桌管理办法》；加强乡镇综合养老服务机构建设，安排资金3284万元新建农村老饭桌27个、社区日间照料中心11个、社区养老服务中心1个；推进“塞上乐龄大学”项目，在宁夏老年人服务中心成立宁夏老年大学民政分校；实施居家适老化改造，为615个农村老饭桌、149个社区日间照料中心、24个农村互助院运营提供资金补助；下拨民办养老机构一次性床位补助，持续推进民办养老机构综合责任保险工作，补助56家养老机构购买综合责任保险，支持19个医养结合机构发展。围绕社区和居家养老服务，巩固试点成果、抓实提升项目，探索物业企业参与路径，开展“暖心敲门”“定期巡访”和助餐服务；分级开展养老护理职业技能大赛，并在全国比赛中获三等奖1个、优胜奖2个，自治区民政厅被评为“优秀组织单位奖”；推进安全专项整治三年行动集中攻坚，开展安全督导检查258次，排查安全隐患750项，整改率为95%。提高残疾人“两项补贴”标准10%和50%，发放孤儿养育津贴、残疾人两项补贴3.52亿元，保障困境儿童5973名、残疾人21.2万；贯彻落实《中华人民共和国未成年人保护法》，保护体系建设实现自治区、市、县三级未保工作协调机制全覆盖；推进儿童福利机构优化提质和创新转型高质量发展，民政部《护童成长——儿童关爱服务体系建设试点项目》落户海原县；拓展社会福利机构“开门办院”模式，开展社区康复服务工作，免费为171名社区残疾儿童和78名重症精神障碍患者提供治疗；探索“开门办学”模式，面向社区招收9名3~8岁残障儿童开设特教学前班，出台《宁夏回族自治孤儿医疗康复“明天计划”项目实施细则》，为430名孤儿及困境儿童开展医疗康复救助和健康体检；筹集资金5040万元建设2个地级市精神卫生福利设施；开展救助管理服务质量大提升专项行动，救助流浪乞讨人员2216人，成功寻亲34人。

【区划地名管理】2021年，自治区健全完善行政区划管理制度，自治区政府出台《宁夏回族自治区设立镇标准》《宁夏回族自治区设立街道标准》，不断促进乡镇行政区划标准化、规范化管理；自治区人民政府批准新设立街道1个，预审撤市设区申报材料1项；认真核查乡镇政府驻地信息，严格审核行政区划编制图样7份，21个县（区）开展15条县级界线联检，推进4个县、区、乡、镇级行政区域界线勘定修正补差。在全国率先开展地名地方性法规修订工作，完成民政部反馈2批9条不规范地名清理整治任务，相关做法在全国区划地名工作会议中以专题片、课件等形式做经验交流；加强地名文化建设，拓展深化党史学习教育，在全区开展红色地名征集活动，向民政部选送的《六盘山红军长征纪念广场》《美丽乡村龙王坝》分获全国红色地名征集影像类一等奖和红色故事类三等奖；打造兴庆区凤凰北街兴仁巷、文化街二道巷特色地名街区，丽景街八里桥社区“时光隧道”，玉皇阁北街“党史馆”、前进街“西塔印象”地名文化微展室，盐池县地名文化公园等一批地名文化阵地；编撰《黄河地名文化系列丛书（宁夏卷）》，结合年度地名数据更新，出版《宁夏地名文化》《宁夏地名摄影》《宁夏地名年鉴（2020）》；在全区开展以“美化共有家园、留住美丽乡愁、传承弘扬优秀地名文化”为主题的地名文化进社区活动，持续扩大地名社会影响力；做好国家地名数据库更新完善工作，共计更新各类地名词条1.3万余条。

【慈善事业和社会工作】2021年，自治区建立跨部门、跨领域、跨行业的社会工作厅际联席会议制度，推进社会工作人才队伍建设，构建县(区)、乡镇(街道)、村(社区)三级社会工作服务体系，实现乡镇(街道)社会工作服务站全覆盖。坚持以服务项目化带动人才专业化，统筹整合各类政府购买服务资金5000多万元，实施服务项目281个，在基层一线培养社工人才400余人，服务城乡低保、特困人员、困境儿童等10类困难群体。首次将“宁夏慈善奖”正式纳入自治区表彰目录，建立表彰长效机制。发挥枢纽型、行业性慈善组织作用，宁夏燕宝慈善基金会从2021年开始每年捐资约5亿元资助全区考取600余所大学本科新生，成为全国首个全省区覆盖教育助学项目。推进“互联网+慈善”，依法开展线上募捐和公益配捐，审核线上项目46个、募集资金近500万元，督导线下项目12个、募集资金1.2亿元。福彩发行通过积极培育市场、优化产品结构、拓宽销售渠道、增强营销力度，全年销售12.9亿元、筹集公益金4.18亿元，位列全国正增长前十名。宁夏优秀志愿者代表、群众身边“活雷锋”王兰花，被授予“七一勋章”；宁夏“文明有面　文明有礼”做法——以“志愿红”催开“文明花”案例，被编入中央文明办《建设新时代文明实践中心怎么干》丛书；全区各类志愿服务组织8780家，实名注册志愿者127万人，服务时长6858万小时，7家单位和个人获评全国学雷锋志愿服务“四个100”先进典型。

（周鹏程）

乡村振兴

【概况】2021年，宁夏依托“四大提升行动”(百万移民致富提升行动、城乡居民收入提升行动、基础教育质量提升行动、全民健康水平提升行动)巩固拓展脱贫攻坚成果、宁夏以9个重点产业为载体推动经济发展迈上新台阶、吴忠市红寺堡区突出重点全面推进乡村振兴3项典型经验做法受到国务院第八次大督查通报表扬。先后召开自治区党委常委会会议11次、政府党组会和常务会19次、党委农村工作领导小组会3次、扶贫开发领导小组会2次、“四大提升行动”推进会4次，有针对性召开了闽宁协作、人居环境整治、厕所革命、金融支持乡村振兴、产业发展、有效衔接等一系列专题会、座谈会、推进会、现场会，重点部署落实，精准务实推进，保证了党中央决策部署的全面落实。自治区党政主要领导经常深入乡村一线调研督导，协调解决问题、推动工作落实，围绕巩固拓展脱贫攻坚成果同乡村振兴有效衔接工作，陈润儿书记、咸辉主席累计开展调研46次；21位省级领导包抓9个乡村振兴重点帮扶县、3个移民工作重点县和21个重点帮扶村。

【脱贫攻坚与乡村振兴有效衔接】2021年，宁夏按照“稳定一批、优化一批、调整一批”原则，出台《自治区党委人民政府〈关于实现巩固拓展脱贫攻坚成果同乡村振兴有效衔接的实施意见〉》，配套完善防止返贫监测帮扶、巩固脱贫攻坚成果、易地搬迁后续扶持、产业就业等15个方面59个政策文件，构建了符合宁夏实际的“1+N”衔接政策体系。全区三级扶贫机构平稳有序重组为乡村振兴机构，如期完成机构挂牌与职能调整优化。编制《宁夏巩固拓展脱贫攻坚成果同乡村振兴有效衔接“十四五”规划》，把巩固拓展脱贫攻坚成果纳入全面推进乡村振兴考核和效能目标管理考核，对各县(区)开展巩固脱贫成果后评估，完成国家综合考核评估。

【监测帮扶】2021年，自治区紧盯脱贫不稳定户、边缘易致贫户、突发严重困难户“三类人员”，建立多行业部门联动风险

2021年7月4日，宁夏乡村振兴职业技能大赛在银川市举办

预警、研判和处置机制，加强部门信息数据共享，加大信息比对，精准开展帮扶，全年新增监测对象0.9万人，累计监测5.04万人，81.2%已消除返贫致贫风险，93.8%得到产业、就业等帮扶。加强农村低收入人口监测，健全以低保户、边缘户为主体的低收入人口数据库，兜底保障低保对象44.9万人、特困人员0.97万人，临时救助13.5万人次，切实兜住最困难群体、保住最基本生活。

【巩固“两不愁三保障”成果】2021年，自治区常态化开展“四查四补”，健全“三保障”和饮水安全问题动态清零机制，全年共查摆各类问题1.05万条。持续推进义务教育控辍保学，脱贫家庭义务教育阶段学生失学辍学问题动态清零。投入12.4亿元，精准资助农村家庭经济困难学生49.3万人，营养改善计划惠及学生23.3万名。持续提升基本医疗保障水平，做好30种大病集中救治、慢性病综合防控和家庭医生签约服务，优化医保参保缴费资助政策，2021年脱贫人口动态全部参保，住院医疗费报销比例87%。持续解决住房安全问题，完成农村危房改造0.19万户、新建抗震宜居农房1.18万户，存量危房动态清零。持续巩固农村饮水安全，推广“互联网+城乡供水”，全区农村集中供水率达98.5%，自来水普及率为96%。

【重点帮扶】2021年，自治区有关部门出台《关于支持乡村振兴重点帮扶县若干意见》，明确了财政、金融、土地、干部人才等16个方面101个帮扶支持政策，向原州区、西吉县、海原县、同心县、红寺堡区5个国家乡村振兴重点帮扶县投入财政衔接资金26.2亿元，占比为57.6%；投入闽宁协作资金3.5亿元，占比为57.9%，用于加快产业发展、配套基础设施、优化公共服务、改善人居环境等，其中投入5.47亿元，重点支持红寺堡区创建全国易地搬迁移民致富提升示范区。加大干部人才支持，5个国家重点帮扶县自治区机关单位选派的第一书记和工作队占比为63%。

【四大提升行动】2021年，自治区深入推进百万移民致富提升行动，围绕解决好产业、就业、社会融入3件事，建立省市县领导和部门包抓机制，实施“9+1”专项提升，促工作全面提升。投入产业发展资金19.3亿元、投放小额信贷11亿元，因地制宜发展一批特色种植、养殖、加工等产业，成为移民地区发展的有力支撑。开展“订单式”“定向式”技能培训，实现移民转移就业19.7万人，移民收入增长17.6%，高于全区农村居民收入7.2个百分点。坚持点面结合、示范引领，先后投入34.7亿元，补短板强弱项，移民区基础设施、人居环境明显改善。推进城乡居民收入提升行动，紧紧围绕“两个高于”目标要求，千方百计拓宽群众增收渠道，全区农村常住居民人均可支配收入15337元，增长10.4%。脱贫人口2021年度人均纯收入11587元，增长15.4%。全面推进基础教育质量提升行动，推进“互联网+教育”示范区建设，学校网络200兆带宽接入、多媒体教学设备、在线互动教室、数字校园建设实现全覆盖，所有农村学校和薄弱学校与优质学校实现结对帮扶。加快推进全民健康水平提升行动，推进“互联网+医疗健康”示范区建设，推进基层医疗卫生机构服务水平“提档升级”，脱贫地区医疗卫生机构、医疗卫生人员和医疗服务能力按要求全部达标。继续实行县域内住院先诊疗后付费、“一站式”结算等政策，做好37种大病集中救治、慢性病综合防控和家庭医生签约服务，全区脱贫群众患者入院救治或签约服务10.6万人。

【闽宁协作】2021年4月9日，全国东西部协作和中央单位定点帮扶工作推进会在银川市召开。出台《关于深化新发展阶段闽宁协作工作的意见》，签订“十四五”框架协议，拓展帮扶领域，健全帮扶机制，优化帮扶方式。两省（区）党政领导密切互访对接，持续高位推动，分别在银川、福州两市召开闽宁协作交流座谈会和第25次联席会议，认真部署闽宁协作工作，签订合作项目49个、计划投资114亿元，福建省投入援宁资金6.1亿元、增长15.1%，两省（区）签订的《东西部协作协议》任务全部超额完成，宁夏共选派19名干部赴闽挂职锻炼，100%完成协议任务；503名专业技术人员到福建跟班培训、带岗实练；带动农村劳动力就业3.56万人（其中，脱贫人口1.96万人）；福建省累计采购和帮助销售宁夏农特产品31.51亿元，完成315.1%。

【定点帮扶】2021年，自治区深化中央单位定点帮扶，邀请9家中央单位负责人到宁夏出席全区脱贫攻坚总结表彰大会和中央单位定点帮扶座谈会。9家帮扶单位实施了一批基础设施、特色产业、教育培训、社会事业等项目，选派挂职干部27名，投入资金1.45亿元，开展消费帮扶2.59亿元，为帮扶县经济社会发展作出积极贡献。深化区内单位定点帮扶。出台《关于向重点乡村持续选派驻村第一书记和工作队的实施意见》，将全区行政村分为A、B、C、D四类，全面落实驻村干部待遇保障，共向28个重点乡镇选派专职副书记、1870个村选派驻村第一书记和工作队员，实现脱贫村与易地搬迁安置区全覆盖。各帮扶单位累计投入1.62亿元，实施帮扶项目711个，受益人口53.34万人。

【项目资金资产管理】2021年，自治区乡村振兴主管部门共投入财政衔接资金、地方债资金、中央彩票公益金和闽宁资金64.1亿元、增长7.5%。整合设立15亿元乡村振兴基金。优化小额信贷政策，全年累计发放9.68万户、46.6亿元，贷款覆盖率为60%，居全国第一。强化资产管理，共摸排党的十八大以来全区各类扶贫项目资产427.7亿元（其中，经营性资产45.1亿元，占比为10.6%；公益性资产225.5亿元，占比为52.7%；到户类资产157.1亿元，占比为36.7%）。强化项目管理，全年共入库项目10947个，资金规模达110亿元，各级衔接资金支付率为99.7%。

【乡村建设】2021年，自治区推进"一村一年一事"，完成投资25.4亿元，办理事项2111件，中央农办将宁夏做法向全国推广。启动农村人居环境整治提升五年行动，开展村庄清洁，做到屋内屋外、院内院外、村内村外全覆盖、全整治。开展农村问题厕所摸排整改，完成摸排46.7万户，发现问题厕所6.8万户，已整改3.4万户并逐年有序分类整改。金凤区、隆德县被评为"全国村庄清洁行动先进县"。

【乡村治理】2021年，自治区开展全域乡村治理示范创建，贯彻落实《中共宁夏回族自治区委员会〈关于完善基层治理体系　提高基层治理能力的若干意见〉》政策措施，配齐配强村党组织力量，乡村治理体系更加完善，治理能力明显提升。推广"积分制""清单制"等做法，不断深化乡风文明建设，县（区）新时代文明实践中心建设已拓展到200个乡镇（街道）、1016个村（社区），组建文明实践志愿服务队伍1.7万支，开展文明实践志愿服务活动6.19万场，高价彩礼、大操大办、人情攀比等陈规陋习得到有效遏制。

（金玉锋）

退役军人事务

【概况】2021年，自治区召开自治区党委退役军人事务工作领导小组第三次全体会议，出台《退役军人事务核查督办实施细则》，建立部门履职"责任清单"和军地合力"任务清单"，推动将退役军人事务工作纳入自治区、市、县（区）党政领导班子和有关领导干部综合考核评价考评内容，实行清单化管理、跟进式督导、一体化考核。制定《退役军人工作政策制度改革实施方案》，开展"法律政策落实年"活动，推进政策制度"立改废释"，出台思想政治、安置就业、优抚优待、褒扬纪念、服务保障等各领域配套政策14项，"普惠+优待"的退役军人工作政策制度体系基本建成。组建石嘴山市双拥协会、贺兰县双拥企业家协会、盐池县关爱退役军人基金会等社会组织，党领导下的行政机关、事业单位、社会力量工作格局全新构建。《宁夏军地合力做退役军人工作持续走深》《"大思政"引领宁夏退役军人建功新时代》等5项特色经验被中央退役军人事务工作领导小组办公室、退役军人事务部以工作简报形式向全国刊发推广。退役军人工作政策制度改革、示范性教育培训、调查研究工作等典型做法得到退役军人事务部肯定，并在全国会议上交流。

【思想政治】2021年，自治区退役军人主管部门实施"党员回归""榜样引领""鸿雁归巢""结对帮带"计划，探索形成"专属阵地支撑、线上线下联动，政治教育引领、组织管理发力，红色文化浸润、先进典型激励"系统发力的"大思政"工作模式，引领退役军人在经济建设、乡村振兴、基层治理等新战场上续写荣光、实现价值。全区"兵支书""兵委员"占比达到7%和11%，退役军人志愿者队伍增加至244支，4名退役军人获"全国脱贫攻坚先进个人"，16名退役军人获"全区抗击新冠肺炎疫情先进个人"称号，2名退役军人获"第八届全国道德模范提名奖"。

【移交安置和军休服务管理】2021年，自

2021年3月22日，全区退役军人工作"大调研"活动启动

治区强化“贡献越大、安置越好”导向，推动将安置工作纳入各级党政领导班子和领导干部综合考核评价的重要指标、双拥模范城（县）评选的重要内容，出台军转干部功绩制考核和档案管理办法，优化转业军官功绩制考核办法，实行“市级统筹、县级负责”和“十公开”的阳光安置办法，严密组织军转干部档案审核接收、功绩制量化考核、岗前教育培训，完成年度退役士兵、退出消防员安置任务。坚持“即退即审、即审即接”，完成年度军队离退休人员（含滞留人员）和伤病残士兵移交安置任务。军休干部“三年移交”工作受到中央军委政治工作部通报表扬。网络军休所开通使用，老旧军休小区改造顺利实施，服务管理质量显著提升。

2021年5月8—12日，自治区退役军人事务系统政治能力和专业能力提升培训班在浙江大学举办

【就业创业】2021年，自治区退役军人出台《退役军人就业创业培训工作管理办法》，建立发布承训机构黄页，退役军人积极参加职业技能培训和高职教育。修订《自治区级退役军人创业孵化基地评定管理办法》，成立宁夏退役军人就业创业促进会，建成退役军人创业孵化基地13家，举办各类专场招聘会100余场次，发放创业担保贷款1700余万元，为退役军人个体工商户和招用退役军人企业减税2400余万元，全年退役军人新增就业人数超额完成18.5%。创新“教培先行、岗位跟进”新模式，参训学员取证率达到97%，就业率达到100%。探索“5+N”自主择业军队转业干部就业创业培训模式，走出择业干部教育管理新路子。2名退役军人企业家荣登《人民日报》“全国退役军人创业光荣榜”。

【拥军优抚和褒扬纪念】2021年，自治区修订《军人军属、退役军人和其他优抚对象优待工作实施办法》，提高部分优抚对象抚恤补助标准，为听力障碍退役军人免费配备助听器，为残疾军人、警察等人员换发新版残疾证。实施烈士纪念设施管理保护专项行动，组织挖掘编纂英烈事迹110人次，开展“百年英烈”宣传纪念、“追寻先烈足迹”短视频征集等活动。协调解决军人家属就业安置问题，帮助解决多名边（海）防官兵和其他优抚对象实际困难。走访慰问驻宁部队和到宁演习部队，组织慰问演出50余场次。召开全区双拥模范城（县）命名暨双拥模范单位和个人表彰大会，6个市、县被命名为“全国双拥模范城（县）”。

【服务机构和服务保障】2021年，自治区推进学习推广新时代“枫桥经验”先行先试重点示范省区创建，在2020年创建220个全国示范服务中心（站）的基础上，全区42个乡镇退役军人服务站和39个服务对象在300人以上的村（社区）退役军人服务站示范创建全部达标，同心县豫海镇退役军人服务站入选全国百家红色精品退役军人服务站。出台《关于加强困难退役军人帮扶援助工作实施意见》，落实“3456”常态化联系退役军人工作法（构建区、市、县退役军人事务局“三位一体”同向发力的领导工作格局；着力在跟踪督查、问题反馈、推动落实、成果巩固上下功用力；围绕“大力开展政策宣传、深入搞好调查研究、认真做好思想工作、末端推动政策落实、真心实意帮难解困”5个方面主要内容；将常态化联系退役军人工作与“基层基础基本建设年”活动，与解决形式主义突出问题为基层减负工作，与助力脱贫攻坚决胜全面小康社会，与退役军人党员教育管理，与化解矛盾问题，与深入一线调查研究相结合），开展“情暖老兵　关爱帮扶”活动，推广“三化六突出”（窗口设置精细化、工作流程制度化、管理服务信息化，突出摸清底数、突出政治教育、突出典型培育、突出就业创业、突出优抚优待、突出问题化解）、“六步化解法”（排查登记、责任化解、帮扶救助、走访谈心、政策解释、跟踪关爱）等精准服务模式，90%以上退役军人矛盾诉求在基层一线得到解决。

【党史学习教育】2021年，自治区退役军人主管部门聚焦学党史、悟思想、办实事、开新局，同步推进“传承党的百年光辉史基因、铸牢中华民族共同体意识”主题教育，举办“老兵永远跟党走”主题演讲赛、情景思政课、主题书画展等系列活动，组建区、市、县三级“老兵宣讲团”进企业、进学校、进村镇、进社区、进军营巡回宣讲330多场，受众6万多人次。退役军人事务厅老兵宣讲团被中宣部办公厅评为“基层理论宣讲先进集体”。扎实开展“我为群众办实事”实践活动和“十百千万——我为退役军人谋幸福”行动，协调办成退役士兵社保补缴、军休小区改造、困难退役军人帮扶救助、优抚对象短期疗养等一批暖人心、得人心、稳人心的好事实事。

（李　锋）

医疗保障

【概况】2021年，全区基本医疗保险参保663.41万人，较上年同期增加4.65万人，同比增长0.71%，参保率为95%。其中，城镇职工参保人数159.59万人，较上年同期增加6.64万人，同比增长4.34%；城乡居民参保人数503.82万人，较上年同期减少1.99万人，同比下降0.39%。全区医保基金总收入127.83亿元，较上年同期增加6.49亿元，同比增长5.35%。医保基金总支出101.53亿元，剔除新冠病毒疫苗及接种费用支出9.44亿元，总支出92.09亿元。

【医疗保障制度改革】2021年，自治区出台《关于深化医疗保障制度改革的实施意见》，明晰了深化改革的总体方案，绘就了未来10年改革蓝图。出台《关于深化医疗保障基金监管制度体系改革的实施意见》，明确了未来5年医保基金监管制度体系改革的“任务书”。出台《宁夏回族自治区全民医疗保障“十四五”规划》，对未来5年推动医保改革发展的“路线图”进行了全面规划。出台《推动药品集中带量采购工作常态化制度化开展的实施意见》，规范全区药品招标采购工作。提请自治区政府颁布《自治区实施〈医疗保障基金使用监督管理条例〉办法》（主席令118号），并于2022年1月1日起执行。2021年，自治区深化支付方式改革，制定DIP试点方案，建成全区统一的DIP信息系统，石嘴山市、固原市做好试点，全年DIP付费的医院达到125家，累计支出医保基金9500多万元。落实药品医用耗材集中带量采购。前三批国家组织药品和冠状动脉支架高值医用耗材集中带量采购任务量超额完成，第四批、第五批国采药品正在持续推进，共有218个品种被纳入集采范围，药品国采平均降幅均为50%以上，冠状动脉支架平均降幅95%，节约药品耗材费用超过5亿元。积极参加省际联盟药品耗材集中带量采购，已参加有295个品种药品（含21种中药饮片）、11类医用耗材。自治区医疗保障局规范经办服务规程，制定全区医保政务服务事项清单和办事指南，出台城乡居民基本医保、大病保险、门诊费用跨省结算经办规程，推行“一次告知、一表受理、一次办好”服务模式。推动异地就医结算工作，提前实现个人账户跨省直接结算。全区258家定点医疗机构实现门诊费用跨省直接结算。宁夏作为参保地，跨省异地就医备案54161人次，同比增长1.9倍，结算人次同比增加44.34%，住院总费用增长率为43.01%。作为就医地，跨省异地就医备案82808人次，同比增长1.5倍，就医地结算人次增长9.77%，住院总费用增长率为3.56%。

【待遇保障和经办服务】2021年，自治区医疗保障局全面优化筹资标准，城乡居民基本医保人均财政补助净增30元，达到580元/人。落实全区医保待遇清单制度，2021年度超范围保障政策已经全部清理到位。支持生育政策调整，修订《宁夏回族自治区生育保险办法》，及时将三孩生育费用纳入生育保险支付范围。保障待遇落实，年内城镇职工、城乡居民政策内报销比例分别达到81%、73.86%。已脱贫人口和监测对象经三重保障后，住院的实际报销比例稳定在87.2%。

【疫情防控】2021年，宁夏各级医保部门提前预拨专项基金3.84亿元，全区新冠肺炎患者、疑似患者和发热门诊患者救治费用全部保障。降低检测费用，3次下调核酸检测价格，降幅超过50%，切实减轻财政支出和群众负担，有力保障了疫情防控工作。

【信息化建设】2021年，宁夏全力推动医保信息化平台建设，统筹协调，高效完成需求收集、接口改造、云平台部署、数据中心建设、政策加载、数据迁移、切网测试等工作。11月28日，全区5个统筹区数据加载完成，并上传国家医保信息平台，提前完成上线任务。平台运行平稳，每天的结算均保持在12万~14万人次，网上申报、生育津贴、异地就医、个人账户划拨、两定对账等功能基本实现并运行较好。自治区副主席杨培君在自治区医疗保障局的工作专报上批示：“对自治区医保信息化平台建设上线运行的成绩予以充分肯定！望进一步磨合完善，提高监管能力和水平。”全年医保电子凭证激活使用人数超过440万，就医结算达到250万人次、资金超过2.5亿元，参保群众实现“看病不带卡，就用医保码”。

【基金监管】2021年，自治区医疗保障局制定社会监督员工作制度、医保基金使用监管信用管理办法，初步建立全区医保信用评价和监督体系。做优省级统筹，制定自治区级统筹调剂金管理办法，有效发挥基金共济作用，构建基金综合绩效评价指标体系，提高使用效率。开展专项治理，全年现场检查定点医药机构共4874家，处理处罚定点医药机构1492家，处理违法违规参保226人，罚没和追回违规基金1.29亿元。

（柳雍昌）

应急管理

【安全生产监管】2021年，全区共发生各类生产安全事故171起、死亡166人、受伤82人。与2020年比，事故起数、死亡人数和受伤人数下降12.8%、1.2%、37.9%，连续5年获得国务院安全生产和消防工作考核优秀等次。自治区党委、政府主要领导分别就安全生产工作作出批示44次，开展督导检查调研6次。自治区党委常委会6次、政府常务会议14次、专题会议4次听取和研究安全生产与消防工作。把安全生产作为政府工作报告重要内容进行安排部署，在《宁夏回族自治区国民经济和社会发展第十四个五年规划和2035年远景目标纲要》中设立安全生产专章，制订安全生产、消防事业发展等“十四五”规划。组织集中观看《生命重于泰山——学习习近平总书记关于安全生产重要论述》，编印《全区典型事故案例警示手册》开展警示教育，设立全区“9·27煤矿安全生产警示教育日”。修订《自治区安全生产行政责任规定》，印发《自治区安全生产委员会成员单位安全生产工作任务分工》。对全区33处煤矿开展集中排查整治，关闭退出非煤矿山7座、煤矿1座。严厉打击盗采矿产资源违法活动和矿山严重违法违规生产建设行为，对12个长期停产停建煤矿落实专人包抓、驻矿盯守等措施，严格落实巡查监控、矿区封闭、值班值守等措施。开展密室逃脱、大型仓储物流等场所消防安全隐患排查，累计排查治理消防安全隐患3.59万处。推动智慧工地系统并联网，对全区在建工程主管部门、监理企业落实实名制管理情况开展线上巡查，从严控制危险大型工程专项方案编制、审核审批、专家论证、交底、验收管理程序，实现建筑施工全流程安全管控。在道路交通领域紧盯客运货运车超载超重、车辆无牌无证、货车农用车载人、面包车超员等交通违法行为，强化日常监管和违法查缉，坚决防范重特大交通事故。针对油气管道、烟花爆竹、校园安全、水利工程、文化旅游、工贸、特种设备等重点领域，压实行业部门责任，加强监管执法和督导检查，全方位开展安全风险隐患排查。

【专项安全整治】2021年，自治区组织开展为期100天的安全百日会战，全区共检查企业单位50447家（次），排查整改安全隐患71883项，责令停产整改118家，挂牌督办21家，关闭取缔8家，抽查各级安委会成员单位1680家（次）、企业526家（次），有力保障重要节点安全生产形势持续稳定。自治区安委会组织召开全区城镇燃气安全排查整治动员部署会议，印发《全区城镇燃气安全排查整治工作方案》，聚焦燃气经营、燃气工程、管道设施、瓶装液化气、餐饮、燃气具等6个方面，全面整治重大安全风险隐患。全区共排查燃气安全隐患2157处，整改2115处；查出燃气管道占压37处，整改33处；界定整改重大隐患3处，整治管道占压、穿越河水以及高压管道缺陷问题91处。开展精细化工安全整治清零行动、非法违法“小化工”整治、化工园区（集中区）风险整治降级、危化企业专家指导服务等工作，推进危化企业设计诊断和工程质量复核，查出安全隐患7758项，对所有安全隐患进行挂牌督办、跟进督导。印发《全区危险化学品安全风险集中治理实施方案》，细化5个方面、21项具体措施，并围绕危险化学品生产储存、运输、废弃处置和化工园区整治提升等方面制定11个专项工作方案，推动各项措施落实落细。按照“1+2+9+7+N”的专项整治框架，集中推进安全生产专项整治三年行动攻坚，对照全国确定的74项重点任务和自治区确定的649项重点任务，建立清单、分级落实，挂图作战、逐项销号，已完成486项，完成率为74.9%。全区共梳理自治区层面10个重点行业领域24类重大风险，排查安全生产方面突出问题1018项，已整改869项；排查企业层面重大隐患740处，已整改704处；实施行政处罚5215次，责令停产整顿1179家，罚款5541.64万元，移送司法机关55人。按照边排查、边整治、边建立的原则，共建立自治区级制度成果七类253项。

【安全防控基础建设】2021年，自治区累计投资3.9亿元，新建、改建消防站16座，制订实施自治区和宁东地区装备建设三年规划，装配各类消防车辆507台，各类专业救援装备器材11.68万件（套）。提升全区消防经费保障标准和供应水平。2021年落实地方消防经费预算指标5.57亿元，同比增长30.6%。组织实施中央批复3个防火项目，建设森林防火隔离带789公里，采购高端森林草原防火物资334件，配发到全区8个国家级自然保护区，为全区14900名护林员采购森林草原防火服装。加强各级各部门领导干部安全管理知识和业务能力培训，开展全区应急管理系统干部业务大轮训和执法培训竞赛，全面提升安全监管和应急处置能力。实施“百千万”工程，培训企业安全管理骨干1.2万余名。开展防灾减灾、安全宣传“五进”和安全生产月、安全生产万里行等活动，通过安全技能竞赛、应急演练、主题宣传、应急志愿者下基层等活动，普及安全知识和技能，组织“千场培训进社区”1300余场次，教育群众160万人次，持续提升群众安全意识。出台《关于加强应急救援队伍建设管理若干意见》，推动应急救援力量建设步入规范化轨道。加快建设天地一体化应急通信网络，投入3062万元配备急需的应急通信装备，满足“三断”情况下应急救援指挥调度需要。修订《自治区突发事件总体应急预案》，同步规划41类专项应急预案和7项协调保障方案，健全完善全区应急预案体系。举行贺兰山东麓抗洪抢险演练、“应急先锋·2021”军地联合应急演练等大型演练，组织在重点时段、重点部位前置应急力量，安排全区专业应急救援队伍全时备勤，不定期开展实战拉动，扎实做好各项应急准备。

【安全治理能力建设】2021年，自治区出台《自治区关于深化应急管理综合行政执法改革的实施意见》，规范安全生产综合执法，全区调整组建应急管理综合行政执法队伍24支，192个乡镇、48个街道全部挂牌组建应急管理办公室，配备应急管理专职人员。修订《安全生产举报奖励实施办法》等制度规定20多项，发布《企业安全生产风险分级管控体系建设指南》《农村消防安全技术标准》等16部地方标准，对93件法规文件开展专项清理。“安全生产行政执法闭环管理”被评为自治区法治政府建设示范项目。开展安全生产集中执法，共执法检查企业5970家（次），查处违法行为1.7万余项，罚款1250余万元。立案森林草原火灾刑事案件5起，治安案件11起，刑事拘留9人，批捕5人，移送起诉8人，治安拘留8人，有力遏制安全生产和消防违法违规行为。

【消防安全检查】2021年，自治区党委、政府主要领导多次听取消防工作汇报，并先后30余次深入一线检查指导消防工作。自治区政府召开2021年全区消防工作电视电话会议、冬春火灾防控工作会议安排部署消防安全工作，与5个地级市政府和宁东管委会签订年度目标责任书，并将消防安全纳入自治区效能目标考核、平安宁夏建设等考核内容。自治区安委会印发《关于进一步加强基层消防安全治理工作的通知》和《关于深刻汲取中宁县“11·10”火灾事故 教训进一步加强当前火灾防范工作的通知》，加强基层消防安全治理。宁夏消防救援总队联合应急管理厅开展危险化学品重大危险源企业专项检查督导2次。先后3次组织召开消防安全监管厅际联席会议，4次向行业部门通报行业系统火灾情况和突出问题，7次发出消防安全工作提示函，24个行业部门将消防安全工作同本行业本系统工作同部署、同督导、同考核，有力推动行业部门落实消防安全监管责任。督促全区2538家消防安全重点单位严格落实单位主体责任，建立健全单位消防安全组织机构，推动落实7项消防安全管理制度。全区5个地级市、2个县级市、14个县城和103个建制镇全部完成消防规划或消防专篇编制并批转实施。编制完成《农村消防安全技术标准》《社会单位消防安全“四个能力”建设标准》等11部地方标准，提请自治区政府印发并实施《宁夏回族自治区消防事业发展“十四五”规划》，印发《关于进一步加强全区易地扶贫搬迁安置区消防安全工作的通知》，将易地扶贫搬迁安置点消防安全纳入基层消防安全治理

2021年6月16日，宁夏应急厅在光明广场举行“安全生产咨询日”活动

重点内容。全区新开工建设消防站8座，购置消防车38辆，各类器材装备近14万件（套）。推动闽宁镇建设消防站、建成消防科普教育基地，推动各地为30个高层移民安置点设置微型消防站，安装电动自行车充电桩400余处，新建市政消火栓422个。派出26名监督员与各市应急部门30名专家组成联合检查组，对全区143家危化品重大危险源企业开展检查督导，指导各地建立"一厂一策"，确保消防隐患闭环管理。共组织检查单位4.91万家，督促整改隐患3.29万处，圆满完成建党100周年庆祝、第五届中阿博览会等重要活动消防安保攻坚战。联合相关行业部门先后下发《关于深化"放管服"和消防执法改革　优化公众聚集场所行政审批办理的通知》《关于贯彻实施新修改〈中华人民共和国消防法〉和配套制度全面实行公众聚集场所投入使用营业前消防安全检查告知承诺管理的通知》。制定《关于深化消防执法改革的意见任务清单》，分解取消消防技术服务机构资质许可、简化公众聚集场所投入使用（营业）前消防安全检查等16大项46小项改革任务。

【救援队伍建设】2021年，自治区消防救援总队、支队共开展实战演练120余次，典型战例复盘12次，2名消防员在2021年全国消防行业职业技能大赛中获得第九名的优异成绩。组织开展特勤消防救援站整建制战斗班轮训，先后共培训业务骨干200余名，培训船舶驾驶员56人、冲锋舟驾驶员28人、专业潜水员24人、113人取得国际高空绳索救援技术中级、高级认证资质。开展总队级地震救援专业队拉动演练4次、全区消防救援队伍"贺兰山-2021"综合应急救援实战演练1次、抗洪抢险专业队拉动演练3次、山岳救援实战演练2次、化工灾害事故灭火救援实战演练3次、大型商业综合体跨区域灭火救援实战演练6次。

【救灾管理】2021年，全区发生风雹、洪涝、干旱、低温冷冻、沙尘暴、森林草原火灾等各类灾害52次，覆盖5个地级市、18个县（区）及宁夏农垦集团下属农场。造成132.19万人受灾、农作物受灾面积375.78千公顷、绝收76.67千公顷，倒塌及严重损坏房屋157户496间、一般损坏房屋821户2089间，直接经济损失13.71亿元，因灾死亡2人。全年紧急避险转移30人，紧急转移安置369人。因灾需重建的倒损房屋23户已完成建设12户，需修缮的倒损房屋22户已完成修缮21户，需过渡期安置16户30人（其中，由政府帮助租借房屋等临时安置3户10人，投亲靠友等自行安置13户20人）。自治区应急管理厅、财政厅组织拨付自然灾害救灾资金6051万元（其中，中央自然灾害救灾资金4051万元，自治区本级自然灾害救灾资金2000万元）。按照《宁夏回族自治区自然灾害救灾资金管理实施细则》规定标准，予以发放资金，共救助48.9万人次。投入21.4万元举办灾害信息员师资培训班，培训灾害信息员讲师110余人。全国应急信息员管理系统在册灾害信息员4791人，基本形成市、县、乡灾害信息员AB岗，每个行政村（社区）至少1人的灾害信息员队伍。指导全区241个乡镇（街道）制定应急预案试点和演练，配备总价值约166.3万元应急物资，包括防暴便携应急灯2410个、雨衣2410件。10月中旬，宁夏发生新冠肺炎疫情期间，向银川市、吴忠市、中卫市、宁东管委会调拨总价值约1200万元应急救灾物资，共计17717件（套），用于封控隔离、核酸检测、值班值守等抗击疫情工作。对农村低保户、残疾户、散居五保户及灵武市11月18日地震受灾群众给予救助。

【地质灾害防治】2021年，自治区党委和政府高度重视地质灾害防治救治工作，出台一系列政策规定，通过生态移民避让一批、避险搬迁调出一批、工程措施治理一批，全区在册地质灾害隐患点由2016年的2680个下降到2021年的971个（其中，滑坡434个，崩塌364个，泥石流170个，地面塌陷3个），威胁1.8万余人9.7亿多元财产安全。全年全区共发生地质灾害灾情险情共15起，其中灾情4起，均为小型地质灾害，滑坡1起，崩塌2起，地面塌陷1起，无人员伤亡，直接经济损失32万元；险情11起（其中，滑坡险情6起，崩塌险情5起）。与上年同期相比，因宁夏主汛期旱情较为严重，降雨较往年偏少偏晚，地质灾害灾情数量减少76%，险情数量减少50%。召开2021年全区汛期地质灾害防治工作视频会议暨形势分析会商会，研判会商2021年全区地质灾害风险趋势。印发《关于做好汛期地质灾害防范应对工作的通知》，安排部署汛期地质灾害防灾救灾任务。结合对口帮扶指导县（区）应急管理工作，开展地质灾害隐患点巡查工作，带领市、县（区）应急管理部门、共同巡查，实地查看地质灾害隐患点现状，压实地质灾害防治主体责任。协调地质灾害防治部门组织专业队伍，以县为单位开展地质灾害隐患点再排查，共排查隐患点971个。自治区应急管理厅联合宁夏自然资源厅、原州区政府开展全区地质灾害应急演练，并督促指导各市、县（区）开展多场次地质灾害应急演练。协调原州区、泾源县等地政府积极筹措治理资金，实施地质灾害治理工程。2021年投资1979

万元，对28处地灾隐患点实施工程治理，共涉及83户，有效保障了群众生命财产安全。针对汛期秋季连续降雨，中南部地区地质灾害多发易发，召开汛期地质灾害风险防范视频会议8次、11次派出工作组赶赴固原等一线开展应急调查、监测预警、趋势分析研判和人员避险转移撤离等工作，转移安置47户178人，确保群众人身安全，实现人员“零伤亡”。组建专业应急队伍，驻守宁夏南部山区，承担地质灾害应急调查和防治任务。密切关注并积极应对地质灾害险情，针对“8·19”泾源暴雨引发地质灾害风险情况，凌晨赶赴现场紧急处置，指导市县有序应对、妥善安置受威胁人员。自治区应急管理厅与宁夏自然资源厅、地质局建立“每月综合研判”“每季会商通报”“每年总结评估”工作机制，与宁夏气象局、水利厅建立雨情水情预警发布机制，与宁夏粮食和物资储备局、红十字会建立救灾物资临时调拨机制，与驻地部队、社会应急力量和大型企业建立联勤联动联保协作关系，初步构建起统一指挥、分工清晰、互为衔接、畅通高效的应急指挥机制，形成地质灾害“防与救”共建共用共商共享的格局。

2021年7月29日，宁夏应急厅组织应急救援队伍参加河南抗洪抢险任务

【水旱灾害防治】2021年入汛以来(6月1日至9月27日)，全区平均降水量143.4毫米，较常年同期偏少24.3%。最大单站降水量出现在泾源564.8毫米。引黄灌区平均降水量82.1毫米，较常年同期偏少35.7%；中部干旱带149毫米，较常年同期偏少28.6%；南部山区305.1毫米，较常年同期偏少9.1%。受降雨影响，汛期贺兰山东麓、清水河、苦水河、红柳沟流域、黄河左右岸诸沟等23条河(沟)道共发生30场次不同量级洪水过程，最大洪峰流量为清水河白石头沟135立方米/每秒。黄河上游来水较往年偏少，黄河宁夏段未形成洪水过程，水势较常年平稳。1—9月，全区气温异常偏高，平均气温12.7℃，较常年同期偏高1.8℃；全区平均降水量130.7毫米，较常年同期偏少5.5%。进入6月，受持续高温干旱影响，中部干旱带、南部山区9县(区)受旱作物面积41.07万公顷。8月16—9日、21日夜间的两次全区性降雨天气，旱情明显缓解或部分解除。入汛以来，全国多地持续遭遇强降雨造成严重洪涝灾害。7月21日，习近平总书记对防汛救灾工作作出重要指示，李克强总理主持召开国务院常务会议，研究安排部署防汛抗洪救灾工作。7月22日、23日自治区党委书记陈润儿、自治区主席咸辉分别主持召开自治区党委常委会会议和政府常务会议，深入学习贯彻习近平总书记重要指示精神和国务院常务会议精神，分析研判全区抗旱防汛救灾面临的形势任务，部署抗旱和防汛救灾工作，全力保障人民群众生产生活用水安全和生命财产安全。7月25日，自治区防汛抗旱指挥部召开全区视频会议，贯彻落实习近平总书记和李克强总理重要指示批示精神以及自治区党委常委会会议、政府常务会议精神，全面贯彻落实抗旱和防汛救灾工作。2月，自治区防指办及时转发国家防总办公室《关于加强强雨期间山丘区人员转移避险工作的指导意见》。3月，督促各地及时调整落实防汛抗旱行政责任人，压实防汛抗旱责任；开展汛前安全隐患督查检查，督促指导各地开展防汛安全风险隐患排查治理工作；印发《全区防汛抗旱工作要点》，细化安排部署年度工作任务。4月，召开全区防汛抗旱电视电话会议，系统部署防汛抗旱救灾各项工作。7月，组建自治区防汛抗旱工作专班，从水利、气象、农业农村等11个厅局抽调12名业务骨干，专职应对水旱灾害防御，加密会商研判，及时安排部署全力应对处置水旱灾情。防汛关键期，自治区防汛抗旱指挥部派出5个督查组，重点检查防汛救灾责任制落实、队伍物资准备、防洪隐患整改、抗旱工作措施落实等情况，对检查出的风险隐患，逐项拉清单，紧盯销号整改。自治区应急管理厅按照“厅级干

部包市、处级干部包县"的要求，成立6大组23个小组分赴各地指导防汛应急工作。根据气象、水文等预报信息，自治区防指办先后6次组织应急、水利、气象、水文等部门，会商研判抗旱和防汛形势，根据农作物受旱面积、人畜饮水面临的困难问题，降雨范围、雨强大小、持续时间，分析研判防范对策，提出落实应急措施。督促行业主管部门加大黄河堤防、中南部水库、塘坝等工程巡查，确保防汛重点工程安全度汛；加大对涉水道路城镇易涝区积水和塌陷路面排查修复，确保群众出行安全；督促各级防汛行政责任人下沉一线，靠前指挥抗旱、防汛救灾工作。防汛抗旱工作专班"一日一研判、一日一会商"，印发《防汛抗旱工作信息》72期，紧急《工作提示》12期，指导和督促各地加强旱情、汛情应对防范。制定自治区防汛抗旱指挥部工作规则和办公室工作细则，完善防汛指挥调度和应急救援处置程序。协调中铁十五局、中国安能第三工程局等5支驻宁施工企业、1000余人、100余台装备救援力量做好抢险救灾准备。对市、县、乡三级107个防汛抗旱物资储备仓库进行核查，抓紧补充物资缺口，完善调拨机制，制定调运方案，有效处置突发险情。面对入汛以来少有的旱情，自治区向全区241个乡镇（街道）调拨区级救灾物资166万元，保障地方各级防汛抗旱和防灾减灾救灾应急工作开展。下拨自然灾害生活救助资金2000万元，重点支持盐池、西吉、中宁、海原、红寺堡等受旱县区开展生活救助。水利部门采取错峰调峰、编组轮灌、库渠互补等措施优化水量调度，确保引扬黄灌区农业灌溉。7—8月，灌区供水同比增加2亿立方米。气象部门共实施飞机增雨作业2架次，火箭和烟炉增雨作业251次。各地应急部门组织消防救援队伍为海原、同心等县农户拉水3457吨，解决管网末梢和地势高点水压不足问题。自治区防汛抗旱指挥部办公室修订完善《自治区防汛抗旱应急预案》，组织应急、水利、气象、交通、文旅以及解放军、武警、消防等开展贺兰山东麓（银川段）抗洪抢险救援应急演练，全科目、全要素、全链条进行实兵演练。全区各地以及应急、水利、交通等行业部门共组织开展不同形式的防汛应急演练60余次，重点演练人员转移、决口堵复、物资调度、水上救援等科目，检验预案可操作性，磨合指挥体系各环节，熟悉操作装备器械，锻炼应急救援队伍。

【森林草原防灭火】2021年，宁夏发生森林草原一般火灾事故7起，过火面积284.83公顷，受害森林面积8.43公顷，完成森林火灾受害率低于0.9‰、草原火灾受害率低于3‰的预期指标。自治区森防办2次召开全区森林草原防灭火工作电视电话会议，总结经验做法，安排部署工作。自治区党委、政府主要领导及分管领导先后作出17次批示，并在重点时段、重点地区、重大节假日带队督导检查自然保护区、旅游景区安全防范工作。银川市将森林火灾监测预警功能纳入应急指挥平台，不断增强森林草原防火预警能力；石嘴山市印发《防灾减灾救灾行政责任规定》；吴忠市推行森林草原防火分级责任包干制度，重点乡镇组建30~50人的扑火队伍；固原市人大常委会通过《森林草原野外防火的决定》；中卫市为重点林区购置配发灭火风机、脉冲水枪、扑火服、灭火器等各类防灭火物资1800余件。建立应急管理、林草、气象等部门协作联动，开展森林草原火险预警预报长效机制，实时共享森林草原防火区及周边气象监测站点数据，及时分析研判火险形势。充分利用宁夏电视台、《宁夏日报》、宁夏新闻网、宁夏森林防火网等媒体开展火险预警工作，在黄金时段播放防火公益广告，共发布火险信息40期、预警信息15期。依托宁夏气象服务中心卫星技术优势，及时捕捉监测热源点并核查销号21处。全面推广使用"防火码"小程序和"互联网+森林草原防火督查"系统，对进山入林人员、车辆实行严格管控，全面提升火源防控精细化水平。落实森林草原防灭火风险隐患"一张图"排查工作，强化防灭火隐患排查治理，防患于未"燃"。自治区森防办印发《野外火源治理和查处违规用火行为专项行动方案》《林区输配电设施火灾隐患专项排查治理通知》，全面开展火灾隐患排查治理行动。自治区森防办、应急管理厅、林草局全年固定成立两个督查检查组，对全区9个自然保护区、重点国有林场进行"靶向治疗"。自治区安委办6个督查检查组各包一市、应急管理厅23个处室各包一县，对包括森林草原防火在内的工作开展督查检查。充分发挥1.49万名护林员"生态哨兵"作用，综合运用防火码、瞭望塔、无人机、林火视频监控系统等信息化手段，组建空天地一体式监控网络，全方位开展防火巡查巡护。自治区公安厅认真开展野外火源专项治理行动和严格查处违规用火行为，对全区107家A级景区进行全覆盖，并不间断督导旅游景区森林草原防灭火工作。制定《自治区森林草原防灭火指挥部工作规则》《灭火指挥部办公室工作细则》，细化森防指成员单位防灭火职责、工作流程、工作要求，形成体系性工作合力。自治区应急管理厅、林草局与宁夏气象局签订合作协议，建立气象信息服务火灾防控长效机制。召开原州区“3·13”火灾应急处置形势分析会，梳理短板和弱项，强化源头管控、应急准备等措施。各市、县(区)及时发布防火禁令，签订《祭祀火源管理协议》责任书，从源头上消除火灾隐患。健全完善森林草原防灭火网格化管理体系，实行县领导包片、部门包块、乡镇(村)包坟头、林头、村头(地)，全面落实隐患排查治理责任。深入学校、乡镇村组、林区和公墓等场所高频率、大密度开展森林草原防火宣传，全区共发放禁火通告6000余份、宣传资料10万余份、发送手机短信100万条、出动宣传车2000多台(次)。全面开展《自治区森林防火规划(2018—2025年)》中期评估，编制《宁夏林火阻隔系统建设规划》，集中开展秋冬季林下可燃物清理及防火隔离带开设工作，强力推进基础设施建设。全区投入4868万元用于应急救援通信能力建设。银川市森林火灾应急能力建设项目基本完工，验收通过平罗县、盐池县等9个县(区)森林火灾应急救援基地可行性研究报告。自治区林草局组织实施吴忠市、中卫市、石嘴山市森林火灾高风险区综合治理项目，不断加强森林火灾综合防控能力。投资1500余万元，开设防火隔离带789公里，采购防火物资334件，融合升级林火视频监控，为全区1.49万名护林员采购防火服装。制定《森林草原火灾应急预案》《应对极端情况下森林草原火灾专项预案》，提升预案针对性和实效性。组织开展2021军地联合应急演练和哈巴湖自然保护区联合火灾扑救演练。自治区林草局与宁夏消防救援总队签订应急联动合作协议，联合开展演练，做到资源共享，优势互补。自治区森防办采取国家森防指“教官团”培训一部分、应急部“森林草原防灭火业务大讲堂”培训一部分、全区森林草原防灭火业务培训一部分的“三个一”做法，高标准举办13期培训班、培训1000余人，“指挥员+扑火队员+监管人员”的培训模式得到应急管理部肯定。自治区林草局举办全区森林草原防火业务和火灾风险普查技能培训班，对全区120名防灭火骨干进行全方位培训，并指派教员指导基层开展防火培训和演练10余次，培训人员1500余人次。

(安　华)

【消防治理体系建设】2021年，自治区党委书记陈润儿、自治区主席咸辉等党政领导多次听取消防工作汇报，作出重要批示指示，并先后30余次深入一线检查指导消防工作，慰问消防救援人员。自治区政府召开2021年全区消防工作电视电话会议、冬春火灾防控工作会议安排部署消防安全工作，与5个地级市政府和宁东管委会签订年度目标责任书，并将消防安全纳入自治区效能目标考核、平安宁夏建设等考核内容，推动落实各级各部门消防安全责任制。消防救援总队推动自治区安委会印发《关于进一步加强基层消防安全治理工作的通知》和《关于深刻汲取中宁县“11·10”火灾事故教训　进一步加强当前火灾防范工作的通知》，加强基层消防安全治理。市、县(区)政府及党政领导通过召开会议、带队检查、督导约谈等形式，协调解决消防工作困难，有力支持和推动消防工作开展。圆满完成以防灭火和应急救援为中心的各项消防安全保卫任务，为服务和保障宁夏经济社会建设发展作出积极贡献，受到带队来宁开展《中华人民共和国消防法》执法检查的全国人大常委会副委员长白玛赤林，自治区党委书记陈润儿、政府主席咸辉、常务副主席赵永清等领导的充分肯定和褒奖。消防救援总队推动建立会商研判、情况通报、联合检查和考评奖惩等消防工作机制，实体化运行消防安全委员会。各行业部门按联合应急管理厅开展危险化学品重大危险源企业专项检查督导2次，深化巩固“消地协同”机制；联合文旅、公安、市场监管等部门对文化旅游市场安全工作开展专项检查。与公安交管部门持续推进打通“生命通道”工程，推动教育、民政、商务、卫健、文物等部门修订消防安全标准化管理指南。

【火灾防控和应急救援】2021年，消防救援总队先后3次组织召开消防安全监管厅际联席会议，4次向行业部门通报行业系统火灾情况和突出问题，7次发出消防安全工作提示函，24个行业部门将消防安全工作同本行业本系统工作同部署、同督导、同考核，有力推动行业部门落实消防安全监管责任。同时，督促全区2538家消防安全重点单位严格落实单位主体责任，建立健全单位消防安全组织机构，推动落实7项消防安全管理制度，确保紧急情况下“灭早、灭小、灭初期”。2021年，消防救援总队充分依托训练与战勤保障支队训练设施和专家、骨干等教学资源，采取“请进来、走出去”的方式，开展绳索救援技术、地震救援技术、水域救援、搜救犬救援技术等四类特种灾害救援专业培训，组织全区各级指战员开展灭火救援指挥能力及建筑固定消防设施实战应用集中轮训班，组织开展特勤消防救援站整建制战斗班轮训，先后培训业务骨干200余名，培训船舶驾驶员56人、冲锋舟驾驶员28人、专业潜水员24人、113人取得国际高空绳索救援技术中级、高级认证资质。同时，优化“高低大化”专业队、“1+N”建筑消防设施操作专业队，以及地震、水域、森林草原、涉疫勤务等专业救援力量建设，优化人员编配和战斗编成。共组织开展总队级地震救援专业队拉动演练4次、全区消防救援队伍“贺兰山-2021”综合应急救援实战演练1次、抗洪抢险专业队拉动演练3次、山岳救援实战演练2次、化工灾害事故灭火救援实战演练3次、大型商业综合体跨区域灭火救援实战演练6次。印发《宁夏消防救援总队〈消防救援队伍应急装备物资保障体系建设纲要〉》，指导各支队开展应急装备物资体系建设，组织开展全区队伍跨区域战勤保障拉动演练、后勤岗位大练兵比武竞赛暨战勤保障规范化建设经验交流会活动，有效检验和锻炼了队伍应急保障能力。强化科技支撑，以“两智一图”系统建设为核心，推动作战指挥模式由传统经验型向智能精准型转变；联合宁夏大学、宁夏电通物联网公司积极开发智慧社区消防风险监测评估预警物联网系统，并与通信管理局、三大运营商等单位签订《应急通信保障联动协议》，将运营商应急通信保障车辆编入总队应急通信保障分队，提升公网瘫痪情况下的快速反应能力。

【消防基础建设和训练模式改革】2021年，宁夏5个地级市、2个县级市、14个县城和103个建制镇全部完成消防规划或消防专篇编制并批转实施。已到期73个，全部启动编制工作，编制完成10个。编制完成《农村消防安全技术标准》《社会单位消防安全“四个能力”建设标准》等11部地方标准，提请自治区人民政府印发实施《宁夏回族自治区消防事业发展“十四五”规划》，下发《关于进一步加强全区易地扶贫搬迁安置区消防安全工作的通知》，将易地扶贫搬迁安置点消防安全纳入基层消防安全治理重点内容，通过开展“敲门行动”“结对帮扶”等形式，不断夯实易地扶贫搬迁安置点消防安全基础。全区新开工建设消防站8座，购置消防车38辆，各类器材装备近14万件（套）。推动闽宁镇建设消防站、建成消防科普教育基地，推动各地为30个高层移民安置点设置微型消防站，安装电动自行车充电桩400余处，新建市政消火栓422个。2021年，消防救援总队积极探索创新单兵技能、班组操法、整建制合成和真火模拟训练等训法战法，统一规范化工、地震、抗洪抢险、森林草原专业队实战训练操法。打破以往只追求速度、不注重实战效果的比武竞赛旧模式，创新开展整建制、班组合成的实战化比武竞赛新模式，举办全区消防救援队伍健美比赛暨速度攀岩比武。同时，消防救援总队注重做好应对森林草原火灾和地震、溃坝、水域等“大震”“巨灾”应对准备，调整充实总队、支队两级灭火救援全勤指挥部，构建快速、高效的应急指挥体系。与森防指、地震、气象、林草、公安等有关部门主动对接，完善固化会商研判、火险预报、火情通报、信息共享等制度机制，细化完善特灾预案，调整充实一线执勤力量和专业队伍。总队、支队共开展实战演练120余场次，典型战例复盘12场次，2名消防员在2021年全国消防行业职业技能大赛中获得第九名的优异成绩。

2021年10月5日，石嘴山消防救援支队参与金润盛生物科技有限公司乙基氯化物生产车间爆燃事故救援

【消防安全整治和监管服务】2021年，消防救援总队紧盯危化品企业、人员密集场所、高层地下建筑、大型商业综合体等场所，联合6名区内建筑、设施、电气领域专家，成立2个专家团队，对全区17家5万平方米以上大型商业综合体开展集中检查整治行动，指导企业制订整改计划17份，投入整改资金2100余万元，会同教育部门开展全区校外培训机构专项治理，共检查1266家，督改火灾隐患2176处，确保问题隐患全面清零、见底销号。迅速部署全区12个化工园区和重大涉庆场所火灾隐患排查整改行动，派出26名监督员与各市应急局30名专家组成联合检查组，对全区143家危化

2021年3月13日，宁夏消防救援总队先后调派57车342人参与处置固原市原州区张易镇西海子林场火灾事故

品重大危险源企业开展检查督导，指导各地建立"一厂一策"，确保消防隐患闭环管理。召开全区大型商业综合体消防安全管理达标示范创建暨"智慧消防"系统应用现场观摩会，全面推进大型商业综合体消防安全管理标准化建设。全年共组织检查单位4.91万家，督促整改隐患3.29万处，完成中国共产党成立100周年庆祝、第五届中阿博览会等重要活动消防安保攻坚战，全区消防安全形势持续平稳。2021年，消防救援总队专门召开会议研究优化营商环境的具体措施，并联合相关行业部门先后下发《关于深化"放管服"和消防执法改革优化公众聚集场所行政审批办理的通知》《关于贯彻实施新修改〈中华人民共和国消防法〉和配套制度全面实行公众聚集场所投入使用营业前消防安全检查告知承诺管理的通知》，不断推动消防执法服务走心走实。制定《关于深化消防执法改革的意见任务清单》，分解取消消防技术服务机构资质许可、简化公众聚集场所投入使用（营业）前消防安全检查等16大项46小项改革任务，解决了企业急难愁盼问题。同时，进一步提升监督执法水平，在全区范围内组织开展防火监督岗位和火灾调查岗位大练兵活动，印发《消防救援站开展防火工作实施方案》，指导消防救援站人员开展消防安全检查、宣传教育、火灾调查等消防监督业务。

【消防宣传】2021年，消防救援总队推动将消防安全宣传教育纳入自治区平安建设、精神文明建设、文明城市创建范畴扎实推进。联合自治区农业农村厅、文化和旅游厅深化消防宣传进乡村"三九"工程，推动各市、县（区）落实消防安全宣传教育"五进"示范单位创建工作。全区各级单位积极组建消防志愿服务队135个，先后组织开展"找火灾隐患　保家庭平安""青春助力火焰蓝"等470余场次消防志愿服务主题活动。集中开展"安全生产月""防灾减灾月""119消防宣传月"等消防系列主题活动，部署全区易地扶贫移民搬迁安置点、文物景点景区、电动车火灾防范等6项消防安全大宣传活动。全区共组织开展宣传教育活动1000余场次，开放科普教育基地1100余场次，发放宣传资料20万余份，受教育群众达到22万余人。同时，常态化开展火灾隐患"周六曝光"行动，组织媒体对消防安全问题突出单位进行跟踪曝光160余次，曝光火灾隐患1800余处。

（马　越）

民族宗教

MINZUZONGJIAO

NINGXIA YEARBOOK

编辑◎霍丽娜

综　述

【概况】2021年，自治区民委（宗教局）深入学习贯彻习近平总书记关于加强和改进民族工作重要思想，坚持把学习贯彻中央民族工作会议精神作为一项重要政治任务来抓。结合党史学习教育，制定学习宣传中央民族工作会议精神工作方案，统筹主流媒体和网络资源线上线下同步发力，把学习宣传会议精神作为开展好“传承党的百年光辉史基因、铸牢中华民族共同体意识”主题教育的重要内容，在《宁夏日报》推出专版刊发系列理论文章，在宁夏广播电视台同步转播中央统战部、国家民委制作的4集政论专题片《同心共筑中国梦》，在《朔方评》栏目围绕铸牢中华民族共同体意识推出一批高质量评论，创新开展百场宣讲培训、百期媒体报道、百名典型宣传、百家示范选树、百部快闪短视频“五个百”系列宣传活动，以点带面形成浓厚氛围，不断扩大学习宣传的广度深度热度。自治区民委（宗教局）以开展教义教规中国化阐释行动、宗教教职人员素质提升行动、信教群众教育引导行动、宗教事务法治体系建设行动为抓手，挖掘教义教规中有利于社会和谐、时代进步、健康文明的内容，组织开展全区宗教界“学党史·感党恩·跟党走”“党亲·国好·法大”等主题教育实践活动和研讨会，深入开展“学习党史、缅怀英烈、争做贡献”主题教育活动，推动法治宣传教育与创建和谐寺观教堂活动深度融合。自治区民委（宗教局）配合自治区党委办公厅、统战部组织召开自治区党委第十二届第十三次全会，制定出台贯彻落实《中共中央、国务院〈关于以铸牢中华民族共同体意识为主线推进新时代党的民族工作高质量发展的意见〉》的实施意见，对全区民族工作作出系统谋划、整体安排。2021年，自治区民委（宗教局）全面落实全国宗教工作会议精神和《宗教事务条例》，指导自治区各宗教团体制定实施坚持我国宗教中国化方向实施方案，完善讲经说法引导机制，积极引导宗教与社会主义社会相适应。

【重要会议】2021年12月3—4日，自治区民委（宗教局）主要负责人和相关处室负责人在自治区分会场参加全国宗教视频工作会议，聆听学习习近平总书记重要讲话，参与分组讨论，认真领悟会议精神。12月8日，自治区民委（宗教局）召开机关全体干部会议，传达学习全国宗教工作会议精神。12月10—13日，举办全区宗教界人士学习贯彻中央民族工作会议、全国宗教工作会议精神专题培训班，专题学习全国宗教工作会议精神，自治区各宗教团体会长、副会长、秘书长、副秘书长、监事、常务理事（常委）、理事（委员）共120余人参加了培训。

【党史学习教育】2021年3月4日，自治区民委（宗教局）召开自治区民委党史学习教育动员大会暨全面从严治党工作会议，自治区民委（宗教局）主要负责人对党史学习教育和2021年全面从严治党工作进行安排部署。6月10日，自治区民委党组理论学习中心组举行第7次集体学习（扩大）会议，邀请自治区党委“四史教育”宣讲队和自治区党史宣讲团专家分别为委属各党支部全体党员干部作“四史”和“传承党的百年光辉史基因铸牢中华民族共同体意识”专题讲座。7月1日，自治区民委（宗教局）组织全体党员干部，集中观看庆祝中国共产党成立100周年大会直播。7月4日，自治区民委党组理论学习中心组举行第9次集体学习（扩大）会议，中心组成员围绕学习贯彻习近平总书记在庆祝中国共产党成立100周年大会上的重要讲话、在中央政治局第31次集体学习时的重要讲话、在“七一勋章”颁授仪式上的重要讲话、在参观“不忘初心、牢记使命”中国共产党历史展览时的系列重要讲话精神，结合个人思想和工作实际作交流发言。9月9日，自治区民委系统举办学习宣传贯彻习近平总书记“七一”重要讲话精神专题辅导报告会。自治区宣讲团成员、党委统战部常务副部长、民委党组书记陆军为自治区民委机关及委属单位全体干部职工作专题辅导。

（马合明）

民族事务

【铸牢中华民族共同体意识普及行动】2021年4月23日，自治区民委（宗教局）举办“传承党的百年光辉史基因　铸牢中华民族共同体意识”专题讲座，邀请中国社科院民族学与人类学研究所所长王延中作专题辅导，王延中所长从充分认识习近平总书记关于铸牢中华民族共同体意识论断的重大意义、铸牢中华民族共同体意识的基础理论与若干重大关系、铸牢中华民族共同体意识工作的实践进展与挑战3个方面，系统阐述铸牢中华民族共同体意识与实现中华民族伟大复兴的深刻内涵和精髓要义，帮助与会人员进一步深化对铸牢中华民族共同体意识重大论断的理解和把握。4月29—30日，自治区民委（宗教局）会同自治区教育厅举办全区铸牢中华民族共同体意识主题教育活动试点工作培训班，邀请北方民族大学专家学者以“铸牢中华民族共同体意识”为主题作专题辅导，14所试点学校负责人和北方民族大学分管人员交流试点工作经验做法，各地级市民族、教育部门有关负责人等50余人参加培训。4—6月，自治区民委（宗教局）同自治区教育厅在全区中小学开展“党亲·国好·感恩”主题演讲比赛，在14所试点学校开展铸牢中华民族共同体意识“精品课”比赛。5月25—28日，自治区民委（宗教局）与自治区团委共同举办宁夏青少年“铸牢中华民族共同体意识”主题教育专题培训，培训班通过专题辅导报告、理论政策宣讲、《中国共产党统一战线工作条例》解读、基层社区实地考察和民族团结进步创建成果经验交流等方式，引导全区青年骨干努力从党的百年历史中汲取铸牢中华民族共同体意识的智慧，进一步打牢共同团结奋斗、共同繁荣发展的思想基础。9月1日，全区第38个“民族团结进步月”活动正式启动，启动仪式上播放了宁夏民族团结进步创建纪实政论片《石榴花开别样红，同心共筑中国梦》，举行《“石榴籽”故事丛书》首发式，活动期间实施一系列中央民族工作会议精神学习贯彻活动、组织一次铸牢中华民族共同体意识党（团、队）日活动、评选命名一批示范单位、录制一批民族团结示范典型视频、开展一次模范人物专题采访、编绘一套铸牢中华民族共同体意识动漫、评选命名一批示范单位、开展一次互观互检活动、举办一期民族法治讲座、组织一次网上知识竞答“十个一”系列活动。

【民族团结进步创建】2021年4月13日，自治区党委统一战线工作领导小组会议研究决定，将全区民族团结进步示范区示范单位命名机构由自治区党委统战部、自治区民委调整为自治区党委统一战线工作领导小组，并将区直机关整体纳入全区民族团结进步示范单位评选范围。组织开展第十一批全区民族团结进步示范区示范单位推荐申报和测评工作，提出拟命名103个建议名单。9月25—30日，邀请王海青、王延中、陈建樾、丁宏等10位全国民族理论界知名专家学者，深入5个地级市8个县（区）40多个创建点，对创建全国民族团结进步示范区情况进行第三方测评及评估工作。10月11—15日，国家民委民族团结促进司会同西藏自治区民委组成调研组，到宁夏对吴忠市创建全国民族团结进步示范市工作进行实地验收。争取全国民族团结进步创建重点扶持项目资金，支持沙坡头区文昌镇黄河花园社区实施铸牢中华民族共同体意识进社区“红石榴铸魂圆梦63688工程”。12月16日，国家民委命名第九批全国民族团结进步示范区示范单位，吴忠市、惠农区、同心县、海原县、利通区金星镇、贺兰县复兴街道花园社区、大武口区青山街道团结社区、石嘴山市第八中学、银川市二十一小学被命名为“全国民族团结进步示范区示范单位”。

【文体活动与民族贸易】2021年9月24日至10月10日，“党的光辉照边疆　各族儿女心向党——全国兴边富民成就展”在北京民族文化宫举办，宁夏等14个边疆民族地区参展。组织2021年全国少数民族参观团宁夏团员参加庆祝中国共产党成立100周年重要活动。在西吉县确定3个脱贫村作为防止返贫动态监测点，开展防止返贫动态监测工作，助推巩固拓展脱贫攻坚成果同乡村振兴有效衔接。自治区民委（宗教局）修订《宁夏回族自治区民族贸易企业认定办法》，会同自治区财政厅研究制定《宁夏回族自治区民贸民品企业生产贷款贴息引导支持资金管理办法》。2021年4月21日，第六届全国少数民族文艺会演在银川市举行，宁夏推荐选送的音乐剧《花儿与号手》获最佳剧目奖，杂技情景剧《岩石上的太阳》获舞台美术奖。5月24日，杂技情景剧《岩石上的太阳》在银川剧院进行汇报演出。6月28日，自治区民委、自治区文化和旅游厅联合向国家民委报送参演剧目《花儿与号手》《岩石上的太阳》有关视频、图片及文字材料。8月31日，第六届全国少数民族文艺会演开幕式文艺晚会在北京开幕，习近平、李克强、汪洋、王沪宁等党和国家领导人同约3000名群众一起观看晚会。9月1—19日，宁夏两台剧目先后在央视网和国家民委门户网站同步进行网络展播。7月13—15日，由国家民委文化宣传司、自治区民委主办，宁夏大学承办的2021年“民体杯”全国木球比赛暨裁判员培训班在银川市举办。浙江、福建、重庆、江苏、湖南、河北、宁夏7个省（市、区）派代表队参赛，江苏、浙江、辽宁、河南四省派观摩团参加开幕式并观摩比赛。

【汪洋到宁夏调研民族宗教等工作】2021年5月17—19日，中央政治局常委、全国政协主席汪洋率中央统战部副部长、国家民委主任陈小江，中央统战部副部长、国家宗教局局长王作安一行到宁夏调研。调研组分成3个小组，赴银川、吴忠等地，深入农村、社区、机关、学校、企业、宗教场所，与各族干部群众进行访谈交流，并主持召开座谈会听取有关工作汇报。汪洋指出，民族宗教工作事关社会主义现代化建设全局，巩固民族团结、促进宗教和谐、维护社会稳定、保障边疆安全是民族地区的责任所在、贡献所在。要以铸牢中华民族共同体意识为鲜明主线，全面推进新时代民族团结进步事业，引导各族干部群众树立正确的国家观、历史观、民族观、文化观、宗教观，把握好共同性与差异性的关系，发扬共同团结奋斗、共同繁荣发展的优良传统，推动各民族在共同走向现代化进程中交往交流交融。要全面贯彻党的宗教工作基本方针，坚持我国宗教中国化方向，正确把握宗教对经济社会发展、精神文明建设的影响，团结引导宗教界和广大信教群众，共同为全面建设社会主义现代化国家而努力奋斗。汪洋强调，发展是民族团结和谐的基础，是中华民族共同体不断巩固的重要保障。要完整准确全面贯彻新发展理念，抢抓构建新发展格局之机，持之以恒转方式，坚定不移调结构，创新进取换动能，推动经济发展质量稳步提升。要把碳达峰、碳中和纳入经济社会发展和生态文明建设整体布局，改变产业结构倚“重”倚“能”、能源结构“一煤独大”、碳排放强度偏高的状况，守好生态安全屏障，使民族地区经济发展更可持续、更加安全。要推进以人为核心的新型城镇化，拓宽农村人口就业岗位，提升职业技能，深化东西部协作和定点帮扶工作，助力巩固拓展脱贫攻坚成果和乡村振兴，把发展成果落实到改善民生、凝聚人心、增进团结上。自治区党委书记陈润儿、自治区主席咸辉等领导陪同调研。

【尤权到宁夏调研坚持我国宗教中国化方向】2021年9月14—16日，中央书记处书记、中央统战部部长尤权先后到银川市、吴忠市两地，深入乡村、社区、企业和民族院校，走访宗教活动场所，与党委、政府及有关部门负责人座谈，了解学习贯彻中央民族工作会议精神情况，就坚持我国宗教中国化方向进行调研。尤权指出，中央民族工作会议特别是习近平总书记的重要讲话，为做好新时代民族工作指明了前进方向，提供了根本遵循。要把贯彻落实会议精神作为重要政治任务，准确把握会议提出的新思想、新论断、新要求，以习近平总书记关于加强和改进民族工作的重要思想为指导，紧紧围绕铸牢中华民族共同体意识这条工作主线，切实加强党对民族工作的领导，认真排查解决民族领域突出问题和风险隐患，推动民族团结进步事业再上新台阶。尤权强调，要从维护国家政治安全、实现中华民族伟大复兴的高度，认识和做好新时代宗教工作，深入研究坚持我国宗教中国化方向的重大问题，多措并举、综合施策、标本兼治，防范化解宗教领域重大风险，牢牢守住不发生系统性、区域性风险的底线。尤权强调，巩固民族团结、促进宗教和谐，事关社会主义现代化建设全局，要认真学习贯彻中央民族工作会议精神，把以习近平同志为核心的党中央关于民族宗教工作的重大决策部署落到实处，推动新时代民族宗教工作高质量发展。自治区党委书记、人大常委会主任陈润儿，自治区党委常委、政法委书记雷东生，自治区党委常委、统战部部长白尚成陪同调研。

【陈小江在宁夏调研】2021年4月15—19日，中央统战部副部长，国家民委党组书记、主任陈小江在银川市、吴忠市、固原市等地调研。陈小江强调，文化认同是最深层次的认同，是民族团结之根、民族和睦之魂，要始终牢记习近平总书记对宁夏工作的嘱托，扎实推进中华民族共有精神家园建设，正确处理各民族文化与中华文化的关系、民族意识和中华民族共同体意识的关系，教育和引导各族干部群众树立正确的国家观、历史观、民族观、文化观、宗教观，不断增强对伟大祖国、中华民族、中华文化、中国共产党、中国特色社会主义的认同，为建设“黄河流域生态保护和高质量发展先行区”，建设“经济繁荣、民族团结、环境优美、人民富裕的美丽新宁夏”而不懈奋斗。自治区党委书记、人大常委会主任陈润儿，自治区主席咸辉，自治区党委常委、秘书长赵永清，自治区党委常委、统战部部长白尚成，自治区政府副主席王和山出席调研座谈交流会。

（马合明）

宗教事务

【宗教中国化建设】2021年6月10日，全区宗教界“党亲·国好·法大”主题研讨会在银川市举办，全区40多名宗教界人士代表作交流研讨。与会人员先后赴西吉将台堡红军长征会师纪念馆、西吉单家集红军长征遗址、同心红军西征纪念馆等红色教育基地开展爱国主义教育，观摩了闽宁镇禾美电商、宁夏四丰绿源有限公司、宁东基地国家能源集团宁夏煤业有限公司等重大经济发展成果项目，了解吴忠古城湾段黄河流域生态保护治理情况和沙坡头区文昌镇黄河花园社区民族团结进步创建情况，参观学习银川海宝塔寺、平罗玉皇阁、同心清真寺“五进”宗教场所开展情况。举办党史学习教育专题讲座，邀请青岛社会主义学院李学军教授作《中国共产党与中华民族伟大复兴》专题报告。召开自治区宗教团体联席会第五次会议，集中学习《中国共产党统一战线工作条例》《宗教团体管理办法》，审议通过《全区宗教界开展“学党史·感党恩·跟党走”主题教育实践活动倡议》，自治区各宗教团体还就开展党史学习教育情况进行汇报交流。在“党亲·国好·法大”主题研讨会上，11名自治区各宗教团体主要负责人作了发言交流，讲出了所思所悟所想，讲出了与党同心同向同行的共同愿望和心声。

【陈润儿调研宗教工作】2021年7月27日，自治区党委书记陈润儿在银川西关清真寺、宁夏伊斯兰教经学院调研。在银川西关清真寺，陈润儿了解宗教活动开展、寺院管理、讲经解经等情况。看到清真寺正在开展“学党史、知党情、听党话、感党恩、跟党走”活动，陈润儿说，新中国成立前，宁夏百业凋敝、荒凉落后；新中国成立后，在中国共产党的坚强领导下，宁夏大地发生了翻天巨变、宁夏人民过上了幸福生活。要发扬爱国爱教传统，把讲经和讲史结合起来，把社会主义精神文明建设成果、中华优秀传统文化融入讲经解经，引导信教群众今昔对比看变化、知史感恩共产党，更加坚定不移听党话、跟党走。在宁夏伊斯兰教经学院，陈润儿了解教学工作、查看教学设施，听取学院开展党史学习教育情况，陈润儿指出，宗教院校教师不仅要有一定的学历，更要有扎实的学识、深厚的学养，要把马克思主义、中国特色社会主义和中华文化融会贯通起来，充分发挥宗教院校在宗教人才培养中的主渠道主阵地作用。陈润儿主持召开座谈会并指出，宗教工作在党和国家工作全局中具有特殊重要作用，关系中国特色社会主义发展，关系党同人民群众的血肉联系，关系社会和谐、民族团结，关系国家安全和祖国统一，做好宗教工作使命光荣、责任重大。要深入贯彻习近平总书记关于宗教工作的重要论述，坚持宗教工作基本方针，依法加强宗教事务管理，积极引导、不断推进宗教与社会主义社会相适应。要始终坚持宗教中国化方向，把好方向、找准方法、改进方式，坚持社会主义核心价值观引领，注重用中华文化春风化雨、潜移默化，充分发挥宗教界积极性主动性，使宗教中国化成为宗教界人士和信教群众的自觉追求和行为规范；要提高宗教工作法治化水平，依法管好人员、场所、活动和网络，总结实践经验，完善治理机制，推进宗教管理由被动向主动、治标向治本、管住向管好转变；要推进教职队伍现代化建设，进一步明确培养目标、严格培养标准、创新培养方式、拓宽培养渠道，统筹抓好理论教育、文化教育、实践教育，培养一批坚持我国宗教中国化方向的引领者、实践者、推动者，打造一支政治上靠得住、宗教上有造诣、品德上能服众、关键时起作用的教职人员队伍。自治区领导雷东生、白尚成，中国伊斯兰教协会会长、自治区伊斯兰教协会会长杨发明参加座谈。

【宗教团体联席会议】2021年7月8日，自治区宗教团体联席会第6次会议召开，专题学习贯彻习近平总书记在庆祝中国共产党成立100周年大会上的重要讲话精神。自治区各宗教团体会长、副会长、秘书长、副秘书长、监事等参加会议。12月11日，召开自治区宗教团体联席会第7次会议，自治区佛教协会、自治区各宗教团体会长、副会长、秘书长、副秘书长、监事共40人参加会议。

【民族宗教工作干部教育培训】2021年12月17—18日，全区民族宗教工作干部专题培训班在银川能源学院滨河校区举办。12月10—13日，全区宗教界人士学习贯彻中央民族工作会议、全国宗教工作会议精神专题培训班在银川市举办，自治区各宗教团体的会长、副会长、秘书长、副秘书长、监事、常务理事（常委）、理事（委员）参加培训。12月12—16日，全区伊斯兰教界坚持我国伊斯兰教中国化方向宗教经典与优秀文化暨解经工作培训班在大武口区举办，各市伊斯兰教界宗教人士参加培训班。

【自治区佛教协会】2021年,自治区佛教协会完善《宁夏回族自治区佛教协会推进我区佛教坚持中国化方向工作实施方案》,举办第七届讲经说法活动,收集讲经稿13篇。为规范全区佛教场所和人员管理,根据有关规定,自治区佛教协会修改完善《宁夏回族自治区佛教协会佛教场所管理办法》,起草《宁夏回族自治区佛教教职人员管理办法》,规范佛教教职人员认定备案工作。积极组织参加各类学习研讨和培训活动,指导各地组织开展"四史"学习教育培训,组织教职人员、信教群众集中观看庆祝中国共产党成立100周年大会,举行升国旗仪式等,坚定了佛教界人士和信教群众跟党走的信心和决心,不断增强对伟大祖国、中华民族、中华文化、中国共产党、中国特色社会主义的认同。

【自治区道教协会】2021年1—3月,自治区道教协会开展道教教职人员资格自查工作,对不符合有关政策规定的教职人员,解除其教职资格。10月11—14日,按照《关于中国道教协会第十三届玄门讲经活动有关事项的通知》要求,自治区道教协会组织会长、副会长、监事、石嘴山市部分教职人员共计40余人在平罗玉皇阁道观通过网络视频观看中国道教协会第十三届玄门讲经活动实况,提高了道教界讲经释道水平,传承和弘扬了道教优秀传统文化,不断引领广大道众和信教群众为"建设美丽新宁夏、共圆伟大中国梦"贡献智慧和力量。自治区道教协会发出倡议,号召全区道教界开展庆祝"中国共产党成立100周年"系列活动、"学党史·感党恩·跟党走"主题教育实践活动,全区道教界积极响应,开展了形式多样的系列活动。7月1日,中国共产党成立100周年之际,贺兰洪广营三清观、平罗玉皇阁道观、固原东岳山道观等场所举行庄严的升国旗仪式,并现场合唱《歌唱祖国》等歌曲,奏响了爱国主义主旋律。石嘴山市、吴忠市、青铜峡市道教协会组织参观革命烈士纪念馆,向烈士纪念碑敬献花篮,实地学习了中国共产党的壮阔奋斗史,从红色教育中汲取精神力量。石嘴山市、吴忠市、青铜峡市道教协会组织召开座谈会、举办演讲比赛、书法作品展览和文艺会演等活动,表达了爱党爱国爱社会主义的真挚感情。银川市、中卫市、青铜峡市道教协会分别举办党史学习教育培训班,重温中国共产党的光辉历程,增强拥护中国共产党领导的决心。

【自治区伊斯兰教协会】2021年4月8日,自治区伊斯兰教协会第八届第十次常委会会议在石嘴山市召开,传达学习全国两会精神和有关文件精神,举办党史学习教育专题讲座。6月23—24日,自治区伊斯兰教协会在银川市举办全区伊斯兰教界庆祝中国共产党成立100周年研讨交流会暨"听党话·感党恩·跟党走"主题"卧尔兹"演讲比赛,8名伊斯兰教界人士围绕庆祝中国共产党成立100周年,回顾了中国共产党领导全国各族人民革命斗争史、建设发展史、团结进步史,讲述了宗教界人士与党同心同行的故事,讴歌了中国共产党百年辉煌成就,表达了爱党爱国爱社会主义的真挚情怀。在"听党话·感党恩·跟党走"主题"卧尔兹"演讲比赛中,5个地级市伊斯兰教协会推荐的15名选手以"听党话·感党恩·跟党走"为主题,围绕社会主义核心价值观、爱国爱教、遵纪守法、坚守中道等内容,在唱响共产党好、黄河水甜的同时,回顾历史、对照现实、引经据典、生动举例,结合时代发展进步需要对伊斯兰教教义教规做了深刻阐释,展现了全区伊斯兰教界人士和广大信教群众永远听党话、感党恩、跟党走的坚定信念。7月1日,自治区伊斯兰教协会组织伊斯兰教界人士集中收看庆祝中国共产党成立100周年大会实况直播,聆听习近平总书记发表重要讲话。12月6—8日,自治区伊斯兰教协会在银川市举办全区伊斯兰教协会干部能力提升培训班,学习贯彻党的十九届六中全会精神和中央民族工作会议、全国宗教工作会议精神以及自治区党委第十二届第十三次全会、第十四次全会精神。12月12—16日,自治区伊斯兰教协会在石嘴山市举办全区伊斯兰教界坚持我国伊斯兰教中国化方向宗教经典与优秀文化暨解经骨干培训班,培训班邀请自治区宗教局、宁夏大学、南京理工大学、宁夏社会主义学院、自治区十九届六中全会宣讲团成员和自治区党校等单位的领导、专家授课。

【自治区天主教两会】2021年,自治区天主教两会严格执行自治区疫情防控政策,根据全区及周边地区疫情形势,实施宗教活动场所暂停教堂对外开放、暂停集体宗教活动和有序开放工作,特别是10月银川突发疫情后,自治区天主教两会动员全体神父修女积极参与属地疫情防控志愿服务活动,为所在地捐赠防疫物资。4月21日,自治区天主教两会组织开展"学习党史、缅怀英烈、争做贡献"主题教育(配送一批图书资料、举办一次专题讲座、开展一次爱国主义教育、组织一次集中讨论交流、撰写一篇心得体会)"五个一"活动。5月,按照中国天主教"一会一团"关于做好中国天主教第十次全国代表会议代表、委员、常委候选人推荐工作有关通知精神,制定专门工作方案，提出了代表、委员、常委候选人建议人选，召开会长会议进行民主推荐，确定李晶等5名正式人选报中国天主教“一会一团”。

【自治区基督教两会】2021年5月、8月，宁夏基督教两会班子成员深入盐池县、红寺堡区、原州区、西吉县、隆德县和中卫市各教会堂点调研，检查“习近平新时代中国特色社会主义思想、国旗、宪法和法律法规、社会主义核心价值观、中华优秀传统文化”进场所情况，了解各堂点教牧人员队伍建设、教务管理等情况，指导各堂点做好牧养工作，与堂委班子成员和部分信教群众座谈交流，勉励教牧同工坚持我国基督教中国化方向、严防异端邪说渗透、依法依规管理宗教事务，积极引导基督教与社会主义社会相适应。自治区基督教两会通过参加自治区党委统战部相关会议、自治区宗教团体联席会议、召开自治区主任办公会等形式，学习中国共产党十九届六中全会、中央民族工作会议、全国宗教工作会议和自治区党委第十二届第十三次全会、第十四次全会精神，倡议信教群众深刻理解中国共产党人的初心和使命，深刻认识铸牢中华民族共同体意识、坚持宗教中国化方向的重大意义，要求基督教界以实现中华民族伟大复兴为己任，进一步坚定“听党话、感党恩、跟党走”的信心和决心，坚决守好“三条生命线”。4月26—27日，自治区基督教两会组织全区教牧人员开展党史学习教育，邀请宁夏社会主义学院专家讲解中国共产党百年风雨兼程所取得的丰功伟绩，到盐池县革命历史纪念馆敬献花篮、缅怀革命先烈。自治区基督教两会倡议各宗教活动场所开展中国共产党成立100周年庆祝活动。6月下旬，银川湖滨基督教堂、平罗基督教堂、中卫五里基督教堂等场所组织信教群众升国旗、奏国歌，合唱爱国歌曲，组织收看庆祝中国共产党成立100周年大会直播。2021年，面对疫情反复特别是10月输入疫情，宁夏基督教两会作为桥梁纽带，响应政府安排部署，多次组织堂点执行“两个暂停”，坚决落实政府关于抗击疫情的各项安排部署，停止一切礼拜聚会，取消教堂一切婚礼、庆典，葬礼从速从简，并号召信众提高防护意识，积极为疫情防控出人出力，同心协力抗击疫情。

（马合明）

市情概览

SHIQINGGAILAN

编辑◎王晓华

银川市

【概况】银川市为宁夏回族自治区首府，下辖兴庆区、金凤区、西夏区、永宁县、贺兰县和灵武市。2021年，各县(市)区共辖27个街道、20个镇、6个乡和293个居民委员会、282个村民委员会。年底常住人口288.2万人，比上年底增加2.03万人(其中，城镇人口234.7万人，占总人口的81.44%；回族人口67.3万人，占总人口的23.35%；女性人口141.2万人，占总人口的48.99%)。人口出生率10.97‰，死亡率4.18‰，人口自然增长率6.79‰。全年实现地区生产总值2262.96亿元。按可比价格计算，比上年增长6.3%(其中，第一产业增加值83.83亿元，同比增长6.1%；第二产业增加值1028.32亿元，同比增长6%；第三产业增加值1150.81亿元，同比增长6.5%)。三次产业结构比为3.7∶45.4∶50.9，对经济增长的贡献率分别为3.7%、40.2%和56.1%。

【农业经济】2021年，银川市完成农林牧渔业总产值173.2亿元，按可比价格计算，同比增长5.5%(其中，农业产值87.87亿元，同比增长1.2%；林业产值1.1亿元，同比增长93.2%；牧业产值63.51亿元，同比增长15.5%；渔业产值11.36亿元，同比增长1.5%；农林牧渔服务业产值9.36亿元，同比增长4.2%)。全年粮食作物播种面积80960公顷，同比下降0.2%。其中，小麦播种面积6740公顷，同比下降27.5%。蔬菜播种面积40286.67公顷，园林水果播种面积23720公顷。全年粮食产量70.47万吨，同比增长1.8%(其中，小麦产量3.85万吨，同比下降24.7%)。蔬菜产量140.86万吨，同比下降1.2%；园林水果产量17.47万吨，同比增长73.6%；禽蛋产量2.28万吨，同比下降17.1%；牛奶产量87.37万吨，同比增长33.9%；水产品产量7.62万吨，同比增长0.6%。全年肉类总产量6.19万吨，同比增长7.4%(其中，猪肉产量1.75万吨，同比增长11%；牛肉产量1.95万吨，同比增长1.8%；羊肉产量1.85万吨，同比增长14.6%；禽肉产量0.64万吨，同比下降2.5%)。年底牛存栏35.93万头(其中，奶牛存栏23.33万头)，生猪存栏15.2万头，羊只存栏97.31万只，家禽数196.63万羽。全年农村用电量4.01亿千瓦时，增长20.1%。银川市推广优质水稻、绿色瓜果蔬菜“订制农田”“订单农业”模式，推进高标准农田建设，新建高标准农田6000公顷，高效节水灌溉2066.67公顷，改善灌溉面积42866.67公顷，主要作物综合机械化率为95%以上，贺兰县、永宁县、灵武市被评为全国主要农作物全程机械化示范县。创建市级“产业强镇”3个，培育市级“一村一品”示范村镇6个，推动“高端奶之乡”“高端肉牛生产基地”和“全国重要绿色食品加工优势区”建设。打造中国驰名商标7个，中国名牌产品2个。推动奶产业、肉牛和滩羊产业、绿色食品产业三大产业，分别制定产业发展规划和实施方案，成立银川市奶业协会，推进蒙牛高端液态奶加工基地、白土岗奶牛养殖基地、贺兰山牧业第二奶厂项目等重点项目，宁夏晓鸣农牧股份有限公司成功上市新三板。举办“银川市第五届农业嘉年华”“2021年中国农民丰收节”“塞上好产品云尚靓银川”宁夏特色农产品系列营销活动暨阿里巴巴银川原产地商品官方旗舰店上线等活动。西夏区创建国家现代农业产业园，金凤区良田镇创建国家级农业产业强镇，西夏区镇北堡镇昊苑村被农业农村部评为“第十一批全国‘一村一品’示范村镇”及“2021年全国特色产业亿元村”。

【工业经济】2021年，银川市工业增加值844.95亿元，同比增长7.8%(其中，规模以上工业增加值增长8.6%)。在规模以上工业中,分轻重工业看,轻工业增加值增长20.3%,重工业增加值增长7.6%。分经济类型看,国有企业增加值增长18.9%,股份制企业增加值增长8.5%,外商及港澳台商投资企业增加值增长3.9%。全市规模以上非公有制工业企业增加值增长13.4%。全年规模以上工业中,电力、热力的生产和供应业增加值同比增长9.1%,石油、煤炭及其他燃料加工业同比增长7.4%,煤炭采选业同比增长16.8%,化学原料及化学制品制造业同比下降6.4%,纺织业同比增长54%。六大高耗能行业增加值同北增长2.3%,占规模以上工业增加值比重为58.3%;高技术产业增加值增长35.5%,占规模以上工业增加值比重为12.9%。全年规模以上工业企业实现销售产值比上年增长36.9%,工业产销率为97.9%。规模以上工业企业营业收入3334.12亿元,同比增长38.7%;营业成本2718.71亿元,同比增长39.9%;实现利润总额268.54亿元,同比增长96.4%。工业品出口交货值47.89亿元,应收账款479.12亿元。规模以上工业企业资产负债率63.4%,同比下降1.4个百分点;企业亏损面27.3%,亏损企业亏损额54.31亿元。全年规模以上非公有工业企业实现营业收入1286.35亿元,同比增长38.2%。银川市实施"工业强市"战略,推进工业高端化、绿色化、智能化和融合化发展。出台《关于深入实施"工业强市"战略 创新推动黄河流域生态保护和高质量发展先行区示范市建设的意见》,编制完成《银川市工业产业"十四五"规划》。提出"14149"工业产值发展思路,即培育1个千亿级新材料产业集群、4个百亿级产业(300亿级新食品产业、300亿级新能源产业、300亿级电子信息产业和300亿级高端装备制造业),打造1个千亿级园区(银川经济技术开发区)、4个百亿级园区(500亿级银川高新技术产业开发区,百亿级苏银产业园、贺兰工业园区和永宁工业园区),实施九大工程(创新驱动、产业优化、基础再造、企业治理、绿色发展、数字改造、园区改革、梯度培育、链式招商)。推进优势产业高质量发展,制定《银川市新材料高质量发展实施方案》《银川市电子信息产业高质量发展实施方案》《银川市推进结构改造绿色改造技术改造智能改造 加快工业转型发展实施方案》。全市产业园区规划面积228.61平方公里,工业类园区规模以上工业企业237家,实现规模以上工业总产值744亿元,同比增长34.2%。银川经济技术开发区全国排名累计提升超20个位次,列第69位,银川高新技术产业开发区被认定为国家"城市矿产"示范基地。苏银产业园与苏州工业园区、太仓市、昆山市签订政务服务"跨省通办"合作协议,推进两地经济协同、融合发展。银川综合保税区获批跨境电商综试区和银川空港物流枢纽承载城市,宁夏贺兰工业园被认定为唯一的国家级农产品加工创业基地和国家新型工业产业化示范基地(农副产品加工),银川中关村创新创业科技园和银川阅海湾中央商务区被评为自治区现代服务业集聚区。

【建筑业】2021年,银川市具有资质等级建筑业企业460个,实现建筑业总产值498.2亿元,同比增长5.9%(其中,国有及国有控股企业实现产值201.05亿元,同比增长9.8%;建筑装修、装饰业实现产值3.82亿元,下降5.6%)。房屋建筑施工面积1405.87万平方米,同比下降2.3%;房屋建筑竣工面积615.24万平方米,同比增长22.7%。兴庆区、金凤区、西夏区有在建工程273个,建筑面积约1695万平方米,工程造价约415亿元,其中新开工工程100个,长期停工项目69个。推进"智慧工地"建设、建筑工人实名制管理,354个项目接入智慧平台监管,实现工程在线安全视频监控安装率100%。市辖三区注册进场建筑工人8.6万人,191个项目安装人脸识别门禁系统。实行关键岗位人员实名制管理,督促关键管理人员现场履职尽责,保障施工现场安全生产。推动质量监管长治长效。2021年,全区建筑安全标准化施工现场观摩会暨银川地区安全生产月启动仪式在银川市举行。依托"住建云"工改平台持续推动"线上+线下"服务,完成工程竣工验收备案1330项,单位工程消防验收合格224项、备案119项。依托"监管服务系统"对建筑业企业的基本信息、资质信息、信用分值、诚信奖惩记录等向社会及时公示。推进"互联网+"监管,开展银川市"智慧监管"试点示范工程评估工作,智慧工地监管平台接入工地354家,实现工程在线安全视频监控安装率100%。推进企业标准化和质量安全标准化示范工地建设工作,评选质量标化示范工地31个,安全标化示范工地123个。加大新材料、新技术推广应用,在市域范围内推广工程领域外架钢板防护网的使用,对推广使用的102家企业给予企业诚信加分奖励。

【服务业】2021年,银川市服务业实现增加值1050.81亿元,同比增长6.5%。其中,批发和零售业增加值101.22亿元,同比增长5%;交通运输、仓储和邮政业增加值94.18亿元,同比增长11.6%;住宿和餐饮业增加值26.34亿元,同比增长12.1%;金融业增加值225.09亿元,同比增长1.6%；房地产业增加值124.35亿元，与上年持平；营利性服务业增加值197.57亿元，同比增长9.2%；非营利性服务业375.83亿元，同比增长9.3%。

【固定资产投资】2021年，银川市固定资产投资同比下降3.6%。分投资主体看，国有经济投资下降18%，非国有经济投资增长4.1%。从投资结构看，第一产业投资增长187.8%，第二产业投资下降2.6%，第三产业投资下降7.7%。施工项目计划总投资下降10.9%。全年完成房地产开发投资325.79亿元，同比增长4.6%（其中，住宅开发投资234.13亿元，同比增长5.9%）。商品房施工面积3704.85万平方米，同比下降1.4%（其中，住宅施工面积2433.28万平方米，同比增长1.3%）。商品房销售面积641.57万平方米，同比下降14.7%（其中，住宅销售面积528.2万平方米，同比下降21.7%）。全年商品房销售额490.67亿元，同比下降9.8%（其中，住宅销售额430.11亿元，同比下降13.2%）。商品房待售面积649.77万平方米，增长2.2%（其中，住宅待售面积174.16万平方米，下降12.5%）。

【国内贸易】2021年，银川市实现社会消费品零售总额788.69亿元，同比增长2.3%。分城乡看，城镇消费品零售额增长2.4%，乡村消费品零售额增长1.2%。分行业看，批发、零售贸易业零售额增长2%，住宿餐饮业零售额增长4.3%。分经济类型看，国有经济零售额增长0.4%，集体经济零售额下降1.4%，股份制经济零售额增长1.5%，私营经济零售额增长0.9%，个体经济零售额增长3%，其他各种经济零售额增长18.6%。在限额以上企业商品零售中，粮油、食品、饮料及烟酒类增长4.5%，服装、鞋帽、针纺织品类下降0.9%，家用电器和音像器材类增长14.1%，金银珠宝类增长16.6%，石油及制品类增长9.1%，通信器材类下降17.2%，体育、娱乐用品类下降26%，汽车类下降1.2%。全年亿元以上商品交易市场成交额237.18亿元，同比增长7.6%。银川市推进砂之船奥特莱斯、建发悠阅城、吾悦广场等46个商贸流通项目建设，完成投资33.21亿元；支持大阅城智慧商圈建设，打造漫葡小镇、枫林湾、唐徕老街坊等特色商业街区，发展大阅城中街、怀远夜市、隆基第八大街等夜经济集聚区；引导建发、新华百货、金凤万达、王府井奥莱等门店引进言几又、寇莎名品、乐高授权店、黑洞美妆、喜茶、烧江南、火凤祥等首店进驻。举办银川欢乐购物季、网上年货节等大众消费促进活动720余场次，组织发放留银过年消费券等1200万元，开展购买新车给予交强险补贴及绿色智能家电以旧换新惠民工程，研发枸杞宴，助推餐饮创新发展。银川市获评“全国第一批绿色货运配送示范城市”“全国商品市场优化升级专项行动试点城市”“全国首批一刻钟便民生活圈建设试点城市”，贺兰县获评“全国电子商务进农村综合示范县”，银川新华百货连锁超市有限公司、宁夏杞里香枸杞有限公司成为“国家级服务业标准化试点（商贸流通专项）企业”。

2021年9月23日，2021年中国农民丰收节活动在贺兰县稻渔空间生态观光园举行

【对外经济】2021年，银川市实现进出口总额132.07亿元，同比增长1.1倍（其中，出口总额109.47亿元，同比增长1.4倍；进口总额22.6亿元，增长27.7%），全年新批外资企业数21个；合同外资金额1.7亿美元，同比下降23%；实际利用外资1.18亿美元，同比增长35%。银川市召开全市跨境电商工作领导小组会议，拨付跨境电商发展专项资金1250万元。跨境电商公共服务平台上线运行，协调引进河南保税集团，开通国际卡班，跨境电商首次实现“9710跨境电商B2B直接出口”“9810跨境电商出口海外仓”模式通关，中国中央电视台报道跨境电商综试区建设成果。全年实现跨境电商交易额22.3亿元，占全市进出口总额的16.9%（其中，银川综合保税区跨境电商出口总值14.09亿元，占全市跨境电商进出口总额的63.2%；兴庆区跨境电商产业园跨境电商进出口总值5.96亿元，占

全市跨境电商进出口总额的26.7%；阅海湾中央商务区跨境电商进出口总值1.94亿元，占全市跨境电商进出口总额的8.7%）。银川市有开展跨境电商业务的企业155家（其中，规模以上跨境电商企业11家，年度培育知名企业4家，年度新增传统外贸企业转型开展跨境电商业务的企业17家）。跨境电商企业海外商标注册27个，主要涉及美国、欧洲、日本、韩国等。2021年8月19—22日，第五届中国—阿拉伯国家博览会跨境电商展在银川国际会展中心C馆举办；展览以“聚焦先行区建设、畅通跨境新通道”为主题，设置全球知名跨境电商平台及新技术展区、跨境电商新零售展区、跨境电商综合试验区成果展区3个展区，以现场推介、现场直播、跨境电商新零售等形式展示；展览通过“线上线下相结合，以线上为主”的方式举办，易贝（ebay）、阿里巴巴集团、洋葱时尚集团、京东集团等41家国内知名跨境电商平台、物流企业、支付企业、供应链企业以及宁夏当地5家跨境电商企业等参展。展会期间客流量4500人次，现场销售额5万元。2021年8月19日，第五届中国—阿拉伯国家博览会跨境电商创新发展高峰论坛在银川市举办。论坛签约项目12个，计划投资贸易总额12.5亿元（其中，投资类项目2个，金额1110万元；跨境电商平台合作类项目1个；贸易类项目9个，金额12.4亿元）。

【旅游产业】2021年，银川市接待国内游客1917.08万人次，同比增长8.77%；接待入境游客0.82万人次，同比增长9.2%。国内旅游总收入125.65亿元，同比增长0.9%；旅游外汇收入298.24万美元，同比增长12.2%。全市有旅行社143家（其中，国际社25家，国内社118家）。全市有旅游星级饭店31家（其中，四星级19家，三星级12家）。全市A级旅游景区52家，乡村旅游示范点62家，葡萄酒旅游酒庄58家，特色旅游街区20条；规模以上旅行社156家；星级酒店、特色民宿等各类旅游接待住宿单位1600余家，年接待能力3000万人次。评定2021年A级旅游景区5家，自治区级旅游休闲街区3条，乡村旅游示范点11家。贺兰山漫葡小镇入选“国家级夜间文化和旅游消费集聚区”，怀远观光夜市创建国家级旅游休闲街区，宁夏（银川）贺兰山东麓度假区获批“省级旅游度假区”，西夏区镇北堡镇、永宁县闽宁镇入选“全国乡村旅游重点镇”，19个村（兴庆区掌政镇洼路村、掌政镇孔雀村、掌政镇掌政村，金凤区丰登镇润丰村、良田镇园子村，西夏区镇北堡镇镇北堡村、镇北堡镇华西村、镇北堡镇昊苑村，灵武市梧桐树乡陶家圈村、郝家桥镇胡家堡村，永宁县闽宁镇原隆村、闽宁镇福宁村、闽宁镇武河村、望洪镇宋澄村、杨和镇王太村，贺兰县洪广镇金山村、立岗镇通义村、金贵镇联星村、常信乡四十里店村）入选“宁夏特色旅游村”。举办2021年银川金秋文化旅游惠民消费季暨第二届金秋乡村文化旅游节；举办2021年银川市文化旅游消费季，免费发放“银川市文化旅游消费惠民卡”价值300万元。推出葡萄酒庄行、枸杞采摘、亲子体验游等精品旅游线路6条，推广精品乡村旅游线路8条。推出“丝路明珠·魅力银川”2021银川文化旅游推介活动，举办西安、郑州、南昌等4场推介会，签订“双城”旅游合作协议17份。银川市获评首批“国家文化和旅游消费试点城市”“中国夜游名城”称号，入选文化和旅游部发布的“黄河古都新城之旅”主题线路，贺兰山岩画、水洞沟遗址等入选“中华文明探源之旅”主题线路，永宁县闽宁镇入选“黄河乡村振兴之旅”主题线路，兴庆区、灵武市成功创建自治区级全域旅游示范区。

【交通运输】2021年，银川市铁路客运量429.48万人次，同比增长35.6%；铁路货运量717.74万吨，同比增长21.6%。民航客运量325.20万人次，同比下降1.6%；民航旅客周转量47.82亿人/公里，同比增长4.5%；民航货运量2.19万吨，同比下降24%；民航货运周转量3238.50万吨/公里，同比下降11.8%。全市各种民用汽车保有量109.09万辆，同比增长9.1%（其中，私人汽车保有量103.23万辆，同比增长9.2%）。银川市公路通车总里程5635.16公里（不含城市道路），公路密度62.32公里/百平方公里，每万人拥有公路19.67公里。全年公路客运量443.79万人次，同比增加42.1%；旅客周转量78075.09万人公里，同比增加65.9%；公路货运量8502.73万吨，同比增长13%；公路货运周转量957428.4万吨公里，同比增长7%。银川市兴庆区、金凤区、西夏区有班线客运企业4家，班线客车837辆，旅游客运企业12家，旅游客运车辆597辆，危货运输企业61家，危货运输车辆1695辆（不含挂）。全市有公交运营线路192条，运营线路总长度3409.65公里，线网总长度1077.89公里；新辟公交线路23条，调整公交线路40条；公交标准运营车辆2325.7标台，每万人拥有公交车辆11.7标台。银川河东国际机场全年有东航、国航、南航等32家航空公司运营银川至北京、上海、乌鲁木齐等88个城市的136条国内航线。

【邮电通信】2021年，银川市邮政行业业务收入累计完成16.75亿元，同比增长25.4%。全年定销报纸业务累计完成

3684.96万份，同比增长26.3%；杂志业务累计完成165.74万份，同比下降14.5%；邮政函件业务量累计完成161.02万件，同比下降13.8%。全市有邮政普遍服务网点95处、邮件处理（投递）场所36处、邮政车辆737辆，有品牌的快递企业16家、法人快递企业117家、快递分支机构132家，邮政行业从业人员7348人（其中快递从业人员6231人），快递车辆2567辆。固定电话用户23.1万户，同比下降8.5%；移动电话用户377.61万户，同比增长3.3%；互联网宽带接入用户136.57万户，同比增长10.7%。

【财税金融】2021年，银川市完成地方财政收入261.11亿元，同比增长5.2%。完成一般公共预算收入171.19亿元，同比增长8.9%（其中，税收收入122.45亿元，同比增长10.2%；税收收入占一般公共预算收入的比重为71.5%）。全年完成地方财政支出361.13亿元，同比下降18.3%。完成一般公共预算支出292.15亿元，同比下降12.1%（其中，公共安全支出下降15.9%，教育支出下降15.9%，科学技术支出增长20.8%，社会保障和就业支出增长14.4%，卫生健康支出下降8.1%，节能环保支出下降36.5%，城乡社区支出增长2.7%）。全市金融机构人民币各项存款余额4691.32亿元，同比增长4.5%（其中，住户存款2323.5亿元，增长8.7%）。全市金融机构人民币各项贷款余额5979.62亿元，同比增长8%（其中，中长期贷款4288.04亿元，同比增长8.5%；短期贷款1104.76亿元，同比下降1.1%）。全年实现保费收入122.93亿元，同比增长0.6%（其中，财产险保费收入34.11亿元，同比下降7%；人身险保费收入88.81亿元，同比增长3.8%）。全年支付各项赔款及给付额38.04亿元，同比下降0.8%（其中，财产险赔付22.27亿元，同比增长5.5%；人身险赔付15.77亿元，同比下降8.5%）。

【科学技术】2021年，银川市有效发明专利拥有量2843件，万人发明专利拥有量9.94件。银川市推进创新驱动发展战略，出台《关于鼓励支持企业科技创新推动高质量发展的意见》《关于深入实施“工业强市”战略创新推动黄河流域生态保护和高质量发展先行区示范市建设的意见》，围绕“后补助”“科技金融”“离岸+飞地”等内容制定配套文件10余个。印发《银川市科技创新“十四五”规划》。全市新认定自治区及以上重点实验室2家、工程技术研究中心7家、自治区技术创新中心26家。各类科技创新平台共247家。新认定国家高新技术企业26家，累计认定170家。新认定自治区农业高新技术企业12家，累计认定40家。新认定自治区科技“小巨人”企业32家，累计认定61家。新备案自治区科技型中小企业295家，累计认定795家。争取自治区科技项目资金3.1亿元，市本级投入项目资金1.1亿元，实施高品质石墨烯制备工艺研究、枸杞高值化产品开发等项目300个。银川市全社会R&D经费支出31.62亿元，R&D投入强度为1.61%，市本级财政R&D项目资金以30%速度递增。围绕银川产研院“四院一中心”“离岸+飞地”平台、创新券等固定支出4000万元左右。加强工业技改和工业化、信息化融合，建成投入运行30多个工业互联网平台，实现300多家企业上云、千台工业设备联网，银川工业大脑入选《数字政府建设》探索案例。推进银川产研院“四院一中心”运行机制改革和项目落地。完成自治区科技成果登记392个，完成技术合同交易额17.2亿元。通过政府购买服务委托专业机构运营的方式，建成离岸孵化器7家，飞地育成平台3家，形成“众创苗圃+科技企业孵化器+产业加速器+科技特色产业园”的产业孵化链条。2021年9月，智慧宫文化产业集团有限公司入选第四批国家级文化和

2021年10月1日，2021中国·银川第五届黄河文化旅游艺术节在银川文化艺术博览中心开幕

科技融合示范基地，成为宁夏首家国家级文化和科技融合示范基地。2021年11月，经国家知识产权局和世界知识产权组织共同评估认定，正式授牌银川市生产力促进中心为第四批技术与创新支持中心（TISC）运行机构。银川市获批“科创中国”试点城市（园区）和“百城百园”建设试点城市，获评“科创中国”创新枢纽城市，是西北地区唯一入选城市。

【教育事业】2021年，银川市有研究生培养单位3个，招生4257人，同比增长5%；在学研究生11047人，同比增长19.5%；毕业生2596人，同比增长19.7%。普通高等院校16所，招生4.01万人，同比增长4.1%；在校生14.02万人，同比增长17%，毕业生2.88万人，同比增长0.7%。成人高校1所，在校生273人，毕业生377人。中等职业学校16所，招生1.29万人，同比增长8.5%；在校生3.54万人，同比增长3.1%；毕业生1.04万人，同比增长1.1%。普通高中28所，招生1.99万人，同比增长1.5%；在校生5.78万人，同比增长3.8%；毕业生1.75万人，同比下降4.4%。初中学校59所，招生2.93万人，同比增长0.4%；在校生8.83万人，同比增长1.9%；毕业生2.77万人，同比增长4.5%。普通小学202所，招生3.78万人，同比下降0.6%；在校生21.07万人，同比增长5.4%；毕业生2.89万人，同比下降0.2%。特殊教育学校4所，招生60人，同比下降56.8%；在校生752人，同比下降4.6%；毕业生89人，同比下降9.2%。幼儿园475所，在园幼儿10.72万人，同比增长8.6%。学前三年毛入园率114.6%，小学六年巩固率105.2%，初中三年巩固率99.7%。资助困难学生31780人次。银川市实施银川北塔中学扩建工程、银川唐徕回民中学南校区综合提升改造等67个续建、新建、改建、扩建中小学和幼儿园基础建设项目开工建设，总投资13.8亿元。开发建设银川市智慧教育系统“智慧党建”“智慧教学”“智慧学习”“智慧研训”“智慧治理”5个数字化应用场景，建立银川市中小学“三个课堂”（专递课堂、名师课堂、名校网络课堂）和“543云课、云师、云校”（搭建专递课堂“5+5”云课专研共同体，名师课堂“4+4”云师精研共同体，名校网络课堂“3+3”云校智研共同体）研修共同体。引入华中师范大学“人工智能研究院”博士团，搭建信息化人才智库。实施京银“互联网+教育”战略合作“双优云桥”项目，完成“名校联盟双师课堂”“‘一带一路’共读项目”等8个子项目，培训全市102所项目学校1431名教师，完成线上培训334场次，参训教师6.87万人次，讨论交流5435万人次。推进构建“五治融合”（政治引领、德治教化、自治强基、智治支撑、法治保障）的校园治理新模式。建成银川市校园安全隐患排查治理系统、教育系统双随机执法检查平台和食品原材料集中采购平台，实现中小学（幼儿园）封闭化管理、专职保安配备、一键式报警器及视频监控系统与公安联网、“护学岗”4个100%工作目标。落实教育“双减”（减轻义务教育阶段学生过重作业负担和校外培训负担）政策，制定《关于加强义务教育学校作业管理的实施办法（试行）》。2021年，银川市培育打造全国民族团结进步示范学校1个，自治区级民族团结进步示范学校30个，市级民族团结进步示范学校79个。兴庆区第五小学、灵武市回民中学、贺兰县第二中学被确定为“全区中小学开展铸牢中华民族共同体意识主题教育实践活动试点学校”。

【文化事业】2021年，银川市拥有艺术表演团体12个，文化艺术馆、文化馆8个，公共图书馆8个，博物馆19个，全国重点文物保护单位11处。广播电台6座，电视台6座，广播综合人口覆盖率、电视综合人口覆盖率均达100%，有线广播电视覆盖用户114万户。新建20个基层综合文化服务中心、10个城市阅读岛，面向群众免费开放。整合改建23个街道文化站，乡镇、街道文化站覆盖率100%。举办第五届中国银川黄河文化旅游节、第五届中国银川贺兰山文化旅游节。举办杂技专场3场、摇滚音乐节3场、贺兰山电音节3场、民乐专场演唱会1场、青年歌手演唱会1场、中秋赏月专场演出等活动，吸引商家16家，近10万名游客和市民群众观看现场演出。举办2021“中国旅游文化周”启动仪式暨宁夏（银川）专场活动、“美丽中国·神奇宁夏”推介活动、“当惊世界殊”宁夏贺兰山东麓葡萄酒品鉴会等活动。开展“文化惠民·四送六进”活动（送演出、送图书、送培训、送电影，进农村、进社区、进校园、进军营、进工地、进特殊教育场所）。推行菜单式、订单式服务机制，完成送戏下乡演出1000场次、广场文化演出1000场次。举办“美丽乡村·文化大集”活动100场次，送图书10万册次。围绕“我们的节日”主题，开展系列节庆活动300余场次。举办“书香银川”全民阅读推广活动412场。举办2021年银川秦腔节、戏曲进校园、小戏小品大赛等活动38场次。面向群众开展戏曲、声乐、器乐、舞蹈等12个门类免费艺术培训。举办“庆祝中国共产党成立100周年群众文化活动暨2021年第四届银川市民文化艺术节”。举办“百年辉煌，唱响银川”百姓大舞台、美术大展台、梨园大戏台、艺术大讲台等4个版块庆祝活动28项、500余场次。推出“十个一百”(百部红色电影展映、百首红歌大合唱、百篇红色家书党史故事诵读、百场主题群众文艺汇演、百件革命文物巡展、百场红色文化进校园进军营、百名书画家红色主题作品展、百团万人广场舞大赛、百年红色印记研学游、百部优秀党史图书阅读征文)群众文化活动。加强文物保护与管理,制定《银川市关于加强文物保护利用改革的实施方案》,明确市财政每年拨付专项资金100万元,用于加强全市文物保护利用改革。开展艺术普及,举办广场民族健身舞创作与推广普及培训班,银川市秦腔文武乐、演员表演、化妆培训班、暑期少儿艺术培训班等项目。开设声乐、合唱、古筝、二胡、小提琴、钢琴等艺术门类34个班次课程,授课2080课时,服务2000余人。聘请非遗传承人担任教师,开设面塑、编结、剪纸等非遗课程。举办“我们的节日——银川市春节非物质文化遗产展”线上线下活动、“人民的非遗人民共享——2021年银川市文化和自然遗产日宣传展示”活动、“百年传承浓情端午,我们的节日——端午节”主题活动、“春雨工程”非遗讲解大赛、非遗美食节等活动,参与传承人超500人次。推进“安全生产专项整治”三年行动,检查各类文化市场经营单位1.19万家次。银川艺术剧院有限公司创排剧目《岩石上的太阳》获得第六届全国少数民族文艺会演“圆梦奖”,杂技《蹬人》获得第五届澳大利亚马戏节银奖。

【医疗卫生事业】2021年,银川市拥有卫生机构1350个(其中,医院和卫生院116个)。卫生机构床位17985张(其中,医院、卫生院床位16691张)。卫生技术人员29473人。疾病预防控制中心8个,卫生技术人员224人;妇幼保健机构6个,卫生技术人员1730人;乡镇卫生院36个,床位数567张,卫生技术人员1166人。卫生监督所7个,卫生技术人员101人。全市国家免疫规划疫苗报告接种率99.8%。银川市委、市政府召开专题会议和工作推进会议,研究部署“健康银川”“全民健康水平提升行动”及项目推进工作,印发《银川市关于全民健康水平提升行动的实施方案》。建立政府主导、部门联动、齐抓共管的工作机制,印发《“健康银川”建设工作绩效考核办法》,推进各部门落实“健康银川”建设工作职责。推进银川市第一人民医院、银川市中医医院、兴庆区胜利街社区卫生服务中心、金凤区满城北街社区卫生服务中心、阅海万家E区社区卫生服务中心、西夏区常春藤社区卫生服务中心、文昌路社区卫生服务中心等项目建设。推进分级诊疗工作,落实银川都市圈医疗卫生技术合作项目。结合“全民健康水平提升行动”12大工程36项措施与“健康银川”27个专项行动32个工作组任务,推动“健康银川”建设。开展城市紧密医联体、县域医共体建设,制定《银川市全面开展县(区)域综合医改实施方案》,在西夏区和永宁县先行试点基础上,实现全市县(区)域综合医改全覆盖。推进优质资源下沉,各医联体牵头医院定期安排本单位的专家到成员单位坐诊,通过学术讲座、培训、论坛、疑难病例讨论等形式,提升成员单位服务能力和水平。推进家庭医生签约服务工作,举办家庭医生义诊直播间活动,利用互联网平台开设直播义诊活动59场次。推进县域医共体信息化平台建设,推动市、县、乡、村四级医疗机构上下联动和业务协同。截至2021年年底,基层医疗卫生机构上线324家,占100%,实现挂号收费、在线排班、门诊医生、住院医生等业务功能。组织县域内各级各类专业技术人员下沉基层,拓展口腔科、妇产科、康复科、皮肤科等科室业务,重点提升住院及基层手术服务能力,个别卫生院二级手术纪录实现近三年内“零”的突破,部分可以开展脑梗康复、重症糖尿病、急性冠脉综合征等疑难病种及骨科、肛肠科等外科手术。通过实施“妇幼健康促进行动”和民生实事项目,开展婚前医学检查12051人,孕前优生健康检查7912对,为项目地区5724名适龄婴幼儿发放营养包,为31204名新生儿实施遗传代谢性疾病筛查,为31193名新生儿筛查听力,为431名建档立卡脱贫户新生儿筛查耳聋基因。建立和完善重点传染病监测预警机制,法定传染病累计报告发病率358.61人/10万人。全市免疫规划各类疫苗接种11种68.54亿剂次,报告接种率99.83%。全市36家乡镇卫生院和18家社区卫生服务中心均设立中医科、中药房,乡镇卫生院和社区卫生服务中心配备相应中医诊疗设备,开展中医适宜技术6项;86%社区卫生服务站、75%村卫生室配备适宜中医诊疗设备,开展中医适宜技术4项。

【体育事业】2021年,银川市获得全国冠军1个,获得金牌4块,银牌1块,铜牌2块。银川市围绕“健康银川·体育强市”目标,构建更高水平的全民健身公共服务体系,发展竞技体育和体育产业,成为全国公共体育场馆开放使用综合试点。编制《银川市体育事业发展“十四五”规划(2021—2025年)》。印发《银川市推进国家体育消费试点城市建设实施方案》。制定《银川市公共体育场馆开放使用综合试点工作方案》,解决场馆运营开放难、利用率较低、群众满意度不高等问题。实施全民健身提升行动，举办2021年"中赢正源杯"六城羽毛球邀请赛、2021年银川市直机关第九套广播体操比赛、银川市第八届青少年体育舞蹈锦标赛暨西北地区舞蹈精英公开赛等群众性活动13次，参与群众2万人次。加强体育社会组织管理，指导成立银川市橄榄球协会、普拉提协会等8家单项体育协会，市级体育协会增至58家，有非营利性体育俱乐部20家。推广足球、篮球、排球等9个项目进入120所中小学校，投入40万元在银川市体育中心建立全民健身益站，拨付50万元在唐徕渠两侧10公里健身步道打造生态健康漫步道，免费为广场、社区等场所840人开展体质监测服务。发挥体育场馆社会性和公益性功能，提升场馆运营开放服务水平。截至2021年年底，湖滨体育馆（场）、银川体育馆、贺兰山体育场"两场两馆"免费、低收费开放3万多小时，健身锻炼群众近30万人次。打造马拉松、登山、龙舟、赛艇、健步等群众品牌活动，举办"我们的节日"2021年端午龙舟展演、2021年全国群众登山健身大会（银川站）登山活动、"领步山河·全民健身"2021年银川市首届城市全域徒步登高大会，丰富群众精神文化生活，推动全民健身与全民健康融合。加快银川文化园全民健身中心综合馆等项目建设，建成金凤区全民健身中心。推进"10分钟健身圈"建设，在万寿路至唐徕渠段、中山公园莲花池环湖建设健身步道5公里，在团结路周边建设11人制足球场、7人制足球场、5人制足球场各1座。

【城乡建设】2021年，银川市城市建成区面积194.69平方公里。城市道路长度774.4公里，城市道路面积2819.4万平方米。污水年排放量18348万立方米，污水处理率97.8%。实施市政基础设施项目33个，累计完成投资10.5亿元。实施银川市地下综合管廊试点项目共计10条管廊，总长39.12公里，管廊主体建设全部完成，累计完成投资75.71亿元。建立城市更新三年行动项目库，全年实施城市更新项目70项，完成投资66.4亿元。完善城市路网，畅通城市大循环、微循环，重点实施金波北街、同心北街、后海路、团结路等28条新建续建道路，10月底前全部建成投用。实施慢行绿道工程，完成治平路（凤凰街—清和街）、凤凰南街（长城路—宝湖路）、北安巷（北京路—海宝路）、湖滨西路（民族街—凤凰街）4条慢行绿道改造项目建设。银川市第一再生水厂建设项目4月底实现污水进厂调试，6月底调试达标出水，7月正式接纳银川第一污水处理厂服务范围内10万吨污水。实施积水点改造工程17处，5月底全部完工。出台《银川市海绵城市建设管理办法》，推进编制《银川市海绵城市建设专项规划》及系统化实施方案，制定《银川市城市内涝治理系统化方案》。启动高标准重点小城镇和高质量美丽宜居村庄项目建设，打造高标准小城镇3个、美丽宜居村庄13个。银川市被列入"国家首批城市更新试点城市""城市体检试点城市"。推动落实黑臭水体示范城市创建、"为群众办实事"老旧街巷整治、"马路拉链"治理、垃圾分类、燃气管理等工作，推进银川市通过国家卫生城市复审。完成《银川市城市生活垃圾分类管理条例》修订工作，2022年1月1日起正式实施。推进编制《银川市生态园林建设"十四五"规划》《银川市环城生态廊道规划》，印发《银川市2021年创建国家生态园林城市实施方案》。城市园林绿化项目累计完成投资11778万元，启动哈尔滨路道路林带续建、小微公园建设、城市道路配套绿化等项目建设，开展闽宁镇和原隆村生态绿化环境整治、沈阳路快速通道两侧绿地环境整治、贺兰山东路延伸段及南环高速绿化环境整治工作。实施哈尔滨路（正源街—宁安北街）道路林带续建项目、贺兰山路（宏图街—文昌街）绿化工程、典农河生态廊道宁安北街（贺兰山路—大连路）段区域绿地改造项目、德馨公园改造提升工程、第十三届中国（徐州）国际园林博览会银川园项目等。在市辖三区内完成前程家园小微公园、兴庆区清和街与上海路北侧小微公园、长城路南侧带状小微公园、北京路与满城街交叉口东南角小微公园、西夏区峡口巷小微公园、北京西路小微公园6处小微公园建设。

【生态环境】2021年，银川市城市空气质量优良天数（实况）307天，优良天数比例（实况）84.1%。区域噪声平均值52.4分贝，交通干线噪声平均值66.7分贝。城市饮用水源水质达标率100%，黄河银川段水质达二类。全年完成工业企业环境污染治理项目95个，投入资金17.16亿元。银川市全面提升生态环境质量，率先在沿黄城市中以立法形式设立"银川市黄河流域生态保护主题宣传实践月"，西夏区镇北堡镇入选国家第五批"绿水青山就是金山银山"实践创新基地，重点行业企业用地土壤污染状况调查工作被生态环境部通报表扬。宁夏排污权二级市场首单交易在银川市落地，西夏热电在全国碳市场完成宁夏首笔大宗碳配额交易。按照四类标准扩建第四污水处理厂，开工建设第一再生水厂，加大再生水回用，提高水资源重复利用率，减少入黄排污总量。3月，银川市全面实行排污许可制,《排污许可管理条例》正式实施。率先在自治区出台《银川市生态环境系统涉企执法备案管理办法(试行)》,全面规范生态环境领域涉企执法检查行为。推进排污权交易改革,印发《关于开展排污权有偿使用和交易改革示范引领环境污染防治率先区建设的实施方案》。发放排污许可证556张,完成初始排污权核算392家、新增排污权29家、可交易排污权14家、政府储备排污权466家。推动碳排放权改革,制定《关于加强碳排放管理 推进碳排放权改革的意见》,指导15家重点排放单位在全国碳排放权注册登记系统开立账户,取得交易资格。印发《银川市生态环境损害赔偿制度改革实施方案(试行)》,生态环境损害赔偿工作被列入银川市政府重点改革事项。推进产业生态化、生态产业化新路径,培育发展生态经济。推动国家智能铸造创新中心、轴承小镇供应链等平台建设,以数字化促进产业绿色发展。制定《2021年银川市大气污染防治目标任务和重点工作实施方案》,出台并实施《银川市2021年臭氧污染防治攻坚战实施方案》《银川市2021—2022年冬春季大气污染防治攻坚行动方案》《银川市扬尘污染专项整治行动实施方案》等。落实"四治一禁"(治煤、治气、治尘、治车、禁烧)措施,协调推进重大工程建设、工业污染源治理、城市面源污染防控。印发《2021年银川市水污染防治重点工作安排》,从加强水生态环境系统治理、持续深化水环境治理、加强水生态保护修复、加强水资源保障、加强环境监管5个方面确定碧水保卫战重点工作。全市16座污水处理厂全部实现一级A排放标准。实施银新干沟、第二排水沟等黑臭水体整治提升示范项目建设,城市建成区黑臭水体全面消除。加强人工湿地、滨河水体截污净化工程运维管护,发挥湿地水质净化效益,保障入黄水质稳定达到Ⅳ类以上,实现黄河干流水质"Ⅱ类进Ⅱ类出"。印发《2021年加强农村环境保护 扎实推进土壤污染防治工作实施方案》,向社会公开全市土壤污染防治30家重点监管企业名单。银川市生态环境综合执法支队年累计出动执法人员1.35万人次,检查企业7428家次,全市生态环境部门下达正式行政处罚决定书83件,罚款金额433.83万元。建成功能区环境噪声自动监测系统,形成涵盖大气、水体、土壤、噪声等生态环境要素及重点污染源的生态环境监测网络。全市有水、声环境质量手工监测点位356个,重点污染源监控单位68个。建成水环境监测自动站17个,空气监测自动站15个,噪声监测自动站15个。银川市生态环境监测站完成51家废气污染源企业(包括22家废气重点排污单位)废气监测、78家废水污染源企业(包括28家废水重点监控企业)废水监测及3家污水处理厂废水19项指标监测工作。

【应急管理】2021年,银川市发生各类生产安全事故61起,死亡62人,受伤30人。亿元GDP生产安全事故死亡人数0.027人。道路交通生产安全事故24起,死亡25人,受伤23人。推进三年专项整治行动集中攻坚,整改一般隐患1.41万条、重大隐患96处,解决突出问题118处,建立制度措施103项。加强宣传教育工作,组织开展"安全生产宣传周""安全生产月""安全生产万里行"活动1694场,2.6万人参与。利用媒体播放公益广告宣传片、公益报时、安全督查督导系列活动报道等46次,刊发新闻报道100余篇。策划拍摄《平安119》栏目52期,开展火灾隐患曝光行动123次,吸引12.1万人参加"安全应急知识"网络答题竞赛。建成市、县、乡消防科普教育基地13个,消防主题广场和公园2个。编制《银川市深化应急管理综合行政执法改革实施方案》,修订《银川市安全生产行政责任规定》,推进应急管理综合行政执法改革各项工作。银川市作为全国"互联网+执法"工贸专项执法系统试点城市。

【居民收入和消费】2021年,银川市城镇居民人均可支配收入42412元,同比增长7.6%。城镇居民人均消费性支出29073元,同比增长9%。城镇居民家庭恩格尔系数为27%。全市农村居民人均可支配收入18170元,同比增长10.6%。农村居民人均生活消费支出14668元,同比增长10.1%。农村居民家庭恩格尔系数为31.9%。生态移民地区农村居民人均可支配收入11162元,同比增长18.3%。全年居民消费价格同比上涨1.4%(其中,食品烟酒类上涨1.6%,衣着类下降0.5%,医疗保健类上涨2.6%,教育文化和娱乐类上涨1.5%,居住类上涨0.1%,生活用品及服务类上涨1%,交通和通信类上涨3.9%,其他用品和服务类下降1.2%)。商品零售价格总指数上涨2%。

【就业创业】2021年,银川市城镇新增就业6.43万人,就业困难人员实现就业5659人;农村劳动力转移就业9.46万人,劳务收入13.13亿元;登记失业率4.3%。开展职业技能培训7.27万人,其中,岗位技能提升培训6万人,新型学徒制培训1532人,就业重点群体就业技能培训7750人,创业培训3305人,"两后生"(初中毕业、高中毕业未能继续升学的贫困家庭中的富余劳动力)培训173

人。培育创业实体5884个，创造新岗位1.01万个，全民创业带动就业1.58万人，发放创业贷款3.7亿元。银川市继续实施稳岗返还政策，支持中小微企业减负稳岗扩就业，将社会团体、基金会、社会服务机构、律师事务所、会计师事务所、个体工商户等纳入政策覆盖范围。开展公共就业服务政策宣传进基层、进园区专项宣传活动。实施全市各类中小微企业招用就业困难人员社会保险补贴政策，为110家企业吸纳的383名就业困难人员和高校毕业生发放社会保险补贴234.8万元。确定90家经营情况良好企业为2021年度青年就业见习基地，提供就业岗位2800余个，吸纳452名青年参加就业见习。推进高校毕业生到机关事业单位实习工作，1293名高校毕业生报名参加实习。修改《银川市创业孵化示范基地动态管理实施细则》，规范全市创业孵化示范基地管理。新增领取失业保险金1.2万人，为1.74万人发放失业保险金1.6亿元，缴纳医疗保险费3224万元。全市农村劳动力转移就业9.46万人，实现劳务收入13.13亿元。建立就业困难人员数据库，实行动态管理，完善公益性岗位人员信息档案和数据库，全年安置公益性岗位1748人。

【社会保障事业】2021年，银川市参加基本养老保险152.56万人，同比增长4.3%。参加基本医疗保险209.42万人，同比增长3.9%。参加失业保险64.79万人。2021年年底，全市拥有各类养老服务机构41个，共有床位9533张。全市享受城镇居民最低生活保障1.28万人，全年发放城镇居民最低生活保障金0.82亿元；农村享受最低保障2.16万人，发放农村最低生活保障金1.1亿元。使用城乡医疗救助资金7346万元，城乡特困人员享受医疗救助9.51万人次。城镇建立各种社区服务站293个。全年筹集社会公益资金511万元，直接接受社会捐赠763.4万元。

【乡村振兴】2021年，银川市印发《关于实现巩固拓展脱贫攻坚成果同乡村振兴有效衔接的实施意见》，将重大举措、重点项目纳入《银川市“十四五”规划》。争取中央、自治区衔接补助资金4.6亿元，安排市级财政资金4600万元，重点用于支持移民地区发展壮大特色产业。全年纳入监测帮扶对象878户3183名，户均落实帮扶措施3.9项。印发《关于进一步做好脱贫人口小额信贷工作的通知》，向符合申贷、续贷、展期和追加贷款等条件的脱贫户、边缘易致贫户3070户发放贷款14788万元。常态化开展“四查四补”（查损补失、查漏补缺、查短补齐、查弱补强），新增农村危房改造即增即改23户，解决667户自主迁徙居民住房安全问题；脱贫户、边缘户基本医保、大病保险和医疗救助实现全覆盖；实施农村自来水入户2012户，普及率99%。全年生态移民人均可支配收入1.12万元。实施108个产业帮扶项目，新建扩建产业园15个，改造提升设施温棚园区8个，新建设施温棚920栋，新增牛羊存栏2.6万头，培育新型经营主体8家、龙头加工企业5家。配套建设物流冷库、交易市场、帮扶车间等延链补链项目16个。通过订单农业、土地流转、收益分红等方式，带动移民5500余户，人均月增收2000元以上。定向开展技能培训和就业招聘，举办各类培训班80期3000余人次、招聘会125场次。争取闽宁协作资金6800万元，资金帮扶实现银川市全覆盖。银川市274个行政村和10个移民社区及2个其他社区有第一书记和驻村工作队员427人（第一书记286人，驻村工作队员141人），银川市实现农村地区派驻第一书记全覆盖。永宁县闽宁镇获得“全国脱贫攻坚楷模”称号，兴庆区月牙湖乡委员会获得“全国脱贫攻坚先进集体”。

【法治建设】2021年，银川市制定《法治银川建设规划（2021—2025年）》《银川市法治社会建设实施方案（2021—2025年）》。完善政府治理制度，推进“小切口”立法探索实践，审查修订《银川市城市住房保障管理办法》，出台《银川市新就业人员及企事业单位申请保障性租赁住房（公共租赁住房）实施细则》。修订《银川市市政设施管理条例》《银川市城市生活垃圾分类管理条例》，加强市政设施管理，改善城乡环境，提升城市精细化管理。严格执行行政规范性文件“三统一”（有效期、程序、权责三统一）有效期制度，建立健全合法性审核机制。合法性审查《银川市全面推进证明事项和涉企审批事项告知承诺制改革实施方案》《银川市关于深化商事制度改革 进一步为企业松绑减负激发企业活力实施方案》《银川市医疗保险按病组分值结算定点医疗机构住院医疗费用管理办法（试行）》《银川市社区蔬菜直销店智慧化改造和标准化建设方案》《银川市推进国家体育消费试点城市建设实施方案》《银川市推进养老服务高质量发展实施方案》《银川市完善提升全市环卫管理工作水平若干指导意见》《关于加大产业招商引资力度服务高质量发展的若干意见（试行）》《银川市农村重度残疾困难人口救助资金使用管理办法》《银川市政府性投资项目财政资金支付管理暂行办法》《银川市海绵城市建设管理办法》《银川市深入推进辖区城镇低效用地再开发工作实施意见（暂行）》《银川市今冬明春能源保供工作方案》等行政规范性文件13件。清理现行规章和规范性文件，拟保留政府规章24件、废止7件、修订16件；拟保留行政规范性文件77件、废止36件、宣布失效1件、修订23件。严格规范公正文明执法，落实事前、事中、事后公示制度，行政执法全过程记录，明确重大执法决定法治审核主体。各县（市）区（含乡镇、街道）行政执法单位公开行政执法信息12.2万条，制作行政执法案卷1.3万本、音像光盘1.2万件。市直各行政执法单位公开行政执法信息13.3万条，制作行政执法案卷1300余本、音像光盘2459件。推进行政执法体制改革，理顺协作、配合机制，建立综合执法、住建部门协作配合机制，一对一协作。各县（市）区85%的执法人员集中到乡镇（街道）和办案一线，出台派驻乡镇（街道）综合执法中队绩效考评办法，明确乡镇（街道）考核比例占70%。银川市政法系统开展"我为群众办实事"实践活动，推出十大类499项活动项目和891个便民惠企措施，为民为企办实事1.5万件，78项公安行政服务事项实现"零跑腿"，95项行政服务事项只跑1次，60项即到即办。提标升级公共法律服务中心7个，乡镇和村居公共法律服务站（室）477个，人民群众对政法机关满意度98.7%。全市办理法律援助案件5185件，为受援人挽损4093.1万元；办理公证事项3.8万件、司法鉴定6716件；受理民商事纠纷仲裁730件。各级人民调解组织排查矛盾纠纷3.2万次，调解矛盾纠纷8233件，调解成功7967件，成功率97%。推进社会治安防控体系建设，银川滨河大数据中心整合公安大数据池，汇聚数据23.6亿条。建设"雪亮工程"感知体系，设立90个快反封控圈。银川市被自治区依法治区委员会命名为"全区法治政府建设示范市"，作为"推进质量工作成效明显"的10个地方之一获国务院通报表扬。

【精神文明建设】2021年，银川市贯彻落实《新时代公民道德建设实施纲要》《新时代爱国主义教育纲要》，建设新时代文明实践中心（所、站）建成覆盖城乡实践体系。常态化开展"守护万家平安、点亮文明银川""疫情防控"等志愿服务活动，打造志愿服务驿站1300余个，"15分钟志愿服务圈"基本成型，举办各类志愿服务活动8600余次，1800余支志愿服务组织和42万余名志愿者常态化开展志愿服务活动。银川市委、市政府印发《关于新时代加强和改进思想政治工作的实施方案》，培育和践行社会主义核心价值观，持续开展道德模范、时代楷模等先进典型学习宣传活动，在爱国主义教育基地、公共文化场馆及景区公园设置"道德模范"等先进典型专题展览26处。以"扣好人生第一粒扣子"为主题，开展实践活动800余场次。举办首届乡村学校少年宫项目成果展演大赛，全市60余所乡村学校近3000名学生的220个作品参赛，网络投票24万余票，20个决赛优秀作品在全市巡展，浏览54万余人次，总决赛网络直播在线观看量最高141.93万人次。推荐全国道德模范提名奖1名，评选20名银川市"新时代好少年"，1人获评"宁夏首位全国'新时代好少年'"，灵武市获评"全国未成年人思想道德建设工作先进城市"，银川市妇女儿童活动中心获评"全国未成年人思想道德建设工作先进集体"。

【兴庆区】2021年，兴庆区总面积828平方公里，下辖月牙湖乡、通贵乡2个乡，大新镇、掌政镇2个镇，凤凰北街、前进街、胜利街、玉皇阁北街、富宁街、文化街、解放西街、丽景街、新华街、中山南街、银古路11个街道和35个行政村、315个村民小组、95个社区。常住人口81.3万人。人口出生率9.49‰，死亡率4.32‰，人口自然增长率5.17‰。全年实现地区生产总值600.05亿元。按常住人口计算，人均地区生产总值73989元。实现农林牧渔业总产值24.09亿元。粮食种植面积6070.6公顷，粮食总产量4.85万吨，猪牛羊禽肉产量5064吨。蔬菜种植面积3000公顷，蔬菜产量17.49万吨。共有水面面积1129.33公顷。特优水产品主养面积27.33公顷，投放鱼种910吨；水产品总产量6140吨，渔业总产值10370万元。花卉种植面积424.24公顷，产值近1.7亿元。实施招商引资项目87个，计划总投资726.81亿元，年度计划投资118.59亿元，到位资金100.75亿元，完成目标任务100亿元的100.8%。实施老旧小区改造项目19个，投资2.42亿元，涉及114栋楼5043套住宅，总改造建筑面积37.3万余平方米。续建改造小区18个，涉及62栋楼2696户18.55万平方米。建设一站式综合服务驿站和社区便民服务中心分站37个、小微公园5个、立体停车库1个，新增车位1万个、电动自行车充电车位1100个。空气质量优良天数299天，优良比例82.8%。累计有高新技术企业17家，自治区农业高新技术企业5家，"小巨人"企业4家，自治区技术创新中心10个。众创空间10个（其中，自治区级孵化器1个）。新增国家高新技术企业4家、科技"小巨人"企业3家，新增备案自治区科技型中小企业49家。本级财政R&D（研究与试验发展）投入任务1001万元。有普通高中8所、职业高中5所、技工学校4所、初中21所、小学34所、特殊教育学校1所、幼儿园96所。其中直属公办中小学41所63个校区，高中在校生424人、初中在校生18096人、小学在校生52799人。全年旅游收入1.18亿元，接待游客198.8万人次。搭建数字化医疗健康管理服务平台，开展线上健康体检5.9万人次，重点人群家庭医生签约率84.3%。城乡居民养老保险参保人数41845人，被征地农民养老保险累计办理13213人。医疗保障参保缴费总人数281371人。城镇新增就业11966人，失业人员再就业9284人，就业困难人员实现就业1467人，农村劳动力转移就业9960人。举行招聘会49场，参会企业797家，发布就业岗位46706个，实现就业1.68万人。开展重点群体技能培训1220人次，企业岗位技能提升2088人次。发放小额贷款864人次4295.64万元。发放创业贷款1325万元，培育创业实体914个。创建青年见习基地19家、创业孵化基地9家，孵化创业项目81个，带动从业人员1200人，培养跨境电商人才610余人。累计发放灵活就业社保补贴6600人2736.72万元，招募公益性岗位人员1400余名，年人均收入2.5万元。累计发放各类救助补助资金7214万余元。

【金凤区】2021年，金凤区总面积353平方公里，辖丰登镇、良田镇2个镇，上海西路、北京中路、黄河东路、长城中路、满城北街5个街道。总人口65.2万人，出生人口9100人，人口出生率14.04‰；死亡2000人，死亡率3.09‰；自然增长率10.95‰。全年地区生产总值332亿元，全社会固定资产投资180.6亿元，本级（含阅海湾中央商务区）完成固定资产投资161.12亿元，占全口径投资比重89.2%。地方一般公共预算收入8.3亿元，社会消费品零售总额164.38亿元；城乡居民人均可支配收入分别为47208.2元、16138.5元。全年农林牧渔业总产值6.95亿元。全年农业种植面积4393.33公顷，其中粮食种植面积2126.67公顷，粮食总产量13043吨。蔬菜及食用菌播种面积2286.67公顷，产量119655吨。猪牛羊禽肉总产量1460吨，禽蛋产量1084吨，奶产量23608吨。设施农业、拱棚蔬菜瓜果等经济作物播种面积1753.33公顷，露地瓜菜种植面积513.33公顷，蔬菜瓜果总产量10.6万吨。建设农业生态示范推广点1个，建立秸秆存储加工点2个。建成永久性设施农业园27个，农民专业合作社61家，培育农业龙头企业15家，家庭农场33家，认证“两品一标”（绿色食品、有机农产品和农产品地理标志）农产品35个。规模以上工业增加值27.94亿元。扶持培育“小升规”后备企业，全年新增规模以上工业企业7家，辖区规模以上工业企业增至44家，有研发活动的工业企业占比57%。实施招商引资项目62个，其中新建38个、续建24个。招商引资到位资金100.48亿元。打造悦海新天地风情街、新百CCpark特色街区、银川文化城·凤凰里“嗨”街、隆基第八大街、宝湖文旅观光街区、未来城多彩街区、满城金街、民生花园绿色餐饮特色街区等特色商业街，引入品牌首店48家。新建城市小微公园5个，新增城市绿化面积4.7公顷。出台品牌农业发展扶持政策16条，打造丰登镇利思·甜园蜜语产业园、金星村扶贫产业园等产业融合发展示范园区。优良天气比例83.2%。培育国家和自治区级高新亿元技术企业59家，工程技术研究中心15个，新备案科技型中小企业51家。成立金凤区知识产权中心，全年万人发明专利拥有量15.87件。金凤区所属中小学33所，在校学生37745人，在职教师1350人。各类幼儿园118所，在园幼儿30073名。中小学课后托管服务覆盖率100%。发布金凤研学游、美丽乡村游等旅游特色精品线路5条，吸引游客20余万人。有各级各类医疗卫生机构304家，有公共卫生服务机构7家，基层乡镇卫生院、社区（村）、社会诊疗所等273家。实施“互联网+医疗健康”服务，基层医疗机构远程门诊平台实现全覆盖。城乡居民基本养老保险应参保人数18968人，实际参保人数19931人。参加被征地农民养老保险15104人。城镇登记失业率3.8%，离校未就业高校毕业生就业率91.6%，安置公益性岗位219人。新增就业7295人，城镇失业人员再就业5464人，城镇就业困难人员就业957人，农村劳动力转移就业7690人。创业培训300人，培育创业实体762个，创造新岗位1488个，创业带动就业2429人。发放创业担保贷款82人1702万元。

【西夏区】2021年，西夏区总面积1129.3平方公里，下辖兴泾镇、镇北堡镇2个镇，西花园路、北京西路、文昌路、朔方路、怀远路、宁华路、贺兰山西路7个街道。常住人口478599人，出生人口3217人，人口出生率6.7‰，自然增长率3.92‰。地区生产总值、社会消费品零售总额、地方一般公共预算收入分别为365亿元、73亿元和5.1亿元。粮食种植面积10066.67公顷，瓜菜播种面积537.33公顷，粮食总产量约10万吨。设施果蔬播种面积160公顷，露地蔬菜播种面积213.33公顷，供港蔬菜播种面积200公顷。规模以上工业企业79家，规模以上工业增加值突破200亿元。银川隆基硅材料有限公司、宁夏鑫晶盛电子材料有限公司等企业落地投产。实施招商引资项目76个，按比例到位资金64.78亿元。改造老旧小区34个，涉及楼宇288栋，惠及居民1.13万户；实施棚户区改造项目14个，总投资32.09亿元，惠及居民2804户。争取扶贫项目资金5372万元，实施脱贫攻坚项目21个。实施兴泾镇西干村冬暖式设施温棚园区、富宁村现代农业产业示范园、镇北堡镇厨佬哥枸杞芽菜加工车间等扶贫项目。完成北部绿色发展区人工造林面积233.33公顷、生态经济林133.33公顷。完成非道路移动机械网上登记发证160台、燃气锅炉低氮改造17台。本级科技项目预算资金1821.87万元。有效发明专利1300件，万人有效发明专利拥有量增至28.91件。指导企业申报认定科技型企业93家（其中，认定国家高新技术企业16家、自治区科技“小巨人”企业6家、自治区创新型示范企业4家、自治区农业高新技术企业2家、自治区科技型中小企业35家，备案国家科技型中小企业30家）。投入5.9亿元，实施新建、续建教育类项目21个，增加学位约1.11万个。举办“奋斗百年路　启航新征程”庆祝中国共产党成立100周年广场文艺演出476场次，2021年银川市第五届“黄河大合唱”西夏区分会场活动、西夏区“永远跟党走”群众文艺会演等庆祝中国共产党成立100周年主题活动27场。打造具有中国园林特色的志辉源石酒庄、艺术品鉴特色的美贺酒庄、休闲农业为特色的新牛酒庄等休闲旅游度假酒庄。实施西夏区射箭馆、西夏区贺兰山极限运动公园冰雪运动营地项目，新建射箭馆、马术场地、攀岩体验中心、滑板公园等。完成2075名孕妇免费产前筛查，新生儿多种遗传疾病筛查率99.6%，听力筛查率99.3%，农村妇女“两癌”（乳腺癌和宫颈癌）筛查完成率100%，覆盖率104.4%。城镇居民人均可支配收入35057元，农村居民人均可支配收入14698元。城乡居民养老保险参保17166人，低保人员参保2836人，重度残疾人员参保2725人，特困人员参保68人，返贫致贫人员参保129人。城乡居民参加基本医疗保险130011人。城镇新增就业7642人，失业人员再就业人数4925人，就业困难人员就业人数566人，城镇登记失业率为3.6%。举办各类招聘会30场，进场企业466家，提供就业岗位2.07万个，达成就业意向815人。发放各类救助金4166.84万元。建成老年日间照料中心23家，老年活动中心22家，农村幸福院22个，农村互助院4个，农村老饭桌6家，养老服务机构8家。西夏区获“首批国家全域旅游示范区”“中华诗词之乡”“全国村庄清洁行动先进县”“全国人居环境整治激励县”等称号。

【永宁县】2021年，永宁县总面积934.06平方公里，下辖杨和镇、李俊镇、望远镇、望洪镇、闽宁镇、胜利乡6个乡镇，黄羊滩、玉泉营2个农场，团结西路街道和29个社区居委会，66个村民委员会。常住人口32.4万人，人口出生率11.76‰，死亡率4.64‰，人口自然增长率7.12‰。实现地区生产总值130.35亿元。全县人均地区生产总值40357元。完成农林牧渔业总产值42.53亿元。粮食作物播种面积25606.67公顷，蔬菜播种面积16253.33公顷，园林水果播种面积12046.67公顷。全年粮食产量22.11万吨，蔬菜及食用菌产量49.55万吨，园林水果产量8.74万吨。肉类总产量1.43万吨。新增酿酒葡萄826.67公顷，总面积7866.67公顷。晓鸣股份成为全国蛋鸡养殖行业和自治区企业创业板第一股，实现永宁上市企业“零”的突破。规模以上工业总产值比上年增长16.5%，工业销售产值比上年增长17.6%，规模以上工业企业营业收入93.6亿元。投入技改资金1亿元，推进装备制造、印刷包装等传统产业改造升级。培育科技型企业，组织申报区市各类科技项目47项、争取资金3367万元，银川铁狮环保设备有限公司被认定为国家高新技术企业，3家企业被认定为科技“小巨人”企业，5家企业被认定为自治区科技型中小企业，宁夏晓鸣农牧股份有限公司和宁夏伊品生物科技股份有限公司被认定为2021年度暨首批“宁夏回族自治区创新型示范企业”。实施服务业建设项目15个，争取自治区服务业发展引导资金57万元。推出6条红酒主题旅游线路，闽宁镇入选第一批“全国乡村旅游重点镇”，闽宁镇宋澄村、福宁村、武河村和杨和镇王太村入选“宁夏特色旅游村”。房屋建筑施工面积31.93万平方米，房屋建筑竣工面积6万平方米。建成区绿化覆盖面积480.43公顷，建成区绿地面积421.97公顷。在移民安置区开展专场招聘会6场，达成就业意向277人。提供乡村公益性岗位243个，依托12家扶贫龙头企业和10家就业帮扶车间带动就业3万人次。新增扶贫小额贷款1155.7万元，扶贫产品销售额3亿元。城市空气质量优良天数307天。有高新技术企业12家，有效发明专利215件，专利授权414件。续建永宁县第五幼儿园、闽宁镇木兰幼儿园风雨操场和多功能厅，新建永宁县第二中学教学实验楼。开展“永远跟党走，奋进新时代”文艺会演和干部群众合唱比赛等基层文化活动。组织大型群众体育活动15次，约3万人次参与。闽宁镇被国家体育总局评为“全国群众体育先进示范单位”。有医疗卫生机构13个，卫生机构床位524张，卫生技术人员1127人。职工基本养老保险、失业保险、工伤保险参保人数完成全年目标任务，城乡居民养老保险参保人数92092人。城镇职工、城乡居民医疗保险参保人数分别为33229人、194162人。发放各类社会救助资金4828.79万元。全县有养老机构2家，床位593张。享受城市最低生活保障人数1745人，发放城镇居民最低生活保障金0.11亿元；农村享受最低保障人数4917人，发放农村最低生活保障金0.22亿元；享受高龄老人补贴1784户1827人；享受特困60岁以上供养待遇251人。城镇新增就业4232人，失业人员再就业2520人，期末登记失业率3.7%。举办线上线下招聘会26场次，实现农村劳动力转移就业2.8万人，劳动力转移就业收入1.9亿元，发放创业担保贷款1853.5万元。

【贺兰县】2021年，贺兰县总面积1197.57平方公里，下辖习岗镇、立岗镇、金贵镇、洪广镇、常信乡5个乡镇，京星、南梁台子2个农牧场，富兴街街道和66个行政村，15个社区居民委员会。常住人口34.4万人。地区生产总值158.5亿元。全社会固定资产投资85.85亿元。社会消费品零售总额143.2亿元。城镇居民人均可支配收入37473.5元，农村居民人均可支配收入18909.7元。农林牧渔业总产值49.71亿元。粮食播种20746.67公顷，总产量17.8万吨，总产值4.7亿元。新建蔬菜现代集配中心、新品种展示园、良种繁育基地、新技术集成示范基地4个，蔬菜种植16080公顷，总产量56.8万吨，总产值15.4亿元。畜牧业总产值14.13亿元。启动寇家湖渔业公园建设，适水产业面积稳定在3866.67公顷，水产品总产量6万吨，总产值7.2亿元。工业增加值34.18亿元。培育规模以上工业企业9家，大北农反刍饲料生产线绿色智能化技术改造等17个工业项目建成投产，新材料、新能源、新食品“三新”产业产值规模突破50亿元。社会消费品零售总额143.2亿元。推进市县一体发展进程，北环路贺兰段建成通车。新建小微公园5个，改造3个老旧小区，改造面积7.8万平方米。创建示范乡镇2个、示范村10个。完成大气污染防治考核目标，地表水国控断面水质达标率100%，入黄河水质稳定达标排放。争取自治区各类科技创新资金3437万元，兑现各类奖补资金2000万元。贺兰县科创中心被确定为国家级科技企业孵化器，新建荣光LED智能照明、塞尚乳品高值化2家自治区级工程技术研究中心。新培育国家级高新技术企业4家，各类科技创新企业35家，带动高新技术产业产值增长21.5%。新建、扩建幼儿园4所，新增配套园6所，增加学前教育学位3060个。新建、续建10所学校，增加学位8070个。为16个阅读岛配送图书8500册，配备公共文化一体机3台。开展文化惠民演出、广场文化季等活动733场次，送电影下乡1556场次。开展“百年新征程·奋进新时代”特色群众广场文化活动和文化文艺培训班，打造“乐堡音乐啤酒节”“美好生活节”等本土品牌文化活动。举办贺兰县中小学生运动会、贺兰县第六届职工运动会、“中国农民丰收节”贺兰县农民篮球赛等群众体育活动10次。孕产妇健康系统管理率98.7%，住院分娩率100%，孕前优生健康检查完成率82.6%。农村妇女宫颈癌、乳腺癌筛查覆盖率100%。城乡居民实际参保190116人，城镇职工实际参保43652人，九类特殊困难人员18052人全部应保尽保。城镇新增就业3544人，城镇登记失业率控制在3.7%以内，农村劳动力转移就业2.26万人。开展各类招聘60期，参会企业1098家，提供就业岗位7万余个。开展各类培训5169人，其中企业培训2585人，重点群体培训1213人。建立就业创业工作站21个。发放创业担保贷款3714.5万元。

【灵武市】灵武市总面积4010平方公里，下辖东塔镇、郝家桥镇、崇兴镇、马家滩镇、临河镇5个镇(不含宁东镇)，梧桐树乡、白土岗乡2个乡，城区街道和宁夏农垦灵武农场、宁夏仁存渡护岸林场2个区属农林场，宁夏灵武白芨滩国家级自然保护区(灵武市白芨滩防沙林场)、宁夏灵武园艺试验场(灵武林场)2个银川市属林场，大泉林场、北沙窝林场2个灵武市属林场。总人口29.6万人。全年人口出生率9.49‰，死亡率5.08‰，自然增长率4.41‰。全年地区生产总值639.04亿元，人均地区生产总值216623元。争取农业项目53个、谋划建设农业重点项目26个，总投资56.2亿元，落实中央、自治区支农项目资金1.96亿元，招商引资1.22亿元。农业总产值96143万元，农业增加值15.91亿元，农村居民人均可支配收入18874元。粮食产量15.05万吨。猪牛羊禽肉产量2.69万吨，水产品产量2225吨。工业增加值(含宁东)484.94亿元，规模以上工业增加值增长5.1%，规模以上工业企业利润179.7亿元。实施工业项目31个，完成工业固定资产投资19.6亿元。有房地产在建项目6个，建筑面积21.9万平方米，完成投资3.63亿元。建筑业项目27个，总投资7.23亿元，完成投资4.89亿元。移民人均可支配收入约12520元，14个贫困村全部脱贫出列,2523户10565名建档立卡贫困人口全部脱贫退出。空气优良天数300天,优良天数比例82.2%。实施交通项目8个,总里程114.9公里,总投资6.51亿元。申报国家高新技术企业1家、自治区"小巨人"企业1家、自治区农业高新技术企业4家。备案国家科技型中小企业29家、自治区科技型中小企业8家。有中等职业教育学校1个,普通高中学校2个,普通初中学校6个,普通小学学校33个,一贯制学校2个,幼儿园43个。小学六年教育巩固率94.5%,初中三年教育巩固率98.9%,高中阶段毛入学率94.2%。举办迎新春冰雪运动会、亲子线上趣味运动会、残疾人趣味运动会,组织参加自治区级、银川市级青少年锦标赛,承办全国、自治区体育比赛等。修建文化大舞台15个,扶持综合文化服务中心6个,为每个城乡文化示范点配备板胡、二胡、抱鼓等13类文化设备。开展庆祝中国共产党成立100周年暨党史学习教育文化惠民演出、送戏下乡300余场。灵武市政府投资762万元推进基层医疗卫生机构信息化建设,82家基层医疗卫生机构完成"互联网+医共体"信息系统铺设。实施"基层人工智能辅助诊断能力提升项目"。截至2021年年底,远程心电诊疗1.49万人次,远程影像诊疗1991人次,远程会诊8人次。城乡居民养老保险参保人数77477人,失业保险参保人数16643人,工伤保险参保人数31053人。自2021年1月起,为10394人落实城乡居民养老金调增5元政策,每人每月基础养老金260元。城镇登记失业率4.03%,城镇新增就业4303人,就业困难人员实现就业586人,失业人员再就业3058人。开展各类培训4266人。发放创业贷款90笔5481万元,培育创业实体522个,创造新岗位758个,带动就业2300人。农村劳动力转移就业2.48万人,总收入2.64亿元。安置公益性岗位人员775人。

(杨　佳)

石嘴山市

【概况】2021年,石嘴山市地区生产总值617.03亿元,同比增长7.2%(其中,第一产业增加值37.59亿元,增长2.1%;第二产业增加值321.54亿元,增长6.7%;第三产业增加值257.9亿元,增长8.4%)。一二三产业构成为6.1:52.1:41.8,同比分别平均增长2.3%、6.9%和6.8%。全年全市人均地区生产总值81943元,同比增长7.2%。截至2021年年底,全市常住人口75.3万人(其中,城镇人口59.9万人,乡村人口15.4万人),人口城镇化率为79.55%;男性人口38.6万人,占比为51.3%;女性人口36.7万人,占比为48.7%;人口出生率为9.03‰,死亡率为7.84‰,自然增长率为1.19‰。全市城镇从业人员27.32万人,同比增长11.7%;全年实现城镇新增就业人员1.1万人,农村劳动力转移就业人员3.72万人。全市城镇登记失业率为3.84%。全市新登记市场主体10312户,同比增长4.4%;新登记小微企业2534户,同比增长32%。国家级16项改革试点和自治区级26项改革试点全面推进,成交宁夏工业企业地下水用水权交易"第一单",探索推广以林换能、以林换碳新模式,完成全区首宗土地二级市场线上挂牌地块交易。新增国家高新技术企业21家,新增自治区科技型中小企业31家,分别达到79家、216家,新登记技术合同147项,技术合同成交额1.98亿元,完成科技成果转化2项。城市更新加快实施,改造老旧小区69.4万平方米、棚户区632套,建成小微公园14座,顺利通过国家园林城市复检。开展美丽乡村建设,打造中心村28个,建设农村户厕1450户,新增农村污水管网63.6公里。生态治理取得新成效。全市空气优良天数292天,同比增加2天;黄河石嘴山出境断面平均水质保持在Ⅱ类优,沙湖平均水质为Ⅲ类。全区首家铸牢中华民族共同体意识教育馆在大武口区建成,石嘴山市被命名为"平安中国建设示范市",平罗县被命名为"平安中国建设示范县"。

【农业经济】2021年,石嘴山市农林牧渔业总产值74.86亿元,同比增长1.6%。其中,农业(种植业)下降5.6%、林业下降20.9%、牧业增长17.6%、渔业增长4.9%,农林牧渔服务业增长4.2%。全年全市粮食播种面积106.68万亩(其中,夏粮播种面积11.76万亩,秋粮播种面积94.92万亩),同比增加0.55万亩。全年全市粮食产量51.94万吨(其中,夏粮产量4.1万吨,秋粮产量47.84万吨),同比增加1.16万吨。全年牛存栏14.75万头(其中,奶牛存栏7.46万头,增长40.3%;牛出栏4.67万头,下降10.7%;牛肉产量0.77万吨,下降7.5%;奶产量26.03万吨,增长60.8%),同比增长19.8%。全年羊存栏73.79万只,同比增长9.8%;羊出栏64.39万只,同比增长14.7%;羊肉产量1.17万吨,同比增长15.8%。全年生猪存栏5.1万头,同比下降14.9%;生猪出栏7.06万头,同比增长5.7%;猪肉产量0.55万吨,同比增长3.7%。全年禽和蛋禽存栏分别为81.02万羽和35.89万羽,同比分别下降7.3%和增长38.6%;禽出栏143.53万羽,同比下降25.3%;禽肉产量0.33万吨,同比下降17.5%;禽蛋产量

0.58万吨，同比增长23.9%。

【工业和建筑业】2021年，石嘴山市全部工业增加值281.6亿元，同比增长8.8%。规模以上工业增加值同比增长10.3%，其中，轻工业增长12.8%，重工业增长10.3%，轻重工业比为1.9∶98.1。按经济类型分，股份制企业增加值增长10.2%，外商及港澳台商投资企业增加值增长3.2%，非公有制企业增加值增长11.1%，私营企业增长11.2%。全年全市规模以上工业企业营业收入1098.1亿元，同比增长38.3%；营业成本950.32亿元，同比增长35.3%；利润总额50.54亿元，同比增长162.3%。工业产销率达98.9%，同比持平。企业资产负债率为70.61%，同比降低0.93个百分点；资产利润率为4.39%，同比提高2.6个百分点。全年全市建筑业增加值40.29亿元，同比下降4.1%。44家资质内建筑业企业房屋建筑施工面积83.14万平方米，同比增长24%；签订建筑合同额45.36亿元，同比增长41.3%；实现营业收入25.5亿元，同比增长18.8%；实现利润总额0.24亿元，同比下降15.8%。

【服务业】2021年，石嘴山市批发和零售业增加值同比增长5.3%，交通运输、仓储和邮政业增加值同比增长12.3%，住宿和餐饮业增加值同比增长5%，金融业增加值同比增长0.7%，房地产业增加值同比增长3.6%，其他服务业增加值同比增长10.4%。全年全市民用汽车保有量达到13.6万辆(其中，营运汽车保有量1.63万辆，增长5.2%；非营运汽车保有量11.96万辆，增长3.7%；个人汽车保有量达到12.21万辆，增长3.7%)，同比增长3.9%。全年全市邮政业务总量1.32亿元，完成邮政函件4.13万件，特快专递26.54万件。全年全市电信业务总量同比增长25.8%。截至2021年年底，全市固定电话用户4.62万户，同比增长17.9%；移动电话用户93.8万户，同比增长2.4%；互联网宽带接入用户42.03万户，同比增长9.2%。

【固定资产投资】2021年，石嘴山市固定资产投资同比下降4.9%(其中，第一产业投资增长53.31%，第二产业投资下降18.3%，第三产业投资增长16.9%)。在全部投资中，民间投资同比增长2.3%，工业技改投资同比增长4.6%，制造业投资同比增长1.7%。全年全市房地产开发投资额4.02亿元，同比增长29.2%。商品房施工面积218.85万平方米，同比下降10.7%；商品房销售面积30.81万平方米，同比下降3.5%；商品房销售额9.49亿元，同比增长1.6%；商品房待售面积47.76万平方米，同比下降6.9%。

【国内贸易、旅游和对外经济】2021年，石嘴山市社会消费品零售总额106.81亿元，同比增长2.3%。按销售单位所在地分，城镇消费品零售额94.08亿元，同比增长2.6%；农村消费品零售额12.73亿元，同比下降0.5%。按消费形态分，商品零售91.43亿元，同比增长1.9%；餐饮收入15.38亿元，同比增长4.3%。限额以上批发和零售企业中，石油及制品类零售额同比增长52.8%，书报杂志类同比增长39%，饮料类同比增长14.2%，烟酒类同比增长1.4%，中西药品类同比下降6.9%，日用品类同比下降8.3%，汽车类同比下降19.4%。全年全市进出口总额48.65亿元(其中，进口额7.2亿元，下降31%；出口额41.44亿元，增长45.2%)，同比增长24.8%。全年全市接待国内游客总人数438.48万人次，同比增长34%；旅游收入28.23亿元，同比增长84.6%。

【财税金融】2021年，石嘴山市地方一般公共预算收入24.79亿元，同比增长13.9%(其中，税收收入18.12亿元，增长18.2%，占地方一般公共预算收入的73.1%)。全年一般公共预算支出92.43亿元，下降23.7%。全市金融机构人民币存款余额745.12亿元(其中，住户存款584.53亿元，增长7.5%；非金融企业存款81.3亿元，增长22.7%；广义政府存款79.29亿元，下降11%)，同比增长6.6%。金融机构人民币贷款余额541.17亿元(其中，短期贷款186.14亿元，下降20.4%；中长期贷款187.67亿元，下降19.1%；票据融资167.36亿元，增长4%)，同比下降13.7%。全市保费收入22.05亿元(其中，财产险收入5.83亿元，增长2.5%；寿险收入11.16亿元，增长2%；健康险收入4.51亿元，下降1.4%；意外伤害险收入0.55亿元，增长8.1%)，同比增长1.6%。支付各类赔款和给付6.72亿元(其中，财产险赔款3.46亿元，增长23.2%；寿险业务给付2.43亿元，下降6.3%；健康险给付0.57亿元，增长38.1%；意外伤害险赔款0.26亿元，增长75.9%)，同比增长12.7%。

【科技、教育和文化】2021年，石嘴山市拥有国家级自治区级高新技术企业79家、工程技术研究中心10个、重点实验室2家、技术创新中心61个、企业技术中心15个、院士工作站1个、博士后科研工作站2个、企业研究院3个、科技产业基地3个、科技创新团队25个、科技企业孵化器4个、科技园区3个、科技型中小企业243家，科技“小巨人”企业41家。全年有效发明专利拥有量587件。全市有高等学校2所，在校学生1.55万人，毕业生0.25万人；中等专业学校2所，在校学生1.07万人，毕业生0.34万人；普通中学

2021年5月21日，石嘴山市举行第二批重大项目集中开工现场推进会

34所，在校学生4.04万人，毕业生1.38万人；小学66所，在校学生4.56万人，毕业生0.81万人；特殊教育学校2所，在校学生188人；幼儿园91所，在园幼儿2.05万人。全市共有公共图书馆4个，文化馆4个、乡镇综合文化站35个，文物保护管理机构2个，民间艺术机构32个。公共图书馆总藏量79.07万册，总流通81.79万人次，书刊外借21.48万册次，阅览室座席2222个（其中，少儿座席360个）。广播节目综合人口覆盖率为100%，电视节目综合人口覆盖率为100%，农村社区综合服务设施覆盖率为100%。

【居民收入和社会保障】2021年，石嘴山市居民人均可支配收入31190元，同比增长7.9%；全体居民人均消费性支出18295元，同比增长8.5%。全市农村居民人均可支配收入18292元，同比增长11.5%；农村居民人均消费性支出13097元，同比增长13%。全市参加养老保险46.79万人（其中，企业职工基本养老保险28.71万人，城乡居民养老保险15.1万人，机关事业单位养老保险2.98万人）。参加医疗保险73.91万人（其中，城镇职工医疗保险参保23.26万人，统筹城乡居民医疗保险参保50.65万人）。参加失业保险、工伤保险、生育保险人数分别为12.72万人、13.17万人、14.82万人。全市城乡最低生活保障人数为2.57万人（其中，城镇居民0.99万人，农村居民1.58万人）；全年城乡最低生活保障金发放金额1.44亿元（其中，城镇居民发放最低生活保障金0.69亿元，农村居民发放最低生活保障金0.75亿元）。

【能源、环境保护与安全生产】2021年，石嘴山市能源消费总量1729.48万吨标准煤，同比增长2.7%；单位GDP能耗同比下降4.1%。全市空气质量优良天数占比80%，同比增长3.5%。细颗粒物（$PM_{2.5}$）年平均浓度33微克/立方米，同比下降17.5%（剔除沙尘影响）；可吸入颗粒物（PM_{10}）年平均浓度74微克/立方米，同比下降1.3%（剔除沙尘影响）。全年全市共发生生产经营性事故27起（含8起生产经营性道路交通事故），同比下降3.6%；事故死亡26人（含生产经营性道路交通事故死亡7人），同比下降7.1%。全市共发生道路交通事故366起，同比增长16.9%；死亡89人，同比增长7.2%；受伤367人，同比增长24.8%；道路交通万车死亡人数2.33人，万车死亡人数减少0.15人。全市发生火灾事故1070起，死亡2人，直接经济损失1641.79万元。

【重点项目建设】2021年，9个在石嘴山市建设的自治区重点项目完成投资18.7亿元，投资完成率为112.7%，156个市级重点项目有序推进，金晶科技光伏轻质面板、黄河惠农段生态修复治理等64个项目建成投产。第一产业投资增长53.3%，第三产业投资增长16.9%，投资结构不断优化，制造业、民间投资占比分别较上年上升2.8个百分点、4.7个百分点。

【产业转型】2021年，石嘴山市为充分发挥工业互联网平台赋能效应，实施数字转型行动，印发《石嘴山市工业数字化转型三年实施方案》《实施"四大改造"推进工业转型发展实施方案》，在工业互联网平台、两化融合管理体系贯标、应用示范项目等方面进行重点鼓励扶持，印发《石嘴山市"互联网+智造"推进工作方案》，加强与华为公司的对接合作，促进工业互联网示范应用，推动关键岗位、生产线、车间实施"设备换芯、生产换线、机器换人"，全面提升企业智能化水平。36个"两化融合"项目开工率达到85%，苏宁新能源、贝利特化工等11家企业获评"自治区'互联网+制造业'试点示范项目"。积极搭建应用合作平台，召开打造黄河流域生态保护和高质量发展先行区排头兵第五次推进会暨工业转型升级大会，成立石嘴山市数字产业、石嘴山市产业数字化促进中心，石嘴山市政府与中国移动宁夏有限公司签署数字化建设战略合作协议，聚焦城乡社会治理、农业农村现代化、"5G+工业互联网"等领域，加快应用示范推广，引导企业上平台、用平台，帮助平台服务商和工业企业实现对接，培育一批典型示范项目。杉杉能源、恒力生物、中信东方等3家企业获评"2021年自治区工业互联网应用示范项目"。石嘴山市扎实开展贺兰山生态环境综合整治和因地制宜发展新能源产业两项工作被国家作为典型经验在全国予以推广。

【招商引资】2021年，石嘴山市按照"产业链招商、集群式发展"工作思路，通过制定《石嘴山市招商引资工作考核办法》《石嘴山市招商引资工作流程和服务保障管理办法》等，完善招商引资工作流程，突出产业招商、精准招商，构筑科学、有序、高效的招商引资工作体系，推动全市招商引资工作取得实效。全年全市共实施招商引资项目306个，到位资金233.07亿元，同比增长24.59%，完成自治区下达招商引资指导性目标任务225亿元的91.4%。创新招商方式，采取"线上招商"与"线下对接"结合、"面对面招商"与"屏对屏招商"结合等措施，借助第五届中阿博览会活动平台，抢抓机遇，成功签约招商引资项目25个，计划总投资246.25亿元，项目涵盖装备制造、新型材料、新能源、电子信息等8个重点产业，为推动全市"9+3"重点特色产业蓬勃发展增添新动力。

【民生事业】2021年，石嘴山市加快推动社会民生补短板，争取到位中央预算内5000万元支持宁夏理工学院科教融合创新园项目建设。争取自治区预算内统筹资金1000万元支持大武口区2所幼儿园建设。争取自治区预算内资金200万元支持学校提升教育现代化水平。争取自治区预算内统筹资金200万元，支持石嘴山市实验幼儿园总园、二分园及中色（宁夏）东方集团分园进行基础设施改造。石嘴山国家长城文化公园（大武口段）西线旅游复合廊道建设、石嘴山市黄河文化公园银河湾段黄河文化湿地郊野公园建设2个项目成功入选国家"十四五"时期文化保护传承利用工程项目储备库。全市拥有福利院、敬老院18个，工作人员425人，床位4551张，收养各类人员1241人。

【创业就业】2021年，石嘴山市在全区率先制定《石嘴山市城乡居民收入提升行动实施方案》《2021年城乡居民收入提升行动工作要点及分工方案》，着力稳定和扩大就业，阶段性降低社保费率为企业减负1.86亿元。城镇新增就业10820人，农村劳动力转移就业3.72万人。城镇登记失业率、调查失业率分别控制在4.5%、5.5%以内，"零就业"家庭实现动态清零。保障重点群体就业，实施高校毕业生就业创业促进计划和基层成长计划，根据实名制台账对离校未就业高校毕业生实施"一对一"精准化服务。积极引导未就业高校毕业生通过宁夏公共招聘网、石嘴山市就业创业服务局公众号获取就业信息。持续开展现场招聘、专场招聘、网络招聘，形成线上大覆盖、线下精细化的公共就业服务模式。截至2021年年底，建立青年就业见习基地41

石嘴山市北武当河生态环境治理工程打造的生态公园

个,累计开展各类公共就业专项活动94场次,服务离校未就业高校毕业生3234人次,石嘴山市共有离校未就业实名制应届高校毕业生1869人,已实现就业1641人,就业率达96.6%。坚持以创业带动就业,依托e+青年电子商务创业孵化园、优宜家数据外包产业园等创业园区,为入园高校毕业生提供创业"一条龙"服务,全年培育创业实体3008个,创业带动就业1.3883万人,发放创业担保贷款3.1亿元、创业补贴52万元,完成自治区年度目标任务的310%。开展高校毕业生就业促进行动,鼓励引导高校毕业生到基层就业。2021年,机关事业单位招录高校毕业生820人,公益性岗位安置高校毕业生100人,"三支一扶"招募高校毕业生390人,机关事业单位安排实习高校毕业生348人,新认定青年就业见习基地11家(累计认定41家),就业见习青年252人。组织开展"就业援助月""春风行动"等公共就业服务活动,举办各类线上线下招聘会90场次,提供就业岗位4万个。实施职业技能提升行动质量年活动,结合特色产业和企业用人需求,采取以工带训、岗位技能提升等措施,强化职业技能培训,提高就业创业能力,累计开展各类培训31145人次,举办高素质农民培训班21期,在推动民办职业技能培训学校"告知承诺制"改革工作中受到自治区人社厅通报表扬。石嘴山市e+青年创业孵化园获评"石嘴山市首家国家级创业孵化示范基地",新增3家自治区级创业孵化示范基地。加大创业担保贷款贴息支持力度,为更多创业者提供普惠金融服务。全年全市为5570户创业贷款户支付创业担保贷款贴息资金3450万元,有效地降低了创业人员融资创业成本。

【生态治理】2021年,石嘴山市制定《全市2021年国土绿化及林草工作方案》《全市国土绿化三年(2022—2024)行动方案》等,全市完成营造林5.81万亩,草原生态修复2.5万亩,其中秋冬季谋划实施国土绿化项目24个,完成绿化造林约2.1万亩,栽植各类苗木97.16万株。推进自治区《贺兰山生态保护修复专项规划》任务落实,邀请中科院地理所、中煤地质总局等单位到石嘴山市开展贺兰山生态绿化调研论证,委托宁夏水利设计院编制绿化水源地设计方案,对接中国水环境集团等深度参与石嘴山市生态修复项目建设。调动市县区机关、企事业单位和城乡居民19.69万人参与春季义务植树,全市新建义务植树基地4个,种植各类乔灌木及花卉107万余株,绿化总面积达7792亩。同时,采购5.9万株高质量苗木,支持学校、医院、小区、乡村、矿山企业等实施城区庭院绿化提升、美丽乡村和绿色矿山建设。6月,贺兰山生态保护修复治理成效被列入自然资源部和世界自然保护联盟联合推荐的10个中国特色生态保护修复典型案例之一,向全球公开发布。星海湖生态环境整治实现"两减一治四增强一确保"目标任务。截至2021年年底,全市秋冬季国土绿化24个项目已全部开工建设,全市干部职工累计参加分片包植增绿活动8502人次,苗木栽植73.6万株,投资2.5亿元,完成目标任务的95%。完成贺兰山整治治理面积146平方公里,完成治理点278个,关闭退出煤矿39家、非煤矿山61家、涉煤企业582家,退出煤炭产能约2000万吨,生态环境得到极大改善。

【疫情防控】2021年,石嘴山市建立卫生健康系统疫情防控调度机制,紧盯预警监测、流调溯源、隔离管控、核酸采样、群体免疫、院感防控等短板,以24小时为时间单元推进整改落地见效。坚持急防和常防一起抓,疫情防控指挥体系、防控体系、责任体系始终处于激活状态,不断加强核酸检测、流调溯源、医疗救治队伍能力建设。制定技术方案,强化指导培训、开展专项督查、发布疫情提醒,确保疫情防控工作精准化、规范化有序推进。持续强化新冠病毒疫苗接种工作,3岁及以上人群累计接种第一剂次646099人,目标人群接种率为88.37%。科学精准处置"8·20"输入性鼠疫疫情、"10·6"进口货物阳性检测突发事件、"10·17"新冠疫情。

【优化营商环境】2021年,石嘴山市推进优化营商环境"1+16"行动计划,在全区营商环境评价中位列第二。根据国家公共信用信息中心最新公布的2021年11月全国城市信用状况监测排名,石嘴山市综合信用指数82.03分,高于西部城市监测指数平均值5.92分,在全国261个地级市中排名100位,较上年同期上升81名,在人口规模100万人以下的20个地级市中排名第二位。组织辖区内14家银行类金融机构全部入驻全国中小企业融资综合信用服务平台,13家企业通过平台发布融资需求5.25亿元,拓宽金融支持实体经济发展的渠道。推进国家级16项改革试点和自治区级26项改革试点,成交宁夏工业企业地下水用水权交易"第一单",探索推广以林换能、以林换碳新模式,完成全区首宗土地二级市场线上挂牌地块交易,利用闲置村庄腾退建设用地调整入市做法得到国务院肯定。

【城乡建设】2021年,石嘴山市以项目支撑引领城市转型发展,实施城建交通项目15个、防涝重点工程8个,新建改造市政污水管网25公里，海绵城市建设率达到21%。围绕城市功能完善，实施垃圾焚烧发电、市政污泥和餐厨垃圾处置项目，日处理生活垃圾1000吨、市政污泥和餐厨垃圾180吨。推进包银高铁石嘴山南站综合交通枢纽项目，加速石嘴山市融入"八纵八横"高铁网。围绕城市品质提升，高位规划实施星海湖西域生态治理项目，治理水域403亩，整治绿化带205亩。城市更新加快实施，改造老旧小区69.4万平方米、棚户区632套，建成小微公园14座，顺利通过国家园林城市复检。建设红果子镇、黄渠桥镇2个重点小城镇，长青村、简泉村、东永固村等8个美丽宜居村庄，潮湖村、黄渠桥村2个"特色保护类"传统村落。组织实施重点小城镇和村庄巷道硬化、绿化、亮化、空地及房前屋后绿化、污水及厕所改造、农房院墙改造、文化活动广场、农村人居环境整治等基础设施及公共服务设施建设，完成投资9.5亿元。巩固提升"户分类、村收集、乡转运、县处理"收运处置模式，建立农村生活垃圾收集处置市场化运营、城乡一体化运作机制和管理，全面提升垃圾清运能力和处置效率，农村垃圾治理村庄达到100%。开展垃圾分类治理，通过保洁员上门收集分类，建立垃圾积分爱心超市，实行有效积分兑换商品等方式，建设惠农区五渠村、聚宝新村、东永固村、大武口区潮湖村等20个示范村，推进生活垃圾分类减量、就近就地资源化利用。开展美丽乡村建设，打造中心村28个，建设农村户厕1450户，新增农村污水管网63.6公里，农村人居环境不断改善，惠农区礼和乡银河村获"2021中国最美村镇"生态宜居成就奖。

【乡村振兴】2021年，石嘴山市建立乡村振兴考核机制，完善市县乡村"四级书记"抓乡村治理责任制，36名市级领导包抓22个乡镇和涉农街道、54名县（区）领导和141名市县部门负责人包抓195个村。坚持抓两头带中间，公开挂牌亮星、动态管理摘星，8个软弱涣散党组织全部摘帽。开展城市社区和农村党组织结对共建，组织全市70个三星级以上社区党组织和三星级以下村党组织进行"1+1"精准结对，通过"五共发力"（思想共促、组织共建、活动共办、资源共享、治理共抓），推动形成以城带乡、以乡促城、优势互补、共同提高的基层党建工作新格局，助力乡村振兴。面向全市20个乡镇选派乡镇党委挂职副书记，统筹区市县三级派驻力量281人，建立重点村（社区）"3+1"力量捆绑机制，实现所有乡镇和村全覆盖。以乡镇领导班子换届为契机，将乡村振兴工作实绩纳入换届考察重要内容，选拔表现突出的干部62人，乡镇领导班子成员平均年龄37.8岁，大学本科及以上学历达到85%，熟悉乡村振兴、新型城镇化、基层治理等干部占96%，乡村振兴"一线指挥部"和"一线作战部"功能更强、结构更优。实施农村"两个带头人"工程，实施"四个一批"计划，将642名致富能手、47名外出务工返乡人员、176名本土毕业大学生、82名退役军人充实到村"两委"班子。统筹推进195个村完成集体产权制度改革，清产核资7.92亿元，确认集体经济组织成员32.47万人，成立村集体股份经济合作组织160个、集体经济合作社33家，探索形成资源开发型、产业带动型、资产租赁型、自主经营型、村企合作型、能人带动型6种集体经济发展模式，先后争取实施中央、自治区扶持发展壮大村集体经济项目125个，整合各类资金1.47亿元，全面消除经营性收入5万元以下的薄弱村，全市经营性收入10万元以上的村达到151个，占全市195个村的78%，涌现出大武口区龙泉村、惠农区银河村等一批集体经济强村和产业发展"明星村"。

【大武口区】2021年，大武口区地区生产总值达到220亿元，同比增长7.5%左右，规模以上工业增加值增长7.5%，固定资产投资增长8%左右，社会消费品零售总额增长6%，地方一般公共预算收入增长26.59%。加快发展数字经济、现代物流、生态工业、文化旅游等新经济新业态，优宜家数据外包产业园席位达到3000个，带动就业4000余人，新增国家AAAA级景区1家，全年接待游客424万人，实现旅游收入1451万元，分别增长24%、10%，成功创建自治区全域旅游示范区。推进"四权"改革，完成自治区首单排污权交易和排污权抵押授信，6家工业企业成功交易获得地下水用水权，成立贺兰山林场，探索"以林换能"新模式。全面落实惠企政策，累计减税降费1.8亿元，兑现政策资金5509万元。新培育各类市场主体4111户，同比增长6.72%，总数达到28975户。落实招商项目141个，到位资金77亿元，同比增长134%。出台《大武口区重点产业人才支撑保障办法》等扶持政策，引进各类人才1332人，其中研究生学历以上117人。新培育国家级高新技术企业6家，自治区科技型中小企业28家，每万人有效发明专利拥有量10.33件，66%的规模以上工业企业开展有效研发活动，R&D经费占比达到2.68%。西北稀有金属材料"平板显示用高性能ITO靶材关键技术及工程化"、天地奔牛"煤矿井下智能化采运关键技术"2个项目获国家技术发明二等奖，巴斯夫杉杉、中色东方等公司5个项目分获自治区科技进步二等奖、三等奖。高新区中小企业孵化园、启明星小微企业创业创新基地，获批“国家小型微型企业创业创新示范基地”。以中色东方、巴斯夫杉杉为代表的47家新材料企业完成产值86.3亿元，同比增长38.7%，占规模以上工业产值的44.9%；以海力电子、九天科技为代表的4家电子信息企业完成产值24.9亿元，同比增长68.4%，占规模以上工业产值的12.9%。金晶光伏轻质面板玻璃等5个清洁能源项目加快推进，完成投资6.6亿元。大窑果蔬饮料智能化工厂等5个绿色食品项目建成投产，完成投资1.7亿元。举办中国(宁夏)国际葡萄酒文化旅游节，实施贺兰山东麓国土综合整治项目，整理土地1200亩，为发展葡萄酒产业腾出空间。全年空气优良天数达到273天，优良天数比例76.5%，PM_{10}、$PM_{2.5}$浓度同比分别下降9.1%、25%。二三支沟水质由Ⅴ类提升为Ⅳ类，星海湖北域、中域水质稳定在Ⅳ类。一般工业固废综合利用率提高到25%。实施贺兰山东麓生态修复、303省道、302省道沿线绿化等生态绿化项目10个，种植苗木36万株，新建城市小微公园6个，森林蓄积量达到18.17万立方米，森林覆盖率提高到5.28%，草原综合植被覆盖度提高到39.1%，建成区绿地率达到38.75%，人均公共绿地面积20.83平方米。全年争取上级转移支付资金3.98亿元，带动社会投资2亿元，区本级投入3.48亿元。完成47个片区40万平方米棚户区、老旧小区改造，惠及群众4367户、13101人。铺设污水管网81公里，改造乡村道路66公里，完成抗震移居房、危房改造1600户。新增城镇就业5375人，农村劳动力转移就业6095人，城镇登记失业率为3.82%。中色东方幼儿园及十一小学、十三小学改扩建等项目快速推进。建成城市区15分钟就医圈。自治区“我为群众办实事”观摩活动在大武口区举行，汉唐社区、硒有田园、永欣园老旧小区改造经验做法在自治区推广。建成“智慧网格”社会治理综合平台，统筹推进“1+6”基层治理，树立陈美荣等5位政法英模，大武口区人民法院获“平安中国建设先进集体”，“铸牢中华民族共同体意识”教育馆建成开馆，累计接待150批次近2万人参观。

【惠农区】2021年，惠农区本级一般公共预算收入完成30022万元(其中，税收收入20244万元，同比增长31.63%；非税收入完成9778万元，同比增长63.43%)，同比增长40.53%。惠农区本级政府性基金预算收入完成11905万元，同比增长63.6%。惠农区一般公共预算支出完成134099万元，惠农区本级政府性基金预算支出完成3648万元。2021年，惠农区农村居民可支配收入18279元，同比增长10.9%，全年移民人均可支配收入达11134.9元，同比增长17.6%，增幅高于农村居民可支配收入6.7个百分点。截至2021年年底，惠农区人口总户数为71807户，总人口数为174238人(其中，城镇人口数为117073人，乡村人口数为57165人)。年内新出生人数为812人，死亡人数为1195人。户籍由省内迁入1970人，迁出辖区5437人。农业经济。2021年，惠农区优势特色产业占比达到80%，绿色食品加工科技创业园获批“自治区级农业高新技术产业示范区”“农村一二三产业融合发展示范园”，农产品加工转化率达80%；奶牛存栏30634头，生鲜乳产量14万吨，肉羊饲养量46.3万只，存栏25.3万只，出栏21万只；肉牛饲养量2.34万头，存栏1.2万头，出栏1.14万；全区生猪存栏2.1万头，家禽存栏22万羽。肉、蛋、奶产量分别为9608吨、1508吨、14万吨。绿色食品加工科技创业园获批“自治区级农业高新技术产业示范区”“农村一二三产业融合发展示范园”，实现年产值10亿元。产业发展蓄势待发，现代农业稳步发展，优势特色产业占比达到80%，绿色食品加工科技创业园获批“自治区级农业高新技术产业示范区”“农村一二三产业融合发展示范园”，农产品加工转化率达80%；奶牛存栏3万头，生鲜乳产量14万吨。建设优质饲草基地，落实青贮玉米近6万亩，优质苜蓿留床面积达到4.1万亩。培育“贺蠡奔”“哒嘻洋”“吕小咩”等牛羊肉品牌，福杰专业合作社肉羊养殖场被授予“石嘴山市菜篮子储备(活羊)储备基地”。酿酒葡萄种植面积3380亩，培育形成“西御王泉”“遇悦”“耘梦”“玖禧年”等葡萄酒品牌，成功引进贺兰神(宁夏)国际葡萄酒庄有限公司投资建设惠农区葡萄酒产业园，签订投资协议。工业经济。2021年，惠农区规模以上工业企业累计完成工业产值817.5亿元，同比增长50.5%，净增产值274亿元。主要行业产值呈现“六升二降”态势：冶金行业增长62%、煤化工行业增长75%、装备制造行业增长25%、化工行业增长48%、碳基材料行业增长29%、电力行业增长14%；新能源行业下降40%、煤炭行业下降42%。实施石嘴山市盛港煤焦化有限公司玻璃棉生产线及产品提升改造、宁夏建龙特钢有限公司产品多元化、宁夏科通新材料科技有限公司特种多元合金升级改造、宁夏德昊科技产业有限公司年产3000吨ODA(4,4-二氨基二苯醚)等工业项目94个，累计完成投资35.61亿元，其中技改项目42个，完成投资23.38亿元。惠农区列入自治区“三个100”项目的29个项目，开复工率达90%；列入全市100个重点技改项目的40个项目，开工率为100%；实施500万元及以上工业项目83个。旅游业。2021年，惠农区旅游接待人数为45.18万人，同比增长37.85%。旅游收入1950.25万元，同比增长20.06%。惠农区已经形成以大地天香景区为龙头，银河湾生态旅游度假村、简泉红色文化村、东永固枸杞特色村、鸳鸯湖自驾游基地等互为补充的乡村旅游聚集区，同步打造“星星故乡”、动感宁夏、黄河文化、红色旅游几张宁夏文旅品牌。常态化开展疫情防控，宁夏出现确诊病例后，惠农区全力严防死守宁夏“北大门”，助力全区打赢疫情防控遭遇战，累计完成28.359万剂次新冠病毒疫苗接种。惠农区实施“四个一”提升行动和新一轮科技创新“双倍增”计划，有研发投入的规模以上工业企业占比为50%以上，R&D投入强度达2.16%，新增国家高新技术企业7家、自治区科技型中小企业14家、科技“小巨人”企业2家。加强能耗“双控”，遏制“两高”项目盲目发展，叫停鹏盛化工生物可降解塑料等3个计划总投资42.33亿元的高耗能项目，单位工业增加值能耗下降4.7%。产业结构持续优化，东方希望、氟峰新材料高端工程塑料基材等一批利长远、带动强的项目成功落地，5个百亿专业产业园初具规模，循环经济产业链关联度超87%。环境治理。2021年，惠农区全面整治黄河“四乱”问题，完成第三排水沟水体污染事件应急处置，黄河惠农段出境断面水质稳定保持Ⅱ类。开展大规模国土绿化行动，实施贺兰山东麓采煤沉陷区南片区生态修复等项目，完成营造林1.8万亩。以“四权改革”为重点，推进山林权改革试点工作，形成“以林换能”“以林换碳”“以林融资”的惠农模式，为山林权改革贡献惠农经验。开展城乡环境综合整治、海燕村人居环境整治百日攻坚行动等，整治城乡裸露土地150余亩，建设口袋公园6个，完成银善湖等水系建设。民生事业。实施老旧小区改造、惠安大街、康乐东路排水防涝改造提升等工程，落实就业优先、创业扶持政策，城乡居民人均可支配收入分别增长8%和8.5%；实施市第二小学迁建，完成惠农小学等13所学校改扩建项目，有效扩大优质教育资源供给。截至2021年年底，惠农区争取到各级衔接乡村振兴补助资金、市级配套资金累计4510万元。与清华大学合作开展移民社会融入与治理效能调研，健全评价体系助推移民致富提升行动向纵深推进。

【平罗县】2021年，平罗县实现地区生产总值200亿元，同比增长8%；规模以上工业增加值增长15%，城乡居民人均可支配收入增长8.8%，获“平安中国建设示范县”称号。农业经济。2021年，平罗县粮食、瓜菜、制种、饲草面积分别达到82.07万亩、18万亩、8万亩、11.95万亩，打造300亩以上小麦、水稻、玉米园区4个，200亩以上瓜菜产业园区30个，制种园区18个。发展壮大绿色食品、肉牛肉羊、奶产业，奶牛存栏5万头，肉牛肉羊饲养量分别达10.2万头、85万只；牛肉产量10050吨，羊肉产量7436吨。举办宁夏第八届种业博览会，国家现代农业示范区通过评审。工业和服务业。2021年，平罗县实施投资项目187个。推进黄河右岸综合治理滨河道路、贺兰山生态修复工程。开工建设“互联网+城乡供水”、利垦奶牛养殖场二期等52个重点项目，首朗吉元尾气制燃料乙醇等50个项目竣工投产。落地建设慕恩化工10万吨甲胺、滨泽6万吨燃料乙醇、盛如意菌草栽培加工等84个项目，实际到位资金64.6亿元，争取各类资金37.89亿元，招商到位资金83亿元，同比增长10%。制造业投资、民间投资分别同比增长14.7%、45.4%。围绕“9+3”重点产业，抓提升促转型，实施新材料、电子信息、清洁能源等产业项目113个，永泰化学电石炉、国宁煤基炭材催化剂等17个技改项目投产达效，技改投资7.4亿元，工业总产值2021年年底突破500亿元。文化旅游、电子商务、现代物流、健康养老等新业态蓬勃发展，服务业增加值增长8%，全县社会消费品零售总额增长2.3%。生态环境治理。平罗县开展蓝天保卫战“1+9”专项行动，实施158个大气污染防治项目，规范化治理企业290家，“散乱污”企业动态清零，自治区环保专项督察转办件办结率为100%。严格落实三级河湖长制，河湖“四乱”问题全部销号，红崖子乡污水处理厂主体完工，流入黄河的排水沟水质得到提升。做好土壤污染防治工作，一般工业固废综合利用率、危废处置率分别达60%、100%，农药、化肥利用率分别为41%、40.5%。营造林3.12万亩，治理荒漠化4.2万亩。启动城市环境集中整治暨综合执法行动，改造老旧小区49个、背街小巷16条，配套建设小微游园、生态停车场20个，建成区绿地率达41.7%。实施工业园区环境综合整治专项行动，成立德泓投融资公司，推行“管委会+公司”运作模式，督促67家企业拆墙造绿、透绿，新增绿地3800亩，新修道路18公里。开展农村人居环境综合整治提升百日攻坚行动，农村户厕改造1050户，拆除土坯房7721间，退出空心村8个，建设生态宜居美丽村庄5个。加快建设黄渠桥特色镇、姚伏中心村，提升建设庙庙湖、红瑞、红翔村的村容村貌，农村生活垃圾实现市场化治理，乡村环境明显变好。教育和卫生事业。2021年，平罗县实施教育惠民工程13个，新增义务教育阶段学位2340个，普惠性学前教育学位1440个，普惠性幼儿园覆盖率达81.8%。推动落实中小学生“五项管理”和“双减”重点任务，全县1.6万名中小学生享受课后服务，学科类培训机构由35家减少到14家，压减率达60%。实施中小学教师“县管校聘”改革，34所学校聘任1985人次。建立“阳光体育”大课间“六定两平台”机制，推进体教融合发展，培育国家级体育特色学校30所、区级体育传统特色学校4所，平罗县被国家体育总局确定为首批县域足球典型。2021年中考均分较上年提高36.3分，平罗中学高考本科上线率为88.5%，同比提高1.5个百分点，平罗二中艺术类本科上线率为94%，同比提高2个百分点。平罗县人民医院通过三级乙等综合医院评估，在红崖子工业园区建设平罗县人民医院急救分站。陶乐镇中心卫生院发热门诊、通伏乡等18个基层医疗卫生机构建设发热哨点诊室。推进“互联网+医疗健康”一体化应用平台建设，实现县域内信息互通。成立平罗县医疗健康总院，组建基层区域医疗服务中心3个，开展医保支付方式改革，异地就医实现即时结算。2021年，县域内就诊率达到94.1%。开展健康管理，推进家庭医生签约服务；开展千名医师下基层，开展“优质服务基层行”活动。民生和社会治理。做好城乡低保、高龄津贴、残疾人两项补贴等各类社会救助金的发放，发放各类救助金8062万元，惠及23.9万余人次，确保群众急难问题得到及时解决。为145名孤儿发放养育津贴100.6万元。全县各单位对2399户重点低保户开展送资金、送物资等结对帮扶。健全完善矛盾纠纷排查、化解、分析研判常态化工作机制，确保各类矛盾纠纷抓早抓小、应调尽调。推行领导干部接访下访、落实包案、化解责任。全年排查矛盾纠纷4888件，化解4825件，化解率为98.7%。贯彻落实庆祝中国共产党成立100周年安保维稳工作会议精神，做好矛盾纠纷排查专项行动，排查化解矛盾纠纷347件，化解和稳控自治区（市）交办的7件矛盾纠纷。坚持和发展新时代“枫桥经验”，培育城关派出所调解“五字诀”、太沙园区警务室“一防两调三提升”等一批“枫桥经验”平罗特色品牌，发挥社区警务“1+X+N”工作机制，建成警务室一类47个、二类107个，畅通群服务机制。成立巡特警大队，建成步行街、政务中心反恐“四联三防”（联建、联防、联处、联勤，防冲撞、防砍杀、防爆炸）两处示范点，完善落实依法办理、社会面管控、舆论引导“三同步”工作机制，查处有害信息400余条。加快社会治安防控体系建设。“小翼看家”云防控建设，安装视频监控点位11767个，大喇叭547套，可视化平台115个，为破获各类案件提供线索486条，补齐治安防控短板。连续4年获评“宁夏平安县”，获“平安中国建设示范县”。

（朱军荣）

吴忠市

【概况】吴忠市总面积2.07万平方公里，辖利通区、红寺堡区、青铜峡市、盐池县、同心县，共有44个乡镇、2个街道办事处、66个社区居委会和504个村。截至2021年年底，全市常住人口139.2万人，同比增加0.8万人（其中，城镇常住人口78.9万人）。全年出生人口1.7万人，出生率为12.25‰。全市户籍总人口143.7万人（其中，城镇人口48.8万人），户籍人口城镇化率为33.9%。2021年，全市实现地区生产总值762.47亿元，三次产业对经济增长的贡献率分别为10.0%、53.3%、36.7%。三次产业结构分别为13.6∶49.2∶37.2。全市人均地区生产总值54933元，同比增长7.9%。固定资产投资同比增长8%，实现社会消费品零售总额182.4亿元，同比增长3%。一般公共预算收入37.5亿元，同比增长5.2%；一般公共预算支出226.8亿元，同比下降2.6%。城镇居民人均可支配收入33589.9元，同比增长7.8%；农村居民人均可支配收入16138.7元，同比增长9.8%。居民消费价格指数同比上涨1.6%。商品零售价格总指数同比上涨2.4%。规模以上工业能源消费量650.8万吨标准煤，同比增长4.6%。单位工业增加值能耗同比下降2.4%。2021年，吴忠市入选“国家北方地区冬季清洁取暖项目试点城市”“第二批国家文化和旅游消费试点城市”；在全国第十一届残运会暨第八届特奥会上获得8金7银4铜的优异成绩。王兰花被授予“七一勋章”、评为“第八届全国道德模范”，吴忠仪表董事长马玉山当选中国工程院院士。

【农业经济】2021年，吴忠市农林牧渔业总产值215.7亿元，同比增长6.1%。粮食播种面积304.03万亩，粮食总产量100.8万吨，同比增长1.2%。瓜菜播种面积56.34万亩（其中，设施蔬菜播种面积7.75万亩、露地蔬菜播种面积32.47万亩、黄花菜播种面积16.12万亩），蔬菜总产量141.35万吨。新建设施面积1.6万亩，集中连片300亩以上种植基地99个。全年全市奶牛存栏29.2万头，同比增长7%；牛奶产量124.1万吨，同比增长18.6%。全市新建规模化奶牛养殖场30家，奶牛存栏27.6万头，乳品日加工能力达到6000吨，产值突破240亿元。五里坡肉牛养殖基地新入驻企业9家，肉牛和滩羊饲养量分别达到50.9万头、623万只，同比增长5.4万头、38万只。全市生猪、肉牛、肉羊、家禽存栏18万头、31.7万头、305.7万只和392.8万羽，分别同比增长5.3%、20.8%、12.6%和17%。全市酿酒葡萄种植面积达到27.6万亩，新建葡萄酒酒庄5家，年产优质葡萄酒2.88万吨。培育新增肉牛、滩羊“50·300”模式家庭牧场193个，全年新增肉牛4万头、滩羊23万只，“盐池滩羊”区域品牌价值达到88亿元。全市中药材累计种植面积达到38.7万亩(其中，甘草种植面积6万亩，枸杞种植面积11.3万亩，黄花菜种植面积16万亩，柴胡、板蓝根等其他中药材种植面积5.4万亩)，优质饲草种植面积达到77.8万亩。黄花菜区域公用品牌优势持续发挥，产值达10.78亿元。全市奶产业、葡萄酒、滩羊和肉牛等重点特色产业产值占农业总产值比重达90%。全市新型经营主体累计达到3274个(其中，龙头企业203个，家庭农场1164个，休闲经营主体110个，农民专业合作社1797个)。被农业主管部门认定的国家级示范社64个，自治区级示范社151个，市级示范社212个。全市依法在市场监管部门登记且在农经部门备案的家庭农场达到1164家，开展农业社会化服务的农民合作社、农业企业、协会等各类社会化服务组织有334个，服务小农户25万户、营业收入达2.1亿元。累计完成各类农村产权交易323宗，交易面积233449亩，交易金额9.75亿元。全市农村家庭承包耕地经营权流转总面积895517.03亩。加强农产品质量安全监管力度，建成投入使用市县级检测实验室6个，建设基层试行食用农产品合格证制度推广试点5家、“合格证+追溯码+检测”推广试点20家。续建全国绿色食品(水稻、玉米、荞麦)原料标准化生产基地3个。实施高标准农田建设，建成高标准农田13.16万亩(其中，高效节水灌溉面积5.38万亩)。

【工业经济】2021年，吴忠市规模以上工业增加值同比增长7.1%，规模以上工业采矿业同比增长13.4%，制造业同比增长3.1%，电力、热力、燃气及水的生产和供应业同比增长11.7%，乳制品同比增长24.9%，发电量同比增长11.8%，十种有色金属同比增长1.6%，水泥同比增长11.7%，电石同比增长2.8%，工业自动调节仪表与控制系统同比增长36.2%。新增规模以上企业119家、产值过亿元工业企业30家，新增专精特新中小企业30家、规模以上企业13家、对标工作标杆奖企业5家，规模以上企业对标备案率达100%。绿色食品、新型材料等4个产业和太阳山、金积、青铜峡工业园区产值均过百亿元，金积工业园区被评为“国家级绿色园区”和“自治区级高新区”，规模以上工业增加值占全区比重由2016年的15.6%提升到20.6%，年均增长10.3%。新增国家级高新技术企业12家，自治区科技“小巨人”企业19家。自治区级科技型中小企业71家。实施明峰萌城水泥磨技术改造等绿色改造项目10个，伊利乳业液态奶升级改造等30个重点技改项目全部开工建设，获全区“四大改造”转型工作观摩评比第一。战略性新兴产业占规模以上工业产值比重提升至12.2%，湘投新能源装备制造产业园开工建设，新增可再生能源装机150万千瓦，红寺堡区、盐池县被纳入全国整县(区)屋顶分布式光伏开发试点。“僵尸”企业、“散乱污”企业实现动态出清，创建自治区级绿色工厂4家。全年完成建筑业增加值53.87亿元，同比增长6.4%。全市具有资质等级的总承包和专业承包建筑业企业126个，完成建筑业总产值83.6亿元，同比增长13.2%。全市房屋建筑施工面积262.8万平方米，同比下降16%。

【第三产业】2021年，吴忠市实现服务业增加值283.7亿元，同比增长7.4%。全年批发和零售业增加值36.5亿元，同比增长8.9%。交通运输、仓储和邮政业增加值27.1亿元，同比增长13.5%。住宿和餐饮业增加值9.1亿元，同比增长10.5%。金融业增加值32.6亿元，同比增长1%。房地产业增加值20.7亿元，同比增长4.2%。信息传输、软件和信息技术服务业增加值15.8亿元，同比增长25.9%。租赁和商务服务业增加值9.9亿元，同比增长2.1%。全年规模以上服务业企业营业收入同比增长7.6%，利润总额下降2.7%。吴忠市入选“自治区工业主辅分离试点地市”。城乡客运一体化建设和客货邮商融合发展经验在全区推广。利通区、红寺堡区、青铜峡市、盐池县、同心县被列为全域旅游创建试点，举办“早茶文化节”，吴忠获“早茶文化地标城市”。盐池革命历史纪念园创建为国家AAAA级旅游景区，利通区、青铜峡市乡村休闲游线路被纳入国家文旅部、发改委“体验脱贫成就·助力乡村振兴”300条线路之中，弘德村、韦桥村成功申报“全国乡村旅游重点村”。

【招商引资】2021年，吴忠市开展“扩大有效投资年”行动，健全完善重大项目三级包抓、专班推进、定期调度工作机制，开工建设各类项目570个，完成投资391亿元，鸽堂沟标准化奶牛养殖示范区、桃山综合物流园等260个自治区重大项目和80个市级重点项目全部开工建设，投资总量位居全区第二。北连生物食品添加剂、汇伟食品级塑料包装等项目相继落地，全市实施招商引资项目273个，申报到位资金391亿元，超额完成年度任务。争取中央、自治区政策资金支持，上争项目1440个，批复资金156亿元。

【对外交流合作】2021年，“中国（宁夏青铜峡）—哈萨克斯坦（阿拉木图）”集装箱货运班列顺利开通，吴忠仪表新型油井单流阀成功进入伊朗石油化工企业，红山河等20家企业在阿拉伯联合酋长国、巴基斯坦、埃及等国新设分销点24个，实现外贸进出口总值3.5亿元。宁夏润德生物等11家特色产品生产龙头企业参加中阿博览会线上线下展示展览活动，落实签约成果57个，计划投资238.5亿元。

【乡村振兴】2021年，吴忠市实施百万移民致富提升行动，聚焦产业发展、就业帮扶、社会融入“三件事”，推进红寺堡“示范区”创建。集中打造弘德村、同利村、同进村等美丽乡村示范点，推进61个村庄规划编制，开展4个高标准重点镇、13个美丽宜居村庄和30个乡村振兴示范村建设。整合资金122.6亿元，实施项目1.8万个，“两不愁三保障”全面实现，贫困村村集体收入均为5万元以上。红寺堡区乡村振兴经验做法被国务院第八次大督查通报表扬。完成农村人居环境整治三年行动目标任务，新增改厕1.05万座，川区卫生厕所普及率达到91.3%。盐池县被评为“四好农村路”全国示范县。

【城乡建设】2021年，吴忠市完成22.76万户农村房屋安全隐患排查整治，开工改造危房358户、抗震宜居农房3873户，实施棚户区改造160套，改造老旧街区、背街小巷15条8.5公里。建成市区路灯地理信息系统，实现路灯全时段智能化管理，市区道路完好率为98%以上，路灯亮灯率为99%以上。提升改造老城区排水管网15条8.5公里，建成再生水管网30.21公里。实施乡村建设行动，落地美丽宜居村庄建设项目13个、重点镇建设项目4个。推进农村人居环境整治提升5年行动，新建农村卫生厕所1.05万座户，打造农村垃圾分类治理示范村庄51个，实施农村生活污水治理项目18个，绿化美化美丽村庄60个。创建全国文明村镇14个、自治区文明村镇38个。农业绿色发展持续深化，畜禽粪污资源化利用率、农作物秸秆综合利用率、农药化肥利用率分别为95%、90%、40%以上。吴忠市开工改造老旧小区79个，常住人口城镇化率提升至55.8%，青铜峡市老旧小区改造经验做法在全区推广。实施住房保障优化提升行动，改造抗震宜居农房3873户。成功入围全国“城市体检”样本城市。城镇公共供水管网漏损率控制在10%以内，市区供水水质全部达标。全面推行卫生保洁城乡一体化市场运营模式，城市生活垃圾无害化处理率达到99.8%。盐池县城乡供水一体化建设被国家发改委作为国家新型城镇化综合试点经验在全国推广。

【生态建设】2021年，吴忠市淘汰落后产能5.15万吨，减少能源消耗6.6万吨标准煤，单位GDP能耗同比下降21.3%。完成黄河唐滩、古城湾、梅家湾险工段抢险维修。开工建设清水河洪泉沟综合治理工程、红寺堡红柳沟弘佛寺段防洪工程，东片区雨污分流管网、南片区排水管网等城市防洪排涝工程建成投运。开展黄河“四乱”专项整治，27个黄河吴忠段河道清理问题全面整改。全市环境空气优良天数比例达到81.6%，环境空气质量达到国家二级标准，成功入选“国家北方地区冬季清洁取暖项目试点城市”。全面推行河湖长制，清水沟、南干沟等重点区控断面水质保持在Ⅳ类，黄河吴忠段

2021年1月15日，宁夏美协赴盐池麻黄山乡开展“送欢乐下基层　文艺志愿服务”活动

出境断面水质稳定在Ⅱ类。清水沟治理入围"全国美丽河湖优秀案例",建成苦水河等人工湿地3个,清水沟、南干沟等重点入黄排水沟水质稳定保持在Ⅳ类及以上,黄河出境叶盛桥断面水质保持在Ⅱ类及以上。全市危险废物安全处置率达到100%,土壤环境质量安全稳定,耕地保护目标考核连续6年获全区一等奖。实施生态修复工程,实施吴忠黄河国家湿地公园湿地保护与修复等项目,加大移民迁出区及罗山国家级自然保护区生态修复力度,完成营造林36.61万亩,退化草原修复10万亩,治理水土流失面积260平方公里,保护修复湿地10.22万亩,森林覆盖率、草原综合植被覆盖度分别达到18%、54.5%。森林覆盖率达到18%。2家矿山被评为国家级绿色矿山。市区城市建成区人均公园绿地面积21.82平方米,高于全国文明城市测评标准。成功创建"国家卫生城市"和"国家生态文明建设示范市"。

【民生事业】2021年,全市有高等职业教育学校1所,招生2535人,在校生7179人,毕业生1545人;中等职业学校5所,招生3566人,在校生9606人,毕业生2958人;普通高中12所,招生11672人,在校生34057人,毕业生9953人;初级中学51所(其中,普通初中36所,九年一贯制学校15所),招生21694人,在校生65769人,毕业生23901人;普通小学267所,招生23032人,在校生132354人,毕业生21723人;特殊教育学校3所,在校生453人;幼儿园277所,在园幼儿48063人。2021年,吴忠市积极应对国内区内先后出现的多次本土聚集性疫情,做好常态化疫情防控工作,妥善处置11例确诊病例和1例无症状感染者,顺利完成利通区、青铜峡市三轮大规模核酸检测工作,累计核酸检测195.29万人次。实施城乡居民收入提升行动,新增城镇就业11961人,农村劳动力转移就业21.72万人,"零就业"家庭实现动态清零,实现劳务收入33.02亿元。发放创业担保贷款4.39亿元,建成自治区级创业孵化示范基地2家、国家级创业孵化示范基地1家。实施基础教育质量提升行动,普惠性幼儿园覆盖率达到91%,义务教育阶段"大班额"基本消除,"在线课堂"实现全覆盖。累计新建学校99所,全市各县(区)全部通过国家义务教育均衡发展评估验收,实现普及高中阶段教育目标。实施全民健康水平提升行动,全市各级公立医疗卫生机构医保专网实现全覆盖。四级医疗卫生服务体系不断完善,市、县、乡远程医疗服务实现全覆盖,村村建成标准化卫生室,顺利通过国家卫生城市复审。城乡居民养老保险参保率巩固在90%以上,基本医疗保险参保率为95%以上,累计发放各项救助补助资金5.06亿元。

【利通区】利通区是吴忠市政治、经济、文化中心,总面积1384平方公里,辖8镇4乡、106个行政村、3个农场(办)、21个社区。截至2021年年底,常住人口46.3万人(其中,城镇人口32.9万人,占常住总人口的71.06%)。户籍人口41.70万人,人口出生率为10.61‰,自然增长率为3.9‰。2021年,利通区实现地区生产总值236.3亿元,一般公共预算收入3.8亿元,城镇和农村居民人均可支配收入分别达到36626.4元和19159.9元,同比分别增长7.8%、9.4%。全年固定资产投资同比增长0.6%,其中房地产开发投资增长59.6%。实现社会消费品零售总额87.5亿元,同比增长2.5%。先后获得"全国民族团结进步示范县""国家现代农业示范区""国土资源节约集约模范县(市)""国家农产品质量安全县""全国休闲农业与乡村旅游示范县""全国农村人居环境整治激励县"等多项国家级荣誉。

2021年,利通区共实施各类项目111个,完成投资57.95亿元,占年度计划投资的62.31%。落实上争项目180个,争取中央和自治区政策资金13.36亿元,完成全年目标任务的80.96%。

2021年,利通区耕地保有量41.93万亩,永久基本农田33.58万亩,累计建设高标准农田58万亩。全年粮食播种面积24.91万亩,较上年减少0.54万亩;粮食总产量15万吨,较上年减少0.13万吨;蔬菜种植面积9.15万亩,蔬菜产量26.5万吨。优质粮食、优质牧草、蔬菜、经果林分别达27.4万亩、25.69万亩、6.25万亩、4.81万亩。农业机械化率达到92.6%。完成农林牧渔业总产值61.9亿元,同比增长6.9%;实现农林牧渔业增加值31.5亿元,同比增长6.3%。

2021年,利通区全部工业增加值同比增长16.5%,94家规模以上工业企业实现增加值同比增长15.4%。全年建筑业完成总产值43.1亿元,同比增长5.6%,实现增加值18.3亿元。

打造牛家坊民俗文化村、健康养老产业园2个自治区级现代服务业集聚区,培育利通区现代物流产业、吴忠新经济产业等3个吴忠市级服务业集聚区。牛家坊村、石佛寺村被列入"全国乡村旅游重点村",持续打造伊利乳业、强家老醋文化养生园、红山河餐饮体验等工业旅游品牌,培育星级农家乐14家,创建AAA级景区4家、AA级景区3家,实现旅游收入6920万元。全年实现社会消费品零售总额87.5亿元,同比增长2.5%。

2021年,利通区实施美丽村庄整

治、老旧小区改造等项目，改造抗震宜居农房837户，拆除“空心房”300户，建设美丽乡村6个，改造城镇老旧小区20个。

实施2021年农村公路建设项目，新建农村公路67.93公里。农村公路总里程达1572公里，行政村通达率为100%。持续推进“厕所革命”，农村改厕达到4.74万户，农村卫生厕所普及率达到92.5%。成功创建为“全国农村生活垃圾分类示范县”。2021年，利通区实施10个乡镇18个村生活污水集中收集处理工程，治理水土流失18平方公里，苦水河、清宁河、南干沟、清水沟水质稳定在Ⅳ类标准以上，黄河利通断面水质稳定保持在Ⅱ类水质。

实施农村取暖“双替代”工程，严禁农村秸秆焚烧。实施北部绿色发展区防护林等工程，完成造林任务2.29万亩，栽植树木150万株，森林覆盖率达到9%。全市城市环境空气优良天数300天，优良天气率为82.2%。

2021年，投资2.57亿元，新建幼儿园及中小学8所，改扩建学校2所。截至2021年年底，共有幼儿园60所、小学40所、初中16所、普通高中3所、高等学校1所，学前毛入园率、九年义务教育巩固率等指标均达到自治区标准。

推进“健康利通”建设，11个乡镇卫生院、105所卫生室标准化率达到100%；门诊大病救助12.54万人次，救助金额269万元；住院救助1787人次，救助金额286万元。医疗机构共计316个，实有床位2570张。

强化就业优先政策，农村劳动力转移就业2.2万人，城镇新增就业3506人，城镇登记失业率控制在3.8%以内。全力巩固拓展脱贫攻坚成果同乡村振兴有效衔接，实施百万移民致富提升行动，发放城乡低保、特困供养人员供养资金、孤儿养育津贴等救助资金5127.11万元；城乡居民基本养老保险和基本医疗保险参保率分别达到95%、100%。2021年，利通区纵深推进全国乡村治理体系建设试点县创建，获全国信访工作“三无”县区。常态化开展扫黑除恶专项斗争，严厉打击各类违法犯罪，全力打造社会治理创新区。常态化开展“社区邻居节”等民族团结进步创建活动，入选“全国乡村治理体系建设首批试点县区”“全国新时代文明实践中心建设试点县区”。安全生产形势总体稳定，亿元GDP安全生产事故死亡率控制在吴忠市下达指标以内。推进质量强区战略，检查各类市场主体2.5万余次，未发生食品药品安全事故。全力打造民族团结进步模范区，持续深化民族团结进步创建工作，创建国家级、自治区级民族团结进步示范单位47个，获第八批全国民族团结进步示范区。培育“兰花芬芳”“吉财”等志愿服务品牌，王兰花被授予“七一勋章”“第八届全国道德模范”，创建国家级、自治区级文明单位26个，社会主义核心价值观广泛弘扬。持续开展全国数字乡村试点县、自治区乡村振兴示范区创建工作。全面完成金积发达镇行政管理体制改革年度任务。推进农业水价改革工作，灌区农业灌溉用水量节约10%，群众亩均水费支出下降10%。深化农村集体产权制度改革，股份量化经营性净资产达8.1亿元。推进“放管服”改革优化营商环境工作，891个事项实现可不见面办理。

【红寺堡区】红寺堡区总面积2767平方公里，辖红寺堡镇、太阳山镇、大河乡、柳泉乡、新庄集乡2镇3乡和新民街道办事处1个，行政村65个，城镇社区8个。2021年，本级一般公共预算收入完成18985万元（其中，税收收入完成10964万元，非税收入完成8021万元），为年度预算的105.03%，同比增长12.38%。全年一般公共预算支出完成302948万元。全年政府性基金收入完成30226万元，完成年初预算的100.75%，同比增长39.38%。全年政府性基金支出完成24473万元，同比下降31.85%。截至2021年年底，红寺堡区常住人口为20万人，总户数6万户，平均家庭人口数3.31人/户。2021年，完成地区生产总值（含太阳山开发区）85.8亿元，同比增长9.2%。第一产业实现增加值10.7亿元，同比增长1.3%；第二产业实现增加值44.7亿元，同比增长10.9%；第三产业实现增加值30.4亿元，同比增长9.5%。地方一般公共预算收入完成1.9亿元，同比增长12.4%；一般公共预算支出30.3亿元，同比下降1.2%；城镇居民人均可支配收入达到27250.8元，同比增长7%；农村居民人均可支配收入达到11996元，同比增长9.8%。巩固拓展脱贫攻坚成果同乡村振兴有效衔接，高效种养业产值占农业总产值比重为60%以上，经营性收入占农民收入的35.3%。红寺堡区被国家能源局纳入“全国整县（区）屋顶分布式光伏开发试点名单”。红寺堡柳泉乡永新村入选文化和旅游部“全国乡村旅游扶贫典型案例”，被农业农村部确定为“2021年中国美丽休闲乡村”。

红寺堡区粮食播种面积31.4万亩，总产量稳定在15万吨。黄花菜种植面积8.02万亩，产值达到6亿元；葡萄种植面积10.8万亩，品种数量13个，年加工能力3.5万吨，产出成品酒800万瓶，实现产值4亿元。肉牛、滩羊饲养量分别达14.7万头、103.7万只，实现产值7.1亿

2021年7月14—16日，自治区党委老干部局在盐池县委党校举办学习贯彻习近平总书记“七一”重要讲话精神读书班

元，规模养殖占比为46%。

2021年，规模以上工业增加值同比下降1.4%，增速低于全区9.4个百分点、全市8.5个百分点，列吴忠市第五位、宁南山区第八位。全年实施重点工业项目4个（其中，自治区级重点项目2个），开工率为100%。红寺堡区规模以上工业综合能源消费量70.5万吨标准煤，同比增长14.7%。

2021年，新能源装机规模容量458万千瓦。引进投资8亿元建设上海机电、江苏腾晖200兆瓦光伏电站。抢抓“宁电入湘”重大机遇，与中车株洲所、五凌电力、嘉寓集团、湘投集团签订8个装备制造及光伏项目协议，项目资金252.3亿元。成功引进湘投产业园、现代农业产业园、晓明股份农业产业园等招商引资项目16个，计划投资60.5亿元，实际到位资金39.8亿元（其中，新建15个项目，总投资52.1亿元，实际到位资金31.4亿元；续建项目1个，总投资8.4亿元，实际到位资金8.4亿元）。

新建改造市政道路11公里，改造人行道3.3万平方米，开工建设第二污水厂二期，改造更新污水管网6.3公里、雨水管网5.9公里、供水管网4.4公里、供热管网49.6公里，完成老旧小区改造、第八幼儿园、金水广场改造、城西人防休闲公园等品质工程建设，城市基础设施更加完善。新改建农村公路42公里，开工建设大河乡高标准重点小城镇，完成3个高质量美丽宜居村庄建设，即增即改危房28户，改造抗震宜居房462户。实施农村垃圾收集分拣项目，采购环卫设施，对农村环卫市场化服务进行改革，构建权责清晰、职责明确的农村生活垃圾治理体系。打造集客运、邮政快递、物流、农资配送、养护等为一体的乡镇综合服务站4个、农村客货邮商融合发展线路10条，探索邮政快递与26条农村客运线路融合发展，农村快递网点乡镇覆盖率达100%。

开展农村人居环境整治工程，农村生活垃圾无害化处理率达到90%，农村生活污水治理率为10.94%。2021年实现城镇新增就业1141人，完成年度目标任务的163%，失业人员再就业422人，完成年度目标任务的105.5%，就业困难人员再就业87人，完成年度目标任务的108.75%，全年城镇登记失业率为3.73%。全年转移农村劳动力4.155万人，完成年度目标任务的118.57%，实现劳务收入6.81亿元。全年发放失业金2071人次294.84万元，发放失业补助金

1736人次181.43万元。新建幼儿园8所，建筑面积达19913.72平方米。新建“互联网+智慧”实施农业产教融合实训中心，建筑面积1152平方米。

【青铜峡市】青铜峡市总面积2324.7平方公里。辖峡口镇、青铜峡镇、大坝镇、小坝镇、瞿靖镇、邵岗镇、陈袁滩镇、叶盛镇8个镇和裕民街道，有城镇社区22个、行政村84个。2021年，青铜峡市完成地区生产总值155.8亿元，同比增长6.8%；完成一般公共预算收入8.2亿元，同比增长10.7%；实现社会消费品零售总额23.7亿元，同比增长3.7%；城镇居民人均可支配收入、农村居民人均可支配收入分别达到33610.2元、18798.2元，同比增长7.7%和11.1%。2021年，青铜峡市累计完成工业固定资产投资31.02亿元，同比增长11%。全市工业增加值同比增长5.1%。规模以上工业增加值增长3.9%。全市粮食种植面积达到43.81万亩，粮食总产量达到28.2万吨，实现“十八连丰”。建成规模化制种基地3.5万亩，农作物制种面积达到7.7万亩，产量达到3280万公斤，青铜峡市被评为“国家级玉米制种超级大县”，入选“国家农业现代化示范区创建名单”。全市奶牛存栏达到9万头，1000头以上奶牛养殖场30家，规模化养殖率为98%以上，综合产值达到92亿元。羊存栏15.7万只，出栏15.5万只，分别同比增长8.3%、19.7%。家禽存栏295万只，出栏193.4万只，分别同比增长14.1%、19.7%。全年肉类总产量2万吨，同比增长7.8%；禽蛋总产量3万吨，同比增长2.6%；奶类总产量35.8万吨，同比增长15.1%。渔业养殖面积2.5万亩，水产品总产量1.2万吨，渔业总产值达到1.56亿元。全面推进乡村建设行动“五大工程”（庄点清洁整治、污水管网扩面、供热燃煤替代、农房质量提升、庄点庭院绿化工程），农村卫生厕所普及率达到93%，农村生活垃圾、生活污水处理率分别达到95%、44%，农村安全饮水覆盖率达96%，被评为“国家村庄清洁行动示范县”“自治区农村人居环境整治示范县”。编制完成《青铜峡市“十四五”综合交通运输发展规划》，全市公路通车里程1633公里。生态修复卓有成效，9070亩河滩地全部收回、1945亩确权耕地全部禁种高秆作物，国土整治修复1.8万亩，完成营造林3.3万亩。完成固定资产投资78亿元，产业类项目数量占比达90%、民间投资占比达到67%，分别同比增长20.3%和10%，全社会固定资产投资同比增长9.9%。加大社会保障力度，财政支出80%以上用于保障和改善民生，做好社会救助工作，失业保险、工伤保险、城乡居民基本养老保险参保率均达100%，居民养老保险、医疗保险实现全覆盖。全面落实“1+6”基层社会治理方案，创新实施“党建+网格+积分”全域网格积分制管理模式，全市网格管理村（社区）覆盖率突破73%，陈袁滩镇袁滩村入选“全国乡村治理示范村”。

【盐池县】截至2021年年底，盐池县户籍人口总户数68614户，同比增加105户，总人口172387人，同比减少437人。人口出生率为10‰，自然增长率为4.37‰。全年实现地区生产总值1629790万元，同比增长8.8%。人均地区生产总值101862元，同比增长7.9%。财政总收入完成240638万元，同比增长6%。县级一般公共预算收入完成83379万元，同比下降5.9%，固定资产投资同比增长15.3%，增速同比提高14.2个百分点。城镇常住居民人均可支配收入32281元，同比增长8.2%；农村常住居民人均可支配收入15245元，同比增长9.5%。城镇登记失业率为2.17%。2021年，盐池县粮食播种面积80.6万亩，同比增长32.1%；全年粮食总产量10.51万吨，同比增长32.4%；夏粮产量0.12万吨，同比增长657.6%，秋粮产量10.39万吨，同比增长31.1%；生猪出栏5.98万头，同比增长3.8%；羊只出栏133.35万只，同比增长2.9%；牛出栏5983头，同比增长61.9%；家禽出栏9.79万羽，同比增长39.9%；实现肉类总产量2.91万吨，同比增长3.4%。全年实现农林牧渔业总产值274897万元，同比增长9%。累计培育标准化滩羊养殖示范村88个，“300”模式家庭牧场1066个，滩羊饲养量达322万只，品牌价值突破88亿元，盐池滩羊国家地理标志产品保护示范区获批筹建。2021年，盐池县实现全部工业增加值910751万元，同比增长9.6%。全县实现建筑业增加值126663万元，同比增长3.4%，占地区生产总值比重的7.8%。

2021年，盐池县全年实现服务业增加值473808万元，同比增长9.1%。批发零售业实现增加值67353万元，同比增长19.1%，占服务业比重的14.2%。盐池县获评首批“自治区级全域旅游示范区”。

开展全国文明城市创建工作，改造老旧小区25个，实施房地产项目9个，新增商住面积23万平方米。建成李塬畔、北塘等高质量美丽宜居村庄8个，高沙窝高标准重点小城镇建设项目全面开工。2021年，盐池县公路通车总里程为3635.5公里，新建农村公路4条35公里，长城旅游线被评为全区“最美农村路”，成功创建全国“四好农村路”示范县。

完成造林绿化14万亩，修复草原生态13万亩，森林抚育40万亩，森林覆盖率和草原综合植被覆盖度均高于全区平均水平。全年空气优良天数比例达到90%;县城污水处理率达92%,中水回收利用率保持在100%;农作物秸秆综合利用率达96%。

全县有公办养老服务机构4所,民办养老机构3家,农村互助养老院6个,共设养老床位数1306张,每千名老人拥有机构养老床位52张以上。2021年共收养各类老人192人,村级养老设施实现全覆盖。

深化县域综合医改工作,推进异地就医和一站式结算,全区联网异地就医直接结算实现全覆盖,盐池县代表宁夏接受国务院医改领导小组秘书处对综合医改工作进行总结评估。城乡居民参保14.4万人次,脱贫户参保率达100%,参保缴费及医保电子凭证激活工作经验在全区推广。

投入各类资金8.83亿元,统筹推进乡村建设、产业发展、金融服务等巩固拓展脱贫攻坚成果重点项目,进一步完善以滩羊为主导,黄花菜、小杂粮、牧草和中药材为辅助,黑毛猪、滩鸡等乡镇多种经营为补充的“1+4+X”特色优势产业发展体系。全面推进乡村振兴示范村建设,制定《盐池县2021年乡村振兴示范村建设实施方案》,投入资金1.58亿元,全面推进25个乡村振兴示范村建设,四墩子村获评“全国乡村治理示范村”。建设农村生活垃圾分类和资源化利用示范村13个。全县共设立人民调解组织148个,实现镇、村、组三级调解组织网络全覆盖。全年共受理各类法律援助案件193件,避免或挽回经济损失500余万元,受援群众4576余人。

【同心县】同心县总面积4662.62平方公里,其中耕地总面积212.45亩,辖豫海镇、丁塘镇、河西镇、韦州镇、下马关镇、预旺镇、王团镇7个镇,田老庄乡、马高庄乡、张家塬乡、兴隆乡4个乡,石狮1个管委会,142个行政村,11个城市社区居委会。截至2021年年底,全县户籍人口387657人(其中,城镇人口122798人,占总人口的31.7%;乡村人口264859人,占总人口的68.3%);全年出生人口0.53万人,出生率为16.41‰;自然增长人口0.32万人,自然增长率为9.91‰。常住人口城镇化率为44.14%,同比增长0.48个百分点。全年实现地区生产总值1216032万元,按可比价格计算,同比增长8.5%。全社会固定资产投资79.7亿元,同比增长12.4%。全年实现社会消费品零售总额285867万元,同比增长3.5%。全年完成地方公共财政预算收入35608万元,同比增长8.2%。全年公共财政预算支出576933万元,同比下降5.1%。全年城镇居民人均可支配收入29037元,同比增长7%。2021年农村居民人均可支配收入12656元,同比增长11.6%。

2021年,同心县实现农林牧业总产值458858万元,同比增长4.2%。创建成2个国家绿色农产品标准化示范基地、8个自治区农业标准化生产基地,认证芦笋等13个绿色食品,同心红葱入选“全国名特优新农产品名录”。

2021年,同心县完成工业投资90亿元,落实上争项目资金36亿元、招商引资到位资金48亿元。培育豪龙建材、杰祥工贸、玖润纺织、泰坤荣华牧业等纳规企业8家,规模以上企业达到56家。年内实现工业增加值402867万元,同比增长14.8%。其中,规模以上工业产值85.72亿元,同比增长16.9%。规模以上工业能耗5.9万吨标准煤,同比增长90.8%。开展服务业提速升级行动,实施消费网络建设工程和国家电子商务进农村综合示范县提升工程,开工建设桃山综合物流园等10个服务业项目,全年全县实现增加值542184万元,同比增长7.4%。批发和零售业73366万元,同比增长9.7%;交通运输、仓储和邮政业34057万元,同比增长13.6%;住宿餐饮业10441万元,同比增长12.3%;金融业49027万元,同比下降1.1%;房地产业50481万元,同比增长3.9%;营利性服务业93753万元,同比增长11.9%;非营利性服务业225513万元,同比增长6.7%。

实施城市更新行动,新建改建市政道路9条,新建第二生活垃圾填埋场、新区污水处理厂(二期),改造县城农贸市场等城市功能与品质提升项目47个,实施园林绿化建设项目16个,建成区绿地率达35.1%、绿化覆盖率为38.7%。

实施农村人居环境整治提升五年行动,完善农村基础设施和服务网络建设,完成“厕所革命”4000户,完成农村环卫市场化服务体系建设改革,建成预旺、下马关、王团、韦州4个乡镇垃圾填埋场,农村人居环境不断改善。制定《同心县2021年巩固拓展脱贫攻坚成果同乡村振兴有效衔接实施方案》等系列政策性文件,明确5个方面30项重点任务和改革事项,巩固拓展脱贫攻坚成果同乡村振兴有效衔接机制基本确立。完成下马关镇南安村、田老庄乡石塘岭村等12个乡村振兴人居环境综合整治示范村建设,乡村振兴战略全面推进。

截至2021年年底,同心县有各级各类学校208所,各类幼儿园91所,在校学生83566人,有教职工4897人。有卫生机构183个,有卫生技术人员1729人,卫生机构现有病床数1414张,每千人拥有床位数4.4张。全县有图书馆1个,文化馆1个，博物馆1个，广播电台1个，电视台1座。广播综合人口覆盖率为100%，电视综合人口覆盖率为100%。2021年，全县参加基本养老保险人数214284人，参加城镇失业保险人数11126人，参加基本医疗保险人数348777人。全县享受低保救济的困难群众达47461人，同比下降6.4%。全县落实大气污染防治措施，严格建筑工地扬尘管理，建成清洁煤配送中心，空气质量持续改善，优良天数比例为85%以上，PM_{10}、$PM_{2.5}$平均浓度持续下降。截至2021年年底，全县建成覆盖乡村、社区的警务室153个，66个老旧小区实现“智慧安防”全覆盖。

（闫建忠）

固原市

【概况】固原市总面积1.05万平方公里，辖西吉县、隆德县、泾源县、彭阳县和原州区四县一区，62个乡镇，3个街道办事处，68个居委会，814个村委会，固原市人民政府驻原州区。截至2021年年底，全市常住人口114.8万人（其中，城镇常住人口51万人，乡村居住人口为63.8万人），同比增加0.5万人。全年出生1.46万人，出生率为12.74‰；全年死亡0.94万人，死亡率为8.2‰；自然增长率为4.54‰。全年全市城镇新增就业9089人，城镇登记失业率为4.17%。共完成劳务输出33.65万人，同比增长1.54%。实现劳务总收入73.36亿元，同比增长2.5%。全市实现地区生产总值375.13亿元。按不变价格计算，同比增长6.1（其中，第一产业增加值64.21亿元，增长1.6%；第二产业增加值80.65亿元，增长3.5%；第三产业增加值230.27亿元，增长8.4%）。一二三产业增加值分别占地区生产总值的比重为17.1%、21.5%、61.4%。按常住人口计算，人均地区生产总值32733元，同比增长6.2%。经济结构由上年的20.5∶19.6∶59.9转变为17.1∶21.5∶61.4，第一产业比重下降3.4个百分点，第二产业比重提高1.9个百分点，第三产业比重提高1.5个百分点。全市居民人均消费支出为14212.6元，同比增长12.1%。按常住地分，城镇居民人均消费支出23599.3元，同比增长12.2%；农村居民人均消费支出10885.3元，同比增长12.2%。

【农业与农村经济】2021年，固原市实现农林牧渔业增加值69.24亿元，同比增长1.7%。全年全市小麦种植面积38.07万亩，同比减少22.25万亩；玉米种植面积141.22万亩，同比增加16.21万亩；马铃薯种植面积97.27万亩，同比增加2.4万亩；油料种植面积20.78万亩，同比减少4.86万亩；蔬菜及食用菌种植面积43.02万亩，同比减少1.83万亩；瓜果种植面积1.71万亩，同比增加0.38万亩。全年全市粮食总产量78.23万吨（其中，夏粮产量7.18万吨，下降42.94%；秋粮产量71.05万吨，下降9.76%），同比减产13.08万吨，下降14.33%。全年全市小麦产量6.58万吨，同比下降43.24%；玉米产量41.51万吨，同比下降4.35%；马铃薯产量27.12万吨，同比下降15.08%。全年全市蔬菜及食用菌产量181.82万吨，同比下降7.23%；油料产量2.16万吨，同比下降22.73%。全年全市肉类总产量7.75万吨（其中，猪肉产量1.65万吨，同比增长5%；牛肉产量4.36万吨，同比增长5.3%；羊肉产量1.35万吨，同比下降5.17%），同比增长1.7%。禽肉产量0.39万吨，同比下降19.96%；禽蛋产量2.09万吨，同比增长66.16%。全市生猪存栏17.35万头，同比下降3.18%；生猪出栏21.27万头，同比增长9.93%；肉牛存栏63.87万头，同比增长11.55%；牛出栏26.95万头，同比增长2.29%；羊存栏86.62万只，同比增长10.36%；羊出栏74.27万只，同比下降3.03%；家禽存栏224.21万只，同比增长45%；家禽出栏188.18万只，同比下降14.54%。全市有农产品加工业82家，养殖业23家，种植业19家，流通业4家，其他2家。龙头企业固定资产净值274525.62万元，同比增长7.8%。全年新增固定资产投资31125.24万元，同比增长6.8%。营业收入（只包含涉农营业收入）253992.42万元，同比增长4.4%（其中，通过电子商务实现的销售收入13250.66万元，同比增长12%）。净利润32251.1万元，同比增长7.1%。龙头企业从业人数9532人，带动农户数25.98万户。农户从事产业化经营增收总额65236.25万元（其中，农户从龙头企业获得收入总额51910.92万元，农民从业人员的工资福利总额13325.33万元）。彭阳县“互联网+城乡供水”在全国推广。农业结构调整步伐加快，特色优势产业占比达到85%，新建高标准农田198万亩，粮食产量稳中有增，固原胡麻油、彭阳红梅杏入选“全国第一批地理标志运用促进重点联系指导名录”。

【工业和建筑业】2021年，固原市工业增加值47亿元，同比增长1.8%。其中规模以上工业增加值同比增长2.7%。在规模以上工业中，轻工业增加值增长5.9%，重工业增加值增长2.4%；国有控股企业增加值增长9.3%，股份制企业增加值下降1.9%，国有企业增加值增长10.6%，外商及港澳台商投资企业增加值下降32.9%，非公有制工业增加值下降4.6%；采矿业增加值增长13.4%，制造业增加值下降7.8%，电力、热力、燃气及水生产和供应业增加值增长4.1%。全市规模以上工业中，化学原料和化学制品制造业下降9.8%、医药制造业下降0.1%、农副制品加工制造业下降0.5%、水的生产和供应业增长19.4%、煤炭开采和洗选业制造业增长12.6%、非金属矿采选业增长23.6%、食品制造业下降45.5%、纺织制造业增长14.4%、文教工美体育制品制造业增长16.7%、橡胶和塑料制品制造业下降7.3%、非金属矿物质制造业增长0.3%、电力热力生产和供应业增长3.8%、燃气生产和供应业下降32.9%。工业产品销售率为98.9%。全年全市规模以上工业企业实现利润18.1亿元，同比增长119%。国有控股企业实现利润11.8亿元，同比增长273.5%；股份制企业实现利润17.8亿元，同比增长122.3%；外商及港澳台商投资企业实现利润0.3亿元，同比下降18.1%。采矿业实现利润11.2亿元，同比增长294.1%；制造业实现利润4.8亿元，同比增长36%；电力、热力、燃气及水生产和供应业实现利润2.2亿元，同比增长13.1%。全市具有资质的总承包和专业承包建筑业企业68家，全年完成建筑业总产值38.02亿元，同比下降10.7%。建筑业企业房屋建筑施工面积79.57万平方米，同比下降27.7%；房屋竣工面积33.97万平方米，同比下降47.2%；竣工产值18.74亿元，同比下降23.1%。出台7个政策性文件，建立市级领导包抓产业发展和重点招商引资项目工作机制，建设产业技术创新研究院，肉牛等8个研发中心挂牌，培育专精特新企业76家，国家高新技术企业10家，固原经开区升格为自治区高新技术产业开发区。引进江苏天楹、陕西海升、山东水发、河北雪川、湖北长江医药等龙头企业落户固原，王洼煤矿600万吨改扩建、金昱元盐化工循环产业链、黄天鹅高品质蛋鸡等项目建成投产。工业质量效益双提，新增规模以上企业10家，产值亿元以上企业12家，规模以上工业增加值年均增长16.8%。

【固定资产投资与贸易】2021年，固原市固定资产投资（不含农户）同比增长9%。在地方固定资产投资中，第一产业投资同比下降21.8%，第二产业投资同比增长31.3%，第三产业投资同比增长18.3%。基础设施投资同比增长24.9%，占固定资产投资（不含农户）的比重为25.9%。民间固定资产投资同比下降14%，占固定资产投资（不含农户）的比重为29.4%。全年全市房地产开发投资28.8亿元，同比下降29.3%。全市社会消费品零售总额124.92亿元，同比增长3.4%。按经营地统计，城镇消费品零售额增长4.9%，乡村消费品零售额下降1.6%；按行业类型统计，批发业增长5.5%，零售业增长1.5%，住宿业增长9.4%，餐饮业增长6.8%。在限额以上单位商品零售额中，粮油、食品类零售额增长5.4%，饮料类增长20.4%，烟酒类下降4.6%，服装、鞋帽、针纺织品类增长11.9%，化妆品类增长26.1%，金银珠宝类增长98.5%，日用品类增长13.3%，家用电器和音像器材类增长58.9%，中西药品类增长13%，文化办公用品类增长3.3%，石油及制品类增长48.2%，汽车类增长16.8%。

【交通邮电和旅游】2021年，固原市公路通车总里程10855.02公里（其中，高速公路326.75公里，一级公路142.57公里，二级公路900.41公里，三级公路1277.9公里，四级公路8207.39公里）。全年铁路客运量19.05万人，同比下降18.9%；铁路货运量271.23万吨，同比下降56.2%。民航客运量7.32万人，同比下降21.5%；民航旅客周转量5034.5万人公里，同比下降20.2%；民航货运量2.2吨，同比下降91.7%；民航货运周转量0.12万吨公里，同比下降96.1%。全市各种民用汽车保有量29.48万辆，摩托车1.05万辆，拖拉机5.67万辆，挂车0.67万辆。全市营运车辆2.92万辆，非营运车辆20.89万辆。全年全市完成邮政业务总量1.41亿元，同比增长29.2%。邮政业完成邮政寄递服务1263.35万件，快递业务量432.88万件，快递服务收入1亿元。全年全市完成电信业务总量12.7亿元，同比增长26.3%。固定电话用户数3.98万户，移动电话用户数121.45万户，其中4G移动电话用户数80.47万户，固定宽带接入用户数40.47万户，物联网用户数14.94万户。全市共有国家级旅游景区14个（其中，国家AAAA级旅游景区6个，拥有AAA级旅游景区6个，AA级旅游景区2个）。全市有27个注册旅行社，注册导游25人。全年共接待国内游客708.58万人次，接待国内游客总收入28.67亿元，国内游客人均花费404元。农家乐接待游客133.13万人次，农家乐总收入0.43亿元，农家乐人均花费32元。全市休闲农业经营主体达330家，从业人员3400人，其中农民从业人数2800人，带动农户4800户，接待游客260.6万人次，营业收入16168.6万元，农副产品销售收入5981.5万元。全市有“国家级休闲农业示范县”2个（彭阳县、隆德县），隆德渝河水环境治理模式入选国家改革开放40周年成就展，泾源县被命名为国家“绿水青山就是金山银山”实践创新基地和宁夏首个“中国天然氧吧”。“中国美丽休闲乡村”8个（原州区张易镇宋洼村、西吉县吉强镇龙王坝村、隆德县沙塘镇清泉村、神林乡辛平村、城关镇杨店村、红崖村、陈靳乡新和村、清凉村、彭阳县城阳乡杨坪村),“中国最美丽田园”1个(隆德县麦田景观),“国家五星级休闲农业示范点”3个(隆德县神林山庄、盘龙山庄、西吉龙王坝),“自治区级休闲农业示范点”52个,“全国四星级休闲农业与乡村旅游企业”1个(原州区黄土塬牡丹山庄)。全市培育发展市级以上农业产业化龙头企业130家(其中,国家级2家,自治区级67家,市级61家)。文化旅游业蓬勃发展,年均接待游客500万人次以上。西吉县将台堡纪念园被评为“全国爱国主义教育示范基地”和首批“中央文物保护单位”。

【财税金融】2021年,固原市实现地方财政收入27.03亿元,同比增长20.7%(其中,地方一般公共预算收入15.82亿元,增长9.2%)。一般公共预算收入中,税收收入8.49亿元,增长3.3%,占一般公共预算收入比重的53.7%。地方财政支出254.96亿元,同比下降6.2%;完成一般公共预算支出244.86亿元,下降3.5%(其中,教育支出下降4.8%,科学技术支出下降12%,社会保障和就业支出增长16.3%,卫生健康支出下降3.7%,节能环保支出增长16.9%,城乡社区支出下降5.3%,交通运输支出增长86.2%)。截至2021年年底,全市金融机构人民币各项存款余额546.39亿元,同比增长5.2%(其中,住户存款余额364.29亿元,增长7.8%)。人民币各项贷款余额485.35亿元,同比增长8.7%(其中,住户贷款余额315.34亿元,增长15.4%)。全年全市各类保险保费收入14.04亿元(其中,财产险收入7.05亿元,增长5.29%;人寿险收入6.99亿元,下降3.26%),同比增长0.85%。保险赔付支出8.18亿元(其中,财产险赔付支出6.18亿元,增长87.49%;人寿险赔付支出2亿元,增长8.8%),增长15.5%。保险赔付率为58.26%(其中,财产险赔付率87.7%,人寿险赔付率28.58%)。

【科技、教育、文化和卫生】2021年,固原市共争取自治区科技专项资金6123.2万元,市、县区安排科技项目资金5606万元(其中,市本级1830万元),2021年全社会R&D经费投入1.68亿元,投入强度为0.48。实施科技型企业梯队培育计划,新增国家高新技术企业家4家(共有11家)、自治区科技型“小巨人”企业2家(共有7家)、自治区农高新企业5家,国家级科技型中小企业34家、自治区科技型中小企业达到103家、市级科技型中小企业达到87家。备案组建自治区技术创新中心9个。科技专家库专家达到134名,全市科技特派员达到839名。全年全市各级各类学校935所,教职工22018人。全年全市学前教育毛入园率为87.6%,小学学龄人口入学率为100%,初中生毛入学率为117.88%,小学六年巩固率为99.89%,初中三年巩固率为98.3%,九年义务教育完成率为89.36%。全市文化系统共有艺术表演团体557个,博物馆7个,公共图书馆6个,文化馆6个,档案馆6个。全市有线广播电视在册用户数9.11万户,广播节目综合人口覆盖率为99.66%,电视节目综合人口覆盖率为99.98%。全市共有医疗卫生机构1110个,其中二级以上公立医院16个;民营医疗机构182家(其中,民营医院20家,个体诊所162家);基层医疗卫生机构900个(其中,卫生院62个,城市社区卫生服务机构26个,村卫生室812个);专业公共卫生机构12个(其中,疾病预防控制中心6个,卫生监督机构6个)。全市卫生技术人员10646人(其中,执业医师和执业助理医师3301人,注册护士4296人,乡村医生数1049人,其他卫生技术人员2000人)。全市医疗卫生机构实有床位5388张(其中,医院4327张,基层医疗卫生机构1061张)。全年全市总诊疗391.65万人次,入院出院人数17.26万人次。

【民生和社会事业】2021年,固原市建成区面积77.81平方公里,人均拥有城市道路面积26.45平方米,人均公园绿地面积32.14平方米,建成区绿化覆盖率达41.26%,建成区绿地率为38.01%。供水普及率为98.87%,人均日生活用水量100.22升,燃气普及率为77.89%,建成区供水管道密度6.84公里/平方公里,建成区路网密度6.42公里/平方公里,建成区排水管道密度11.93公里/平方公里,污水处理率为98.68%,生活垃圾处理率为100%。全市环境空气有效监测天数365天,其中优良天数333天,占有效监测天数的91.2%(未剔除沙尘天气影响)。城市建成区范围内共有126个区域环境噪声网格。城市区域昼间平均等效声级为47.5dB(A),城市区域声环境质量总体水平等级为一级(好)。全市累计发生各类生产经营性事故10起,同比下降16.7%;死亡9人,同比下降18.2%。亿元GDP生产安全事故死亡人数为0.02人,同比下降22.58%。无道路交通生产安全事故,无煤矿百万吨死亡人数。全年全市城乡居民人均可支配收入18178.8元,同比增长8.8%。按常住地分,城镇居民人均可支配收入32546.4元,增长8.3%;农村居民人均可支配收入13086元,增长9.5%。全市居民人均消费支出14212.6元,同比增长12.1%。

按常住地分，城镇居民人均消费支出23599.3元，增长12.2%；农村居民人均消费支出10885.3元，增长12.2%。全市参加企业职工基本养老保险10.86万人，同比增加0.56万人；参加机关事业单位养老保险5.25万人；参加城乡居民基本养老保险68.54万人，增加2.55万人；参加城镇职工基本医疗保险11.54万人，增加0.67万人；参加城乡居民基本医疗保险118.81万人，减少4.4万人；参加失业保险7.99万人，增加0.52万人；参加工伤保险12.32万人，增加1.35万人；参加生育保险8.81万人，增加0.55万人。

【原州区】原州区总面积2739平方公里。下辖7镇4乡3个街道办事处，150个行政村919个村民小组，41个居民委员会。是固原市委、市政府所在地。截至2021年年底，原州区户籍总人口46.96万人（其中，城镇人口19.99万人，乡村人口26.97万人），常住人口47.4万人。全年地区生产总值158.71亿元，同比增长6.7%；完成全社会固定资产投资64.04亿元，同比增长15.8%；实现社会消费品零售总额70.89亿元，同比增长3.6%；完成地方一般公共财政预算收入1.74亿元，同比增长3.2%；完成一般公共财政预算支出50.06亿元，同比增长3.2%；城镇居民人均可支配收入34683.2元，同比增长8.5%；农村居民人均可支配收入13712元，同比增长9.1%。2021年实施重点项目开工82个，完成投资40.66亿元。原州区围绕五大产业先后组织招商小分队赴甘肃、福建、山东、四川、江苏、浙江等地开展招商活动12次，随自治区考察组赴重庆开展招商活动2次，开展闽宁协作对接活动2次，共对接企业56家，完成签约项目转落地任务的100%；落地在建项目共23个，到位资金35.4亿元。

争取中央和自治区衔接资金8.1亿元，对标自治区和固原市重点产业，继续发展壮大冷凉蔬菜、草畜、特色种养、文化旅游等致富产业，彭堡镇、头营镇被确定为“宁夏特色旅游村镇”。建成5个万亩、14个千亩冷凉蔬菜基地，蔬菜种植面积达到22.4万亩。引进雪川农业落地，建成马铃薯基地4个，带动全区种植马铃薯14万亩。依托融侨、兴百业高品蛋鸡产业园，培育肉牛养殖示范乡镇2个、示范村10个，肉牛、生态鸡饲养量分别达到29万头、260万羽。举办大型促销活动25场次，实现销售收入1.2亿元。

大力实施“生态立区”战略，推进重点区域植树造林工程，完成营造林17.8万亩，废弃矿山生态修复治理5000亩，被确定为“国家水土保持示范县”。实施环境整治十大攻坚行动，被确定为“全国农村生活垃圾和资源化利用试点三级示范县区”。

整村推进“厕所革命”，新改建户厕5751座，农村人居环境不断提升，头营镇杨朗村、张易镇宋洼村被确定为2021年“宁夏高质量美丽宜居村庄”。

【西吉县】西吉县总面积3129.44平方公里，耕地面积140055.01公顷，森林面积48845公顷。辖4镇15乡，8个居委会、295个村民委员会。截至2021年年底，西吉县户籍总人口47.37万人（其中，城镇人口7万人，乡村人口40.37万人），常住人口31.8万人。全年全县实现地区生产总值80.69亿元，同比增长4%。全社会固定资产投资完成36.6亿元，同比下降7.8%。实现社会消费品零售总额20.19亿元，同比增长3.4%；完成地方一般公共预算收入17404万元，同比下降3.7%；完成一般公共预算支出65.53亿元，同比下降6.4%。城镇居民人均可支配收入31240.9元，同比增长7.8%；农村居民人均可支配收入12772.4元，同比增长8.3%；城乡居民人均可支配收入比为2.45。全年全县城镇居民人均生活消费支出20445.5元，同比增长7.5%，城镇居民恩格尔系数为30%；农村居民人均生活消费支出10743.2元，同比增长12.1%，农村居民恩格尔系数为29.7%。

2021年实现农林牧渔业总产值44.98亿元，同比下降0.7%。全年粮食作物播种面积133.64万亩，同比减少4.57万亩。全年粮食总产量32.19万吨，同比减少7.56万吨。全年全县生猪存栏5.11万头，同比增长7.5%；肉牛存栏26.9万头，同比增长16.9%；羊存栏30.2万只，同比增长15.4%。全年肉类总产量22660吨，同比增长3%；禽肉产量459吨，同比增长15.5%；其他小畜品种肉产量72吨。全县成立村集体股份经济合作社106家、经济合作社189家，开展土地承包经营权抵押贷款试点村5个。全县各类配套农机具总量7.5万余台（件）、农机总动力57.4万千瓦、农机作业服务组织42家、农机从业人员2.7万余人，完成机械化服务面积100万亩以上，农机化耕种收综合作业率为68%。全县有农产品加工企业49家，主要以加工马铃薯、果蔬、杂粮（油料）为主，全年加工转化鲜薯50万吨，蔬菜20万吨，杂粮、油料2万吨，生产精淀粉7万吨、主食产品1000多吨，农产品加工转化率达到35%。建设牛肉线下营销网点25个，年销售营业额超过100万元以上。先后组织17家农业经营主体参加区内外农产品展销会、农博会、洽谈会等农产品推介活动11次，共展出西吉农产品43种。

2021年，主要领导带队赴济南、福

州、莆田、深圳、汕头等地招商6次，分管领导带队及各部门外出招商14次，邀请客商32批次63家企业到西吉县考察调研，在谈项目23个，签约落地项目11个。2021年共实施招商引资项目31个，到位资金31.25亿元。

全年完成全部工业增加值4.22亿元。全年共签订技术合同49项，技术合同成交金额1017万元，争取区、市科技部门安排资金698.7万元，实施科技研发和成果转化项目35个。全年专利授权数132件，农业科技进步贡献率为61%。全县培训发展科技特派员230人(其中，法人科技特派员105名，自然人特派员125名)。培育种养科技示范户1800户，推广草畜、中蜂等新品种10个。

新认定宁夏佳立马铃薯产业有限公司为自治区农业高新技术企业，新增西吉县万里淀粉有限公司等4家公司为国家科技型企业，新增宁夏穆柯寨生态农业科技有限公司等9家为自治区科技型中小企业，新增宁夏宏丰生态农业科技发展有限公司等4家公司固原市级科技型企业。

2021年，西吉县开展“百村示范、千村整治、万户清洁行动”工作，村庄绿化植树87.06万株，拆除残垣断壁5415处，建成14个垃圾填埋场，完成垃圾处理46432吨，295个行政村农村生活垃圾得到治理的行政村比例为95%。整村推进户厕改造的村10个，完成农村厕所改造3010座。全县境内等级公路里程达到3289公里。全县19个乡镇295个行政村全部通客车，乡镇和行政村通车率均达到100%。2021年7月，成功创建为“全国城乡交通运输一体化”示范县。新营乡甘井村、吉强镇龙王坝村被确定为“宁夏高质量美丽宜居村庄”。

全年全县有各级各类学校360所。学前教育毛入园率为87.06%，小学学龄人口入学率为100%，初中阶段毛入学率为104.38%，高中阶段毛入学率为94.63%，小学六年巩固率和初中三年巩固率均为100%。

【隆德县】隆德县总面积985平方公里，其中耕地面积46.7万亩。辖13个乡镇，104个村(社区)。截至2021年年底，全县户籍总人口15.3万人(其中，城镇人口4.24万人，乡村人口11.06万人)，常住人口10.9万人。全年完成地区生产总值372210万元，同比增长5.8%，全社会固定资产投资完成22.2亿元，同比增长3%；地方财政一般预算收入完成9170万元，同比增长3%；城镇居民人均可支配收入达到27790元，同比增长7%；农村居民人均可支配收入达到12580元，同比增长8.5%。全县公共预算总收入341940万元，公共预算总支出341940万元，政府性基金总收入完成6872万元。社会保险基金收入56058万元，社会保险基金支出42570万元。

完成农林牧渔业总产值161576万元，同比增长2.1%。全县生猪存栏14237头，同比下降34.6%；出栏27810头，同比下降11.7%。牛存栏63433头，同比增长19.1%；出栏24977头，同比下降8.2%。羊存栏24822只，同比增长8.7%；出栏21410只，同比下降24%。家禽存栏72651羽，同比增长6.4%；出栏26579羽，同比下降79%。肉类总产量6732吨，同比下降15.6%。建成张程、杨河等肉牛标准化养殖示范乡4个，观庄乡田滩村等肉牛养殖示范村58个，兴鸿旺牧业等千头规模肉牛养殖场6个，奠安乡张田村等百头以上规模肉牛养殖场24个，全县肉牛饲养量达10.1万头。建成沙塘镇新民村等千亩设施蔬菜园区15个，联财镇恒光村等永久性设施蔬菜基地10个，全县种植冷凉蔬菜5万亩。建成神林观音等千亩中药材规范化种植基地7个，全县大田中药材达到3万亩，林药间作24万亩。建成观庄、陈靳等乡镇2000亩以上一级种薯繁育基地10个，全县种植马铃薯10.3万亩。形成北片万头肉牛、中片川道区万亩冷凉蔬菜、中南片万亩中药材、六盘山西麓阴湿区万亩马铃薯4个特色农业产业发展示范区。全县完成工业增加值15673万元，同比下降5.3%；建筑业增加值56661万元，同比下降0.5%。引进上海医药、河南太龙等上市企业和黄土地食品、金誉生物等龙头企业，入六盘山工业园区企业60家，以中药材加工、农副产品生产、特色轻工业为主的产业。争取自治区技改资金642万元，引导浩德纸业、爱丽娜地毯等企业投资4285万元实施技术改造升级。加大科技创新扶持力度，申报认定四兴醋业为2021年自治区专精特新示范企业。培育桐君堂、浩德纸业拟进入规模以上企业。打造爱丽娜、人造花、兴宇粗粮、六盘山中药4个企业治理示范点和供水公司、公交公司、黄土地食品等5家标杆企业。休闲农业与乡村文化旅游融合发展，举办“庆祝中国共产党成立100周年暨第五届老巷子民俗文化旅游节”“传承红色基因、感悟历史文化”“两晒一促”文旅宣传推介活动，陈靳乡新和村等6个行政村入选“全国乡村旅游重点村”，老巷子被评为国家AAA级景区；建成神林山庄自驾游营地，新和村、老巷子房车营地，打造隆张公路、隆庄公路、隆泾公路三条精品旅游线路，打造盘龙山庄、锦瑟客栈2家精品民宿，培育六盘山文化城、盘龙山庄旅游商品购物店2

家，打造老巷子餐饮、龙泉苑广场小吃等特色街区，全年累计接待游客150万人次，直接性营业收入1690万元，旅游社会总收入5.92亿元；隆德县入选2021年“中国最美县域榜单”。到隆德县旅游人数年均增长10%，旅游社会总收入年均增长8%。全年快递进港500万单、出港40万单，农产品线上销售额1800万元。全县全年实现服务业增加值22.6亿元，同比增长8%。

全年外出招商8次，考察对接企业20余家；“请进来”客商32批次18家。引进上海桐君堂中药材种植基地项目、大果榛子产业园区等招商项目，招商引资12家企业落地园区，落地资金为29124万元，主导产业项目12个。全年实施隆德县六盘山工业园区集中供能扩建、县城雨污分流、农业一二三产业融合等基本建设项目108项，总投资40.6亿元，建设联财镇重点小城镇1个，双村、辛平等5个美丽村庄，建成卫生厕所1000间，铺设6个行政村污水管网121.39公里，建成垃圾分拣和资源化利用中心58个。

新改建神杨公路等农村路33.5公里，新建杨坡至新庄湾、红堡至杨家磨等16条农村公路安防工程52公里，改造大庄、石庙2座危桥，新增御景鸿府至锦华、红崖社区至永丰等5条公交线路，完成30个智能化公交站台建设，安装230个临时公交站牌站点。入选“全国第二批城乡交通运输一体化示范创建县”。

全县共有医疗卫生机构23所（其中，县级公立医院2所，其他县级医疗卫生机构3所，社区卫生服务站4所，乡镇卫生院13所，民营医院1所）。有卫生健康工作人员1281人，专业技术人员962人。获“国家卫生县城”荣誉称号。

【泾源县】泾源县总面积1131平方公里，其中耕地面积2612万亩。辖3镇4乡，3个居民委员会，96个村民委员会。截至2021年年底，全县户籍总人口11.46万人（其中，城镇人口1.14万人，乡村人口10.32万人），全县常住人口8.6万人。全年全县完成地区生产总值23.49亿元，同比增长7%；固定资产投资14.2亿元，同比增长7%；社会消费品零售总额8.6亿元，同比增长8%；地方一般公共预算收入1.09亿元，同比增长5%；金融机构各项存款余额40.52亿元，同比增长7.56%，各项贷款余额31.15亿元，同比增长16.83%；城镇居民人均可支配收入30139元，同比增长9%；农村居民人均可支配收入11831元，同比增长10.5%。

全面推进乡村振兴，培育打造示范村16个。深化闽宁对口协作和央企定点帮扶机制，厦门市和中国建材集团投入资金6140万元，实施项目22个。全年外销各类农特产品1.08亿元。

实施重点项目54个16亿元，落实招商引资项目22个。

泾华高速全线贯通，312国道维修进展顺利，泾平公路改造提升稳步推进，沙蒿公路建成通车，改建提升农村公路9条46.6公里，硬化巷道7.1万平方米。

“互联网+城乡供水”工程有序推进，水系连通及农村水系综合治理试点县项目全面完成，实施小流域综合治理项目5个，治理水土流失面积20.35平方公里。提升改造农村饮水管网299公里，更换配水管道54公里。深化园区体制机制改革，创新“文化旅游+工业+电商”产业融合发展模式，创建“泾品臻牛”农特产品区域公共品牌，产品研发展示中心投入使用，工业污水处理厂建成运行，众天蜂业、富康源黑果花楸正式投产，引进泾源黄牛肉精深加工企业2家，培育规模以上企业1家。

实施“旅游+”战略，举办乡村文化旅游节，“两晒一促”“云上文旅馆”宣传推介影响广泛，泾河源镇入选“全国第一批乡村旅游重点镇”，杨岭村、冶家村入选“全国第二批乡村旅游重点村”，泾河源旅游度假区被评定为“自治区级旅游度假区”。全年接待游客102万人次，实现旅游综合收入8.2亿元，成功创建“自治

2021年6月19日，泾源县举办“泾源蜂蜜”宣传推介会

区级全域旅游示范县”，荣登2021“中国最美乡村百佳县市榜”“中国最具诗意百佳县市榜”。

全年推广种植优质高产高效饲料玉米8万亩，优质牧草2.3万亩，补栏育肥牛1.1万头，肉牛饲养量达到8.8万头。引进新疆天康生物开展“户繁场育、联企带农”服务。推行“出户入园、出村入场”肉牛养殖模式，建成示范场8个。做好“生态+”文章，按照“整片推进、整乡推进、整流域推进”的发展模式，发展黑果花楸、刺五加、食用玫瑰、金银花等为主的林草产业4.1万亩。继续推行“1+10”养殖模式，新发展养蜂户253户，建设标准化蜂场11个，全县蜂群达到3.7万群。举办宁夏“泾源蜂蜜”宣传推介会。

以闽宁纺织扶贫城和工业园区为载体，培育纺织企业8家，带动就业600余人。

实施乡村建设行动，沙南、下黄、羊槽3个高质量美丽宜居村庄建设项目加快实施，张堡、五里、下桥等31个地质灾害隐患点治理进展顺利，推进农村生活垃圾分类处理试点项目，配备四分类垃圾箱2000个、垃圾清运车72辆，完成农村改厕2037户。推进幸福农家123工程，新建小拱棚2000座，巩固提升小菜园5000户，栽植果树12.5万余株。坚持树木树林、治山治水同步发力，统筹推进山水林田湖草系统治理，成功创建国家“绿水青山就是金山银山”实践创新基地。

推进蓝天行动，建设清洁能源综合利用示范村5个，严格落实6个百分百扬尘防控措施，全年环境空气质量优良天数比例为93%。推进碧水行动，县城污水处理厂扩容和泾河水质净化项目调试运行，六盘山镇污水处理站投入使用，建成新民乡、兴盛乡污水处理厂，泾河出境断面平均水质稳定保持在Ⅱ类标准。推进净土行动，建设高标准农田2.4万亩，回收残膜580余吨，推广应用有机肥5万亩。推进复绿行动，实施秋千架矿区、金石矿业生态修复61.27公顷，完成工程造林7.75万亩。全年争取用水总量1900万立方米，吸引上海能源科技公司参与生态修复发展新能源产业，引进宁苗生态园林参与生态保护修复试点改革，排污权确权核算核定全面完成，完成天然林政策性参保13.89万亩。加快推进科技成果转化，培育认定自治区级技术创新中心3家、国家和自治区科技创新型企业7家。

【彭阳县】彭阳县总面积2533.49平方公里，其中耕地面积125.5万亩。辖4镇8乡156个行政村和6个居民委员会。截至2021年年底，全县户籍总人口24.6万人（其中，城镇人口6.6万人，乡村人口18万人），常住人口16.1万人。2021年，彭阳县实现地区生产总值761619万元，同比增长7.1%。全县人均地区生产总值47306元，同比增长8%。地方一般公共财政预算收入41806万元，同比增长69.1%。社会消费品零售总额150163万元，同比增长2.7%。全社会固定资产投资330900万元，同比增长13%。全县常住居民人均可支配收入16547元，同比增长8.9%；城镇常住居民人均可支配收入30404元，同比增长7.3%；农村常住居民人均可支配收入13514元，同比增长10.5%。

全年全县粮食作物播种面积74.7万亩，总产量达到22万吨。优质牧草种植面积达到65万亩，培育肉牛养殖示范村36个，建设饲草料配送中心5个，建立300头以上肉牛养殖园区3个、100头以上肉牛养殖区13个，其中生态移民安置区肉牛产业“出户入园”示范园区4个。标准化养殖暖棚85.97万平方米，全县肉牛饲养总量稳定达到20.5万头，牛存栏13.01万头，出栏7.54万头；羊存栏25.27万只，出栏29.56万只；猪存栏1.33万头，出栏6.71万头；鸡存栏55.6万羽，出栏75.23万羽。推进林草产业试验示范工程，引进新品种147个，示范推广适宜品种40种100万亩，打造示范园34个，示范点35个。

彭阳县白阳镇栖凤小区移民就业车间

建成李儿河流域生态治理示范区，完成国土绿化10.7万亩，治理小流域42平方公里，水土流失治理程度达到76.9%，全县森林覆盖率达到32.2%。种植中药材15万亩，蔬菜8.5万亩、小麦13万亩、马铃薯8.3万亩，其他杂粮3.3万亩、杂谷5万亩，生态鸡饲养量达130万羽，养殖中华蜂1.6万群。做大做强彭阳辣椒、红梅杏、朝那鸡等区域特色农产品，认证“两品一标”农产品6个。

县域内煤炭储量35.05亿吨，远景储量为140亿吨以上，中铝宁夏能源集团有限公司下属企业王洼煤业有限公司开采经营，3个生产矿井原煤年生产能力达到1200万吨。探明石油可控制地质储量超过5000万吨，开工建设井场192个，打井362口，日产原油300吨左右，县内现有1个采油作业区、2个拉油脱水注水站，投入支持地方发展资金5858万元、收缴各种规费2400万元，征收县级税金2亿多元。全县共有工业企业128家，全年第二产业完成增加值28.21亿元，同比增长6.7%。规模以上工业增加值17.95亿元，同比增长6.8%。

全县共有限额以上贸易企业8家（其中，批发企业3家，零售企业2家，住餐企业3家），线下样本监测企业24家，电商标杆企业15家，村级电商服务站点126个，农村物流站点100个。2021年，全县实现农产品网络销售额1.06亿元，第三产业完成增加值34.11亿元，同比增长10%。

全年开工建设项目94个，共投资46.24亿元。全县等级公路总里程达到3204.96公里，全县156个行政村全部通硬化路、通客车。彭阳县治理小流域134条1794平方公里，完成营造林15.63万亩，全县森林覆盖率达到34.31%。生态建设得到全国“三北”地区生态扶贫现场会的肯定，获“全国生态建设突出贡献奖”。全县共有农家乐61家。2021年接待游客72万人次，实现社会综合收入3.24亿元，旅游商品线上销售2378.57万元，线下销售1418.65万元。2021年获评“全国休闲农业重点县”。

（李　荣）

中卫市

【概况】中卫市总面积17391.3平方公里，辖沙坡头区、中宁县、海原县，共21镇19乡，443个行政村，68个居民委员会。2021年，全市实现地区生产总值504.73亿元，首次突破500亿元。按不变价格计算，同比增长6.4%，增速列全区五市第三位。其中，第一产业增加值75.04亿元，增长6%；第二产业增加值216.06亿元，增长5.9%；第三产业增加值213.63亿元，增长6.9%。一二三产业增加值分别占地区生产总值的比重14.9%、42.8%、42.3%。按常住人口计算，人均地区生产总值47083元，同比增长6.3%。截至2021年年底，中卫市户籍总户数39.16万户，户籍总人口122.14万人。全市常住人口107.5万人，同比增长0.7%；全年出生人口1.41万人，出生率为13.15‰；死亡人口0.74万人，死亡率为6.9‰；全市人口自然增长率为6.25‰。全市城镇人口54.3万人，同比增加1.2万人；乡村人口53.2万人，同比减少0.5万人；常住人口城镇化率50.51%，同比提高0.81个百分点。

【工业和建筑业】2021年，中卫市实现工业增加值182.46亿元，同比增长5.1%，占地区生产总值比重为36.2%。规模以上工业增加值增长3.7%。在规模以上工业中，分轻重工业看，重工业同比增长4.1%，占规模以上工业增加值比重的95.4%；轻工业同比下降1.9%，占规模以上工业增加值比重的4.6%。分经济类型看，国有控股企业增加值同比增长9.7%，股份制企业同比增长3.1%，外商及港澳台商投资企业同比增长26.7%。私营企业同比增长4.1%，非公有制工业同比增长2.3%。分门类看，采矿业增加值同比下降23%，制造业同比增长3.9%，电力、热力、燃气及水生产和供应业同比增长10.6%。规模以上工业中，黑色金属冶炼和压延加工业同比增长26.7%，农副食品加工业同比增长17.2%，电力、热力生产和供应业同比增长12%，有色金属冶炼和压延加工业同比增长10.1%，酒、饮料和精制茶制造业同比增长5.6%，食品制造业同比下降25.3%，非金属矿物制品业同比下降20.2%，计算机、通信和其他电子设备制造业同比下降19.2%，化学原料和化学制品制造业同比下降0.9%。规模以上工业企业实现利润总额32.36亿元，同比增长9.9倍。分经济类型看，国有控股企业利润总额5.37亿元，同比下降55.2%；股份制企业利润28.62亿元，同比增长23.9倍；外商及港澳台商投资企业利润4.04亿元，同比增长1.1倍；私营企业利润总额19.08亿元，扭亏转盈29.92亿元。分门类看，采矿业利润1.8万元，同比下降97.7%；制造业利润25.58亿元，扭亏转盈32.6亿元；电力、热力、燃气及水生产和供应业利润11.78亿元，同比下降21.3%。规模以上工业企业每百元营业收入中的成本84.19元，营业收入利润率为4.18%，年底规模以上工业企业资产负债率为64%。全市建筑业实现增加值33.64亿元，同比增长10.3%。全市具有资质等级的总承包和专业承包建筑业企业70家，完成建筑业总产值37.13亿元，同比增长14.2%。

【新动能新产业】2021年，中卫市信息传输、软件和信息技术服务业增加值同比增长22.3%，拉动全市生产总值增速提高0.5个百分点。全市工业技术改造投资同比增长23.4%，高技术制造业投资同比增长62.3%。全年水电、风电、太阳能等可再生能源发电量118.25亿千瓦时，同比增长60.3%。全年新登记市场主体14561户。截至2021年年底，开业市场主体总数达81066户，其中个体工商户60091户。全市发电装机容量1052.34万千瓦（其中，火电装机容量161.45万千瓦，水电装机容量12.43万千瓦，并网风电装机容量352.6万千瓦，并网太阳能发电装机容量525.86万千瓦）。

【农业经济】2021年，中卫市实现农林牧渔业增加值77.7亿元，同比增长5.9%，完成农林牧渔业总产值152.1亿元，同比增长2.7%（其中，农业产值95亿元，下降1.5%；林业产值1.2亿元，增长654.8%；畜牧业产值48.5亿元，增长12.4%；渔业产值3.2亿元，增长11.1%；农林牧渔服务业产值4.2亿元，增长4.2%）。全年粮食种植面积190.6万亩，同比减少2.5万亩（其中，小麦种植面积11.5万亩，减少3.3万亩；水稻种植面积5.8万亩，减少0.7万亩；玉米种植面积102.5万亩，增加7.9万亩；薯类种植面积34.9万亩，增加0.4万亩）。全年粮食总产量67万吨，同比下降3.7%（其中，夏粮产量2万吨，下降13.9%；秋粮产量65万吨，下降3.4%）。全年全市小麦产量1.9万吨，同比下降11.0%；水稻产量3.5万吨，同比下降12.2%；玉米产量53万吨，同比增长0.8%；马铃薯（已折粮）产量6.3万吨，同比下降11.8%。全年全市肉类总产量7.2万吨，同比增长10.1%（其中，猪肉产量3.5万吨，增长26.8%；牛肉产量1.6万吨，增长4.4%；羊肉产量1.5万吨，下降6.0%；禽肉产量0.5万吨，下降11.7%。禽蛋产量4.2万吨，下降27.9%。牛奶产量43万吨，增长47%）。全年全市生猪存栏29.8万头，同比下降9.2%；牛存栏32.4万头，同比增长29.7%，其中奶牛存栏10.2万头，增长31.7%；羊存栏113.7万只，同比增长12.9%；家禽存栏336.3万羽，同比下降8.9%。全年生猪出栏43.2万头，同比增长22.5%；牛出栏9.8万头，同比增长2.5%；羊出栏86.5万只，同比下降1.3%；家禽出栏236.2万只，同比下降13%。

2021年6月22日，第四届枸杞产业博览会在宁夏中卫市中宁县举办

【服务业】2021年，中卫市服务业实现增加值210.94亿元，同比增长6.9%（其中，批发和零售业实现增加值22.78亿元，增长10%；交通运输、仓储和邮政业实现增加值24.74亿元，增长12.4%；住宿和餐饮业实现增加值6.18亿元，增长13.6%；金融业实现增加值23.3亿元，与上年持平；房地产业实现增加值17.96亿元，增长5%；其他服务业实现增加值115.98亿元，增长6.6%），占地区生产总值比重的42.3%。全年规模以上服务业企业营业收入同比增长21.9%，利润总额同比增长2.76倍。

【商业贸易】2021年，中卫市实现社会消费品零售总额132.33亿元，同比增长3.2%。按经营地统计，城镇消费品零售额98.21亿元，同比增长4.2%；乡村消费品零售额34.12亿元，同比增长0.7%。按行业分，批发零售业零售额115.9亿元，同比增长3.2%；住宿餐饮业零售额16.43亿元，同比增长3.6%。按消费类型统计，商品零售额115.9亿元，同比增长3.2%；餐饮收入16.43亿元，同比增长3.6%。在限额以上单位（法人）商品零售额中，粮油、食品类零售额同比下降32.9%，饮料类同比增长14.5%，烟酒类同比下降12.4%，服装、鞋帽、针纺织品类同比下降67.9%，化妆品类同比下降77.3%，日用品类同比增长50.8%，家用电器和音像器材类同比下降29.5%，中西药品类同比下降0.5%，文化办公用品类同比下降74.5%，通信器材类同比下降9.2%，汽车类同比增长31%，石油及制品类同比增长28%。全年实现进出口总额28.31亿元，同比增长53.2%（其中，出口总额19.13亿元，增长87.8%；进口总额9.18亿元，增长10.7%）。

【固定资产投资】2021年，中卫市固定资产投资（不含农户）同比增长19.3%，其中县属固定资产投资增长14.9%。分投资主体看，国有投资同比增长9.6%，民间投资同比增长33.8%。在县属固定资产投资中，第一产业投资同比增长17.9%，第二产业投资同比增长7.3%，第三产业投资同比增长27.6%。工业投资同比增长7.2%，占县属固定资产投资比重的55.8%。

【房地产开发】2021年，中卫市完成房地产开发投资37.46亿元（其中，住宅投资28.79亿元，增长73.8%；办公楼投资0.07亿元，下降58.6%；商业营业用房投资4.57亿元，下降20%；其他投资4.03亿元），同比增长53.4%。全市商品房待售面积102.97万平方米，同比下降1.1%。其中，住宅待售面积31.2万平方米，下降12.1%。

【交通和邮电】2021年，中卫市民用汽车保有量17.4万辆，同比增长5.3%，其中私人汽车保有量16万辆，增长5.8%。全市民用轿车保有量5.9万辆，同比增长3.9%，其中私人轿车5.9万辆，增长4.4%。全年民航旅客吞吐量21.6万人次，货邮周转量61.32万吨公里。全年完成邮政行业业务总量1.8亿元，同比增长32.2%。完成邮政业务收入（不包括邮政储蓄银行直接营业收入）1.84亿元，同比增长14.4%。全年邮政业完成函件业务2.84万件，同比下降45%；邮政包裹业务0.7万件，同比下降30.7%；快递业务量1265.8万件，同比增长24.7%。全年电信业务总量同比增长28.2%。完成电信业务收入10.4亿元，同比增长5.6%。全市电话用户总数124.9万户（其中，固定电话用户7.6万户，移动电话用户117.3万户），同比增长2.9%。截至2021年年底，固定互联网宽带接入用户45万户，同比增加5.6万户。

【财税金融】2021年，中卫市完成地方财政收入33.04亿元，同比增长6.7%。其中一般公共预算收入22.85亿元，增长9.6%。在地方一般公共预算收入中，税收收入15.31亿元，同比增长21.1%，占地方一般公共预算收入的67%。主体税种中，增值税5.33亿元，同比增长22.4%；企业所得税1.55亿元，同比增长45.8%；个人所得税0.51亿元，同比增长26.7%。全年财政支出192.1亿元，同比下降3.5%，其中，一般公共预算支出184.2亿元，增长1.4%。在一般公共预算支出中，一般公共服务支出8.84亿元，增长0.7%；教育支出28.61亿元，下降1.1%；社会保障和就业支出24.41亿元，下降0.9%；卫生健康支出16.66亿元，下降2.3%。2021年，中卫市金融机构本外币各项存款余额652.48亿元，同比增长5.3%（其中，人民币各项存款余额652.09亿元，增长5.3%）。金融机构本外币各项贷款余额533.38亿元，同比增长5.8%（其中，人民币各项贷款余额533.38亿元，增长5.8%）。全市原保险保费收入19.7亿元，同比下降1.4%。其中，财产险业务保险保费收入8.1亿元，增长2.1%；寿险业务保险保费收入11.6亿元，下降3.7%。支付各类赔款及给付7.4亿元，同比增长29.4%（其中，财产险业务赔款及给付支出5.8亿元，增长37%；寿险业务给付支出1.6亿元，增长7.2%）。

【科技和教育】2021年，中卫市共争取上级科技项目154个，到位资金1.14亿元。全年专利授权数1088件，同比增加343件（其中，获得授权发明专利64件，增加3件）。全市共有国家级高新技术企业9家，自治区科技“小巨人”企业3家，自治区科技型中小企业54家。每万人有效发明专利拥有量3.25件。全市拥有自治区级工程技术中心7个，自治区技术创新中心44个，自治区众创空间1家。全市有质检中心2家，全年制造业产品合格率为98.15%。全市各级各类学校435所，教职工16048人(其中，专任教师13818人)。全市小学学龄人口入学率为100%，初中阶段毛入学率为116.06%，高中阶段毛入学率为93.88%，小学六年巩固率为99.27%，初中三年巩固率为99.81%。

【文化、旅游和体育】2021年，中卫市拥有专业艺术表演团体3个，业余文艺团体166个，文化馆3个，公共图书馆3个，博物馆6个，文物管理所3个，剧场、影剧院9个，文化站40个，全市已建成大型公共文化服务场所10个，村级文化室448个，社区文化室51个。年底全市共有景点景区36家，旅行社54家(其中，分社40家，注册社14家)。星级旅游饭店10家(其中，四星级6家，三星级4家)。全年接待旅游886.7万人次，实现旅游总收入58.7亿元。全市共有体育场馆18个，体育场地面积290万平方米。全年举办体育运动竞技67场次，举办大型职工群众运动会7次，培训二级体育指导员803人。

【城市建设和环境保护】2021年，中卫市城市道路长度560.53公里。全市有公园42个，公园面积14544亩，人均公园绿地面积为18.25平方米。全市建成区面积达79.13平方公里。建成区绿化覆盖率达41.08%，绿地率为37.38%。

全市水资源总量1.36亿立方米。总用水量21.75亿立方米，同比下降7.2%(其中，生活用水5.38亿立方米，下降1.8%；工业用水4.28亿立方米，下降13.18%；农业用水12.09亿立方米，下降5.9%)。万元地区生产总值用水量266立方米，同比下降19.15%。全年完成造林面积37.14万亩，其中人工造林面积20.63万亩。森林面积333.38万亩，森林覆盖率为17%。森林抚育面积2万亩，林地面积559.77万亩。全市国家级自然保护区1个。全年空气质量优良天数296天，优良天数比例为81.3%，细微颗粒($PM_{2.5}$)平均浓度为27微克/立方米，可吸入颗粒物(PM_{10})平均浓度为65微克/立方米，环境空气质量综合指数为3.54%，同比下降0.26个百分点。全年全市降水量266.1毫米，同比增加12.5毫米。全年平均气温为10.2℃，同比上升0.6℃。

【居民收入消费】2021年，中卫市居民人均可支配收入19383元，同比增长8.5%，扣除价格因素，实际增长6.5%。按常住地分，城镇居民人均可支配收入32521元，同比增长6.7%(其中，人均工资性收入24735元，增长5.8%；人均经营净收入2948元，增长13%；人均财产净收入899元，增长5.4%；人均转移净收入3939元，增长8.2%)。扣除价格因素，实际增长4.7%。全市农村居民人均可支配收入13493元，同比增长11.3%(其中，人均工资性收入6062元，增长12.6%；人均经营净收入5095元，增长8.1%；人均财产净收入198元，增长4.2%；人均转移净收入2138元，增长16.5%)。扣除价格因素，实际增长9.2%。全市居民人均消费支出14793元，同比增长12.9%。按常住地分，城镇居民人均消费性支出20222元，同比增长11.7%(其中，食品烟酒类消费支出5118元，增长5.5%，占城镇居民人均消费支出的比重为25.3%)；农村居民人均消费性支出12358元，同比增长17.1%(其中，食品烟酒类消费支出3489元，增长21.3%，占农村居民人均消费支出的比重为28.2%)。

【社会保障】2021年，中卫市参加城镇职工基本养老保险28.15万人，同比增加5937人。参加城乡居民基本养老保险48.14万人，同比减少4.22万人。参加基本医疗保险112.71万人，同比减少7315人(其中，参加职工基本医疗保险13.79万人，增加7259人；参加城乡居民基本医疗保险98.92万人，减少1.46万人)。参加失业保险职工7.31万人，同比增加1558人。全市领取失业保险金3223人。参加工伤保险16.17万人，同比增加1.85万人(其中，参加工伤保险的农民工9.71万人，同比增加1.2万人)。参加生育保险10.79万人，同比增加0.6万人。全市共有1.6万人享受城市最低生活保障，发放保障金9628万元；7.3万人享受农村最低生活保障，发放保障金31033万元，1625人享受农村特困人员救助供养。全年临时救助3万人次，全年抚恤、补助退役军人和其他优抚对象3809人。全市拥有养老机构25个(其中，农村敬老院12个，社会福利院1个，民办养老机构12个)，共有床位5599张，入住老人907人。有儿童福利院1个，设床位50张，入住儿童30人。城乡建立各类社区服务站511个。

【安全生产】2021年，中卫市发生各类生产安全事故20起(其中，道路交通5起，工矿商贸14起，危险化学品1起)，同比减少3起。死亡22人(其中，道路交通死亡3人，工矿商贸死亡18人，危险化学品死亡1人)，与上年持平。经济损失2011万元，同比增长60.6%。

【沙坡头区】沙坡头区为中卫市政府驻地，辖10镇1乡，共有162个行政村、36个城镇社区，总面积6877平方公里。

2021年，沙坡头区常住总人口为40.2万人（其中，汉族36.49万人，回族3.55万人，其他少数民族0.16万人）。其中，乡村人口14.7万人，城镇人口25.5万人。全年出生率为11.47‰，死亡率为5.99‰，自然增长率为5.48‰。2021年完成地区生产总值235.82亿元，同比增长10.9%（其中，第一产业增加值35.85亿元，增长9.1%；第二产业增加值106.16亿元，增长18.1%；第三产业增加值93.81亿元，增长5.2%）。城镇常住居民人均可支配收入33850元，同比增长6.5%；农村居民人均可支配收入15931元，同比增长12.9%。全年固定资产投资完成额同比增长19.3%。

新能源产业有序发展，阳光电源孟家湾10兆瓦光伏发电、卫钢200兆瓦光伏发电建成并网。新型材料产业向高端迈进，瑞泰精细化工副产盐资源化循环利用示范项目、华御化工年产29万吨离子膜烧碱等技改项目建成投产。大数据产业蓬勃发展，国家（中卫）新型互联网交换中心落地沙坡头区，亚马逊、美利云等6个超大型数据中心建成投运，服务器装机能力达60万台。规模以上工业增加值同比增长18.5%。

新建高标准蔬菜基地1000亩，栽植苹果2000亩、枸杞7900亩、金银花1.1万亩，创建苹果、枸杞、红枣等示范基地13个。加快推进光明乳业日加工1000吨液态奶和年生产2万吨婴幼儿奶粉生产线及5万头生态智慧牧场建设项目，建成宁夏奶业科创中心，奶牛存栏达5.4万头，肉牛、肉羊、生猪和家禽饲养量分别达7万头、66万只、63万头和541万只。粮食总产量15.9万吨，同比增长0.5%。生猪存栏17.8万头，出栏26.88万头；牛存栏9.04万头，出栏2万头，牛奶产量达23.3万吨；羊存栏30.53万头，出栏15.1万头。

2021年举办第十五届南（北）长滩梨花节、丝绸之路大漠黄河国际文化旅游节等节事活动，年接待游客760.56万人次，旅游总收入35达亿元。建成何滩村等3个高质量美丽村庄。有各类救助对象33161人，累计核发低保、高龄津贴、孤儿养育津贴、特困供养金、残疾人补贴各类救助资金10168.57万元。2021年普通高中录取率达53.03%。新开办中卫第九中学，增加优质初中学位1800个。移交和新办14所公办幼儿园（区），增加公办园学位1620个。撤销学区5个，百人以下小规模学校4所，教学点27所。

2021年4月28日，中国宁夏（沙坡头）第十一届丝绸之路大漠黄河国际文化旅游节在沙坡头区举行

【中宁县】中宁县是“中国枸杞之乡”，总面积3369.58平方公里，全县辖6镇6乡，154个村级单位，133个行政村，21个城镇社区，7个农林渔场。2021年全县常住人口33.6万人，同比增加0.2万人（其中，城镇人口16.8万人，城镇化率为50%，同比提高0.99个百分点）。全年人口出生率为12.54‰，死亡率为7.46‰，人口自然增长率为5.08‰。2021年，全县实现地区生产总值179.95亿元，同比增长0.2%；完成社会消费品零售总额43.63亿元，同比增长3.4%；实现城镇居民人均可支配收入32206.7元，同比增长6.9%；农村居民人均可支配收入15700元，同比增长11.5%；完成地方一般财政公共预算收入86852万元，同比增长7%。2021年，全县地方一般公共预算收入完成86852万元，同比增长7%（其中，税收收入完成56886万元，增长12%；非税收入完成29966万元，同比减少1%）。政府性基金收入30205万元，增长112%。

全县实施重点工业项目17个，总投资85.93亿元。全年工业总产值同比增长9.9%，工业增加值同比下降14.8%。长安铝制品铝灰渣无害化资源化处置、赛马外购熟料智能卸车入库科技研发投入和50万吨/年锰渣脱硫烟气制硫酸3个项目建成投产。全县规模以上企业增至65家，专精特新企业增至53家，天元锰业、锦宁巨科等4家企业位列自治区工业龙头企业行列，宁创科技获评国家级绿色工厂，工业园区跻身自治区高新技术产业开发区。

全县落实粮食播种面积53.58万亩，粮食总产达3.04亿公斤。全县奶牛存栏3.8万头，生猪、肉牛、肉羊、家禽饲养量分别为22.8万头、12.8万头、60.1万只、76.8万羽，肉、蛋、奶产量分别为1.99万吨、0.53万吨、16.82万吨；水产养殖面积3.2万亩，水产品总产量0.36万吨。新种植枸杞面积4万亩。新建清洁能源烘干设施20座，日烘干能力达到80%。玺赞枸杞庄园获批“宁夏首个有机枸杞示范项目”。举办第四届枸杞产业博览会，吸引省内外200多家企业参展、400余名客商参会，达成购销签约12.48亿元。电子商务交易额增至88.91亿元，成功创建“国家级电子商务进农村综合示范县”，荣列全国农产品电商“百强县”。

石空镇倪丁村、太平村，余丁乡黄羊村先后入围“全区特色旅游村”和“全国乡村旅游重点村”。

全年获批科技项目资金2712.57万元。全县城镇职工养老保险参保82240人，城乡居民参保140760人，工伤保险参保55313人。全年发放城市低保2195人，发放资金1343.43万元，农村低保12630人，发放资金6401.2万元。全县城乡居民基本医疗保险实际参保缴费291789人，参保率为99.01%。为享受国家定期抚恤补助的优抚对象发放各类补优抚补贴933.23万元。2021年脱贫户人均纯收入达到12255.01元，同比增长10.51%；监测对象人均纯收入11510.69元，同比增长8.46%。

【海原县】海原县总面积4989.6平方公里，辖17个乡镇、1个街道办事处、1个自然保护区及甘盐池种羊场，148个行政村、11个社区。截至2021年年底，全县户籍人口45.66万人，常住人口33.35万人。全年完成地区生产总值88.97亿元，同比增长8%；固定资产投资60.8亿元，同比增长26.3%；一般公共预算收入2.38亿元，同比增长11%；城镇、农村居民人均可支配收入达到29478元、11742元，同比分别增长7.2%、10.3%。

建成中国宁夏良种牛繁育中心，海原华润草畜一体化肉牛养殖基地为宁夏唯一活牛供港基地，全县高端肉牛饲养量30万头。“南月牌”马铃薯获“第十六届中国国际农产品交易会金奖”。2021年，全县完成马铃薯种植面积33.9万亩，实现农牧业总产值38.16亿元，完成增加值12.5亿元。

全县有学校276所，教职工4738人，在校学生86086人。有各级各类医疗卫生机构213家，每千人拥有执业（助理）医师1.97人。先后建成敬老院3所，未成年人救助保护中心1所，每个行政村配备“儿童之家”，全国“护童成长”试点县之一。全年共开（复）工建设各类项目128个，重点实施中国（宁夏）良种牛繁育中心、活牛交易市场、高标准农田等17个农业项目，中部防沙治沙、南部水源涵养林等7个林业项目，清水河综合治理工程海原段、三塘灌区配水工程（贾塘片区）等19个水利项目，寨科至海原高速公路（S50）海原至平川段、银川至昆明高速公路（G85）太阳山至彭阳段等8个交通项目，老旧小区改造、城市供热等24个市政项目，第一中学扩建、新建第八小学等15个教育项目，非物质文化遗产传承基地、地震博物馆升级改造等5个文化旅游项目，新能源智慧运维基地、中核汇能光伏产业基地等13个工业商贸及电力基础设施项目。全县共组织实施城乡建设项目36个，其中续建项目10个，新建项目26个，工程概算总投资33亿元。完成固定资产投资10.6亿元。全年实现工业增加值10.89亿元。全年金融机构各项存款余额98.77亿元，贷款余额74.64亿元。整合资金6.5亿元，持续巩固“两不愁三保障”及饮水安全成果。严格落实“外防输入、内防反弹、人物同防”的疫情防控总策略和各项防控措施，全县接种完成585625剂次。全县城镇企业职工参保3.43万人，城乡居民参保25.04万人，失业保险参保0.99万人，工伤保险参保2.3万人。

（李福祥）

人物和荣誉

RENWUHERONGYU

NINGXIA YEARBOOK

编辑◎张明鹏

全国"五一劳动奖章"

【陈存兵】宁夏西部创业实业股份有限公司党委副书记、总经理，高级政工师。陈存兵加强公司管理，提升经营能力，投入3015万元更新改造安全设施，新增铁路围网46.8公里，消除外部隐患22项、内部隐患692项。为加大内蒙古自治区煤炭进入宁夏的工作力度，他协调内蒙古自治区增加装车点，推动宁夏扩大需求，使铁路日运量、月运量、年运量均实现历史性突破，2019年、2020年分别完成运量4905万吨、5366万吨，连续两年取得开通运营以来最好成绩。2020年，他成立西创运通供应链公司，推动延链补链，运营半年新增货源161万吨，实现营收过亿元、利润超千万，人均产值创西部创业历史之最。2021年4月，他被授予全国"五一劳动奖章"。

【李占国】宁夏公路管理中心石嘴山分中心大武口公路养护站养路工。先后获"全国交通技术能手""全国模范养路工""宁夏十佳最美家庭"等荣誉。1993年，李占国从父亲手中接过铁锹和扫把，成为国道109线新村道班的养路工，先后承担养护机械设备操作、养护作业工序把关、养护工程材料管理、施工设备组织调配、水毁抢修及应急保畅等公路养管工作。他多年在110国道和302、303省道126公里的辖区养护路段巡查。开着桥检机挨个检查辖区五六十座桥的"病灶"，开着装载机清理被洪水冲下山石阻挡的道路，开着挖掘机把路上淤积砂石清除干净，将不平路面用路面铣刨机刨开槽坑，再用摊铺机铺平。1997年3月，他被调往暖泉道班担任统计员。他利用辖养路段周边砂砾资源，发动职工拉运恢复路基几何尺寸。经过大家的共同努力，暖泉道班辖养的18公里路段路肩整洁、线形整齐、边坡顺适，被自治区公路养护主管部门列为全区公路日常养护示范路段，连续5年被自治区公路管理局评为公路养护"双文明"和"优胜"单位。2021年4月，他被授予全国"五一劳动奖章"。

【李志云】宁夏恒力钢丝绳有限公司三车间综合工段长。1995年，从学校毕业后被分配到宁夏恒力钢丝绳有限公司三分厂，从事拉丝工作。出徒不到一年，他的单机台产量就在工段和分厂名列前茅，生产出来的钢丝合格率常保持在99.98%以上。26年来，他在水箱拉丝生产中独创了不间断放线、连续生产与断线急停保护装置，使水箱拉丝的机台生产效率提高了30%。他改进拉拔工艺成功解决了"整体钢塑格栅加筋带增强土工格室钢丝"在生产中频繁断丝等现象，使废次品率下降15.8%。经过长时间实验、测量，他重新设计、制作预变形器和后调直器，制定了一套"高空悬挂、高仿真使用环境模拟"检验法，彻底解决了6×37结构的钢丝绳在生产中出现股丝松散、应力大、打"∞"字等缺陷。经过大量取证、试验，改进了8×19S-8mm电梯绳预变形器各个小辊的运行方式，终于解决了电梯用钢丝绳在生产过程中对钢丝的摩擦损伤，使钢丝绳拆股试验钢丝机械性能损失降到最低，将电梯钢丝绳的合格率提高了20%。2021年4月，他被授予全国"五一劳动奖章"。

【陈满库】飞毛腿(福建)电子有限公司制造部班组长。他出生于宁夏固原市原州区开城镇寇庄村一个农民家庭。年少时，因家庭贫困，跟着父亲外出打工。2018年11月10日，因闽宁劳务协作招工，他远赴福建，成为飞毛腿公司的一名职工，从一线车间的贴胶作业员干起，不到3个月，掌握了100多道工作流程，从作业员成长为机动工。2019年5月，升任制造部生产组长，负责两条生产线的运作，管理着50多名员工。在车间管理上，他不仅赏罚分明，还创新优秀员工月评比机制，激励大家干劲更足。他先后被评为公司优秀员工、优秀班组长，带领的团队被评为车间十佳班组。2020年，他被国务院农民工工作领导小组授予“全国优秀农民工”。2021年4月，他被授予全国“五一劳动奖章”。

【俞惠明】宁夏恒生西夏王酒业有限公司首席酿酒师、技术总监，高级工程师。他是宁夏葡萄酒产业的奠基人，1983年参与了中国第一瓶干红葡萄酒的研发和生产，1984年主持研制生产了宁夏第一瓶葡萄酒。2000年法国世界名酒博览会上，“西夏王”葡萄酒获“金奖”。他是国家三级品酒师的培训教师，为宁夏葡萄酒产业培训酿酒、品酒人才近500多名。2014年，被中国葡萄酒信息网评为“中国杰出酿酒师”；2014年4月，被亚洲葡萄酒质量大赛组委会特授予“王牌酿酒师”称号（最高级别）；2015年，被评为“中国十大最具魅力酿酒师”称号。2014年，获自治区政府“政府质量贡献奖”。享受自治区政府特殊津贴和国务院政府特殊津贴。2010年、2017年两次获自治区“五一劳动奖章”。2017年1月，他在宁夏西夏王葡萄酒业有限公司创立宁夏葡萄酒产业唯一的自治区级技能大师工作室“俞惠明技能大师室”。2018年，自治区总工会在宁夏西夏王葡萄酒业有限公司挂牌建立“俞惠明劳模创新工作室”。他还担任中国葡萄酒技术委员会委员、中国酿酒师联盟宁夏协会会长、宁夏酿酒协会副会长等社会职务，并担任宁夏大学葡萄酒学院双导师。2021年4月，他被授予全国“五一劳动奖章”。

【刘小红】女，回族，中国注册会计师、高级会计师，宁夏正大会计师事务所（有限公司）审计四部部门经理。1999年进入宁夏正大会计师事务所工作以来，签字出具的各类审计报告达400余份，约150万字，财政专项资金检查工作涉及资金额度10亿余元，服务的各类行政及企事业单位达300余家。在对某县移民易地搬迁项目资金审计中，为该县审计局追回违规资金1106万元，追回应收工程款298万元。在财政专项资金及科技创新后补助项目审计工作中，为政府相关部门追回违规专项资金573万元，同时核减科技创新后补助金的拨付，为财政节约资金2291.55万元。2017年，获自治区“五一劳动奖章”；2018年，获“宁夏注册会计师行业优秀注册会计师”。2018年，当选为自治区第十一届政协委员；2020年，被自治区政协评选为“优秀政协委员”。2021年4月，她被授予全国“五一劳动奖章”。

【王　彬】宁夏大学农学院副教授。自任教以来，承担着大学本科植物生产类专业《植物生理学》《普通生物化学》的理论与实验教学工作，以及硕士研究生《高级植物生理及实验技术》的实验教学工作，每学年教学工作量均在260学时以上。先后被评为第五届自治区高校青年教师教学竞赛二等奖、第三届全国高校青年教师教学竞赛一等奖、全国农学院作物学科青年教师教学技能大赛（西北片区）一等奖。教学的同时他积极投身科研与服务地方的一线工作，是宁夏“盐碱地改良利用科技创新团队”的骨干力量。近5年来，先后主持和参加国家及省级科研项目6项；2021年4月，其参与完成的科研成果获2020年度宁夏科学技术进步一等奖。2016年，获自治区“五一劳动奖章”；2021年4月，他被授予全国“五一劳动奖章”。

【金群华】宁夏医科大学总医院党委副书记、院长，教授，骨科学科带头人及首席专家。是中国人民政治协商会议第十三届全国委员会委员，自治区第十二届人民代表大会代表，自治区第十一次党代会代表，自治区政协九届、十届委员会委员，宁夏第八届青年联合会副主席。他从事骨科临床工作30多年，擅长关节疾病、脊柱疾病的临床诊断及治疗，尤其在人工髋关节、膝关节置换，颈椎病，腰椎间盘突出（椎管狭窄症）的诊断和治疗方面积累了丰富的经验，是国内知名的骨科专家，在国际国内专业学术期刊发表论文100余篇，参编专著5部。主持国家自然科学基金项目4项、教育部重点课题2项、宁夏自然科学基金4项，获自治区科技进步一等奖1项、二等奖4项（主持）。享受国务院政府特殊津贴、自治区政府特殊津贴，获“卫生部有突出贡献中青年专家”、自治区第二批“塞上英才”、自治区“313跨世纪人才”等荣誉称号。2021年4月，他被授予全国“五一劳动奖章”。

【葛向东】自治区财政厅预算处处长。20多年来，由他牵头完成财政重大改革事项7项，代自治区党委、政府草拟并在全国率先出台了《防范化解政府隐性债务风险实施意见》，组织实施了财政事权和支出责任划分改革、水资源税收入划分改革、全面实施预算绩效管理改革等重点任务。宁夏财政预算绩效管理工作连续3年在全国评比中获得优良等次。创新开发市县“三保”及其他刚性支出动态监控系统，得到财政部肯定并在全国范围内作经验交流。他带领处室人员撰写20余篇财政体制改革和预算管理方面的材料和调研报告，其中10多篇政策建议和研究成果得到自治区领导肯定性批示。他加强与财政部沟通对接，积极争取中央财政加大对宁夏的资金支持力度。2018—2020年，累计争取中央财政补助资金2746.4亿元，其中一般性转移支付867.9亿元，年均增长19.8%。2019年，他所在处室获自治区“干事创业好班子”、自治区“工人先锋号”。2017年，他获自治区“五一劳动奖章”；2019—2020年连续两年被评为自治区“优秀公务员”；2021年4月，他被授予全国“五一劳动奖章”。

【屈雨潇】女，银川瑞纳服饰有限公司品控部部长。主要从事西装操作管理和工艺技术研制开发。先后参与研发科技创新工业项目2项，完成专利申报20余项，革新操作手法30多处，研发新产品、新款式20多个，新产品翻单率为95%以上，新产品产值占公司销售收入的48%以上。她带领团队做出了针织行业第一件全成型针织西服。在她的带领下，2018年3月，银川瑞纳服饰有限公司全成型针织成品车间被自治区总工会评为全区“五一巾帼标兵岗”；2018年年底开发的两款毛衫获外观专利。2018年11月，自主开发的“MARSA”针织羊绒衫获批国家级绿色设计产品。2011年以来，她先后获第八届西安高新“挑战杯”陕西省大学生课外学术科技二等奖、宁夏如意“杰出贡献者奖”、自治区“五一劳动奖章”。2021年4月，被授予全国“五一劳动奖章”。

【宋兴亮】宁夏天地奔牛实业集团有限公司设备管理部业务主管，助理工程师。2007年参加工作以来，先后取得钳工高级技师、采掘电钳工技师、维修电工中级工、助理工程师等技术职称，并以大量实操实践经验和优异的成绩通过了国家技能鉴定资格考试，成为公司最年轻的高级技师之一。作为班组长，率领班组多次承担天地奔牛重特大设备生产、组装任务，参与了国产首套反井钻机、共享集团3D打印机框架等大型设备的组装工作。2017年以来，先后深入十多家大型煤矿，赴矿服务60余次，累计服务1000余小时，其中井下工作面作业500余小时。2018年以来，通过修旧利废，累计节约采购费用500余万元。他所带领的大修班组先后获得石嘴山市2017年度先进班组、石嘴山市2017年度“工人先锋号”。他先后获自治区“五一劳动奖章”、石嘴山高新区“最美技师”、第六届全国职工技能大赛宁夏选拔赛钳工第一名。2019年入选石嘴山市“351人才”培养工程“优秀青年后备人才”。2021年4月，被授予全国“五一劳动奖章”。

【丁肖怡】女，自治区生态环境监测中心分析测试科工程师。2015年参加工作以来，累计转码并向各市级环境监测站流转土壤样品5000多个，审核并向中国环境监测总站上报监测数据上万个，同时编制完成2015年、2017年、2018年、2019年宁夏《国家网土壤环境质量监测报告》《质量保证和质量控制报告》。先后完成多项环保工作方案、地方标准、调查报告的撰写。参加由中国环境监测总站组织的涵盖重金属、有机污染物等几十个项次的持证上岗考核，所在的单位获中国环境监测总站的通报表扬。2019年5月，在宁夏地质工会举办的“中国梦·劳动美”实验测试岗位技能竞赛中获个人三等奖。8月，参加全区生态环境监测专业技术技能大比武综合比武，获得团体奖一等奖和个人第一名。10月，参加第二届全国生态环境监测专业技术人员大比武，获得团体三等奖，实现了宁夏环境监测行业在国家级比赛中“零”的突破。同年，获得自治区重点工程示范性劳动竞赛和职工职业技能竞赛“五一劳动奖”。2021年4月，被授予全国“五一劳动奖章”。

【马沛祥】中国邮政储蓄银行股份有限公司西吉县支行支部书记、支行长。2008年，20岁的马沛祥成为邮储银行一名信贷员，从此与西海固地区的金融扶贫工作结下了不解之缘。2008年9月，他通过村干部、养殖能手等任意3户组成联保小组的形式，向14户有养殖经验的农户，发放为期一年的17万元贷款，由此打破了农户贷款难的坚冰。初次尝试成功后，邮储银行宁夏分行将蔡川村作为试点，推出“好借好还”小额贷款、“惠农易贷”等产品，贷款额度从最初的每户0.5万元至1万元，提升至最多可以贷款10万元。他和同事们一道探索出的“产业引领+能人带动+金融帮扶”金融精准扶贫模式——“蔡川模式”逐渐形成，并成为中国金融精准扶贫的典范。2017年，“蔡川模式”获自治区金融创新一等奖。2018年，在首届中国普惠金融创新发展峰会上，“蔡川模式”获评“中国普惠金融助力脱贫攻坚典型案例”；2020年，央视财经频道《遍地英雄下夕烟》栏目对“蔡川模式”进行了专题报道，“蔡川模式”作为联合国中国扶贫经典案例在联合国网站展示，成为联合国对发展中国家扶贫开发的课程。2020年，马沛祥任邮储银行西吉支行行长。他结合西吉县经济发展实际，建立了“银行+合作社+农户”的合作模式，对信誉良好的非合作社村民授信200余户，累计发放贷款3000余万元。截至2021年3月底，累计发放各类贷款共25亿元，有力地助推了西吉县特色富民产业发展。他对经营状况好、客户信用度高、具有发展潜力的村镇进行重点开发并实施“整村、整乡推进”。贷款额度由银行成立初期的1万元至3万元提高到后来的5万元至30万元。他探索“金融+产业+信用+农户”运行模式，在基础薄弱、金融支持匮乏的偏远山区建成83个“好借好还”小额贷款信用村镇，投放信贷资金3.8亿余元，贷款覆盖率为30%以上。他的一系列金融扶贫举措，为农业增产、农民增收和乡村振兴作出积极贡献。2021年4月，他被授予全国“五一劳动奖章”。

全国“三八红旗手”

【吉　芬】吴忠市女企业家协会会长。2017年，汇丰陶瓷有限公司总经理吉芬被推荐为吴忠市女企家协会会长，并当选为吴忠市妇联执委、兼职副主席。经过两年多的努力，吴忠市女企业家协会会员单位从2017年的31家增加至2019年的67家。她经常走访企业，为会员企业合作发展牵线搭桥，解决会员企业经营中的实际问题。组织协会会员定期开展义务家庭教育进企业活动。牵头成立巾帼志愿服务队，带领协会会员帮助困境妇女儿童、“两癌”患者和孤寡老人等。她还自筹资金，帮助残疾困境家庭改善条件、慰问困难老人，发动协会会员一对一资助困境学生完成学业。河南发生洪灾后，她组织发动45家会员企业捐赠价值6.8万元的防洪物资和生活物资，助力河南抗汛救灾渡难关。2020年，新冠肺炎疫情发生后，她第一时间通过协会党支部，动员会员及会员单位向自治区妇联儿童发展基金会、吴忠市疫情防控一线捐款捐物达15万元。随后又通过市妇联、市工商联和企业及企业家联合会发起援助湖北襄阳食品物资的筹备工作，有30多名爱心企业家慷慨捐助、筹备的5万多元爱心物资顺利到达湖北襄阳抗疫一线的勇士们手中。吴忠市女企业家协会会员和企业家们累计向吴忠市社会各界和湖北等抗疫一线捐赠款项物资达31万元。近年来，吉芬始终把回馈社会、贡献价值作为企业家的责任和担当，先后被中国女企业家协会评为“杰出创业女性”，被自治区妇联评为第三届“宁夏巾帼创业之星”，被自治区党委、政府评为“全区抗击新冠肺炎疫情先进个人”，2021年，被评为全国“三八红旗手”。

【邱晓林】中宁县水务局农村水利服务中心高级水利工程师。从事农田水利一线工作近30年，在农业灌溉管理工作中，她狠抓农业节水，确保中宁县农作物适时适量灌溉。在农田水利基本建设工作中，编制规划、组织实施、跟踪指导服务，连续多年取得自治区“黄河杯”竞赛一等奖，中宁县的水利基础设施得以夯实，农业综合生产能力不断提高。邱晓林在实践中不断总结，公开发表论文多篇。先后获得自治区优秀共产党员、自治区“三八红旗手”、中卫市敬业奉献模范。2021年，被评为全国“三八红旗手”。

【丁　芳】自治区残疾人康复中心党支部书记、主任。带领中心班子成员和中心业务骨干走出去，学习区内外先进康复理念和经验，中心康复人才队伍日益壮大，其中高级职称20人，中级职称18人，初级职称163人，专业技术人员占比达83%。每年中心门诊咨询服务4万人次，康复服务达18万人次，适配、借用、维修各类辅助器具4000件次，实施重塑未来、精准康复、基本康复项目服务2万人次。在她的积极争取下，中心加入“中国康复研究中心医联体”，被宁夏医科大学确定为“康复医学实训基地”，与自治区人民医院合作建立“宁夏视觉障碍康复中心”，加入“宁夏眼科联盟”，建立“北京师范大学·宁夏爱佑和康儿童康复中心孤独症儿童脑发育评估项目示范基地”，积极对接中国人民解放军总医院“耳聋基因检测多中心”合作项目，争取“心公益”“公益创投”“孙楠·重塑未来”“VQ23”等项目，引进资金800余万元，形成全社会阳光助残、康复筑梦的合力。带领中心200多名员工，率先在全国开设7~14岁残疾儿童康复教育业务，率先在全国探索践行“全人康复”和“全生命周期康复”理念，先后被中国残疾人康复研究中心确定为“全国康复机构示范基地”，获全国“工人先锋号”、全国“三八红旗集体”、全国残疾人康复工作先进集体、自治区“五一劳动奖状”、全区“青年文明号”、全区“最佳志愿服务组织”“全区抗击新冠肺炎疫情先进集体”等荣誉，中心党支部被区直机关工委评为五星级党支部，列为区直机关首批党建工作示范名录。2021年，被评为全国“三八红旗手”。

【陈　燕】宁夏交投高速公路管理有限公司中卫收费站站长。任职期间将中卫收费站创建成自治区级文明单位、全区交通运输行业文明单位、全国交通运输行业文明示范窗口，收费站被评为“第五届最美中国路姐团队”。2020年，新冠肺炎疫情发生后，她冲在守护城市安全大门的第一道防线，在中卫收费站出口迅速建成防疫检查点，和医疗、公安等部门工作人员奋战在抗击疫情一线。主动向检查站负责人认领任务，承担起检查站的后勤保障工作，并在职工队伍中发起积极参与抗击疫情的号召，全体职工连夜把站点变为营地，她把自己的办公室让给检查站负责人，把职工宿舍腾出来让给35名工作人员。为优化高速公路查验流程，在中卫收费站入口增建检查点，她承担入口检查的工作重任，由检查站的一名后勤兵转换为高速路口的守关人，在团队中选拔有责任、有担当、能吃苦、能奉献的职工组建抗击疫情突击队，和政府部门一道形成联防联控、群防群治的良好局面。2021年，被评为全国“三八红旗手”。

新闻人物

【全国杰出专业技术人才金群华】2021年10月，金群华被中组部、中宣部、人社部、科技部表彰为全国杰出专业技术人才。（主要事迹详见全国“五一劳动奖章”）【金群华】。

【全国“三八红旗手标兵”王兰花】王兰花，吴忠市利通区金星镇王兰花热心小组党支部书记。2005年，王兰花成立热心小组以来，带着热心小组的成员们致力于帮困扶贫，积极动员志愿者、爱心慈善人士，募集爱心慈善资金近98万元，先后帮扶1449人次，为居民解决生活中各类大小事情7000多件。王兰花和热心小组坚持“接待群众热心、调查了解细心、教育疏导有诚心、调解纠纷有耐心、处理问题有公心”的“五心服务”理念，调解各类民事纠纷案件600起；广泛开展文明劝导、清扫卫生、治安巡逻、政策宣传等公益活动7000多场次；致力于拥军优属，主动联系15家拥军服务点，发放拥军优惠卡2000多张，每年为战士送去慰问品、文艺节目，缝补清洗衣服、床单被褥不计其数。在兰花志愿服务品牌的带动引领下，先后涌现吴忠市女企协巾帼志愿服务队、青铜峡陈袁滩镇唐滩村巾帼服务队、红寺堡鹏胜社区“梦之鸽”巾帼文艺宣传队、盐池县芙蓉社区阳光8号巾帼服务队等特色巾帼服务队伍。2021年2月，全国妇联授予她2020年度全国“三八红旗手标兵”称号。

【中国工程院院士马玉山】马玉山，吴忠仪表有限责任公司党委书记、董事长。马玉山1991年进入吴忠仪表厂，通过20多年的不懈努力，逐步走上企业领导岗位。他引导、带领公司职工紧紧围绕生产经营目标，引进高端人才，锻造能工巧匠，将吴忠仪表有限责任公司打造成中国控制阀领域龙头企业。2015年，公司新建中国自动化（吴忠）产业园区，全面打造数字化加工、装配、物流和检测平台。马玉山力主刚性、柔性引进国内外高端人才30多人。通过聘请外籍专家，研发尖端阀门产品，先后破解制约中国生产油气类及特殊工矿用的高精尖阀门的技术瓶颈，生产出设计水平为1500米的水下闸阀和调节天然气压力的安全切断阀等产品。他长期从事控制阀产品设计和理论研究，先后取得50多项发明和实用新型专利，制定国家标准3项，自主开发APTS煤化工用温压调节装置等36项新产品，其中有23项国家级重点新产品。他主持完成的国家科技支撑计划、国家重大科技专项、国家863计划项目等多项国家科研课题，获省部级科技进步奖一等奖、二等奖、三等奖10多项。其中，高端控制阀关键技术自主创新和产业化课题获国家科技进步二等奖。通过科技创新驱动，他带领公司员工生产的产品技术具备国际竞争力，带动中国控制阀行业整体技术水平进步约20年。他自主开发“泛ERP”企业资源计划系统，使得“两化”（信息化、工业化）融合取得成功，实现制造业企业信息化，出版专著《泛ERP——两化融合的成功之道》，引领企业被工信部认定为“全国智能制造试点示范企业”。2021年11月18日，在两院院士增选中，马玉山当选中国工程院院士，所在学部为机械与运载工程学部。

【全国“最美税务人”马丽】马丽，银川市税务局金凤区税务局纳税服务中心副主任、金凤区税务局第一税务分局党支部书记、银川市税务局“马丽工作室”负责人。2007年3月，被分配到办税服务厅工作。所在的办税厅是宁夏最大的办税服务厅，日均受理业务2000多件，接待纳税人、缴费人1000余人，为了让纳税人、缴费人办税更便利，她对大厅采取半军事化管理，以她为总教官对全市7个办税服务厅进行统一培训，规范业务受理流程、压缩办税时间、开创了办税厅“晨课夕会”“分层次”“新入职人员引导”培训等练兵模式。提升前台人员业务素质，推行“主副岗业务一窗通办”，与市场监管、银行等五部门联合设立企业开办“一日办结”“清税注销一站式”服务专窗，实现企业设立、注销业务全市通办，压缩了企业设立与注销的办结时限。2019年，银川市税务局成立“马丽工作室”，2020年工作室由最初的4人小分队发展成为遍布银川市7个办税服务厅的“金字招牌”。以税务干部的名字来命名一个工作室，在宁夏税务系统还属首例。14年来，她所在的银川市金凤区税务局办税服务厅先后获得“国家级青年文明号”“巾帼文明岗”“银川市政务服务系统标准化服务冠军团队”等多项荣誉。她多次被评为区级、市级“优秀共产党员”“业务标兵”“岗位能手”，先后获“全国税务系统先进工作者”“全国百佳办税服务厅主任”“全国先进工作者”“宁夏好税官”等荣誉称号。2021年1月26日，被中宣部和国家税务总局联合表彰为2021“最美税务人”。

【全国“最美家政人”潘秀文】潘秀文，中卫家政服务行业协会职工，2015年从事家政服务工作以来，通过不断学习，取得了育婴员三级证书、养老护理专项能力证书。工作中，始终把“学与练”作为座右铭，秉持服务群众、服务社会的理念，逐渐从一名家政服务人员成长为一名家政服务行业讲师，先后获得“建行杯”第二届全国巾帼家政服务职业风采大赛母婴护理组优秀奖、“宁夏巾帼家政服务技能竞赛育婴员工种一等奖”“宁夏第三届家政服务业职业技能竞赛母婴护理员工种二等奖”。2021年，在全国总工会权益保障部、中国财贸轻纺烟草工会、全国总工会女职工部联合开展的“最美家政人”推树活动中，被评为全国“最美家政人”。

逝世人物

【马国顺】回族，1929年4月出生，河南省郑州市人，1948年11月参加革命工作，1953年8月加入中国共产党。1948年11月至1949年5月，在中州人民银行总行任行员。1949年5月至1954年1月，在郑州人民银行任行员、办事处副主任。1954年1月至5月，在中共郑州建筑业党委会任秘书。1954年5月至1959年12月，在中共郑州市委基建部任干事、副科长。1959年12月至1968年6月，在宁夏建筑工程局任计划财务处副处长。1968年6月至1970年12月，下放干校劳动。1970年12月至1972年6月，在宁夏青铜峡304厂政治处任干事。1972年6月至1973年12月，在宁夏计划局任生产、调度处副处长。1973年12月至1978年8月，在宁夏计委工业交通计划处任处长。1978年8月至1983年3月，在宁夏农机局任副局长（其间1980年12月至1981年7月在中共中央党校学习）。1983年3月至1985年11月，在宁夏农业厅任副厅长、党组成员。1985年11月至1989年4月，在宁夏交通厅任书记兼纪检组组长。1989年4月至1995年4月，任自治区人大常委会委员。1995年4月离休。2021年1月6日在北京去世，享年92岁。

【曾庆民】1945年9月20日出生，山东省郓城县人，1965年12月加入中国共产党，1970年8月参加工作。1965年8月至1970年8月，在上海华东师范大学化学系化学专业学习。1970年8月至1974年9月，任贺兰县金山公社、洪广公社党委秘书。1974年9月至1977年8月，任贺兰县洪广公社党委副书记。1977年8月至1978年8月，任贺兰县化肥厂厂长。1978年8月至1979年1月，任贺兰二中副校长兼教导主任。1979年1月至1983年11月，任贺兰县委办公室副主任、主任。1983年11月至1985年1月，任贺兰县委副书记。1985年1月至2月，任贺兰县委副书记、副县长、代县长。1985年2月至1986年7月，任贺兰县委副书记。1986年7月至1995年7月，任银川市教育局党委书记、局长。1995年7月至1998年8月，任自治区政府办公厅副主任、党组成员。1998年8月至2000年4月，任自治区政府副秘书长、办公厅党组成员。2000年4月至2003年3月，任宁夏残联党组书记、理事长。2003年3月至2009年6月，任自治区政协常委。2021年4月22日，在银川市去世，享年76岁。

【马国权】回族，1942年6月出生，宁夏吴忠人，1960年6月参加工作。1961年9月至1962年7月，在西北民族学院学习，曾先后在宁夏日报社、宁夏政治学校、宁夏民族公学工作。1985年9月至1989年8月，任西北第二民族学院总务处副处长。1989年8月至1996年3月，任宁夏社会主义学院副院长（正处级）。1996年3月至1998年5月，任自治区民族事务委员会副主任、自治区宗教局副局长。1998年至2013年1月，先后任自治区政协第七届至第九届副主席，2013年1月离职。是中国人民政治协商会议第九届至第十二届全国委员会委员。2018年7月退休，2021年7月28日在银川市去世，享年79岁。

【何忠明】1932年2月出生，宁夏中卫人，1949年10月参加工作，同年12月加入中国共产党，先后在中卫、银川等地区工作。曾任银川市工业局党委副书记、银川市建设局局长、银川市工业局局长、经委会主任。1983年6月至1989年，任银川市委常委、政府党组副书记、政府副市长。1989年4月至1994年4月，任银川市政协第七届委员会主席。1996年退休，2021年8月7日在银川市去世，享年90岁。

【庞廷瑞】1941年11月24日出生，宁夏惠农县人，1964年8月参加工作，1969年12月加入中国共产党。1962年9月至1964年8月，在宁夏财经学校学习。1964年8月至1973年8月，先后担任石炭井商业分局会计、石嘴山市亦工亦农办公室干事、石嘴山市革委会生产指挥部秘书、石嘴山市农林局办事组副组长。1973年8月至1990年8月，先后担任银北地区农林局政办科科长、石嘴山市农林局副局长、石嘴山市政府办公室副主任、石嘴山市财政局局长。1990年8月至1997年12月，先后担任石嘴山市委常委、政法委书记、副市长。1997年12月至2003年4月，先后担任自治区党委政法委副书记、助理巡视员、巡视员。享受正厅级待遇。2021年8月9日在银川市去世，享年79岁。

【张克文】1954年1月出生，宁夏中宁县人。1973年12月，在石炭井区矿务局参加工作。1987年1月加入中国共产党，先后担任工人调度员、工程计算员、宣传干事、秘书等职务。1980年12月转干。1983年8月至1996年3月，担任石炭井区人民法院书记员、审判员、经济庭庭长、副院长、党组书记、院长等职务。1996年3月先后担任自治区高级人民法院审判员，办公室副主任、主任，刑二庭庭长。2003年2月任银川市中级人民法院党组书记、院长。2007年12月先后担任自治区高级人民法院党组成员、副院长、巡视员。2014年2月退休。2021年9月29日在银川市去世，享年67岁。

【裘志新】1947年7月生，原名裘迪森，浙江省杭州市人。宁夏永宁县良种繁殖场场长。研究员、高级农艺师。1965年作为浙江知青支援西北建设到宁夏永宁县工作。1973年起在永宁县良种繁殖场任农技员，专门从事麦、杂粮优良品种的提纯复壮和春小麦育种研究工作。业余自学10多门专业课程和理论知识，用于指导工作。于1977年育成“永良1号”和“永良2号”两个春小麦新品种，获1978年宁夏回族自治区科学大会奖。1981年育成“永良4号”春小麦新品种，被自治区正式定名为“宁春4号”，并获自治区科技成果三等奖。1983年“宁春4号”正式取代“斗地1号”，成为宁夏黄河灌区百万余亩春小麦的当家品种，实现了第四次更新换代，并相继在内蒙古、新疆、甘肃、陕西、广西等省（区）广为种植，至今仍然是黄河前套、后套、引黄灌区春小麦的主要品种，因此受到政府记功奖励。1993年银川市重奖“宁春4号”科研组10万元。1995年12月被破格晋升为研究员，1998年当选为全国人大代表。1998年获全国科技进步三等奖。后又相继培育出“宁春5号”和“宁春13号”，获北方六省（区）春小麦区试种单产第一名和中国第五届新发明展览会铜奖。撰写小麦育种学术论文10余篇。先后获“全国少数民族地区先进科技工作者”“全国边陲优秀儿女金质奖”、全国“五一劳动奖章”“全国农业劳动模范”，享受国务院政府特殊津贴，是国家级中青年有突出贡献的科技专家、自治区“十大科技明星”“全国优秀科技专家”记一等功、“宁夏科技功勋奖”“全国优秀共产党员”“宁夏有突出贡献专业技术杰出人才奖”等荣誉称号，曾当选第六届全国青联委员、第九届全国人大代表、中国共产党十七大代表，国家第一届农作物品种审定委员会委员、宁夏高专联常务理事。2008年被自治区人民政府授予“有突出贡献专业技术杰出人才奖”“100位为宁夏建设作出突出贡献英雄模范人物”荣誉称号。2013年获得宁夏“塞上英才”称号。2019年，在庆祝中华人民共和国成立70周年大会上被评为“最美奋斗者”。2021年12月20日因病在银川市去世，享年74岁。

人物名录

【全国脱贫攻坚先进个人】

姜继琴　女，银川市扶贫开发办公室党组书记、主任

谢　刚　灵武市郝家桥镇党委书记

陈立新　贺兰县扶贫和农业综合开发服务中心主任

张小莉　女，西夏区贺兰山西路街道办事处党工委副书记、主任

任月英　女，石嘴山市农业农村局扶贫开发科科长

倪　萍　女，大武口区星海镇新民社区党委书记、居委会主任

蒋文军　吴忠市扶贫开发办公室党组书记、主任

杨　锋　盐池县惠安堡镇狼布掌村党支部书记

郭　状　盐池县扶贫开发办公室村级互助资金管理中心干部

丁建华　回族，同心县河西镇旱天岭村党总支书记

吕振中　红寺堡区扶贫开发办公室党组书记、主任

白占玉　回族，红寺堡区红寺堡镇党委副书记、镇长

金晓萍　女，回族，利通区扶贫开发办公室副主任（挂职）；利通区民政局党组成员、副局长

赵忠宏　青铜峡市青铜峡镇同进村驻村工作队队长（青铜峡市青铜峡镇党委委员、武装部部长）

赵晓东　固原市委常委、纪委书记、监委代主任

陈宇青　固原市扶贫开发办公室党组书记、主任

魏　钊　原州区张易镇党委书记

马红元　原州区扶贫开发办公室党组成员、副主任

王庭孝　西吉县沙沟乡党委书记

撒风虎　回族，生前系西吉县扶贫开发办公室项目股副股长

秦振邦　回族，西吉县偏城乡涵江村驻村第一书记

李荣林　隆德县联财镇党委书记
褚月霞　女，泾源县香水镇党委副书记、镇长
陈宗惠　彭阳县扶贫开发办公室党组书记、主任
袁相鼎　固原农村商业银行股份有限公司部门经理
张冠华　中卫市扶贫开发办公室党组书记、主任
叶廷文　中宁县扶贫开发服务中心党支部书记、主任，中宁县农业农村局副局长
刘彦录　回族，沙坡头区宣和镇党委副书记
洪兴志　回族，海原县西安镇党委副书记、镇长
李　伟　回族，自治区人民政府办公厅秘书三处副处长
吴丙坤　自治区水利调度中心主任科员
李　庆　自治区医疗保障经办服务中心一级主任科员
丁海燕　女，回族，同心县豫旺镇贺塬村驻村第一书记（吴忠市税务局工会主席）
王元明　西吉县硝河乡新庄村驻村第一书记（固原市供销合作社联合社理事会副主任）
王　铁　海原县贾塘乡后塘村驻村第一书记（中卫市自然资源局自然资源调查确权登记科科长）

【自治区劳动模范】

朱　风　宁夏哈纳斯燃气集团有限公司党委书记
李　斌　银川中铁水务集团有限公司党委书记、董事长
李学仁　宁夏利思农业科技发展有限公司总经理，经济师
赵四海　宁夏隆基宁光仪表股份有限公司总经理
张成保　石嘴山银行股份有限公司党委书记、董事长
贾小东　宁夏然尔特实业集团有限公司董事长
马桂芹　宁夏弘德包装材料有限公司党总支书记、总经理
杨国雄　宁夏水投吴忠水务有限公司党委书记、执行董事、总经理
宫　波　宁夏丰源纺织有限公司董事长
顾家立　宁夏华御化工有限公司党总支书记、总经理
李小雄　宁夏演艺集团秦腔剧院有限公司经理
蒋燕萍　中国邮政速递物流股份有限公司宁夏物流运营分公司总经理
焦红忠　中色（宁夏）东方集团有限公司西北稀有金属材料研究院宁夏有限公司党委书记、董事长、总经理
翟　文　国家能源集团宁夏煤业有限责任公司枣泉煤矿党委书记、矿长
潘志军　宁夏希望信息产业股份有限公司董事长
刘万武　中电建宁夏工程有限公司党委书记、执行董事
苏永健　宁夏京能宁东发电有限责任公司党委书记、董事长
张兴旭　南京证券股份有限公司宁夏分公司党委书记、总经理
马占林　宁夏小巨人机床有限公司操作工
马建林　宁夏兴唐米业集团有限公司车间主任
马素玲　银川市西夏区北京西路街道地矿局社区党支部书记、居委会主任
王　森　银川隆光置业有限公司执行监事
王国涛　宁夏夏进昊尔乳品有限公司生产部百利包车间主任
王保国　宁夏万通建设工程有限公司施工员
杨彦锋　银川市公共交通有限公司驾驶员
张晓红　银川艺术剧院有限公司副总经理
张黎博　宁夏新瑞长城机床有限公司机加区域主管
赵　虎　宁夏银川大河数控机床有限公司电气设计师
赵耐香　银川市金凤区长城中路街道长城花园社区党总支书记、居委会主任
赵燕妮　宁夏电通物联网科技股份有限公司产品技术管理部主管
胡月琴　银川市兴庆区丽景街街道八里桥社区党委专职副书记、居委会主任
柏长友　宁夏共享精密加工有限公司技术部部长
拜立根　北控康健（宁夏）城市服务有限公司清扫七公司A段班长
徐　志　宁夏力成电气集团有限公司技术副总经理
徐国信　银川高新区中苑出租汽车有限公司驾驶员
高建军　宁夏宝丰能源集团股份有限公司总工程师
滕　斌　天通控股股份有限公司天通银厦新材料有限公司经理
魏爱英　宁夏伊品生物科技股份有限公司研发中心菌种选育部主任
魏增辉　银川建发物业服务有限责任公司项目部工程主管
万光兵　宁夏翔泰新材料科技有限公司

压块车间主任

王秀利　宁夏西北骏马电机制造股份有限公司质量总监、质管部部长

王晓刚　宁夏海力电子有限公司副总经理

王继国　宁夏天地奔牛实业集团有限公司技术中心办公室副主任

王跟平　多氟多化工股份有限公司宁夏盈氟金和科技有限公司经理

何立娟　石嘴山市安道公共交通有限公司公交车驾驶员

张文彦　宁夏廷远活性炭有限公司技术部部长

陈兆民　宁夏恒力钢丝绳有限公司总经理助理

贾廷庆　杉杉能源(宁夏)有限公司副总经理

倪　萍　大武口区星海镇新民社区党委书记、居委会主任

韩　娜　宁夏恒达纺织科技股份有限公司细纱车间操作员

韩国其　石嘴山市惠农区庙台乡林业站护林员

丁玉梁　宁夏伊兴羊绒制品有限公司职工

马春霞　宁夏红山河食品股份有限公司火锅底料车间操作工

马剑钊　宁夏青铜峡水泥股份有限公司二分厂包装班班长

马莉le　宁夏吴忠市精艺裘皮制品有限公司裁制车间主任

王立云　宁夏庆华煤化集团有限公司甲醇车间主任

牛　军　宁夏吴忠市好运电焊机有限公司技术中心副主任

李海峰　吴忠市利通区祥瑞汽修部维修工

吴立军　宁夏伊利乳业有限责任公司技术部质量工程师

妥玉英　宁夏金昱元化工集团有限公司分析岗班组长

陈　兵　宁夏天利丰能源利用有限公司副总经理、设备技术研发中心主任

范丽萍　吴忠市供热有限责任公司客服主管

姜贺彬　中铁三局集团电务工程有限公司银西铁路甘宁段ZHSD联合体项目部项目经理

徐明秀　宁夏塞外香食品有限公司大米车间主任

王宇宏　宁夏天楹环保能源有限公司清扫队队长

王等红　宁夏泽艾堂生物科技有限公司仓库管理员

苏俊鹏　国网宁夏电力有限公司西吉县供电公司震湖供电所所长

杨永斌　固原市原州区光瑞汽车修理厂技术负责人

冶连荣　泾源县六盘蜂业科技有限公司技术员

虎　博　固原福苑实业有限公司店长兼行政总厨

胡全宝　宁夏天豹固原汽车运输公司一分公司驾驶员

郭正富　宁夏云雾山果品开发有限责任公司技术员

史建全　宁夏贝隆建筑安装工程有限公司供应部长

刘　宁　宁夏天元锰业集团有限公司技术中心高级工程师

刘建成　宁夏鑫水源建设工程有限公司技术员

杨子江　利安隆(中卫)新材料有限公司总调度长

杨永辉　中冶美利云产业投资股份有限公司2640/六抄车间经理

杨富国　港中旅(宁夏)沙坡头旅游景区有限责任公司总经理助理

吴建科　中卫市银阳新能源有限公司单晶生产部经理

赵爱军　宁夏金鹰保安物业服务有限公司劳务派遣中卫市公安局指挥部指挥中心辅警

胡新福　宁夏钢铁(集团)有限责任公司技术质量部部长

梁小思　宁夏天瑞产业集团现代农业有限公司技术研发中心主任

潘慧生　中卫市广苑建筑安装有限责任公司副经理

吴树兵　宁夏储备粮灵武储备库(有限公司)业务科副科长

范鉴发　中国电信股份有限公司宁夏分公司云和大数据运营事业部副总经理

晁建军　中国铁塔股份有限公司固原市分公司副总经理

魏　荣　中国移动通信集团宁夏有限公司移动业务支撑系统部员工

王　玲　宁夏建投集团宁夏第二建筑有限公司总承包三部经理

王自学　宁夏国运集团宁夏煤炭勘察工程有限公司地质项目管理部技术主管、项目经理

刘西宁　国家电投集团宁夏能源铝业宁东分公司电解四车间二区工区长

李　慧　中色(宁夏)东方集团有限公司钽粉分厂技术科研负责人

李玉娟　国家能源集团宁夏煤业有限责任公司信息技术中心应用系统研发部应用系统专责

吴　潇　宁夏公路工程质量检测中心(有限公司)桥隧室主任

张　虎　中铝宁夏能源集团银星煤业有限公司综采二队队长

张红娟　宁夏银行开发区支行营业部运

营经理
陈中琴　黄河银行固原市农村商业银行政府路支行主管会计
陈春元　宁夏宁东铁路有限公司运输管理部调度所值班主任
姬　伟　宁夏旅投集团宁夏水产研究所（有限公司）科研基地场长
温孝斌　宁夏电投热力有限公司副总经理
管世献　黄河出版传媒集团宁夏人民出版社有限公司编辑
王　刚　宁夏绿先锋农业机械化服务有限公司副总经理、技术部主管
王北平　宁夏银星吴忠仪表流体控制股份有限公司技术总监
李天华　中宁县锦宁铝镁新材料有限公司供电车间主任
陈志刚　宁夏大地循环发展股份有限公司坤水水泥分公司工艺室主任
赵坤华　宁夏古月建筑装饰工程有限公司监事
谭　勇　宁夏厚生记食品有限公司党总支副书记、副总经理
王　婷　宁东镇中心区社区党支部书记、居委会副主任
张文霄　宁夏北控睿源再生资源有限公司党支部副书记
熊　晖　宝胜（宁夏）线缆科技有限公司铝杆项目组技术总监
史慧茹　中国银行股份有限公司银川市西夏支行党委书记、行长
白小平　国家开发银行宁夏分行客户二处处长
刘贵军　中国人民财产保险股份有限公司宁夏分公司农业保险部、保险扶贫部总经理
孙道进　中国石化长城能源化工（宁夏）有限公司甲醇运行部值班长
杨　明　西部机场集团宁夏机场有限公司运行管理部医疗急救中心副主任
杨文龙　宁夏赛马水泥有限公司兰山分厂工段长
肖惠敏　中国石油天然气股份有限公司宁夏石化分公司安检公司化肥维修部管焊班班长
陈　娜　国网宁夏电力有限公司银川供电公司客户服务中心西夏客户服务分中心主任
金学军　中国联通有限公司宁夏同心县分公司总经理
金绍臣　长庆油田分公司第九采油厂油田开发地质一级工程师
高　婕　中国铁路兰州局集团有限公司银川车务段客运值班员
容晓昀　中国农业发展银行宁夏分行营业部总经理
董正宏　中国民用航空西北地区空中交通管理局宁夏分局技术保障部通信室主任
焦文东　华能宁夏大坝发电有限责任公司燃料运输部铁运三班班长
雷军辉　长城（宁夏）资产经营有限公司党委副书记、执行董事、副总经理
马振锋　贺兰县金贵镇银河村党支部书记、村委会主任
马瑞宁　贺兰县立岗镇通义村党支部书记、村委会主任
刘学锋　灵武市郝家桥镇崔渠口村党支部书记、村委会主任
汪　洋　宁夏洋洋种植农民专业合作社理事长
张春平　银川香石竹园花卉种植专业合作社理事长
丁建东　平罗县渠口乡新桥村党支部书记、村委会主任
王学锋　惠农区礼和乡党委委员、银河村党支部书记
吕凤龙　惠农区兴业奶牛养殖专业合作社理事长
蒋洪波　平罗县盈丰植保专业合作社理事长
丁秀琴　吴忠市秀琴奶牛养殖专业合作社理事长
丁建华　同心县河西镇旱天岭村党总支书记
马昌云　青铜峡市峡口镇谭桥村党支部书记
王文元　吴忠市红寺堡区新庄集乡杨柳村党支部书记、村委会主任
叶小云　青铜峡市叶盛镇龙门林果协会理事长
白云江　盐池县花马池镇皖记沟村党支部书记
赵建浦　宁夏建浦文冠果种植有限公司总经理
翟云玲　盐池县花马池镇裕兴村村民
于春娟　泾源县六盘山牧业有限责任公司总经理
马国虎　固原治华物流有限公司总经理
杨满福　原州区三营镇孙家河村党支部书记
苏相锋　宁夏向丰家庭农场总经理
吴　杰　泾源县香水镇园子村党支部书记
张宏国　隆德县观庄乡前庄村党支部书记
陈泽恩　彭阳县山旮旯中蜂养殖种植专业合作社总经理
曹　辉　固原市原州区头营镇杨郎村党总支书记
焦建鹏　西吉县心雨林下产业专业合作社理事长
熊志忠　西吉县红耀乡小庄村党支部书记
丁晓龙　海原县砂甜宝硒砂瓜专业合作社理事长

王兴忠　中宁县宁安镇古城村党支部书记、村委会主任
王朝武　中卫市正通饲料有限公司总经理
田　方　宁夏中卫正通农牧科技有限公司总经理
杨　波　中卫市沙坡头区柔远镇渡口村党支部书记、村委会主任
俞国强　中卫市余旺稻田养蟹农民专业合作社理事长
韩武珍　中卫市兴韩蔬菜流通专业合作社理事长
杨　仁　宁东镇清水营村党支部书记

【自治区先进工作者】

王光俊　银川市疾病预防控制中心办公室主任
刘　谊　银川市公安局兴庆区公安分局玉皇阁北街派出所二级警长
汤齐生　银川市卫生健康委员会四级调研员
许　旺　银川市第一人民医院呼吸与危重症医学科主任
杜灵军　银川市市政工程管理处主任
俞利信　银川市住房保障中心主任
徐克炜　银川市第一人民医院呼吸与危重症医学科医生
遇　旻　银川市实验小学党委书记、校长
魏吉祥　银川市殡仪馆馆长
王宏伟　平罗县公安局党委副书记、副局长
朱江宁　石嘴山市第一人民医院党委副书记、院长
刘　钺　自治区第五人民医院肿瘤中心主任
吴丽萍　国家税务总局石嘴山市大武口区税务局第二税务分局局长
陶　立　石嘴山市第二人民医院党委副书记、院长
王生全　同心县疾病预防控制中心主任
王季春　吴忠市人民医院党委书记
刘银良　吴忠市吴忠中学副校长
常海强　吴忠市人民医院呼吸与危重症医学科主任
蒯淑霞　吴忠市动物疾病预防控制中心副主任
史晓东　固原市人民医院老年医学科医生
李　晶　彭阳县中医医院针灸科护士长
张　蓉　自治区农林科学院植物保护研究所副所长
南　燕　固原市原州区第十一小学校长
徐　鹏　固原市体育活动中心主任
樊　磊　西吉县农村能源工作站站长
刘中华　中卫市人民医院中医康复科主任
张翠红　沙坡头区林业技术推广服务中心负责人
陈怀荣　中卫市第一中学年级部主任
崔文萍　中卫市红十字会秘书长
韩金芳　中卫市中级人民法院立案庭庭长
丁　芳　自治区残疾人康复中心主任
孔庆顺　自治区高级人民法院行政审判庭庭长、工程师
包晓荣　自治区司法厅立法一局副局长
任　玮　新华通讯社宁夏分社银川采访部主任
刘　涛　自治区人力资源和社会保障厅社会保险事业管理局社会保险信息处处长
刘鹏兵　自治区气象台精细化预报科主班预报员
李　玮　自治区党委政法委政策研究处二级主任科员
李　磊　国家税务总局宁夏回族自治区税务局一级主任科员
李国强　自治区财政厅农业农村处处长
李溶冰　自治区党委办公厅督查二处副处长
杨　发　自治区农业农村厅种植业管理处副处长
杨　普　自治区住房和城乡建设厅村镇建设处处长
杨玉龙　自治区党委统战部民族宗教工作处处长
吴加敏　宁夏遥感测绘勘查院院长
吴洪斌　自治区生态环境污染防治中心主任
宋海涛　自治区退役军人事务厅优抚褒扬处处长
张　颖　自治区工业和信息化厅化工处处长
张旭生　自治区纪委监委第四监督检查室副主任
张海燕　自治区第三人民医院党委书记
陈建军　宁夏广播电视台新闻中心综合新闻部主任
尚吉武　自治区固海扬水管理处扩灌三泵站站长
尚陵彬　宁夏日报报业集团全媒体时政频道记者
周　鹏　自治区公路管理中心石嘴山分中心陶乐公路养护站副站长
郑彦卿　宁夏社会科学院科研组织处处长
嵩　冰　自治区人民医院呼吸内科副主任
徐　麟　自治区第四人民医院呼吸一科主任
高应举　自治区教育厅体育卫生与艺术教育处处长
高晓民　自治区体育运动训练管理中心主任
郭进宏　自治区公安厅治安总队副总队长
逯海龙　自治区食品药品审评查验中心技术审评科科长
曾宪伟　自治区地震局地震分析预报中心副主任
摆山花　自治区人民检察院第七检察部

主任
马　旭　宁夏师范学院数学与计算机科学学院院长
马学琴　宁夏医科大学药物分析学系主任
刘　军　宁夏体育职业学院教师
杨保军　北方民族大学商学院院长
张志远　宁夏医科大学总医院感染科医生
陈中伟　宁夏医科大学总医院急诊科副主任、医务处副处长
虎　猛　自治区宁东医院外科主任

【自治区脱贫攻坚先进个人】

冯德旺　银川市兴庆区委常委、副区长
马万永　回族，银川市兴庆区教育局党工委书记、局长
陆正学　银川市兴庆区农业农村和水务局(扶贫办)副局长(主任)
杜新艳　女，银川市兴庆区掌政镇党委书记
白　辉　银川市兴庆区月牙湖乡党委书记
王　妮　女，银川市兴庆区月牙湖乡党委副书记、工会主席
杨如峰　银川市兴庆区月牙湖乡滨河家园一村第一书记，银川市政府研究室二级主任科员
杨志仁　回族，银川市兴庆区月牙湖乡滨河家园四村党支部书记
柳普军　银川市兴庆区月牙湖乡滨河四村原第一书记，银川美术馆党支部书记、副馆长
黄学忠　回族，银川市金凤区委常委、丰登镇党委书记
陈小军　银川市金凤区农业农村和水务局党组成员、扶贫开发办公室专职副主任
李　波　银川市金凤区良田镇党委书记
罗　瑞　回族，银川市金凤区良田镇园子村第一书记，银川市国土资源执法监察支队监察员
王继斌　银川市西夏区农业农村和水务局党组书记、局长
陈余宁　银川市西夏区贺兰山西路街道办事处同阳新村第一书记，北方民族大学附属中学总务处主任
司应源　银川市西夏区镇北堡镇党委书记
孙佳永　永宁县副县长
李海宁　永宁县扶贫开发服务中心主任
张永忠　永宁县城乡公共事业服务中心党支部书记、主任
杨　青　回族，永宁县闽宁镇副镇长
王　庭　满族，永宁县闽宁镇原隆村驻村工作队队长兼第一书记，永宁县农业综合开发服务中心副主任
王　涛　回族，贺兰县委副书记、政法委书记
张　鑫　贺兰县扶贫和农业综合开发服务中心副主任
蔡　霞　女，贺兰县洪广镇党委书记
顾　玮　贺兰县洪广镇欣荣村第一书记，银川市农业综合执法支队四大队副大队长
王天龙　回族，灵武市住房和城乡建设局村镇办主任
马玉成　回族，灵武市扶贫服务中心副主任
王文娟　女，灵武市城区街道办事处主任
张　越　灵武市郝家桥镇政府一级科员
邢　颖　女，灵武市白土岗乡党委副书记、乡长
张　胜　回族，银川市委办公室秘书科科长
马孝民　回族，银川市政府办公室秘书二科科长
马元文　回族，银川市农业农村局局长
雷　静　女，银川市卫生健康委员会党工委委员、党组成员、副主任
李学岐　回族，银川市残疾人联合会教育就业主管
汪世云　银川市扶贫开发办公室党组成员、副主任
胡慧敏　女，石嘴山市大武口区农水局(扶贫办)党组成员、副局长
雷　文　石嘴山市惠农区副区长
晁君学　石嘴山市惠农区就业创业服务局副局长
马永刚　回族，石嘴山市惠农区农业农村和水务局副局长
朱　辉　平罗县委副书记、政法委书记
宋志斌　回族，平罗县住房和城乡建设局党组书记、局长
董绍兵　平罗县农业农村局党组副书记、副局长
万志平　平罗县扶贫服务中心干部
李　波　平罗县黄渠桥镇党委副书记
刘万俊　平罗县姚伏镇党委委员、副镇长
尚　亮　平罗县高庄乡乡长助理、扶贫专干
王仲良　回族，平罗县通伏乡畜牧干事、扶贫专干
吴新宁　平罗县红崖子乡红瑞村驻村工作队队长兼第一书记，石嘴山市经济技术开发区(陆港经济区)党工委委员、管委会副主任
李　刚　石嘴山市公安局党委委员、政治部主任
王建师　石嘴山市农业农村局(扶贫办)副局长(主任)
祁亚江　石嘴山市总工会产业办公室副主任
马元营　宁夏恒达纺织科技股份有限公

司总经理
马　晔　回族，吴忠市利通区就业创业和人才服务中心主任
丁剑峰　回族，吴忠市利通区农业农村局(扶贫办)副局长(主任)
马　萍　女，回族，吴忠市利通区金银滩镇副镇长
王晓梅　女，回族，吴忠市利通区扁担沟镇民政办主任
白雪燕　女，回族，吴忠市利通区扁担沟镇五里坡村工作队队员，利通区纪委监委派驻第二纪检监察组组长
王忠强　吴忠市红寺堡区委副书记、代区长
陈雪松　吴忠市红寺堡区委常委、组织部部长
张致强　吴忠市红寺堡区副区长
马宗成　回族，吴忠市红寺堡区民政局党组成员、副局长
赵文伯　吴忠市红寺堡区财政局副局长
张　涛　回族，吴忠市红寺堡区卫生健康局办公室主任
冶长斌　回族，吴忠市红寺堡区扶贫开发办公室党组成员、副主任
李　勇　回族，吴忠市红寺堡区红寺堡镇同原村第一书记，吴忠市市场监督管理局一级科员
张　鑫　生前为吴忠市红寺堡区红寺堡镇红关村第一书记，中国农业发展银行吴忠市分行办公室秘书
田进明　回族，吴忠市红寺堡区太阳山镇党委委员、副镇长
惠文仓　回族，吴忠市红寺堡区太阳山镇田原村第一书记，自治区人大常委会《宁夏人大》编辑部副主任

王立琴　女，回族，吴忠市红寺堡区大河乡乡长助理
单　亮　回族，吴忠市红寺堡区新庄集乡新台村第一书记，自治区党委机要局商用密码管理处处长
马金贵　回族，吴忠市红寺堡区柳泉乡人大主席
杨文福　回族，青铜峡市委常委、统战部部长
马云东　回族，青铜峡市农业农村局(扶贫办)副局长(副主任)
陈　飞　回族，青铜峡市青铜峡镇扶贫专干
黎晓园　青铜峡镇同兴村驻村工作队队员，青铜峡市劳动保障监察执法局一级科员
白永德　回族，青铜峡市邵岗镇同富村党支部书记
吴　科　盐池县人大常委会党组书记、主任
李自仙　女，盐池县委组织部常务副部长
刘彦龙　盐池县人力资源和社会保障局党组成员、副局长
韩启纯　盐池县住房和城乡建设局村镇办副主任
冯菊梅　女，盐池县水务局农水站副站长
冯彦东　盐池县农业农村局党组成员、副局长
张志麟　盐池县医疗保障局医疗保险服务中心主任
李玉龙　盐池县大水坑镇党委书记
崔雪峰　盐池县惠安堡镇党委副书记、镇长
张　华　盐池县王乐井乡曾记畔村第一书记，自治区信访局来访接待处四处调研员
呼延保卫　盐池县冯记沟乡暴记春村第一书记，中国电信股份有限公司盐池县分公司线路维护部主任

叶舒华　盐池县麻黄山乡人民政府扶贫干事
叶　盛　中国人民财产保险股份有限公司盐池支公司总经理
张　伟　同心县韦州镇甘沟村党支部书记、村委会主任
马俊文　回族，同心县副县长
杨　林　回族，同心县教育局党工委书记、局长
马佐明　回族，同心县水务局副局长
康　娟　女，回族，同心县田老庄乡文化体育服务中心主任
金　哲　回族，同心县扶贫开发办公室副主任
李宗仁　回族，同心县石狮开发区黄石村第一书记，同心县人民检察院一级检察官助理
丁生福　回族，同心县豫海镇副镇长
苏维平　回族，同心县下马关镇平远村第一书记，宁夏工人文化宫副主任
丁自云　回族，同心县下马关镇池家峁村第一书记，吴忠市政协办公室干部
王新海　回族，同心县王团镇党委书记
马占文　回族，同心县丁塘镇副镇长
陈连吉　同心县马高庄乡党委书记
马崇博　回族，同心县张家塬乡党委副书记、乡长
王睿智　吴忠市纪委监委办公室副主任
马久麟　回族，吴忠市委组织部副部长
刘飞林　吴忠市发展和改革委员会办公室主任
马海宏　回族，吴忠市农业农村局农业产业化服务中心副主任
郭　辉　女，回族，吴忠市卫健委爱国卫

生与健康指导科科长

戴铭毅　固原市原州区纪委常委、监委委员、党风政风监督室主任

别志俊　固原市原州区教育体育局党组书记、局长

杨鹏程　固原市原州区住房城乡建设和交通局副局长

何　刚　固原市原州区卫生健康局党委副书记、副局长

张玉海　固原市原州区扶贫开发办公室党组书记、主任

王　航　固原市原州区官厅镇薛庄村驻村工作队队长兼第一书记，自治区财政厅机关党委四级调研员

薛　强　固原市原州区三营镇东塬村第一书记，固原市地方志研究室年鉴编辑部主任

梁学文　固原市原州区开城镇冯庄村党支部书记、村委会主任

施小红　女，固原市原州区张易镇红庄村驻村工作队队长兼第一书记，原州区妇联办公室四级主任科员

马少龙　回族，固原市原州区彭堡镇党委书记

沙晓平　回族，固原市原州区彭堡镇硝沟村第一书记，中国农业银行固原分行晨光分理处主任

张世林　固原市原州区头营镇党委书记

薛立华　固原市原州区头营镇张崖村第一书记，自治区人民政府办公厅干部

苗永俊　回族，固原市原州区黄铎堡镇和润村党支部书记、村委会主任

郝俊峰　固原市原州区黄铎堡镇白河村第一书记，固原市人民政府办公室四级调研员

冯晓明　固原市原州区中河乡党委书记

牛道平　生前为固原市原州区炭山乡阳洼驻村工作队队长兼第一书记，固原市原州区农村实用技术培训中心主任

王　童　固原市原州区炭山乡张套村第一书记，宁夏财经职业技术学院教师

杨生俊　回族，西吉县委副书记、县长

陈贵祥　西吉县财政局党组书记、局长，西吉县金融工作局局长

陶志明　西吉县住房和城乡建设局党组书记、局长

陈晓宁　西吉县扶贫开发办公室党组成员、副主任（挂职），西吉县震湖乡党委委员、副乡长

马　雄　回族，西吉县吉强镇党委副书记、政法委书记、工会主席

王　鹏　西吉县吉强镇杨河村第一书记，宁夏师范学院团委书记

慕　夙　西吉县兴隆镇党委书记

张林林　西吉县兴隆镇黑大庄村第一书记，自治区党委宣传部四级调研员

蒋爱珺　女，西吉县兴隆镇王河村第一书记，自治区人民检察院案件管理办公室三级调研员

马永虎　回族，西吉县将台堡镇党委副书记、镇长

熊志忠　西吉县红耀乡小庄村党支部书记、村委会主任

李　雄　西吉县田坪乡大岔村党支部书记

凌东哲　朝鲜族，西吉县田坪乡燕李村第一书记，自治区社会保险事业管理局四级调研员

冯良斌　西吉县震湖乡党委副书记、乡长

温翔杰　西吉县兴平乡马沟村第一书记，固原市公共资源交易中心政府采购与产权交易科科长

刘慧成　西吉县西滩乡党委副书记（挂职），固原市人民政府办公室行政科副科长

王　伟　西吉县马莲乡堡子山村驻村工作队队员，固原市保密技术检查中心主任

申学科　西吉县马莲乡新堡村第一书记，固原市妇幼保健院办公室副主任

王国龙　回族，西吉县硝河乡扶贫专干

郭荣军　西吉县偏城乡上马村第一书记，固原市生态环境保护综合执法支队四级主任科员

武延峰　西吉县沙沟乡满寺村工作队队员，自治区国有资产监督管理委员会机关党委三级调研员

王　钟　西吉县偏城乡马湾村驻村工作队队员，国网固原供电公司配电运维工

王生海　回族，西吉县火石寨乡党委书记

陈国栋　隆德县副县长

王　浩　隆德县发展和改革局党组书记、局长

辛学发　隆德县扶贫开发办公室党组书记、主任

于小勇　回族，隆德县城关镇三合村第一书记，中国银行保险监督管理委员会宁夏监管局一级主任科员

杜　平　隆德县沙塘镇和平村第一书记，隆德县委政法委职工

马利军　回族，隆德县沙塘镇光联村第一书记，中国人民银行银川支行科长

马彦斌　隆德县陈靳乡党委书记

张宏国　隆德县观庄乡前庄村党支部书记、村委会主任

冶文军　回族，隆德县杨河乡党委书记
李　铎　隆德县张程乡党委副书记、乡长
陈小明　隆德县山河村党支部书记
拜艳丽　女，回族，泾源县民政局党组书记、局长、四级调研员
张小飞　回族，泾源县扶贫开发办公室党组书记、主任
陈志琴　女，回族，泾源县香水镇扶贫专干
龚　维　泾源县香水镇沙南村第一书记，国家林业和草原局三北林业局核查监督处副处长
丁继春　回族，泾源县泾河源镇兰大庄村第一书记，自治区发展和改革委员会交通项目发展中心副主任
杨　志　泾源县泾河镇党委书记
景永顺　回族，泾源县泾河源镇冶家村第一书记，固原市六盘山林业局林木良种繁育中心副主任
杨　彬　回族，泾源县泾河源镇涝池村驻村工作队队长兼第一书记，宁夏伊斯兰教经学院教务处副处长
杜　震　泾源县六盘山镇张堡村第一书记，自治区粮食和物资储备局安全仓储与科技处副处长
魏霄鹏　回族，泾源县新民乡党委书记
朱　云　泾源县兴盛乡党委副书记、乡长
沈富裕　泾源县大湾乡苏堡村第一书记，国家电投集团宁夏能源铝业有限公司高级政工师
陆　芳　女，彭阳县委原副书记（挂职），自治区财政厅行政政法处处长
张彩虹　女，彭阳县委常委、纪委书记、监委主任
郭耀武　彭阳县民政局党组书记、局长、四级调研员
曹旭平　彭阳县扶贫开发办公室干部
郑淑慧　女，彭阳县白阳镇人民政府扶贫专干
台喜平　彭阳县白阳镇老庄村第一书记，固原市机关事务管理局机关事务服务中心主任
郭　仁　彭阳县古城镇党委副书记
李德军　彭阳县古城镇田庄村第一书记，国家税务总局固原市税务局四级调研员
白　云　彭阳县红河镇文沟村第一书记，自治区民族事务委员会教育文化处副处长、二级调研员
余长会　彭阳县新集乡党委书记
王建宁　彭阳县新集乡何山村第一书记，自治区工业和信息化厅经济运行协调处一级主任科员
张　军　彭阳县城阳乡杨坪村第一书记，宁东基地管理委员会四级调研员
王继平　彭阳县冯庄乡小寺村党支部书记
李　勇　彭阳县草庙乡包山村党支部书记、村委会主任
胡巧琴　女，固原市纪律检查委员会党风政风监督室主任
田鹏飞　固原市委宣传部新闻传媒科科长
陈军太　固原市人大常委会办公室四级调研员
马明琴　女，回族，固原市城乡居民低保生活保障中心副主任
高　巍　固原市人力资源和社会保障局就业促进与职业能力建设科科长
王　伦　固原市社会保险事业管理中心党组书记、主任
周广阳　固原市水务局党组成员、副局长
马保金　回族，固原市文化旅游广电局办公室副主任
张东亮　固原市卫生健康委员会老龄健康服务管理中心副主任
安希平　女，固原市国资委党委委员、副主任，固原市金融工作局局长
王　涛　固原市扶贫开发办公室综合科科长、四级调研员
刘兴成　中卫市沙坡头区文昌镇人民政府三级主任科员
刘　辉　中卫市沙坡头区永康镇党委副书记、镇长候选人
姬　宁　中卫市沙坡头区兴仁镇泰和村工作队队长兼第一书记，自治区统计局社会经济调查队副队长、高级统计师
李文成　中卫市沙坡头区香山乡党委书记、乡长、四级调研员
吴全旺　中卫市沙坡头区纪律检查委员会副书记、监委副主任
雍学茂　中卫市沙坡头区水务局党组成员、副局长
刘　德　中宁县发改局党委书记、局长，粮食和物资储备局局长、四级调研员
黎　萍　女，中宁县卫生健康局党委书记、局长
康　玲　女，中宁县文化旅游广电局党委书记、局长
赵军斌　中宁县大战场镇扶贫干事
张　锐　中宁县喊叫水乡党委书记
管建国　中宁县徐套乡红柳村原第一书记，中宁县公安局治安大队队长
黄　胜　中宁县太阳梁乡党委委员、副乡长
丁志爱　海原县政协党组书记、主席候选人

田风奇　回族，海原县委农办主任，海原县农业农村局党委书记、局长
马正当　回族，海原县财政局副局长，海原县金融工作局副局长
马彦龙　回族，海原县就业创业和人才服务局办公室主任
张占成　回族，海原县交通运输局道路建设管理中心副主任
李伟保　回族，海原县水务局农村供水管理中心主任
张廷荣　海原县海城镇武塬村党支部书记
罗建军　回族，海原县海城镇堡子村驻村工作队队员，海原县卫健局办公室干事
马建荣　回族，海原县李旺镇党委书记、四级调研员
金朝晖　海原县贾塘乡党委原书记
穆世福　回族，海原县树台乡红井村第一书记，海原县民政局办公室秘书
穆海彬　满族，海原县关桥乡方堡村第一书记，自治区科技厅生产力促进中心副主任
李　骏　回族，海原县高崖乡政府经济发展办公室主任
吴忠海　回族，海原县曹洼乡白崖村第一书记，自治区党委编办事业单位登记管理局二级调研员
李万成　海原县贾塘乡南河村第一书记，贺兰山东麓葡萄产业园区管委会综合处副处长
罗建忠　回族，海原县九彩乡党委委员、副乡长
郭　仲　海原县李俊乡蔡祥村党支部书记
马成亮　海原县红羊乡红堡村工作队员，中卫市委巡察工作信息中心副主任
何有玉　海原县甘城乡甘城村党支部书记
丁晓龙　宁夏艺桓农业发展有限公司总经理
金钟河　回族，中卫市政府副秘书长
何玉琦　中卫市教育局基础教育科科长
孔繁银　中卫市民政局养老救助科科长、四级调研员
王军华　中卫市人社局就业创业和人才服务中心副主任
杨　海　中卫市水务局水利技术服务中心主任
伊玉红　女，中卫市医疗保障局办公室主任
刘海军　彭阳县城阳乡杨坪村原第一书记，宁东基地管委会社会事务局四级调研员
王新林　彭阳县城阳乡北塬村原第一书记，宁东镇人民政府民生服务中心主任
黑学军　回族，自治区纪委监委党风政风监督室监督检查处副处长
陈　亮　自治区财政厅农业农村处一级主任科员
张　进　满族，自治区自然资源厅国土空间用途管制处干部
孙旭芳　交通运输部派驻固原市交通运输局挂职干部
李新景　自治区水利厅固海扬水管理处石峡口泵站站长
程晋辉　自治区农业农村厅畜禽定点屠宰工作站四级调研员
刘　辉　女，自治区卫生健康委员会健康综合处二级调研员
杨晓锋　自治区审计厅农业农村审计处高级审计师
郑国富　自治区工商业联合会扶贫和法律服务中心八级职员
罗万明　自治区红十字会赈济救护筹资部部长
薛　勤　女，自治区扶贫开发办公室资金监督处副处长、二级调研员
杨治宏　宁夏广播电视台固原记者站站长
任　媛　女，自治区供销社计划财务处处长
潘海鹰　女，自治区人民政府研究室城市处副处长
梁小军　宁夏农林科学院动物科学研究所所长
李　霞　女，宁夏社会科学院农村经济研究所副所长
唐新辉　国家税务总局宁夏区税务局机关工会主席
强　勇　宁夏通信管理局质量监督工程师
马明霞　女，回族，中国人民银行银川中心支行货币信贷管理处信贷政策科科长
刘　峰　人民日报社宁夏分社记者
廉　军　中央广播电视总台宁夏站记者
张文攀　女，光明日报社宁夏记者站记者
陈彦云　宁夏大学生命科学院研究员、宁夏科技扶贫指导员
马海军　北方民族大学生物科学与工程学院副院长、宁夏科技扶贫指导员
刘自祥　自治区林业和草原局规划财务处副处长
邵幸福　红寺堡区新庄集乡柳树台村工作队队员，自治区档案馆信息化处三级调研员
赵　烨　吴忠市红寺堡区太阳山镇买河村第一书记，宁夏社会体育服务中心办公室副主任
余　鑫　吴忠市红寺堡区大河乡香园村第一书记，自治区机关事务管理局会务保障服务中心业务科科长
任建东　盐池县花马池镇盈德村第一书记，自治区生态环境厅生态环

境监测中心监测研究科科长
张　洁　女，海原县甘盐池管委会张寨村、盐池村第一书记，自治区科协科学技术馆副馆长
张玉强　盐池县花马池镇柳杨堡村第一书记，自治区残疾人联合会一级主任科员
刘新雄　同心县下马关镇三山井村第一书记，自治区商务厅区域经济合作处副处长
王　琦　同心县预旺镇青羊泉村第一书记，自治区政协机关二级调研员
冯　伟　同心县预旺镇沙土坡村第一书记，自治区公共资源和交易管理局交易服务中心二级主任科员
王晓卷　海原县海城镇山门村第一书记，自治区人防指挥信息保障中心四级主任科员
马建成　回族，吴忠红寺堡区新庄集乡新台村第一书记，自治区党委办公厅行政事务处四级调研员
李　勇　盐池县大水坑镇向阳村第一书记，自治区党委组织部公务员三处副处长
杨　伟　同心县石狮镇满春村第一书记，自治区党委统战部办公室四级调研员
周大兴　同心县马高庄乡赵家树村第一书记，自治区直属机关工委群众工作部部长
苏　锋　回族，西吉县马建乡同化村工作队队员，自治区老干部活动中心办公室一级主任科员
杨连碧　固原市原州区彭堡镇别庄村第一书记，自治区司法厅吴忠强制隔离戒毒所二级高级警长

国家安全厅干部1名　固原市原州区官厅镇程儿山村第一书记，宁夏国家安全厅副处级干部
康宏忠　固原市原州区河川乡上坪村第一书记，自治区煤矿安全监察局安全监察一处高级工程师
杨腾龙　西吉县吉强镇大坪村第一书记，自治区公安厅反恐总队四级高级警长
郭兰宁　西吉县白崖乡阳洼村第一书记，自治区高级人民法院银川铁路运输法院一级警长
卜军亮　西吉县兴平乡王湾村工作队队员，银川海关旅检二科四级主办
陈建平　西吉县马莲乡东洼村第一书记，宁夏职业技术学院宁夏农业学校技能鉴定科科长
杨志东　西吉县兴平乡兴平村第一书记，自治区专用通信局办公室主任
高五明　隆德县联财镇太联村第一书记，自治区地震局办公室副主任
顾海波　隆德县联财镇赵楼村第一书记，自治区药品监督管理局机关党委副处长
杨　学　彭阳县交岔乡关口村第一书记，自治区市场监管厅纤维质量监测中心高级工程师
吴国军　民革宁夏区委会一级调研员
段治东　中国农业发展银行宁夏分行副处长
杨　浩　中国农业银行股份有限公司宁夏分行客户经理
方寅昊　中国人民财产保险股份有限公司宁夏分公司农业农村保险部业务主管
杜水锋　泾源县大湾乡苏堡村原第一书记，国家电投集团宁夏能源铝业有限公司党建部副主任
张　宁　宁夏建设投资集团有限公司遗留问题处理工作组组长
何　军　宁夏国有资产投资控股集团有限公司办公室主任、工会副主席
柳　维　西吉县西滩乡五岔村第一书记，宁夏英力特化工股份有限公司氯碱分公司副经理
罗玉鹏　回族，宁夏银行股份有限公司海原支行营销科副科长
王东宣　西吉县震湖乡蒙集村第一书记，中国移动宁夏公司扶贫专干
李庆学　海原县郑旗乡中坪村第一书记，宁夏交通投资集团交通科学研究所有限公司第三党支部书记
晁建军　西吉县兴平乡杨坪村第一书记，中国铁塔股份有限公司固原市分公司副总经理
许秀娟　女，海原县新民村原第一书记，中国联通中卫市分公司部门经理
赵　翔　中铝宁夏能源集团有限公司党委工作部新闻宣传处业务主管
何应东　宁夏科衡农业科技发展有限公司董事长
雷光新　银川城建集团工程有限公司党委书记、董事长
郑子盛　宁夏正丰房地产开发有限公司董事长
施晓军　宁夏产权交易所(有限公司)董事长
阮世忠　宁夏厚生记食品有限公司董事长
郝向峰　回族，百瑞源枸杞股份有限公司董事长
马　强　回族，宁夏荣味斋实业有限公司董事长
郭　嘉　回族，宁夏润德生物科技有限责任公司总经理

马利君　宁夏马连富电力科技有限公司董事长
潘志军　宁夏希望信息产业股份有限公司董事长
赵惠玲　女，宁夏新丝陆服饰有限公司董事长
马存录　回族，宁夏存录四丰绿源现代农业发展有限公司总经理
黄水海　宁夏泉祥户外纺织用品有限公司总经理
朱建华　宁夏凯晨电气集团有限公司董事长
曾壮武　宁夏信义公益社会工作发展中心理事
余利燕　女，宁夏百川电力股份有限公司总经理
韩万里　彭阳县壹珍药业有限责任公司总经理
马晓峰　回族，宁夏圣峰百年农牧开发有限公司董事长
陈振荣　宁夏英特嘉实业有限公司董事长
杨茂红　回族，宁夏兴唐米业集团有限公司董事长、总经理
刘帮林　宁夏紫光天化蛋氨酸有限责任公司党总支书记、董事长
王军涛　石嘴山市大武口区人民武装部政治委员
韦修财　31670部队政治工作部保卫科干事
王　郝　96609部队政治工作部保卫处干事
林国荣　生前为自治区人民检察院固原分院检察长助理
施元桂　生前为中卫市政法委2003年“大学生支援服务西部计划”两年期志愿者

【2021年自治区政府特殊津贴人员】

王开山　宁夏育才中学高级教师
王必强　泾源县香水畜牧兽医工作站高级兽医师
王丽琴　女，石嘴山市惠农区惠农中学正高级教师
王建华　宁国运集团宁夏煤炭勘察工程有限公司高级工程师
王艳平　女，自治区中医医院暨中医研究院主任药师
王雪峰　宁夏美术家协会一级美术师
王得盛　宁夏师范学院教授
刘　轶　共享智能铸造产业创新中心有限公司高级工程师
刘　静　自治区气象科学研究所正高级工程师
刘雅静　女，中共宁夏区委党校（宁夏行政学院）教授
许　芬　女，宁夏社会科学院编审
孙红玲　女，银川市兴庆区畜牧水产技术推广中心研究员
李　斌　宁夏大学教授
李秀广　国网宁夏电力有限公司电力科学研究院高级工程师
李建炜　宁夏隆基宁光仪表股份有限公司高级工程师
李树华　女，宁夏农林科学院农业生物技术研究中心研究员
杨国恒　固原市原州区农业技术推广服务中心研究员
杨明进　宁夏农业技术推广总站研究员
张　波　宁夏大学教授
张玉川　国能宁夏石嘴山发电有限责任公司高级技师
张华林　女，宁夏医科大学主任医师、教授
张常喜　自治区中医医院暨中医研究院主任医师
陈　云　宁夏天地奔牛实业集团有限公司正高级工程师
陈　亮　宁夏农业综合开发中心高级畜牧师
陈东升　宁夏农林科学院农作物研究所研究员
陈丽君　女，银川市第一人民医院主任医师
周晓玲　女，吴忠市利通街第一小学高级教师
赵　飞　自治区人民医院主任医师、教授
赵　成　银川唐徕回民中学高级教师
赵建华　女，宁夏疾病预防控制中心主任医师
袁　炜　国家能源集团宁夏煤业有限责任公司煤炭化学工业技术研究院正高级工程师
贾　伟　宁夏医科大学总医院主任技师
贾　华　吴忠仪表有限责任公司正高级工程师
容维宁　女，自治区人民医院主任医师、教授
黄永清　宁夏医科大学总医院主任医师、教授
曹勖成　吴忠仪表有限责任公司高级技师
崔树国　自治区自然资源厅信息中心正高级工程师
梁小军　宁夏农林科学院动物科学研究所研究员
雍长福　中卫市沙坡头区动物疾病预防控制中心研究员

【2021年自治区青年拔尖人才】

丁　娟　女，宁夏医科大学教授
于永杰　宁夏医科大学副教授
于苏杭　共享装备有限公司高级工程师
马　伟　宁夏医科大学总医院副主任医师
马艳丽　女，银川能源学院副教授
马　斌　银川市第一人民医院主任医师
王大禹　银川高级中学一级教师
王发选　宁夏医科大学副教授
王亚军　宁夏农林科学院枸杞科学研究所副研究员
王　芳　女，宁夏农林科学院植物保护

研究所副研究员
王彦涛　知了(宁夏)信息科技有限公司高级工程师
王晓峰　北方民族大学副教授
王粉琴　女,红寺堡区畜牧兽医技术推广服务中心副主任高级畜牧师
王　辉　女,自治区国土资源调查监测院高级工程师
王　磊　国家能源集团宁夏煤业公司高级工程师
王德志　宁夏大学教授
孔　进　宁夏天地奔牛实业集团有限公司工程师
占　海　宁夏金硅信息技术有限公司
田志海　固原市水利勘测设计院有限公司高级工程师
巩　凡　自治区人民医院副主任医师
朱海燕　女,宁夏大学副教授
伏兵哲　宁夏大学教授
伊国涛　宁夏贺兰山东麓葡萄与葡萄酒联合会国家一级品酒师
刘　丽　女,自治区人民医院副主任医师
刘　诤　宁夏医科大学总医院主任医师
刘彦斌　自治区水产研究所(有限公司)高级工程师
安维娟　女,银川市兴庆区回民一小一级教师
安　静　女,中卫市人民医院副主任医师
祁永忠　中国人民银行银川中心支行经济师
孙亚平　女,自治区人民医院高级工程师
孙克宁　宁夏医科大学总医院副主任医师
孙　源　女,自治区生态环境监测中心高级工程师
纪立东　宁夏农林科学院农业资源与环境研究所副研究员
李存林　北方民族大学教授
李　刚　宁夏日报报业集团主任记者
李旭涛　国网宁夏电力有限公司电力科学研究院工程师
李　欢　自治区遥感调查院高级工程师
李　红　女,吴忠市人民医院主任医师
李　妍　女,宁夏医科大学总医院副主任医师
李晓荣　女,宁夏医科大学总院副主任医师
李婷婷　女,银川市实验小学高级教师
李慧平　女,自治区人民医院副主任医师
杨庆凤　女,宁夏大学教授
杨　岐　银川北塔中学高级教师
杨春霞　女,宁夏农产品质量标准与检测技术研究所助理研究员
吴巧梅　女,吴忠仪表有限责任公司高级工程师
吴江瑞　女,中卫市农产品质量安全检验检测中心工程师
何　军　宁夏农林科学院枸杞科学研究所副研究员
余君伟　宁夏中宁枸杞产业创新研究院有限公司工程师
辛世华　宁夏工商职业技术学院讲师
汪　芳　女,宁夏教育厅教学研究室高级教师
汪　凯　西北稀有金属材料研究院宁夏有限公司高级工程师
张金霞　女,中冶美利云产业投资股份有限公司高级工程师
张科东　宁夏医科大学总医院副主任医师
张院萍　女,宁夏中科精科检测技术有限公司高级工程师
张　娜　女,宁夏水利科学研究院高级工程师
张　晓　石嘴山市西交技术成果转移有限责任公司高级工程师
张　健　女,卧龙电气银川变压器有限公司高级工程师
张智锋　宁夏盛康源红枣酒业生物科技有限公司高级工程师
张慧娟　女,中卫市职业技术学校高级教师
邵占东　平罗县人民医院副主任医师
拓明花　女,中卫市中医医院主治医师
虎芳芳　女,固原市农业技术推广服务中心农艺师
赵占强　宁夏中卫山羊选育场兽医师
赵志敏　宁夏师范学院副教授
赵国庆　宁夏驭星属陈航天科技有限公司高级工程师
郝少才　宁夏医科大学总医院副主任医师
郝金鹏　国网宁夏电力有限公司电力科学研究院高级工程师
柳　睿　女,固原市新闻传媒中心主任记者
保　莉　女,自治区人民医院主治医师
侯俊峰　北方民族大学高级工程师
施　娜　女,黄河出版传媒集团宁夏人民出版社编审
倪少军　国家能源集团宁夏煤业有限公司高级工程师
徐　志　宁夏力成电气集团有限公司高级工程师
郭生伟　北方民族大学副教授
郭　超　宁夏职业技术学院讲师
姬常虹　女,银川艺术剧院一级演员
崔　勇　中国石油宁夏石化公司高级工程师
麻冬梅　女,宁夏大学副教授
蒋秋斐　女,自治区畜牧工作站高级畜牧师
韩　博　宁夏科技发展战略和信息研究所副研究员
惠迎新　宁夏交通建设股份有限公司副教授
黑　龙　宁夏医科大学总医院副主任医师
程玉娥　女,石嘴山市第一人民医院主治医师
舒志亮　宁夏气象灾害防御技术中心高

级工程师

谢建亮　固原市畜牧技术推广服务中心高级兽医师

雷晓萍　女，中共宁夏区委党校（宁夏行政学院）副教授

潘颜霞　女，中科院沙坡头沙漠研究试验站副研究员

魏淑花　女，宁夏农林科学院植物保护研究所副研究员

集体名录

【全国"五一劳动奖状"】

银川隆基硅材料有限公司

国网宁夏电力有限公司银川供电公司

吴忠仪表有限责任公司

中国电信股份有限公司固原分公司

【全国"工人先锋号"】

百瑞源枸杞股份有限公司超临界二氧化碳萃取班组

宁夏汇达阳光生态酒庄有限责任公司生产部

海原县闽宁纺织制品有限公司生产车间

中国邮政集团有限公司宁夏分公司寄递运营中心邮件处理中心

宁夏回族自治区遥感测绘勘查院遥感事业部

宁夏日报报业集团党报编辑室

宁夏科技发展战略和信息研究所网络技术科

宁夏宝廷新能源有限公司工程建设部

中建三局银川分公司银川中关村集成电路产业研发中心EPC项目部

宁夏大地循环发展股份有限公司神州轮胎分公司技术部

国家能源集团宁夏煤业公司煤制油分公司仪表管理中心

西部机场集团宁夏机场有限公司建设指挥部工程部

宁夏城际铁路有限责任公司工程部

宁夏医科大学总医院国家紧急医学救援队（宁夏）

宁夏公路工程质量检测中心（有限公司）项目检测三室

宁夏如意科技时尚产业有限公司四分厂细纱工段丙班

【全国脱贫攻坚先进集体】

中共兴庆区月牙湖乡委员会

宁夏燕宝慈善基金会

中共平罗县陶乐镇委员会

中共盐池县委员会

中共同心县下马关镇委员会

同心县扶贫开发办公室

红寺堡区住房城乡建设和交通局

中共利通区扁担沟镇委员会

中共青铜峡市邵刚镇委员会

吴忠市委组织部组织一科

中共西吉县委员会

中国铁路兰州局集团有限公司原州区工作队

国网固原供电公司扶贫工作专班

中共西吉县红耀乡委员会

隆德县扶贫开发办公室

泾源县委组织部

彭阳县水务局

原州区寨科乡蔡川村党支部

宁夏黄土地农业食品有限公司

固原市农业农村局

中共海原县委员会

华润集团定点帮扶工作组

中宁县太阳梁乡人民政府

闽宁对口扶贫协作援宁群体

宁夏回族自治区扶贫开发办公室

宁夏回族自治区财政厅农业农村处

中卫市劳动保障监察支队

【全区脱贫攻坚先进集体】

中共银川市兴庆区委组织部

银川市兴庆区住房和城乡建设局

银川市兴庆区扶贫开发办公室

银川市兴庆区月牙湖乡滨河家园五村驻村工作队

宁夏骏华月牙湖农牧科技股份有限公司

银川市金凤区扶贫开发办公室

中共银川市金凤区丰登镇润丰村支部委员会

银川市西夏区兴泾镇政府

中共贺兰县委组织部

贺兰县扶贫开发和农业综合开发服务中心

贺兰县洪广镇广荣村驻村工作队

永宁县教育体育局

永宁县扶贫开发服务中心

永宁县闽宁镇武河村驻村工作队

灵武市水务局

灵武市扶贫开发办公室

中共灵武市郝家桥镇泾灵村党委

灵武市马家滩镇马家滩村驻村工作队

银川市纪委监委

中共银川市委组织部

银川市民政局

银川市财政局

银川市住房和城乡建设局

银川市扶贫开发办公室

银川市就业与创业服务中心

石嘴山市大武口区星海镇政府

中共石嘴山市惠农区燕子墩乡委员会

平罗县人力资源和社会保障局

平罗县扶贫开发服务中心

中共平罗县红崖子乡委员会

石嘴山市委驻平罗县红崖子乡红翔新村工作队

平罗县宝丰镇政府

平罗县陶乐镇庙庙湖村委会

平罗县城关镇太西社区居民委员会

中共石嘴山市委组织部

石嘴山市农业农村局

中共吴忠市利通区委组织部

吴忠市利通区水务局
中共吴忠市红寺堡区委宣传部
吴忠市红寺堡区教育局
吴忠市红寺堡区水务局
吴忠市红寺堡区农业农村局
吴忠市红寺堡区红寺堡镇政府
吴忠市红寺堡区新庄集乡政府
吴忠市红寺堡区公安分局
青铜峡市农业农村局
中共青铜峡市青铜峡镇委员会
盐池县教育体育局
盐池县扶贫开发办公室
国家税务总局盐池县税务局
中共盐池县花马池镇委员会
中共盐池县高沙窝镇委员会
中共盐池县青山乡委员会
中共盐池县王乐井乡委员会
中共盐池县冯记沟乡马儿庄村支部委员会
中共同心县委办公室
中共同心县委组织部
同心县卫生健康局
同心县农业农村局
中共同心县预旺镇委员会
中共同心县兴隆乡委员会
中核(宁夏)同心防护科技有限公司
同心县石狮开发区麻圪塔村
吴忠市政府办公室
吴忠市水务局
吴忠市扶贫开发办公室
中国电信股份有限公司吴忠分公司
吴忠市审计局驻利通区扁担沟镇赵家沟村工作队
自治区民政厅驻红寺堡区大河乡石炭沟村工作队
自治区自然资源厅驻红寺堡区柳泉乡羊坊滩村工作队
青铜峡市邵岗镇同乐村驻村工作队
自治区住房和城乡建设厅驻盐池县麻黄山乡麻黄山村工作队
同心县人力资源和社会保障局驻同心县马高庄乡白阳洼村工作队
南京证券股份有限公司驻同心县兴隆乡李堡村工作队
固原市原州区财政局
固原市原州区水务局
固原市原州区农业农村局
中共固原市原州区寨科乡委员会
中共固原市原州区黄铎堡镇委员会
中共固原市原州区三营镇甘沟村支部委员会
中共固原市原州区官厅镇阳洼村支部委员会
自治区纪委监委驻固原市原州区头营镇利民村工作队
自治区党委政法委驻固原市原州区张易镇南湾村工作队
国家统计局固原调查队驻固原市原州区官厅镇刘店村工作队
固原市原州区审计局驻原州区河川乡海坪村工作队
西吉县教育体育局
西吉县扶贫开发办公室
中共西吉县偏城乡委员会
中共西吉县平峰镇委员会
中共西吉县西滩乡黑虎沟村支部委员会
中共西吉县王民乡姚坡村支部委员会
宁夏泽艾堂生物科技有限公司
宁夏西吉农村商业银行股份有限公司
自治区教育厅驻西吉县震湖乡河滩村工作队
宁夏旅游投资集团有限公司驻西吉县火石寨乡新开村工作队
固原市委统战部驻西吉县兴隆镇大岔村工作队
中国大唐集团有限公司宁夏分公司驻西吉县震湖乡毛坪村工作队
固原市政协办公室驻西吉县红耀乡井湾村工作队
隆德县财政局
隆德县住房和城乡建设局
隆德县水务局
隆德县农业农村局
中共隆德县凤岭乡委员会
中共隆德县温堡乡委员会
自治区水利厅驻隆德县杨河乡杨河村、玉皇岔村工作队
中共宁夏区委党校驻隆德县奠安乡张田村、旧街村工作队
隆德县政协办公室驻隆德县凤岭乡薛岔村工作队
泾源县水务局
中共泾源县大湾乡杨岭村支部委员会
泾源县六盘山镇政府
中共泾源县黄花乡委员会
泾源县公安局驻泾源县香水镇惠台村工作队
自治区政府研究室驻泾源县六盘山镇刘沟村工作队
自治区文化和旅游厅驻泾源县黄花乡羊槽村工作队
中共彭阳县委组织部
彭阳县住房和城乡建设局
彭阳县交通运输局
彭阳县农业农村局
彭阳县农村商业银行
彭阳县城阳乡政府
自治区党委政策研究室驻彭阳县古城镇皇甫村工作队
宁夏农林科学院驻彭阳县古城镇丁岗堡村工作队
中共固原市委组织部
固原市教育体育局
固原市住房和城乡建设局
固原市交通运输局
固原市新闻传媒中心
中国电信股份有限公司固原分公司

固原经济开发区润泽粮油有限公司
海原县水务局
海原县扶贫开发办公室
海原县农村商业银行
海原县住房和城乡建设局
中共海原县三河镇委员会
中共海原县红羊乡委员会
中共海原县关庄乡宋庄村支部委员会
中共海原县史店乡委员会
中共海原县史店乡徐坪村支部委员会
自治区农业农村厅驻海原县曹洼乡脱烈村工作队
中共中卫市委组织部驻海原县郑旗乡郑旗村工作队
海原县教育体育局驻海原县关桥乡麻春村工作队
中共中宁县委组织部
中宁县财政局
中宁县农业农村局
中宁县扶贫开发服务中心
中宁县公安局驻中宁县徐套乡徐套村工作队
中卫市沙坡头区扶贫开发办公室
中卫市沙坡头区永康镇人民政府
中共中卫市沙坡头区迎水桥镇营盘水村支部委员会
中共中卫市沙坡头区兴仁镇兴盛村支部委员会
自治区外事办驻中卫市沙坡头区香山乡米粮川村工作队
中共中卫市委组织部
中卫市农业农村局
中卫市财政局
中卫市卫生健康委员会
中卫农村商业银行股份有限公司
宁东能源化工基地管理委员会社会事务局
自治区党委常委办公室(党委总值班室)
自治区党委组织部组织一处
自治区党委宣传部新闻处
自治区党委统战部非公有制经济工作处
自治区人大常委会农业与农村工作委员会办公室
自治区人民政府驻福建办事处综合(业务)处
自治区政协农业和农村委员会办公室
自治区发展改革委地区发展处
自治区科学技术厅农村科技处
自治区工业和信息化厅技术改造投资处
自治区民委经济发展处
自治区民政厅社会救助处
自治区人力资源和社会保障厅就业促进与失业保险处(农民工工作办公室)
自治区住房和城乡建设厅村镇建设处
自治区交通运输厅建设与管理处
自治区畜牧工作站
自治区水利厅节约用水与城乡供水处
自治区商务厅电子商务与服务贸易处
自治区人民医院宁南医院
自治区减灾中心
自治区人民政府国有资产监督管理委员会办公室
自治区扶贫开发办公室移民管理处
自治区总工会权益保障部
宁夏青少年发展基金会
自治区妇联妇女发展部
自治区地方金融监管局地方金融服务一处
自治区供销社市场服务处
宁夏广播电视台新闻中心
自治区地质局扶贫办
自治区人工影响天气中心
国家统计局宁夏调查总队居民收支调查处
自治区医疗保障经办服务中心
新华通讯社宁夏分社总编室
中国邮政集团有限公司宁夏分公司渠道平台部
中国银行保险监督管理委员会宁夏监管局普惠金融处
民进宁夏大学委员会
国家能源集团宁夏煤业有限责任公司规划发展部
盐池农村商业银行股份有限公司
中国电信股份有限公司宁夏分公司扶贫办公室
中国石油宁夏石化公司矿区管理部
中国石化销售股份有限公司宁夏石油分公司办公室(扶贫办)
宁夏农垦贺兰山牛羊产业(集团)有限公司
宁夏水务投资集团有限公司
国家开发银行宁夏回族自治区分行客户三处
中国人寿保险股份有限公司宁夏回族自治区分公司团体业务部
吴忠仪表有限责任公司
宁夏兴俊实业集团有限公司
宁夏福建总商会
宁夏共享集团股份有限公司
宁夏光彩中等职业学校
宁夏华祺实业集团有限公司
宁夏陕西商会
宁夏天元锰业集团有限公司
宁夏安徽商会
宁夏浙江商会
宁夏江苏商会
宁夏盐池县鑫海食品有限公司
海原县闽宁纺织制品有限公司
银川新华百货商业集团股份有限公司
宁夏甘肃商会
吴忠市红寺堡区人民武装部
武警宁夏总队石嘴山支队

(张明鹏)

附录

FULU

编辑◎杨　云

中国共产党宁夏回族自治区第十二届委员会第十四次全体会议公报

（2021年11月27日中国共产党宁夏回族自治区第十二届委员会第十四次全体会议通过）

中国共产党宁夏回族自治区第十二届委员会第十四次全体会议，于2021年11月26日至27日在银川市举行。出席这次全会的有自治区党委委员62人、候补委员6人。自治区纪委委员、有关方面负责人和在宁党的十九大基层代表、部分自治区第十二次党代会基层代表列席会议。

全会由自治区党委常委会主持。自治区党委书记陈润儿作讲话。全会听取和讨论了陈润儿同志受自治区党委常委会委托作的工作报告，审议通过了《中共宁夏回族自治区委员会关于全面贯彻落实党的十九届六中全会精神　更加坚定维护习近平同志党中央的核心全党的核心地位　更加自觉坚持习近平新时代中国特色社会主义思想的指导地位的决议》，审议通过了《关于召开中国共产党宁夏回族自治区第十三次代表大会的决议》。

全会指出，党的十九届六中全会是在我们党成立一百年之际，党领导人民实现第一个百年奋斗目标、向着实现第二个百年奋斗目标迈进的重大历史关头，召开的一次具有重大历史意义的会议。会议通过的《中共中央关于党的百年奋斗重大成就和历史经验的决议》（以下简称《决议》），回顾党走过的百年奋斗历程，总结党的百年奋斗重大成就和历史经验，着重阐释党的十八大以来党和国家事业取得的历史性成就、发生的历史性变革，对实现第二个百年奋斗目标提出明确要求，是一篇具有极强历史穿透力、思想引领力、政治动员力、时代感召力的马克思主义纲领性文献，对推动全党统一思想、统一意志、统一行动，团结带领全国各族人民在新时代更好坚持和发展中国特色社会主义、实现中华民族伟大复兴具有重大而深远的意义。习近平总书记的重要讲话，立意高远、思想深邃、内涵丰富，充满对辉煌历史的高度自信、对事业发展的深邃思考、对宏大未来的前景展望，为全党上下在新的赶考路上夺取新胜利、创造新辉煌指明了前进方向、提供了根本遵循。全区各级党组织和广大党员干部要把学习宣传贯彻党的十九届六中全会精神作为当前和今后一个时期的重大政治任务，切实把思想和行动统一到党的十九届六中全会精神上来、统一到习近平总书记重要讲话精神上来，坚定历史自信，增强历史主动，奋力谱写新时代坚持和发展中国特色社会主义的宁夏篇章。

全会指出，要深刻认识总结党的百年奋斗重大成就和历史经验的重大意义。党的十九届六中全会全面总结党的百年奋斗重大成就和历史经验，是郑重的历史性、战略性决策，充分体现了党牢记初心使命、永葆生机活力的坚强意志和坚定决心，充分体现了党把握历史规律、掌握事业发展的历史主动和使命担当，充分体现了党贯通当下未来、总结历史经验的高瞻远瞩和深谋远虑。总结党的百年奋斗重大成就和历史经验，是开启新的伟大征程、引领党的事业发展的需要，必须总结运用党在百年历程中应对变局、把握大局、开创新局的历史经验，以永不懈怠的精神状态、一往无前的奋斗姿态坚持和发展中国特色社会主义，努力铸就新的历史伟业、创造新的时代辉煌。总结党的百年奋斗重大成就和历史经验，是汲取百年历史经验、步调一致向前进的需要，必须坚持和发扬维护党中央权威和集中统一领导的历史经验，增强“四个意识”，坚定“四个自信”，做到“两个维护”，团结一致、砥砺前行，奋力夺取全面建设社会主义现代化国家新胜利。总结党的百年奋斗重大成就和历史经验，是推进伟大自我革命、永葆党的生机活力的需要，必须深刻汲取党加强自身建设、推进自我革命的历史经验，坚定不移全面从严治党，不断提高党的建设质量，确保党不变质、不变色、不变味，在新时代坚持和发展中国特色社会主义的历史进程中始终成为坚强领导核心。

全会指出，要深刻领会党的十九届六中全会的精神实质。重点围绕《决议》、围绕习近平总书记重要讲话，深入学习领会，吃透精神实质，把握精髓要义。要深刻领会习近平总书记重要讲话精神。习近平总书记的重要讲话，回顾总结了一年来党和国家工作，科学分析了国内外形势发展变化，深刻阐明了制定《决议》的战略考量，对做好党和国家各项工作、做好党的二十大准备工作提出了明确要求。要在学思践悟中牢记初心和使命、坚定自信和担当、保持团结和统一、汲取智慧和力量，坚定沿着习近平总书记指引的方向奋力前行。要深刻领会党的百年奋斗的初心使命和重大成就。准确把握新民主主义革命时期、社会主义革命和建设时期、改革开放和社会主义现代化建设新时期、中国特色社会主义新时代“四个历史时期”实现的“四个伟大飞跃”，进一步增长智慧、增进团结、增加信心、增强斗志，保持战略定力、锚定战略目标，胸怀“两个大局”、心怀“国之大者”，把不忘初心、牢记使命作为党的建设的永恒课题、党员干部的终身课题，提振锐意进取、开拓创新的精气神，矢志不渝为实现中华民族伟大复兴而不懈奋斗。要深刻领会中国特色社会主义进入新时代的历史性成就和历史性变革。党的十八大以来，以习近平同志为核心的党中央，以伟大的历史主动精神、巨大的政治勇气、强烈的责任担当，出台一系列重大方针政策，推出一系列重大举措，推进一系列重大工作，战胜一系列重大风险挑战，取得了一系列重大成果。要全面准确把握“两个确立”的政治成果、“十个明确”的理论成果、治国理政的实践成果、“中国之治”的制度成果，坚定信心、再接再厉，把党的理论和路线方针政策坚持好、贯彻好、发展好，更好地续写发展的新篇章。要深刻领会党的百年奋斗的历史意义和历史经验。《决议》以宏阔的历史视野、深邃的历史洞察、强烈的历史担当，总结了我们党百年奋斗的历史意义和历史经验。要把党的历史经验作为把握历史主动的重要思想武器、推动各项工作的重要遵循、判断重大政治是非的重要依据、加强党性修养的重要指引，毫不动摇坚持，与时俱进发展。要深刻领会以史为鉴、开创未来的重要要求。《决议》展望国家和民族发展的美好前景，提出以史为鉴、开创未来的重要要求，展现了我们党历久弥坚的百年初心、引领复兴的百年使命，彰显了我们党的强盛志气、强硬骨气、强大底气。要从历史进程中洞察发展规律，从历史潮流中辨明时代大势，从历史发展中增强前进定力，勿忘昨天的苦难辉煌，无愧今天的使命担当，不负明天的伟大梦想，切实增强意气风发走向未来的勇气和力量。

全会指出，要深刻把握贯彻落实党的十九届六中全会精神的总体要求。坚持唯物史观和正确党史观，从党的百年奋斗中看清楚过去我们为什么能够成功、弄明白未来我们怎样才能继续成功，在新的征程上更加坚定、更加自觉地牢记初心使命、开创美好未来。要坚定高举伟大思想旗帜，自觉践行“两个维护”。深刻认识“两个确立”的重大政治意义、历史意义、时代意义，思想上对标、政治上对表、行动上对照，在党的旗帜下团结成“一块坚硬的钢铁”、步调一致向前进。要坚定党的历史自信，始终坚守理想信念。牢记“革命理想高于天”，坚定对党的奋斗历史的自信、对党的奋斗成就的自信、对党的奋斗精神的自信，咬定青山不放松，风雨无阻向前进。要坚定推进政治建设，维护党的团结统一。把维护党中央权威和集中统一领导作为党的政治建设的首要任务，作为明确的政治准则和根本的政治要求，把准政治方向，筑牢政治忠诚，强化政治担当，提高政治能力，严守政治纪律，切实在思想上更加统一、政治上更加团结、行动上更加一致。要坚定担当时代使命，不断增强斗争意志和斗争能力。把握新的伟大斗争的历史特点，坚定斗争意志，提高斗争本领，保持斗争精神，以顽强斗争有效应对重大挑战、抵御重大风险、克服重大阻力、解决重大矛盾，勇于战胜前进道路上的一切风险挑战。要坚定坚持自我革命，增强全面从严治党永远在路上的政治自觉。深刻认识“建设什么样的长期执政的马克思主义政党、怎样建设长期执政的马克思主义政党”这个重大时代课题，保持自我革命的定力，增强自我革命的勇气，坚定自我革命的决心，不断发展党的先进性、淬炼党的纯洁性、锻造党的革命性、提高党的战斗性，做到管党有方、治党有力、建党有效、兴党有为。

全会指出，党的十九届六中全会最突出的历史贡献，是对“两个确立”作出了重大政治判断。党确立习近平同志党中央的核心、全党的核心地位，确立习近平新时代中国特色社会主义思想的指导地位，反映了全党全军全国各族人民共同心愿，对新时代党和国家事业发展、对推进中华民族伟大复兴历史进程具有决定性意义。这是深刻总结党的百年奋斗、深刻总结党的十八大以来伟大实践得出的重大历史结论，是党的十八大以来我们党取得的最重要的政治成果，体现全党意志、反映人民心愿、符合时代要求。更加坚定维护习近平同志党中央的核心、全党的核心地位，全党就有“定盘星”，人民就有“主心骨”，国家就有“掌舵者”，我们党和国家就能应对一切风险挑战、战胜一切艰难险阻，沿着中国特色社会主义道路大踏步地向前进；更加自觉坚持习近平新时代中国特色社会主义思想的指导地位，就能使马克思主义在中国展现出更加强大的真理力量、实践力量、精神力量，指引我们在新时代新征程上赢得更加伟大的胜利、创造更加伟大的奇迹、争取更加伟大的荣光。

全会指出，贯彻落实党的十九届六中全会精神，最根本的要求就是更加坚定维护习近平同志党中央的核心、全党的核心地位，更加自觉坚持习近平新时代中国特色社会主义思想的指导地位。自治区党委作出关于全面贯彻落实党的十九届六中全会精神，更加坚定维护习近平同志党中央的核心、全党的核心地位，更加自觉坚持习近平新时代中国特色社会主义思想的指导地位的决议，目的就是动员和引领全区各级党组织和广大党员干部深刻认识“两个确立”决定道路方向、决定事业成败、决定党的兴衰、决定国家和民族的前途命运，把“两个确立”真正转化为坚定做到“两个维护”的思想自觉、政治自觉、行动自觉。要坚定政治信仰，坚持不懈用习近平新时代中国特色社会主义思想这一当代中国马克思主义、二十一世纪马克思主义武装头脑、指导实践、推动工作，在真学、真信、真用上下功夫，自觉做习近平新时代中国特色社会主义思想的坚定信仰者和忠实实践者。要筑牢政治忠诚，切实增强“四个意识”、坚定“四个自信”、做到“两个维护”，自觉做到“四个特别”，始终与党同心同德，在政治立场、政治方向、政治原则、政治道路上同以习近平同志为核心的党中央保持高度一致，做到绝对忠诚、绝对纯洁、绝对可靠。要强化政治担当，胸怀“国之大者”，发扬斗争精神，甘于奉献一切，勇于为捍卫“两个维护”、捍卫党和人民事业去“堵枪眼”“炸碉堡”，随时准备为党和人民利益牺牲一切。要提高政治能力，增强通观全局的政治判断力、对标看齐的政治领悟力、坚定自觉的政治执行力，做到党中央提倡的坚决响应、党中央决定的坚决照办、党中央禁止的坚决不做，不打任何折扣、不做任何选择、不搞任何变通。要严守政治纪律，在做到“两个维护”上旗帜鲜明，在遵守党规党纪上从严从紧，在保持清正廉洁上模范带头，始终保持统一的思想、坚定的意志、协调的行动、强大的战斗力，沿着党中央指引的正确方向奋力前行。

全会充分肯定自治区党委常委会一年来的工作。一致认为，面对百年变局与世纪疫情交织的严峻形势，面对开局“十四五”、开启新征程的繁重任务，在以习近平同志为核心的党中央坚强领导下，常委会坚持以习近平新时代中国特色社会主义思想为指导，深入贯彻习近平总书记考察宁夏重要讲话精神，坚决贯彻落实党中央重大决策部署，扎实开展党史学习教育、用党的百年奋斗重大成就和历史经验教育党员干部群众、汇聚了奋进新征程的磅礴力量，积极融入新发展格局、加快调结构转方式换动能、推动经济高质量发展迈出了新步伐，以先行区建设为抓手、加强生态环境保护、天蓝地绿水美的美丽宁夏焕发新面貌，持续深化改革开放、增强了发展新动力、厚植了发展新优势，大力实施“四大提升行动”、推动巩固拓展脱贫成果同乡村振兴有效衔接、群众的获得感幸福感持续增强，统筹疫情防控和经济社会发展、慎终如始抓好疫情防控、确保了人民群众生命安全和身体健康，坚决扛起维护国家安全政治责任、认真做好民族宗教工作、进一步巩固发展了民族团结宗教和顺的生动局面，加强民主政治建设、深入推进依法治区、治理体系和治理能力现代化水平明显提升，坚持守正创新、抓好宣传思想文化工作、营造了向上向好的良好社会氛围，深化全面从严治党、不断提高党的建设质量、为各项事业发展提供了坚强保证，胜利打赢脱贫攻坚战，全面建成小康社会，开启了社会主义现代化建设新征程，“十四五”起步有力、开局良好，全区各项事业取得新的重大进展。

全会决定，中国共产党宁夏回族自治区第十三次代表大会于2022年6月在银川召开。全会认为，自治区第十三次党代会是在宁夏进入全面建设社会主义现代化、向第二个百年奋斗目标进军新征程的重要时刻召开的一次十分重要的大会，是全区各族人民政治生活中的一件大事，要坚持以习近平新时代中国特色社会主义思想为指引，坚决贯彻习近平总书记考察宁夏重要讲话精神和党中央重大决策部署，精心谋划好宁夏未来五年经济社会发展各项工作，动员全区上下在新征程上担当新使命、展现新作为、谱写新篇章，以优异成绩迎接党的二十大召开。

全会号召，全区各级党组织和广大党员干部群众要深入学习贯彻党的十九届六中全会精神，更加坚定维护习近平同志党中央的核心、全党的核心地位，更加自觉坚持习近平新时代中国特色社会主义思想的指导地位，大力弘扬伟大建党精神，不忘初心、牢记使命，以史为鉴、开创未来，埋头苦干、勇毅前行，为建设经济繁荣、民族团结、环境优美、人民富裕的美丽新宁夏，为实现第二个百年奋斗目标、实现中华民族伟大复兴的中国梦作出新的更大贡献。

（原载《宁夏日报》2021年11月28日第1版）

在宁夏回族自治区第十二届人民代表大会第五次会议上的政府工作报告

自治区主席　咸　辉

（2022年1月20日）

各位代表：

现在，我代表自治区人民政府，向大会报告工作，请予审议，并请各位政协委员和其他列席人员提出意见。

一、2021年工作回顾

2021年，面对复杂严峻的国内外环境，特别是新冠肺炎疫情的持续影响，在自治区党委领导下，全区上下坚持以习近平新时代中国特色社会主义思想为指导，全面贯彻党的十九大和十九届历次全会精神，深入落实习近平总书记考察宁夏重要讲话重要指示精神，坚决执行党中央、国务院决策部署，科学统筹常态化疫情防控和经济社会发展，扎实做好“六稳”“六保”工作，交出了一份全面好于预期、超额完成任务的靓丽答卷，实现了“十四五”良好开局。全年地区生产总值突破4000亿元大关，达4522.3亿元，增长6.7%，两年平均增长5.3%，高于全国0.2个百分点；地方一般公共预算收入460亿元，增长9.7%，为近年最高增速；全体居民人均可支配收入27904元，增长8.4%（其中，城镇38291元，农村15337元，分别增长7.2%和10.4%）。特别是，习近平总书记连续5次为中阿博览会发来贺信，全区上下备受鼓舞。总书记的亲切关怀、党中央的特殊厚爱，必将转化为建设美丽新宁夏、共圆伟大中国梦的不竭动力！

一年来的主要工作和成效是：

（一）狠抓精准处置应对，疫情防控夺取重大胜利。我们面对国内疫情多点散发、局部聚集的复杂态势，坚定落实习近平总书记重大部署，坚持人民至上、生命至上，在自治区党委领导下，始终保持指挥体系激活状态，打赢了疫情防控遭遇战、阻击战、歼灭战。坚持外防输入、内防反弹、人物同防，落实“四早”要求，压实“四方”责任，应检尽检、应控尽控、应隔尽隔、应治尽治，有序接种新冠疫苗，全面构筑群防群控、联防联控、严防严控的铜墙铁壁。完善重大传染病监测预警机制，建设重大疫情救治基地，运行疫情防控管理平台，实现县乡（镇）医疗机构发热哨点全覆盖。圆满完成包机入境隔离疏散任务，稳妥应对旅游专列滞留问题，有效防止风险外溢，为全国疫情防控贡献了宁夏力量。

（二）狠抓统筹系统调度，经济发展迈上重大台阶。我们针对经济下行压力加大、能源供给紧张等不利形势，科学预判“前高后低”增长走势，统筹进行综合调度，经济运行总体平稳、稳中有进、稳中向好，规模以上工业增加值增长8%，利润增长1.1倍，创近年新高。全面落实减税降费政策，精准出台“能源保供18条”“财政17条”等一揽子措施，新增贷款638亿元，降低实体经济成本130亿元以上，稳住了市场预期、稳定了企业生产。稳慎处置重点企业信用风险，连续三年超额完成政府隐性债务化解任务。实施促消费“四大工程”，举办“两晒一促”活动，加快全域旅游示范区建设，接待游客和旅游收入分别增长15%和40%，网上零售额增长46%，服务业对经济增长的贡献率稳定为50%以上。组织重大项目集中开工，“十大工程项目”有序推进，1133个重点项目全面实施，晓星氨纶、银昆高速、城乡供水一体化等加快建设或建成投运，民间投资占比提高到57.4%。尤为振奋的是，全球最大的宝丰能源电解水制氢项目正式投产，宁夏首条穿越沙漠腹地的乌玛高速顺利通车，一批大项目好项目成为稳增长的强大引擎！

（三）狠抓9个重点产业，转型升级取得重大突破。我们针对经济结构倚重倚能、能耗偏高的区情实际，深化供给侧结构性改革，推动重点产业加快发展。全力抗击60年来最重旱情，新建高标准农田96万亩，粮食生产实现“十八连丰”，粮食安全省长责任制国家考核获得优秀等次，奶牛存栏连续两年增长20%以上，“宁夏枸杞”跻身中国区域农业产业品牌影响力前十位。获批建设全国一体化算力网络宁夏枢纽、首个国家葡萄及葡萄酒产业开放发展综合试验区，清洁能源、新型材料等新兴产业保持两位数增速，制造业比重达63.6%。制定碳达峰实施方案，启动能耗“双控”三年行动，压减“两高”项目39个，减少能耗1725万吨标准煤，预计单位GDP能耗下降5%左右，扭转了“十三五”以来不降反升的局面。强化创新驱动战略，出台“聚才引才15条”，激发人才创新创造活力，1个项目首次摘得国家科技进步奖一等奖，3个项目分别获得国家技术发明奖、科技进步奖二等奖，预计全社会研究与试验发展经费投入强度达1.56%。多个国家部委推出一系列含金量很高的支持文件，帮助我们搭建了先行区建设的“四梁八柱”。

（四）狠抓生态环境保护，城乡面貌发生重大变化。我们正视生态环境总体脆弱、污染治理欠账较多的现实基础，主动担当筑牢祖国西北生态安全屏障的重大责任。统筹“一河三山”生态保护修复，黄河“四乱”问题实现动态清零，贺兰山生态环境综合整治入选全国生态修复十大典型案例，固原市被评为国家生态文明建设示范区。打好污染防治攻坚战，地表水国控断面水质优良比例达80%，黄河干流宁夏段水质连续五年保持Ⅱ类进Ⅱ类出，空气质量优良天数比例达83.8%，$PM_{2.5}$平均浓度下降18.2%，危废医废安全处理率为100%，均超额完成国家下达任务。实施生态修复项目148个，治理水土流失面积880平方公里、荒漠化土地90万亩，完成营造林150万亩，森林覆盖率达16.91%，提高1.11个百分点，为近年最快增速。建设重点小城镇12个、美丽村庄50个，改造老旧小区4.75万户、棚户区住房4000套，20户以上自然村基本通了硬化路，高速公路通车里程突破2000公里。全区城镇化率达66%，连续两年高于全国平均水平。

（五）狠抓营商环境优化，改革开放迈出重大步伐。我们深刻认识开放不足的最大短板，坚持以改革促开放，以开放促发展。全面推开“四权”改革。制定优化营商环境“新80条”，工程建设项目审批实现全流程在线办理、时限压缩30%，市场主体总量突破71.3万户，增长13.9%，企业活跃度达88.7%。加快“数字政府”建设，政务服务事项网上可办率达93.2%，“我的宁夏”App用户覆盖全区94.8%的人口，1400多个事项能够“指尖办”，3400多个事项可以“掌上查”，一体化政务服务能力连续四年居西北第一位。加大国有经济优化调整，区属国企改革三年行动完成87.4%。深化投融资体制改革，晓鸣股份、凯添燃气成功上市，境内上市企业总数达17家，累计发行债券693亿元。创新线上线下办会模式，安全圆满精彩举办第五届中阿博览会、首届中国（宁夏）国际葡萄酒文化旅游博览会。全年进出口总额增长55%，招商引资实际到位资金增长10%。

（六）狠抓基层治理创新，社会事业实现重大发展。我们全面贯彻中央民族工作会议和全国宗教工作会议精神，以铸牢中华民族共同体意识为主线，全覆盖推进民族团结进步创建“七进”活动，深化宗教领域突出问题治理，各族群众像石榴籽一样紧紧抱在一起。拓展基层治理成效，启动“八五”普法，常态化推进扫黑除恶，完善矛盾纠纷化解机制，信访总量下降16.04%。涌现出“七一勋章”获得者和第八届全国道德模范王兰花等先进典型，《闽宁镇移民之歌》等6部作品入选庆祝建党百年艺术精品工程，群众精神文化生活更加丰富多彩。全民健身蔚然成风，第八届特奥会金牌、奖牌总数均居全国之首。强化食品药品安全监管，安全生产和消防工作国家考核连续5年获得优秀等次。哲学社会科学、决策咨询、新闻出版、广播电视、文学艺术、参事、文史、统计、档案等工作又有新成效。国防动员、双拥共建、人民防空、应急救援、地震、气象、工会、共青团、妇女儿童、科协、残联、红十字、慈善、老龄等工作呈现新气象。

（七）狠抓四大提升行动，人民生活又有重大改善。我们在财政收支矛盾加剧的特殊情况下，仍将75%以上财力用于民生事业，开展“我为群众办实事”实践活动，10个方面28项民生实事全面完成。推动脱贫攻坚成果巩固与乡村振兴有效衔接，抓好产业、就业、社会融入三件事，移民收入增幅快于农民收入。“一村一年一事”行动获得中央农办通报表扬，全国东西部协作和中央单位定点帮扶工作推进会在宁夏召开。制定“灵活就业13条”，城镇新增就业8.2万人，农村劳动力转移就业81.3万人，均超额完成全年任务。落实义务教育“双减”政策，学科类校外培训机构压减92%，普惠性幼儿园覆盖率达90%，普通高中大班额基本消除，“互联网+教育”经验在全国推广。巩固“互联网+医疗健康”示范区成果，城市医联体、县域医共体实现全覆盖，二级以上定点医疗机构门诊费用跨省直接结算，县域内就诊率达90%。持续调增城乡居民基础养老金、医保、低保标准，连续17年提高企业退休人员基本养老金、优抚对象抚恤补助标准，基本养老、失业、工伤保险参保人数分别增长0.9%、6.2%、8.5%。残疾人“两项补贴”惠及21.2万人。

（八）狠抓政府自身建设，行政效能得到重大提升。我们扎实开展政府系统党史学习教育，全面加强政府党组建设，增强“四个意识”、坚定“四个自信”、做到“两个维护”。严格执行重大事项报告制度，提请自治区党委研究重大事项37件，提请自治区人大常委会制定、修改和废止地方性法规26件，办理人大代表建议203件、政协提案447件，办复率均为100%。健全完善政府法律顾问和重大行政决策专家咨询论证制度，在全国率先开展政府规章、规范性文件集中清理整治。从严落实中央八项规定及其实施细则精神，深入开展楼堂馆所排查整治，持续纠治“四风”问题，切实减轻基层负担。认真落实党风廉政建设“一岗双责”，强化财政、审计监督，对违纪违法行为“零容忍”。着力加大督查考核激励，以九个产业为载体推进经济发展迈上新台阶、依托四大提升行动巩固脱贫攻坚成果、红寺堡区突出重点全面推进乡村振兴等三项典型经验做法受到国务院通报表扬，极大激发了全区人民干事创业的激情热情！

各位代表，回望过去一年，我们在多重矛盾交织、困难挑战叠加的情况下，取得了极为不易、十分难得的好成绩。这根本在于以习近平同志为核心的党中央掌舵领航、坚强领导，在于习近平新时代中国特色社会主义思想的光辉指引、科学指导，是自治区党委正确领导的结果，是自治区人大、政协监督支持的结果，是广大干部群众拼搏奋斗的结果。在此，我代表自治区人民政府，向在各个岗位辛勤耕耘的全区各族人民，向人大代表、政协委员、各民主党派、工商联和各界人士，向中央驻宁单位、驻宁部队和武警官兵、公安民警、消防救援队伍，致以崇高敬意！向关心支持宁夏改革发展稳定的国家部委、兄弟省（市、区）、港澳台同胞、海外侨胞和国际友人，表示衷心感谢！

我们也清醒地看到，我区发展还面临一些困难和问题：一是疫情影响仍在持续，常态化防控的任务依然艰巨；二是经济持续稳定增长的基础还不稳固，项目支撑不足，消费需求不旺，市场预期不稳；三是转型发展的任务繁重，经济结构性矛盾仍然突出，一些领域的风险隐患不容忽视；四是民生领域还有短板弱项，城乡居民增收渠道不宽；五是营商环境与市场主体的期盼还有差距，政府自身建设仍需加强。我们一定高度重视、认真解决。

二、2022年重点工作

今年，是党的二十大召开之年，是实施“十四五”规划关键之年，自治区将召开第十三次党代会。做好今年工作，保持平稳健康的经济环境、国泰民安的社会环境、风清气正的政治环境，具有重大意义和深远影响。

今年政府工作总体要求是：坚持以习近平新时代中国特色社会主义思想为指导，全面贯彻落实党的十九大和十九届历次全会精神，深入学习贯彻中央经济工作会议精神，坚决贯彻落实习近平总书记考察宁夏重要讲话精神，弘扬伟大建党精神，认真落实自治区党委第十二届十四次全会精神和经济工作会议部署要求，全面贯彻新发展理念，主动融入新发展格局，坚持稳中求进工作总基调，坚持以供给侧结构性改革为主线，坚持统筹疫情防控和经济社会发展，加快推进先行区建设，加快推动高质量发展，加快实施“四大提升行动”，保持经济平稳较快增长，保持社会大局和谐稳定，保持同心协力团结局面，以优异成绩迎接党的二十大和自治区第十三次党代会胜利召开。

主要预期目标是：地区生产总值增长7%；地方一般公共预算收入增长5%；全社会固定资产投资增长8%；社会消费品零售总额增长7%；全体居民人均可支配收入增长7%，其中城镇居民和农村居民分别增长7%和8%；居民消费价格涨幅控制在3%；城镇调查失业率控制在5.5%以内；粮食播种面积和粮食总产量完成国家下达任务；单位GDP能耗和二氧化碳排放下降、主要污染物减排完成国家下达任务。

实现上述目标并不容易，需要全区上下和衷共济、共同努力。我们必须始终捍卫“两个确立”，任何时候、任何情况下，都坚定自觉维护习近平总书记党中央的核心、全党的核心地位，坚定自觉维护党中央权威和集中统一领导。必须始终坚持稳中求进，把稳增长、调结构、推改革有机结合，稳字当头、稳扎稳打，推动经济实现质的稳步提升和量的合理增长。必须始终聚焦共同富裕，筑牢民生底线，提升民生水平，既做大“蛋糕”，更分好"蛋糕",不断满足人民日益增长的美好生活需要。必须始终加强统筹协调,善抓主要矛盾和矛盾的主要方面,更好统筹发展和安全,确保先行区建设取得实效,确保高质量发展行稳致远。

为此,要切实抓好以下重点工作:

(一)着力保障市场主体,切实推动经济平稳运行。继续做好"六稳""六保"工作,牢牢把握工作主动,更好稳定市场预期,更好提振企业信心,更好稳住经济运行基本盘。

强化政策配套落实。抢抓国家政策机遇,制定出台配套举措,争取更多资金、项目、政策落地实施。加强现有政策跟踪评估,及时调整补充完善,最大限度发挥叠加效应、协同效应。用足用活新的减税降费政策,落实落细中小微企业和个体工商户"减、免、缓"措施,下大力气清理涉企乱收费、乱罚款、乱摊派,有效整治恶意拖欠账款,降低实体经济成本100亿元以上。健全政策直达市县基层机制,优化财政支出结构,提高资金使用效益,更好保基本民生、保工资、保运转。

强化企业生产经营。落实区市县三级包抓机制,国资民资一起抓,大中小微企业全面保,多措并举帮助市场主体纾困解难、降本增效。紧盯重点企业,加强供需对接、产销衔接,稳定产业链,优化供应链,规模以上工业增加值增长8%。鼓励中小企业升规上限入统,新培育制造业"单项冠军"8家、专精特新"小巨人"企业10家、升规入库企业100家左右。深化政银企合作,综合运用纾困基金、延期还本付息等措施,促进企业融资增量、扩面、降价,防止出现行业性限贷、抽贷、断贷,确保新增贷款规模稳定增长。

强化运行监测调度。坚持月报告、季分析,突出重点领域、行业和企业预警监测,提升调控工作前瞻性和针对性。扎实抓好能源保供,科学组织煤炭生产,有效稳定电力、天然气供应,满足企业生产和群众民生需求。强化市场保供稳价,加强协同监测监管,增强政府储备调控,保障重要民生商品供销两旺、价格平稳。

(二)着力扩大投资消费,切实释放有效需求潜力。大力实施扩大内需战略,更好发挥投资关键作用和消费基础作用,进一步增强发展内生动力。

持续扩大有效投资。聚焦"十大工程项目""六个一百"重大项目,科学谋划争取,提速推进建设,力争完成投资2000亿元。加快伊利液态奶升级等重大产业项目、包银高铁等基础设施项目、自治区重大疫情救治基地等社会民生项目建设,形成更多实物投资量,带动固定资产投资持续恢复。紧盯国家政策导向、投资方向,完善项目协调推进机制,做好用地、用能、用工服务,力促黄河黑山峡河段开发工程早日开工,为高质量发展蓄势增能。开展"扩大有效投资攻坚年"活动,营造大抓项目、抓大项目的浓厚氛围。

持续促进消费恢复。完善促消费政策,扩大居民消费,增加公共消费,力促消费增量扩容。开展多种形式促销活动,推动餐饮、零售等传统消费加快回补。顺应消费升级趋势,发展品质消费、体验消费等新模式,培育消费新热点。加快县域商业体系建设,推动汽车家电下乡、电商快递进村,释放县乡消费潜力。推进文旅深度融合,做活"旅游+"产业,游客人数、旅游收入均保持20%以上的增速,把"塞上江南·神奇宁夏"的独特魅力充分彰显出来。

持续增强招商实效。坚持招商引资和招才引智并重,强化园区招商和产业链招商。加强与东中部大企业、大集团和商协会联系对接,争取更多行业领军企业到宁夏投资兴业。各地各部门要把招商引资放在突出位置,主要负责人亲自出马、亲自推动、亲自对接,引进一批投资大、效益好、带动力强的优质项目,确保招商引资实际到位资金持续增长。

(三)着力推动转型升级,切实加快新旧动能转换。坚持高端化、绿色化、智能化、融合化,推动9个重点产业做大量级、做强能级、做优品级,更好促进经济循环和产业链畅通。

做大做强重点产业。推进工业结构、绿色、智能、技术四大改造,实施基础再造工程,延链补链、壮链强链,有效突破供给约束堵点,加快打通生产、分配、流通、消费各环节,增强产业链韧性。发展数控机床、仪器仪表等先进制造业,提升化工、纺织等传统产业,培育一批龙头骨干企业、关联配套企业,带动电子信息、新型材料、清洁能源等新兴产业增长20%以上。抢抓"东数西算"机遇,高水平建设全国一体化算力网络宁夏枢纽,拓展5G、大数据、人工智能等应用场景,培育上云企业1000家、服务业集聚区13个。鼓励引导更多企业,投资绿色食品、葡萄酒、枸杞、肉牛和滩羊、奶产业,更好把资源优势转化为产业优势。

提质增效园区建设。落实促进开发区体制机制改革和高质量发展的意见,合理布局企业和项目,鼓励区位相邻、产业相关的园区协作联动、优势互补,促进产业集聚集约集群发展。开展园区质量提升行动,打造数字化、智能化园区样板。推行"管委会+公司"模式,推进园区市场化建设运管。实行标准地供应，提高投资强度和产出效益，园区亩均产值增长9%以上。

融合融通科技创新。实施科技强区行动，提升区域创新能力，全社会研究与试验发展经费投入增长8%。强化企业创新主体地位，支持龙头企业牵头组建创新联合体、建立新型研发机构，新增国家高新技术企业50家、创新型示范企业20家、科技型中小企业100家。深化部区合作、东西合作，推行重大科研攻关“揭榜挂帅”“赛马”等制度，推进产学研用深度融合，攻克关键核心技术100项，转移转化重大科技成果100项。优化人才发展和创新生态，赋予广大科技人员更多技术路线决定权、经费支配权、资源调度权，让更多科研成果在宁夏大地开花结果。

（四）着力加快乡村振兴，切实促进城乡融合发展。树牢“一盘棋”思想，推进乡村振兴战略，加快新型城镇化，推动山川统筹、城乡一体、共同繁荣。

发展高质高效农业。以建设国家农业绿色发展先行区为抓手，健全现代农业产业、生产、经营体系，农业增加值增长4%以上。实行最严格耕地保护制度，坚决遏制耕地“非农化”“非粮化”，新建高标准农田95万亩。全面落实粮食安全党政同责和“菜篮子”市长负责制，建好良种繁育基地，加大种粮农民补贴，粮食播种面积只增不减、产量保持稳定，重要农产品生产供应正常。培育新型经营主体，强化农业科技装备支撑，农产品加工转化率、主要农作物综合机械化率分别达到71%和82%。用好“数字供销”平台，做强“宁字号”“农字号”区域品牌。加快农村一二三产业融合，拓展农业多种功能，让农民更好分享产业增值收益。

建设宜居宜业乡村。完善防返贫监测帮扶机制，保持主要帮扶政策总体稳定，确保不发生规模性返贫。支持乡村振兴重点帮扶县发展，深化闽宁协作和定点帮扶，保障脱贫群众生活更上一层楼。推进乡村建设行动，提档升级基础设施和公共服务，改造卫生户厕3万户、抗震宜居农房3000套，建设美丽村庄50个。抓实农村人居环境整治提升五年行动，加大全域乡村治理示范区建设，拓展“一村一年一事”行动。调动农民参与农村建设积极性，鼓励各类人才返乡创业，汇聚乡村全面振兴的强大洪流。

提高新型城镇化质量。优化空间布局和城镇体系，促进农业转移人口就地就近市民化，城镇化率再提高1个百分点以上。实施城市更新行动，加快地下管网、防洪排涝等市政设施建设，改造老旧小区5万户、棚户区住房3800套，新改建城市绿道100公里，新增停车位4万个。统筹考虑历史、文化、生态等因素，因地制宜创建文明城市、园林城市、卫生城市，梯次分类建设智慧城市、数字城市，有效解决乱停乱占、交通拥堵等“城市病”，让城市更安全、更有韧性。坚持“房住不炒”定位，有序增加保障性住房供给，更好满足购房者合理住房需求。

（五）着力加强保护治理，切实改善生态环境质量。深入贯彻习近平生态文明思想，协同推进保护修复和减污降碳，守好改善生态环境生命线。

扎实抓好污染治理攻坚。坚决整改中央环保督察反馈、生态环境警示片反映等问题，以整改的实际成效取信于民。强化重点行业企业超低排放改造，推进臭氧污染防治，空气质量优良天数比例达到83%。综合治理重点河湖、入黄排水沟和城市黑臭水体，黄河干流宁夏段水质保持Ⅱ类进Ⅱ类出，地表水国控断面优良比例稳定在80%。深化农业面源污染治理，实行生活垃圾分类处理，工业固废综合利用率达到43%。

扎实抓好节能降耗减碳。科学设置“碳达峰”“碳中和”年度指标和阶段性任务。深化能耗“双控”三年行动，引导企业加强节能降碳技术改造，推动能源资源节约集约。严格产业管控目录，开展重大项目节能评估和产能置换，坚决遏制“两高”项目盲目发展。推进煤炭清洁高效利用，加大光伏、风电、煤层气等开发利用，高标准建设国家新能源综合示范区。倡导绿色低碳生活，推进节约型机关、绿色社区、绿色校园建设。

扎实抓好生态保护修复。推进山水林田湖草沙系统治理，落实河湖长制、林长制，加大“一河三山”生态保护修复，守护好美丽家园。全面落实“四水四定”，构建高效输配水体系，管好用好黄河水。持续开展大规模国土绿化行动，争取设立贺兰山国家公园，治理水土流失920平方公里、荒漠化土地90万亩，营造林150万亩，森林覆盖率再提高1个百分点以上。完善自然资源资产产权和生态环境保护督查制度，优化草原、湿地等生态补偿机制，让破坏生态者付出代价，让保护生态者获得收益。

（六）着力深化改革开放，切实增强发展动力活力。坚持有效市场和有为政府更好结合、对内开放与对外开放有机统一，加快融入新发展格局。

以更大力度优化营商环境。实施优化营商环境条例，纵深推进“放管服”改革。精简涉企经营许可，推行“一证准营”“简易注销”。拓展“我的宁夏”App功能应用，巩固“一窗办理、集成服务”改革成效，实现更多事项网上可办、一次能办、跨省通办。做优“互联网+监管”系统，推进“双随机、一公开”监管常态化，依法保护各类市场主体合法权益。弘扬企业家精神、契约精神，提升亲清的政商关系。完善信用联合奖惩制度，让失信者寸步难行，让守信者一路畅通。

以更实举措推进重点改革。坚持市场化改革方向，促进要素资源高效配置。推进“四权”改革，规范产权交易流转，构建资源有价、使用有偿、交易有市、节约有效的制度体系。完成区属国企改革三年行动任务，深化地方金融监管体制改革，持续扩大资本市场直接融资规模。开展农村宅基地改革和第二轮土地承包到期延包试点，提高土地出让收入用于农业农村比例，壮大村集体经济，赋予农民更多财产权益。

以更高水平扩大开放合作。围绕服务“一带一路”建设，助推内陆开放型经济试验区大发展、快发展。打造中阿博览会、国家葡萄及葡萄酒产业开放发展综合试验区平台，发挥银川综合保税区、各类口岸和开发区功能，加快中国（银川）跨境电子商务综合试验区建设。加密国内外城市直达航班航线，稳定运营国际货运班列，发展公铁海多式联运，共建西部陆海新通道。优化外贸外资服务，推进投资贸易便利化，进出口总额、实际利用外资分别增长8%和6%。加快引进来、走出去步伐，再造开放发展新优势。

（七）着力保障改善民生，切实提高人民幸福指数。坚持尽力而为、量力而行，深入实施“四大提升行动”，扎实办好民生实事，让全区人民日子过得更好、生活品质更高。

稳定就业增收入。强化就业优先导向，落细援企稳岗举措，城镇新增就业7.5万人，农村劳动力转移就业75万人。统筹抓好高校毕业生、农民工、退役军人等重点群体就业，加大就业困难人员帮扶，确保“零就业”家庭动态清零。加大创业担保贷款和贴息力度，支持灵活就业和新就业形态，完成职业技能培训6万人次。健全工资正常增长机制，发布企业工资指导线，千方百计让老百姓的“钱袋子”鼓起来。

优先发展强教育。落实立德树人根本任务，深化“互联网+教育”示范区成果，促进学生德智体美劳全面发展。巩固义务教育“双减”成效，推进标准化建设、集团化办学，新增幼儿园学位2600个，新改建中小学校舍14万平方米，培育自治区级特色普通高中10所。开展新一轮“双一流”建设，支持高等教育特色办学、内涵式发展。发展现代职业教育，深化校企合作、产教融合、职普融通。规范民办教育，办好特殊教育，发展继续教育、老年教育。实施新时代强师工程，营造尊师重教氛围，让教师潜心教书、静心育人。

优化服务保健康。提升“互联网+医疗健康”示范区建设水平，加快国家级区域医疗中心和医联体医共体建设，推动优质医疗资源扩容下沉。加大“三医”联动改革，拓展异地就医直接结算，扩大药品、高值医用耗材集中带量采购，减轻病患用药负担。健全区、市、县三级疾病预防控制体系，推动中医药传承创新发展。继续对城镇低保和农村适龄妇女“两癌”免费筛查，对符合救助条件的患者每人补助1万元。开展爱国卫生运动，倡导文明健康生活方式，不断提高全民健康水平。

繁荣文化聚人心。坚持以社会主义核心价值观为引领，加大群众性精神文明创建，拓展新时代文明实践中心建设。深化“文化惠民”工程，改建提升标准化乡镇综合文化站、文化示范点105个，开展“送戏下乡”1600场次。发展新闻出版、广播电视、文学艺术、哲学社会科学，鼓励创排更多精品力作。加强文物保护利用和非物质文化遗产传承，加快黄河、长城、长征国家文化公园建设。开展全民健身活动，新建多功能运动场20个。办好第十六届全区运动会。

兜牢底线惠民生。拓展全民参保成果，提高优抚对象抚恤和生活补助标准、退休人员基本养老金和城乡居民基础养老金标准。高度关注“一老一小”问题，发展普惠性养老托育服务，完善三孩生育等配套措施。强化妇女儿童、失独家庭、未成年人关爱服务和权益保障，实施困难残疾人家庭无障碍改造3000户，对0~6岁残疾儿童康复救助全免费。统筹社会救助、社会福利、公益慈善，城市低保标准每人每月提高50元，农村低保标准每人每年提高960元。

今年，自治区聚焦群众急难愁盼问题，统筹安排资金70亿元，继续办好人居环境、饮水安全等10个方面28项民生实事。这是我们的庄严承诺，必须用心用情用力，务必办成办好办实，让全区人民享受到更多看得见、摸得着的实惠！

（八）着力推进共建共治，切实提升社会治理水平。落实基层治理“1+6”文件，打造人人有责、人人尽责、人人享有的社会治理共同体。

全面做好民族宗教工作。准确把握和全面贯彻习近平总书记关于加强和改进民族工作的重要思想，创建铸牢中华民族共同体意识示范区，构筑共有精神家园。全面贯彻新时代党的宗教工作理论和基本方针，持续整治宗教领域突出问题，坚决抵制宗教极端思想渗透，积极引导宗教与中国特色社会主义新时代相适应。坚持不懈开展马克思主义国家观、历史观、民族观、文化观、宗教观宣传教育，让“两个共同”“三个离不开”“五个认同”思想融入各族群众血脉。

全面推进社会治理创新。抓好银川、石嘴山、吴忠全国市域社会治理现代化试点，推广“互联网+基层社会治理”模式，推动治理重心下移、力量下沉、资源下倾。发挥工会、共青团、妇联、科协等桥梁纽带作用，更好凝聚民心民力。加强矛盾纠纷排查化解，做好公共法律服务，唱响“塞上枫桥”品牌。完善立体化、智慧化社会治安防控体系，继续推进扫黑除恶常态化，依法打击违法犯罪活动，建设更高水平的平安宁夏。

全面防范化解重大风险。坚持底线思维，见微知著，抓早抓小，防患未然。规范政府举债、融资行为，化解债务存量，遏制债务增量。压实地方属地责任、行业监管责任、企业主体责任，有效防控重点领域风险。健全风险预防预警、处置问责机制，精准“排雷”“拆弹”，设置资本“红绿灯”，守住风险底线。继续抓好常态化疫情防控，统筹做好应急处置各项准备，坚决守好来之不易的新冠肺炎疫情防控成果。

全面强化公共安全保障。严格安全生产责任制，深化重点领域安全隐患排查整治，完成专项整治三年行动任务，有效遏制重特大事故发生。以“四个最严”强化食品药品全链条全周期监管，让群众饮食更放心、用药更安心。健全防灾减灾抗灾救灾体系，加强气象、地质、地震服务，抓好防汛抗旱、森林防火工作，构建抵御自然灾害防线。支持国防和军队改革建设，优化退役军人服务保障，做好新时代国防动员、双拥共建、人民防空工作，巩固发展军政军民团结的大好局面。

各位代表！发展任务依然艰巨，光明前景尚待拼搏。我们唯有胸怀“两个大局”、心系“国之大者”，踔厉奋发、笃行不怠，方能不负历史、不负时代、不负人民，走好新的赶考路。

把政治建设摆在首位。深刻认识“两个确立”的决定性意义，巩固拓展党史学习教育成果，增强“四个意识”、坚定“四个自信”、做到“两个维护”。不折不扣贯彻党中央、国务院决策部署，坚定有力落实自治区党委工作安排。严格政治纪律和政治规矩，模范执行民主集中制，不断提高政治判断力、政治领悟力、政治执行力。

把依法行政落在实处。深学笃行习近平法治思想，依法履行政府职能，切实维护宪法法律权威。主动接受人大法律监督、政协民主监督和社会舆论监督，广泛听取民主党派、工商联、无党派人士和人民团体意见建议。全面落实政府权责清单，进一步规范重大行政决策程序。加强政策宣传解读，更好回应社会关切。广大公职人员特别是领导干部，都要身体力行、以上率下，做尊法学法守法用法的表率。

把为民服务系在心头。时刻牢记人民政府为人民，自觉践行以人民为中心的发展思想，初心如磐、知行合一。加强调查研究，务实督查督办，大力精文减会，让市县基层腾出更多精力抓落实。用好目标管理、效能考核、综合评价，奖优罚劣、奖勤罚懒、奖能罚庸，强化干事者有舞台、有为者有位子的鲜明导向。

把廉洁纪律挺在前面。压实全面从严治党主体责任，靠实党风廉政建设“一岗双责”。持之以恒落实中央八项规定及其实施细则精神。带头过紧日子，严肃财经纪律，严控“三公”经费。有效防控重大工程、重点领域、重要岗位廉政风险。严惩各类腐败行为，永葆为民务实清廉的政治本色。

各位代表，力量生于团结，幸福源自奋斗。让我们更加紧密地团结在以习近平同志为核心的党中央周围，在自治区党委领导下，同心加油干、一起向未来，以优异成绩迎接党的二十大和自治区第十三次党代会胜利召开！

（原载《宁夏日报》2022年1月27日第1版、第3版）

宁夏回族自治区2021年国民经济和社会发展统计公报[1]

宁夏回族自治区统计局　国家统计局宁夏调查总队

（2022年4月14日）

2021年，面对复杂严峻的发展环境，在自治区党委和政府的正确领导下，全区上下深入学习贯彻习近平总书记考察宁夏重要讲话精神，坚决落实党中央、国务院各项决策部署，以建设黄河流域生态保护和高质量发展先行区为统揽，坚持稳中求进工作总基调，完整、准确、全面贯彻新发展理念，主动融入新发展格局，科学统筹常态化疫情防控和经济社会发展，扎实做好"六稳"工作，全面落实"六保"任务，全区经济运行呈现总体平稳、稳中有进的发展态势，主要经济指标保持稳定增长，发展活力持续增强，转型升级积极推进，质量效益明显改善，民生保障更加有力，高质量发展取得新成效，实现了"十四五"良好开局。

一、综合

初步核算，全年全区实现生产总值[2]4522.31亿元，按不变价格计算，比上年增长6.7%，两年平均增长5.3%。其中，第一产业增加值364.48亿元，增长4.7%；第二产业增加值2021.55亿元，增长6.6%；第三产业增加值2136.28亿元，增长7.1%。第一产业增加值占地区生产总值的比重为8.1%，第二产业增加值比重为44.7%，第三产业增加值比重为47.2%。按常住人口计算，人均地区生产总值62549元，比上年增长6.1 %。

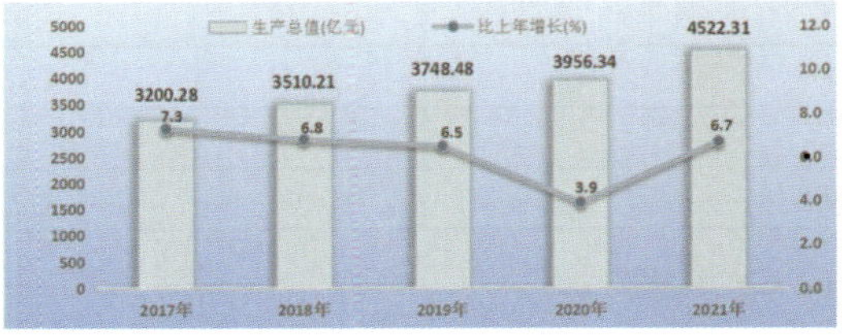

图1　2017—2021年全区生产总值及其增长速度

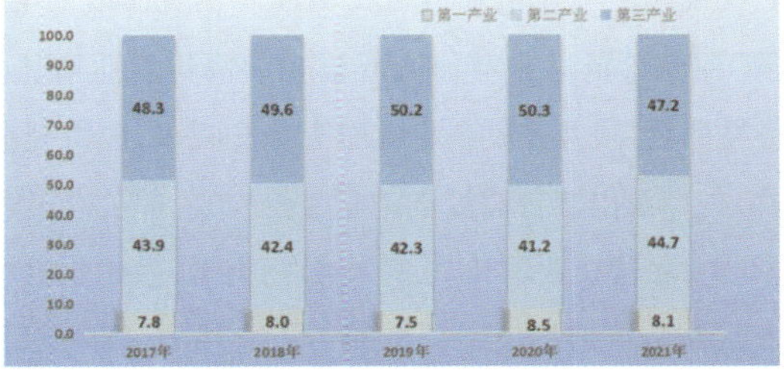

图2　2017—2021年全区三次产业增加值占地区生产总值比重

表1　　2021年年底全区人口数及其结构

指　标	年底数(万人)	比重(%)
年末常住人口	725.0	100.00
其中:城镇	478.8	66.04
乡村	246.2	33.96
其中:男性	370.0	51.03
女性	355.0	48.97
其中:0—15周岁(含不满16周岁)	155.0	21.38
16—59周岁(含不满60周岁)	472.0	65.10
60周岁及以上	98.0	13.52
其中:65周岁及以上	73.0	10.07

全年全区城镇新增就业人员8.15万人，农村劳动力转移就业81.27万人，年底全区城镇登记失业率为4.13%。全年全区农民工[3]总量为99.5万人，比上年增加1.4万人，增长1.4%。其中，外出农民工76.3万人，比上年减少0.6万人，下降0.8%；本地农民工23.2万人，比上年增加2.0万人，增长9.4%。

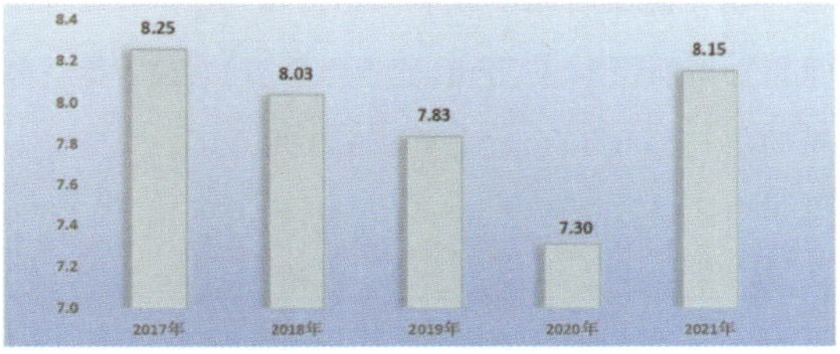

图3　2017—2021年全区城镇新增就业人数

全年全区居民消费价格比上年上涨1.4%，工业生产者出厂价格上涨19.9%，工业生产者购进价格上涨20.8%，农产品生产者价格[4]上涨6.5%。

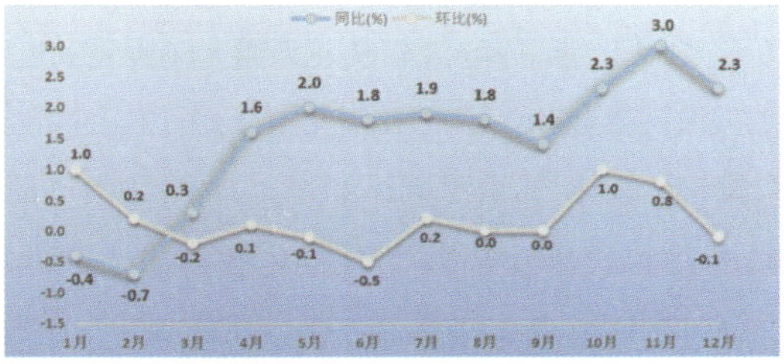

图4　2021年全区居民消费价格月度涨跌幅度

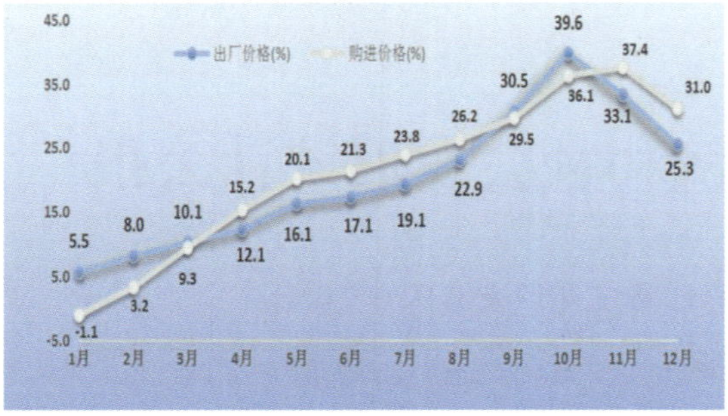

图5 2021年全区工业生产者出厂价格和购进价格月度同比涨跌幅度

新兴动能茁壮成长。高技术和装备制造业快速增长。全年全区规模以上工业高技术制造业[5]增加值比上年增长22.5%，装备制造业[6]增加值比上年增长12.7%，分别比全部规模以上工业增加值增速高14.5个百分点和4.7个百分点。水电、风电、太阳能等可再生能源发电量485.2亿千瓦时，增长37.7%。互联网经济快速发展。全年全区网上零售额[7]302.8亿元，比上年增长46.0%，其中，实物商品网上零售额83.5亿元，比上年增长30.4%。

二、农业

全年全区粮食种植面积1033.93万亩，比上年增加15.18万亩。其中，小麦种植面积100.56万亩，比上年减少38.82万亩；水稻种植面积76.26万亩，比上年减少14.97万亩；玉米种植面积551.13万亩，比上年增加67.04万亩；薯类种植面积149.98万亩，比上年增加7.32万亩。油料种植面积40.88万亩，比上年减少8.62万亩。蔬菜种植面积197.66万亩，比上年减少5.12万亩。瓜果种植面积84.37万亩，比上年减少11.24万亩。园林水果种植面积156.06万亩，比上年减少0.98万亩。

全年全区粮食总产量368.44万吨，比上年减产12.06万吨，下降3.2%，实现十八连丰。其中，夏粮产量19.73万吨，下降32.1%；秋粮产量348.70万吨，下降0.8%。全年全区小麦产量18.95万吨，下降31.8%；水稻产量41.00万吨，下降17.0%；玉米产量263.39万吨，增长5.8%；马铃薯产量（折粮）36.19万吨，下降12.9%。

全年全区蔬菜产量532.94万吨，比上年下降5.9%；红枣产量7.70万吨，比上年下降6.2%；枸杞产量8.60万吨，比上年下降12.2%；油料产量4.81万吨，比上年下降27.7%。全年全区肉类总产量35.0万吨，比上年增长4.7%。其中，猪肉产量9.1万吨，比上年增长13.9%；牛肉产量11.8万吨，比上年增长3.4%；羊肉产量11.5万吨，比上年增长3.4%；禽肉产量2.6万吨，比上年下降11.1%。禽蛋产量12.9万吨，比上年下降7.1%。牛奶产量280.5万吨，比上年增长30.3%。水产品产量16.60万吨，比上年增长2.7%。年底全区生猪存栏85.5万头，比上年下降5.0%；肉牛存栏137.6万头，比上年增长14.0%；奶牛存栏70.2万头，比上年增长22.3%；羊存栏677.1万只，比上年增长13.6%；活家禽存栏1231.0万只，比上年增长4.2%。全年生猪出栏112.5万头，比上年增长14.1%；肉牛出栏72.3万头，比上年增长0.4%；羊出栏645.5万只，比上年增长3.3%；活家禽出栏1224.7万只，比上年下降11.7%。

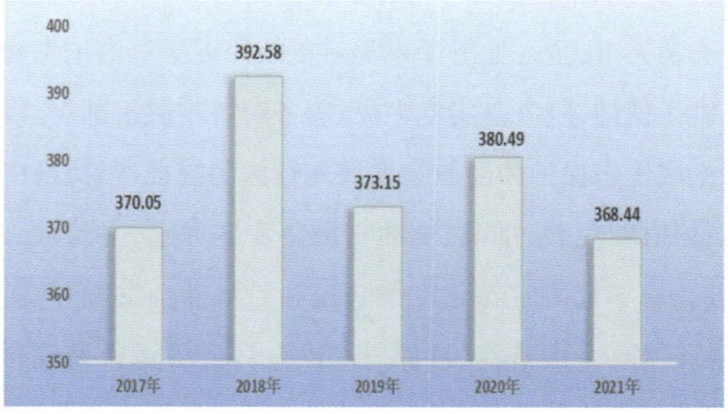

图6 2017—2021年全区粮食产量

表2 2021年全区主要农林牧渔业产品产量及其增长速度

指　标	产量（万吨）	比上年增长（%）
粮食	368.44	−3.2
小麦	18.95	−31.8
水稻	41.00	−17.0
玉米	263.39	5.8
油料	4.81	−27.7
蔬菜	532.94	−5.9
瓜果	185.18	17.5
枸杞	8.60	−12.2
肉类总产量	35.00	4.7
其中：猪肉、牛肉、羊肉产量	32.40	6.2
禽蛋	12.90	−7.1
牛奶	280.50	30.3
水产品	16.60	2.7

三、工业和建筑业

全年全区全部工业增加值1677.83亿元，比上年增长7.9%。规模以上工业增加值增长8.0%。在规模以上工业中，分轻重工业看，轻工业增加值增长12.8%，重工业增长7.6%。分经济类型看，国有控股企业增加值增长6.5%；股份制企业增长7.8%，外商及港澳台商投资企业增长5.7%；非公有工业增长9.4%，其中，私营企业增长10.3%。分门类看，采矿业增加值增长11.5%，制造业增加值增长5.8%，电力、热力、燃气及水生产和供应业增加值增长11.8%。

全年全区规模以上工业中，煤炭行业增加值增长15.1%、电力行业增加值增长13.5%、化工行业增加值增长0.6%、冶金行业增加值增长5.3%、有色行业增加值增长2.0%、轻纺行业增加值增长11.9%、机械行业增加值增长3.2%、建材行业增加值下降4.8%、医药行业增加值增长26.5%、其他行业增加值增长18.9%。工业产品销售率为98.3%。

年底全区发电装机容量6214.3万千瓦，比上年底增长4.6%。其中，火电装机容量3333.0万千瓦，增长0.2%；水电装机容量42.6万千瓦，与上年持平；风电装机容量1454.8万千瓦，比上年增长5.7%；太阳能发电装机容量1384.0万千瓦，比上年增长15.6%。

全年全区规模以上工业企业利润462.6亿元，比上年增长1.1倍。分经济类型看，国有控股企业利润106.0亿元，比上年增长1.2倍；股份制企业344.0亿元，比上年增长1.4倍；外商及港澳台商投资企业97.6亿元，比上年增长62.3%。分门类看，采矿业利润68.5亿元，同比扭亏增盈70.0亿元；制造业利润389.4亿元，比上年增长1.5倍；电力、热力、燃气及水生产和供应业利润4.7亿元，比上年下降92.1%。

全区具有资质的总承包和专业承包建筑业企业768家，全年完成建筑业总产值681.52亿元，比上年增长6.2%。建筑业企业房屋建筑施工面积1989.74万平方米，比上年下降5.6%；房屋竣工面积839.93万平方米，比上年增长11.0%；竣工产值387.11亿元，比上年增长20.9%。按建筑业总产值计算的劳动生产率38.83万元/人，比上年增长28.3%。

表3　　2021年全区主要工业产品产量及其增长速度

指　标	单位	产量	比上年增长(%)
原　煤	万吨	8632.9	5.9
发电量	亿千瓦时	2081.9	10.4
焦　炭	万吨	964.7	4.8
原铝(电解铝)	万吨	120.8	1.3
农用化肥(折纯)	万吨	62.4	−6.0
精甲醇	万吨	873.7	10.8
电石(碳化钙)	万吨	442.7	7.8
水　泥	万吨	1867.7	−6.1
铁合金	万吨	371.5	10.9
乳制品	万吨	181.8	23.7
金属切削机床	台	2657.0	35.8

四、服务业

全年全区批发和零售业增加值210.66亿元，比上年增长6.7%；交通运输、仓储和邮政业增加值204.02亿元，比上年增长12.1%；住宿和餐饮业增加值54.50亿元，比上年增长10.8%；金融业增加值331.41亿元，比上年增长1.3%；房地产业增加值191.96亿元，比上年增长1.4%；信息传输、软件和信息技术服务业增加值158.61亿元，比上年增长17.4%；租赁和商务服务业增加值67.53亿元，比上年增长2.2%。

全年全区货物运输总量4.69亿吨，比上年增长9.5%；货物运输周转量812.54亿吨公里，比上年增长16.3%。全年全区旅客运输总量0.38亿人，比上年下降0.8%；旅客运输周转量105.40亿人公里，比上年增长5.7%。

表4　　2021年全区各种运输方式完成运输量及其增长速度

运输方式	货物				旅客			
	运输总量		运输周转量		运输总量		运输周转量	
	绝对值(万吨)	比上年增长(%)	绝对值(亿吨公里)	比上年增长(%)	绝对值(万人)	比上年增长(%)	绝对值(亿人公里)	比上年增长(%)
总　计	46931.01	9.5	812.54	16.3	3774.48	−0.8	105.40	5.7
铁　路	9422.74	9.1	234.50	9.3	720.29	29.2	29.03	19.8
公　路	37506.00	9.6	577.70	19.4	2713.00	−6.5	26.81	−5.0
航　空	2.27	−22.5	0.33	−11.6	341.19	−1.6	49.56	4.9

年底全区民用汽车保有量(含三轮汽车和低速货车)194.44万辆，比上年底增长13.4%。其中，私人汽车保有量168.09万辆，比上年增长8.0%。民用轿车保有量86.49万辆，比上年增长6.7%。其中，私人轿车82.83万辆，比上年增长6.8%。

全年全区完成邮政业务总量[8]22.46亿元，比上年增长24.1%。邮政业完成邮政函件业务174.39万件；包裹业务5.50万件；快递业务量9962.97万件，快递业务收入15.41亿元。全年全区完成电信业务总量[9]104.00亿元，比上年增长30.9%。年底全区电话用户总数914.10万户，其中移动电话用户866.12万户。(固定)互联网宽带接入用户317.13万户，比上年增加

33.49万户。移动互联网用户750.80万户，比上年增加38.09万户；移动互联网接入流量149178.00万GB，比上年增长28.9%。

图7　2017—2021年年底全区（固定）互联网宽带接入用户数和移动互联网用户数

五、固定资产投资

全年全区全社会固定资产投资比上年增长2.7 %。其中，固定资产投资（不含农户）增长2.2%。

在固定资产投资（不含农户）中，第一产业投资比上年增长45.7%，第二产业投资下降1.5%，第三产业投资增长2.0%。工业投资下降1.5%，占固定资产投资（不含农户）的比重为43.8%。基础设施投资[10]下降2.8%，占固定资产投资（不含农户）的比重为16.6%。民间固定资产投资[11]增长3.2%，占固定资产投资（不含农户）的比重为57.4%。

全年全区房地产开发投资466.95亿元，比上年增长7.8%。其中，住宅投资344.24亿元，增长11.6%；办公楼投资1.96亿元，下降52.0%；商业营业用房投资55.12亿元，下降10.9%。

表5　2021年全区房地产开发和销售主要指标及其增长速度

指　标	单位	绝对数	比上年增长(%)
房地产开发投资	亿元	466.95	7.8
房屋施工面积	万平方米	5606.88	0.8
其中：住宅	万平方米	3760.32	3.5
其中：本年新开工面积	万平方米	1396.73	34.4
房屋竣工面积	万平方米	1144.42	48.2
其中：住宅	万平方米	762.80	48.5
商品房销售面积	万平方米	1014.45	−7.4
其中：住宅	万平方米	845.77	−13.0
商品房待售面积	万平方米	1027.40	3.5
其中：住宅	万平方米	309.98	−6.3
商品房销售额	亿元	675.13	−3.3
其中：住宅	亿元	584.93	−6.6
本年实际到位资金	亿元	734.31	3.7
其中：国内贷款	亿元	38.93	−25.1
自筹资金	亿元	129.32	12.5
其他资金来源	亿元	566.06	4.6

六、国内贸易

全年全区实现社会消费品零售总额1335.12亿元，比上年增长2.6%。按经营地统计，城镇消费品零售额1181.49亿元，比上年增长2.8%；乡村消费品零售额153.63亿元，比上年增长0.8%。按消费类型统计，商品零售额1168.41亿元，比上年增长2.8%；餐饮收入额166.71亿元，比上年增长1.4%。

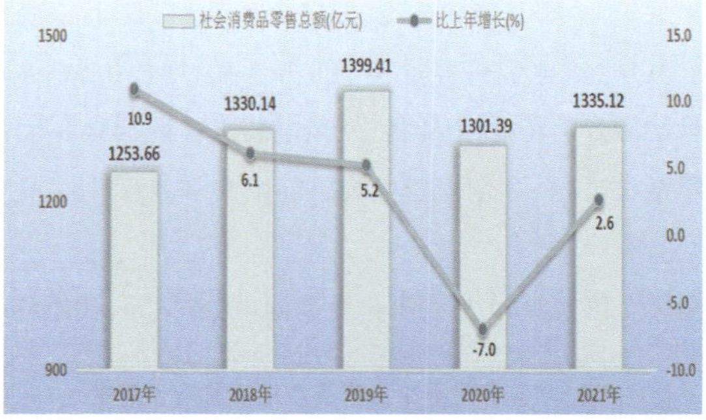

图8　2017—2021年全区社会消费品零售总额及其增长速度

在限额以上单位商品零售额中，粮油、食品类零售额比上年增长0.3%，饮料类比上年增长12.3%，烟酒类比上年增长4.1%，服装、鞋帽、针纺织品类比上年下降14.7%，化妆品类比上年下降1.9%，金银珠宝类比上年增长1.6%，日用品类比上年下降10.0%，家用电器和音像器材类比上年增长12.5%，中西药品类比上年增长0.1%，文化办公用品类比上年下降7.8%，通讯器材类比上年下降17.8%，石油及制品类比上年增长21.1%，汽车类比上年下降0.8%。

七、对外经济[12]

全年全区货物进出口总额214.04亿元，比上年增长73.4%。其中，出口174.81亿元，比上年增长101.7%；进口39.23亿元，比上年增长6.8%。货物贸易进出口差额（出口减进口）135.58亿元。对“一带一路”沿线国家进出口总额67.00亿元，比上年增长71.5%。其中，出口62.96亿元，比上年增长79.8%；进口4.04亿元，比上年下降0.1%。

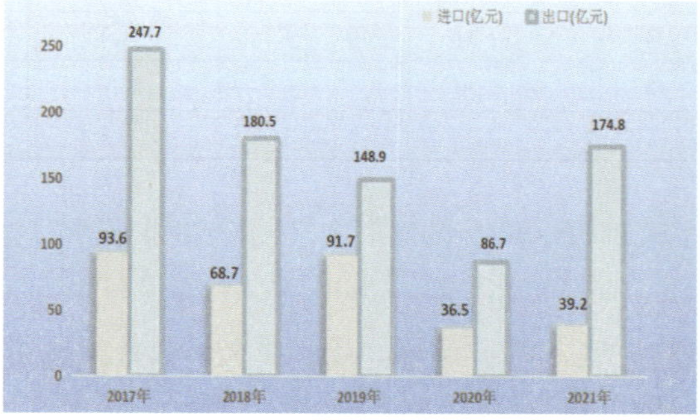

图9　2017—2021年全区货物进出口总额

全年全区新设外商直接投资企业29个，实际使用外资2.93亿美元，比上年增长7.5%。其中，信息传输、软件和信息技术服务业实际使用外资0.9亿美元，比上年增长12.5%。

表6　　2021年全区主要商品出口金额及其增长速度

商品名称	出口值(亿元)	比上年增长(%)
枸杞	2.21	−19.1
泰乐菌素	7.42	16.0
维生素C及其衍生物	3.21	62.4
双氰胺	11.09	58.7
金属锰	10.93	171.5
钽铌铍制品	4.32	31.3
机床及铸件	4.05	9.3

八、财政金融

全年全区一般公共预算总收入795.06亿元，比上年增长12.9%。其中，地方一般公共预算收入460.01亿元，比上年增长9.7%。在地方一般公共预算收入中，税收收入300.74亿元，比上年增长14.0%，占地方一般公共预算收入的65.4%。

图10　2017—2021年全区地方一般公共预算收入及其增长速度[13]

年底全区金融机构本外币各项存款余额7484亿元，其中，人民币各项存款余额7466亿元。金融机构本外币各项贷款余额8461亿元，其中，人民币各项贷款余额8284亿元。

表7　　2021年年底全区金融机构存贷款余额及其增长速度

指　标	年末数(亿元)	比上年末增长(%)
本外币各项存款余额	7484	4.9
人民币存款余额	7466	4.8
其中：住户存款	4269	8.3
非金融企业存款	1463	−2.4
机关团体及财政性存款	1504	−0.5
本外币各项贷款余额	8461	6.0
人民币贷款余额	8284	6.5
其中：短期贷款	2091	−0.8
中长期贷款	5318	7.9
票据融资	863	17.9

年底全区上市公司16家，总股本213.87亿股，总市值2126.07亿元，比上年底增长56.6%。其中，流通市值1130.71亿元，增长56.3%。全年证券交易额14053.09亿元，增长10.3%。年底全区在全国中小企业股份转让系统[14]挂牌公司41家，比上年底下降14.6%。

年底全区省级营业性保险分公司24家，全年实现保费收入211.14亿元，比上年增长0.2%。其中，财产险收入65.35亿元，比上年下降3.7%；寿险收入100.80亿元，比上年增长4.3%；健康险收入38.04亿元，比上年下降4.8%；意外伤害险收入6.95亿元，比上年增长10.8%。支付各类赔款和给付73.04亿元，比上年增长10.5%。其中，财产险赔款45.82亿元，比上年增长19.4%；寿险业务给付13.79亿元，比上年下降20.9%；健康险给付11.20亿元，比上年增长29.2%；意外伤害险赔款2.24亿元，比上年增长34.7%。

九、居民收入消费和社会保障

全年全区全体居民人均可支配收入27904元，比上年增长8.4%。按常住地分，城镇居民人均可支配收入38291元，比上年增长7.2%；农村居民人均可支配收入15337元，比上年增长10.4%。

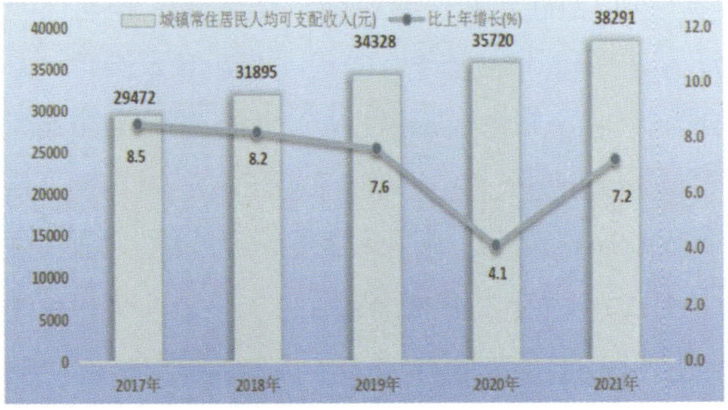

图11　2017—2021年全区城镇居民人均可支配收入及其增长速度

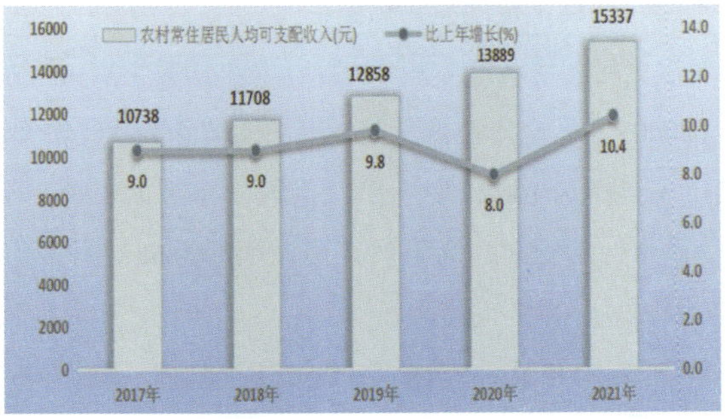

图12　2017—2021年全区农村居民人均可支配收入及其增长速度

全年全区居民人均消费支出20024元，比上年增长14.4%。按常住地分，城镇居民人均消费支出25386元，比上年增长13.4%；农村居民人均消费支出13536元，比上年增长15.5%。

全区全体居民恩格尔系数为27.2%，其中城镇居民为26.4%，农村居民为29.1%。

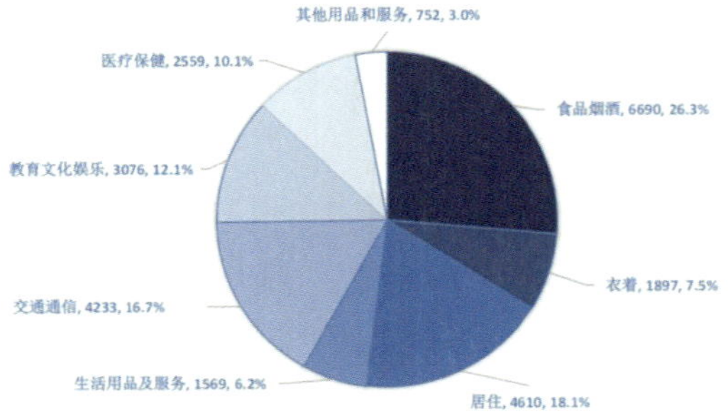

图13　2021年全区城镇居民人均生活消费支出及其构成

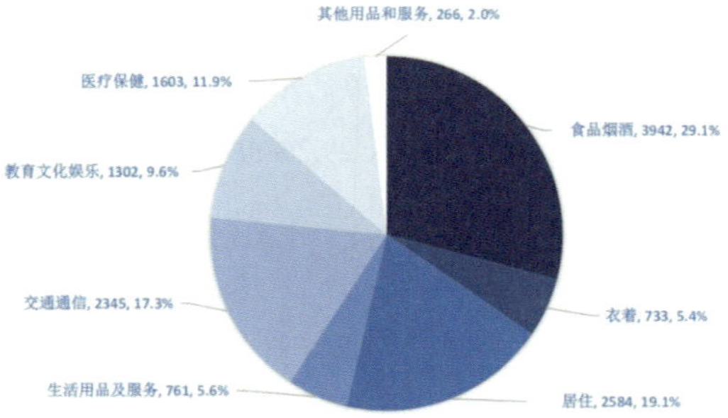

图14　2021年全区农村居民人均生活消费支出及其构成

年底全区参加城镇职工基本养老保险人数252.11万人，比上年底增加12.00万人。参加城乡居民基本养老保险人数230.74万人，比上年减少7.91万人。参加基本医疗保险人数663.41万人，比上年增加4.65万人。其中，参加城镇职工基本医疗保险159.59万人，比上年增加6.64万人；参加城乡居民基本医疗保险503.82万人，比上年减少1.99万人。参加失业保险人数109.07万人，比上年增加6.34万人。参加工伤保险人数143.79万人，比上年增加11.23万人。参加生育保险人数111.5万人，比上年增加6.13万人。

十、教育、科学技术和文化体育

年底全区各级各类学校3442所（含小学教学点484所），教职工120607人。全年全区学前教育毛入园率为90.2%，小学学龄人口入学率为100%，初中阶段毛入学率为118.3%，高中阶段毛入学率为93.89%，高等教育毛入学率为58.6%，九年义务教育巩固率为100%。

表8　　2021年全区各级教育招生、在校、毕业生人数

类　别	校数（所）	招生数（人）	在校学生数（人）	毕业学生数（人）
普通高等学校	20	55592	172581	37372
#研究生	0	4536	11527	2611
成人高等学校	1	11665	25632	13233

续表8

类　别	校数（所）	招生数（人）	在校学生数（人）	毕业学生数（人）
中等职业教育学校	31	28183	76339	23721
普通中学	318	151774	454301	150473
#高　中（含完全中学）	70	57485	167356	50447
初　中（含完全中学）	248	94289	286945	100026
普通小学（含教学点）	1129	103543	603706	94303
幼儿园	1490	103399	261440	104764
特殊教育学校	15	1284	7436	1417

全年全区登记自治区级科技成果399项，比上年增长71.2%。其中，基础理论成果54项，应用技术成果324项，软科学成果21项。全年申请专利量12924件，比上年增长39.4%。其中，发明专利3049件，比上年增长20.8%。专利授权量7709件，比上年增长38.9%。其中，发明专利授权量703件，比上年增长17.6%。全年共签订技术合同3127项，技术合同成交金额25.16亿元。

年底全区拥有国家级工程技术研究中心3个，自治区级工程技术研究中心83个；国家级重点实验室3个，自治区级重点实验室40个（含省部共建国家重点实验室培育基地2个）；自治区级产业技术协同创新中心5个，自治区临床医学研究中心25个，自治区技术创新中心404个；国家级企业（集团）技术中心（含分中心）12个，自治区级企业（集团）技术中心83个；国家地方联合工程研究中心26个，自治区工程研究中心50个。

年底全区文化系统共有艺术表演团体44个，博物馆75个。全区共有公共图书馆27个，文化馆27个。预计[15]有线电视在册用户数137.86万户，其中，有线数字电视在册用户131.31万户。年底全区广播节目综合人口覆盖率为99.92%；电视节目综合人口覆盖率为99.98%。全区出版各类报纸14种，出版期刊37种，出版图书2383种。2020年，全区文化及相关产业增加值103.26亿元，比2019年增长1.6%（未扣除价格因素）；占全区地区生产总值的比重为2.61%，比2019年降低0.1个百分点。

全年宁夏运动员参加国际国内比赛共取得金牌5枚、银牌8枚、铜牌16枚。全年有83人达国家一级运动员等级标准，268人达国家二级运动员等级标准，55人获得“国家一级裁判员”等级称号。

十一、旅游和社会服务

全年全区接待国内外游客3623.67万人次，比上年增长

5.7%。其中,国内游客3622.51万人次,比上年增长5.7%。国内旅游收入286.38亿元,比上年增长44.1%。实现旅游总收入286.65亿元,比上年增长44.0%。

年底[16]全区共有各类提供住宿的社会服务机构153个,其中养老服务机构131个,儿童收养救助服务机构10个。社会服务床位27353张(不包括社区床位数),其中养老机构床位25392张(不包括社区日间照料床位5185张、社区全托服务床位1945张),儿童福利和救助机构床位970张。年底全区共有社区服务机构和设施2308个(不包括社区养老服务机构和设施),社区服务中心44个,社区服务站2155个。

十二、资源、环境和应急管理

全年全区水资源总量9.34亿立方米。平均降水量274毫米,比上年下降11.7%。总用水量68.09亿立方米,比上年下降3.0%。其中,生活用水3.67亿立方米,比上年下降0.9%;工业用水4.24亿立方米,比上年增长1.2%;农业用水56.86亿立方米,比上年下降3.0%。万元地区生产总值用水量[17]161.4立方米,比上年下降9.1%;万元工业增加值用水量30.1立方米,比上年下降6.2%。

全年全区完成营造林面积104958公顷,其中人工营造林面积49584公顷。森林抚育面积20285公顷。年底全区自然保护区14个,其中国家级自然保护区9个,自治区级自然保护区5个。

全年[18]黄河干流宁夏段入境至出境断面水质均为Ⅱ类优水质,地表水国控考核断面达到或好于Ⅲ类水质比例为80.0%。5个地级城市环境空气质量平均优良天数为306天,比例为83.8%,细微颗粒($PM_{2.5}$)平均浓度为27微克/立方米,比上年下降18.2%;可吸入颗粒物(PM_{10})平均浓度为62微克/立方米,比上年下降4.6%。全区五地市城市区域昼间噪声等效声级为52.0分贝,比上年下降1.5分贝,昼间区域声环境质量等级为二级,总体水平评价为较好。

全年全区累计发生各类生产经营性事故171起,比上年下降12.8%,死亡166人,比上年下降1.2%。亿元GDP生产安全事故死亡人数为0.037人,比上年下降14.0%。道路交通万车死亡率为2.016,比上年下降11.4%。煤矿生产安全死亡事故7起,死亡7人,煤矿百万吨死亡率为0.081。

注释:

[1]本公报中数据均为初步统计数,正式数据以《宁夏统计年鉴-2022》为准。部分数据因四舍五入的原因,存在总计与分项合计不等的情况。

[2]地区生产总值、各产业增加值绝对数按现价计算,增长速度按不变价格计算。

[3]年度农民工数量包括年内在本乡镇以外从业6个月及以上的外出农民工和在本乡镇内从事非农产业6个月及以上的本地农民工。

[4]农产品生产者价格是指农产品生产者直接出售其产品时的价格。

[5]高技术制造业包括医药制造业,航空、航天器及设备制造业,电子及通信设备制造业,计算机及办公设备制造业,医疗仪器设备及仪器仪表制造业,信息化学品制造业。

[6]装备制造业包括金属制品业,通用设备制造业,专用设备制造业,汽车制造业,铁路、船舶、航空航天和其他运输设备制造业,电气机械和器材制造业,计算机、通信和其他电子设备制造业,仪器仪表制造业。

[7]网上零售额是指通过公共网络交易平台(包括自建网站和第三方平台)实现的商品和服务零售额之和。商品和服务包括实物商品和非实物商品(如虚拟商品、服务类商品等)。

[8]邮政行业业务总量按2020年价格计算。

[9]电信业务总量按2020年价格计算。

[10]基础设施投资包括交通运输、邮政业,电信、广播电视和卫星传输服务业,互联网和相关服务业,水利、环境和公共设施管理业投资。

[11]民间固定资产投资是指具有集体、私营、个人性质的内资调查单位以及由其控股(包括绝对控股和相对控股)的调查单位建造或购置固定资产的投资。

[12]货物进出口采用人民币计价。实际使用外商直接投资由于技术原因仍主要沿用美元计价。

[13]2021年数据为初步数,正式数据以自治区财政厅决算数据为准。

[14]全国中小企业股份转让系统又称"新三板",是2012年经国务院批准设立的全国性证券交易场所。

[15]此数据为自治区广播电视局预计数,正式数据以自治区广播电视局正式公布数据为准。

[16]此部分数据为民政厅预计数,正式数据以民政厅公布数据为准。

[17]万元地区生产总值用水量、万元工业增加值用水量按

2020年价格计算。

[18]数据来源于《2021年宁夏生态环境质量状况》。地表水达到或好于Ⅲ类水体比例为15个国控断面监测统计结果；环境空气质量优良天数及比例为未剔除沙尘天气数据，PM_{10}、$PM_{2.5}$平均浓度均为剔除沙尘天气后数据。

资料来源：

本公报中城镇新增就业、登记失业率、社会保障数据来自自治区人力资源和社会保障厅；财政数据来自自治区财政厅；水资源数据来自自治区水利厅；林业数据来自自治区林业和草原局；发电装机容量数据来自国网宁夏电力公司；铁路运输数据来自中国铁路兰州局集团有限公司；公路运输数据来自自治区交通运输厅；民航数据来自西部机场集团宁夏机场有限公司；电信业务总量、电话用户、宽带用户、移动互联网接入流量、互联网普及率等数据来自宁夏通信管理局；货物进出口数据来自银川海关；外商直接投资等数据来自自治区商务厅；民用汽车数据来自自治区公安厅；邮政业务数据来自宁夏邮政管理局；货币金融数据来自人民银行银川中心支行；上市公司数据来自宁夏证监局；保险业数据来自宁夏银保监局；社会服务数据来自自治区民政厅；教育数据来自自治区教育厅；国家工程研究中心、国家工程实验室、企业技术中心等数据来自自治区科技厅；专利数据来自自治区市场监管厅（自治区知识产权局）；艺术表演团体数据来自自治区文化和旅游厅；报纸、期刊、图书数据来自自治区党委宣传部；广播电视数据来自自治区广播电视局；体育数据来自自治区体育局；环境监测数据来自自治区生态环境厅；安全生产数据来自自治区应急管理厅；道路交通事故数据来自公安厅；其他数据均来自自治区统计局和国家统计局宁夏调查总队。

（宁夏统计局综合处　提供）

索　引

说明：

1. 本索引以主题分析方法为主，按主题词首字汉语拼音字母顺序排列。

2. 主题词后的数字表示内容所在的页码，数字后面的a、b、c表示该页由左至右的栏别。

3. 表格索引按页码顺序排列。

主题词索引

D

F

G

H

J

M

N

P

Q

R

S

T

Y

表格索引